EasyCore Impact 쉽고, 간결하고, 강력한!

✓
판례로 보는
형법교과서 14.0

PREFACE
이 책의 **머리말**

아무리 훌륭하게 쓴 책이라도 막상 세상에 선을 보이게 되면 저자의 얼굴은 부끄러움에 고개를 숙인다. 하물며 많이 부족하다고 여겨지는 책이라면 더더욱 세상과의 접촉을 몇 번이고 망설이게 된다.

그렇지만 합격이라는 희망 하나로 젊음을 담보로 고군분투하는 수험생들을 보면서 무언가 도움이 될 부분은 없을까 고민되었고 그 고민은 최소한 본인이 강의하는 과목만큼은 미력하지만 힘이 될 수 있는 방향을 모색하도록 동기를 부여하였다. 그 동기가 이 책이 세상에 얼굴을 내밀게 하는 용기를 주었다.

형법이라는 과목은 용어 자체가 상당히 추상적이고 철학적이어서 대부분의 수험생이 처음에는 습득에 애로를 느끼고 또한 그 양의 방대함에 지치기도 한다. 게다가 학문적인 기본이론 외에 판례가 차지하는 비중과 중요도는 날로 높아졌고 공부할 양은 더 늘어났으며 이는 결국 한 권의 기본서에 방대한 판례를 최대한 담아야 진정한 수험서로 거듭날 수 있다는 부담감을 낳았다.

결국 이는 한 권의 기본서에 책의 두께를 최소화해야 한다는 필사적 운명에 부딪혔고 이로 인해 수험서는 판례의 내용을 압축·정리할 수밖에 없는 몸살을 앓게 되었다. 그런데 최근의 수험경향은 판례의 결론만을 묻기보다 결론에 이르는 과정을 묻는 원리위주의 지문들이 등장하게 되었고 수험서는 판례는 풍부하게 담았지만 압축·정리로 인해 판례 이해도는 떨어지게 되었고 정작 판례 자체가 외면당하는 또 다른 한계를 드러내었다. 이러한 현실은 기본서가 안고 있는 단점을 최대한 보완하고 판례의 습득력을 원리위주로 이해시켜야 한다는 필요성을 대두시켰고 그래서 저자는 새로운 대안을 찾으려고 골몰한 끝에 판례와 교과서를 철저히 분리함으로써 오는 이중부담을 최소화하면서 동시에 이론과 판례를 접목해서 이해도를 높이는 방식을 생각하게 되었고 그것이 현재의 졸저로 완성을 보게 되었다.

본서도 여러 장점을 극대화하고 단점을 최소화한 최상의 조합이라 단언할 수 없음은 너무나 당연하지만 최소한 형법이라는 수험과목이 추구해야 할 올바른 지향점을 좇아가려고 의도했다는 점에서 나름대로 위안을 삼아본다. 그러나 어디까지나 그것은 저자의 쑥스러운 자아도취일 뿐 평가는 수험생 여러분이 해야 할 것 같다.

판례로 보는 형법 교과서

이 책의 특징

첫째, 본서는 기본이론을 최소화 아니 거의 기초내용만 서술하고 목차별로 필요한 판례를 집중적으로 배치함으로써 역으로 판례를 통해서 교과서를 읽는 방식을 취하였다.

둘째, 판례의 이해도를 최대한 높이기 위해 한 사건의 결론에 이르게 되는 판결요지를 충실히 담아 결론만 암기하는 방식을 벗어나 그 과정도 이해할 수 있도록 하였다.

셋째, 여기저기 흩어져 있는 유기적인 판례들을 찾아보는 고충을 최소화하고자 관련 판례를 최대한 가까이 둠으로써 효율성을 올리고자 하였다.

넷째, 결론이 동일한 판례군을 필요한 파트마다 판례정리 형태로 배열함으로써 영역별 판례를 암기 또는 정리할 수 있도록 하였다.

다섯째, 그동안 기출되었던 판례들은 기출표시를 함으로써 한 번 더 신경 써서 볼 수 있도록 노력하였다.

여섯째, 최근 대법원 판례까지 수록하였으며, 그동안의 누적된 판례를 최대한 수록하려고 노력하였다.

나름대로 수험생의 입장에서 책을 구성했지만 부족한 점이 많을 걸로 판단된다. 그럼에도 불구하고 감히 소망 하나를 언급하자면 본서가 수험생 여러분의 합격의 영광에 함께하길 간절히 기원한다는 것이다.

끝으로 좋은 교재의 발간을 위해 애써주신 참다움 김진연 사장님과 직원 여러분께 감사의 말씀을 전합니다.

편저자 씀

CONTENTS
이 책의 **목차**

01 형법총론

PART 01 형법 서론

Chapter 01 형법의 기초개념 / 16
제1절 형법의 의의·성격·기능 ······ 16
제2절 죄형법정주의 ······ 17
제3절 형법의 발전 ······ 42

Chapter 02 형법의 적용범위 / 43
제1절 형법의 시간적 적용범위 ······ 43
제2절 형법의 장소적 적용범위 ······ 51
제3절 형법의 인적 적용범위 ······ 55

PART 02 범죄론

Chapter 01 범죄의 기본개념 / 58
제1절 범죄의 의의 및 종류 ······ 58
제2절 범죄의 성립요건 ······ 61
제3절 범죄의 처벌조건과 소추조건 ······ 61

판례로 보는 형법 교과서

Chapter 02 행위론 및 행위주체 / 63

제1절 행위론 ··· 63
제2절 행위주체 ··· 63

Chapter 03 구성요건론 / 68

제1절 구성요건의 일반이론 ··· 68
제2절 결과반가치와 행위반가치 ··· 68
제3절 부작위범 ··· 68
제4절 인과관계와 객관적 귀속 ··· 75
제5절 구성요건적 고의 ··· 83
제6절 구성요건적 착오(사실의 착오) ··· 88
제7절 과실범 ·· 92
제8절 결과적 가중범 ·· 106

Chapter 04 위법성론 / 113

제1절 위법성의 일반이론 ·· 113
제2절 정당방위 ··· 114
제3절 긴급피난 ··· 122
제4절 자구행위 ··· 125
제5절 피해자의 승낙 ··· 128
제6절 정당행위 ··· 132

CONTENTS

이 책의 **목차**

Chapter 05 책임론 / 147

- 제1절 책임의 일반이론 ·· 147
- 제2절 책임능력 ·· 149
- 제3절 위법성의 인식과 금지착오 ·· 155
- 제4절 기대가능성 ·· 167

Chapter 06 미수론 / 172

- 제1절 미수범의 일반이론 ··· 172
- 제2절 장애미수 ·· 173
- 제3절 중지미수 ·· 180
- 제4절 불능미수 ·· 183
- 제5절 예비죄 ·· 185

Chapter 07 정범 및 공범론 / 188

- 제1절 정범·공범의 일반이론 ·· 188
- 제2절 간접정범 ·· 191
- 제3절 공동정범 ·· 196
- 제4절 교사범 ·· 209
- 제5절 종 범 ·· 215
- 제6절 공범과 신분 ·· 221

Chapter 08 죄수론 / 225

- 제1절 죄수의 일반이론 ··· 225
- 제2절 일 죄 ·· 228
- 제3절 수 죄 ·· 242

PART 03 형벌론

Chapter 01 형벌론 / 256

- 제1절 형벌의 의의 및 종류 ·· 256
- 제2절 형의 양정 ·· 269
- 제3절 누 범 ··· 276
- 제4절 집행유예 · 선고유예 · 가석방 ································· 279
- 제5절 형의 시효 · 소멸 · 기간 ·· 288

Chapter 02 보안처분론 / 292

- 제1절 보안처분론 ·· 292
- 제2절 현행법상 보안처분 ·· 292

CONTENTS

이 책의 **목차**

02 　 형법각론

PART 01 　 개인적 법익에 관한 죄

Chapter 01 생명과 신체에 대한 죄 / 296

- 제1절　살인의 죄 ·· 296
- 제2절　상해와 폭행의 죄 ·· 303
- 제3절　과실치사상의 죄 ··· 319
- 제4절　낙태의 죄 ··· 323
- 제5절　유기와 학대의 죄 ·· 324

Chapter 02 자유에 대한 죄 / 330

- 제1절　협박의 죄 ··· 330
- 제2절　강요의 죄 ··· 336
- 제3절　체포와 감금의 죄 ·· 341
- 제4절　약취와 유인의 죄 ·· 345
- 제5절　강간과 추행의 죄 ·· 353

Chapter 03 명예와 신용에 대한 죄 / 382

- 제1절　명예에 관한 죄 ·· 382
- 제2절　신용·업무와 경매에 관한 죄 ·· 409

판례로 보는 형법 교과서

Chapter 04 사생활의 평온에 대한 죄 / 433

제1절 비밀침해의 죄 ·· 433
제2절 주거침입의 죄 ·· 436

Chapter 05 재산에 대한 죄 / 448

제1절 재산죄 서설 ··· 448
제2절 절도의 죄 ··· 462
제3절 강도의 죄 ··· 475
제4절 사기의 죄 ··· 492
제5절 공갈의 죄 ··· 534
제6절 횡령의 죄 ··· 541
제7절 배임의 죄 ··· 570
제8절 장물의 죄 ··· 605
제9절 손괴의 죄 ··· 614
제10절 권리행사를 방해하는 죄 ·· 622

CONTENTS

이 책의 **목차**

PART 02 사회적 법익에 관한 죄

Chapter 01 공공의 안전과 평온에 대한 죄 / 638

제1절 공안을 해하는 죄 ··· 638
제2절 폭발물에 관한 죄 ··· 643
제3절 방화와 실화의 죄 ··· 645
제4절 일수와 수리에 관한 죄 ··· 652
제5절 교통방해의 죄 ·· 654

Chapter 02 공공의 신용에 대한 죄 / 660

제1절 문서에 관한 죄 ·· 660
제2절 통화에 관한 죄 ·· 702
제3절 유가증권·인지·우표에 관한 죄 ··································· 706
제4절 인장에 관한 죄 ·· 717

Chapter 03 공중의 건강에 대한 죄 / 722

제1절 먹는 물에 관한 죄 ··· 722
제2절 아편에 대한 죄 ·· 724

Chapter 04 사회도덕에 대한 죄 / 726

제1절 성풍속에 관한 죄 ··· 726
제2절 도박과 복표에 관한 죄 ··· 731
제3절 신앙에 관한 죄 ·· 738

판례로 보는 형법 교과서

PART 03 국가적 법익에 관한 죄

Chapter 01 국가의 존립과 권위에 대한 죄 / 744

제1절 　내란의 죄 ·· 744
제2절 　외환의 죄 ·· 749
제3절 　국기에 관한 죄 ··· 754
제4절 　국교에 관한 죄 ··· 754

Chapter 02 국가의 기능에 대한 죄 / 757

제1절 　공무원의 직무에 대한 죄 ··· 757
제2절 　공무방해에 관한 죄 ·· 797
제3절 　도주와 범인은닉의 죄 ··· 822
제4절 　위증과 증거인멸의 죄 ··· 830
제5절 　무고의 죄 ·· 841

01

형법총론

판례로 보는
형법 교과서

제 1 편

형법 서론

Chapter 01 형법의 기초개념
Chapter 02 형법의 적용범위

CHAPTER 01 형법의 기초개념

제1절 형법의 의의·성격·기능

I 형법의 의의

형법이란 범죄와 그에 대한 법적 효과인 형사제재(형벌 또는 보안처분)를 규정한 법규범의 총체를 말한다.

II 형법의 성격

1. 형법의 체계적 지위

형법은 공법, 사법법, 실체법, 형사법이다.

2. 형법의 규범적 성격 ● 검찰, 사시

가설규범	**형법**은 일정한 행위를 조건으로 하여 조건이 충족되면 이에 대해 형벌을 부과한다는 것이므로 이를 **가설규범**의 형식을 취하고 있는 반면 **종교규범이나 도덕규범**은 "살인하지 말라"라는 형식으로 **명령적·단언적·정언적 형식**을 취한다는 점에서 차이가 난다.
평가규범	형법은 일정한 행위를 범죄로 하고 이에 대해 형벌을 부과함으로써 형벌부과의 대상이 되는 행위를 사회윤리적 가치에 반하므로 위법하다고 평가한다.
의사결정규범	형법은 일반국민(수범자)에게 형법이 무가치하다고 평가한 행위를 결의해서는 안된다는 의무를 부과하는 성격을 가진다.
행위규범	형법은 일정한 행위를 해서는 안된다는 '**금지규범**'(예 살인죄) 또는 일정한 행위를 해야 한다는 '**명령규범**'(예 퇴거불응죄)의 형태로 되어 있는데 이는 일정한 행위를 금지 또는 명령함으로써 일반국민에게 행위의 기준을 제시하고 있다.

III 형법의 기능

형법은 규제적 기능, 보호적 기능, 보장적 기능, 사회보호적 기능을 한다.

제2절 죄형법정주의

Ⅰ 의의

일정한 행위를 범죄로 하고 이에 대하여 일정한 형벌을 부과하기 위하여는 반드시 행위시 이전에 명확히 제정·공포된 성문의 법률을 필요로 한다는 원칙을 말한다. 여기서의 법률은 **형식적 의미의 법률**을 의미한다. ●경찰

Ⅱ 연혁과 사상적 배경

죄형법정주의는 몽테스키외의 삼권분립론, Feuerbach의 심리강제설을 사상적 배경으로 한다.

Ⅲ 죄형법정주의의 현대적 의의

현대적 의미의 죄형법정주의는 형식적 죄형법정주의(법률만 있으면 법률의 내용은 문제삼지 않는다)뿐만 아니라 입법자의 자의를 방지하기 위하여 법률의 내용이 실질적 정의와 합치될 것을 요구하는 '적정한 법률 없으면 범죄 없고 형벌 없다'는 실질적 죄형법정주의도 요구하게 되었다.

Ⅳ 죄형법정주의의 내용(파생원칙)

1. **법률주의**(성문법주의, 관습형법금지)

   (1) 위임입법

   ① <u>특히 긴급한 필요가 있거나 미리 법률로써 자세히 정할 수 없는 부득이한 사정이 있는 경우에 한하여</u> 수권법률(위임법률)이 **구성요건의 점에서는** 처벌대상인 행위가 어떠한 것인지 이를 <u>예측할 수 있을 정도로</u> **구체적으로** 정하고, **형벌의 점에서는 형벌의 종류 및 그 상한과 폭**을 명확히 규정하는 것을 전제로 위임입법이 허용되며, 이러한 위임입법은 죄형법정주의에 반하지 않는다(대판 2002.11.26, 2002도2998). ●사시, 법행

   ② 일반적으로 법률의 위임에 의하여 효력을 갖는 법규명령의 경우 구법에 위임의 근거가 없어 무효였더라도 사후에 법 개정으로 위임의 근거가 부여되면 그때부터는 유효한 법규명령이 된다(대판 1995.6.30, 93추83). ●경찰

   ③ '경품의 제공방법'은 경품의 환전이나 재매입 등의 우려가 없는 등 사행성을 제거할 수 있는 방법이 될 것이라는 점에 대한 **대강의 예측이 가능**하므로 죄형법정주의 내지 포괄위임금지원칙에 위배되지 아니한다(헌재 2020.12.23, 2017헌바463). ●검찰

(2) 관습형법금지

① 행위자에게 **불리한 관습법**을 직접 법원(法源)으로 하여 새로운 구성요건을 창설하거나 형벌 또는 보안처분을 가중하는 것을 금지하며 행위자에게 **유리한 관습법**은 허용된다. ● 사시, 경찰9급, 경찰
② 관습법이 성문법규의 해석에 간접적으로 영향을 미치는 이른바 **보충적 관습법**은 허용된다. ● 경찰, 사시

> **판례 정리 ··· 법률주의에 위배되는 경우**
>
> 1. 총포·도검·화약류등단속법 시행령 제3조 제1항은 같은 법 제2조 제1항의 위임에 따라 총포의 범위를 구체적으로 정하면서도 제3호에서 모법의 위임 범위를 벗어나 총의 부품까지 총포에 속하는 것으로 규정함으로써, 모법보다 형사처벌의 대상을 확장하고 있으므로, 이는 결국 위임입법의 한계를 벗어나고 죄형법정주의 원칙에 위배된 것으로 무효라고 하지 않을 수 없다(대판 1996.2.11, 98도2816). ● 경찰, 사시
> 2. "약국을 관리하는 약사 또는 한약사는 보건복지부령으로 정하는 **약국관리에 필요한 사항**을 준수하여야 한다"라고 규정한 약사법 제19조 제4항(헌재결 2000.7.20, 99헌가15) ● 사시
> 3. 구 근로기준법 제30조 단서에서 임금·퇴직금 청산기일의 연장합의의 한도에 관하여 아무런 제한을 두고 있지 아니함에도 불구하고, 같은 법 시행령 제12조에 의하여 같은 법 제30조 단서에 따른 기일연장을 3월 이내로 제한한 경우(대판 1998.10.15, 98도1759)
> 4. [1] 구 도로교통법 시행령 제49조 제1항의 입법 취지는 글을 알지 못하는 문맹자에게도 글을 아는 사람과 동일하게 운전면허를 취득할 기회를 부여하려는 데 있다고 할 것인데, 구 도로법 시행령 제49조 제7항, 구 도로교통법 시행규칙 제69조 제1항의 위임에 따라 제정된 자동차운전면허 사무처리지침이 그 제8조 제1항에서 "구 도로교통법 시행령 제49조 제1항 단서 중 '글을 알지 못하는 사람'이라 함은 초등학교 중퇴 이하의 학력자로서 글을 전혀 읽지 못하거나 잘 읽을 수 없는 사람을 말한다"고 규정한 것은 모법의 위임범위를 벗어나 무효이다.
> [2] 초등학교를 졸업하였음에도 초등학교 중퇴 이하의 학력자라는 허위 내용의 인우보증서를 첨부하여 운전면허 구술시험에 응시하였다는 사실만으로는 위계에 의한 공무집행방해죄가 성립하지 않는다(대판 2007.3.29, 2006도8189). ● 사시
> 5. 감독기관의 승인사항을 법률에서 그 대강을 정하지 않고 시행령에서 비로소 동일인대출한도 초과에 대해 연합회장의 승인을 받도록 한 부분은 결국 위임입법의 한계를 벗어나고 죄형법정주의 원칙에 위배되는 것으로서 무효라고 하지 않을 수 없다(대결 2003.10.20, 2002모402).
> 7. 노동조합 관련 법률이 "**단체협약에 위반한 자**는 1,000만 원 이하의 벌금에 처한다"라는 규정을 두었다면 이는 범죄구성요건의 실질적 내용을 단체협약에 포괄적으로 위임한 것이어서 법률주의의 원칙에 반한다(헌재 1998.3.26, 96헌가20). ● 해경
> 8. (구)의료법 제41조는 각종 병원에 두어야 하는 당직의료인의 수와 자격에 아무런 제한을 두고 있지 않고 이를 하위 법령에 위임하고 있지도 않았는데도 의료법 시행령 제18조 제1항에서 당직의료인의 수와 자격 및 배치기준 등을 규정하고 있는 것은 위임입법의 한계를 벗어난 것으로서 무효이다(대판 2017.2.16, 2015도16014 전원합의체).

> **판례 정리** … 법률주의에 위배되지 않는 경우

1. 간판 등의 시설물설치를 금지하고 있는 공직선거및선거부정방지법 제90조의 규정이 **설치가 허용되는 간판의 규격**과 같은 세부적이고 기술적인 사항을 중앙선거관리위원회 규칙에서 정하도록 위임하였다 하여 이를 죄형법정주의와 포괄위임금지의 원칙에 어긋난다고 볼 수도 없다(대판 2005.1.13, 2004도7360). ● 경찰

2. 구 「지방자치단체를 당사자로 하는 계약에 관한 법률」 제31조 제1항은 입찰 참가자격 제한 대상을 계약당사자로 명시하지 않고 '**경쟁의 공정한 집행 또는 계약의 적정한 이행을 해칠 우려가 있는 자**' 또는 '**그 밖에 입찰에 참가시키는 것이 부적합하다고 인정되는 자**'로 규정하였는데 시행령에서는 입찰 참가자격의 제한을 받은 법인이나 단체의 대표자가 입찰 참가자격 제한 대상에 포함되는 것으로 규정한 경우 이는 위임의 한계를 벗어난 것으로 단정할 수 없다(대판 2022.7.14, 2022두37141).

3. 구 결혼중개업의 관리에 관한 **법률**에서 '국제결혼중개업자는 계약을 체결한 이용자와 결혼중개의 상대방의 **신상정보의 제공 시기** 및 절차, 입증방법 등에 필요한 사항은 **대통령령으로 정한다**.'라고 규정하고 이에 같은 법 **시행령**이 '국제결혼중개업자는 이용자와 상대방이 모두 **만남에 서면 동의한 경우**(이용자와 상대방의 **만남 이전**)에 만남을 주선하여야 한다.'라고 규정한 것(대판 2019.7.25, 2018도7989)

4. 「게임산업진흥에 관한 법률」 제28조제3호에서 게임물 관련 사업자에 대하여 '경품 등의 제공을 통한 사행성 조장'을 원칙적으로 금지하면서 **제공이 허용되는 경품의 종류·지급기준·제공방법 등에 관한 구체적인 내용**을 하위법령에 위임한 것(헌재 2020.12.23, 2017헌바463) 경찰 ☞ 경품의 환전이나 재매입 등의 우려가 없는 등 사행성을 제거할 수 있는 방법이 될 것이라는 대강의 예측이 가능하므로 포괄위임금지의 원칙에 반하지 않는다.

5. 게임산업진흥에 관한 법률 제32조 제1항 제7호가 '**환전, 환전 알선, 재매입 영업행위를 금지하는 게임머니 및 이와 유사한 것**'을 대통령령이 정하도록 위임하고 있는 것(대판 2009.4.23, 2008도11017) ● 경찰, 사시

6. 유해화학물질관리법 제35조 제1항에서 금지하는 환각물질을 구체적으로 명확하게 규정하지 아니하고, 다만 그 성질에 관하여 '**흥분·환각 또는 마취의 작용을 일으키는 유해화학물질로서 대통령령이 정하는 물질**'로 그 한계를 설정하여 놓고, 같은 법 시행령 제22조에서 이를 구체적으로 규정하게 한 것(대판 2000.10.27, 2000도4187) ● 사시, 경찰

7. 식품위생법 제11조 제2항이 **과대광고 등의 범위 및 기타 필요한 사항을 보건복지부령에 위임하고 있는 것**(대판 2002.11.26, 2002도2998) ● 경찰

8. 풍속영업자는 **대통령령으로 정하는 풍속영업의 경우 대상자의 연령을 확인하여 대통령령이 정하는 청소년이 출입을 하지 못하게 하여야 한다고 규정**한 풍속영업의 규제에 관한 법률 제3조 제5호의 규정(헌재결 1996.2.29, 94헌마13) ● 경찰

9. 공공기관의 운영에 관한 법률 제53조가 공기업의 임직원으로서 공무원이 아닌 사람은 형법 제129조의 적용에서는 이를 공무원으로 본다고 규정하고 있을 뿐 **구체적인 공기업의 지정**에 관하여는 하위규범인 기획재정부장관의 고시에 의하도록 규정한 경우(대판 2013.6.13, 2013도1685) ● 경찰

10. 특정범죄가중처벌 등에 관한 법률 제4조 제1항의 위임을 받은 특정범죄가중처벌 등에 관한 법률 시행령 제2조 제48호가 농업협동조합중앙회를 정부관리기업체의 하나로 규정한 것이 위임입법의 한계를 벗어난 것으로 위헌·위법이라고 할 수 없다(대판 2008.4.11, 2007도8373). ● 사시

> **유사판례**
>
> 특정범죄가중처벌 등에 관한 법률 제4조 제2항의 위임을 받은 같은 법 시행령 제2조 제50호가 수산업 협동조합중앙회와 그 회원조합을 정부관리기업체의 하나로 규정한 것이 위임입법의 한계를 벗어난 것으로 위헌·위법이라고 할 수 없다(대판 2007.4.27, 2007도1038). ● 경찰

11. 구 어선법 시행규칙에서 어선검사증서에 기재할 사항을 구체적으로 규정하면서 **총톤수를 포함시킨 것**은 구 어선법의 위임에 따른 것으로서 위임입법의 한계를 벗어난 것이 아니다(대판 2018.6.28, 2017도13426). ● 해경간부

2. 소급효금지의 원칙

(1) 내 용

① 소급효금지 원칙은 **법적안정성과 예측가능성**을 담보함으로써 이에 대한 국민의 **신뢰를 보호**한다는 법치국가 이념에 근거한다. ● 사시
② 행위자에게 **불리한 소급효가 금지**되는 것이며 **유리한 소급효는 인정된다**(형법 제1조 제2항, 제3항). ● 사시, 경찰
③ 소급효 금지의 원칙은 **실체법**인 형법에 대해서만 적용되는 원칙이므로 **절차법**인 형사소송법에서는 소급효가 인정될 수 있다. ● 사시, 경찰

(2) 소급입법의 허용여부

소급입법은 새로운 입법으로 **이미 종료된** 사실관계 또는 법률관계에 작용케 하는 **진정소급입법**과 **현재 진행중**인 사실관계 또는 법률관계에 작용케 하는 **부진정소급입법**으로 나눌 수 있는바, **부진정소급입법은 원칙적으로 허용**되지만 …**진정소급입법**은 개인의 신뢰보호와 법적 안정성을 내용으로 하는 법치국가원리에 의하여 **특단의 사정이 없는 한 헌법적으로 허용되지 아니하는 것이 원칙**이고 다만 일반적으로 국민이 소급입법을 예상할 수 있었거나 법적 상태가 불확실하고 혼란스러워 보호할 만한 신뢰이익이 적은 경우와 소급입법에 의한 당사자의 손실이 없거나 아주 경미한 경우 그리고 신뢰보호의 요청에 우선하는 **심히 중대한 공익상의 사유가 소급입법을 정당화하는 경우** 등에는 예외적으로 진정소급입법이 허용된다(헌재결 1999.7.22, 97헌바76). ● 경찰, 검찰

> **참고판례**
> 형벌불소급의 원칙은 "행위의 가벌성" 즉 형사소추가 "언제부터 어떠한 조건하에서" 가능한가의 문제에 관한 것이고, "얼마동안" 가능한가의 문제에 관한 것은 아니므로, 과거에 이미 행한 범죄에 대하여 공소시효를 정지시키는 법률이라 하더라도 그 사유만으로 헌법 제12조 제1항 및 제13조 제1항에 규정한 죄형법정주의의 파생원칙인 형벌불소급의 원칙에 언제나 위배되는 것으로 단정할 수는 없다(헌재결 1996.2.16, 96헌가2). ● 사시

(3) 보안처분과 소급효금지

① 형법상의 보호관찰과 소급효금지 : 개정 형법 제62조의 제1항에서 말하는 보호관찰은 형벌이 아니라 보안처분의 성격을 갖는 것으로서, 과거의 불법에 대한 책임에 기초하고 있는 제재가 아니라 장래의 위험성으로부터 행위자를 보호하고 사회를 방위하기 위한 합목적적인 조치이므로, 그에 관하여 반드시 **행위 이전에 규정되어 있어야 하는 것은 아니며, 재판시의 규정에 의하여 보호관찰을 받을 것을 명할 수 있다**고 보아야 할 것이고, 이와 같은 해석이 형벌불소급의 원칙 내지 죄형법정주의에 위배되는 것이라고 볼 수 없다(대판 1997.6.13, 97도703). ● 사시, 법원

② 사회봉사명령과 소급효금지
　[1] 가정폭력범죄의 처벌 등에 관한 특례법이 정한 보호처분 중의 하나인 **사회봉사명령**은 보안처분의 성격을 가지는 것으로 이는 가정폭력범죄를 범한 자에게 의무적 노동을 부과하고 여가시간을 박탈하여 **실질적으로는 신체적 자유**를 제한하게 되므로, 이에 대하여는 **원칙적으로 형벌불소급의 원칙에 따라 행위시법을 적용**함이 상당하다.
　[2] 가정폭력범죄의 처벌 등에 관한 특례법상 사회봉사명령을 부과하면서, **행위시법상 사회봉사명령 부과시간의 상한인 100시간을 초과하여 상한을 200시간으로 올린 신법을 적용**한 것은 위법하다(대결 2008.7.24, 2008어4).

경찰, 검찰 등

(4) 판례의 변경과 소급효금지

형사처벌의 근거가 되는 것은 법률이지 판례가 아니고, 형법 조항에 관한 판례의 변경은 그 법률조항의 내용을 확인하는 것에 지나지 아니하여 이로써 그 법률조항 자체가 변경된 것이라고 볼 수는 없으므로, **행위 당시의 판례에 의하면 처벌대상이 되지 아니하는 것으로 해석되었던 행위를 판례의 변경에 따라 확인된 내용의 형법 조항에 근거하여 처벌한다고 하여** 그것이 헌법상 평등의 원칙과 형벌불소급의 원칙에 반한다고 할 수는 없다(대판 1999.9.17, 97도3349). 법원, 경찰

> **판례 정리**
>
> 1. **행정청의 자동차 운전면허 취소처분이 직권으로 또는 행정쟁송절차에 의하여 취소되면**, 운전면허 취소처분은 그 처분시에 소급하여 효력을 잃고 운전면허 취소처분에 복종할 의무가 원래부터 없었음이 확정되므로, 운전면허 취소처분을 받은 사람이 **취소처분이 취소되기 전**에 자동차를 운전한 행위는 도로교통법에 규정된 무면허운전의 죄에 해당하지 아니한다(대판 2021.9.16, 2019도11826).
>
> > **유사판례**
> > ① 영업허가취소처분을 받고도 영업을 계속하였으나 그 후 행정쟁송절차에 의하여 위 처분이 취소된 경우 영업허가취소처분 이후의 영업행위는 무허가 영업이 아니다(대판 1993.6.25, 93도277).
> > ② 특정범죄 가중처벌 등에 관한 법률 위반(도주차량)으로 운전면허취소처분을 받은 자가 자동차를 운전하였다고 하더라도 그 후 피의사실에 대하여 무혐의 처분을 받고 이를 근거로 행정청이 운전면허 취소처분을 철회하였다면, 위 운전행위는 무면허운전에 해당하지 않는다(대판 2008.1.31, 2007도9220).
>
> 2. 인지가 범행 후에 이루어진 경우 인지의 소급효에 따라 형성되는 친족관계를 기초로 하여 친족상도례의 규정이 적용된다(대판 1997.1.24, 96도1731). 사시
> 3. 대한주택공사와 철거업체들 간의 도급계약이 처벌규정 신설 전에 체결되었다 하더라도, 그에 따른 건설폐기물의 처리행위가 **처벌규정의 신설 후에도 종료되지 않고 계속적으로 이루어진 이상**, 처벌규정 신설 후에 이루어진 무허가 처리업체에 의한 건설폐기물의 위탁처리행위를 처벌하는 것은 형벌법규의 소급효지원칙에 위배되지 않는다(대판 2009.1.30, 2008도8607). 경찰승진, 검찰7급

4. 대법원 양형위원회가 설정한 '**양형기준**'이 발효하기 전에 공소가 제기된 범죄에 대하여 위 '양형기준'을 참고하여 형을 양정한 사안에서, 피고인에게 불리한 법률을 소급하여 적용한 위법이 있다고 할 수 없다(대판 2009.12.10, 2009도11448).
　● 법행
5. 구 '부정경쟁 방지 및 영업비밀 보호에 관한 법률'에서는 기업의 전·현직 임원 또는 직원이 영업비밀을 누설하는 행위만을 처벌하였으나 그 후 개정된 법률에서는 영업비밀의 부정취득 또는 그 부정사용을 별도의 범죄구성요건으로 규정하면서 개정법률의 부칙 제2항이 "이 법 시행 전에 영업비밀을 취득·사용하거나 제3자에게 누설한 자에 대해서는 종전의 규정에 의한다"고 규정하고 있을 뿐이라면, 위 **개정법률이 시행되기 전에 취득한 영업비밀이라 하더라도 그 시행 후에 이를 부정사용하는 행위는 위 개정법률 제18조 제2항의 적용 대상이 된다**(대판 2009.10.15, 2008도9433).
6. 아동·청소년의 성보호에 관한 법률에 정한 **공개명령 제도**는, … 일종의 보안처분이다. …, 공개명령 제도는 범죄행위를 한 자에 대한 응보 등을 목적으로 그 책임을 추궁하는 사후적 처분인 형벌과 구별되어 그 본질을 달리하는 것으로서 **형벌에 관한 소급입법금지의 원칙이 그대로 적용되지 않으므로**, 공개명령 제도가 시행된 2010. 1. 1. 이전에 범한 범죄에도 공개명령 제도를 적용하도록 아동·청소년의 성보호에 관한 법률이 2010. 7. 23. 법률 제10391호로 개정되었다고 하더라도 그것이 소급입법금지의 원칙에 반한다고 볼 수 없다(대판 2011.3.24, 2010도14393).
　● 경간부

> **유사판례**
>
> ① 2011.1.1. 이전에 아동·청소년 대상 성폭력범죄를 범하고 아직 유죄판결이 확정되지 아니한 자에 대하여는 판결과 동시에 고지명령을 선고할 수 있는 근거를 따로 두고 있지 아니하므로 2011.1.1. 이후 '아동·청소년 대상 성폭력범죄를 저지른 자'에 대하여만 판결과 동시에 고지명령을 선고할 수 있다고 보아야 한다(대판 2014.2.13, 2013도14349·2013전도275).
　● 경간부
> ② 전자감시제도
> 　특정 범죄자에 대한 위치추적 전자장치 부착 등에 관한 법률에 의한 **전자감시제도**는 일종의 보안처분으로 범죄행위를 한 자에 대한 응보를 주된 목적으로 그 책임을 추궁하는 사후적 처분인 형벌과 구별되어 그 본질을 달리하는 것으로서 형벌에 관한 소급입법금지의 원칙이 그대로 적용되지 않으므로, 위 법률이 개정되어 부착명령 기간을 연장하도록 규정하고 있더라도 그것이 소급입법금지의 원칙에 반한다고 볼 수 없다(대판 2010.12.23, 2010도11996).
　● 사시, 검찰7급, 경찰승진

7. 전자장치 부착법이 개정되면서 위 개정법률 부칙에서 19세 미만의 사람에 대하여 특정범죄를 저지른 경우 부착기간 하한을 2배 가중하도록 한 위 법 제9조 제1항 단서의 소급적용에 관하여는 명시적인 경과규정을 두고 있지 않으므로 위 조항을 소급적용하는 것은 죄형법정주의의 원칙에 위배된다(대판 2013.7.26, 2013도6220).
　● 경간부
8. 형벌불소급원칙에서 의미하는 '**처벌**'은 형법에 규정되어 있는 **형식적 의미의 형벌** 유형에 국한되지 않으며, 범죄행위에 따른 제재의 내용이나 실제적 효과가 형벌적 성격이 강하여 신체의 자유를 박탈하거나 이에 준하는 정도로 신체의 자유를 제한하는 경우에는 형벌불소급원칙이 적용되어야 한다. **노역장유치**는 그 실질이 신체의 자유를 박탈하는 것으로서 징역형과 유사한 형벌적 성격을 가지고 있으므로 형벌불소급원칙의 적용 대상이 된다(헌재 2017.10.26, 2015헌바239·2016헌바177).
9. 게임산업진흥에 관한 법 및 시행령이 개정되면서 시행령 제18조의3의 시행일 이후 위 시행령 조항 각 호에 규정된 게임머니의 환전, 환전 알선, 재매입 영업행위가 처벌되는 것이므로, 그 시행일 이전에 위 시행령 조항 각 호에 규정된 게임머니를 환전, 환전 알선, 재매입한 영업행위를 처벌하는 것은 형벌법규의 소급효금지 원칙에 위배된다(대판 2009.4.23, 2008도11017).
　● 경찰, 사시, 검찰

3. 명확성의 원칙

(1) 구성요건의 명확성

> **관련판례**
>
> ① 법규범의 문언은 어느 정도 가치개념을 포함한 일반적, 규범적 개념을 사용하지 않을 수 없는 것이기 때문에 명확성의 원칙이란 기본적으로 **최대한이 아닌 최소한의 명확성을 요구**하는 것으로서, 그 문언이 법관의 보충적인 가치판단을 통해서 그 의미내용을 확인할 수 있고, 그러한 **보충적 해석이 해석자의 개인적인 취향에 따라 좌우될 가능성이 없다면 명확성의 원칙에 반한다고 할 수 없다**(대판 2008.10.23, 2008초기264). ● 경찰승진, 사시
> ② 처벌법규의 구성요건이 어느 정도 명확하여야 하는가를 일률적으로 정할 수 없고, 각 구성요건의 특수성과 그러한 법적 규제의 원인이 된 여건이나 처벌의 정도 등을 고려하여 종합적으로 판단하여야 한다(대판 2008.5.29, 2008도1857). ● 검찰9급, 법원9급, 사시, 법행
> ③ 처벌법규의 구성요건이 명확하여야 한다고 하여 모든 구성요건을 <u>단순한 서술적 개념으로 규정하여야 하는 것은 아니고</u>, 다소 광범위하여 법관의 보충적인 해석을 필요로 하는 개념을 사용하였다고 하더라도 통상의 해석방법에 의하여 <u>건전한 상식과 통상적인 법감정을 가진 사람이면 당해 처벌법규의 보호법익과 금지된 행위 및 처벌의 종류와 정도를 알 수 있도록 규정하였다면 처벌법규의 명확성에 배치되는 것이 아니다</u>(대판 2014.1.28, 2013도12939). ● 경찰간부
> ④ 명확성 원칙은 <u>모든 법률에 동일한 정도로 요구되는 것은 아니고</u> 개개의 법률이나 법조항의 성격에 따라 요구되는 정도에 차이가 있을 수 있다. 개별 구성요건의 특수성과 그러한 법률이 제정되게 된 배경이나 상황에 따라 달라질 수 있기 때문이다(대판 2018.4.24, 2018초기306).

(2) 제재의 명확성

형의 장·단기가 전혀 정해지지 않는 절대적 부정기형은 명확성의 원칙에 반하여 허용되지 않지만, 장·단기 또는 장기가 규정되는 상대적 부정기형은 현행 법률에서 허용되고 있다(소년법 제60조 참조). ● 경찰, 검찰7급, 경찰승진, 사시

(3) 판단기준

① 처벌법규의 입법목적이나 그 전체적 내용, 구조 등을 살펴보아 **사물의 변별능력을 제대로 갖춘 일반인의 이해와 판단**으로서 그 구성요건 요소에 해당하는 행위유형을 정형화하거나 한정할 합리적 해석 기준을 찾을 수 있다면 죄형법정주의가 요구하는 형벌법규의 명확성의 원칙에 반하는 것이 아니다(대판 2003.4.11, 2003도451).
  ☞ 명확한지 여부는 <u>법관이나 행위자의 이해와 판단이 기준이 되는 것이 아니다.</u>
    ● 사시
② 어떠한 **법규범이 명확한지 여부**는 그 법규범이 **수범자**에게 법규의 의미내용을 알 수 있도록 공정한 고지를 하여 <u>예측가능성을 주고 있는지 여부</u> 및 그 법규범이 <u>법을 해석·집행하는 기관</u>으로 하여금 자의적인 해석이나 집행을 하지 못하게 하는지 여부, 즉 **예측가능성 및 자의적 법집행 배제가 확보되는지 여부**에 따라 이

를 판단할 수 있다. … 결국 법규범이 명확성의 원칙에 위배되는지 여부는 위와 같은 해석방법에 의하여 그 의미내용을 **합리적으로 파악할 수 있는 해석기준을 얻을 수 있는지 여부**에 달려 있다고 할 것이다(대판 2023.5.18, 2022도10961).

> **판례 정리 … 명확성원칙에 위반되는 경우**
>
> 1. 외국환관리규정의 '**도박 기타 범죄 등 선량한 풍속 및 사회질서에 반하는 행위**'라는 요건(대판 1998.6.18, 97도2231 전원합의체) ● 경찰승진
>
>   **비교판례**
>   청소년보호법 제26조의 2 제8호 '**풍기를 문란하게 하는 영업행위를 하거나 그를 목적으로 장소를 제공하는 행위**'라는 조항은 명확성의 원칙에 반하지 않는다(대판 2003.12.26, 2003도5980). ● 사시, 경찰, 법행
>
> 2. 출판사 및 인쇄소의 등록에 관한 법률 제5조의2 제5호에서 "**저속**"의 개념(헌재결 1998.4.30, 95헌가16)
>
>   **비교판례**
>   "**음란**"이란 개념이 일반 보통인의 성욕을 자극하여 성적 흥분을 유발하고 정상적인 성적 수치심을 해하여 성적 도의관념에 반하는 것이라고 풀이되고 있으므로 이를 불명확하다고 볼 수 없기 때문에, 형법 제243조(음화등의 반포등죄)와 제244조(음화등의 제조등죄)의 규정이 **죄형법정주의에 반하는 것이라고 할 수 없다**(대판 1995.6.16, 94도2413). ● 경찰, 법행
>
> 3. 미성년자보호법 제2조의 2의 불량만화에 대한 정의 중 '**잔인성을 조장할 우려가 있거나 범죄의 충동을 일으키게 할 수 있는**' 규정 및 구 아동복지법상의 '**아동의 덕성을 심히 해할 우려**'가 있는 도서 등의 제작행위'를 처벌하는 규정(헌재결 2002.2.28, 99헌가8) ● 경찰승진
>
> 4. "**'가정의례의 참뜻'에 비추어 '합리적인 범위 안'**에서 대통령령이 정하는 행위는 그러하지 아니하다."라고 규정한 구 가정의례에 관한 법률 제4조 제1항(헌재결 1998.10.15, 98헌마168) ● 경찰, 사시
>
>   **비교판례**
>   구 식품위생법에 의한 보건복지부장관의 고시 규정 중 '**일반인들의 전래적인 식생활이나 통념상 식용으로 하지 아니한 것**', '**식품원료로서 안정성 및 건전성이 입증되지 아니한 것**'의 개념은 명확성을 결한 것이라고는 할 수 없다(대판 2000.10.27, 2000도1007). ● 사시
>
> 5. 직업안정법 제46조 제1항 제2호의 '**공중도덕상 유해한 업무**'라는 부분(헌재결 2005.3.31, 2004헌바29)
> 6. 국가보안법 제13조에서 제7조 제5항, 제1항의 위반행위에 대해 "**그 죄에 정한 법정형의 최고를 사형으로 한다**"라고 규정한 것(헌재결 2002.11.28, 2002헌가5)
> 7. 구 대외무역법 제21조 제3항, 제4항 제2호의 위임에 의하여 산업자원부장관이 공고한 구 전략물자수출입공고에서 수출제한지역으로 규정하는 '**국제평화와 지역안전을 저해할 우려가 있는 지역**' 부분(대판 2010.12.23, 2008도4233) ● 경찰간부
> 8. '**공익을 해할 목적**'으로 전기통신설비에 의하여 공연히 허위의 통신을 한 자를 형사 처벌하는 전기통신기본법 제47조 제1항(헌재결 2010.12.28, 2008헌바157 · 2009헌바88) ● 경찰간부
> 9. "유언비어의 날조 · 유포와 국론분열 언동을 엄금한다."라는 표현(대판 2018.12.13, 2016도1397)

> **판례 정리** … 명확성원칙에 위반되지 않는 경우

1. 앞지르기 금지장소로서 규정된 도로교통법 제20조의 2 제2호의 "**도로의 구부러진 곳**"이라는 표현(헌재결 2000.2.24, 99헌가4)
2. 유해화학물질관리법 제35조 제1항의 '**섭취 또는 흡입**'의 개념(대판 2000.10.27, 2000도4187) ● 사시, 경찰
3. 수질환경보호법 시행규칙 제3조가 형벌조항인 제56조 제1호의 구성요건 중 한 요소인 특정수질유해 물질 중의 한 종류로서 "**구리(동) 및 그 화합물**"을 규정하고 있는 것(대판 2005.1.28, 2002도6931) ● 경찰
4. 대기환경보전법 제2조 제12호의 '**소량**'이라는 부분(대판 2005.12.8, 2004도5529) ● 경찰
5. 군형법 제92조가 "**기타 추행**"을 처벌한다고 규정한 것(헌재결 2002.6.27, 2001헌바70)
6. 폭력행위 등 처벌에 관한 법률 제4조 제1항에서 규정하고 있는 범죄단체 구성원으로서의 '**활동**'의 개념(대판 2008.5.29, 2008도1857) ● 경찰, 사시
7. 구 정보통신망 이용촉진 및 정보보호 등에 관한 법률 제65조 제1항 제3호에서 규정하는 '**불안감**'이란 부분 (대판 2008.12.24, 2008도9581) ● 사시
8. 공직선거법 제47조의 2 제1항 "누구든지 정당이 특정인을 후보자로 추천하는 일과 관련하여 금품이나 그 밖의 재산상의 이익 또는 공사의 직을 제공하거나 그 제공의 의사를 표시하거나 그 제공을 약속하는 행위를 하거나, 그 제공을 받거나 그 제공의 의사표시를 승낙할 수 없다"는 규정 중에서 "**누구든지**"와 "**후보자로 추천하는 일과 관련하여**"라는 개념(대판 2009.5.14, 2008도11040) ● 사시
9. 건설공사의 수주 및 시공과 관련하여 부정한 청탁에 의한 금품수수행위를 금지하는 건설산업기본법 제38조의 2 규정 중 '**이해관계인**' 부분(대판 2009.5.14, 2007도6185) ● 사시
10. "**교육감선거**에 관하여 이 법에 정한 것을 제외하고는 그 성질에 반하지 않는 범위 안에서 공직선거법의 시·도지사선거에 관한 규정을 준용한다."고 정한 지방자치에 관한 법률 제22조 제3항(대판 2009.10.29, 2009도5945) ● 경찰, 사시
11. 향토예비군설치법 제15조 제9항 후문에서 규정한 '**소집통지서를 수령할 의무가 있는 자**'의 범위를 별도로 정하지 않은 경우(헌재결 2003.3.27, 2002헌바35) ● 사시
12. 형사소송법 제307조, 제308조에 규정된 '**증거**' 또는 '**자유심증**'이라는 용어(대결 2006.5.26, 2006초기92)
13. 형사소송법 제122조 단서상의 '**급속을 요하는 때**'라는 용어(대판 2012.10.11, 2012도7455)
14. 도시정비법 제81조 제1항에서 "**열람·등사 요청에 응하여야 하는 자료의 범위와 즉시**"라는 부분(대판 2012.2.23, 2010도8981) ● 경찰
15. 보건범죄단속에관한특별조치법 제5조 중 "**한방의료행위**" 부분(헌재결 1996.12.26, 93헌바65)
16. 「형법」 제125조(폭행, 가혹행위) 중 '경찰에 관한 직무를 행하는 자 또는 이를 보조하는 자가 그 직무를 행함에 당하여 형사피의자 또는 기타 사람에 대하여 폭행을 가한 때'와 관련된 부분(헌재 2015.3.26, 2013헌바140) ● 경찰
17. 구 국가공무원복무규정 제27조 제2항 제4호 소정의 '명목 여하를 불문하고 금전 또는 물질로 특정 정당 또는 정치 단체를 지지 또는 반대하는 것'이라는 부분(대판 2014.5.16, 2012도12867) ● 경간부
18. 특정범죄 가중처벌등에 관한 법률 제5조의4 제5항 제1호는 '**형법 제329조부터 제331조까지의 죄 또는 그 미수죄**로 세 번 이상 징역형을 받은 사람이 **다시 이들 죄를** 범하여 누범으로 처벌하는 경우에는 2년 이상 20년 이하의 징역에 처한다.'고 정하고 있는 바 여기서의 이 사건 법률조항 중 '**이들 죄**' 부분(대판 2018.2.13, 2017도19862) ☞ '이들 죄' 부분이라 함은, 앞의 범행과 동일한 범죄일 필요는 없으나, 특정범죄 가중처벌등에 관한 법률 제5조의4 제5항에 열거된 모든 죄가 아니라 앞의 범죄와 동종의 범죄, 즉 **형법 제329조부터 제331조까지의 죄 또는 그 미수죄**를 의미한다고 할 것이다. 따라서 이 사건 법률조항은 죄형법정주의와 명확성원칙에 위반되지 않는다.

19. 「산업안전보건기준에 관한 규칙」제519조」의 내용 중 '사업주는 근로자가 진동작업에 종사하는 경우 … 진동 장해 예방방법을 근로자에게 충분히 알려야 한다.'에서 '**충분히 알려야 한다**'라는 부분은 죄형법정주의에서 파생된 명확성 원칙에 위배된다고 할 수 없다(대판 2021.4.29, 2019도12986).
20. 구 도시 및 주거환경정비법 제69조 제1항 제6호에서 정한 "**관리처분계획의 수립**"에는 경미한 사항이 아닌 **관리처분계획의 주요 부분**을 실질적으로 변경하는 것이 포함된다고 해석하는 것은 죄형법정주의 내지 형벌법규 명확성의 원칙을 위반하였다고 보기 어렵다(대판 2019.9.25, 2016도1306) ● 해경간부

4. 유추해석금지의 원칙

(1) 내 용

피고인에게 **불리한 유추해석이 금지**되는 것이므로 **유리한 유추해석은 허용**된다.

● 사시, 경찰, 검찰9급

(2) 목적론적 해석

① 형벌법규의 해석에서도 법률문언의 통상적인 의미를 벗어나지 않는 한 그 법률의 입법취지와 목적, 입법연혁 등을 고려한 목적론적 해석이 배제되는 것은 아니라고 할 것이다(대판 2010.7.22, 2010도63). ● 변호사, 경찰승진, 경찰간부

② 법률을 해석할 때 입법 취지와 목적, 제·개정 연혁, 법질서 전체와의 조화, 다른 법령과의 관계 등을 고려하는 체계적·논리적 해석 방법을 사용할 수 있으나, **문언 자체가 비교적 명확한 개념으로 구성되어 있다면 원칙적으로 이러한 해석 방법은 활용할 필요가 없거나 제한될 수밖에 없다**(대판 2021.1.21, 2018도5475 전원합의체). ● 해경간부

(3) 유리한 사유의 제한적 유추

유추해석금지의 원칙은 모든 형벌법규의 구성요건과 가벌성에 관한 규정에 준용되는데, **위법성 및 책임의 조각사유나 소추조건, 또는 처벌조각사유인 형면제 사유에 관하여 그 범위를 제한적으로 유추적용**하게 되면 행위자의 가벌성의 범위는 확대되어 행위자에게 불리하게 되는바, 이는 가능한 문언의 의미를 넘어 범죄구성요건을 유추적용하는 것과 같은 결과가 초래되므로 죄형법정주의의 파생원칙인 유추해석금지의 원칙에 위반하여 허용될 수 없다(대판 1997.3.20, 96도1167 전원합의체). ● 사시, 경찰, 검찰

> **유사판례**
> 처벌규정의 소극적 구성요건을 문언의 가능한 의미를 벗어나 지나치게 좁게 해석하게 되면 피고인에 대한 가벌성의 범위를 넓히게 되어 죄형법정주의의 파생원칙인 유추해석금지원칙에 어긋날 우려가 있으므로 법률문언의 통상적인 의미를 벗어나지 않는 범위 내에서 합리적으로 해석할 필요가 있다(대판 2018.10.25, 2018도7041).

(4) 확장해석

① 형법 제170조 제2항에서 말하는 '자기의 소유에 속하는 제166조 또는 제167조에 기재한 물건'이라 함은 '자기의 소유에 속하는 제166조에 기재한 물건 또는 **자기의 소유에 속하든, 타인의 소유에 속하든 불문하고 제167조에 기재한 물건**'을 의미하는 것이라고 해석하여야 하며, … 이렇게 해석한다고 하더라도 그것이 법규정의 가능한 의미를 벗어나 법형성이나 법창조행위에 이른 것이라고는 할 수 없어 죄형법정주의의 원칙상 금지되는 유추해석이나 확장해석에 해당한다고 볼 수는 없을 것이다(대결 1994.12.20, 94모32 전원합의체). ● 사시

② 구 주택법 혹은 그 위임에 따른 시행령에 명문의 근거 규정 없이 주택조합사업 시행의 투명성 확보나 조합 구성원들의 알권리 보장 등 규제의 목적만을 앞세워 구 주택법 제12조 제1항 각호에 명시된 서류의 '관련 자료'의 범위를 지나치게 확장하여 인정하는 것은 죄형법정주의가 요구하는 형벌법규 해석원칙에 어긋난다. 따라서 구 주택법 제12조 제1항의 '**관련 자료**'에는 각호에 열거된 서류의 진정성립 판단을 위해 확인할 필요가 있는 자료나 해당 서류가 그 내용을 인용하면서 별첨한 자료에 해당하는 등 해당 서류와 **불가분적으로 또는 직접적으로 관련된 자료가 포함**된다고 할 것이나, **공개 필요성이 있다는 이유만으로** 구 주택법 제12조 제1항이나 구 주택법 시행령 제25조 각호에 열거된 서류의 '**관련 자료**'에 해당한다고 섣불리 단정하여서는 아니된다(대판 2024.9.12, 2021도14712).

(5) 소송조건과 유추해석

처벌을 희망하지 않는다는 의사표시 또는 처벌희망 의사표시의 철회는 이른바 소극적 소송조건에 해당하고, <u>소송조건에는 죄형법정주의의 파생원칙인 유추해석금지의 원칙이 적용된다</u>고 할 것인데, <u>명문의 근거 없이 그 의사표시에 법정대리인의 동의가 필요하다고 보는 것은 유추해석에 의하여 소극적 소송조건의 요건을 제한하고 피고인 또는 피의자에 대한 처벌가능성의 범위를 확대하는 결과가 되어 죄형법정주의 내지 거기에서 파생된 유추해석금지의 원칙에도 반한다</u>(대판 2009.11.19, 2009도6058 전원합의체). ● 법원, 사시

(6) 행정법규와 죄형법정주의

형벌법규의 해석은 엄격하여야 하고 명문규정의 의미를 피고인에게 불리한 방향으로 지나치게 확장 해석하거나 유추 해석하는 것은 죄형법정주의의 원칙에 어긋나는 것으로서 허용되지 않으며, 이러한 법해석의 원리는 <u>형벌법규의 적용대상이 행정법규가 규정한 사항을 내용으로 하고 있는 경우에 그 행정법규의 규정을 해석하는 데에도 마찬가지로 적용된다</u>(대판 2021.11.25, 2021도10981). ● 경찰

(7) 위임입법의 한계

① 법률의 시행령이나 시행규칙의 내용이 모법의 입법 취지와 관련 조항 전체를 유기적·체계적으로 살펴보아 모법의 해석상 가능한 것을 명시한 것에 지나지 아니하거나 모법 조항의 취지에 근거하여 이를 구체화하기 위한 것인 때에는 모법의 규율 범위를 벗어난 것으로 볼 수 없으므로, **모법에 이에 관하여 직접 위임하는 규정을 두지 아니하였다고 하더라도** 이를 무효라고 볼 수는 없다(대판 2014.8.20. 2012두19526). ● 경간부

② **법률의 시행령**이 형사처벌에 관한 사항을 규정하면서 **법률의 명시적인 위임 범위를 벗어나 처벌의 대상을 확장하는 것**은 죄형법정주의의 원칙에도 어긋나는 것이므로, 그러한 시행령은 위임입법의 한계를 벗어난 것으로서 무효이다(대판 2017.2.16. 2015도16014). ● 경간부

판례 정리 ··· 유추해석 O(= 유추해석금지 원칙에 반하는 경우)

1. 공직선거 및 선거부정방지법의 '자수'를 범행발각 전에 자수한 경우로 한정하여 해석한 경우(대판 1997.3.20, 96도1167 전원합의체) ● 검찰7급
2. 초병이 하자 있는 의사에 의하여 총기를 편취당한 경우에도 군용물분실죄(군용법 제74조)의 '분실'에 해당한다고 해석한 경우(대판 1999.7.9, 98도1719) ● 경찰, 사시, 법행
3. 저작권법 제98조 제1호 소정의 권리침해 태양인 '복제·공연·방송·전시 등'에 '배포' 행위가 포함된다는 해석(대판 1999.3.26, 97도1769) ● 경찰, 사시
4. 대부업법 제2조 제1호가 규정하는 '금전의 대부'에 재화 또는 용역을 할인하여 매입하는 거래를 통해 금전을 교부하는 경우도 포함된다고 보는 것(대판 2019.9.26, 2018도7682)
5. 성폭력범죄의 처벌 및 피해자보호 등에 관한 법률 제8조의 '신체장애'에 정신박약 등으로 인한 **정신장애**도 포함된다고 해석하는 경우(대판 1998.4.10, 97도3392 ⇨ 개정된 제8조는 '정신장애'도 함께 규정하였음) ● 사시
6. 도로교통법의 "무면허운전"에 연습운전면허를 받은 사람의 운전을 포함시키는 경우(대판 2001.4.10, 2000도5540)

유사판례
도로교통법 제43조는 운전자의 금지사항으로 운전면허를 받지 아니한 경우와 운전면허의 효력이 정지된 경우를 구별하여 대등하게 나열하고 있다. 그렇다면 '운전면허를 받지 아니하고'라는 법률문언의 통상적인 의미에 '운전면허를 받았으나 그 후 운전면허의 효력이 정지된 경우'가 당연히 포함된다고는 해석할 수 없다(대판 2011.8.25, 2011도7725). ● 경찰

7. 형법 제225조의 공문서변조나 위조죄의 주체인 **공무원 또는 공무소**에는 형법 기타 특별법에 의해 **공무원으로 의제되는 경우**뿐만 아니라 계약 등에 의하여 공무와 관련되는 업무를 일부 대행하는 경우도 포함된다고 해석한 경우(대판 1996.3.26, 95도3073) ● 법행, 경찰승진
8. 형법 제229조, 제228조 제1항의 "공정증서원본"에 공정증서의 **정본**을 포함시키는 경우(대판 2002.3.26, 2001도6503) ● 사시, 경찰
9. 농협대의원 선거에 있어서 **선거일 공고일 이전의 금품제공행위**가 농업협동조합법 제172조 제1항, 제50조 제1항의 **선거인에 대한 금품제공죄에 해당**한다고 해석한 경우(대판 2003.7.22, 2003도2297)

10. 형법 제347조의2 **컴퓨터사용사기죄의 객체인 "재산상의 이익"**에 '**재물**'을 포함시키는 경우(대판 2003.5. 13, 2003도1178)
11. 형법 제207조 제3항의 **외국에서 통용하는 지폐**에 강제통용력을 가지지 아니하나 **일반인의 관점에서 통용할 것이라고 오인할 가능성이 있는 지폐**까지 포함시켜 해석한 경우(대판 2004.5.14, 2003도3487) ● 경찰, 사시
12. 타인에 의해 **이미 생성된** 주민등록번호를 단순히 사용한 것을 허위의 주민등록번호를 **생성하여** 자기 또는 다른 사람의 재물이나 재산상의 이익을 위해 사용한 것으로 보는 경우(대판 2004.2.27, 2003도6535)
 ● 사시
13. 군형법 제64조 제1항의 **상관면전모욕죄**의 구성요건에 **전화를 통하여 통화한 경우**를 포함시키는 경우(대판 2002.12.2, 2002도2539) ● 사시
14. 개별적인 미신고 자본거래는 외국환거래법 위반죄의 구성요건을 충족하지 못하지만 **일정 거래금액을 합하면 그 구성요건을 충족**하는 경우 그 전체 행위를 **포괄일죄**로 처단할 수 있다고 보는 것(대판 2019.1.31, 2018도16474)
15. 어떤 사람이 **자동차를 움직이게 할 의도 없이 다른 목적을 위하여**(자동차 안에서 잠을 자기 위해 히터를 가동시키기 위해) 자동차의 원동기(모터)의 시동을 걸었는데, 실수로 기어 등 자동차의 발진에 필요한 장치를 건드려 원동기의 추진력에 의하여 자동차가 움직이거나 또는 불안전한 주차상태나 도로여건 등으로 인하여 **자동차가 움직이게 된 경우**를 자동차의 운전에 해당한다고 한 경우(대판 2004.4.23, 2004도1109)
 ● 경찰간부
16. **의료기관의 개설자격이 있는 의료인**이 다른 의료인 또는 의료기관을 개설할 자격이 있는 자의 명의를 빌려 의료기관을 개설한 경우를 의료법 제30조 제2항 본문의 "**의료기관을 개설할 자격이 없는 자가 의료기관을 개설하는 경우**"에 포함시키는 경우(대판 2004.9.24, 2004도3875)

> 비교판례
> 면허증 대여의 상대방 즉 차용인이 **무자격자인 경우**는 물론, **자격 있는 약사인 경우**에도 그 대여 이후 면허증 차용인에 의하여 대여인 명의로 개설된 약국 등 업소에서 대여인이 직접 약사로서의 업무를 행하지 아니한 채 차용인에게 약국의 운영을 일임하였다면 **약사면허증을 대여한 데 해당**한다(대판 2003.6.24, 2002도6829. ● 사시

17. 특수폭행으로 상해의 결과를 발생케 한 경우를 특수상해죄(제258조의2)의 예로 처벌할 수 있다고 보는 것 (대판 2018.7.24, 2018도3443)
18. 동물보호법 시행규칙 제36조 제2호는 동물판매업을 '소비자에게 반려동물을 판매하거나 알선하는 영업'으로 규정하고 있는바 여기서의 **소비자**에 동물판매자 등 반려동물을 구매하여 다른 사람에게 판매하는 영업을 하는 자도 포함된다고 보는 것(대판 2016.11.24, 2015도18765)
19. '**담배의 제조**'는 담배가공을 위한 일정한 작업의 수행을 전제하므로, 그러한 작업을 수행하지 않은 자의 행위를 무허가 담배제조로 인한 담배사업법 제27조 제1항 제1호, 제11조(담배제조업허가) 위반죄로 의율하는 것(대판 2023.1.12, 2019도16782) ☞ 피고인이 불특정 다수의 손님들에게 연초 잎, 담배 필터, 담뱃갑을 제공하여 손님으로 하여금 담배제조기계를 조작하게 하거나 자신이 직접 그 기계를 조작하는 방법으로 담배를 제조하고, 손님에게 담배를 판매한 행위가 담배제조업 허가 및 담배소매인 지정을 받지 아니하고 담배를 제조·판매하였다고 보기 어렵다는 사례임(대판 2023.1.12, 2019도16782)
20. 폐기물관리법 제25조 제11항, 폐기물관리법 시행규칙 제29조 제1항 제3호 (라)목에서 '**운반차량의 증차**'의 경우 폐기물처리업자가 변경허가를 받도록 규정하고 있는바 폐기물의 수집·운반업 허가를 받은 자에게 **폐기물의 운반을 위탁하는 경우, 위탁자도** 관할관청의 변경허가를 받아야 한다고 해석하는 것(대판 2024.8.23, 2023도1924)

21. 형벌법규인 축산물가공처리법 소정의 '수축' 중의 하나인 '양'의 개념 속에 '염소'가 당연히 포함되는 것으로 해석하는 것(대판 1977.9.28, 77도405) ● 경찰, 사시

22. 음란한 영상화면을 수록한 **컴퓨터 프로그램파일**을 컴퓨터 통신망을 통하여 전송하는 방법으로 판매한 경우 컴퓨터 프로그램파일이 형법 제243조 소정의 '**기타 물건**'에 포함된다고 해석하는 것(대판 1999.2.24, 98도3140) ● 법행

23. 성폭력범죄의 처벌 및 피해자보호 등에 관한 법률 제5조 제2항에 정하는 **특수강도강제추행죄의 주체**는 규정상 형법의 **특수강도범 및 특수강도미수범**의 신분을 가진 자에 한정되는 것으로 보아야 하고, **형법의 준강도범 내지 준강도미수범**을 이에 포함시켜 해석하는 것(대판 2006.8.25, 2006도2621) ● 경찰

24. 제공된 경품을 **재매입하는 행위**가 구 음반·비디오물 및 게임물에 관한 법률 제32조 제3호, 제50조 제3호에서 금지하는 '**문화관광부장관이 정하여 고시하는 방법에 의하지 아니하고 경품을 제공하는 행위**'에 해당하는 것으로 보는 것(대판 2007.6.28, 2007도873)

25. **외국인이 외국(독일)에 거주하다가 반국가단체의 지배하에 있는 지역(북한)으로 들어간 행위**는 국가보안법 제6조 제1항·제2항의 '**탈출**'에 해당한다고 해석하는 경우(대판 2008.4.17, 2004도4899 전원합의체) ● 경찰승진

26. **상대방에게 전화를 하게 하여 상대방의 전화기의 벨이 울리도록 한 경우**를 정보통신망 이용촉진 및 정보보호 등에 관한 법률 제65조 제1항 제3호의 "**정보통신망을 통하여 공포심이나 불안감을 유발하는 음향을 반복적으로 상대방에게 도달하게 한다는 것**"에 포함시키는 경우(대판 2005.2.25, 2004도7615)

27. 정보통신망법 제49조 위반행위의 객체인 '**정보통신망에 의해 처리·보관 또는 전송되는 타인의 비밀**'에 정보통신망으로 **처리·전송이 완료된 다음 사용자의 개인용 컴퓨터(PC)에 저장·보관되어 있는 내용**은 포함되지 않는다고 해석하는 것(대판 2018.12.27, 2017도15226)

28. 중개사무소 개설등록을 하지 아니하고 부동산 거래를 중개하면서 그에 대한 **수수료를 현실적으로 받지 아니하고 약속·요구하는 행위**를 구 부동산중개업법상의 **중개업**에 해당한다고 해석하는 경우(대판 2006.9.22, 2006도4842) ● 경찰

29. 보건범죄단속에 관한 특별조치법에 정한 '**소매가격**'이라 함은 **위 법 규정에 해당하는 의약품 그 자체의 소매가격**을 가리키는 것으로 보아야지 그 **의약품에 대응하는 허가된 의약품 또는 위·변조의 대상이 된 제품의 소매가격**을 의미하는 것으로 해석한 경우(대판 2007.2.9, 2006도8797) ● 사시, 법행

30. 전기통신금융사기로 인하여 피해자의 자금이 사기이용계좌로 송금·이체된 후 계좌에서 현금을 인출하기 위하여 정보처리장치에 사기이용계좌 명의인의 정보 등을 입력하는 행위를 '전기통신금융사기를 목적으로 하는 행위'로 보거나 '전기통신금융사기의 대상이 된 사람의 정보를 이용한 행위'에 해당한다고 보는 것(대판 2016.2.19, 2015도15101 전원합의체)

31. 구 대기환경보전법상의 "**모페드 형**"(모터와 페달을 갖춘 자전거의 일종)에 '**50cc 미만의 경량 오토바이**'를 포함시키는 경우(대판 2007.6.29, 2006도4582) ● 경찰승진

32. **타인 명의로 허가받아 액화석유가스충전사업을 운영하는 자**를 구 액화석유가스의 안전관리 및 사업법 제12조 제1항에 정한 **액화석유가스충전사업자**로 해석하여 같은 법 제45조 제3호 위반죄로 처벌하는 경우(대판 2008.5.8, 2008도533) ● 경찰

33. 도시정비법에서 정하는 '정비사업전문관리업자'가 주식회사인 경우 **실질적 경영자라고 하더라도 해당 주식회사의 임원으로 등기되지 아니한 사람**을 도시정비법 제84조에 의하여 **공무원으로 의제되는 정비사업전문관리업자의 '임원'**에 해당한다고 해석하는 것(대판 2014.1.23, 2013도9690) ● 경찰

34. **차량에 장착된 STOP&GO 기능 조작 미숙으로 시동을 걸지 못한 상태에서 제동장치를 조작하다 차량이 뒤로 밀려 추돌사고를 야기한 경우**를 도로교통법 제2조 제26호의 '**운전**'에 해당한다고 보는 것(대판 2020.12.30, 2020도9994) ☞ 피고인이 운전하려는 의사로 제동장치를 조작했어도 시동을 걸지 못한 이상 발진조작을 했다고 볼 수 없으므로, 자동차를 본래의 사용방법에 따라 사용했다고 보기 어렵다는 판례임

35. 구 항만운송사업법시행령에서 규정한 '**선박용 연료유를 공급하는 사업**'이라 함은 '선박의 운항을 위한 용도로 사용되는 연료유를 선박에 공급하는 사업'이라고 해석함이 상당하므로, **선박의 운항을 위한 용도와는 무관하게 단지 '선박에 연료유를 공급하는 사업' 또는 '단순한 보관 목적에서 육상용 기계의 운행을 위한 용도로 사용되는 연료유를 선박에 공급하는 사업**'에까지 확장하여 해석하는 것(대판 2009.12.10. 2009도3053) ☞ 경찰간부

36. 구 아동복지법 제18조 제5호는 '아동에게 음행을 시키는' 행위를 금지행위의 하나로 규정하고 있는바, 여기에서 '**아동에게 음행을 시킨다**'는 것에 **행위자 자신이 직접 그 아동의 음행의 상대방이 되는 것**까지를 포함한다고 해석하는 것(대판 2000.4.25. 2000도223) ☞ 사시

37. 구 저작권법 제2조 제15호에서 말하는 '**배포**'에, 컴퓨터 하드디스크에 저장된 MP3 파일을 다른 P2P 프로그램 이용자들이 손쉽게 다운로드 받을 수 있도록 **자신의 컴퓨터 내 공유폴더에 담아 둔 행위도** 포함된다고 보는 것(대판 2007.12.14. 2005도872)

38. 청탁금지법 제8조 제3항 제1호에서 정한 "상급 공직자등"에 금품등 제공자와 직무상 명령·복종이나 지휘·감독관계에 있는 상대방을 의미한다고 해석하는 것(대판 2018.10.25. 2018도7041) ☞ "**상급 공직자등**"이란 금품 등 제공의 상대방보다 높은 직급이나 계급의 사람으로서 금품등 제공 상대방과 직무상 상하관계에 있고 그 상하관계에 기초하여 사회통념상 위로·격려·포상 등을 할 수 있는 지위에 있는 사람을 말하고, 금품등 제공자와 그 상대방이 직무상 명령·복종이나 지휘·감독관계에 있어야만 이에 해당하는 것은 아니다.

39. 「게임산업진흥에 관한 법률」은 등급을 받지 아니한 게임물을 유통 또는 이용에 제공하거나 이를 위하여 보관하는 행위를 처벌하고 있는바 여기서 '**보관하는 행위**'에는 특별한 사정이 없는 이상 **자기가 지배하지 않는 서버 등에 저장된 게임물을 인터넷을 통해 접근하여 이용할 수 있는 상태에 두고 이러한 상태를 유지하는 경우도** 포함된다고 해석하는 것(대판 2024.12.24. 2022도7294) ☞ 피고인이 손님들의 이용에 제공하기 위하여 등급 미분류 게임물을 이용할 수 있는 인터넷 사이트에 회원으로 가입한 뒤 일반적인 PC에 이 사건 사이트의 바로가기 아이콘을 설치하고, 이를 클릭하면 연결되는 위 사이트의 로그인 창에 미리 저장된 피고인의 회원 아이디와 비밀번호가 입력되도록 함으로써 손님이 이를 이용해 로그인한 후 위 게임물을 이용할 수 있는 게임장을 마련한 사례임

40. 마약류관리법 제40조의2 제2항에 따른 수강명령 또는 이수명령 대상인 '마약류사범'의 범위에 마약류관리법 위반죄에 관한 공범인 이상 직접 마약류를 투약, 흡연 또는 섭취하지 않은 자도 포함된다고 보는 것(대판 2024.9.12. 2024도5033) ☞ 마약류관리법 제40조의2 제2항에 따른 수강명령 또는 이수명령 대상인 '마약류사범'은 마약류를 스스로 투약, 흡연 또는 섭취함으로써 마약류에 직접 노출된 사람만을 의미한다.

41. '**신체 이미지가 담긴 영상을 촬영한 촬영물**'을 (구)성폭력범죄의 처벌등에 관한 특례법상의 '**촬영물**'에 해당한다고 보는 것(대판 2018.8.30. 2017도3443) ☞ 피고인이 성관계 동영상 파일을 컴퓨터로 재생한 후 모니터에 나타난 영상을 휴대전화 카메라로 촬영한 사건임

42. **대형 유조선의 유류탱크 일부에 구멍이 생기고 선수마스트, 위성통신 안테나, 항해등 등이 파손된 정도의 것**도 형법 제187조에 정한 선박의 '**파괴**'에 해당한다고 보는 것(대판 2009.4.23. 2008도11921) ☞ 사시, 법행

43. 게임제공업자가 게임장에 찾아온 불특정다수의 손님들 중 일정액 이상을 투입한 자에게 **게임의 결과와는 상관없이 즉석복권을 지급하고 추첨을 통하여 상품을 지급하는 방법으로 경품을 제공한 행위**를 구 음반·비디오물 및 게임물에 관한 법률 제50조 제3호, 제32조 제3호의 **경품제공죄**에 해당한다고 해석하는 것(대판 2007.8.23. 2005도4401)

44. **자연공원 구역 내에 축사를 설치하고 사료만으로 사슴을 사육한 경우**를 자연공원법 제23조 제1항 제8호에 정한 '**가축을 놓아먹이는 행위**'에 포함된다고 해석하는 것(대판 2009.3.26. 2008도7784) ☞ 사시

45. 국가에 의하여 **외국어번역행정사 자격제도가 운영되고 있지 않은 외국어의 경우**, 행정기관의 업무에 관련된 서류를 **외국어번역행정사 자격이 없는 사람**이 번역하는 업무를 업으로 하더라도 행정사법 제3조 제1항 (행정사 아닌 사람에 대한 금지사항)을 위반한 것으로 해석하는 것(대판 2024.12.24. 2023도13673)

46. 피고인이 구입한 후 렌트카 회사에 지입한 차량으로서 여객자동차 운수사업법에 의한 **자동차대여사업용 자동차**를 여객자동차 운수사업법 제81조 제7호에서 유상운송 제공행위를 처벌하는 **'자가용 자동차'**에 해당한다고 해석하는 것(대판 2006.6.29, 2005도7612)
47. 정보통신망법 제49조의 '타인의 비밀 침해 또는 누설'에서 요구되는 '정보통신망에 침입하는 등 부정한 수단 또는 방법'에 사용자가 식별부호를 입력하여 정보통신망에 접속된 상태에 있는 것을 기화로 정당한 접근권한 없는 사람이 사용자 몰래 정보통신망의 장치나 기능을 이용하는 등의 방법으로 타인의 비밀을 취득·누설하는 행위는 포함되지 않는다고 해석하는 것(대판 2018.12.27, 2017도15226)
48. **인터넷 링크(Internet link)**나 **모바일 애플리케이션(Mobile application)**에서 인터넷 링크와 유사하게 제3자가 관리·운영하는 모바일 웹페이지로 이동하도록 연결하는 경우를 저작권법 제2조 제22호에 규정된 '유형물에 고정하거나 유형물로 다시 제작하는 것'에 해당하는 것으로 보거나 같은 법 제19조에서 말하는 '유형물을 진열하거나 게시하는 것'으로 보는 것(대판 2016.5.26, 2015도16701) ☞ **인터넷 링크**는 링크된 웹페이지나 개개의 저작물에 새로운 창작성을 인정할 수 있을 정도로 수정·증감을 가하는 것에 해당하지 아니하므로 2차적 저작물 작성에도 해당하지 아니한다.

> **유사판례**
> 인터넷 링크(Internet link)는 링크된 웹페이지나 개개의 게시물에 직접 연결된다 하더라도 이는 게시물의 전송에 해당하지 아니하며 휴대전화 문자메시지에 링크 글을 기재함으로써 수신자가 링크 부분을 클릭하면 링크된 게시물에 연결되도록 하였다고 하더라도 마찬가지이다(대판 2015.8.19, 2015도5789).

49. 자동차관리법 제12조 제3항 소정의 '자동차를 양수한 자'에 단순히 **채권의 담보로 인도받은 것**에 불과하거나 또는 **채권의 변제에 충당하기 위하여 자동차를 대신 처분할 수 있는 권한만 위임받은 자**를 포함시키는 경우(대판 2016.6.9, 2013도8503)
50. **운전자의 신체이상 때문에** 운전자가 음주측정수치가 나타날 정도로 숨을 불어넣지 못한 경우를 **음주측정에 불응**한 것으로 보는 것(대판 2006.1.13, 2005도7125) 🔵 법행
51. 위탁검사 지시를 받은 바 없이 단지 참고용 등으로 검사의뢰를 한 데 따라 허위의 검사성적서를 발급한 경우를 구 식품위생법 제95조 제2호 소정의 식품위생검사기관이 '거짓의 성적서'를 발급한 경우에 해당한다고 보는 것(대판 2016.6.9, 2015도19626)
52. 구 도시정비법 제81조 제1항 제3호, 현행 도시정비법 제1항 제3호에서 정한 **의사록**의 '**관련 자료**'에 **속기록이 포함된다고 보는 것**(대판 2022.1.27, 2021도15334) ☞ 구 도시정비법과 현행 도시정비법은 신속하게 공개하여야 할 자료와 일정한 경우에 한하여 작성 후 청산 시까지 **보관하여야 할 자료를 구분**하고, 속기록·녹음 또는 영상자료는 보관대상으로 규정할 뿐 의사록과 같은 공개대상으로 명시하지 않고 있다.
53. **자신이 운영하는 인터넷 사이트 카페에 개인정보가 담겨 있는 '특정 종교 교인 명단' 파일을 업로드하여 이에 접속하는 다른 회원들로 하여금 이를 다운로드 받아 볼 수 있게 한 경우**를 정보통신망 이용촉진 및 정보보호 등에 관한 법률 제49조에 규정된 정보통신망에 의하여 처리·보관 또는 전송되는 타인의 비밀을 침해·도용 또는 누설한 경우에 해당한다고 보는 경우(대판 2012.12.13, 2010도10576)
54. 어떤 단체가 **특정 후보자를 지지·추천**하는지 여부도 공직선거법 제250조 제1항에 규정된 허위사실공표죄에서의 '**경력**'에 관한 사실에 포함된다는 해석하는 것(대판 2011.3.10, 2010도16942) 🔵 경찰
55. **집행관사무소의 사무원**을 형법 제129조 내지 제132조 및 구 변호사법 제111조에서 정한 '**공무원**'에 해당한다고 해석하는 것(대판 2011.3.10, 2010도14394) 🔵 사시, 법행
56. 종전부터 가축분뇨 배출시설을 설치한 자가 **설치당시에는 신고대상자가 아니었으나 법령이 개정됨에 따라 그 시설이 신고대상에 해당하게 된 경우**, 개정된 가축분뇨법상 신고대상자인 '**배출시설을 설치하고자 하는 자**'에 해당한다는 해석하는 것(대판 2011.7.14, 2011도2471) 🔵 사시, 경찰

> **참조판례**
> '그 배출시설을 이용하여 가축을 사육한 자'는 '법 제11조 제3항의 신고대상자가 신고를 하지 아니하고 설치한 배출시설을 이용하여 가축을 사육한 자'만을 의미하는 것으로 한정적으로 해석하여야 하므로 배출시설을 설치할 당시에는 신고대상 시설이 아니었지만 그 후 법령의 개정에 따라 시설이 신고대상에 해당하게 된 경우 그 배출시설을 이용하여 가축을 사육한 자는 여기에 포함되지 아니한다(대판 2015.7.23, 2014도15510).

57. "지방세에 관한 범칙행위에 대하여는 조세범처벌법령을 준용한다."는 지방세법 제84조 제1항의 '**조세범처벌법령**'에 「**특정범죄 가중처벌 등에 관한 법률**」도 포함된다고 해석하는 것(대판 2008.3.27, 2007도7561) ● 사시, 경찰승진, 경찰

58. 연습운전면허를 받은 사람이 주행연습 외의 목적으로 운전한 경우를 무면허운전이라고 보는 것(대판 2015.6.24, 2013도15031) ● 경찰

59. **화물자동차로 형식승인**을 받고 등록된 밴형 자동차가 구 자동차관리법시행규칙에서 정한 **승용 또는 승합자동차**에 해당한다고 보는 것(대판 2004.11.8, 2004도1228 전원합의체) ☞ 여객자동차운수사업법 제81조 제1호에서 면허를 받지 아니하거나 등록을 하지 아니하고 경영하였을 때 처벌하는 '여객자동차운송사업'이라 함은 자동차관리법 제3조의 규정에 의한 승용자동차 및 승합자동차를 사용하여 유상으로 여객을 운송하는 사업을 말한다. ● 경찰, 사시

60. 아파트 주민이나 그와 관련된 용건이 있는 사람만 이용할 수 있고 경비원 등이 자체적으로 관리하는 곳인 아파트 지하주차장에서 약 50m정도 승용차를 운전한 경우를 무면허운전에 해당한다고 보는 것(대판 2017.12.28, 2017도17762) ☞ 도로교통법 소정의 무면허운전은 도로교통법 제2조 제1호에서 정한 도로에서 운전면허를 받지 않고 자동차 등을 운전한 경우를 의미하므로 위 아파트 지하주차장은 위 도로에 해당하지 않는다.

61. 저작권법 소정의 "**발행**"에 저작물을 **복제한 것만**으로도 해당된다고 해석하는 것(대판 2018.1.24, 2017도18230) ☞ 저작권법 소정의 "**발행**"은 저작물 등의 복제·배포라고 규정하고 있고 '복제·배포'는 저작물을 '복제하여 배포하는 행위'를 의미한다.

62. 일반음식점영업 허가를 받고 **주류만**을 판매하는 행위를 하여서는 안된다는 식품위생법의 내용에 일반음식점 영업자인 피고인이 바텐더 형태의 영업장에서 **주로 술과 안주**를 판매한 경우를 포함시키는 해석(대판 2012.6.28, 2011도15097) ● 경찰

63. 통신비밀보호법상 '**감청**'에 전기통신의 송·수신과 동시에 이루어지는 경우외에 **이미 수신이 완료된 전기통신의 내용을 지득하는 행위**도 포함시키는 경우(대판 2012.10.25, 2012도3575)

64. 인터넷 홈페이지에 게재하거나 게재되게 한 글에 구 군사시설보호법 및 구 군용항공기지법상의 군사시설과 군용항공기지 형상을 촬영한 **사진을 삽입**한 경우를 이에 관한 문서나 도화, 도서를 **발간**한 경우로 보는 경우(대판 2011.10.13, 2009도320)

65. **기업구매전용카드에 의한 거래**를 여신전문금융업법 제70조 제2항 제2호가 규정한 '**신용카드에 의한 거래**'에 해당한다고 보는 경우(대판 2013.7.25, 2011도14687) ● 경찰

66. **비의료인의 주도적 자금 출연 내지 주도적 관여 사정만**을 근거로 비의료인이 **실질적으로 의료기관을 개설·운영하였다고 판단하는 경우**(대판 2023.7.17, 2017도1807) ☞ 이는 허용되는 행위와 허용되지 않는 행위의 구별이 불명확해져 죄형법정주의 원칙에 반할 수 있다. ● 법행

67. 국내 특정 지역의 수삼과 다른 지역의 수삼으로 만든 홍삼을 주원료로 하여 특정 지역에서 제조한 홍삼절편의 제품명이나 제조·판매자명에 특정 지역의 명칭을 사용한 경우를 '원산지를 혼동하게 할 우려가 있는 표시를 하는 행위'라고 보는 것(대판 2015.4.9, 2014도14191) ● 경찰

68. **대가를 약속받고 접근매체를 대여하는 행위**를 구 전자금융거래법 제49조 제4항 제2호, 제6조 제3항 제2호에서 정한 '대가를 받고 접근매체를 대여'함으로 인한 구 전자금융거래법 위반죄로 처벌하는 것(대판 2015.2.26, 2015도354)

69. 구 도시 및 주거환경정비법 제86조 제6호와 제84조의3 제5호 위반죄의 범행주체인 **추진위원회 위원장**에 '추진위원회의 부위원장이나 추진위원이었다가 추진위원회 **위원장의 유고 등을 이유로 운영규정에 따라 연장자 순으로 추진위원회 위원장 직무대행자가 된 자**'도 해당된다는 해석하는 것(대판 2015.3.12, 2014도10612)

70. 대통령기록물법 제30조 제2항 제1호, 제14조에 의해 **유출이 금지되는 대통령기록물**에 원본문서나 전자파일 이외에 그 **사본이나 추가 출력물**까지 포함된다고 해석하는 것(대판 2021.1.14, 2016도7104)

71. 구 담배사업법 제27조의3 제1호의 적용대상이 되는 '**소매인 지정을 받지 아니한 자**'에, '**영업정지처분을 받았으나 아직 적법하게 소매인 지정이 취소되지 않은 자**'도 포함된다고 보는 것(대판 2015.1.15, 2010도15213)

72. 단지 회원들이 선물지수를 기준으로 모의 투자를 할 수 있는 서비스를 제공하고 거래 결과에 따라 환전을 해 준 것에 불과한 경우를 구 자본시장법 제444조 제1호, 제11조에서 정한 '**무인가 금융투자업 영위에 의한 자본시장법 위반죄**'로 처벌하는 것(대판 2013.11.28, 2012도4230)

73. 식품 판매자가 식품을 판매하면서 특정 구매자에게 그 식품이 질병의 치료에 효능이 있다고 **설명하고 상담한 행위**를 구 식품위생법 제13조 제1항에서 금지하는 '**식품에 관하여 의약품과 혼동할 우려가 있는 광고**'에 해당한다고 보는 것(대판 2014.4.30, 2013도15002) ●경찰

74. **성적수치심 등을 일으킬 수 있는 내용의 편지를 피해자의 주거지 출입문에 끼워 넣는 행위('직접' 상대방에게 말, 글, 물건 등을 도달하게 하는 행위)**를 성폭력처벌법 제13조 소정의 '전화, 우편, 컴퓨터, 그 밖의 통신매체를 통하여 성적 수치심이나 혐오감을 일으키는 말, 음향, 글, 그림, 영상 또는 물건을 상대방에게 도달하게 한 경우에 해당한다고 해석하는 것(대판 2016.3.10, 2015도17847)

> **유사판례**
>
> 성폭력범죄의 처벌 등에 관한 특례법 제13조에서 '성적 수치심이나 혐오감을 일으키는 말, 음향, 글, 그림, 영상 또는 물건을 상대방에게 **도달하게 한다**'는 것은 '상대방이 성적 수치심을 일으키는 그림 등을 **직접 접하는 경우뿐만 아니라 상대방이 실제로 이를 인식할 수 있는 상태에 두는 것**'을 의미한다. 따라서 행위자의 의사와 그 내용, 웹페이지의 성격과 사용된 링크기술의 구체적인 방식 등 모든 사정을 종합하여 볼 때 **상대방에게 성적 수치심을 일으키는 그림 등이 담겨 있는 웹페이지 등에 대한 인터넷 링크(internet link)를 보내는 행위**를 통해 그와 같은 그림 등이 상대방에 의하여 인식될 수 있는 상태에 놓이고 실질에 있어서 이를 직접 전달하는 것과 다를 바 없다고 평가되고, 이에 따라 상대방이 이러한 링크를 이용하여 별다른 제한없이 성적 수치심을 일으키는 그림 등에 바로 접할 수 있는 상태가 실제로 조성되었다면, 그러한 행위는 전체로 보아 성적 수치심을 일으키는 그림 등을 상대방에게 도달하게 한다는 **구성요건을 충족한다**(대판 2017.6.8, 2016도21389). ●경찰

75. 선박안전법 제82조가 대행검사기관인 **공단의 임직원**을 형법 제129조 내지 제132조의 적용에 있어 공무원으로 의제하는 것으로 규정한다고 하여 이들이 공문서위조죄나 허위공문서작성죄에서의 공무원으로도 될 수 있다고 보는 것(대판 2016.1.14, 2015도9133) ☞ **공단이 해양수산부장관을 대행하여 이사장 명의로 발급하는 선박검사증서**는 공무원 또는 공무소가 작성하는 문서라고 볼 수 없으므로 **공문서위조죄나 허위공문서작성죄에서의 공문서**에 해당하지 아니한다.

> **유사판례**
>
> **한국환경공단**을 형법 제227조의2(공전자기록위작·변작죄)에 정한 **공무원 또는 공무소**에 해당한다고 보는 것(대판 2020.3.12, 2016도19170) ☞ 따라서 한국환경공단 또는 그 임직원이 환경부장관으로부터 위탁받은 업무와 관련하여 직무상 작성한 문서를 공문서로 볼 수 없다.

76. 형사소송법 제253조 제2항에서 "공범의 1인에 대한 전항의 시효정지는 다른 공범자에 대하여 효력이 미치고 당해 사건의 재판이 확정된 때로부터 진행한다."고 규정하고 있다. 여기서의 '**공범**'에 뇌물공여죄와 뇌물수수죄 사이와 같은 **대향범 관계에 있는 자**가 포함된다고 해석하는 것(대판 2015.2.12, 2012도4842)
77. 친고죄에 관한 고소의 주관적 불가분의 원칙을 규정하고 있는 형사소송법 제233조가 공정거래위원회의 고발에도 유추적용된다고 해석하는 경우(대판 2010.9.30, 2008도4762) ● 경간부 ☞ 친고죄에 관한 고소의 주관적 불가분원칙을 규정하고 있는 형사소송법 제233조가 공정거래위원회의 고발에도 유추적용된다고 해석한다면 이는 공정거래위원회의 고발이 없는 행위자에 대해서까지 형사처벌의 범위를 확장하는 것으로서, 결국 피고인에게 불리하게 형벌법규의 문언을 유추해석한 경우에 해당하므로 죄형법정주의에 반하여 허용될 수 없다.
78. 구 도시정비법 제124조 제1항에 따르면, 조합임원 등은 구 도시정비법 제124조 제1항 각 호에 규정된 서류 및 관련 자료의 '**작성**'과 '**공개**'를 **구별**하고 있음에도 **존재하지 않는 서류 등에 대한 공개의무를 인정하는 것**(대판 2024.9.13, 2023도16588) ☞ 이는 '공개'의 의미를 피고인에게 불리한 방향으로 지나치게 확장해석하거나 유추해석하는 것에 해당하여 허용될 수 없다.
79. 사용사업주가 근로자파견계약 또는 이에 준하는 계약을 체결하고 **파견사업주로부터 그에게 고용된 외국인을 파견받아 자신을 위한 근로에 종사하게 한 경우**를 출입국관리법 제94조 제9호, 제18조 제3항이 금지하는 **고용으로 보는 것**(대판 2020.5.14, 2018도3690) ☞ 출입국관리법 제94조 제9호, 제18조 제3항은 취업활동을 할 수 있는 체류자격을 가지지 않은 외국인으로부터 노무를 제공받고 이에 대하여 보수를 지급하는 행위를 금지하는 고용으로 규정하고 있다.
80. **농업용 동력운반차(농업기계)를** 구 자동차관리법 제3조에서 정한 '**자동차**'에 해당한다고 보는 것(대판 2021.9.30, 2017도13182) ☞ 결국 **농업용 동력운반차(농업기계)는** 무면허운전 처벌규정의 적용대상인 구 도로교통법 제2조 제18호에 정한 자동차에도 해당하지 않는다.
81. 「도로교통법」 제43조(무면허운전 등의 금지)를 위반하여 **운전면허를 받지 아니하고 자동차를 운전하는** 행위를 대상으로 하는 「교통사고처리 특례법」 제3조 제2항 단서 제7호를 **운전면허 취소사실을 알지 못하고 자동차를 운전하는 경우**도 포함하는 것으로 해석하는 것(대판 2023.6.29, 2021도17733) ● 법행 ☞ 도로교통법 위반(**무면허운전**)죄는 도로교통법 제43조를 위반하여 운전면허를 받지 아니하고 자동차를 운전하는 경우에 성립하는 범죄로, 유효한 운전면허가 없음을 알면서도 자동차를 운전하는 경우에만 성립하는 **고의범**이다.
82. **업무상 필요에 따라 군사기밀의 출력물 또는 사본을 계속 보관하거나 반출한 행위**를 군사기밀보호법 제11조의 탐지·수집에 해당한다고 보는 것(대판 2018.6.15, 2013도5539)
83. **업무상 군사기밀을 취급하는 사람이 그 취급 과정에서 단순히 보호조치 의무를 이행하지 않은 경우 또는 이미 알고 있거나 점유하고 있는 군사기밀의 보관 장소를 이동하는 등 보관 상태를 변경한 경우**를 군사기밀보호법 제11조의 탐지·수집에 해당한다고 보는 것(대판 2018.6.15, 2013도5539)
84. 항공보안법 제42조 소정의 항공기의 '**항로**'에 공중은 물론이고 **지상에서의 이동경로도 포함된다고 해석하는 것**(대판 2017.12.21, 2015도8335 전원합의체)
85. 쟁의행위가 금지되는 **주요방위산업체에 종사하는 근로자**에 주요방위산업체로 지정된 회사가 사업의 일부를 사내하도급 방식으로 다른 업체에 맡겨 방산물자를 생산하는 경우의 **하수급업체에 소속된 근로자도** 포함된다고 해석하는 것(대판 2017.7.18, 2016도3185)
86. **예금통장에 기재된 계좌번호가 포함된 면을 촬영하도록 허락한 것**도 전자금융거래법에서 금지하는 '**접근매체를 대여한 경우**'에 포함된다고 해석하는 것(대판 2017.8.18, 2016도8957) ☞ 예금통장에서 접근매체로서 기능을 하는 것은 그 통장에 부착된 마그네틱 띠라고 본 사례임
87. 자동차관리법 제80조 제7호의2는 '자동차 이력 및 판매자정보를 허위로 제공한 자를 처벌한다'고 규정하고 있는바 여기서의 '**허위 제공**'에 '**단순 누락**'의 경우도 포함된다고 보는 것(대판 2017.11.14, 2017도13421)

88. **진로변경을 금지하는 안전표지인 백색실선**을 「교통사고처리 특례법」 제3조 제2항 단서 제1호에서 정하고 있는 **'통행금지를 내용으로 하는 안전표지'에 해당한다고 해석하는 것**(대판 2024.6.20, 2022도12175전원합의체판결) ● 승진 ☞ **진로변경을 금지하는 안전표지인 백색실선**은 「교통사고처리 특례법」 제3조 제2항 단서 제1호(이하 단서 각호의 규정을 '처벌특례 배제사유'라 하고 그중 제1호를 '단서 제1호'라 한다)에서 정하고 있는 **'통행금지를 내용으로 하는 안전표지'에 해당하지 않으므로**, 이를 침범하여 교통사고를 일으킨 운전자에 대하여는 처벌특례가 적용된다고 보아야 한다.
89. 구 의료법 제87조 제1항 제2호, 제27조 제1항 소정의 '**의료인이 아니면 누구든지 의료행위를 할 수 없다**'는 내용에 **대한민국 영역 외에서 의료행위를 하려는 사람**에게까지 보건복지부장관의 면허를 받을 의무를 부과하고 나아가 이를 위반한 자를 처벌하는 규정이라고 보는 것(대판 2020. 4. 29. 2019도19130) 22.해경간부 ☞ **내국인이 대한민국 영역 외에서 의료행위를 하는 경우**에는 구 의료법 제87조 제1항 제2호, 제27조 제1항의 **구성요건 해당성이 없다.**
90. 구 조세범 처벌법 제10조 제1항 제1호 전단 소정의 '**세금계산서를 발급하지 아니한 경우**'에 '**세금계산서를 발급한 후 그 공급가액에 음(-)의 표시를 한 수정세금계산서를 발급한 경우**'가 포함된다고 보는 것(대판 2022.9.29, 2019도18942)
91. **자금수지보고서**가 도시 및 주거환경정비법(현행 도시정비법이라 한다) 제124조 제1항 제9호에서 정한 **결산보고서의 '관련 자료'에 해당한다고 보아 이를 형사처벌의 근거로 삼는 것**(대판 2022.1.27, 2021도15334)
92. **자동차관리법 제71조 제1항에 따라 부정사용이 금지되는 '폐차사실 증명서류'**에 자동차해체재활용업자가 자동차 소유자로부터 폐차 요청을 받은 경우에 자동차를 인수하고 발급하는 **폐차인수증명서까지 포함된다**고 해석하는 것(대판 2022.7.14, 2021도16578)
93. 게임산업법 시행령 제18조의3 제3호 (라)목에서 정한 '**게임물의 비정상적인 이용**'에 게임제공업자 내부에서 **권한을 부여받아** 게임머니 등을 생산·획득하는 경우를 포함하는 것(대판 2022.3.11, 2018도18872)
94. 한의사가 **초음파 진단기기를 사용**하여 환자의 신체 내부를 촬영하여 화면에 나타난 모습을 보고 이를 **한의학적 진단의 보조수단으로 사용하는 것**을 한의사의 '**면허된 것 이외의 의료행위**'에 해당한다고 보는 것(대판 2022.12.22, 2016도21314)
95. **폐쇄회로 영상정보를 직접 훼손한 어린이집 설치·운영자**가 '**영상정보를 훼손당한 자**'에 포함된다고 해석하는 것(대판 2022.3.17, 2019도9044) 법행 ☞ '당한 자'라는 문언은 타인이 어떠한 행위를 하여 그로부터 위해 등을 입는 것을 뜻하고 스스로 어떠한 행위를 한 자를 포함하는 개념이 아니다.
96. **아동·청소년성착취물 파일을 구입하여 시청할 수 있는 상태 또는 접근할 수 있는 상태**만을 곧바로 아동·청소년성착취물소지죄에서의 **소지**로 보는 것(대판 2023.10.12, 2023도5757) ☞ '소지'란 아동·청소년성착취물을 자기가 지배할 수 있는 상태에 두고 지배관계를 지속시키는 행위를 말하므로 **자신이 지배하지 않는 서버 등에 저장된 아동·청소년성착취물에 접근하였지만 위 성착취물을 다운로드하는 등 실제로 지배할 수 있는 상태로 나아가지는 않았다면** 특별한 사정이 없는 한 아동·청소년성착취물을 '소지'한 것으로 평가하기는 어렵다.
   ☞ 링크의 게시를 포함한 일련의 행위가 불특정 또는 다수인에게 다른 웹사이트 등을 단순히 소개·연결하는 정도를 넘어 링크를 이용하여 별다른 제한 없이 아동·청소년성착취물에 바로 접할 수 있는 상태를 실제로 조성한다면, 아동·청소년성착취물을 배포하거나 공연히 전시한다는 구성요건을 충족한다(대판 2023.10.12, 2023도5757).
97. 자신이 지배하지 않는 서버 등에 저장된 아동·청소년이용음란물에 접근하여 다운로드받을 수 있는 **인터넷 주소 등을 제공받은 것**에 그친 것을 아동·청소년이용음란물을 '**소지**'로 보는 것.(대판 2023.6.29, 2022도6278) ☞ 아동·청소년이용음란물이 저장되어 있는 클라우드에 접근할 수 있는 인터넷 주소를 통해 이 사건 음란물이 저장된 클라우드 스토리지에 접속하였지만 위 음란물을 다운로드 하는 등 실제로 지배할 수 있는 상태로 나아가지는 않았던 사건임 ☞ 아동·청소년이용음란물 '소지'×
98. **어린이집 대표자를 변경**하고도 **변경인가를 받지 않은 채** 어린이집을 운영한 행위를 **설치인가를 받지 않고 사실상 어린이집의 형태로 운영한 행위** 등에 해당한다는 보는 것(대판 2022.12.1, 2021도6860) ● 경찰

> **판례 정리** ⋯ 유추해석 X(= 유추해석 금지원칙에 반하지 않는 경우)

1. **외국환관리법상의 추징을 관세법상의 추징과 동일하게 공동연대 추징으로 해석**하는 것(대판 1998.5.21, 95도2002 전원합의체) ● 경찰승진
2. 전자장치를 이용하여 호흡기를 통하여 체내에 흡입함으로써 흡연과 같은 효과를 낼 수 있도록 만든 니코틴이 포함된 용액을 담배사업법 제2조의 담배에 해당한다고 해석하는 것(대판 2018.9.28, 2018도9828)
3. 연초의 잎 또는 연초의 잎에서 추출한 니코틴 등의 원료를 가공하거나 변형하는 것뿐만 아니라 원료를 다른 물질 또는 액체와 일정한 비율로 조합하거나 희석하는 등의 행위가 화학적 변화를 가져오지는 않더라도 담배사업법 제2조의 '담배의 제조'에 해당한다고 해석하는 것(대판 2018.9.28, 2018도9828)
4. 음란한 부호 등이 전시된 웹페이지에 대한 **링크**행위가 음란한 부호 등의 **공연전시**에 해당한다고 해석한 경우(대판 2003.7.8, 2001도1335) ● 사시, 경찰
5. **청소년의 이성혼숙을 금지**하는 청소년보호법 제26조의2 제8호를 남녀 **쌍방**이 청소년일 경우는 물론 남녀 중 **일방**이 청소년인 경우에도 적용하는 경우(대판 2003.12.26, 2003도5980) ● 경찰
6. 구 약사법 제61조 제1항 제2호(이하 '금지조항'이라 한다)에서 **누구든지** '제42조 제1항 등을 위반하여 수입된 의약품'을 판매하거나 판매할 목적으로 저장 또는 진열하여서는 아니 된다고 규정하고 있는 바, 여기서의 '**누구든지**'를 주체의 범위에 아무런 제한이 없다고 해석하는 것(대판 2024.2.29, 2020도9256) ☞ 금지된 의약품 수입업자에 한정되지 않고 누구나 판매 등을 하면 안된다는 의미임
7. 자본시장과 금융투자업에 관한 법률 제174조 제1항은 상장법인의 내부자 및 제1차 정보수령자(이하 '수범자'라 한다)가 업무 등과 관련된 미공개중요정보를 특정증권 등의 매매, 그 밖의 거래에 이용하거나 타인에게 이용하게 하는 행위를 금지하고 있는바 여기서의 '**타인**'에 수범자로부터 정보를 직접 수령한 자 외에 위 **직접 수령자를 통하여 정보전달이 이루어져 당해 정보를 제공받은 자도 포함된다고 해석하는 경우**(대판 2020.10.29, 2017도18164)
8. **권한 없는 자에 의한 명령입력행위**를 구 형법상의 컴퓨터등사용사기죄의 구성요건인 '**부정한 명령을 입력하는 행위**'에 포함된다고 해석하는 경우(대판 2003.1.10, 2002도2363)
9. **렉카 회사가 무전기를 이용하여 한국도로공사의 상황실과 순찰차 간의 무선전화통화를 청취**한 경우를 통신비밀보호법상의 "**감청**"에 해당한다고 해석하는 경우(대판 2003.11.13, 2001도6213)
10. 군형법 제28조 초병의 **수소이탈죄에서 말하는 초병**에는 실제로 수소에 배치되어 근무하는 자는 물론이고, **초병근무명령을 받아 경계근무감독자에게 신고하고 근무시간에 임박하여 경계근무의 복장을 갖춘 자**도 포함된다고 해석하는 것(대판 2006.6.30, 2005도8933)
11. 구 의료법 제19조는 "의료인은 이 법이나 다른 법령에 특별히 규정된 경우 외에는 의료·조산 또는 간호를 하면서 알게 된 다른 사람의 비밀을 누설하거나 발표하지 못한다."라고 정하고 있는 바 여기서의 '**다른 사람**'에는 생존하는 개인 이외에 **이미 사망한 사람도 포함**된다고 보는 것(대판 2018.5.11, 2018도2844)
12. 정보통신망에 의한 처리·보관 또는 전송되는 타인의 정보를 훼손하거나 타인의 비밀을 침해·도용 또는 누설하는 행위를 금지·처벌하는 규정인 정보통신망 이용촉진 및 정보보호 등에 관한 법률 제49조 및 제62조 제6호의 '**타인**'에는 생존하는 개인뿐만 아니라 이미 **사망한 자**도 포함된다고 해석하는 경우(대판 2007.6.14, 2007도2162) ● 경찰, 사시
13. 미성년자의제강간·강제추행죄를 규정한 형법 제305조에 규정한 **형법 제297조와 제298조의 "예에 의한다"**는 의미에 미성년자의제강간·강제추행죄의 처벌에 있어 그 법정형뿐만 아니라 **미수범에 관하여도 강간죄와 강제추행죄의 예에 따른다는 취지**로 해석하는 경우(대판 2006.3.15, 2006도9453) ● 사시
14. 자신의 뇌물수수 혐의에 대한 결백을 주장하기 위하여 제3자로부터 사건 관련자들이 주고받은 **이메일 출력물을 교부받아 징계위원회에 제출하는 행위**는 '정보통신망에 의하여 처리·보관 또는 전송되는 타인의 비밀'인 이메일의 내용을 '**누설하는 행위**'에 해당한다고 해석한 경우(대판 2008.4.24, 2006도8644) ● 사시, 법행, 경찰

15. 광고내용인 **화상채팅 서비스**가 청소년보호법 제8조 등에 의한 청소년보호위원회 고시에서 규정하는 "**불건전 전화 서비스 등**"에 포함된다고 해석하는 경우(대판 2006.5.1, 2005도6525)   ● 경찰, 사시
16. **PC방 컴퓨터 바탕 화면 중앙에 음란한 영상을 전문적으로 제공하는 웹사이트로 연결되는 바로가기 아이콘을 설치해두는 행위**를 "**음란한 영상을 공연히 전시한다**"는 구 전기통신망 이용촉진 및 정보보호 등에 관한 법률 제65조 제1항 제2호의 구성요건에 해당한다로 본 경우(대판 2008.3.27, 2007도7561)   ● 사시
17. **적법한 신고 없이 집회를 개최하려던 사회단체 회원 등이 집회예정장소가 사전봉쇄되자 인근 교회에 잠시 머문 것**이 구 집회 및 시위에 관한 법률상 해산명령의 대상인 '**집회**'에 해당하지 않는다고 해석한 경우(대판 2008.6.26, 2008도3014)   ● 사시, 경찰승진
18. **유흥주점 운영자가 업소에 들어온 미성년자의 신분을 의심하여 주문받은 술을 들고 룸에 들어가 신분증을 제시를 요구하고 밖으로 데리고 나온 경우**를, 미성년자가 실제 주류를 마시거나 마실 수 있는 상태에 이르지 않았으므로 술값의 선불지급 여부 등과 무관하게 **주류판매에 관한 청소년보호법 위반죄가 성립하지 않는다**고 해석한 경우(대판 2008.7.24, 2008도3211)   ● 경찰

> **비교판례**
> ① 청소년을 포함한 일행이 함께 음식점에 들어와 술을 주문하였고, 청소년도 일행과 함께 술을 마실 것이 예상되는 상황에서 **그 일행에게 술을 판매**하였으며, 실제로 청소년이 일행과 함께 그 술을 마셨다면, 이는 청소년보호법 제51조 제8호 소정의 '**청소년에게 주류를 판매하는 행위**'에 해당되며, 이 경우 성년자인 일행이 술을 주문하거나 술값을 계산하였다 하여 달리 볼 것은 아니다(대판 2004.9.24, 2004도3999).   ● 경찰
> ② 주점의 종업원이 자신이 제공하는 술을 청소년도 같이 마실 것이라는 점을 예상하면서 **그와 동행한 청소년이 아닌 자에게 술을 판매한 경우**, 청소년보호법 제51조 제8호, 제26조 제1항 소정의 청소년에 대한 술 판매금지규정 위반행위에 직접 해당되지 않는다고 본 사례(대판 2001.7.13, 2001도1844).   ● 사시

19. **채무자가 채무관계로 인한 분쟁 중 채권자의 휴대전화기에 7개월 동안 3회의 협박성 문자메시지를 발송한 경우**, 그 시간적 간격 및 내용에 비추어 일련의 반복적 행위로 평가할 수 없어서 구 정보통신망 이용촉진 및 정보보호 등에 관한 법률 제65조 제1항 제3호에 정한 **공포심이나 불안감을 유발하는 문언을 반복적으로 도달하게 한 행위에 해당하지 않는다**고 해석한 경우(대판 2008.8.21, 2008도4351)   ● 법행
20. MP3 파일을 다른 P2P방식으로 전송받아 자신의 **컴퓨터 하드디스크에 전자적으로 저장하는 행위**를 (구)저작권법 제2조 제14호의 복제행위인 '**유형물에 고정하는 것**'에 해당한다고 해석하는 것(대판 2007.12.14, 2005도872)

> **비교판례**
> 컴퓨터 하드디스크에 저장된 MP3 파일을 다른 P2P 프로그램 이용자들이 손쉽게 다운로드 받을 수 있도록 자신의 컴퓨터 내 공유폴더에 담아 둔 행위를 (구)저작권법 제2조 제15호에서 말하는 '**배포**'에 해당한다고 해석하는 것은 유추해석에 해당한다(대판 2007.12.14, 2005도872).

21. 전기공급원으로부터 충전받은 전기에너지를 동력원으로 사용하는 **전기자동차**도 '원동기에 의하여 육상에서 이동할 목적으로 제작한 용구'로서 **자동차관리법이 정한 자동차에 해당한다고 보는 것**(대판 2009.8.20, 2008도8034) ☞ 자동차등록원부에 등록하지 않은 전기자동차를 운행한 행위도 자동차관리법 제80조 제1호 위반죄에 해당한다.   ● 사시, 경찰승진
22. 자동차관리법 제10조 제5항은 '누구든지 등록번호판을 가리거나 알아보기 곤란하게 하여서는 아니되며 그러한 자동차를 운행하여서는 아니된다'고 규정하고 있는바, 여기서 '**알아보기 곤란하게 한다**'는 의미를 사람이 육안으로 보아 알아보기 곤란하게 하는 경우뿐만 아니라 **무인교통단속카메라와 같은 기계장치에 의한 인식 또는 판독을 곤란하게 하는 경우도 포함**된다고 해석하는 것(대판 2008.3.27, 2008도563)   ● 경찰, 사시

23. **찜질방**을 성폭력범죄의 처벌 및 피해자보호등에 관한 법률 제13조(공중밀집장소에서의 추행)의 '**공중이 밀집하는 장소**'에 **해당**한다고 보는 것(대판 2009.10.29, 2009도5704) ● 경찰, 사시
24. **인터넷 문자메시지 발송사이트를 이용하여 선거권자의 휴대전화로 대량의 문자메시지를 발송한 행위**는 공직선거법 제109조 제1항 본문에서 금지하고 있는 '**기타 전기통신의 방법**'을 이용한 선거운동에 해당한다고 해석하는 것(대판 2009.4.23, 2009도1376)
25. 약사가 **약국에서 원격지의 의뢰인과 전화로 의약품에 관하여 상담한 다음 택배로 의뢰인에게 의약품을 보낸 경우**를 구 약사법 제41조에서 금지하고 있는 **약국 이외의 장소에서 의약품을 판매**한 **행위**로 해석하는 것(대판 2008.10.23, 2008도3423) ● 법행
26. 총포·도검·화약류 등 단속법 시행령 제23조 제2항의 "쏘아 올리는 꽃불류의 사용은 화약류관리보안책임자의 책임하에 하여야 한다."고 규정하고 있는데 여기서의 '**사용**'에 쏘아 올리는 **꽃불류의** '**설치행위**'도 포함된다고 해석하는 것(대판 2010.5.13, 2009도13332) ● 경찰, 사시
27. 도로교통법 제27조 제1항에 정한 '횡단보도에서의 보행자보호의무의 대상'에 보행신호등의 녹색등화가 점멸하고 있는 동안에 횡단보도를 통행하는 보행자도 포함된다고 해석하는 것(대판 2009.5.14, 2007도9598) ● 사시
28. 군형법상 상관모욕죄에서의 '상관'에 대통령이 포함된다고 해석하는 것(대판 2013.12.12, 2013도4555)
29. 외국환거래법 제30조가 규정하는 몰수·추징의 대상은 범인이 해당 행위로 인하여 취득한 외국환 기타 지급수단 등을 뜻하고, 이는 범인이 외국환거래법에서 규제하는 행위로 인하여 취득한 외국환 등이 있을 때 이를 몰수하거나 추징한다는 취지이므로 여기서의 '**취득**'에 **해당 범죄행위로 인하여 결과적으로 이를 취득한 때**를 말한다고 제한적으로 해석하는 것(대판 2017.5.31, 2013도8389) ● 경찰
30. 주택법 제41조의 2 제1항에서는 주택의 입주자로 선정된 지위 등의 '전매행위'를 금지한다고 규정하고 있는 바, 여기서 **입주자로 선정된 지위를 전매한 자라고 함은 그러한 지위를 전매한 매도인만을 의미하고 그러한 지위를 매수한 매수인은 해당하지 않는다고 해석하는 것**(대판 2010.5.13, 2009도10477) ● 경찰승진
31. **자동차를 수리업체에 맡긴 후 수리비를 마련하지 못하여 자동차를 찾아오지 못하던 중, '자동차를 1년 이상 도로에 무단방치한 경우**는 자동차관리법 제26조 제1항 제2호의 '**방치행위**'에 해당하지 않는다고 해석하는 것(대판 2010.3.25, 2010도1656)
32. 풍속영업소인 숙박업소에서 음란한 외국의 위성방송프로그램을 수신하여 투숙객 등으로 하여금 시청하게 하는 행위는, 풍속법 제3조 제2호에 규정된 '**음란한 물건**'을 관람하게 하는 행위에 해당한다고 해석하는 것(대판 2010.7.15, 2008도11679)
33. **전기통신설비를 이용하여 시청에 제공되는 텔레비전방송프로그램**은 영화및비디오물의 진흥에관한 법률 제2조 제12호의 '**비디오물**'에 해당하지 아니한다고 해석하는 것(대판 2010.7.15, 2009도4545)
34. 구 화물자동차 운수사업법 제48조 제4호, 제39조의 처벌대상이 되는 '**자가용화물자동차를 유상으로 화물운송용에 제공하거나 임대하는 행위**'란 자가용화물자동차를 '**유상으로 화물운송용에 제공하는 행위**'와 '**임대하는 행위**'를 의미한다고 해석하는 것(대판 2011.4.14, 2008도6693) ● 경찰
35. 왕복 4차선의 외부도로와 직접 연결되어 있고, 외부차량의 통행에 제한이 없으며, 별도의 주차관리인이 없는 '아파트단지 내 통행로'도 구 도로교통법상의 도로에 해당한다고 해석하는 것(대판 2010.9.9, 2010도6579)
36. 「형법 제138조」 법정모욕·소동죄의 내용 중 '**법원의 재판**'에 헌법재판소의 심판이 포함된다고 보는 것(대판2021. 8. 26. 2020도12017)
37. 피고인들이 해외 베팅사이트 운영자들과 계약을 체결한 후 링크를 통한 해외 베팅사이트에의 연결, 해외 베팅사이트에서 사용하는 데 필요한 게임머니 충전 및 게임머니의 한화로의 환전 등을 할 수 있는 중계사이트를 운영한 것을 국민체육진흥법 제26조 제2항 제1호 행위 중 '정보통신망을 이용하여 체육진흥투표권 등을 발행하는 시스템을 공중이 이용할 수 있도록 제공하는 행위'에 해당한다고 보는 것(대판 2018.10.30, 2018도7172 전원합의체)

38. 특정경제범죄가중처벌등에관한 법률 제9조 제1항에 정해진 '**저축을 하는 자**'에는 사법상 법률효과가 귀속되는 '저축의 주체'가 아니라고 하더라도 '**저축과 관련된 행위를 한 자**'도 포함된다고 해석하는 것(대판 2006.3.9, 2003도6733) ● 경찰승진

39. 국내에 있는 불특정 또는 다수인에게 **무상으로 의약품을 양도하는 수여행위**도 구 약사법 제44조 제1항의 '**판매**'에 포함된다고 보는 것(대판 2011.10.13, 2011도6287)

40. 아동·청소년의 성보호에 관한 법률 제10조 제2항은 '아동·청소년의 성을 사기 위하여 아동·청소년을 유인하거나 성을 팔도록 권유한 자'를 처벌하도록 규정하고 있는바 **이미 성매매 의사를 가지고 있었던 아동·청소년에게 성을 팔도록 권유하는 행위**도 위 규정에서 말하는 '**성을 팔도록 권유하는 행위**'에 포함된다고 해석하는 것(대판 2011.11.10, 2011도3934) ● 경찰승진

41. '특정 범죄자에 대한 위치추적 전자장치 부착 등에 관한 법률' 제5조 제1항 제3호는 검사가 전자장치 부착명령을 법원에 청구할 수 있는 경우 중의 하나로 '**성폭력범죄를 2회 이상 범**하여(유죄의 확정판결을 받은 경우를 포함한다) 그 습벽이 인정된 때'라고 규정하고 있는데 강간상해죄를 1회 범한 것 외에 과거에 **성폭력범죄로 소년보호처분을 받은 사실**이 있는 경우는 위 규정에서 정한 '성폭력범죄를 2회 이상 범한 경우에 해당하지 않는다(대판 2012.3.22, 2011도15057). ● 경찰

42. '블로그', '미니 홈페이지', '카페' 등의 이름으로 개설된 사적(私的)인터넷 게시공간의 운영자가 사적 인터넷 게시공간에 게시된 타인의 글을 삭제할 권한이 있는데도 이를 **삭제하지 아니하고 그대로 두었다**는 사정만으로 사적 인터넷 게시공간의 운영자가 타인의 글을 국가보안법 제7조 제5항에서 규정하는 바와 같이 '**소지**'하였다고 볼 수는 없다(대판 2012.1.27, 2010도8336). ● 사시

43. 나이트클럽 무용수인 피고인이 무대에서 공연하면서 겉옷을 모두 벗고 성행위와 유사한 동작을 연출하거나 속옷에 부착되어 있던 모조 성기를 수차례 노출한 경우를 구 풍속영업의 규제에 관한 법률 제3조 제1호의2에서 정한 음란행위에 해당한다고 해석하는 것(대판 2011.9.8, 2010도10171) ● 경찰

44. 구 전자금융거래법에서 말하는 '**양도**'에는 **단순히 접근매체를 빌려 주거나 일시적으로 사용하게 하는 행위**는 포함되지 아니한다고 해석하는 것(대판 2012.7.5, 2011도16167) ● 경찰

45. [1] 국내산 쇠고기에 특정 시·도명이나 시·군·구명을 원산지로 표시하여 판매할 때 해당 소가 출생·사육·도축된 지역과 전혀 무관한 지역을 원산지로 표시하거나 출생·사육은 타 지역에서 이루어진 후 **오로지 도축만을 위하여 도축지로 이동된 후 곧바로 도축**되었을 뿐인데도 도축지를 원산지로 표시하였다면, 이는 법 제34조의2, 제17조 제1항 제1호 및 제3호에 규정된 '**원산지 표시를 허위로 하거나 이를 혼동하게 할 우려가 있는 표시를 하는 행위 및 원산지를 위장하여 판매하는 행위**'에 해당된다고 해석하여야 한다.

    [2] 국내산 소 도축을 위하여 출생지나 사육지로부터 특정 지역으로 이동시켰으나 이동과정에서 감소된 체중 회복이나 도축시기 조정 등의 이유로 이동 당일 도축하지 않고 일정 기간 동안 그 특정 지역에서 사료 등을 먹이다가 도축한 경우, 이를 단순한 도축의 준비행위에 불과하다고 볼 것인지 아니면 사육으로 볼 것인지에 관하여는 해당 소의 종류와 연령, 건강상태, 이동 후 도축 시까지 기간, 이동 후 해당 소에게 사료를 먹이며 머물게 한 장소의 형태와 제공된 사료의 종류와 제공방법, 체중의 변동 여부 등을 종합적으로 고려하여 개별 사안에 따라 합리적으로 판단할 수밖에 없고, 이와 달리 이동 후 도축 시까지의 기간을 임의로 설정하여 일률적으로 원산지 표시 규정 위반 여부를 판단할 수는 없다(대판 2012.10.25, 2012도3575). ● 법행

46. 게임산업진흥에 관한 법률 제32조 제1항 제7호에서 정한 '환전'에 '게임결과물을 수령하고 돈을 교부하는 행위'뿐만 아니라 '게임결과물을 교부하고 돈을 수령하는 행위'도 포함되는 것으로 해석하는 것(대판 2012.12.13, 2012도11505)

47. 의사가 환자와 대면하지 아니하고 **전화나 화상 등을 이용하여 환자의 용태를 스스로 듣고 판단하여 처방전 등을 발급**한 행위는 구 의료법상 '**직접 진찰한 의사**'가 아닌 자가 처방전 등을 발급한 경우에 해당하지 않는다고 해석하는 것(대판 2013.4.11, 2010도1388)

48. 외국인이 대한민국 영역 밖에서 한 행위가 그대로 대한민국 법률에 따라 특정범죄에 해당하는 경우에만 범죄수익은닉의 규제 및 처벌 등에 관한 법률 소정의 '특정범죄'로 보는 것이 아니라 그 행위를 대한민국에서의 행위로 가정적으로 구성하여 평가하면 대한민국 법률에 따라 특정범죄에 해당하는 경우에도 특정범죄로 보는 것이라고 해석하는 것이 타당하다(대판 2018.10.25, 2016도11429). ☞ 대한민국 법률에 따라 처벌할 수 없는 특정범죄에 대하여도 그 범죄수익등을 은닉하거나 가장하는 행위를 하게 되면 제한적인 범위 내에서 범죄수익은닉규제법 위반죄에 해당한다.
50. 폭력행위등처벌에관한법률 제7조에서 말하는 '이 법에 규정된 범죄'란 '폭력행위처벌법에 규정된 범죄'만을 의미한다고 해석하는 것(대판 2017.9.21, 2017도7687)

5. 적정성의 원칙

(1) 내 용

만일 형법의 내용이 정당하지 못하다면 위의 파생원칙이 지켜진다고 해도 죄형법정주의가 보장하고자 하는 취지가 몰각되고 말 것이다. 따라서 형벌은 필요최소한 부과되고 범죄와의 적절한 균형이 유지되어야 하며(필요성, 최후수단성, 과잉금지원칙), 책임의 정도를 초과하지 않는 범위내에 부과되어야 한다(책임주의). 죄형균형론, 과잉금지원칙 등이 이와 관련된다.

(2) 관련판례

> **관련판례**
> ① 구 특정범죄가중처벌등에관한 법률 제5조의3 제2항 제1호에서 **과실로 사람을 치상**하게 한 자가 구호행위를 하지 아니하고 도주하거나 고의로 유기함으로써 치사의 결과에 이르게 한 경우 사형·무기 또는 10년 이상의 징역에 처하도록 하여 **살인죄보다 법정형을 더 무겁게 한 것**은 적정성의 원칙에 반한다(헌재결 1992.4.28, 90헌바24). ● 사시
> ② 도시 및 주거환경정비법 제84조가 **주택재건축조합의 임원을 뇌물죄의 적용에 있어서 공무원으로 의제한 것**은 과잉금지의 원칙에 위반된다고 볼 수도 없다(대판 2007.4.27, 2007도694). ● 경찰

제3절 형법의 발전

I 범죄이론

객관주의	형법적 평가의 중점을 범죄의 외부에 나타난 부분, 즉 외부적인 행위와 결과에 두고 형벌의 종류와 경중도 이에 상응하여야 한다는 이론이다(범죄주의, 사실주의, 행위주의).
주관주의	형벌의 종류와 경중은 범죄사실에 따라 정할 것이 아니라 범죄인의 위험성에 의하여 결정되어야 한다는 이론이다(범죄주의, 성격주의, 행위자주의, 범죄징표주의).

II 형벌이론

응보형주의	형벌의 본질은 범죄에 대한 정당한 응보이며 형벌 자체가 목적이라고 본다. 범죄의 예방목적에 적합하지 않다는 비판을 받는다.
목적형주의	형벌에 의하여 일반인의 범죄를 예방하려는 사상인 일반예방주의와 형벌에 의하여 범죄인이 다시 범죄를 범하지 않도록 예방하려는 사상인 특별예방주의가 있다.

CHAPTER 02 형법의 적용범위

제1절 형법의 시간적 적용범위

제1조 (범죄의 성립과 처벌) ① 범죄의 성립과 처벌은 **행위 시의 법률**에 따른다.

I 의 의

행위시와 재판시 사이에 법률의 변경(개정 또는 폐지)이 있는 경우 어느 법률을 적용할 것인가의 문제를 다루는 영역이다.

II 원칙-행위시법주의(소급효금지의 원칙)

1. 행위시의 의미

범죄의 성립과 처벌은 행위시의 법률에 의한다고 할 때의 "행위시"라 함은 **범죄행위의 종료시**를 의미한다(대판 1994.5.10, 94도563). ● 검찰9급

2. 실행행위 계속중의 법률변경과 행위시의 결정

> **관련판례**
>
> ① 포괄일죄로 되는 개개의 범죄행위가 **법 개정의 전후에 걸쳐서** 행하여진 경우에는 신·구법의 법정형에 대한 경중을 **비교하여 볼 필요도 없이** 범죄 실행 종료시의 법이라고 할 수 있는 **신법을 적용**하여 포괄일죄로 처단하여야 한다(대판 1998.2.24, 97도183). ● 경찰, 사시
> ② 일반적으로 계속범의 경우 실행행위가 종료되는 시점에서의 법률이 적용되어야 할 것이나, 법률이 개정되면서 그 부칙에서 '개정된 법 시행 전의 행위에 대한 벌칙의 적용에 있어서는 종전의 규정에 의한다'는 경과규정을 두고 있는 경우 개정된 법이 시행되기 전의 행위에 대해서는 개정 전의 법을, 그 이후의 행위에 대해서는 개정된 법을 각각 적용하여야 한다(대판 2001.9.25, 2001도3990).
> ● 경찰승진, 경찰, 사시
>
> **비교판례**
>
> ㉠ 개정된 방문판매 등에 관한 법률 제23조 제2항이 **시행된 이후에도 포괄일죄인 위 법률 위반 범행이 계속된 경우** 그 범죄실행 종료시의 법이라고 할 수 있는 신법을 적용하여 포괄일죄로 처단하여야 하고, 또한 "이 법 시행 전의 행위에 대한 벌칙의 적용에 있어서는 종전의 규정에 따른다."는 방문판매 등에 관한 법률 부칙 제3조가 적용될 수도 없다(대판 2009.9.10, 2009도5075). ● 법원

> ⓛ **청소년성보호법위반(성착취물소지)죄**는 아동·청소년성착취물임을 알면서 소지를 개시한 때부터 지배관계가 종료한 때까지 하나의 죄로 평가되는 이른바 **계속범**이다. 원칙적으로 계속범에 대해서는 실행행위가 종료되는 시점의 법률이 적용된다. 따라서 피고인이 아동·청소년성착취물을 소지하였는데, **소지 행위가 계속되던 중에** 「아동·청소년의 성보호에 관한 법률」이 개정되어 **법정형이** 1년 이하의 징역형 또는 2,000만 원 이하의 벌금형에서 1년 이상의 징역형으로 **상향**되었다면 청소년성보호법위반(성착취물소지)죄는 계속범이므로 **실행행위가 종료되는 시점에 시행되던 법률을 적용하여야 한다**(대판 2023.3.16, 2022도15319).

③ 구 '부정경쟁 방지 및 영업비밀 보호에 관한 법률'의 개정법률이 시행되기 전에 취득한 영업비밀이라 하더라도 그 시행 후에 이를 부정사용하는 행위는 위 개정법률 제18조 제2항(영업비밀부정사용)의 적용대상이 된다(대판 2009.10.15, 2008도9433). ● 경찰간부, 경찰승진

④ 헌법 제13조 제1항의 형벌법규 불소급 원칙과 형법 제1조 제1항의 "범죄의 성립과 처벌은 행위시의 법률에 의한다."는 규정에 비추어 보면, 포괄일죄인 뇌물수수 범행이 위 신설 규정의 시행 전후에 걸쳐 행하여진 경우 특가법 제2조 제2항에 규정된 벌금형 산정 기준이 되는 수뢰액은 위 규정이 신설된 2008. 12. 26. 이후에 수수한 금액으로 한정된다고 보아야 한다(대판 2011.6.10, 2011도4260). ● 경간부

> **유사판례**
>
> 개정된 법무사법에는 제72조 제2항이 신설되어 등록증을 다른 사람에게 빌려준 법무사, 법무사의 등록증을 빌린 사람 등이 취득한 금품이나 그 밖의 이익은 몰수하고 이를 몰수할 수 없을 때에는 그 가액을 추징한다고 규정하고 있고, 부칙 제2조는 "제72조 제2항의 개정규정은 이 법 시행 후 최초로 법무사 등록증을 다른 사람에게 빌려준 경우부터 적용한다."라고 규정하고 있다. 위와 같이 개정된 법무사법 제72조 제2항, 부칙 제2조, 헌법 제13조 제1항 전단과 형법 제1조 제1항에서 정한 형벌법규의 소급효 금지 원칙에 비추어 보면, 법무사가 등록증을 다른 사람에게 빌려주거나 법무사의 등록증을 빌린 행위가 개정된 법무사법 시행 이전부터 계속되어 온 경우에는 개정된 법무사법이 시행된 이후의 행위로 취득한 금품 그 밖의 이익만이 개정된 법무사법 제72조 제2항에 따른 몰수나 추징의 대상이 된다고 보아야 한다(대판 2020.10.15, 2020도7307). ● 경찰

⑤ 포괄일죄에 관한 기존 처벌법규에 대하여 그 표현이나 형량과 관련한 개정을 하는 경우가 아니라 애초에 죄가 되지 아니하던 행위를 구성요건의 신설로 포괄일죄의 처벌대상으로 삼는 경우에는 신설된 포괄일죄 처벌법규가 시행되기 이전의 행위에 대하여는 신설된 법규를 적용하여 처벌할 수 없다(형법 제1조 제1항). 이는 신설된 처벌법규가 상습범을 처벌하는 구성요건인 경우에도 마찬가지라고 할 것이므로, 구성요건이 신설된 상습강제추행죄가 시행되기 이전의 범행은 상습강제추행죄로는 처벌할 수 없고 행위시법에 기초하여 강제추행죄로 처벌할 수 있을 뿐이며, 이 경우 그 소추요건도 상습강제추행죄에 관한 것이 아니라 강제추행죄에 관한 것이 구비되어야 한다(대판 2016.1.28, 2015도15669). ☞ 상습강제추행죄가 신설되기 이전의 강제추행죄와 신설 이후의 강제추행죄를 모두 포괄하여 상습강제추행죄로 처벌할 수 있는지의 문제이며 적용되지 않는다면 신설 전의 강제추행죄는 친고죄였으므로 고소가 없는 상태라면 공소기각판결을 선고하여야 하는지의 문제이다.

Ⅲ 행위시법주의의 예외 – 재판시법주의

제1조 (범죄의 성립과 처벌) ② 범죄 후 법률이 변경되어 그 행위가 범죄를 구성하지 아니하게 되거나 형이 <u>구법(舊法)보다 가벼워진 경우에는 신법(新法)</u>에 따른다.
③ 재판이 확정된 후 법률이 변경되어 그 행위가 범죄를 구성하지 아니하게 된 경우에는 **형의 집행을 면제한다.** ● 사시, 경찰, 경찰9급

1. 제1조 제2항의 적용요건 및 효과

(1) 범죄 후

범죄 후란 형법 제1조 제3항과의 관계상 '**실행행위의 종료후 재판확정 전**'을 의미한다. '실행행위의 종료'란 구성요건에 해당하는 **행위의 종료 후를 의미하고 결과발생의 여부는 불문**한다. ● 사시, 경찰, 검찰9급

(2) 법률의 변경

'법률'이란 가벌성과 관련된 총체적 법상태를 의미하고 '변경'이란 이와 같은 법률의 개정과 폐지를 포함한다.

> **관련판례**
>
> ① 세율의 변경 : 무단반출한 물품에 대한 세율이 범행 당시는 100퍼센트였으나 그 후 관세법의 개정으로 40퍼센트로 변경되었다고 하더라도 조세채권의 성립요건이 충족된 후에 조세법이 개정되더라도 그 구 조세법의 규정에 의하여 발생한 조세채권의 내용에는 아무 영향이 없고, **세율의 변경은 형의 변경이라고 할 수도 없어** 포탈세액을 종전의 세율에 따라 산정한 것은 적법하다(대판 1984. 12. 26, 83도1988). ● 경찰승진
> ② 군사기밀의 해제 : 누설한 군사기밀사항이 누설행위 이후 평문으로 저하되었거나 **군사기밀이 해제**되었다고 하더라도 이를 **법률의 변경으로 볼 수 없으므로** 재판시 법적용 여부가 문제될 여지는 없다(대판 2000. 1. 28, 99도4022). ● 경찰, 경찰승진
> ③ 헌법재판소의 위헌결정 : 헌법재판소의 **위헌결정**으로 인하여 형벌에 관한 법률 또는 법률조항이 소급하여 그 효력을 상실한 경우에는 당해 법조를 적용하여 기소한 피고 사건은 범죄로 되지 아니하는 때에 해당하므로, 결국 이 부분 공소사실은 **무죄**라 할 것이다(대판 1999. 12. 24, 99도3003). ● 사시

> **참조판례**
>
> ① 헌법재판소가 위 법률조항에 대해 **헌법불합치결정**을 선고하면서 개정시한을 정하여 입법개선을 촉구하였는데도 위 시한까지 법률 개정이 이루어지지 않은 경우, 위 법률조항은 소급하여 효력을 상실하므로 이를 적용하여 공소가 제기된 위 피고사건에 대하여 무죄를 선고하여야 한다(대판 2011. 6. 23, 2008도7562).

② 도로교통법 위반(음주운전)죄로 1회 이상 형사처벌을 받은 전력이 있는 피고인이 음주측정을 요구받고도 이에 응하지 않았다는 도로교통법 위반(음주측정거부)의 공소사실에 대하여, 원심이 도로교통법 제148조의2 제1항, 제44조 제2항을 적용하여 유죄를 선고하였는데, 원심판결 선고 후 헌법재판소가 도로교통법 제148조의2 제1항 중 '제44조 제1항을 1회 이상 위반한 사람으로서 다시 같은 조 제2항을 위반한 사람'에 관한 부분에 대하여 위헌결정을 선고한 경우, 위 법률조항 부분은 소급하여 효력을 상실하였으므로 해당 법조를 적용하여 기소한 피고 사건은 죄가 되지 않는 경우에 해당한다(대판 2022.6.9, 2021도1487).

④ 개정법 시행 전에 다시 개정된 경우 : 법률의 개정으로 개정 전의 법률이 처벌대상으로 삼았던 행위를 처벌대상에서 제외하였으나 개정법률이 시행되기 전에 다시 법률이 개정되어 다시 그 행위를 처벌대상에 포함시킨 경우에는 제1조 제2항의 범죄 후 법령이 변경된 경우에 해당된다고 볼 수 없다(대판 1994.1.14, 93도2579). ● 경찰간부, 경찰승진

⑤ **형법 부칙 제4조 제1항**은 형법을 시행함에 즈음하여 구형법과의 관계에서 그 적용범위를 정한 경과규정으로서, 형법 제8조가 타법령에 정한 죄에도 적용하도록 규정한 "본법 총칙"에 해당되지 않을 뿐만 아니라, 범죄의 성립과 처벌은 행위시의 법률에 의한다고 규정한 형법 제1조 제1항의 해석으로서도 행위가 종료된 때 시행되는 법률의 적용을 배제한 점에서 타당한 것이 아니므로, 신·구형법 사이의 관계가 아닌 다른 법률 사이의 관계에서는 위 법조항을 그대로 적용하거나 유추적용할 것이 아니다(대판 1992.12.8, 92도407). ● 사시

(3) 형이 구법보다 경한 경우

관련판례

① 형의 경중의 일반적 기준 : 형의 경중의 비교는 원칙적으로 **법정형을 표준**으로 할 것이고 처단형이나 선고형에 의할 것이 아니며, 법정형의 경중을 비교함에 있어서 **법정형 중 병과형 또는 선택형이 있을 때에는 이 중 가장 중한 형을 기준**으로 하여 다른 형과 경중을 정하는 것이 원칙이다(대판 1992.11.13, 92도2194). ● 경찰

참조판례

㉠ 개정 전의 '3년 이하의 징역 또는 200만 원 이상 1천만 원 이하의 벌금'이 '3년 이하의 징역 또는 1천만 원 이하의 벌금'으로 되어 형법 제1조 제2항에 따라 개정된 법률에 의하여 처벌하여야 할 것이다(대판 1996.2.13, 95도2843). ● 경찰간부

㉡ 행위시법인 구 변호사법 제54조에 규정된 형은 징역 3년 이하의 징역이고 재판시법인 현행 변호사법 제78조에 규정된 형은 5년 이하의 징역 또는 1천만원 이하의 벌금으로서 신법에서는 벌금형의 선택이 가능하다 하더라도 법정형의 경중은 병과형 또는 선택형 중 가장 중한 형을 기준으로 하여 다른 형과 경중을 정하는 것이므로 행위시법인 구법의 형이 더 경하다(대판 1983.11.8, 83도2499). ● 검찰9급

㉢ 법정형이 "5년 이하의 징역"이었던 것이 "5년 이하의 징역 또는 1천만 원 이하의 벌금"이 되어 벌금형이 추가됨으로써 원심판결 후에 형이 가볍게 변경되었음이 분명하다(대판 1996.7.26, 96도1158). ● 사시

② 신·구형법의 형의 경중을 비교함에 있어 형을 가중·감경할 때는 형의 가중 또는 감경을 한 후에 비교하여야 한다(대판 1960.9.16, 4293형상435). ● 경찰

③ 행위시와 재판시 사이에 수차 법령의 변경이 있는 경우에는 행위시법과 중간시법, 재판시법의 세 가지 규정에 의한 형의 경중을 비교하여 그중 가장 형이 경한 법규정을 적용하여야 한다(대판 1968.12. 17. 68도1324). 🔵 경찰

④ 검사가 재판시법인 신법의 적용을 구하였더라도 그 범행에 대한 형의 경중의 차이가 없으면 공소장변경절차를 거치지 않고도 행위시법인 구법을 적용할 수 있다(대판 2002.4.12. 2000도3350).

⑤ 공소시효의 적용기준법 : 범죄 후 법률의 개정에 의하여 법정형이 가벼워진 경우에는 형법 제1조에 의하여 당해 범죄사실에 적용될 가벼운 법정형(신법의 법정형)이 공소시효기간의 기준으로 한다(대판 1987.12.22. 87도84). 🔵 사시, 법행

⑥ 구 군형법 제79조(무단이탈)의 개정으로 법정형이 '1년 이하의 징역이나 금고'에서 '1년 이하의 징역이나 금고 또는 300만 원 이하의 벌금'으로 변경된 것은 형법 제1조 제2항의 '범죄 후 법률의 변경에 의하여 형이 구법보다 경한 때'에 해당한다(대판 2010.3.11. 2009도12930). 🔵 경찰간부, 경찰승진

⑦ 사업주인 법인이 그 위반행위를 방지하기 위하여 해당 업무에 관하여 상당한 주의와 감독을 게을리하지 아니한 경우에는 양벌규정에 의하여 처벌하지 않는다는 내용의 단서 규정이 추가되었는바(면책조항이 신설된 경우), 이는 범죄 후 법률의 변경에 의하여 그 행위가 범죄를 구성하지 아니하거나 형이 구법보다 경한 경우에 해당한다고 할 것이어서 형법 제1조 제2항에 따라 신법이 적용된다(대판 2011.3.24. 2009도7230). 🔵 검찰7급, 경찰간부

⑧ 종전에는 피해자의 의사에 상관없이 처벌할 수 있었던 근로기준법 제112조 제1항, 제36조 위반죄가 반의사불벌죄로 개정된 경우 형법 제1조 제2항이 적용된다(대판 2005.8.25. 2005도4462).

(4) 범죄를 구성하지 아니하는 경우

행위시법에 의하면 범죄로 성립하였던 행위가 재판시법에서는 더 이상 범죄가 되지 않는 경우에는 형사소송법 제326조 제4호의 '범죄 후 법령개폐로 형이 폐지되었을 때'에 해당하여 법원은 면소판결을 선고해야 한다.

관련판례

① 구 특정범죄가중법 제5조의11에서의 '**원동기장치자전거**'에는 전동킥보드와 같은 **개인형 이동장치**도 포함된다고 판단되고, 비록 개정 도로교통법이 전동킥보드와 같은 **개인형 이동장치에 관한 규정을 신설**하면서 이를 "**자동차 등**"이 아닌 "**자전거 등**"으로 분류하였다고 하여 이를 형법 제1조 제2항의 '범죄 후 법률이 변경되어 그 행위가 범죄를 구성하지 아니하게 된 경우'라고 볼 수는 없다(대판 2023.6.29. 2022도13430). ☞ 개정전 법률상 '자동차등'에 원동기장치자전거가 포함되어 있었고 원동기자전거에는 전동킥보드와 같은 개인형 이동장치도 포함된다고 봄. 이후 법개정으로 전동킥보드와 같은 개인형 이동장치를 자전거등으로 분류한 사례임

② 구 전기통신금융사기 피해 방지 및 피해금 환급에 관한 특별법(**구법**) 제15조의2 제1항에서 '**전기통신금융사기를 목적으로, 타인으로 하여금 컴퓨터 등 정보처리장치에 정보 또는 명령을 입력하게 하는 행위(제1호)**를 하거나, **취득한 타인의 정보를 이용하여 컴퓨터 등 정보처리장치에 정보 또는 명령을 입력하는 행위(제2호)**를 한 자'라는 구성요건을 개정된 **신법**에서는 전기통신금융사기를 행한 자라고 개정한 것은 구법 제15조의2 제1항 제1, 2호 행위가 범죄를 구성하지 아니하게 된다고 보아 제1, 2호 행위에 관한 형이 폐지되었다고 할 수 없다(대판 2024.9.27. 2024도7516). ☞ 결국 구법의 구성요건을 신법으로 개정하면서 처벌 수준을 구법보다 상향하고, 부칙에서 신법 시행 전에 이루어진 구법 위반행위에 대하여는 구법을 그대로 적용할 것인지에 관하여 별도의 경과규정을 두고 있지 않은 경우 신법 시행 전의 행위는 형법 제1조 제1항에 따라 행위 시의 법률인 구법에 따라 범죄가 성립하고 형사처벌할 수 있다는 사례임

2. 제1조 제3항의 적용요건 및 효과

재판확정 후 법률의 변경에 의하여 그 행위가 범죄를 구성하지 아니한 때에는 형의 집행을 면제한다.

3. 제1조 제2항 및 제3항의 적용배제

(1) 경과규정

형법 제1조 제2항 및 제8조에 의하면 범죄 후 법률의 변경에 의하여 형이 구법보다 경한 때에는 신법에 의한다고 규정하고 있으나 신법에 경과규정을 두어 이러한 신법의 적용을 배제하는 것도 허용되는 것으로서, 형을 종전보다 가볍게 형벌법규를 개정하면서 그 부칙으로 개정된 법의 시행 전의 범죄에 대하여 종전의 형벌법규를 적용하도록 규정한다 하여 헌법상의 형벌불소급의 원칙이나 신법우선주의에 반한다고 할 수 없다(대판 1999.7.9, 99도1695). ● 경찰, 검찰, 사시, 경간부

(2) 항소심 계속중의 소년법 개정

개정 소년법 제2조에서 '소년'의 정의를 '20세 미만'에서 '19세 미만'으로 개정하였고, 이는 같은 법 부칙 제2조에 따라 위 법 시행 당시 심리중에 있는 형사사건에 관하여도 적용된다. 제1심은 피고인을 구 소년법 제2조에 의한 소년으로 인정하여 구 소년법 제60조 제1항에 의하여 부정기형을 선고하였고, 그 항소심 계속중 개정 소년법이 시행되었는데 **항소심판결 선고일에 피고인이 이미 19세에 달**하여 개정 소년법상 소년에 해당하지 않게 되었다면, 항소심법원은 피고인에 대하여 정기형을 선고하여야 한다(대판 2008.10.23, 2008도8090). ● 경찰

4. 판례의 동기설 폐지

(1) 법문언에 대한 해석

종래 대법원판례는 형법 제1조 제2항과 형사소송법 제326조 제4호의 적용 범위를 제한적으로 해석하여, 개별 사건에서 해당 법령 변경의 동기를 두 가지 유형으로 준별하고 법령 변경의 동기가 종래의 처벌 자체가 부당하였다거나 또는 과형이 과중하였다는 반성적 고려에 따른 경우에만 재판시법을 적용하였다. 그러나 앞서 본 법리에 비추어 보면 형법 제1조 제2항과 형사소송법 제326조 제4호에서 말하는 법령의 변경에 관하여 문언의 명확한 개념과 다르게 종래 대법원판례와 같이 반성적 고려에 따른 것인지에 따라 그 해당 여부를 달리하여야 하는 근거를 찾기가 어렵다. 법령 변경의 동기가 반성적 고려에 따른 경우에만 형법 제1조 제2항과 형사소송법 제326조 제4호를 적용하는 해석론은 결국 법문에 없는 추가적인 적용 요건을 설정하는 것으로서 **목적론적 축소해석에 해당**한다고 볼 수 있다. 그러나 법문을 기초로 한 엄

격해석의 원칙은 형사법 해석의 기본 원칙으로서 최대한 존중되어야 하고, <u>목적론적 해석도 문언의 통상적인 의미를 벗어나서는 아니 된다</u>. 특히 형법 제1조 제2항과 형사소송법 제326조 제4호의 적용 여부는 개별 사건에서 해당 피고인에 대한 형사처벌 여부와 법정형을 곧바로 결정하는 중요한 문제이다. 피고인에게 유리한 형법 제1조 제2항과 형사소송법 제326조 제4호를 축소해석하는 것은 결국 처벌 범위의 확장으로 이어지게 되므로, 목적론적 관점에서 이를 제한적으로 해석하는 것에는 신중을 기하여야 한다.

(2) 입법자의 의사를 실현하는 경과조치의 가능성

범죄 후 피고인에게 유리하게 법령이 변경된 경우라도 입법자는 <u>경과규정을 둠으로써 재판시법의 적용을 배제하고 행위시법을 적용하도록 할 수 있다</u>. 피고인에게 유리하게 형벌법규를 개정하면서 부칙에서 신법 시행 전의 범죄에 대하여는 종전 형벌법규를 적용하도록 규정한다고 하여 헌법상의 형벌불소급의 원칙이나 신법우선주의에 반한다고 할 수 없다.

따라서 입법자가 <u>법령의 변경 후에도 종전 법령 위반행위에 대한 처벌을 그대로 유지하고자 할 경우 이에 상응한 조치를 할 수 있는 법적 수단이 이미 마련되어 있다</u>. 따라서 입법자는 법령의 변경 과정에서 종전 법령에 따른 처벌을 유지할 필요성이 있는지 여부를 스스로 면밀히 검토하여야 하고, 그러한 필요성이 인정된다면 법령의 변경과 동시에 적절한 경과조치를 취하여야 한다. 그럼에도 입법자가 **별도의 경과규정을 두지 않았다면**, 특별한 사정이 없는 한 입법자의 의사는 형법 제1조 제2항과 형사소송법 제326조 제4호의 명문규정에 따라 종전 법령 위반행위에 대하여 더 이상 처벌을 하지 않거나 형이 가벼워진 신법을 적용하려는 것이라고 해석할 수 있다.

(3) '법령의 변경'의 의미

[1] 형법 제1조 제2항과 형사소송법 제326조 제4호에서 말하는 **법령의 변경**은 해당 형벌법규에 따른 범죄의 성립 및 처벌과 **직접 관련된 것**이어야 하고, 이는 결국 해당 형벌법규의 가벌성에 관한 **형사법적 관점의 변화를 전제**로 한 법령의 변경을 의미하는 것이다.

[2] **구성요건을 규정한 형벌법규 자체** 또는 **그로부터 수권 내지 위임을 받은 법령의 변경에 따라** 범죄를 구성하지 아니하게 되거나 형이 가벼워진 경우에는, 당연히 해당 형벌법규에 따른 범죄의 성립 및 처벌과 **직접적으로 관련된 형사법적 관점의 변화**에 근거한 것으로 인정할 수 있으므로, 형법 제1조 제2항과 형사소송법 제326조 제4호가 그대로 적용된다.

[3] 형벌법규가 헌법상 열거된 **법규명령이 아닌 고시 등 규정에 구성요건의 일부를 수권 내지 위임한 경우**에도 그 고시 등 규정이 <u>위임입법의 한계를 벗어나지 않는</u>

한 모법인 형벌법규와 결합하여 형사처벌의 근거가 되는 것이므로, **고시 등 규정이 변경되는 경우에도** 마찬가지로 형법 제1조 제2항과 형사소송법 제326조 제4호에서 말하는 법령의 변경에 해당한다.

[4] 그러나 **해당 형벌법규 자체 또는 그로부터 수권 내지 위임을 받은 법령이 아닌 다른 법령이 변경되어 결과적으로 해당 형벌법규에 따른 범죄가 성립하지 아니하게 되거나 형이 가벼워진 경우**에는, 문제 된 법령의 변경이 해당 형벌법규에 따른 범죄의 성립 및 처벌과 **직접적으로 관련된 형사법적 관점의 변화**를 주된 근거로 하는 것인지 여부를 면밀히 따져 보아야 한다. 따라서 해당 형벌법규와 수권 내지 위임관계에 있지 않고 보호목적과 입법취지를 달리하는 민사적·행정적 규율의 변경이나, 형사처벌에 관한 규범적 가치판단의 요소가 배제된 극히 기술적인 규율의 변경 등에 따라 **간접적인 영향을 받는 것에 불과**한 경우는 형법 제1조 제2항과 형사소송법 제326조 제4호에서 말하는 법령의 변경에 해당한다고 볼 수 없다.

[5] 법령 제정 당시부터 또는 폐지 이전에 **스스로 유효기간을 구체적인 일자나 기간으로 특정하여 효력의 상실을 예정하고 있던 법령이 그 유효기간을 경과함으로써 더 이상 효력을 갖지 않게 된 경우**도 형법 제1조 제2항과 형사소송법 제326조 제4호의 적용 대상인 법령의 변경에 해당한다고 볼 수 없다. 이러한 법령 자체가 명시적으로 예정한 유효기간의 경과에 따른 효력 상실은 일반적인 법령의 개정이나 폐지 등과 같이 애초의 법령이 변경되었다고 보기 어렵고, 어떠한 형사법적 관점의 변화 내지 형사처벌에 관한 규범적 가치판단의 변경에 근거하였다고 볼 수도 없다. 유효기간을 명시한 입법자의 의사를 보더라도 **유효기간 경과 후에 형사처벌 등의 제재가 유지되지 않는다면 유효기간 내에도 법령의 규범력과 실효성을 확보하기 어려울 것이므로, 특별한 사정이 없는 한 유효기간 경과 전의 법령 위반행위는 유효기간 경과 후에도 그대로 처벌하려는 취지라고 보는 것이 합리적이다**(대판 2022.12.22. 2020도16420).

> **유사판례**
>
> 법무사인 피고인이 개인회생·파산사건 관련 법률사무를 위임받아 취급하여 변호사법위반으로 기소된 후 개인회생·파산사건 신청대리업무를 법무사의 업무로 추가하는 법무사법 개정이 이루어진 경우 이 사건 법률 개정으로 제6호의 내용이 추가된 법무사법 제2조는 이 부분 공소사실의 해당 **형벌법규인 변호사법 제109조 제1호 또는 그로부터 수권 내지 위임을 받은 법령이 아닌 별개의 다른 법령에 불과**하고, 법무사의 업무범위에 관한 규정으로서 **기본적으로 형사법과 무관한 행정적 규율**에 관한 내용이므로, 이는 **타법에서의 비형사적 규율의 변경이 문제된 형벌법규의 가벌성에 간접적인 영향**을 미치는 경우에 해당할 뿐이어서, 원칙적으로 형법 제1조 제2항과 형사소송법 제326조 제4호의 적용 대상인 **형사법적 관점의 변화에 근거한 법령의 변경에 해당한다고 볼 수 없다**(대판 2023.2.23. 2022도6434).

제2절 형법의 장소적 적용범위

I 서설

형법은 어떠한 장소에서 발생한 범죄에 대하여 적용될 것인가라는 문제에 있어서 네 가지 입법주의가 있다.

II 형법의 태도

1. 속지주의

제2조 (국내범) 본법은 대한민국영역내에서 죄를 범한 내국인과 외국인에게 적용한다.

(1) 대한민국 영역

북한도 대한민국 영역에 속한다(대판 1957.9.20, 4290형상228).

(2) 대한민국 내에 있는 외국의 공관

국제협정이나 관행에 의하여 대한민국 내에 있는 미국문화원이 치외법권지역이고 그 곳을 미국영토의 연장으로 본다 하더라도 그 곳에서 죄를 범한 대한민국 국민에 대하여 우리 법원에 먼저 공소가 제기되고 미국이 자국의 재판권을 주장하지 않고 있는 이상 속인주의를 함께 채택하고 있는 우리나라의 재판권은 동인들에게도 당연히 미친다 할 것이며 미국문화원측이 동인들에 대한 처벌을 바라지 않았다고 하여 그 재판권이 배제되는 것도 아니다(대판 1986.6.24, 86도403). ● 경찰, 사시

(3) 공모지와 속지주의

형법 제2조를 적용함에 있어서 공모공동정범의 경우 **공모지도 범죄지**로 보아야 하므로 영국인이 한국 내에서 한국인과 공모만 하고 홍콩에서 중국인으로부터 히로뽕을 매수한 경우 그 영국인에게 마약류관리에 관한 법률이 적용된다(대판 1988.11.27, 98도2734). ● 사시, 법행

(4) 범죄행위 중 일부가 대한민국에서 행해진 경우

외국인이 대한민국 공무원에게 알선한다는 명목으로 금품을 수수하는 행위가 대한민국 영역 내에서 이루어진 이상, 비록 금품수수의 명목이 된 알선행위를 하는 장소가 대한민국 영역 외라 하더라도 대한민국 영역 내에서 죄를 범한 것이라고 하여야 할 것이므로, 형법 제2조에 의하여 대한민국의 형벌법규인 구 변호사법 제90조 제1호가 적용되어야 한다(대판 2000.4.21, 99도3403). ● 검찰9급

> **유사판례**
> 유사수신약정 체결 및 출자금 수수 행위가 대한민국 영역 내에서 이루어진 이상, 비록 인터넷 홈페이지를 개설한 장소나 출자금을 최종적으로 수령한 장소가 대한민국 영역 외라 하더라도 성명·국적 불상의 회사 운영자들에게 「형법」 제2조(국내범), 제8조(총칙의 적용)에 따라 대한민국의 형벌법규인 「유사수신행위법」이 적용된다(대판 2020.7.9, 2018도5519). ● 경찰

2. 기국주의

> 제4조 (국외에 있는 내국선박 등에서 외국인이 범한 죄) 본법은 대한민국영역외에 있는 대한민국의 선박 또는 항공기내에서 죄를 범한 외국인에게 적용한다.

3. 속인주의

> 제3조 (내국인의 국외범) 본법은 대한민국영역외에서 죄를 범한 내국인에게 적용한다.

(1) 북한주민과 속인주의

북한지역 역시 대한민국의 영토에 속하는 한반도의 일부를 이루는 것이어서 북한주민도 내국인의 범주에 속한다(대판 1996.11.12, 96누1221).

(2) 내국인의 국외범

필리핀국에서 카지노의 외국인 출입이 허용되어 있다 하여도, 형법 제3조에 따라, 필리핀국에서 도박을 한 피고인에게 우리 나라 형법이 당연히 적용된다(대판 2001.9.25, 99도3337). ● 사시, 경찰

4. 보호주의

> 제5조 (외국인의 국외범) 본법은 대한민국 영역 외에서 다음에 기재한 죄를 범한 외국인에게 적용한다. ● 경찰, 검찰9급
> 1. **내란**의 죄
> 2. **외환**의 죄
> 3. **국기**에 관한 죄
> 4. **통화**에 관한 죄
> 5. **유가증권**, 우표와 인지에 관한 죄
> 6. **문서**에 관한 죄 중 제225조 내지 제230조
> 7. **인장**에 관한 죄 중 제238조
>
> 제6조 (대한민국과 대한민국국민에 대한 국외범) 본법은 대한민국영역외에서 대한민국 또는 대한민국국민에 대하여 전조에 기재한 이외의 죄를 범한 외국인에게 적용한다. 단 **행위지의 법률에 의하여 범죄를 구성하지 아니하거나 소추 또는 형의 집행을 면제할 경우에는 예외로 한다.**

> **관련판례**

① 중국국적의 조선족 선원 갑등이 파나마 국적의 참치잡이 원양어선 페스카마호에 승선하여 공해상에서 근무하던 중 한국인 선원들이 갑등에 대하여 조업거부 등을 이유로 징계의결을 하고 갑등을 하선시키기 위하여 사모아로 회항하게 되자, 자신들의 의사에 반하여 하선당하는 데 불만을 품고 한국인 선원들을 도끼등으로 살해하여 바다에 내던지고 조선족 중국인 선원과 인도네시아인 선원등을 동사시키려고 어창에 감금하였으나 동사하지 않자 다시 끌어내어 바다에 내던져 살해한 경우 우리형법이 적용된다(대판 1997.7. 25, 97도1142). ◐ 법행, 검찰9급

② 형법 제239조 제1항의 <u>사인위조죄</u>는 형법 제6조의 대한민국 또는 대한민국국민에 대하여 범한 죄에 해당하지 아니하므로 <u>중국 국적자가 중국에서 대한민국 국적 주식회사의 인장을 위조한 경우에는 외국인의 국외범으로서 그에 대하여 재판권이 없다</u>(대판 2002.11.26, 2002도4929). ◐ 법원

③ <u>외국인이 중국 북경시에 소재한 대한민국 영사관 내에서 여권발급신청서를 위조</u>한 경우, 중국 북경시에 소재한 대한민국 영사관 내부는 여전히 중국의 영토에 속할뿐 아니라 사문서위조죄가 형법 제6조의 대한민국 또는 대한민국 국민에 대하여 범한 죄에 해당하지 아니함도 명백하므로 <u>재판권이 없다</u>(대판 2006. 9.22, 2006도5010).

④ <u>한국인 갑이 뉴질랜드 시민권을 취득함으로써 한국국적을 상실한 후 뉴질랜드에서 대한민국 국민에 대하여 사기행위를 한 경우</u> 외국인이 대한민국 영역 외에서 대한민국 국민에 대하여 범죄를 저지른 경우에 해당한다(대판 2008.7.24, 2008도4085). ◐ 법행, 검찰9급

⑤ <u>캐나다 시민권자인 피고인이 캐나다에서 위조사문서를 행사</u>한 경우, 형법 제234조의 위조사문서행사죄는 형법 제5조 제1호 내지 제7호에 열거된 죄에 해당하지 않고, 위조사문서행사를 형법 제6조의 대한민국 또는 대한민국 국민의 법익을 직접적으로 침해하는 행위라고 볼 수도 없으므로 <u>피고인의 행위에 대하여는 우리나라에 재판권이 없다</u>(대판 2011.8.25, 2011도6507). ◐ 경찰, 법행

⑥ 국가보안법상의 탈출
  [1] <u>대한민국 국민이 아닌 사람이 외국에 거주하다가 그곳을 떠나 반국가단체의 지배하에 있는 지역으로 들어가는 행위</u>는, 대한민국의 영역에 대한 통치권이 실지로 미치는 지역을 떠나는 행위 또는 대한민국의 국민에 대한 통치권으로부터 벗어나는 행위 어디에도 해당하지 않으므로, 이는 <u>국가보안법 제6조 제1항, 제2항의 탈출 개념에 포함되지 않는다.</u>
  [2] 대한민국 국민이던 사람이 대한민국 국적을 상실하기 전 4회에 걸쳐 북한의 초청에 응하여 거주하고 있던 독일에서 출발하여 북한을 방문하였고, 그 후 독일 국적을 취득함에 따라 대한민국 국적을 상실한 후에도 거주지인 독일에서 출발하여 북한을 방문한 사안에서, <u>대한민국 국적을 상실하기 전의 방문행위는 국가보안법 제6조 제2항의 탈출에 해당하지만 대한민국 국적을 상실한 후의 방문행위는 국가보안법 제6조 제2항의 탈출 개념에 해당하지 않는다.</u>
  [3] <u>독일인이 독일 내에서 북한의 지령을 받아 베를린 주재 북한이익대표부를 방문하고 그곳에서 북한공작원을 만났다면</u> 위 각 구성요건상 범죄지는 모두 독일이므로 이는 외국인의 국외범에 해당하여, 형법 제5조와 제6조에서 정한 요건에 해당하지 않는 이상 위 각 조항을 적용하여 처벌할 수 없다(대판 2008.4.17, 2004도4899). ◐ 사시

⑦ 내국 법인의 대표자인 외국인이 내국 법인이 외국에 설립한 특수목적법인에 위탁해 둔 자금을 정해진 목적과 용도 외에 임의로 사용한 데 따른 <u>횡령죄의 피해자는 당해 금전을 위탁한 내국 법인이다.</u> 따라서 그 행위가 외국에서 이루어진 경우에도 <u>행위지의 법률에 의하여 범죄를 구성하지 아니하거나 소추 또는 형의 집행을 면제할 경우가 아니라면</u> 그 외국인에 대해서도 우리 형법이 적용되어(형법 제6조), <u>우리 법원에 재판권이 있다</u>(대판 2017.3.22, 2016도17465). ◐ 경간부

5. 세계주의

형법에는 세계주의에 관한 일반적인 조항은 존재하지 않으나 2013.4.5. 형법일부개정·시행으로 약취·유인 및 인신매매의 죄에서 세계주의를 명시하고 있다. 또한 세계주의를 명시하고 있지는 않으나 형법 제207조 제3항도 세계주의에 관한 규정으로 이해하는 것이 일반적인 입장이다.

6. 외국에서 받은 형집행의 효력

> 제7조 (외국에서 집행된 형의 산입) 죄를 지어 외국에서 형의 전부 또는 일부가 집행된 사람에 대해서는 그 집행된 형의 전부 또는 일부를 선고하는 형에 산입한다.

(1) 형법 제7조의 취지

외국에서 형의 집행을 받은 자에 대하여 형을 선고한 것을 위법하다고 할 수 없다(대판 1988.1.19, 87도2287). ● 경찰

(2) 미결구금과 제7조 적용여부

[1] 형법 제7조의 취지는 피고인이 외국에서 형사처벌을 과하는 확정판결을 받았더라도 그 외국판결은 우리나라 법원을 기속할 수 없고 우리나라에서는 기판력도 없어 일사부재리의 원칙이 적용되지 않으므로 피고인이 동일한 행위에 관하여 우리나라 형벌법규에 따라 다시 처벌받는 경우에 생길 수 있는 실질적인 불이익을 완화하려는 것이다.

[2] 형사사건으로 외국 법원에 기소되었다가 무죄판결을 받은 사람은 설령 그가 **무죄판결을 받기까지 상당기간 미결구금 되었더라도** 이를 유죄판결에 의하여 형이 실제로 집행된 것으로 볼 수는 없으므로 '외국에서 형의 전부 또는 일부가 집행된 사람'에 해당한다고 볼 수 없고 그 미결구금 기간은 형법 제7조에 의한 산입의 대상이 될 수 없다. 또한 외국에서 형이 집행된 것이 아니라 단지 미결구금 되었다가 무죄판결을 받은 사람의 미결구금일수를 형법 제7조의 유추적용에 의하여 그가 국내에서 같은 행위로 인하여 선고받은 형에 산입하여야 한다는 것은 허용되기 어렵다(대판 2017.8.24, 2017도5977 전원합의체).

(3) 집행된 형

'외국에서 형의 전부 또는 일부가 집행된 사람'이란 문언과 취지에 비추어 '외국 법원의 유죄판결에 의하여 **자유형이나 벌금형 등 형의 전부 또는 일부가 실제로 집행된 사람**'을 말한다고 해석하여야 한다(대판 2017.8.24, 2017도5977 전원합의체). ● 경찰

제3절 형법의 인적 적용범위

미합중국 군대의 군속 중 '통상적으로 대한민국에 거주하는 자'인 미군 군속은 주한미군지위협정의 대상이 되지 않으므로 한반도의 평시상태에서 미합중국 군 당국은 미합중국 군대의 군속에 대하여 형사재판권을 가지지 않아, 미합중국 군대의 군속이 범한 범죄에 대하여 대한민국의 형사재판권과 미합중국 군 당국의 형사재판권이 경합하는 문제는 발생할 여지가 없고, 대한민국은 협정 제22조 제1항 (나)에 따라 미합중국 군대의 군속이 대한민국 영역 안에서 저지른 범죄로서 대한민국 법령에 의하여 처벌할 수 있는 범죄에 대한 형사재판권을 바로 행사할 수 있는 것이다(대판 2006.5.11, 2005도798). ● 사시

제 2 편

범죄론

Chapter 01 범죄의 기본개념
Chapter 02 행위론 및 행위주체
Chapter 03 구성요건론
Chapter 04 위법성론
Chapter 05 책임론
Chapter 06 미수론
Chapter 07 정범 및 공범론
Chapter 08 죄수론

CHAPTER 01 범죄의 기본개념

제1절 범죄의 의의 및 종류

I 범죄의 의의

구성요건에 해당하고 위법·유책한 행위를 의미한다.

II 범죄의 종류

1. 결과범과 거동범

결과범이란 구성요건의 내용상 일정한 결과의 발생을 필요로 하는 범죄이며, 거동범이란 구성요건의 내용상 일정한 행위가 있음으로써 충분하고 결과의 발생을 필요로 하지 않는 범죄이다.

2. 침해범과 위험범

구 분	추상적 위험범	구체적 위험범
의 의	법익침해의 위험이 일반적으로 존재함으로써 성립하는 범죄	법익침해의 현실적 위험이 발생할 것을 요건으로 하여 성립하는 범죄
위험의 발생	구성요건요소 ×	구성요건요소 ○(…위험을 발생…) ● 검찰9급
고의의 인식대상	고의의 인식대상 ×	고의의 인식대상 ○ ● 경찰
예	현주건조물방화죄, 공용건조물방화죄, 타인소유일반건조물방화죄, 앞의 3개의 죄에 대한 실화죄, 현주건조물·공용건조물일수죄, 교통방해죄, 유가증권위조죄, 유기죄, 낙태죄, 문서위조죄, 통화위조죄, 명예훼손죄, 업무방해죄, 비밀침해죄, 강제집행면탈죄, 위증죄, 무고죄 등	자기소유일반건조물방화죄, 일반물건방화죄, 앞의 2개의 죄에 대한 실화죄, 자기소유일반건조물일수죄, 과실일수죄, 폭발성물건파열죄, 가스·전기 등 방류죄, 가스·전기 등 공급방해죄, '중'자 범죄(중상해죄, 중유기죄, 중권리행사방해죄, 중손괴죄) ☞ 중체포·감금죄는 위험범 × ● 경찰, 검찰9급

> **관련판례**
> ① 협박죄 : 협박죄는 사람의 의사결정의 자유를 보호법익으로 하는 범죄로써 상대방이 현실적으로 공포심을 일으켰는지 여부와 관계없이 구성요건이 충족되어 기수가 되는 **위험범**이다(대판 2007.9.28, 2007도606 전원합의체). ● 사시, 경찰
> ② 업무방해죄 : 업무방해죄의 성립에 있어서는 업무방해의 결과가 실제로 발생함을 요하는 것은 아니고 업무방해의 결과를 초래할 위험이 발생하면 충분하다고 할 것이나, 결과발생의 염려가 없는 경우에는 본죄가 성립하지 않는다(대판 2005.10.27, 2005도5432). ● 사시
> ③ 일반교통방해죄 : 일반교통방해죄는 이른바 추상적 위험범으로서 교통이 불가능하거나 또는 현저히 곤란한 상태가 발생하면 바로 기수가 되고 교통방해의 결과가 현실적으로 발생하여야 하는 것은 아니다(대판 2005.10.28, 2004도7545). ● 사시
> ④ 범인도피죄 : 형법 제151조 소정의 범인도피죄는 **위험범**으로서 현실적으로 형사사법의 작용을 방해하는 결과가 초래될 것이 요구되지 아니한다(대판 2003.2.14, 2002도5374). ● 사시, 경찰

3. 즉시범·상태범·계속범

(1) 즉시범(상태범)과 계속범의 구별실익 ● 경찰, 검찰9급

구 분	즉시범(상태범)	계속범
정당방위	기수시까지	종료시까지
공범가담	기수시까지	종료시까지
공소시효	기수시부터	종료시부터

> **관련판례**
> ① 직무유기죄 : **직무유기죄**는 그 직무를 수행하여야 하는 작위의무의 존재와 그에 대한 위반을 전제로 하고 있는바, 그 작위의무를 수행하지 아니함으로써 구성요건에 해당하는 사실이 있었고 그 후에도 계속하여 그 작위의무를 수행하지 아니하는 위법한 부작위상태가 계속되는 한 가벌적 위법상태는 계속 존재하고 있다고 할 것이며 형법 제122조 후단은 이를 전체적으로 보아 1죄로 처벌하는 취지로 해석되므로 이를 **즉시범이라고 할 수 없다**(대판 1997.8.29, 97도675). ☞ 직무유기죄는 계속범이다. ● 사시
> ② 내란죄 : **내란죄**는 다수인이 한 지방의 평온을 해할 정도의 폭동을 하였을 때 이미 내란의 구성요건은 완전히 충족된다고 할 것이어서 **상태범**으로 봄이 상당하다(대판 1997.4.17, 96도3376). ☞ 계속범 X ● 사시
> ③ 도주죄 : **도주죄**는 **즉시범**으로서 범인이 간수자의 실력적 지배를 이탈한 상태에 이르렀을 때에 기수가 되어 도주행위가 종료하는 것이다(대판 1991.10.11, 91도1656). ● 법행
> ④ 군형법상 무단이탈죄 : 군형법 제79조에 규정된 **무단이탈죄**는 **즉시범**으로서 허가 없이 근무장소 또는 지정장소를 일시 이탈함과 동시에 완성되고 그 후의 사정인 이탈 기간의 장단 등은 무단이탈죄의 성립에 아무런 영향이 없다(대판 1986.7.8, 84도2922).
> ⑤ 학대죄 : **학대죄**는 자기의 보호 또는 감독을 받는 사람에게 육체적으로 고통을 주거나 정신적으로 차별대우를 하는 행위가 있음과 동시에 범죄가 완성되는 **상태범 또는 즉시범**이라 할 것이디(대판 1986.7.8, 84도2922). ● 검찰9급

⑥ **허가 없는 수익사건** : **공익법인이 주무관청의 승인을 받지 않은 채 수익 사업을 하는 행위**는 시간적 계속성이 구성요건적 행위의 요소로 되어 있다는 점에서 **계속범**에 해당한다고 보아야 할 것이므로, 승인을 받지 않은 수익 사업이 계속되고 있는 동안에는 아직 공소시효가 진행되지 않는다(대판 2006.9.22, 2004도4751). 🔵 변호사

⑦ **주차장법 위반** : **부설주차장을 주차장 외의 용도로 사용**하여 주차장법을 위반한 죄는 **계속범**이므로, 종전의 용도 외 사용 행위에 대하여 처벌받은 일이 있다고 하더라도, 그 후에도 계속하여 용도 외로 사용하고 있는 이상 종전 재판 후의 사용에 대하여 다시 처벌할 수 있다(대판 2006.1.26, 2005도7283). 🔵 변호사

⑧ 가축분뇨의 관리 및 이용에 관한 법률 제50조 제3호, 제11조 제3항에서 규정하고 있는 '**신고를 하지 아니하고 배출시설을 설치한 죄**'는 그와 같은 행위가 종료됨으로써 즉시 성립하고 그와 동시에 완성되는 이른바 '**즉시범**'이라고 보아야 한다(대판 2011.7.14, 2011도2471).

⑨ 구「국가공무원법」제84조, 제65조 제1항에서 규정하는 **공무원이 정당 그 밖의 정치단체에 가입한 죄**는 공무원이 정당 등에 가입함으로써 즉시 성립하고 그와 동시에 완성되는 **즉시범**이므로 그 범죄성립과 동시에 공소시효가 진행한다(대판 2014.5.16, 2012도12867). 🔵 경찰승진

⑩ 유사기관 **설립·설치**로 인한 공직선거법 위반죄는 공직선거법에서 금지하는 유사기관을 **설립·설치**한 때에 성립함과 동시에 완성되는 **즉시범**이므로, **설립·설치 이후에 관여한 행위**는 유사기관 설립·설치로 인한 공직선거법 위반죄의 **공동정범으로 처벌할 수 없다**(대판 2024.12.12, 2024도7642).

4. 일반범·신분범·자수범 🔵 경찰, 검찰9급

진정신분범 **(구성적 신분)**	직무유기죄 등 공무원범죄(제122·126·127·128조), 수뢰죄의 공무원 또는 중재인, 인권옹호직무방해죄(제139조), 공무상보관물무효죄(제142조), 도주죄·집합명령위반죄(제145조), 위증죄(제152조), 허위감정·번역·통역죄(제154조), 허위공문서작성죄(제233조), 유기죄(제271조), **업무상비밀누설죄**(제317조), **업무상과실장물죄**, 횡령죄(제355조 제1항), 배임죄(제355조 제2항), 배임수재죄(제357조), 피구금자간음죄(제303조)
부진정신분범 **(가감적 신분)**	불법체포·감금죄(다수설), 존속살해죄(제250조 제2항) 등 존속에 대한 범죄 모두, 영아살해죄(제251조), 업무상과실치사상죄(제268조) 등 업무상과실로 인한 범죄, 업무상낙태죄(제270조), 업무상횡령죄 및 업무상배임죄(제356조), 영아유기죄(제272조), 상습도박죄(제264조 제2항) 등 상습범 모두 ☞ 모해위증죄에서 '모해목적'을 판례는 신분으로 본다.

5. 목적범·경향범·표현범

(1) 목적범

① 목적범에 있어서 현실적인 목적 달성여부는 범죄의 성립에 아무런 영향을 주지 않는다. **피고인이 11세에 불과한 어린 나이의 피해자를 유혹하여 위 모텔 앞길에서부터 위 모텔 301호실까지 데리고 간 이상**, 그로써 피고인은 피해자를 자유로운 생활관계로부터 이탈시켜 피고인의 사실적 지배 아래로 옮겼다고 할 것이고,

이로써 **간음목적유인죄의 기수**에 이르른 것으로 보아야 할 것이다(대판 2007.5.11, 2007도2318). ● 법행

② 목적의 인식정도
  ㉠ 내란죄에 있어서의 국헌문란의 목적은 엄격한 증명사항에 속하고 직접적임을 요하나 결과발생의 희망, 의욕임을 필요로 한다고 할 수는 없고, 또 확정적 인식임을 요하지 아니하며, 다만 미필적 인식이 있으면 족하다 할 것이다(대판 1980.5.20, 80도306). ● 사시
  ㉡ 전자금융거래법 제6조 제3항 제3호의 '**범죄에 이용할 목적**'은 이른바 '초과주관적 위법요소'로서, 그 목적에 대하여는 **미필적 인식이 있으면 족**하고 목적의 대상이 되는 범죄의 구체적인 내용까지 인식하여야 하는 것은 아니다(대판 2023.1.12, 2021도10861). ● 검찰

(2) 경향범 · 표현범

제2절 범죄의 성립요건

범죄가 성립하기 위하여는 구성요건해당성, 위법성, 책임의 세가지 요소가 필요하다. 구성요건은 구성요건해당성 판단의 전제에 해당하며 범죄성립요건에 해당하지 않는다.

제3절 범죄의 처벌조건과 소추조건

1. 친고죄

• 사자명예훼손죄(제308조)	• 비밀침해죄(제316조)
• 모욕죄(제311조)	• 업무상 비밀누설죄(제317조)

● 사시, 법행, 경찰

> **관련판례**
>
> ① 고소인은 범죄사실을 특정하여 신고하면 족하고 범인이 누구인지 나아가 범인 중 처벌을 구하는 자가 누구인지를 적시할 필요도 없는바, <u>친고죄의 경우에 있어서도 행위자의 범죄에 대한 고소가 있으면 족하고, 나아가 양벌규정에 의하여 처벌받는 자에 대하여 별도의 고소를 요한다고 할 수는 없다</u>(대판 1996.3.12, 94도2423). ● 검찰9급, 사시
> ② 피해자가 고소장을 제출하여 처벌을 희망하는 의사를 분명히 표시한 후 고소를 취소 한 바 없다면 비록 고소 전에 피해자가 처벌을 원치 않았다 하더라도 그 후에 한 피해자의 고소는 유효하다(대판 2008.11.27, 2007도4977). ● 법행
> ③ 피해자가 강제추행 당한 사실을 진술하면서 <u>피고인의 처벌을 요구하는</u> 의사표시를 하였고 이러한 의사표시가 수사기관이 작성한 <u>피해자진술조서에 기재</u>되었다면, 그러한 의사표시가 <u>경찰관의 질문에 답하는 형식으로 이루어졌다고 하더라도 적법한 고소에 해당한다</u>(대판 2009.7.23, 2009도3219).

2. 반의사불벌죄

- 폭행·존속폭행죄(제260조)
- 명예훼손죄(제307조)
- 과실치상죄(제266조)
- 외국원수·외국사절에 대한 폭행·협박·명예훼손죄·모욕죄(제108조)
- 협박·존속협박죄(제283조)
- 출판물 등에 의한 명예훼손죄(제309조)
- 외국국기·국장모독죄(제109조)

● 사시, 법행, 경찰

> **관련판례**
>
> ① 처벌불원의사의 철회방법 : 반의사불벌죄에 있어서 피해자가 처벌을 희망하지 아니하는 의사표시나 처벌을 희망하는 의사표시의 철회를 하였다고 인정하기 위해서는 피해자의 진실한 의사가 명백하고 믿을 수 있는 방법으로 표현되어야 한다(대판 2001.6.15, 2001도1809).
> ② 의사능력과 처벌불원의사표시 : 반의사불벌죄에 있어서 피해자의 피고인 또는 피의자에 대한 <u>처벌을 희망하지 않는다는 의사표시 또는 처벌을 희망하는 의사표시의 철회</u>는, 위와 같은 형사소송절차에 있어서의 소송능력에 관한 일반원칙에 따라, <u>의사능력이 있는 피해자가 단독으로 이를 할 수 있고,</u> 거기에 법정대리인의 동의가 있어야 한다거나 법정대리인에 의해 대리되어야만 한다고 볼 것은 아니다(대판 2009.11.19, 2009도6058 전원합의체). ● 사시, 법행, 경찰

CHAPTER 02 행위론 및 행위주체

제1절 행위론

행위론이란 범죄론에 대한 체계적 상위개념으로서의 행위개념이 가능한가, 가능하다면 행위개념은 존재론적으로 파악해야 하는가 또는 규범적으로 파악해야 하는가라는 문제에 대한 이론을 말한다.

제2절 행위주체

I 법인의 범죄능력

(1) 학설 ● 경찰, 사시, 법행

부정설	① 법인은 의사와 신체가 없으므로 행위능력을 인정할 수 없다. ② 법인은 기관인 자연인을 통해 행위를 하므로 그 자연인의 형사책임만 인정하면 족하며 법인까지 처벌하면 범죄와 무관한 법인의 구성원까지 처벌하는 것이 되어 개인책임(자기책임)원칙에 반한다. ③ 법인은 윤리적 자기결정을 할 수 없으므로 법인에게는 형벌의 전제인 윤리적 비난이 불가능하다. ④ 법인의 권리능력은 정관에 정한 목적의 범위내에 제한되는데 범죄는 법인의 목적범위 밖에 있으므로 범죄능력이 인정될 수 없다. ⑤ 법인에게는 형벌의 중심인 생명형·자유형을 부과할 수 없다. ⑥ 법인의 법질서 위반에 대해서는 과태료 등 형벌이외의 수단으로도 형사정책적 효과를 달성할 수 있으므로 법인의 처벌은 형법의 보충성에 위배된다.
긍정설	① 법인은 기관을 통하여 의사를 형성하고 이에 따라 행위할 수 있으므로 법인도 의사능력과 행위능력이 있다. ② 법인이 사회적 존재로서 활동하고 있고 또한 법인의 반사회적 활동이 증가하는 현실에서 사회방위를 위해서도 법인의 범죄능력을 인정할 필요가 있다. ③ 법인의 기관의 행위는 기관의 구성원인 개인의 행위임과 동시에 법인의 행위라는 양면성을 가지므로 법인을 처벌한다고 하여 개인책임(자기책임)의 원칙에 반하는 것은 아니다.

④ 사회적 책임론의 입장에서 책임능력을 형벌적응능력으로 해석하면 이러한 능력은 법인에게도 있다.
⑤ 재산형과 자격형, 몰수, 추징 등은 법인에게도 효과적인 형벌이 될 수 있으며 생명형과 자유형에 해당하는 형벌로서 법인의 해산과 영업정지를 부과하면 된다.

(2) 판 례

① 법인의 범죄능력 인정여부 : 상가이중분양사건
법인이 처리할 의무를 지는 타인의 사무에 관하여는 법인이 배임죄의 주체가 될 수 없고 그 법인을 대표하여 사무를 처리하는 <u>자연인인 대표기관이 배임죄의 주체가 된다</u>(대판 1984.10.10, 82도2595 전원합의체). ● 사시, 경찰

☞ S회사의 대표이사인 甲이 전임 대표이사가 A와 B에게 회사 소유의 상가를 분양하여 대금전액을 완납 받았음을 알면서도 乙과 공모하여 이중분양하기로 하고 乙에게 위 상가의 소유권이전등기를 해 주었던 사건

② 법인격 없는 사단의 범죄능력 : <u>법인격 없는 사단과 같은 단체는 법인과 마찬가지로 사법상의 권리의무의 주체가 될 수 있음은 별론으로 하더라도 법률에 명문의 규정이 없는 한 그 범죄능력은 없다</u>(대판 1997.1.24, 96도524). ● 법행, 검찰9급

Ⅱ 법인의 처벌과 양벌규정

1. 양벌규정의 사용자판단

> **관련판례**
>
> ① 지방자치단체와 양벌규정
> [1] 헌법 제117조, 지방자치법 제3조 제1항, 제9조, 제93조, 도로법 제54조, 제83조, 제86조의 각 규정을 종합하여 보면, <u>국가가 본래 그의 사무의 일부를 지방자치단체의 장에게 위임하여 그 사무를 처리하게 하는 **기관위임사무의 경우에는 지방자치단체는 국가기관의 일부로 볼 수 있는 것이지만, 지방자치단체가 그 고유의 자치사무를 처리하는 경우에는 지방자치단체는 국가기관의 일부가 아니라 국가기관과는 별도의 독립한 공법인이므로,</u> 지방자치단체 소속 공무원이 **지방자치단체 고유의 자치사무를 수행하던 중 도로법 제81조 내지 제85조의 규정에 의한 위반행위를 한 경우에는 지방자치단체는 도로법 제86조의 양벌규정에 따라 처벌대상이 되는 법인에 해당**한다.
> [2] **지방자치단체 소속 공무원이 압축트럭 청소차를 운전하여 고속도로를 운행하던 중 제한축중을 초과 적재 운행함으로써 도로관리청의 차량운행제한을 위반한 사안**에서, 해당 지방자치단체가 도로법 제86조의 양벌규정에 따른 처벌대상이 된다고 한 사례(대판 2005.11.10, 2004도2657)
>
> ● 사시

> **동지판례**
> 지방자치단체 소속 공무원이 **지정항만순찰 등의 업무**를 위해 관할관청의 승인 없이 개조한 승합차를 운행함으로써 구 자동차관리법을 위반한 사안에서, 지방자치법, 구 항만법, 구 항만법 시행령등에 비추어 위 항만순찰 등의 업무가 지방자치단체의 장이 **국가로부터 위임받은 기관위임사무에 해당하여**, 해당 **지방자치단체가** 구 자동차관리법 제83조의 양벌규정에 따른 처벌대상이 될 수 없다(대판 2009.6.11. 2008도6530).

② **지입차주가 고용한 운전자가 과적운행으로 구 도로법을 위반한 경우**, 지입차주는 구 도로법 제86조에 정한 '대리인·사용인 기타의 종업원'의 지위에 있을 뿐이고 지입차량의 소유자이자 대외적인 경영주체는 지입회사이므로, 지입회사가 구 도로법상 사용자로서의 형사책임을 부담한다(대판 2009.9. 24. 2009도5302).

③ 영업주 입원과 양벌규정
피고인의 종업원인 공소외인이 이 사건 무허가 유흥주점 영업을 할 당시 피고인이 교통사고로 입원하고 있었다는 사유만으로 위 양벌규정에 따른 식품영업주로서의 감독태만에 대한 책임을 면할 수는 없다고 할 것이다(대판 2007.11.29. 2007도7920).

④ 명의상의 개설약사와 양벌규정
법인이 아닌 약국에서의 영업으로 인한 사법상의 권리의무는 그 약국을 개설한 약사에게 귀속되므로 대외적으로 그 약국의 영업주는 그 약국을 개설한 약사라고 할 것이지만, 그 약국을 실질적으로 경영하는 약사가 다른 약사를 고용하여 그 고용된 약사를 명의상의 개설약사로 등록하게 해두고 실질적인 영업약사가 약사 아닌 종업원을 직접 고용하여 영업하던 중 그 종업원이 약사법위반 행위를 하였다면 약사법 제78조의 양벌규정상의 형사책임은 그 **실질적 경영자가 지게된다**(대판 2000.10.27. 2000도3570).

⑤ 다단계판매원은 다단계판매업자의 통제·감독을 받으면서 다단계판매업자의 업무를 직접 또는 간접으로 수행하는 자로서, 적어도 구 방문판매 등에 관한 법률의 양벌규정의 적용에 있어서는 **다단계판매업자의 사용인(종업원)의 지위에 있다**(대판 2006.2.24. 2003도4966).
☞ 다단계판매원의 위반행위에 대해서 다단계업자가 다단계판매원에 대한 관리·감독을 소홀히 하면 다단계판매업자가 양벌규정에 따라 처벌될 수 있다.

⑥ 주식회사의 주식이 사실상 1인의 주주에 귀속하는 1인회사의 경우에도 회사와 주주는 별개의 인격체로서, 1인회사의 재산이 곧바로 1인주주의 소유라고 할 수 없기 때문에, **양벌규정에 따른 책임도 1인 주주가 아니라 회사가 지게 된다**(대판 2018.4.12. 2013도6962).

⑦ '법인의 대표자나 법인 또는 개인의 대리인, 사용인, 그 밖의 종업원이 그 법인 또는 개인의 업무에 관하여' 위반행위를 한 경우의 양벌규정과 관련하여, '**법인 또는 개인**'은 단지 형식상의 사업주가 아니라 자기의 계산으로 사업을 경영하는 실질적인 사업주를 말한다(대판 2010.7.8. 2009도6968).

⑧ 법인이 설립되기 이전의 행위에 대하여는 법인에게 어떠한 선임감독상의 과실이 있다고 할 수 없으므로, 특별한 근거규정이 없는 한 법인이 설립되기 이전에 자연인이 한 행위에 대하여 양벌규정을 적용하여 법인을 처벌할 수는 없다고 봄이 타당하다(대판 2018.8.1. 2015도10388).

⑨ **경찰공무원이 甲이 사무실에서 형사사법정보시스템(KICS)에 접속하여 자신의 채무자 지명수배 여부 등을 조회하는 등 이용 범위를 초과하여 개인정보를 이용한 경우** 甲이 이용한 개인정보의 개인정보처리자는 경찰청으로서 법인격 없는 '중앙행정기관 또는 그 소속기관'에 해당한다고 할 것이므로, 甲이 소속된 위 공공기관은 양벌규정(법인을 처벌함)에 의하여 처벌되는 개인정보처리자에 포함된다고 볼 수 없고, 따라서 甲 역시 위 양벌규정에 의하여 처벌할 수 있는 행위자에 해당하지 않는다(대판 2021.10.28. 2020도1942).

⑩ 법인 대표자의 법규위반행위에 대한 법인의 책임은 법인 자신의 법규위반행위로 평가될 수 있는 행위에 대한 법인의 직접책임으로서, **대표자의 고의**에 의한 위반행위에 대하여는 법인 자신의 고의에 의한 책임을, **대표자의 과실**에 의한 위반행위에 대하여는 법인 자신의 과실에 의한 책임을 부담하는 것이다(헌법재판소 2010.7.29. 2009헌가25).

2. 양벌규정과 죄형법정주의

① 법인격 없는 사단에 대하여 양벌규정의 적용에 있어서 아무런 명문의 규정을 두고 있지 아니한 경우 법인격 없는 사단에 대하여 법인을 명시한 양벌규정에 따라 처벌하는 것은 죄형법정주의에 위반된다(대판 1995.7.28, 94도3325). ● 검찰7급, 경찰, 사시

② 구「개인정보 보호법」상 공공기관 중 **법인격이 없는 '중앙행정기관 및 그 소속 기관'** 등을 개인정보처리자 중 하나로 규정하고 있으나 진작 양벌규정에 의하여 처벌되는 개인정보처리자로는 같은 법 제74조 제2항에서 **'법인 또는 개인'만을 규정하고 있을** 뿐이고, 법인격 없는 공공기관에 대하여도 위 양벌규정을 적용할 것인지 여부에 대하여는 명문의 규정을 두고 있지 않으므로, **'법인격 없는 공공기관'을 위 양벌규정에 의하여 처벌하는 것은 죄형법정주의에 위배된다**(대판 2021.10.28, 2020도1942).

③ 법인의 사용인등이 영업비밀의 취득 및 부정사용행위 외에 그 미수에 그친 경우에도 처벌하는 규정이 있는 경우, 법인을 처벌하는 양벌규정이 사용인 등의 영업비밀의 취득 및 부정사용행위에 대해서만 적용하도록 되어 있는 이상 그 미수행위에 대해서까지 양벌규정을 적용할 수는 없다(대판 2023.12.14, 2023도3509).

3. 영업주와 종업원의 관계

> **관련판례**
>
> ① 양벌규정에 의한 영업주의 처벌은 금지위반행위자인 종업원의 처벌에 종속하는 것이 아니라 독립하여 그 자신의 종업원에 대한 선임감독상의 과실로 인하여 처벌되는 것이므로 종업원의 범죄성립이나 처벌이 영업주 처벌의 전제조건이 될 필요는 없다(대판 1987.11.10, 87도1213). ☞ 영업주의 위 과실책임을 묻는 경우 금지위반행위자인 종업원에게 구성요건상의 자격이 없다고 하더라도 영업주의 범죄성립에는 아무런 지장이 없다. ● 사시
>
> ② 양벌규정에 의해 자연인과 법인이 함께 처벌받는 경우 자연인에 대해서는 작량감경을 하고 법인에 대해서는 작량감경을 하지 않아도 상관 없다(대판 1995.12.12, 95도1893). ● 경간부
>
> ③ 형벌의 자기책임원칙에 비추어 보면, 종업원의 위반행위가 발생한 그 업무와 관련하여 법인이 상당한 주의 또는 관리감독 의무를 게을리한 때에 한하여 양벌규정을 적용한다(대판 2010.2.25, 2009도5824). ● 경찰
>
> ④ 객관적 외형상으로 영업주의 업무에 관한 행위이고 종업원이 그 영업주의 업무를 수행함에 있어서 위법행위를 한 것이라면 그 **위법행위의 동기가 종업원 기타 제3자의 이익을 위한 것에 불과하고 영업주의 영업에 이로운 행위가 아니라 하여도 영업주는 그 감독해태에 대한 책임을 면할 수 없다**(대판 1987.11. 10, 87도1213). ● 사시
>
> ⑤ 구 건축법 제54조 내지 제56조의 벌칙규정에서 그 적용대상자를 건축주, 공사감리자, 공사시공자 등 일정한 업무주(업무주)로 한정한 경우에 있어서, 같은 법 제57조의 **양벌규정**은 업무주가 아니면서 당해 업무를 실제로 집행하는 자가 있는 때에 위 벌칙규정의 실효성을 확보하기 위하여 그 **적용대상자를 당해 업무를 실제로 집행하는 자에게까지 확장**함으로써 그러한 자가 당해 업무집행과 관련하여 위 벌칙규정의 위반행위를 한 경우 위 양벌규정에 의하여 처벌할 수 있도록 한 **행위자의 처벌규정임과 동시에 그 위반행위의 이익귀속주체인 업무주에 대한 처벌규정**이라고 할 것이다(대판 1999.7.15, 95도2870). ● 경간부

⑥ 영업주의 과실을 별도로 규정하지 않은 양벌규정을 합헌적 법률해석을 통해 선임감독상의 과실 있는 영업주만을 처벌하는 규정으로 보게 되면, 영업주를 종업원과 동일한 법정형으로 처벌하는 것은 책임주의에 반하게 된다(헌재 2007.11.29, 2005헌가10). ● 법행

⑦ 양벌규정에서 법인처벌의 요건으로 규정된 '법인의 업무에 관하여' 행한 것으로 보기 위해서는 **객관적으로 법인의 업무를 위하여 하는 것으로 인정할 수 있는 행위가 있어야 하고, 주관적으로는 피용자 등이 법인의 업무를 위하여 한다는 의사를 가지고 행위하여야 한다**(대판 2006.6.15, 2004도1639). ● 경찰

⑧ 대한민국 국적의 甲이 일본에서 안마시술업소를 운영하면서 안마사 자격 인정을 받지 아니한 종업원들을 고용하여 안마를 하게 한 경우, 내국인이 대한민국 영역외에서 안마업을 하는 것은 의료법 제88조 제4호(무자격안마행위), 제82조 제1항의 구성요건에 해당한다고 볼 수 없으므로 이들을 고용한 甲도 의료법 제91조 양벌규정에 따라 처벌할 수 없다(대판 2018.2.8, 2014도10051).

4. 법인대표의 행위와 법인의 책임관계

양벌규정을 따로 둔 취지는, 법인은 기관을 통하여 행위하므로 법인의 대표자의 행위로 인한 법률효과와 이익은 법인에 귀속되어야 하고, 법인 대표자의 범죄행위에 대하여는 법인 자신이 책임을 져야 하는바, 법인 대표자의 법규위반행위에 대한 법인의 책임은 법인 자신의 법규위반행위로 평가될 수 있는 행위에 대한 법인의 직접책임이기 때문이다. 따라서 대표자의 고의에 의한 위반행위에 대하여는 법인 자신의 고의에 의한 책임을, 대표자의 과실에 의한 위반행위에 대하여는 법인 자신의 과실에 의한 책임을 져야 한다. 이처럼 양벌규정 중 법인의 대표자 관련 부분은 대표자의 책임을 요건으로 하여 법인을 처벌하는 것이지 그 대표자의 처벌까지 전제조건이 되는 것은 아니다(대판 2022.11.17, 2021도701).

Ⅲ 법인의 형사책임과 승계가능 여부

합병으로 인하여 소멸한 법인이 그 종업원 등의 위법행위에 대해 양벌규정에 따라 부담하던 형사책임은 그 성질상 이전을 허용하지 않는 것으로서 합병으로 인하여 존속하는 법인에 승계되지 않는다(대판 2007.8.23, 2005도4471). ● 경찰승진

Ⅳ 법인과 공범

양벌규정에 의하여 법인이 처벌받는 경우에 법인의 사용인들이 범죄행위를 공모한 후 일방법인의 사용인이 그 실행행위에 직접 가담하지 아니하고 다른 공모자인 타법인의 사용인만이 분담실행한 경우에도 그 법인은 공동정범의 죄책을 면할 수 없다(대판 1983.3.22, 81도2545). ● 경찰승진

CHAPTER 03 구성요건론

제1절 구성요건의 일반이론

구성요건	형벌을 과하는 근거가 되는 금지 또는 요구되는 행위가 무엇인가를 추상적·일반적으로 기술해 놓은 것
구성요건해당성	구체적인 행위가 법률에 규정된 구성요건에 일치하는 것을 의미한다. 따라서 구성요건이 아니라 구성요건해당성이 범죄의 성립요건이 된다. ● 사시, 검찰7급
구성요건의 충족	어떤 행위가 구성요건에 포함된 모든 요소를 충족하는 것을 말하며 구성요건을 충족하면 곧 기수가 된다.

제2절 결과반가치와 행위반가치

결과반가치란 법의 평가규범성에 비추어 행위가 초래한 외부적 사태에 대하여 내려지는 부정적 가치판단을 의미하는 반면 행위반가치는 법의 의사결정규범성에 비추어 객관적·주관적 요소에 의해 특징지워지는 행위에 대한 부정적 가치판단을 의미한다.

제3절 부작위범

제18조 (부작위범) 위험의 발생을 방지할 의무가 있거나 자기의 행위로 인하여 위험발생의 원인을 야기한 자가 그 위험발생을 방지하지 아니한 때에는 그 발생된 결과에 의하여 처벌한다.

I 서 설

1. 부작위의 의의 및 형법의 규정

① 자연적 의미에서의 부작위는 거동성이 있는 작위와 본질적으로 구별되는 무(無)에 지나지 아니하지만, 위 규정에서 말하는 <u>부작위는 법적 기대라는 규범적 가치판단 요소에 의하여 사회적 중요성을 가지는 사람의 행태가 되어 법적 의미에서 작위와 함께 행위의 기본 형태를 이루게 되므로</u>, 특정한 행위를 하지 아니하는 <u>부작위가 형법적으</u>

로 부작위로서의 의미를 가지기 위해서는, 보호법익의 주체에게 해당 구성요건적 결과발생의 위험이 있는 상황에서 행위자가 구성요건의 실현을 회피하기 위하여 요구되는 행위를 현실적·물리적으로 행할 수 있었음에도 하지 아니하였다고 평가될 수 있어야 한다(대판 2015.11.12. 2015도6809 전원합의체판결). ● 경찰

② 범죄는 보통 적극적인 행위에 의하여 실행되지만 때로는 결과의 발생을 방지하지 아니한 부작위에 의하여도 실현될 수 있다. 형법 제18조는 "위험의 발생을 방지할 의무가 있거나 자기의 행위로 인하여 위험발생의 원인을 야기한 자가 그 위험발생을 방지하지 아니한 때에는 그 발생된 결과에 의하여 처벌한다."라고 하여 <u>부작위범의 성립요건을 별도로 규정하고 있다</u>(대판 2015.11.12. 2015도6809 전원합의체판결). ● 경찰

2. 작위·부작위의 구별

구 분	형식설	실질설
부진정부작위범	결과범, 거동범 모두 가능	결과범만 가능
보증인지위 근거	법령, 계약, 선행행위, 조리(사회상규·신의칙)	보호의무, 안전의무
계약이 무효인 경우	보증인지위 부정	보증인지위 인정(사실상 보호하고 있으면 인정)

참조판례

[1] 보호자가 의학적 권고에도 불구하고 치료를 요하는 환자의 퇴원을 간청하여 담당 전문의와 주치의가 치료중단 및 퇴원을 허용하는 조치를 취함으로써 환자를 사망에 이르게 한 행위에 대하여 보호자, 담당 전문의 및 주치의가 부작위에 의한 살인죄의 공동정범으로 기소된 사안에서, **담당 전문의와 주치의**에게 환자의 사망이라는 결과 발생에 대한 정범의 고의는 인정되나 환자의 사망이라는 결과나 그에 이르는 사태의 핵심적 경과를 계획적으로 조종하거나 저지·촉진하는 등으로 지배하고 있었다고 보기는 어려워 공동정범의 객관적 요건인 이른바 기능적 행위지배가 흠결되어 있다는 이유로 **작위에 의한 살인방조죄**만 성립한다고 한 사례

[2] 어떠한 범죄가 적극적 작위에 의하여 이루어질 수 있음은 물론 결과의 발생을 방지하지 아니하는 소극적 부작위에 의하여도 실현될 수 있는 경우에, 행위자가 자신의 신체적 활동이나 물리적·화학적 작용을 통하여 적극적으로 타인의 법익 상황을 악화시킴으로써 결국 그 타인의 법익을 침해하기에 이르렀다면, 이는 **작위에 의한 범죄**로 봄이 원칙이고, 작위에 의하여 악화된 법익 상황을 다시 되돌이키지 아니한 점에 주목하여 이를 부작위범으로 볼 것은 아니며, 나아가 <u>악화되기 이전의 법익 상황이, 그 행위자가 과거에 행한 또 다른 작위의 결과에 의하여 유지되고 있었다 하여 이와 달리 볼 이유가 없다</u>(대판 2004.6.24. 2002도995). ☞ 보호자(부인)에게는 부작위에 의한 살인죄가 인정됨

3. 부작위의 작위에 대한 보충성

피고인이 검사로부터 범인을 검거하라는 지시를 받고서도 그 직무상의 의무에 따른 적절한 조치를 취하지 아니하고 오히려 범인에게 전화로 도피하라고 권유하여 그를 도피케 하였다는 범죄사실만으로는 <u>직무위배의 위법상태가 범인도피행위 속에 포함되어 있는 것으로 보아야 할 것이므로</u>, 이와 같은 경우에는 <u>작위범인 범인도피죄만이 성립하고 부작위범인 직무유기죄는 따로 성립하지 아니한다</u>(대판 1996.5.10, 96도51). ● 사시, 경찰

> **동지판례**
> ① 공무원이 어떠한 위법사실을 발견하고도 직무상 의무에 따른 적절한 조치를 취하지 아니하고 위법사실을 적극적으로 은폐할 목적으로 허위공문서를 작성, 행사한 경우에는 <u>직무위배의 위법상태는 허위공문서작성 당시부터 그 속에 포함되는 것으로 작위범인 허위공문서작성, 동행사죄만이 성립하고 부작위범인 직무유기죄는 따로 성립하지 아니한다</u>(대판 1999.12.24, 99도2240). ● 경찰, 사시
> ② 경찰서 방범과장이 부하직원으로부터 음반·비디오물 및 게임물에 관한 법률 위반 혐의로 오락실을 단속하여 증거물로 오락기의 변조 기판을 압수하여 사무실에 보관중임을 보고받아 알고 있었음에도 그 직무상의 의무에 따라 위 압수물을 수사계에 인계하고 검찰에 송치하여 범죄 혐의의 입증에 사용하도록 하는 등의 적절한 조치를 취하지 않고, 오히려 부하직원에게 위와 같이 압수한 변조 기판을 돌려주라고 지시하여 오락실 업주에게 이를 돌려준 경우, <u>작위범인 증거인멸죄만이 성립하고 부작위범인 직무유기(거부)죄는 따로 성립하지 아니한다</u>(대판 2006.10.19, 2005도3909 전원합의체). ● 검찰 9급·7급

> **비교판례**
> 공무원이 어떠한 위법사실을 발견하고도 직무상 의무에 따른 적절한 조치를 취하지 아니하고 위법사실을 적극적으로 은폐할 목적으로 허위공문서를 작성·행사한 경우에는 직무위배의 위법상태는 허위공문서작성 당시부터 그 속에 포함되는 것으로 작위범인 허위공문서작성, 동행사죄만이 성립하고 부작위범인 직무유기죄는 따로 성립하지 아니하나, 위 복명서 및 심사의견서를 허위작성한 것이 농지일시전용허가를 신청하자 이를 허가하여 주기 위하여 한 것이라면 직접적으로 농지불법전용 사실을 은폐하기 위하여 한 것은 아니므로 위 허위공문서작성, 동행사죄와 직무유기죄는 실체적 경합범의 관계에 있다(대판 1993.12.24, 92도3334). ● 사시, 경찰승진

> **참고판례**
> 하나의 행위가 부작위범인 직무유기죄와 작위범인 허위공문서작성·행사죄의 구성요건을 동시에 충족하는 경우, 공소제기권자는 재량에 의하여 작위범인 허위공문서작성·행사죄로 공소를 제기하지 않고 부작위범인 직무유기죄로만 공소를 제기할 수 있다(대판 2008.2.14, 2005도4202). ● 사시, 법행, 경찰

Ⅱ 부작위범의 구조

1. 진정부작위범

> **관련판례**
>
> ① 일정한 기간 내에 잘못된 상태를 바로잡으라는 행정청의 지시를 이행하지 않았다는 것을 구성요건으로 하는 범죄는 이른바 **진정부작위범**으로서 그 의무이행기간의 경과에 의하여 범행이 기수에 이름과 동시에 작위의무를 발생시킨 행정청의 지시 역시 그 기능을 다한 것으로 보아야 한다(대판 1994.4.26, 93도1731). 🔵 사시, 경찰
>
> ② 게임산업진흥에 관한 법률 제45조 제2호에 규정된 '허가를 받지 아니하거나 등록을 하지 아니하고 영업을 한 자'란 청소년게임제공업 등을 영위하고자 하는 자가 등록의무를 이행하지 아니하였다는 것만으로 구성요건이 실현되는 것은 아니고, 나아가 영업을 하였다는 요건까지 충족되어야 비로소 구성요건이 실현되는 것이므로 이를 진정부작위범으로 볼 것은 아니다(대판 2011.11.10, 2010도11631).
>
> ③ **구 정신보건법 제24조 제1항**은 "정신의료기관 등의 장은 정신질환자의 보호의무자 2인의 동의(보호의무자가 1인인 경우에는 1인의 동의로 한다)가 있고 정신건강의학과 전문의가 입원 등이 필요하다고 판단한 경우에 한하여 당해 정신질환자를 입원 등을 시킬 수 있으며, 입원 등을 할 때 당해 보호의무자로부터 보건복지부령으로 정하는 입원 등의 동의서 및 보호의무자임을 확인할 수 있는 서류를 받아야 한다."라고 정하고, 제57조 제2호는 제24조 제1항을 위반하여 입원동의서 또는 보호의무자임을 확인할 수 있는 서류를 받지 아니한 자를 처벌한다고 정하고 있다. 그 규정 형식과 취지에 비추어 보면 보호의무자 확인 서류 등 수수 의무 위반으로 인한 구 정신보건법 위반죄는 구성요건이 부작위에 의해서만 실현될 수 있는 **진정부작위범**에 해당한다(대판 2021.5.7, 2018도12973).

2. 부진정부작위범

(1) 부작위의 동가치성

① 형법이 금지하고 있는 법익침해의 결과발생을 방지할 법적인 작위의무를 지고 있는 자가 그 의무를 이행함으로써 결과발생을 쉽게 방지할 수 있었음에도 불구하고 그 결과의 발생을 용인하고 이를 방관한 채 그 의무를 이행하지 아니한 경우에, <u>그 부작위가 작위에 의한 법익침해와 동등한 형법적 가치가 있는 것이어서 그 범죄의 실행행위로 평가될 만한 것이라면, 작위에 의한 실행행위와 동일하게 부작위범으로 처벌할 수 있다</u>고 할 것이다(대판 1992.2.11, 91도2951). 🔵 사시, 법행

② 부진정 부작위범의 경우에는 <u>보호법익의 주체가 법익에 대한 침해위협에 대처할 보호능력이 없고, 부작위행위자에게 침해위협으로부터 법익을 보호해 주어야 할 법적 작위의무가 있을 뿐 아니라, 부작위행위자가 그러한 보호적 지위에서 법익침해를 일으키는 사태를 지배하고 있어 작위의무의 이행으로 결과발생을 쉽게 방지할 수 있어야 부작위로 인한 법익침해가 작위에 의한 법익침해와 동등한 형법적 가치가 있는 것으로서 범죄의 실행행위로 평가될 수 있다</u>(대판 2015.11.12, 2015도6809 전원합의체판결). 🔵 검찰

(2) 보증인지위와 의무

부작위범에 있어서 작위의무는 법적인 의무이어야 하므로 단순한 도덕상 또는 종교상의 의무는 포함되지 않으나 작위의무가 법적인 의무인 한 성문법이건 불문법이건 상관이 없고 또 공법이건 사법이건 불문하므로, 법령, 법률행위, 선행행위로 인한 경우는 물론이고 기타 신의성실의 원칙이나 사회상규 혹은 조리상 작위의무가 기대되는 경우에도 법적인 작위의무는 있다(대판 1996.9.6. 95도2551). ● 사시, 경찰, 경찰승진

> **비교판례**
>
> 현행 형법은 유기죄에 있어서 구법과는 달리 보호법익의 범위를 넓힌 반면에 보호책임 없는 자의 유기죄는 없애고 법률상 또는 계약상의 의무 있는 자만을 유기죄의 주체로 규정하고 있어 명문상 사회상규상의 보호책임을 관념할 수 없다(대판 1977.1.11. 76도3419). ● 사시, 법행, 경찰

> **판례** 정리
>
> 1. 법원의 입찰사건에 관한 제반 업무를 주된 업무로 하는 공무원이 자신이 맡고 있는 입찰사건의 **입찰보증금**이 계속적으로 **횡령**되고 있는 사실을 알았음에도 이를 제지하거나 즉시 상관에게 보고하는 등의 **조치를 취하지 않은 것**은 부작위에 의한 업무상횡령죄의 **종범**이 성립한다(대판 1996.9.6. 95도2551). ● 사시, 경간부
> 2. **아파트 지하실의 소유자**가 임차인의 지하실에 대한 **용도변경행위를 알면서도 방임**한 경우, 정범의 범행을 방지할 의무 있는 자이므로 부작위에 의한 **종범**이 성립한다(대판 1985.11.26. 85도1906). ● 사시
> 3. **백화점**에서 바이어를 보조하여 특정매장에 관한 상품관리 및 고객들의 불만사항 확인 등의 업무를 담당하는 직원이 점주로 하여금 **가짜 상표**가 새겨진 상품들을 고객들에게 계속 판매하도록 **방치**한 것은 부작위에 의하여 공동피고인인 점주의 상표법위반 및 부정경쟁방지법위반 행위를 **방조**하였다고 인정할 수 있다(대판 1997.3.14. 96도1639). ● 법무사, 법원서기보
> 4. 법무사가 아닌 사람이 법무사로 소개되거나 호칭되는 데에도 자신이 **법무사가 아니라는 사실을 밝히지 않은 채 법무사 행세**를 계속하면서 근저당권설정계약서를 작성한 경우, **부작위**에 의한 법무사법 제3조 제2항 위반죄를 인정할 수 있다(대판 2008.2.28. 2007도9354). ● 사시, 법행, 경찰, 경찰승진
> 5. 인터넷 포털 사이트 내 오락채널 총괄팀장과 위 오락채널 내 만화사업의 운영 직원인 피고인들이 콘텐츠제공업체들이 게재하는 음란만화의 삭제를 요구할 조리상의 의무가 있으므로 구 전기통신기본법 제48조의2 위반죄의 **방조범**이 성립한다(대판 2006.4.28. 2003도4128). ● 경찰
> 6. 매매목적물의 소유권 귀속에 관하여 **소송이 계속 중인 사실을 고지하지 아니하고 그 부동산을 매도**하여 대금을 수령한 경우, 부작위에 의한 사기죄가 성립한다(대판 1986.9.9. 86도956). ● 경찰
> 7. 매도인이 토지에 관해 **도시계획이 입안되어 있어 협의매수나 수용될 것이라는 사정을 알면서 매수인에게 고지하지 않은 경우**, 부작위에 의한 사기죄가 성립한다(대판 1993.7.13. 93도14). ● 사시
> 8. 이미 다른 회사가 같은 용도와 성능을 가진 이름도 같은 제품을 국내에 판매하고 있다는 것을 알면서도 말하지 않고 국내독점판매계약을 체결한 경우, 부작위에 의한 사기죄가 성립한다(대판 1996.7.30. 96도1081). ● 사시, 법행
> 9. 임대인이 임대차계약을 체결하면서 임차인에게 **임대목적물이 경매진행 중인 사실을 알리지 아니한 경우**, 임차인이 등기부를 확인 또는 열람하는 것이 가능하더라도 부작위에 의한 사기죄가 성립한다(대판 1998.12.8. 98도3263). ● 경찰

10. 부동산 매수인이 매도인에게 **매매잔금**을 지급함에 있어 착오에 빠져 지급액을 초과하여 교부하는 경우 매도인이 **교부받기 전이나 교부받던 중**에 그 사실을 알면서 그대로 수령한 경우에는 **사기죄**, 잔금을 **교부받은 후에야** 비로소 그 사실을 알게 되었을 경우에는 **점유이탈물횡령죄**가 성립한다(대판 2004.5.27, 2003도4531). 🔵 사시, 법행, 경찰

11. 특정 시술을 받으면 아들을 낳을 수 있을 것이라는 착오에 빠져있는 피해자들에게 그 시술의 효과와 원리에 관하여 사실대로 고지하지 아니한 채 **아들을 낳을 수 있는 시술인 것처럼 가장**하여 일련의 시술과 처방을 행한 의사에 대하여 **사기죄**가 성립된다(대판 2001.1.28, 99도2884). 🔵 사시, 경찰

12. **중고 자동차 매매**에 있어서 매도인의 할부금융회사 또는 보증보험에 대한 할부금 채무가 매수인에게 당연히 승계되는 것이 아니라는 이유로 그 **할부금 채무의 존재를 매수인에게 고지하지 아니한 것**이 부작위에 의한 기망에 해당하지 아니한다(대판 1998.4.14, 98도231). 🔵 사시

13. **압류된 골프장시설**을 보관하는 회사의 대표이사가 위 압류시설의 사용 및 봉인의 훼손을 방지할 수 있는 적절한 조치 없이 골프장을 개장하게 하여 **봉인이 훼손되게 한 경우, 부작위에 의한 공무상 표시무효죄**에 해당한다(대판 2005.7.22, 2005도3034). 🔵 경찰간부, 법행

14. 피고인이 **조카인 피해자(10세)**를 살해할 것을 마음먹고 저수지로 데리고 가서 미끄러지기 쉬운 제방 쪽으로 유인하여 함께 걷다가 피해자가 물에 빠지자 그를 구호하지 아니하여 피해자를 익사하게 한 경우 부작위에 의한 살인죄가 성립한다(대판 1992.1.11, 91도2951). 🔵 법행, 경찰승진

15. 특정 범죄자에 대한 위치추적 전자장치 부착등에 관한 법률 제38조는 위치추적 전자장치의 피부착자가 부착기간 중 전자장치의 효용을 해한 행위를 처벌하고 있는데, 효용을 해하는 행위는 전자장치 자체의 기능을 직접적으로 해하는 행위뿐 아니라 전자장치의 효용이 정상적으로 발휘될 수 없도록 하는 행위도 포함되며, 부작위라고 하더라도 고의적으로 그 효용이 정상적으로 발휘될 수 없도록 한 경우에는 처벌된다고 해석된다. 따라서 **위치추적 전자장치의 피부착자인 피고인이 구성 부분인 휴대용 추적장치를 분실한 후 3일이 경과하도록 보호관찰소에 분실신고를 하지 않고 돌아다니는 행위는,** 휴대용 추적장치의 분실을 넘어서 상당한 기간 동안 휴대용 추적장치가 없는 상태를 임의로 방치(**부작위**)하여 전자장치의 효용을 해한 행위로 보아야 한다(대판 2012.8.17, 2012도5862). 🔵 경찰

16. **모텔 방에 투숙하여 담배를 피운 후 재떨이에 담배를 끄게 되었으나 담뱃불이 완전히 꺼졌는지 여부를 확인하지 않은 채 불이 붙기 쉬운 휴지를 재떨이에 버리고 잠을 잔 과실로 담뱃불이 휴지와 침대시트에 옮겨 붙게 함으로써 화재가 발생한 경우,** 위 화재가 중대한 과실 있는 선행행위로 발생한 이상 화재를 소화할 법률상 의무는 있다 할 것이나, 화재 발생 사실을 안 상태에서 모텔을 빠져나오면서도 모텔 주인이나 다른 투숙객들에게 이를 알리지 아니하였다는 사정만으로는 화재를 용이하게 소화할 수 있었다고 보기 어려우므로, **부작위에 의한 현주건조물방화치사상죄는 성립하지 않는다**(대판 2009.12.9, 2009감도38). 🔵 경찰, 사시
☞ 중과실치사상, 중실화죄는 인정하나, 현주건조물방화치사상죄는 부정한 것임.

17. 피고인이 미성년자를 유인하여 포박 감금한 후 단지 그 상태를 유지하였을 뿐인데도 피감금자가 사망에 이르게 된 것이라면 피고인의 죄책은 감금치사죄에 해당한다 하겠으나, 나아가서 그 감금상태가 계속된 어느 시점에서 피고인에게 살해의 범의가 생겨 피감금자에 대한 위험발생을 방지함이 없이 포박감금상태에 있던 피감금자를 그대로 방치함으로써 사망케 하였다면 부작위에 의한 살인죄를 구성한다(대판 1982.11.23, 82도2024). 🔵 사시, 법행

18. 도로교통법 제50조 제1항, 제2항이 규정한 교통사고발생시의 구호조치의무 및 신고의무는 교통사고를 발생시킨 당해 차량의 운전자에게 그 사고발생에 있어서 **고의 · 과실 혹은 유책 · 위법의 유무에 관계없이 부과된 의무**라고 해석함이 상당할 것이므로, 당해 사고에 있어 귀책사유가 없는 경우에도 위 의무가 없다 할 수 없고, 또 위 의무는 신고의무에만 한정되는 것이 아니므로 타인에게 신고를 부탁하고 현장을 이탈하였다고 하여 위 의무를 다한 것이라고 말할 수는 없다(대판 2002.5.24, 2000도1731). 🔵 검찰9급, 경찰

19. 피고인이 甲과 토지 지상에 창고를 신축하는 데 필요한 형틀공사 계약을 체결한 후 그 공사를 완료하였는데, 甲이 공사대금을 주지 않는다는 이유로 위 토지에 쌓아 둔 건축자재를 치우지 않고 공사현장을 막은 경우 피고인이 일부러 건축자재를 甲의 토지 위에 쌓아 두어 공사현장을 막은 것이 아니라 당초 자신의 공사를 위해 쌓아 두었던 건축자재를 공사 완료 후 치우지 않은 것에 불과하므로, 후에 **단순히 치우지 않은 행위가 위력으로써 甲의 추가 공사 업무를 방해하는 업무방해죄의 실행행위로서 甲의 업무에 대하여 하는 적극적인 방해행위와 동등한 형법적 가치를 가진다고 볼 수 없다**(대판 2017.12.22. 2017도13211).

20. 피고인이 휴대폰의 녹음기능을 작동시킨 상태로 A의 휴대폰으로 전화를 걸어 A와 전화통화를 마친 후 상대방에 대한 예우 차원에서 바로 전화통화를 끊지 않고 A가 전화를 먼저 끊기를 기다리던 중, A가 실수로 휴대폰의 통화종료 버튼을 누르지 아니한 채 B와 대화를 하던 소리가 피고인의 휴대폰을 통해 들려오자 이 사건 대화를 몰래 청취하면서 녹음한 경우 피고인은 이 사건 대화에 원래부터 참여하지 아니한 제3자이므로, 통화연결상태에 있는 휴대폰을 이용하여 이 사건 대화를 청취·녹음하는 행위는 **작위에 의한 통신비밀보호법위반죄에 해당한다**(대판 2016.5.12. 2013도15616). ● 경찰

21. 항해 중이던 선박의 선장 피고인 甲, 1등 항해사 피고인 乙, 2등 항해사 피고인 丙이 배가 좌현으로 기울어져 멈춘 후 침몰하고 있는 상황에서 피해자인 승객 등이 안내방송 등을 믿고 대피하지 않은 채 선내에 대기하고 있음에도 아무런 구조조치를 취하지 않고 퇴선함으로써, 배에 남아있던 피해자들을 익사하게 하고, 나머지 피해자들의 사망을 용인하였으나 해경 등에 의해 구조되었다고 하여 살인 및 살인미수로 기소된 사안에서, 피고인 乙, 丙은 …승객 등의 퇴선을 위한 선장의 아무런 지휘·명령이 없는 상태에서 피고인 乙, 丙이 단순히 비상임무 현장에 미리 가서 추가 지시에 대비하지 아니한 채 선장과 함께 조타실에 있었다거나 혹은 기관부 선원들과 함께 3층 선실 복도에서 대기하였다는 사정만으로, 선장과 마찬가지로 선내 대기 중인 승객 등의 사망 결과나 그에 이르는 사태의 핵심적 경과를 계획적으로 조종하거나 저지·촉진하는 등 사태를 지배하는 지위에 있었다고 보기 어려운 점등 제반 사정을 고려하면, **피고인 乙, 丙이 간부 선원들로서 선장을 보좌하여 승객 등을 구조하여야 할 지위에 있음에도 별다른 구조조치를 취하지 아니한 채 사태를 방관하여 결과적으로 선내 대기 중이던 승객 등이 탈출에 실패하여 사망에 이르게 한 잘못은 있으나, 그러한 부작위를 작위에 의한 살인의 실행행위와 동일하게 평가하기 어렵고, 또한 살인의 미필적 고의로 피고인 甲의 부작위에 의한 살인행위에 공모 가담하였다고 단정하기도 어려우므로, 피고인 乙, 丙에 대해 부작위에 의한 살인의 고의를 인정하기 어렵다**고 한 원심의 조치는 정당하다고 한 사례(대판 2015.11.12. 2015도6809 전원합의체) ☞ 선장에게는 부작위에 의한 살인죄 인정됨, 항해사 등은 부정됨

(3) 행위정형의 동가치성

부진정부작위범이 성립하기 위해서는 방치된 부작위가 작위라는 행위태양에 의한 구성요건실현과 동가치한 것으로 평가되어야 한다.

(4) 부진정부작위범의 고의

부진정 부작위범의 고의는 반드시 구성요건적 결과발생에 대한 목적이나 계획적인 범행 의도가 있어야 하는 것은 아니고 법익침해의 결과발생을 방지할 법적 작위의무를 가지고 있는 사람이 의무를 이행함으로써 결과발생을 쉽게 방지할 수 있었음을 예견하고도 결과발생을 용인하고 이를 방관한 채 의무를 이행하지 아니한다는 인식을 하면 족하며, 이러한 작위의무자의 예견 또는 인식 등은 확정적인 경우는 물론 불확정적인 경우이더라도 미필적 고의로 인정될 수 있다(대판 2015.11.12., 2015도6809 전원합의체). ● 경찰

Ⅲ 부작위범과 공범

① **부작위범 사이의 공동정범**은 다수의 부작위범에게 **공통된 의무**가 부여되어 있고 그 의무를 **공통으로 이행**할 수 있을 때에만 성립한다(대판 2008.3.27, 2008도89). ● 사시, 경찰, 경간부

② 공중위생업을 하는 甲이 공중위생법 제3조 제1항 소정의 신고를 하지 아니한 상태에서 乙등을 실장으로 임명하여 공중위생영업을 한 경우 甲과 乙 등에게는 신고의무위반으로 인한 공중위생관리법 위반죄의 공동정범이 성립할 수 없다(대판 2008.3.27, 2008도89.) ● 사시, 경간부

③ 구 정신보건법 제24조 제1항은 정신질환자의 정신의료기관의 입원시 보호의무자 확인 서류 등의 수수 의무는 '정신의료기관 등의 장'에게만 부여되어 있고, 그곳에 근무하고 있을 뿐인 정신건강의학과 전문의는 위 규정에서 정하는 보호의무자 확인 서류 등의 수수 의무를 부담하지 않으므로 정신의료기관 등의 장과 해당 정신건강의학과 전문의는 위 수수의무 위반으로 인한 공동정범이 될 수 없다(대판 2021.5.7, 2018도12973).

④ 주권상장법인의 주식 등 변경 보고의무 위반으로 인한 자본시장법 위반죄는 구성요건이 부작위에 의해서만 실현될 수 있는 진정부작위범에 해당한다. 진정부작위범인 주식 등 변경 보고의무 위반으로 인한 자본시장법 위반죄의 공동정범은 그 의무가 수인에게 공통으로 부여되어 있는데도 수인이 공모하여 전원이 그 의무를 이행하지 않았을 때 성립할 수 있다(대판 2022.1.13, 2021도11110).

제4절 인과관계와 객관적 귀속

제17조 (인과관계) 어떤 행위라도 죄의 요소되는 위험발생에 연결되지 아니한 때에는 **그 결과로 인하여 벌하지 아니한다.** ● 사시, 경찰, 경간부

Ⅰ 인과관계

(1) 의 의

인과관계란 발생된 결과를 행위자의 행위에 의한 것으로 귀속시키는데 필요한 행위와 결과 사이의 연관관계를 말한다.

(2) 학 설

조건설	① 행위와 결과 사이에 일정한 행위가 없었더라면 일정한 결과발생도 없었을 것이라는 논리적 조건관계가 있으면 인과관계를 인정하는 학설이다. ② 인과관계의 인정범위가 지나치게 확대되는 불합리가 있다(예 살인자를 출산한 생모에게도 인과관계를 인정한다). ● 사시, 검찰7급

원인설	결과발생에 중요한 영향을 준 조건과 단순한 조건을 구별하여 중요한 조건만을 원인이라 하고 이에 대해서만 인과관계를 인정하려는 견해이다.
상당인과 관계설 (판례)	사회생활의 일반경험칙상 그러한 행위로부터 그러한 결과가 발생하는 것이 상당하다고 인정되는 조건만이 인과관계를 가진다고 보는 견해이다. 여기서 상당성이란 고도의 가능성(개연성)을 의미한다고 한다.
합법칙적 조건설	① "행위가 시간적으로 뒤따르는 외계의 변동에 연결되고 이 변동이 행위와 합법칙적(일상적 경험법칙으로서의 합법칙성) 연관하에 구성요건적 결과로 실현되었을 때" 인과관계가 인정된다는 견해이다. ② 인과관계가 확정된 후 객관적 귀속을 검토하게 된다. ● 사시

판례 정리 ··· 인과관계를 인정한 경우

1. 콜라와 김밥사건

   사실관계 피고인이 각목과 쇠파이프로 위 피해자들의 머리와 몸을 마구 때리고, 낫으로 팔과 다리 등을 닥치는대로 여러 차례 힘껏 내리찍어 급성신부증 야기되어 음식과 수분의 섭취를 철저히 억제하여야 함에도 피해자가 **콜라와 김밥** 등을 함부로 먹은 탓으로 합병증이 유발하여 사망하였다.

   판결요지 살인의 실행행위가 피해자의 사망이라는 결과를 발생하게 한 유일한 원인이거나 직접적인 원인이어야만 되는 것은 아니므로, 살인의 실행행위와 피해자의 사망과의 사이에 다른 사실이 개재되어 그 사실이 치사의 직접적인 원인이 되었다고 하더라도 그와 같은 사실이 통상 예견할 수 있는 것에 지나지 않는다면 살인의 실행행위와 피해자의 사망과의 사이에 인과관계가 있는 것으로 보아야 한다(대판 1994.3.22, 93도3612). ● 사시, 경찰, 법행

2. 속셈학원강사 사건
   속셈학원 원장인 甲은 강사로 채용하고 학습교재를 설명하겠다는 구실로 피해자 乙을 호텔로 유인하여 강간을 시도하였으나 완강한 반항에 부딪혀서 강간을 아직 하지 못하고 있던 중 대실시간 연장을 위해 전화하는 사이에 乙이 객실창문을 통해 탈출하려다가 지상에 추락하여 사망한 경우(대판 1995.5.12, 95도425)
   ● 법행, 경찰승진

3. OTL사건

   사실관계 사고 당시는 01:10경으로서 야간인데다가 비까지 내려 시계가 불량하고 내린 비로 인하여 노면이 다소 젖어있는 상태였으며, 이 사건 사고지점은 비탈길의 고개마루를 지나 내리막길이 시작되는 곳으로부터 가까운 지점이었고, 피고인(후행차량)은 이 사건 사고차량을 운전하고 편도 2차선 도로 중 2차로를 시속 약 60km의 속도로 선행차량과 약 30m가량의 간격을 유지한 채 진행하다가 선행차량에 역과된 채 진행 도로상에 누워있는 피해자를 뒤늦게 발견하고 급제동을 할 겨를도 없이 이를 그대로 역과하여 결국 피해자가 사망하였다.

> **판결요지** 선행차량에 이어 피고인 운전차량이 피해자를 연속하여 역과하는 과정에서 피해자가 사망한 경우, 피고인 운전차량(후행차량)의 역과와 피해자의 사망 사이에는 <u>인과관계가 인정된다</u>(대판 2001.12.11, 2001도5005). ● 법행, 경찰

참조판례

① **40~60초사건** : 피고인이 야간에 오토바이를 운전하다가 도로를 무단횡단하던 피해자를 충격하여 피해자로 하여금 위 도로상에 전도케 하고, 그로부터 약 40초 내지 60초 후에 다른 사람이 운전하던 타이탄 트럭이 도로위에 전도되어 있던 피해자를 역과하여 사망케 한 경우, 피고인이 전방좌우의 주시를 게을리 한 과실로 피해자를 충격하였고 나아가 이 사건 사고지점 부근 <u>도로의 상황에 비추어 야간에 피해자를 충격하여 위 도로에 넘어지게 한 후 40초 내지 60초 동안 그대로 있게 한다면 후속차량의 운전사들이 조금만 전방주시를 태만히 하여도 피해자를 역과할 수 있음이 당연히 예상되었던 경우라면 피고인의 과실행위는 피해자의 사망에 대한 직접적 원인을 이루는 것이어서 <u>양자간에는 상당인과관계가 있다</u>(대판 1990.5.22, 90도580). ● 해경, 법행

② **반대차선 전도사건** : 피고인이 운행하던 자동차로 도로를 횡단하던 피해자를 충격하여 피해자로 하여금 반대차선의 1차선상에 넘어지게 하여 피해자가 반대차선을 운행하던 자동차에 역과되어 사망하게 하였다면 피고인은 그와 같은 사고를 충분히 예견할 수 있었고 또한 피고인의 과실과 피해자의 사망사이에는 <u>인과관계가 있다</u>고 할 것이므로 피고인은 업무상과실치사죄의 죄책을 면할 수 없다(대판 1988.11.8, 88도928). ● 법행

③ 갑이 택시를 운전하여 시속 40키로미터 속도로 편도 3차선 도로의 1차선을 따라 운행 하던 중 <u>차도를 무단횡단하기 위하여 중앙선상에 서있던 피해자가 뒷걸음질을 치다가 반대방향에서 달려오는 을 운전의 차량에 충격되면서 중앙선을 넘어 갑이 운전하던 위 차량의 전면 바로 앞에 떨어지는 바람에 이를 피하지 못하고 위 피해자를 충격하여 사고가 발생한 경우라면 갑에게 위 피해자가 자기 운행차선으로 튕겨져 나오는 것까지 예상하면서 이에 <u>대비하여야 할 주의의무가 있다고는 할 수 없다</u>(대판 1987.9.22, 87도516).

4. **야간주차사건** : 야간에 2차선의 굽은 도로상에 미등과 차폭등을 켜지 않은 채 화물차를 주차시켜 놓음으로써 오토바이가 추돌하여 오토바이 운전자가 사망하게 된 경우, 화물차운전자의 주차행위와 피해자의 사망사이(대판 1996.12.20, 96도2030) ● 경간부

5. **조수석 사건** : 운전자가 시동을 끄고 1단 기어가 들어가 있는 상태에서 열쇠를 꽂아 둔 채 11세 정도의 어린이를 조수석에 남겨두고 내려온 경우 어린이가 시동열쇠를 돌리며 가속페달을 밟아 사고가 난 경우(대판 1986.7.8, 86도104) ● 사시, 경찰

비교판례

운전사가 차의 시동을 끄고 시동열쇠는 꽂아 둔 채로 하차한 동안에 <u>조수</u>가 이를 운전하다가 사고를 낸 경우에 시동열쇠를 그대로 꽂아 둔 행위와 상해의 결과발생 사이(대판 1971.9.28, 71도1082) ☞ 인과관계 부정 ● 사시, 경찰

6. **연탄가스 중독사건** : <u>연탄가스(일산화탄소) 중독환자</u>가 치료 후 퇴원할 때 병명을 물었으나 의사가 요양방법을 지도해주지 않아 병명을 모르는 환자가 재차 그 방에서 자다가 연탄가스에 중독된 경우(대판 1991.2.12, 90도2547) ● 경찰, 사시, 법행

> **비교판례**
> 임대인이 연탄아궁이의 외부 굴뚝보수공사를 마친 뒤에도 임차인이 약 1개월동안 아무런 이상없이 위 방실을 점유사용해 오다가 사고당일에 부엌에서 출입문과 환기창을 모두 닫아놓고 연탄아궁이에 연탄불을 피워놓은채 목욕을 하다가 그 연탄아궁이에서 새어나온 연탄가스의 일산화탄소에 중독되어 사망한 것이라면 비록 임대인이 위 외부 굴뚝보수공사를 함에 있어 연통이음새로 시멘트가 내부로 흘러 들어가게 하여 연통내부의 하단부분을 메우게 한 과실이 있었다 하더라도 <u>임차인의 사망이 위와 같은 임대인의 과실에 기인된 것이라고 보기 어렵다</u>(대판 1985.3.26, 84도3085). ● 법행, 경찰승진

7. 경찰봉사건 : 피해자의 머리를 한번 받고 **경찰봉**으로 구타하자 외상성뇌경막하 출혈로 20여 시간 경과 후에 사망한 경우(대판 1984.12.11, 84도2347) ● 사시, 경찰

8. 가스설비 휴즈콕크사건 : 임차인이 자신의 비용으로 설치·사용하던 **가스설비의 휴즈콕크**를 아무런 조치 없이 제거하고 이사를 간 후 주밸브가 열려져 가스가 유입되어 폭발사고가 발생한 경우 임차인의 과실과 가스폭발사고 사이(대판 2001.6.1, 99도5086) ● 경찰

9. 열차건널목사건 : 자동차의 운전자가 **열차건널목**을 그대로 건너간 과실로 열차와 충돌하는 교통사고를 일으킨 경우에 그 곳에서 열차가 지나가기를 기다리고 있던 피해자가 그 충돌사고에 놀라 넘어져 상해를 입었다면 비록 피해자가 사고차량에 직접 충돌되지 않았더라도 운전자의 과실과 피해자의 부상 사이(대판 1989.9.12, 89도866) ● 사시

10. 불법하도급사건 : 공사를 발주한 구청 소속의 현장감독 공무원인 피고인이 갑 회사가 전문 건설업 면허를 소지한 을 회사의 명의를 빌려 원수급인인 병 회사로부터 콘크리트 타설공사를 하도급받아 전문 건설업 면허나 건설기술 자격이 없는 개인인 정에게 재하도급주어 이 사건 공사를 시공하도록 한 사실을 알았거나 쉽게 알 수 있었음에도 불구하고 콘크리트 타설작업 중이던 건물이 붕괴되는 사고가 발생할 때까지도 이를 적발하지 아니하였거나 적발하지 못한 잘못이 있다면, 피고인의 위와 같은 <u>직무상의 의무위반 행위는 이 사건 붕괴사고로 인한 치사상의 결과에 대하여 상당인과관계가 있다</u>(대판 1995.9.15, 95도906). ● 사시

11. 비닐창고사건 : 피고인들이 의도적으로 피해자를 술에 취하도록 유도하고 수차례 강간한 후 의식불명 상태에 빠진 피해자를 **비닐창고**로 옮겨 놓아 피해자가 저체온증으로 사망한 경우(대판 2008.2.29, 2007도10120) ● 사시

12. 자동차의 운전자가 통상 예견되는 상황에 대비하여 결과를 회피할 수 있는 정도의 주의의무를 다하지 못한 것이 교통사고 발생의 직접적인 원인이 되었다면, 비록 자동차가 보행자를 직접 충격한 것이 아니고 보행자가 자동차의 급정거에 놀라 도로에 넘어져 상해를 입은 경우라고 할지라도, 업무상 주의의무 위반과 교통사고 발생 사이에 상당인과관계를 인정할 수 있다(대판 2022.6.16, 2022도1401). ☞ 피고인이 맑은 날씨의 오후에 트럭을 운전하여 횡단보행자용 신호기가 설치되어 있지 않은 횡단보도를 통과한 직후 그 부근에서 도로를 횡단하려는 피해자(만 9세, 여)를 뒤늦게 발견하고 급제동 조치를 취하였으나, 차량 앞 범퍼 부분으로 피해자의 무릎을 충격하여 약 2주간의 치료를 요하는 상해를 입히고도 현장을 이탈하여 특정범죄 가중처벌 등에 관한 법률」 위반(도주치상)으로 기소된 사안에서, 피고인의 업무상 주의의무 위반과 사고 발생 사이의 상당인과관계가 인정된다고 하였음.

13. 당구장화장실 사건 : 피고인들로부터 폭행을 당하고 **당구장 3층 화장실**에 숨어 있던 피해자가 다시 피고인들로부터 폭행당하지 않으려고 창문 밖으로 숨으려다가 실족하여 사망한 경우 폭행과 사망 사이(대판 1990.10.16, 90도1786) ● 사시

14. 임산부 폭행사건 : 피고인의 강타로 인하여 임신 7개월의 피해자(**임산부**)가 지상에 넘어져서 4일후에 낙태하고 위 낙태로 유발된 심근경색증으로 죽음에 이르게 된 경우 피고인의 구타와 피해자의 사망 사이(대판 1972.3.28, 72도296) ● 경찰, 법행

15. 감금탈진 사건 : 4일 가량 물조차 제대로 마시지 못하고 잠도 자지 아니하여 거의 **탈진 상태**에 이른 피해자의 손과 발을 17시간 이상 묶어 두고 좁은 차량 속에서 움직이지 못하게 감금한 행위와 묶인 부위의 혈액순환에 장애가 발생하여 혈전이 형성되고 그 혈전이 폐동맥을 막아 사망에 이르게 된 결과 사이(대판 2002.10.11, 2002도4315)   ● 사시

16. 승용차탈출사망사건 : 승용차로 피해자를 가로막아 승차하게 한 후 **피해자의 하차 요구를 무시**한 채 당초 목적지가 아닌 다른 장소를 향하여 시속 약 60km 내지 70km의 속도로 진행하여 피해자를 차량에서 내리지 못하게 한 행위는 감금죄에 해당하고, 피해자가 그와 같은 감금상태를 벗어날 목적으로 차량을 빠져 나오려다가 길바닥에 떨어져 상해를 입고 그 결과 사망에 이르른 경우 감금행위와 피해자의 사망 사이(대판 2000.2.11, 99도5286) ☞ 감금치사죄 성립   ● 경찰승진

17. A병원 의사가 제왕절개수술 과정에서 분만 후 1시간 경과시 예견되는 환자의 대량출혈 증상을 조기에 발견하지 못하여 수혈과 B병원으로의 **전원(轉院)을 지체**하였는데 환자가 B병원에 도착하였지만 A병원 의사로부터 충분한 설명을 받지 못한 B병원 의사가 수혈의 긴급성 판단을 그르쳐 대량출혈로 환자가 사망한 경우 A병원 의사가 예견된 대량출혈 증상을 조기에 발견하지 못하여 환자의 수혈지체를 야기한 과실과 환자의 사망과의 관계(대판 2010.4.29, 2009도7070)   ● 경찰

18. 피고인의 택시가 차량 신호등이 적색 등화임에도 횡단보도 앞 정지선 직전에 정지하지 않고 상당한 속도로 **정지선을 넘어 횡단보도에 진입**하였고, 횡단보도에 들어선 이후 차량 신호등이 녹색 등화로 바뀌자 교차로로 계속 직진하여 교차로에 진입하자마자 교차로를 거의 통과하였던 甲의 승용차 오른쪽 뒤 문짝 부분을 피고인 택시 앞 범퍼 부분으로 충돌한 경우(대판 2012.3.15, 2011도17117)   ● 경찰

19. 피고인이 자동차를 운전하다 횡단보도를 걷던 보행자 甲을 들이받아 그 충격으로 **횡단보도 밖에서 甲과 동행**하던 피해자 乙이 밀려 넘어져 상해를 입은 경우(대판 2011.4.28, 2009도12671)   ● 경찰승진

20. 피해자가 계속되는 피고인의 **폭행을 피하려고 도로를 건너 도주**하다가 그 도로를 주행하던 차량에 치어 사망한 경우 피고인의 상해행위와 피해자의 사망 사이(대판 1996.5.10, 96도529)   ● 경찰

21. 폭행 또는 협박으로 타인의 재물을 강취하려는 행위와 이에 극도의 흥분을 느끼고 **공포심에 사로잡혀 이를 피하려다 상해**에 이르게 된 경우(대판 1996.7.12, 96도1142)   ● 경찰승진

22. 피고인이 A의 뺨을 때리고 목을 쳐 A의 머리를 땅바닥에 부딪치게 하여 A가 두부손상을 입어 병원에서 입원치료를 받다가 **합병증인 폐렴으로 인한 패혈증** 등으로 사망에 이르게 된 경우, 피고인의 행위와 A의 사망 사이(대판 2012.3.15, 2011도17648) ☞ 피고인의 행위가 피해자를 사망하게 한 **직접적 원인은 아니었다 하더라도** 이로부터 발생된 **다른 간접적 원인이 결합되어 사망의 결과를 발생하게 한 경우** 그 행위와 사망 사이에는 인과관계가 있다고 할 것이다(대판 1982.12.28, 82도2525).

23. 피고인은 결혼을 전제로 교제하던 甲의 임신 사실을 알고 수회에 걸쳐 **낙태를 권유**하였다가 거절당하였음에도 계속 甲에게 "출산 여부는 알아서 하되 아이에 대한 친권을 행사할 의사가 없다."라고 하면서 낙태할 병원을 물색해 주기도 하였다. 그 후 甲은 피고인에게 알리지 않고 자신이 알아본 병원에서 낙태시술을 받았다면 피고인의 낙태교사행위와 甲의 낙태행위 사이(대판 2013.9.12, 2012도2744)   ● 경찰

24. 피고인이 **고속도로** 2차로를 따라 자동차를 운전하다가 1차로를 진행하던 甲의 차량 앞에 급하게 끼어든 후 곧바로 **정차**하여, 甲의 차량 및 이를 뒤따르던 차량 두 대는 연이어 급제동하였으나, 그 뒤를 따라오던 乙의 차량이 앞의 차량들을 연쇄적으로 추돌케 하여 乙을 사망에 이르게 하고 나머지 차량 운전자 등 피해자들에게 상해를 입힌 경우, 피고인의 정차 행위와 사상의 결과 발생 사이(대판 2014.7.24, 2014도6206) ● 경찰

25. 피고인(의사)의 수술 후 복막염에 대한 진단과 처치 지연 등의 과실로 피해자가 제때 필요한 조치를 받지 못하였다면 피해자의 사망과 피고인의 과실 사이에는 인과관계가 인정된다. 비록 피해자가 피고인의 지시를 일부 따르지 않거나 퇴원한 적이 있더라도, 그러한 사정만으로는 피고인의 과실과 피해자의 사망 사이에 인과관계가 단절된다고 볼 수 없다(대판 2018.5.11, 2018도2844).

26. 비록 의사의 수술지연 등 과실이 피해자의 사망의 공동원인이 되었다 하더라도 피고인의 행위가 사망의 결과에 대한 유력한 원인이 된 이상 그 폭력행위와 치사의 결과간에는 인과관계가 있다 할 것이어서 피고인은 피해자의 사망의 결과에 대해 폭행치사의 죄책을 면할 수 없다(대판 1984.6.26, 84도831). ● 사시, 경찰

27. 甲이 주먹으로 피해자의 복부를 1회 강타하였는데, 이로 인하여 피해자는 장파열이 되어 병원에 입원하였다. 그런데 의사 乙의 과실에 의한 수술지연이 공동원인이 되어 피해자가 사망한 경우 甲의 상해행위와 피해자의 사망 사이에는 인과관계가 인정된다(대판 1984.6.26, 84감도129). ● 사시, 경찰승진

28. 모든 차의 운전자는 신호기의 지시에 따라 횡단보도를 횡단하는 보행자가 있을 때에는 횡단보도에의 진입 선후를 불문하고 일시정지하는 등의 조치를 취함으로써 보행자의 통행이 방해되지 아니하도록 하여야 한다. 다만 자동차가 횡단보도에 먼저 진입한 경우로서 그대로 진행하더라도 **보행자의 횡단을 방해하거나 통행에 아무런 위험을 초래하지 아니할 상황이라면** 그대로 진행할 수 있다(대판 2017.3.15, 2016도17442).
● 경찰 ☞ 피고인이 운전하는 차량이 이미 횡단보도에 먼저 진입한 뒤에 보행자 신호가 녹색으로 바뀌었고, 바뀐 신호만을 보고 횡단보도에 진입한 피해자를 피고인이 그대로 충격하여 피해자에게 상해를 입힌 사안에서 피고인의 과실과 피해자가 입은 상해 사이의 상당인과관계를 인정한 판례이다.

29. 피해자를 2회에 걸쳐 두 손으로 힘껏 밀어 땅바닥에 넘어뜨리는 폭행을 가함으로써 그 충격으로 인한 쇼크성 심장마비로 사망케 하였다면 비록 위 피해자에게 그 당시 심관성동맥경화 및 심근섬유화 증세등의 심장질환의 지병이 있었고 음주로 만취된 상태였으며 그것이 피해자가 사망함에 있어 영향을 주었다고 해서 피고인의 폭행과 피해자의 사망간에 상당인과관계가 없다고 할 수 없다(대판 1986.9.9, 85도2433).

30. **안면 및 흉부에 대한 구타**는 생리적 작용에 중대한 영향을 줄 뿐 아니라 신경에 강대한 자극을 줌으로써 정신의 흥분과 이에 따르는 혈압의 항진을 초래하여 뇌일혈을 야기케 할 수 있고 이는 누구든지 예견할 수 있으므로 구타와 뇌일혈 사이에 인과관계가 있다(대판 1955.6.7, 55도88). ● 변호사

31. 甲이 乙 저축은행에 대출을 신청하여 심사를 받을 당시 동시에 A 저축은행에 대출을 신청한 상태였는데도 乙 저축은행으로부터 다른 금융회사에 동시에 진행 중인 대출이 있는지에 대하여 질문을 받자 '없다'고 답변하였고, 乙 저축은행으로부터 대출을 받은 지 약 6개월 후에 신용회복위원회에 대출 이후 증가한 채무를 포함하여 프리워크아웃을 신청한 경우 甲의 기망행위와 乙 저축은행의 처분행위 사이에 인과관계가 인정된다고 볼 수 있다(대판 2018.8.1, 2017도20682). ● 법행

판례 정리 ··· 인과관계를 부정한 경우

1. 강간피해자 자살사건 : **강간을 당한 피해자**가 집에 돌아가 강간을 당함으로 인하여 생긴 수치심과 장래에 대한 절망감 등으로 인해 **음독자살**한 경우 강간행위와 피해자의 자살행위 사이(대판 1982.11.23, 82도1446)
● 법행, 검찰9급

2. 초지조성공사 도급사건 : 초지조성공사를 도급받은 수급인이 **산불작업을 하도급** 준 이후 그 작업을 감독하지 않은 과실과 하수급인의 과실로 인한 산림실화의 사이(대판 1987.4.28, 87도297) ● 경찰승진

3. **선단 책임선의 선장**은 종선의 선장에게 조업상의 지시만 할 수 있을 뿐 선박의 안전관리는 각 선박의 선장이 책임지도록 되어 있는 상황에서, 책임선의 선장인 피고인이 풍랑 중에 종선에 대하여 조업지시를 하였는데 풍랑으로 종선이 매몰된 경우(대판 1989.9.12, 89도1084) ● 사시

4. 노무자 숙소 아궁이 사건 : 탄광 덕대가 화약류취급책임자 면허가 없는 자에게 화약고열쇠를 맡겼는데, 임의로 화약고에서 폭약을 꺼내서 **탄광노무자 숙소 아궁이** 속에 감추었고, 이 사실을 모르는 자가 위 아궁이에 불을 때다가 폭약이 폭발하여 사람을 사상에 이르게 한 경우 열쇠를 보관시키고 화약고를 취급하도록 한 행위와 위 사고발생 사이(대판 1981.9.8, 81도53) ● 사시

5. 피고인이 운전하던 **택시가 이미 정차**하였음에도 뒤쫓아 오던 택시가 충돌하는 바람에 앞의 차를 충격하여 승객에게 상해를 입힌 경우(대판 1983.8.23, 82도3222) ● 사시, 법행, 경찰

6. 복자형 삼거리 사건 : 신호등에 의하여 교통정리가 행하여지고 있는 ㅏ**자형 삼거리**의 교차로를 녹색등화에 따라 직진하는 차량의 운전자인 피고인이 과속으로 운전하다가, 대향차선 위의 다른 차량이 신호를 위반하여 좌회전하여 사고가 발생한 경우(대판 1993.1.15, 92도2579) ● 법행

참조판례

피고인이 좌회전 금지구역에서 좌회전한 것은 잘못이나 이러한 경우에도 피고인으로서는 50여 미터 후방에서 따라오던 후행차량이 중앙선을 넘어 피고인 운전차량의 좌측으로 돌진하는 등 극히 비정상적인 방법으로 진행할 것까지를 예상하여 사고발생 방지조치를 취하여야 할 업무상 주의의무가 있다고 할 수는 없고, 따라서 <u>좌회전 금지구역에서 좌회전한 행위와 사고발생 사이에 상당인과관계가 인정되지 아니한다</u>(대판 1996.5.28, 95도1200).

🔹 사시, 법행

7. **고속도로 추월사건** : 피고인이 인터체인지 진입로부근 고속도로에서 제한최고속도를 20km 초과한 속도로 **고속버스 우측으로 추월**한 직후에 자동차의 30 내지 40m 전방에서 고속도로를 무단횡단하기 위하여 피고인의 진행차로인 2차로로 갑자기 뛰어든 피해자를 충격한 경우(대판 2000.9.5, 2000도2671) 🔹 사시

8. **트럭왼쪽바퀴사건** : 피고인이 **트럭을 도로의 중앙선 위에 왼쪽 바깥 바퀴가 걸친 상태**로 운행하던 중 피해자가 승용차를 운전하여 피고인이 진행하던 차선으로 달려오다가 급히 자기 차선으로 들어가면서 피고인이 운전하던 트럭과 교행할 무렵 다시 피고인의 차선으로 들어와 그 차량의 왼쪽 앞 부분으로 트럭의 왼쪽 뒷바퀴 부분을 스치듯이 충돌하고 이어서 트럭을 바짝 뒤따라 가던 차량을 들이받은 경우(대판 1991.2.26, 90도2856) 🔹 사시, 경찰

9. 운전사가 차의 시동을 끄고 시동열쇠는 꽂아 둔 채로 하차한 동안에 **조수**가 이를 운전 하다가 사고를 낸 경우에 시동열쇠를 그대로 꽂아 둔 행위와 상해의 결과발생 사이(대판 1971.9.28, 71도1082) 🔹 경찰, 사시

10. **메스 부러진사건** : **요추척추후궁절제수술** 도중에 수술용 메스가 부러지자 담당의사가 부러진 메스조각(가로 3mm~세로 5mm)을 찾아 제거하기 위한 최선의 노력을 다하였으나 찾지 못하여 부러진 메스조각을 그대로 둔 채 수술부위를 봉합한 경우(대판 1999.12.10, 99도3711) 🔹 사시, 경찰

11. **구두발사건** : 완전한 제동장치를 아니하고 화물(3톤)을 적재한 채 단지 양쪽 뒷바퀴에 받침돌만 괴어 **경사진 포장도로상에 세워 둔 삼륜차**의 한쪽 뒷바퀴를 구두발로 찬 행위와 그 삼륜차의 후진으로 인한 사고발생 사이(대판 1970.9.22, 70도1526) 🔹 경찰승진

12. **파도수영장 사건** : 파도수영장에서 물놀이하던 초등학교 6학년생이 수영장 안에 엎어져 있는 것을 **수영장 안전요원**인 피고인이 발견하여 인공호흡을 실시하다가 구급차가 오자 인공호흡을 중단하고 의료기관에 후송하였으나 후송도중 사망한 사고에 있어서 그 사망원인이 구체적으로 밝혀지지 않은 경우(대판 2002.4.9, 2001도6601) 🔹 경찰간부

13. **진화중 화상사건** : 방화로 인하여 벽에 붙어 연소하고 있는 인쇄물을 철거하고 불붙은 의자를 밖으로 들어내는 등 적극적으로 **진화작업**에 열중한 나머지 화상을 입은 경우 방화와 상해의 사이(대판 1966.6.28, 66도1)

14. **주취자 찜질방 사망 사건** : 술을 마시고 **찜질방**에 들어온 甲이 찜질방 직원 몰래 후문으로 나가 술을 더 마신 다음 후문으로 다시 들어와 발한실(發汗室)에서 잠을 자다가 사망한 경우 甲이 처음 찜질방에 들어갈 당시 술에 만취하여 목욕장의 정상적 이용이 곤란한 상태였다고 단정하기 어렵고, 찜질방 직원 및 영업주에게 손님이 몰래 후문으로 나가 술을 더 마시고 들어올 경우까지 예상하여 직원을 추가로 배치하거나 후문으로 출입하는 모든 자를 통제·관리하여야 할 업무상 주의의무가 있다고 보기 어렵다(대판 2010.2.11, 2009도9807). 🔹 경찰, 경찰승진

15. 피해자가 다른 학생에 비하여 **체질이 허약**함은 알고 있었으나 위와 같은 <u>두뇌의 특별이상이 있음은 미처 알지 못하였던 상황</u>에서 **고등학교 교사**가 제자의 잘못을 징계코자 **왼쪽뺨**을 때려 뒤로 넘어지면서 **사망**에 이르게 한 경우 위 피해자는 두께 0.5미리밖에 안되는 비정상적인 얇은 두개골이었고 또 뇌수송을 가진 심신허약자로서 좌측뺨을 때리자 급성뇌성압상승으로 넘어지게 된 것이라면 위 소위와 피해자의 <u>사망간에는 이른바 인과관계가 없다</u>(대판 1978.11.28, 78도1961). 🔹 검찰9급

> **비교판례**
> 피해자가 **평소 병약**한 상태에 있었고 피고인의 폭행으로 그가 사망함에 있어서 지병이 또한 사망 결과에 영향을 주었다고 하여 폭행과 사망 간에 인과관계가 없다고 할 수 없다(대판 1979.10.10, 79도2040). ● 법행

16. <u>한의사</u>인 피고인이 피해자에게 문진하여 과거 **봉침**을 맞고도 별다른 이상반응이 없었다는 답변을 듣고 알레르기 반응검사(skin test)를 생략한 채 환부인 목 부위에 봉침시술을 하였는데, 피해자가 위 시술 직후 아나필락시 쇼크반응을 나타내는 등 상해를 입은 경우(대판 2011.4.14, 2010도10104) ● 사시
17. 甲은 부동산 대지에 대한 **전매사실을 숨기고** 지주명의로 위장하여 학교법인 乙과 대지에 관한 매매계약을 체결하였으나 그 **이행에 아무런 영향이 없었다**. 이 경우 피고인들의 위 기망행위와 위 법인의 처분행위 사이(대판 1985.5.14, 84도2751) ☞ 사기죄 × ● 경찰
18. 피고인이 **주점도우미** A와 윤락행위 도중 시비 끝에 피해자 A를 이불로 덮어씌우고 폭행한 후 이불 속에 들어 있는 A를 두고 나가다가 우발적으로 탁자 위의 A의 손가방 안에서 **현금**을 가져간 경우, 폭행과 절취행위 사이(대판 2009.1.30, 2008도10308) ● 경찰
19. 의사 甲이 수술 전에 피해자에 대한 혈청에 의한 **간기능검사**를 하였더라도 피해자가 사망하지 않았을 것임이 입증되지 않은 상태에서 간기능검사를 시행하지 않은 甲의 과실과 피해자의 사망 사이(대판 1990.12.11, 90도694) ☞ 종합적인 간기능검사를 하였더라면 간기능에 이상이 있었다는 검사결과가 나왔으리라는 점이 증명되지 않는 한 甲의 과실과 환자의 사망 사이에 인과관계가 있다고 볼 수 없다. ● 검찰

> **유사판례**
> 농배양을 하지 않은 의사의 과실과 피해자의 사망 사이에 인과관계를 인정하려면, 농배양을 하였더라면 피고인이 투약해 온 항생제와 다른 어떤 항생제를 사용하게 되었을 것이라거나 어떤 다른 조치를 취할 수 있었을 것이고, 따라서 피해자가 사망하지 않았을 것이라는 점이 인정되어야 한다(대판 1996.11.8, 95도2710). ● 경찰

20. 전문적으로 대출을 취급하면서 차용인에 대한 체계적인 신용조사를 행하는 금융기관이 금원을 대출한 경우에는, 비록 대출 신청 당시 차용인에게 변제기 안에 대출금을 변제할 능력이 없었고, 차용인에게 대출을 하게 되면 **부실채권으로 될 것임이 예상**됨에도, 자체 신용조사 결과에는 관계없이 '변제기 안에 대출금을 변제하겠다.'는 취지의 **차용인의 말만을 그대로 믿고** 대출하였다고 하더라도, 차용인의 이러한 기망행위와 금융기관의 대출행위 사이에 인과관계를 인정할 수는 없다(대판 2000.6.27, 2000도1155).
21. 의사가 시술의 위험성에 관하여 설명을 하였더라면 환자가 시술을 거부하였을 것이라는 점이 **합리적 의심의 여지가 없이 증명되지 못한 경우**에는 의사의 설명의무 위반과 환자의 상해 또는 사망 사이에 **상당인과관계를 인정할 수 없다**(대판 2018.5.15, 2016도13089). ● 변호사
22. 조정에 따른 이행의무를 부담하는 피고가 조정성립 이후 청구원인에 관한 주된 조정채무를 제때 이행하지 않았다는 사정만으로 원고에게 신의칙상 주의의무를 다하지 아니하였다거나 조정성립과 상당인과관계 있는 손해가 발생하였다고 쉽사리 단정하여서는 아니 된다(대판 2024.1.25, 2020도10330). ● 승진

Ⅱ 객관적 귀속

객관적 귀속이론이란 인과관계가 인정되는 결과를 행위자의 행위에 객관적으로 귀속시킬 수 있는가라는 **법적·규범적** 판단을 하는 이론이다. ● 경찰, 사시

제5절 구성요건적 고의

제13조 (고의) 죄의 성립요소인 사실을 인식하지 못한 행위는 벌하지 아니한다. 다만, 법률에 특별한 규정이 있는 경우에는 예외로 한다. ●경찰

I 서 설

살인죄에 있어서의 범의는 반드시 살해의 **목적**이나 계획적인 살해의 **의도**가 있어야만 인정되는 것은 아니고 자기의 행위로 인하여 타인의 사망의 결과를 발생시킬 만한 가능 또는 위험이 있음을 **인식**하거나 **예견**하면 족한 것이고 그 인식 또는 예견은 **확정적인 것은 물론 불확정적인 것이라도** 이른바 **미필적 고의**로도 인정되는 것인데, 피고인이 살인의 범의를 자백하지 아니하고 상해 또는 폭행의 범의만이 있었을 뿐이라고 다투고 있는 경우에 피고인에게 범행 당시 살인의 범의가 있었는지 여부는 피고인이 범행에 이르게 된 경위, 범행의 동기, 준비된 흉기의 유무·종류·용법, 공격의 부위와 반복성, 사망의 결과발생가능성 정도, 범행 후에 있어서의 결과회피행동의 유무 등 범행 전후의 객관적인 사정을 종합하여 판단할 수밖에 없다(대판 2006.4.14, 2006도734). ●사시

II 고의의 구성요소

1. 지적요소(고의의 인식대상)

고의의 일종인 미필적 고의는 중대한 과실과는 달리 범죄사실의 발생 가능성에 대한 인식이 있고 나아가 범죄사실이 발생할 위험을 용인하는 내심의 의사가 있어야 하므로, 범죄사실의 발생 가능성에 대한 인식 자체가 없다면 미필적 고의가 인정될 수 없다(대판 2024.9.12, 2024도4824). ●법행

> **판례 정리**
>
> 1. 슈퍼마켓 주인 을은 두부를 납품받은 후 빈 상자는 납품업자가 회수해 가도록 신문지를 덮어 새벽에 슈퍼마켓 옆 쓰레기통 옆에 두었는데 고물행상인 갑이 그 **두부상자를 버린 것으로 알고** 리어카에 싣고 간 경우, 갑은 타인이 그 소유권을 포기하고 버린 물건으로 오인하여 이를 취득한 것이어서 <u>오인하는 데에 정당한 이유가 인정되는 한 절도의 범의를 인정할 수 없다</u>(대판 1989.1.17, 88도971). ●사시
> 2. 갑이 을의 가게 앞에서 고양이 한 마리를 발견하고는 그 고양이가 **자신이 잃어버린 고양이로 잘못 알고** 러닝 샤쓰 속에 넣고 가다가 발각되어 이를 돌려준 경우, 갑에게는 <u>범죄사실에 대한 인식이 있다고 할 수 없으므로 범의가 조각되어 절도죄가 성립하지 아니한다</u>(대판 1983.9.13, 83도1762). ●사시

3. 제분에 이기지 못하여 식도를 휘두르는 피고인을 말리거나 그 식도를 뺏으려고 한 그 밖의 **피해자들을 닥치는 대로 찌르는 무차별 횡포를 부리던 중에 그의 부(父)까지 찌르게 된 결과**를 빚은 경우 피고인이 칼에 찔려 쓰러진 부를 부축해 데리고 나가지 못하도록 한 일이 있다고 하여 그의 **부를 살해할 의사로 식도로 찔러 살해하였다는 사실을 인정하기는 어렵다**(대판 1977.1.11, 76도3871). ● 사시
4. **공무집행방해죄에 있어서의 범의**는 상대방이 직무를 집행하는 공무원이라는 사실, 그리고 이에 대하여 폭행 또는 협박을 한다는 사실을 인식하는 것을 그 내용으로 하고, 그 **직무집행을 방해할 의사를 필요로 하지 아니한다**(대판 1995.1.24, 94도1949). ● 경찰, 사시

2. 의적 요소

형법상 범의가 있다함은 자기가 의도한 바 행위에 의하여 범죄사실이 발생할 것을 인식하면서 그 행위를 감행하거나 하려고 하면 족하고 그 결과발생을 희망함을 요하지 아니한다(대판 1977.10.13, 87도1240).

Ⅲ 고의의 종류

1. 확정적 고의

확정적 고의란 결과의 발생 자체와 결과발생의 대상을 확실하게 인식하고 의욕하는 것을 말한다.

2. 불확정적 고의

(1) 미필적 고의

① 정의 : 미필적 고의라 함은 결과의 발생이 불확실한 경우 즉 행위자에 있어서 그 결과발생에 대한 확실한 예견은 없으나 그 가능성은 인정하는 것으로, 이러한 미필적 고의가 있었다고 하려면 결과발생의 가능성에 대한 인식이 있음은 물론 나아가 결과발생을 용인하는 내심의 의사가 있음을 요한다(대판 2004.2.27, 2003도7507). ● 경찰, 사시

② 판단방법 : 고의의 일종인 **미필적 고의**는 중대한 과실과는 달리 범죄사실의 발생 가능성에 대한 인식이 있고 나아가 범죄사실이 발생할 위험을 용인하는 내심의 의사가 있어야 한다. **행위자가 범죄사실이 발생할 가능성을 용인하고 있었는지**는 행위자의 진술에 의존하지 않고 외부에 나타난 행위의 형태와 행위의 상황 등 구체적인 사정을 기초로 일반인이라면 범죄사실이 발생할 가능성을 어떻게 평가할 것인지를 고려하면서 **행위자의 입장**에서 그 심리상태를 추인하여야 한다(대판 2017.1.12, 2016도15470).

> **비교판례**
> 고의는 내심적 사실이므로 피고인이 이를 부정하는 경우에는 사물의 성질상 고의와 상당한 관련성이 있는 **간접사실을 증명하는 방법**에 의하여 입증할 수밖에 없고, 이 때 무엇이 상당한 관련성이 있는 간접사실에 해당할 것인가는 정상적인 경험칙에 바탕을 두고 치밀한 관찰력이나 분석력에 의하여 사실의 연결상태를 합리적으로 판단하는 외에 다른 방법이 없다고 할 것이다(대판 2005.4.29, 2003도6057). ● 경찰승진, 사시

(2) 인식 있는 과실과의 구별

고의의 본질론은 고의와 과실을 어떻게 구별할 것인가, 특히 미필적 고의와 인식 있는 과실을 어떻게 구별할 것인가를 핵심적 논의대상으로 한다.

(3) 사전고의 · 사후고의

형법상 사전고의와 사후고의는 인정되지 아니한다. ● 검찰7급

> **판례 정리 ··· 고의 인정판례**
>
> 1. 피조개양식장 사건 : 피고인들이 **피조개양식장**에 피해를 주지 아니하도록 할 의도에서 선박의 닻줄을 7샤클(175미터)에서 5샤클(125미터)로 감아놓았고 그 경우에 피조개양식장까지의 거리는 약 30미터까지 근접한다는 것이므로 닻줄을 50미터 더 늘여서 7샤클로 묘박하였다면 선박이 태풍에 밀려 피조개양식장을 침범하여 물적 손해를 입히리라는 것은 당연히 예상되는 것이고, 그럼에도 불구하고 **태풍에 대비한 선박의 안전을 위하여 선박의 닻줄을** 7샤클로 **늘여 놓았다면** 이는 피조개양식장의 물적피해를 인용한 것이라 할 것이어서 **재물손괴의 점에 대한 미필적 고의를 인정할 수 있다**(대판 1987.1.20, 85도221). ● 법행
> 2. 의무경찰 택시충돌사건 : 의무경찰이 직진하여 오는 택시의 운전자에게 좌회전을 지시하고 불과 30cm 앞에서 이유를 설명하고 있다가, **택시 운전자가 신경질적으로 갑자기 좌회전**하는 바람에 택시 우측 범퍼로 무릎을 들이받힌 경우 공무집행방해의 미필적 고의가 인정된다(대판 1995.1.24, 94도1949). ☞ 특수공무방해치상죄 부정한 사례 ● 경찰승진
> 3. 무술교관 사건 : 인체의 급소를 잘 알고 있는 **무술교관** 출신의 피고인이 무술의 방법으로 피해자의 **울대**(성대)를 가격하여 사망케 한 행위에 살인의 미필적 고의가 인정된다(대판 2000.8.18, 2000도2231). ● 사시, 경찰
> 4. 운전면허 소지자인 피고인이 **정기적성검사기간 도래 여부에 관한 확인을 게을리하여 기간이 도래하였음을 알지 못한 경우**, 적성검사기간 내에 적성검사를 받지 않는 데 대한 미필적 고의가 인정된다(대판 2014.4.10, 2012도8374). ● 경찰
> 5. 적성검사기간 경과사건 : 면허증에 그 유효기간과 적성검사를 받지 아니하면 면허가 취소된다는 사실이 기재되어 있고, 이미 적성검사 미필로 면허가 **취소된 전력**이 있는데도 면허증에 기재된 **유효기간이 5년 이상 지나도록 적성검사를 받지 아니한 채** 자동차를 운전하였다면 비록 적성검사 미필로 인한 운전면허 취소사실이 통지되지 아니하고 공고되었다 하더라도 **면허취소사실을 알고 있었다고 보아야 하므로 무면허운전죄가 성립**한다(대판 2002.10.22, 2002도4203). ● 경찰승진

> **비교판례**
> ① 운전면허증 앞면에 적성검사기간이 기재되어 있고, 뒷면 하단에 경고 문구가 있다는 점만으로 피고인이 정기적성검사 미필로 면허가 취소된 사실을 미필적으로나마 인식하였다고 추단하기 어렵다고 한 사례(대판 2004.12.10, 2004도6480). ● 사시, 법행
> ② 관할 경찰당국이 운전면허취소통지에 갈음하여 적법한 공고를 거쳤다고 하더라도 공고만으로 운전면허가 취소된 사실을 알게 되었다고 볼 수 없다 할 것이므로 피고인에게 무면허운전이라는 점에 대한 고의가 있었다고 할 수 없다(대판 1993.3.23, 92도3045).

6. **어음사기 사건** : **어음이 지급기일에 결제되지 않으리라는 점을 예견하였거나 지급기일에 지급될 수 있다는 확신이 없으면서도** 그러한 내용을 수취인에게 고지하지 아니하고 이를 속여서 할인을 받았다면 사기죄가 성립한다(대판 1997.12.26, 97도2609). ● 사시

7. **청소년 이성혼숙** : 여관업을 하는 자로서는 이성혼숙하려는 자의 외모나 차림 등에 의하여 청소년이라고 의심할 만한 사정이 있는 때에는 신분증이나 기타 확실한 방법에 의하여 청소년인지 여부를 확인하고 청소년이 아닌 것으로 확인된 경우에만 이성혼숙을 허용하여야 할 것이므로, 위와 같은 경우 **신분증을 소지하지 않았다는 말을 듣고 단지 구두로만 연령을 확인하여 이성혼숙을 허용하였다면**, 적어도 청소년 이성혼숙에 관한 미필적 고의가 있다(대판 2001.8.21, 2001도3295). ● 법원

> **유사판례**
> ① 단순히 건강진단결과서상의 생년월일 기재만을 확인하는 것으로는 청소년보호를 위한 연령확인의무가 행을 다한 것으로 볼 수 없고, 따라서 이러한 의무이행을 다하지 아니한 채 **대상자가 성인이라는 말만 믿고 타인의 건강진단결과서만을 확인한 채 청소년을 청소년유해업소에 고용**한 업주에게는 적어도 청소년 고용에 관한 미필적 고의가 있음을 인정한 사례(대판 2002.6.28, 2002도2425) ● 사시
> ② 성을 사는 행위를 알선하는 행위를 업으로 하는 자가 성매매알선을 위한 종업원을 고용하면서 고용대상자에 대하여 아동·청소년의 보호를 위한 위와 같은 **연령확인의무의 이행을 다하지 아니한 채 아동·청소년을 고용**하였다면, 특별한 사정이 없는 한 적어도 **아동·청소년의 성을 사는 행위의 알선에 관한 미필적 고의는 인정**된다고 봄이 타당하다(대판 2014.7.10, 2014도5173).

8. **강도베개사건** : **강도가 베개로 피해자의 머리부분을 약 3분간 누르던 중 피해자가 저항을 멈추고 사지가 늘어졌음에도 계속하여 누른** 행위에 살해의 고의가 있었다(대판 2002.2.8, 2001도6425). ● 사시, 경찰

9. 피해자의 양 손목과 발목을 노끈으로 묶고, 입에는 반창고를 두 겹으로 붙인 다음, 얼굴에는 모포를 씌워 포박·감금한 후 수차례 그 방을 출입하던 중 어느 시점에서 이미 **피해자가 탈진상태**에 있어 피로회복제를 먹여 보려 해도 입에서 흘려 버릴 뿐 마시지 못하기에 얼굴에 모포를 다시 덮어씌워놓고 **그대로 위 아파트에서 나와 버린 경우** 살인죄에 대한 미필적 고의가 있다(대판 1982.11.23, 82도2024). ● 사시

10. 건장한 체격의 군인이 왜소한 체격인 **피해자의 목을 15초 내지 20초 동안 세게 졸라** 설골이 부러질 정도로 폭력을 행사하였다면, 피해자가 실신하자 피해자에게 인공호흡을 실시하였다 하여도 살인의 미필적 고의가 인정된다(대판 2001.3.9, 2000도5590). ● 경찰승진

11. **채무자가 차용원리금을 변제공탁한 것을 채권자가 아무런 이의 없이 이를 수령**하고서도 담보물에 대한 경매절차에 대하여 손을 쓰지 아니하는 바람에 타인에게 경락되게 하고 그 부동산의 경락잔금까지 받아간 경우 배임죄의 미필적 고의가 인정된다(대판 1988.12.13, 88도184). ● 사시

12. **야간에 신체의 일부만이 집 안으로 들어간다는 인식** 하에 타인의 집의 창문을 열고 집 안으로 얼굴을 들이미는 행위를 하였다면 주거침입죄의 범의는 인정된다(대판 1995.9.15, 94도2561). ● 경찰

13. 이미 과다한 부채의 누적 등으로 **신용카드사용으로 인한 대출금채무를 변제할 의사나 능력이 없는 상황**에 처하였음에도 불구하고 신용카드를 사용하였다면 편취의 고의를 인정할 수 있다(대판 2005.8.19, 2004도6859.)
     ● 법행
14. 공직선거법상 허위사실공표죄에서는 공표된 사실이 허위라는 것이 구성요건의 내용을 이루는 것이기 때문에, 행위자의 고의의 내용으로서 그 사항이 허위라는 것의 인식이 필요하나 어떠한 소문을 듣고 그 **진실성에 강한 의문을 품고서도 공표**한 경우에는 적어도 미필적 고의가 인정될 수 있다(대판 2002.4.10, 2001모193).
     ● 경찰승진
15. 피고인이 경영하던 기업이 과다한 금융채무부담, 덤핑판매로 인한 재무구조악화 등으로 **특별한 금융혜택을 받지 않는 한 도산이 불가피한 상황**에 이르렀는데 피고인이 특별한 금융 혜택을 받을 수 없음에도 위 상황을 숨기고 대금지급이 불가능 하게 될 가능성을 충분히 인식하면서 피해자로부터 생산자재용 물품을 납품받은 경우 사기죄에 대한 미필적 고의가 있다(대판 1982.5.10, 83도340).
     ● 사시

> **판례) 정리 ··· 고의 부정판례**

1. 대구지하철 사건 : **대구지하철화재 사고 현장**을 수습하기 위한 **청소** 작업이 한참 진행되고 있는 시간 중에 실종자 유족들로부터 이의제기가 있었음에도 대구지하철공사 사장이 즉각 청소 작업을 중단하도록 지시하지 아니하였고 수사기관과 협의하거나 확인하지 아니하였다고 하여 위 사장에게 그러한 청소 작업으로 인하여 증거인멸의 결과가 발생할 가능성을 용인하는 내심의 의사까지 있었다고 단정하기는 어렵다고 한 사례(대판 2004.5.14, 2004도74)
     ● 사시
2. 명예훼손죄와 고의 : 명예훼손죄의 주관적 구성요건으로서의 범의는 행위자가 피해자의 명예가 훼손되는 결과를 발생케 하는 사실을 인식하므로 족하다 할 것이나 새로 목사로서 부임한 피고인이 **전임목사에 관한 교회내의 불미스러운 소문의 진위를 확인**하기 위하여 이를 교회집사들에게 물어보았다면 이는 경험칙상 충분히 있을 수 있는 일로서 명예훼손의 고의 없는 단순한 확인에 지나지 아니하여 사실의 적시라고 할 수 없다 할 것이므로 이 점에서 피고인에게 명예훼손의 고의 또는 미필적 고의가 있을 수 없다(대판 1985.5.28, 85도588).
     ● 경찰승진, 검찰7급
3. 보호자 오인 사건 : 심야시간에 20대 후반의 남자가 인터넷 채팅을 통하여 만난 가출 청소년들과 함께 **찜질방**에 입장하면서 위 청소년들의 **오빠로 행세**하자 그를 위 청소년들의 보호자로 오인하여 위 청소년들을 입장시킨 경우, 위 남자가 공중위생관리법 시행규칙 제7조 [별표 4] 제2호 (라)목 (10)에서 말하는 청소년이 동행하여 심야시간대의 찜질방에 출입할 수 있는 보호자에 해당하지 않으나, **종업원에게 그에 관한 미필적 인식이 없다**(대판 2009.3.26, 2008도12065).
4. 어부인 피고인들이 어로저지선을 넘어 어업을 하였다고 하더라도 북괴경비정이 출현하는 경우 **납치되어 가더라도 좋다고 생각하면서 어로저지선을 넘어서 어로작업을 한 것이 아니라면** 북괴집단의 구성원들과 회합이 있을 것이라는 미필적 고의가 있었다고 단정할 수 없다(대판 1969.12.9, 69도1671).
     ● 검찰
5. 공무원이 **여러 차례의 출장반복의 번거로움을 회피하고 민원사무를 신속히 처리한다는 방침**에 따라 사전에 출장 조사한 다음 출장조사내용이 변동 없다는 확신 하에 출장복명서를 작성하고 다만 그 출장 일자를 작성일자로 기재한 것이라면 허위공문서작성의 범의가 있었다고 볼 수 없다(대판 2001.1.5, 99도4101).
     ● 경찰
6. 진실한 객관적인 사실들에 근거하여 고소인이 피고소인의 주관적인 의사에 관하여 갖게 된 의심을 고소장에 기재하였을 경우에 **법률 전문가 아닌 일반인의 입장에서 볼 때 그와 같은 의심을 갖는 것이 충분히 합리적인 근거가 있다고 볼 수 있다면**, 비록 그 의심이 나중에 진실하지 않는 것으로 밝혀졌다고 하여 곧바로 고소인에게 무고의 미필적 고의가 있었다고 단정하여서는 안 된다(대판 1996.3.26, 95도2998).
     ● 사시
7. **임금 등 지급의무의 존부와 범위에 관하여 다툴 만한 근거가 있다면** 사용자가 그 임금 등을 지급하지 않은 데에 상당한 이유가 있다고 보아야 하므로 사용자에게 근로기준법 제109조 제1항, 제36조 위반의 고의가 있었다고 보기 어렵다(대판 2022.6.30, 2022도742).
     ● 경간부

제6절 구성요건적 착오(사실의 착오)

> 제15조 (사실의 착오) ① 특별히 무거운 죄가 되는 사실을 인식하지 못한 행위는 **무거운 죄로 벌하지 아니한다**. ● 사시, 검찰7급

I 서 설

1. 개 념

구성요건적 착오란 행위자가 주관적으로 인식·인용한 범죄사실과 객관적으로 발생한 범죄사실이 일치하지 않는 경우의 불일치를 의미한다.

2. 착오의 대상

절도죄에 있어 피고인이 위 물건을 본가의 소유물로 오신하였다고 할지라도 그 오신은 형면제사유에 관한 것으로서 이에 범죄의 구성요건사실에 관한 형법 제15조 제1항은 적용되지 않는 것이므로 그 오신은 본건 범죄의 성립이나 처벌에 아무런 영향을 미치지 않는다(대판 1966.6.28, 66도104).

3. 금지착오와의 구별

금지착오란 행위자에게 위법성의 인식이 결여된 경우를 의미한다.

4. 구성요건적 착오와의 구별유형

(1) 행위자는 범죄사실이라고 인식하였으나 범죄사실이 발생하지 않은 경우에는 '불능미수범' 또는 '불능범'의 문제가 된다.

(2) 행위자는 범죄사실이 아니라고 행위하였으나 범죄사실이 발생한 경우는 '과실범'의 문제가 된다.

(3) 행위자는 범죄사실을 인식하고 행위하였으나 객관적으로 발생한 범죄사실이 인식과 다르게 발행한 경우는 '사실의 착오'의 문제가 된다.

Ⅱ 구성요건적 착오의 한계사례와 해결 　🔍 사시, 경찰, 법행

1. 학 설

구체적 사실의 착오	객 체	사 례		을을 갑으로 오인하고 총을 발사하였는데 을이 사망한 경우
		학 설	구 법 추	을에 대한 살인의 고의기수
	방 법	사 례		갑을 살해하고자 총을 발사했는데 빗나가 옆에 있던 을이 맞아 사망한 경우
		학 설	구	갑에 대한 살인미수와 을에 대한 과실치사의 상상적 경합
			법 추	을에 대한 살인기수
추상적 사실의 착오	객 체	사 례		개라고 생각하고 총을 발사했는데 실은 갑이었기 때문에 갑이 맞아 사망한 경우
		학 설	구 법	개에 대한 재물손괴의 미수와 갑에 대한 과실치사의 상상적 경합
			추	개에 대한 재물손괴의 기수와 갑에 대한 과실치사의 상상적 경합
	방 법	사 례		개를 향해 총을 발사했는데 빗나가 옆에 있던 갑이 맞아 사망한 경우
		학 설	구 법	개에 대한 재물손괴의 미수와 갑에 대한 과실치사의 상상적 경합
			추	개에 대한 재물손괴의 기수와 갑에 대한 과실치사의 상상적 경합

2. 판 례

(1) 구체적 사실의 착오 중 방법의 착오

관련판례

① 포장마차 식칼사건 : 갑이 을등 3명과 싸우다가 힘이 달리자 식칼을 가지고 이들 3명을 상대로 휘두르다가 이를 말리면서 식칼을 뺏으려던 피해자 병에게 상해를 입혔다면 갑에게 상해의 범의가 인정되며 상해를 입은 사람이 목적한 사람이 아닌 다른 사람이라 하여 과실상해죄에 해당한다고 할 수 없다(대판 1987.10.26, 87도1745). 　🔍 사시

② 농약이 든 숭늉그릇 사건 : 갑은 을을 살해할 의사로서 농약 1포를 숭늉 그릇에 투입하여 병의 식당에 놓아둠으로써 그 정을 알지 못한 병의 장녀 정이 이를 마시게 되어 동인을 사망케 하였다면 갑이 정을 살해할 의사는 없었다 하더라도 갑은 사람을 살해할 의사로서 이와 같은 행위를 하였고 그 행위에 의하여 살해라는 결과가 발생한 이상 피고인의 행위와 살해라는 결과와의 사이에는 인과관계가 있다 할 것이므로 정에 대하여 살인죄가 성립한다(대판 1968.8.23, 68도884). 　🔍 사시, 법행

③ 형수·조카살인사건 : 갑은 조카 병을 업고 있던 형수 을을 향하여 살의를 갖고 소나무 몽둥이(길이 85센티미터 직경 9센티미터)를 양손에 집어들고 힘껏 후려치자 을은 피를 흘리며 마당에 고꾸라졌고 이에 재차 을에게 몽둥이를 내리쳤으나 등에 업혀있던 조카 병의 머리부분에 맞아 결국 병이 사망한 경우 이는 타격의 착오가 있는 경우로 조카 병에 대한 살인죄가 인정된다(대판 1984.1.24, 83도2813). ● 법행

(2) 구체적 사실의 착오 중 객체의 착오

갑이 타워파 폭력조직원들에 대하여 보복을 하기로 결의한 후 A여관 302호에서 잠을 자던 을을 타워파 조직원인 병으로 오인하여 각목과 쇠파이프로 머리와 몸을 마구 때리고 낫으로 팔과 다리등을 닥치는 대로 여러차례 힘껏 내리찍어 을이 급성신부전증으로 입원중 김밥과 콜라를 먹은 탓에 합병증이 발생하여 사망한 경우 을에 대한 살인기수가 인정된다(대판 1994.3.22, 93도3612). ● 사시, 경찰

(3) 가감적 구성요건에 대한 착오

관련판례

① 갑이 평소 불만을 품고 있던 을을 살해하려고 하였으나 캄캄한 밤중인 데다가 사람이 많이 모인 혼잡한 상황이어서 자신의 장모 병을 을로 오인하고 살해한 경우, "직계존속임을 인식하지 못하고 살인을 한 경우는 형법 제15조 소정의 특별히 중한 죄가 되는 사실을 인식하지 못한 행위에 해당한다(대판 1960.10.31, 4293형상494). ● 검찰7급
② 제분에 이기지 못하여 식도를 휘두르는 피고인을 말리거나 그 식도를 뺏으려고 한 그 밖의 피해자들을 닥치는 대로 찌르는 무차별 횡포를 부리던 중에 그의 부(父)까지 찌르게 된 결과를 빚은 경우 피고인이 칼에 찔려 쓰러진 부를 부축해 데리고 나가지 못하도록 한 일이 있다고 하여 그의 부를 살해할 의사로 식도로 찔러 살해하였다는 사실을 인정하기는 어렵다(대판 1977.1.11, 76도3871). ● 경찰

Ⅲ 인과관계 착오와 개괄적 고의(과실)

(1) 개괄적 고의(웅덩이 질식사 사건)

갑은 을이 자신의 처를 희롱하자 을을 살해하기 위하여 을의 머리와 가슴을 돌로 수차례 내리치자 을은 정신을 잃고 실신하였다. 갑은 을이 죽은 것으로 오인하고 증거를 없애기 위해 을을 개울가로 끌고가 매장하였는데 을은 매장으로 인해 질식사하였다. 이 경우 을은 갑의 살해의 의도로 행한 구타행위에 의하여 직접 사망한 것이 아니라 죄적을 인멸할 목적으로 행한 매장행위에 의하여 사망하게 되었다 하더라도 전 과정을 개괄적으로 보면 을의 살해라는 처음에 예견된 사실이 결국 실현된 것으로서 갑에게는 살인죄의 죄책을 면할 수 없다(대판 1988.6.28, 88도650). ● 사시

(2) 개괄적 과실(낙산비취호텔사건)

피고인이 피해자에게 우측 흉골골절 및 늑골골절상과 이로 인한 우측 심장벽좌상과 심낭내출혈 등의 상해를 가함으로써, 피해자가 바닥에 쓰러진 채 정신을 잃고 빈사상태에 빠지자, 피해자가 사망한 것으로 오인하고, 피고인의 행위를 은폐하고 피해자가 자살한 것처럼 가장하기 위하여 피해자를 베란다로 옮긴 후 베란다 밑 약 13m 아래의 바닥으로 떨어뜨려 피해자로 하여금 현장에서 좌측 측두부 분쇄함몰골절에 의한 뇌손상 및 뇌출혈 등으로 사망에 이르게 하였다면, 피고인의 행위는 포괄하여 단일의 상해치사죄에 해당한다(대판 1994.11.4, 94도2361). ● 사시, 경찰승진

Ⅳ 병발사례

사 례		갑을 살해하고자 총을 발사하였는데 **갑의 몸을 관통하여 사망**케 한 총알이 그 옆에 있던 을까지 사망케 한 경우
학 설	구체적부합설	갑에 대한 살인기수와 을에 대한 과실치사의 상상적 경합
	법정적부합설	
사 례		갑을 살해하고자 총을 발사하였는데, **갑의 몸을 관통하여 사망**케 한 총알이 그 옆에 있던 을에게 상해를 입힌 경우
학 설	구체적부합설	갑에 대한 살인기수와 을에 대한 과실치상의 상상적 경합
	법정적부합설	
사 례		갑을 살해하고자 총을 발사하였는데, 갑에게 상해만을 입히고 스쳐 지나간 총알이 그 옆에 있던 을을 사망케 한 경우
학 설	구체적부합설	갑에 대한 살인미수와 을에 대한 과실치사의 상상적 경합
	법정적부합설	내부적으로 견해 대립이 있으나 을에 대한 살인기수만이 성립한다는 견해가 유력하다. ● 경찰승진

제7절 과실범

> 제14조 (과실) 정상적으로 기울여야 할 주의(注意)를 게을리하여 죄의 성립요소인 사실을 인식하지 못한 행위는 법률에 **특별한 규정**이 있는 경우에만 **처벌**한다. ●사시

I 서 설

1. 과실의 의의

범죄사실에 대한 인식이나 범죄사실에 대한 인용이 결여되어 구성요건 결과발생이 주의 의무위반에 기인한 것을 의미한다.

2. 처벌규정의 존재

① 과실범은 법률에 특별한 규정이 있는 경우에 한하여 처벌되며 형벌법규의 성질상 과실범을 처벌하는 특별규정은 그 명문에 의하여 명백·명료하여야 한다(대판 1983.12. 13, 83도2467). ●사시

② 행정상의 단속을 주안으로 하는 법규라 하더라도 **명문규정이 있거나 해석상 과실범도 벌할 뜻이 명확한 경우**를 제외하고는 형법의 원칙에 따라 고의가 있어야 벌할 수 있다(대판 1986.7.22, 85도108). ●검찰9급, 경찰채용

일반과실범	업무상과실	중과실
실화죄(제170조)	업무상실화죄(제171조)	중실화죄(제171조)
과실가스·전기 등 방류죄·공급방해죄(제173조의2)	업무상 가스·전기 등 방류죄·공급방해죄(제173조의2)	중가스·전기 등 방류죄·공급방해죄(제173조의2)
과실교통방해죄 (제189조 제1항)	업무상과실교통방해죄 (제189조의 제2항)	중과실교통방해죄 (제189조 제2항)
과실일수죄(제181조)	×	×
×	업무상과실장물죄(제364조)	중과실장물죄(제364조)
과실폭발성물건파열죄 (제173조의2)	업무상과실폭발성물건파열 (제173조의2)	중과실폭발성물건파열죄 (제173조의2)
과실치사상죄 (제266조, 제267조)	업무상과실치사상죄 (제268조)	중과실치사상죄 (제268조)

3. 과실의 종류

(1) 인식 없는 과실과 인식 있는 과실

과실범에 있어서의 비난가능성의 지적 요소란 결과발생의 가능성에 대한 인식으로서 **인식 있는 과실**에는 이와 같은 인식이 있고, **인식 없는 과실**에는 이에 대한 인식 자체도 없는 경우이나, 전자에 있어서 책임이 발생함은 물론, 후자에 있어서도 그 결과발생을 인식하지 못하였다는 데에 대한 부주의 즉 규범적 실재로서의 과실책임이 있다고 할 것이다(대판 1984.2.28, 83도3007). ● 변호사

(2) 단순과실과 업무상과실

일반인에게 요구되는 주의의무에 위반하는 것을 단순과실(일반과실)이라 하고 일정한 업무종사자가 업무수행상 요구되는 주의의무에 위반하는 것을 업무상과실이라 한다.

(3) 경과실과 중과실

중과실은 행위자가 극히 근소한 주의를 함으로써 결과발생을 예견할 수 있었음에도 불구하고 부주의로 이를 예견하지 못하는 경우를 말하는 것으로서 중과실과 경과실의 구별은 구체적인 경우에 사회통념을 고려하여 결정될 문제이다(대판 1980.10.14, 79도305).

판례 정리 … 1. 중과실을 인정한 판례

1. **성냥불**이 꺼진 것을 확인하지 않고 플라스틱 **휴지통**에 던져서 화재가 발생한 경우(대판 1993.7.27, 93도135)
   ☞ 중과실치사, 중실화   ● 입시
2. 간이온돌용 **새마을보일러**에 연탄을 갈아넣음에 있어서 보일러로부터 5 내지 10cm쯤의 거리에 가연물질을 그대로 두고 신문지를 구겨서 보일러의 공기조절구를 살짝 막아놓은 채 그 자리를 떠나버렸기 때문에 화재가 발생한 경우(대판 1988.8.23, 88도855) ☞ 중실화   ● 경찰간부

참조판례

연탄아궁이로부터 80센티미터 떨어진 곳에 쌓아둔 **스폰지요, 솜** 등이 연탄아궁이 쪽으로 넘어지면서 화재현장에 의한 화재가 발생한 경우라고 하더라도 그 스폰지요, 솜 등을 쌓아두는 방법이나 상태 등에 관하여 아주 작은 주의만 기울였더라면 스폰지요나 솜 등이 넘어지고 또 그로 인하여 화재가 발생할 것을 예견하여 회피할 수 있었음에도 불구하고 부주의로 이를 예견하지 못하고 **스폰지와 솜 등을 쉽게 넘어질 수 있는 상태로 쌓아둔 채 방치**하였기 때문에 화재가 발생한 것으로 판단되어야만, "중대한 과실"로 인하여 화재가 발생한 것으로 볼 수 있다(대판 1989.1.17, 88도643).   ● 경찰승진

3. **여자노인(84세)과 연약한 여자 아이(11세)를 상대로 안수기도**를 하면서 20 내지 30분 동안 배와 가슴 부분을 세게 때리고 누르는 바람에 이들을 사망하게 한 경우(대판 1997.4.22, 97도538) ☞ 중과실치사 ● 사시

비교판례

피해자의 동의하에 피해자의 몸속에 있는 잡귀를 쫓아낸다는 미명하에 6명이 12시간 동안 배와 가슴부분을 오르락내리락하면서 피해자를 때리고 밟아 사망케 한 경우에는 '폭행치사'가 성립한다(대판 1985.12.10, 85도1892).   ● 사시

4. 피고인이 관리하던 **주차장 출입구 문주**의 하단부분에 금이 가 있어 도괴될 위험성이 있었다면 피고인으로서는 소유자에게 그 보수를 요청하는 외에 그 보수가 있을 때까지 임시적으로라도 받침대를 세우는 등 도괴를 방지하거나 그 근처에 사람이나 자동차 등의 근접을 막는 등 도괴로 인한 인명의 피해를 막도록 조치를 하여야 할 주의의무가 있다 할 것이며 동 주차장에는 사람이나 자동차의 출입이 빈번하고 근처 거주의 어린아이들이 문주근방에서 놀이를 하는 사례가 많은데도 불구하고 소유자에게 그 보수를 요구하는데 그쳤다면 그 주의의무를 심히 게을리 한 중대한 과실이 있다고 할 것이다(대판 1982.11.23, 82도2346). ☞ 중과실치상 ● 경찰승진

5. 농약을 평소에 신문지에 포장하여 판매하여 온 "**중조(重曹)**"와 같은 모양으로 포장 하여 점포 선반에 방치하고 가족에게 알리지 아니하여 사고가 발생한 경우(대판 1961.11.16, 4294형상312) ☞ 중과실치사 ● 사시

6. **모텔 방**에 투숙하여 담배를 피운 후 재떨이에 담배를 끄게 되었으나 **담뱃불**이 완전히 꺼졌는지 여부를 확인하지 않은 채 불이 붙기 쉬운 휴지를 재떨이에 버리고 잠을 잔 과실로 담뱃불이 휴지와 침대시트에 옮겨 붙게 함으로써 화재가 발생한 경우(대판 2009.12.9, 2009감도38) ☞ 중과실치사, 중실화 ● 사시

판례정리 … 2. 중과실을 부정한 판례

1. 러시안 룰렛 게임사건 : 경찰관인 피고인들은 <u>동료 경찰관인 갑 및 피해자 을</u>과 함께 술을 많이 마셔 취하여 있던 중 갑자기 위 갑이 총을 꺼내 을과 같이 총을 번갈아 자기의 머리에 대고 쏘는 소위 "**러시안 룰렛**" 게임을 하다가 을이 자신이 쏜 총에 맞아 사망한 경우(대판 1992.3.10, 91도3172)

2. 호텔오락실 화재사건 : <u>호텔오락실의 경영자</u>가 그 오락실 천정에 형광등을 설치하는 공사를 하면서 그 호텔의 전기보안담당자에게 아무런 통고를 하지 아니한 채 무자격전기기술자로 하여금 전기공사를 하게 하여 부실공사가 그대로 방치되고 그로 인하여 <u>전선의 합선</u>에 의한 방화가 발생한 경우(대판 1989.10.13, 89도204) ● 경찰승진

3. 문틈 연탄가스 사망사건 : 임차인이 사용하던 방문에 약간의 틈이 있다거나 연통 등 까스배출시설에 결함이 있는 정도의 하자는 임대차 목적물인 위 방을 사용할 수 없을 정도의 파손상태라고 볼 수 없고 이는 임차인의 통상의 수선 및 관리의무에 속하는 것이므로 임차인이 그 방에서 연탄까스에 중독되어 사망하였더라도 위 사고는 임차인이 그 의무를 게을리 함으로써 발생한 것으로서 임대인에게 중과실치사의 죄책을 물을 수 없다(대판 1986.6.24, 85도2070).

4. 자취방 촛불사건 : 함께 술을 마신 후 **만취된 피해자**를 **촛불**이 켜져 있는 방안에 혼자 눕혀 놓고 촛불을 끄지 않고 나오는 바람에 화재가 발생하여 피해자가 사망한 경우(대판 1994.8.26, 94도1291) ☞ 과실치사, 실화 ● 사시

4. 과실의 체계적 지위

책임요소설, 구성요건요소설, 이중적 지위설의 대립이 있다.

II 과실범의 성립요건

1. 객관적 주의의무 위반

(1) 주의의무의 내용

의료사고에 있어서 의사의 과실을 인정하기 위해서는 의사가 결과 발생을 <u>예견할 수 있었음에도 불구하고 그 결과 발생을 예견하지 못하였고</u>, 그 결과 발생을 <u>회피할 수</u>

있었음에도 불구하고 그 결과 발생을 회피하지 못한 과실이 검토되어야 한다(대판 2003.1.10, 2001도3292). ● 사시

(2) 주의의무의 판단기준

① 의료사고에 있어서 의사의 과실의 유무를 판단함에는 같은 업무와 직무에 종사하는 일반적 보통인의 주의 정도를 표준으로 하여야 하며, 이에는 사고 당시의 일반적인 의학의 수준과 의료환경 및 조건, 의료행위의 특수성 등이 고려되어야 한다(대판 2003.1.10, 2001도3292). ● 사시, 법행

② 과실범의 주의의무는 반드시 개별적인 법령에서 일일이 그 근거나 내용이 명시되어 있어야만 하는 것이 아니며, 결과 발생에 즈음한 구체적인 상황에서 이와 관련된 제반 사정들을 종합적으로 평가하여 결과 발생에 대한 예견 및 회피 가능성을 기준으로 삼아 그 결과 발생을 방지하여야 할 주의의무를 인정할 수 있는 것이다(대판 2009.4.23, 2008도11921). 경찰

③ 의료행위와 환자에게 발생한 상해·사망 등 결과 사이에 인과관계가 인정되는 경우에도, 검사가 공소사실에 기재한 바와 같은 업무상과실로 평가할 수 있는 행위의 존재 또는 그 업무상과실의 내용을 구체적으로 증명하지 못하였다면, 의료행위로 인하여 환자에게 상해·사망 등 결과가 발생하였다는 사정만으로 의사의 업무상과실을 추정하거나 단순한 가능성·개연성 등 막연한 사정을 근거로 함부로 이를 인정할 수는 없다(대판 2023.1.12, 2022도11163).

> **판례 정리**
>
> 1. 의사는 진료를 행함에 있어 환자의 상황과 당시의 의료수준 그리고 자기의 지식경험에 따라 적절하다고 판단되는 **진료방법을 선택할 상당한 범위의 재량**을 가진다고 할 것이고, 그것이 합리적인 범위를 벗어난 것이 아닌 한 진료의 결과를 놓고 그중 어느 하나만이 정당하고 이와 다른 조치를 취한 것은 과실이 있다고 말할 수는 없다(대판 2008.8.11, 2008도3090). ● 경찰승진
> 2. 피고인이 사업당시 **공사현장감독인인 이상** 그 공사의 원래의 발주자의 직원이 아니고 또 동 발주자에 의하여 현장감독에 임명된 것도 아니며, 건설업법상 요구되는 현장건설기술자의 자격도 없다는 등의 사유는 업무상과실책임을 물음에 아무런 영향도 미칠 수 없다(대판 1983.6.14, 82도2713). ● 검찰
> 3. **법령에 의하여 도급인에게 수급인의 업무에 관하여 구체적인 관리·감독의무가 부여**되어 있거나 **도급인이 공사의 시공이나 개별 작업에 관하여 구체적으로 지시·감독하였다**는 등의 특별한 사정이 없는 한, 도급인에게는 수급인의 업무와 관련하여 사고방지에 필요한 안전조치를 할 주의의무가 없다(대판 2015.10.29, 2015도5545). ● 법행

> **판례 정리 ··· 주의의무위반을 인정한 판례**

1. 야간에 고속도로에서 차량을 운전한 자는 주간과는 달리 노면상태 및 가시거리상태 등에 따라 제한최고속도 이하의 속도로 감속·서행할 주의의무가 있으므로 이를 위반하여 선행사고로 전방에 정차해 있던 승용차와 옆에 서 있던 피해자를 충돌하였다면 과실이 있다(대판 1999.1.15, 98도2605). ● 사시
2. 선행차량에 이어 피고인 운전차량이 피해자를 **연속하여 역과**하는 과정에서 피해자가 사망한 경우 업무상 과실이 인정된다(대판 2001.12.11, 2001도5005). ● 경찰
3. 보행등이 설치되어 있지 아니한 횡단보도를 진행하는 차량의 운전자가 인접한 교차로의 차량진행신호에 따라 진행하다 교통사고를 낸 경우, 횡단보도에서의 보행자보호의무 위반의 책임을 지게 된다(대판 2003.10.23, 2003도3529).
4. 버스운전사에게 전날밤에 **주차해둔 버스**를 그 다음날 아침에 출발하기에 앞서 **차체 밑에 장애물**이 있는지 여부를 확인하여야 할 주의의무가 있다(대판 1988.9.27, 88도833). ● 경찰승진
5. 운전사가 음주운전 단속 중인 경찰관의 정지신호를 무시하고 상당한 속도로 계속 진행함으로써 정차시키기 위하여 차체를 치는 경찰관으로 하여금 상해를 입게 한 경우, 운전자의 업무상과실이 인정된다(대판 1994.10.14, 94도2165). ● 경찰승진
6. 중앙선에 서서 도로횡단을 중단한 피해자의 **팔을 갑자기 잡아끌고** 피해자로 하여금 도로를 횡단하게 만든 피고인으로서는 위와 같이 **무단횡단**을 하는 도중에 지나가는 차량에 충격당하여 피해자가 사망하는 교통사고가 발생할 가능성이 있으므로, 이러한 경우에는 피고인이 피해자의 안전을 위하여 차량의 통행 여부 및 횡단 가능 여부를 확인하여야 할 주의의무가 있다 할 것이므로, 피고인으로서는 위와 같은 주의의무를 다하지 않은 이상 교통사고와 그로 인한 피해자의 사망에 대하여 과실책임을 면할 수 없다(대판 2002.8.23, 2002도2800). ● 사시
7. **알코올중독자**의 수용시설을 운영 또는 관리하던 피고인들이 피해자가 금단증상을 보이자 피해자를 **독방**에 가둔 다음 그대로 방치하였는데 피해자가 자살한 경우, 업무상 과실치사죄가 인정된다(대판 2005.3.24, 2004도8137). ● 사시
8. 태풍경보가 내려져 있어 파도가 높은 날 **이끼가 낀 바닷가 바위** 위에서 곧 **전역할 병사를 헹가레**쳐서 장난삼아 바다에 빠뜨리려고 하다가 그가 발버둥치는 바람에 그의 발을 붙잡고 있던 피해자가 미끄러져 익사한 경우 헹가레치려 했던 동료 내무반원에게 과실치사책임이 인정된다(대판 1990.11.13, 90도2106). ● 경찰승진
9. 골프경기를 하던 중 **골프공**을 쳐서 아무도 예상하지 못한 자신의 등 뒤편으로 보내어 등 뒤에 있던 경기보조원(캐디)에게 상해를 입힌 경우에는 주의의무를 현저히 위반하여 사회적 상당성의 범위를 벗어난 행위로서 과실치상죄가 성립한다(대판 2008.10.23, 2008도6940). ● 법행
10. 산후조리원에 입소한 신생아가 출생 후 10일 이상이 경과하도록 계속하여 수유량 및 체중이 지나치게 감소하고 잦은 설사 등의 이상증세를 보임에도 불구하고, 산후조리원의 신생아 집단관리를 맡은 책임자가 의사나 한의사 등의 진찰을 받도록 하지 않아 신생아가 탈수 내지 괴사성 장염으로 사망한 경우, 위 집단관리 책임자가 산모에게 신생아의 이상증세를 즉시 알리고 적절한 조치를 구하여 산모의 지시를 따른 것만으로는 업무상 주의의무를 다하였다고 볼 수 없으므로 신생아 사망에 대한 업무상 과실치사의 죄책이 인정된다(대판 2007.11.16, 2005도1796). ● 사시
11. 골프장 카트사건 : **골프 카트**는 안전벨트나 골프 카트 좌우에 문 등이 없고 개방되어 있어 승객이 떨어져 사고를 당할 위험이 커 골프 카트 운전업무에 종사하는 자로서는 골프 카트 출발 전에는 승객들에게 안전 손잡이를 잡도록 고지하고 승객이 안전 손잡이를 잡은 것을 확인하고 출발하여야 하고 우회전이나 좌회전을 하는 경우에도 골프 카트의 좌우가 개방되어 있어 승객들이 떨어져서 다칠 우려가 있으므로 충분히 서행하면서 안전하게 좌회전이나 우회전을 하여야 할 업무상 주의의무가 있다(대판 2010.7.22, 2010도1911). ● 사시

12. [1] 고속도로의 노면이 결빙된 데다가 짙은 안개로 시계가 20m 정도 이내였다면 차량운전자는 제한시속에 관계없이 장애물 발견 즉시 제동정지할 수 있을 정도로 속도를 줄이는 등의 조치를 취하였어야 할 것이므로 단순히 제한속도를 준수하였다는 사실만으로는 주의의무를 다하였다 할 수 없다.
    [2] 피고인의 주의의무 태만으로 인하여 고속도로상에 정지중인 차량을 추돌한 사고가 발생된 이상 피해차량 후방에 사고발생표지가 설치되어 있지 아니하였고 피해자들이 다른 승객들처럼 대피하지 않고 피해차량 뒤 고속도로 노면에 들어와 있었다 하더라도 피고인의 범행성립에는 영향이 없다(대판 1990.12.26, 89도2589). ● 법행
13. 건축자재인 **철판 수백 장의 운반을 의뢰**한 자가 절단면이 날카롭고 무거운 철판을 묶기에 매우 부적합한 폴리에스테 끈을 사용하여 철판 묶음 작업을 하는 등의 과실로 철판 쏠림 현상이 발생하였고, 이로 인하여 철판을 차에서 내리는 과정에서 철판이 쏟아져 내려 화물차 운전자가 사망한 경우, 운반 의뢰인에게 업무상과실치사의 죄책이 인정된다(대판 2009.7.23, 2009도3219). ● 사시
14. 자전거 전용통로에 도시가스배관, 철도횡단흉관 압입공사를 하기 위하여 너비 약 3미터, 깊이 약 1미터, 길이 약 5미터의 **웅덩이**를 파두어 야간에 그곳을 지나던 통행인이 위 웅덩이에 떨어져 상해를 입었다면 동 공사현장 감독에게는 공사현장의 보안관리를 소홀히 한 주의의무위반이 있다(대판 1986.8.19, 86도915). ● 경찰승진
15. 전기배선이 벽 내부에 매립 설치되어 건물 구조의 일부를 이루고 있다면 그에 관한 관리책임은 일반적으로 소유자에게 있다고 보아야 하나, 그 전기배선을 임차인이 직접 하였으며 그 이상을 미리 알았거나 알 수 있었다는 등의 특별한 사정이 있는 때에는 임차인에게도 그 부분의 하자로 인한 화재를 예방할 주의의무가 인정될 수 있다(대판2009.5.28, 2009도1040).

판례 정리 ⋯ 주의의무위반을 부정한 판례

1. **안내원이 없는 시내버스**의 운전사가 버스정류장에서 일단의 승객을 하차시킨 후 통상 적으로 버스를 출발시키던 중 뒤늦게 버스 뒷편 좌석에서 일어나 앞 쪽으로 걸어 나오던 피해자가 균형을 잃고 넘어진 경우, 위 운전사로서는 승객이 하차한 후 다른 움직임이 없으면 차를 출발시키는 것이 통례이고 특별한 사정이 없는 한 착석한 승객 중 더 내릴 손님이 있는지, 출발 도중 넘어질 우려가 있는 승객이 있는지 등의 여부를 일일이 확인하여야 할 주의의무가 없다(대판 1992.4.28, 92도56). ● 법행

   참조판례
   ① 버스정류장에서 버스를 타려고 뛰어가던 **행인끼리 충돌**하여 넘어지면서 순간적으로 막 출발하려는 버스의 앞바퀴와 뒷바퀴 사이로 머리가 들어가 사고가 발생한 경우, 위 버스운전사에게 피해자가 다른 행인과 부딪쳐 넘어지면서 동인의 머리가 위 버스 뒷바퀴에 들어 올 것까지 예견하여 사전에 대비하여야 할 주의의무까지는 없다(대판 1986.8.19, 86도1123). ● 사시
   ② 피고인(갑)이 봉고트럭을 운전하고 도로 2차선상으로, 피고인(을)이 버스를 운전하고 도로 3차선상으로 거의 병행운행하고 있을 즈음 도로 3차선에서 피고인(을)의 버스 뒤를 따라 운행하여 오던 피해자 운전의 오토바이가 버스를 앞지르기 위해 도로 2차선으로 진입하여 무모하게 위 **트럭과 버스 사이에 끼어들**어 이 사이를 빠져 나가려 한 경우에 있어서는 선행차량이 속도를 낮추어 앞지르려는 피해자의 오토바이를 선행하도록 하여 줄 업무상 주의의무가 있다고 할 수 없다(대판 1984.5.29, 84도483). ● 사시

2. **덤프트럭**의 운전자가 쓰레기하치장에서 차체와 **적재함** 사이에 사람이 있는가를 확인하지 않고 덤프기어를 내려 차체와 적재함 사이에 사람이 끼어 사망한 경우(대판 1984.10.10, 84도1868). ● 경찰승진
3. **단순히 갑자기 진행차로의 정중앙을 벗어나** 다른 차로와 근접한 위치에서 운전하다가 다른 차로에서 뒤따라오는 차량과 충돌한 경우(대판 1998.4.10, 98도297). ● 법행

4. 택시 운전수가 횡단보도가 아닌 차도를 무단횡단하는 피해자를 뒤늦게 발견하고 급정차 조치를 취하여 위 피해자와의 충돌을 사전에 예방하였지만 피해자가 갑자기 급정차하는 위 택시를 보고 당황한 끝에 도로위에 넘어져 상해를 입은 경우(대판 1987.5.26, 86도2707) ● 경찰승진
5. 내리막길에서 버스의 브레이크가 작동되지 아니하여 대형사고를 피하기 위하여 인도 턱에 버스를 부딪혀 정차시키려고 하였으나 버스가 인도 턱을 넘어 돌진하여 보행자를 사망케 한 경우(대판 1996.7.9, 96도1198) ● 사시
6. **제왕절개분만**을 함에 있어서 산모에게 수혈을 할 필요가 있을 것이라고 예상할 수 있었다는 사정이 보이지 않는 한, **산후과다출혈**에 대비하여 제왕절개수술을 시행하기 전에 미리 혈액을 준비할 업무상 주의의무가 있다고 보기 어렵다(대판 1997.4.8, 96도3082). ● 사시, 경찰

> **참조판례**
> 산모의 **태반조기박리**에 대한 대응조치로서 **응급 제왕절개 수술**을 하는 산부인과 의사에게는 미리 수혈용 혈액을 준비하여야 할 업무상 주의의무가 있다(대판 2000.1.14, 99도3621). ● 사시

7. **교사**가 징계의 목적으로 **회초리**로 학생들의 손바닥을 때리기 위해 회초리를 들어올리는 순간 이를 구경하기 위해 옆으로 고개를 돌려 일어나는 다른 학생의 눈을 찔러 그로 하여금 우안실명의 상해를 입게 한 경우(대판 1985.7.9, 84도822) ● 경찰
8. **요추 척추후궁절제** 수술도중에 수술용 **메스**가 부러지자 담당의사가 부러진 메스조각(3×5mm)을 찾아 제거하기 위한 최선을 노력을 다하였으나 찾지 못하여 부러진 메스조각을 그대로 둔 채 수술부위를 봉합한 경우(대판 1999.12.10, 99도3711) ● 경찰
9. 건설회사가 건설공사 중 **타워크레인의 설치작업**을 전문업자에게 도급주어 타워크레인 설치작업을 하던 중 발생한 사고에 대하여 건설회사의 현장대리인에게 업무상 과실치사상의 죄책을 물을 수 없다(대판 2005.9.9, 2005도3108). ● 사시
10. 담임교사가 **유리창을 청소**할 때는 교실안쪽에서 닦을 수 있는 유리창만을 닦도록 지시하였는데도 유독 피해자만이 수업시간이 끝나자마자 베란다로 넘어 갔다가 밑으로 떨어져 사망한 경우(대판 1989.3.28, 89도108) ● 사시
11. 탄광 덕대가 화약류취급책임자 면허가 없는 자에게 화약고열쇠를 맡겼는데, 임의로 화약고에서 폭약을 꺼내서 **탄광노무자 숙소 아궁이** 속에 감추었고, 이 사실을 모르는 자가 위 아궁이에 불을 때다가 폭약이 폭발하여 사람을 사상에 이르게 한 경우 덕대에게는 위와 같은 사고를 예견할 수 있었다고 보기 어렵다(대판 1981.9.8, 81도53). ● 사시
12. 병원 인턴인 피고인이, 응급실로 이송되어 온 **익수(溺水)환자** 甲을 담당의사 乙의 지시에 따라 구급차에 태워 다른 병원으로 이송하던 중 **산소통**의 산소잔량을 체크하지 않은 과실로 산소 공급이 중단된 결과 甲을 폐부종 등으로 사망에 이르게 하였다는 내용으로 기소된 사안 경우, 乙에게서 이송 도중 甲에 대한 앰부 배깅(ambu bagging)과 진정제 투여 업무만을 지시받은 피고인에게 일반적으로 구급차 탑승 전 또는 이송 도중 구급차에 비치되어 있는 산소통의 산소잔량을 확인할 주의의무가 있다고 보기는 어렵고, 다만 피고인이 甲에 대한 앰부 배깅 도중 산소 공급 이상을 발견하고도 구급차에 동승한 의료인에게 기대되는 적절한 조치를 취하지 아니하였다면 업무상 과실이 있다고 할 것이나, 피고인이 산소부족 상태를 안 후 취한 조치에 어떠한 업무상 주의의무 위반이 있었다고 볼 수 없는데도, 피고인에게 산소잔량을 확인할 주의의무가 있음을 전제로 업무상과실치사죄를 인정한 원심판단에 응급의료행위에서 인턴의 주의의무 범위에 관한 법리오해 또는 심리미진의 위법이 있다고 한 사례(대판 2011.9.8, 2009도13959) ☞ 피고인(인턴)은 산소통 산소잔량을 확인한 후 즉시 심폐소생술을 시행하는 한편 가장 가까운 병원으로 구급차를 운행하도록 하였다는 점등에서 과실을 부정한 사례 ● 경찰승진

13. 지하철 공사구간 현장안전업무 담당자인 피고인이 공사현장에 인접한 기존의 횡단보도 표시선 안쪽으로 돌출된 강철빔 주위에 **라바콘** 3개를 설치하고 신호수 1명을 배치하였는데, 피해자가 위 횡단보도를 건너면서 강철빔에 부딪혀 상해를 입은 경우, 제반 사정에 비추어 피고인에게 안전조치를 취하여야 할 **업무상 주의의 무를 위반하였다고 보기 어렵다**(대판 2014.4.10, 2012도11361). ● 경찰간부

14. 산부인과 의사 甲은 30대 중반의 초산모 乙에 대해서 제왕절개 수술을 하였는데, 乙은 수술 후 호흡곤란이나 현기증 등의 증세를 나타내다가 **폐색전증**으로 사망하였지만, 甲은 폐색전증을 예견하지 못하고 그에 대한 조치를 취하지 않았다. 호흡곤란이나 현기증 등은 폐색전증의 증상과 징후의 하나이기는 하지만 이러한 호흡곤란이나 현기증 등은 수술 후 나타날 수 있는 흔한 증상 중의 하나였다. 갑에게는 업무상과실치사죄를 인정하기 어렵다(대판 2006.10.26, 2004도486). ● 경찰승진

15. 정신병동에 입원중인 환자가 **완전감금병동**의 화장실 **창문을 열고 탈출**하려다가 떨어져 죽은 사고에 있어서 위 병동의 당직간호사인 피고인이 피해자에 대한 동태관찰의무 및 화장실 창문 자물쇠의 시정상태 점검의무를 게을리 한 과실이 있다고 유죄로 인정한 원심판결에 대하여 그 증거만으로는 당시 위 창문이 잠겨 있지 않았다고 단정하기 어렵다(단순히 시정장치의 시정여부를 확인하는 것을 넘어 이를 설치 관리하는 일까지 간호사의 업무로 보기는 어렵다(대판 1992.4.28, 91도1346). ● 검찰7급

16. **주택수리공사에 관하여 전문적인 지식이 없는 도급인**이 주택수리공사 전문업자에게 주택수리를 의뢰하면서 공사에 관한 모든 업무를 주택수리업자에게 일임한 경우, **도급인에게는 공사상 필요한 안전조치를 취할 업무상 주의의무는 없다**(대판 2002.4.12, 2000도329). ● 법행

2. 결과발생

과실범은 결과범이므로 구성요건적 결과가 발생하여야 한다.

3. 인과관계·객관적 귀속

(1) 의사가 설명의무를 위반한 채 의료행위를 하여 피해자에게 상해가 발생하였다고 하더라도, 업무상 과실로 인한 형사책임을 지기 위해서는 피해자의 상해와 의사의 설명의무 위반 내지 승낙취득 과정의 잘못 사이에 상당인과관계가 존재하여야 하고, 이는 한의사의 경우에도 마찬가지이다(대판 2011.4.14, 2010도10104). ● 검찰9급

(2) 고령의 간경변증 환자인 피해자에게 화상 치료를 위한 가피절제술과 피부이식수술을 실시하기 전에 출혈과 혈액량 감소로 신부전이 발생하여 생명이 위험할 수 있다는 점에 대해 피해자와 피해자의 보호자에게 설명을 하지 아니한 채 수술을 실시한 과실로 인하여 환자가 사망한 경우, 의사에게 업무상 과실로 인한 형사책임을 지우기 위해서는 의사의 설명의무 위반과 환자의 사망 사이에 상당인과관계가 존재하여야 한다(대판 2015.6.24, 2014도11315). ● 경찰

Ⅲ 객관적 주의의무의 제한원리

1. 허용된 위험이론

현대사회는 고도의 위험사회로서 자동차, 전기, 가스 등의 생활영역에서 필요한 주의의무를 다하더라도 항상 일정한 위험을 내포하고 있지만, 그 사회적 유용성으로 말미암아 이들 행위와 전형적으로 결부되어 있는 위험은 사회적 상당성이 있는 것으로서 법질서가 허용된 것으로 본다.

2. 신뢰의 원칙

스스로 교통규칙을 준수한 운전자는 다른 교통관여자들도 교통규칙을 준수할 것이라고 신뢰하면 충분하고 다른 교통관여자들이 규칙위반적으로 행동하리라는 것을 예견하여 이에 대한 대비를 할 의무는 없다는 원칙을 말한다.

(1) 교통사고와 신뢰의 원칙

① 자동차 대 자동차의 사고

> **관련판례**
>
> ① <u>중앙선이 표시되어 있지 아니한 비포장도로</u>라고 하더라도 승용차가 넉넉히 서로 마주 보고 진행할 수 있는 정도의 너비가 되는 도로를 정상적으로 진행하고 있는 자동차의 운전자로서는, 특별한 사정이 없는 한 마주 오는 차도 교통법규를 지켜 도로의 중앙으로부터 우측부분을 통행할 것으로 신뢰하는 것이 보통이므로, <u>마주 오는 차가 도로의 중앙이나 좌측부분으로 진행하여 올 것까지 예상하여 특별한 조치를 강구하여야 할 업무상 주의의무는 없는 것이 원칙이다</u>(대판 1992.7.28, 92도1137). ● 사시
>
> ② <u>교차로에 먼저 진입한 운전자</u>로서는 이와 교차하는 좁은 도로를 통행하는 피해자가 교통법규에 따라 적절한 행동을 취하리라고 신뢰하고 운전한다고 할 것이므로 <u>특별한 사정이 없는 한 피해자가 자신의 진행속도보다 빠른 속도로 무모하게 교차로에 진입하여 자신이 운전하는 차량과 충격할지 모른다는 것까지 예상하고 대비하여 운전하여야 할 주의의무는 없다</u>(대판 1992.8.18, 92도934). ● 사시
>
> ③ <u>차높이 제한표지가 설치되어 있는 지점을 통과하는 운전자들</u>은 그 표지판이 차량의 통행에 장애가 없을 정도의 여유고를 계산하여 설치된 것이라고 믿고 운행하면 되는 것이고, <u>구조물의 실제 높이와 제한표지상의 높이와의 차이가 전혀 없어졌을 가능성을 예견하여 차량을 일시 정차시키고 그 충돌 위험성이 있는지 여부까지 확인한 후 운행하여야 할 주의의무가 있다고 보기 어렵다</u>(대판 1997.1.24, 95도2125). ● 경찰승진
>
> ④ <u>편도 5차선</u> 도로의 1차로를 신호에 따라 진행하던 자동차 운전자에게 도로의 오른쪽에 연결된 소방도로에서 오토바이가 나와 맞은편 쪽으로 가기 위해서 편도 5차선 도로를 대각선 방향으로 가로 질러 진행하는 경우까지 예상하여 진행할 주의의무는 없다(대판 2007.4.26, 2006도9216). ● 사시

② 자동차 대 자전거의 사고

관련판례

① 자전거 출입이 금지된 **자동차 전용도로**를 진행하는 자동차의 운전수로서는 거기에 **자전거**를 탄 피해자가 갑자기 차도상에 나타나리라고는 예견할 수 없다(대판 1980.8.12, 80도1446). ● 사시
② 운전자에게 야간에 무등화인 자전거를 타고 차도를 무단횡단하는 경우까지를 예상하여 제한속력을 감속하고 잘 보이지 않는 반대차선상의 동태까지 살피면서 서행운행할 주의의무가 있다고 할 수 없다(대판 1984.9.25, 84도1695). ● 경찰승진

③ 자동차 대 보행자의 사고

관련판례

① 고속도로를 운행하는 자동차의 운전자로서는 일반적인 경우에 고속도로를 횡단하는 보행자가 있을 것까지 예견하여 보행자와의 충돌사고를 예방하기 위하여 급정차 등의 조치를 취할 수 있도록 대비하면서 운전할 주의의무가 없고, 다만 고속도로를 무단횡단하는 보행자를 충격하여 사고를 발생시킨 경우라도 운전자가 상당한 거리에서 보행자의 무단횡단을 미리 예상할 수 있는 사정이 있었고, 그에 따라 즉시 감속하거나 급제동하는 등의 조치를 취하였다면 보행자와의 충돌을 피할 수 있었다는 등의 특별한 사정이 인정되는 경우에만 자동차 운전자의 과실이 인정될 수 있다(대판 2000.9.5, 2000도2671). ● 입시

비교판례

㉠ 고속도로상을 운행하는 자동차운전자는 통상의 경우 보행인이 그 도로의 중앙방면으로 갑자기 뛰어드는 일이 없으리라는 신뢰하에서 운행하는 것이지만 위 도로를 횡단하려는 피해자를 **그 차의 제동거리 밖에서 발견하였다면** 피해자가 반대 차선의 교행차량 때문에 도로를 완전히 횡단하지 못하고 그 진행차선쪽에서 멈추거나 다시 되돌아 나가는 경우를 예견해야 하는 것이다(대판 1981.3.24. 80도3305). ● 사시

㉡ 고속버스추월사건 : **야간에 고속도로의 1차로를 운행하다 앞서가는 고속버스를 추월하기 위해 2차로로 진로를 변경하여 시속 약 120km의 속도로 진행하다 때마침 진행방향 우측에서 좌측으로 고속도로를 무단횡단하던 피해자를 들이받아 사망케 한 경우**, 운전자가 상당한 거리에서 보행자의 무단횡단을 미리 예상할 수 있는 사정이 있었고, 그에 따라 즉시 감속하거나 급제동하는 등의 조치를 취하였다면 보행자와의 충돌을 피할 수 있었다는 등의 특별한 사정이 인정되는 경우에만 자동차 운전자의 과실이 인정될 수 있다(대판 2000.9.5, 2000도2671). ● 사시

② 고속도로 휴게소 사건 : 고속국도에서는 보행으로 통행, 횡단하거나 출입하는 것이 금지되어 있으므로 고속국도를 주행하는 차량의 운전자는 **도로양측에 휴게소**가 있는 경우에도 동 도로상에 보행자가 있음을 예상하여 감속등 조치를 할 주의의무가 있다 할 수 없다(대판 1977.6.28, 77도403). ● 사시, 경찰
③ 자동차 전용도로 사건 : **자동차전용도로**를 운행하는 자동차의 운전자로서는 특별한 사정이 없는 한 **무단횡단하는 보행자**가 나타날 경우를 미리 예상하여 감속서행 할 주의의무는 없다(대판 1989.2. 28, 88도1689). ● 사시

> **비교판례**
> 자동차전용도로를 운행중인 자동차운전사들에게 반대차선에서 진행차량 사이를 뚫고 횡단하는 보행자들이 있을 것까지 예상하여 전방주시를 할 의무가 있다고 보기는 어려운 것이므로, 피해자들이 반대차선을 횡단해온 거리가 14.9미터가 된다는 것만으로 피고인의 과실을 인정할 수는 없다(대판 1990.1.23, 89도1395). ● 사시

④ 육교 및 무단횡단 사건 : 각종 차량의 내왕이 번잡하고 보행자의 횡단이 금지되어 있는 육교밑 차도를 주행하는 자동차운전자가 전방 보도위에 서 있는 피해자를 발견했다 하더라도 육교를 눈앞에 둔 동인이 특히 **차도로 뛰어들 거동이나 기색을 보이지 않는 한** 일반적으로 동인이 차도로 뛰어들어 오리라고 예견하기 어려운 것이므로 이러한 경우 운전자로서는 일반보행자들이 교통관계법규를 지켜 차도를 횡단하지 아니하고 육교를 이용하여 횡단할 것을 신뢰하여 운행하면 족하다 할 것이고 불의에 뛰어드는 보행자를 예상하여 이를 사전에 방지해야 할 조치를 취할 업무상 주의의무는 없다(대판 1985.9.10, 84도1572). ● 사시

⑤ 횡단보도의 보행자신호가 적색인 경우의 무단횡단 사고 : 차량의 운전자로서는 **횡단보도의 신호가 적색인 상태**에서 반대차선 상에 정지하여 있는 차량의 뒤로 보행자가 건너오지 않을 것이라고 신뢰하는 것이 당연하고 그렇지 아니할 사태까지 예상하여 그에 대한 주의의무를 다하여야 한다고는 할 수 없다(대판 1993.2.23, 92도2077). ● 사시

⑥ 모든 차의 운전자는 횡단보도 표시구역을 통과하면서 보행자가 횡단보도 노면표시가 없는 곳에서 갑자기 건너오지 않을 것이라고 신뢰하는 것이 당연하고 그렇지 아니할 이례적인 사태의 발생까지 예상하여 그에 대한 주의의무를 다하여야 한다고는 할 수 없다. **다만** 이러한 신뢰의 원칙은 상대방 교통관여자가 도로교통 관련 제반 법규를 지켜 자동차의 운행 또는 보행에 임하리라고 신뢰할 수 없는 특별한 사정이 있는 경우에는 적용이 배제된다(대판 2022.6.16, 2022도1401).

(2) 분업적 진료행위와 의료과실의 책임범위

① 어떠한 의료행위가 **의사들 사이의 분업적인 진료행위를 통하여 이루어지는 경우**에도 그 의료행위 관련 임상의학 분야의 현실과 수준을 포함하여 구체적인 진료환경 및 조건, 해당 의료행위의 특수성 등을 고려한 규범적인 기준에 따라 해당 의료행위에 필요한 주의의무의 준수 내지 위반이 있었는지 여부가 판단되어야 함은 마찬가지이다. 따라서 **의사가 환자에 대하여 주된 의사의 지위에서 진료하는 경우라도**, 자신은 환자의 수술이나 시술에 전념하고 마취과 의사로 하여금 마취와 환자 감시 등을 담당토록 하거나, 특정 의료영역에 관한 진료 도중 환자에게 나타난 문제점이 자신이 맡은 의료영역 내지 전공과목에 관한 것이 아니라 그에 선행하거나 병행하여 이루어진 다른 의사의 의료영역 내지 전공과목에 속하는 등의 사유로 **다른 의사에게 그 관련된 협의진료를 의뢰한 경우처럼 서로 대등한 지위에서 각자의 의료영역을 나누어 환자 진료의 일부를 분담**하였다면, 진료를 분담받은 다른 의사의 전적인 과실로 환자에게 발생한 결과에 대하여는 책임을 인정할 수 없다(대판 2022.12.1, 2022도1499). ● 경찰

② **수련병원의 전문의와 전공의 등의 관계**처럼 의료기관 내의 직책상 주된 의사의 지위에서 지휘·감독 관계에 있는 다른 의사에게 특정 의료행위를 위임하는 **수직적 분업의 경우**에는, 그 다른 의사에게 전적으로 위임된 것이 아닌 이상 <u>주된 의사는 자신이 주로 담당하는 환자에 대하여 다른 의사가 하는 의료행위의 내용이 적절한 것인지 여부를 확인하고 감독하여야 할 업무상 주의의무가 있고, 만약 의사가 이와 같은 업무상 주의의무를 소홀히 하여 환자에게 위해가 발생하였다면 주된 의사는 그에 대한 과실 책임을 면할 수 없다.</u> 이때 그 의료행위가 **지휘·감독 관계에 있는 다른 의사에게 전적으로 위임된 것으로 볼 수 있는지 여부**는 위임받은 의사의 자격 내지 자질과 평소 수행한 업무, 위임의 경위 및 당시 상황, 그 의료행위가 전문적인 의료영역 및 해당 의료기관의 의료 시스템 내에서 위임하에 이루어질 수 있는 성격의 것이고 실제로도 그와 같이 이루어져 왔는지 여부 등 여러 사정에 비추어 해당 의료행위가 위임을 통해 분담 가능한 내용의 것이고 실제로도 그에 관한 위임이 있었다면, 그 위임 당시 구체적인 상황하에서 <u>**위임의 합리성을 인정하기 어려운 사정이 존재하고 이를 인식하였거나 인식할 수 있었다고 볼 만한 다른 사정에 대한 증명이 없는 한**</u>, 위임한 의사는 위임받은 의사의 과실로 환자에게 발생한 결과에 대한 책임이 있다고 할 수 없다(대판 2022. 12. 1. 2022도1499). ● 경찰

③ 의료행위에 앞서 환자에게 그로 인하여 발생할 수 있는 위험성 등을 구체적으로 설명하여야 하는 주체는 원칙적으로 주된 지위에서 진료하는 의사라 할 것이나 특별한 사정이 없는 한 다른 의사를 통한 설명으로도 충분하다. 따라서 이러한 경우 다른 의사에게 의료행위와 함께 그로 인하여 발생할 수 있는 위험성에 대한 설명까지 위임한 주된 지위의 의사의 주의의무 위반에 따른 책임을 인정하려면, 그 위임사실에도 불구하고 위임하는 의사와 위임받는 의사의 관계 및 지위, 위임하는 의료행위의 성격과 그 당시의 환자 상태 및 그에 대한 각자의 인식 내용, 위임받은 의사가 그 의료행위 수행에 필요한 경험과 능력을 보유하였는지 여부 등에 비추어 <u>위임의 합리성을 인정하기 어려운 경우에 해당하여야 한다</u>(대판 2022. 12. 1. 2022도1499).

(3) 신뢰의 원칙의 확대
① 수직적 분업의 경우

> **관련판례**
>
> ① 혈액봉지 교체사건 : 의사는 간호사로 하여금 의료행위에 관여하게 하는 경우에도 그 의료행위는 의사의 책임하에 이루어지는 것이고 간호사는 그 보조자에 불과하므로 <u>인턴의 수가 부족하여 수혈의 경우 두 번째 이후의 혈액봉지는 인턴 대신 간호사가 교체하는 관행이 있었다고 하더라도, 위와 같이 혈액봉지가 바뀔 위험이 있는 상황에서 피고인이 그에 대한 아무런 조치도 취함이 없이 간호사에게 혈액봉지의 교체를 일임한 것이 관행에 따른 것이라는 이유만으로 정당화될 수는 없다</u>(대판 1998.2.27, 97도2812). ● 사시
>
> ② 간호조무사 마취주사 주입사건 : 산부인과 의사인 피고인이 피해자에 대한 임신중절수술을 시행하기 위하여 마취주사를 시주함에 있어 피고인이 직접 주사하지 아니하고, 만연히 <u>간호조무사로 하여금 직접방법에 의하여 에폰톨 500밀리그램이 함유된 마취주사를 피해자의 우측 팔에 놓게 하여 피해자에게 상해를 입혔다면</u> 이에는 의사로서의 주의의무를 다하지 아니한 과실이 있다고 할 것이다(대판 1990.5.22, 90도579). ● 경찰승진

> **참조판례**
>
> ㉠ 간호사가 '진료의 보조'를 함에 있어서는 모든 행위 하나하나마다 항상 의사가 현장에 입회하여 일일이 지도·감독하여야 한다고 할 수는 없고, 경우에 따라서는 의사가 진료의 보조행위 현장에 입회할 필요 없이 일반적인 지도·감독을 하는 것으로 족한 경우도 있을 수 있다 할 것이다. 따라서 <u>간호사가 의사의 처방에 의한 정맥주사(Side Injection 방식)를 의사의 입회 없이 간호실습생(간호학과 대학생)에게 실시하도록 하여 발생한 의료사고에 대한 의사의 과실이 부정</u>된다(대판 2003.8.19, 2001도3667). ● 사시
>
> ㉡ 보고받지 못한 의사사건 : <u>야간 당직간호사가 담당 환자의 심근경색 증상을 당직의사에게 제대로 보고하지 않음으로써 당직의사가 필요한 조치를 취하지 못한 채 환자가 사망한 경우,</u> 병원의 야간당직 운영체계상 당직간호사에게 환자의 사망을 예견하거나 회피하지 못한 업무상 과실이 있고, <u>당직의사에게는 업무상 과실을 인정하기 어렵다</u>(대판 2007.9.20, 2006도294). ● 경찰승진
>
> ㉢ 인수받지 못한 환자 사건 : 피해자를 감시하도록 업무를 <u>인계받지 않은 간호사</u>가 자기 환자의 회복처치에 전념하고 있었다면 회복실에 다른 간호사가 남아있지 않은 경우에도 다른 환자의 이상증세가 인식될 수 있는 상황에서라야 이에 대한 조치를 할 의무가 있다고 보일 뿐 회복실 내의 모든 환자에 대하여 적극적, 계속적으로 주시, 점검을 할 의무가 있다고 할 수 없다(대판 1994.4.26, 92도3283). ● 사시, 법행, 경찰

② 수평적 분업의 경우

> **관련판례**
>
> ① **내과의사가 신경과 전문의에 대한 협의진료** 결과 피해자의 증세와 관련하여 신경과 영역에서 이상이 없다는 회신을 받았고, 그 회신 전후의 진료 경과에 비추어 그 회신 내용에 의문을 품을 만한 사정이 있다고 보이지 않자 그 회신을 신뢰하여 뇌혈관계통 질환의 가능성을 염두에 두지 않고 내과 영역의 진료 행위를 계속하다가 피해자의 증세가 호전되기에 이르자 퇴원하도록 조치한 경우, 피해자의 지주막하출혈을 발견하지 못한 데 대하여 <u>내과의사의 업무상과실을 부정된다</u> (대판 2003. 1.10, 2001도3292). ● 사시
>
> **비교판례**
>
> [의사 상호간의 수직적 관계]
> 피고인 갑은 피해자의 주치의 겸 이 사건 병원 정형외과의 **전공의**로서 같은 과의 **수련의**인 을이 피고인 갑의 담당 환자인 피해자에 대하여 한 처방이 적절한 것인지의 여부를 확인하고 감독하여야 할 업무상 주의의무가 있다(대판 2007.2.22, 2005도9229). ● 경간부
>
> ② 약사는 의약품을 판매하거나 조제함에 있어서 그 의약품이 그 표시 포장상에 있어서 약사법 소정의 검인 합격품이고 또한 부패 변질 변색되지 아니하고 유효기간이 경과되지 아니함을 확인하고 조제판매한 경우에는 특별한 사정이 없는 한 관능시험 및 기기시험까지 할 주의의무가 없으므로 그 약의 표시를 신뢰하고 이를 사용한 경우에는 과실이 없다고 볼 수 있다(대판 1976.2.10, 74도2046). ☞ 신뢰의 원칙이 의사와 약사 사이는 물론이고 약사와 제약회사 사이에서도 적용될 수 있다는 것을 보여주는 판례이다. ● 변호사

(4) 신뢰의 원칙의 제한

> **관련판례**
>
> ① 상대방의 규칙위반을 이미 인식한 경우 : <u>반대방향에서 오는 차량이 이미 중앙선을 침범하여 비정상적인 운행을 하고 있음을 목격한 경우</u>에는 자기의 진행전방에 돌입할 가능성을 예견하여 그 차량의 동태를 주의깊게 살피면서 속도를 줄여 피행하는 등 적절한 조치를 취함으로써 사고발생을 미연에 방지할 업무상 주의의무가 있다(대판 1992.7.28, 92도1137). ● 사시
> ② 상대방의 규칙준수를 기대할 수 없는 경우 : 버스운전자가 40m 전방 우측로변에 어린아이가 같은 방향으로 걸어가고 있음을 목격한 경우에 자동차운전수로서는 그 아이가 진행하는 버스 앞으로 느닷없이 튀어나오는 수가 있음을 예견하고 이로 인한 사고를 방지하기 위하여 속력을 줄이고 그 동태를 주시하는 등 만반의 사고에 대비할 주의의무가 있다(대판 1970.8.18, 70도1336). ● 사시
> ③ 스스로 규칙위반을 한 경우 : 접속도로에서 진행하여 오던 차량이 아예 허용되지 아니하는 좌회전을 감행하여 직진하는 자기 차량의 앞을 가로질러 진행하여 올 경우까지 예상하여 그에 따른 사고발생을 미리 방지하기 위하여 특별한 조치까지 강구할 주의의무는 없다 할 것이고, 또한 운전자가 제한속도를 지키며 진행하였더라면 피해자가 좌회전하여 진입하는 것을 발견한 후에 충돌을 피할 수 있었다는 등의 사정이 없는 한 운전자가 제한속도를 초과하여 과속으로 진행한 잘못이 있다 하더라도 그러한 잘못과 교통사고의 발생 사이에 상당인과관계가 있다고 볼 수는 없다(대판 1988.9. 22, 98도1854). ● 경간부

Ⅳ 관련문제

1. 과실범의 미수

현행형법은 과실범의 미수를 처벌하는 규정을 두고 있지 않으므로, 과실범에 있어서 미수와 기수의 구별은 논의의 실익이 없다. ● 경찰

2. 과실범의 공범

판례는 과실범의 공동정범을 인정한다. 과실범에 대한 교사·방조는 간접정범의 문제이다. 과실에 의한 교사 및 방조는 성립될 여지가 없다.

3. 과실범의 부작위범

부작위만으로 과실범이 성립할 수 있는데 이를 과실에 의한 부작위범이라 한다. 달리 망각범이라고도 한다.

제8절 결과적 가중범

> 제15조 (사실의 착오) ② 결과 때문에 형이 무거워지는 죄의 경우에 그 결과의 발생을 **예견할 수 없었을 때**에는 **무거운 죄로** 벌하지 아니한다. ● 검찰7급, 사시

Ⅰ 서 설

① 결과적 가중범이란 고의에 기한 기본범죄에 의하여 행위자가 예견하지 못한 중한 결과가 발생한 때에 그 형이 가중되는 범죄를 말한다.
② 결과적 가중범을 일반 과실범보다 무겁게 처벌하는 이유는 순수한 과실범보다 **행위불법**이 **무겁다**고 평가되기 때문이다. ● 경찰승진, 사시

Ⅱ 결과적 가중범의 종류

1. 진정결과적 가중범

고의의 기본범죄에 의하여 과실로 중한 결과를 발생시킨 경우를 말한다.

2. 부진정결과적 가중범

(1) 의 의
고의의 기본범죄에 의하여 발생한 중한 결과에 대하여 '과실'뿐만 아니라 '고의'에 의해서도 성립하는 결과적 가중범을 말한다.

(2) 인정이유
고의로 중한 결과를 발생시킨 경우가 과실로 중한 결과를 발생시킨 경우보다 더 가벼운 처벌을 받게 되는 **처벌의 불균형이 발생**하므로 이를 시정하기 위하여 인정하자는 것이 통설·판례이다. ● 검찰7급, 사시

> **판례 정리**
>
> 1. **특수공무집행방해치상죄**는 원래 결과적가중범이기는 하지만, 이는 중한 결과에 대하여 예견가능성이 있었음에 불구하고 예견하지 못한 경우에 벌하는 진정결과적가중범이 아니라 그 결과에 대한 예견가능성이 있었음에도 불구하고 예견하지 못한 경우뿐만 아니라 고의가 있는 경우까지도 포함하는 **부진정결과적가중범**이다(대판 1995.1.20, 94도2842). ● 경찰승진
> 2. 현행법 제164조 후단이 규정하는 **현주건조물 방화치사상죄**는 과실이 있는 경우뿐만 아니라 고의가 있는 경우도 포함된다(대판 1996.4.12, 96도215). ● 사시, 경찰

(3) 부진정 결과적 가중범의 죄수

① 특수공무집행방해치상죄

> **사실관계** 갑은 술을 마신 상태에서 승용차를 운전하던 중 음주단속을 피하기 위하여 위험한 물건인 승용차로 단속 경찰관을 들이받아 위 경찰관의 공무집행을 방해하고 위 경찰관에게 상해를 입게 하였다.
>
> **판결요지** 기본범죄를 통하여 고의로 중한 결과를 발생하게 한 경우에 가중 처벌하는 부진정결과적가중범에서, <u>고의로 중한 결과를 발생하게 한 행위가 별도의 구성요건에 해당하고 그 고의범에 대하여 결과적가중범에 정한 형보다 더 무겁게 처벌하는 규정이 있는 경우</u>에는 그 고의범과 결과적가중범이 **상상적 경합관계**에 있지만, 위와 같이 <u>고의범에 대하여 더 무겁게 처벌하는 규정이 없는 경우</u>에는 <u>결과적가중범이 고의범에 대하여 **특별관계**에 있으므로 **결과적가중범만 성립**</u>하고 이와 법조경합의 관계에 있는 고의범에 대하여는 별도로 죄를 구성하지 않는다(대판 2008.11.27, 2008도7311). ● 사시, 법행, 경찰

② 은봉암 사건

사실관계 군인 갑은 사찰의 주지인 을때문에 그의 가족이 거주하여 오던 암자에서 쫓겨난데 대하여 원한을 품고 을을 살해하기로 결의하고, 1982.3.31 소속대로부터 외박허가를 얻고 외출하여 동년 4.1. 00 : 30 경 안면에 마스크를 하고 위 피해자 을의 집에 침입하여 그 집 부엌의 석유곤로 석유를 프라스틱 바가지에 따라 마루에 놓아두고 큰 방에 들어가자 피해자 을은 없고 동인의 처 병과 딸 A(19세), B(11세), C(8세) 등이 깨어 딸 A가 피고인을 알아보자 마당에 있던 절구방망이를 가져와 병과 A의 머리를 각 2회씩 강타하여 실신시킨 후 이불로 뒤집어 씌우고 위 바가지의 석유를 뿌리고 성냥불을 켜 대어 집을 전소케 하고 불이 붙은 동가에서 빠져 나오려는 B, C가 탈출하지 못하도록 방문앞에 버티어 서서 지킨 결과 병과 A, B, C는 소사하였다.

판결요지 ① <u>병과 A에 대한 죄책</u> : 형법 제164조 후단이 규정하는 <u>현주건조물 방화치사상죄는</u> 그 전단에 규정하는 죄에 대한 일종의 가중처벌규정으로서 불을 놓아 사람의 주거에 사용하거나 사람이 현존하는 건조물을 소훼함으로 인하여 사람을 사상에 이르게 한 때에 성립되며 동 조항이 사형, 무기 또는 7년 이상의 징역의 무거운 법정형을 정하고 있는 취의에 비추어 보면 <u>과실이 있는 경우뿐만 아니라 고의가 있는 경우도 포함된다고 볼 것이므로, 현주건조물내에 있는 사람을 강타하여 실신케 한 후 동건조물에 방화하여 소사케 한 피고인을 현주건조물에의 방화죄와 살인죄의 상상적 경합으로 의율할 것은 아니다.</u> ☞ 현주건조물방화치사죄가 성립
② <u>B와 C에 대한 죄책</u> : 형법 제164조 전단의 현주건조물에의 방화죄는 공중의 생명, 신체, 재산 등에 대한 위험을 예방하기 위하여 공공의 안전을 그 제1차적인 보호법익으로 하고 제2차적으로는 개인의 재산권을 보호하는 것이라고 할 것이나, 여기서 공공에 대한 위험은 구체적으로 그 결과가 발생됨을 요하지 아니하는 것이고 이미 <u>현주건조물에의 점화가 독립연소의 정도에 이르면 동 죄는 기수</u>에 이르러 완료되는 것인 한편, 살인죄는 일신전속적인 개인적 법익을 보호하는 범죄이므로, 이 사건에서와 같이 **불을 놓은 집에서 빠져 나오려는 피해자들을 막아 소사케 한 행위**는 1개의 행위가 수개의 죄명에 해당하는 경우라고 볼 수 없고, 위 방화행위와 살인행위는 법률상 별개의 범의에 의하여 별개의 법익을 해하는 별개의 행위라고 할 것이니, **현주건조물방화죄와 살인죄는 실체적 경합관계**에 있다(대판 1983.1.18, 82도2341). ● 사시, 법행, 경찰

③ 보통살인죄와 현주건조물방화치사죄 : 사람을 살해할 목적으로 현주건조물에 방화하여 사망에 이르게 한 경우에는 <u>현주건조물방화치사죄로 의율하여야 하고 이와 더불어 살인죄와의 상상적 경합범으로 의율할 것은 아니다</u>(대판 1996.4.26, 96도485). ● 사시

④ 존속살해죄와 현주건조물방화치사죄 : 존속살인죄와 현주건조물방화치사죄는 상상적경합범 관계에 있으므로, 법정형이 중한 존속살인죄로 의율함이 타당하다(대판 1996.4.26, 96도485). ● 사시

⑤ 강도살인죄와 현주건조물방화치사죄 : 피고인들이 피해자들의 재물을 강취한 후 그들을 살해할 목적으로 현주건조물에 방화하여 사망에 이르게 한 경우, 피고인들의 행위는 강도살인죄와 현주건조물방화치사죄에 모두 해당하고 그 두 죄는 상상적 경합범관계에 있다(대판 1998.12.8, 98도3416). ● 법무사, 법원, 법행, 경찰승진

Ⅲ 결과적 가중범의 성립요건

1. 고의의 기본범죄

강간이 미수에 그친 경우라도 그 수단이 된 폭행에 의하여 피해자가 상해를 입었으면 강간치상죄가 성립하는 것이며, 미수에 그친 것이 피고인이 자의로 실행에 착수한 행위를 중지한 경우이든 실행에 착수하여 행위를 종료하지 못한 경우이든 가리지 않는다(대판 1988.11.8, 88도1628). ● 사시, 경찰

2. 중한 결과의 발생

중한 결과는 기본범죄에 내포된 전형적인 위험의 실현으로서 사망·상해와 같이 법익침해가 대부분이지만, 생명에 대한 위험발생과 같이 구체적 위험에 해당하는 경우도 있다.

3. 인과관계와 객관적 귀속

결과적 가중범도 중한 결과의 발생을 필요로 하는 결과범이므로 기본범죄와 중한 결과 사이에 인과관계와 객관적 귀속을 검토한다.

4. 중한 결과에 대한 예견가능성

(1) 예견가능성의 의미

형법 제15조 제2항이 규정하고 있는 이른바 결과적 가중범은 행위자가 행위시에 그 결과의 발생을 예견할 수 없을 때에는 비록 그 행위와 결과 사이에 인과관계가 있다 하더라도 중한 죄로 벌할 수 없다(대판 1988.4.12, 88도178). ● 법무사, 경찰

(2) 예견가능성의 존재시점 - 기본범죄의 실행행위시

> **판례 정리** … 결과적 가중범을 부정한 경우

1. 십자형 스빙기 사건 : 공장에서 동료 사이에 말다툼을 하던 중 피고인이 **삿대질**을 하는 것을 피해자가 피하려다가 회전중이던 십자형 스빙기계 철받침대에 걸려 넘어져 머리를 바닥에 부딪혀 두개골골절로 사망한 경우(대판 1990.9.25, 90도1596) ☞ 폭행치사 X ● 사시
2. 황당한 사건 : **여관에 투숙하여 별다른 저항이나 마찰 없이 성행위를 한 후**, 피고인이 잠시 방밖으로 나간 사이에 피해자가 방문을 안에서 잠그고 구내전화를 통하여 여관종업원에게 구조요청까지 한 후 피고인의 방문 흔드는 소리에 겁을 먹고 강간을 모면하기 위하여 3층에서 창문을 넘어 탈출하다가 상해를 입은 경우(대판 1985.10.8, 85도1537) ☞ 강간치상 X ● 사시

> **관련판례**
> ① 화투치자 사건 : 함께 놀다가 큰 저항 없이 여관방에 함께 들어갔으며, 피고인이 강간을 시도하다가 **소변**을 보기 위하여 화장실에 가 있는 상황 아래에서 피해자가 강간을 모면하기 위하여 4층에서 창문을 넘어 뛰어내리다가 상해를 입은 경우(대판 1993.4.27, 92도3229) ☞ 강간치상죄 X ● 사시
> ② 술집 작부사건 : 피고인과 친구 5명은 술집에서 술집작부 5명과 어울려 술을 마시고 각자의 상대방과 성교까지 하였는데 술값이 부족하여 친구집에 돈을 빌리려고 **봉고차**를 타고 갈 때 술집 작부인 피해자도 동승하게 되었는데 피고인이 피해자를 강제로 추행하자 그녀가 욕설을 하면서 갑자기 차의 문을 열고 뛰어 내림으로써 부상을 입고 사망한 경우(대판 1988.4.12, 88도178) ☞ 강제추행치사죄 X ● 경찰승진

3. 특수체질 사건 : 서로 시비하다가 **외관상 건강하여 전혀 병약한 흔적이 없는 자**인데 사실은 관상동맥경화 및 협착증세를 가진 특수체질자인 피해자를 떠밀어 땅에 엉덩방아를 찧고 주저앉게 하였는데 심장마비를 일으켜 사망한 경우(대판 1985.4.3, 85도303) ● 법행
4. 강간피해자 음독자살 사건 : **강간을 당한 피해자가 집에 돌아가 음독자살**하기에 이르른 원인이 강간을 당함으로 인하여 생긴 수치심과 장래에 대한 절망감 등에 있었다 하더라도 그 자살행위가 바로 강간행위로 인하여 생긴 당연의 결과라고 볼 수는 없으므로 강간행위와 피해자의 자살행위 사이에 인과관계를 인정할 수는 없다(대판 1982.11.23, 82도1446). ● 사시
5. 타인의 주거지에 방화하였는데 위 주거지에 거주하는 자가 **적극적으로 진화**작업에 열중한 나머지 안면부 등에 화상을 입은 경우 예견가능성이 부정되므로 현주건조물방화죄만 인정되고 현주건조물방화치상죄는 인정되지 않는다(대판 1966.6.28, 66도1). ● 경찰승진
6. 속칭 '**생일빵**'을 한다는 명목 하에 피해자를 가격하여 사망에 이르게 한 경우, 폭행과 사망 간에 인과관계는 인정되지만 폭행 당시 피해자의 사망을 예견할 수 없기 때문에 폭행치사죄는 성립하지 않는다(대판 2010.5.27, 2010도2680). ● 해경

> **판례 정리** … 결과적 가중범을 인정한 경우

1. 택시요금사건 : 강도치상죄에 있어서의 상해는 강도의 기회에 범인의 행위로 인하여 발생한 것이면 족한 것이므로, 피고인이 택시를 타고 가다가 요금지급을 면할 목적으로 소지한 과도로 운전수를 협박하자 이에 놀란 운전수가 택시를 급우회전하면서 그 충격으로 피고인이 겨누고 있던 과도에 어깨부분이 찔려 상처를 입은 경우(대판 1985.1.15, 84도2397) ☞ 강도치상죄 ● 경간, 사시

2. 장난권투 사건 : 피할만한 여유도 없는 좁은 장소와 상급자인 피고인이 하급자인 피해자로부터 아프게 반격을 받을 정도의 상황에서 보다 신체가 건강한 피고인이 피해자에게 약 1분 이상 가슴과 배를 때려 사망케 한 경우(대판 1989.11.28, 89도201) ☞ 폭행치사죄 ● 사시, 경찰
3. 피해자의 뺨을 2회 때리고 두손으로 어깨를 잡아 땅바닥에 넘어뜨리고 머리를 시멘트 벽에 부딪히게 한 후 13일이 지나서 뇌손상(뇌좌상)으로 사망하였으나 피해자의 지병(고혈압과 선천성혈관기형인 좌측전고동맥류의 증세)이 사망결과 영향을 준 경우(대판 1983.1.18, 82도697) ☞ 폭행치사죄
4. 속셈학원강사사건 : 피고인이 자신이 경영하는 속셈학원의 강사로 피해자를 채용하고 학습교재를 설명하겠다는 구실로 유인하여 호텔 객실에 감금한 후 강간하려 하자, 피해자가 완강히 반항하던 중 피고인이 대실시간 연장을 위해 전화하는 사이에 객실 창문을 통해 탈출하려다가 지상에 추락하여 사망한 경우(대판 1995.5.12, 95도425) ☞ 강간치사 ● 사시
5. 피고인이 甲의 뺨을 1회 때리고 오른손으로 목을 쳐 甲으로 하여금 뒤로 넘어지면서 머리를 땅바닥에 부딪치게 하여 상해를 가하고 甲이 두부 손상을 입은 후 병원에서 입원치료를 받다가 합병증으로 사망한 경우(대판 2012.3.15, 2011도17648) ☞ 상해치사죄
6. 피해자의 신체 여러 부위에 심하게 폭행을 가함으로써 피해자의 심장에 악영향을 초래하여 피해자를 심근경색 등으로 사망하게 할 당시 피해자가 평소에 심장질환을 앓고 있던 경우(대판 1989.10.13, 89도556) ☞ 폭행치사죄 ● 경찰승진
7. 甲이 자신이 운영하는 주점에 손님으로 와서 3일 동안 식사는 한 끼도 하지 않은 채 계속해서 술을 마시고 만취한 A를 추운 날씨에 난방이 제대로 되지 아니한 주점 내 소파에서 잠을 자는 것을 방치하여 A가 저체온증 등으로 사망한 경우(대판 2011.11.24, 2011도12302) ☞ 유기치사죄(계약상 부조의무 인정) ● 사시
8. 甲이 고속도로 2차로를 따라 자동차를 운전하다가 1차로를 진행하던 A의 차량 앞에 급하게 끼어든 후 곧바로 정차하여 A의 차량 및 이를 뒤따르던 차량 2대는 연이어 급제동하여 정차하였으나 그 뒤를 따라오던 B의 차량이 앞의 차량들을 연쇄적으로 추돌케 하여 B를 사망에 이르게 한 경우(대판 2014.7.24, 2014도6206) ☞ 일반교통방해치사죄 ● 경찰

IV 관련문제

1. 결과적 가중범의 공범

(1) 공동정범

① 결과적 가중범인 상해치사의 공동정범은 폭행 기타의 신체침해행위를 공동으로 할 의사가 있으면 성립되고 결과를 공동으로 할 의사는 필요 없다(대판 1993.8.24, 93도1674). ● 사시, 경찰

② 결과적 가중범인 상해치사죄의 공동정범은 폭행 기타의 신체침해행위를 공동으로 할 의사가 있으면 성립되고 결과를 공동으로 할 의사는 필요없다 할 것이므로 패싸움중 한사람이 칼로 찔러 상대방을 죽게 한 경우에 다른 공범자가 그 **결과 인식이 없다** 하여 상해치사죄의 책임이 없다고 할 수 없다(대판 1978.1.17, 77도2193). ● 법행 ☞ 결과에 대한 인식이 없더라도 예견가능하면 된다.

(2) 교사범·종범

① 결과적 가중범의 교사범

> **관련판례**
> ① 교사자가 피교사자에 대하여 상해를 교사하였는데 피교사자가 이를 넘어 살인을 실행한 경우, 일반적으로 교사자는 상해죄에 대한 교사범이 되는 것이고, 다만 이 경우 <u>교사자에게 피해자의 사망이라는 결과에 대하여 과실 내지 예견가능성이 있는 때에는 상해치사죄의 교사범으로서의 죄책을 지울 수 있다</u>(대판 1988.4.12, 88도178). ● 경찰, 사시
> ② 여러 사람이 상해의 범의로 범행 중 한 사람이 중한 상해를 가하여 피해자가 사망에 이르게 된 경우, 나머지 사람들은 사망의 결과를 예견할 수 없는 때가 아닌 한 상해치사의 죄책을 면할 수 없다(대판 2000.5.12, 2000도745). ● 경찰승진

② 결과적 가중범의 교사범 성부(교사의 착오부분에서 정리)

2. 결과적 가중범의 미수

결과적 가중범에도 미수가 가능한가에 대하여 긍정설, 부정설이 대립하나 <u>형법에는 결과적 가중범에 대한 미수처벌규정이 존재한다</u>(현주건조물일수치사상죄, 인질치사상죄, (해상)강도치사상죄). ● 검찰7급, 사시

CHAPTER 04 위법성론

제1절 위법성의 일반이론

I 위법성의 판단 ● 사시, 법행

구 분	객관적 위법성론	주관적 위법성론
의 의	위법성의 판단은 객관적으로 판단하고 행위자 개인의 능력이나 사정을 고려해서는 안 된다는 입장	법규범의 명령·금지를 이해할 수 있는 자의 법위반만이 위법으로 평가된다는 입장
정당방위 인정여부	책임무능력자의 행위라도 그 행위가 객관적 법질서에 위반된다면 위법성이 인정되고 이에 대한 정당방위도 가능하게 된다.	책임무능력자의 행위는 위법하다고 할 수 없으므로 이에 대한 정당방위는 불가능하고 긴급피난만 가능하게 된다.

II 위법성의 조각

1. 객관적 정당화요소

위법성이 조각되기 위해서는 구성요건에 해당하는 행위의 결과반가치를 상쇄시키는 객관적 정당화상황이 존재해야 한다.

2. 주관적 정당화요소

정당방위·과잉방위나 긴급피난·과잉피난이 성립하기 위하여는 <u>방위의사 또는 피난의사가 있어야</u> 한다(대판 1997.4.17, 96도3376 ⇨ '12·12사건'). ● 사시

III 우연방위

정의	객관적 정당화 ○, 주관적 정당화 ×
원리	객관적 정당화=결과반가치 상쇄(부정) 주관적 정당화=행위반가치 상쇄(부정)

> **사 례** 甲은 평소에 원한이 있던 乙을 사살하였는데 甲이 총을 발사하기 직전 乙도 甲을 살해하기 위해 총을 조준하여 방아쇠를 당기려고 하였다는 것이 판명되었다.

학설	중심 내용	우연방위해결
순수한결과반가치론 (결과반가치 중심)	결과반가치가 불법의 본질이므로 결과반가치가 제거되면 적법함	적법
일원적·주관적인적불법론 (행위반가치 중심)	- 행위반가치가 불법의 본질이므로 행위반가치가 제거되면 적법 - 위법성조각에 주관적 정당화가 필요	위법
이원적·인적불법론 (행위반가치+결과반가치)	- 행위반가치와 결과반가치 모두 불법의 본질이므로 모두 제거되면 적법 - 위법성조각에 주관적 정당화가 필요	위법

제2절 정당방위

> 제21조 (정당방위) ① **현재의 부당한 침해**로부터 자기 또는 타인의 법익(法益)을 방위하기 위하여 한 행위는 **상당한 이유**가 있는 경우에는 벌하지 아니한다.
> ② 방위행위가 그 정도를 초과한 경우에는 정황(情況)에 따라 그 형을 **감경하거나 면제할 수 있다**. ●사시
> ③ 제2항의 경우에 야간이나 그 밖의 불안한 상태에서 공포를 느끼거나 경악(驚愕)하거나 흥분하거나 당황하였기 때문에 그 행위를 하였을 때에는 **벌하지 아니한다**. ●사시

I 서 설

정당방위란 자기 또는 타인의 법익에 대한 현재의 부당한 침해를 방위하기 위한 상당한 이유 있는 행위를 말한다(제21조 제1항). 정당방위는 '부정(不正) 대 정(正)'의 관계이며 '사전적 긴급행위'에 해당하고 '법은 불법에 양보할 필요가 없다'라는 사상에 기초하고 있다.

II 성립요건

1. 정당방위 상황

(1) 자기 또는 타인의 법익

① 법익의 범위("술 한잔 먹어라 사건") : 타인이 보는 자리에서 자식으로부터 인륜상 용납할 수 없는 폭언과 함께 폭행을 가하려는 피해자를 1회 구타한 행위는 피고인

의 신체에 대한 법익뿐만 아니라 **아버지로서의 신분에 대한 법익**에 대한 현재의 부당한 침해를 방위하기 위한 행위로써 정황에 비추어 볼 때 피고인으로서는 피해자에게 일격을 가하지 아니할 수 없는 상당한 이유가 있는 행위로써 정당방위에 해당한다(대판 1974.5.14, 73도2401). ● 사시

② 타인의 법익(아버지에 대한 차량공격 사건) : **차량통행문제**를 둘러싸고 피고인의 부와 다툼이 있던 피해자가 그 소유의 차량에 올라타 문안으로 운전해 들어가려 하자 피고인의 부가 양팔을 벌리고 이를 제지하였으나 위 피해자가 이에 불응하고 그대로 그 차를 피고인의 부 앞쪽으로 약 3미터 가량 전진시키자 위 차의 운전석 부근 옆에 서 있던 피고인이 부가 위 차에 다치겠으므로 이에 당황하여 위 차를 정지시키기 위하여 운전석 옆 창문을 통하여 피해자의 머리털을 잡아당겨 그의 흉부가 위 차의 창문틀에 부딪혀 약간의 상처를 입게 한 행위는 **부의 생명, 신체에 대한 현재의 부당한 침해를 방위하기 위한 행위로서 정당방위에 해당한다**(대판 1986.10.14, 86도1091). ● 경찰승진

③ 국가적 법익을 위한 정당방위(혁노맹 사건) : 서면화된 인사발령 없이 국군보안사령부 서빙고분실로 배치되어 이른바 "혁노맹"사건 수사에 협력하게 된 사정만으로 군무이탈행위에 군무기피목적이 없었다고 할 수 없고, **국군보안사령부의 민간인에 대한 정치사찰을 폭로한다는 명목으로 군무를 이탈한 행위가 정당방위나 정당행위에 해당하지 아니한다**(대판 1993.6.8, 93도766). ● 사시

(2) '현재'의 부당한 침해

① 침해 : 인간의 공격
② 침해의 현재성 : '**침해의 현재성**'이란 침해행위가 **형식적으로 기수**에 이르렀는지에 따라 결정되는 것이 아니라 자기 또는 타인의 법익에 대한 **침해상황이 종료되기 전**까지를 의미하는 것이므로, 일련의 연속되는 행위로 인해 **침해상황이 중단되지 아니하거나 일시 중단되더라도 추가 침해가 곧바로 발생할 객관적인 사유가 있는 경우**에는 그중 일부 행위가 범죄의 기수에 이르렀더라도 **전체적으로 침해상황이 종료되지 않은 것**으로 볼 수 있다(대판 2023.4.27, 2020도6874). ● 경찰, 경간부

> **관련판례**
> ① 갑은 집주인으로부터 계약기간이 지났으니 방을 비워 달라는 요구를 수회 받고서도 그때마다 행패를 부리고 억지를 쓰며 폭언을 하자 집주인의 며느리가 화가 나 피고인 방의 창문을 쇠스랑으로 부수자, 이에 격분하여 **배척(속칭 빠루)**을 들고 나와 마당에서 이 장면을 구경하다 미처 도망가지 못한 마을주민을 배척으로 때려 상해를 가한 경우 이는 피해자의 침해행위에 대하여 자기의 권리를 방위하기 위한 부득이한 행위가 아니라, 그 침해행위에서 벗어난 후 분을 풀려는 목적에서 나온 공격행위는 **정당방위에 해당한다고 할 수 없다**(대판 1996.4.9, 96도241). ● 사시, 경찰승진

> **동지판례**
> 결투를 하다가 패하여 달아나는 피해자를 추격하여 그가 소지하였던 식칼을 탈취하여 급박한 상태를 면하였음에도 불구하고 다만 그가 반항한다 하여 칼로 그를 찔러 죽인 행위는 정당방위 또는 과잉방위라 할 수 없다(대판 1959.7.24, 4291형사556 ; 대판 1984.1.24, 83도1873). ● 사시

② **절도범인으로 오인받은 자**가 야간에 군중들로부터 무차별 구타를 당하자 이를 방위하기 위하여 소지하고 있던 손톱깎기 칼을 휘둘러 상해를 입힌 행위는 정당방위에 해당한다(대판 1970.9.17, 70도1473). ● 사시

③ 갑회사가, 건축공사를 시공하던 을에 대한 채권자단 대표로부터 **공사시공권을 인수**하였다 하더라도 적법한 절차를 거쳐 공사현장을 인수받지 아니하고 실력으로 공사현장을 인수받아 공사를 시행(계속)하려 하기 위하여 을이 점유하던 공사현장에 실력을 행사하여 들어와 현수막 및 간판을 설치하고 담장에 글씨를 쓴 행위는 을의 시공 및 공사현장의 점유를 방해하는 것으로서 <u>을의 법익에 대한 현재의 부당한 침해</u>라고 할 수 있으므로 <u>을이 그 현수막을 찢고 간판 및 담장에 씌어진 글씨를 지운 것은 그 침해를 방어하기 위한 행위로서 상당한 이유가 있다</u>(대판 1989.3.14, 87도3674). ☞ 을에게는 업무방해죄가 성립하지 않는다. ● 법행

④ 국유토지가 공개입찰에 의하여 매매되고 그 인도집행이 완료되었다 하더라도 <u>그 토지의 종전 경작자인 피고인이 파종한 보리가 30센치 이상 성장하였다면 그 보리는 피고인의 소유로서 그가 수확할 권한이 있으므로 **토지매수자가 토지를 경작하기 위하여 소를 이용하여 쟁기질을 하고 성장한 보리를 갈아뭉게는 행위**는 피고인의 재산에 대한 현재의 부당한 침해</u>라 할 것이므로 이를 막기 위하여 그 경작을 못 하도록 소 앞을 가로막고 쟁기를 잡아당기는 등의 피고인의 행위는 <u>정당방위에 해당된다</u>(대판 1977.5.24, 76도3460). ● 경찰

③ 예방적 정당방위

> **사실관계** [계속적 위험과 정당방위 – 김보은양 사건]
> 갑녀의 남자친구인 을은 갑녀로부터 갑녀가 약 12살 때부터 의붓아버지인 병의 강간행위에 의하여 정조를 유린당한 후 계속적으로 이 사건 범행 무렵까지 병과의 성관계를 강요받아 왔고, 그 밖에 병으로부터 행동의 자유를 간섭받아 왔으며, 또한 그러한 침해행위가 그 후에도 반복하여 계속될 염려가 있다는 사실을 고백 받고 같이 번민하다가 병을 살해하고 강도로 위장하기로 공모한 후, 을은 범행에 사용할 식칼, 공업용 테이프, 장갑 등을 구입하여 가지고 범행장소인 충주에 내려가서 갑녀와 전화통화로 범행시간을 정하고, 약속된 시간인 01 : 30경 갑녀가 열어준 문을 통하여 병의 집안으로 들어간 다음, 이어서 병이 술에 취하여 잠들어 있는 방에 몰래 들어가 병의 머리맡에서 식칼을 한손에 들어 병을 겨누고 양 무릎으로 병의 양팔을 눌러 꼼짝 못하게 한 후 병을 깨워 병이 제대로 반항할 수 없는 상태에서 갑녀를 더 이상 괴롭히지 말고 놓아 주라는 취지의 몇 마디 이야기를 하다가 들고 있던 식칼로 병의 심장을 1회 찔러 그 자리에서 살해하고, 강도 살인을 당한 것처럼 위장하기 위하여 죽은 병의 양 발목을 공업용 테이프로 묶은 다음 현금을 찾아 태워 없애고 장농, 서랍 등을 뒤져 범행현장에 흩어 놓고 나서, 갑은 강도에게 당한 것처럼 갑녀의 브레지어 끈을 칼로 끊고 양 손목과 발목을 공업용 테이프로 묶은 다음 달아나고, 갑녀는 양 손목과 발목이 공업용 테이프로 묶인 채 옆집에 가서 강도를 당하였다고 허위로 신고하였다.

판결요지

가. 정당방위가 성립하려면 침해행위에 의하여 침해되는 법익의 종류, 정도, 침해의 방법, 침해행위의 완급과 방위행위에 의하여 침해될 법익의 종류, 정도 등 일체의 구체적 사정들을 참작하여 방위행위가 사회적으로 상당한 것이어야 하고, 정당방위의 성립요건으로서의 방어행위에는 **순수한 수비적 방어뿐 아니라 적극적 반격을 포함**하는 반격방어의 형태도 포함되나, 그 방어행위는 자기 또는 타인의 법익침해를 방위하기 위한 행위로서 상당한 이유가 있어야 한다.

나. 피고인 김보은이 약 12살 때부터 의붓아버지인 피해자의 강간행위에 의하여 정조를 유린당한 후 계속적으로 이 사건 범행무렵까지 피해자와의 성관계를 강요받아 왔고, 그 밖에 피해자로부터 행동의 자유를 간섭받아 왔으며, 또한 그러한 침해행위가 그 후에도 **반복하여 계속될 염려가 있었다면**, 피고인들의 이 사건 범행 당시 피고인 김보은의 신체나 자유 등에 대한 **현재의 부당한 침해상태가 있었다고 볼 여지가 없는 것은 아니나**, 그렇다고 하여도 피고인이 상피고인과 사전에 공모하여 범행을 준비하고 의붓아버지가 제대로 반항할 수 없는 상태에서 식칼로 심장을 찔러 살해한 행위는 사회통념상 **상당성을 결여**하여 형법 제21조 소정의 **정당방위나 과잉방위에 해당한다고 하기는 어렵다**(대판 1992.12.22, 92도2540).

🔵 사시, 법행

(3) 부당한 침해

① 부당한 침해에 대한 정당방위 가능

관련판례

① 경찰관의 행위가 적법한 공무집행을 벗어나 **불법하게 체포**한 것으로 볼 수밖에 없다면 그 체포를 면하려고 반항하는 과정에서 **경찰관에게 상해**를 가한 것은 불법체포로 인한 신체에 대한 현재의 부당한 침해에서 벗어나기 위한 행위로서 **정당방위에 해당**하여 위법성이 조각된다(대판 2000.7.4, 99도4341).
🔵 사시

② **검사가** 참고인 조사를 받는 줄 알고 검찰청에 자진출석한 변호사사무실 사무장을 **합리적 근거 없이 긴급체포**하자 그 변호사가 이를 제지하는 과정에서 위 **검사에게 상해**를 가한 것이 **정당방위에 해당한다**(대판 2006.9.8, 2006도148).
🔵 법원, 경찰승진

③ 경찰관이 농성 진압의 과정에서 경찰장비를 위법하게 사용함으로써 그 직무수행이 적법한 범위를 벗어난 것으로 볼 수밖에 없다면, 상대방이 그로 인한 생명·신체에 대한 위해를 면하기 위하여 직접적으로 대항하는 과정에서 경찰장비를 손상시켰더라도 이는 위법한 공무집행으로 인한 신체에 대한 현재의 부당한 침해에서 벗어나기 위한 행위로서 정당방위에 해당한다(대판 2022.11.30, 2016다26662).

② 적법한 침해에 대한 정당방위 불가

관련판례

① 채권자가 가옥명도강제집행에 의하여 **적법하게 점유를 이전받아 점유하고 있는 방실**에 채무자가 **무단이 침입**한 때에는 주거침입죄가 성립하고 적법한 강제집행에 대한 정당방위나 자구행위는 인정될 수 없다(대판 1962.8.23, 62도93).
② 공직선거 후보자 합동연설회장에서 후보자 갑이 적힌 **연설 내용이 다른 후보자 을에 대한 명예훼손 또는 후보자비방의 요건에 해당되나 그 위법성이 조각되는 경우**, 갑의 연설도중에 을이 마이크를 빼앗고 욕설을 하는 등 물리적으로 갑의 연설을 방해한 행위는 정당방위의 요건을 갖추지 못하였다(대판 2003.11.13, 2003도3606).

③ 싸움과 정당방위
  ㉠ 원칙 : 부정

  피해자 일행 중 1명의 뺨을 때린 데에서 비롯된 가해자 등의 행위는 피해자 일행의 부당한 공격을 방위하기 위한 것이라기보다는 서로 공격할 의사로 싸우다가 먼저 공격을 받고 이에 대항하여 가해하게 된 것이라고 봄이 상당하고 이와 같은 **싸움**의 경우 가해행위는 방어행위인 동시에 공격행위의 성격을 가지므로 **정당방위 또는 과잉방위행위라고 볼 수 없다**(대판 1993.8.24, 92도1329).

동지판례

① 피해자가 술에 만취하여 누나의 머리채를 잡고 때리자 누나의 남편이 이를 목격하고 화가 나서 피해자와 싸우게 되었는데, 그 과정에서 몸무게가 85kg 이상이나 되는 피해자가 62kg의 피고인을 침대 위에 넘어뜨리고 피고인의 가슴위에 올라타 목 부분을 누르자 호흡이 곤란하게 된 피고인이 안간힘을 쓰면서 허둥대다가 그 곳 침대위에 놓여 있던 과도로 피해자의 왼쪽 허벅지를 1회 찔러 상해를 가한 경우 이는 서로 공격할 의사로 싸우다가 먼저 공격을 받고 이에 대항하여 가해하게 된 것이라고 봄이 상당하므로 정당방위 또는 과잉방위행위라고 볼 수 없다(대판 2000.3.28, 2000도228).
  ☞ 상해죄
② 피해자 일행 중 1명의 뺨을 때린 데에서 비롯된 가해자 등의 행위는 피해자 일행의 부당한 공격을 방위하기 위한 것이라기보다는 서로 공격할 의사로 싸우다가 먼저 공격을 받고 이에 대항하여 가해하게 된 것이라고 봄이 상당하고 이와 같은 싸움의 경우 가해행위는 방어행위인 동시에 공격행위의 성격을 가지므로 정당방위 또는 과잉방위행위라고 볼 수 없다(대판 1993.8.24, 92도1329).
  ☞ 나이트 클럽 종업원이 술값을 외상으로 하여줄 것을 요구하는 고객일행과 언쟁을 하다가 일행 중 1명의 뺨을 때린 것이 발단이 되어 일행들과 싸움을 하게 되었고 이 과정에서 A등을 구타하여 상해를 입힌 사례임
③ 甲은 乙과 다툰 후 자리를 피해 건물계단을 통해 올라가고 있었는데 乙은 甲을 따라가 '도망가지 말라.'는 말을 하며 계단에서 甲을 밑으로 끌어내기 위해 무게 중심을 잡고 甲을 붙잡았고, 실랑이 과정에서 甲이 乙을 거세게 뿌리치는 바람에 결국 乙이 넘어졌다. 甲의 행위는 乙의 현재의 부당한 침해에 대한 방어행위라고 볼 수 없으므로 정당방위가 성립되지 않는다(대판 2021.5.7, 2020도15812).

  ㉡ 싸움의 경우라도 정당방위가 되는 경우
    ⓐ 싸움이 중지된 후 다시 피해자들이 새로이 도발한 별개의 가해행위를 방

어하기 위하여 단도로써 상대방의 복부에 칼로 상해를 입힌 행위(대판 1957. 3.8, 4290형상18). ● 사시

ⓑ **예상을 초월한 공격** : 싸움을 함에 있어서 격투를 하는 자 중의 한 사람의 공격이 그 격투에서 당연히 예상할 수 있는 정도를 초과하여 살인의 흉기 등을 사용하여 온 경우 이에 대한 정당방위가 가능하다(대판 1968.5.7, 68도370). ● 사시

ⓒ 겉으로는 서로 싸움을 하는 것처럼 보이더라도 실제로는 한쪽 당사자가 일방적으로 위법한 공격을 가하고 상대방은 이러한 공격으로부터 자신을 보호하고 이를 벗어나기 위한 저항수단으로서 유형력을 행사한 경우에는 그 행위가 새로운 적극적 공격이라고 평가되지 아니하는 한 이는 사회관념상 허용될 수 있는 상당성이 있는 것으로서 위법성이 조각된다(대판 2010.2.11, 2009도12958).

> **관련판례**
> ① 50대 후반의 부부(피해자)가 피고인의 외딴 집에 찾아와 피고인의 멱살을 잡고 밀어 넘어뜨리고 배 위에 올라타 주먹으로 팔, 얼굴 등을 폭행하자 피고인은 이를 방어하기 위하여 피해자의 팔을 잡아 비틀고, 다리를 물어 상해를 가한 경우(대판 1999.10.12, 99도3377) ● 사시
> ② 甲과 자신의 남편과의 관계를 의심하게 된 상대방이 자신의 아들 등과 함께 甲의 아파트에 찾아가 현관문을 발로 차는 등 소란을 피우다가, 출입문을 열어주자 곧바로 甲을 밀치고 신발을 신은 채로 거실로 들어가 상대방 일행이 서로 합세하여 甲을 구타하기 시작하였고, 甲은 이를 벗어나기 위하여 손을 휘저으며 발버둥치는 과정에서 상대방 등에게 상해를 가하게 된 경우, 상대방의 남편과 甲이 불륜을 저지른 것으로 생각하고 이를 따지기 위하여 甲의 집을 찾아가 甲을 폭행하기에 이른 것이라는 것만으로 상대방 등의 위 공격행위가 적법하다고 할 수 없고, 甲은 그러한 위법한 공격으로부터 자신을 보호하고 이를 벗어나기 위한 사회관념상 상당성 있는 방어행위로서 유형력의 행사에 이르렀다고 할 것이어서 위 행위의 위법성이 조각된다(대판 2010.2.11, 2009도12958). ● 사시

2. 방어하기 위한 행위

(1) 방위의사

피고인이 길이 26센티미터의 과도로 복부와 같은 인체의 중요한 부분을 3, 4회나 찔러 피해자에게 상해를 입힌 행위는 비록 그와 같은 행위가 피해자의 구타행위에 기인한 것이라 하여도 정당방위나 과잉방위에 해당한다고 볼 수 없다(대판 1989.12.12, 89도2049).

(2) 방위행위의 태양과 상대방

① **방위행위의 태양** : 정당방위의 성립요건으로서의 방어행위에는 순수한 수비적 방어뿐 아니라 적극적 반격을 포함하는 반격방어의 형태도 포함된다(대판 1992.12.22, 92도2540). ● 법행, 사시, 경찰승진

② 방위행위의 상대방 : 방위행위는 부당한 침해자에 대해서만 가능하다.

3. 상당한 이유

(1) 방위의 필요성

정당방위에 있어서는 반드시 방위행위에 보충의 원칙은 적용되지 않으나 방위에 필요한 한도 내의 행위로서 사회윤리에 위배되지 않는 상당성 있는 행위임을 요하며 (대판 1991.9.10, 91다19913), 방위행위가 사회적으로 상당한 것인지 여부는 침해행위에 의해 침해되는 법익의 종류, 정도, 침해의 방법, 침해행위의 완급과 방위행위에 의해 침해될 법익의 종류, 정도 등 일체의 구체적 사정들을 참작하여 판단하여야 한다 (대판 2003.11.13, 2003도3606). ● 경찰

〈상당성 판단〉

인정 (정당방위 O)	① 피해자가 피고인이 운전하는 차량 앞에 뛰어들어 함부로 타려고 하고 이에 항의하는 피고인의 바지춤을 잡아당겨 찢고 피고인을 끌고 가려다가 넘어지자 피고인이 피해자의 양 손목을 경찰관이 도착할 때까지 약 3분간 잡아 누른 경우(대판 1999.6.11, 99도943) ● 사시 ② 갑과 을이 공동으로 인적이 드문 심야에 혼자 귀가중인 병女에게 뒤에서 느닷없이 달려들어 양팔을 붙잡고 어두운 골목길로 끌고들어가 담벽에 쓰러뜨린 후 갑이 음부를 만지며 반항하는 병女의 옆구리를 무릎으로 차고 억지로 키스를 함으로 병女가 정조와 신체를 지키려는 일념에서 엉겁결에 갑의 혀를 깨물어 설절단상을 입힌 경우(대판 1989.8.8, 89도358) ● 사시, 경찰, 경찰승진, 법행 ③ 사용자가 적법한 직장폐쇄 기간 중 일방적으로 업무에 복귀하겠다고 하면서 자신의 퇴거요구에 불응한 채 계속하여 사업장 내로 진입을 시도하는 해고근로자를 폭행·협박한 사용자의 행위는 사업장 내의 평온과 노동조합의 업무방해행위를 방지하기 위한 행위로서 정당방위에 해당한다(대판 2005.6.9, 2004도7218). ● 경간부 ④ 갑이 경찰관의 불심검문을 받아 운전면허증을 교부한 후 경찰관에게 불심검문에 항의하면서 큰 소리로 욕설을 하였는데, 경찰관이 갑을 모욕죄의 현행범으로 체포하려고 갑의 오른쪽 어깨를 붙잡자 반항하면서 경찰관에게 상해를 가한 경우(대판 2011.5.26, 2011도3682) ● 경찰간부
부정 (정당방위 X)	① 甲 소유의 밤나무 단지에서 乙이 **밤 18개**를 푸대에 주워 담는 것을 보고 그 푸대를 빼앗으려다 반항하는 乙의 **뺨**과 팔목을 때려 상처를 입힌 甲의 행위 (대판 1984.9.25, 84도1611) ● 사시, 검찰9급 ② 전투경찰대원이 상관의 다소 **심한 기합에 격분**하여 상관을 살해한 경우(대판 1984.6.12, 84도683) ● 사시 ③ 은신하고 있다가 **경찰관의 명령**에 따라 단순히 손을 들고 나오면서 **그대로 도주**하는 범인을 경찰관이 뒤따라 추격하면서 등 부위에 권총을 발사하여 사망케 한 경우(대판 1991.5.28, 91다10084) ● 경찰승진

부정 (정당방위 X)	④ 피고인이 피해자로부터 갑작스럽게 뺨을 맞는 등 폭행을 당하여 서로 멱살을 잡고 다투자 주위 사람들이 싸움을 제지하였으나 피해자에게 대항하기 위하여 깨어진 병으로 피해자를 찌를 듯이 겨누어 협박한 경우(대판 1991.5.28, 91도80) ⑤ 회사의 관리사원으로 근무하는 자들이 해고에 항의하는 농성을 제거하기 위하여 그 **주동자라고 생각되는 해고근로자들**을 다른 근로자와 분리시켜 귀가시키거나 불응시에는 경찰에 고발·인계할 목적으로 **간부사원회의의 지시에 따라 위 근로자들을 봉고차에 강제로 태운** 경우(대판 1989.12.12, 89도875) ⑥ 검문 중이던 경찰관이 자전거를 이용한 **날치기 사건 범인과 흡사**한 인상착의의 甲이 자전거를 타고 다가오는 것을 발견하고 정지를 요구하였으나 멈추지 않아 앞을 가로막고 소속과 성명을 고지한 후 검문에 협조해 달라는 취지로 말하였음에도 불응하고 그대로 전진하자 따라가서 재차 앞을 막고 검문에 응하라고 요구하였는데 이에 甲이 경찰관들의 멱살을 잡아 밀치거나 욕설을 하였다면 甲의 행위는 정당방위에 해당하지 않는다(대판 2012.9.13, 2010도6203). ● 경찰 ⑦ 피고인이 피해자로부터 뺨을 맞고 손톱깎이 칼에 찔려 약 1cm 정도의 상처를 입게 되자, **20cm의 과도**로 피해자의 복부를 찌른 경우(대판 1968.12.24, 68도1229) ● 법원직

(2) 사회윤리적 제한

① 책임 없는 자의 침해에 대한 방위
② 보증관계에 있는 자의 침해에 대한 방위 : 피고인이 피해자로부터 먼저 폭행·협박을 당하다가 이를 피하기 위하여 피해자를 칼로 찔렀다고 하더라도, 피해자의 폭행·협박의 정도에 비추어 피고인이 칼로 피해자를 찔러 즉사하게 한 행위는 피해자의 폭력으로부터 자신을 보호하기 위한 방위행위로서의 한도를 넘어선 것이라고 하지 않을 수 없다. 따라서 **이혼소송중인 남편이 찾아와 가위로 폭행하고 변태적 성행위를 강요하는 데에 격분하여 처가 칼로 남편의 복부를 찔러 사망에 이르게 한 경우**, 그 행위는 방위행위로서의 한도를 넘어선 것으로 사회통념상 용인될 수 없으므로 정당방위나 과잉방위에 해당하지 않는다(대판 2001.5.15, 2001도1089). ● 사시, 경찰승진
③ 극히 경미한 침해에 대한 방위
④ 도발된 침해에 대한 방위

Ⅲ 과잉방위·오상방위·오상과잉방위

1. 과잉방위

(1) 제21조 제2항의 과잉방위에 해당하는 경우

① 식품점 앞에서 술에 취한 폭력전과자 A, B, C 등 3인이 갑에게 이유 없이 욕설을

하고 갑이 이에 대꾸하자 얼굴에 연필깎기용 면도칼을 들이대며 찌를 듯이 위협을 하므로 갑은 계속 공격할 것을 대비하여 곡괭이 자루를 들고 도망가는데 C가 각목을 들고, A는 빈 전화케이블을 들고 계속 쫓아와 마구 휘드르며 갑의 어깨, 머리, 왼손, 옆구리 등을 마구 때리자 이에 대항하여 갑도 **곡괭이자루**를 휘두른 결과 C의 머리뒷부분을 1회 맘껏 맞게 하여 사망케 하고 A, B에게 상해를 입힌 경우 이는 과잉방위에 해당한다(대판 1985.9.10, 85도1370). ☞ 임의적 감면 과잉방위

② 생명·신체에 대한 현재의 부당한 침해를 방위하기 위한 상당한 행위가 있고, 이어서 정당방위의 요건인 상당성을 결여한 행위가 **연속적**으로 이루어진 경우 **극히 짧은 시간 내**에 계속하여 행하여진 가해자의 이와 같은 일련의 행위는 이를 전체로서 하나의 행위라고 보아 형법 제21조 제2항의 과잉방위가 성립한다고 볼 여지가 있다(대판 1986.11.11, 86도1862). ● 경찰

(2) 제21조 제3항의 과잉방위에 해당하는 경우

> **관련판례**
>
> 피고인이 22 : 40경 처와 함께 **극장구경**을 마치고 귀가하는 도중, 술취한 피해자(19세)가 피고인의 질녀인 소녀들에게 음경을 내놓고 소변을 보면서 키스를 하자고 달려들고 타이르는 피고인의 **뺨**을 때리고 돌을 들어 구타하려고 따라오는 것을 피하자, 처를 땅에 넘어뜨려 깔고 앉아서 돌로서 때리려는 순간 피고인이 농구화 신은 발로서 피해자의 복부를 한차례 차서 사망에 이르게 한 경우(대판 1974.2.26, 73도2380) ☞ 벌하지 아니하는 과잉방위

2. 오상방위

정당방위의 객관적 요건이 존재하지 않음에도 불구하고 행위자는 주관적으로 이것이 존재하는 것으로 오신하고 방위행위를 한 경우를 말한다.

3. 오상과잉방위

현재의 위법한 침해가 없음에도 불구하고 이를 존재한다고 오신하고 상당성을 초과하는 방위행위를 한 경우를 말한다.

제3절 긴급피난

제22조 (긴급피난) ① 자기 또는 타인의 법익에 대한 현재의 위난을 피하기 위한 행위는 **상당한 이유**가 있는 때에는 벌하지 아니한다.
② 위난을 피하지 못할 책임이 있는 자에 대하여는 전항의 규정을 적용하지 아니한다.
③ **전조 제2항과 제3항의 규정**은 본조에 준용한다. ● 경찰7급

I 서 설

자기 또는 타인의 법익에 대한 현재의 위난을 피하기 위한 상당한 이유가 있는 행위를 말한다. 긴급피난은 위난을 야기한 자뿐만 아니라 이와 무관한 제3자에게도 가능하다는 점에 특징이 있다.

II 긴급피난의 성립요건

1. 긴급피난 상황

(1) 자기 또는 타인의 법익

국가적·사회적 법익을 위한 긴급피난도 허용된다(다수설).

(2) 현재의 위난

이미 발생한 위난상태에 처해 있거나 곧 위난이 발생할 것으로 거의 확실히 예상되는 경우를 말한다.
① 위난의 원인 : 위난의 원인은 불문하므로 위난의 원인이 사람의 행위에 의한 것이든 동물·자연현상에 의한 것이든 긴급피난이 가능하다. ● 검찰7급, 사시
② 자초위난 : 피고인이 스스로 야기한 강간범행의 와중에서 피해자가 피고인의 손가락을 깨물며 반항하자 물린 손가락을 비틀며 잡아 뽑다가 피해자에게 치아결손의 상해를 입힌 소위는 법에 의하여 용인되는 피난행위라 할 수 없다(대판 1995. 1.12, 94도2781). ● 사시, 검찰9급

2. 위난을 피하기 위한 행위

(1) 피난의사

행위자는 현재의 위난을 인식하고 우월적 이익을 보호한다는 의사가 있어야 한다.

(2) 피난행위의 태양과 상대방

긴급피난은 위난과 관계없는 제3자에 대해서도 가능하다.

3. 상당한 이유

긴급피난이란 자기 또는 타인의 법익에 대한 현재의 위난을 피하기 위한 상당한 이유 있는 행위를 말하고, 여기서 '상당한 이유 있는 행위'에 해당하려면, 첫째 피난행위는 위난에 처한 법익을 보호하기 위한 **유일한 수단**이어야 하고, 둘째 피해자에게 **가장 경미한 손해를 주는 방법**을 택하여야 하며, 셋째 피난행위에 의하여 **보전되는 이익은 이로 인하여 침해되는 이익보다 우월**해야 하고, 넷째 피난행위는 그 자체가 사회윤리나 법질서 전체의 정신에 비추어 **적합한 수단**일 것을 요하는 등의 요건을 갖추어야 한다(대판 2006. 4.13, 2005도9396). ● 사시

> **판례 정리 ··· 긴급피난 인정**
>
> 선장 甲은 **피조개 양식장** 앞의 해상에 허가 없이 선박을 정박시켜 놓고 있다가 태풍이 내습하자 선원들과 선박의 안전을 위하여 닻줄을 늘여 정박하였는데, 태풍이 도래하여 풍랑이 심하게 이는 바람에 늘어진 닻줄이 피조개 양식장 바다 밑을 쓸고 지나가면서 양식장에 상당한 피해를 입힌 경우 갑에게는 재물손괴에 대한 미필적 고의는 인정되나 긴급피난에 해당한다(대판 1987.1.20, 85도221). ● 법행

> **판례 정리 ··· 긴급피난 부정**
>
> 1. 군인이 갑자기 **기절한 모친**의 치료를 위하여 군무를 이탈한 경우(대판 1969.6.10, 69도690) ● 행시
> 2. 아파트 입주자대표회의 회장이 다수 입주민들의 민원에 따라 위성방송 수신을 방해하는 케이블TV방송의 시험방송 송출을 중단시키기 위하여 위 케이블TV방송의 **방송안테나를 절단**하도록 지시한 행위(대판 2006. 4.13, 2005도9396) ● 검찰7급9급, 경찰
> 3. 피고인이 피고인발행 **약속어음**을 갑에게 아무런 채무 없이 **잠시 빌려준 것**에 불과한 데도 갑이 이를 을에게 배서양도하여 을이 소지 중 피고인이 이를 찢어 버린 경우(대판 1975.5.27, 74도3559) ☞ 문서손괴죄 성립 ● 사시, 경찰승진
> 4. 피고인들이 서명날인운동, 선거운동기간 전 집회 개최등의 방법으로 특정후보자에 대한 **낙선운동**을 함으로써 공직선거및선거부정방지법에 의한 선거운동제한규정을 위반한 경우(대판 2004.4.27, 2002도315)
> 5. 상관으로부터 뺨을 한 대 얻어맞고 홧김에 그의 뒤통수를 대검 뒷자루로 한번 치자 그도 야전삽으로 대항하던 중 대검으로 상관의 쇄골부분을 찔러 사망하게 한 경우(대판 1970.8.18, 70도1364) ● 사시
> 6. 피고인이 피해견으로부터 직접적인 공격은 받지 아니하여 피고인으로서는 진돗개의 목줄을 풀어 다른 곳으로 피하거나 주위에 있는 몽둥이나 **기계톱** 등을 휘둘러 **피해견**을 쫓아버릴 수도 있었음에도 불구하고 그 자체로 매우 위험한 물건인 기계톱의 엑셀을 잡아당겨 작동시킨 후 이를 이용하여 피해견의 척추를 포함한 등 부분에서부터 배 부분까지 절단함으로써 내장이 밖으로 다 튀어나올 정도로 죽인 경우 긴급피난에 해당하지 않는다(대판 2016.1.28, 2014도2477). ☞ 구 동물보호법 위반죄(잔인한 방법으로 죽이는 행위)와 재물손괴죄의 상상적 경합○ ● 경찰

III 긴급피난의 특칙

위난을 피하지 못할 책임이 있는 자에 대하여는 전항의 규정을 적용하지 아니한다(제22조 제2항).

IV 과잉피난과 오상피난

피난행위가 상당성을 초과한 과잉피난인 경우에 위법성이 조각되지 않지만, 그 정황에 따라 형을 감경 또는 면제할 수 있고 야간 기타 불안스러운 상태하에서 공포 등으로 인한 때에는 벌하지 아니한다.

V 의무의 충돌

의무의 충돌이란 동시에 이행하여야 할 수개의 의무 중 일부의 의무는 이행하였으나 이행하지 못한 부분이 구성요건을 실현하는 경우를 말한다.

제4절 자구행위

제23조 (자구행위) ① 법률에서 정한 절차에 따라서는 청구권을 **보전(保全)할 수 없는** 경우에 그 청구권의 실행이 불가능해지거나 현저히 곤란해지는 상황을 피하기 위하여 한 행위는 **상당한 이유**가 있는 때에는 벌하지 아니한다.
② 제1항의 행위가 그 정도를 초과한 경우에는 정황에 따라 그 형을 **감경하거나 면제할 수 있다**

● 사시

I 서 설

자구행위란 권리자가 그 권리를 침해당한 때에 공권력의 발동에 의하지 않고 자력에 의하여 그 권리를 보전하는 행위를 말한다.

II 자구행위의 성립요건

1. 자구행위상황

(1) 청구권

① 청구권의 범위 : 원상회복이 가능할 것
  피해자가 다른 친구들 앞에서 피고인의 전과사실을 폭로함으로써 **명예를 훼손**하기 때문에 동인을 구타하였다 하더라도 그 소행은 자구행위에 해당한다고 할 수 없다(대판 1969.12.30, 69도2138). ● 사시, 경찰

② 청구권은 자기의 청구권임을 요한다. 다만 청구권자로부터 자구행위의 실행을 위임받은 자는 자구행위를 할 수 있다.

(2) 청구권에 대한 불법한 침해

채권자가 <u>가옥명도강제집행에 의하여 적법하게 점유를 이전받아 점유하고 있는 방실</u>에 채무자가 무단히 침입한 때에는 주거침입죄가 성립하고 적법한 강제집행에 대한 정당방위나 자구행위는 인정될 수 없다(대판 1962.8.23, 62도93).

(3) 법정절차에 의한 청구권 보전의 불가능

> **관련판례**
>
> ① 소유권의 귀속에 관한 분쟁이 있어 **민사소송이 계속중인 건조물**에 관하여 현실적으로 관리인이 있음에도 위 건조물의 자물쇠를 쇠톱으로 절단하고 침입한 소위는 법정절차에 의하여 그 권리를 보전하기가 곤란하고 그 권리의 실행불능이나 현저한 실행곤란을 피하기 위해 상당한 이유가 있는 행위라고 할 수 없다(대판 1985.7.9, 85도707).　● 법원, 경찰
>
> ② 절의 출입구와 마당으로 약 10년 전부터 사용하고 또 그곳을 통하여서만 출입할 수 있는 대지를 전 주지의 가족으로부터 매수하여 등기를 마쳤다는 구실로 불법침입하여 담장을 쌓기 위한 호를 파 놓았기 때문에 그 절의 주지가 신도들과 더불어 그 **호를 메워버린 소위**는 자구행위로서의 요건을 갖추었다고 볼 수 없고 그와같은 사정하에서의 주지의 소위는 이를 인용하는 것이 사회상규에 해당된다거나 또한 그러한 사회상규가 있다고 인정되지 아니하므로 사회상규에 위배되지 아니한 행위라고 단정할 수도 없다(대판 1970.7.21, 70도996).　● 경찰승진
>
> ③ 피고인이 피고인발행 약속어음을 갑에게 아무런 채무 없이 **잠시 빌려준 것**에 불과한 데도 갑이 이를 을에게 배서양도하여 을이 소지 중 피고인이 이를 찢어 버린 것은 적법한 절차에 의하여 이를 다툴 성질의 것이므로 자구행위 또는 긴급피난이라고 볼 수 없다(대판 1975.5.27, 74도3559).
>
> ④ 가옥명도청구, 토지반환청구 또는 점유사용권을 회복하기 위한 자구행위는 허용되지 않는다(대판 1985.7.9, 85도707).　● 사시
>
> ⑤ **토지소유권자**가 피해자가 운영하는 회사에 대하여 그 토지의 인도 등을 구할 권리가 있다는 이유로 위 회사로 들어가는 **진입로를 폐쇄**한 것은 법정절차에 의하여 자신의 피해자에 대한 토지인도 등 청구권을 보전하는 것이 불가능하였거나 현저하게 곤란하였다고 볼 수 없을 뿐만 아니라, 피고인의 행위가 그 청구권의 보전불능 등을 피하기 위한 상당한 행위라고 할 수도 없다(대판 2007.5.11, 2006도4328).　● 사시
>
> ⑥ 자신이 소유하는 **토지상**에 도로가 무단으로 확장 개설되어 그대로 방치할 경우 불특정 다수인이 통행할 우려가 있다는 사정만으로는 법정절차에 의하여 자신의 청구권을 보전하는 것이 불가능한 경우에 해당한다고 볼 수 없다(대판 2007.3.15, 2006도9418).　● 경찰

2. 청구권의 실행불능 또는 현저한 실행곤란을 피하기 위한 행위

(1) 청구권의 실행불능 또는 현저한 실행곤란

법정절차에 의하여 청구권의 보전이 불가능하여도 충분한 인적·물적 담보가 확보되어 있는 경우에는 자구행위가 허용되지 않는다.

(2) 피하기 위한 행위

> **관련판례**
>
> ① 갑이 화랑주인 을에게 석고를 납품한 대금을 받지 못하고 있던 중 을이 화랑을 폐쇄하고 도주하자, 갑이 야간에 폐쇄된 화랑의 베니어판 문을 미리 준비한 드라이버로 뜯어 내고 **화랑 안의 물건을 몰래 가지고 나왔다면**, 위와 같은 갑의 강제적 채권추심 내지 이를 목적으로 하는 물품의 취거행위를 자구행위라고 볼 수 없다(대판 1984.12.26, 84도2582). ☞ 특수절도죄 성립 ● 사시
>
> ② 갑은 자신들의 물품대금 채권을 다른 채권자들보다 우선적으로 확보할 목적으로 피해자 을이 부도를 낸 다음날 새벽에 을의 승낙을 받지 아니한 채 을의 **가구점**의 시정장치를 쇠톱으로 절단하고 그곳에 침입하여 시가 16,000,000원 상당의 을의 가구들을 화물차에 싣고 가 다른 장소에 옮겨 놓은 경우 법정절차에 의하여 청구권보전이 불가능한 경우에 해당한다고 볼 수 없을 뿐만 아니라 청구권의 실행불능이나 현저한 실행곤란을 피하기 위한 상당한 이유가 있는 행위라고도 할 수 없고 갑이 을의 가구들을 취거할 당시 피해자의 추정적 승낙이 있다고 볼 수 없다(대판 2006.3.24, 2005도8081). ☞ 특수절도죄 성립 ● 경간부
>
> ③ 부산방면 도주 찰라 사건 : 채무자가 유일한 재산인 가옥을 방매하고 그 대금을 받은 즉시 부산방면으로 떠나려는 급박한 순간에 있어서 각 채권자가 자기들의 채권을 그 때에 추심하지 아니하면 앞으로 영구히 추심할 기회를 얻기 어려우므로 부득이 갑이 가옥대금을 받은 현장에서 피고인 을 등이 각자의 **채권을 강제적으로 추심**한 경우 자구행위에 해당할 수 없다(대판 1966.7.26, 66도469). ● 경찰승진
>
> ④ 인근 상가의 통행로로 이용되고 있는 토지의 사실상 지배권자인 피고인이 해당 토지에 철주와 철망을 설치하고 포장된 아스팔트를 걷어냄으로써 통행로로 이용하지 못하게 한 경우 법정절차에 의하여 이 사건 토지의 소유권을 방해하는 사람들에 대한 방해배제 등 청구권을 보전하는 것이 불가능하였거나 현저하게 곤란하였다고 볼 수 없으므로 자구행위가 될 수 없고 일반교통방해죄가 성립한다(대판 2007.12.28, 2007도7717). ● 해경간부
>
> ⑤ 집행관이 집행채권자 A조합 소유 아파트에서 유치권을 주장하는 피고인을 상대로 부동산인도집행을 실시하자, 피고인이 이에 불만을 갖고 아파트 출입문과 잠금 장치를 훼손하며 강제로 개방하고 아파트에 들어간 경우 피고인이 아파트에 들어갈 당시에는 이미 A조합이 집행관으로부터 아파트를 인도받은 후 출입문의 잠금 장치를 교체하는 등으로 그 점유가 확립된 상태여서 점유권 침해의 현장성 내지 추적가능성이 있다고 보기 어려워 점유를 실력에 의하여 탈환한 피고인의 행위는 민법상 자력구제에 해당하지 않으므로 재물손괴 및 건조물침입죄가 성립된다(대판 2017.9.7, 2017도9999). ● 경간부

3. 상당한 이유

자구행위는 청구권의 보전을 위하여 상당한 이유가 있을 때에 허용된다.

Ⅲ 과잉자구행위 및 오상자구행위

상당성을 초과한 과잉자구행위는 위법하지만, 그 정황에 따라 형을 감경 또는 면제할 수 있다. 오상자구행위란 자구행위의 객관적 요건이 존재하지 아니함에도 불구하고 이것이 존재하는 것으로 오신하여 자구행위를 한 경우이다.

> 제24조 (피해자의 승낙) 처분할 수 있는 자의 승낙에 의하여 그 법익을 훼손한 행위는 **법률에 특별한 규정이 없는 한 벌하지 아니한다.** ● 사시

제5절 피해자의 승낙

I 서 설

1. 의 의

법익의 주체가 상대방에게 자기의 법익에 대한 침해를 허용하는 것을 말한다.

2. 양해와의 구별

> **관련판례**
>
> ① 피고인이 동거중인 피해자의 지갑에서 현금을 꺼내가는 것을 피해자가 현장에서 목격하고도 만류하지 아니하였다면 피해자가 이를 허용하는 묵시적 의사가 있었다고 봄이 상당하여 이는 절도죄를 구성하지 않는다(대판 1985.11.28, 85도1487). ● 사시
> ② 피고인이 피해자에게 이 사건 밍크 45마리에 관하여, 자기에게 그 권리가 있다고 주장하면서 이를 가져간 데 대하여 피해자의 묵시적인 동의가 있었다면 피고인의 주장이 후에 허위임이 밝혀졌더라도 피고인의 행위는 절도죄의 절취행위에는 해당하지 않는다(대판 1990.8.10, 90도1211). ● 법행

II 피해자의 승낙

1. 의 의

처분할 수 있는 자의 승낙에 의하여 그 법익을 훼손한 행위는 법률에 특별한 규정이 없는 한 벌하지 아니한다.

2. 피해자 승낙의 성립요건

(1) 처분할 수 있는 법익

무고죄는 국가의 형사사법권 또는 징계권의 적정한 행사를 주된 보호법익으로 하고 다만, 개인의 부당하게 처벌 또는 징계받지 아니할 이익을 부수적으로 보호하는 죄이므로, 설사 무고에 있어서 피무고자의 승낙이 있었다고 하더라도 무고죄의 성립에는 영향을 미치지 못한다(대판 2005.9.30, 2005도2712). ● 사시

(2) 법익주체의 승낙

① 승낙주체 : 법익의 소지자이거나 처분권이 있어야 한다.

② **유효한 승낙** : 진단상의 과오가 없었으면 당연히 설명받았을 자궁외 임신에 관한 내용을 설명받지 못한 피해자로부터 수술승낙을 받았다면 위 승낙은 부정확 또는 불충분한 설명을 근거로 이루어진 것으로서 수술의 위법성을 조각할 유효한 승낙이라고 볼 수 없다(대판 1993.7.27, 92도2345). ☞ 업무상과실치상죄 성립

● 사시, 검찰7급, 법행

③ **자유의사에 의한 진지한 승낙** : 유효한 승낙은 비록 승낙능력을 갖춘 자의 승낙이라도 자유로운 의사에 기한 진지한 승낙이어야 한다.

④ **승낙의 표시방법**(묵시적 승낙)

> **관련판례**
>
> ① 피고인이 계원들로 하여금 실제 계주 대신 피고인을 계주로 믿게 하여 계금을 지급하고 불입금을 지급받아 위계를 사용하여 실제 계주의 계운영업무를 방해하였다고 하여도 피고인에 대하여 다액의 채무를 부담하고 있던 실제 계주로서는 채권확보를 위한 피고인의 요구를 거절할 수 없었기 때문에 피고인이 계주의 업무를 대행하는데 대하여 이를 승인 내지 묵인한 사실이 인정된다면 피고인의 소위는 이른바 위 실제 계주의 승낙이 있었던 것으로서 위법성이 조각되어 업무방해죄가 성립되지 않는다(대판 1983.2.8, 82도2486). ● 경찰
>
> ② 피고인이 피해자가 사용중인 공중화장실의 용변칸에 노크하여 남편으로 오인한 피해자가 용변칸 문을 열자 강간할 의도로 용변칸에 들어간 것이라면 피해자가 명시적 또는 묵시적으로 이를 승낙하였다고 볼 수 없어 주거침입죄에 해당한다(대판 2003.5.30, 2003도1256). ● 검찰7급, 법원
>
> ③ 차임이나 관리비를 단 1회도 연체한 적이 없는 피해자가 임대차계약의 종료 후 임대료와 관리비를 인상하는 내용의 갱신계약 여부에 관한 의사표시나 명도의무를 지체하고 있다는 이유만으로 그 종료일로부터 16일 만에 피해자의 사무실에 대하여 단전조치를 취한 피고인의 행위는 피해자가 이 사건 단전조치와 같은 이유로 과거에도 피고인에 의한 단전조치를 당한 경험이 있다거나 이 사건 단전조치 전 수십 차례에 걸쳐 피고인으로부터 단전조치를 통지받았다거나, 혹은 피고인에게 기한유예 요청을 하였다는 사정만으로는 이 사건 단전조치를 묵시적으로 승낙하였던 것으로 볼 수도 없고 사회상규에 위배되지 않는 정당행위라고 볼 수 없다(대판 2006.4.27, 2005도8074). ● 경찰승진

⑤ **승낙의 상대방** : 특정되어 있을 필요는 없으나, 특정되어 있는 경우에 제3자에 대해서는 승낙의 효력이 미치지 않는다.

⑥ **승낙의 철회** : 위법성조각사유로서의 피해자의 승낙은 언제든지 자유롭게 철회할 수 있다고 할 것이고, 그 철회의 방법에는 아무런 제한이 없다. 따라서 피고인이 피해자 甲의 상가건물에 대한 임대차계약 당시 甲의 모(母) 乙에게서 인테리어 공사 승낙을 받았는데, 이후 乙이 임대차보증금 잔금 미지급을 이유로 즉시 공사를 중단하고 퇴거할 것을 요구하자 도끼를 집어 던져 상가 유리창을 손괴한 경우, 乙이 위 의사표시로써 시설물 철거에 대한 동의를 철회하였다고 보아야 하므로 손괴죄가 성립한다(대판 2011.5.13, 2010도9962).

(3) 승낙에 의한 행위가 사회상규에 반하지 않을 것(상당성)

형법 제24조의 규정에 의하여 위법성이 조각되는 피해자의 승낙은 개인적 법익을 훼손하는 경우에 법률상 이를 처분할 수 있는 사람의 승낙을 말할 뿐만 아니라 그 승낙이 윤리적·도덕적으로 사회상규에 반하는 것이 아니어야 한다(대판 1985.12.10, 85도1892). ● 사시

> **판례 정리 … 사회상규에 반한다고 본 판례**
>
> 1. 잡귀사건 : 甲이 병을 앓고 있는 乙에게 잡귀 때문에 병이 있다고 하자 乙은 잡귀를 물리쳐 줄 것을 부탁하였고, 이에 甲은 다른 6명과 함께 12시간 동안 잡귀를 물리친다면서 乙의 뺨 등을 때리고 팔과 다리를 잡고 배와 가슴을 손과 무릎으로 힘껏 누르고 밟는 등 하여 乙로 하여금 내출혈로 사망에 이르게 한 경우(대판 1985.12.10, 85도1892) ☞ 폭행치사죄 성립 ● 사시
> 2. 장난권투사건 : 장난권투 중 피할 만한 여유도 없는 좁은 장소와 상급자인 피고인이 하급자인 피해자로부터 아프게 반격을 받을 정도의 상황에서 신체가 보다 더 건강한 피고인이 피해자에게 약 1분 이상 가슴과 배를 때려 사망의 결과에 이르게 한 경우(대판 1989.11.28, 89도201) ☞ 폭행치사죄 성립 ● 사시, 법행
> 3. 보험금 편취사건 : 피해자와 공모하여 교통사고를 가장하여 보험금을 편취할 목적으로 그 피해자의 승낙을 받고 그에 따라 피해자에게 상해를 가한 경우(대판 2008.12.11, 2008도9606) ● 경찰, 검찰9급, 사시

(4) 법률에 특별한 규정이 없을 것

승낙살인죄와 같이 처벌하는 규정이 있을 경우에는 위법성이 조각되지 않는다.

(5) 승낙에 의한 행위(주관적 정당화 요소)

행위자는 피해자의 승낙이 있었다는 사실을 인식하고 행위를 하여야 한다.

Ⅲ 추정적 승낙

1. 서 설

추정적 승낙이란 현실적 승낙은 없었으나 모든 사정을 객관적으로 판단하면 승낙이 확실히 기대될 수 있는 경우를 말한다.

2. 유 형

피해자의 이익을 위한 경우와 행위자나 제3자의 이익을 위한 경우가 있다.

3. 추정적 승낙의 성립요건

(1) 피해자의 승낙과 공통되는 요건

(2) 추정적 승낙의 특유한 요건

① 승낙의 불가능

② 승낙의 기대 : 사문서의 위·변조죄는 작성권한 없는 자가 타인 명의를 모용하여 문서를 작성하는 것을 말하는 것이므로 사문서를 작성·수정함에 있어 그 <u>명의자의 명시적이거나 묵시적인 승낙이 있었다면 사문서의 위·변조죄에 해당하지 않고</u>, 한편 행위 당시 명의자의 현실적인 승낙은 없었지만 행위 당시의 모든 객관적 사정을 <u>종합하여 명의자가 행위 당시 그 사실을 알았다면 당연히 승낙했을 것이라고 추정되는 경우</u> 역시 <u>사문서의 위·변조죄가 성립하지 않는다</u>(대판 2003.5.30, 2002도235).

> **비교판례**
>
> 작성권한 없는 자가 타인 명의의 사문서를 작성·수정할 경우 <u>명의자의 명시적인 승낙이나 동의가 없다는 것을 알고 있으면서도</u> 명의자 이외의 자의 의뢰로 문서를 작성하는 경우에는 <u>명의자가 문서 작성 사실을 알았다면 승낙하였을 것이라고 **기대하거나 예측**한 것만으로는 그 승낙이 추정된다고 단정할 수 없다</u>(대판 2003.5.30, 2002도235). ● 사시

> **관련판례**
>
> ① 건물의 소유권에 대한 분쟁이 계속되고 있는 상황이라면 건물의 소유자라고 주장하는 피고인이 그 건물에 침입하는 것에 대한 건물점유자의 추정적 승낙이 있었다거나 사회상규에 위배되지 않는 것이라 볼 수 없다(대판 1989.9.12, 89도889). ● 검찰7급, 법행
> ② 해고의 효력을 다투는 해고근로자가 평소 복직협의를 위해 회사의 허가를 받아 회사 구내로 출입하였다 하더라도 <u>노조원들에 의해 회사가 점거되어 회사의 업무가 정상적으로 수행되지 아니할 때에 당시 노조간부들이 무단점거하여 사용하고 있던 노조임시사무실에 출입한 행위는 회사측의 의사 내지 추정적 의사에 반한다</u>(대판 1994.2.8, 93도120). ☞ 건조물침입죄 성립 ● 경찰, 사시
> ③ 사자명의로 된 문서를 작성함에 있어 사망자의 처로부터 사망자의 인장을 교부받아 생존 당시 작성한 것처럼 문서의 작성일자를 그 명의자의 생존중의 일자로 소급하여 작성한 때에는 작성명의인의 승낙이 있다고 볼 수 없다 할 것이니 사문서위조죄에 해당한다(대판 1983.10.25, 83도1520). ● 사시
> ④ [1] 문서명의인이 이미 사망하였는데 문서명의인이 생존하고 있다는 점이 문서의 중요한 내용을 이루거나 그 점을 전제로 문서가 작성되었다면 사망한 명의자의 승낙이 추정된다는 이유로 사문서위조죄의 성립을 부정할 수는 없다.
> [2] 甲이 자신의 父 乙에게서 乙소유의 부동산 매매에 관한 권한 일체를 위임받아 이를 매도하였는데, 그 후 乙이 갑자기 사망하자 소유권 이전에 사용할 목적으로 乙이 甲에게 인감증명서 발급을 위임한다는 취지의 인감증명위임장을 작성한 경우 그러한 내용의 문서에 관하여 사망한 명의자의 승낙이 추정된다는 이유로 사문서위조죄의 성립을 부정할 수는 없다(대판 2011.9.29, 2011도6223).

⑤ 甲이 점유자와 소유자가 다른 승용차를 점유자의 의사에 반하여 자신의 점유로 옮긴 경우, 이러한 甲의 행위가 결과적으로 소유자의 이익이 되거나 이에 대한 소유자의 추정적 승낙이 있다고 볼 만한 사정이 있는 것만으로는 甲의 불법영득의사를 부정할 수 없다(대판 2014.2.21, 2013도14139). ● 경찰

제6절 정당행위

제20조 (정당행위) 법령에 의한 행위 또는 업무로 인한 행위 기타 사회상규에 위배되지 아니하는 행위는 벌하지 아니한다.

I 서 설

어떠한 행위가 범죄구성요건에 해당하지만 정당행위라는 이유로 위법성이 조각된다는 것은 **그 행위가 적극적으로 용인, 권장된다는 의미가 아니라** 단지 특정한 상황하에서 그 행위가 범죄행위로서 처벌대상이 될 정도의 위법성을 갖추지 못하였다는 것을 의미한다(대판 2021.12.30, 2020도1709).

II 법령에 의한 행위

1. 공무원의 직무집행행위

법정의 절차 없이 피해자를 경찰서보호실에 감금한 행위는 정당행위가 아니라 직권을 남용한 것으로서 불법감금에 해당한다(대판 1971.3.8, 70도2406). ● 법행

2. 징계행위

(1) 친권자의 징계행위

① 스스로의 감정을 이기지 못하고 야구방망이로 때릴 듯이 피해자에게 "죽여버린다"고 말하여 협박하는 것은 교양권의 행사라고 보기 어렵다(대판 2002.2.8, 2001도6468).
② 4세인 아들이 대소변을 가리지 못한다고 닭장에 가두고 전신을 구타한 것은 친권자의 징계권 행사에 해당한다고 볼 수 없다(대판 1969.2.4, 68도1793). ● 경찰

(2) 학교장 및 교사의 징계행위

> **관련판례**
>
> ① 교사가 피해자인 학생이 욕설을 하였는지를 확인도 하지 못할 정도로 침착성과 냉정성을 잃은 상태에서 욕설을 하지도 아니한 학생을 오인하여 구타하였다면 그 교사가 비록 교육상 학생을 훈계하기 위하여 한 것이라고 하더라도 이는 징계권의 범위를 일탈한 위법한 폭력행위이다(대판 1980.9.9, 80도762). ● 사시, 검찰9급
> ② 중학교 교장직무대리자가 훈계의 목적으로 교칙위반학생에게 뺨을 몇 차례 때린 정도는 사회상규를 벗어난 것으로 볼 수 없다(대판 1976.4.27, 75도115). ● 법행
> ③ 교사가 학생을 엎드리게 한 후 **몽둥이와 당구큐대로 그의 둔부를 때려 3주간의 치료를 요하는 상처를 입힌 경우** 정당행위에 해당하지 아니한다(대판 1991.5.14, 91도513). ● 법행
> ④ 여자중학교 체육교사가 교칙위반 학생들을 보자 감정을 자제하지 못하고 낯모르는 학생들이 있는 보는 앞에서 여학생을 손이나 주먹, 신고있는 슬리퍼 등으로 때리고 모욕감을 느낄 정도의 지나친 욕설을 한 행위는 사회관념상 객관적 타당성을 잃은 지도행위이어서 정당행위로 볼 수 없다(대판 2004.6.10, 2001도5380). ● 법행, 검찰9급

3. 사인의 현행범 체포

적정한 한계를 벗어난 현행범체포는 위법하며 그 행위가 **적정한 한계를 벗어난 현행범 체포인지 여부**는 정당행위의 일반적 요건을 갖추었는지 여부에 따라 결정되어야 할 것이지 그 행위가 소극적인 방어행위인가 적극적인 공격행위인가에 따라 결정되어야 하는 것은 아니다(대판 1999.1.26, 98도3029). ● 승진

> **관련판례**
>
> ① A회사의 **노동조합** 조합원들이 파업기간 중에 A회사에 채용되어 **대체근로 중이던 자를** 발견하고 뒤쫓아 가 붙잡으려는 과정에서 상해를 입힌 경우 대체근로 중이던 자는 A회사 소속 근로자들의 쟁의행위로 중단된 업무를 수행하기 위하여 乙 회사에 채용된 근로자에 불과하므로, 대향범 관계에 있는 행위 중 '사용자'만 처벌하는 노동조합 및 노동관계조정법 제91조, 제43조 제1항 위반죄의 단독정범이 될 수 없고, 형법 총칙상 공범 규정을 적용하여 공동정범 또는 방조범으로 처벌할 수도 없으므로, 결국 **대체근로 중이던 자는** 현행범인이 아니므로 조합원들의 위와 같은 행위는 적법한 현행범인 체포로서의 정당행위에 해당하지 않는다(대판 2020.6.11, 2016도3048).
> ② 현행범을 체포하기 위하여 범인의 아버지 집에 들어가서 그 아버지와 시비 끝에 동인에게 상해를 입힌 경우에 그 아버지에 대한 상해죄는 물론 주거침입죄도 위법성이 조각되지 않는다(대판 1965.12.21, 65도899). ● 사시, 경찰
> ③ 피고인의 차를 손괴하고 도망하려는 피해자를 도망하지 못하게 멱살을 잡고 흔들어 피해자에게 전치 14일의 흉부찰과상을 가한 경우는 사회통념상 허용되는 행위로서 정당행위에 해당한다(대판 1999.1.26, 98도3029). ● 법무사, 경찰승진, 검찰9급, 사시

4. 노동쟁의 행위

(1) 정당한 쟁의행위의 요건

① **근로자의 쟁의행위가 형법상 정당행위에 해당하려면**, **주체**가 단체교섭의 주체로 될 수 있는 자이어야 하고, **목적**이 근로조건의 향상을 위한 노사 간의 자치적 교섭을 조성하는 데에 있어야 하며, 사용자가 근로자의 근로조건 개선에 관한 구체적인 요구에 대하여 단체교섭을 거부하였을 때 개시하되 특별한 사정이 없는 한 조합원의 찬성결정 등 법령이 규정한 **절차**를 거쳐야 하고, **수단과 방법**이 사용자의 재산권과 조화를 이루어야 함은 물론 폭력의 행사에 해당되지 아니하여야 한다는 조건을 모두 구비하여야 한다. 이러한 기준은 쟁의행위의 목적을 알리는 등 적법한 쟁의행위에 통상 수반되는 부수적 행위가 형법상 정당행위에 해당하는지 여부를 판단할 때에도 동일하게 적용된다(대판 2022.10.27. 2019도10516).

② 쟁의행위에서 추구되는 목적이 여러 가지이고 그 중 일부가 정당하지 못한 경우에는 주된 목적 내지 진정한 목적의 당부에 의하여 그 쟁의행위 목적의 당부를 판단하여야 하므로 부당한 요구사항을 뺐더라면 쟁의행위를 하지 않았을 것이라고 인정되는 경우에만 그 쟁의행위 전체가 정당성을 가지지 못한다(대판 2001.6.26. 2000도2871). ● 법행, 검찰9급

③ 쟁의행위가 정당행위로 위법성이 조각되는 것은 사용자에 대한 관계에서 인정되는 것이므로, 제3자의 법익을 침해한 경우에는 원칙적으로 정당성이 인정되지 않는다. 그런데 도급인은 원칙적으로 수급인 소속 근로자의 사용자가 아니므로, **수급인 소속 근로자의 쟁의행위가 도급인의 사업장에서 일어나 도급인의 형법상 보호되는 법익을 침해한 경우**에는 사용자인 수급인에 대한 관계에서 쟁의행위의 정당성을 갖추었다는 사정만으로 사용자가 아닌 도급인에 대한 관계에서까지 법령에 의한 정당한 행위로서 법익 침해의 **위법성이 조각된다고 볼 수는 없다**. 그러나 … **사용자인 수급인에 대한 정당성을 갖춘 쟁의행위가 도급인의 사업장에서 이루어져 형법상 보호되는 도급인의 법익을 침해한 경우, 그것이 항상 위법하다고 볼 것은 아니고**, 법질서 전체의 정신이나 그 배후에 놓여있는 사회윤리 내지 사회통념에 비추어 용인될 수 있는 행위에 해당하는 경우에는 형법 제20조의 '사회상규에 위배되지 아니하는 행위'로서 위법성이 조각된다(대판 2020.9.3. 2015도1927).

④ 정리해고나 사업조직의 통폐합 등 기업의 구조조정 실시 여부는 경영주체의 고도의 경영상 결단에 속하는 사항으로서 원칙적으로 단체교섭의 대상이 될 수 없어, 그것이 긴박한 경영상의 필요나 합리적 이유 없이 불순한 의도로 추진된다는 등의 특별한 사정이 없음에도 노동조합이 실질적으로 그 실시 자체를 반대하기 위하여 쟁의행위로 나아간다면, 비록 그러한 구조조정의 실시가 근로자들의 지위나 근로조건의 변경을 필연적으로 수반한다 하더라도, 그 쟁의행위는 목적의 정당성을 인정할 수 없다(대판 2014.4.11. 2011도393).

⑤ 노동조합이 주도한 쟁의행위 자체의 정당성과 이를 구성하거나 여기에 부수되는 개개 행위의 정당성은 구별하여야 하므로, 일부 소수의 근로자가 폭력행위 등의 위법행위를 하였더라도, 전체로서의 쟁의행위마저 당연히 위법하게 되는 것은 아니다(대판 2017.7.11, 2013도7896). ● 경찰

(2) 관련판례

인정 (위법성 조각 O)	① 노동조합이 노동쟁의조정신청을 하여 조정절차가 마쳐지거나 조정이 종료되지 아니한 채 조정기간이 끝난 후의 쟁의행위(대판 2001.6.26, 2000도2871 ; 대판 2003.1.26, 2001도1863) ● 경찰, 경찰승진 ② 쟁의행위에 대한 찬반투표를 위해 근무시간 중에 노조임시총회를 개최하고 3시간에 걸친 투표 후 1시간의 여흥시간을 가진 경우(대판 1994.2.22, 93도613) ● 사시 ③ 지역별·산업별·업종별 노동조합의 경우에 총파업이 아닌 이상 쟁의행위를 예정하고 있는 당해 지부나 분회소속 조합원의 과반수의 찬성으로 비폭력적인 쟁의행위를 한 경우(대판 2004.9.24, 2004도4641) ● 검찰7급 ④ 쟁의행위 적법성요건은 갖추었으나, 서면신고의무 절차를 거치지 않은 경우(대판 2007.12.28, 2007도5204) ⑤ 병원의 업무개시 전이나 점심시간을 이용하여 현관로비에서 구호를 외치거나 노래를 합창하며 피켓을 들고 침묵시위를 하며 행진한 경우(대판 1992.12.8, 92도1645) ● 사시 ⑥ 적법한 쟁의행위로서 사업장을 점거 중인 근로자들이 사용자의 직장폐쇄가 정당한 쟁의행위로 인정되지 아니하는 경우에 직장폐쇄를 단행한 사용자로부터 퇴거 요구를 받고 이에 불응한 채 직장점거를 계속한 경우(대판 2007.3.29, 2006도9307) ☞ 퇴거불응죄 × ● 검찰7급 **유사판례** 노동조합이 파업을 시작한 지 불과 4시간 만에 사용자가 바로 직장폐쇄 조치를 취한 것이 정당한 쟁의행위로 인정되지 아니하므로, 사용자측 시설을 정당하게 점거한 조합원들이 사용자의 퇴거요구에 불응하였더라도 퇴거불응죄가 성립하지 아니한다(대판 2007.12.28, 2007도5204). ⑦ 사용자가 당해 사업과 관계없는 자를 쟁의행위로 중단된 업무의 수행을 위하여 채용 또는 대체하는 경우, 쟁의행위에 참가한 **근로자들이 위법한 대체근로를 저지하기 위하여 상당한 정도의 실력을 행사한 경우**(대판 2020.9.3, 2015도1927) ☞ 쟁의행위의 실효를 거두기 위한 것이어서 정당행위에 해당한다는 의미임 ⑧ 한국철도시설공단 노동조합의 위원장인 피고인이 다른 노조간부 7명과 함께 공단의 경영노무처 사무실로 찾아가 방송실 관리자인 총무부장의 승인 없이 무단으로 방송실 안으로 들어가 문을 잠근 다음 쟁의행위의 목적을 알리고 이를 준비하기 위한 노동조합의 중식간담회 참석을 독려하는 방송을

인정 (위법성 조각 O)	하고, 다른 노조간부들은 방송실 문 밖에서 다른 직원들이 방송실에 들어가지 못하도록 막음으로써, 노조간부 7명과 공모하여 <u>방송실에 침입함과 동시에 위력으로 방송실 관리업무를 방해한 경우</u> … 전체적으로 수단과 방법의 적정성을 벗어난 것으로 보이지 않으므로, 형법상 <u>정당행위에 해당하여 위법성이 조각된다</u>(대판 2022.10.27, 2019도10516).
부정 (위법성 조각 X)	① **정리해고나 조직의 통폐합, 과학기술원의 시설부문 민영화계획, 한국철도공사의 신규사업 외주화계획**의 저지에 그 주된 목적을 두고 행해진 쟁의행위(대판 2003.12.11, 2001도3429 ; 대판 2003.12.26, 2001도3380 ; 대판 2007.5.10, 2006도9478) ● 법행, 검찰9급 ② 쟁의행위의 목적이 경영권의 본질에 속하는 **공장이전 자체의 반대**를 위한 것인 경우(대판 2003.11.13, 2003도687) ● 사시 ③ 대한항공 운항승무원 노동조합이 **외국인 조종사의 채용 및 관리**에 관한 주장을 관철하기 위하여 한 쟁의행위(대판 2008.9.11, 2004도746) ● 사시 ④ 쟁의행위가 주로 구속 근로자에 대한 **항소심 구형량이 1심보다 무거워진 것에 대한 항의와 석방 촉구**를 목적으로 이루어진 경우(대판 1991.1.29, 90도2852) ● 사시 ⑤ 조합원의 민주적 의사결정이 실질적으로 확보되었더라도 노동조합 및 노동관계조정법이 정한 **조합원의 찬반투표를 거치지 아니한 쟁의행위**(대판 2001.10.25, 99도4837 전원합의체) ● 경찰승진, 법행 ⑥ 단체협약에서 정한 시간(9시 이전)이 아닌 시간(9시 정각)에 조합원들이 **집단적으로 출근**함으로써 업무수행에 지장을 초래한 경우(대판 1996.5.10, 96도419) ● 사시 ⑦ 근로자들을 선동하여 근로자들이 **통상적으로 해 오던 연장근로를 집단적으로 거부**하도록 함으로써 회사업무의 정상운영을 방해한 경우(대판 1996.2.27, 95도2970) ● 사시 ⑧ 버스노동조합 지부의 적법한 대표자를 배제하고 사용자에 대하여 아무런 통지를 하지 않은 채 일부 근로자들이 비상대책위원회를 구성하고 회사 대표자의 형사처벌 및 퇴진, 군내버스의 완전공영제를 요구하며 실시한 파업(대판 2008.1.18, 2007도1557) ● 검찰9급 ⑨ 쟁의행위시에 **폭력을 행사하거나 파괴행위**를 한 경우(대판 1990.5.15, 90도357) ⑩ 농성에 가담하지 아니하고 근무하는 직원들에게 "**노조원들과 적이 되려 하느냐**"는 등의 야유와 협박을 하며 농성가담을 적극 권유하고, 그 곳에 있는 테렉스기기에 들어가는 **테렉스용지를 찢거나 그 작동을 중단**시키는 등의 행위를 한 경우(대판 1992.5.8, 91도3051) ● 경찰승진 ⑪ 직장 또는 사업장시설을 전면적, 배타적으로 점거하여 조합원 이외의 자의 출입을 저지하거나 사용자측의 관리지배를 배제하여 업무의 중단 또는 혼란을 야기케 하는 경우(대판 2007.12.28, 2007도5204) ● 사시

부정 (위법성 조각 X)	⑫ 쟁의행위의 주된 목적이 회사의 긴박한 경영상의 필요에 의하여 실시되는 정리해고 자체를 전혀 수용할 수 없다는 노동조합 측의 입장을 관철하기 위한 경우(대판 2011.1.27, 2010도11030) ⑬ 근로자가 쟁의행위를 중단하고 진정으로 업무에 복귀할 의사를 표시하였음에도 사용자가 직장폐쇄를 계속 유지하면서 근로자의 쟁의행위에 대한 방어적인 목적에서 벗어나 적극적으로 노동조합의 조직력을 약화시키기 위한 목적 등을 갖는 공격적 직장폐쇄의 경우(대판 2017.7.11, 2013도7896)

5. 기타 법령에 의한 행위

내국인의 출입을 허용하는 **폐광지역개발지원에관한특별법 등에 따라 카지노에 출입**하는 것은 법령에 의한 행위로 위법성이 조각된다(대판 2004.4.23, 2002도2518).

Ⅲ 업무로 인한 행위

1. 의사의 치료행위

의사가 **인공분만기인 '샥숀'**을 사용하면 통상 약간의 상해정도가 있을 수 있으므로 그 상해가 있다하여 '샥숀'을 거칠고 험하게 사용한 결과라고는 보기 어려워 의사의 정당업무의 범위를 넘은 위법행위라고 할 수 없다(대판 1978.11.14, 78도2388).

2. 변호사·성직자의 업무행위

사제가 죄지은 자를 능동적으로 고발하지 않는 것에 그치지 아니하고 은신처마련, 도피자금 제공등 범인을 적극적으로 은닉·도피케 하는 행위는 사제의 정당한 직무에 속하는 것이라고 할 수 없다(대판 1983.3.8, 82도3248). ● 사시, 경찰승진, 경찰

Ⅳ 기타 사회상규에 위배되지 않는 행위

1. 사회상규의 의미

사회상규에 위배되지 아니하는 행위는 **초법규적인** 법익교량의 원칙이나 목적과 수단의 정당성에 관한 원칙 또는 사회적 상당성의 원리 등에 의하여 도출된 개념이다(대판 1971.6.22, 71도827). ● 경찰

2. 사회상규의 판단기준

(1) 요건

형법 제20조 소정의 '사회상규에 위배되지 아니하는 행위'라 함은 법질서 전체의 정신이나 그 배후에 놓여 있는 사회윤리 내지 사회통념에 비추어 용인될 수 있는 행위

를 말한다. 정당행위를 인정하려면 첫째 그 행위의 동기나 목적의 **정당성**, 둘째 행위의 수단이나 방법의 **상당성**, 셋째 보호이익과 침해이익과의 **법익균형성**, 넷째 **긴급성**, 다섯째 그 행위 외에 다른 수단이나 방법이 없다는 보충성 등의 요건을 갖추어야 한다. 이때 어떠한 행위가 위 요건들을 충족하는 정당한 행위로서 위법성이 조각되는 것인지는 구체적인 사정 아래서 합목적적, 합리적으로 고찰하여 개별적으로 판단되어야 하므로, 구체적인 사안에서 정당행위로 인정되기 위한 긴급성이나 보충성의 정도는 개별 사안에 따라 다를 수 있다(대판 2021.3.11, 2020도16527). ●경찰, 법원9급

(2) 보충성

① 형법 제20조는 '사회상규에 위배되지 아니하는 행위'를 정당행위로서 위법성이 조각되는 사유로 규정하고 있다. 위 규정에 따라 사회상규에 의한 정당행위를 인정하려면, 첫째 그 행위의 동기나 목적의 정당성, 둘째 행위의 수단이나 방법의 상당성, 셋째 보호이익과 침해이익과의 법익균형성, 넷째 긴급성, 다섯째로 그 행위 외에 다른 수단이나 방법이 없다는 보충성 등의 요건을 갖추어야 하는데, 위 '**목적·동기**', '**수단**', '**법익균형**', '**긴급성**', '**보충성**'은 **불가분적으로 연관되어 하나의 행위를 이루는 요소들로 종합적으로 평가되어야** 한다.

② '**목적의 정당성**'과 '**수단의 상당성**' 요건은 **행위의 측면**에서 사회상규의 판단 기준이 된다. … 또한 보호이익과 침해이익 사이의 **법익균형**은 **결과의 측면**에서 사회상규에 위배되는지를 판단하기 위한 기준이다. 이에 비하여 **행위의 긴급성과 보충성은 수단의 상당성을 판단할 때 고려요소의 하나로 참작하여야 하고 이를 넘어 독립적인 요건으로 요구할 것은 아니다**. 또한 그 내용 역시 **다른 실효성 있는 적법한 수단이 없는 경우**를 의미하고 '일체의 법률적인 적법한 수단이 존재하지 않을 것'을 의미하는 것은 아니라고 보아야 한다.

③ 형법 제20조의 '**사회상규에 위배되지 아니하는 행위**'는 우리 형법의 독특한 규정으로, **구성요건에 해당하는 행위가 형식적으로 위법하더라도** 사회가 내리는 공적 평가에 의하여 사회상규성이 인정된다면 그 행위를 **실질적으로 위법한 것으로는 평가할 수 없다**는 취지에서 제정 형법 시 도입되었다. '사회상규에 위배되지 아니하는 행위'는 형법 제21조부터 제24조까지의 개별적 위법성조각사유가 인정되지 않고, 법령이나 업무로 인한 행위로 포섭되기 어려운 경우 적용되는 일반적 위법성조각사유이다.

④ 정당행위를 인정하기 위한 기준은 이와 같이 다른 개별적 위법성조각사유에 해당하지 않는 경우에 사회상규에 의한 위법성조각사유 규정이 **보충적으로 적용**되도록 정한 형법의 규율체계, 법령에 정해지지 않았더라도 사회통념과 건전한 상식에 기초한 일반적 위법성조각사유를 별도로 인정하는 입법 취지에 부합하도록 해석되어야 한다. 이는 특히 법률관계를 규율할 입법이 마련되지 않아 제도적 뒷받

침이 없을 때 현행 법령체계 안에서 법률적인 방법으로는 실효성 있는 손해보전이 불가능한 상황에서 한 행동에 대하여 설령 개별적 위법성조각사유에 해당하지 않더라도 사회통념과 전체 법질서의 관점에서 평가하여 사회상규에 의한 정당행위를 수긍할 여지가 있는지 판단할 때 중요하게 고려되어야 한다.

⑤ **사회상규에 위배되지 아니하는 행위**는 일응 범죄구성요건에 해당된다고 보이는 경우에도 극히 정상적인 생활형태의 하나로서 역사적으로 생성된 **사회생활질서의 범위 안에 있는 것으로 볼 수 있는 경우 또는 법질서 전체의 정신이나 그 배후의 지배적인 사회윤리 내지 사회통념에 비추어 용인될 수 있는 행위**를 의미한다. **목적의 정당성, 수단의 상당성, 피해법익과 보호법익의 균형, 긴급성과 보충성의 요건들은** 위 일반원칙으로서 추상적이고 포괄적인 요건인 '사회상규'의 의미를 구체화하여 사회상규가 통일적이고 예측 가능한 재판규범으로 기능하는 역할을 할 수 있도록 하는 기준이지 '사회상규'의 의미를 축소하거나 적용 범위를 제한하기 위한 것이 아니다(대판 2023.5.18. 2917도2760). ● 경찰

> **참조판례**
>
> ㉠ CCTV 설치·운영에 근로자들의 동의 절차나 노사협의회의 협의를 거치지 않았다는 이유로 노동조합원 甲 등이 회사에서 설치하여 작동 중인 CCTV 카메라 51대 중 **근로자들의 작업 모습이 찍히는 12대를 골라 검정색 비닐봉지를 씌워 임시적으로 촬영을 방해한 경우** 정당행위의 성립요건 중 수단과 방법의 상당성을 인정할 수 있다(대판 2023.6.29. 2018도1917). ● 경찰
>
> ㉡ **'동물권'**을 주장해 온 피고인들이 **동물권보호단체** 회원들과 공모하여, 甲 주식회사의 공장 정문 앞 도로에서 甲 회사가 농장으로부터 생닭을 공급받아 도계하는 영업을 계속한다는 이유로 피고인들은 자신들의 손을 콘크리트가 들어있는 가방으로 결박한 채 드러누워 몸으로 생닭을 실은 트럭들을 가로막는 등 차량 진행을 방해하고, 위 단체 회원들은 '닭을 죽이면 안 된다.'는 플래카드를 걸고 같은 내용의 구호를 외치며 노래를 부르는 등 위력으로써 甲 회사의 생닭 운송 및 도계 업무를 방해한 경우, 피고인들의 행위는 업무방해죄의 구성요건에 해당하고, 나아가 동물의 생명과 안전을 보호하고, 기업형(공장식) 축산 시스템에 반대하는 의사를 표명한다는 취지에서 이루어져 그 **동기나 목적의 정당성이 인정될 여지가 있지만**, … 피고인들을 포함한 4명이 함께 약 4시간 이상 지속하여 甲 회사 출입구를 몸으로 막음으로써 생닭을 수송하는 트럭 5대가 회사로 들어가지 못하도록 하여 甲 회사의 생닭 운송 및 도계 업무 집행 자체를 방해한 점 등에서 **수단과 방법의 상당성, 법익 균형성 등이 인정되지 아니하여** 정당행위에 해당하지 않는다(대판 2024.8.1. 2021도2084). ● 승진

> **판례 정리 ··· 정당행위 인정(위법성조각 O)**
>
> 1. 집행관이 **압류집행**을 위해 채무자의 집에 들어가는 과정에서 상해를 가한 경우(대판 1993.10.12, 93도875)
>   ● 경찰승진
> 2. 재건축조합의 조합장이 조합탈퇴의 의사표시를 한 자를 상대로 '사업시행구역 안에 있는 그 소유의 건물을 명도하고 이를 재건축사업에 제공하여 행하는 업무를 방해하여서는 아니 된다'는 가처분의 판결을 받아 위 건물을 철거한 경우(대판 1998.2.13, 97도2877) ☞ 업무로 인한 정당행위에 해당한다.
> 3. 피해자가 술에 취한 상태에서 함께 술을 마시던 피고인의 뒤통수를 때리므로 피고인도 순간적으로 피해자의 얼굴을 1회 때리고 피해자가 주먹으로 피고인의 눈을 강하게 때리므로 더 이상 **때리는 것을 제지하려고 피해자를 붙잡은 정도**의 행위의 결과로 인하여 피해자가 원발성쇼크로 사망한 경우(대판 1991.1.15, 89도2239)
>   ● 사시
>
>   > **유사판례**
>   > 피해자(남, 57세)가 술에 만취하여 아무런 연고도 없는 가정주부인 피고인의 집에 들어가 유리창을 깨고 아무데나 소변을 보는 등 행패를 부리고 나가자, 피고인이 **유리창 값**을 받으러 피해자를 뒤따라 가며 그 어깨를 붙잡았으나, 상스러운 욕설을 계속하므로 더 이상 참지 못하고 잡고 있던 손으로 피해자의 **어깨부분을 밀치자** 술에 취하여 비틀거리던 피해자가 몸을 제대로 가누지 못 하고 앞으로 넘어져 시멘트 바닥에 이마를 부딪쳐 1차성 쇼크로 사망한 경우 정당행위에 해당한다(대판 1992.3.10, 92도37).
>   > ● 사시
>
> 4. 남자가 비좁은 **여자 화장실** 내에 주저앉아 있는 피고인으로부터 무리하게 **쇼핑백**을 빼앗으려고 다가오는 것을 저지하기 위하여 피해자의 어깨를 순간적으로 밀친 행위(대판 1992.3.27, 91도2831)
>   ● 법행
> 5. 피해자로부터 범인으로 오인되어 경찰에 끌려가 구타당하여 입원하게 되자 피해자에게 **치료비를 요구**하고 응하지 않으면 무고죄로 고소하겠다고 하여 치료비를 받은 경우(대판 1971.11.9, 71도1629)
>   ● 사시
> 6. 인접대지 위에 건축허가조건에 위반되게 건물을 신축사용하는 소유자로부터 **일조권 침해** 등으로 인한 손해배상의 합의금을 받는 경우(대판 1990.8.14, 90도114)
>   ● 경찰승진
> 7. 비료를 매수하여 시비한 결과 **사과나무묘목이 고사**하자 그 비료를 생산한 회사에게 손해배상을 요구하면서 사장 이하 간부들에게 욕설을 하거나 응접탁자 등을 들었다 놓았다 하거나 현수막을 만들어 보이면서 시위를 할 듯한 태도를 보이는 경우(대판 1980.11.25, 79도2565)
>   ● 사시
> 8. "앞으로 **수박이 없어지면 네 책임**으로 한다"고 말한 경우(대판 1995.9.29, 94도2187)
>   ● 경찰승진
> 9. 여관을 매도하고 계약금과 잔대금 일부를 수령하였는데 여관을 명도하기가 어렵게 되자 "여관을 명도해 주던가 명도소송비용을 내놓지 않으면 고소하여 구속시키겠다"고 말한 경우(대판 1984.6.26, 84도648)
>   ● 경찰승진
> 10. 공사한 건물의 **대장상 평수보다 실제상의 평수가 많아** 실제상의 평수에 따른 공사금의 지급을 요구하면서 그렇지 않으면 구청장에게 진정하여서라도 대장상의 건물평수가 부족함을 밝히겠다고 한 경우(대판 1979.10.30, 79도1660)
>   ● 경찰승진
> 11. **뽕밭을 유린하는 소**의 고삐가 나무에 얽혀 풀 수 없는 상황하에서 고삐를 낫으로 끊고 소를 밭에서 끌어내는 행위(대판 1976.12.28, 76도2359)
>   ● 경찰
> 12. 시장번영회의 회장이 시행 중인 관리규정을 위반하여 **천장까지 칸막이**를 설치한 일부 점포주들에 대하여 단전조치를 한 경우(대판 1994.4.15, 93도2899) ☞ 업무방해죄 ×
>   ● 사시
> 13. 시장번영회 회장이 이사회의 결의와 시장번영회의 관리규정에 따라서 **관리비 체납자**의 점포에 대하여 단전조치를 한 경우(대판 2004.8.20, 2003도4732)
>   ● 법행
> 14. **교회담임목사를 출교처분**한다는 취지의 교단산하 판결위원회의 판결문을 복사하여 예배를 보러 온 신도들에게 배포한 행위(대판 1989.2.24, 88도899 : 정당행위 내지 제310조에 의해 위법성 조각)
>   ● 사시

15. **부랑인 수용시설**의 책임자가 부랑인들의 야간도주를 방지하기 위해 취침시간에 출입문을 잠근 경우(대판 1988.11.8, 88도1580) 🔵 경찰
16. **정신병자**의 어머니의 의뢰 및 승낙하에 그 감호를 위하여 그 보호실 문을 야간에 한해서 3일간 시정하여 출입을 못하게 한 **감금**행위(대판 1980.2.12, 79도1349)
17. 피해자가 피고인의 고소로 조사받는 것을 따지기 위하여 야간에 피고인의 집에 침입한 상태에서 문을 닫으려는 피고인과 열려는 피해자 사이의 실랑이가 계속되는 과정에서 **문짝**이 떨어져 그 앞에 있던 피해자가 넘어져 2주간의 치료를 요하는 상해를 입게 된 경우(대판 2000.3.10, 99도4273) 🔵 경찰, 경찰승진, 법행
18. 연립주택 아래층에 사는 피해자가 위층 피고인의 집으로 통하는 **상수도관의 밸브**를 임의로 잠근 후 이를 피고인에게 알리지 않아 하루동안 수돗물이 나오지 않은 고통을 겪었던 피고인이 상수도관의 밸브를 확인하고 이를 열기 위하여 부득이 피해자의 집에 들어간 행위(대판 2004.2.13, 2003도7393) 🔵 사시
19. 아파트 입주자대표회의의 임원 또는 아파트관리회사의 직원들인 피고인들이 기존 관리회사의 직원들로부터 계속 업무집행을 제지받던 중 **저수조 청소**를 위하여 출입문에 설치된 자물쇠를 손괴하고 중앙공급실에 침입한 행위는 정당행위에 해당하나, **관리비 고지서**를 빼앗거나 사무실의 집기 등을 들어낸 행위는 정당행위에 해당하지 않는다(대판 2006.4.13, 2003도3902). 🔵 경찰승진, 사시
20. 건설업체 노조원들이 '임·단협 성실교섭 촉구 결의대회'를 개최하면서 차도의 통행방법으로 신고하지 아니한 **삼보일배 행진**을 하여 차량의 통행을 방해한 경우(대판 2009.7.23, 2009도840). 🔵 경찰, 검찰9급
21. '**회사의 직원이 회사의 이익을 빼돌린다**'는 소문을 확인할 목적으로, 비밀번호를 설정함으로써 비밀장치를 한 전자기록인 피해자가 사용하던 '개인용 컴퓨터의 하드디스크'를 떼어내어 다른 컴퓨터에 연결한 다음 의심이 드는 단어로 파일을 검색하여 메신저 대화 내용, 이메일 등을 출력한 경우(대판 2009.12.24, 2007도6243). ☞ 피해자의 범죄 혐의를 구체적이고 합리적으로 의심할 수 있는 상황에서 피고인이 긴급히 확인하고 대처할 필요가 있었고, 그 열람의 범위를 범죄 혐의와 관련된 범위로 제한하였으며, 피해자가 입사시 회사 소유의 컴퓨터를 무단 사용하지 않고 업무 관련 결과물을 모두 회사에 귀속시키겠다고 약정하였고, 검색결과 범죄행위를 인정할 수 있는 여러 자료가 발견된 사정 등에 비추어, 피고인의 그러한 행위는 사회통념상 허용될 수 있는 상당성이 있는 행위로서 형법 제20조의 '정당행위'에 해당한다. 🔵 경찰, 경찰승진
22. 약정기간이 만료되었고 **임대차보증금도 차임연체 등으로 공제되어 이미 남아 있지 않은 상태**에서 미리 예고한 후 호텔 내 주점의 임대인이 임차인의 차임 연체를 이유로 계약서상 규정에 따라 위 주점에 대하여 **단전·단수조치**를 취한 경우(대판 2007.9.20, 2006도9157) 🔵 법행

> **비교판례**
> 약정기간이 만료되지 않았고 임대차보증금도 상당한 액수가 남아 있는 상태에서 계약해지의 의사표시와 경고만을 한 후 **단전·단수조치**를 하였다면 정당행위로 볼 수 없다(대판 2007.9.20, 2006도9157).

23. **골프클럽 경기보조원**들의 구직편의를 위해 제작된 인터넷 사이트 내 회원 게시판에 특정 골프클럽의 운영상 불합리성을 비난하는 글을 게시하면서 위 클럽담당자에 대하여 한심하고 불쌍한 인간이라는 등 경멸적 표현을 한 경우(대판 2008.7.10, 2008도1433) ☞ 모욕죄 × 🔵 검찰9급
24. **신문기자**인 피고인이 고소인에게 2회에 걸쳐 증여세 포탈에 대한 취재를 요구하면서 이에 응하지 않으면 **자신이 취재한 내용대로 보도하겠다**고 말하여 협박한 경우(대판 2011.7.14, 2011도639) ☞ 위 행위가 설령 협박죄에서 말하는 해악의 고지에 해당하더라도 특별한 사정이 없는 한 기사 작성을 위한 자료를 수집하고 보도하기 위한 것으로서 신문기자의 일상적 업무 범위에 속하여 사회상규에 반하지 아니하는 행위라고 보는 것이 타당한데도, 이와 달리 본 원심판단에 정당행위에 관한 법리오해의 위법이 있다고 한 사례 즉, 협박죄가 성립하지 않는다는 내용임 🔵 경찰, 사시

25. 술취한 피해자가 아무런 이유 없이 시비를 걸면서 폭행하기 때문에 피고인이 이를 **뿌리치고 도망**가는 바람에 피해자가 넘어져 상처를 입은 경우(대판 1990.5.22, 90도748)   ● 검찰9급
26. 피해자가 양손으로 피고인의 넥타이를 잡고 늘어져 후경부피하출혈상을 입을 정도로 목이 졸리게 된 피고인이 피해자를 떼어놓기 위하여 왼손으로 자신의 목 부근 넥타이를 잡은 상태에서 오른손으로 피해자의 **손을 잡아 비틀면서 서로 밀고 당기고 한 경우**(대판 1996.5.28, 96도979)   ● 경찰승진
27. 피해자 등 3인이 합세하여 피고인을 강제로 영등포경찰서에 연행하려 하므로 이를 모면하려고 피고인이 팔꿈치로 위 피해자를 **뿌리치면서 그의 가슴을 잡고 벽에 밀어붙인 경우**(대판 1982.2.23, 81도2958)   ● 경찰간부
28. 甲은 **실내 어린이 놀이터** 벽에 기대어 앉아 자신의 딸(4세)이 노는 모습을 보고 있었는데, A(2세)가 다가와 딸이 가지고 놀고 있는 블록을 발로 차고 손으로 집어 들면서 쌓아놓은 블록을 무너뜨리고, 이에 딸이 울자 甲이 A에게 '하지 마, 그러면 안 되는 거야'라고 말하면서 몇 차례 A를 제지하자 A는 甲의 딸을 한참 쳐다보고 있다가 갑자기 딸의 눈 쪽을 향해 오른손을 뻗었고 이를 본 甲이 왼손을 내밀어 A의 행동을 제지하는 과정에서 A가 바닥에 넘어져 **엉덩방아**를 찧은 경우(대판 2014.3.27, 2012도11204)   ● 경찰간부
29. 甲이 A로부터 며칠간에 걸쳐 집요한 괴롭힘을 당해 온데다가 A가 甲이 교수로 재직하고 있는 대학교의 강의실 출입구에서 甲의 진로를 막아서면서 甲을 물리적으로 저지하려 하자 극도로 흥분된 상태에서 그 **행패에서 벗어나기 위하여 A의 팔을 뿌리쳐서** A가 상해를 입게 된 경우(대판 1995.8.22, 95도936)   ● 경찰간부
30. 분쟁중인 부동산관계로 따지러 온 피해자가 피고인에게 달려들어 멱살을 잡고 발로 차는 등 폭행을 가하자 이를 뿌리치기 위하여 소극적인 저항방법으로 부득이 **멱살을 잡고 있는 피해자의 손을 잡고 비틀어 떼어낸 경우**(대판 1986.6.10, 86도400)   ● 경찰승진
31. 갑자기 달려온 사람이 정당한 이유도 없이 피고인의 멱살을 잡고 파출소로 가자면서 계속 끌어당기자 피고인이 이를 **제지하기 위하여 그의 양팔부분의 옷자락을 잡고 밀친 경우**(대판 1990.1.23, 89도1328)   ● 경찰승진
32. **감정평가업자가 아닌 자가** 민사소송법 제335조에 따른 **법원의 감정인 지정결정** 또는 같은 법 제341조 제1항에 따른 **법원의 감정촉탁**을 받아 그 감정사항에 포함된 토지 등의 감정평가를 한 경우(대판 2021. 10. 14, 2017도10634) ☞ 법령에 근거한 법원의 적법한 결정이나 촉탁에 따른 것으로 형법 제20조의 정당행위에 해당한다.   ● 법원
33. 피고인이 해군 부사관 동기생의 단체채팅방에서, 피고인의 직속상관인 피해자가 목욕탕 청소담당 교육생들에게 과실 지적을 많이 한다는 이유로, "**도라이** ㅋㅋㅋ **습기가 그렇게 많은데**"라고 게시한 경우 (대판 2021.8.19, 2020도14576) ☞ 사회상규에 위배되지 않아 형법 제20조의 정당행위에 해당한다.
34. A아파트 입주자대표회의 회장이 자신의 승인 없이 동대표들이 관리소장과 함께 게시한 입주자대표회의 소집공고문을 뜯어내 제거한 경우(대판 2021.12.30, 2021도9680) ☞ 위법성을 바로잡기 위한 것으로 사회통념상 허용되는 범위를 크게 넘어서지 않는 행위로 볼 수 있다.
35. 음란물이 문학적·예술적·사상적·과학적·의학적·교육적 표현 등과 결합되어 음란 표현의 해악이 상당한 방법으로 해소되거나 다양한 의견과 사상의 경쟁메커니즘에 의해 해소될 수 있는 정도에 이르렀다면, 이러한 결합표현물에 의한 표현행위는 형법 제20조에 정하여진 '사회상규에 위배되지 않는 행위'에 해당한다(대판 2017.10.26, 2012도13352).   ● 국가직 9급
36. OO대학교는 학교법인의 전 이사장 乙이 부정입학과 관련된 금품수수 등의 혐의로 구속되었다가 OO대학교 총장으로 선임됨에 따라 학내 갈등을 빚던 중, 총학생회 간부인 피고인들이 총장 乙과의 면담을 요구하면서 총장실 입구에서 진입을 시도하거나, 교무위원회 회의실에 들어가 총장의 사퇴를 요구하면서 이를 막는 학교 교직원들과 실랑이를 벌인 경우(대판 2023.5.18, 2917도2760)   ● 경찰

> **판례 정리** ··· 정당행위 부정(위법성조각 ×)

1. 처가 편집성 인격장애 및 <u>알콜의존증이 있는 남편</u>을 정신과전문의 대면 진찰이나 정신병원장의 입원결정이 없는 상태에서 정신병원 원무과장에게 부탁하여 그를 강제로 구급차에 실어 정신병원에 입원시킨 경우(대판 2001.2.23, 2000도4415) ☞ 사시

2. 甲 주식회사가 피고인에게 <u>공립유치원의 놀이시설</u> 제작 및 설치공사를 하도급주었는데, 피고인이 유치원 행정실장 등에게 공사대금의 직접 지급을 요구하였으나 거절당하자 놀이시설의 일부인 보호대를 칼로 뜯어내고 일부 놀이시설을 철거한 경우(대판 2017.5.30, 2017도2758) ☞ 공용물건손상죄가 성립됨

3. 甲 주식회사 대표이사인 피고인이 주주총회 등에서 특정 의결권 행사방법을 독려하기 위한 방법으로 甲 회사의 주주총회 등에 참석하여 사전투표 또는 직접투표 방식으로 의결권을 행사한 주주들에게 甲 회사에서 발행한 20만 원 상당의 <u>상품교환권 등을 제공</u>한 경우(대판 2018.2.8, 2015도7397) ☞ 주주총회 의결권 행사와 관련된 이익의 공여로서 사회통념상 허용되는 범위를 넘어서는 것이다.

4. 토지 매도인이 매수인에게 소유권이전등기에 필요한 서류 등을 넘겨주지 않겠다는 태도를 취하자 매매계약 중개인이 매수인 앞으로 소유권이전등기를 하기 위하여 <u>기망수단에 의하여 등기에 필요한 인감증명서를 교부받은 경우</u>(대판 1992.11.24, 92도391) ☞ 법행

5. 채권을 변제받을 목적으로 채무자에게 사회통념상 용인되기 어려울 정도의 <u>협박을 수단으로 재물을 교부받은 경우</u>(대판 2000.2.25, 99도4305) ☞ 공갈죄

6. 주주총회에 참석한 주주가 회사측이 정당한 이유 없이 회계장부 등의 열람을 거부하자 회사의 의사에 반하여 회사 사무실을 뒤져 <u>회계장부를 강제로 찾아 열람</u>한 경우 (대판 2001.9.7, 2001도2917) ☞ 방실수색죄
☞ 법행, 경찰승진

7. 대금청구소송의 계속 중 상대방에게 <u>탈세사실을 진정</u>하겠다고 말하여 겁을 먹은 피해자로부터 대금지급약속을 받아낸 경우(대판 1990.11.23, 90도1864) ☞ 공갈죄 ☞ 경간, 경찰승진

8. 피해자의 기망에 의하여 부동산을 비싸게 매수한 피고인이 그 계약을 취소함이 없이 등기를 피고인 앞으로 둔 채 피해자의 <u>전매차익을 받아낼 셈으로 피해자를 협박</u>하여 돈을 받아낸 경우(대판 1991.9.24, 91도1824) ☞ 공갈죄 ☞ 경찰승진

9. 공사수급인의 공사부실로 하자가 발생되어 도급인 측에서 하자보수까지 공사비 잔액의 지급을 거절하자 수급인이 도급인 측에 대하여 비리를 관계기관에 고발하겠다는 내용의 <u>협박 내지 사무실의 장시간 무단점거 및 직원들에 대한 폭행</u> 등의 수단을 써서 공사대금 명목으로 금 8천만원을 교부한 경우(대판 1991.12.13, 91도2127) ☞ 공갈죄 ☞ 경찰승진

10. 피해자의 처에 대한 채권을 회수하기 위하여 <u>피해자의 처와 공모</u>하여 제3자를 매수인으로 내세워 피해자와의 사이에 피해자 소유의 부동산에 관한 매매계약을 체결하고, 그 매매대금을 위 채권에 충당한 행위(대판 1991.9.10, 91도376) ☞ 사기죄 ☞ 사시

11. 불특정·다수인의 통행로로 이용되어 오던 기존통로의 일부 소유자인 피고인으로부터 사용승낙을 받지 아니한 채 통로를 활용하여 공사차량을 통행하게 함으로써 피고인의 영업에 다소 피해가 발생하자 피고인이 <u>공사차량을 통행하지 못하도록 자신 소유의 승용차를 통로에 주차</u>시켜 놓은 행위(대판 2005.9.30, 2005도4688)

12. 주위토지통행권의 존부와 범위에 관한 확인 및 주위통행권을 방해하는 옹벽 부분에 관한 철거를 명하는 판결과 그 강제집행을 따르지 아니하고 <u>임의로 옹벽을 철거</u>한 행위(대판 2008.3.27, 2007도7933) ☞ 법행

13. 피고인이 접근금지, 문언송신금지 등을 명한 임시보호명령을 위반하여 피해자의 주거지에 접근하고 문자메시지를 보낸 경우, 임시보호명령을 위반한 주거지 접근이나 문자메시지 송신을 피해자가 양해 내지 승낙했더라도 가정폭력범죄의 처벌 등에 관한 특례법 위반죄의 구성요건에 해당하고 형법 제20조의 정당행위로 볼 수 없다(대판 2022.1.14, 2021도14015). ☞ 경찰

14. 남북정상회담의 개최과정에서 이루어진 법정절차를 거치지 아니한 <u>대북송금행위</u>(대판 2004.3.25, 2003도7878) ☞ 경찰승진

Chapter 04 위법성론 | 143

15. 외국에서 **침구사자격**을 취득하였으나 국내에서 침술행위를 할 수 있는 면허나 자격을 획득하지 못한 자가 수지침 정도의 수준을 넘어 체침을 시술한 경우(대판 2002.12.26, 2002도5077) 🔵 사시

> **참조판례**
>
> ① **수지침 시술행위**가 광범위하고 보편화된 민간요법이고, 그 시술로 인한 위험성이 적다는 사정만으로 그것이 바로 사회상규에 위배되지 아니하는 행위에 해당한다고 보기는 어렵다고 할 것이나, 수지침은 시술부위나 시술방법 등에 있어서 예로부터 동양의학으로 전래되어 내려오는 체침의 경우와 현저한 차이가 있고, 일반인들의 인식도 이에 대한 관용의 입장에 기울어져 있으므로, … 종합적으로 고려하여 구체적인 경우에 있어서 **개별적으로 보아 법질서 전체의 정신이나 그 배후에 놓여 있는 사회윤리 내지 사회통념에 비추어 용인될 수 있는 행위에 해당한다고 인정되는 경우**에는 형법 제20조 소정의 사회상규에 위배되지 아니하는 행위로서 **위법성이 조각된다**(대판 2000.4.25, 98도2389). ☞ 환자가 스스로 수지침한 봉지를 사 가지고 피고인을 찾아와서 수지침 시술을 부탁하므로 피고인이 아무런 대가를 받지 아니하고 시술행위를 한 경우 사회상규에 위배되지 않아 위법성이 조각된다.
>
> ② **부항 시술행위**가 광범위하고 보편화된 민간요법이고, 그 시술로 인한 위험성이 적다는 사정만으로 그것이 바로 사회상규에 위배되지 아니하는 행위에 해당한다고 보기는 어렵지만 …**개별적으로 보아 법질서 전체의 정신이나 그 배후에 놓여 있는 사회윤리 내지 사회통념에 비추어 용인될 수 있는 행위에 해당한다고 인정되는 경우**에는 형법 제20조 소정의 사회상규에 위배되지 아니하는 행위로서 위법성이 조각된다(대판 2004.10.28, 2004도3405). ☞ 찜질방 내에서 사람들에게 아픈 부위에 부항을 뜬 후 그 곳을 부항침으로 10회 정도 찌르고 다시 부항을 뜨는 방법으로 치료를 하여 주고 **치료비 명목으로 15,000원 또는 25,000원을 받은 경우** 사회상규에 위배되어 위법성이 조각되지 않는다.

16. **민간관리자격자로부터 대체의학자격증**을 수여받은 자가 침술원을 개설한 경우(대판 2003.5.13, 2003도939) 🔵 사시
17. 의사가 모발이식시술을 하면서 이에 관하여 어느 정도 지식을 가지고 있는 **간호조무사**로 하여금 **모발이식 시술**행위 중 일정 부분을 직접 하도록 맡겨둔채 별반 관여하지 않은 경우(대판 2007.6.28, 2005도8317) 🔵 경찰승진
18. **조산사**가 산모의 분만과정 중 별다른 응급상황이 없음에도 독자적 판단으로 **포도당 또는 옥시토신을 투여**한 행위(대판 2007.9.6, 2005도9670) 🔵 사시
19. **의료인이 아닌 자**가 안마 · 지압 행위를 하면서 신체에 대한 상당한 물리적 충격을 가하는 방법으로 질병의 치료행위에까지 이르거나, 크리스탈 필리기를 사용하여 각질을 제거하는 **피부박피술**을 행한 경우(대판 2004.1.15, 2001도298 ; 대판 2003.9.5, 2003도2903)
20. 조직폭력 특별단속 전담업무를 맡은 형사가 무기를 휴대할 필요를 느껴 **분사기를 구입**하였으나 소지허가를 받지 않은 경우(대판 1996.7.30, 95도2408) 🔵 사시, 경찰
21. 타 회사의 폐석운반을 방해할 의사로, 선착장 앞에 위치한 **자신의 어업구역 내**에 양식장을 설치한다는 구실로 밧줄을 매어 **선박의 출입을 방해**한 경우(대판 1996.11.12, 96도2214) 🔵 사시
22. **행방불명된 남편**에 대하여 불리한 민사판결이 선고되자, 그 처가 적법한 다른 방법을 강구하지 아니하고 남편 명의의 항소장을 위조하여 이를 법원에 제출한 경우(대판 1994.11.8, 94도1657) 🔵 경찰승진, 검찰9급
23. **진주민속예술보존회 이사장**이 이사회 또는 임시총회의 의장으로서 의안에 관하여 발언하다가 타인의 명예를 훼손하는 내용의 말을 한 경우(대판 1990.12.26, 90도2473)
24. 상사계급의 피고인이 그의 잦은 폭력으로 신체에 위해를 느끼고 겁을 먹은 상태에 있던 부대원들에게 청소 불량 등을 이유로 40~50분간 머리박아(속칭 **원산폭격**)를 시키거나 양손을 깍지낀 상태에서 2시간 동안 **팔굽허펴기**를 하게 한 행위(대판 2006.4.27, 2003도4151) 🔵 검찰9급

25. 새마을금고 이사장이 새마을금고법 및 정관에 반하여 **비회원인 회사에 대출**을 해 주어 그 회사가 대출금으로 회원인 회사근로자들의 상여금을 지급한 경우(대판 1999.2.23, 98도1869) ● 경찰승진
26. 불법 건축물이라는 이유로 일반음식점 영업신고의 접수가 거부되었고, 이전에 동일 장소에서 **무신고 영업행위**로 3차례나 형사처벌까지 받았음에도 계속하여 동일 장소에서 일반음식점 영업행위를 한 경우(대판 2009.4.24, 2008도6829) ● 사시
27. 술에 취한 피해자가 피고인을 때렸다가 피고인의 반항하는 기세에 **겁을 먹고 주춤주춤 피하는 것을 피고인이 밀어서 넘어뜨린 경우**(대판 1985.3.12, 84도2929) ● 경찰승진
28. 기도원운영자가 정신분열증 환자의 치료 목적으로 안수기도를 하다가 환자에게 상해를 입힌 경우, 장시간 환자의 신체를 강제로 제압하는 등 과도한 유형력을 행사한 것으로서 '사회상규상 용인되는 정당행위'에 해당하지 않는다(대판 2008.8.21, 2008도2695). ● 검찰7급, 사시
29. **2인 이상이 하나의 공간에서 공동생활을 하고 있는 경우**에는 각자 주거의 평온을 누릴 권리가 있으므로, 사용자가 제3자와 공동으로 관리·사용하는 공간을 사용자에 대한 쟁의행위를 이유로 관리자의 의사에 반하여 침입·점거한 경우, 비록 그 공간의 점거가 사용자에 대한 관계에서 정당한 쟁의행위로 평가될 여지가 있다 하여도 이를 공동으로 관리·사용하는 제3자의 명시적 또는 추정적인 승낙이 없는 이상 위 제3자에 대하여서까지 이를 정당행위라고 하여 주거침입의 위법성이 조각된다고 볼 수는 없다(대판 2010.3.11, 2009도5008). ● 법행
30. 불법감청·녹음등에 의해 수집된 내용을 보도·공개한 언론의 정당행위 요건
    [1] 불법 감청·녹음 등에 관여하지 아니한 언론기관이, 그 통신 또는 대화의 내용이 불법 감청·녹음 등에 의하여 수집된 것이라는 사정을 알면서도 이를 보도하여 공개하는 행위가 형법 제20조의 정당행위로서 위법성이 조각된다고 하기 위해서는, 첫째 **보도의 목적이 불법 감청·녹음 등의 범죄가 저질러졌다는 사실 자체를 고발하기 위한 것으로** 그 과정에서 불가피하게 통신 또는 대화의 내용을 공개할 수밖에 없는 경우이거나, 불법 감청·녹음 등에 의하여 수집된 통신 또는 대화의 내용이 이를 공개하지 아니하면 공중의 생명·신체·재산 기타 공익에 대한 중대한 침해가 발생할 가능성이 현저한 경우 등과 같이 **비상한 공적 관심의 대상이 되는 경우**에 해당하여야 하고, 둘째 **언론기관이 불법 감청·녹음 등의 결과물을 취득할 때 위법한 방법을 사용하거나 적극적·주도적으로 관여하여서는 아니 되며**, 셋째 보도가 불법 감청·녹음 등의 사실을 고발하거나 비상한 공적 관심사항을 알리기 위한 목적을 달성하는 데 필요한 부분에 한정되는 등 **통신비밀의 침해를 최소화**하는 방법으로 이루어져야 하고, 넷째 언론이 그 내용을 보도함으로써 얻어지는 이익 및 가치가 통신비밀의 보호에 의하여 달성되는 이익 및 가치를 초과하여야 한다.
    [2] 방송사 기자인 피고인이, 구 국가안전기획부 내 정보수집팀이 대기업 고위관계자와 모 중앙일간지 사주 간의 사적 대화를 불법 녹음하여 생성한 녹음테이프와 녹취보고서로서, 1997년 제15대 대통령 선거를 앞두고 위 대기업의 여야 후보 진영에 대한 정치자금 지원 문제 및 정치인과 검찰 고위관계자에 대한 이른바 추석 떡값 지원 문제 등을 논의한 대화가 담겨 있는 **도청자료를 입수한 후 그 내용을 자사의 방송프로그램을 통하여 공개한 경우**, 피고인이 국가기관의 불법 녹음을 고발하기 위하여 불가피하게 위 도청자료에 담겨있던 대화 내용을 공개하였다고 보기 어렵고, 위 대화가 보도 시점으로부터 약 8년 전에 이루어져 그 내용이 보도 당시의 정치질서 전개에 직접적인 영향력을 미친다고 보기 어려운 사정 등을 고려할 때 위 대화 내용이 비상한 공적 관심의 대상이 되는 경우에 해당한다고 보기도 어려우며, 피고인이 위 도청자료의 취득에 적극적·주도적으로 관여하였다고 보는 것이 타당하고, 이를 보도하면서 대화 당사자들의 실명과 구체적인 대화 내용을 그대로 공개함으로써 **수단이나 방법의 상당성을 결여하였으며**, 위 보도와 관련된 모든 사정을 종합하여 볼 때 **위 보도에 의하여 얻어지는 이익 및 가치가 통신비밀이 유지됨으로써 얻어지는 이익 및 가치보다 우월하다고 볼 수 없으므로**, 피고인의 위 공개행위가 형법 제20조의 정당행위에 해당하지 않는다(대판 2011.3.17, 2006도8839 전원합의체). ● 경찰, 검찰7급

> **유사판례**
> 국회의원인 피고인이, 구 국가안전기획부 내 정보수집팀이 대기업 고위관계자와 중앙일간지 사주 간의 사적 대화를 불법 녹음한 자료를 입수한 후 그 대화내용과, 위 대기업으로부터 이른바 떡값 명목의 금품을 수수하였다는 검사들의 실명이 게재된 보도자료를 작성하여 자신의 인터넷 홈페이지에 게재한 경우 정당행위에 해당하지 않는다(대판 2011.5.13, 2009도14442). ● 검찰7급

31. 갑 주식회사 임원인 피고인들이 회사 직원들 및 그 가족들에게 수여할 목적으로 전문의약품인 **타미플루 39,600정** 등을 제약회사로부터 매수하여 취득하였다고 하여 구 약사법 위반죄로 기소된 사안에서, 불특정 또는 다수인에게 무상으로 의약품을 양도하는 수여행위도 '판매'에 포함되므로 위와 같은 행위가 같은 법 제44조 제1항 위반행위에 해당한다는 전제에서, 사회상규에 위배되지 아니하는 정당행위로서 위법성이 조각된다는 취지의 피고인들 주장을 배척한 원심의 조치를 정당하다고 한 사례(대판 2011.10.13, 2011도6287) ☞ 정당행위에 해당하지 않는다. ● 경찰, 사시

32. **신고한 옥외집회에서 고성능 확성기 등을 사용**하여 발생된 소음으로 인근의 사무실 내에서 전화통화, 대화 등이 어려웠으며 밖에서는 부근을 통행하기조차 곤란하였고 인근 상인들도 소음으로 인한 고통을 호소한 경우(대판 2004.10.15, 2004도4467) ☞ 업무방해죄가 성립한다. ● 경찰간부

33. 특정 인터넷 홈페이지에 갑이 게시한 글을 을이 운영하는 인터넷 카페 게시판에 퍼온 뒤 갑을 지칭하면서 모욕적인 표현을 사용하여 댓글을 달거나 허위사실을 적시한 경우(대판 2009.10.29, 2009도4783) ● 검찰9급

34. **지입차주들이 지입료 등을 연체**하자 계약을 일방적으로 해지하고 차량을 회수할 수 있도록 한 계약내용에 따라 회사 직원이 지입차주인 피해자들이 점유하는 각 **차량 또는 번호판**을 피해자들의 의사에 반하여 **무단으로 취거**한 경우(대판 2010.10.14, 2008도6578)

35. 사채업자인 피고인이 피해자에게 채무를 변제하지 않으면 피해자가 **숨기고 싶어하는 과거의 행적과 사채를 쓴 사실 등을 남편과 시댁에 알리겠다**는 등의 문자메시지를 발송한 경우(대판 2011.5.26, 2011도2412) ☞ 협박죄○ ● 경찰

36. 갑 정당 당직자인 피고인들 등이 국회 외교통상 상임위원회 회의장 앞 복도에서 출입이 봉쇄된 회의장 출입구를 뚫을 목적으로 회의장 출입문 및 그 안쪽에 쌓여있던 책상, 탁자 등 집기를 손상하거나, 국회의 심의를 방해할 목적으로 소방호스를 이용하여 **회의장 내에 물을 분사**한 경우(대판 2013.6.13, 2010도13609) ☞ 공용물건손상죄 및 국회회의장 소동죄

37. 구 「공직선거및선거부정방지법」상 선거비용지출죄는 회계책임자가 아닌 자가 선거비용을 지출한 경우에 성립되는 죄인바, 후보자가 그와 같은 행위가 죄가 되는지 몰랐다고 하더라도 회계책임자가 아닌 후보자가 선거비용을 지출한 이상 회계책임자가 후에 후보자의 선거비용 지출을 추인하였다 하더라도 그 위법성이 조각되지 않는다(대판 1999.10.12, 99도3335). ● 경찰

38. 현직 군수로서 전국동시지방선거 지방자치단체장 선거에 특정 정당 후보로 출마가 확실시되는 피고인이 같은 정당 지역청년위원장 등 **선거구민 20명에게** 약 36만원 상당의 **식사를 제공**하여 기부행위를 한 경우(대판 2011.2.24, 2010도14720) ● 경찰승진

39. 감정평가업자가 아닌 **공인회계사**가 타인의 의뢰에 의하여 일정한 보수를 받고 부동산공시법이 정한 **토지에 대한 감정평가**를 업으로 행한 경우(대판 2015.11.27, 2014도191)

40. 주식회사 감사인 피고인이 회사 경영진과의 불화로 한 달 가까이 결근하다가 자신의 **출입카드가 정지**되어 있는데도 이른 아침에 경비원에게서 출입증을 받아 컴퓨터 하드디스크를 절취하기 위해 회사 감사실에 들어간 경우(대판 2011.8.18, 2010도9570) ● 사시

41. **한의사**인 피고인이 자신이 운영하는 한의원에서 진단용 방사선 발생장치인 X-선 골밀도측정기를 이용하여 환자의 발뒤꿈치 등의 **성장판검사**를 한 경우(대판 2011.5.26, 2009도6980) ● 경간부

CHAPTER 05 책임론

제1절 책임의 일반이론

I 책임의 의의

책임이란 규범이 요구하는 합법을 결의하고 이에 따라 행동할 수 있었음에도 불구하고 불법을 결의하고 위법한 행위를 하였다는 점에 대한 행위자에게 가해지는 비난가능성을 말한다.

II 책임의 근거 ●경찰, 사시

구 분	도의적 책임론	사회적 책임론
의 의	책임이란 자유의사를 가진 자가 자유로운 의사에 의하여 적법한 행위를 할 수 있었음에도 불구하고 위법행위를 한 데 대한 윤리적 비난이라고 보는 견해이다.	책임의 근거를 소질과 환경에 의해서 결정된 행위자의 반사회적 성격에 두고 책임이란 인간의 반사회적 성격에 대하여 가하여지는 사회적 비난가능이라고 보는 견해이다.
책 임	도의적·윤리적 비난가능성	사회적 비난가능성(사회방위처분을 받아야 할 지위)
책임의 근거	• 자유의사 • 의사책임(비결정론) • 행위책임(개별적 행위책임)	• 반사회적 성격(반사회성) • 성격책임(결정론) • 행위자 책임
책임능력	• 책임능력 = 범죄능력(행위능력) • 책임무능력자는 자유의사가 없으므로 범죄능력이 없다.	• 책임능력 = 형벌능력(형벌적응능력, 수형능력) • 책임무능력자도 반사회적 성격을 갖고 반사회적 행위를 하는 이상 사회방위를 위하여 보안처분이 필요하다.
형벌과 보안처분과의 관계	• 이원론 • 형벌과 보안처분의 질적 차이를 인정한다.	• 일원론 • 형벌과 보안처분은 질적 차이가 아니라 양적 차이가 있을 뿐이다.
이론적 배경	• 고전학파(구파) • 객관주의(범죄론) • 응보주의(형벌론)	• 근대학파(신파) • 주관주의(범죄론) • 목적형주의(형벌론)

Ⅲ 책임의 본질

학설	내용	책임요소	비판 검찰, 사시, 경찰
심리적 책임론	책임이란 행위·결과에 대한 행위자의 심리적 사실관계이며 이러한 심리적 사실인 고의·과실이 책임의 본질이라는 견해	① 책임능력 ② 고의·과실	① 행위나 결과에 대하여 행위자의 심리관계가 있을 수 없는 인식 없는 과실에 대하여 책임을 인정할 수 없게 된다. ② 고의나 과실은 있으나 책임능력이 부정되거나 기대불가능성을 이유로 책임이 조각되는 경우를 설명할 수 없다(강요된 행위, 형사미성년자의 행위).
순수한 규범적 책임론	책임은 심리적 사실관계가 아니라 비난가능성이 책임의 본질이라는 견해	① 책임능력 ② 위법성의 인식 ☞ 고의(사실의 인식)와 위법성 인식의 분리 ③ 기대가능성	'평가의 객체'와 '객체의 평가'를 구분하여 책임의 고유한 평가 객체인 행위의사를 책임에서 제외함으로써 책임은 고유한 판단대상을 상실하게 되어 책임개념의 공허화를 초래하였다.

Ⅳ 책임판단의 대상

1. 행위책임의 원칙

책임판단의 대상은 구체적인 행위이다. 따라서 행위자의 범죄적 인격은 책임판단의 대상이 아니다.

2. 행위자 책임의 보충가능성

금지착오의 회피가능성, 누범, 양형의 조건, 상습범의 가중처벌 등에서는 예외적으로 행위자의 인격 등이 중요한 의미를 갖는다.

제2절 책임능력

I 서 설

1. 책임능력의 개념
행위자가 법규범의 명령과 금지를 인식하고 법규범에 따라 행동할 수 있는 능력을 말한다.

2. 책임능력의 규정방법
생물학적 방법, 심리적(규범적) 방법, 혼합적 방법이 있다.

II 책임무능력자

1. 형사미성년자

> 제9조 (형사미성년자) <u>14세 되지 아니한 자</u>의 행위는 벌하지 아니한다. ● 검찰9급

(1) 의 의

만 14세 미만자의 행위는 의사를 결정할 능력이 있더라도 책임능력이 부정된다.

(2) 소년법상의 특별규정

① 부정기형 선고의 기준 : 소년법상 부정기형은 처단형이 아닌 <u>법정형을 기준으로</u> 하여 장기 2년 이상의 유기징역에 해당하는 죄를 범하였을 때 선고하도록 되어 있으므로 원심이 소년이 범한 죄에 대한 법정형인 사형, 무기 또는 10년 이상의 징역 가운데 <u>무기징역을 선택한 다음 작량감경하여 부정기형이 아닌 장기의 유기징역형을 선고한 것은 옳다</u>(대판 1990.10.23, 90도2083). ● 검찰7급

② 소년법상의 보호처분과 상습성 : 상습성을 인정하는 자료에는 아무런 제한이 없으므로 과거에 소년법에 의한 보호처분을 받은 사실도 상습성 인정의 자료로 삼을 수 있다(대판 1990.6.26, 90도887). ● 법행

2. 심신상실자

> 제10조 (심신장애인) ① 심신장애로 <u>**인하여**</u> 사물을 변별할 능력이 **없거나** 의사를 결정할 능력이 없는 자의 행위는 **벌하지 아니한다**. ● 검찰7급

(1) 의 의

심신장애로 인하여 사물을 변별할 능력이 없거나 의사를 결정할 능력이 없는 자를 말한다.

(2) 심신상실의 요건

① 요건 : 형법 제10조에 규정된 심신장애는 **생물학적 요소**로서 정신병 또는 비정상적 정신상태와 같은 **정신적 장애가 있는 외에 심리학적 요소**로서 이와 같은 정신적 장애로 말미암아 사물에 대한 변별능력과 그에 따른 행위통제능력이 결여되거나 감소되었음을 요하므로, 정신적 장애가 있는 자라고 하여도 범행 당시 정상적인 **사물변별능력이나 행위통제능력이 있었다면** 심신장애로 볼 수 없다(대판 2007.2.8, 2006도7900). ● 경찰

> **유사판례**
> 피고인이 평소 간질병 증세가 있었다하더라도 범행 당시에는 간질병이 발작하지 아니하였다면 이는 책임감면 사유인 심신장애 내지는 심신미약의 경우에 해당하지 아니한다(대판 1983.10.11, 83도1897).
> ● 검찰9급, 사시

② 판단 : 형법 제10조 제1항, 제2항에 규정된 **심신장애의 유무 및 정도의 판단은 법률적 판단**으로서 반드시 전문감정인의 의견에 기속되어야 하는 것은 아니고 정신분열증의 종류와 정도, 범행의 동기, 경위, 수단과 태양, 범행전후의 피고인의 행동, 반성의 정도 등 여러 사정을 종합하여 법원이 독자적으로 판단할 수 있다(대판 1999.1.26, 98도3812). ● 행시, 입시, 경찰승진

> **유사판례**
> ① 심신장애자의 행위인 여부는 반드시 전문가의 감정에 의하여만 결정할 수 있는 것이 아니고 그 행위의 전후 사정이나 기록에 나타난 제반자료와 공판정에서의 피고인의 태도 등을 종합하여 심신상실 또는 미약자의 행위가 아니라고 인정하여도 이를 위법이라 할 수 없다(대판 1984.4.24, 84도527). ● 사시
> ② 피고인이 편집형 정신분열증환자로서 심신상실의 상태에 있었다는 감정인의 의견을 배척하고 제반사정을 종합하여 법원이 독자적으로 심신미약으로 판단할 수 있다(대판 1994.5.13, 94도581). ● 검찰9급

> **비교판례**
> [심신장애의 의심이 드는 경우의 판단]
> ① 피고인에게 우울증 기타 정신병이 있고 특히 생리도벽이 발동하여 절도 범행을 저지른 **의심이 들 경우**에는 전문가에게 피고인의 정신상태를 감정시키는 등의 방법으로 심신장애 여부를 심리하여야 한다(대판 1999.4.27, 99도693).
> ② 피고인이 범행 당시 그 심신장애의 정도가 단순히 사물을 변별할 능력이나 의사를 결정할 능력이 미약한 상태에 그쳤는지 아니면 그러한 **능력이 상실된 상태이었는지 여부가 불분명**하므로, 원심으로서는 **먼저** 피고인의 정신상태에 관하여 충실한 정보획득 및 관계 상황의 포괄적인 조사·분

석을 위하여 피고인의 정신장애의 내용 및 그 정도 등에 관하여 <u>정신의로 하여금 감정을 하게 한 다음</u>, 그 감정결과를 중요한 <u>참고자료로 삼아</u> 범행의 경위, 수단, 범행 전후의 행동 등 제반 사정을 종합하여 범행 당시의 심신상실 여부를 경험칙에 비추어 규범적으로 판단한다(대판 1998.4.10, 98도549). ● 경찰승진

③ 피고인의 병력, 가족관계, 성장환경, 그 동안의 전력, 피고인의 범죄 횟수 및 그 시간적 간격, 각 범행 전후의 정황, 피고인에 대한 정신감정 결과 등에 비추어 <u>피고인의 각 범행이 **매우 심각한 충동조절장애와 같은 성격적 결함**으로 인하여 심신장애 상태에서 순간적으로 저지른 것일 가능성도 있는데도</u>, 원심판결이 객관적 <u>정신감정기관을 통하여 자세한 정신감정을 다시 실시하는 등의 방법으로 심신장애 여부를 심리하지 아니한 것은 위법하다</u>(대판 2006.10.13, 2006도5360). ● 검찰7급

③ **책임능력과 기억능력의 관계 : 사탄사건**

범행당시 정신분열증으로 심신장애의 상태에 있었던 피고인이 피해자를 살해한다는 명확한 의식이 있었고 범행의 경위를 소상하게 기억하고 있다고 하여 범행당시 사물의 변별능력이나 의사결정능력이 결여된 정도가 아니라 미약한 상태에 있었다고 단정할 수는 없는 것인바, 피고인이 피해자를 <u>살해할 만한 다른 동기가 전혀 없고, 오직 피해자를 "사탄"이라고 생각하고 피해자를 죽여야만 피고인 자신이 천당에 갈 수 있다고 믿어 살해하기에 이른 것이라면</u>, 피고인은 범행당시 정신분열증에 의한 망상에 지배되어 사물의 선악과 시비를 구별할 만한 <u>판단능력이 결여된 상태에 있었던 것으로 볼 여지가 없지 않다</u>(대판 1990.8.14, 90도1328). ● 행시, 승진

☞ 사물변별능력이나 의사결정능력은 판단능력 또는 의지능력과 관련된 것으로서 사실의 인식능력이나 기억능력과는 반드시 일치하는 것이 아니다. ● 사시

비교판례

범행을 기억하고 있지 않다는 사실만으로 바로 범행 당시 심신상실 상태에 있었다고 단정할 수는 없다(대판 1985.5.28, 85도361). ● 사시

④ **충동조절장애와 심신장애 :** 자신의 충동을 억제하지 못하여 범죄를 저지르게 되는 현상은 정상인에게서도 얼마든지 찾아볼 수 있는 일로서, <u>특단의 사정이 없는 한</u> 위와 같은 성격적 결함을 가진 자에 대하여 자신의 충동을 억제하고 법을 준수하도록 요구하는 것이 기대할 수 없는 행위를 요구하는 것이라고는 할 수 없으므로, <u>원칙적으로 **충동조절장애와 같은 성격적 결함**은 형의 감면사유인 심신장애에 해당하지 아니한다고 봄이 타당하다.</u> **다만** 충동조절장애와 같은 성격적 결함이라 할지라도 <u>그것이 매우 심각하여 원래의 의미의 정신병을 가진 사람과 동등하다고 평가할 수 있는 경우에는</u> 그로 인한 범행은 <u>심신장애로 인한 범행으로 보아야 한다</u>(대판 2011.2.10, 2010도14512). ● 경찰, 변호사

> **비교판례**
>
> ① 소아기호증 사건 : 사춘기 이전의 소아들을 상대로 한 성행위를 중심으로 성적 흥분을 강하게 일으키는 공상, 성적 충동, 성적 행동이 반복되어 나타나는 **소아기호증**은 성적인 측면에서의 성격적 결함으로 인하여 나타나는 것으로서, 소아기호증과 같은 질환이 있다는 사정은 그 자체만으로는 형의 감면사유인 심신장애에 해당하지 아니한다고 봄이 상당하고, 다만 그 증상이 매우 심각하여 원래의 의미의 정신병이 있는 사람과 동등하다고 평가할 수 있거나, 다른 심신장애사유와 경합된 경우 등에는 심신장애를 인정할 여지가 있다(대판 2007.2.8, 2006도7900).
> 🔵 사시, 검찰7급, 경찰, 경찰승진
>
> ② 무생물인 옷등을 성적 각성과 희열의 자극제로 믿고 이를 성적 흥분을 고취시키는 데 쓰는 **성주물성애증**이라는 정신질환이 있다고 하더라도 그러한 사정만으로는 절도 범행에 대한 형의 감면사유인 심신장애에 해당한다고 볼 수 없고, 다만 그 **증상이 매우 심각하여 원래의 의미의 정신병이 있는 사람과 동등**하다고 평가할 수 있거나, 다른 심신장애사유와 경합된 경우 등에는 심신장애를 인정할 여지가 있다(대판 2013.1.24, 2012도12689).
> 🔵 경찰

⑤ 심신장애의 주장 : 술에 취하여 기억이 없다고 한 진술은 그 진술의 전후맥락에 비추어 볼 때 심신장애로 인한 형의 감면을 주장하는 취지가 아니라 단순히 범행을 부인하는 취지에 지나지 않는다(대판 1988.9.13, 88도1284). ☞ 술에 취하여 기억이 없었다고 하더라도 그 자체로 곧 변별능력이 없었음을 의미하는 것은 아니다.

🔵 검찰7급

> **비교판례**
>
> 범행 당시 술에 만취되어 정신이 없었다는 주장은 단순히 범의의 부인이 아니라 법률상 범죄의 성립을 조각하는 이유가 되는 사실(심신장애로 인한 책임능력 결여)을 주장한 것이다(대판 1969.3.31, 69도232).

⑥ 행위자가 범죄행위 당시 심신미약 등 정신적 장애상태에 있었다고 하여 일률적으로 그 행위자의 상습성이 부정되는 것은 아니다. 따라서 행위자가 범죄행위 당시 심신미약 등 정신적 장애상태에 있었다는 이유만으로 그 범죄행위가 상습성이 발현된 것이 아니라고 단정할 수 없다(대판 2009.2.12, 2008도11550).

Ⅲ 한정책임능력자

1. 심신미약자

제10조 (심신장애인) ② 심신장애로 인하여 전항의 능력이 미약한 자의 행위는 형을 **감경할 수 있다**.
🔵 검찰9급

심신장애로 인하여 사물의 변별이나 의사를 결정할 능력이 미약한 자를 말한다.

2. 청각 및 언어 장애인

> 제11조 (청각 및 언어 장애인) 듣거나 말하는 데 **모두** 장애가 있는 사람의 행위에 대해서는 형을 **감경한다**.
> ◈ 사시

Ⅳ 원인에 있어서 자유로운 행위

> 제10조 (심신장애인) ③ 위험의 발생을 **예견**하고 자의로 심신장애를 야기한 자의 행위에는 전2항의 규정을 적용하지 아니한다.

1. 가벌성의 근거

구 분	가벌성의 근거	실행의 착수 및 특징	비 판
원인설정행위시설 (일치설, 간접정범유사설, 구성요건모델)	원인에 있어서 자유로운 행위는 자신을 도구(책임능력 없는 상태로 빠뜨림)로 이용하는 간접정범과 유사하므로 간접정범이론을 원용하여 원인설정행위가 실행행위가 되고 원인행위시에는 책임능력이 있으므로 원인행위가 비난의 근거가 된다는 견해이다.	① 원인설정행위를 실행행위로 본다. ② 원인설정행위를 실행행위로 보므로 이 시점에는 책임능력이 존재하므로 책임능력과 행위의 동시존재원칙에 충실하다.	① 원인설정행위를 실행의 착수로 보게 되면 예비와 미수 구별이 곤란해진다(구성요건적 정형성 무시). ② 결국 예비를 미수로 보게 되어 가벌성이 확대된다.
불가분적관련성설 (예외설, 책임모델)	심신장애상태하(책임능력결함상태)의 행위가 실행행위이고 완전한 책임능력은 원인설정행위시에 갖추어져 있지만 두 행위는 불가분적 연관을 갖는 것이므로 원인행위가 책임비난의 근거라는 견해이다.	① 심신장애상태하의 행위를 실행행위로 본다. ② 심신장애상태하의 행위를 실행행위로 보므로 원인에 있어서 자유로운 행위는 행위와 책임의 동시존재원칙에 대한 예외가 된다. ③ 구성요건적 정형성에 충실(죄형법정주의 강조)	행위와 책임의 동시존재원칙이라는 책임주의의 예외를 인정하여 형법의 법치국가적 제한을 벗어났다.

반무의식 상태설	의식과 무의식 사이의 반무의식상태를 근거로 의식이 있는 원인행위시는 예비행위에 불과하고 심신장애상태에서의 행위가 실행행위이지만 실행행위로 돌입하는 단계는 무의식 상태가 아닌 반무의식상태이므로 행위의 주관적 요소를 인정할 수 있고 이 때가 비난의 근거가 된다는 견해이다.	① 반무의식상태에서의 행위를 실행행위로 본다. ② 반무의식상태하의 행위가 실행행위가 되므로 행위와 책임의 동시존재원칙이 관철될 수 있다.	반무의식적 상태에서의 행위라는 개념을 인정하면 대부분의 경우 책임능력이 인정되어 법적 안정성을 해할 위험이 있다.

2. 형법 제10조 제3항의 적용범위

형법 제10조 제3항은 **고의**에 의한 원인에 있어서의 자유로운 행위만이 아니라 **과실**에 의한 원인에 있어서의 자유로운 행위까지도 **포함**하는 것으로서 위험의 발생을 예견할 수 있었는데도 자의로 심신장애를 야기한 경우도 그 적용대상이 된다(대판 1992.7.28, 92도999). ● 사시, 경찰

3. 대마초 흡연자의 살인 사건

살인범행 당시에 대마초를 흡연하여 그로 인하여 심신이 다소 미약한 상태에 있었음은 인정되나, 이는 피해자들을 살해할 의사를 가지고 범행을 공모한 후에 대마초를 흡연하고, 위 각 범행에 이른 것으로 대마초 흡연시에 이미 범행을 예견하고도 자의로 위와 같은 심신장애를 야기한 경우에 해당하므로, 형법 제10조 제3항에 의하여 심신장애로 인한 감경 등을 할 수 없다(대판 1996.6.11, 96도857). ● 사시

4. 음주 후 뺑소니 사건

음주운전을 할 의사를 가지고 음주만취한 후 운전을 결행하여 교통사고를 일으켰다면 음주시에 교통사고를 일으킬 위험성을 예견하였는데도 자의로 심신장애를 야기한 경우에 해당하므로 위 법조항에 의하여 심신장애로 인한 감경 등을 할 수 없다(대판 1992.7.28, 92도999). ● 경찰

제3절 위법성의 인식과 금지착오

I 위법성 인식의 대상과 내용

범죄의 성립에 있어서 <u>위법의 인식은 그 범죄사실이 사회정의와 조리에 어긋난다는 것을 인식하는 것으로서 족하고 구체적인 해당 법조문까지 인식할 것을 요하는 것은 아니므로</u> 설사 형법상의 허위공문서작성죄에 해당되는 줄 몰랐다고 가정하더라도 그와 같은 사유만으로는 위법성의 인식이 없었다고 할 수 없다(대판 1987.3.24, 86도2673). ● 경찰

II 위법성 인식의 체계적 지위

1. 학 설

(1) 고의설

고의를 책임요소로 이해하고, 고의의 내용으로서 구성요건에 해당하는 객관적 사실의 인식이외에 다시 위법성의 인식이 필요하다는 견해이다.

(2) 책임설

고의는 구성요건의 주관적 요소에 속하며 위법성의 인식은 고의와 분리된 독자적 책임요소로 보는 견해이다.

2. 판 례

"법률의 착오는 범의를 조각한다(대판 1974.11.12, 74도2676)."라든지 "막연하게나마 자기의 행위에 대한 위법성의 인식이 있었다고 보지 못할 바 아니므로 미필적 고의를 인정할 수 있다." 등의 표현으로 볼 때 판례는 고의설의 입장에 있다.

III 법률의 착오(금지착오, 위법성의 착오)

> 제16조 (법률의 착오) 자기의 행위가 법령에 의하여 죄가 되지 아니하는 것으로 오인한 행위는 그 오인에 정당한 이유가 있는 때에 한하여 벌하지 아니한다. ● 사시, 경찰

1. 의 의

행위자가 행위시에 구성요건적 사실은 인식하였으나 책임비난에 필요한 위법성의 인식이 없는 경우를 말한다.

2. 법률의 착오의 유형

(1) 직접적 착오

① 법률의 부지 : 형법 제16조에서 "자기가 행한 행위가 법령에 의하여 죄가 되지 아니한 것으로 오인한 행위는 그 오인에 정당한 이유가 있는 때에 한하여 벌하지 아니한다."라고 규정하고 있는 것은 **단순한 법률의 부지를 말하는 것이 아니고 일반적으로 범죄가 되는 경우이지만 자기의 특수한 경우에는 법령에 의하여 허용된 행위로서 죄가 되지 아니한다고 그릇 인식하고 그와 같이 그릇 인식함에 정당한 이유가 있는 경우에는 벌하지 않는다는 취지**이다(대판 2005.9.29. 2005도4592). ● 사시

② 효력의 착오 : 행위자가 금지규범이 효력이 없다고 오신한 경우이다.

③ 포섭의 착오 : 행위자가 금지규범을 너무 좁게 해석하여 자기의 행위가 허용된다고 믿은 경우이다.

(2) 간접적 착오

① 위법성조각사유의 존재에 대한 착오 : 위법성조각사유가 없음에도 불구하고 존재하는 것으로 오인한 경우이다.

② 위법성조각사유의 한계에 대한 착오 : 위법성조각사유의 법적한계를 오인한 경우이다.

③ 위법성조각사유의 전제사실에 대한 착오 : 위법성조각사유의 전제사실이 존재하지 아니함에도 불구하고 존재한다고 오인한 경우이다.

Ⅳ 법률의 착오의 효과

1. 형법 제16조의 해석

자기의 행위가 법령에 의하여 죄가 되지 않는다는 것으로 오인한 행위 즉 위법성의 착오가 있는 경우에는 그 착오가 회피할 수 없었을 때에는 정당한 이유를 인정하여 처벌하지 않는다는 의미이다.

2. 정당한 이유 판단

(1) 자기의 행위가 법령에 의하여 죄가 되지 않는 것으로 오인하였고 또 그렇게 <u>오인함에 어떠한 과실이 있음을 가려낼 수 없는 경우 정당한 이유가 있는 경우에 해당한다</u>(대판 1983.2.22. 81도2763). ● 사시

(2) 형법 제16조에서 정당한 이유가 있는지 여부는 행위자에게 자기 행위의 위법의 가능성에 대해 <u>심사숙고하거나 조회할 수 있는 계기가 있어 자신의 지적능력을 다하여 이를 회피하기 위한 진지한 노력을 다하였더라면 스스로의 행위에 대하여</u>

위법성을 인식할 수 있는 가능성이 있었음에도 이를 다하지 못한 결과 자기 행위의 위법성을 인식하지 못한 것인지 여부에 따라 판단하여야 할 것이고, 이러한 위법성의 인식에 필요한 노력의 정도는 구체적인 행위정황과 행위자 개인의 인식능력 그리고 행위자가 속한 사회집단에 따라 달리 평가되어야 한다(대판 2006. 3.24, 2005도3717). ● 사시, 검찰7급

> **참조판례**
> ① 병역법 제88조 제1항은 국방의 의무를 실현하기 위하여 현역입영 또는 소집통지서를 받고도 정당한 사유 없이 이에 응하지 않은 사람을 처벌함으로써 입영기피를 억제하고 병력구성을 확보하기 위한 규정이다. 위 조항에 따르면 정당한 사유가 있는 경우에는 피고인을 벌할 수 없는데, 여기에서 정당한 사유는 구성요건해당성을 조각하는 사유이다. 이는 형법상 위법성조각사유인 정당행위나 책임조각사유인 기대불가능성과는 구별된다(대판 2018.11.1, 2016도10912). ● 경찰
> ② '양심적 병역거부'는 종교적·윤리적·도덕적·철학적 또는 이와 유사한 동기에서 형성된 양심상 결정을 이유로 집총이나 군사훈련을 수반하는 병역의무의 이행을 거부하는 행위를 말한다. … 진정한 양심에 따른 병역거부라면, 이는 병역법 제88조 제1항(사회복무요원등의 정당한 사유 없는 복무이탈등)의 '정당한 사유'에 해당한다. 따라서 여호와의 증인 신도로서 우울장애 등 기분장애 4급의 징병신체검사 결과에 따라 군사교육소집 대상자에서 제외된 피고인이 국가기관에서 사회복무요원으로 복무하던 중 종교적 신념을 이유로 통틀어 8일 이상 복무를 이탈한 경우, 사회복무요원으로 하여금 집총이나 군사훈련을 수반하지 않는 복무의 이행을 강제하더라도… 사회복무요원은 복무와 관련하여 소속기관장의 지휘·감독을 받고, 병무청장이 사회복무요원의 복무를 직접적·구체적으로 지휘·감독한다고 볼 수도 없으므로 피고인이 종교적 신념을 이유로 사회복무요원의 복무 이행을 거부하는 것은 구 병역법 제89조의2 제1호의 '정당한 사유'에 해당하지 않는다(대판 2023.3.16, 2020도15554).

| 처벌 X | 정당한 이유 O | ① 부대장의 허가를 받아 부대 내에서 유류를 저장하는 것이 죄가 되지 않는 것으로 오인한 경우(대판 1971.10.12, 71도1356) ● 입시, 경찰승진, 경찰
② 초등학교장이 도교육위원회의 지시에 따라 교과내용으로 되어 있는 양귀비를 교과식물로 비치하려고 교무실 앞 화단에 심은 행위(대판 1972.3.31, 72도64) ● 경찰승진
③ 허가를 담당한 공무원이 허가를 요하지 않는다고 잘못 알려주어 이를 믿고 채광작업을 위하여 허가를 받지 않고 산림을 훼손한 경우(대판 1993.9.14, 92도1560) ● 입시, 경찰승진
④ 허가담당공무원인 제주시장이 허가를 요하지 않는다고 잘못 알려 준 것을 믿고 허가 없이 골프장증설을 위하여 산림을 훼손한 경우(대판 1992.5.22, 91도2525) ● 법행
⑤ 서울시의 공문과 구청의 질의회신을 믿고 미숫가루 제조행위에는 별도의 허가가 필요하지 않다고 믿고 허가 없이 이를 제조한 경우(대판 1983.2.22, 81도2763) ● 사시
⑥ 쌀과자를 만들면서 구청에 질의한 결과 양곡관리법이나 식품위생법 위반은 아니라고 회신을 받고 쌀과자를 만들어 판매한 경우(대판 1995.7.11, 94도1814) ● 사시, 법원, 검찰9급 |

⑦ **장의물품 도매업자**가 가정의례에 관한 법률상의 영업허가를 얻고자 **서울시장에게 신청**하였으나, 장의사영업허가를 받은 상인에게 납품하는 행위는 영업허가가 필요 없다고 하여 영업허가가 반려된 것을 믿고 허가 없이 영업한 경우(대판 1989.2.28, 88도1141) ● 법행, 경찰

⑧ 기부를 전제로 한 시설물의 축조 이외에는 국유지상에 건물을 신축할 수 없음에도 불구하고 **담당공무원에게 문의**한 결과 **국유재산을 불하받지 못하게 되면 건물을 즉시 철거하겠다는 각서를 제출하면 된다는 답변**을 듣고 건축허가를 받고 건물을 신축한 경우(대판 1993.10.12, 93도1888)

⑨ **관할부서가 업주들을 상대로 실시한 교육과정**을 통하여 종전과 마찬가지로 음반등법 및 그 시행령에서 규정한 '만 18세 미만의 연소자' 출입금지표시를 업소출입구에 부착하라고 행정지도를 하였을 뿐 법에서 금지하고 있는 '만 18세 이상 19세 미만'의 청소년 출입문제에 관하여는 특별한 언급을 하지 않았고, 이로 인하여 피고인을 비롯한 **비디오물감상실 업주**들은 여전히 출입금지대상이 음반등법 및 그 시행령에서 규정하고 있는 '18세 미만의 연소자'에 한정되는 것으로 인식하고 자신의 비디오물감상실에 18세 이상 19세 미만의 청소년을 출입시킨 행위(대판 2002.5.17, 2001도4077) ● 검찰9급

> **비교판례**
>
> [천지창조 나이트 클럽사건]
> 유흥접객업소의 업주가 경찰당국의 단속대상에서 제외되어 있는 만 18세 이상의 고등학생이 아닌 미성년자는 출입이 허용되는 것으로 알고 있었더라도 이는 미성년자보호법 규정을 알지 못한 단순한 **법률의 부지에 해당**하고 특히 법령에 의하여 허용된 행위로서 죄가 되지 않는다고 적극적으로 그릇 인정한 경우는 아니므로 비록 경찰당국이 단속대상에서 제외하였다 하여 이를 법률의 착오에 기인한 행위라고 할 수는 없다(대판 1985.4.9, 85도25).

⑩ **관할 공무원과 변호사**에게 확인하여 자기의 채권이 긴급명령에 의해 신고해야 할 기업사채에 해당되지 않는다고 믿고 신고를 하지 않은 경우(대판 1976.1.13, 74도3680) ● 경찰간부

⑪ **교통부장관의 허가를 얻어** 설립된 사단법인 **한국교통사고상담센타**의 하부직원이 목적사업인 교통사고 피해자의 위임을 받아 사고 회사와의 사이에 화해의 중재나 알선을 하고 피해자로부터 교통부장관이 승인한 조정수수료를 받은 경우(대판 1975.3.25, 74도2882) ● 사시, 경찰승진, 경찰

⑫ 광역시의회 의원이 선거구민들에게 의정보고서를 배부하기에 앞서 **미리 관할 선거관리위원회 소속 공무원들에게 자문을 구하고 그들의 지적에 따라** 수정한 의정보고서를 배부한 경우(대판 2005.6.10, 2005도835) ● 검찰9급

⑬ 유료직업소개사업에 관한 허가규정은 **외국인 근로자를 국내기업에 알선하여 주는 소개업**에도 적용되는 지 여부에 **담당공무원에게 문의**한 결과 허가를 받지 않아도 되는 것으로 잘못 알려 주어 그 허가를 받지 않은 경우(대판 1995.7.11, 94도1814)

⑭ 가감삼십전대보초와 한약 가지수에만 차이가 있는 십전대보초를 제조하고 그 효능에 관하여 광고를 한 사실에 대하여 이전에 검찰의 혐의 없음 결정을 받은 이후, 허가 없이 의약품인 **가감삼십전대보초**를 판매한 경우(대판 1995.8.25, 95도717) ●사시

> **참조판례**
> ㉠ **23년 경력의 형사**가 검사의 수사지휘만 받으면 허위로 공문서를 작성하여도 죄가 되지 아니하는 것으로 믿고 허위공문서를 작성한 행위는 법률의 착오에 **정당한 이유가 없다**(대판 1995.11.10, 95도2088). ●경찰승진, 경찰
> ㉡ 한국무도교육협회의 정관에 따라 **무도교습소**를 운영하였고, 위 협회가 소속회원을 교육함에 있어서는 학원설립인가를 받을 필요가 없다고 한 검찰의 무혐의 결정 내용을 통지받고 인가 없이 교습소를 운영한 경우 법률의 착오에 **정당한 이유가 없다**(대판 1992.8.18, 92도1140). ●사시
> ㉢ 검사가 피고인들의 행위에 대하여 범죄혐의 없다고 무혐의 처리하였다가 **고소인의 항고를 받아들여 재기수사명령에 의한 재수사 결과 기소에 이르렀으나 무혐의 처분일 이후에 이루어진 행위에 대하여 죄가 되지 않는다고 오인한 경우** 법률의 착오에 **정당한 이유가 있다고 할 수 없다**(대판 1995.6.16, 94도1793). ●경찰간부

⑮ 변리사에게 문의 및 감정의뢰를 하여 이미 의장등록된 타인의 상품(**발가락 삽입부가 5개로 형성된 양말**)과 피고인의 상품이 유사하지 않다는 전문적인 감정결과를 받아 특허국에 등록사정까지 받고 상품을 생산했으나 그 후 피고인의 의장등록이 취소된 경우(대판 1982.1.19, 81도646) ●경찰승진

⑯ **이복동생 이름으로 군복무** 중 휴가시, 위 동생이 군복무 중임을 알았고, 다른 사람의 이름으로 군생활을 할 필요가 없다고 생각하여 귀대하지 않은 경우(대판 1974.7.23, 74도1399) ●경찰승진

⑰ 주민등록지를 이전한 자가 **이미 같은 주소에 향토예비군대원 신고**가 되어 있으므로 재차 동일주소에 대원신고를 할 필요가 없다고 생각하여 이를 행하지 아니한 경우(대판 1974.11.12, 74도2676) ●입시, 경찰

⑱ **민사소송법 기타 공법의 해석**을 잘못하여 압류물의 효력이 없어진 것으로 착오하였거나 또는 봉인 등을 손상 또는 효력을 해할 권리가 있다고 오신한 경우에는 **형벌법규의 부지와 구별되어 범의를 조각한다**고 해석할 것이다(대판 1970.9.22, 70도1206).

> **비교판례**
> 공무원이 그 직무에 관하여 실시한 봉인 등의 표시를 손상 또는 은닉 기타의 방법으로 그 효용을 해함에 있어서 그 봉인 등의 표시가 법률상 효력이 없다고 믿은 것은 법규의 해석을 잘못하여 행위의 위법성을 인식하지 못한 것이라고 할 것이므로 그와 같이 믿은 데에 **정당한 이유가 없는 이상, 그와 같이 믿었다는 사정만으로는** 공무상표시무효죄의 죄책을 면할 수 없다(대판 2000.4.21, 99도5563). ●경찰

처벌 ○	정당한 이유 ×	① 부동산중개업자가 아파트 분양권의 매매를 중개하면서 **중개수수료 산정에 관한 지방자치단체의 조례를 잘못 해석**하여 법에서 허용하는 금액을 초과한 중개수수료를 수수한 경우(대판 2005.5.27, 2004도62) ● 법행, 검찰9급 ② **변호사자격을 가진 국회의원**이 **낙천대상자로 선정**된 사유에 대한 해명을 넘어 법에서 허용되지 않는 내용까지 반론으로 담은 의정보고서를 발간하는 과정에서 보좌관을 통하여 선거관리위원회 직원에게 문의하여 답변 받은 결과 선거법규에 저촉되지 않는다고 오인한 경우(대판 2006.3.24, 2005도3717) ● 경찰승진 ③ **부동산중개업협회의 자문을 통하여 인원수의 제한 없이 중개보조원을 채용하는 것**이 허용되는 것으로 믿고 제한인원을 초과하여 채용한 경우(대판 2000.8.18, 2000도2943) ● 사시, 경찰승진 ④ 민원사무 담당공무원에게 탐정사업이 인허가 또는 등록사항이 아니라는 말을 듣고 세무서에 **탐정업 및 심부름대행업**에 관한 사업자등록을 한 후 신용조사업법이 금지하는 소재탐지나 사생활조사 등을 한 경우(대판 1994.8.26, 94도780) ● 사시, 경찰승진 ⑤ **유선비디오방송**은 허가대상이 되지 않는다는 **체신부장관의 회신**을 믿고 허가 없이 유선비디오방송설비를 설치한 경우(대판 1989.2.14, 87도1860) ● 경찰승진, 경찰 ⑥ **변호사 등에게 문의**하여 자문을 받고 압류물을 집행관의 승인 없이 관할 구역 밖으로 옮긴 경우(대판 1992.5.26, 91도894) ● 검찰9급 ⑦ 가처분결정으로 직무집행정지 중인 자가 **변호사의 조언**을 받아 종단의 보관금을 소송비용으로 지출품의서 결재 후 지급한 경우(대판 1990.10.16, 90도1604) ● 사시 ⑧ **변리사로부터** 타인의 등록상표가 효력이 없다는 자문과 감정을 받고 유사한 상표를 사용한 경우(대판 1995.7.28, 95도702) ⑨ 고소인의 상표권을 침해하지 않는다는 **변리사**의 회답과 감정결과를 믿었고 또 특허청이 피고인들의 상표출원을 받아들여 등록까지 해 준 경우(대판 1998.10.13, 97도3377) ● 사시 ⑩ **건축업면허 없이 시공할 수 없는 건축공사를 감독관청의 주선**으로 타인의 건설업면허를 대여 받아 그 명의로 시공한 경우(대판 1987.12.22, 86도1175) ● 사시 ⑪ 관할 환경청이 폐기물 배출업자가 차량을 임차하여 폐기물을 수집·운반하는 경우에도 그 임차차량에 대하여 특정폐기물 수집·운반차량증을 발급해 주고 있었으므로 **무허가 업자에게 폐기물운반차량을 운전사와 함께 임차**하는 형식으로 폐기물 처리를 위탁한 경우(대판 1998.6.23, 97도1189) ● 사시 ⑫ **사안을 달리하는 사건에 관한 대법원의 판례의 취지를 오해**하여 자신의 행위가 허용된다고 믿은 경우(대판 1995.7.28, 95도1081) ● 사시

⑬ 장애인복지법상의 보장구제조허가를 받은 자가 **다리교정기**는 의료용구에 해당되지 않는다고 믿고 다리교정기와 같은 정형외과용 교정장치를 제조한 경우(대판 1995.12.26, 95도2188)　●경찰

⑭ **한국간행물윤리위원회나 정보통신윤리위원회**가 만화에 대하여 심의하여 음란성 등을 이유로 **청소년유해매체물로 판정하였을 뿐** 더 나아가 시정요구를 하거나 관계기관에 형사처벌 또는 행정처분을 요청하지 않았기 때문에 피고인들의 행위가 죄가 되지 아니하는 것으로 오인한 경우(대판 2006.4.28, 2003도4128)　●경찰

⑮ 식품위생법의 규정에 의하여 즉석판매제조가공 영업을 허가받은 자가 의약품의 일종인 '**녹동달오리골드**'를 제조한 경우를 무면허의약품 제조행위가 아니라고 오인한 경우(대판 2004.1.15, 2001도1429)　●경찰

⑯ 구 건설폐기물의 재활용촉진에 관한 법률 제16조 제1항의 위반행위를 하면서 이를 판단하는 데 **직접적인 자료가 되지 않는 환경부의 질의회신**을 받은 경우(대판 2009.1.30, 2008도8607)　●법행

⑰ 보건복지부장관의 고시와 처벌대상이 아니라는 회신을 믿고 **당국의 형식승인 없이 전자오락기구를 사용**한 경우(대판 1991.8.27, 91도1523)

⑱ 수사처리의 관례상 일부 상치된 내용을 일치시키기 위하여 적법하게 작성된 참고인 진술조서를 찢어버리고 진술인의 진술도 듣지 아니하고 그 내용을 일치시킨 새로운 진술조서를 작성한 경우(대판 1978.6.27, 76도2196)　●경찰승진, 검찰9급

⑲ **사람이 죽으면 당국에 신고한 후에 매장**해야 함을 몰랐기 때문에 신고 없이 매장한 경우(대판 1979.8.28, 79도1671)　●검찰9급, 경찰승진, 법행

⑳ **제약회사에서 쓰는 아편**을 구해주어도 죄가 되지 않는다고 믿고 생아편을 구해준 경우(대판 1983.9.13, 83도1927)　●입시, 경찰승진

㉑ 지방자치단체장이 **관행적으로 간담회를 열어 업무추진비 지출 형식으로 참석자들에게 음식물을 제공**해 오면서 법령에 의하여 허용되는 행위라고 오인한 경우(대판 2007.11.16, 2007도7205)

㉒ 사격연맹 사무국장이 종전부터 이어져 내려온 **관행에 따라 선수등록업무**를 처리하면서 자신의 행위가 법령에 의하여 죄가 되지 아니하는 것으로 오인한 경우(대판 2003.7.25, 2002도6006)　●경찰승진

㉓ 도의회의원으로 출마하려는 농협협동조합장이 **의례적인 행위로 합법이라 판단**하고 조합자금으로 노인대학을 운영하면서 관광을 제공하고 자신의 주관하에 그 행사를 시행한 것처럼 인사를 한 경우가 공직선거법상의 기부행위에 해당하지 않는다고 오인한 경우(대판 1996.5.10, 96도620)

㉔ **체육지도자 자격증**을 취득하고 당국의 인가를 받아 체육관을 운영하면서 일종의 의료시술행위를 하는 것이 죄가 되지 않는다고 믿은 경우(대판 1995.4.7, 94도1325)

Chapter 05 책임론 | **161**

㉕ **정부공인의 체육종목인 '활법'의 사회체육지도자 자격증**을 취득한 자가 무면허의료행위인 척추교정시술행위를 한 경우(대판 2002.5.10, 2000도2807) ● 입시, 경찰, 경찰승진, 검찰9급

㉖ **자격기본법에 의한 민간자격관리자로부터 대체의학자격증을 수여받은 자**가 사업자등록을 한 후 침술원을 개설하여 자신의 행위가 무면허의료행위에 해당되지 아니한다고 믿고 체침을 시술한 경우(대판 2003.5.13, 2003도939) ● 경찰

㉗ 실질적으로 한 사람에게 대출금이 귀속됨에도 다른 사람의 명의를 빌려 그들 사이에 형식적으로만 공동투자약정을 맺고 동일인 한도를 초과하는 대출을 받는, 이른바 **'사업자 쪼개기' 방식의 대출이 관행**적으로 이루어져 온 만큼 죄가 되지 않는다고 인식하고 상호저축은행에서 대출을 받은 경우(대판 2010.4.29, 2009도13868) ● 경간부

㉘ **일반음식점 영업허가를 받은 자**가 실제로는 **주로 주류를 조리판매하는 영업**을 하더라도 일반음식점 영업허가를 받은 이상 청소년보호법의 규정에 저촉되지 않는다고 믿고 19세 미만의 청소년을 고용한 경우(대판 2004.2.12, 2003도6282) ● 사시

㉙ 병원에 설치된 장례의식에 필요한 각종 부대시설을 임차한 후 **장례식장**도 병원의 부속용도에 해당하므로 **용도 변경**의 제한을 받지 않는다고 믿고, 의료시설(병원) 및 근린생활시설(음식점)로 사용승인을 받아 '장례예식장, 일반한식'으로 영업신고 및 사업자등록을 마친 경우(대판 2005.9.29, 2005도4592) ● 경찰

㉚ 과거 지방선거에서 이 사건 홍보물과 같은 내용의 **선거홍보물을 사용하였지만 처벌받지 않았으므로** 이 사건 홍보물의 내용이 구 공직선거법에 위반됨을 알지 못한 경우(대판 2006.3.10, 2005도6316) ● 법행

㉛ **학생회의 동의**가 있으면 위법하지 않다고 믿고 관리권자인 대학당국의 동의 없이 **학생회관에 침입**한 경우(대판 1995.4.14, 95도12) ● 사시

㉜ 이미 무선설비의 형식승인을 받은 다른 수입업자가 있음을 이용하여 동일한 제품을 형식승인 없이 수입·판매하였으나, **무선설비의 납품처 직원으로부터 형식등록이 필요 없다는 취지의 답변을 들은 경우** (대판 2009.6.11, 2008도10373) ● 경찰승진

㉝ 도시 및 주거환경정비법상 조합임원은 조합원의 자료요청이 있으면 이에 응하여야 함에도 불구하고 **자문변호사가 신축건물의 동호수는 공개하지 않는 것이 좋겠다고 한 답변**을 듣고 자신의 행위가 죄가 되지 않는다고 믿은 경우(대판 2021.2.10, 2019도18700) ● 경간부

㉞ **일본 영주권을 가진 재일교포**가 영리를 목적으로 관세물품을 구입한 것이 아니라거나 국내 입국시 관세신고를 하지 않아도 되는 것으로 착오한 경우(대판 2007.5.11, 2006도1993) ● 사시

㉟ 숙박업소에서 위성방송수신장치를 이용하여 수신한 외국의 음란한 위성방송프로그램을 투숙객 등에게 제공함으로써 구 풍속영업의규제에관한법률 제3조 제2호 위반행위를 한 피고인이 그 이전에 그와 유사한 행위로 '혐의없음' 처분을 받은 전력이 있다거나 일정한 **시청차단장치**를 설치하였다는 등의 사정만으로는, 형법 제16조의 정당한 이유가 있다고 볼 수 없다(대판 2010.7.15, 2008도11679). ● 법행

㊱ A병원 원장 갑은 사전에 **장례식장**의 식당(접객실) 부분을 **증축**함에 있어 홍성군과 그 증축에 관한 협의 과정을 거쳤고 건설교통부에 관련 질의도 하였으나, 그 협의는 증축부분이 장례식장이 아닌 '병원'의 부속건물임을 전제로 한 것이고 건설교통부의 질의회신도 종합병원의 부속시설로 보고 답변을 준 경우이므로 갑이 허가 없이 장례식장의 식당(접객실)부분을 증축한 경우는 오인에 정당한 이유가 없다(대판 2009.12.24, 2007도1915). ● 사시, 경찰

㊲ 사무실 임차인이 임대차계약 종료 후 갱신계약 여부에 관한 의사표시나 명도의무를 지체하고 있다는 이유로 임대인이 단전조치를 취하는 것은 죄가 되지 않는다고 오인한 경우(대판 2006.4.27, 2005도8074) ● 검찰9급

㊳ 운전교습용 비디오카메라 장치의 **특허권자**에게 대가를 지불하고 사용승낙을 받은 이상 불법운전교육을 해도 처벌받지 않는다고 믿은 경우(대판 2006.1.13, 2005도8873) ● 검찰9급

㊴ 중국 국적 선박을 구입한 피고인이 **외환은행 담당자의 안내에 따라** 매도인인 중국 해운회사에 선박을 임대하여 받기로 한 용선료를 재정경제부장관에게 미리 신고하지 아니하고 선박 매매대금과 상계함으로써 구 외국환관리법에 위반한 경우(대판 2011.7.14, 2011도2136) ● 경찰

㊵ 丙 **법인에 문의**하여 영문요약물이 원저작물의 저작권과는 무관한 별개의 독립된 저작물이라는 취지의 의견을 받았고, 법무법인에 저작권 침해 관련 질의를 하여 번역요약물이 원저작물의 저작권을 침해하지 않는 것으로 사료된다는 취지의 의견을 받고서 甲 주식회사의 대표이사인 피고인 A가 영문(英文) 저작물인 원저작물의 내용을 요약한 영문요약물을 丙 외국법인에게서 제공받아 한글로 번역한 요약물을 피고인 甲 회사의 인터넷 웹사이트를 통해 유료로 제공하여 저작물작성권을 침해한 경우(대판 2013.8.22, 2011도3599)

㊶ **환경부 홈페이지**에 게시된 전자민원창구의 질의응답자료 중에서 "오염물질을 제거하기 위한 목적이 아닌 수심확보를 위하여 시행한 공사에서 발생되는 자연 상태의 준설토는 폐기물에 해당되지 않습니다"라는 게시물을 보고 자신이 버린 토사가 폐기물에 해당하지 않는 것으로 판단한 경우(대판 2006.5.11, 2006도631) ● 경찰

㊷ 사립학교인 A 외국인학교 경영자인 甲은 A 학교의 교비회계에 속하는 수입을 수회에 걸쳐 B 외국인학교에 대여하면서 甲은 위와 같은

	대여행위가 적법한지에 관하여 <u>관할 도교육청의 담당공무원에게 정확한 정보를 제공하고 회신을 받거나 법률전문가에게 자문을 구하는 등의 조치를 취하지 않았고</u>, 또한 甲은 외국인으로서 국어에 능숙하지 못하며 A 학교 설립·운영협약의 당사자에 불과한 <u>관할청의 소속 공무원들이 참석한 A 학교 학교운영위원회에서 乙 학교에 대한 자금대여 안건을 보고하였으므로</u> 죄가 되지 않는다고 오인한 경우(대판 2017.3.15, 2014도12773) ㊸ 임대업자가 임차인으로 하여금 **계약상의 의무이행을 강요**하기 위한 수단으로 계약서의 조항을 근거로 임차물에 대하여 **일방적으로 단전·단수조치**를 함에 있어 자신의 행위가 죄가 되지 않는다고 오인한 경우(대판 2006.4.27, 2005도8074) ㊹ 마취전문 간호사가 의사의 구체적인 지시 없이 독자적으로 마취약제와 양을 결정하고 마취액을 직접 주사하여 척수마취를 시행하는 행위를 유권해석에 따라 의료법규에 의해 허용된다고 오인한 경우(대판 2010.3.25, 2008도590) 🔵경간부 ㊺ **법률 위반 행위 중간에 일시적으로 판례에 따라 그 행위가 처벌대상이 되지 않는 것으로 해석되었던 적이 있었다**고 하더라도 그것만으로 자신의 행위가 처벌되지 않는 것으로 믿은 데에 정당한 이유가 있다고 할 수 없다(대판 2021.11.25, 2021도10903). ㊻ 甲이 니코틴 용액 제조의 경우에도 담배제조업 허가를 받아야 하는지를 담배 담당 주무부서에 문의하여 답변을 받아 허가사항임을 충분히 <u>인식하였고</u>, 자신이 제조한 것과 같은 니코틴 용액을 제조한 A 주식회사의 무허가 담배제조로 인한 담배사업법위반죄에 관하여 <u>검사의 불기소결정이「담배사업법」개정 이전에 있었던 경우</u>,「담배사업법」이 금지하는 무허가 담배제조행위의 위법성을 인식하지 못한 데 정당한 사유가 있다고 보기 어렵다(대판 2018.9.28, 2018도9828). 🔵경찰
법률의 부지	① 유흥접객업소의 업주가 경찰당국의 단속대상에서 제외되어 있는 만 18세 이상의 고등학생이 아닌 미성년자는 출입이 허용되는 것으로 알고 출입시킨 경우(대판 1985.4.9, 85도25) 🔵경찰 ② 허가를 얻어 벌채하고 남아있던 잔존목을 위법인 줄 모르고 허가 없이 벌채한 경우(대판 1986.6.24, 86도810) 🔵검찰9급 ③ 건축법상 허가대상인줄 모르고 허가 없이 근린시설 건축물을 교회로 용도변경한 경우(대판 1991.10.11, 91도1566) **유사판례** 갑은 을로부터 근린생활시설로 지정된 건물을 임차한 후 관할관청으로부터 허가를 받지 아니하고 위 건물을 자동차관련 시설인 자동차정비공장으로 사용함으로써 임의로 건축물의 용도를 변경하였는데 당시 갑은 이러한 행위가 건축법상 무단용도변경 행위에 해당한다는 건축법의 관계규정을 알지 못한 경우, 단순한 법률의 부지에 해당한다(대판 1995.8.25, 95도1351). 🔵법행

④ '암모니아수가 독극물인 줄 모르고' 법령에 의하여 등록 없이 제조판매할 수 있다고 그릇 인정한 경우(대판 1980.2.12, 79도285)
⑤ 국토이용관리법상 거래허가대상인 줄 모르고 당국의 허가를 받지 아니하고 거래계약규제구역으로 지정·고시된 지역 안에 위치한 토지를 매수한 경우(대판 1992.4.24, 92도245) ● 경찰승진
⑥ 학교교육도 제대로 받지 못한 가정주부가 보험회사의 지점장이나 영업소장이 규정에 어긋난 행동을 할 줄을 전혀 모르고 위 회사의 규정에 의하여 정하여진 이자를 초과하여 추가로 지급되는 이자를 받은 경우(대판 2001.6.29, 99도5026) ● 사시, 검찰9급
⑦ 무도시설을 인수할 당시 무도학원이 학원의 설립·운영에 관한 법률 제5조 제1항의 규정에 따라 등록하지 않았다는 이유로 여러 차례 처벌받고 있었음에도 불구하고, 무도학원의 등록절차에 관한 법률적 의문을 해소하기 위하여 등록관청에 질의를 한 바도 없이 풍속영업신고의 신고자 명의만을 변경하여 영업을 한 경우(대판 1995.4.24, 92도245) ● 사시
⑧ 동해시청 앞 잔디광장은 '천장이 없거나 사방이 폐쇄되지 않은 장소'로서 옥외장소에 해당함에도 옥외장소에 해당함을 모른 경우(대판 2006.2.10, 2005도3490)
⑨ 파견근로자보호등에관한법률상의 파견근로자에는 외국국적의 근로자는 제외된다고 생각한 경우(대판 2000.9.29, 2000도3051)
⑩ 후보자가 자신이 선거비용을 지출하는 행위가 죄가 되는지 몰랐던 경우(대판 1999.10.12, 99도3335)
⑪ 금융실명거래 및 비밀보장에 관한 법률의 제정사실이나 그 금지내용(금융거래의 비밀보장)을 모르고 마을금고에서 타인의 대출원장을 복사한 경우(대판 1985.5.14, 84도1271)
⑫ 금융거래 자료를 제공한 금융기관 종사자들이 은행의 이익과 형사재판에서의 방어를 위하여 적법한 절차 없이 예금주의 은행거래자료를 변호사에게 제공한 경우에서 비밀보장의무의 내용에 관하여 확립된 규정이나 판례, 학설은 물론 관계 기관의 유권해석이나 금융관행이 확립되어 있지 아니하였다고 주장하는 경우(대판 1997.6.27, 95도1964) ● 경찰승진

Ⅴ 위법성조각사유의 전제사실에 대한 착오

구 분	내 용
결 론	엄격책임설을 제외하고는 모두 고의탈락 → 과실검토
공범가담이 가능한 학설	엄격책임설과 법효과제한책임설
가장 무겁게 처벌하는 학설	엄격책임설
엄격책임설과 제한책임설이 서로 다른 결론에 이르는 사례	위법성조각사유의 전제사실의 착오

① 소속 중대장의 당번병이 근무시간중은 물론 근무시간 후에도 밤늦게 까지 수시로 영외에 있는 중대장의 관사에 머물면서 집안일을 도와주고 그 자녀들을 보살피며 중대장 또는 그 처의 심부름을 관사를 떠나서까지 시키는 일을 해오던 중 사건당일 중대장의 지시에 따라 관사를 지키고 있던중 중대장과 함께 외출나간 그 처로부터 24 : 00경 비가 오고 밤이 늦어 혼자 귀가할 수 없으니 관사로부터 1.5킬로미터 가량 떨어진 지점까지 우산을 들고 마중을 나오라는 연락을 받고 당번병으로서 당연히 해야 할 일로 생각하고 그 지점까지 나가 동인을 마중하여 그 다음날 01 : 00경 귀가하였다면 위와 같은 당번병의 관사이탈 행위는 중대장의 직접적인 허가를 받지 아니하였다 하더라도 당번병으로서의 그 임무범위 내에 속하는 일로 오인하고 한 행위로서 그 오인에 정당한 이유가 있어 **위법성이 없다**고 볼 것이다(대판1986.10.28, 86도1406). ☞ 판례는 위법성조각사유의 전제사실에 대한 착오를 착오에 정당한 이유가 있는 경우 위법성이 조각된다고 한다.

② 甲은 관장 乙이 운영하는 복싱클럽에 회원등록을 하였던 자로서 등록을 취소하는 문제로 乙로부터 질책을 들은 다음 약 1시간이 지난 후 다시 복싱클럽을 찾아와 乙에게 항의하는 과정에서 乙이 甲의 멱살을 잡아당기거나 바닥에 넘어뜨린 후 목을 조르는 등 乙과 甲이 뒤엉켜 몸싸움을 벌였는데, 코치인 피고인이 이를 지켜보던 중 甲이 왼손을 주머니에 넣어 불상의 물건(휴대용 녹음기)을 꺼내 움켜쥐자 甲의 왼손 주먹을 강제로 펴게 함으로써 甲에게 약 4주간의 치료가 필요한 손가락 골절상을 입혔다(대판 2023.11.2, 2023도10768). ☞ 위법성조각사유의 전제사실에 대한 착오사례임

③ 택시승객 甲은 택시기사로부터 '손님이 마음대로 타서 안 내린다'라는 취지의 방문신고를 받고 현장에 나온 경찰관으로부터 '승차거부와 관련하여서는 120번으로 민원을 접수하면 된다'라는 설명을 듣고도 사건을 접수해 달라고 항의하고, 갑자기 "아이 씨 좀 다르잖아"라고 크게 소리치며 A순경에게 몸을 들이밀었고 이에 B경위로부터 이를 제지받자 화가 나, "왜 미는데 씹할"이라고 욕설하면서 손으로 B 경위의 몸을 4회 밀쳤다. 이로써 甲은 경찰공무원의 신고사건 처리에 관한 정당한 직무집행을 방해하였다(대판 2024.7.25, 2023도16951). 경찰 ☞ 원심은 위법성조각사유의 전제사실에 대한 착오로 이해하였으나 대법원은 **전제사실 자체에 관하여는 피고인의 인식에 어떠한 착오도 존재하지 않고**, 다만 경찰관인 경위 B의 직무집행의 적법성에 대한 피고인의 주관적인 법적 평가가 잘못되었을 여지가 있을 뿐이다. 즉, 법률의 착오가 문제된다고 함 ☞ 甲이 경찰관의 직무집행에 저항하기 위하여 경찰관을 폭행한다는 사실 자체는 인식하였지만 법적 평가를 잘못하여 경찰관의 적법한 직무집행이 위법하다고 오인한 경우, 甲에게 위법성 조각사유의 전제사실에 대한 착오가 있었다고 볼 수는 없다.(O)

제4절 기대가능성

I 서설

기대불가능성을 일반적인 초법규적 책임조각사유로 이해하는 것이 판례의 입장이다.

II 기대가능성의 체계적 지위

고의·과실의 구성요소설, 독립된 책임요소설, 소극적 책임요소설의 견해가 다투어지고 있다.

III 기대가능성의 판단기준

1. 학설

행위자표준설, 국가표준설, 평균인표준설의 대립이 있으나 통설·판례는 평균인표준설을 취한다.

2. 판례

양심적 병역거부자에게 그의 양심상의 결정에 반한 행위를 기대할 가능성이 있는지 여부를 판단하기 위해서는 **행위 당시의 구체적 상황하에 행위자 대신에 사회적 평균인을 두고 이 평균인의 관점**에서 그 기대가능성 유무를 판단해야 한다(대판 2004.7.15, 2004도2965 전원합의체). ● 법행, 법원, 검찰7급

IV 기대불가능성에 대한 착오

기대가능성의 기초되는 사정에 대한 착오는 정당한 이유가 있으면 책임이 조각된다.

V 기대불가능성으로 인한 책임조각·감경

> **판례 정리 … 기대가능성이 인정되는 경우(처벌 O)**
>
> 1. 기자가 취재원과 하던 전화통화를 끊지 않던 중 전화기 너머로 들리는 다른 대화를 녹음한 경우에 불법녹음을 하지 아니할 기대가능성이 있다고 볼 수 있다(대판 2016.5.12, 2013도15616). ● 변호사
> 2. 공범사건 위증죄 사건 : 자신의 강도상해 범행을 일관되게 부인하였으나 유죄판결이 확정된 피고인이 별건으로 기소된 공범의 형사사건에서 자신의 범행사실을 부인하는 증언을 한 사안에서, 피고인에게 사실대로 진술할 기대가능성이 있으므로 위증죄가 성립한다(대판 2008.10.23, 2005도10101). ● 법원, 경찰승진, 검찰7급
> 3. 영업정지처분에 대한 집행정지 결정은 피고인이 제기한 영업정지처분 취소사건의 본안판결 선고시까지 그 처분의 효력을 정지한 것으로서 행정청의 처분의 위법성을 확정적으로 선언하지도 않았으므로, 위 집행정지 신청이 잠정적으로 받아들여졌다는 사정만으로는, 구 음반·비디오물 및 게임물에 관한 법률 위반으로 기소된 피고인에게 적법행위의 기대가능성이 없다고 볼 수는 없다(대판 2010.11.11, 2007도8645). ● 사시

4. 휘발유 불법매각 사건 : 휘발유 등 군용물의 불법매각이 상사인 포대장이나 인사계 상사의 지시에 의한 것이라 하여도 그 같은 지시가 저항할 수 없는 폭력이나 자기 또는 친족의 생명, 신체에 대한 위해를 방어할 방법이 없는 협박에 상당한 것이라고 인정되지 않은 이상 강요된 행위로서 책임성이 조각된다고 할 수 없다. (대판 1983.12.13, 83도2543) ● 경찰승진

5. 포탄피 사건 : 탄약창고의 보초근무를 하던 피고인이 상급자들이 그 창고 내에서 포탄피를 절취하는 현장을 목격하고도 그것을 제지하지 않았으며 상관에게 보고하지도 않고 묵인한 경우 기대가능성이 없는 불가피한 행위였다고 할 수 없다(대판 1966.7.26, 66도914). ● 경찰승진

6. 신고 없는 옥외집회사건 : 당국이 피고인이 간부로 있는 전국교직원노동조합이나 기타 단체에 대하여 모든 옥내외 집회를 부당하게 금지하고 있다고 하여 집회신고의 기대가능성이 없다 할 수 없으므로, 위와 같은 이유만으로 관할경찰서장에게 신고하지 않고 옥외집회를 주최한 것이 죄가 되지 않는다고 할 수 없다(대판 1992.8.14, 92도1246). ● 법행, 경찰승진

7. 일반당원 음식제공 사건 : 당직자회의장소가 아닌 음식점에서 참석 당직자만이 아닌 일반당원도 포함시켜 술 등 음식을 제공한 행위를 같은 법 제142조 제3항에 의하여 허용되는 기부행위라고 볼 수 없고, 이를 의례적이거나 직무상의 행위로 사회상규에 위배되지 아니하거나 기대가능성이 없는 행위로 볼 수도 없다(대판 1998.6.9, 97도856). ● 경찰승진

8. 처자식 행방불명 사건 : 처자식이 행방불명이 되었기 때문에 귀대하지 않고 군무를 이탈한 경우(대판 1969.12.23, 69도2084)

9. 대학원신입생전형시험문제 유출사건 : 교수인 피고인 갑이 출제교수들로부터 대학원신입생전형시험문제를 제출받아 피고인 을, 병에게 그 시험문제를 알려주자 그들이 답안쪽지를 작성한 다음 이를 답안지에 그대로 베껴서 그 정을 모르는 시험감독관에게 제출한 경우, 위계로써 입시감독업무를 방해한 것이므로 업무방해죄에 해당한다(대판 1991.11.12, 91도2211). ● 사시

> 비교판례
> [우연히 알게된 답 사건]
> 입학시험에 응시한 수험생으로서 자기 자신이 부정한 방법으로 탐지한 것이 아니고 우연한 기회에 미리 출제될 시험문제를 알게 되어 그에 대한 답을 암기하였을 경우 그 암기한 답에 해당된 문제가 출제되었다 하여도 위와 같은 경우로서 암기한 답을 그 입학시험 답안지에 기재하여서는 아니된다는 것을 그 일반수험생에게 기대한다는 것은 보통의 경우 도저히 불가능하다 할 것이다(대판 1966.3.22, 65도1164). ● 경찰승진, 검찰7급

> 비교판례
> 시험의 출제위원이 문제를 선정하여 시험실시자에게 제출하기 전에 이를 유출하였다고 하더라도 이러한 행위 자체는 위계를 사용하여 시험실시자의 업무를 방해하는 행위가 아니라 그 준비단계에 불과한 것이고, 그 후 그와 같이 유출된 문제가 시험실시자에게 제출되지도 아니하였다면 그러한 문제유출로 인하여 시험실시 업무가 방해될 추상적인 위험조차도 없으므로 업무방해죄가 성립한다고 할 수 없다(대판 1999.12.10, 99도3487).

10. 전자장치를 이용해 흡입할 수 있는 '니코틴이 포함된 용액'을 만드는 방법으로 담배제조업 허가 없이 담배를 제조한 행위가 담배사업법의 위임을 받은 기획재정부가 전자담배제조업에 관한 허가기준을 마련하지 않고 있더라도 담배제조업 관련 법령의 허가기준을 준수하거나 허가기준이 새롭게 마련될 때까지 법 준수를 요구하는 것이, 피고인들이 아닌 사회적 평균인의 입장에서도 불가능하거나 현저히 곤란한 것을 요구하여 죄형법정주의 원칙에 위반된다거나 기대가능성이 없는 행위를 처벌하는 것이어서 위법하다고 보기 어렵다(대판 2018.9.28, 2018도9828).

11. 중대장 월북사건 : 전방 철책선을 순찰 중이던 장교가 상관인 중대장이 월북을 기도하면서 철책문을 열라고 소총으로 위협 강요하자 중대장이 월북하니 중대장을 사격하라는 공격지휘를 하지 않고 다만 "연락하라"고만 두세번 소리치고 도주한 경우(대판 1970.11.24, 70도1984) ● 검찰7급

12. 비서뇌물공여 사건 : 피고인이 비서라는 특수신분 때문에 주종관계에 있는 공동피고인의 지시를 거절할 수 없어 뇌물을 공여한 경우, 그와 같은 사정만으로는 피고인에게 뇌물공여 이외의 반대행위를 기대할 수 없는 경우였다고 볼 수는 없다(대판 1983.3.8, 82도2873). ● 경찰승진
13. 토지거래 신고지역으로 지정된 구역 안에 있는 토지를 매수한 자가 미등기 전매하면서 국토이용관리법 소정의 신고를 하지 않은 경우(대판 1990.10.30, 90도1798) ● 법행
14. 불법 건축물이라는 이유로 일반음식점 영업신고의 접수가 거부되었고, 이전에 무신고 영업행위로 형사처벌까지 받았음에도 계속하여 일반음식점 영업행위를 한 경우(대판 2009.4.23, 2008도6829) ● 경찰승진
15. 직무상 지휘·복종관계에 있는 부하가 직장 상사의 범법행위에 가담한 경우(대판 2007.5.11, 2007도1373) ● 법행, 법원, 경찰승진, 검찰9급
16. 상관의 명령에 절대 복종하여야 한다는 것이 불문율로 되어 있는 대공수사단 직원이 명백한 위법명령(고문치사행위)에 따른 경우(대판 1988.2.23, 87도2358)
17. 상호저축은행 직원이 상사의 부당한 대출지시에 대하여 반대의견을 표시하였지만 상사가 지시에 따를 것을 명령하자 어쩔 수 없다고 생각하고 대출 업무를 처리해 준 경우(대판 2007.5.11, 2007도1373) ☞ 업무상배임죄 ○
● 법행

판례 정리 ··· 기대가능성이 부정되는 경우(처벌 X)

1. 우연히 알게된 답 사건 : **입학시험에 응시한 수험생으로서 자기 자신이 부정한 방법으로 탐지한 것이 아니고 우연한 기회에 미리 출제될 시험문제를 알게 되어 그에 대한 답을 암기하였을 경우** 그 암기한 답에 해당된 문제가 출제되었다 하여도 위와 같은 경위로서 암기한 답을 그 입학시험 답안지에 기재하여서는 아니된다는 것을 그 일반수험생에게 기대한다는 것은 보통의 경우 도저히 불가능하다 할 것이다(대판 1966.3.22, 65도1164). ● 경찰승진, 검찰9급
2. 명태어선 납치사건 : 동해방면에서 명태잡이를 하다가 기관고장과 풍랑으로 표류 중 북한괴뢰집단에 함정에 납치되어 북괴지역으로 납북된 후 북괴를 찬양, 고무 또는 이에 동조하고 우리나라로 송환됨에 있어 여러 가지 지령을 받아 수락한 경우(대판 1967.10.4, 67도1115)
3. 나이트클럽 단체 입장사건 : 수학여행을 온 대학교 3학년생 34명이 지도교수의 인솔하에 피고인 경영의 나이트클럽에 찾아와 단체입장을 원하므로 그들중 일부만의 학생증을 제시받아 확인하여 본즉 그들이 모두 같은 대학교 같은 학과 소속의 3학년 학생들로서 성년자임이 틀림없어 나머지 학생들의 연령을 개별적, 기계적으로 일일이 증명서로 확인하지 아니하고 그들의 단체입장을 허용함으로써 그들 중에 섞여 있던 미성년자(19세 4개월 남짓된 여학생) 1인을 위 업소에 출입시킨 경우(대판 1987.1.20, 86도874) ● 법행, 경찰승진, 검찰9급
4. 경영부진으로 인한 퇴직금 미지급 사건 : 사용자가 퇴직금 지급을 위해 최선의 노력을 다하였으나 경영부진으로 인한 자금사정 등으로 도저히 지급기일 내에 퇴직금을 지급할 수 없는 불가피한 사정이 인정되는 경우(대판 2001.2.23, 2001도204) ● 경찰승진

비교판례
단순히 사용자가 경영부진 등으로 자금압박을 받아 임금 및 퇴직금을 지급기일 내에 지급하지 못한 경우(대판 2006.2.9, 2005도9230) ☞ 기대가능성 인정 ● 경찰승진, 검찰9급

5. 군형법 제35조 제1호의 전투준비태만죄는 작전에 실패하였다는 결과에 의하여 성립하는 것이 아니고 통상적인 능력을 갖춘 지휘관으로서 마땅히 하여야 할 전투준비를 태만히 한 경우에 성립하는 것이므로 불가능한 전투준비 또는 부적당한 전투준비를 태만히 한 경우는 성립되지 아니한다. **군인인 피고인들이 무장공비의 탈출시간으로 추정되는 시각까지 만 4일 6시간 동안 불과 3시간 또는 5시간의 수면을 취한 상태에서 2시간씩 교대로 수면을 취한 경우** 군형법상 전투준비태만죄에 해당하는 측면이 있다고 하더라도 적법행위의 기대가능성을 인정하거나 비난가능성이 있다고 단정할 수는 없는 것이다(대판 1980.3.11, 80도141). ● 검찰9급

Ⅳ 강요된 행위

> 제12조 (강요된 행위) 저항할 수 없는 폭력이나 **자기 또는 친족의 생명 신체**에 대한 위해를 방어할 방법이 없는 협박에 의하여 강요된 행위는 **벌하지 아니한다.** ● 검찰7급

1. 의의 및 법적 성질

강요된 행위는 저항할 수 없는 폭력이나 자기 또는 친족의 생명·신체에 대한 위해를 방어할 방법이 없는 협박에 의하여 강요된 행위를 의미하며 강요된 행위를 한 자에 대해서는 적법행위에 대한 기대가능성이 없다는 이유로 벌하지 아니한다.

2. 강요된 행위의 성립요건

(1) 강제상태

① **저항할 수 없는 폭력** : 형법 제12조에서 말하는 강요된 행위는 저항할 수 없는 폭력이나 생명, 신체에 위해를 가하겠다는 협박 등 다른 사람의 강요에 의하여 이루어진 행위를 의미하는데, 여기서 **저항할 수 없는 폭력**은 **심리적 의미**에 있어서 육체적으로 어떤 행위를 절대적으로 하지 아니할 수 없게 하는 경우와 **윤리적 의미**에 있어서 강압된 경우를 말하고, 협박이란 자기 또는 친족의 생명, 신체에 대한 위해를 달리 막을 방법이 없는 협박을 말하며, 강요라 함은 피강요자의 자유스런 의사결정을 하지 못하게 하면서 특정한 행위를 하게 하는 것을 말하는 것이다(대판 2009.6.11, 2008도11784). ● 사시

② **자기 또는 친족의 생명·신체에 대한 위해를 방어할 방법이 없는 협박** : 친족의 범위는 민법에 의하여 결정되며 생명·신체 이외의 법익에 대한 위해는 제12조가 적용될 수 없으며 초법규적 책임조각사유인 기대불가능성으로 해결한다.

③ **자초한 강제상태** : 반국가단체의 지배하에 있는 북한지역으로 탈출하는 자는 특별한 사정이 없는 한 북한집단구성원과의 회합이 있을 것이라는 사실을 예측하였을 것이라 함은 오늘의 사회통념상 당연한 결론이라 할 것이고 자의로 북한에 탈출한 이상 그 구성원과의 회합은 예측하였던 행위이므로 강요된 행위라고 인정될 수 없다(대판 1973.1.30, 72도2585).

(2) 강요된 행위

피강요자의 행위는 구성요건에 해당하는 위법한 행위여야 한다.

3. 강요된 행위의 효과

(1) 피강요자의 책임

피강요자는 책임이 조각되어 처벌되지 않는다.

(2) 강요자의 책임

피강요자를 도구로 이용하였기 때문에 강요한 범죄의 간접정범이 된다.

> **판례 정리 ··· 강요된 행위인 경우**
>
> 1. 남편구타사건 : 남편의 계속적인 구타에 못이겨 처가 허위내용(간통사실을 폭로하겠다고 협박당하여 돈을 주었다는 내용)의 고소장을 작성하여 제출한 경우(대판 1983.12.13, 83도2276)
> 2. 서약사건 : 18세의 소년이 취직시켜 준다는 꼬임에 빠져 도일 후 조총련간부의 감시·감금하에 강요에 못이겨 공산주의자가 되어 북한에 갈 것을 서약한 행위(대판 1972.5.9, 71도1178)

> **판례 정리 ··· 강요된 행위가 아닌 경우**
>
> 1. KAL기 폭파범 사건 : 형법 제12조에서 말하는 강요된 행위는 저항할 수 없는 폭력이나 생명, 신체에 위해를 가하겠다는 협박 등 다른 사람의 강요행위에 의하여 이루어진 행위를 의미하는 것이지 어떤 사람의 성장교육과정을 통하여 형성된 내재적인 관념 내지 확신으로 인하여 행위자 스스로의 의사결정이 사실상 강제되는 결과를 낳게 하는 경우까지 의미한다고 볼 수 없다(대판 1990.3.27, 89도1670). ● 경찰승진
> 2. 따라다니라 사건 : 자기를 따라다니지 아니하면 때려준다는 말에 따라 5회의 절도행위를 한 경우(대판 1968.4.2, 68도221) ● 사시
> 3. 월선조업 경력자 사건 : 그전에 선원으로 월선조업을 하다가 납북되었다가 돌아온 경험이 있는 자로서 월선하자고 상의하여 월선조업 하다가 납치되어 북괴의 물음에 답하여 정보를 제공한 경우(대판 1971.2.23, 70도2629) ● 검찰9급

CHAPTER 06 미수론

제1절 미수범의 일반이론

제29조 (미수범의 처벌) 미수범을 처벌할 죄는 각칙의 해당 죄에서 정한다.

I 범죄실현의 단계

1. 범죄의사
외부에 실현되지 않는 때에는 형법적 평가의 대상이 될 수 없다.

2. 예 비
범죄의사의 실현을 위한 준비행위로서 실행의 착수 전의 행위를 말한다.

3. 미 수
범죄의 실행에 착수하여 행위를 종료하지 못하였거나 결과가 발생하지 아니한 경우를 말한다.

4. 기 수
(1) 일정한 기간 내에 잘못된 상태를 바로잡으라는 행정청의 지시를 이행하지 않았다는 것을 구성요건으로 하는 범죄의 경우 그 의무 이행기간이 경과한 때 기수가 된다(대판 1994.4.26, 93도1731).

(2) 건설산업기본법 제96조 제4호 제21조에 규정된 '건설업자가 다른 사람에게 자기의 성명 또는 상호를 사용하여 건설공사를 수급 또는 시공하게 하는 행위'는 다른 사람에게 자기의 성명 또는 상호를 사용하여 건설공사를 수급하게 하거나 공사에 착수하게 한 때에 기수가 된다(대판 2007.4.12, 2007도883). ● 사시

(3) (구)부정경쟁방지 및 영업비밀에 관한 법률 제18조 제2항의 영업비밀취득죄는 다른 직원의 아이디와 비밀번호로 회사의 전산망에 접속하여 영업비밀인 도면을 자신의 컴퓨터에 전송받았을 때에 기수이다(대판 2008.12.24, 2008도9169).

Ⅲ 미수범의 처벌근거

객관설, 주관설, 절충설의 대립이 있다.

제2절 장애미수

제25조 (미수범) ① 범죄의 실행에 착수하여 행위를 종료하지 못하였거나 결과가 발생하지 아니한 때에는 미수범으로 처벌한다.
② 미수범의 형은 기수범보다 **감경할 수 있다**. ● 경찰9급

Ⅰ 서 설

행위자가 범죄의 실행에 착수하였으나 의외의 장애사유로 인하여 범죄를 완성하지 못한 경우를 말한다.

Ⅱ 성립요건

1. 주관적 요건

기수범과 같은 고의, 즉 특정한 구성요건 실현에 대한 인식과 의사가 있어야 한다.

2. 실행의 착수

구성요건을 실현하는 행위를 직접적으로 개시하는 것을 말한다. 실행의 착수는 예비·음모와 미수를 구별하는 기준이 된다.

판례 정리

살인죄	인정	① 피고인이 격분하여 피해자를 살해할 것을 마음먹고 **낫을 들고 피해자에게 접근한 경우**(대판 1986.2.25, 85도2773) ● 경찰, 사시 ② 상관인 그 소속 중대장을 살해 보복할 목적으로 **수류탄의 안전핀을 빼고 그 사무실로 들어간 행위** ☞ 상관살인미수죄(대판 1970.6.30, 70도861)
	부정	
강간죄 등	인정	① 강간죄는 부녀를 간음하기 위하여 피해자의 항거를 불능하게 하거나 현저히 곤란하게 할 정도의 폭행 또는 협박을 개시한 때에 그 실행의 착수가 있다고 보아야 할 것이고, **실제로** 그와 같은 폭행 또는 협박에 의하여 피해자의 항거가 불능하게 되거나 현저히 곤란하게 되어야만 실행의 착수가 있다고 볼 것은 아니다(대판 2000.6.9, 2000도1253). ● 경찰, 법행, 사시

강간죄 등	인정	② 간음할 목적으로 새벽 4시에 여자 혼자 있는 방문앞에 가서 방문을 열어주지 않으면 문을 부수고 들어갈 듯이 하자, 피해자가 들어오면 창문으로 뛰어내리겠다고 하는데도 베란다를 통하여 창문으로 침입하려 한 경우(대판 1991.4.9, 91도288)　●사시 ③ 잠을 자고 있는 피해자의 옷을 벗기고 자신의 바지를 내린 상태에서 피해자의 음부 등을 만지고 자신의 성기를 피해자의 음부에 삽입하려고 한 경우(대판 2000.1.14, 99도5187)　☞ 준강간 미수　●경찰
	부정	강간을 목적으로 피해자가 자고 있는 안방에 들어가서 피해자의 **가슴과 엉덩이**를 더듬은 경우(대판 1990.5.25, 90도607)　●법행, 입시, 사시, 경찰승진, 검찰9급
주거침입죄	인정	① 주거침입죄의 실행의 착수는 주거자, 관리자, 점유자 등의 의사에 반하여 주거나 관리하는 건조물 등에 들어가는 행위, 즉 구성요건의 일부를 실현하는 행위까지 요구하는 것은 아니고 범죄구성요건의 실현에 이르는 현실적 위험성을 포함하는 행위를 개시하는 것으로 족하므로, 출입문이 열려 있으면 안으로 들어가겠다는 의사 아래 출입문을 당겨보는 행위는 바로 주거의 사실상의 평온을 침해할 객관적인 위험성을 포함하는 행위를 한 것으로 볼 수 있어 그것으로 주거침입의 실행에 착수한 것이다(대판 2006.9.14, 2006도2824).　●법행, 경찰승진, 검찰9급 ② 주거침입죄의 범의로써 주거로 들어가는 **문의 시정장치를 부수거나 문을 여는 등 침입을 위한 구체적 행위**를 시작한 경우(대판 1995.9.15, 94도2561)　●사시, 경찰승진, 검찰9급 ③ 다가구용 단독주택인 **빌라**의 잠기지 않은 대문을 열고 들어가 **공용 계단**으로 빌라 3층까지 올라갔다가 1층으로 내려온 경우(대판 2009.8.20, 2009도3452)　●경찰승진, 사시
	부정	침입 대상인 아파트에 **사람이 있는지 확인하기 위해 초인종을 누르는 행위만 한 경우** (대판 1981.12.8, 81도1451).　☞ 야간주거침입절도죄의 실행착수 ×　●법행, 법원, 검찰7급
절도죄	인정	① 라디오를 절취하려고 **라디오 선을 건드리는 경우**(대판 1966.5.3, 66도383)　●경찰 ② 절취목적으로 고속도로 선반 위에 놓인 **손가방의 한쪽 걸쇠를 연 경우**(대판 1983.10.25, 83도2432)　●경찰승진 ③ 소매치기가 금품을 절취하려고 타인의 **호주머니에 손을 뻗쳐 그 곁을 더듬은 경우** (대판 1984.12.11, 84도2524)　●사시, 법원 ④ 자동차 안에 있는 물건을 훔치려고 공범이 망을 보는 사이에 앞문을 열려고 **손잡이를 잡아당기다가** 피해자에게 발각된 경우(대판 1986.12.23, 86도2256)　●검찰9급 **유사판례** 야간에 소지하고 있던 손전등과 박스 포장용 노끈을 이용하여 도로에 주차된 차량의 문을 열고 그 안에 들어있는 현금 등을 절취할 것을 마음먹고 이 사건 승합차량의 문이 잠겨 있는지 확인하기 위해 양손으로 운전석 문의 **손잡이를 잡고 열려고 하던 중** 경찰관에게 발각된 경우(대판 2009.9.24, 2009도5595)　●사시

절도죄	인정	**비교판례** 길에 세워놓은 자동차 안에 있는 물건을 훔칠 생각으로 **유리창을 통해 그 내부를 손전등으로 살펴보다가** 체포된 경우(대판 1985.4.23, 85도464) ☞ 절취행위 착수× ● 경찰 ⑤ 현실적으로 절취목적물에 접근하지 못하였다 하더라도 **야간**에 타인의 주거에 침입하여 건조물의 일부인 **방문고리를 손괴한 때**(대판 1977.7.26, 77도1802) ☞ 형법 제331조의 특수절도죄의 실행에 착수 ○ ● 법행 ⑥ 범인들이 마당에 들어가 그 중 **1명이 구리를 찾기 위해 담에 붙어 걸어가다가** 붙잡힌 경우(대판 1989.9.12, 89도1153) ● 경찰, 경찰승진 ⑦ **주간**에 피해자의 주택에 침입하여 절취할 재물을 찾으려고 신발을 신은 채 거실을 통하여 안방으로 들어가 **여기저기를 둘러보고는 절취할 재물을 찾지 못하고** 다시 거실로 나와서 두리번거리고 있다가 피해자에게 발각된 경우(대판 2003.6.24, 2003도1985) ● 법행, 검찰7급 ⑧ **야간**에 절도목적으로 **주거에 침입하였으나 아직 재물을 물색하는 행위를 하지 못한 경우**(대판 1984.12.26, 84도2433) ☞ 야간주거침입절도죄 착수 ○ ● 사시 ⑨ **야간**에 아파트에 침입하여 물건을 훔칠 의도하에 **아파트의 베란다 철제난간까지 올라가 유리창문을 열려고 시도**한 경우(대판 2003.10.24, 2003도4417) ☞ 야간주거침입절도 착수 ○ ● 사시, 경찰승진, 검찰7급 ⑩ **야간**에 타인의 재물을 절취할 목적으로 출입문이 열려 있으면 안으로 들어가겠다는 의사 아래 **출입문을 당겨보는 행위**(대판 2006.9.14, 2006도2824) ☞ 야간주거침입절도 착수 ○ ● 사시 ⑪ **낮**에 절도의 의사로 타인의 주거에 들어가 **절취할 재물을 물색하거나 재물에 접근할 때**(대판 1966.9.20, 66도1108) ☞ 주거침입죄 ○, 절도미수 ○ ● 사시
	부정	① 길에 세워놓은 자동차 안에 있는 물건을 훔칠 생각으로 **유리창을 통해 그 내부를 손전등으로 살펴보다가** 체포된 경우(대판 1985.4.23, 85도464) ● 법행, 경찰승진, 법원 ② 잘 아는 피해자에게 전화채권을 사주겠다며 **골목길로 유인하여 돈을 절취하려고 기회를 엿본 행위**(대판 1983.3.8, 82도2944) ● 경찰 ③ 甲이 소를 흥정하고 있는 피해자의 뒤에 접근하여 **자신의 가방으로 돈이 들어 있는 피해자의 주머니를 스치면서 지나간 행위**(대판 1986.11.11, 86도1109) ● 경찰 ④ **주간**에 절도의 목적으로 타인의 집 현관을 통하여 그 집 마루 위에 올라서 **창고문 쪽으로 향하다가** 피해자에게 발각, 체포된 경우(대판 1986.10.28, 86도1753) ⑤ **주간**에 절도의 목적으로 주거에 침입하기 위하여 **부엌문에 시정된 열쇠고리의 장식을 뜯는 경우**(대판 1989.2.28, 88도1165) ● 경찰 ⑥ **야간**에 다세대주택에 침입하여 물건을 절취하기 위하여 **가스배관을 타고 오르다가 순찰 중이던 경찰관에게 발각**되어 그냥 뛰어내린 경우(대판 2008.3.27, 2008도917) ☞ 야간주거침입절도 실행의 착수 × ● 법행, 경찰승진 ⑦ 피고인이 아파트 신축공사 현장 안에 있는 건축자재 등을 훔칠 생각으로 공범과 함께 위 공사현장 안으로 들어간 후 창문을 통하여 **신축 중인 아파트의 지하실 안쪽을 살핀 행위**(대판 2010.4.29, 2009도14554) ☞ 특수절도죄의 실행의 착수 × ● 사시, 법원

사기죄	인정	① 소송사기에서 **원고**의 경우 소송에서 주장하는 권리가 존재하지 않는 사실을 알고 있으면서도 법원을 기망한다는 인식을 가지고 **소를 제기**한 때(대판 1993.9.14, 93도915) ● 사시 ② 소송사기에서 **피고**의 경우 적극적인 방법으로 법원을 기망할 의사를 가지고 **허위내용의 서류를 증거로 제출하거나 그에 따른 주장을 담은 답변서나 준비서면을 제출**한 때(대판 1998.2.27, 97도2786) ● 사시, 법행 ③ **부동산등기부상 소유자로 등기된 적이 있는 자**가 자기 이후의 소유권이전등기를 경료한 등기명의인들을 상대로 허위의 사실을 주장하면서 그들 명의의 **소유권이전등기의 말소를 구하는 소송을 제기**한 경우(대판 2003.7.22, 2003도1951) ● 사시 **비교판례** **[소유권보존등기 말소소송]** 피고인 또는 그와 공모한 자가 자신이 토지의 소유자라고 허위의 주장을 하면서 소유권보존등기 명의자를 상대로 보존등기의 말소를 구하는 소송을 제기한 경우 그 소송에서 위 토지가 피고인 또는 그와 공모한 자의 소유임을 인정하여 보존등기 말소를 명하는 내용의 승소확정판결을 받는다면, 이에 터 잡아 언제든지 단독으로 상대방의 소유권보존등기를 말소시킨 후 위 판결을 부동산등기법 제130조 제2호 소정의 소유권을 증명하는 판결로 하여 자기 앞으로의 소유권보존등기를 신청하여 그 등기를 마칠 수 있게 되므로, 이는 법원을 기망하여 유리한 판결을 얻음으로써 '**대상 토지의 소유권에 대한 방해를 제거하고 그 소유명의를 얻을 수 있는 지위**'라는 재산상 이익을 **취득**한 것이고, 그 경우 기수시기는 위 판결이 확정된 때이다(대판 2006.4.7, 2005도9858). ● 경찰 **비교판례** **경매가격 하락** 등을 목적으로 경매절차가 진행 중인 적당한 부동산을 물색하여 허위의 채권을 주장하며 채권자대위의 방식에 의한 **원인무효로 인한 소유권보존등기말소청구 소송을 제기**한 경우(대판 2009.4.9, 2009도128) ☞ 불법영득의사 부정, 사기죄의 실행착수 부정 ● 법행 ④ 보험사기는 **보험금을 청구**한 때(대판 1999.3.12, 98도3443) ● 사시 ⑤ 허위의 내용의 **지급명령을 신청**한 때(대판 2004.6.24, 2002도4151) ● 법행, 경찰승진 ⑥ **사기도박**에서 사기적인 방법으로 도금을 편취하려고 하는 자가 상대방에게 **도박에 참가할 것을 권유**하는 등 기망행위를 개시한 경우(대판 2011.1.13, 2010도9330) ● 경찰 ⑦ 소송에서 주장하는 권리가 존재하지 않는 사실을 알고 있으면서도 **법원을 기망한다는 인식을 가지고 소를 제기하였으나 상대방의 주소를 허위로 기재**함으로써 그 허위주소로 소송서류가 송달되어 상대방 아닌 다른 사람이 그 서류를 받아 소송이 진행된 경우(대판 2006.11.10, 2006도5811) ● 법원9급 ⑧ 유치권에 의한 경매를 신청한 유치권자가 공사대금 채권을 실제와 달리 허위로 크게 부풀려 **유치권에 의한 경매를 신청**한 경우(대판 2012.11.15, 2012도9603)

	부정	① 소송사기에서 **부동산을 매수한 일이 없음에도** 매수한 것처럼 허위의 사실을 주장하여 위 부동산에 대한 **소유권이전등기를 거친 사람을 상대로 그 이전등기의 원인무효를 내세워 그 이전등기의 말소를 구하는 소송을 제기**한 경우(대판 1981.12.8, 81도1451). ● 사시 ② 허위의 채권을 피보전권리로 삼아 **가압류를 하였지만 본안소송을 제기하지 아니한 경우**(대판 1988.9.13, 88도55) ● 법행, 경찰승진, 검찰9급 ③ 태풍 피해복구보조금 지원절차가 행정당국에 의한 실사를 거쳐 피해자로 확인된 경우에 한하여 보조금 지원신청을 할 수 있도록 되어 있는 경우, **허위의 피해신고만 한 경우**(대판 1999.3.12, 98도3443) ● 경찰 ④ 장애인단체의 지회장이 지방자치단체로부터 **보조금을 더 많이 지원받기 위하여 허위의 보조금 정산보고서를 제출한 경우**(대판 2003.6.13, 2003도1279) ● 사시, 검찰9급 ⑤ 장해보상지급청구권자에게 보상금을 찾아주겠다고 거짓말을 하여 동인을 **보상금 지급기관까지 유인**한 것(대판 1980.5.13, 78도2259) ● 경찰승진, 사시 ⑥ 부동산 경매절차에서 허위의 공사대금채권을 근거로 **유치권 신고**를 한 경우(대판 2009.9.24, 2009도5900) ● 경찰승진
배 임 죄	인정	① **부동산의 이중양도(이중매매)**에 있어서 부동산의 매도인인 甲이 제1차 매수인으로부터 계약금 및 **중도금 명목의 금원을 교부받은 후 제2차 매수인으로부터 부동산을 매도하기로 하고 계약금과 중도금을 지급받은 경우**(대판 1983.10.11, 83도2057) ● 경찰 ② 무허가 건물의 양도인이 양수인으로부터 대금을 모두 수령한 상태에서 그 건물을 다시 제3자에게 양도하기로 하고 계약금과 중도금을 수령하였으나 잔금은 아직 수령하지 아니한 경우(대판 2005.10.28, 2005도5713) ● 경찰승진, 사시
	부정	부동산의 이중매매에 있어서 **제1차 매수인으로부터 계약금 및 중도금** 명목의 금원을 교부받은 후 **제2차 매수인에게** 부동산을 매도하기로 하고 **계약금만을 지급받은 뒤 더 이상의 계약 이행에 나아가지 않은 경우**(대판 2003.3.25, 2002도7134) ● 사시, 법행, 검찰7급
방 화 죄	인정	① 불이 **방화목적물 내지 도화물체에 점화**된 때(대판 1960.7.22, 4239형상213) ● 법행 ② 현주건조물에 방화하기 위해 **비현주건조물에 방화한 때** ☞ 현주건조물방화죄 ● 법원 ③ 거주하는 **가옥의 일부로 된 축사에 방화한 때**(대판 1967.8.29, 67도925) ☞ 현주건조물방화죄 ④ 방화의 의사로 뿌린 휘발유가 인화성이 강한 상태로 주택주변과 피해자의 몸에 적지 않게 살포되어 있는 사정을 알면서도 라이터를 켜 불꽃을 일으킴으로써 피해자의 몸에 불이 붙은 경우(대판 2002.3.26, 2001도6641) ☞ 현주건조물방화죄 ● 사시, 경찰승진
	부정	타인의 선박을 소훼하기 위하여 그 선박에 침입하여 갑판에 휘발유를 뿌리고 소지 중이던 **라이터를 꺼내어 점화하려다가 체포**된 경우(대판 1960.7.22, 4293형상213) ● 사시
통 화 위 조 죄	인정	
	부정	미리 준비한 물건들과 옵세트인쇄기를 사용하여 한국은행권 100원권을 사진 찍어 그 **필름 원판 7매와 이를 확대하여 현상한 인화지 7매를 만들었음에 그친 경우** ☞ 통화위조예비죄(대판 1966.12.6, 66도1317) ● 행시

Chapter 06 미수론 | **177**

문서죄	인정	
	부정	① 종량제 쓰레기봉투에 인쇄할 시장명의의 문안이 새겨진 **필름을 제조하는 행위에 그친 경우**(대판 2007.2.23, 2005도7430) ☞ 공문서위조의 준비단계에 불과 ② 위장결혼의 당사자 및 브로커와 공모한 피고인이 허위로 결혼사진을 찍고 혼인신고에 필요한 서류를 준비하여 **위장결혼의 당사자에게 건네주기만 한 경우**(대판 2009.9.24, 2009도4998) ☞ 공전자기록등불실기재죄의 실행에 착수한 것으로 볼 수 없다. ● 법행
간첩죄 등	인정	① 간첩의 목적으로 **외국 또는 북한에서 국내에 침투 또는 월남하는 경우**에는 기밀탐지가 가능한 **국내에 침투 상륙한** 때(대판 1984.9.11, 84도1381) ● 법행, 검찰7급 ② 북괴지역으로 탈출할 목적으로 일반인의 **출입이 통제되어 있는 지역까지 들어가 휴전선을 향하여 북상하는 정도에 이르른** 경우(대판 1987.5.26, 87도712)
	부정	(고정간첩의 경우에는) 국가기밀을 탐지수집하라는 지령을 받았거나 소위 무인포스트를 설정한 경우(대판 1974.11.12, 74도2662) ☞ 이 정도로는 부족하고 국가기밀을 탐지수집하는 행위가 있어야 한다. ● 검찰7급
기타	인정	① 로렉스 손목시계 1개를 출국 당시 차고 나간 신변 휴대품인 양 손목에 차고 이를 세관에 신고하지 아니하고 몰래 반입하려는 의사로 **위 시계를 손목에 찬 채 다른 물품이 들어 있는 가방을 세관검사대에 올려 놓은 경우**(대판 1987.11.24, 87도1571) ☞ 관세포탈죄의 실행착수 ○ ② 부정경쟁방지 및 영업비밀보호에 관한 법률 제18조 제2항에서 정하고 있는 영업비밀부정사용죄에 있어서는, 행위자가 당해 영업비밀과 관계된 영업활동에 이용 혹은 활용할 의사 아래 그 영업활동에 근접한 시기에 영업비밀을 열람하는 행위(영업비밀이 전자파일의 형태인 경우에는 저장의 단계를 넘어서 해당 **전자파일을 실행하는 행위**)를 하였다면 그 실행의 착수가 있다(대판 2009.10.15, 2008도9433). ● 경찰 ③ 신용카드업법 제25조 제1항 소정의 신용카드부정사용죄의 구성요건적 행위인 신용카드의 사용이라 함은 신용카드의 소지인이 신용카드의 본래 용도인 대금결제를 위하여 가맹점에 신용카드를 제시하고 매출표에 서명하여 이를 교부하는 일련의 행위를 가리키므로, 단순히 **신용카드를 제시하는 행위만으로는** 신용카드부정사용죄의 실행에 착수한 것에 불과하고 그 사용행위를 완성한 것으로 볼 수 없다(대판 1993.11.23, 93도604). ● 경찰 ④ 피고인이 지하철 환승에스컬레이터 내에서 짧은 치마를 입고 있는 피해자의 뒤에서서 카메라폰으로 성적 수치심을 느낄 수 있는 치마 속 신체 부위를 피해자 의사에 반하여 **동영상 촬영을 하던 중 경찰관에게 발각되어 저장버튼을 누르지 않고 촬영을 종료**하였다면 구 성폭력범죄의 처벌 및 피해자보호등에 관한 법률상의 카메라 등 이용 촬영 범행은 이미 '기수'에 이르렀다(대판 2011.6.9, 2010도10677). ● 사시, 경찰 ⑤ 피해자의 고용인을 통하여 피해자에게 피해자가 경영하는 기업체의 탈세사실을 국세청이나 정보부에 고발한다는 말을 전한 경우(대판 1969.7.29, 69도984) ☞ 공갈죄의 실행착수 ○
	부정	① 수출할 사람에게 비지정문화재를 판매하려다가 **가격절충이 되지 않아 계약이 성사되지 못한 경우**(대판 1999.11.26, 99도2461) ☞ 비지정문화재를 국외로 반출하는 행위에 근접·밀착하는 행위가 행하여진 때에 실행의 착수가 인정된다. 따라서 비지정문화재수출미수죄 × ● 경찰승진

부정	② 피고인이 외화를 반출하기 위하여 일화 400만엔이 들어 있는 휴대용 가방을 가지고 **보안검색대에 나아가지 않은 채** 공항 내에서 탑승을 기다리고 있던 중에 체포된 경우(대판 2001.7.27, 2000도4298) ☞ 외국환거래법위반죄의 실행의 착수 ✕ ③ 甲이 히로뽕 제조원료 구입비를 乙에게 제공하였는데 乙이 그로써 **구입할 원료를 물색 중 적발된 경우**(대판 1983.11.22, 83도2590) ☞ 히로뽕 제조죄의 실행 착수 ✕ ● 사시 ④ 북한과의 범민족단합대회추진을 위한 예비회담을 하기 위하여 **판문점을 향하여 출발하려 한 경우**(대판 1990.8.28, 90도1217) ☞ 국가보안법상 회합예비죄 ○, 회합죄의 실행의 착수 ✕ ● 사시 ⑤ 입영대상자가 병역면제처분을 받을 목적으로 병원으로부터 **허위의 병사용진단서를 발급 받은 경우**(대판 2005.9.28, 2005도3065) ☞ 병역법상 사위행위의 실행의 착수 ✕ ● 사시, 경찰 ⑥ 은행강도 범행으로 강취할 돈을 **송금받을 계좌를 개설만** 한 경우(대판 2007.1.11, 2006도5288) ☞ 범죄수익 등의 은닉에 관한 죄의 실행의 착수 ✕ ● 법행, 검찰9급 ⑦ 필로폰을 소지 또는 입수한 상태에 있었거나 그것이 가능하였다는 등 매매행위에 근접·밀착한 상태에서 대금을 지급받은 것이 아니라 **단순히 필로폰을 구해 달라는 부탁과 함께 대금 명목으로 돈을 지급받은 것에 불과한 경우**에는 필로폰 매매행위의 실행의 착수에 이른 것이라고 볼 수 없다(대판 2015.3.20, 2014도16920). ⑧ 국제우편 등을 통하여 **향정신성의약품을 수입**하는 경우에는 국내에 거주하는 사람이 수신인으로 명시되어 **발신국의 우체국 등에 향정신성의약품이 들어 있는 우편물을 제출할 때에 범죄의 실행에 착수**하였다고 볼 수 있으므로 필로폰이 들어 있는 **우편물을 발신국의 우체국 등에 제출하였다는 사실이 밝혀지지 않은 이상** 피고인 등의 이러한 행위는 향정신성의약품 수입의 **예비행위**라고 볼 수 있을지언정 이를 가지고 향정신성의약품 수입행위의 실행에 착수하였다고 할 수는 없다(대판 2019.5.16, 2019도97).

3. 범죄의 미완성

장애사유로 인하여 구성요건적 결과가 발생하지 않아야 한다.

Ⅲ 장애미수의 처벌

임의적으로 감경할 수 있다(제25조 제2항).

Ⅳ 관련문제

1. 거동범과 미수

거동범의 경우 행위가 종료되면 기수가 되므로 실행미수는 있을 수 없으나 착수미수는 가능하다는 입장과 미수를 생각할 수 없다는 입장으로 대립한다.

2. 부작위범의 미수

(1) 진정부작위범은 거동범적 성격을 가지므로 미수를 인정할 수 없다는 것이 다수설이나 형법은 진정부작위범의 미수를 처벌하는 규정을 두고 있다(집합명령위반죄, 퇴거불응죄). ● 검찰, 사시

(2) 부진정부작위범은 결과범의 성격을 가지므로 미수규정이 있는 경우 미수범의 성립이 가능하다.

제3절 중지미수

제26조 (중지범) 범인이 실행에 착수한 행위를 자의(自意)로 중지하거나 그 행위로 인한 결과의 발생을 자의로 방지한 경우에는 형을 **감경하거나 면제한다**. ● 검찰9급

I 서 설

중지미수란 범죄의 실행에 착수한 자가 그 범죄가 완성되기 전에 자의로 실행행위를 중지하거나 실행행위로 인한 결과의 발생을 방지한 경우를 의미한다.

II 성립요건

1. 주관적(자의성 판단) 요건

범죄의 실행행위에 착수하고 그 범죄가 완수되기 전에 자기의 자유로운 의사에 따라 범죄의 실행행위를 중지한 경우에 그 중지가 일반 **사회통념상** 범죄를 완수함에 장애가 되는 사정에 의한 것이 아니라면 이는 중지미수에 해당한다고 할 것이다(대판 1999.4.13, 99도640). ● 사시

> **판례** 정리 ··· 중지미수 인정
>
> 다음번에 만나자 사건 : 피고인이 피해자를 강간하려다가 피해자의 다음 번에 만나 친해지면 응해 주겠다는 취지의 간곡한 부탁으로 인하여 그 목적을 이루지 못한 후 피해자를 자신의 차에 태워 집에까지 데려다 주었다면 피고인은 자의로 피해자에 대한 강간행위를 중지한 것이고 피해자의 다음에 만나 친해지면 응해 주겠다는 취지의 간곡한 부탁은 사회통념상 범죄실행에 대한 장애라고 여겨지지는 아니하므로 피고인의 행위는 중지미수에 해당한다(대판 1993.10.12, 93도1851). ● 입시, 검찰7·9급, 법원, 경찰승진

> **판례 정리 ··· 중지미수 부정**
>
> 1. **배가 아프다 사건** : 피해자가 수술한 지 얼마 안되어 **배가 아프다**면서 애원하는 바람에 강간의 뜻을 이루지 못한 경우(대판 1992.7.28, 92도917) ● 법행, 경찰, 법원, 사시
> 2. **어린 딸이 우는 사건** : 강도가 강간하려고 하였으나 잠자던 피해자의 **어린 딸이 잠에서 깨어 우는** 바람에 도주하였고 또 피해자가 시장에 간 **남편이 곧 돌아온다**고 하면서 **임신 중**이라고 말하자 도주한 경우(대판 1993.4.13, 93도347)
> 3. **경찰관 탐문사건** : 기밀탐지임무를 부여받고 대한민국에 입국 기밀을 탐지 수집중 **경찰관이** 피고인의 행적을 **탐문하고 갔다는 말을 전해 듣고** 지령사항수행을 보류하고 있던 중 체포된 경우(대판 1984.9.11, 84도1381) ● 법무사, 경찰승진
> 4. **세관직원 잠복 사건** : 범행 당일 **세관직원들이 범행장소 주변에 잠복근무를 하고 있는 것을 본** 피고인이 발각을 두려워한 나머지 자신이 분담한 실행행위를 못한 경우(대판 1986.1.21, 85도2339)
> 5. **불보고 겁낸 사건** : 장롱 안에 있는 옷가지에 불을 놓아 건물을 소훼하려 하였으나 **불길이 치솟는 것을 보고 겁이 나서** 물을 부어 불을 끈 경우(대판 1997.6.13, 97도957)
> 6. **피를 보고 멈춘 사건** : 사람을 살해하려고 목 부위와 왼쪽 가슴부위를 칼로 수회 찌르자 피해자의 **가슴 부위에서 많은 피가 흘러나오는 것을 보고 겁을 먹고** 그만 두는 바람에 미수에 그친 경우(대판 1999.4.13, 99도640)
> 7. **인생망친다 사건** : 대마관리법 제19조 제1항 제2호, 제4조 제3호 위반죄는 대마를 매매함으로써 성립하는 것이므로 피고인이 **대마 2상자를 사가지고 돌아오다** 이 장사를 다시 하게 되면 내 **인생을 망치게 된다는 생각이 들어 이를 불태운 경우**(대판 1983.12.27, 83도2629) ☞ 대마매매죄는 이미 기수임 ● 법원
> 8. **공유대지 담보제공 사건** : 타인의 재물을 공유하는 자가 공유자의 승낙을 받지 않고 공유대지를 담보로 제공하고 가등기를 경료하였으나, 그 후 가등기를 말소한 경우(대판 1978.11.28, 78도2175) ☞ 횡령죄는 이미 기수임 ● 사시
> 9. **원료불량 사건** : 원료불량으로 인한 제조상의 애로, 제품의 판로문제, 범행탄로시의 처벌공포, 공범자의 포악성 등으로 인하여 히로뽕 제조를 단념한 경우(대판 1985.11.12, 85도2002) ● 입시
> 10. 피고인이 갑에게 **위조한 주식인수계약서와 통장사본**을 보여주면서 50억 원의 투자를 받았다고 말하며 자금의 대여를 요청하였고, 이에 갑과 함께 50억 원의 입금 여부를 확인하기 위해 은행에 가던 중 **은행 입구에서 차용을 포기하고 돌아간 경우**(대판 2011.11.10, 2011도10539) ● 경찰

2. 객관적 요건

실행의 착수가 있어야 한다.

Ⅲ 중지미수의 처벌

기수범에 대하여 필요적으로 감면한다.

Ⅳ 관련문제

1. 예비의 중지

중지범은 범죄의 실행에 착수한 후 자의로 그 행위를 중지한 때를 말하는 것으로 실행의 착수가 있기 전인 예비·음모의 행위를 처벌하는 경우에 있어서는 중지범의 관념은 이를 인정할 수 없다(대판 1991.6.25, 91도436). ● 사시, 법행

2. 공범의 중지미수

(1) 미수와 공범

> **사실관계** [천광상회 사건]
> 갑과 을은 병이 경영하는 천광상회 사무실의 금품을 절취하기로 공모하여 갑은 그 부근 포장마차에 있고 을은 사무실 안으로 들어가 훔칠 물건을 물색하고 있었다. 이 때 갑은 자신의 범행전력등을 생각하여 가책을 느낀 나머지 스스로 결의를 바꾸어 병에게 을의 침입사실을 알려 그와 함께 을을 체포하여 결과발생을 방지하였다.
>
> **판결요지** 갑 : 중지미수의 요건을 구비하였으므로 특수절도의 중지미수가 성립한다.
> 을 : 갑의 중지미수가 공범에게까지 미치는 것은 아니므로 을에게는 특수절도의 장애미수가 된다(대판 1986.3.11, 85도2831).

(2) 기수와 공범

甲과 乙은 피해자를 텐트 안으로 끌고 가 차례로 성관계를 하기로 하고, 甲이 텐트 밖에서 망을 보는 사이 乙은 피해자의 반항을 억압한 후 강간하였고, 이어 甲이 텐트 안으로 들어가 피해자를 강간하려 하였으나 피해자가 반항을 하며 강간을 하지 말아 달라고 사정을 하여 강간을 하지 않았다면 甲은 중지미수에 해당하지 아니한다(대판 2005.2.25, 2004도8259). ● 경찰

☞ 다른 공범자의 범행을 중지케 한 바 없으면 범의를 철회하여도 중지미수가 될 수 없다.

제4절 불능미수

> 제27조 (불능범) 실행의 **수단** 또는 **대상**의 착오로 인하여 결과의 발생이 불가능하더라도 위험성이 있는 때에는 처벌한다. 단, **형을 감경 또는 면제할 수 있다.** 🔖 검찰9급, 경찰

I 서 설

형법 제27조에서 규정하고 있는 불능미수는 행위자에게 범죄의사가 있고 실행의 착수라고 볼 수 있는 행위가 있지만 실행의 수단이나 대상의 착오로 처음부터 구성요건이 충족될 가능성이 없는 경우이다. 다만 결과적으로 구성요건의 충족은 불가능하지만, 그 행위의 위험성이 있으면 불능미수로 처벌한다(대판 2019.3.28, 2018도16002). 🔖 경찰

II 성립요건

1. 주관적 요건

장애미수와 마찬가지로 기수고의가 있어야 한다. 따라서 결과발생이 불가능함을 인식하고 실행에 착수하였다면 기수의 고의가 인정되지 않으므로 불능미수가 성립할 수 없다.

2. 객관적 요건

(1) 실행의 착수

불능미수도 미수범이므로 행위자가 실행에 착수하였을 것을 요한다.

(2) 결과발생의 불가능

불능미수란 행위자에게 범죄의사가 있고 실행의 착수라고 볼 수 있는 행위가 있더라도 실행의 수단이나 대상의 착오로 처음부터 결과발생 또는 법익침해의 가능성이 없지만 다만 그 행위의 위험성 때문에 미수범으로 처벌하는 경우를 말한다. 여기에서 '**결과의 발생이 불가능**'하다는 것은 범죄행위의 성질상 **어떠한 경우에도 구성요건의 실현이 불가능하다**는 것을 의미한다(대판 2019.5.16, 2019도97). 🔖 검찰

(3) 위험성

불능범의 판단기준으로서 위험성 판단은 피고인이 행위 당시에 인식한 사정을 놓고 이것이 객관적으로 일반인의 판단으로 보아 결과발생의 가능성이 있느냐를 기준으로 따져야 한다(대판 2005.12.8, 2005도8150). ☞ 추상적 위험설을 취한 판례이다.

> **판례** 정리

1. **소매치기 사건** : 소매치기가 피해자의 주머니에 손을 넣어 금품을 절취하려고 한 경우 비록 그 주머니 속에 금품이 들어 있지 않았다 하더라도 위 소위는 절도라는 결과발생의 위험성을 충분히 내포하고 있으므로 절도미수에 해당한다(대판 1986.11.25, 86도2090). ☞ 경찰

2. **브레이크 호스 절단 사건** : 갑이 을에게 병을 살해하라고 하면서 준 원비-디 병에 성인 남자를 죽게 하기에 족한 용량의 농약이 들어 있었고, 또 갑은 피해자 소유 승용차의 **브레이크호스를 잘라 브레이크액을 유출**시켜 주된 제동기능을 완전히 상실시킴으로써 그 때문에 병이 그 자동차를 몰고 가다가 반대차선의 자동차와의 충돌을 피하기 위하여 브레이크 페달을 밟았으나 전혀 제동이 되지 아니하여 사이드브레이크를 잡아 당김과 동시에 인도에 부딪치게 함으로써 겨우 위기를 모면하였다면 갑의 위 행위는 어느 것이나 사망의 결과발생에 대한 위험성을 배제할 수 없다 할 것이므로 각 살인미수죄를 구성한다(대판 1990.7.24, 90도1149).
   ☞ 살인죄의 불능미수를 인정한 판례임 ☞ 법행

3. **약품배합미숙 사건** : 향정신성의약품인 메스암페타민 속칭 "히로뽕" 제조를 위해 그 원료인 염산에 페트린 및 수종의 약품을 교반하여 "히로뽕" 제조를 시도하였으나 그 **약품배합미숙으로 그 완제품을 제조하지 못하였다**면 위 소위는 그 성질상 결과발생의 위험성이 있다고 할 것이므로 이를 습관성의약품제조미수범으로 처단한 것은 정당하다(대판 1985.3.26, 85도206). ☞ 경찰승진, 법행, 검찰7급

4. **초우뿌리 달인 물 사건** : 일정량 이상을 먹으면 사람이 사망에 이를 수도 있는 '**초우뿌리**' 또는 '**부자**' 달인 물을 피해자에게 마시게 하여 피해자를 살해하려고 하였으나 피해자가 이를 토해버림으로써 미수에 그친 행위는 불능범이 아닌 살인미수죄가 성립한다(대판 2007.7.26, 2007도3687). ☞ 불능미수 인정판례 ☞ 사시, 경찰승진

> 참조판례
> 피고인이 피해자를 독살하려 하였으나 동인이 토함으로써 그 목적을 이루지 못한 경우에는 피고인이 사용한 독의 양이 치사량 미달이어서 결과발생이 불가능한 경우도 있을 것이고, 한편 형법은 장애미수와 불능미수를 구별하여 처벌하고 있으므로 원심으로서는 이 사건 독약의 치사량을 좀 더 심리하여 피고인의 소위가 위 미수 중 어느 경우에 해당하는지 가렸어야 할 것이다(대판 1984.2.14, 83도2967). ☞ 검찰7급

5. **임차인 배당요구사건** : **임대인과 임대차계약을 체결한 임차인이 임차건물에 거주하기는 하였으나 그의 처만이 전입신고를 마친 후에 경매절차에서 배당을 받기 위하여 임대차계약서상의 임차인 명의를 처로 변경하여 경매법원에 배당요구를 한 경우**, 실제의 임차인이 전세계약서상의 임차인 명의를 처의 명의로 변경하지 아니하였다 하더라도 소액임대차보증금에 대한 우선변제권 행사로서 배당금을 수령할 권리가 있다 할 것이어서, 경매법원이 실제의 임차인을 처로 오인하여 배당결정을 하였더라도 이로써 재물의 편취라는 결과의 발생은 불가능하다 할 것이고, 이러한 임차인의 행위를 객관적으로 결과발생의 가능성이 있는 행위라고 볼 수도 없으므로 형사소송법 제325조에 의하여 무죄를 선고하여야 한다(대판 2002.2.8, 2001도6669).
   ☞ 법행, 경찰승진

6. **소송비용편취 사건** : 민사소송법상 **소송비용의 청구는 소송비용액 확정절차에 의하도록 규정**하고 있으므로, 위 절차에 의하지 아니하고 손해배상금 청구의 소 등으로 소송비용의 지급을 구하는 것은 소의 이익이 없는 부적법한 소로서 허용될 수 없다고 할 것이다. 따라서 **소송비용을 편취할 의사로 소송비용의 지급을 구하는 손해배상청구의 소를 제기**하였다고 하더라도 이는 객관적으로 소송비용의 청구방법에 관한 법률적 지식을 가진 일반인의 판단으로 보아 결과 발생의 가능성이 없어 위험성이 인정되지 않는다고 할 것이다(대판 2005.12.8, 2005도8105). ☞ 경찰승진, 경찰, 검찰9급, 사시, 법행

7. 요구르트 한병마다 섞은 농약 1.6씨씨가 그 치사량에 약간 미달한다 하더라도 이를 마시는 경우 사망의 결과발생 가능성을 배제할 수는 없다고 할 것이다(대판 1984.2.28, 83도3331).

8. 임야를 편취할 목적으로 소송을 제기하였으나 **소 제기시 이미 소송의 상대방이 사망**하였을 경우에는 소송에서 승소판결을 받는다고 하더라도 판결의 효력이 해당 임야의 재산상속인에게 미칠 수 없으므로 사기죄를 구성한다고 할 수 없다(대판 2002.1.11, 2000도1881). ☞ 사기죄의 불능범이다.
9. 피고인이 **우물과 펌프에 혼입한 농약**(스미치온)의 악취가 심하여 보통의 경우에 마시기가 어렵고 또 그 혼입한 농약의 분량으로 보아 **사람을 치사에 이르게 할 정도는 아니라고 하더라도** 위 농약의 혼입으로 **살인의 결과가 발생할 위험성이 없다고 단정할 수 없는 이상** 피고인에게는 살인미수 등의 죄책을 인정하였음은 정당하다(대판 1973.4.30, 73도354). ☞ 살인죄의 불능미수가 성립된다.

Ⅲ 불능미수의 처벌

임의적 감면사유에 해당한다.

제5절 예비죄

제28조 (음모, 예비) 범죄의 음모 또는 예비행위가 실행의 착수에 이르지 아니한 때에는 **법률에 특별한 규정이 없는한 벌하지 아니한다**.

Ⅰ 서 설

1. 의 의

예비란 범죄실현을 위한 준비행위로서 아직 실행의 착수에 이르지 않은 일체의 행위를 말하며 예비행위를 내용으로 하는 범죄를 예비죄라고 한다.

2. 음모의 정의

형법상 음모죄가 성립하는 경우의 음모란 2인 이상의 자 사이에 성립한 범죄실행의 합의를 말하는 것으로, 범죄실행의 합의가 있다고 하기 위하여는 **단순히 범죄결심을 외부에 표시·전달하는 것만으로는 부족**하고, 객관적으로 보아 특정한 범죄의 실행을 위한 준비행위라는 것이 명백히 인식되고, 그 합의에 실질적인 위험성이 인정될 때에 비로소 음모죄가 성립한다(대판 1999.11.12, 99도3801).

3. 형법의 규정

부정선거관련자처벌법 제5조 제4항에 의하면 동조 제1항에 예비, 음모와 미수는 처벌한다고 규정하고 있으나 동 예비, 음모의 형에 관하여 아무런 규정이 없으며, 이를 본범이나 미수범에 준하여 처벌함은 죄형법정주의 원칙상 허용할 수 없다(대판 1979.12.26, 78도957). ● 경찰승진, 법행, 검찰9급

II 예비죄의 법적 성격(발현형태설)

형법각칙의 예비죄를 처단하는 규정을 바로 독립된 구성요건 개념에 포함시킬 수는 없다고 하는 것이 죄형법정주의의 원칙에도 합당한 해석이다(대판 1976.5.25, 75도1549). ● 경찰간부

III 예비죄의 성립요건

1. 주관적 요건

살인예비죄가 성립하기 위하여는 형법 제255조에서 명문으로 요구하는 살인죄를 범할 목적 외에도 살인의 준비에 관한 고의가 있어야 하며, 나아가 실행의 착수까지에는 이르지 아니하는 살인죄의 실현을 위한 준비행위가 있어야 한다. 여기서의 준비행위는 물적인 것에 한정되지 아니하며 특별한 정형이 있는 것도 아니지만, 단순히 범행의 의사 또는 계획만으로는 그것이 있다고 할 수 없고 객관적으로 보아서 살인죄의 실현에 실질적으로 기여할 수 있는 외적 행위를 필요로 한다(대판 2009.10.29, 2009도7150). ● 사시

2. 객관적 요건

(1) 외부적 준비행위

범죄의 실행을 목적으로 하는 외부적 준비행위를 요한다.

(2) 물적예비와 인적예비

예비에는 물적예비와 인적예비가 포함된다.

(3) 자기예비와 타인예비

타인예비는 부정설이 다수설의 입장이다.

(4) 실행의 착수이전

> **판례 정리** ···
>
> 1. 준강도의 예비·음모 사건 : 강도예비·음모죄가 성립하기 위해서는 예비·음모 행위자에게 미필적으로라도 '강도'를 할 목적이 있음이 인정되어야 하고 그에 이르지 않고 단순히 '준강도'할 목적이 있음에 그치는 경우에는 강도예비·음모죄로 처벌할 수 없다(대판 2006.9.14, 2004도6432) ● 사시, 경찰
> 2. 관세포탈 위한 사전심사서 사건 : 관세를 포탈할 목적으로 수입물품의 수량과 가격이 낮게 기재된 계약서를 첨부하여 수입예정 물량전부에 대한 과세가격 사전심사를 신청함으로써 이에 따른 과세가격 사전심사서를 미리 받아 두는 경우는 관세포탈의 실현을 위한 외부적인 준비행위에 해당한다(대판 1999.4.9, 99도424). ● 경간, 검찰7급

3. **살인예비** : **살해의 용도에 공하기 위한 흉기를 준비하였다 하더라도 그 흉기로서 살해할 대상자가 확정되지 아니한 한 경우** 살인예비죄로 다스릴 수 없다(대판 1959.9.1, 4292형상387). ● 경찰

> **비교판례**
> 강도에 공할 흉기를 휴대하고 통행인의 출현을 대기하는 행위는 강도예비에 해당한다(대판 1959.9.1, 4292형상387).

4. **신분증 휴대사건** : 가짜 군인이 군인복장을 갖추고 **허위신분증을 항상 휴대하고 배회한 경우** 위조공문서행사죄의 예비에 불과하다(대판 1956.11.2, 4289형상240). ● 사시
5. **살인청부업자 고용사건** : **甲이 乙을 살해하기 위하여 丙, 丁 등을 고용하면서 그들에게 대가의 지급을 약속한 경우**, 甲에게는 살인죄를 범할 목적 및 살인의 준비에 관한 고의뿐만 아니라 살인죄의 실현을 위한 준비행위를 하였음을 인정할 수 있다는 이유로 **살인예비죄의 성립이 인정**된다(대판 2009.10.29, 2009도7150). ● 경찰
6. **제대후 은행털자 사건** : 사병 2인이 수회에 걸쳐 **"총을 훔쳐 전역 후 은행이나 현금수송차량을 털어 한탕하자"**는 말을 나눈 경우 막연한 범죄의사의 표명에 불과하고 범죄실행의 합의에 실질적인 위험성이 인정되지 않으므로 강도음모죄가 성립하지 않는다(대판 1999.11.12, 99도3801). ● 검찰7급
7. 행사할 목적으로 미리 준비한 물건들과 옵세트인쇄기를 사용하여 한국은행권 100원권을 사진찍어 그 **필름 원판 7매와 이를 확대하여 현상한 인화지 7매를 만들었음에 그쳤다면** 아직 통화위조의 착수에는 이르지 아니하였고 그 준비단계에 불과하다(대판 1966.12.6, 66도1317). ● 사시

IV 관련문제

1. 예비의 중지

중지범은 범죄의 실행에 착수한 후 자의로 그 행위를 중지한 때를 말하는 것이고 실행의 착수가 있기 전인 예비음모의 행위를 처벌하는 경우에 있어서 중지범의 관념은 이를 인정할 수 없다(대판 1999.4.9, 99도424). ● 법행, 경찰

2. 예비죄의 공범

형법 제32조 제1항 소정 타인의 범죄란 정범이 범죄의 실현에 착수한 경우를 말하는 것이므로 종범이 처벌되기 위하여는 <u>정범의 실행의 착수가 있는 경우에만 가능</u>하고 형법 전체의 정신에 비추어 <u>정범이 실행의 착수에 이르지 아니한 예비의 단계에 그친 경우에는 이에 가공하는 행위가 예비의 공동정범이 되는 경우를 제외하고는 종범의 성립을 부정</u>하고 있다고 보는 것이 타당하다(대판 1976.5.25, 75도1549). ● 경찰승진, 법행

CHAPTER 07 정범 및 공범론

제1절 정범·공범의 일반이론

I 서 설

1. 범죄참가형태
범죄는 한 사람에 의해 행해질 수 있는 반면에 여러 사람이 관여하여 행해질 수 있다.

2. 임의적 공범과 필요적 공범

(1) 임의적 공범

한 사람이 실현할 것을 예상하고 규정한 범죄를 2인 이상이 협력가공하여 실현한 경우를 임의적 공범이라 한다.

(2) 필요적 공범

① 정의 : 필요적 공범이라는 것은 법률상 <u>범죄의 실행이 다수인의 협력을 필요로 하는 것</u>을 가리키는 것으로서 이러한 범죄의 성립에는 <u>행위의 공동을 필요로 하는 것에 불과하고 반드시 협력자 전부가 책임이 있음을 필요로 하는 것은 아니다</u>(대판 2008.3.13, 2007도10804). ● 사시

> **동지판례**
> ㉠ 뇌물증여죄가 성립되기 위하여서는 뇌물을 공여하는 행위와 상대방측에서 금전적으로 가치가 있는 그 물품 등을 받아들이는 행위(부작위 포함)가 필요할 뿐이지 반드시 상대방측에서 뇌물수수죄가 성립되어야만 한다는 것을 뜻하는 것은 아니다(대판 1987.12.22, 87도1699). ● 경찰승진, 사시
> ㉡ 형법 제357조 제1항의 배임수재죄와 같은 조 제2항의 배임증재죄는 통상 필요적 공범의 관계에 있기는 하나 이것은 반드시 수재자와 증재자가 같이 처벌받아야 하는 것을 의미하는 것은 아니고 증재자에게는 정당한 업무에 속하는 청탁이라도 수재자에게는 부정한 청탁이 될 수도 있는 것이다(대판 1991.1.15, 90도2257). ● 경찰승진

② 총칙상의 공범규정의 적용여부 : **대향범**은 대립적 범죄로서 2인 이상의 서로 대향된 행위의 존재를 필요로 하는 필요적 공범관계에 있는 범죄로 이에는 <u>공범에 관한 형법 총칙상의 적용이 있을 수 없다</u>(대판 1985.3.12, 84도2747). ● 사시

판례로 보는 형법 교과서

동지판례

뇌물공여죄와 뇌물수수죄 사이와 같은 이른바 대향범 관계에 있는 자는 강학상으로는 필요적 공범이라고 불리고 있으나, 서로 대향된 행위의 존재를 필요로 할 뿐 각자 자신의 구성요건을 실현하고 별도의 형벌규정에 따라 처벌되는 것이어서, 2인 이상이 가공하여 공동의 구성요건을 실현하는 공범관계에 있는 자와는 본질적으로 다르며, 대향범 관계에 있는 자 사이에서는 각자 상대방의 범행에 대하여 형법 총칙의 공범규정이 적용되지 아니한다(대판 2015.2.12, 2012도4842). ● 검찰

판례 정리

1. **매도, 매수**와 같이 2인 이상의 서로 대향된 행위의 존재를 필요로 하는 관계에 있어서는 공범이나 방조범에 관한 형법 총칙규정의 적용이 있을 수 없고, 따라서 매도인에게 따로 처벌규정이 없는 이상 매도인의 매도행위는 그와 대향적 행위의 존재를 필요로 하는 상대방의 매수범행에 대하여 공범이나 방조범관계가 성립되지 아니한다(대판 2001.12.28, 2001도5158). ● 사시
2. **변호사가 변호사 아닌 자에게 고용되어 법률사무소의 개설·운영에 관여하는 행위**가 일반적인 형법 총칙상의 공모, 교사 또는 방조에 해당된다고 하더라도 변호사를 변호사 아닌 자의 공범(변호사법 위반죄의 공범)으로서 처벌할 수는 없다(대판 2004.10.28, 2004도3994) ☞ 변호사법 규정상 변호사 아닌 자를 처벌할 뿐 고용된 변호사는 처벌되지 않으며 총칙규정을 적용해서는 안 된다. ● 경찰, 경찰승진, 검찰9급

비교판례

동일인에 대한 **대출** 등의 한도 위반에 관한 구 상호신용금고법조문의 규정형식상 대출을 한 자만을 처벌하고, 따로 대출받은 자에 대하여 처벌규정이 없는 점에 비추어, 대출받은 자의 행위에 대하여는 상대방의 대출행위에 대한 형법 총칙의 공범규정은 적용되지 않는다(대판 2002.7.22, 2002도1696).

3. 자가용화물자동차의 소유자에게 대가를 지급하고 운송을 의뢰하여 **화물운송**이라는 용역을 제공받았더라도 이러한 유상운송행위의 상대방에게는 형법 총칙상의 공범규정이 적용되지 않아 자가용화물자동차의 유상운송을 금지·처벌하는 화물자동차운수사업법위반죄의 공범으로 처벌할 수 없다(대판 2005.11.25, 2004도8819). ● 사시
4. 세무사사무실 직원이 직무상 지득한 **비밀을 누설**한 행위와 피고인이 그로부터 그 비밀을 누설받은 행위는 대향범 관계에 있다고 할 것이므로 이러한 대향범에 대하여는 공범에 관한 형법 총칙규정이 적용될 수 없다(대판 2007.10.25, 2007도6712). ● 법행
5. [1] 2인 이상 서로 대향된 행위의 존재를 필요로 하는 대향범에 대하여는 공범에 관한 형법총칙 규정이 적용될 수 없는데, 형법 제127조는 공무원 또는 공무원이었던 자가 법령에 의한 직무상 비밀을 누설하는 행위만을 처벌하고 있을 뿐 직무상 비밀을 누설받은 상대방을 처벌하는 규정이 없는 점에 비추어, 직무상 비밀을 누설받은 자에 대하여는 공범에 관한 형법총칙 규정이 적용될 수 없다고 보는 것이 타당하다.
   [2] **변호사 사무실 직원인 피고인 甲이 법원공무원인 피고인 乙에게 부탁하여, 수사 중인 사건의 체포영장 발부자 53명의 명단을 누설받은 경우**, 피고인 乙이 직무상 비밀을 누설한 행위와 피고인 甲이 이를 누설받은 행위는 대향범 관계에 있으므로 공범에 관한 형법총칙 규정이 적용될 수 없는데도, 피고인 甲의 행위가 공무상비밀누설교사죄에 해당한다고 본 원심판단에 법리오해의 위법이 있다고 한 사례(대판 2011.4.28, 2009도3642). ● 사시, 법행
6. 의사가 직접 환자를 진찰하지 않고 **처방전을 작성하여 교부**한 행위와 대향범 관계에 있는 '**처방전을 교부받은 행위**'에 대하여는 공범에 관한 형법총칙 규정을 적용할 수 없다(대판 2011.10.13, 2011도6287). ☞ 갑 주식회사 임원인 피고인들이 의사 을 등과 공모하거나 교사하여 직원 병 등을 통하여 의사 을 등에게 직원명단

> 을 전달하면 을 등이 직원들을 직접 진찰하지 않고 처방전을 작성하는 방법으로 갑 회사 직원들에 대하여 의약품 처방전을 발급·교부한 사건이다.
> 7. 쟁의행위 기간 중 그 쟁의행위로 중단된 업무의 수행을 위하여 당해 사업과 관계없는 자를 **채용 또는 대체하는 사용자**에게는 **채용 또는 대체되는 자**의 행위에 대하여 일반적인 형법 총칙상의 공범 규정을 적용하여 공동정범, 교사범 또는 방조범으로 처벌할 수 없다(대판 2020.6.11, 2016도3048).
> 8. 구 「정치자금법」 제45조 제1항의 정치자금을 **기부한 자**와 **기부받은 자**는 이른바 대향범인 필요적 공범관계에 있으므로, 정치자금을 기부하는 자의 범죄가 성립하지 않더라도 정치자금을 기부받는 자가 구 「정치자금법」이 정하지 않은 방법으로 정치자금을 제공받는다는 의사를 가지고 받으면 **정치자금부정수수죄가 성립한다**(대판 2017.11.14, 2017도3449). ● 경찰

③ 필요적 공범의 적용영역 : 2인 이상의 서로 대향된 행위의 존재를 필요로 하는 대향범에 대하여 공범에 관한 형법 총칙 규정이 적용될 수 없다. 이러한 법리는 해당 처벌규정의 구성요건 자체에서 2인 이상의 서로 대향적 행위의 존재를 필요로 하는 필요적 공범인 대향범을 전제로 한다. **구성요건상으로는 단독으로 실행할 수 있는 형식으로 되어 있는데 단지 구성요건이 대향범의 형태로 실행되는 경우**에도 대향범에 관한 법리가 적용된다고 볼 수는 없다. 따라서 마약거래방지법 제7조 제1항에서 정한 '**불법수익 등의 출처 또는 귀속관계를 숨기거나 가장하는 행위**'는 처벌규정의 구성요건 자체에서 2인 이상의 서로 대향된 행위의 존재를 필요로 하지 않으므로 정범의 이러한 행위에 가담하는 행위에는 형법 총칙의 공범 규정이 적용된다(대판 2022.6.30, 2020도7866).

④ 필요적 공범의 외부가담자 : **금품 등의 수수**와 같이 2인 이상의 서로 대향된 행위의 존재를 필요로 하는 관계에 있어서는 공범이나 방조범에 관한 형법총칙 규정의 적용이 있을 수 없다. 따라서 **금품 등을 공여한 자에게 따로 처벌규정이 없는 이상**, 그 공여행위는 그와 대향적 행위의 존재를 필요로 하는 상대방의 범행에 대하여 공범관계가 성립되지 아니하고, 오로지 금품 등을 공여한 자의 행위에 대하여만 관여하여 그 공여행위를 교사하거나 방조한 행위도 상대방의 범행에 대하여 공범관계가 성립되지 아니한다(대판 2014.1.16, 2013도6969).

II 정범과 공범의 구별

공동정범의 본질은 분업적 역할분담에 의한 기능적 행위지배에 있으므로 공동정범은 공동의 사에 의한 기능적 행위지배가 있음에 반하여 **종범은 그 행위지배가 없는 점**에서 양자가 구별된다(대판 1989.4.11, 88도1247).

Ⅲ 공범의 종속성과 공범의 처벌근거

1. 공범종속성설과 공범독립성설

> **관련판례**
> ① 정범의 성립은 교사범·방조범의 구성요건의 일부를 형성하고 교사범, 종범이 성립함에는 먼저 정범의 범죄행위가 인정되는 것이 그 전제요건이 되는 것은 공범의 종속성에 연유하는 당연한 귀결이다 (대판 1981.11.24, 81도2422). ● 경찰, 사시
> ② 교사범이 성립하기 위해서는 교사자의 교사행위와 정범의 실행행위가 있어야 하는 것이므로 정범의 성립은 교사범의 구성요건의 일부를 형성하고 교사범이 성립함에는 정범의 범죄행위가 인정되는 것이 그 전제요건이 된다(대판 2000.2.25, 99도1252). ● 행시

2. 종속성의 정도

최소한 종속형식	정범의 행위가 구성요건에 해당하기만 하면 공범성립
제한적 종속형식	정범의 행위가 구성요건에 해당하고 위법하면 공범성립
극단적 종속형식	정범의 행위가 구성요건에 해당하고 위법·유책하면 공범성립
초(최)극단적 종속형식	정범의 행위가 범죄성립요건 외에 가벌성의 조건까지 구비하면 공범성립

3. 공범의 처벌근거

공범의 행위는 규범에 위반한 행위이지만 구성요건에 해당하지 않음에도 처벌되는 이유가 무엇인지에 대하여 책임가담설, 불법가담설, 순수야기설, 종속야기설, 혼합야기설이 대립한다.

제2절 간접정범

> 제34조 (간접정범, 특수한 교사, 방조에 대한 형의 가중) ① 어느 행위로 인하여 처벌되지 아니하는 자 또는 **과실범으로 처벌되는 자**를 교사 또는 방조하여 범죄행위의 결과를 발생하게 한 자는 **교사 또는 방조의 예**에 의하여 처벌한다. ● 사시
> ② **자기의 지휘, 감독을 받는 자**를 교사 또는 방조하여 전항의 결과를 발생하게 한 자는 **교사인 때에는 정범에 정한 형의 장기 또는 다액에 그 2분의 1까지 가중**하고 **방조인 때에는 정범의 형으로 처벌**한다. ● 법행

I 서 설

간접정범이란 타인을 생명 있는 도구로 이용하여 간접적으로 범죄를 실행하는 형태의 범죄를 말한다.

II 간접정범의 성립요건

1. 피이용자의 범위

(1) 어느 행위로 인하여 처벌되지 아니하는 자

① 객관적 구성요건에 해당하지 않는 행위의 이용

㉠ 어린 자식 자살이용 사건 : 피고인이 7세, 3세 남짓된 어린자식들에 대하여 함께 죽자고 권유하여 물속에 따라 들어오게 하여 결국 익사하게 하였다면 비록 피해자들을 물속에 직접 밀어서 빠뜨리지는 않았다고 하더라도 자살의 의미를 이해할 능력이 없고 피고인의 말이라면 무엇이나 복종하는 어린 자식들을 권유하여 익사하게 한 이상 <u>살인죄의 범의는 있었음이</u> 분명하다(대판 1987.1. 20, 86도2395). ☞ 살인죄의 간접정범 ● 사시, 경찰

㉡ 코 절단사건

> **사실관계** 갑은 입대 전에 동거한 사실이 있는 을녀에게 자신을 탈영병이라고 헌병대에 신고한 이유와 다른 남자와 정을 통한 사실들을 추궁하였는데, 을녀가 이를 부인하자 하숙집 뒷산으로 데리고 가 계속 부정을 추궁하며 상대 남자를 말하였다. 이에 을녀가 당황하자 갑은 을녀에게 소지중인 면도칼 1개를 주면서 "네가 네 코를 자르지 않을 때는 돌로서 죽인다"는 등 위협을 가해 자신의 생명에 위험을 느낀 을녀는 자신의 생명을 보존하기 위하여 위 면도칼로 콧등을 길이 2.5센치, 깊이 0.56센치 절단하여 전치 3개월을 요하는 상처를 입어 안면부 불구가 되었다.
>
> **판례요지** 피고인이 피해자를 협박하여 그로 하여금 자상케 한 경우에 피고인에게 상해의 결과에 대한 인식이 있고 또 그 협박의 정도가 피해자의 의사결정의 자유를 상실케 함에 족한 것인 이상 피고인에 대하여 상해죄를 구성한다(대판 1970.9.22, 70도1638). ☞ 중상해죄의 간접정범 인정 ● 사시

② 고의 없는 도구를 이용한 경우

㉠ 공무원 아닌 자가 관공서에 허위 내용의 증명원을 제출하여 그 내용이 허위인 정을 모르는 담당공무원으로부터 그 증명원 내용과 같은 증명서를 발급받은 경우 <u>공문서위조죄의 간접정범으로 의율할 수는 없다</u>(대판 2001.3.9, 2000도938). ● 사시, 법행, 경찰승진

> **유사판례**
>
> [사실관계] 갑은 이 사건 정기문중총회 회의록을 임의로 작성하고는 종중원들을 찾아다니면서 서명, 날인을 받았는데, 이 때 종중원들에게 이 사건 임야의 등기, 매도권한을 갑에게 일임하고 매도금액 3분의 1을 문중에 반납하고 나머지를 갑에게 소송대행비용으로 준다는 위 회의록의 내용 등에 관하여 제대로 알려 주지 아니한 채, 단지 이 사건 임야에 관하여 문중 명의로 소유권이전등기를 하는 데 필요하다는 정도로만 얘기하면서 서명, 날인을 받았다.
>
> [판결요지] 명의인을 기망하여 문서를 작성케 하는 경우는 서명, 날인이 정당히 성립된 경우에도 기망자는 명의인을 이용하여 서명 날인자의 의사에 반하는 문서를 작성케 하는 것이므로 사문서위조죄가 성립한다(대판 2000.6.13, 2000도778). ☞ 갑에게는 사문서위조죄의 간접정범이 성립한다.
>
> ● 사시, 법행

ⓛ 경찰서 보안과장인 피고인이 갑의 음주운전을 눈감아주기 위하여 그에 대한 음주운전자 적발보고서를 찢어버리고, 부하로 하여금 일련번호가 동일한 가짜 음주운전 적발보고서에 을에 대한 음주운전 사실을 기재케 하여 그 <u>정을 모르는 담당 경찰관</u>으로 하여금 <u>주취운전자 음주측정처리부에 을에 대한 음주운전 사실을 기재하도록 한 이상</u>, 을이 음주운전으로 인하여 처벌을 받았는지 여부와는 관계없이 <u>허위공문서작성 및 동 행사죄의 간접정범</u>으로서의 죄책을 면할 수 없다(대판 1996.10.11, 95도1706). ● 사시, 경찰

> **판례 정리**
>
> 1. 유가증권변조죄에 있어서 변조라 함은 진정으로 성립된 유가증권의 내용에 권한 없는 자가 그 유가증권의 동일성을 해하지 않는 한도에서 변경을 가하는 것을 말하고, 설사, 진실에 합치하도록 변경한 것이라 하더라도 권한없이 변경한 경우에는 변조로 되는 것이고 <u>정을 모르는 제3자를 통하여 간접정범의 형태로도 범할 수 있는 것인 바</u>, <u>신용카드를 제시받은 상점점원</u>이 그 카드의 금액란을 정정기재하였다 하더라도 그것이 카드소지인이 위 점원에게 자신이 위 금액을 정정기재 할 수 있는 권리가 있는 양 기망하여 이루어졌다면 이는 <u>간접정범에 의한 유가증권변조로 봄이 상당하다</u>(대판 1984.11.27, 84도1862). ● 사시
> 2. 제조허가 없는 식용유를 <u>무허가 식용유제조의 범의가 없는 자에게 의뢰</u>하여 제조케 한 자는 무허가 식용유 제조의 간접정범에 해당한다(대판 1983.5.24, 83도200). ● 경찰간부
> 3. 축산업협동조합이 점유하고 있는 A소유의 창고 패널을 갑이 위 조합으로부터 허락을 받지 않은 채 그 <u>정을 모르는 A로 하여금</u> 창고의 패널을 취거하게 하여 영득한 경우 소유자를 도구로 이용한 절도죄의 간접정범이 성립될 수 있다(대판 2006.9.28, 2006도2963). ● 사시
> 4. 자기에게 유리한 판결을 얻기 위하여 소송상의 주장이 사실과 다름이 객관적으로 명백하거나 증거가 조작되어 있다는 <u>정을 인식하지 못하는 제3자를 이용</u>하여 그로 하여금 소송의 당사자가 되게 하고 법원을 기망하여 소송 상대방의 재물 또는 재산상 이익을 취득하려 하였다면 <u>간접정범의 형태에 의한 소송사기죄가 성립</u>하게 된다(대판 2007.9.6, 2006도3591). ● 법행, 사시
> 5. 정유회사 경영자의 청탁으로 국회의원이 위 경영자와 지역구 지방자치단체장 사이에 정유공장의 지역구 유치와 관련한 간담회를 주선하고 위 경영자는 <u>정유회사 소속 직원들로 하여금</u> 위 국회의원이 사실상 지배·장악하고 있던 후원회에 후원금을 기부하게 한 경우, 국회의원에게는 정치자금법 제32조 제3호 위반죄가, 경영자에게는 정치자금법 위반죄의 간접정범이 성립한다(대판 2008.9.11, 2007도7204). ● 사시

6. **보조 공무원**이 허위공문서를 기안하여 그 **정을 모르는 작성권자의 결재를 받아 공문서를 완성**한 때에는 **허위공문서작성죄의 간접정범**이 되고, 이러한 **결제를 거치지 않고 임의로 허위내용의 공문서를 완성한 때에는 공문서위조죄**가 성립한다(대판 1981.7.28, 81도898). ● 법행, 경찰승진, 경찰

> **비교판례**
> ⓐ 면의 호적계장이 면장의 결재절차를 거치지 아니하고 임의로 작성권자의 기명인이나 직인 등을 부정사용하여 허위내용의 문서에 압날함으로써 공문서를 완성한 때에는 **공문서위조죄가 성립함은 모르되 허위공문서작성죄의 간접정범도 성립할 여지가 없다**(대판 1981.7.28, 81도898). ● 법행, 경찰승진, 경찰
> ⓑ 공문서의 작성권한이 있는 **공무원의 직무를 보좌하는 자**가 그 직위를 이용하여 행사할 목적으로 허위의 내용이 기재된 문서 초안을 그 정을 모르는 상사에게 제출하여 결재하도록 하는 등의 방법으로 작성권한이 있는 공무원으로 하여금 허위의 공문서를 작성하게 한 경우에는 **간접정범이 성립되고 이와 공모한 자 역시 그 간접정범의 공범으로서의 죄책을 면할 수 없는** 것이고, 여기서 말하는 **공범은 반드시 공무원의 신분이 있는 자로 한정되는 것은 아니라고** 할 것이다(대판 1992.1.17, 91도2837). ● 경찰승진, 사시

7. 보증인이 아닌 자가 허위 보증서 작성의 고의 없는 보증인들을 이용하여 허위의 보증서를 작성하게 한 경우, 부동산소유권 이전등기 등에 관한 특별조치법 제13조 제1항 제3호에 정한 '**허위보증서작성죄**'의 **간접정범**이 성립한다(대판 2009.12.24, 2009도7815). ● 경찰승진

ⓒ 수표발행인인 피고인이 은행에 지급제시된 수표가 위조되었다는 내용의 허위의 신고를 하여 그 정을 모르는 은행 직원이 수사기관에 고발을 함에 따라 수사가 개시된 경우 **무고죄의 간접정범**이 성립한다(대판 2005.12.22, 2005도3203). ● 해경

③ **목적범에서 '목적 없는 고의 있는 도구' 이용** : 범죄는 '어느 행위로 인하여 처벌되지 아니하는 자'를 이용하여서도 이를 실행할 수 있으므로, **내란죄의 경우에도 '국헌문란의 목적'을 가진 자가 그러한 목적이 없는 자를 이용하여 이를 실행할 수 있다**(대판 1997.4.17, 96도3376 전원합의체). ● 경찰승진

④ **목적·고의 없는 도구** : 출판물에 의한 명예훼손죄는 간접정범에 의하여 범하여질 수도 있으므로 **타인을 비방할 목적으로 허위의 기사 재료를 그 정을 모르는 기자에게 제공하여 신문 등에 보도되게 한 경우에도 성립할 수 있다**(대판 2002.6.28, 2000도3045). ● 사시

⑤ **위법성이 없는 행위의 이용** : 감금죄는 간접정범의 형태로도 행하여질 수 있는 것이므로, **인신구속에 관한 직무를 행하는 자 또는 이를 보조하는 자가 피해자를 구속하기 위하여 진술조서 등을 허위로 작성한 후 이를 기록에 첨부하여 구속영장을 신청하고, 진술조서 등이 허위로 작성된 정을 모르는 검사와 영장전담판사를 기망하여 구속영장을 발부받은 후 그 영장에 의하여 피해자를 구금하였다면 형법 제124조 제1항의 직권남용감금죄가 성립한다**(대판 2006.5.25, 2003도3945). ● 법행, 사시

⑥ 책임이 없는 행위의 이용
⑦ 구성요건해당성·위법성·책임이 있는 행위의 이용

(2) 과실범으로 처벌되는 자

과실범처벌규정이 있는 경우에 한해 피이용자는 과실범으로 처벌되나 이용자는 간접정범으로 처벌된다.

2. 이용행위

처벌되지 아니하는 타인의 행위를 적극적으로 유발하고 이를 이용하여 자신의 범죄를 실현한 자는 형법 제34조 제1항이 정하는 간접정범의 죄책을 지게 되고, 그 과정에서 <u>타인의 의사를 부당하게 억압하여야만 간접정범에 해당하는 것은 아니다</u>(대판 2008.9.11, 2007도7204). ● 사시, 경찰

Ⅲ 간접정범의 처벌

간접정범은 교사 또는 방조의 예에 의하여 처벌한다.

Ⅳ 간접정범의 한계

1. 간접정범과 착오

(1) 피이용자의 성질에 대한 착오

착오의 형태	이용자의 입장	객관적 상태	처벌형태
이용자가 피용자에게 고의·책임능력이 없는 것으로 알고 이용했으나 사실은 고의·책임능력이 있었던 경우	간접정범	교사범	교사범
이용자가 피용자에게 고의·책임능력이 있는 것으로 알고 교사·방조하였으나 사실은 고의·책임능력이 없었던 경우	교사범	간접정범	교사범

(2) 실행행위의 착오

① 구체적 사실의 착오
② 추상적 사실의 착오

2. 간접정범의 한계

(1) 신분범과 간접정범

발행인 아닌 자는 부정수표단속법 제4조에서 정한 허위신고죄의 주체가 될 수 없고, 허위신고의 고의 없는 발행인을 이용하여 간접정범의 형태로 허위신고죄를 범할 수도 없다(대판 2014.1.23, 2013도13804). ● 사시, 경찰승진

(2) 자수범과 간접정범

제3절 공동정범

제30조 (공동정범) 2인 이상이 공동하여 죄를 범한 때에는 **각자를 그 죄의 정범으로 처벌**한다. 🔹경간부

I 서설

1. 의의 및 판단

① 형법 제30조의 공동정범은 2인 이상이 공동하여 죄를 범하는 것으로서, 공동정범이 성립하기 위하여는 **주관적 요건**인 공동가공의 의사와 **객관적 요건**인 공동의사에 의한 기능적 행위지배를 통한 범죄의 실행사실이 필요하다(대판 2001.11.9. 2001도4792).

🔹검찰9급

② 공동정범이 성립한다고 판단하기 위해서는 범죄실현의 전 과정을 통하여 행위자들 각자의 지위와 역할, 다른 행위자에 대한 권유 내용 등을 구체적으로 검토하고 이를 종합하여 공동가공의 의사에 기한 상호 이용의 관계가 합리적인 의심을 할 여지가 없을 정도로 증명되어야 한다(대판 2015.10.29. 2015도5355).

2. 범죄공동설과 행위공동설

공동정범의 본질에 대해 범죄공동설은 수인이 공동으로 '특정한 범죄'를 행하는 것이 공동정범이라고 보나, 행위공동설은 수인이 '행위를 공동'으로 하여 각자가 범죄를 수행하는 것이라고 이해하며, 특정한 객관적 구성요건에 관계없이 사실적 행위 자체에 관하여 공동성을 논한다.

II 공동정범의 성립요건

1. 주관적 요건

(1) 공동실행의 의사(공모관계)

주관적 요건으로서의 공동가공의 의사는 타인의 범행을 인식하면서도 이를 제지하지 아니하고 용인하는 것만으로는 **부족**하고, 공동의 의사로 특정한 범죄행위를 하기 위하여 일체가 되어 서로 다른 사람의 행위를 이용하여 자기의 의사를 실행에 옮기는 것을 내용으로 하는 것이어야 한다(대판 2000.4.7. 2000도576). 🔹검찰9급

참조판례

㉠ 공동가공의사는 반드시 사전에 치밀한 범행계획의 공모에까지 이를 필요는 없으며 공범자 각자가 공범자들 사이에 구성요건을 이루거나 구성요건에 본질적으로 관련된 행위를 분담한다는 상호이해가 있으면 충분하다(대판 2008.9.11, 2007도6706).

㉡ 범행가담자간에 상명하복 관계가 있는 경우라도 범행에 공동가공한 이상 공동정범이 성립하는데 아무런 지장이 없다(대판 1995.6.16, 94도1793). ●검찰

㉢ 배임증재의 공모공동정범이 다른 공모공동정범에 의하여 수재자에게 재물 또는 재산상 이익이 제공되는 방법을 구체적으로 몰랐다고 하더라도 공모관계를 부정할 수 없다(대판 2010.7.15, 2010도3544, 대판 2013.8.23, 2013도5080). ●경찰

㉣ 공모 내용에 따라 공범자 중 1인이 금품이나 이익을 수수하였다면, 사전에 특정 금액 이하로만 받기로 약정하였다든가 수한 금액이 공모 과정에서 도저히 예상할 수 없는 고액이라는 등과 같은 특별한 사정이 없는 한, 그 수수한 금품이나 이익 전부에 관하여 위 각 죄의 공모공동정범이 성립한다(대판 2010.10.14, 2010도387).

판례 정리 ··· 공모관계

1. **딱지어음을 발행하여 매매**한 이상 사기의 실행행위에 직접 관여하지 아니하였다고 하더라도 공동정범으로서의 책임을 면하지 못하고, 딱지어음의 전전유통경로나 중간 소지인들 및 그 기망방법을 구체적으로 몰랐다고 하더라도 공모관계를 부정할 수는 없다(대판 1997.9.12, 97도1706). ●경찰승진

2. 안수기도에 참여하여 목사가 안수기도의 방법으로 폭행을 함에 있어서 **시종일관 폭행행위를 보조**하였을 뿐 아니라 더 나아가 **스스로 피해자를 폭행**하기도 한 점에 비추어 목사의 폭행행위를 인식하고서도 이를 안수기도의 한 방법으로 알고 묵인함으로써 폭행행위에 관하여 **묵시적으로 의사**가 상통하였고 나아가 그 행위에 공동 가공함으로써 공동정범의 책임을 면할 수 없다(대판 1994.8.23, 94도1484). ●경찰

3. **게임장 운영자 甲과 상품권환전소 운영자 乙이 공모**하여 甲은 게임장을 운영하면서 경품으로 상품권을 제공하고 乙은 고객들이 얻은 상품권을 환전해 주어 고객들로 하여금 게임물을 이용하여 사행행위를 하게 한 경우, 甲과 乙에게 게임산업진흥에 관한 법률 위반죄의 공동정범의 죄책이 인정된다(대판 2008.9.11, 2007도6706). ●경찰간부

4. 허위작성된 유가증권을 **피교부자가 그것을 유통하게 한다는 사실을 인식**하고 교부한 때에는 허위작성유가증권행사죄에 해당하고, **행사할 의사가 분명한 자에게 교부하여 그가 이를 행사**한 때에는 허위작성유가증권행사죄의 **공동정범**이 성립된다(대판 1995.9.29, 95도803). ●사시

5. 건설 관련 회사의 유일한 지배자가 회사 대표의 지위에서 장기간에 걸쳐 건설공사 현장소장들의 **뇌물공여행위를 보고받고 이를 확인·결재**하는 등의 방법으로 위 행위에 관여한 사안에서, 비록 사전에 구체적인 대상 및 액수를 정하여 뇌물공여를 지시하지 아니하였다고 하더라도 그 핵심적 경과를 계획적으로 조종하거나 촉진하는 등으로 기능적 행위지배를 하였다고 보아 **공모공동정범의 죄책을 인정**된다(대판 2010.7.15, 2010도3544). ●사시

> **판례 정리 ··· 공모관계**
>
> 1. 피해자 일행을 한 사람씩 나누어 강간하자는 피고인 **일행의 제의에 아무런 대답도 하지 않고 따라 다니다가 자신의 강간 상대방으로 남겨진 공소외인에게 일체의 신체적 접촉도 시도하지 않은 채** 다른 일행이 인근 숲속에서 강간을 마칠 때까지 **공소외인과 함께 이야기만 나눈 경우**, 피고인에게 다른 일행의 강간 범행에 공동으로 가공할 의사가 있었다고 볼 수 없다(대판 2003.3.28, 2002도7477). ● 사시, 경찰승진
> 2. **전자제품 등을 밀수입해 올테니 이를 팔아달라는 제의를 받고 승낙한 경우**, 그 승낙은 물품을 밀수입해 오면 이를 취득하거나 그 매각알선을 하겠다는 의사표시로 볼 수 있을 뿐 밀수입 범행을 공동으로 하겠다는 공모의 의사를 표시한 것으로는 볼 수 없다(대판 2000.4.7, 2000도576). ● 경찰승진, 경찰
>
> **유사판례**
> "우리 함께 오토바이를 훔치자. 다만 훔치는 일은 너희들이 맡아라. 그러면 장물은 내가 맡아서 처분하겠다."는 경우는 공동정범이지만, "너희들이 오토바이를 훔쳐라. 그러면 장물은 내가 사주겠다."는 경우는 공동의사가 없으므로 교사범에 불과하다(대판 1997.9.30, 97도1940). ● 경찰, 경찰승진
>
> 3. **주식회사의 이사가 회사의 고문에게 문제해결을 위해서 3억원을 주는 수밖에 없다고 보고하고 고문이 아무런 말도 없이 창밖만 쳐다보자** 동의한 것으로 알고 이사가 문제해결을 위해 3억원을 교부하고 고문에게는 보고하지 않은 경우 고문은 업무상횡령죄의 공동정범이 아니다(대판 1999.9.17, 99도2889). ● 경찰승진

(2) 의사연락의 방법

① 2인 이상이 범죄에 공동 가공하는 공범관계에서 공모는 법률상 어떤 정형을 요구하는 것이 아니고 2인 이상이 공모하여 어느 범죄에 공동가공하여 그 범죄를 실현하려는 의사의 결합만 있으면 되는 것으로서, **비록 전체의 모의과정이 없었다고 하더라도 수인 사이에 순차적으로 또는 암묵적으로 상통하여 그 의사의 결합이 이루어지면 공모관계가 성립**하고, 이러한 공모가 이루어진 이상 실행행위에 직접 관여하지 아니한 자라도 다른 공모자의 행위에 대하여 공동정범으로서의 형사책임을 지는 것이다(대판 1999.4.23, 99도636). ● 법행

> **비교판례**
> [편면적 공동정범]
> 공동정범은 행위자 상호간에 범죄행위를 공동으로 한다는 공동가공의 의사를 가지고 범죄를 공동실행하는 경우에 성립하는 것으로서, 여기에서의 **공동가공의 의사는 공동행위자 상호간에 있어야 하며 행위자 일방의 가공의사만으로는 공동정범관계가 성립할 수 없다**(대판 1985.5.14, 84도2118). ● 경찰승진

② 어떠한 제품이 개발·출시된 후 다른 업체가 '기존 제품과 주요 요소가 동일·유사하거나 일부 개량한 제품' 등을 개발·출시하여 소비자들이 그러한 제품들을 함께 사용하는 것은 어느 정도 예정되어 있고, 따라서 위 제품들의 공통된 결함이나 하자가 누적되거나 결합되어 소비자들에게 사망 또는 상해의 결과가 발생하였다면, 위 제품들의 개발·출시에 관여한 사람들 사이에 명시적인 의사의 연락이 없었더라도, 구체적인 사실관계에 따라 공통된 결함 내지 하자의 누적·결합

으로 인한 사망 또는 상해의 결과에 관한 공동의 인식이나 묵시적인 의사의 연락이 인정될 여지가 있을 것이다. 그러나 **어떠한 제품이 개발·출시된 후 경쟁업체가 '기존 제품과 주요 요소가 전혀 다른 대체 상품'을 독자적으로 개발·출시**하는 것은 당연히 예정되어 있다고 보기 어려울뿐더러, 주요 요소가 전혀 다른 제품을 독자적으로 개발·출시한 사람들이 서로 상대방 제품에 독자적 결함 내지 하자가 존재할 수 있다는 사정이나, 자신의 제품의 결함 내지 하자와 상대방 제품의 독자적 결함 내지 하자가 누적·결합되어 소비자들에게 사망 또는 상해의 결과가 발생할 수 있다는 사정을 **공동으로 인식할 수 있었다고 볼 여지는 없다**(대판 2024.12.26. 2024도1856).

(3) 의사연락의 시기

① **예모적 공동정범** : 공동의사가 실행행위의 개시 이전에 이루어지는 경우를 말한다.
② **우연적 공동정범** : 공동정범이 성립하기 위하여는 반드시 공범자 간에 사전에 모의가 있어야 하는 것은 아니며, 우연히 만난 자리에서 서로 협력하여 공동의 범의를 실현하려는 의사가 암묵적으로 상통하여 범행에 공동가공하더라도 공동정범은 성립된다(대판 1984.12.26. 82도1373). ● 사시
③ **승계적 공동정범** : 선행행위자가 실행에 착수한 후에 후행가담자가 공동가담의 의사를 가지고 선행행위자의 행위에 가담한 경우를 말한다. 후행자의 귀책범위가 문제된다.

(4) 승계적 공동정범

① **시간적 한계**
  ㉠ **계속범의 의사연락의 시기** : 범인도피죄는 범인을 도피하게 함으로써 기수에 이르지만 범인도피행위가 계속되는 동안에는 범죄행위도 계속되고 행위가 끝날 때 비로소 범죄행위가 종료되고, 공범자의 범인도피행위의 도중에 그 범행을 인식하면서 그와 공동의 범의를 가지고 기왕의 범인도피상태를 이용하여 스스로 범인도피행위를 계속한 자에 대하여는 범인도피죄의 공동정범이 성립한다(대판 1995.9.5. 95도577). ● 사시, 경찰

> **참조판례**
> 범인도피죄는 범인을 도피하게 함으로써 기수에 이르지만, 범인도피행위가 계속되는 동안에는 범죄행위도 계속되고 행위가 끝날 때 비로소 범죄행위가 종료된다. 따라서 공범자의 범인도피행위 도중에 그 범행을 인식하면서 그와 공동의 범의를 가지고 기왕의 범인도피상태를 이용하여 스스로 범인도피행위를 계속한 경우에는 범인도피죄의 공동정범이 성립하고, 이는 공범자의 범행을 방조한 종범의 경우도 마찬가지이다(대판 2012.8.30. 2012도6027).

  ㉡ **상태범의 기수이후 의사연락의 시기** : 회사직원이 영업비밀을 경쟁업체에 유출하거나 스스로의 이익을 위하여 이용할 목적으로 무단으로 반출한 때 업무

상배임죄의 기수에 이르렀다고 할 것이고, 그 이후에 위 직원과 접촉하여 영업비밀을 취득하려고 한 자는 업무상배임죄의 공동정범이 될 수 없다(대판 2003.10.30, 2003도4382). ● 사시, 경찰

② 가담자(후행자)의 귀책범위 : 연속된 제조행위 도중에 공동정범으로 범행에 가담한 자는 비록 그가 그 범행에 가담할때에 이미 이루어진 종전의 범행을 알았다 하더라도 그 가담 이후의 범행에 대하여만 공동정범으로 책임을 진다(대판 1982.6.8, 82도884). ● 사시, 경찰

> **동지판례**
> ㉠ 포괄일죄의 범행 도중에 공동정범으로 범행에 가담한 자는 비록 그가 그 범행에 가담할 때에 이미 이루어진 종전의 범행을 알았다 하더라도 그 가담 이후의 범행에 대하여만 공동정범으로 책임을 진다(대판 1997.6.27, 97도163). ● 승진, 검찰9급, 경찰
> ㉡ 농협 판매부장인 A가 담보가치가 전혀 없는 담보물을 제공받는 등으로 백미를 외상 판매하다 그 대금의 회수를 어렵게 하여 그들에게 동액 상당의 재산상 이득을 취득하게 하고 농협에게 동액 상당의 손해를 가한 경우, A가 농협 판매부장으로 부임하기 이전의 백미외상거래에 대해서도 부임 직후 위와 같은 문제점을 알면서도 그 거래를 지속하였다면 농협 판매부장 부임 이후의 범행에 대해서만 공동정범으로서의 책임을 진다(대판 1997.6.27, 97도163).

(5) 과실범의 공동정범

① 형법 제30조에서 정한 '2인 이상이 공동하여 죄를 범한 때'의 '죄'에는 고의범뿐만 아니라 과실범도 포함되는 것이므로 과실범의 경우에도 공동정범이 성립할 수 있으나, 의사의 연락이나 주의의무 위반에 대한 공동의 인식이 없었다면 '공동하여' 죄를 범하였다고 볼 수 없으므로, 과실범의 공동정범이 성립한다고 볼 수 없다(대판 2024.12.26, 2024도1856). ● 경찰

② 형법 제30조에 "공동하여 죄를 범한 때"의 "죄"라 함은 고의범이고 과실범이고를 불문하므로 두 사람 이상이 어떠한 과실행위를 서로의 의사연락하에 이룩하여 범죄가 되는 결과를 발생케 한 것이라면 과실범의 공동정범이 성립된다(대판 1979.8.21, 79도1249). ● 변호사

> **판례 정리 ··· 과실범의 공동정범을 인정한 경우**
> 1. 선탑자 음주운전 권유 사건 : 운전병이 운전하던 짚차의 선임 탑승자는 이 운전병의 안전운행을 감독하여야 할 책임이 있는데 오히려 운전병을 데리고 주점에 들어가서 같이 음주한 다음 운전케 한 결과 위 운전병이 음주로 인하여 취한 탓으로 사고가 발생한 경우(대판 1979.8.21, 79도1249) ● 검찰9급
> 2. 성수대교 붕괴사건 : 성수대교와 같은 교량이 그 수명을 유지하기 위하여는 건설업자의 완벽한 시공, 감독공무원들의 철저한 제작시공상의 감독 및 유지·관리를 담당하고 있는 공무원들의 철저한 유지·관리라는 조건이 합치되어야 하는 것이므로, 위 각 단계에서의 과실 그것만으로 붕괴원인이 되지 못한다고 하더라도 그것이 합쳐지면 교량이 붕괴될 수 있다는 점은 쉽게 예상할 수 있다. 따라서 피고인들에게는 트러스 제작상,

시공 및 감독의 과실이 인정되고, 감독공무원들의 감독상의 과실이 합쳐져서 이 사건 사고의 한 원인이 되었으며, 한편 피고인들은 이 사건 성수대교를 안전하게 건축되도록 한다는 공동의 목표와 의사연락이 있었다고 보아야 할 것이므로 피고인들 사이에는 이 사건 업무상과실치사상등죄에 대하여 형법 제30조 소정의 공동정범의 관계가 성립된다(대판 1997.11.28, 97도1740). ☞ 피고인들에게 업무상과실치사상, 업무상과실일반교통방해죄, 업무상과실자동차추락죄 등의 공동정범이 성립하고 모두 상상적 경합관계에 있다.
3. 터널굴착 공사 도중 사망자가 발생하였을 경우 공사를 도급받은 건설회사의 현장소장과 그 공사를 발주한 자(한국전력공사 지소장) 사이(대판 1994.5.24, 94도660) ● 법행

판례 정리 … 과실범의 공동정범을 부정한 경우

피고인이 운전자의 부탁으로 차량의 조수석에 동승한 후, 운전자의 차량운전행위를 살펴보고 잘못된 점이 있으면 이를 지적하여 교정해 주려 했던 것에 그치고 전문적인 운전교습자가 피교습자에 대하여 차량운행에 관해 모든 지시를 하는 경우와 같이 주도적 지위에서 동 차량을 운행할 의도가 있었다거나 실제로 그같은 운행을 하였다고 보기 어렵다면 그같은 운행중에 야기된 사고에 대하여 과실범의 공동정범의 책임을 물을 수 없다(대판 1984.3.13, 82도3136).

2. 객관적 요건

(1) 공동가공의 사실

공모에 의한 **범죄의 공동실행**은 모든 공범자가 스스로 범죄의 구성요건을 실현하는 것을 전제로 하지 아니하고, 그 실현행위를 하는 공범자에게 그 행위결정을 강화하도록 협력하는 것으로도 가능하며, 이에 해당하는지 여부는 행위결과에 대한 각자의 이해정도, 행위가담의 크기, 범행지배에 대한 의지 등을 종합적으로 고려하여 판단하여야 한다(대판 2006.12.22, 2006도1623 ; 대판 2007.10.11, 2007도4697). ● 경찰, 검찰9급

판례 정리

1. 피고인이 공범들과 함께 강도범행을 저지른 후 피해자의 신고를 막기 위하여 **공범들이 묶여있는 피해자를 옆방으로 끌고가 강간범행**을 할 때에 피고인은 **자녀들을 감시하고 있었다면** 공범들의 강도강간범행에 공동가공한 것이라 하겠으므로 비록 피고인이 직접강간행위를 하지 않았다 하더라도 강도강간의 공동죄책을 면할 수 없다(대판 1986.1.21, 85도2411). ● 법행
2. **공동피고인이 위조된 부동산임대차계약서를 담보로 제공하고 피해자로부터 돈을 빌려 편취할 것을 계획하면서 피해자가 계약서상의 임대인에게 전화를 하여 확인할 것에 대비하여 피고인에게 미리 전화를 하여 임대인 행세를 하여달라고 부탁하였고, 피고인은 위와 같은 사정을 잘 알면서도 이를 승낙하여 실제로 피해자의 남편으로부터 전화를 받자 자신이 실제의 임대인인 것처럼 행세하여 전세금액 등을 확인함으로써 위조사문서의 행사에 관하여 역할분담을 한 경우**, 피고인의 행위는 위조사문서행사에 있어서 기능적 행위지배의 공동정범 요건을 갖추었다(대판 2010.1.28, 2009도10139). ● 경찰

(2) 공모공동정범

① 의의 : 공동정범은 공동가공의 의사와 그 공동의사에 기한 기능적 행위지배를 통한 범죄실행이라는 주관적·객관적 요건을 충족함으로써 성립하는바, 공모자 중 일부가 구성요건적 행위 중 일부를 직접 분담하여 실행하지 않은 경우라 할지라도 전체 범죄에 있어서 그가 차지하는 지위, 역할이나 범죄 경과에 대한 지배 내지 장악력 등을 종합해 볼 때, 단순한 공모자에 그치는 것이 아니라 범죄에 대한 본질적 기여를 통한 기능적 행위지배가 존재하는 것으로 인정된다면, 이른바 공모공동정범으로서의 죄책을 면할 수 없는 것이다(대판 2009.2.12, 2008도6551). ● 사시

② 학설 : 긍정설, 부정설

> **판례 정리 … 공모공동정범을 인정한 판례**
>
> 1. 갑 주식회사의 협력업체 소속 근로자인 피고인들을 비롯한 10인이 갑 회사 정문 앞 등에서 1인은 고용보장 등의 주장 내용이 담긴 피켓을 들고 다른 2~4인은 그 옆에 서 있는 방법으로 6일간 총 17회에 걸쳐 미신고 옥외시위를 공모, 공동주최한 경우, 피켓을 직접 든 1인 외에 그 주변에 있는 사람들이 별도로 구호를 외치거나 전단을 배포하는 등의 행위를 하지 않았다는 형식적 이유만으로 신고대상이 되지 아니하는 이른바 '1인 시위'에 해당한다고 볼 수 없으며, 위 각 행위에 대한 공동가공의 의사와 공동의사에 기한 기능적 행위지배가 인정되는 피고인들에게는 구체적 실행행위에 직접 관여하였는지와 관계없이 공모공동정범에 의한 주최자로서 책임을 물을 수 있다(대판 2011.9.29, 2009도2821). ● 법행
> 2. **자동차 명의신탁관계에서 제3자가 명의수탁자로부터 승용차를 가져가 매도할 것을 허락받고 명의신탁자 몰래 가져간 경우**, 위 제3자와 명의수탁자의 공모·가공에 의한 절도죄의 공모공동정범이 성립한다(대판 2007.1.11, 2006도4498). ● 법원, 검찰9급
> 3. 의사가 간호사에게 의료행위의 실시를 개별적으로 지시하거나 위임한 적이 없음에도 간호사가 그의 주도 아래 전반적인 의료행위의 실시 여부를 결정하고 간호사에 의한 의료행위의 실시과정에도 의사가 지시·관여하지 아니한 경우 의사가 이러한 방식으로 의료행위가 실시되는 데 간호사와 함께 공모하여 그 공동의사에 의한 기능적 행위지배가 있었다면, 의사도 무면허의료행위의 공동정범으로서의 죄책을 진다(대판 2012.5.10, 2010도5964). ● 경찰승진
> 4. 乙이 시세조정의 방법으로 주가조작을 하는데 사용하도록 甲은 자신 및 지인들의 증권계좌와 자금을 교부하였을 뿐만 아니라, 적극적으로 투자자들을 유치하여 관리함으로써 그들 명의의 증권계좌와 자금이 乙의 주가조작 범죄에 사용되도록 하였다면 그 주가조작 범죄의 공모공동정범의 죄책을 진다(대판 2009.2.12, 2008도6551). ● 해경, 검찰
> 5. 그리고 공모자들이 그 공모한 범행을 수행하거나 목적 달성을 위해 나아가는 도중에 부수적인 다른 범죄가 파생되리라고 예상하거나 충분히 예상할 수 있는데도 그러한 가능성을 외면한 채 이를 방지하기에 족한 합리적인 조치를 취하지 아니하고 공모한 범행에 나아갔다가 결국 그와 같이 예상되던 범행들이 발생하였다면, 비록 그 파생적인 범행 하나하나에 대하여 개별적인 의사의 연락이 없었다 하더라도 당초의 공모자들 사이에 그 범행 전부에 대하여 암묵적인 공모는 물론 그에 대한 기능적 행위지배가 존재한다고 보아야 할 것이다(대판 2007.4.26, 2007도428).

> **판례** 정리 ··· 공모공동정범을 부정한 판례
>
> 1. 전국노점상총연합회가 주관한 도로행진시위에 참가한 피고인이 다른 시위 참가자들과 함께 경찰관 등에 대한 특수공무집행방해 행위를 하던 중 체포된 사안에서, 단순 가담자인 피고인에게 체포된 이후에 이루어진 다른 시위참가자들의 범행에 대하여는 <u>본질적 기여를 통한 기능적 행위지배가 존재한다고 보기 어려워 공모공동정범의 죄책을 인정할 수 없다</u>(대판 2009.6.23, 2009도2994). 🔵 검찰9급
> 2. [1] '청소년게임제공업 등을 영위하고자 하는 자'란 청소년게임제공업 등을 영위함으로 인한 권리의무의 귀속주체가 되는 자(이하 '영업자'라고 한다)를 의미하므로, <u>영업활동에 지배적으로 관여하지 아니한 채 단히 영업자의 직원으로 일하거나 영업을 위하여 보조한 경우, 또는 영업자에게 영업장소 등을 임대하고 사용대가를 받은 경우 등에는 같은 법 제45조 위반에 대한 본질적인 기여를 통한 기능적 행위지배를 인정하기 어려워, 이들을 방조범으로 처벌할 수 있는지는 별론으로 하고 공동정범으로 처벌할 수는 없다.</u>
> [2] <u>피고인이 甲, 乙의 부탁으로 자신이 운영하는 가게 옆에 크레인 게임기들을 설치할 장소와 이용할 전력을 제공하고 대가를 받음으로써 이들과 공모하여 무등록 청소년게임제공업을 영위한 경우</u>, 게임기들을 설치할 장소와 전력을 제공하고 대가를 받은 피고인은 영업상 권리의무의 귀속주체가 될 수 없고, 위와 같은 행위만으로 피고인을 같은 법 제45조 위반죄의 <u>공모공동정범으로 보기 어렵다</u>(대판 2011.11.10, 2010도11631).

(3) 공모관계이탈

① 실행의 착수 전 이탈

㉠ 공모공동정범에 있어서 그 공모자중의 1인이 다른 공모자가 실행행위에 이르기 전에 그 공모관계에서 이탈한 때에는 그 이후의 다른 공모자의 행위에 관하여 공동정범으로서의 책임은 지지 않는다고 할 것이고 그 <u>이탈의 표시는 반드시 명시적임을 요하지 않는다</u>(대판 1986.1.21, 85도2371). 🔵 경찰, 검찰9급, 법행

㉡ 공모관계에서의 이탈은 공모자가 공모에 의하여 담당한 기능적 행위지배를 해소하는 것이 필요하므로 공모자가 공모에 **주도적으로 참여**하여 다른 공모자의 실행에 영향을 미친 때에는 **범행을 저지하기 위하여 적극적으로 노력**하는 등 실행에 미친 영향력을 제거하지 아니하는 한 공모관계에서 이탈하였다고 할 수 없다(대판 2008.4.10, 2008도1274). 🔵 검찰9급, 검찰7급

> **판례** 정리
>
> 1. **시라소니파 사건** : 시라소니파라는 범죄단체조직에 가입·활동 중이던 甲은 긴급소집연락을 받고 소집에 응했으나 다른 조직원들이 반대파에 대해 보복하기 위해 출발하려 할 때에 사태의 심각성을 깨닫고 슬그머니 빠져나와 그 곳에서 택시를 타고 집으로 와버린 경우, 피고인은 다른 조직원들과의 사이에 '파라다이스'파 조직원들을 공격하여 상해를 가하거나 살해하기로 하는 <u>모의가 있었다고 보기 어렵고, 가사 피고인에게도 그 범행에 가담하려는 의사가 있어 공모 관계가 인정된다 하더라도 다른 조직원들이 각 이 사건 범행에 이르기 전에 그 공모 관계에서 이탈한 것이라 할 것이므로 피고인은 위 공모 관계에서 이탈한 이후의 행위에 대하여는 공동정범으로의 책임을 지지 않는다</u>(대판 1996.1.26, 94도2654). 🔵 사시
> 2. **택시강도 겁먹고 도주한 사건** : 피고인이 다른 피고인들과 택시강도를 하기로 모의한 일이 있다고 하여도 다른 피고인들이 피해자에 대한 폭행에 착수하기 전에(택시요금이 없으니 다음에 받아가라고 시비하는 사이

에) 겁을 먹고 미리 현장에서 도주해 버렸다면 다른 피고인들과의 사이에 강도의 실행행위를 분담한 협동관계가 있었다고 보기는 어려우므로 피고인을 특수강도의 합동범으로 다스릴 수는 없다(대판 1985.3.26, 84도2956). ● 사시

3. "어"사건(공모관계 주도자) : 다른 3명의 공모자들과 강도 모의를 하면서 삽을 들고 사람을 때리는 시늉을 하는 등 그 모의를 주도한 피고인이 함께 범행 대상을 물색하다가 다른 공모자들이 강도의 대상을 지목하고 뒤쫓아 가자 단지 "어?"라고만 하고 비대한 체격 때문에 뒤따라가지 못한 채 범행현장에서 200m 정도 떨어진 곳에 앉아 있었으나 위 공모자들이 피해자를 쫓아가 강도상해의 범행을 한 경우, 피고인에게 공동가공의 의사와 공동의사에 기한 기능적 행위지배를 통한 범죄의 실행사실이 인정되므로 강도상해죄의 공모관계에 있고, 다른 공모자가 강도상해죄의 실행에 착수하기까지 범행을 만류하는 등으로 그 공모관계에서 이탈하였다고 볼 수 없으므로 강도상해죄의 공동정범으로서의 죄책을 진다(대판 2008.4.10, 2008도1274). ● 검찰7급, 경찰

4. [1] 공모공동정범에 있어서 공모자 중의 1인이 다른 공모자가 실행행위에 이르기 전에 그 공모관계에서 이탈한 때에는 그 이후의 다른 공모자의 행위에 관하여는 공동정범으로서의 책임은 지지 않는다 할 것이나, 공모관계에서의 이탈은 공모자가 공모에 의하여 담당한 기능적 행위지배를 해소하는 것이 필요하므로 공모자가 공모에 주도적으로 참여하여 다른 공모자의 실행에 영향을 미친 때에는 범행을 저지하기 위하여 적극적으로 노력하는 등 실행에 미친 영향력을 제거하지 아니하는 한 **공모자가 구속되었다는 등의 사유만으로 공모관계에서 이탈하였다고 할 수 없다.**

[2] 甲이 乙과 공모하여 가출 청소년 丙(여, 16세)에게 낙태수술비를 벌도록 해 주겠다고 유인하였고, 乙로 하여금 丙의 성매매 홍보용 나체사진을 찍도록 하였으며, 丙이 중도에 약속을 어길 경우 민형사상 책임을 진다는 각서를 작성하도록 한 후, 자신이 별건으로 체포되어 구치소에 수감 중인 동안 丙이 乙의 관리 아래 12회에 걸쳐 불특정 다수 남성의 성매수 행위의 상대방이 된 대가로 받은 돈을 丙, 乙 및 甲의 처 등이 나누어 사용한 경우, 丙의 성매매 기간 동안 **甲이 수감되어 있었다 하더라도** 위 甲은 乙과 함께 미성년자유인죄, 구 청소년의 성보호에 관한 법률위반죄의 책임을 진다(대판 2010.9.9, 2010도6924). ● 경간부

5. 갑은 을, 병과 함께 A회사 창고에 몰래 들어가 피혁을 훔치기로 약속하였으나 갑은 절취할 마음이 내키지 아니하고 처벌이 두려워 만나기로 한 시간에 약속장소로 가지 아니하고 을과 병은 약속장소에서 갑을 기다리다가 그들끼리 모의된 범행을 결행하기로 하여 을은 그 창고앞에서 망을 보고 병은 창고에 침입하여 가죽약 1만평을 절취하였다. 그렇다면 갑은 특수절도의 공동정범이 성립될 수 없음은 물론 **다른 공모자들이 실행행위에 이르기 이전에 그 공모관계로부터 이탈한 것이 분명하므로 그 이후의 다른 공모자의 절도행위에 관하여도 공동정범으로서 책임을 지지 아니한다고 할 것이다**(대판 1989.3.14, 88도837). ☞ 을・병은 특수절도, 갑은 특수절도의 공동정범 × ● 경간부

② 실행의 착수 후 이탈

관련판례

① 피고인이 포괄일죄의 관계에 있는 사기범행의 일부를 실행한 후 공범관계에서 이탈하였으나 다른 공범자에 의하여 나머지 범행이 이루어진 경우, 피고인이 관여하지 않은 부분에 대하여 죄책을 부담한다. 따라서 피고인이 공범들과 다단계금융판매조직에 의한 사기범행을 공모하고 피해자들을 기망하여 그들로부터 투자금명목으로 피해금의 대부분을 편취한 단계에서 위 조직의 관리이사직을 사임한 경우, 피고인의 사임 이후 피해자들이 납입한 나머지 투자금명목의 편취금도 같은 기망상태가 계속된 가운데 같은 공범들에 의하여 같은 방법으로 수수됨으로써 피해자별로 포괄일죄의 관계에 있으므로 이에 대하여도 피고인은 **공범으로서의 책임을 부담한다**(대판 2002.8.27, 2001도513). ● 법행, 사시

② 피고인이 甲 투자금융회사에 입사하여 다른 공범들과 특정 회사 주식의 시세조정 주문을 내기로 공모한 다음 시세조정행위의 일부를 실행한 후 甲 회사로부터 **해고를 당하여 공범관계로부터 이탈**하였고, 다른 공범들이 그 이후의 나머지 시세조정행위를 계속한 경우, 피고인이 다른 공범들의 범죄실행을 저지하지 않은 이상 그 이후 나머지 공범들이 행한 시세조정행위에 대하여도 죄책을 부담함에도, 피고인이 해고되어 甲 회사를 퇴사함으로써 기존의 공모관계에서 이탈하였다는 사정만으로 피고인이 이미 실행한 시세조정행위에 대한 기능적 행위지배가 해소되었다고 보기는 어려우므로 그 이후의 각 구 증권거래법 위반부분에 대한 **공모공동정범이 성립한다**(대판 2011.1.13, 2010도9927). ● 경찰간부

③ 처(妻)가 구속된 남편을 대행하여 그의 지시를 받아 회사를 운영하면서 「조세범 처벌법」상의 조세포탈행위를 하다가 협의이혼한 후 처(妻) 혼자 회사를 경영하였더라도 이혼 전 남편의 영향력이 제거되지 않아 조세포탈행위가 계속되었다면 남편은 협의이혼 후에도 여전히 공동정범으로서 책임을 진다(대판 2008.7.24, 2007도4310). ● 사시

④ 해적 甲, 乙이 두목의 사전지시에 따라 선원들을 윙브리지로 세워 해군의 위험사격을 받게 하므로써 '인간방패'로 사용하기로 사전 모의한 후 이에 선원들을 윙브리지로 내몬 상태에서 총을 버리고 도망갔다면 이미 선원들을 윙브리지 몰았을 때 살해행위의 실행에 착수한 것으로 보아야 하고 선원들을 윙브리지로 내몰았을 당시 총을 버리고 도망갔더라도 공모관계에서 이탈한 것으로 볼 수 없다(대판 2011.12.22, 2011도12927). ● 경간부

⑤ 직권남용권리행사방해죄는 공무원에게 직권이 존재하는 것을 전제로 하는 범죄이고, 직권은 국가의 권력작용에 의해 부여되거나 박탈되는 것이므로, 공무원이 공직에서 퇴임하면 해당 직무에서 벗어나고 그 퇴임이 대외적으로도 공표된다. **공무원인 피고인이 퇴임한 이후**에는 위와 같은 직권이 존재하지 않으므로, 퇴임 후에도 실질적 영향력을 행사하는 등으로 퇴임 전 공모한 범행에 관한 기능적 행위지배가 계속되었다고 인정할 만한 **특별한 사정이 없는 한**, 퇴임 후의 범행에 관하여는 공범으로서 책임을 지지 않는다고 보아야 한다(대판 2020.2.13, 2019도5186).

③ 실행행위 종료 후 공모자 중 1인이 독자적으로 범행한 경우

Ⅲ 공동정범의 처벌(일부실행 전부책임의 원칙)

1. 일부실행·전부책임

공동정범은 구성요건의 일부만을 실행한 자라도 공동의 범행결의 안에서 발생한 결과 전체에 대해서 정범의 책임을 진다.

2. 결과적 가중범과 공동정범

결과적 가중범인 상해치사죄의 공동정범은 폭행 기타의 신체침해 행위를 공동으로 할 의사가 있으면 성립되고 결과를 공동으로 할 의사는 필요 없으며, 여러 사람이 상해의 범의로 범행 중 한 사람이 중한 상해를 가하여 피해자가 사망에 이르게 된 경우 나머지 사람들은 사망의 결과를 예견할 수 없는 때가 아닌 한 상해치사의 죄책을 면할 수 없다 (대판 2000.5.12, 2000도745). ● 법원, 경찰승진, 검찰9급, 사시

3. 공동정범과 착오

(1) 구체적 사실의 착오

(2) 추상적 사실의 착오

강도의 공범자 중 1인이 강도의 기회에 피해자에게 폭행 또는 상해를 가하여 살해한 경우, 다른 공모자가 살인의 공모를 하지 아니하였다고 하여도 그 살인행위나 치사의 결과를 예견할 수 없었던 경우가 아니면 강도치사죄의 죄책을 면할 수 없다(대판 1991.11.12, 91도2156).

> **동지판례**
> 피고인들이 등산용 칼을 이용하여 노상강도를 하기로 공모한 사건에서 범행 당시 차안에서 망을 보고 있던 피고인 甲이나 등산용 칼을 휴대하고 있던 피고인 乙과 함께 차에서 내려 피해자로부터 금품을 강취하려 했던 피고인 丙으로서는 그때 우연히 현장을 목격하게 된 다른 피해자를 피고인 乙이 소지중인 등산용 칼로 살해하여 강도살인 행위에 이를 것을 전혀 예상하지 못하였다고 할 수 없으므로 피고인들 모두는 강도치사죄로 의율 처단함이 옳다(대판 1990.11.27, 90도2262). ☞ 을 : 강도살인, 갑·병 : 강도치사

4. 공동정범의 신분

비신분자는 단독으로 진정신분범의 정범이 될 수 없으나 신분자와 공동하여 진정신분범의 공동정범이 될 수 있다(제33조 본문).

5. 동시범

(1) 제19조의 동시범

> 제19조 (독립행위의 경합) 동시 또는 이시의 독립행위가 경합한 경우에 그 **결과발생의 원인된 행위가 판명되지 아니한 때**에는 각 행위를 미수범으로 처벌한다. ● 검찰7급

① 의의 : 2인 이상이 상호의사의 연락 없이 동시에 범죄구성요건에 해당하는 행위를 하였을 때에는 원칙적으로 각인에 대하여 그 죄를 논하여야 하나 그 결과 발생의 원인이 된 행위가 분명하지 아니한 때에는 각 행위자를 미수범으로 처벌하고(독립행위의 경합), 이 독립행위가 경합하여 특히 상해의 결과를 발생하게 하고 그 결과발생의 원인이 된 행위가 밝혀지지 아니한 경우에는 공동정범의 예에 따라 처단(동시범)하는 것이므로 공범관계에 있어 공동가공의 의사가 있었다면 이에는 도시 동시범 등의 문제는 제기될 여지가 없다(대판 1985.12.10, 85도1892). ● 경찰

② 성립요건
　㉠ 2 이상의 독립행위 경합 : 상해죄에 있어서의 동시범은 두 사람 이상이 가해행위를 하여 상해의 결과를 가져올 경우에 그 상해가 어느 사람의 가해행위로

인한 것인지가 분명치 않다면 가해자 모두를 공동정범으로 본다는 것이므로 가해행위를 한 것 자체가 분명치 않은 사람에 대하여는 동시범으로 다스릴 수 없다(대판 1984.5.15, 84도488).
- ⓒ 동일한 객체 : 2인 이상의 행위가 동일 객체에 향한 것이어야 한다. 행위의 객체가 동일하면 각자의 구성요건적 행위가 동일할 필요는 없다.
- ⓒ 동시 또는 이시의 행위 : 2인 이상의 행위가 시간적·장소적으로 반드시 동일할 필요는 없다.
- ⓔ 결과발생 : 결과가 발생하지 않은 경우에는 각 행위자는 당연히 미수범이 되며 제19조를 적용할 여지가 없다.

③ 효 과
- ㉠ 결과발생에 대한 원인관계가 판명된 경우 : 갑은 을과 함께 술집에서 같이 자다가 깨어 옆에서 잠든 접대부 병녀를 강간하려다가 병녀의 반항으로 목적을 이루지 못하고 포기한 뒤, 뒤이어 잠을 깬 을이 병녀를 강간코자 하였으나 역시 병녀의 반항으로 목적을 이루지 못하고 병녀를 구타하는 것을 적극 만류한 사실이 있는 경우, 갑에 대하여는 을의 강간치상행위에 대한 공모 공동정범의 죄책을 물을 수 없다(대판 1983.9.27, 83도1787).
- ㉡ 결과발생에 대한 원인관계가 판명되지 않은 경우 : 각 행위자는 발생된 결과에 대해서 미수범으로 처벌된다(제19조).

(2) 제263조의 동시범 특례

> 제263조 (동시범) 독립행위가 경합하여 상해의 결과를 발생하게 한 경우에 있어서 **원인된 행위가 판명되지 아니한 때에는 공동정범의 예**에 의한다. ● 사시

① 의의 및 법적 성질 : 형법 제19조의 동시범과는 달리 독립행위가 경합하여 원인된 행위가 판명되지 아니한 경우에도 '상해의 결과를 발생'하게 한 경우에 있어서는 공동정범의 예에 의하여 처벌하도록 한 규정을 말한다.

② 적용범위
- ㉠ 폭행치사와 동시범 특례 : 시간적 차이가 있는 독립된 상해행위나 폭행행위가 경합하여 사망의 결과가 일어나고 그 사망의 원인된 행위가 판명되지 않은 경우에는 공동정범의 예에 의하여 처벌할 것이다. 따라서 A가 갑으로부터 폭행을 당하여 소파에 누워 있었는데 2시간 후에 을이 A를 소파에서 밀어 떨어뜨려 뇌출혈로 사망했으나 사망의 원인이 누구의 행위로 인한 것인지 밝혀지지 않은 경우 폭행치사의 공동정범의 예에 따라 처벌된다(대판 2000.7.28, 2000도2466). ● 법무사, 검찰7급
- ㉡ 강간치상죄·강도치상죄와 동시범 특례 : 형법 제263조의 동시범은 상해와 폭행죄에 관한 특별규정으로서 동 규정은 그 보호법익을 달리하는 강간치상죄에는 적용할 수 없다(대판 1984.4.24, 84도372). ● 사시

6. 합동범

(1) 의 의
구성요건상 "2인 이상이 합동하여…"라고 규정된 범죄를 말한다.

(2) 합동범의 본질
① 학 설
② 판례(현장설) : 형법 제331조 제2항 후단의 2인 이상이 합동하여 타인의 재물을 절취한 경우의 특수절도죄가 성립하기 위하여는 **주관적 요건으로서의 공모와 객관적 요건으로서의 실행행위의 분담**이 있어야 하고 그 실행행위에 있어서는 **시간적으로나 장소적으로 협동관계**에 있음을 요한다(대판 1996.3.22, 96도313). ● 사시, 법행

> **관련판례**
>
> ㉠ 형법 제334조 제2항 소정의 "합동하여"라 함은 주관적 요건으로서의 공모와 객관적 요건으로서의 범행현장에서의 범행의 실행의 분담이 있어야 하나, 그 공모나 모의는 반드시 사전에 이루어진 것만을 필요로 하는 것이 아니고 범행현장에서 암묵리에 의사상통하는 것도 포함된다(대판 1988.11.22, 88도1557).
> ㉡ 합동범은 주관적 요건으로서 공모 외에 객관적 요건으로서 현장에서의 실행행위의 분담을 요하나 이 실행행위의 분담은 반드시 동시에 동일장소에서 실행행위를 특정하여 분담하는 것만을 뜻하는 것이 아니라 시간적으로나 장소적으로 서로 협동관계에 있다고 볼 수 있으면 충분하다(대판 1992.7.28, 92도 917). ● 경찰

> **판례 정리**
>
> 1. 피고인이 피해자의 형과 범행을 모의하고 피해자의 형이 피해자의 집에서 절취행위를 하는 동안 피고인은 **그 집 안의 가까운 곳에 대기**하고 있다가 절취품을 가지고 같이 나온 경우 시간적, 장소적으로 협동관계가 있었다(대판 1996.3.22, 96도313). ☞ 특수절도죄 인정 ● 경찰, 사시
> 2. 갑은 을・병과 함께 실행행위의 분담을 공모하고 을과 병의 **절취행위 장소부근에서 갑이 운전하는 차량내에 대기**하여 실행행위를 분담한 사실이 인정되고 다만 위 공소외인들이 범행대상을 물색하는 과정에서 절취행위 장소가 피고인이 대기중인 차량으로부터 다소 떨어지게 된 때가 있었으나 그렇다고 하여 시간적, 장소적 협동관계에서 일탈하였다고는 볼 수 없다(대판 1988.9.13, 88도1197). ☞ 특수절도죄 인정
> 3. 피고인 등이 비록 특정한 1명씩의 피해자만 강간하거나 강간하려고 하였다 하더라도, 사전의 모의에 따라 강간할 목적으로 심야에 인가에서 멀리 떨어져 있어 쉽게 도망할 수 없는 야산으로 피해자들을 유인한 다음 곧바로 암묵적인 합의에 따라 각자 마음에 드는 피해자들을 데리고 불과 100m 이내의 거리에 있는 곳으로 흩어져 동시 또는 순차적으로 피해자들을 각각 강간하였다면, 그 각 강간의 실행행위도 시간적으로나 장소적으로 협동관계에 있었다고 보아야 할 것이므로, 피해자 3명 모두에 대한 특수강간죄 등이 성립된다(대판 2004.8.20, 2004도2870).
> 4. **피고인이 甲, 乙과 공모한 후 甲, 乙은 피해자 회사의 사무실 금고에서 현금을 절취하고, 피고인은 위 사무실로부터 약 100m 떨어진 곳에서 망을 보는 방법으로 합동하여 재물을 절취한 경우**, 제반 사정에 비추어 甲, 乙의 합동절도 범행에 대한 공동정범으로서 죄책을 면할 수 없다(대판 2011.5.13, 2011도2021). ☞ 합동절도의 공동정범이 성립한다.

(3) 합동범의 공범

사실관계 삐끼주점의 지배인인 갑은 피해자 정으로부터 신용카드를 강취하고 신용카드의 비밀번호를 알아낸 후 현금자동지급기에서 인출한 돈을 삐끼주점의 분배관례에 따라 분배할 것을 삐끼 을, 병, 주점 업주 A 등과 공모한 후 갑은 삐끼주점 내에서 피해자 정을 계속 붙잡아 두면서 감시하는 동안 을, 병, A는 정의 위 신용카드를 이용하여 04 : 08경 서울 강남구 삼성동 소재 엘지마트 편의점에서 합동하여 현금자동지급기에서 현금 4,730,000원을 인출하였다.

판결요지 3인 이상의 범인이 합동절도의 범행을 공모한 후 적어도 2인 이상의 범인이 범행 현장에서 시간적, 장소적으로 협동관계를 이루어 절도의 실행행위를 분담하여 절도 범행을 한 경우에는 공동정범의 일반 이론에 비추어 그 공모에는 참여하였으나 현장에서 절도의 실행행위를 직접 분담하지 아니한 다른 범인에 대하여도 <u>그가 현장에서 절도 범행을 실행한 위 2인 이상의 범인의 행위를 자기 의사의 수단으로 하여 합동절도의 범행을 하였다고 평가할 수 있는 정범성의 표지를 갖추고 있다고 보여지는 한 그 다른 범인에 대하여 합동절도의 공동정범의 성립을 부정할 이유가 없다고 할 것이다.</u> 형법 제331조 제2항 후단의 규정이 위와 같이 3인 이상이 공모하고 적어도 2인 이상이 합동절도의 범행을 실행한 경우에 대하여 공동정범의 성립을 부정하는 취지라고 해석할 이유가 없을 뿐만 아니라, 만일 공동정범의 성립가능성을 제한한다면 직접 실행행위에 참여하지 아니하면서 배후에서 합동절도의 범행을 조종하는 수괴는 그 행위의 기여도가 강력함에도 불구하고 공동정범으로 처벌받지 아니하는 불합리한 현상이 나타날 수 있다. 그러므로 <u>합동절도에서도 공동정범과 교사범·종범의 구별기준은 일반원칙에 따라야 하고, 그 결과 범행현장에 존재하지 아니한 범인도 공동정범이 될 수 있으며, 반대로 상황에 따라서는 장소적으로 협동한 범인도 방조만 한 경우에는 종범으로 처벌될 수도 있다</u>(대판 1998.5.21, 98도321 전원합의체).

● 법원, 법행, 검찰9급

제4절 교사범

제31조 (교사범) ① 타인을 교사하여 죄를 범하게 한 자는 죄를 실행한 자와 동일한 형으로 처벌한다.
② 교사를 받은 자가 범죄의 **실행을 승낙하고 실행의 착수에 이르지 아니한 때**에는 **교사자와 피교사자를** 음모 또는 예비에 준하여 처벌한다. ● 사시
③ 교사를 받은 자가 범죄의 **실행을 승낙하지 아니한 때**에도 **교사자**에 대하여는 전항과 같다. ● 사시

I 서 설

교사범이 성립하기 위해서는 교사자의 교사행위와 정범의 실행행위가 있어야 하는 것이므로, 정범의 성립은 교사범의 구성요건의 일부를 형성하고 교사범이 성립함에는 정범의 범죄행위가 인정되는 것이 그 전제요건이 된다(대판 2000.2.25, 99도1252). ● 사시

II 교사범의 성립요건

1. 교사자에 관한 요건

(1) 교사행위의 태양

교사자의 교사행위는 정범에게 범죄의 결의를 가지게 하는 것을 말하는 것으로서, 그 범죄를 결의하게 할 수 있는 것이면 그 수단에는 아무런 제한이 없고, 반드시 명시적·직접적 방법에 의할 것을 요하지도 않으며, 이와 같은 교사범에 있어서의 교사사실은 범죄사실을 구성하는 것으로서 이를 인정하기 위하여는 엄격한 증명이 요구되지만, 피고인이 교사사실을 부인하고 있는 경우에는 사물의 성질상 그와 상당한 관련성이 있는 간접사실을 증명하는 방법에 의하여 이를 입증할 수도 있다(대판 2000.2.25, 99도1252).

(2) 교사의 특정성

① 교사는 특정한 범죄에 대한 결의를 가지게 하는 것이므로 막연히 '죄를 범하라' 또는 '절도를 하라'와 같은 범죄일반을 교사하는 것은 교사행위라 할 수 없다. 그러나 범행의 일시·장소·방법 등 세부적인 사항까지 특정될 것을 요구하지는 않으며 일정한 범죄의 실행을 결의할 정도이면 충분하다(대판 1991.5.14, 91도542).

② 피고인이 갑, 을, 병이 절취하여 온 장물을 상습으로 19회에 걸쳐 시가의 3분의 1 내지 4분의 1의 가격으로 매수하여 취득하여 오다가, 갑, 을에게 일제 드라이바 1개를 사주면서 "병이 구속되어 도망다니려면 돈도 필요할텐데 열심히 일을 하라(도둑질을 하라)"고 말하였다면, 그 취지는 종전에 병과 같이 하던 범위의 절도를 다시 계속하면 그 장물은 매수하여 주겠다는 것으로서 절도의 교사가 있었다고 보아야 한다(대판 1991.5.14, 91도542). ● 사시

> **비교판례**
> 피고인이 연소한 자에게 밥값을 구하여 오라고 말한 것이 절도범행을 교사한 것이라고 볼 수 없다(대판 1984.5.15, 84도418). ● 경찰승진

(3) 범죄결의자에 대한 교사

교사범이란 타인(정범)으로 하여금 범죄를 결의하게 하여 그 죄를 범하게 한 때에 성립하는 것이고 피교사자는 교사범의 교사에 의하여 범죄실행을 결의하여야 하는

것이므로, 피교사자가 이미 범죄의 결의를 가지고 있을 때에는 교사범이 성립할 여지가 없다(대판 1991.5.14. 91도542). ● 경찰승진

(4) 교사범의 이탈

교사범이 그 공범관계로부터 이탈하기 위해서는 피교사자가 범죄의 실행행위에 나아가기 전에 교사범에 의하여 형성된 피교사자의 범죄 실행의 결의를 해소하는 것이 필요하고, 이때 교사범이 피교사자에게 교사행위를 철회한다는 의사를 표시하고 이에 피교사자도 그 의사에 따르기로 하거나 또는 교사범이 명시적으로 교사행위를 철회함과 아울러 피교사자의 범죄 실행을 방지하기 위한 진지한 노력을 다하여 당초 피교사자가 범죄를 결의하게 된 사정을 제거하는 등 제반 사정에 비추어 객관적·실질적으로 보아 교사범에게 교사의 고의가 계속 존재한다고 보기 어렵고 당초의 교사행위에 의하여 형성된 피교사자의 범죄 실행의 결의가 더 이상 유지되지 않는 것으로 평가할 수 있다면, 설사 그 후 피교사자가 범죄를 저지르더라도 이는 당초의 교사행위에 의한 것이 아니라 새로운 범죄 실행의 결의에 따른 것이므로 교사자는 형법 제31조 제2항에 의한 죄책을 부담함은 별론으로 하고 형법 제31조 제1항에 의한 교사범으로서의 죄책을 부담하지는 않는다고 할 수 있다(대판 2012.11.15. 2012도7407).
● 사시, 법행

> **관련판례**
>
> 갑은 을에게 전화하여 ○○은행 노조위원장인 병의 불륜관계를 이용하여 공갈할 것을 교사하였고 이에 을은 병을 미행하여 병이 여자와 함께 호텔에 들어가는 현장을 카메라로 촬영한 후 갑에게 이를 알렸다. 그러나 이후 갑은 을에게 여러 차례 전화하여 그 동안의 수고비로 500만 원 내지 1,000만 원을 줄 테니 촬영한 동영상을 넘기고 병을 공갈하는 것을 단념하라고 하여 범행에 나아가는 것을 만류했지만 을은 갑의 제안을 거절하고 위와 같이 촬영한 동영상을 을의 핸드폰에 전송하고 전화나 문자메시지 등으로 1억 원을 주지 않으면 여자와 호텔에 들어간 동영상을 가족과 회사에 유포하겠다고 병에게 겁을 주어 병으로부터 현금500만 원을 교부받았다. 갑에게는 공갈죄의 교사범이 성립한다(대판 2012.11.15., 2012도7407)
> ● 법행

(5) 교사자의 고의

① 고의의 내용 : 교사자에게는 피교사자에게 범행결의를 갖게 한다는 점에 대한 인식과 의사인 교사의 고의와 정범을 통하여 일정한 구성요건적 결과를 발생시킨다는 점에 대한 인식과 의사인 정범의 고의가 필요하다. 즉, 이중의 고의가 필요하다.

② 미수의 교사(함정수사)

[1] 오로지 공무원을 함정에 빠뜨릴 의사로 직무와 관련되었다는 형식을 빌려 그 공무원에게 금품을 공여한 경우에도 공무원이 그 금품을 직무와 관련하여 수수한다는 의사를 가지고 받아들이면 뇌물수수죄가 성립한다.

[2] 피고인의 뇌물수수가 공여자들의 함정교사에 의한 것이기는 하나, 뇌물공여자들에게 피고인을 함정에 빠뜨릴 의사만 있었고 뇌물공여의 의사가 전혀 없었다고 보기 어려울 뿐 아니라, 뇌물공여자들의 함정교사라는 사정은 피고인의 책임을 면하게 하는 사유가 될 수 없다(대판 2008.3.13, 2007도10804). ●사시, 법행

(6) 기타

공동교사는 가능하나 부작위에 의한 교사와 과실에 의한 교사는 불가능하다.

2. 피교사자에 관한 요건

(1) 피교사자의 범행결의

① 교사범의 교사가 정범이 죄를 범한 유일한 조건일 필요는 없으므로, 교사행위에 의하여 정범이 실행을 결의하게 된 이상 비록 정범에게 범죄의 습벽이 있어 그 습벽과 함께 교사행위가 원인이 되어 정범이 범죄를 실행한 경우에도 교사범의 성립에 영향이 없다(대판 1991.5.14., 91도542). ●경찰, 경간부

② 교사범이 성립하기 위해 교사범의 교사가 정범의 범행에 대한 유일한 조건일 필요는 없으므로, 교사행위에 의하여 피교사자가 범죄 실행을 결의하게 된 이상 피교사자에게 다른 원인이 있어 범죄를 실행한 경우에도 교사범의 성립에는 영향이 없다(대판 2012.11.15, 2012도7407). ●경경찰, 승진

③ 피교사자가 교사자의 교사행위 당시에는 일응 범행을 승낙하지 아니한 것으로 보여진다 하더라도 이후 그 교사행위에 의하여 범행을 결의한 것으로 인정되는 이상 교사범의 성립에는 영향이 없다(대판 2013.9.12, 2012도2744). ●경법행, 경간부

(2) 피교사자의 실행행위(공범종속성)

피고인이 자신이 관리하는 건물 5층에 거주하는 피해자를 내쫓을 목적으로 자신의 아들인 甲을 교사하여 그곳 현관문에 설치된 피고인 소유 디지털 도어락의 비밀번호를 변경하게 한 경우 甲은 자기의 물건이 아닌 위 도어락의 비밀번호를 변경하였다고 하더라도 권리행사방해죄가 성립할 수 없으므로, 정범인 甲의 권리행사방해죄가 인정되지 않는 이상 교사자인 피고인에 대하여 권리행사방해교사죄도 성립할 수 없다(대판 2022.9.15, 2022도5827). ●경간부, 경찰

> **판례 정리**
>
> 1. 피무고자의 교사·방조 하에 제3자가 피무고자에 대한 허위의 사실을 신고한 경우에는 제3자의 행위는 무고죄의 구성요건에 해당하여 무고죄를 구성하므로, 제3자를 교사·방조한 피무고자도 교사·방조범으로서의 죄책을 부담한다(대판 2008.10.23, 2008도4852). ● 경찰, 법행, 사시, 경찰승진
> 2. 자기의 형사사건에 관하여 타인을 교사하여 위증죄를 범하게 하는 것은 이러한 방어권을 남용하는 것이라고 할 것이어서 교사범의 죄책을 부담케 함이 상당하다(대판 2004.1.27, 2003도5114). ● 경찰, 법행, 사시
> 3. 범인이 자신을 위하여 타인으로 하여금 허위의 자백을 하게 하여 범인도피죄를 범하게 하는 행위는 방어권의 남용으로 범인도피교사죄에 해당한다(대판 2000.3.24, 2000도20). ● 경찰, 법행, 사시
> 4. 자기의 형사 사건에 관한 증거를 인멸하기 위하여 타인을 교사하여 죄를 범하게 한 자에 대하여는 증거인멸교사죄가 성립한다(대판 2000.3.24, 99도5275). ● 경찰, 법행, 사시

Ⅲ 교사의 착오

1. 실행행위에 대한 착오

교사자가 피교사자에 대하여 상해를 교사하였는데 피교사자가 이를 넘어 살인을 실행한 경우, 일반적으로 교사자는 상해죄에 대한 교사범이 되는 것이고, 다만 이 경우 <u>교사자에게 피해자의 사망이라는 결과에 대하여 과실 내지 예견가능성이 있는 때에는 상해치사죄의 교사범으로서의 죄책을 지울 수 있다</u>(대판 2002.10.25, 2002도4089). ● 경찰

> **관련판례**
>
> ① 정신차릴 정도로 때려주라 사건 : 갑이 자신의 채무를 변제하지 않는 을로 하여금 자신의 채무를 변제받기 위해 평소에 알고 지내던 병에게 을을 "정신차릴 정도로 때려주라"라고 말하여, 병이 을을 붙잡아 구타하던 중 을이 완강히 반항하자 이를 저지하려고 각목으로 구타하여 을을 사망케 한 경우 이는 <u>상해에 대한 교사로 봄이 상당하다</u>(대판 1997.6.24, 97도1075). ☞ 상해죄의 교사범 ● 경찰
> ② 혼내주라 사건 : 조직폭력배인 갑이 그 부하 을에게 "병이라는 애가 행패를 부려 망신을 당했는데 네가 알아서 병을 혼내줘라"고 하여 을이 병을 사망케 한 경우 갑은 을의 보복폭행으로 인한 상해의 결과 피해자가 <u>사망에 이르게 될 수 있음을 예견할 수 있었다고 보여진다</u>(대판 1992.2.25, 91도3192). ☞ 상해치사죄의 교사범 ● 경찰
> ③ 병신을 만들라 사건 : 갑이 A등 7인에게 "피해자 병을 혼내주되 평생 후회하면서 살도록 허리 아래 부분을 찌르고, 특히 허벅지나 종아리를 찔러 병신을 만들라"는 취지로 교사하고 이때 을은 A등에게 연락하여 모이도록 하였으며, "갑을 좀 도와주어라"는 등의 말을 하자, 이에 A등 7인이 병의 종아리 부위등을 20여 회나 칼로 찔러 살해한 경우 갑에게는 병이 죽을 수도 있다는 점을 예견할 가능성이 있었다고 보아 <u>상해치사죄의 교사범이 성립한다</u>(대판 2002.10.25, 2002도4089). ☞ 상해치사죄의 교사범 ● 행시, 경찰, 경찰승진, 검찰9급, 법원
> ④ 경호원 사건 : 갑은 자신의 영업에 관하여 사사건건 방해를 하면서 협박을 해 오던 병에게 보복하기 위하여 병의 경호원으로 있다가 사이가 나빠진 을을 소개받아 착수금 명목으로 금 5,000,000원을 제공하면서 동인으로 하여금 병에게 중상해를 가해 활동을 못하도록 교사하였는데, 을은 병의 온몸을 칼로 찔러 살해한 경우 교사자가 피교사자에 대하여 상해 또는 중상해를 교사하였는데 피교사자가 이를 넘어 살인을 실행한 경우 일반적으로 교사자는 상해죄 또는 중상해죄의 교사범이 되지만 이 경우 교사자에게 피해자의 사망이라는 결과에 대하여 과실 내지 예견가능성이 있는 때에는 <u>상해치사죄의 교사범으로서의 죄책을 지울 수 있다</u>(대판 1993.10.8, 93도1873). ☞ 상해치사죄의 교사범 ● 경간부

2. 피교사자에 대한 착오

Ⅳ 교사범의 처벌

교사범은 정범과 동일한 형으로 처벌한다(제31조 제1항). 동일한 형이란 법정형을 의미하므로 구체적인 선고형은 정범과 달라질 수 있다.

Ⅴ 관련문제

1. 교사의 교사

(1) 간접교사

甲이 丙에게 범죄를 저지르도록 요청한다 함을 알면서 乙이 **甲의 부탁을 받고 甲의 요청을 丙에게 전달하여 丙으로 하여금 범의를 야기케 하는 것**은 교사에 해당한다 (대판 1974.1.29, 73도3104). ☞ 乙은 직접교사, 甲은 간접교사에 해당함 ● 법행, 검찰7급

(2) 연쇄교사

교사자와 피교사자 사이에 여러 사람의 중간 교사자가 개입되어 있는 경우를 말한다.

2. 교사의 미수

> 제31조 (교사범)
> ② 교사를 받은 자가 범죄의 실행을 승낙하고 실행의 착수에 이르지 아니한 때에는 교사자와 피교사자를 음모 또는 예비에 준하여 처벌한다.
> ③ 교사를 받은 자가 범죄의 실행을 승낙하지 아니한 때에도 교사자에 대하여는 전항과 같다.

(1) 협의의 교사의 미수

피교사자가 범죄실행에 착수했으나 미수에 그친 경우를 말한다.

(2) 기도된 교사

교사범이란 정범인 피교사자로 하여금 범죄를 결의하게 하여 그 죄를 범하게 한 때에 성립하므로, **교사자의 교사행위에도 불구하고 피교사자가 범행을 승낙하지 아니하거나 피교사자의 범행결의가 교사자의 교사행위에 의하여 생긴 것으로 보기 어려운 경우**에는 이른바 **실패한 교사**로서 형법 제31조 제3항에 의하여 **교사자를 음모 또는 예비에 준하여 처벌**할 수 있을 뿐이다(대판 2013.9.12, 2012도2744). ● 경찰, 사시

제5절 종 범

제32조 (종범) ① 타인의 범죄를 방조한 자는 종범으로 처벌한다.
② 종범의 형은 정범의 형보다 **감경한다**. ● 경찰

I 서 설

(1) 방조죄는 정범의 범죄에 종속하여 성립하는 것으로서 방조의 대상이 되는 정범의 실행행위의 착수가 없는 이상 방조죄만이 독립하여 성립될 수 없다(대판 1979. 2. 27, 78도3113). ● 경찰, 사시

> **동지판례**
> 편면적 종범에서도 정범의 범죄행위 없이 방조범만이 성립될 수 없다(대판 1974.5.28, 74도509).

(2) 간첩방조죄는 정범인 간첩죄와 대등한 독립죄로서 간첩죄와 동일한 법정형으로 처단하게 되어있어 형법 총칙 제32조 소정의 감경대상이 되는 종범과는 그 실질이 달라 종범감경을 할 수 없다(대판 1986. 9. 23, 86도1429). ● 경간

II 종범의 성립요건

1. 방조자에 대한 요건

(1) 방조행위

① 의의 : 방조란 정범의 구체적인 범행준비나 범행사실을 알고 그 실행행위를 가능·촉진·용이하게 하는 지원행위 또는 정범의 범죄행위가 종료하기 전에 정범에 의한 법익 침해를 강화·증대시키는 행위로서, 정범의 범죄 실현과 밀접한 관련이 있는 행위를 말한다(대판 2021. 9. 9. 2017도19025 전원합의체 판결).

② 수단·방법

㉠ 형법상 **방조행위는** 정범이 범행을 한다는 정을 알면서 그 실행행위를 용이하게 하는 **직접, 간접**의 모든 행위를 가리키는 것으로서 그 방조는 **유형적, 물질적**인 방조뿐만 아니라 정범에게 범행의 결의를 강화하도록 하는 것과 같은 **무형적, 정신적** 방조행위까지도 이에 해당한다(대판 1997.1.24, 96 도2427). 경찰

㉡ 종범의 방조행위는 **작위**에 의한 경우뿐만 아니라 **부작위**에 의한 경우도 포함하는 것으로서 법률상 정범의 범행을 **방지할 의무 있는 자**가 그 범행을 알면

서도 방지하지 아니하여 범행을 용이하게 한 때에는 부작위에 의한 종범이 성립한다(대판 1985.11.26, 85도1906). ● 사시, 경찰

③ 시기
  ㉠ 종범은 정범의 **실행행위 중**에 이를 방조하는 경우는 **물론**이고 **실행의 착수 전**에 장래의 실행행위를 예상하고 이를 용이하게 하는 행위를 하여 방조한 경우에도 **정범이 그 실행행위에 나아갔다면** 성립한다(대판 1997.4.17, 96도3377 전원합의체 ; 대판 2004.6.24, 2002도995). ● 경찰, 검찰
  ㉡ **간호보조원의 무면허진료행위가 있은 후**에 이를 의사가 그 환자의 계속진료에 참고하기 위해 작성되는 **진료부에 기재**하는 행위는 정범의 실행행위 종료 후의 단순한 사후행위에 불과하다고 볼 수는 없으므로 무면허 의료행위의 방조에 해당한다(대판 1982.4.27, 82도122). ● 승진, 경찰
  ㉢ 방송프로그램, 영화 등 **전송권(공중송신권) 침해를 방조하는 행위**란 정범의 전송권 침해를 용이하게 해주는 직접·간접의 모든 행위를 말하는 것으로 위와 같은 방조행위는 **정범의 전송권 침해행위 중**에 이를 방조하는 경우는 물론, **전송권 침해행위에 착수하기 전에 장래의 전송권 침해행위를 예상하고 이를 용이하게 해주는 경우도 포함**한다(대판 2021.9.9. 2017도19025 전원합의체 판결).
  ㉣ **정범이 침해 게시물을 인터넷 웹사이트 서버 등에 업로드**하여 공중의 구성원이 개별적으로 선택한 시간과 장소에서 접근할 수 있도록 **이용에 제공**하면, 공중에게 침해 게시물을 실제로 송신하지 않더라도 공중송신권 침해는 **기수**에 이른다. 그런데 **정범이 침해 게시물을 서버에서 삭제하는 등으로 게시를 철회하지 않으면** 이를 공중의 구성원이 개별적으로 선택한 시간과 장소에서 접근할 수 있도록 이용에 제공하는 가별적인 위법행위가 계속 반복되고 있어 **공중송신권 침해의 범죄행위가 종료되지 않았으므로**, 그러한 정범의 범죄행위는 **방조의 대상**이 될 수 있다(대판 2021.9.9. 2017도19025 전원합의체 판결).

④ 인과관계
  ㉠ **방조범은** 정범에 종속하여 성립하는 범죄이므로 방조행위와 정범의 범죄 실현 사이에는 **인과관계가 필요**하다. **방조범이 성립하려면** 방조행위가 정범의 범죄 실현과 밀접한 관련이 있고 정범으로 하여금 구체적 위험을 실현시키거나 범죄결과를 발생시킬 기회를 높이는 등으로 **정범의 범죄 실현에 현실적인 기여를 하였다고 평가할 수 있어야 한다. 정범의 범죄 실현과 밀접한 관련이 없는 행위를 도와준 데 지나지 않는 경우**에는 방조범이 성립하지 않는다(대판 2021.9.9. 2017도19025).
  ㉡ 저작권 침해물 링크 사이트('다시보기' 사이트 등의 링크 사이트나 모바일 애플리케이션)에서 이루어지는 **링크 행위는 링크 대상이 침해 게시물 등임을 알면서** 그러한 게시물 등에 연결되는 링크를 **영리적·계속적으로 제공한 자**는 정범의 행위

　　　　가 공중송신권 침해의 구성요건에 해당한다는 점을 충분히 인식하면서도 침해 게시물을 공중의 이용에 제공하는 행위를 용이하게 하여 공중송신권 침해를 강화·증대할 의사로 링크 행위를 하였다고 볼 수 있다(대판 2021.9.9, 2017도19025 전원합의체 판결) ☞ 링크행위는 전송의 방법으로 저작재산권을 침해하는 정범의 범죄 실현에 조력하는 행위가 될 수 있으며 인과관계도 인정된다.

　　ⓒ 입영기피를 결심한 자에게 "잘 되겠지, 몸조심해라"고 악수를 나누는 정도의 행위는 입영기피의 범죄의사를 강화시킨 방조행위로 볼 수 없다(대판 1983.4.12, 82도43).

(2) 방조자의 고의(이중의 고의)

① 방조는 정범이 범행을 한다는 것을 알면서 그 실행행위를 용이하게 하는 종범의 행위이므로 **종범**은 정범의 실행을 방조한다는 **방조의 고의**와 정범의 행위가 구성요건에 해당한다는 점에 대한 **정범의 고의**가 있어야 한다(대판 2003.4.8, 2003도382). ● 경찰, 검찰

② 정범이 범행을 한다는 점을 알면서 그 실행행위를 용이하게 한 이상 그 행위가 간접적이거나 직접 적이거나를 가리지 않으며 이 경우 정범이 누구에 의하여 실행되어지는가를 확지할 필요는 없다(대판 1977.9.28, 76도4133). ● 경찰, 법원

③ 방조범에 있어서 정범의 고의는 정범에 의하여 실현되는 범죄의 구체적 내용을 인식할 것을 요하는 것은 아니고 미필적 인식 또는 예견으로 족하다(대판 2010.3.25, 2008도4228). ● 검찰, 승진

④ 방조범 성립에 요구되는 방조의 고의와 정범의 고의를 침해 게시물 등에 대한 링크에 관하여 보면, 링크 대상이 침해 게시물 등으로서 불법성이 있다는 것을 링크를 한 사람이 인식하여야 한다는 것을 뜻한다. 그러나 **행위자가 링크 대상이 침해 게시물 등이라는 점을 명확하게 인식하지 못한 경우**에는 방조가 성립하지 않고, **침해 게시물 등에 연결되는 링크를 영리적·계속적으로 제공한 정도에 이르지 않은 경우** 등과 같이 방조범의 고의 또는 링크 행위와 정범의 범죄 실현 사이의 인과관계가 부정될 수 있거나 법질서 전체의 관점에서 살펴볼 때 사회적 상당성을 갖추었다고 볼 수 있는 경우에는 공중송신권 침해에 대한 방조가 성립하지 않을 수 있다(대판 2021.9.9, 2017도19025)(대판 2021.9.9, 2017도19025).

⑤ 구 금융실명법 제6조 제1항 위반죄는 이른바 초과주관적 위법요소로서 '탈법행위의 목적'을 범죄성립요건으로 하는 목적범이므로, 방조범에게도 정범이 위와 같은 탈법행위를 목적으로 타인 실명 금융거래를 한다는 점에 관한 고의가 있어야 하나, 그 목적의 구체적인 내용까지 인식할 것을 요하는 것은 아니다(대판 2022.10.27, 2020도12563).

⑥ 방조범에서 요구되는 정범 등의 고의는 정범에 의하여 실현되는 범죄의 구체적 내용을 인식해야 하는 것은 아니고 **미필적 인식이나 예견**으로 충분하지만, 이는 정범의 범행 등의 **불법성에 대한 인식이 필요**하다는 점과 모순되지 않는다(대판 2022.6.30, 2020도7866). ● 변호사

> **판례 정리 … 방조범이 인정되는 경우**
>
> 1. **은행지점장**이 정범인 부하직원들의 범행을 인식하면서도 그들의 은행에 대한 **배임행위를 방치**하였다면 배임죄의 방조범이 성립된다(대판 1984.11.27, 84도1906). ● 사시
> 2. **저작권 침해물 링크 사이트에서 침해 게시물에 연결되는 링크를 제공하는 경우** 등과 같이, 링크 행위자가 **정범이 공중송신권을 침해한다는 사실을 충분히 인식**하면서 그러한 침해 게시물 등에 연결되는 링크를 인터넷 사이트에 **영리적·계속적으로 게시**하는 등으로 공중의 구성원이 개별적으로 선택한 시간과 장소에서 침해 게시물에 쉽게 접근할 수 있도록 하는 정도의 링크 행위를 한 경우에는 침해 게시물을 **공중의 이용에 제공**하는 정범의 범죄를 용이하게 하므로 공중송신권 침해의 방조범이 성립한다(대판 2021.9.9, 2017도19025). ☞ 이러한 링크 행위는 정범의 범죄행위가 종료되기 전 단계에서 침해 게시물을 공중의 이용에 제공하는 정범의 범죄 실현과 밀접한 관련이 있고 그 구성요건적 결과 발생의 기회를 현실적으로 증대함으로써 정범의 실행행위를 용이하게 하고 공중송신권이라는 법익의 침해를 강화·증대하였다고 평가할 수 있다. 링크 행위자에게 방조의 고의와 정범의 고의도 인정할 수 있다.
> 3. 부동산소개업자로서 부동산의 등기명의수탁자가 그 명의신탁자의 승낙 없이 이를 제3자에게 매각하여 불법영득하려고 하는 점을 알면서도 그 범행을 도와주기 위하여 **수탁자에게 매수할 자를 소개**하여 주는 등의 방법으로 그 횡령행위를 용이하게 하였다면 이러한 부동산소개업자의 행위는 횡령죄의 방조범에 해당한다(대판 1988.3.22, 87도2585).
> 4. **자동차운전면허가 없는 자에게 승용차를 제공**하여 그로 하여금 무면허운전을 하게 하였다면 도로교통법위반(무면허운전) 범행의 방조행위에 해당한다(대판 2000.8.18, 2000도1914). ● 경찰승진, 사시
> 5. 도박하는 자리에서 **도금으로 사용하리라는 정을 알면서 채무변제**로 금원을 교부한 경우 도박을 방조한 행위에 해당한다(대판 1970.7.28, 70도1218). ● 사시, 경찰
> 6. 의사인 피고인이 입원치료를 받을 필요가 없는 환자들이 보험금 수령을 위하여 입원치료를 받으려고 하는 사실을 알면서도 입원을 허가하여 형식상으로 **입원치료를 받도록 한 후 입원확인서를 발급**하여준 경우 사기방조죄가 성립한다(대판 2006.1.12, 2004도6557). ● 경찰승진, 사시
> 7. 게임제공업자가 게임장에 사행성유기기구를 비치하고 고객들이 이를 통해 얻은 경품용 상품권을 환전해 줌으로써 고객들로 하여금 게임물을 이용하여 사행행위를 하게 한 경우, **경품용 상품권 발행업자**는 위 사행행위 영업 등에 관한 방조범의 책임이 인정된다(대판 2007.10.26, 2007도4702). ● 경간부
>
> > **비교판례**
> > 게임장 운영자 甲과 상품권환전소 운영자 乙이 공모하여 甲은 게임장을 운영하면서 경품으로 상품권을 제공하고 乙은 고객들이 얻은 상품권을 환전해 주어 고객들로 하여금 게임물을 이용하여 사행행위를 하게 한 경우, 甲과 乙에게 게임산업진흥에 관한 법률 위반죄의 **공동정범의 죄책**이 인정된다(대판 2008.9.11, 2007도6706).
>
> 8. 교통사고를 낸 갑이 자기 대신 사고운전자로 허위자백한 자신의 처에게 사고발생경위, 도주경위 등에 관하여 상세한 정보를 제공함으로써 처로 하여금 심리적으로 안정할 수 있게 한 경우에는 범인도피죄의 방조범이 성립한다(대판 2008.11.13, 2008도7647). ● 법행, 사시, 경찰간부

9. 인터넷 카페의 대표 甲이 기자회견을 열어 A회사에 대하여 불매운동을 하겠다고 하면서 공갈행위를 하였는데 위 카페의 회원 乙이 그러한 사정을 알면서도 그 자리에서 지지의 의사로 공감을 표시하거나 甲의 부탁을 받고 사진을 찍어주는 행위는 공갈죄의 방조에 해당한다(대판 2013.4.11, 2010도13774).
10. **쟁의행위가 업무방해죄에 해당하는 경우** 제3자가 그러한 정을 알면서 쟁의행위의 실행을 용이하게 한 경우에는 업무방해방조죄가 성립할 수 있다. 다만 위법한 쟁의행위에 대한 조력행위가 업무방해방조에 해당하는지 판단할 때는 헌법이 보장하는 기본권이 위축되지 않도록 업무방해방조죄의 성립 범위를 신중하게 판단하여야 한다(대판 2021.9.16, 2015도12632).
11. 甲은 정범인 乙이 '탈법행위'에 해당하는 무등록 환전영업을 하기 위하여 타인 명의로 금융거래를 하려고 한다고 인식하였음에도 이러한 범행을 돕기 위하여 자신 명의의 금융계좌 정보를 제공하였고, 정범인 乙은 이를 이용하여 전기통신금융사기 범행을 통한 편취금을 송금받아 탈법행위를 목적으로 타인 실명의 금융거래를 하였다면, 甲에게는 구 금융실명법 제6조 제1항 위반죄의 방조범이 성립하고, 甲이 정범인 乙이 목적으로 삼은 탈법행위의 구체적인 내용이 어떤 것인지를 정확히 인식하지 못하였다고 하더라도 범죄 성립에는 영향을 미치지 않는다(대판 2022.10.27, 2020도12563).

> **판례 정리 … 방조범이 부정되는 경우**
>
> 1. 웨이타인 피고인들은 손님들을 단순히 출입구로 안내를 하였을 뿐 미성년자인 여부의 판단과 출입허용여부는 2층 출입구에서 주인이 결정하게 되어 있었다면 피고인들의 위 안내행위가 곧 미성년자를 크럽에 출입시킨 행위 또는 그 방조행위로 볼 수 없다(대판 1984.8.21, 84도781).
> 2. 세관원에게 "잘 부탁한다"는 말을 하였다는 사실만으로서는 사위 기타 부정한 방법으로 관세를 포탈하는 범행의 방조행위에 해당된다든가 또는 그 범행의 실행에 착수하였다고 볼 수 없다(대판 1971.8.31, 71도1204).
> 3. 타인이 경영하는 축산목장의 관리인이 업무의 지시에 따라 3,4명의 노무자를 데리고 **축사청소 등의 단순노무에 주로 종사하였을 뿐** 목장의 경영문제까지는 관여하지 아니하였다면 관리인이 업주의 정화시설설치의 무위반 행위에 공모·가담하였거나 업주의 위와 같은 행위를 방조하였다고 할 수 없다(대판 1990.12.11, 90도2178).
> 4. 철도노조 조합원 2인이 한국철도공사의 조명탑을 점거함으로써 한국철도공사로 하여금 위 조합원들의 안전을 위해 조명탑의 전원을 차단하게 하여 한국철도공사의 야간업무를 방해하였고, 피고인들은 위 조합원들의 농성을 지지하고자 조명탑 아래 천막을 설치하고, 지지집회를 개최하고, 음식물 등 물품을 제공하여 위 업무방해범행을 용이하게 한 경우 … 피고인들의 행위가 표현의 자유, 일반적 행동의 자유나 단결권의 보호 영역을 벗어났다고 볼 수 없고, 전체적으로 보아 조명탑 점거에 일부 도움이 된 측면이 있었다고 하더라도, 농성자들의 업무방해범죄 실현과 밀접한 관련이 있는 행위로 보기 어려우므로 방조범의 성립을 인정할 정도로 업무방해 행위와 인과관계가 있다고 볼 수 없다(대판 2023.6.29, 2017도9835). ● 경찰 ☞ 업무방해방조죄 ✕

2. 피방조자에 대한 요건(정범의 실행착수)

(1) 정범의 실행행위

인터넷 게임사이트의 온라인게임에서 통용되는 사이버머니를 구입하고자 하는 사람을 유인하여 돈을 받고 위 게임사이트에 접속하여 일부러 패하는 방법으로 사이버머니를 판매한 사람에 대하여 정범인 위 게임사이트 개설자의 도박개장행위를 인정할 수 없는 이상 종범인 도박개장방조죄도 성립하지 않는다(대판 2007.11.29, 2007도8050).

(2) 예비의 방조

정범의 행위가 예비단계에 그친 경우를 의미하며 이 경우 예비의 종범이 성립할 수 있는가에 대해 판례는 부정한다.

Ⅲ 종범의 착오

1. 실행행위에 대한 착오

(1) 구체적 사실의 착오

(2) 추상적 사실의 착오

> **관련판례**
>
> ① 방조자의 인식과 정범의 실행간에 착오가 있고 양자의 구성요건을 달리한 경우에는 원칙적으로 방조자의 고의는 조각되는 것이나 그 <u>구성요건이 중첩되는 부분이 있는 경우에는 그 중복되는 한도내에서는 방조자의 죄책을 인정하여야 할 것이다</u>(대판 1985.2.26, 84도2987). ● 경찰승진, 사시
> ☞ 정범이 절도를 하는 것으로 알고 방조하였으나 정범이 강도를 한 경우는 방조의 착오 중 양적 초과에 해당하는 사안으로 그 구성요건이 중첩되는 범위인 <u>절도죄까지 방조범이 성립</u>한다.
> ② 상급자 각목 사건 : 취중에 남의 자동차를 손괴하고도 상급자에게 무례한 행동을 하는 **피해자를 교육시킨다는** 정도로 가볍게 생각하고, 각목을 건네주었던 것이고, 그 후에도 양인 사이에서 폭행을 제지하려고 애쓴 사실이 있다면 피고인으로서는 상피고인의 폭행으로 사망할 것으로 예견할 수 있었다고 볼 수 없다(특수폭행방조범 인정)(대판 1998.9.4, 98도2061).

2. 피방조자에 대한 착오

Ⅳ 종범의 처벌

형법 제32조 제2항은 "종범의 형은 정범의 형보다 감경한다."라고 규정하고 있다. 여기서 감경한다는 것은 법정형을 정범보다 감경한다는 것이지 선고형을 감경한다는 것이 아니므로, <u>종범에 대한 선고형이 정범보다 가볍지 않다 하더라도 위법이라 할 수 없다</u>(대판 2015.8.27, 2015도8408).

제**6**절 ▶ 공범과 신분

> 제33조 (공범과 신분) 신분이 있어야 성립되는 범죄에 신분 없는 사람이 가담한 경우에는 그 신분 없는 사람에게도 제30조부터 제32조까지의 규정을 적용한다. 다만, 신분 때문에 형의 경중이 달라지는 경우에 신분이 없는 사람은 무거운 형으로 벌하지 아니한다.

I 서 설

1. 신분의 정의

형법 제33조 소정의 이른바 신분관계라 함은 남녀의 성별, 내·외국인의 구별, 친족관계, 공무원인 자격과 같은 관계뿐만 아니라 널리 일정한 범죄행위에 관련된 범인의 인적 관계인 특수한 지위 또는 상태를 지칭하는 것이다(대판 1994.12.23. 93도1002). 🔵 경찰승진

2. '모해할 목적'이 신분인지 여부

형법 제152조 제1항과 제2항은 위증을 한 범인이 형사사건의 피고인 등을 '모해할 목적'을 가지고 있었는가 아니면 그러한 목적이 없었는가 하는 범인의 특수한 상태의 차이에 따라 범인에게 과할 형의 경중을 구별하고 있으므로, 이는 바로 형법 제33조 단서 소정의 "신분관계로 인하여 형의 경중이 있는 경우"에 해당한다고 봄이 상당하다(대판 1994.12.23. 93도1002). 🔵 경찰승진, 법행

II 형법 제33조의 해석

1. 형법 제33조 본문의 해석

(1) 비신분자가 구성적 신분자(진정신분범)에게 가공한 경우

관련판례

① **허위공문서작성죄에 신분 없는 자가** 가공하여 공동으로 죄를 범한 것인 때에는 그 죄에 대한 공동정범이 성립될 수 있다(대판 1971.6.8. 71도795).

동지판례

피고인이 건축물조사 및 가옥대장 정리업무를 담당하는 지방행정서기를 교사하여 무허가 건물을 허가받은 건축물인 것처럼 가옥대장 등에 등재케하여 허위공문서 등을 작성케 한 사실이 인정된다면, 허위공문서작성죄의 교사범으로 처단한 것은 정당하다(대판 1983.12.13. 83도1458). 🔵 경찰승진

② **허위공문서작성죄 및 그 행사죄**는 "공무원"만이 그 주체가 될 수 있는 신분범이라 할 것이므로, 신분상 공무원이 아님이 분명한 피고인들을 허위공문서작성죄 및 그 행사죄로 처벌하려면 그에 관한 특별규정이 있어야 한다(대판 2009.3.26. 2008도93). 🔵 경찰

③ 발행명의인이나 직접 발행자가 아니라 하더라도 공모에 의하여 부정수표단속법 제2조 제2항 소정범죄의 공동정범이 될 수 있다(대판 1993.7.13, 93도1341).
④ 병가중인 공무원의 경우 구체적인 작위의무 내지 국가기능의 저해에 대한 구체적인 위험성이 있다고 할 수 없어 **직무유기죄의 주체로 될 수는 없다** 하더라도 직무유기죄의 주체가 되는 다른 조합원들과의 공범관계가 인정된다면 직무유기죄의 공동정범으로 처단되어야 한다(대판 1997.4.22, 95도748).
　　　　　　　　　　　　　　　　　　　　　　　　　　　　　　　　　　　　● 검찰9급
⑤ 공직선거법 제86조 제1항 제2호는 공무원 등 공적 지위에 있는 자들이 선거운동의 기획에 참여하거나 그 기획의 실시에 관여하는 행위를 금지하면서, 제255조 제1항 제10호는 '제86조 제1항 제2호에 위반한 행위를 하거나 하게 한 자'를 처벌대상으로 삼고 있는바, **공무원 등 공적 지위에 있는 자가 아니라고 하더라도 공무원 등 공적 지위에 있는 자의 선거운동 기획에 참여하는 행위에 공동 가공하는 경우에는 제255조 제1항 제10호 위반의 공동정범으로서의 죄책을 면할 수 없는 것이고, 이는 공무원이 자기 자신을 위한 다른 공무원의 선거운동 기획 참여행위에 공동 가공하는 경우에도 마찬가지이다**(대판 2007.10.25, 2007도4069).
　　　　　　　　　　　　　　　　　　　　　　　　　　　　　　　　　　　　● 경찰승진
⑥ 제33조 본문에 대한 특별규정이 있는 경우의 처리 : 공직선거및선거부정방지법 제257조 제1항 제1호 소정의 각 **기부행위제한위반의 죄**는 같은 법 제113조(후보자 등의 기부행위 제한), 제114조(정당 및 후보자의 가족 등의 기부행위 제한), 제115조(제3자의 기부행위 제한)에 각기 한정적으로 열거되어 규정하고 있는 **신분관계가 있어야만 성립하는 범죄**이고 죄형법정주의의 원칙상 유추해석은 할 수 없으므로 위 각 해당 신분관계가 없는 자의 기부행위는 위 각 해당 법조항위반의 범죄로는 되지 아니하며, 또한 위 각 법조항을 구분하여 기부행위의 주체 및 그 주체에 따라 기부행위제한의 요건을 각기 달리 규정한 취지는 각 기부행위의 주체자에 대하여 그 신분에 따라 각 해당 법조로 처벌하려는 것이고, **각 기부행위의 주체로 인정되지 아니하는 자가 기부행위의 주체자 등과 공모하여 기부행위를 하였다고 하더라도 그 신분에 따라 각 해당법조로 처벌하여야 하지 기부행위의 주체자의 해당법조의 공동정범으로 처벌할 수도 없다**(대판 1997.12.26, 97도2249).
　　　　　　　　　　　　　　　　　　　　　　　　　　　　　　　　　　　　● 경찰승진
⑦ 지방공무원의 신분을 가지지 아니하는 사람도 구 지방공무원법 제58조 제1항(공무원의 노동운동, 공무외의 일을 위한 집단행위금지)을 위반하여 같은 법 제82조에 따라 처벌되는 지방공무원의 범행에 가공한다면 형법 제33조 본문에 의해서 공범으로 처벌받을 수 있다(대판 2012.6.14, 2010도14409).
⑧ **공무원이 아닌 사람**(비공무원)이 **공무원과 공동가공의 의사와 이를 기초로 한 기능적 행위지배를 통하여 공무원의 직무에 관하여 뇌물을 수수하는 범죄를 실행하였다면 공무원이 직접 뇌물을 받은 것과 동일하게 평가할 수 있으므로 공무원과 비공무원에게 형법 제129조 제1항에서 정한 뇌물수수죄의 공동정범이 성립한다**(대판 2019.8.29, 2018도13792).
　　　　　　　　　　　　　　　　　　　　　　　　　　　　　　　　　　　　● 경찰, 경간부

(2) 비신분자가 가감적 신분자(부진정신분범)에게 가공한 경우

관련판례

① 아들과 더불어 남편을 살해한 처는 존속살해죄의 공동정범이 된다(대판 1961.8.2, 4294형상284).
　　　　　　　　　　　　　　　　　　　　　　　　　　　　　　　　　　　　● 사시
② **은행원이 아닌 자가 은행원들과 공모하여 업무상 배임죄**를 저질렀다 하여도, 이는 업무상 타인의 사무를 처리하는 신분관계로 인하여 형의 경중이 있는 경우이므로, 그러한 **신분관계가 없는 자**에 대하여서는 형법 제33조 단서에 의하여 **단순배임죄에 따라 처단하여야 한다**(대판 1986.10.28, 86도1517).
③ 국가정보원법은 국정원장 등의 직권남용죄에 대하여 형법 제123조에 비해 형을 가중하여 처벌하고 있는 바, **국정원 직권의 신분이 없는 甲이 국정원 직원 乙과 공모**하여 국정원 국익정보국장의 직권을 남용하여 사람으로 하여금 의무 없는 일을 하게 한 경우 국가정보원법위반죄가 성립하고, 다만 형법 제33조 단서에 따라 중한 형이 아닌 형법 제123조에 정한 형으로 **처벌**하여야 한다(대판 2021.9.16, 2021도2748).

(3) 구성적 신분자가 비신분자에게 가공한 경우

제33조 본문은 비신분자가 신분자(구성적 신분자)에게 가공한 경우만을 규정하고 있으므로 신분자가 비신분자에게 가공한 경우에는 명문규정이 없다. 간접정범이 문제된다.

2. 형법 제33조 단서의 해석

(1) 비신분자가 가감적 신분자(부진정신분범)에게 가공한 경우

판례는 범죄성립과 관련해서는 본문에 따라 해결하고, 처벌은 단서에 의해 해결한다.

(2) 가감적 신분자(부진정신분범)가 비신분자에게 가공한 경우

① <u>도박의 습벽이 있는 자가 타인의 도박을 방조</u>하면 상습도박방조의 죄에 해당하는 것이며, <u>도박의 습벽이 있는 자가 도박을 하고 또 도박방조를 하였을 경우 상습도박방조의 죄는 무거운 상습도박의 죄에 포괄시켜 1죄로서 처단</u>하여야 한다 (대판 1984.4.24, 84도195). ● 사시, 경찰

② 모해위증교사 사건

> **사실관계** 갑은 피고인 병을 모해할 목적으로 증인 을에게 위증을 하도록 시켰다. 그러나 을은 병을 모해할 의도는 없었으나 갑이 시키는대로 위증을 하였다.
>
> **판결요지**
> [1] 형법 제33조 소정의 이른바 신분관계라 함은 남녀의 성별, 내·외국인의 구별, 친족관계, 공무원인 자격과 같은 관계뿐만 아니라 널리 일정한 범죄행위에 관련된 범인의 인적관계인 특수한 지위 또는 상태를 지칭하는 것이다.
> [2] 형법 제152조 제1항과 제2항은 위증을 한 범인이 형사사건의 피고인 등을 '모해할 목적'을 가지고 있었는가 아니면 그러한 목적이 없었는가 하는 범인의 특수한 상태의 차이에 따라 범인에게 과할 형의 경중을 구별하고 있으므로, 이는 바로 형법 제33조 단서 소정의 "신분관계로 인하여 형의 경중이 있는 경우"에 해당한다고 봄이 상당하다.
> [3] 피고인이 병을 모해할 목적으로 을에게 위증을 교사한 이상, 가사 정범인 을에게 모해의 목적이 없었다고 하더라도, 형법 제33조 단서의 규정에 의하여 피고인을 모해위증교사죄로 처단할 수 있다.
> [4] 형법 제31조 제1항은 협의의 공범의 일종인 교사범이 그 성립과 처벌에 있어서 정범에 종속한다는 일반적인 원칙을 선언한 것에 불과하고, 신분관계로 인하여 형의 경중이 있는 경우에 신분이 있는 자가 신분이 없는 자를 교사하여 죄를 범하게 한 때에는 형법 제33조단서가 형법 제31조 제1항에 우선하여 적용됨으로써 신분이 있는 교사범이 신분이 없는 정범보다 중하게 처벌된다.
> ⇨ 결국 갑은 모해위증교사죄로, 을은 단순위증죄로 처벌된다(대판 1994.12.23, 93도1002). ● 사시, 법행, 경찰

Ⅲ 소극적 신분과 공범

1. 불법조각적 신분과 공범

> **관련판례**
> ① 의료인일지라도 의료인 아닌 자의 의료행위에 공모하여 가공하면 의료법 제25조 제1항이 규정하는 <u>무면허 의료행위의 공동정범</u>으로서의 책임을 진다(대판 1986.2.11, 85도448). ● 법행, 입시, 경찰승진, 법원
> ② 치과의사가 환자의 대량유치를 위해 **치과기공사들에게 내원환자들에게 진료행위를 하도록 지시하여** 동인들이 각 단독으로 전항과 같은 **진료행위를 하였다면** <u>무면허 의료행위의 교사범</u>에 해당한다(대판 1986.7.8, 86도749). ● 법무사, 경찰, 경찰승진

2. 책임조각적 신분과 공범

책임조각신분이 없는 자가 책임조각신분이 있는 자에게 개입한 경우를 말한다.

3. 형벌조각적 신분과 공범

형벌조각신분이 없는 자가 형벌조각신분이 있는 자에게 개입한 경우를 말한다.

CHAPTER 08 죄수론

제1절 죄수의 일반이론

I 죄수론의 의의

죄수론이란 범죄의 수를 결정하고 각 경우에 어떻게 처벌할 것인가의 문제를 다루는 이론을 말한다.

II 죄수의 결정기준

1. 행위표준설

① **미성년자의제강간죄 또는 미성년자의제강제추행죄**는 행위시마다 1개의 범죄가 성립한다(대판 1982.12.14, 82도2442). ● 경찰
② 동일인에 대하여 여러차례 걸쳐 금전갈취를 위한 협박서신이나 전화를 한 경우 1개의 **협박행위**마다 1개의 **공갈미수죄**가 성립한다(대판 1958.4.11, 4290형상360). ● 사시
③ 무면허운전으로 인한 도로교통법 위반죄에 관해서는 **어느 날에 운전을 시작하여 다음 날까지 동일한 기회에 일련의 과정에서 계속 운전을 한 경우 등 특별한 경우를 제외하고**는 사회통념상 운전한 날을 기준으로 운전한 날마다 1개의 운전행위가 있다고 보는 것이 상당하므로 운전한 날마다 무면허운전으로 인한 도로교통법 위반의 1죄가 성립한다고 보아야 할 것이고 비록 계속적으로 무면허운전을 할 의사를 가지고 여러 날에 걸쳐 무면허운전행위를 반복하였다 하더라도 이를 포괄하여 일죄로 볼 수는 없다(대판 2002.7.23., 2001도6281). 한편, **같은 날 무면허운전 행위를 여러 차례 반복한 경우라도 그 범의의 단일성 내지 계속성이 인정되지 않거나 범행 방법 등이 동일하지 않은 경우 각 무면허운전 범행은 실체적 경합 관계에 있다고 볼 수 있으나, 그와 같은 특별한 사정이 없다면 각 무면허운전 행위는 동일 죄명에 해당하는 수 개의 동종 행위가 동일한 의사에 의하여 반복되거나 접속·연속하여 행하여진 것으로 봄이 상당하고 그로 인한 피해법익도 동일한 이상, 각 무면허운전 행위를 통틀어 포괄일죄로 처단하여야 한다**(대판 2022.10.27, 2022도8806). ● 승진, 경찰
④ 상관으로부터 집총을 하고 군사교육을 받으라는 명령을 수회 받고도 그때마다 이를 거부한 경우에는 그 **명령 횟수 만큼의 항명죄**가 즉시 성립하는 것이지, 집총거부의 의사가 단일하고 계속된 것이며 피해법익이 동일하다고 하여 수회의 명령거부행위에 대하여 하나의 항명죄만 성립한다고 할 수는 없다(대판 1992.9.14, 92도1534). ● 경찰

2. 법익표준설

① 단일한 범의를 가지고 상대방을 기망하여 착오에 빠뜨리고 그로부터 동일한 방법에 의하여 여러 차례에 걸쳐 재물을 편취하면 그 전체가 포괄하여 일죄로 되지만, **여러 사람의 피해자에 대하여 따로 기망행위를 하여 각각 재물을 편취한 경우에는** 비록 범의가 단일하고 범행방법이 동일하더라도 **각 피해자의 피해법익은 독립한 것이므로** 그 전체가 포괄일죄로 되지 아니하고 **피해자별로 독립한 여러 개의 사기죄가 성립되고**, 이러한 경우 그 공소사실은 각 피해자와 피해자별 피해액을 특정할 수 있도록 기재하여야 한다(대판 2003.4.8, 2003도382). ● 행시, 검찰7급, 법원

② **절도범이 갑의 집에 침입하여 그 집의 방안에서 그 소유의 재물을 절취하고 그 무렵 그 집에 세들어 사는 을의 방에 침입하여 재물을 절취하려다 미수에 그쳤다면** 위 두 범죄는 그 범행장소와 물품의 **관리자를 달리하고 있어서 별개의 범죄를 구성한다**(대판 1989.8.8, 89도664). ● 법행

③ 단일범의로의 절취한 시간과 장소가 접착되어 있고 **같은 관리인의 관리하에 있는 방** 안에서 **소유자를 달리하는 두 사람의 물건을 절취한 경우에는 1개의 절도죄가 성립한다**(대판 1970.7.21, 70도1133). ● 사시

④ **강도가** 동일한 장소에서 동일한 방법으로 시간적으로 접착된 상황에서 수인의 재물을 강취하였다고 하더라도, **수인의 피해자들에게 폭행 또는 협박을 가하여 그들로부터 그들이 각기 점유관리하고 있는 재물을 각각 강취**하였다면, **피해자들의 수에 따라 수개의 강도죄를 구성하는 것이고**, 다만 강도범인이 피해자들의 반항을 억압하는 수단인 폭행·협박행위가 사실상 공통으로 이루어졌기 때문에, 법률상 1개의 행위로 평가되어 상상적경합으로 보아야 될 경우가 있는 것은 별문제이다(대판 1991.6.25, 91도643). ● 사시

☞ 피고인이 여관에서 종업원을 칼로 찔러 상해를 가하고 객실로 끌고 들어가는 등 폭행·협박을 하고 있던 중, 마침 다른 방에서 나오던 여관의 주인도 같은 방에 밀어 넣은 후, 주인으로부터 금품을 강취하고, 1층 안내실에서 종업원 소유의 현금을 꺼내 갔다면, 여관 종업원과 주인에 대한 각 강도행위가 **각별로** 강도죄를 구성하되 피고인이 피해자인 종업원과 주인을 폭행·협박한 행위는 법률상 1개의 행위로 평가되는 것이 상당하므로 위 2죄는 **상상적 경합범관계**에 있다고 할 것이다(대판 1991.6.25, 91도643). ● 사시

☞ **강도가 서로 다른 시기에 다른 장소에서 수인의 피해자들에게 각기 폭행 또는 협박을 하여 각 그 피해자들의 재물을 강취하고, 그 피해자들 중 1인을 상해한 경우에는, 각기 별도로 강도죄와 강도상해죄가 성립하는 것임은 물론, 법률상 1개의 행위로 평가되는 것도 아닌 바,** 피고인이 **여관에 들어가 1층 안내실에 있던 여관의 관리인을 칼로 찔러 상해를 가하고, 그로부터 금품을 강취한 다음, 각 객실에 들어가 각 투숙객들로부터 금품을 강취하였다면**, 피고인의 위와 같은 각 행위는 비록 시간적으로 접착된 상황에서 동일한 방법으로 이루어지기는 하였으나, 포괄하여 1개의 강도상해죄만을 구성하는 것이 아니라 실체적 경합범의 관계에 있는 것이라고 할 것이다(대판 1991.6.25, 91도643). ● 사시

> ☞ 강도가 시간적으로 접착된 상황에서 **가족을 이루는 수인에게 폭행·협박**을 가하여 집안에 있는 재물을 탈취한 경우 그 재물은 **가족의 공동점유 아래** 있는 것으로서, 이를 탈취하는 행위는 그 소유자가 누구인지에 불구하고 단일한 강도죄의 죄책을 진다(대판 1996.7.30, 96도1285). ● 사시

3. 의사표준설

> 피고인이 **5개월 동안 7회에 걸쳐** 각종 등기사건을 접수처리 하면서 같은 공동피고인으로부터 같은 명목으로 금원을 교부받아 그 직무에 관하여 뇌물을 수수한 것이라면 뇌물수수의 단일한 범의의 계속하에 일정기간 동종행위를 같은 장소에서 반복한 분명하므로 수회에 걸친 뇌물수수행위는 포괄일죄를 구성한다(대판 1982.10.26, 81도1409).

4. 구성요건표준설

> ① **조세포탈의 죄수**는 위반사실의 <u>구성요건충족횟수를 기준</u>으로 하여 정한다(대판 2001.3.13, 2000도4880).
> ② **관세법상 수입신고**의 경우 수입물품의 수입신고를 하면서 과세가격 또는 관세율 등을 허위로 신고하여 수입하는 경우에는 그 수입신고시마다 당해 수입물품에 대한 정당한 관세의 확보라는 법익이 침해되어 별도로 구성요건이 충족되는 것이므로 <u>각각의 **허위수입신고시마다** 1개의 죄가 성립</u>한다(대판 2000.11.10, 99도782). ● 사시
> ③ 관세법 제269조 제2항 제1호 소정의 물품을 신고하지 아니하고 수입하는 **무신고수입죄**는 그 수입시마다 당해 수입물품에 대한 정당한 관세의 확보라는 법익이 침해되어 별도로 구성요건이 충족되는 것이어서 <u>각각의 **수입시마다** 1개의 죄가 성립</u>하고, 관세법 제274조 제1항 제1호에 의한 **밀수품 취득·보관죄**는 각 취득행위 또는 보관행위마다 1개의 죄가 성립한다(대판 2007.1.11, 2004도3870). ● 사시

5. 판례의 입장

> 상상적 경합은 1개의 행위가 실질적으로 수개의 구성요건을 충족하는 경우를 말하고, 법조경합은 1개의 행위가 외관상 수개의 죄의 구성요건에 해당하는 것처럼 보이나 실질적으로 1죄만을 구성하는 경우를 말하며, 실질적으로 1죄인가 또는 수죄인가는 **구성요건적 평가**와 **보호법익**의 측면에서 고찰하여 판단하여야 한다(대판 2000.7.7, 2000도1899).

● 경찰, 검찰9급

Ⅲ 수죄의 처벌

병과주의(형법 제38조 제1항 제3호), 흡수주의(형법 제38조 제1항 제1호), 가중주의(형법 제38조 제1항 제2호), 결합주의가 있다.

제2절 일 죄

I 일죄의 의의

일죄란 범죄행위가 1개의 구성요건을 1회 충족시킨 경우를 말한다. 여기에는 본래의 의미의 일죄(단순일죄)와 법조경합 및 포괄일죄가 있다.

II 법조경합

1. 의 의

법조경합은 1개의 행위가 외관상 수개의 죄의 구성요건에 해당하는 것처럼 보이나 실질적으로 1죄만을 구성하는 경우를 말한다(대판 2000.7.7, 2000도1899). ● 경찰

2. 유 형

(1) 특별관계

법조경합의 한 형태인 특별관계란 어느 구성요건이 다른 구성요건의 모든 요소를 포함하는 외에 다른 요소를 구비하여야 성립하는 경우로서 **특별관계에 있어서는 특별법의 구성요건을 충족하는 행위는 일반법의 구성요건을 충족하지만 반대로 일반법의 구성요건을 충족하는 행위는 특별법의 구성요건을 충족하지 못한다**(대판 2003.4.8, 2002도6033). ● 검찰9급, 경찰, 법행

> **판례 정리**
>
> 1. 부진정결과적가중범에 있어서, **고의로 중한 결과를 발생하게 한 행위가 별도의 구성요건에 해당하고 그 고의범에 대하여 결과적가중범에 정한 형보다 더 무겁게 처벌하는 규정이 있는 경우**에는 그 고의범과 결과적가중범이 **상상적 경합관계**에 있다고 보아야 할 것이지만, 위와 같이 **고의범에 대하여 더 무겁게 처벌하는 규정이 없는 경우**에는 결과적가중범이 고의범에 대하여 **특별관계**에 있다고 해석되므로 **결과적가중범만 성립**하고 이와 법조경합의 관계에 있는 고의범에 대하여는 별도로 죄를 구성한다고 볼 수 없다(대판 2008.11.27, 2008도7311).
> 2. **음주로 인한 특정범죄가중처벌 등에 관한 법률 위반(위험운전치사상)죄**는 그 입법 취지와 문언에 비추어 볼 때, 주취상태의 자동차 운전으로 인한 교통사고가 빈발하고 그로 인한 피해자의 생명·신체에 대한 피해가 중대할 뿐만 아니라, 사고발생 전 상태로의 회복이 불가능하거나 쉽지 않은 점 등의 사정을 고려하여, **형법 제268조에서 규정하고 있는 업무상과실치사상죄의 특례를 규정하여 가중처벌**함으로써 피해자의 생명·신체의 안전이라는 개인적 법익을 보호하기 위한 것이다. 따라서 **그 죄가 성립하는 때에는 차의 운전자가 형법 제268조의 죄를 범한 것을 내용으로 하는 교통사고처리특례법 위반죄는 그 죄에 흡수되어 별죄를 구성하지 아니한다**(대판 2008.12.11, 2008도9182). ● 사시

> **참조판례**
> ① 음주로 인한 **특정범죄가중처벌 등에 관한 법률 위반(위험운전치사상)죄와 도로교통법 위반(음주운전)죄**는 입법 취지와 보호법익 및 적용영역을 달리하는 별개의 범죄이므로, 양 죄가 모두 성립하는 경우 두 죄는 실체적 경합관계에 있다(대판 2008.11.13, 2008도7143). ● 사시, 법행
> ② 형법 제189조 제2항, 제187조 소정의 **업무상과실자동차파괴등죄**는 교통방해죄의 한 태양으로서 공중교통안전을 그 보호법익으로 하는 공공위험죄에 속하는데 반해 **도로교통법 제74조(업무상과실재물손괴죄)**는 차량운행에 수반되는 위험성에 비추어 운전자에게 고도의 주의의무를 강조하고 나아가 차량운행과 직접 관계없는 제3자의 재물을 보호하는데 있어 그 보호법익을 달리하고 있어 위 양 법규는 일반법과 특별법관계가 아닌 별개의 독립된 구성요건으로 해석함이 상당하다(대판 1983.9.27, 82도671).
> ③ **자동차관리법 제78조, 제71조(자동차등록번호판 부정사용)와 형법 제238조 제1항(공기호부정사용죄)**는 보호법익을 달리 하고 있을 뿐 아니라 그 주관적 구성요건으로서 형법상의 위 공기호부정사용죄는 고의와 더불어 '행사할 목적'이 있음을 요하는 반면 위 자동차관리법은 '행사할 목적'을 그 주관적 구성요건으로 하지 아니하고 있는 점에 비추어 보면 **특별법 관계에 있다고는 보여지지 아니한다**(대판 1997.6.27, 97도1085). ● 법행
> ④ 형법 제307조의 **명예훼손죄와 공직선거및선거부정방지법 제251조의 후보자비방죄**가 **상상적경합**의 관계에 있다(대판 1998.3.24, 97도2956). ● 사시
> ⑤ 음주 또는 약물의 영향으로 정상적인 운전이 곤란한 상태에서 자동차를 운전하여 사람을 상해에 이르게 함과 동시에 다른 사람의 재물을 손괴한 때에는 **특정범죄가중처벌 등에 관한 법률 위반(위험운전치사상)**죄 외에 업무상과실 재물손괴로 인한 도로교통법 위반죄가 성립하고, 위 두 죄는 1개의 운전행위로 인한 것으로서 **상상적 경합관계**에 있다(대판 2010.1.14, 2009도10845). ● 검찰

(2) 보충관계

① 살해의 목적으로 동일인에게 일시 장소를 달리하여 수차에 걸쳐 단순한 예비행위를 하거나 또는 공격을 가하였으나 미수에 그치다가 드디어 그 목적을 달성한 경우에 그 예비행위 내지 공격행위가 동일한 의사 발동에서 나왔고 그 사이에 범의의 갱신이 없는한 각 행위가 같은 일시 장소에서 행하여 졌거나 또는 다른 장소에서 행하여 졌거나를 막론하고 또 그 방법이 동일하거나 여부를 가릴것 없이 그 살해의 목적을 달성할 때까지의 행위는 모두 실행행위의 일부로서 이를 포괄적으로 보고 단순한 한개의 살인기수죄로 처단할 것이지 살인예비 내지 미수죄와 동 기수죄의 경합죄로 처단할 수는 없는 것이다(대판 1965.9.28, 65도695). ● 경찰

② 예비군 중대장이 소속 **예비군대원의 훈련불참사실을 고의로 은폐할 목적으로 당해 예비군대원이 훈련에 참석한 양 허위내용의 학급편성명부를 작성, 행사**하였다면, 직무위배의 위법상태는 허위공문서작성 당시부터 그 속에 포함되어 있는 것이고 그 후 소속대대장에게 보고하지 아니하였다 하더라도 당초에 있었던 직무위배의 위법상태가 그대로 계속된 것에 불과하다고 보아야 하고, **별도의 직무유기죄가 성립하여 양죄가 실체적 경합범이 된다고 할 수 없다**(대판 1982.12.28, 82도2210). ● 사시

> **참조판례**
>
> 공무원이 어떠한 위법사실을 발견하고도 직무상 의무에 따른 적절한 조치를 취하지 아니하고 위법사실을 적극적으로 은폐할 목적으로 허위공문서를 작성·행사한 경우에는 직무위배의 위법상태는 허위공문서작성 당시부터 그 속에 포함되는 것으로 작위범인 허위공문서작성, 동행사죄만이 성립하고 부작위범인 직무유기죄는 따로 성립하지 아니하나, 위 복명서 및 심사의견서를 허위작성한 것이 농지일시전용허가를 신청하자 이를 허가하여 주기 위하여 한 것이라면 직접적으로 농지불법전용 사실을 은폐하기 위하여 한 것은 아니므로 위 허위공문서작성, 동행사죄와 직무유기죄는 실체적 경합범의 관계에 있다(대판 1993.12.24, 92도3334). ● 사시

(3) 흡수관계

① **불가벌적 수반행위** : 일반적으로 법조경합 중 흡수관계의 한 형태로 보고 있는 전형적 또는 불가벌적 수반행위라고 함은, 행위자가 특정한 죄를 범하면 비록 논리필연적인 것은 아니지만 일반적·전형적으로 다른 구성요건을 충족하고 이 때 그 구성요건의 불법이나 책임의 내용이 주된 범죄에 비하여 경미하기 때문에 처벌이 별도로 고려되지 않는 경우를 말한다(대판 1997.4.17, 96도3376 전원합의체). ● 검찰9급

> **판례 정리**
>
> 1. 피고인의 **협박사실행위가 피고인에게 인정된 상해사실과 같은 시간 같은 장소에서 동일한 피해자에게 가해진 경우**에는 특별한 사정이 없는 한 상해의 단일범의 하에서 이루어진 하나의 폭언에 불과하여 위 상해죄에 포함되는 행위라고 봄이 상당하다(대판 1976.12.14, 76도3375). ● 사시
> 2. **감금을 하기 위한 수단으로서 행사된 단순한 협박행위**는 감금죄에 흡수되어 따로 협박죄를 구성하지 아니한다(대판 1982.6.22, 82도705). ● 사시
> 3. **공갈죄의 수단으로서 한 협박**은 공갈죄에 흡수될 뿐 별도로 협박죄를 구성하지 않는다(대판 1996.9.24, 96도2151). ● 경찰, 경간부
> 4. **불법영득의 의사 없이 타인의 자동차를 일시 사용한 경우, 이에 따른 유류소비행위**는 위 자동차의 일시사용에 필연적으로 부수되어 생긴 결과로서 절도죄를 구성하지 않는 위 자동차의 일시사용행위에 포함된 것이라 할 것이므로 자동차 자체의 일시사용과 독립하여 별개의 절도죄를 구성하지 않는다(대판 1985.3.26, 84도1613). ● 사시
> 5. **인장위조죄는 사문서위조죄에 흡수**되고 따로 인장위조죄가 성립하는 것은 아니다(대판 1978.9.26, 78도1787). ● 사시, 경찰승진
> 6. 신용카드부정사용죄의 구성요건적 행위인 신용카드의 사용이라 함은 신용카드의 소지인이 신용카드의 본래 용도인 대금결제를 위하여 가맹점에 신용카드를 제시하고 매출표에 서명하여 이를 교부하는 일련의 행위를 가리키고 단순히 신용카드를 제시하는 행위만을 가리키는 것은 아니라고 할 것이므로, **위 매출표의 서명 및 교부가 별도로 사문서위조 및 동행사의 죄의 구성요건을 충족한다고 하여도 이 사문서위조 및 동행사의 죄는 위 신용카드부정사용죄에 흡수**되어 신용카드부정사용죄의 1죄만이 성립하고 별도로 사문서위조 및 동행사의 죄는 성립하지 않는다(대판 1992.6.9, 92도77). ● 경찰
> 7. 향정신성의약품관리법 제42조 제1항 제1호가 규정하는 **향정신성의약품수수의 죄가 성립되는 경우에는 그 수수행위의 결과로서 그에 당연히 수반되는 향정신성의약품의 소지행위**는 수수죄의 불가벌적 수반행위로서 수수죄에 흡수되고 별도의 범죄를 구성하지 않는다고 볼 것이다(대판 1990.1.25, 89도1211). ● 법원, 입시

> 참조판례

① 흡연할 목적으로 대마를 매입한 후 흡연할 기회를 포착하기 위하여 이틀 이상 하의주머니에 넣고 다님으로써 **소지한 행위**는 매매행위의 불가분의 필연적 결과라고 평가될 수 없다. 따라서 대마매매죄와는 별도로 대마소지죄를 구성한다(대판 1990.7.27, 90도543). ●사시
② 대마취급자가 아닌 자가 **절취**한 대마를 **흡입할 목적으로 소지**하는 행위는 절도죄의 보호법익과는 다른 새로운 법익을 침해하는 행위이므로 **절도죄의 불가벌적 사후행위로서 절도죄에 포괄될수 있다고 할 수 없고** 절도죄와 무허가대마소지죄는 경합범의 관계에 있다(대판 1999.4.13, 98도3619). ●경찰, 검찰9급, 경찰승진
③ 판매목적으로 향정신성의약품(히로뽕)을 제조하여 이를 판매한 경우에 그 **제조**행위와 제조품의 **판매**행위는 각각 독립된 가벌적 행위로서 별개의 죄를 구성한다고 봄이 상당하고 판매행위가 판매목적의 제조행위에 흡수되는 불가벌적 사후행위라고 볼 수 없으므로 경합범으로 처단하여야 한다(대판 1983.11.8, 83도2031). ●법행
④ **수인이 공모공동하여 향정신성의약품을 매수한 후 그 공범자 사이에 그 중 일부를 수수하는 경우** 그 수수행위와 매매행위가 불가분의 관계에 있는 것이라거나 매매행위에 수반되는 필연적 결과로서 일시적으로 행하여진 것에 지나지 않는다고 평가되지 아니하는 한, 그 수수행위는 매매행위에 포괄 흡수되지 아니하고 향정신성의약품매매죄와는 별도로 향정신성의약품수수죄가 성립하고, **두 죄는 실체적 경합관계**에 있다(대판 1998.10.13, 98도2584). ●사시
⑤ **수수한 메스암페타민을 장소를 이동하여 투약하고서 잔량을 은닉하는 방법으로 소지한 행위**는 그 소지의 경위나 태양에 비추어 볼 때 당초의 수수행위에 수반되는 필연적 결과로 볼 수는 없고, **사회통념상 수수행위와는 독립한 별개의 행위를 구성한다고 보아야 한다**(대판 1999.8.20, 99도1744). ●사시

8. 형법 제332조에 규정된 **상습절도죄를 범한 범인이 범행의 수단으로 주간에 주거침입을 한 경우** 주간 주거침입행위는 상습절도죄와 별개로 주거침입죄를 구성한다. 또 형법 제332조에 규정된 **상습절도죄를 범한 범인이 그 범행 외에 상습적인 절도의 목적으로 주간에 주거침입을 하였다가 절도에 이르지 아니하고 주거침입에 그친 경우**에도 주간 주거침입행위는 상습절도죄와 별개로 주거침입죄를 구성한다(대판 2015.10.15, 2015도8169).

> 비교판례

특정범죄 가중처벌등에 관한 법률 제5조의4 제6항에 규정된 상습절도 등 죄를 범한 범인이 그 범행의 수단으로 **주거침입을 한 경우**에 주거침입행위는 상습절도 등 죄에 흡수되어 위 조문에 규정된 상습절도 등 죄의 1죄만이 성립하고 별도로 주거침입죄를 구성하지 않으며, 또 위 상습절도 등 죄를 범한 범인이 그 범행 외에 상습적인 절도의 목적으로 주거침입을 하였다가 절도에 이르지 아니하고 주거침입에 그친 경우에도 그것이 절도상습성의 발현이라고 보이는 이상 주거침입행위는 다른 상습절도 등 죄에 흡수되어 위 조문에 규정된 상습절도 등 죄의 1죄만을 구성하고 상습절도 등 죄와 별개로 주거침입죄를 구성하지 않는다(대판 2017.7.11, 2017도4044).

9. **유세품에 대하여 수입면허없이 수입함으로써 관세를 포탈한 경우**, 유세품에 관한 무면허 수입행위는 외관상 관세포탈죄와 무면허수입죄에 해당하는 것처럼 보이나 실질적으로는 무면허수입죄는 관세포탈죄에 흡수되어 오로지 관세포탈죄만을 구성하고 따로 무면허수입죄를 구성하지 않는다고 봄이 타당하다(대판 1984.6.26, 84도782). ●법행
10. 폭행 또는 협박으로 부녀를 강간한 경우에는 강간죄만 성립하고, 그것과 별도로 강간의 수단으로 사용된 폭행·협박이 형법상의 폭행죄나 협박죄 또는 폭력행위등처벌에관한법률위반의 죄를 구성한다고는 볼 수 없으며, 강간죄와 이들 각 죄는 이른바 법조경합의 관계일 뿐이다(대판 2002.5.16, 2002도51 전원합의체).

11. **회계보고 허위기재**로 인한 지방교육자치에 관한 법률 위반죄와 **증빙서류 허위기재**로 인한 지방교육자치에 관한 법률 위반죄는 각 행위 주체, 행위 객체 등 구체적인 구성요건에 있어 차이가 있고, 증빙서류 허위기재 행위가 회계보고 허위기재로 인한 지방교육자치에 관한 법률 위반죄에 비하여 별도로 고려되지 않을 만큼 경미한 것이라고 할 수도 없으므로, 증빙서류 허위기재 행위가 이른바 '불가벌적 수반행위'에 해당하여 회계보고 허위기재로 인한 지방교육자치에 관한 법률 위반죄에 대하여 흡수관계에 있다고 볼 수는 없다(대판 2017.5.30, 2016도21713).
12. **아동·청소년이용음란물을 제작한 자**가 그 음란물을 소지하게 되는 경우 청소년성보호법 위반(음란물소지) 죄는 청소년성보호법 위반(음란물제작·배포등)죄에 흡수된다고 봄이 타당하다. 다만 아동·청소년이용음란물을 제작한 자가 제작에 수반된 소지행위를 벗어나 사회통념상 새로운 소지가 있었다고 평가할 수 있는 별도의 소지행위를 개시하였다면 이는 청소년성보호법 위반(음란물제작·배포등)죄와 별개의 청소년성보호법 위반(음란물소지)죄에 해당한다(대판 2021.7.8, 2021도2993).
13. [1] **경범죄처벌법 제3조 제3항 제2호의 거짓신고**가 '위계'의 수단·방법·태양의 하나가 된 경우에는 거짓신고로 인한 경범죄처벌법위반죄가 위계에 의한 공무집행방해죄에 흡수되는 법조경합 관계에 있으므로, 위계에 의한 공무집행방해죄만 성립할 뿐 이와 별도로 거짓신고로 인한 경범죄처벌법위반죄가 성립하지는 않는다.
[2] **허위 화재신고로 소방관 및 경찰관들이 출동한 경우** 거짓신고로 인한 경범죄처벌법위반죄는 위계에 의한 공무집행방해죄에 흡수되는 법조경합 관계에 있으므로, 위계에 의한 공무집행방해죄만 성립할 뿐 이와 별도로 거짓신고로 인한 경범죄처벌법위반죄가 성립하지는 않는다(대판 2022.10.27, 2022도10402). ☞ 거짓신고로 인한 경범죄처벌법위반죄와 위계에 의한 공무집행방해죄의 상상적 경합이 아님 ● 법행

② **불가벌적 사후행위** : 범죄로 획득한 위법한 이익을 사후에 확보·사용·처분하는 행위가 별개의 구성요건에 해당하더라도 이미 주된 범죄에 의해 완전히 평가된 것이므로 주된 범죄의 처벌 여부에 관계없이 별죄를 구성하지 않는 경우를 말한다.

> **판례** 정리 ··· **불가벌적 사후행위에 해당** ○

1. **절취한 자기앞수표를 음식대금으로 교부하고 거스름돈을 환불받은 행위**는 절도의 불가벌적 사후처분행위로서 사기죄가 되지 아니한다(대판 1987.1.20, 86도1728). ● 경찰

> **동지판례**
> ① 금융기관 발행의 자기앞수표는 그 액면금을 즉시 지급받을 수 있는 점에서 현금에 대신하는 기능을 가지고 있어서 **장물인 자기앞수표를 취득한 후 이를 현금 대신 교부한 행위**는 장물취득에 대한 가벌적 평가에 당연히 포함되는 불가벌적 사후행위로서 별도의 범죄를 구성하지 아니한다(대판 1993.11.23, 93도213). ● 행시, 법행, 사시, 경찰승진
> ② **열차승차권을 절취한 자가 환불을 받음**에 있어 비록 기망행위가 수반한다 하더라도 절도죄 외에 따로히 사기죄가 성립하지 아니한다(대판 1975.8.29, 75도1996). ● 사시, 경찰

2. 산림법 제93조 제1항의 산림절도죄는 그 목적물이 산림에서의 산물로 한정될 뿐 그 죄질은 형법 소정의 절도죄와 같다고 할 것이므로 다른 특별한 사정이 없는 한 피고인들이 **절취한 원목에 관하여 합법적으로 생산된 것인 것처럼 관계당국을 기망하여 산림법 소정의 연고권자로 인정받아 수의계약의 방법으로 이를 매수**하였다 하더라도 이는 새로운 법익의 침해가 있는 것이라고 할 수 없고 상태범인 산림절도죄의 성질상 하나의 불가벌적사후행위로서 별도로 사기죄가 구성되지 않는다(대판 1974.10.22, 74도2441). ● 경찰, 경찰승진

3. <u>미등기건물의 관리를 위임받아 보관하고 있는 자가 임의로 건물에 대하여 자신의 명의로 보존등기를 한 후 근저당권설정등기</u>를 한 행위는 피해자에 대한 새로운 법익의 침해를 수반하지 않는 불가벌적 사후행위로서 별도의 횡령죄를 구성하지 않는다(대판 1993.3.9, 92도2999). ● 법행

4. <u>절도범인으로부터 장물보관의뢰를 받은 자가 그 정을 알면서 이를 인도받아 보관</u>하고 있다가 <u>임의처분</u>하였다 하여도 장물보관죄가 성립되는 때에는 <u>이미 그 소유자의 소유물추구권을 침해하였으므로 그 후의 횡령행위는 불가벌적 사후행위에 불과하여 별도로 횡령죄가 성립하지 않는다</u>(대판 1976.11.23, 76도3067). ● 사시

5. 피고인이 당초부터 <u>피해자를 기망하여 약속어음을 교부받은 경우</u>에는 그 교부받은 즉시 사기죄가 성립하고 그 후 이를 피해자에 대한 피고인의 채권의 변제에 충당하였다 하더라도 불가벌적 사후행위가 됨에 그칠 뿐, 별도로 횡령죄를 구성하지 않는다(대판 1983.4.26, 82도3079). ● 법행, 경찰승진

6. 甲 주식회사 대표이사인 피고인이 자신의 채권자 乙에게 차용금에 대한 담보로 甲 <u>회사 명의 정기예금에 질권을 설정</u>하여 주었는데, 그 후 乙이 피고인의 동의하에 <u>정기예금 계좌에 입금되어 있던 甲 회사 자금을 전액 인출</u>한 경우 위와 같은 예금인출동의행위는 이미 배임행위로써 이루어진 질권설정행위의 불가벌적 사후행위에 해당한다(대판 2012.11.29, 2012도10980). ● 경찰

7. <u>甲 종친회 회장인 피고인이 위조한 종친회 규약 등을 공탁관에게 제출하는 방법으로 甲 종친회를 피공탁자로 하여 공탁된 수용보상금을 출급받아 편취하고, 이를 종친회를 위하여 업무상 보관하던 중 반환을 거부한 경우</u>, 피고인이 공탁관을 기망하여 공탁금을 출급받음으로써 甲 종친회를 피해자로 한 사기죄가 성립하고, 그 후 甲 종친회에 대하여 공탁금 반환을 거부한 행위는 새로운 법익의 침해를 수반하지 않는 불가벌적 사후행위에 해당할 뿐 별도의 횡령죄가 성립하지 않는다(대판 2015.9.10, 2015도8592).

8. 관세법 제247조 제1항 제1호는 무신고 밀수입(관세법 제269조 제2항)한 물품을 취득, 양여하는 등의 행위를 처벌하고 있는바, … <u>신고 없이 물품을 수입한 본범이 그 물품에 대한 취득, 양여 등의 행위를 하는 경우</u> 밀수입행위에 의하여 이미 침해되어 버린 것으로 평가되는 적정한 통관절차의 이행과 관세수입의 확보라는 보호법익 외에 새로운 법익의 침해를 수반한다고 보기 어려우므로, 이는 새로운 법익의 침해를 수반하지 않는 이른바 불가벌적 사후행위로서 별개의 범죄를 구성하지 않는다(대판 2008.1.17, 2006도455). ● 경찰

> 판례 정리 ··· 불가벌적 사후행위에 해당 X(경합범)

1. 사람을 <u>살해</u>한 다음 그 범죄의 흔적을 은폐하기 위하여 그 시체를 다른 장소로 옮겨 <u>유기</u>하였을 때에는 살인죄와 사체유기죄의 경합범이 성립하고 사체유기를 불가벌적 사후행위라 할 수 없다(대판 1984.11.27, 84도2263). ● 경찰

2. 신용카드를 <u>절취</u>한 후 이를 <u>사용</u>한 행위는 새로운 법익의 침해이다(대판 1996.7.12, 96도1181). ● 사시
☞ 절도죄와 신용카드부정사용죄의 경합범

3. 절도범인이 그 <u>절취한 장물을 자기 것인양 제3자를 기망하여 금원을 편취</u>한 경우에는 장물에 관하여 소비 또는 손괴하는 경우와는 달리 제3자에 대한 관계에 있어서는 새로운 법익의 침해가 있다고 할 것이므로 절도죄 외에 사기죄가 성립한다(대판 1980.11.25, 80도2310). ● 법행

4. <u>절취한 전당표</u>를 제3자에게 교부하면서 자기 누님의 것이니 찾아 달라고 거짓말을 하여 이를 믿은 제3자가 전당포에 이르러 <u>그 종업원에게 전당표를 제시하여 기망하고 전당물을 교부받게 하여 편취</u>하였다면 이는 사기죄를 구성하는 것이다(대판 1980.10.14, 80도2155). ● 사시

5. 대표이사 등이 회사의 대표기관으로서 피해자들을 기망하여 교부받은 금원은 그 회사에 귀속되는 것인데, 그 후 대표이사 등이 이를 보관하고 있으면서 횡령한 것이라면 이는 위 사기범행과는 침해법익을 달리하므로 횡령죄가 성립되는 것이고, 이를 단순한 불가벌적 사후행위로만 볼 수 없다(대판 1989.12.24, 89도1605). ● 경찰승진, 법행

> **동지판례**
> 대표이사가 회사의 상가분양 사업을 수행하면서 수분양자들을 기망하여 편취한 분양대금은 회사의 소유로 귀속되는 것이므로, 대표이사가 그 분양대금을 횡령하는 것은 사기 범행이 침해한 것과는 다른 법익을 침해하는 것이어서 회사를 피해자로 하는 **별도의 횡령죄가 성립된다**(대판 2005.4.29, 2005도741). ● 사시

6. **절취**한 은행예금통장을 이용하여 **은행원을 기망**해서 진실한 명의인이 예금을 찾는 것으로 오신시켜 예금을 편취한 것이라면 새로운 법익의 침해로 절도죄 외에 따로 사기죄가 성립한다(대판 1974.11.26, 74도2817).
● 사시

7. **자동차를 절취**한 후 **자동차등록번호판을 떼어내는 행위**는 새로운 법익의 침해로 보아야 한다(대판 2007.9.6, 2007도4739). ☞ 자동차등록번호판을 떼어내는 행위는 독자적으로 자동차관리법위반이 된다.
● 사시, 경찰승진

9. 주식회사의 대표이사가 **타인을 기망하여 회사가 발행하는 신주를 인수하게 한** 다음 그로부터 **납입받은 신주인수대금을 보관하던 중 횡령**한 경우 사기죄와는 전혀 다른 새로운 보호법익을 침해하는 행위이다(대판 2006.10.27, 2004도6503). ● 사시

10. **위탁자로부터 당좌수표 할인을 의뢰받은** 피고인이 **제3자를 기망**하여 당좌수표를 할인받은 다음 **그 할인금을 임의소비**한 경우 횡령죄와 사기죄가 성립한다(대판 1998.4.10, 97도3057). ● 경찰

11. 부정한 이익을 얻을 목적으로 타인의 **영업비밀이 담긴 CD를 절취**하여 그 **영업비밀을 부정사용**한 경우 절도죄와 별도로 부정경쟁방지 및 영업비밀보호에 관한 법률상 영업비밀부정사용죄가 성립한다(대판 2008.9.11, 2008도5364). ● 법행

12. 배임죄는 재산상 이익을 객체로 하는 범죄이므로, **1인 회사의 주주가 자신의 개인채무를 담보하기 위하여 회사 소유의 부동산에 대하여 근저당권설정등기를 마쳐 주어 배임죄가 성립**한 이후에 **그 부동산에 대하여 새로운 담보권을 설정해 주는 행위**는 선순위 근저당권의 담보가치를 공제한 나머지 담보가치 상당의 재산상 이익을 침해하는 행위로서 **별도의 배임죄가 성립한다**(대판 2005.10.28, 2005도4915). ● 법행
   ☞ 갑이 을과 공동으로 불하받은 부동산을 병에게 자의로 매도하여 을에 대한 배임행위로 처벌받은 후 병에 대한 소유권이전등기의무를 지닌 채 다시 **병에 대한 재매도행위**는 이미 배임행위로서 이루어진 갑의 병에 대한 매도행위의 불가벌적 사후행위이다(대판 1970.11.24, 70도1998). ● 경찰승진

13. 회사에 대한 관계에서 타인의 사무를 처리하는 자가 임무에 위배하여 회사로 하여금 자신의 채무에 관하여 **연대보증채무를 부담하게 한** 다음, 회사의 금전을 보관하는 자의 지위에서 회사의 이익이 아닌 자신의 채무를 변제하려는 의사로 회사의 자금을 자기의 소유인 경우와 같이 임의로 인출한 후 개인채무의 변제에 사용한 행위는, 연대보증채무 부담으로 인한 배임죄와 다른 새로운 보호법익을 침해하는 것으로서 배임 범행의 불가벌적 사후행위가 되는 것이 아니라 별죄인 횡령죄를 구성한다(대판 2011.4.14, 2011도277).

14. (가) 횡령죄는 다른 사람의 재물에 관한 소유권 등 본권을 보호법익으로 하고 법익침해의 위험이 있으면 침해의 결과가 발생되지 아니하더라도 성립하는 **위험범**이다. 그리고 일단 특정한 처분행위(이를 '선행 처분행위'라 한다)로 인하여 법익침해의 위험이 발생함으로써 횡령죄가 기수에 이른 후 종국적인 법익침해의 결과가 발생하기 전에 새로운 처분행위(이를 '후행 처분행위'라 한다)가 이루어졌을 때, **후행 처분행위가 선행 처분행위에 의하여 발생한 위험을 현실적인 법익침해로 완성하는 수단에 불과하거나** 그 과정에서 당연히 예상될 수 있는 것으로서 **새로운 위험을 추가하는 것이 아니라면** 후행 처분행위에 의해 발생한 위험은 선행 처분행위에 의하여 이미 성립된 횡령죄에 의해 평가된 위험에 포함되는 것이므로 후행 처분행위는 이른바 불가벌적 사후행위에 해당한다. 그러나 **후행 처분행위가 이를 넘어서서, 선행 처분행위로 예상할 수 없는 새로운 위험을 추가함으로써 법익침해에 대한 위험을 증가시키거나 선행 처분행위와는 무관한 방법으로 법익침해의 결과를 발생시키는 경우라면**, 이는 선행 처분행위에 의하여 이미 성립된 횡령죄에 의해 평가된 위험의 범위를 벗어나는 것이므로 특별한 사정이 없는 한 **별도로 횡령죄를 구성**한다고 보아야 한다.

(나) 따라서 **타인의 부동산을 보관 중인 자가 불법영득의사를 가지고 그 부동산에 근저당권설정등기를 경료**함으로써 일단 횡령행위가 기수에 이르렀다 하더라도 그 후 **같은 부동산에 별개의 근저당권을 설정하여 새로운 법익침해의 위험을 추가**함으로써 법익침해의 위험을 증가시키거나 **해당 부동산을 매각**함으로써 기존의 근저당권과 관계없이 법익침해의 결과를 발생시켰다면, 이는 당초의 근저당권 실행을 위한 임의경매에 의한 매각 등 그 근저당권으로 인해 당연히 예상될 수 있는 범위를 넘어 새로운 법익침해의 위험을 추가시키거나 법익침해의 결과를 발생시킨 것이므로 특별한 사정이 없는 한 불가벌적 사후행위로 볼 수 없고, 별도로 횡령죄를 구성한다(대판 2013.2.21, 2010도10500 전원합의체). ● 경찰

15. 회사에 대한 관계에서 타인의 사무를 처리하는 자가 임무에 위배하는 행위로써 회사로 하여금 회사가 펀드운영사에 지급하여야 할 펀드출자금을 **정해진 시점보다 선지급**하도록 하여 배임죄를 범한 다음, 그와 같이 선지급된 펀드출자금을 보관하는 자와 공모하여 펀드출자금을 **임의로 인출**한 후 자신의 투자금으로 사용하기 위하여 임의로 송금하도록 한 행위는 펀드출자금 선지급으로 인한 배임죄와는 다른 새로운 보호법익을 침해하는 행위로서 배임 범행의 불가벌적 사후행위가 되는 것이 아니라 별죄로서 횡령죄를 구성한다고 보아야 한다(대판 2014.12.11, 2014도10036.) ● 경찰

16. 피고인이 A와 공모하여 **피해자 기술보증기금 등의 담당직원을 기망하여 보증서를 발급받아** 피해자 기술보증기금 등에 대한 신용보증금액 상당의 사기범행을 완료한 후 **위 보증서 등을 이용하여 피해자 OO은행의 대출 담당직원을 기망하여 대출금을 지급받았다면**, 피해자 OO은행에 대한 사기범행이 피해자 기술보증기금 등에 대한 사기범행에 흡수되거나, 그 사기범행의 불가벌적 사후행위에 해당한다고 볼 수 없어, 피해자 OO은행에 대하여 대출금액 상당의 **별도의 사기죄**가 성립한다(대판 2022.6.30, 2018도10973).

17. 유사수신행위법 위반죄가 형법 제347조 제1항의 사기죄와 구성요건을 달리하는 별개의 범죄로서 서로 보호법익이 다른 이상, 유사수신행위를 한 자가 출자자에게 별도의 기망행위를 하여 유사수신행위로 조달받은 자금의 전부 또는 일부를 다시 투자받는 행위는 유사수신행위법 위반죄와 다른 새로운 보호법익을 침해하는 것으로서 유사수신행위법 위반죄의 불가벌적 사후행위가 되는 것이 아니라 별죄인 사기죄를 구성한다(대판 2023.11.16, 2023도12424).

(4) 택일관계

성질상 양립할 수 없는 두 개의 구성요건에 어느 하나만 적용되는 경우를 말한다(예 강도죄와 공갈죄).

3. 법조경합의 처리

법조경합의 경우에 행위자는 적용된 법률에 의해서만 처벌되고 배제된 법률은 적용되지 않는다.

Ⅲ 포괄일죄

1. 의 의

① 포괄1죄라 함은 각기 따로 존재하는 수개의 행위가 한개의 구성요건을 한번 충족하는 경우를 말하므로 구성요건을 달리하고 있는 **횡령, 배임 등의 행위와 사기의 행위**는 포괄1죄를 구성할 수 없다(대판 1998.2.9, 87도58). ● 경찰, 경간부

② 수개의 범죄행위를 포괄하여 하나의 죄로 인정하기 위하여는 범의의 단일성 외에도 각 범죄행위 사이에 시간적·장소적 연관성이 있고 범행의 방법 간에도 동일성이 인정되는 등 수개의 범죄행위를 하나의 범죄로 평가할 수 있는 경우에 해당하여야 한다(대판 2005.9.15, 2005도1952). ● 법행

③ **포괄일죄**는 동일 죄명에 해당하는 수 개의 행위 또는 연속한 행위를 단일하고 계속된 범의하에 일정 기간 계속하여 행하고, 그 피해법익도 동일한 경우에 성립하는 것으로서, 그것을 구성하는 개별 행위도 원칙적으로 각각 그 범죄의 구성요건을 갖추어야 하는 것이다. 따라서 **개별적인 미신고 자본거래가 외국환거래법 위반죄의 구성요건을 충족하지 못하는 이상** 일정 거래금액을 합하면 그 구성요건을 충족하는 결과가 된다 하더라도 그 전체 행위를 포괄일죄로 처단할 수 없다(대판 2019.1.31, 2018도16474).

2. 유 형

(1) 결합범

절도범이 체포를 면탈할 목적으로 체포하려는 여러 명의 피해자에게 같은 기회에 폭행을 가하여 그 중 1인에게만 상해를 가하였다면 이러한 행위는 포괄하여 하나의 강도상해죄만 성립한다(대판 2001.8.21, 2001도3447). ● 사시

(2) 계속범

직무유기죄는 그 직무를 수행하여야 하는 작위의무의 존재와 그에 대한 위반을 전제로 하고 있는바, 그 작위의무를 수행하지 아니함으로써 구성요건에 해당하는 사실이 있었고 그 후에도 계속하여 그 작위의무를 수행하지 아니하는 위법한 부작위상태가 계속되는 한 가벌적 위법상태는 계속 존재하고 있다고 할 것이며 형법 제122조 후단(직무유기)은 이를 전체적으로 보아 1죄로 처벌하는 취지로 해석되므로 이를 즉시범이라고 할 수 없다(대판 1997.8.29, 97도675). ● 사시

(3) 접속범

① **접속범**은 동일한 법익에 대하여 수개의 구성요건적 행위가 불가분하게 접속하여 행하여지는 범행형태로 같은 기회에 하나의 행위로 여러 개의 영업비밀을 취득하였다면 이는 일죄로 평가된다(대판 2009.4.9, 2006도9022). ● 경간부

② 피해자를 위협하여 항거불능케 한 후 1회 간음하고 2백미터쯤 오다가 다시 1회 간음한 경우에 있어 피고인의 의사 및 그 범행시각과 장소로 보아 두 번째의 간음행위는 처음 한 행위의 계속으로 볼 수 있어 이를 단순일죄로 처단한 것은 정당하다(대판 1970.9.29, 70도1516).

비교판례

피해자를 1회 강간하여 상처를 입게한 후 약 1시간후에 장소를 옮겨 같은 피해자를 다시 1회 강간한 행위는 그 범행시간과 장소를 달리하고 있을 뿐만 아니라 각 별개의 범의에서 이루어진 행위로서 형법 제37조 전단의 실체적 경합범에 해당한다(대판 1987.5.12, 87도694).

(4) 연속범

동일 죄명에 해당하는 수개의 행위 혹은 연속된 행위를 단일하고 계속된 범의하에 일정 기간 계속하여 행하고 그 피해법익도 동일한 경우에는 이들 각 행위를 통틀어 포괄일죄로 처단하여야 할 것이나, 범의의 단일성과 계속성이 인정되지 아니하거나 범행방법이 동일하지 않은 경우에는 각 범행은 실체적 경합범에 해당한다(대판 2005.9.30, 2005도4051). ● 경찰, 사시

(5) 집합범

① **무허가유료직업소개 행위**는 그 범죄의 **구성요건의 성질상 동종행위의 반복이 예상된다**(집합범) 할 것인데, 반복된 수개의 행위 상호간에 일시·장소의 근접, 방법의 유사성, 기회의 동일, 범의의 계속 등 밀접한 관계가 있어 그 전체를 1개의 행위로 평가함이 상당한 경우에는 포괄적으로 한개의 범죄를 구성하는 것이다(대판 1993.3.26, 92도3405).

비교판례

1977.12.20부터 1979.3.29까지 사이 충남 홍성읍에서 행한 무면허의료행위와 그보다 4년 5개월 뒤인 1982.9.초순부터 1983.3.12까지 사이 서울 강동구에서 행한 무면허의료행위와는 앞서와 같은 일시·장소의 근접성이나 범의의 계속등을 인정할 수 없어 각각 별개의 죄를 구성하는 행위라 할 것이고 그 행위가 다같이 **범죄구성요건의 성질상 동종행위의 반복이 예상되는 범죄라는 이유만으로 포괄일죄에 해당한다고 단정할 수 없다**(대판 1985.10.22, 85도1457).

② 상습성을 갖춘 자가 여러 개의 죄를 반복하여 저지른 경우에는 각 죄를 별죄로 보아 경합범으로 처단할 것이 아니라 그 모두를 포괄하여 상습범이라고 하는 하나의 죄로 처단하는 것이 상습범의 본질 또는 상습범 가중처벌규정의 입법취지에 부합한다(대판 2004.9.16, 2001도3206 전원합의체). ● 사시, 경찰

관련판례

① [1] 상습범이란 어느 기본적 구성요건에 해당하는 행위를 한 자가 범죄행위를 반복하여 저지르는 습벽, 즉 상습성이라는 행위자적 속성을 갖추었다고 인정되는 경우에 이를 가중처벌 사유로 삼고 있는 범죄유형을 가리키므로, 상습성이 있는 자가 같은 종류의 죄를 반복하여 저 질렀다 하더라도 상습범을 별도의 범죄유형으로 처벌하는 규정이 없는 한 각 죄는 원칙적으로 별개의 범죄로서 경합범으로 처단할 것이다.

[2] **저작재산권 침해행위**는 **저작권자가 같더라도 저작물별로** 침해되는 법익이 다르므로, 각각의 저작물에 대한 침해행위는 원칙적으로 각 별개의 죄를 구성한다. 다만 단일하고도 계속된 범의 아래 **동일한 저작물**에 대한 침해행위가 일정기간 반복하여 행하여진 경우에는 포괄하여 하나의 범죄가 성립한다고 볼 수 있다.

[3] 2개의 인터넷 파일공유 웹스토리지 사이트를 운영하는 피고인들이 이를 통해 저작재산권 대상인 디지털 콘텐츠가 불법 유통되고 있음을 알면서도 다수의 회원들로 하여금 수만 건에 이르는 불법 디지털 콘텐츠를 업로드하게 한 후 이를 수십만 회에 걸쳐 다운로드하게 함으로써 저작재산권 침해를 방조하였다는 내용으로 기소된 사안에서, 피고인들에게 '영리 목적의 상습성'이 인정된다고 하더라도 이는 고소 없이도 처벌할 수 있는 근거가 될 뿐 피고인들의 각 방조행위는 원칙적으로 서로 경합범 관계에 있고, 다만 동일한 저작물에 대한 수회의 침해행위에 대한 각 방조행위가 포괄하여 하나의 범죄가 성립할 여지가 있을 뿐인데도, 이와 달리 위 사이트를 통해 유통된 다수 저작권자의 다수 저작물에 대한 피고인들의 범행 전체가 하나의 포괄일죄를 구성한다고 본 원심판결에 저작권법 위반죄의 죄수에 관한 법리오해의 위법이 있다고 한 사례(대판 2012.5.10, 2011도12131). ● 사시, 경찰

② 상해죄 및 폭행죄의 상습범에 관한 형법 제264조는 "상습으로 제257조, 제258조, 제258조의2, 제260조 또는 제261조의 죄를 범한 때에는 그 죄에 정한 형의 2분의 1까지 가중한다."라고 규정하고 있다. 형법 제264조에서 말하는 '상습'이란 위 규정에 열거된 상해 내지 폭행행위의 습벽을 말하는 것이므로, 위 규정에 열거되지 아니한 다른 유형의 범죄까지 고려하여 상습성의 유무를 결정하여서는 아니 된다(대판 2018.4.24, 2017도21663). ☞ 사기죄등의 전과까지 고려해서 상해죄의 상습성을 판단해서는 안 된다는 의미이다.

3. 포괄일죄의 처리

(1) 실체법적 효과

① 포괄일죄가 이종의 죄의 확정판결 전후에 걸쳐 행해진 경우 : **포괄일죄로 되는 개개의 범죄행위가 다른 종류의 죄의 확정판결의 전후에 걸쳐서 행하여진 경우**에는 그 죄는 2죄로 분리되지 않고 확정판결 후인 최종의 범죄행위시에 완성되는 것이다(대판 2003.8.22, 2002도5341). ● 법행, 법원, 경찰승진

② 포괄일죄가 동종의 죄의 확정판결 전후에 걸쳐 행해진 경우 : **원래 실체법상 상습사기의 일죄로 포괄될 수 있는 관계에 있는 일련의 사기 범행의 중간에 동종의 죄에 관한 확정판결이 있는 경우**에는 그 확정판결에 의하여 원래 일죄로 포괄될 수 있었던 일련의 범행은 그 확정판결의 전후로 분리되고, 이와 같이 분리된 각 사건은 서로 동일성이 있다고 할 수 없어 이중으로 기소되더라도 각 사건에 대하여 각각의 주문을 선고하여야 한다(대판 2000.2.11, 99도4797).

(2) 소송법적 효과

포괄일죄의 공소시효는 **최종의 범죄행위가 종료한 때**로부터 진행한다(대판 1996.10.25, 96도1088). ● 경찰, 검찰

> **참조판례**
> 구 병역법 제89조의2 제1호에 정한 공익근무요원의 복무이탈죄는 정당한 사유 없이 **계속적 혹은 간헐적으로 행해진 통산 8일 이상의 복무이탈행위 전체가 하나의 범죄를 구성**하는 것이고, 그 **공소시효는 위 전체의 복무이탈행위 중 최종의 복무이탈행위가 마쳐진 때부터 진행한다**(대판 2007.3.29, 2005도7032).

판례 정리 … 포괄일죄 인정

1. **약 5개월간 전후 7회에 걸쳐 각종 등기사건을 접수·처리함에 있어서 동일인으로부터 뇌물을 수수한 경우** 이는 피고인이 뇌물수수의 단일한 범의의 계속하에 일정기간 동종행위를 같은 장소에서 반복한 것이 분명하므로 피고인의 수회에 걸친 뇌물수수행위는 **포괄일죄를 구성한다**(대판 1982.10.26, 81도1409).
2. **음주상태로 자동차를 운전하다가 제1차 사고를 내고 그대로 진행하여 제2차 사고를 낸 후 음주측정을 받아 도로교통법 위반(음주운전)죄로 약식명령을 받아 확정되었는데**, 이후 제1차 사고 당시의 음주운전으로 기소된 사안에서 위 공소사실은 **약식명령이 확정된 도로교통법 위반(음주운전)죄와 포괄일죄 관계에 있다**(대판 2007.7.23, 2001도6281). ● 사시

> **참조판례**
> 운전한 날마다 무면허운전으로 인한 도로교통법위반의 1죄가 성립한다고 보아야 할 것이고, 비록 **계속적으로 무면허운전을 할 의사를 가지고 여러 날에 걸쳐 무면허운전행위를 반복**하였다 하더라도 이를 **포괄하여 일죄로 볼 수는 없다**(대판 2002.7.23, 2001도6281).

3. **절도범이 체포를 면탈할 목적으로 체포하려는 여러 명의 피해자에게 같은 기회에 폭행을 가하여 그 중 1인에게만 상해를 가한 경우** 포괄하여 하나의 강도상해죄만 성립한다(대판 2001.8.21, 2001도3447). ● 경찰

> **참조판례**
> ① 강도가 한 개의 강도범행을 하는 기회에 수명의 피해자에게 각 폭행을 가하여 각 상해를 입힌 경우에는 각 피해자별로 수개의 강도상해죄가 성립하며 이들은 실체적 경합범의 관계에 있다(대판 1987.5.26, 87도527). ● 사시, 검찰9급, 법행
> ② 피고인이 단일한 범의로 동일한 장소에서 동일한 방법으로 시간적으로 접착된 상황에서 처와 자식들을 살해한 경우 피해자들의 수에 따라 수개의 살인죄를 구성한다(대판 1991.8.27, 91도1637).

4. **하나의 사건에 관하여 한 번 선서한 증인이 같은 기일에 여러 가지 사실에 관하여 기억에 반하는 허위의 진술을 한 경우** 이는 하나의 범죄의사에 의하여 계속하여 허위의 진술을 한 것으로서 **포괄하여 1개의 위증죄를 구성한다**(대판 1998.4.14, 97도3340). ● 검찰7급
5. **절도의 습벽이 있는 자가 세 번의 특수절도, 한 번의 특수절도미수, 한번의 절도를 한 경우** 상습특수절도죄에 나머지 죄를 포괄하여 하나의 죄만이 성립한다(대판 1975.5.27, 75도1184). ● 사시
6. **단일한 범의의 발동에 의하여 상대방을 기망하고 그 결과 착오에 빠져 있는 동일인으로부터 일정 기간 동안 동일한 방법에 의하여 금원을 편취한 경우에는** 이를 포괄적으로 관찰하여 일죄로 처단하는 것이 가능하다(대판 2004.6.25, 2004도1751). ● 사시, 경찰

> **참조판례**
> ① 사기죄에서 수인의 피해자에 대하여 **각 피해자별로 기망행위를 하여 각각 재물을 편취한 경우**에 그 범의가 단일하고 범행방법이 동일하다고 하더라도 포괄일죄가 성립하는 것이 아니라 피해자별로 1개씩의 죄가 성립하는 것으로 보아야 한다. 다만 **피해자들이 하나의 동업체를 구성하는 등으로 피해 법익이 동일하다고 볼 수 있는 사정이 있는 경우**에는 피해자가 복수이더라도 이들에 대한 사기죄를 포괄하여 일죄로 볼 수도 있다(대판 2011.4.14, 2011도769).   ● 경찰, 사시
> ② **일정한 기간 동안 계속하여 환자를 보내준 자에게 환자를 보내준 때마다 대가를 지급한 경우** 단일하고 계속된 범의 하에 일정기간 계속하여 행하고 피해법익도 동일한 경우이므로 포괄일죄를 구성한다(대판 1998.5.29, 97도1126).

7. 절취한 카드로 단일한 범의를 가지고 수개의 가맹점들로부터 수차례 물품을 구입하였다면 신용카드부정사용행위는 포괄하여 일죄에 해당한다(대판 1996.7.12, 96도1181).   ● 경찰승진

> **참조판례**
> ① 수개의 가맹점들로부터 수차례 물품을 구입하는 등 신용카드를 부정사용한 결과가 **사기죄의 구성요건에 해당**하고 그 각 사기죄가 실체적 경합관계에 해당한다.   ● 경찰
> ② 수개의 가맹점들로부터 수차례 물품을 구입하는 등 신용카드를 부정사용한 경우 **신용카드부정사용죄와 사기죄**는 그 보호법익이나 행위의 태양이 전혀 달라 실체적 경합관계에 있다.   ● 사시

8. 대금결재의 의사와 능력이 없으면서도 있는 것 같이 가장하여 자기명의로 카드를 발급받은 후 현금서비스도 받고 여러 가맹점에서 물품도 구입한 일련의 행위는 신용카드회사에 대한 사기죄의 포괄일죄가 된다(대판 1996.4.9, 95도2466).   ● 사시

> **참조판례**
> ① 이미 과다한 부채의 누적 등으로 신용카드 사용으로 인한 대출금채무를 변제할 의사나 능력이 없는 상황에 처하였음에도 불구하고 신용카드를 사용한 경우, 사기죄의 포괄일죄에 해당한다(대판 2005.8.19, 2004도6859).   ● 법행
> ② 현금카드 소유자를 협박하여 예금인출 승낙과 함께 현금카드를 교부받은 후 이를 사용하여 현금지급기에서 예금을 여러 번 인출한 경우 공갈죄의 포괄일죄가 된다(대판 1996.9.20, 95도1728).   ● 사시

9. 절도습벽의 발현으로 절도죄 이외에 자동차등불법사용의 범행도 함께 저지른 경우 **자동차등불법사용의 범행은 상습절도 등의 죄에 흡수**되어 1죄만이 성립한다(대판 2002.4.26, 2002도429).   ● 경찰, 법행, 사시

10. **직계존속인 피해자를 폭행**하고, **상해를 가한 것이 존속에 대한 동일한 폭력습벽의 발현에 의한 것으로 인정되는 경우**, 그 중 법정형이 더 중한 상습존속상해죄에 나머지 행위들을 포괄시켜 하나의 죄만이 성립한다(대판 2003.2.28, 2002도7335).   ● 경찰, 검찰7급

> **참조판례**
> 폭행 범행을 반복하여 저지르는 습벽이 있는 甲은 상습으로 乙을 폭행하고 자기의 어머니인 丙도 폭행을 하였으나 丙은 처벌불원의사를 밝힌 경우, 상습존속폭행의 포괄일죄가 성립한다(대판 2018.4.24, 2017도10956).

11. 「공직선거법」 제106조 제1항 소정의 호별방문죄는 **연속적으로 두 호 이상을 방문함으로써 성립하는 범죄로서, 연속적인 호별방문이 되기 위해서는 각 방문행위 사이에 어느 정도의 시간적 근접성은 있어야 하지만 반드시 각 호를 중단 없이 방문하여야 하거나 동일한 일시 및 기회에 방문하여야 하는 것은 아니므로** 해당

선거의 시점과 법정 선거운동기간, 호별방문의 경위와 장소, 시간, 거주자와의 관계 등 제반 사정을 종합하여 단일한 선거운동의 목적으로 둘 이상 조합원의 호를 계속해서 방문한 것으로 볼 수 있으면 그 성립이 인정되고, 이와 같이 연속성이 인정되는 각 호별방문행위는 그 전체가 포괄일죄의 관계에 있게 된다(대판 2010.7.8, 2009도14558). ● 법원특채

12. 영리를 목적으로 무면허 의료행위를 업으로 하는 자가 **일부 돈을 받지 아니하고 무면허 의료행위**를 한 경우에도 보건범죄단속에 관한 특별조치법 위반죄의 **1죄만이 성립**하고 별개로 의료법 위반죄를 구성하지 않는다고 보아야 한다(대판 2010.5.13, 2010도2468). ☞ 즉 돈을 받고 한 무면허의료행위와 무료로 한 무면허의료행위를 별개의 죄로 다루어서는 안 되고 포괄일죄로 보라는 의미이다. ● 사시

13. 형법 제98조 제1항의 **간첩죄를 범한 자가 그 탐지수집한 기밀을 누설한 경우**에는 양죄를 포괄하여 1죄를 범한 것으로 보아야 하고, 간첩죄와 군사기밀누설죄 두가지 죄를 범한 것으로 인정할 수 없다(대판 1982.4.27, 82도285). ● 경찰

14. 피고인이 **수개의 선거비용 항목을 허위기재한 하나의 선거비용 보전청구서**를 제출하여 대한민국으로부터 선거비용을 과다 보전받아 이를 편취하였다면 이는 **일죄로 평가**되어야 하고, 각 선거비용 항목에 따라 별개의 사기죄가 성립하는 것은 아니다(대판 2017.5.30, 2016도21713). ● 경찰

15. 피고인이 저녁 시간에 회사에서 퇴근하면서 무면허인 상태로 차량을 운전하여 인근 식당까지 이동하고(제1 무면허운전 혐의), 약 3시간이 경과 후 식당 인근에서 시동이 켜진 위 차량에서 술에 취해 잠이 든 상태로 발견되어 경찰에 의해 음주측정을 받은 경우(제2 무면허운전 및 음주운전 혐의), 위 제2 무면허운전 혐의와 제1 무면허운전 혐의는 시간 및 장소에 있어 일부 차이가 있으나, 같은 날 동일 차량을 무면허로 운전하려는 단일하고 계속된 범의 아래 동종 범행을 같은 방법으로 반복한 것으로 포괄하여 일죄에 해당한다(대판 2022.10.27, 2022도8806).

판례 정리 ··· 포괄일죄 부정

1. 피고인이 슈퍼마켓 사무실에서 **식칼을 들고 피해자를 협박**하고, 식칼을 들고 **매장을 돌아다니며 손님을 내쫓아 그의 영업을 방해**한 경우는 별개의 행위이다(대판 1991.1.29, 90도2445). ● 사시
2. 아파트를 분양한 자가 단일한 범의로 근접한 시기에 **아파트를 분양받은 자들**이 아닌 제3자 앞으로 각 소유권이전등기를 경료하여 준 경우 **피해자별**로 업무상배임죄의 관계에 있다(대판 1994.5.13, 93도3358). ● 사시
3. 히로뽕 완제품을 제조할 때 함께 만든 액체 히로뽕 반제품을 땅에 **묻어 두었다가 약 1년 9월 후에** 앞서 제조시의 공범 아닌 자 등의 요구에 따라 그들과 함께 위 반제품으로 **그 완제품을 제조한 경우** 포괄일죄를 이룬다고 할 수 없으므로 형법 제37조 전단의 **경합범**으로 의율처단하여야 한다(대판 1991.2.26, 90도2900). ● 경찰승진
4. 컴퓨터로 음란 동영상을 제공한 제1범죄행위로 서버컴퓨터가 압수된 이후 다시 장비를 갖추어 동종의 제2범죄행위를 하고 제2범죄행위로 인하여 약식명령을 받아 확정된 경우, 피고인에게 **범의의 갱신**이 있어 제1범죄행위는 약식명령이 확정된 제2범죄행위와 **실체적 경합관계**에 있다(대판 2005.9.30, 2005도4051). ● 검찰7급, 경찰
5. 신용협동조합의 전무가 **수개의 거래처**로부터 각기 다른 일시에 조합정관상의 1인당 대출한도를 초과하여 대출을 하여 달라는 부탁을 받고 이에 응하여 **각기 다른 범의하에** 부당대출을 하여 준 경우 포괄일죄에 해당하지 않는다(대판 1997.9.26, 97도1469).
6. 여러 사람으로부터 각각 부정한 청탁을 받고 그들로부터 각각 금품을 수수한 경우에는 비록 그 청탁이 동종의 것이라고 하더라도 단일하고 계속된 범의 아래 이루어진 범행으로 보기 어려워 그 전체를 포괄일죄로 볼 수 없다(대판 2008.12.11, 2008도6987). ● 사시
7. '수출입거래를 가장한 신용장 개설 방법에 의한 사기죄'와 '분식회계에 의한 재무제표 등을 이용한 신용장 개설 방법에 의한 사기죄'는 범행 방법이 동일하지 않아 그 피해자가 동일하더라도 포괄일죄가 성립한다고 할 수 없다(대판 2010.5.27, 2007도10056). ● 경찰승진

8. '영업으로 성매매를 알선한 행위'와 '영업으로 성매매에 제공되는 건물을 제공하는 행위'는 당해 행위 사이에서 각각 포괄일죄를 구성할 뿐, 서로 독립된 가벌적 행위로서 별개의 죄를 구성한다고 보아야 한다(대판 2011.5.26, 2010도6090). ● 법행
9. 직무유기의 죄와 직무유기교사죄를 포괄하여 하나의 죄로서 처벌될 성질의 것은 아니다(대판 1976.9.28, 76도2143). ● 사시, 법행
10. 수개의 등록상표에 대하여 상표법 제93조 소정의 상표권침해 행위가 계속하여 행하여진 경우에는 **각 등록상표 1개마다 포괄하여 1개의 범죄가 성립**하므로, 특별한 사정이 없는 한 **상표권자 및 표장이 동일하다는 이유로 등록상표를 달리하는 수개의 상표권침해 행위를 포괄하여 하나의 죄가 성립하는 것으로 볼 수 없다**(대판 2013.7.25, 2011도12482). ● 경찰
11. 의료기관의 개설자 명의는 의료기관을 특정하고 동일성을 식별하는 데에 중요한 표지가 되는 것이므로, **비의료인이 의료기관을 개설하여 운영하는 도중 개설자 명의를 다른 의료인 등으로 변경한 경우**에는 그 범의가 단일하다거나 범행방법이 종전과 동일하다고 보기 어렵다. 따라서 개설자 명의별로 별개의 범죄가 성립하고 각 죄는 실체적 경합범의 관계에 있다고 보아야 한다(대판 2018.11.29, 2018도10779). ● 경간부

제3절 수 죄

I 상상적 경합

제40조 (상상적 경합) 한 개의 행위가 여러 개의 죄에 해당하는 경우에는 **가장 무거운 죄에 대하여 정한 형**으로 처벌한다.

1. 서 설
상상적 경합이란 1개의 행위가 수개의 죄에 해당하는 경우를 말한다.

2. 상상적 경합의 요건
(1) 행위의 단일성
① 행위단일의 의미

> **관련판례**
> ① 자연적 행위단일성 : 형법 제40조에서 말하는 <U>1개의 행위란 법적 평가를 떠나 사회관념상 행위가 사물자연의 상태로서 1개로 평가되는 것</U>을 말하는 바, 무면허인데다가 술이 취한 상태에서 오토바이를 운전하였다는 것은 위의 관점에서 분명히 <U>1개의 운전행위</U>라 할 것이고 이 행위에 의하여 도로교통법 제11조 제2호, 제40조와 제109조 제2호, 제41조 제1항의 각 죄(무면허운전과 음주운전)에 동시에 해당하는 것이니 두 죄는 형법 제40조의 상상적 경합관계에 있다고 할 것이다(대판 1987.2.24, 86도2731). ● 경찰

② 조합이사장이 조합 명의로 당좌수표를 발행한 후 정당한 소지인이 지급제시기간 내에 지급 제시 하였으나 거래정지처분의 사유로 지급기일에 지급되지 아니하게 하고 위와 같은 발행으로 조합에 재산상 손해를 가하여 업무상 배임이 인정되는 경우 부정수표단속법위반죄와 업무상배임죄의 상상적 경합이 된다(대판 2004.5.13, 2004도1299). ● 사시

② 실행행위의 동일성

관련판례

① 절도범인이 체포를 면탈할 목적으로 경찰관에게 폭행 협박을 가한 때에는 준강도죄와 공무집행방해죄를 구성하고 양죄는 상상적 경합관계에 있으나, 강도범인이 체포를 면탈할 목적으로 경찰관에게 폭행을 가한 때에는 강도죄와 공무집행방해죄는 실체적 경합관계에 있고 상상적 경합관계에 있는 것이 아니다(대판 1992.7.28, 92도917). ● 법행, 사시, 경찰
② 피고인들이 피해자들의 재물을 강취한 후 그들을 살해할 목적으로 현주건조물에 방화하여 사망에 이르게 한 경우, 피고인들의 행위는 강도살인죄와 현주건조물방화치사죄에 모두 해당하고 그 두 죄는 상상적 경합범관계에 있다(대판 1998.12.8, 98도3416). ● 경찰, 검찰

③ 연결효과에 의한 상상적 경합

[1] 예비군 중대장이 그 소속예비군으로부터 금원을 교부받고 그 예비군이 예비군훈련에 불참하였음에도 불구하고 참석한 것처럼 허위내용의 중대학급편성명부를 작성, 행사한 경우라면 수뢰후 부정처사죄 외에 별도로 허위공문서작성 및 동행사죄가 성립하고 이들 죄와 수뢰후 부정처사죄는 각각 상상적 경합관계에 있다고 할 것이다.

[2] 허위공문서작성죄와 동행사죄가 수뢰후 부정처사죄와 각각 상상적 경합관계에 있을 때에는 허위공문서작성죄와 동행사죄 상호간은 실체적 경합범관계에 있다고 할지라도 상상적 경합범관계에 있는 수뢰후 부정처사죄와 대비하여 가장 중한 죄에 정한 형으로 처단하면 족한 것이고 따로이 경합가중을 할 필요가 없다(대판 1983.7.26, 83도1378). ● 사시

동지판례

형법 제131조 제1항의 수뢰후부정처사죄에 있어서 공무원이 수뢰후 행한 부정행위가 공도화변조 및 동행사죄와 같이 보호법익을 달리하는 별개 범죄의 구성요건을 충족하는 경우에는 수뢰후부정처사죄 외에 별도로 공도화변조 및 동행사죄가 성립하고 이들 죄와 수뢰후부정처사죄는 각각 상상적 경합 관계에 있다고 할 것인바, 이와 같이 공도화변조죄와 동행사죄가 수뢰후부정처사죄와 각각 상상적 경합범 관계에 있을 때에는 공도화변조죄와 동행사죄 상호간은 실체적 경합범 관계에 있다고 할지라도 상상적 경합범 관계에 있는 수뢰후부정처사죄와 대비하여 가장 중한 죄에 정한 형으로 처단하면 족한 것이고 따로이 경합범 가중을 할 필요가 없다(대판 2001.2.9, 2000도1216). ● 법무사, 법원

(2) 수개의 죄

① 동종의 상상적 경합 : 문서에 2인 이상의 작성명의인이 있을 때에는 각 명의자 마다 1개의 문서가 성립되므로 2인 이상의 연명으로 된 문서를 위조한 때에는 작성

명의인의 수대로 수개의 문서위조죄가 성립하고 또 그 연명문서를 위조하는 행위는 자연적 관찰이나 사회통념상 하나의 행위라 할 것이어서 위 수개의 문서위조죄는 형법 제40조가 규정하는 상상적 경합범에 해당한다(대판 1987.7.21, 87도564).

② **이종의 상상적 경합** : 허위사실을 유포한 1개의 행위가 형법 제314조 제1항의 허위사실 유포에 의한 업무방해죄뿐 아니라 형법 제307조 제2항의 허위사실적시에 의한 명예훼손죄에도 해당하는 경우 그 2개의 죄는 상상적 경합관계에 있다(대판 2007.11.15, 2007도7140).

3. 상상적 경합의 법적 효과

(1) 실체법적 효과

① **전체적 대조주의** : 형법 제40조가 규정하는 1개의 행위가 수개의 죄에 해당하는 경우에는 '가장 중한 죄에 정한 형으로 처벌한다.' 함은 그 수개의 죄명 중 가장 중한 형을 규정한 법조에 의하여 처단한다는 취지와 함께 다른 법조의 최하한의 형보다 가볍게 처단할 수는 없다는 취지 즉, 각 법조의 상한과 하한을 모두 중한 형의 범위 내에서 처단한다는 것을 포함하는 것으로 새겨야 한다(대판 2006.1.27, 2005도8704).

② **구체적인 예**

> **관련판례**
> 상상적 경합의 관계에 있는 사기죄와 변호사법 위반죄에 대하여 형이 더 무거운 사기죄에 정한 형으로 처벌하기로 하면서도, 필요적 몰수·추징에 관한 구 변호사법 제116조, 제111조에 의하여 청탁 명목으로 받은 금품 상당액을 추징한 원심의 조치는 정당하다(대판 2006.1.27, 2005도8704).

(2) 소송법적 효과

사기죄와 변호사법 위반죄가 상상적 경합관계에 있는 경우 변호사법 위반죄의 공소시효가 완성되었다고 하여 그 죄와 상상적 경합관계에 있는 사기죄의 공소시효까지 완성되는 것은 아니다(대판 2006.12.8, 2006도6356).

II 실체적 경합

> 제37조 (경합범) 판결이 확정되지 아니한 수개의 죄 또는 <u>**금고 이상의 형에 처한 판결**</u>이 확정된 죄와 그 판결확정 전에 범한 죄를 경합범으로 한다.

1. 경합범의 의의

실체적 경합(경합범)이란 판결이 확정되지 아니한 수개의 죄 또는 금고 이상의 형에 처한 판결이 확정된 죄와 그 판결확정 전에 범한 죄를 말한다. 일반적으로 경합범이라 한다.

2. 경합범의 요건

(1) 동시적 경합범의 요건

① 수개의 행위로 수개의 범죄를 범할 것
② 수개의 죄에 대해 금고 이상의 형에 처한 확정판결이 없을 것
  ㉠ 판결의 확정의 의미 : 여기서 '판결의 확정'이란 판결이 상소 등 통상의 불복방법에 의하여 다툴 수 없는 상태를 말한다(대판 1983.7.12, 83도1200).
  ㉡ 중간에 벌금형의 확정판결이 있는 경우 : 2004. 1. 20. 법률 제7077호로 공포, 시행된 형법 중 개정법률에 의해 형법 제37조 후단의 "판결이 확정된 죄"가 "금고 이상의 형에 처한 판결이 확정된 죄"로 개정되었는바, 위 개정법률은 특별한 경과규정을 두고 있지 않으나, 형법 제37조는 경합범의 처벌에 관하여 형을 가중하는 규정으로서 일반적으로 두 개의 형을 선고하는 것보다는 하나의 형을 선고하는 것이 피고인에게 유리하므로 위 개정법률을 적용하는 것이 오히려 피고인에게 불리하게 되는 등의 특별한 사정이 없는 한 형법 제1조 제2항을 유추적용하여 위 개정법률 시행 당시 법원에 계속중인 사건 중 위 개정법률 전에 벌금형에 처한 판결이 확정된 경우에도 적용되는 것으로 보아야 한다(대판 2004.1.27, 2001도3178).
③ 수개의 죄는 동시에 판결될 것 : 수개의 죄는 하나의 재판에서 같이 판결될 상태에 있어야 한다. 따라서 수개의 죄는 모두 기소되어 있어야 하므로 일부가 기소되지 않은 때에는 경합범이 될 수 없으며, 후에 그 죄가 추가기소된 때에도 병합심리된 때에만 동시적 경합범이 될 수 있다. 또한 1심에서 별도로 판결된 수죄일지라도 항소심에서 병합심리한 때에는 동시적 경합범이 된다(대판 1972.5.9, 72도579).

(2) 사후적 경합범의 요건

① 하나의 죄에 대해 금고 이상의 형에 처한 확정판결이 있을 것
  ㉠ 일반사면을 받은 경우와 확정판결 : 형법 제37조 후단의 경합범에 있어서 '판결이 확정된 죄'라 함은 수개의 독립된 죄 중의 어느 죄에 대하여 **확정판결이 있었던 사실 자체를 의미하고 일반사면으로 형의 선고의 효력이 상실된 여부는 묻지 않는다**(대판 1996.3.8, 95도2114). ● 법행
  ㉡ 형의 선고가 실효되거나 면소된 경우와 확정판결 : 형법 제37조 후단의 경합죄에 있어서 판결이 확정된 죄라 함은 수개의 독립한 죄 중의 어느 죄에 대하여

확정판결이 있었던 경우를 의미하며 여기에서의 확정판결에는 집행유예의 판결과 선고유예의 판결도 포함되고 집행유예의 선고나 형의 선고유예를 받은 후 유예기간이 경과하여 형의 선고가 실효되었거나 면소된 것으로 간주되었다 하더라도 마찬가지이다(대판 1992.11.24, 92도1417). ● 사시

ⓒ 벌금형·약식명령·자격정지를 선고한 판결이 확정된 경우 : 확정판결은 금고 이상의 형에 처하는 것임을 요하므로 어느 죄에 대하여 벌금형이나 약식명령이 확정된 경우는 여기에 포함되지 않는다. 따라서 그 전후의 범죄는 동시적 경합범이 될 수 있다.

② 판결이 확정되지 않은 죄는 확정판결을 받은 죄의 확정판결전에 범한 죄일 것
  ㉠ 포괄1죄는 그 중간에 다른 종류의 범죄에 대한 확정판결이 끼어 있어도 그 때문에 포괄1죄가 둘로 나뉘는 것은 아니고, 또 이 경우에는 그 확정판결 후의 범죄로 다루어야 한다(대판 2001.3.13, 2000도4880).
  ☞ 따라서 2죄는 사후적 경합범에 해당하지 않는다.

> **동지판례**
> 공익근무요원의 계속적 혹은 간헐적으로 행해진 통산 8일 이상의 복무이탈행위 중간에 동종의 죄에 관한 확정판결이 있는 경우에는 일련의 복무이탈행위는 그 확정판결 전후로 분리된다(대판 2011.3.10, 2010도9317). ● 법행, 법원

  ㉡ 상습범으로 유죄의 확정판결을 받은 사람이 그 후 별개의 후행범죄를 저질렀는데 유죄의 확정판결에 대하여 재심이 개시된 경우 후행범죄가 그 재심대상판결에 대한 재심판결 확정전에 범하여졌다 하더라도 아직 판결을 받지 아니한 후행범죄와 재심판결이 확정된 선행범죄 사이에는 후단 경합범이 성립하지 않는다. 따라서 아직 판결을 받지 아니한 후행범죄는 재심심판절차에서 재심대상이 된 선행범죄와 함께 심리하여 동시에 판결할 수 없었으므로 후행범죄와 재심판결이 확정된 선행범죄 사이에는 후단 경합범이 성립하지 않고 동시에 판결할 경우와 형평을 고려하여 그 형을 감경 또는 면제할 수 없다(대판 2019.6.20, 2018도20698).

3. 경합범의 처분

(1) 동시적 경합범의 처분

> 제38조 (경합범과 처벌례) ① 경합범을 동시에 판결할 때에는 다음 각 호의 구분에 따라 처벌한다.
>   1. 가장 무거운 죄에 대하여 정한 형이 사형, 무기징역, 무기금고인 경우에는 가장 무거운 죄에 대하여 정한 형으로 처벌한다.

형법 제38조 제1항 제1호는 경합범 중 가장 중한 죄에 정한 형이 사형 또는 무기징역이나 무기금고인 때에는 가장 중한 죄에 정한 형으로 처벌하도록 규정하고 있으므로, 경합범 중 가장 중한 죄의 소정형에서 무기징역형을 선택한 이상 무기징역형으로만 처벌하고 따로이 경합범가중을 하거나 가장 중한 죄가 누범이라 하여 누범가중을 할 수 없다(대판 1992.10.13, 92도1428 전원합의체).

① 가중주의

> 제38조 (경합범과 처벌례) ① 경합범을 동시에 판결할 때에는 다음 각 호의 구분에 따라 처벌한다.
> 2. 각 죄에 대하여 정한 형이 사형, 무기징역, 무기금고 외의 같은 종류의 형인 경우에는 가장 무거운 죄에 대하여 정한 형의 장기 또는 다액(多額)에 그 2분의 1까지 가중하되 각 죄에 대하여 정한 형의 장기 또는 다액을 합산한 형기 또는 액수를 초과할 수 없다. 다만, 과료와 과료, 몰수와 몰수는 병과(倂科)할 수 있다. ●검찰7급
> ② 제1항 각 호의 경우에 징역과 금고는 같은 종류의 형으로 보아 징역형으로 처벌한다.

경합범의 처벌에 관하여 형법 제38조 제1항 제2호 본문은 각 죄에 정한 형이 사형 또는 무기징역이나 무기금고 이외의 동종의 형인 때에는 가장 중한 죄에 정한 장기 또는 다액에 그 2분의 1까지 가중하도록 규정하고 그 단기에 대하여는 명문을 두고 있지 않고 있으나 가장 중한 죄 아닌 죄에 정한 형의 단기가 가장 중한 죄에 정한 형의 단기보다 중한 때에는 위 본문 규정취지에 비추어 그 중한 단기를 하한으로 한다고 새겨야 할 것이다(대판 1985.4.23, 84도2890). ●법행

> **참조판례**
> 공직선거법 제18조 제3항은 "형법 제38조에도 불구하고 제1항 제3호에 규정된 죄와 다른 죄의 경합범에 대하여는 이를 분리 선고하여야 한다."라고 규정하고 있는바, 그 취지는 선거범이 아닌 다른 죄가 선거범의 양형에 영향을 미치는 것을 최소화하기 위하여 **형법상 경합범 처벌례에 관한 조항의 적용을 배제하고 분리하여 형을 따로 선고**하여야 한다는 것이다. 그리고 **선거범과 상상적 경합관계에 있는 다른 범죄**에 대하여는 여전히 형법 제40조에 의하여 그중 가장 중한 죄에 정한 형으로 처벌해야 하고, 그 처벌받는 가장 중한 죄가 선거범인지 여부를 묻지 않고 선거범과 상상적 경합관계에 있는 모든 죄는 통틀어 선거범으로 취급하여야 한다(대판 2021.7.21, 2018도16587). ●경찰

② 병과주의

> 제38조 (경합범과 처벌례) 경합범을 동시에 판결할 때에는 다음 각 호의 구분에 따라 처벌한다.
> 3. 각 죄에 대하여 정한 형이 무기징역, 무기금고 외의 다른 종류의 형인 경우에는 **병과**한다.

(2) 사후적 경합범의 처분

> 제39조 (판결을 받지 아니한 경합범, 수개의 판결과 경합범, 형의 집행과 경합범) ① 경합범중 판결을 받지 아니한 죄가 있는 때에는 그 죄와 판결이 확정된 죄를 동시에 판결할 경우와 형평을 고려하여 그 죄에 대하여 형을 선고한다. 이 경우 그 형을 감경 또는 면제할 수 있다.
> ② 삭제 〈2005.7.29〉
> ③ 경합범에 의한 판결의 선고를 받은 자가 경합범중의 어떤 죄에 대하여 사면 또는 형의 집행이 면제된 때에는 다른 죄에 대하여 다시 형을 정한다.
> ④ 전3항의 형의 집행에 있어서는 이미 집행한 형기를 통산한다.

① 형법 제37조의 후단 경합범(사후적 경합범)에 대하여 심판하는 법원은 판결이 확정된 죄와 후단 경합범의 죄를 동시에 판결할 경우와 형평을 고려하여 후단 경합범의 처단형의 범위 내에서 후단 경합범의 선고형을 정할 수 있는 것이고, <u>그 죄(판결을 받지 아니한 죄)와 판결이 확정된 죄에 대한 선고형의 총합이 두 죄에 대하여 형법 제38조(동시적 경합범)를 적용하여 산출한 처단형의 범위 내에 속하도록 후단 경합범에 대한 형을 정하여야 하는 제한을 받는 것은 아니며, 후단 경합범에 대한 형을 감경 또는 면제할 것인지는 원칙적으로 그 죄에 대하여 심판하는 법원이 재량에 따라 판단할 수 있다</u>(대판 2008.9.11, 2006도8376).

② 형법 제37조 후단 경합범(사후적 경합범)에 대하여 형법 제39조 제1항에 의하여 형을 감경할 때에도 법률상 감경에 관한 형법 제55조 제1항이 적용되어 유기징역을 감경할 때에는 그 형기의 2분의 1 미만으로는 감경할 수 없다(대판 2019.4.18, 2017도14609). ☞ 형법 제39조 제1항 후문에서 정한 감경도 당연히 법률상 감경에 해당한다는 의미이다. ● 경간부

(3) 형의 집행과 경합범

> **판례 정리** ··· 상상적 경합 인정판례
>
> 1. 피고인이 <u>피해자가 자동차에서 내릴 수 없는 상태에 있음을 이용하여 강간하려고 결의하고, 주행중인 자동차에서 탈출불가능하게 하여 외포케 하고 50킬로미터를 운행하여 여관 앞까지 강제연행한 후 강간하려다 미수에 그친 경우</u> 위 협박은 <u>감금죄의 실행의 착수임과 동시에 강간미수죄의 실행의 착수라고 할 것이다</u>(대판 1983.4.26, 83도323). ● 경찰, 경찰승진
> 2. <u>절도범이 체포를 면탈할 목적으로 경찰관에게 폭행·협박을 가한 경우</u> 준강도죄와 공무집행방해죄(대판 1992.7.28, 92도917) ● 경찰
>   ☞ 강도범인이 체포를 면탈할 목적으로 경찰관에게 폭행을 가한 경우에는 강도죄와 공무집행방해죄는 실체적경합관계에 있다(대판 1992.7.28, 92도917). ● 경찰, 사시, 검찰
> 3. <u>허위사실이 기재된 현수막을 설치하고 허위사실을 기재한 유인물을 불특정 다수인에게 배포함으로써 피해자의 병원 운영업무를 방해한 경우</u> 업무방해죄와 명예훼손죄(대판 2007.11.15, 2007도7140)
> 4. <u>타인의 사무를 처리하는 자가 그 사무처리상 임무에 위배하여 본인을 기망하고 착오에 빠진 본인으로부터 재물을 교부받은 경우</u> 업무상배임죄와 사기죄(대판 2002.7.18, 2002도669 전원합의체) ● 사시, 법행, 법원

> **비교판례**
> **자기가 점유하는 타인의 재물을 영득할 때 기망행위를 한 경우**는 사기죄는 성립하지 않고 횡령죄만 성립한다(대판 1987.12.22, 87도2168). ● 사시, 경찰

5. 피고인들이 **피해자들의 재물을 강취한 후 그들을 살해할 목적으로 현주건조물에 방화하여 사망에 이르게 한 경우** 강도살인죄와 현주건조물방화치사죄(대판 1998.12.8, 98도3416) ● 경찰
6. 피고인이 합동연설회에서 허위사실을 적시하여 다른 후보자를 비방하는 연설을 한 경우 명예훼손죄와 공직선거법상의 후보자비방죄(대판 1998.3.4, 97도2956) ● 법행
7. **업무상과실로 인하여 교량을 손괴하여 자동차의 교통을 방해하고 그 결과 자동차를 추락시킨 경우** 업무상과실일반교통방해죄와 업무상과실자동차추락죄(대판 1997.11.28, 97도1740) ● 사시
8. 수개의 접근매체를 한꺼번에 양도한 경우의 수개의 전자금융거래법 위반죄(대판 2010.3.25, 2009도1530)
   ☞ 접근매체 양도죄는 각각의 접근매체마다 1개의 죄가 성립된다.
9. **한국소비자보호원을 비방할 목적으로 18회에 걸쳐서 출판물에 의하여 공연히 허위의 사실을 적시·유포한 경우** 출판물에 의한 명예훼손죄와 업무방해죄(대판 1993.4.13, 92도3035) ● 사시, 경찰승진, 검찰9급
10. **강도가 재물강취의 뜻을 재물의 부재로 이루지 못한 채 미수에 그쳤으나 그 자리에서 항거불능의 상태에 빠진 피해자를 간음할 것을 결의하고 실행에 착수했으나 역시 미수에 그쳤더라도 반항을 억압하기 위한 폭행으로 피해자에게 상해를 입힌 경우** 강도강간미수죄와 강도치상죄(대판 1988.6.28, 88도820) ● 사시, 경찰승진, 법행
11. **2인 이상의 연명으로 된 문서를 위조한 경우** 수개의 문서위조죄(대판 1987.7.21, 87도564) ● 경찰
12. 소속대 병기과 전임하사가 행정착오인 사실을 감추고 막연히 다른 곳에서 같은 총기 1정을 구입 보충해서 해결해 줄 것 같은 태도를 취하여 피해자로부터 돈을 받은 경우 뇌물죄와 사기죄(대판 1977.6.7, 77도1069) ● 사시, 경찰승진
13. **동일한 공무를 집행하는 여럿의 공무원에 대하여 폭행·협박 행위를 한 경우**에는 공무를 집행하는 공무원의 수에 따라 여럿의 공무집행방해죄가 성립하고, 위와 같은 폭행·협박 행위가 동일한 장소에서 동일한 기회에 이루어진 것으로서 사회관념상 1개의 행위로 평가되는 경우에는 여럿의 공무집행방해죄는 상상적 경합의 관계에 있다. 따라서 **범죄 피해 신고를 받고 출동한 두 명의 경찰관에게 욕설을 하면서 차례로 폭행을 하여 신고 처리 및 수사 업무에 관한 정당한 직무집행을 방해한 경우**, 사회관념상 1개의 행위로 평가하는 것이 상당하므로, 위 공무집행방해죄는 형법 제40조에 정한 상상적 경합의 관계에 있다(대판 2009.6.25, 2009도3505). ● 법원, 경찰
14. 무허가 카지노영업으로 인한 관광진흥법위반죄와 도박개장죄는 상상적 경합범 관계에 있다(대판 2009.12.10, 2009도11151) ● 경찰승진
15. **공무원이 취급하는 사건에 관하여 청탁 또는 알선을 할 의사와 능력이 없음에도 청탁 또는 알선을 한다고 기망하고 금품을 교부받은 경우** 사기죄와 변호사법위반죄(대판 2006.1.27, 2005도8704) ● 사시
16. 허위사실을 유포한 1개의 행위가 형법 제314조 제1항의 허위사실 유포에 의한 업무방해죄뿐 아니라 형법 제307조 제2항의 허위사실적시에 의한 명예훼손죄에도 해당하는 경우 그 2개의 죄는 상상적 경합관계에 있다(대판 2007.11.15, 2007도7140 ; 대판 2007.2.23, 2005도10233). ● 법행
17. 수 개의 등록상표에 대하여 상표법 제230조의 상표권 침해행위가 계속하여 이루어진 경우에는 등록상표마다 포괄하여 1개의 범죄가 성립한다. 그러나 하나의 유사상표 사용행위로 수 개의 등록상표를 동시에 침해하였다면 각각의 상표법 위반죄는 상상적 경합의 관계에 있다(대판 2020.11.12, 2019도11688). ☞ 포괄일죄 상호간 상상적 경합이 된다는 사례임
18. 채권자들에 의한 복수의 강제집행이 예상되는 경우 재산을 은닉 또는 허위양도함으로써 채권자들을 해하였다면 **채권자별로 각각 강제집행면탈죄가 성립**하고, 상호 상상적 경합범의 관계에 있다(대판 2011.12.8, 2010도4129). ● 경찰, 사시, 경찰승진

19. 업무방해죄의 성립에 일반적·전형적으로 사람에 대한 폭행행위를 수반하는 것은 아니며, 폭행행위가 업무방해죄에 비하여 별도로 고려되지 않을 만큼 경미한 것이라고 할 수도 없으므로, 설령 피해자에 대한 **폭행행위가 동일한 피해자에 대한 업무방해죄의 수단이** 되었다고 하더라도 그러한 폭행행위가 이른바 '불가벌적 수반행위'에 해당하여 업무방해죄에 대하여 흡수관계에 있다고 볼 수는 없다. 따라서 **피고인들이 피해자들의 택시 운행업무를 방해하기 위하여 이루어진 폭행행위**가 피해자들에 대한 업무방해죄의 수단이 되었다 하더라도 그와 같은 폭행행위가 업무방해죄의 성립에 일반적·전형적으로 수반되는 것이 아닐 뿐 아니라 그 폭행행위가 업무방해죄에 비하여 별도로 고려되지 않을 만큼 경미한 것이라고 할 수도 없으므로, 피고인들의 폭행행위가 업무방해죄에 흡수되어 별도의 범죄를 구성하지 않는다고 할 수는 없다(대판 2012.10.11, 2012도1895). ☞ 폭력행위 등 처벌에 관한 법률 위반(공동폭행)죄와 업무방해죄의 상상적 경합

20. 국회의원 선거에서 정당의 공천을 받게 하여 줄 의사나 능력이 없음에도 이를 해 줄 수 있는 것처럼 기망하여 공천과 관련하여 금품을 받은 경우 공직자선거법상 공천관련금품수수죄와 사기죄가 모두 성립하고 양자는 상상적 경합의 관계에 있다(대판 2009.4.23, 2009도834).

21. 피고인이 부동산 공유자인 피해자 3명을 상대로 부동산을 매수한 것처럼 행세하며 근저당권을 먼저 설정하여 주면 이를 담보로 매매대금을 마련하여 지급하겠다고 기망하여 이에 속은 위 피해자들이 공유하는 부동산의 각 공유지분에 관하여 근저당권을 설정하게 함으로써 재산상 이익을 편취한 경우 각 사기죄 사이에는 상상적 경합의 관계에 있다(대판 2015.4.23, 2014도16980).

22. **중대재해처벌법위반(산업재해치사)죄와 근로자 사망으로 인한 산업안전보건법위반죄 및 업무상과실치사죄**는 상호간 사회관념상 1개의 행위가 수개의 죄에 해당하는 경우로서 형법 제40조의 **상상적 경합** 관계에 있다(대판 2023.12.28, 2023도12316).

23. 피고인이 **피해자의 주거에 침입하여 강간하려다 미수에 그침과 동시에 자기의 형사사건의 수사 또는 재판과 관련하여 수사단서를 제공하고 진술한 것에 대한 보복 목적으로 그를 폭행한 경우**, 특정범죄 가중처벌 등에 관한 법률 위반(**보복범죄**)죄 및 성폭력범죄의 처벌 등에 관한 특례법 위반(**주거침입강간**등)죄가 각 성립하고 두 죄가 **상상적 경합관계**에 있다고 보아야 한다(대판 2012.3.15, 2012도544). ● 경찰

24. 피고인이 피해자에게 접근하거나 전화를 건 행위가 스토킹범죄를 구성하는 스토킹행위에 해당하고 구 스토킹범죄의 처벌 등에 관한 법률 제9조 제1항 제2호, 제3호의 잠정조치를 위반한 행위에도 해당하는 경우, '**스토킹범죄로 인한 구 스토킹처벌법 위반죄**'와 '**잠정조치 불이행으로 인한 구 스토킹처벌법 위반죄**'는 사회관념상 1개의 행위로 성립하는 수 개의 죄에 해당하므로 형법 제40조의 **상상적 경합관계**에 있다(대판 2024.9.27, 2024도7832).

> **판례 정리 ··· 실체적 경합 인정판례**

1. **흉기로 찔러죽인다고 해악을 고지하여 협박을 한 후 다시 주먹과 발로 수회 구타하여 상해를 입힌 경우** 다른 법익을 침해한 경우이므로 협박죄와 상해죄는 실체적 경합관계에 있다(대판 1982.6.8, 82도486).
   ☞ 협박사실행위가 피고인에게 인정된 **상해사실과 같은 시간 같은 장소에서 동일한 피해자에게 가해진 경우**에는 특별한 사정이 없는 한 상해의 단일범의 하에서 이루어진 하나의 폭언에 불과하여 위 상해죄에 포함되는 행위라고 봄이 상당하다(대판 1976.12.14, 76도33750). ☞ 불가벌적 수반행위로 흡수관계이다.

2. **감금행위가 단순히 강도상해 범행의 수단이 되는 데 그치지 아니하고 강도상해의 범행이 끝난 뒤에도 계속된 경우**에는 1개의 행위가 감금죄와 강도상해죄에 해당하는 경우라고 볼 수 없고, 이 경우 **감금죄와 강도상해죄는 형법 제37조의 경합범** 관계에 있다(대판 2003.1.10, 2002도4380). ● 사시, 법원, 경찰승진

3. **부녀를 강간한 자가 강간행위 후에 강도의 범의를 일으켜 재물을 강취하는 경우**에는 강간죄와 강도죄의 경합범이 된다(대판 1977.9.28, 77도1350). ● 사시

4. **피해자 명의의 신용카드를 부정사용하여 현금자동인출기에서 현금을 인출하고 그 현금을 취득까지 한 경우** 신용카드부정사용죄와 절도죄는 보호법익이나 행위태양이 달라 실체적 경합관계에 있다(대판 1995.7.28, 95도997). ● 법행

5. **현주건조물에 방화하여 동 건조물에서 탈출하려는 사람을 막아 소사케 한 경우** 현주건조물방화죄와 살인죄 (대판 1983.1.18, 82도2341) ● 경찰
    - ☞ 사람을 살해할 의도로 현주건조물에 방화한 경우는 현주건조물방화치사죄가 성립한다(대판 1983.1.18, 82도2341).
    - ☞ 아버지를 살해할 의도로 아버지가 잠자는 방에 방화하여 가옥을 소훼하고 아버지를 질식사 하게 한 경우 현주건조물방화치사죄와 존속살해죄는 상상적 경합범관계에 있다(대판 1996.4.26, 96도485). ● 법원
6. **히로뽕 완제품을 제조할 때 함께 만든 액체 히로뽕 반제품을 땅에 묻어 두었다가 약 1년 9월 후에 앞서 제조 시의 공범 아닌 자 등의 요구에 따라 그들과 함께 위 반제품으로 그 완제품을 제조한 경우** 포괄일죄를 이룬 다고 할 수 없으므로 형법 제37조의 전단의 경합범으로 의율처단하여야 한다(대판 1991.2.26, 90도2900). ● 사시
7. **위조통화를 행사하여 재물을 불법영득한 경우** 위조통화행사죄와 사기죄(대판 1979.7.10, 79도840) ● 사시, 경찰승진
8. **무면허운전을 하다 두 사람을 한꺼번에 치어 사상케 한 경우** 업무상과실치사상죄와 도로교통법위반죄(대판 1972.10.31, 72도201)
    - ☞ 무면허운전을 하다 두 사람을 한꺼번에 치어 사상케 한 부분, 즉 업무상 과실치사상 부분은 상상적 경합 관계에 있다.
9. **법원을 기망하여 승소판결을 받고 그 확정판결에 의하여 소유권이전등기를 경료한 경우** 사기죄와 공정증서 원본불실기재죄(대판 1983.4.26, 83도188) ● 사시
10. **횡령교사를 한 후 그 횡령한 물건을 취득한 경우** 횡령교사죄와 장물취득죄(대판 1969.6.24, 69도692) ● 경찰승진
11. **약속어음 2매의 위조행위**(대판 1983.4.12, 82도2938) ☞ 유가증권위조죄의 죄수는 위조된 유가증권의 매수 를 기준으로 정한다. ● 사시, 경찰
12. **절도범인이 그 범행수단으로 주거침입을 한 경우** 주거침입죄와 절도죄(대판 2008.11.27, 2008도7820) ● 법행
13. ○○작가협회회원이 타인의 명의를 도용하여 협회 교육원장을 비방하는 내용의 호소문을 작성한 후 이를 협회 회원들에게 우편으로 송달한 경우, 사문서위조죄와 명예훼손죄가 각 성립하고, 이는 실체적 경합관계 이다(대판 2009.4.23, 2008도8527). ● 법행
14. **업무상배임죄와 배임수재죄**는 행위의 태양을 전연 달리하고 있어 일반법과 특별법관계가 아닌 별개의 독립 된 범죄라고 보아야 하고 업무상 배임죄가 배임수재죄에 흡수되는 관계에 있다거나 결과적 가중범의 관계 에 있다고는 할 수 없으므로 양 죄는 경합범관계에 있다(대판 1984.11.27, 84도1906). ● 사시
15. **다수의 계(契)를 조직하여 수인의 계원들을 개별적으로 기망하여 계불입금을 편취**한 경우, 각 피해자별로 독립하여 사기죄가 성립하고 그 사기죄 상호간은 실체적 경합범 관계에 있다(대판 2010.4.29, 2010도 2810). ● 사시
16. 피고인이 '자신의 집에 메스암페타민을 숨겨두어 소지한 행위'와 그 후 '투약하고 남은 것을 일반 투숙객들 의 사용에 제공되는 모텔 화장실 천장에 숨겨두어 소지한 행위'는 별개의 독립한 범죄이므로 경합범에 해당 한다(대판 2011.2.10, 2010도16742). ● 사시
17. 등록을 하지 아니하고 다단계판매조직을 개설·관리·운영한 자를 처벌하는 **방문판매 등에 관한 법률** 제13 조 제1항 위반죄와 무등록 다단계판매업 영업행위를 통하여 금전을 수입한 유사수신행위를 처벌하는 **유사 수신행위의 규제에 관한 법률** 제3조, 제2조 각 호의 위반죄는 **실체적 경합관계**에 있다(대판 2001.12.24, 2001도205). ● 법행
18. 음주운전으로 단속된 자가 경찰관의 음주측정 요구를 거부한 경우 음주운전으로 인한 도로교통법 위반죄와 음주측정거부로 인한 도로교통법위반죄는 실체적 경합관계에 있다(대판 2004.11.12, 2004도5257). ● 검찰9급

19. 유사석유제품을 제조한 범행으로 경찰에 단속된 후 기소중지되어 1달 이상 범행을 중단하였다가 새로운 범의로 다른 방법과 다른 장소에서 다시 유사석유제품을 제조한 경우에 각 범행은 실체적 경합범에 해당한다(대판 2006.9.8, 2006도3172). ● 법행

20. 건물관리인이 건물주로부터 월세임대차계약 체결업무를 위임받고도 임차인을 속여 전세임대차계약을 체결하고 그 보증금을 편취한 경우 업무상배임죄와 사기죄가 성립하고 두 죄는 실체적 경합관계에 있다(대판 2010.11.11, 2010도10690). ● 사시

21. 사기죄에서 피해자에게 그 대가가 지급된 경우, 피해자를 기망하여 그가 보유하고 있는 그 대가를 다시 편취하거나 피해자로부터 그 대가를 위탁받아 보관 중 횡령하였다면, 이는 새로운 법익의 침해가 발생한 경우이므로 기존에 성립한 사기죄와는 별도의 새로운 사기죄나 횡령죄가 성립한다(대판 2009.10.29, 2009도7052). ● 경간부

22. **범죄집단활동죄와 개별 마약류관리에관한법률위반(향정)죄는** 그 구성요건, 보호법익 및 입법취지가 다르므로 위 두 죄는 **실체적 경합관계에 있다**(대판 2024.7.25, 2024도6909).

23. 사기의 수단으로 발행한 수표가 지급거절된 경우 부정수표단속법위반죄와 사기죄는 그 행위의 태양과 보호법익을 달리하는 실체적 경합범의 관계에 있다(대판 2004.6.25, 2004도1751). ● 경간부, 경찰

24. 유사수신행위의 규제에 관한 법률 제3조에서 금지하고 있는 유사수신행위가 별도로 사기죄의 구성요건도 충족하는 경우 유사수신행위의 규제에 관한 법률 위반죄와 사기죄가 각각 성립하고 양죄는 실체적 경합관계에 있다(대판 2008.2.29, 2007도10414). ● 경찰

25. 미성년자인 피해자를 약취한 후에 강간을 목적으로 피해자에게 가혹한 행위 및 상해를 가하고 나아가 그 피해자에 대한 강간 및 살인미수를 범하였다면, 이에 대하여는 약취한 미성년자에 대한 상해 등으로 인한 특정범죄 가중처벌 등에 관한 법률 위반죄 및 미성년자인 피해자에 대한 강간 및 살인미수행위로 인한 성폭력범죄의 처벌 등에 관한 특례법 위반죄가 각 성립하고, 설령 상해의 결과가 피해자에 대한 강간 및 살인미수행위 과정에서 발생한 것이라 하더라도 위 각 죄는 서로 형법 제37조 전단의 실체적 경합범 관계에 있다(대판 2014.2.27, 2013도12301,2013전도252,2013치도2). ● 경찰

26. **허위 또는 과장된 사실을 알리는 등 소비자를 유인하는 방법으로 기망하여 돈을 편취한 경우** 방문판매등에 관한 법률 제54조 제1항 제3호 및 제32조 제1항 제2호를 위반한 행위는 그 자체가 사기행위에 해당한다거나 사기행위를 반드시 포함한다고 할 수 없고, 위 방문판매등에 관한 법률 위반죄는 형법 제347조 제1항의 사기죄와 그 구성요건을 달리하는 별개의 범죄로서 서로 보호법익이 다르므로, 두 죄는 법조경합 관계가 아니라 **실체적 경합 관계로 봄이 상당하다**(대판 2010.2.11, 2009도12627). ● 법원9급

27. 범죄단체 등에 소속된 조직원이 저지른 **폭력행위 등 처벌에 관한 법률 위반(단체 등의 공동강요)**죄 등의 개별적 범행과 폭력행위처벌법 위반(**단체 등의 활동**)죄는 범행의 목적이나 행위 등 측면에서 **일부 중첩되는 부분이 있더라도**, 일반적으로 구성요건을 달리하는 별개의 범죄로서 범행의 상대방, 범행 수단 내지 방법, 결과 등이 다를 뿐만 아니라 그 보호법익이 일치한다고 볼 수 없다. 또한 **폭력행위처벌법 위반(단체 등의 구성·활동)**죄와 위 **개별적 범행**은 특별한 사정이 없는 한 법률상 1개의 행위로 평가되는 경우로 보기 어려워 상상적 경합이 아닌 **실체적 경합관계**에 있다고 보아야 한다(대판 2022.9.7, 2022도6993). ● 경찰

28. 피고인이 특정인을 중소기업중앙회장으로 당선되도록 할 목적으로 선거인에게 재산상 이익을 제공하면서 그 비용을 자신이 이사장으로 있었던 협동조합의 법인카드로 결제한 경우, 선거인에 대한 재산상 이익 제공으로 인한 중소기업협동조합법 위반죄와 협동조합에 재산상 손해를 가한 것으로 인한 업무상배임죄는 각 범죄의 구성요건 및 행위의 태양과 보호법익을 달리하고 있어 실체적 경합 관계에 있다(대판 2023.2.23, 2020도12431).

29. **부정수표단속법** 제4조는 수표금액의 지급 또는 거래정지처분을 면할 목적으로 금융기관에 거짓 신고를 한 자를 처벌하도록 규정하고 있는바, 위 **허위신고죄**는 타인으로 하여금 형사처분 또는 징계처분을 받게 할 목적으로 공무소 또는 공무원에 대하여 허위의 사실을 신고하는 때에 성립하는 **무고죄**와는 별개의 범죄로서

서로 보호법익이 다르고, 법률상 1개의 행위로 평가되는 경우에도 해당하지 않으므로, 두 죄는 상상적 경합관계가 아니라 **실체적 경합관계**로 보아야 한다(대판 2014.1.23, 2013도12064). 검찰

30. **운행정지명령 위반**으로 인한 자동차관리법 제82조 제2호의2를 위반한 죄와 **의무보험미가입자동차운행**으로 인한 자동차손해배상 보장법 제46조 제2항 제2호를 위반한 죄는 …자동차의 운행이라는 행위가 일부 중첩되기는 하나 법률상 1개의 행위로 평가되는 경우에 해당한다고 보기 어렵고, 또 구성요건을 달리하는 별개의 범죄로서 보호법익을 달리하고 있으므로 상상적 경합관계로 볼 것이 아니라 **실체적 경합관계**로 보는 것이 타당하다(대판 2023.4.27, 2020도17883).

판례로 보는
형법 교과서

제 3 편

형벌론

Chapter 01 형벌론
Chapter 02 보안처분론

CHAPTER 01 형벌론

제1절 형벌의 의의 및 종류

I 형벌의 의의

형벌이란 국가가 범죄에 대한 법률효과로서 범죄자에 대하여 과하는 법익의 박탈을 말한다.

II 형벌의 종류

> 제41조 (형의 종류) 형의 종류는 다음과 같다.
> 1. 사형   2. 징역   3. 금고   4. 자격상실   5. 자격정지
> 6. 벌금   7. 구류   8. 과료   9. 몰수   ● 검찰9급

1. 사 형

> 제66조 (사형) 사형은 교정시설 안에서 교수(絞首)하여 집행한다.

2. 자유형

> 제67조 (징역) 징역은 교정시설에 수용하여 집행하며, 정해진 노역(勞役)에 복무하게 한다.

> 제68조 (금고와 구류) 금고와 구류는 교정시설에 수용하여 집행한다.

> 제42조 (징역 또는 금고의 기간) 징역 또는 금고는 무기 또는 유기로 하고 유기는 **1개월 이상 30년 이하**로 한다. 단, 유기징역 또는 유기금고에 대하여 **형을 가중하는 때에는 50년까지**로 한다.   ● 경찰

> 제46조 (구류) 구류는 <u>1일 이상 30일 미만</u>으로 한다.   ● 검찰9급

3. 재산형

(1) 벌 금

> 제45조 (벌금) 벌금은 5만원 이상으로 한다. 다만, <u>감경하는 경우에는 5만원 미만으로 할 수 있다.</u> ● 사시
>
> 제69조 (벌금과 과료) ① 벌금과 과료는 판결확정일로부터 30일내에 납입하여야 한다. 단, 벌금을 선고할 때에는 동시에 그 <u>금액을 완납할 때까지 노역장에 유치할 것을 명할 수 있다.</u> ● 검찰7급
> ② 벌금을 납입하지 아니한 자는 **1일 이상 3년 이하**, 과료를 납입하지 아니한 자는 1일 이상 30일 미만의 기간 노역장에 유치하여 작업에 복무하게 한다. ● 사시, 검찰7급
>
> 제70조(노역장유치) ① 벌금이나 과료를 선고할 때에는 이를 납입하지 아니하는 경우의 노역장 유치기간을 정하여 동시에 선고하여야 한다.
> ② 선고하는 벌금이 1억원 이상 5억원 미만인 경우에는 300일 이상, 5억원 이상 50억원 미만인 경우에는 500일 이상, 50억원 이상인 경우에는 1천일 이상의 노역장 유치기간을 정하여야 한다.
>
> 제71조 (유치일수의 공제) 벌금이나 과료의 선고를 받은 사람이 그 금액의 일부를 납입한 경우에는 벌금 또는 과료액과 노역장 유치기간의 일수(日數)에 비례하여 납입금액에 해당하는 일수를 뺀다.

① 벌금의 일신전속성 : 벌금은 형벌이므로 일신전속적 성질을 가진다. 따라서 제3자의 대납, 국가에 대한 채권과의 상계, 벌금의 상속은 인정되지 아니한다.
② 총액벌금형제도 : 형법상 벌금제도는 총액벌금형제이지 일수벌금형제가 아니다. ● 검찰7급
③ 노역장유치기간이 선택형인 징역형의 장기를 초과한 경우(위법 아님) : 징역형과 벌금형 가운데서 벌금형을 선택하여 선고하면서 그에 대한 노역장유치기간을 환산한 결과 선택형의 하나로 되어 있는 징역형의 장기보다 유치기간이 더 길 수 있게 되었다 하더라도 이를 위법이라고 할 수는 없다(대판 2000.11.24, 2000도3945). ● 법무사

(2) 과 료

> 제47조 (과료) 과료는 2천원 이상 5만원 미만으로 한다.

(3) 몰 수

> 제48조 (몰수의 대상과 추징) ① 범인 외의 자의 소유에 속하지 아니하거나 범죄 후 범인 외의 자가 사정을 알면서 취득한 다음 각 호의 물건은 전부 또는 일부를 몰수할 수 있다.
> 1. 범죄행위에 제공하였거나 제공하려고 한 물건
> 2. 범죄행위로 인하여 생겼거나 취득한 물건
> 3. 제1호 또는 제2호의 대가로 취득한 물건

② 제1항 각 호의 물건을 몰수할 수 없을 때에는 그 가액(價額)을 추징한다.
③ 문서, 도화(圖畵), 전자기록(電磁記錄) 등 특수매체기록 또는 유가증권의 일부가 몰수의 대상이 된 경우에는 그 부분을 폐기한다.

제49조 (몰수의 부가성) 몰수는 타형에 부가하여 과한다. 단, 행위자에게 <u>유죄의 재판을 아니할 때에도 몰수의 요건이 있는 때에는 몰수만을 선고할 수 있다</u>. ● 사시, 검찰7급

① 의의 및 성질
  ㉠ **제48조 제1항 제1호**(범죄행위에 제공하였거나 제공하려고 한 물건)에 따른 몰수는 **임의적**인 것이어서 그 요건에 해당되더라도 실제로 이를 몰수할 것인지 여부는 **법원의 재량**에 맡겨져 있지만 형벌 일반에 적용되는 **비례의 원칙에 따른 제한**을 받는다(대판 2017.10.23, 2017도5905).

  > **관련판례**
  > 대마 관련 범행 시 문자메시지를 몇 차례 주고받고 필로폰 관련 범행 시 통화를 1회할 때 사용한 휴대전화는 비록 최초 압수 당시에는 몰수 요건에 형식적으로 해당한다고 볼 수 있었다 하더라도 몰수로 인하여 피고인에게 미치는 불이익의 정도가 지나치게 큰 편이라는 점에서 비례의 원칙상 몰수가 제한되는 경우에 해당한다(대판 2024.1.4, 2021도5723).

  ㉡ **특별법에서** 해당 법률의 입법 목적과 취지 등을 고려하여 몰수·추징의 성격이나 그 범위 등에 관하여 **형법과 달리 정한 경우**에는 특별법 우선의 원칙상 특별법 규정이 적용되는 한도에서 형법 제48조의 적용이 배제되나 **특별법에 따른 몰수·추징 요건이 구비되지 않고 형법 제48조의 요건이 충족되는 경우**에는 이에 따른 몰수·추징이 가능하다. 다만 형법 제48조 제1항에 따른 몰수는 **임의적**인 것이므로 그 몰수의 요건에 해당하는 물건이라도 이를 몰수할 것인지는 **법원의 재량**에 맡겨져 있다(대판 2018.7.26, 2018도8194). ● 법행
  ㉢ 형사법상 몰수를 갈음하는 추징은 공소사실에 관하여 형사재판을 받는 피고인에 대한 유죄의 판결에서 선고되는 부수처분으로서 형벌적 성격을 가진다. 따라서 몰수·추징의 요건을 정한 부패재산의 몰수 및 회복에 관한 특례법 제6조 제1항을 해석함에 있어서도, 형벌법규의 해석은 엄격하여야 하고, 문언의 가능한 의미를 벗어나 피고인에게 불리한 방향으로 해석하는 것은 죄형법정주의의 내용인 확장해석금지에 따라 허용되지 않는다는 법리의 취지를 고려할 필요가 있다(대판 2024.6.13, 2023도17596).

② 종류
　㉠ 부가형으로서의 몰수

> **관련판례**
>
> ① 형법 제59조에 의하더라도 몰수는 선고유예의 대상으로 규정되어 있지 아니하고 다만 몰수 또는 이에 갈음하는 추징은 부가형적 성질을 띄고 있어 그 주형에 대하여 **선고를 유예하는 경우에는 그 부가할 몰수 추징에 대하여도 선고를 유예할 수 있으나, 그 주형에 대하여 선고를 유예하지 아니하면서 이에 부가할 몰수 추징에 대하여서만 선고를 유예할 수는 없다**(대판 1988.6.21, 88도551). ● 법행, 법무사, 경찰승진, 사시
> ② 필요적 몰수의 경우라도 <u>주형을 선고유예하는 경우에는 몰수나 또는 몰수에 갈음하는 추징도 선고유예</u>를 할 수 있다(대판 1978.4.25, 76도2262).
> ③ 형법 제 59조에 의하여 주형의 선고유예를 하는 경우에도 몰수의 요건이 있는 때에는 <u>몰수형만의 선고를 할 수 있고</u>(대판 1973.12.11, 73도1133 전원합의체), **주형인 징역형의 선고를 유예할 경우에도 <u>추징을 선고할 수 있다</u>**(대판 1990.4.27, 89도2291). ● 사시
> ④ 추징은 부가형이지만 **징역형의 집행유예와 추징의 선고를 받은 사람에 대하여 징역형의 선고의 효력을 상실케 하는 동시에 복권하는 특별사면이 있는 경우에 <u>추징에 대하여도 형 선고의 효력이 상실된다고 볼 수는 없다</u>**(대결 1996.5.14, 96모14). ● 법행
> ⑤ 몰수나 추징은 일종의 형으로서 직권으로 하는 것이므로 검사가 추징을 구하는 의견을 진술하여야 선고할 수 있는 것은 아니다. 따라서 검사가 공소를 제기함에 있어 관련추징규정의 적용규정을 빠뜨렸다 하더라도 법원이 직권으로 이를 적용하여야 한다(대판 1989.2.14, 88도2211). ● 경간부, 사시

　㉡ 공소사실과 몰수·추징 : 몰수나 추징을 선고하기 위하여서는 몰수나 추징의 요건이 공소가 제기된 공소사실과 관련되어 있어야 하고, 공소사실이 인정되지 않는 경우에 이와 별개의 공소가 제기되지 아니한 범죄사실을 법원이 인정하여 그에 관하여 몰수나 추징을 선고하는 것은 불고불리의 원칙에 위반되어 불가능하다(대판 1992.7.28, 92도700). ● 경찰승진
　㉢ 공소시효 완성과 몰수·추징 : 몰수나 추징이 공소사실과 관련이 있다 하더라도 그 공소사실에 관하여 이미 공소시효가 완성되어 유죄의 선고를 할 수 없는 경우에는 몰수나 추징도 할 수 없다(대판 1992.7.28, 92도700). ● 경찰
　㉣ 면소판결과 몰수 여부(불가능) : 우리 법제상 공소의 제기 없이 별도로 몰수만을 선고할 수 있는 제도가 마련되어 있지 아니하므로 **실체판단에 들어가 공소사실을 인정하는 경우가 아닌 면소의 경우에는 원칙적으로 몰수도 할 수 없다**
　　(대판 2007.7.26, 2007도4556). ● 경찰간부
③ 몰수의 대상 및 요건
　㉠ 몰수의 대상
　　ⓐ **형법 제48조는 몰수의 대상을 '물건'으로 한정**하고 있다. 이는 범죄행위에 의하여 생긴 재산 및 범죄행위의 보수로 얻은 재산을 범죄수익으로 몰수할 수 있도록 한 범죄수익은닉의 규제 및 처벌 등에 관한 법률이나 범죄행위로 취득한 재산상 이익의 가액을 추징할 수 있도록 한 형법 제357조 등의

규정과는 구별된다. 민법 제98조는 물건에 관하여 '유체물 및 전기 기타 관리할 수 있는 자연력'을 의미한다고 정의하는데, 형법이 민법이 정의한 '물건'과 다른 내용으로 '물건'의 개념을 정의하고 있다고 볼 만한 사정도 존재하지 아니한다. 따라서 피고인이 갑, 을과 공모하여 **정보통신망을 통하여 음란한 화상 또는 영상을 배포하고, 도박 사이트를 홍보**하였다는 이유로 범죄행위에 이용한 웹사이트 매각을 통해 취득한 대가를 형법 제48조에 따라 추징한 경우, 위 **웹사이트는 범죄행위에 제공된 무형의 재산에 해당할 뿐** 형법 제48조 제1항 제2호에서 정한 '**범죄행위로 인하여 생하였거나 이로 인하여 취득한 물건**'**에 해당하지 않으므로**, 위 **웹사이트 매각을 통해 취득한 대가**는 형법 제48조 제1항 제2호, 제2항이 규정한 추징의 대상에 해당하지 않는다(대판 2021.10.14, 2021도7168).

> **참조판례**
> ① 범죄수익은닉규제법에 정한 중대범죄에 해당하는 범죄행위에 의하여 취득한 것으로 <u>재산적 가치가 인정되는 무형재산도 몰수할 수 있다.</u> 피고인이 정보통신망법 위반(음란물유포)죄와 도박개장방조죄는 범죄수익은닉규제법에 정한 중대범죄에 해당하며 이로 인해 취득한 **비트코인**은 재산적 가치가 있는 무형의 재산이지만 몰수할 수 있다(대판 2018.5.30, 2018도3619).
> ② **전자기록**은 일정한 저장매체에 전자방식이나 자기방식에 의하여 저장된 기록으로서 저장매체를 매개로 존재하는 **물건**이므로 형법 제48조 제1항 각호의 사유가 있는 때에는 이를 몰수할 수 있는 바 가령 휴대전화의 동영상 촬영기능을 이용하여 피해자를 촬영한 행위 자체가 범죄에 해당하는 경우, 휴대전화는 '**범죄행위에 제공된 물건**', 촬영되어 저장된 동영상은 휴대전화에 저장된 전자기록으로서 '**범죄행위로 인하여 생긴 물건**'에 각각 해당하고 이러한 경우 법원이 휴대전화를 몰수하지 않고 동영상만을 몰수하는 것도 가능하다(대판 2017.10.23, 2017도5905). ●법행
> ③ 피고인은 자신이 운영하는 인터넷 사이트 등을 이용하여 국민체육진흥법 제26조에서 금지하고 있는 유사행위를 영위하는 도박사이트를 홍보하면서 모집된 회원들이 베팅을 한 금액 중 일부를 위 도박사이트 운영자로부터 피고인 명의 **은행 계좌로 송금 받은 경우 위 송금 받은 금액은 범행의 보수로 받은 금품으로서 이는 은행에 대한 예금채권을 취득할 뿐이지 형법 제48조 제1항 각호의 '물건'에 해당한다고 보기는 어렵다.** 따라서 피고인이 **계좌송금을 통해 취득한 범행의 보수**는 형법 제48조 제1항 제2호, 제2항이 규정한 **추징의 대상에 해당하지 아니한다**(대판 2023.1.12, 2020도2154). ●경간부

ⓑ **압수의 적법여부와 몰수** : 법원이나 수사기관은 필요한 때에는 증거물 또는 몰수할 것으로 사료하는 물건을 압수할 수 있으나, 몰수는 반드시 압수되어 있는 물건에 대하여서만 하는 것이 아니므로, **몰수대상물건이 압수되어 있는가 하는 점 및 적법한 절차에 의하여 압수되었는가 하는 점은 몰수의 요건이 아니다.** 따라서 이미 그 집행을 종료함으로써 **효력을 상실한 압수·수색영장에 기하여 다시 압수·수색을 실시하면서 몰수대상물건을 압수한 경우, 압수 자체가 위법하게 됨은 별론으로 하더라도 그것이 위 물건의 몰수의 효력에는 영향을 미칠 수 없다**(대판 2003.5.30, 2003도705). ●법행

> **참조판례**
> 몰수는 압수되어 있는 물건에 대해서만 하는것이 아니므로 **판결선고전 검찰에 의하여 압수된 후 피고인에게 환부된 물건**에 대하여도 피고인으로부터 몰수할 수 있다(대판 1977.5.24, 76도4001). 🔵 검찰7급

      ⓒ 형법 제48조가 규정하는 몰수·추징의 대상은 범인이 범죄행위로 인하여 취득한 물건을 뜻하고, 여기서 '취득'이란 해당 범죄행위로 인하여 결과적으로 이를 취득한 때를 말한다고 제한적으로 해석함이 타당하다(대판2021. 7.21. 2020도10970).

  ⓛ 범죄행위에 제공하였거나 제공하려고 한 물건
      ⓐ 범죄행위에 제공한 물건 : 형법 제48조 제1항 제1호의 **"범죄행위에 제공한 물건"** 은, 가령 살인행위에 사용한 칼 등 **범죄의 실행행위 자체에 사용한 물건에만 한정되는 것이 아니며**, 실행행위의 착수 전의 행위 또는 실행행위의 종료 후의 행위에 사용한 물건이더라도 그것이 범죄행위의 수행에 실질적으로 기여하였다고 인정되는 한 위 법조 소정의 제공한 물건에 포함된다(대판 2006.9.14, 2006도4075). 🔵 법행

> **관련판례**
> ① 대형할인매장에서 수회 상품을 절취하여 자신의 승용차에 싣고 간 경우, 위 승용차는 형법 제48조 제1항 제1호에 정한 범죄행위에 제공한 물건으로 보아 몰수할 수 있다(대판 2006.9.14, 2006도4075). 🔵 법행
> ② 오락실업자, 상품권업자 및 환전소 운영자가 공모하여 **사행성 전자식 유기기구에서 경품으로 배출된 상품권을 현금으로 환전**하면서 그 수수료를 일정한 비율로 나누어 가지는 방식으로 영업을 한 경우, 환전소 운영자가 **환전소에 보관하던 현금 전부**가 위와 같은 상품권의 환전을 통한 범죄행위에 제공하려 하였거나 그 범행으로 인하여 취득한 물건에 해당하여 형법 제48조 제1항 제1호 또는 제2호의 규정에 의하여 몰수의 대상이 되고, 환전소 운영자가 위 환전소 내에 보관하고 있던 현금 중 일부를 생활비 등의 용도로 소비하였다고 하여 달리 볼 것이 아니다(대판 2006.10.13. 2006도3302). 🔵 법행
> ③ 피해자로 하여금 사기도박에 참여하도록 유인하기 위하여 **고액의 수표를 제시해 보인 경우**, 위 수표가 직접적으로 도박자금으로 사용되지 아니하였다 할지라도, 위 수표가 피해자로 하여금 사기도박에 참여하도록 만들기 위한 수단으로 사용된 이상, 이를 **몰수할 수 있다**(대판 2002.9.24, 2002도3589). 🔵 사시, 법무사
> ④ 당국으로부터 적법하게 등급심사를 받은 후 손님들의 **사행행위에 제공된 '황금성 게임기'** 는 기판과 본체가 서로 물리적으로 결합되어야만 비로소 그 기능을 발휘할 수 있는 기계로서 당국으로부터적법하게 등급심사를 받은 것이라고 하더라도 **본체를 포함한 그 전부가 범죄행위에 제공된 물건으로서 몰수의 대상이 된다**(대판 2006.12.8, 2006도6400). 🔵 경간부

      ⓑ 범죄행위에 제공하려고 한 물건 : 범죄행위에 제공하려고 한 물건이란 범죄행위에 사용하려고 준비하였으나 실제 사용하지 못한 물건을 의미하는 바, 어떠한 물건을 '범죄행위에 제공하려고 한 물건'으로서 몰수하기 위하

여는 그 물건이 유죄로 인정되는 당해 범죄행위에 제공하려고 한 물건임이 인정되어야 한다(대판 2008.2.14. 2007도10034). ● 법행, 경찰, 경찰승진

> **관련판례**
>
> **체포될 당시에 미처 송금하지 못하고 소지하고 있던 자기앞수표나 현금**은 장차 실행하려고 한 외국환거래법 위반의 범행에 제공하려는 물건일 뿐, 그 이전에 범해진 외국환거래법 위반의 '**범죄행위에 제공하려고 한 물건**'으로는 볼 수 없으므로 몰수할 수 없다(대판 2008.2.14, 2007도10034).
>
> ● 법행, 경찰, 경찰승진

ⓒ 범죄행위로 인하여 생하였거나 이로 인하여 취득한 물건

[1] 공무원이 그 직무에 관하여 **금원을 무기한 무이자로 차용한 경우**에는 수뢰자가 받은 실질적 이익은 무기한 무이자차용금의 금융이익상당이므로 위의 경우에는 그 **금융이익이 뇌물**이라 할 것이다.

[2] 수뢰의 목적이 금전소비대차계약에 의한 금융이익이어서 그 금융이익이 뇌물이 되는 경우 **소비대차의 목적인 금원 그 자체는 뇌물이 아니므로** 대여로 받은 그 금원 자체는 본조에 의하여 몰수 또는 추징할 수 없고 이는 범죄행위로 인하여 취득한 물건으로서 피고인 이외의 자의 소유에 속하지 아니하므로 본법 제48조 제1항 제2호에 의하여 몰수할 것이다(대판 1976.9.28, 75도3607). ● 사시

ⓓ 전2호의 대가로 취득한 물건

ⓐ 장물을 처분하여 그 대가로 취득한 압수물은 몰수할 것이 아니라 피해자에게 교부하여야 할 것이다(대판 1969.1.21, 68도1672). ● 법행

ⓑ 강취한 소나 횡령한 군용물을 매각한 대금은 피해자에게 환부해야 하므로 횡령한 군용물의 운반에 대한 보수조로 받은 금전도 범인 이외의 자의 소유에 속하지 아니하는 것으로 볼 수 없으므로 몰수할 수 없다(대판 1966.9.6, 66도853). ● 사시

ⓔ 범인이외의 자의 소유에 속하지 아니할 것

ⓐ 원 칙

[1] 형법 제48조 제1항의 '범인'에는 공범자도 포함되므로 피고인의 소유물은 물론 공범자의 소유물도 그 공범자의 소추 여부를 불문하고 몰수할 수 있고, 여기에서의 공범자에는 공동정범, 교사범, 방조범에 해당하는 자는 물론 필요적 공범관계에 있는 자도 포함된다.

[2] 형법 제48조 제1항의 '범인'에 해당하는 공범자는 반드시 유죄의 죄책을 지는 자에 국한된다고 볼 수 없고 공범에 해당하는 행위를 한 자이면 족하므로 이러한 자의 소유물도 형법 제48조 제1항의 '범인 이외의 자의 소유에 속하지 아니하는 물건'으로서 이를 피고인으로부터 몰수할 수 있다(대판 2006.11.23, 2006도5586). ● 사시, 법원, 법행, 경찰

ⓑ **예외**(관세법상 예외) : 관세법 제282조 제2항에서 정한 몰수는 형법총칙의 몰수에 대한 특별규정으로서 필요적인 몰수에 관한 규정이라 할 것이고, 같은 조항이 같은 법 제269조 제2항 및 제3항, 제274조 제1항 제1호의 경우에는 **범인이 소유 또는 점유하는 그 물품을 몰수한다고** 규정한 이상 범인이 점유하는 물품은 누구의 소유에 속함을 불구하고 소유자가 선의였든가 악의였든가를 가리지 않고 그 사실에 관하여 재판을 받는 범인에 대한 관계에서 이를 몰수하여야 한다고 해석할 것이다(대판 2004.3.26, 2003도8014). ● 경찰간부

판례 정리 … 1. 몰수(추징)가 불가능한 경우

1. 금괴밀수 중 인도받는 찰나에 바닷물 속에 던져버림으로써 인도를 받지 못한 경우 아직 피고인들이 소유 또는 점유하는 물건이라고 볼 수 없으므로 몰수·추징의 대상이 되지 아니한다(대판 1978.11.14, 78도2078).
2. 부동산 등기부는 범인이외의 자에 속하는 물건이며 범죄 후 범인 이외의 자가 정을 알면서 취득한 것이 아니므로 이를 몰수할 수 없다(대판 1957.8.2, 4290형상190).
3. 공무원이 그 권한에 의하여 작성한 문서는 신청자의 허위신고에 의한 허위내용의 것이라도 그 기재부분 자체는 당해 공무소의 소유에 속하는 것이다(대판 1959.6.30, 4292형상177).
4. 군 피. 엑스에서 공무원인 군인이 그 권한에 의하여 작성한 월간판매실적보고서의 내용에 일부 허위기재된 부분이 있더라도 이는 공무소인 소관 육군부대의 소유에 속하는 것이므로 몰수대상이 아니다(대판 1983.6.14, 83도808).
5. 강도상해범행에 사용된 자동차가 범인의 처소유에 속하는 경우(대판 1990.10.10, 90도1904), 매각위탁을 받은 엽총(대판 1966.1.31, 66오4), 피해자에게 반환해야 할 장물(대판 1966.9.5, 66도853) 등은 몰수의 대상이 아니다.
6. 피고인이 다른 공동 피고인들에게 도박자금으로 금원을 대여하였다면 그 금원은 그 때부터 피고인의 소유가 아니라 동 공동 피고인들의 소유에 귀속하게 되므로 그것을 동 공동 피고인들로부터 형법 제48조 제1항 제1호나 제2호를 적용하여 몰수함은 모르되 피고인으로 부터 몰수할 성질의 것은 아니다(대판 1982.9.28, 82도1669).
7. 관세법 179조 내지 181조와 183, 184조 및 198조 규정등 취지에 비추어 범인의 범칙물에 대하여는 범인의 소유 또는 점유로 인정되는 이상 필요적으로 몰수되어야 하고 범인의 소유 또는 점유하였던 것을 범인이 소비, 은익, 훼손, 분실하는 등의 장애사유나 그 소재장소로 말미암은 장애사유로 인하여 몰수할 수 없는 때에는 이를 추징하여야 하므로 **일본국 당국이 본건 범행당시 피고인으로부터 압수한 일본산 백금괴 15개를 일본국내에 있는 피고인의 대리인인 공소외인이 일본국 재판소로부터 환부받아 피고인을 위하여 보관하고 있는 경우**에는 위 법 198조 소정 몰수할 물품을 몰수할 수 없는 때에 해당된다 할 것이므로 그 물품의 범칙당시의 국내 도매가격에 상당한 금액을 피고인으로부터 추징하여야 마땅하다(대판 1979.4.10, 78도831).

> **비교판례**
> 관세장물인 금괴가 일본세관에 의하여 압수되었다가 압수가 해제되었으나 그 금괴가 일본에 있기 때문에 몰수 할 수 없는 경우라면 관세법 제198조에 의하여 범칙당시의 국내도매가격에 상당한 금액을 추징하여야 할 것이지만 그 금괴가 일본국에 몰수되어 그 소유가 박탈되었기 때문에 우리나라 법원이 이를 몰수할 수 없게 된 경우에는 위 법조에 의하여 추징할 수 없다(대판 1980.8.19, 80도1592). ● 경찰승진

> **판례 정리 ⋯ 몰수(추징)가 가능한 경우**
>
> 문화재보호법 제80조 제2항은 같은 법 제76조 제1항의 규정에 위반하여 문화재를 국외로 수출 또는 반출하거나 반출한 문화재를 다시 반입하지 아니한 자는 3년 이상의 유기징역에 처하고 그 문화재는 몰수한다고 규정하고 있는바, 위 규정에 의한 몰수는 형법총칙이 규정한 몰수에 대한 특별규정으로서 몰수할 문화재가 피고인 이외의 <u>제3자의 소유에 속하더라도</u> 그의 선의·악의를 불문하고 필요적으로 이를 몰수하여야 한다(대판 1999. 5.11, 99다12161).

ⓗ 범죄 후 범인이외의 자가 정을 알면서 취득한 물건

③ 추징 및 폐기

　㉠ 추징의 대상 : 몰수는 특정된 물건에 대한 것이고 추징은 본래 몰수할 수 있었음을 전제로 하는 것임에 비추어 뇌물에 공할 금품이 특정되지 않았던 것은 몰수할 수 없고 그 가액을 추징할 수도 없다(대판 1996.5.8, 96도221). ● 경찰, 사시

　㉡ 몰수불능의 원인 : 몰수가 불능한 때란 소비·분실·훼손 등의 사실상의 원인 또는 혼동·선의취득 등의 법률상 원인으로 판결 당시에 몰수할 수 없는 경우를 말한다.

　㉢ 몰수 또는 추징의 상대방

> **관련판례**
>
> ① 히로뽕을 수수하여 그 중 일부를 직접 투약한 경우에는 수수한 히로뽕의 가액만을 추징할 수 있고 직접 투약한 부분에 대한 가액을 별도로 추징할 수 없다(대판 2000.9.8, 2000도546). ● 경찰
> ② 수뢰자가 <u>뇌물을 그대로 보관하였다가 증뢰자에게 반환한 때</u>에는 증뢰자로 부터 몰수·추징할 것이므로 수뢰자로 부터 추징함은 위법하다(대판 1984.2.28, 83도2783). ● 사시, 경찰
> ③ 수뢰자가 자기앞수표를 뇌물로 받아 이를 소비한 후 자기앞수표 상당액을 증뢰자에게 반환하였다 하더라도 뇌물 그 자체를 반환한 것은 아니므로 이를 몰수할 수 없고 <u>수뢰자로부터 그 가액을 추징하여야 할 것</u>이다(대판 1999.1.29, 98도3584). ● 사시
> ④ <u>뇌물로 받은 돈을 은행에 예금한 경우</u> 그 예금행위는 뇌물의 처분행위에 해당하므로 그 후 수뢰자가 같은 액수의 돈을 증뢰자에게 반환하였다 하더라도 이를 뇌물 그 자체의 반환으로 볼 수 없으니 이러한 경우에는 수뢰자로부터 그 가액을 추징하여야 한다(대판 1996.10.25, 96도2022). ● 법행
> ⑤ <u>피고인들이 뇌물로 받은 돈을 그 후 다른 사람에게 다시 뇌물로 공여하였다</u> 하더라도 그 수뢰의 주체는 어디까지나 피고인들이고 그 수뢰한 돈을 다른 사람에게 공여한 것은 <u>수뢰한 돈을 소비하는 방법</u>에 지나지 아니하므로 <u>피고인들로부터 그 수뢰액 전부를 각 추징하여야 한다</u>(대판 1986.11.25, 86도195). ● 사시
> ⑥ 피고인이 뇌물로 받은 주식이 압수되어 있지 않고 주주명부상 피고인의 배우자 명의로 등재되어 있으며, 위 배우자는 몰수의 선고를 받은 자가 아니어서 그에 대해서는 몰수물의 제출을 명할 수도 없고, 몰수를 선고한 판결의 효력도 미치지 않는 등의 이유로 위 주식을 몰수함이 상당하지 아니하다고 보아 몰수하는 대신 그 가액을 추징할 수 있다(대판 2005.10.28, 2005도5822). ● 법행
> ⑦ 공무원의 직무에 속한 사항의 알선에 관하여 금품을 받음에 있어 타인의 동의하에 그 <u>타인 명의의 예금계좌로 입금받는 방식</u>을 취하였다고 하더라도 이는 범인이 받은 금품을 관리하는 방법의 하나에 지나지 아니하므로, 그 가액 역시 범인으로부터 추징하지 않으면 안된다고 할 것이다(대판 2006.10.27, 2006도4659). ● 법원

⑧ 공무원의 직무에 속한 사항의 알선에 관하여 금품을 받고 그 금품 중의 일부를 **받은 취지에 따라** 청탁과 관련하여 관계 공무원에게 뇌물로 공여하거나 다른 알선행위자에게 청탁의 명목으로 교부한 경우에는 그 부분의 이익은 실질적으로 범인에게 귀속된 것이 아니어서 이를 제외한 나머지 금품만을 몰수하거나 그 가액을 추징하여야 한다(대판 1999.6.25, 99도1900). ● 사시

⑨ 범인이 피해자로부터 받은 금품을 소비하고 나서 피해자와 상호합의에 이르러 피해자가 고소를 취하하였다고 하더라도 범인으로부터 그 가액을 추징할 수 있다(대판 1983.4.12, 82도812). ● 경간부

ㄹ **추징의 범위 및 방법** : 몰수하기 불능한 때에 추징하여야 할 가액은 몰수의 선고를 받았더라면 잃게 될 이득상당액을 초과하여서는 아니 된다(대판 2017.9.21, 2017도8611).

> **관련판례**
>
> ① 수인이 공모하여 뇌물을 수수한 경우에 몰수불능으로 그 가액을 추징하는 경우에 그 수수금품을 개별적으로 알 수 없을 때에는 평등하게 추징하여야 한다(대판 1975.4.22, 73도1963). ● 사시
> ② 피고인이 증뢰자와 함께 향응을 하고 증뢰자가 이에 소요되는 금원을 지출한 경우 이에 관한 피고인의 수뢰액을 인정함에 있어서는 먼저 피고인의 접대에 요한 비용과 증뢰자가 소비한 비용을 가려내어 전자의 수액을 가지고 피고인의 수뢰액으로 하여야 하고 만일 각자에 요한 비용액이 불명일 때에는 이를 평등하게 분할한 액을 가지고 피고인의 수뢰액으로 인정하여야 할 것이고, 피고인이 향응을 제공받는 자리에 피고인 스스로 제3자를 초대하여 함께 접대를 받은 경우에는, 그 제3자가 피고인과는 별도의 지위에서 접대를 받는 공무원이라는 등의 특별한 사정이 없는 한 그 제3자의 접대에 요한 비용도 피고인의 접대에 요한 비용에 포함시켜 피고인의 수뢰액으로 보아야 한다(대판 2001.10.12, 99도5294). ● 법행
> ③ 공무원이 뇌물을 받음에 있어서 그 취득을 위하여 상대방에게 뇌물의 가액에 상당하는 금원의 일부를 비용의 명목으로 출연하거나 그 밖에 경제적 이익을 제공하였다 하더라도, 이는 뇌물을 받는 데 지출한 부수적 비용에 불과하다고 보아야 할 것이지, 이로 인하여 공무원이 받은 뇌물이 그 뇌물의 가액에서 위와 같은 지출액을 공제한 나머지 가액에 상당한 이익에 한정되는 것이라고 볼 수는 없으므로, 그 공무원으로부터 뇌물죄로 얻은 이익을 몰수·추징함에 있어서는 그 받은 뇌물 자체를 몰수하여야 하고, 그 뇌물의 가액에서 위와 같은 지출을 공제한 나머지 가액에 상당한 이익만을 몰수·추징할 것은 아니다(대판 1999.10.8, 99도1638). ● 사시
> ④ 변호사가 형사사건 피고인으로부터 담당 판사에 대한 교제 명목으로 받은 돈의 일부를 공동 변호 명목으로 다른 변호사에게 지급한 경우, 이는 변호사법 위반으로 취득한 재물의 소비방법에 불과하므로 위 돈을 추징에서 제외할 수 없다(대판 2006.11.23, 2005도3255). ● 법행
> ⑤ 마약류 불법거래 방지에 관한 특례법을 위반하여 마약류 매매를 업으로 하는 범죄행위의 정범으로부터 대가를 받고 판매할 마약을 공급하는 방법으로 위 범행을 용이하게 한 방조범은 정범의 위 범죄행위로 인한 수익을 정범과 공동으로 취득하였다고 평가할 수 없다면 정범과 같이 추징할 수는 없고, 그 방조범으로부터는 방조행위로 얻은 재산 등에 한하여 몰수, 추징할 수 있다(대판 2021.4.29, 2020도16369).
> ⑥ A주식회사 대표이사인 甲이 금융기관에 청탁하여 B주식회사가 대출을 받을 수 있도록 알선행위를 하고 그 대가로 용역대금 명목의 수수료를 A주식회사 계좌를 통해 송금받아 회사재산으로 귀속시킨 경우 수수료에 대한 권리가 A 회사에 귀속된다 하더라도 甲으로부터 수수료로 받은 금품을 몰수 또는 그 가액을 추징할 수 있다(대판 2015.1.15, 2012도7571). ☞ 甲이 개인적으로 실제 사용한 금품이 없더라도 마찬가지이다. ● 경간부

⑦ 마약류관리에 관한 법률 제67조에 의한 몰수나 추징은 범죄행위로 인한 이득의 박탈을 목적으로 하는 것이 아니라 징벌적 성질의 처분이므로, 그 범행으로 인하여 이득을 취득한 바 없다 하더라도 법원은 그 가액의 추징을 명하여야 하고, 그 추징의 범위에 관하여는 죄를 범한 자가 여러 사람일 때에는 각자에 대하여 그가 **취급한 범위 내에서 의약품 가액 전액의 추징을 명하여야 한다**(대판 2010.8.26, 선고 2010도7251).

⑧ 범죄수익을 얻기 위해 범인이 지출한 비용은 그것이 범죄수익으로부터 지출되었다 하더라도 범죄수익을 소비하는 방법에 지나지 않으므로 추징할 범죄수익에서 공제할 것은 아니므로 **성매매알선 등 행위를 한 주범이 공범인 직원에게 급여를 지급한 경우**, 주범이 이를 범죄수익 분배의 일환으로 지급한 것이 아니라 단순히 범죄수익을 얻기 위하여 비용 지출의 일환으로 공범인 직원에게 급여를 지급한 것에 불과하다면 **공범인 직원에 대하여 성매매처벌법 제25 후단 규정에 의한 추징은 허용될 수 없다**. 그러나 구 **범죄수익은닉규제법 제2조 제2호 (가)목은 중대범죄에 해당하는 범죄행위에 의하여 생긴 재산뿐만 아니라, 그 '범죄행위의 보수로 얻은 재산'도 '범죄수익'으로 규정**하고 있으며, 위 '범죄수익'은 구 범죄수익은닉규제법 제10조 제1항, 제8조 제1항 제1호에 의하여 추징의 대상이 된다. 따라서 공범인 직원이 성매매알선 등 행위(성매매에 제공되는 사실을 알면서 자금·토지 또는 건물을 제공하는 행위는 제외한다)를 하여 그 범죄행위의 보수 명목으로 급여 등을 받아 실질적으로 귀속된 이익금이 있다면, 이에 대하여 **성매매처벌법 제25조 후단에 의한 추징은 허용될 수 없다** 하더라도, 구 **범죄수익은닉규제법 제10조 제1항, 제8조 제1항 제1호에 의하여 공범인 직원으로부터 급여 등의 이익금을 추징할 수 있다**(대판 2024.9.27, 2024도8707).

⑨ **외국환관리법상의 몰수와 추징**은 일반 형사법의 경우와 달리 범죄사실에 대한 징벌적 제재의 성격을 띠고 있다고 할 것이므로, **여러 사람이 공모하여 범칙행위를 한 경우** 몰수대상인 외국환 등을 몰수할 수 없을 때에는 각 범죄자 전원에 대하여 그 취득한 외국환 등의 가액 전부의 추징을 명하여야 하고, **그 중 한 사람이 추징금 전액을 납부하였을 때에는** 다른 사람은 추징의 집행을 면할 것이나, 그 **일부라도 납부되지 아니하였을 때에는 그 범위 내에서 각 범칙자는 추징의 집행을 면할 수 없다**(대판 1998.5.21, 95도2002 전원합의체 판결).

● 법원직

⑫ 추징가액의 산정시기

ⓐ 몰수의 취지가 범죄에 의한 이득의 박탈을 그 목적으로 하는 것이고 추징도 이러한 몰수의 취지를 관철하기 위한 것이라는 점을 고려하면 몰수하기 불능한 때에 추징하여야 할 가액은 범인이 그 물건을 보유하고 있다가 몰수의 선고를 받았더라면 잃었을 이득상당액을 의미한다고 보아야 할 것이므로 그 **가액산정은 재판선고시의 가격을 기준**으로 하여야 할 것이다(대판 1991.5.28, 91도352). ● 법행

ⓑ 피고인이 범죄행위로 취득한 주식이, 판결 선고 전에 그 발행회사가 다른 회사에 합병됨으로써 판결 선고시의 주가를 알 수 없을 뿐만 아니라, 무상증자 받은 주식과 다시 매입한 주식까지 섞어서 처분되어 그 처분가액을 정확히 알 수 없는 경우, **주식의 시가가 가장 낮을 때를 기준**으로 산정한 가액을 추징하여야 한다(대판 2005.7.15, 2003도4293). ● 경찰승진

⑭ 공동피고인에 대한 추징

ⓐ 개별추징의 원칙 : 범죄로 인하여 얻은 금품 그 밖의 재산을 몰수할 수 없을 때에는, 공범자 각자가 실제로 얻은 이익의 가액을 개별적으로 추징하

여야 하고 그 개별적 이득액을 알 수 없다면 전체 이득액을 평등하게 분할하여 추징하여야 한다.

> **판례정리 ··· 이익박탈적 추징을 인정한 경우(개별추징)**
>
> 범죄행위로 인한 이득을 박탈하여 부정한 이익을 보유하지 못하게 한 경우 ⇨ 실질적으로 범인에게 귀속된 이익(금품)만을 몰수·추징하여야 한다.
> 1. **형법상의 몰수·추징** : 알선수뢰죄에 있어서 금품(5,000만원)을 받은 범인이 그 중 일부를 받은 취지에 따라 관계공무원에게 뇌물로 공여하거나(1,000만원) 다른 알선행위자에게 청탁 명목으로 교부한 경우(1,500만원)에는 그 부분의 이익(2,500만원)을 제외한 나머지(2,500만원)만을 몰수·추징해야 한다(대판 2002.6. 14, 2002도1283). ● 사시, 법원, 경찰, 경찰승진
> 2. **변호사법상**의 몰수·추징 : 이자 및 반환에 관한 약정을 하지 않고 금원을 차용한 경우 ⇨ 몰수·추징 대상은 차용금 자체 ×, 금융이익 상당액 ○(대판 2001.5.29, 2001도1570) ● 법행, 경찰승진
> 3. **정치자금법상**의 몰수·추징 : 알선자가 교부받은 정치자금을 제공자의 뜻에 따라 당이나 후보자 본인에게 전달한 경우 ⇨ 이를 제외한 나머지 금품만을 몰수·추징해야 한다(대판 2004.4.27, 2004도482).
> 4. **성매매알선 등 행위의 처벌에 관한 법률 제25조의 규정에 의한 추징**은 성매매알선 등 행위의 근절을 위하여 그 행위로 인한 **부정한 이익을 필요적으로 박탈**하려는데 그 목적이 있으므로, 그 추징의 범위는 범인이 실제로 취득한 이익에 한정된다고 봄이 상당하고, 다만 범인이 성매매알선 등 행위를 하는 과정에서 지출한 **세금 등의 비용**은 성매매알선의 대가로 취득한 금품을 소비하거나 자신의 행위를 정당화시키기 위한 방법의 하나에 지나지 않으므로 추징액에서 이를 공제할 것은 아니다. 또한 성매매알선 등 행위에는 성매매의 장소를 제공하는 행위가 포함되고 이 사건 범행의 경우도 피고인 등이 성매매업소를 운영하면서 그 장소까지 제공하였던 것이므로, 그 **업소건물의 임대료**는 이 사건 범행에 소요된 필요경비에 해당하고 따라서 이를 추징액에서 공제할 수 없다(대판 2009.5.14, 2009도2223).

ⓑ 징벌적 성질의 추징 : 범행으로 인하여 이득을 취한 바 없다 하더라도 추징을 명할 수 있으며 추징의 가액도 피고인들 모두에 대하여 범행으로 인하여 취득한 가액 전부의 추징을 명할 수 있다.

> **판례정리 ··· 징벌적 추징을 인정한 경우(연대추징)**
>
> 범죄행위로 인한 이득박탈이 목적이 아니라 범죄사실에 대한 징벌적 제재의 성격을 갖는 경우 ⇨ 이득을 취득하지 않은 경우에도 추징을 명하고 각 범칙자 전원에 대하여 그 가액 전부의 추징을 명해야 한다.
> 1. **관세법상 추징**은 일반 형사법에서의 추징과는 달리 징벌적 성격을 띠고 있어 여러 사람이 공모하여 관세를 포탈하거나 관세장물을 알선, 운반, 취득한 경우에는 그 물품의 범칙 당시의 국내도매가격 상당의 가액 전액을 그 물품의 소유 또는 점유사실의 유무를 불문하고 범칙자 전원으로부터 각각 추징할 수 있다(대판 2007.12.28, 2007도8401). **외국환관리법상 몰수·추징**(대판 1998.5.21, 95도2002), **밀항단속법상의 몰수와 추징**은 일반 형사법과 달리 범죄사실에 대한 징벌적 제재의 성격을 띠고 있으므로, 여러 사람이 공모하여 죄를 범하고도 몰수대상인 수수 또는 약속한 보수를 몰수할 수 없을 때에는 공범자 전원에 대하여 그 보수액 전부의 추징을 명하여야 한다(대판 2008.10.9, 2008도7034). ● 법원, 경찰
> 2. **마약류관리에 관한 법률상의 추징**은 징벌적 성질을 가진 처분이므로 마약류의 소유자나 최종소지인 뿐만 아니라 동일한 마약류를 취급한 자들에 대하여도 그 취급한 범위 내에서 가액 전부의 추징을 명 하여야 하지만, 그 소유자나 최종소지인으로부터 마약류의 전부 또는 일부를 몰수하였다면 다른 취급자들과의 관계에

있어서도 실질상 이를 몰수한 것과 마찬가지이므로 그 몰수된 마약류의 가액 부분은 이를 추징할 수 없다(대판 2009.6.11, 2009도2819). ● 경간부

3. **특정경제범죄가중처벌 등에 관한 법률 제10조 제3항, 제1항에 의한 몰수·추징**은 징벌적 성격의 처분이라고 보는 것이 상당하므로 그 도피재산이 피고인들이 아닌 회사의 소유라거나 피고인들이 이를 점유하고 그로 인하여 이득을 취한 바가 없다고 하더라도 피고인들 모두에 대하여 그 도피재산의 가액 전부의 추징을 명하여야 한다(대판 2005.4.29, 2002도7262).

(4) 명예형

① 자격상실

제43조 (형의 선고와 자격상실, 자격정지) ① 사형, 무기징역 또는 무기금고의 판결을 받은 자는 다음에 기재한 자격을 상실한다.
1. 공무원이 되는 자격
2. 공법상의 선거권과 피선거권
3. 법률로 요건을 정한 공법상의 업무에 관한 자격
4. 법인의 이사, 감사 또는 지배인 기타 법인의 업무에 관한 검사역이나 재산관리인이 되는 자격

② 자격정지

㉠ 당연정지

제43조 (형의 선고와 자격상실, 자격정지) ② <u>유기징역 또는 유기금고의 판결을 받은 자는 그 형의 집행이 종료하거나 면제될 때까지 **전항 제1호 내지 제3호에 기재된 자격이 정지**</u>된다. 다만, 다른 법률에 특별한 규정이 있는 경우에는 그 법률에 따른다. ● 검찰7급

㉡ 판결의 선고에 의한 정지

제44조 (자격정지) ① 전조에 기재한 자격의 전부 또는 일부에 대한 정지는 <u>**1년 이상 15년 이하**</u>로 한다.
② 유기징역 또는 유기금고에 자격정지를 <u>병과</u>한 때에는 <u>징역 또는 금고의 집행을 종료하거나 면제된 날로부터</u> 정지 기간을 기산한다.

(5) 형의 경중

제50조 (형의 경중) ① 형의 경중은 제41조 각 호의 순서에 따른다. 다만, 무기금고와 유기징역은 무기금고를 무거운 것으로 하고 유기금고의 장기가 유기징역의 장기를 초과하는 때에는 유기금고를 무거운 것으로 한다.
② 같은 종류의 형은 장기가 긴 것과 다액이 많은 것을 무거운 것으로 하고 장기 또는 다액이 같은 경우에는 단기가 긴 것과 소액이 많은 것을 무거운 것으로 한다.
③ 제1항 및 제2항을 제외하고는 죄질과 범정(犯情)을 고려하여 경중을 정한다.

제2절 형의 양정

I 서 설

형의 양정(양형)이란 법관이 구체적인 사건에서 행위자에 대하여 선고할 형벌의 종류와 양을 정하는 과정을 말한다.

II 양형의 단계

1. 법정형

개개의 구성요건에 규정되어 있는 형벌을 말한다.

2. 처단형

법정형을 가중·감경하여 처벌의 범위가 구체화된 형벌의 범위를 말한다.

3. 선고형

법원이 처단형의 범위 내에서 구체적으로 형을 양정하여 피고인에게 선고하는 형을 말한다.

III 형의가중·감경·면제

1. 형의 가중

죄형법정주의 원칙상 법률상 가중만을 인정하고 재판상 가중은 인정되지 않는다.

> **관련판례**
>
> 형법 제264조에서 상습으로 제258조의2의 죄를 범한 때에는 그 죄에 정한 형의 2분의 1까지 가중한다고 규정하고 있는 바 이는 장기만을 가중한다는 내용이 없으므로 형법 제258조의2 제1항에서 정한 법정형의 단기와 장기를 모두 가중한다는 의미로 새겨야 한다(대판 2017.6.29, 2016도18194).

2. 형의 감경

(1) 법률상 감경

법률상 감경이란 법률규정에 의해 형이 감경되는 경우로 필요적 감경과 임의적 감경이 있다.

(2) 재판상 감경

> 제53조 (정상참작감경) 범죄의 정상(情狀)에 참작할 만한 사유가 있는 경우에는 **그 형을 감경할 수 있다.** ● 검찰7급

① **작량감경의 순서** : 법률상 감경사유가 있을 때에는 작량감경보다 우선하여 하여야 할 것이고, 작량감경은 이와 같은 법률상 감경을 다하고도 그 처단형보다 낮은 형을 선고하고자 할 때에 하는 것이 옳다(대판 1994.3.8, 93도3608). ● 법원
② 작량감경사유가 수개 있더라도 거듭 감경할 수 없다(대판 1964.4.7, 63도410).
　　　　　　　　　　　　　　　　　　　　　　　　　　　　　　　　　● 경찰, 사시
③ **작량감경의 방법** : 본조에 의한 작량감경에 있어서도 일정한 범위를 정하여 그 범위내에서만 각 범죄사정에 적합한 양형을 하여야 하고 작량감경의 방법도 본법 제55조 소정 방법에 따라야 한다.
④ **작량감경과 부정기형** : 법정형에서 무기징역형을 선택한 후 작량감경한 결과 유기징역이 되었을 경우에 피고인이 미성년자일지라도 부정기형을 선고할 수 없다 (대판 1988.5.24, 88도501). ● 법원
⑤ **병과형과 작량감경** : 징역형과 벌금형을 병과하여야 할 경우에 특별한 규정이 없는 한 징역형에만 작량감경을 하고 벌금형에는 작량감경을 하지 않는 것은 위법하다(대판 1997.8.26, 96도3466). ● 법행

> **관련판례**
> 형법 제38조 제1항 제3호에 의하여 징역형과 벌금형을 병과하는 경우에는 각 형에 대한 범죄의 정상에 차이가 있을 수 있으므로 징역형에만 작량감경을 하고 벌금형에는 작량감경을 하지 아니하였다고 하여 이를 위법하다고 할 수 없다(대판 2006.3.23, 2006도1076). ● 사시

> **관련판례**
> 양벌규정에 의해 자연인과 법인이 함께 처벌받을 경우 자연인에 대해서는 작량감경을 하고 법인에 대해서는 작량감경을 하지 않아도 무방하다(대판 1995.12.12, 95도1893). ● 변호사

3. 형의 면제

범죄가 성립하여 형벌권은 발생하였으나 일정한 사유로 형벌을 과하지 않는 경우를 말한다. 법률상 면제는 인정되지만, 재판상 면제는 인정되지 않는다.

4. 자수와 자복

> 제52조 (자수, 자복) ① 죄를 지은 후 수사기관에 자수한 경우에는 형을 **감경하거나 면제할 수 있다**. ●사시
> ② 피해자의 의사에 반하여 처벌할 수 없는 범죄의 경우에는 피해자에게 죄를 자복(自服)하였을 때에도 형을 **감경하거나 면제할 수 있다**.

(1) 자 수

① **자수의 의의** : 범인이 자발적으로 자신의 범죄사실을 수사기관에 신고하여 소추를 구하는 의사표시를 하는 것을 말한다(대판 1999.7.9, 99도1695).

> **관련판례**
> 세관 검색시 금속탐지기에 의해 대마 휴대 사실이 발각될 상황에서 세관 검색원의 **추궁에 의하여** 대마 수입 범행을 **시인한 경우, 자발성이 결여되어 자수에 해당하지 않는다**(대판 1999.4.13, 98도4560). ●경찰승진

② **자수와 자백의 구별** : 형법 제52조 제1항의 자수라 함은 범인이 스스로 수사책임 있는 관서에 자기의 범행을 고하고 처분을 구하는 의사표시를 하는 것을 말하고 가령 수사기관의 직무상의 질문 또는 조사에 응하여 범죄사실을 진술하는 것은 자백일 뿐 자수로는 되지 않는다(대판 1999.7.9, 99도1695). ●사시

> **관련판례**
> ① 형법 제52조 제1항에서 말하는 자수에는 범행이 발각된 후에 수사기관에 자진 출석하여 범죄사실을 자백한 경우도 포함하며, 일단 자수가 성립한 이상 자수의 효력은 확정적으로 발생하고 그 후에 범인이 번복하여 수사기관이나 법정에서 범행을 부인한다고 하여 일단 발생한 자수의 효력이 소멸하는 것은 아니라고 할 것이다(대판 2004.10.14, 2003도3133). ●법행
> ② 피고인이 수사기관에 자진 출석하여 처음 조사를 받으면서는 돈을 차용하였을 뿐이라며 범죄사실을 부인하다가 제2회 조사를 받으면서 비로소 업무와 관련하여 돈을 수수하였다고 자백한 행위를 자수라고 할 수 없다(대판 2011.12.22, 2011도12041). ●사시

③ **자수의 상대방** : 자수는 수사기관에 범죄사실을 신고하는 것을 의미하므로 경찰관에게 검거되기 전에 친지에게 전화로 자수의사를 전달하였더라도 그것만으로는 자수로 볼 수 없다(대판 1985.9.24, 85도1489).

④ **자수의 시기**
   ㉠ 신문지상에 혐의사실이 보도되기 시작한 후 담당 검사에게 전화를 걸어 조사를 받게 해 달라고 요청한 다음 자진출석하여 혐의사실을 모두 인정하는 내용의 진술서를 작성하고 검찰 수사과정에서 혐의사실을 모두 자백한 경우 자수한 것으로 보아야 한다(대판 1994.9.9, 94도619). ●법행

ⓒ 범죄사실과 범인이 누구인가가 발각된 후라 하더라도 또 수사기관에 의해 지명수배를 받은 연후라 하더라도 체포되기 전에 자발적으로 자기의 범죄사실을 수사기관에 신고한 이상 자수로 보아야 한다(대판 1968.7.30, 68도754).

● 검찰7급, 법행

⑤ **신고의 내용과 자수**
  ㉠ 법률상의 형의 감경사유가 되는 자수를 위하여는, 범인이 자기의 범행으로서 범죄성립요건을 갖춘 객관적 사실을 자발적으로 수사관서에 신고하여 그 처분에 맡기는 것으로 족하고, 더 나아가 <u>법적으로 그 요건을 완전히 갖춘 범죄행위라고 적극적으로 인식하고 있을 필요까지는 없다</u>(대판 1995.6.30, 94도1017).
  ㉡ <u>일단 자수가 성립하지 아니한 이상 그 이후의 수사과정이나 재판과정에서 범행을 시인하였다고 하더라도 새롭게 자수가 성립할 여지는 없다</u>고 할 것이다 (대판 2004.10.14, 2003도3133). ● 법행

⑥ **자수의 효력**

> **관련판례**
>
> ① 내심의 결심과 자수의 효력 : 법률상 자수가 성립하려면 범인이 수사기관에 대하여 자발적으로 자기의 범죄사실을 신고하여야 하는 것이므로 내심으로 자수할 것을 결심한 바 있었다 하여 자수로 볼 수 없다(대판 1986.6.10, 86도792).
> ② 뉘우침이 없는 자수의 효력 : 형법 제52조가 자수를 형의 감경사유로 삼은 첫째 이유는 범인이 죄를 뉘우치고 있다는 데에 있으므로 죄의 뉘우침이 없는 자수는 외형은 자수일지라도 형법 규정이 정한 자수라고 할 수 없다(대판 1994.10.14, 94도2130). ● 경찰
> ③ 자수서를 제출하지 않은 경우와 자수의 효력 : 자수서를 소지하고 수사기관에 <u>자발적으로 출석하였으나 자수서를 제출하지 아니하고 범행사실도 부인하였다면 자수가 성립하지 아니하고, 그 이후 구속까지 된 상태에서 자수서를 제출하고 범행사실을 시인한 것을 자수에 해당한다고 인정할 수 없다</u>(대판 2004.10.14, 2003도3133). ● 법행
>
> > **동지판례**
> > 피고인이 검찰에 자진출두서를 제출하고 출석하여 조사를 받았으나 범죄를 부인하다가 긴급체포, 구속되고 계속 수사를 받다가 자진출석 후 10일 이상 경과하여 범죄사실을 시인한 경우 자발적으로 범죄사실을 진술하였다고 보기 어려우므로 자수에 해당하지 않는다(대판 2004.7.8, 2002도661).
>
> ④ 수개의 범죄사실 중 일부에 대한 자수의 효력 : 수개의 범죄사실 중 <u>일부에 관하여만 자수한 경우에는 그 부분 범죄사실에 대하여만 자수의 효력이 있다</u>(대판 1994.10.14, 94도2130).
>
> ● 법행, 경찰승진
>
> ⑤ 범행부인과 자수의 효력 : 일단 <u>자수가 성립한 이상 자수의 효력은 확정적으로 발생하고 그 후에 범인이 번복하여 수사기관이나 법정에서 범행을 부인한다고 하더라도 일단 발생한 자수의 효력이 소멸하는 것은 아니라고 할 것이다</u>(대판 1999.7.9, 99도1695). ● 경찰승진

> **동지판례**
> 피고인들이 검찰에 조사 일정을 문의한 다음 지정된 일시에 검찰에 출두하는 등의 방법으로 자진 출석하여 범행을 사실대로 진술하였다면 자수가 성립되었다고 할 것이고, 그 후 법정에서 범행 사실을 부인한다고 하여 뉘우침이 없는 자수라거나, 이미 발생한 자수의 효력이 없어진다고 볼 수 없다(대판 2005.4.29, 2002도7262).   ● 경찰승진, 법행, 검찰9급
>
> ⑥ 수뢰액을 적게 신고하여 적용법조가 달라지는 경우의 자수의 효력 : 수뢰액을 적게(특가법 적용 대상인 5,000만 원을 형법 적용대상인 3,000만 원으로) 신고함으로써 적용법조와 법정형이 달라지게 된 경우에는 자수에 해당하지 않는다(대판 2004.6.24, 2004도2003).   ● 법행, 검찰9급
> ⑦ 양벌규정에서의 법인의 자수의 효력 : 법인의 직원 또는 사용인이 위반행위를 하여 양벌규정에 의하여 법인이 처벌받는 경우, 법인에게 자수감경에 관한 형법 제52조 제1항의 규정을 적용하기 위하여는 **법인의 이사 기타 대표자가** 수사책임이 있는 관서에 자수한 경우에 한하고, 그 **위반행위를 한 직원 또는 사용인**이 자수한 것만으로는 위 규정에 의하여 형을 감경할 수 없다(대판 1995.7.25, 95도391).   ● 법원, 법행, 경찰
> ⑧ 신고의 내용과 자수의 효력 : 수사기관에의 신고가 자발적이라고 하더라도 그 신고의 내용이 자기의 범행을 부인하는 등의 내용으로 자기의 범행으로서 범죄성립요건을 갖추지 아니한 사실일 경우에는 자수는 성립하지 않는다(대판 2002.6.25, 2002도1893).
> ⑨ 법원의 자수규정 적용 여부 : 피고인이 자수하였다 하더라도 자수한 자에 대하여는 법원이 임의로 형을 감경할 수 있음에 불과한 것으로서 원심이 자수감경을 하지 아니하였다거나 자수감경 주장에 대하여 판단을 하지 아니하였다 하여 위법하다고 할 수 없다(대판 2001.4.24, 2001도872).   ● 법무사

(2) 자 복

피해자의 명시한 의사에 반하여 처벌할 수 없는 범죄(해제조건부범죄, 반의사불벌죄)에서 범죄인이 피해자에게 자신의 범죄를 고백하는 것이다.

5. 형의 가감례

> 제54조 (선택형과 작량감경) 한 개의 죄에 정한 형이 여러 종류인 때에는 먼저 적용할 형을 정하고 그 형을 감경한다.

> 제56조 (가중·감경의 순서) 형을 가중·감경할 사유가 경합하는 경우에는 다음 각 호의 순서에 따른다.
> 1. 각칙 조문에 따른 가중
> 2. 제34조제2항에 따른 가중
> 3. 누범 가중
> 4. 법률상 감경
> 5. 경합범 가중
> 6. 정상참작감경   ● 경찰, 사시

> 제55조 (법률상의 감경) ① 법률상의 감경은 다음과 같다.
> 1. 사형을 감경할 때에는 **무기 또는 20년 이상 50년 이하**의 징역 또는 금고로 한다.
> 2. 무기징역 또는 무기금고를 감경할 때에는 **10년 이상 50년 이하**의 징역 또는 금고로 한다.
> 3. 유기징역 또는 유기금고를 감경할 때에는 그 형기의 2분의 1로 한다.
> 4. 자격상실을 감경할 때에는 7년 이상의 자격정지로 한다.
> 5. 자격정지를 감경할 때에는 그 형기의 2분의 1로 한다.
> 6. 벌금을 감경할 때에는 그 다액의 2분의 1로 한다.
> 7. 구류를 감경할 때에는 그 장기의 2분의 1로 한다.
> 8. 과료를 감경할 때에는 그 다액의 2분의 1로 한다.
> ② 법률상 감경할 사유가 수 개 있는 때에는 거듭 감경할 수 있다. ● 경찰, 사시

① 형법 제55조 제1항 제6호의 벌금을 감경할 때의 「다액」의 2분의 1이라는 문구는 「**금액**」의 2분의 1이라고 해석하여 그 **상한과 함께 하한**도 2분의 1로 내려가는 것으로 해석하여야 한다(대판 1978.4.25, 78도246 전원합의체). ● 사시

② 임의적 감경의 경우에는 작량감경과 마찬가지로 문언상 형을 '감경할 수 있다.'라고 표현하고 있다. '**할 수 있다.'는 말**은 어떠한 명제에 대한 가능성이나 일반적인 능력을 나타내는 말로서 '하지 않을 수도 있다.'는 의미를 포함한다. 임의적 감경사유의 존재가 인정되고 법관이 그에 따라 징역형에 대해 법률상 감경을 하는 이상 형법 제55조 제1항 제3호에 따라 상한과 하한을 모두 2분의 1로 감경한다. 한편 형법 제55조 제1항은 형벌의 종류에 따라 법률상 감경의 방법을 규정하고 있는데, 형법 제55조 제1항 제3호는 "유기징역 또는 유기금고를 감경할 때에는 그 형기의 2분의 1로 한다."라고 규정하고 있다. 이와 같이 유기징역형을 감경할 경우에는 '단기'나 '장기'의 어느 하나만 2분의 1로 감경하는 것이 아니라 '형기' 즉 법정형의 장기와 단기를 모두 2분의 1로 감경함을 의미한다는 것은 법문상 명확하다. **처단형**은 선고형의 최종적인 기준이 되므로 그 범위는 법률에 따라서 엄격하게 정하여야 하고, 별도의 명시적인 규정이 없는 이상 형법 제56조에서 열거하고 있는 가중·감경할 사유에 해당하지 않는 다른 성질의 감경사유를 인정할 수는 없다. 따라서 유기징역형에 대한 법률상 감경을 하면서 형법 제55조 제1항 제3호에서 정한 것과 같이 장기와 단기를 모두 2분의 1로 감경하는 것이 아닌 **장기 또는 단기 중 어느 하나만을 2분의 1로 감경하는 방식이나 2분의 1보다 넓은 범위의 감경을 하는 방식 등은 죄형법정주의 원칙상 허용될 수 없다**(대판 2021.1.21, 2018도5475 전원합의체 판결). ☞ '할 수 있다.'는 것은 감경을 '하는 경우의 범위'와 '하지 않는 경우의 범위' 모두에 걸쳐서 선고형을 정할 수 있다는 의미로 해석해서는 안된다. 즉 감경을 하지 않은 범위의 상한과 감경을 한 범위의 하한 사이의 범위가 임의적 감경의 처단형 범위가 된다(법정형의 하한만 감경된다는 의미)는 의미로 이해하면 안된다는 것이다.

Ⅳ 양형

1. 의의
양형이란 법원이 처단형의 범위에서 구체적으로 선고할 형을 정하는 것을 말한다.

2. 양형의 기준
(1) 양형의 일반적 기준은 행위자의 책임과 일반예방 및 특별예방의 목적을 고려해야 하고 예방목적은 행위자의 책임의 범위를 초과하여 고려될 수는 없다.
(2) 양형책임에는 범죄 전후의 행위자의 태도도 포함되므로 범죄성립요건인 비난가능성으로서의 책임과 구별된다.

3. 양형의 조건

> 제51조 (양형의 조건) 형을 정함에 있어서는 다음 사항을 참작하여야 한다.
> 1. 범인의 연령, 성행, 지능과 환경
> 2. 피해자에 대한 관계
> 3. 범행의 동기, 수단과 결과
> 4. 범행후의 정황

Ⅴ 판결선고 전 구금 및 판결의 공시

1. 미결구금

> 제57조 (판결선고전구금일수의 통산) ① 판결선고전의 구금일수는 그 **전부**를 유기징역, 유기금고, 벌금이나 과료에 관한 유치 또는 구류에 **산입한다**.
> ② 전항의 경우에는 구금일수의 1일은 징역, 금고, 벌금이나 과료에 관한 유치 또는 구류의 기간의 1일로 계산한다.

(1) 외국에서 무죄판결을 받고 석방되기까지의 미결구금은, 국내에서의 형벌권 행사가 외국에서의 형사절차와는 별개의 것인 만큼 우리나라 형벌법규에 따른 공소의 목적을 달성하기 위하여 필수불가결하게 이루어진 강제처분으로 볼 수 없고, 유죄판결을 전제로 한 것이 아니어서 … 위와 같이 <u>외국에서 이루어진 미결구금</u>을 형법 제57조 제1항에서 규정한 '본형에 당연히 산입되는 미결구금'과 같다고 볼 수 없다(대판 2017.8.24, 2017도5977 전원합의체).

(2) <u>**형의 집행과 구속영장의 집행이 경합**</u>하고 있는 경우에는 구속 여부와 관계없이 피고인 또는 피의자는 형의 집행에 의하여 구금을 당하고 있는 것이어서, <u>구속은</u>

관념상은 존재하지만 사실상은 형의 집행에 의한 구금만이 존재하는 것에 불과하므로 즉, 구속에 의하여 자유를 박탈하는 것이 아니므로, 인권보호의 관점에서 이러한 미결구금 기간을 본형에 통산할 필요가 없고, 오히려 <u>이것을 통산한다면 하나의 구금으로써 두 개의 자유형의 집행을 동시에 하는 것과 같게 되는 불합리한 결과가 되어 피고인에게 부당한 이익을 부여하게 되므로, 이러한 경우의 미결구금은 본형에 통산하여서는 아니된다</u>(대판 2001.10.26, 2001도4583). ● 법학특채

(3) 피고인이 **수사기관에 의해 체포되었다가 당일 석방된 경우**, 피고인에 대하여 벌금형을 선고하면서 위 미결구금일수를 노역장유치기간에 산입하여야 함에도 이를 산입하지 아니한 것은 위법이다(대판 2007.2.09, 2006도7837). ● 법학특채

2. 판결의 공시

> 제58조 (판결의 공시) ① 피해자의 이익을 위하여 필요하다고 인정할 때에는 피해자의 청구가 있는 경우에 한하여 피고인의 부담으로 판결공시의 취지를 선고할 수 있다.
> ② 피고사건에 대하여 **무죄**의 판결을 선고하는 경우에는 <u>무죄판결공시의 취지를 선고**하여야 한다**</u>. 다만, 무죄판결을 받은 피고인이 무죄판결공시 취지의 선고에 동의하지 아니하거나 피고인의 동의를 받을 수 없는 경우에는 그러하지 아니하다.
> ③ 피고사건에 대하여 **면소**의 판결을 선고하는 경우에는 <u>면소판결공시의 취지를 선고**할 수 있다**</u>.

제3절 누 범

> 제35조 (누범) ① 금고(禁錮) 이상의 형을 선고받아 그 집행이 종료되거나 면제된 후 3년 내에 금고 이상에 해당하는 죄를 지은 사람은 누범(累犯)으로 처벌한다. ● 법행
> ② 누범의 형은 그 죄에 대하여 정한 형의 **장기(長期)의 2배까지 가중**한다. ● 법행

I 서 설

1. 의 의

금고 이상의 형을 선고받아 그 집행을 종료하거나 면제를 받은 후 3년 내에 금고 이상에 해당하는 범죄를 다시 범한 경우이다.

2. 상습범과 누범의 관계

상습범과 누범은 서로 다른 개념으로서 누범에 해당한다고 하여 반드시 상습범이 되는 것이 아니며, 반대로 상습범에 해당한다고 하여 반드시 누범이 되는 것도 아니다. 또한 **행위자책임**에 형벌가중의 본질이 있는 **상습범**과 **행위책임**에 형벌가중의 본질이 있는 **누범**을 단지 평면적으로 비교하여 그 경중을 가릴 수는 없고, 사안에 따라서는 누범의 책임이 상습범의 경우보다 오히려 더 무거운 경우도 얼마든지 있을 수 있다(대판 2007.8.23, 2007도4913).

Ⅱ 누범가중의 요건

1. 전범에 대한 요건

(1) 금고 이상의 형을 선고 받을 것

① 금고 이상의 형의 선고 : 금고 이상의 형은 선고형을 의미하며 자격상실, 자격정지, 벌금, 과료, 몰수는 누범전과에 해당하지 않는다.

② 전범의 성질 : 전범이 고의범인지 과실범인지 불문하며 전과의 수도 문제되지 않는다. 사형과 무기형을 선고 받은 경우에는 원칙적으로 누범이 될 여지가 없으나 감형으로 인하여 유기형이 되거나 특별사면이나 형의 시효에 의하여 그 집행이 면제된 경우에는 누범요건을 충족할 수 있다.

③ 형선고의 유효성

> **관련판례**
> ① 일반사면과 누범전과 : 일반사면에 의하여 형의 선고의 효력이 상실된 때에는 그 범죄는 누범의 전과가 될 수 없다(대판 1965.11.30, 65도910).
> ② 집행유예기간 경과와 누범전과 : 집행유예의 선고 후 무사히 유예기간을 경과한 때에는 형의 선고는 효력을 잃으므로 누범전과가 될 수 없다(대판 1970.9.22, 70도1627).
> ③ 특별사면·복권과 누범전과 : 형의 선고를 받은 자가 특별사면을 받아 형의 집행을 면제받고 또 후에 복권이 되었다 하더라도 형의 선고의 효력이 상실되는 것은 아니라 할 것이므로 특별사면으로 출소한 후 3년 내에 다시 죄를 범한 자에 대한 누범가중은 적법하다(대판 1986.11.11, 86도2004).

(2) 형의 집행이 종료되거나 형의 집행을 면제받았을 것

2. 후범에 관한 요건

(1) 금고 이상에 해당하는 범죄일 것

형법 제35조 제1항에 규정된 "금고 이상에 해당하는 죄"라 함은 유기금고형이나 유기징역형으로 처단할 경우에 해당하는 죄를 의미하는 것으로서 법정형 중 벌금형을 선택한 경우에는 누범가중을 할 수 없다(대판 1982.9.14, 82도1702). ● 법행, 경찰승진

(2) 전범의 형집행종료 또는 면제 후 3년 이내에 범한 죄일 것

> **관련판례**
>
> ① 형법 제35조 소정의 누범이 되려면 금고 이상의 형을 받아 그 집행을 종료하거나 면제를 받은 후 3년 내에 다시 금고 이상에 해당하는 죄를 범하여야 하는바, 이는 그 범죄의 실행행위를 하였는지 여부를 기준으로 결정하여야 하므로 3년의 기간 내에 실행의 착수가 있으면 족하고, 그 기간 내에 기수에까지 이르러야 되는 것은 아니다(대판 2006.4.7, 2005도9858 전원합의체).
> ② 집행유예기간 중의 범죄와 누범가중 : 금고이상의 형을 받고 그 형의 집행유예기간 중에 금고 이상에 해당하는 죄를 범하였다 하더라도 이는 누범가중의 요건을 충족시킨 것이라 할 수 없다(대판 1983.8.23, 83도1600). ● 사시
> ③ 가석방 기간 중의 범죄와 누범가중 : 가석방의 처분을 받은 후 그처분의 실효 또는 취소됨이 없이 무기에 있어서는 10년 유기형에 있어서는 그 잔형기를 경과한 때에는 형의 집행을 종료한 것으로 간주한다고 규정하고 있으므로 가석방 기간 중일때에는 아직 형집행종료라고 볼 수 없으므로 가석방기간 중의 범죄에 대해서는 누범이 될 수 없다(대판 1976.9.14, 76도2071). ● 사시
> ④ 상습범 중 일부의 행위가 누범기간내에 행해진 경우의 처벌 : 상습범 중 일부 행위가 누범기간내에 이루어진 이상 나머지 행위가 누범기간 경과후에 행하여 졌더라도 그 행위 전부가 누범관계에 있는 것이다(대판 1982.5.25, 82도600). ● 경찰승진, 사시, 법행

Ⅲ 누범의 효과

누범의 형은 그 죄에 정한 형의 장기의 2배까지 가중한다.

> **참조판례**
>
> ㉠ 특정범죄 가중처벌 등에 관한 법률 제5조의4 제5항(2016. 1. 6. 개정·시행)은 "형법 제329조부터 제331조까지, 333조부터 336조까지 및 340조·제362조의 죄 또는 그 미수죄로 세 번 이상 징역형을 받은 사람이 다시 이들 죄를 범하여 누범으로 처벌하는 경우에는 다음 각호의 구분에 따라 가중처벌한다."라고 규정하면서, 같은 항 제1호(이하 '처벌 규정'이라고 한다)는 '형법 제329조부터 제331조까지의 죄(미수범을 포함한다)를 범한 경우에는 2년 이상 20년 이하의 징역에 처한다'고 규정하고 있다. 처벌 규정은 입법 취지가 반복적으로 범행을 저지르는 절도 사범에 관한 법정형을 강화하기 위한 데 있고, 조문의 체계가 일정한 구성요건을 규정하는 형식으로 되어 있으며, 적용요건이나 효과도 형법 제35조와 달리 규정되어 있다. 이러한 처벌 규정의 입법 취지, 형식 및 형법 제35조와의 차이점 등에 비추어 보면, 처벌 규정은 형법 제35조(누범) 규정과는 별개로 '형법 제329조부터 제331조까지의 죄(미수범 포함)를 범하여 세 번 이상 징역형을 받은 사람이 그 누범 기간 중에 다시 해당 범죄를 저지른 경우에 형법보다 무거운 법정형으로 처벌한다'는 내용의 새로운 구성요건을 창설한 것으로 해석해야 한다. 따라서 처벌 규정에 정한 형에 다시 형법 제35조의 누범가중한 형기범위 내에서 처단형을 정하여야 한다(대판 2020.5.14, 2019도18947). ● 경찰
> ㉡ 반복된 음주운전행위에 대해 「도로교통법」(2011. 6. 8. 법률 제10790호로 개정) 제148조의2 제1항 제1호를 적용하고 다시 「형법」 제35조에 의한 누범가중을 하는 것은 헌법상 일사부재리나 이중처벌금지에 반하지 아니한다(대판2014.7.10, 2014도5868). ● 경찰

Ⅳ 판결선고 후의 누범발각

제36조 (판결선고 후의 누범발각) 판결선고 후 누범인 것이 발각된 때에는 그 선고한 형을 통산하여 다시 형을 정할 수 있다. 단, 선고한 형의 집행을 <u>종료</u>하거나 그 집행이 <u>면제</u>된 후에는 <u>예외로 한다</u>.

제4절 집행유예·선고유예·가석방

Ⅰ 집행유예

1. 서 설

집행유예란 형을 선고함에 있어서 일정한 기간 동안 형의 집행을 유예하고 그 유예기간을 경과한 때에는 형의 선고의 효력을 잃게 하는 제도를 말한다.

2. 집행유예의 요건

제62조 (집행유예의 요건) ① <u>3년 이하의 징역이나 금고 또는 500만원 이하의 벌금의 형을 선고할 경우</u>에 제51조의 사항을 참작하여 그 정상에 참작할 만한 사유가 있는 때에는 1년 이상 5년 이하의 기간 형의 집행을 유예할 수 있다. 다만, <u>금고 이상의 형을 선고한 판결이 확정된 때부터 그 집행을 종료하거나 면제된 후 3년까지의 기간에 범한 죄에 대하여 형을 선고하는 경우에는 그러하지 아니하다</u>.
② 형을 **병과**할 경우에는 그 형의 <u>일부</u>에 대하여 집행을 유예할 수 있다. ● 법행

(1) 3년 이하의 징역이나 금고 또는 500만원 이하의 벌금의 형을 선고할 경우일 것

3년 이하의 징역이나 금고 또는 500만원 이하의 벌금의 형은 법정형이 아니라 선고형을 의미한다.

(2) 정상에 참작할 만한 사유가 있을 것

정상에 참작할 만한 사유가 있다는 것은 형을 집행하지 아니하고 형을 선고하는 것만으로도 피고인에게 경고기능을 다하여 장래에 재범의 위험성이 없다고 인정되는 경우이다. 재범의 위험성 여부는 형법 제51조의 사항을 종합하여 판결선고시를 기준으로 판단한다.

(3) 금고 이상의 형을 선고한 판결이 '확정'된 때부터 그 집행을 종료하거나 면제된 후 3년 까지의 기간에 범한 죄가 아닐 것

① 금고 이상의 형이 확정된 때의 의미 : 형법 제62조 제1항 단서에서 규정한 '금고 이상의 형을 선고한 판결이 확정된 때'는 실형뿐 아니라 형의 집행유예를 선고한 판결이 확정된 경우도 포함된다.

② 집행유예 결격사유(제62조 제1항 단서의 해석) : 형법 제62조 제1항 단서는 집행유예 결격사유로 '금고 이상의 형을 선고한 판결이 확정된 때부터 그 집행을 종료하거나 면제된 후 3년까지의 기간에 범한 죄에 대하여 형을 선고하는 경우'를 정하고 있다. 이는 실형을 선고받고 집행종료나 집행면제 후 3년이 지나지 않은 시점에서 범한 죄에 대하여 형을 선고하는 경우뿐만 아니라, 집행유예 기간 중에 범한 죄에 대하여 형을 선고할 때 이미 집행유예가 실효 또는 취소된 경우와 그 선고 시점에 집행유예 기간이 지나지 않아 형 선고의 효력이 실효되지 않은 채로 남아 있는 경우도 포함한다(대판 2019.1.17. 2018도17589). ● 검찰

③ 집행유예기간 중 범죄에 대한 집행유예 가능성 : **집행유예가 실효 또는 취소됨이 없이 유예기간을 경과한 때**에는, 형의 선고가 이미 그 효력을 잃게 되어 '금고 이상의 형을 선고'한 경우에 해당한다고 보기 어려울 뿐 아니라, 집행의 가능성이 더 이상 존재하지 아니하여 집행종료나 집행면제의 개념도 상정하기 어려우므로 제62조 제1항 단서 소정의 요건에 해당하지 않는다고 할 것이므로, **집행유예 기간 중에 범한 범죄**라고 할지라도 집행유예가 실효 취소됨이 없이 그 유예기간이 경과한 경우에는 이에 대해 다시 집행유예의 선고가 가능하다(대판 2007.2.8, 2006도6196). ● 법행

④ 형의 일부의 집행유예

㉠ 형 병과시 일부의 집행유예 가능 여부 : 징역형과 벌금형을 병과하면서 그 징역형에 대하여 집행을 유예하고 그 벌금형에 대하여 형을 선고하였음은 정당하다(대판 1976.6.8, 74도1266). ● 사시

㉡ 하나의 판결로 두 개의 자유형을 선고할 경우 일부집행유예 가능 여부

[1] 형법 제37조 후단의 경합범 관계에 있는 죄에 대하여 형법 제39조 제1항에 의하여 따로 형을 선고하여야 하기 때문에 **하나의 판결로 두 개의 자유형을 선고하는 경우** 그 두 개의 자유형은 각각 별개의 형이므로 형법 제62조 제1항에 정한 집행유예의 요건에 해당하면 그 각 자유형에 대하여 각각 집행유예를 선고할 수 있는 것이고, 또 그 두 개의 자유형 중 하나의 자유형에 대하여 실형을 선고하면서 다른 자유형에 대하여 집행유예를 선고하는 것도 우리 형법상 이러한 조치를 금하는 명문의 규정이 없는 이상 허용되는 것으로 보아야 한다. ● 사시

[2] 우리 형법이 **집행유예기간의 시기**에 관하여 명문의 규정을 두고 있지는 않지만 형사소송법 제459조가 "재판은 이 법률에 특별한 규정이 없으면 확정한 후에 집행한다."고 규정한 취지나 집행유예 제도의 본질 등에 비추어 보면 집행유예를 함에 있어 그 집행유예기간의 시기는 집행유예를 선고한 판결 확정일로 하여야 하고 법원이 판결 확정일 이후의 시점을 임의로 선택할 수는 없다.

[3] 형법 제37조 후단의 경합범 관계에 있는 죄에 대하여 두 개의 징역형을 선고하면서 하나의 징역형에 대하여만 집행유예를 선고하고 그 집행유예기간의 시기를 다른 하나의 징역형의 집행종료일로 한 것은 위법하다(대판 2002.2.26, 2000도4637). ● 법무사, 법행, 사시

ⓒ 하나의 형의 일부집행유예 가능 여부 : 하나의 자유형 중 일부에 대해서는 실형을, 나머지에 대해서는 집행유예를 선고하는 것은 허용되지 않는다(대판 2007.2.22, 2006도8555). ● 승진, 사시, 경찰, 경찰승진

3. 보호관찰, 사회봉사명령 및 수강명령

> **제62조의2 (보호관찰, 사회봉사·수강명령)** ① 형의 집행을 유예하는 경우에는 보호관찰을 받을 것을 명하거나 사회봉사 또는 수강을 명할 수 있다. ● 검찰7급
> ② 제1항의 규정에 의한 보호관찰의 기간은 집행을 유예한 기간으로 한다. 다만, 법원은 유예기간의 범위내에서 보호관찰기간을 정할 수 있다. ● 검찰7급
> ③ 사회봉사명령 또는 수강명령은 집행유예기간 내에 이를 집행한다. ● 경찰

(1) 보호관찰

형법 제62조의2 제1항은 "형의 집행을 유예하는 경우에는 보호관찰을 받을 것을 명하거나 사회봉사 또는 수강을 명할 수 있다."고 규정하고 있는바, 형법 제62조에 의하여 집행유예를 선고할 경우에는 같은 법 제62조의2 제1항에 규정된 보호관찰과 사회봉사 또는 수강을 동시에 명할 수 있다고 해석함이 타당하다(대판 1998.4.24, 98도98). ● 검찰9급

(2) 사회봉사명령

[1] 형법 제62조의2의 규정에 의한 사회봉사명령으로 피고인에게 일정한 금원을 출연하거나 이와 동일시할 수 있는 행위를 명하는 것은 허용될 수 없다.

[2] 법원이 피고인에게 유죄로 인정된 범죄행위를 뉘우치거나 그 범죄행위를 공개하는 취지의 말이나 글을 발표하도록 하는 내용의 사회봉사를 명하고 이를 위반할 경우 형법 제64조 제2항에 의하여 **집행유예의 선고를 취소할 수 있도록 함으로써** 그 이행을 강제하는 것은, 헌법이 보호하는 피고인의 양심의 자유, 명예 및

인격에 대한 심각하고 중대한 침해에 해당하므로 허용될 수 없고, **피고인으로 하여금 자신의 범죄행위와 관련하여 어떤 말이나 글을 공개적으로 발표하라는 사회봉사를 명하는 것**은 경우에 따라 피고인의 명예나 인격에 대한 심각하고 중대한 침해를 초래할 수 있고, 그 말이나 글이 어떤 의미나 내용이어야 하는 것인지 쉽게 이해할 수 없어 집행 과정에서 그 의미나 내용에 관한 다툼이 발생할 가능성이 적지 않으며, 유죄로 인정된 범죄행위를 뉘우치거나 그 범죄행위를 공개하는 취지의 말이나 글을 발표하도록 하는 취지의 것으로도 해석될 가능성이 적지 않으므로 이러한 사회봉사명령은 위법하다.

[3] 재벌그룹 회장의 횡령행위 등에 대하여 집행유예를 선고하면서 **사회봉사명령으로서 일정액의 금전출연을 주된 내용으로 하는 사회공헌계획의 성실한 이행을 명하는 것**은 시간 단위로 부과될 수 있는 일 또는 근로활동이 아닌 것을 명하는 것이어서 허용될 수 없고, **준법경영을 주제로 하는 강연과 기고를 명하는 것**은 헌법상 양심의 자유 등에 대한 심각하고 중대한 침해가능성, 사회봉사명령의 의미나 내용에 대한 다툼의 여지 등의 문제가 있어 허용될 수 없다(대판 2008.4.11, 2007도8373). ● 사시, 경찰승진

(3) 수강명령

수강명령은 일정한 시간 동안 지정된 장소에 출석하여 강의, 훈련 또는 상담 등을 받도록 하는 제도이다. 수강명령은 보호관찰과 동시에 명할 수 있다.

> **참조판례**
> 사회봉사명령·수강명령 대상자에 대한 특별준수사항은 보호관찰 대상자에 대한 것과 같을 수 없고, 따라서 보호관찰 대상자에 대한 특별준수사항을 사회봉사명령·수강명령 대상자에게 그대로 적용하는 것은 적합하지 않다(대판 2020.11.5, 2017도18291). ● 경찰

4. 집행유예의 효과

> 제65조 (집행유예의 효과) 집행유예의 선고를 받은 후 그 선고의 실효 또는 취소됨이 없이 유예기간을 경과한 때에는 **형의 선고는 효력을 잃는다**. ● 법행

형법 제65조 소정의 "**형의 선고는 효력을 잃는다**"는 취지는 형의 선고의 법률적 효과가 없어진다는 것일 뿐 형의 선고가 있었다는 기왕의 사실 자체까지 없어진다는 뜻이 아니다(대결 1983.4.2, 83모8 ; 대판 2003.12.26, 2003도3768). ● 사시

> **관련판례**
>
> 형법 제65조는 "집행유예의 선고를 받은 후 그 선고의 실효 또는 취소됨이 없이 유예기간을 경과한 때에는 형의 선고는 효력을 잃는다."라고 규정하고 있다. 여기서 '**형의 선고가 효력을 잃는다**'는 의미는 형의 실효와 마찬가지로 형의 선고에 의한 법적 효과가 장래를 향하여 소멸한다는 취지이다. 따라서 형법 제65조에 따라 형의 선고가 효력을 잃는 경우에도 그 전과는 폭력행위 등 처벌에 관한 법률 제2조 제3항에서 말하는 '징역형을 받은 경우'라고 할 수 없다(대판 2016.6.23, 2016도5032).

5. 집행유예의 실효와 취소

(1) 집행유예의 실효

> 제63조 (집행유예의 실효) 집행유예의 선고를 받은 자가 유예기간 중 **고의로 범한 죄로 금고 이상**의 실형을 선고받아 그 판결이 확정된 때에는 **집행유예의 선고는 효력을 잃는다**. ● 검찰9급

(2) 집행유예의 취소

> 제64조 (집행유예의 취소) ① 집행유예의 선고를 받은 후 제62조 단행의 사유가 발각된 때에는 집행유예의 **선고를 취소한다**. ● 법행
> ② 제62조의2의 규정에 의하여 보호관찰이나 사회봉사 또는 수강을 명한 집행유예를 받은 자가 준수사항이나 명령을 위반하고 **그 정도가 무거운 때**에는 집행유예의 선고를 취소할 수 있다.

① 필요적 취소

> **관련판례**
>
> ① 부주의로 인한 결격사유 간과한 경우 : 집행유예 선고의 판결확정 전에 이미 수사단계에서 검사가 집행유예 결격사유가 되는 전과의 존재를 당연히 알 수 있는 객관적 상황이 존재하였음에도 부주의로 알지 못한 경우에 해당한다고 하여 집행유예의 선고를 취소할 수 없다(대결 2001.6.27, 2001모135). ● 사시
> ② 유예기간 경과 후 발각된 경우 : 집행유예의 선고를 받은 후 그 선고의 실효 또는 취소됨이 없이 유예기간을 경과한 때에는 형법 제65조가 정하는 바에 따라 형의 선고는 효력을 잃는 것이고, 그와 같이 유예기간이 경과함으로써 형의 선고가 효력을 잃은 후에는 형법 제62조 단행의 사유가 발각되었다고 하더라도 그와 같은 이유로 집행유예를 취소할 수 없고 그대로 유예기간경과의 효과가 발생한다(대결 1999.1.12, 98모151). ● 법행

② 임의적 취소 : 보호관찰이나 사회봉사 또는 수강을 명한 집행유예를 받은 자가 준수사항이나 명령을 위반하고 그 정도가 무거운 때에는 집행유예의 선고를 취소할 수 있다.

> **관련판례**
> ① 「형법」 제62조의2의 규정에 의하여 보호관찰이나 사회봉사 또는 수강을 명한 집행유예를 받은 자가 준수사항이나 명령을 위반한 경우에 그 위반사실이 동시에 범죄행위로 되더라도 그 기소나 재판의 확정 여부 등 형사절차와는 별도로 법원이 「보호관찰 등에 관한 법률」에 의한 검사의 청구에 의하여 「형법」 제64조 제2항에 규정된 집행유예 취소의 요건에 해당하는가를 심리하여 준수사항이나 명령 위반사실이 인정되고 위반의 정도가 무거운 때에는 집행유예를 취소할 수 있다 (대판 1999.3.10, 자, 99모33). ● 경찰
> ② 검사는 보호관찰이나 사회봉사 또는 수강을 명한 집행유예를 받은 자가 준수사항이나 명령을 위반하고 그 정도가 무거운 경우 보호관찰소장의 신청을 받아 집행유예의 선고 취소청구를 할 수 있는데(보호관찰 등에 관한 법률 제47조 제1항, 형법 제64조 제2항), 그 심리 도중 집행유예 기간이 경과하면 형의 선고는 효력을 잃기 때문에 더 이상 집행유예의 선고를 취소할 수 없고 취소청구를 기각할 수밖에 없다. 집행유예의 선고 취소결정에 대한 즉시항고 또는 재항고 상태에서 집행유예 기간이 경과한 때에도 같다. 이처럼 집행유예의 선고 취소는 '집행유예 기간 중'에만 가능하다는 시간적 한계가 있다(대판 2023.6.29, 2023모1007).

③ **취소의 효과** : 집행유예가 취소되면 유예된 형을 집행하게 된다.

II 선고유예

1. 서 설

선고유예란 경미한 범죄자에 대하여 일정한 기간 동안 형의 선고를 유예하고 그것이 실효됨이 없이 유예기간을 경과한 때에는 면소된 것으로 간주하는 제도이다.

2. 선고유예의 요건

> **제59조 (선고유예의 요건)** ① 1년 이하의 징역이나 금고, 자격정지 또는 벌금의 형을 선고할 경우에 제51조의 사항을 고려하여 뉘우치는 정상이 뚜렷할 때에는 그 형의 선고를 유예할 수 있다. 다만, 자격정지 이상의 형을 받은 전과가 있는 사람에 대해서는 예외로 한다. ● 법행
> ② 형을 **병과**할 경우에도 형의 전부 또는 일부에 대하여 선고를 유예할 수 있다. ● 검찰9급

(1) 1년 이하의 징역이나 금고, 자격정지 또는 벌금의 형을 선고할 경우일 것

> **관련판례**
> ① 주형에 대하여 선고를 유예하는 경우에는 그 부가할 몰수 추징에 대하여도 선고를 유예할 수 있으나, 그 주형에 대하여 선고를 유예하지 아니하면서 이에 부가할 몰수 추징에 대하여서만 선고를 유예할 수는 없다(대판 1988.6.21, 88도551). ● 경찰승진, 사시
> ② 주형을 선고유예하면서 몰수나 추징의 요건이 충족된 때에는 몰수나 추징만 선고할 수는 있다(대판 1973.12.11, 73도1133 전원합의체). ● 경찰
> ③ 징역형과 벌금형을 병과하면서 어느 한 쪽에 대해서만 선고를 유예하거나, 징역형은 집행유예하고 벌금형은 선고유예하는 것도 가능하다(대판 1976.6.8, 74도1266). ● 사시

(2) 뉘우치는 정상이 뚜렷할 것(개전의 정상이 현저할 것)

선고유예의 요건 중 '**개전의 정상이 현저한 때**'라고 함은, 반성의 정도를 포함하여 널리 형법 제51조가 규정하는 양형의 조건을 종합적으로 참작하여 볼 때 형을 선고하지 않더라도 피고인이 다시 범행을 저지르지 않으리라는 사정이 현저하게 기대되는 경우를 가리킨다고 해석할 것이고, 이와 달리 여기서의 '개전의 정상이 현저한 때'가 반드시 피고인이 죄를 깊이 뉘우치는 경우만을 뜻하는 것으로 제한하여 해석하거나, 피고인이 범죄사실을 자백하지 않고 부인할 경우에는 언제나 선고유예를 할 수 없다고 해석할 것은 아니다(대판 2003.2.20, 2001도6138 전원합의체). ● 법행, 경찰

(3) 자격정지 이상의 형을 받은 전과가 없을 것

> **관련판례**
>
> ① 자격정지 이상의 형을 받은 전과의 의미 : 형법 제59조 제1항 단행에서 정한 "**자격정지 이상의 형을 받은 전과**"라 함은 자격정지 이상의 형을 선고받은 범죄경력 자체를 의미하는 것으로서, 그 형의 효력이 상실되었는지 여부는 묻지 않는 것으로 해석함이 상당하다고 할 것이다. 따라서 형의 집행유예를 선고받은 자는 형법 제65조에 의하여 그 선고가 실효 또는 취소됨이 없이 정해진 유예기간을 무사히 경과하여 형의 선고가 효력을 잃게 되었다고 하더라도 형의 선고의 법률적 효과가 없어진다는 것일 뿐, 형의 선고가 있었다는 기왕의 사실 자체까지 없어지는 것은 아니므로, 형법 제59조 제1항 단행에서 정한 선고유예 결격사유인 "**자격정지 이상의 형을 받은 전과가 있는 자**"에 해당한다고 보아야 할 것이다(대판 2003.12.16, 2003도3768 ; 대판 2008.1.18, 2007도9405). ● 법행, 사시, 경찰승진
>
> ② (구)형의실효등에관한법률 제7조 제1항 제1호가 징역 또는 금고형을 받은 사람이 자격정지 이상의 형을 받음이 없이 형의 집행을 종료하거나 그 집행이 면제된 날로부터 10년이 경과한 때에는 **그 형은 실효된다고 규정한 취지**는 집행유예기간이 경과한 때에는 형의 선고는 효력을 잃는다고 규정한 형법 제65조와 마찬가지로 그저 형의 선고의 법률적 효과가 없어진다는 의미일 뿐, 형의 선고가 있었다는 기왕의 사실 자체의 모든 효과까지 소멸한다는 뜻은 아니므로, 일단 **자격정지 이상의 형을 선고받은 이상 그 후 그 형이** (구)형의실효등에관한법률 제7조에 따라 추후 실효되었다 하여도 이는 형법 제59조 제1항 단행에서 정한 선고유예 결격사유인, "**자격정지 이상의 형을 받은 전과가 있는**" 경우에 해당한다고 보아야 한다(대판 2004.10.15, 2004도4859).

3. 선고유예와 보호관찰

> 제59조의2 (보호관찰) ① 형의 선고를 유예하는 경우에 재범방지를 위하여 지도 및 원호가 필요한 때에는 보호관찰을 받을 것을 명할 수 있다.
> ② 제1항의 규정에 의한 보호관찰의 기간은 **1년**으로 한다. ● 검찰7급

4. 선고유예의 효과

> 제60조 (선고유예의 효과) 형의 선고유예를 받은 날로부터 **2년**을 경과한 때에는 **면소된 것으로 간주**한다. ⊙ 법행

형법 제59조에 의하여 형의 **선고를 유예하는 판결을 할 경우**에도 선고가 유예된 형에 대한 판단을 하여야 하는 것이므로 선고유예 판결에서도 그 판결이유에서는 선고할 형의 종류와 양, 즉 선고형을 정해 놓아야 하고, 그 **선고를 유예하는 형이 벌금형일 경우**에는 그 벌금액뿐만 아니라 환형유치처분까지 해 두어야 한다(대판 1988.1.19, 86도2654). 그러므로 선고가 유예된 형에 벌금형을 선택하면서 그 액을 정하지 아니한 채 선고유예 판결을 하면 위법이다(대판 1975.4.8, 74도618).

5. 선고유예의 실효

(1) 필요적 실효

> 제61조 (선고유예의 실효) ① 형의 선고유예를 받은 자가 유예기간 중 자격정지 이상의 형에 처한 판결이 확정되거나 자격정지 이상의 형에 처한 전과가 발견된 때에는 유예한 형을 선고한다.

관련판례

형법 제61조 제1항에서 말하는 '**형의 선고유예를 받은 자가 자격정지 이상의 형에 처한 전과가 발견된 때**'란 형의 <u>선고유예의 판결이 확정된 후</u>에 비로소 위와 같은 전과가 발견된 경우를 말하고 그 **판결확정 전**에 이러한 전과가 발견된 경우에는 이를 취소할 수 없으며, 이때 **판결확정 전에 발견되었다**고 함은 검사가 명확하게 그 결격사유를 안 경우만을 말하는 것이 아니라 당연히 그 결격사유를 알 수 있는 객관적 상황이 존재함에도 부주의로 알지 못한 경우도 포함한다(대결 2008.2.14, 2007모845). ⊙ 경찰

(2) 임의적 실효

> 제61조 (선고유예의 실효) ② 제59조의2 규정에 의하여 보호관찰을 명한 선고유예를 받은 자가 보호관찰 기간 중에 준수사항을 위반하고 그 정도가 무거운 때에는 유예한 형을 선고할 수 있다.

Ⅲ 가석방

1. 서 설

가석방이란 자유형을 집행받고 있는 자가 개전의 정이 현저하다고 인정되는 때에는 형기만료 전에 조건부로 수형자를 석방하고 일정한 기간을 경과한 때에는 형의 집행을 종료한 것으로 간주하는 제도이다.

2. 가석방의 요건

> 제72조 (가석방의 요건) ① 징역이나 금고의 집행 중에 있는 사람이 행상(行狀)이 양호하여 뉘우침이 뚜렷한 때에는 **무기형은 20년**, 유기형은 형기의 3분의 1이 지난 후 행정처분으로 가석방을 할 수 있다. ● 경찰
> ② 제1항의 경우에 벌금이나 과료가 병과되어 있는 때에는 그 금액을 완납하여야 한다. ● 법행

(1) 징역 또는 금고의 집행 중에 있는 자가 무기에 있어서는 20년, 유기에 있어서는 형기의 3분의 1을 경과한 후일 것

사형에서 무기로 감형된 경우 사형집행 대기기간을 처음부터 무기징역을 받은 경우와 동일하게 형의 집행기간에 산입할 수는 없다(대결 1991.3.4, 90모59). ● 검찰7급

(2) 행상이 양호하여 개전의 정이 현저할 것

수형자가 규율을 준수하고 반성하고 있음을 인정할 만한 정상이 있어 수형자에게 잔형을 집행하지 않아도 재범의 위험성이 없다는 예측이 가능한 경우를 말한다.

(3) 벌금 또는 과료의 병과가 있는 때에는 그 금액을 완납할 것

3. 가석방의 기간 및 보호관찰

> 제73조의2 (가석방의 기간 및 보호관찰) ① 가석방의 기간은 무기형에 있어서는 10년으로 하고, 유기형에 있어서는 남은 형기로 하되, 그 기간은 10년을 초과할 수 없다. ● 법행
> ② 가석방된 자는 가석방기간 중 **보호관찰을 받는다**. 다만, 가석방을 허가한 행정관청이 필요가 없다고 인정한 때에는 그러하지 아니하다. ● 법행

4. 가석방의 효과

> 제76조 (가석방의 효과) ① 가석방의 처분을 받은 후 그 처분이 실효 또는 취소되지 아니하고 가석방기간을 경과한 때에는 **형의 집행을 종료**한 것으로 본다. ● 검찰9급
> ② 전2조의 경우에는 가석방중의 일수는 형기에 산입하지 아니한다.

5. 가석방의 실효와 취소

(1) 가석방의 실효

> 제74조 (가석방의 실효) 가석방 기간 중 **고의로** 지은 죄로 금고 이상의 형을 선고받아 그 판결이 확정된 경우에 가석방 처분은 효력을 잃는다. ● 사시

(2) 가석방의 취소

제75조 (가석방의 취소) 가석방의 처분을 받은 자가 감시에 관한 규칙을 위배하거나, 보호관찰의 준수사항을 위반하고 그 정도가 무거운 때에는 가석방처분을 취소할 수 있다.

(3) 실효와 취소의 효과

가석방이 실효 또는 취소되면 가석방 당시의 잔형기의 형을 집행한다.

제5절 형의 시효·소멸·기간

I 형의 시효

1. 의 의

형의 시효란 형의 선고를 받은 자가 재판이 확정된 후 그 형의 집행을 받지 않고 법률이 정한 일정한 기간을 경과하면 그 형의 집행이 면제되는 것을 말한다. 미확정의 형벌권인 공소권을 소멸시키는 제도인 공소시효와 구별된다. ◎ 경찰간부

2. 시효의 기간

제78조 (시효의 기간) 시효는 형을 선고하는 재판이 확정된 후 그 집행을 받지 아니하고 다음 각 호의 구분에 따른 기간이 지나면 완성된다.
1. 삭제
2. 무기의 징역 또는 금고는 20년
3. 10년 이상의 징역 또는 금고는 15년
4. 3년 이상의 징역이나 금고 또는 10년 이상의 자격정지는 10년
5. 3년 미만의 징역이나 금고 또는 5년 이상의 자격정지는 7년
6. 5년 미만의 자격정지, 벌금, 몰수 또는 추징은 5년
7. 구류 또는 과료는 1년

3. 시효의 완성의 효과

제77조 (시효의 효과) 형을 선고받은 사람에 대해서는 시효가 완성되면 그 **집행이 면제**된다.
◎ 검찰7급

4. 시효의 정지와 중단

(1) 시효의 정지

> 제79조(시효의 정지) ① 시효는 형의 집행의 유예나 정지 또는 가석방 기타 집행할 수 없는 기간은 진행되지 아니한다.
> ② 시효는 형이 확정된 후 그 형의 집행을 받지 아니한 자가 형의 집행을 면할 목적으로 국외에 있는 기간 동안은 진행되지 아니한다.

(2) 시효의 중단

> 제80조 (시효의 중단) 시효는 **징역, 금고와 구류**에 있어서는 수형자를 **체포함**으로, **벌금, 과료, 몰수와 추징**에 있어서는 **강제처분을 개시함**으로 인하여 중단된다. ● 경찰간부

① 집행개시후 집행불능이 된 경우와 시효중단의 효력(발생) : 확정된 벌금형을 집행하기 위한 검사의 집행명령에 기하여 집달관이 **집행을 개시**하였다면 이로써 벌금형에 대한 시효는 중단되는 것인바(형법 제80조), 이 경우 압류물을 환가하여도 집행비용 외에 잉여가 없다는 이유로 **집행불능이 되었다**고 하더라도 이미 발생한 시효중단의 효력이 소멸하지는 않는다 할 것이고, 따라서 위 벌금형의 미납자에 대하여는 형사소송법 제492조에 의해 노역장유치의 집행을 할 수 있다(대결 1992.12.28, 92모39).

② 벌금의 일부납부와 시효중단의 효력(발생) : **수형자가 벌금의 일부를 납부한 경우**에는 이로써 집행행위가 개시된 것으로 보아 그 벌금형의 시효가 중단된다고 봄이 상당하고, 이 경우 **벌금의 일부 납부란** 수형자 본인이 스스로 벌금을 일부 납부한 경우, 즉 벌금의 일부를 수형자 본인 또는 그 대리인이나 사자가 수형자 본인의 의사에 따라 이를 납부한 경우를 말하는 것이고, **수형자 본인의 의사와는 무관하게 제3자가 이를 납부한 경우는 포함되지 아니한다**(대결 2001.8.23, 2001모91).

③ 유체동산 경매의 방법으로 추징형을 집행하는 경우

[1] 형법 제80조에서 추징에 있어서의 시효는 강제처분을 개시함으로 인하여 중단된다고 규정하고 있는바, 여기에서 **유체동산 경매의 방법으로 추징형을 집행하는 경우**에는 검찰징수사무규칙 제17조에 의한 검사의 징수명령서를 집행관이 수령하는 때에 강제처분의 개시가 있는 것으로 보아야 하고, 다만 집행관이 그 후에 집행에 착수하지 못하면 시효중단의 효력이 없어진다.

[2] 집행관이 추징의 시효 만료 전에 징수명령서를 수령하고, 그 후 상당한 기간이 경과되기 전에 징수명령이 집행되었다면 추징의 시효가 완성된 후의 집행이 아니다(대결 2006.1.17, 2004모524).

④ **추징형의 집행을 채권에 대한 강제집행의 방법으로 하는 경우**에는 검사가 집행명령서에 기하여 법원에 **채권압류명령을 신청하는 때**에 강제처분인 집행행위의 개시가 있는 것이므로 특별한 사정이 없는 한 그때 시효중단의 효력이 발생한다(대판 2023.2.23, 2021모3227).

⑤ 시효중단의 효력이 발생하기 위하여 집행행위가 종료하거나 성공할 필요는 없으므로 수형자의 재산이라고 추정되는 채권에 대하여 압류신청을 한 이상 피압류채권이 존재하지 않거나 압류채권을 환가하여도 집행비용 외에 잉여가 없다는 이유로 집행불능이 되었다고 하더라도 이미 발생한 시효중단의 효력이 소멸하지 않는다. 또한 채권압류가 집행된 후 해당 채권에 대한 압류가 취소되더라도 이미 발생한 시효중단의 효력이 소멸하지 않는다(대판 2023.2.23, 2021모3227).

⑥ 피압류채권이 법률상 압류금지채권에 해당하더라도 재판으로서 압류명령이 당연 무효는 아니므로 즉시항고에 의하여 취소되기 전까지는 역시 추징형의 집행이 계속되고 있는 것으로 보아야 한다(대판 2023.2.23, 2021모3227).

Ⅱ 형의 소멸

1. 형의 소멸

형의 소멸이란 유죄판결의 확정에 의하여 발생한 형의 집행권을 소멸시키는 것을 말한다.

2. 형의 실효 및 복권

> 제81조 (형의 실효) 징역 또는 금고의 집행을 종료하거나 집행이 면제된 자가 피해자의 손해를 보상하고 자격정지 이상의 형을 받음이 없이 7년을 경과한 때에는 본인 또는 검사의 신청에 의하여 그 재판의 실효를 선고할 수 있다.
> 제82조(복권) 자격정지의 선고를 받은 자가 피해자의 손해를 보상하고 자격정지 이상의 형을 받음이 없이 정지기간의 2분의 1을 경과한 때에는 본인 또는 검사의 신청에 의하여 자격의 회복을 선고할 수 있다.

(1) 형의 실효

① 재판상 실효

② 당연 실효

③ 실효의 효력 : 특정범죄가중처벌등에관한법률 제5조의4 제5항은, 형법 제329조 내지 제331조와 제333조 내지 제336조·제340조·제326조의 죄 또는 그 미수죄로 3회 이상 징역형을 받은 자로서 다시 이들 죄를 범하여 누범으로 처벌할 경우도 제1항 내지 제4항과 같다고 규정하고 있고, 한편 **형의실효등에관한법률에 의하여 형이 실효된 경우**에는 형의 선고에 의한 법적 효과가 장래에 향하여 소멸되므로 형이 실효된 후에는 그 전과를 특정범죄가중처벌등에관한법률 제5조

의4 제5항 소정의 징역형의 선고를 받은 경우로 볼 수는 없다(대판 2002.19.22, 2002감도39).

(2) 복 권
자격정지 중 당연정지의 경우에는 사면법에 의해 자격이 회복되고, 선고정지의 경우에는 형법에 의해 자격이 회복된다.

(3) 사 면
① 일반사면

[1] 사면법 제5조 제1항 제1호 소정의 '일반사면은 형의 언도의 효력이 상실된다.'는 의미는 형법 제65조 소정의 '형의 선고는 효력을 잃는다.'는 의미와 마찬가지로 단지 형의 선고의 법률적 효과가 없어진다는 것일 뿐 형의 선고가 있었다는 기왕의 사실 자체의 모든 효과까지 소멸한다는 뜻은 아니다.

[2] 확정판결의 죄에 대하여 일반사면이 있다 하더라도 일사부재리의 효력 등은 여전히 계속 존속하는 것이고, 확정판결이 있었던 사실에 의하여 그 전의 죄와 후의 죄 등이 형법 제37조 후단의 경합범관계에 있었다고 하는 효과도 일반사면에 의하여 좌우되는 것은 아니다(대판 1995.12.22, 95도2446).

② 특별사면 : **여러 개의 형이 병과된 사람에 대하여 그 병과형 중 일부의 집행을 면제하거나 그에 대한 형의 선고의 효력을 상실케 하는 특별사면이 있은 경우**, 그 특별사면의 효력이 병과된 나머지 형에까지 미치는 것은 아니므로 ㉠ **징역형의 집행유예와 벌금형이 병과된 신청인에 대하여 징역형의 집행유예의 효력을 상시케 하는 내용의 특별사면**이 그 벌금형의 선고의 효력까지 상실케 하는 것은 아니며(대결 1997.10.13, 96모33), ㉡ **징역형의 집행유예와 추징의 선고를 받은 사람에 대하여 징역형의 선고의 효력을 상실케 하는 동시에 복권하는 특별사면이 있는 경우에 추징에 대하여도 형 선고의 효력이 상실된다고 볼 수는 없다**(대결 1996.5.14, 96모14). ● 법행, 입시, 경찰, 경찰승진

III 형의 기간

제83조 (기간의 계산) 연(年) 또는 월(月)로 정한 기간은 연 또는 월 단위로 계산한다.
제84조 (형기의 기산) ① 형기는 판결이 확정된 날로부터 기산한다.
② 징역, 금고, 구류와 유치에 있어서는 구속되지 아니한 일수는 형기에 산입하지 아니한다.
제85조 (형의 집행과 시효기간의 초일) 형의 집행과 시효기간의 초일은 시간을 계산함이 없이 1일로 산정한다.
제86조 (석방일) 석방은 형기종료일에 하여야 한다.

CHAPTER 02 보안처분론

제1절 보안처분론

I 의의

보안처분이란 형벌로는 행위자의 사회복귀와 범죄로부터 사회방위가 불가능하거나 부적당한 경우에 범죄행위자 또는 장래 범죄의 위험성이 있는 자에 대하여 과해지는 형벌 이외의 범죄예방처분을 말한다.

II 형벌과 보안처분과의 구별

형 벌	보안처분
책임을 전제로 하고 책임주의의 범위 내에서 과하여진다(책임원칙).	행위자의 사회적 위험성을 전제로 하여 특별예방의 관점에서 과하여진다(비례성의 원칙).
과거의 침해행위를 대상으로 한다.	장래에 대한 예방적 성격을 가진다.

제2절 현행법상 보안처분

형법상으로는 보호관찰, 사회봉사명령, 수강명령이 있다.

02

형법각론

02 불가벌죄

판례로 보는
형법 교과서

제 1 편

개인적 법익에 관한 죄

Chapter 01 생명과 신체에 대한 죄
Chapter 02 자유에 대한 죄
Chapter 03 명예와 신용에 대한 죄
Chapter 04 사생활의 평온에 대한 죄
Chapter 05 재산에 대한 죄

CHAPTER 01 생명과 신체에 대한 죄

제1절 살인의 죄

I 보통살인죄

제250조 (살인, 존속살해) ① 사람을 살해한 자는 사형, 무기 또는 5년 이상의 징역에 처한다.
제254조 (미수범) 본죄의 미수범은 처벌한다.
제255조 (예비, 음모) 제250조와 제253조의 죄를 범할 목적으로 예비 또는 음모한 자는 10년 이하의 징역에 처한다.
제256조 (자격정지의 병과) 제250조, 제252조 또는 제253조의 경우에 유기징역에 처할 때에는 10년 이하의 자격정지를 병과할 수 있다.

1. 구성요건

(1) 객관적 구성요건

① 행위주체 : 피해자 이외의 모든 자연인이 주체가 될 수 있고 법인은 주체가 될 수 없다.
② 사람의 시기(낙태죄의 객체와 차이) : **사람의 시기**는 규칙적인 진통을 동반하면서 태아가 태반으로부터 이탈하기 시작한 때 다시 말하여 **분만이 개시된 때**(소위 진통설 또는 분만개시설)라고 봄이 타당하며 **조산원이 분만 중인 태아를 질식사에 이르게 한 경우**에는 업무상 과실치사죄가 성립한다(대판 1982.10.12, 81도2621).

● 경찰, 경간부

> **참조판례**
> 제왕절개 수술의 경우 '의학적으로 제왕절개 수술이 가능하였고 규범적으로 수술이 필요하였던 시기(時期)'는 판단하는 사람 및 상황에 따라 다를 수 있어, 분만개시 시점 즉, 사람의 시기(始期)도 불명확하게 되므로 이 시점을 분만의 시기(始期)로 볼 수는 없다(대판 2007.6.29, 2005도3832). ● 경찰, 사시, 검찰9급

③ 사람의 종기 : 사망시기에 관하여는 ⊙ 심장의 고동이 영구적으로 정지한 때라는 심장사설(맥박종지설) ⓒ 호흡이 영구적으로 정지한 때라는 호흡종지설 ⓒ 호흡종지, 맥박, 동공확대 등을 종합하여 고려하는 종합설 ⓔ 뇌의 기능이 정지된 때라는 뇌사설(현재 다수설)의 대립이 있다.
④ 실행착수 : 피고인이 격분하여 피해자를 살해할 것을 마음먹고 밖으로 나가 낫을 들고 피해자에게 다가서려고 하였으나 제3자가 이를 제지하여 그틈을 타서 피해

자가 도망함으로써 살인의 목적을 이루지 못한 경우, 피고인이 낫을 들고 피해자에게 접근함으로써 살인의 실행행위에 착수하였다고 할 것이므로 이는 살인미수에 해당한다(대판 1986.2.25, 85도2773). ● 경찰, 법행

(2) 주관적 구성요건

살인죄에 있어서의 범의는 반드시 살해의 목적이나 계획적인 살해의 의도가 있어야 인정되는 것은 아니고, 자기의 행위로 인하여 타인의 사망의 결과를 발생시킬 만한 가능 또는 위험이 있음을 인식하거나 예견하면 족한 것이고 그 인식이나 예견은 확정적인 것은 물론 불확정적인 것이라도 소위 미필적 고의로도 인정되는 것이다(대판 2000.8.18, 2000도2231). ● 사시, 경찰

> **유사판례**
> **아동학대살해죄에서 살해의 범의의 인정 기준**은 살인죄에서의 범의의 인정 기준과 같다고 보아야 한다. **아동학대살해의 범의**는 반드시 살해의 목적이나 계획적인 살해의 의도가 있어야 인정되는 것은 아니고, 자기의 행위로 인하여 아동에게 사망이라는 결과가 발생할 가능성 또는 위험이 있음을 인식하거나 예견하면 족한 것이며, 그 인식이나 예견은 확정적인 것은 물론 불확정적인 것이라도 이른바 미필적 고의로서 살해의 범의가 인정된다(대판 2024.7.11, 2024도2940).

> **판례 정리 ⋯ 살인의 고의를 인정한 경우**
> 1. 인체의 급소를 잘 알고 있는 무술교관 출신의 피고인이 무술의 방법으로 피해자의 울대(성대)를 가격하여 사망케 한 행위(대판 2000.8.18, 2000도2231) ● 경찰승진
> 2. 총알이 장전되어 있는 엽총의 방아쇠를 잡고 있다가 총알이 발사되어 피해자가 사망한 경우(대판 1997.2.25, 96도3364) ● 경찰승진
> 3. 범행현장에 있던 생선회용 식칼로 피해자의 왼쪽 겨드랑이 부분을 가슴 쪽으로 향하여 깊이 찔러 1시간 내에 사망케 한 경우(대판 1983.9.19, 83도1594)
> 4. 술에 취한 채 시내버스를 탈취해 운전하여 시위진압 중인 기동대원을 향해 돌진하여 사망하게 한 경우(대판 1988.6.14, 88도692)
> 5. 소란을 피우는 피해자를 말리다가 피해자가 욕하는 데 격분하여 예리한 칼로 피해자의 왼쪽 가슴 부분에 길이 6cm, 깊이 17cm의 상처 등이 나도록 찔러 곧바로 좌측심낭까지 절단된 경우(대판 1991.10.22, 91도2174) ● 법행
> 6. 남편의 전처 소생인 딸을(9세) 야산으로 데리고 들어가 주먹으로 피해자의 얼굴을 수차례 때리고, 스카프로 목을 졸라 상해를 가하고 피해자를 실신시킨 후 피해자를 버려둔 채 그곳을 떠났는데, 그 이후 피해자가 스스로 깨어나 소생한 경우(대판 1994.12.22, 94도2511) ● 검찰7급
> 7. 쇠파이프와 각목으로 피해자들의 머리와 몸을 마구 때리고 낫으로 팔과 다리를 난자한 경우(대판 1994.3.22, 93도3612) ● 경찰
> 8. 가로 15cm, 세로 16cm, 길이 153cm, 무게 7kg의 각이 진 목재로 길바닥에 누워 있던 피해자의 머리를 때려 피해자가 외상성뇌지주막하출혈로 사망한 경우(대판 1998.6.9, 98도980) ● 경찰승진
> 9. 교통사고를 가장하여 보험금을 수령하고, 범행은폐목적으로 승용차에 태운 후 고의로 승용차를 저수지에 추락시켜 사망하게 한 경우(대판 2001.11.27, 2001도4392)
> 10. 강도가 베개로 피해자의 머리부분을 약 3분간 누르던 중 피해자가 저항을 멈추고 사지가 늘어졌음에도 계속 눌러 사망하게 한 경우(대판 2002.2.28, 2001도6425) ☞ 강도살인죄 ● 사시, 경찰

> **판례 정리 ··· 살인의 고의를 부정한 경우**
>
> 1. 경찰관이 질주하는 화물자동차의 승강구에 뛰어올라 동 차에 적재되어 있는 임산물에 대한 부정성 여부를 조사하기 위하여 정차를 명함에 있어 화주가 이를 피하기 위하여 경찰관을 폭행하여 동 차로부터 추락시킨 결과 사망케 한 경우(대판 1957.5.24, 4290형상56) ● 경찰
> 2. 피고인의 구타행위로 상해를 입은 피해자가 정신을 잃고 빈사상태에 빠지자 사망한 것으로 오인하고, 자신의 행위를 은폐하고 피해자가 자살한 것처럼 가장하기 위하여 피해자를 베란다 아래의 바닥으로 떨어뜨려 사망케 하였다면, 피고인의 행위는 포괄하여 단일의 상해치사죄에 해당한다(대판 1994.11.4, 94도2361). ● 경찰승진

2. 죄수 및 타죄와의 관계

(1) 피해법익과 범죄의사가 다른 경우

> **사실관계** 갑은 1966.4.16 02:00경 자택에서 생활고에 못이겨 가족을 모두 죽이고 자신도 자살할 생각으로 쇠망치로 잠자고 있는 자신의 처 을, 장녀 병(5세), 장남 정(11세)을 차례로 머리를 서너 차례씩 강타하여 각 그들로 하여금 두개골파열 및 뇌수일탈 등으로 즉사케 하였다.
>
> **판결요지** 이와 같은 경우에는 피해법익이 다르고, 각 피해자를 살해하려는 의사가 각각 성립한 것이어서 단일한 범의하의 행위라고는 할 수 없으니, 동일한 장소에서 동일한 방법에 의하여 시간적으로 접착된 행위라고 하더라도 이를 포괄적인 1죄라고는 할 수 없다(대판 1969.12.30, 69도2062). ● 법행

(2) 사람을 살해한 다음 그 범죄의 흔적을 은폐하기 위하여 그 시체를 다른 장소로 옮겨 유기하였을 때에는 살인죄와 사체유기죄의 경합범이 성립하고 사체유기를 불가벌적 사후행위라 할 수 없다(대판 1984.11.27, 84도2263). ● 사시, 경찰

(3) **살해의 목적으로 동일인에게 일시 장소를 달리하고 수차에 걸쳐 단순한 예비행위를 하거나 또는 공격을 가하였으나 미수에 그치다가 드디어 그 목적을 달성한 경우**에 그 예비행위 내지 공격행위가 동일한 의사발동에서 나왔고 그 사이에 범의의 갱신이 없는한 각 행위가 같은 일시 장소에서 행하여 졌거나 또는 다른 장소에서 행하여 졌거나를 막론하고 또 그 방법이 동일하거나 여부를 가릴 것 없이 그 살해의 목적을 달성할 때까지의 행위는 모두 실행행위의 일부로서 이를 포괄적으로 보고 단순한 한 개의 살인기수죄로 처단할 것이지 살인예비 내지 미수죄와 동 기수죄의 경합죄로 처단할 수 없는 것이다(대판 1965.9.28, 65도695). ● 경찰승진

Ⅱ 존속살해죄(가중적 구성요건)

제250조 (살인, 존속살해) ② 자기 또는 배우자의 직계존속을 살해한 자는 사형, 무기 또는 7년 이상의 징역에 처한다.
제254조 (미수범) 본죄의 미수범은 처벌한다.
제255조 (예비, 음모) 제250조와 제253조의 죄를 범할 목적으로 예비 또는 음모한 자는 10년 이하의 징역에 처한다.
제256조 (자격정지의 병과) 제250조, 제252조 또는 제253조의 경우에 유기징역에 처할 때에는 10년 이하의 자격정지를 병과할 수 있다.

1. 구성요건

(1) 행위주체 및 객체

① 직계존속

㉠ 생모와 직계존속 : 혼인 외의 출생자와 생모간에는 생모의 인지나 출생신고를 기다리지 않고 자의 출생으로 당연히 법률상의 친족관계가 생기는 것이다(대판 1980.9.9, 80도1731). 사시

㉡ 인지와 직계존속 : 생부가 혼인외의 자를 혼인중의 출생자로 호적신고한 경우 친생자 출생신고로서는 무효이나 인지신고로서는 유효하므로 생부를 살해하면 존속살해죄가 성립한다(대판 1971.11.15, 71다1983).

㉢ 일방적 호적 등재와 직계존속 : 피살자(여)가 그의 문전에 버려진 영아인 피고인을 주어다 기르고 그 부와의 친생자인 것처럼 출생신고를 하였으나 입양요건을 갖추지 아니하였다면 피고인과의 사이에 모자관계가 성립될 리 없으므로, 피고인이 동녀를 살해하였다고 하여도 존속살인죄로 처벌할 수 없다(대판 1981.10.13, 81도2466). 법행

㉣ 호적등재가 직계존속의 기준인지 여부 : 친자관계라는 사실은 호적상의 기재 여하에 의하여 좌우되는 것은 아니며 호적상 친권자라고 등재되어 있다 하더라도 사실에 있어서 그렇지 않은 경우에는 법률상 친자관계가 생길 수 없다 할 것인바, 피고인은 호적부상 피해자와 모 사이에 태어난 친생자로 등재되어 있으나 피해자가 집을 떠난 사이 모가 타인과 정교관계를 맺어 피고인을 출산하였다면 피고인과 피해자 사이에는 친자관계가 없으므로 존속상해죄는 성립될 수 없다(대판 1983.6.28, 83도996). 경찰

㉤ 양친자관계와 직계존속 : 피해자는 그의 남편과 공동으로 피고인 갑을 입양할 의사로 갑을 친생자로 출생신고를 하고 갑을 양육하여 오다가 위 남편이 사망한 후에도 계속하여 갑을 양육하여 온 상태에서 갑이 피해자를 살해한 경우 존속살해죄가 성립한다(대판 2007.11.29, 2007도8333).

② 배우자 : 현재의 생존한 법률상의 배우자만 해당하고 혼인신고를 하지 않은 사실상의 배우자는 해당하지 않고 사망한 배우자도 해당하지 않는다.

(2) 주관적 구성요소 및 착오

제분에 이기지 못하여 식도를 휘두르는 피고인을 말리거나 그 식도를 뺏으려고 한 그 밖의 피해자들을 닥치는 대로 찌르는 무차별 횡포를 부리던 중에 그의 부(父)까지 찌르게 된 결과를 빚은 경우 피고인이 칼에 찔려 쓰러진 부를 부축해 데리고 나가지 못하도록 한 일이 있다고 하여 그의 부를 살해할 의사로 식도로 찔러 살해하였다는 사실을 인정하기는 어렵다고 봄이 상당하다(대판 1977.1.11, 76도3871).

2. 정범 및 공범관계

제33조에 따라 해결한다.

Ⅲ 촉탁·승낙살인죄(감경적 구성요건)

제252조 (촉탁, 승낙에 의한 살인등) ① 사람의 촉탁이나 승낙을 받아 그를 살해한 자는 1년 이상 10년 이하의 징역에 처한다.
제254조 (미수범) 미수범은 처벌한다.

1. 행위객체

살해를 촉탁 또는 승낙한 자이다. 행위자 이외의 자연인으로서 죽음의 의미를 이해하고 자유로운 의사를 결정할 수 있어야 하므로, 유아·정신병자·명정자의 촉탁, 승낙을 받아 살해하면 보통살인죄가 성립한다.

2. 행 위

촉탁, 승낙을 받아 살해하는 것이다. 촉탁이란 죽음을 결심한 자가 자신을 살해해달라고 부탁하는 진지하고 명시적인 의사표시여야 하고, 승낙이란 행위자가 이미 살해의 결의를 가지고 있다가 행위시에 피해자가 살해에 대한 동의를 하는 것을 의미하는데, 촉탁과 달리 묵시적인 승낙으로도 족하다고 한다(통설).

3. 주관적 구성요건 및 착오

촉탁·승낙이 있다는 사실을 인식하고 살해한다는 의사가 있어야 한다.

Ⅳ 자살교사·방조죄

> 제252조 (촉탁, 승낙에 의한 살인등) ② 사람을 교사 또는 방조하여 자살하게 한 자도 전항의 형과 같다.
> 제254조 (미수범) 본죄의 미수범은 처벌한다.

1. 의의 및 성격

공범종속성설은 공범 아닌 독립범죄를 특별히 규정한 것으로 예외규정이라고 설명하는 반면 공범독립성설은 정범의 실행행위가 없어도 공범행위만으로도 가벌성이 인정되므로 자살교사·방조죄를 당연규정으로 이해한다. 자살교사·방조죄에는 총칙상의 공범규정이 적용되지 않는다.

2. 구성요건

(1) 행위주체

자살자 본인을 제외한 모든 자연인은 주체가 될 수 있다.

(2) 행위객체 : 자살의 의미를 이해할 수 있는 행위자 이외의 자연인으로서 자유로운 의사결정능력이 있어야 한다.

> **관련판례**
> 피고인이 7세, 3세 남짓된 어린자식들에 대하여 함께 죽자고 권유하여 물속에 따라 들어오게 하여 결국 익사하게 하였다면 비록 피해자들을 물속에 직접 밀어서 빠뜨리지는 않았다고 하더라도 자살의 의미를 이해할 능력이 없고 피고인의 말이라면 무엇이나 복종하는 어린 자식들을 권유하여 익사하게 한 이상 살인죄의 범의는 있었음이 분명하다(대판 1987.1.20, 86도2395). ☞ 자살교사죄 × ● 법행, 경찰

(3) 행 위

① 교사 또는 방조 : **자살방조죄**는 자살하려는 사람의 자살행위를 도와주어 용이하게 실행하도록 함으로써 성립되는 것으로서, 그 방법에는 자살도구인 총, 칼 등을 빌려주거나 독약을 만들어 주거나 조언 또는 격려를 한다거나 기타 적극적, 소극적, 물질적, 정신적 방법이 모두 포함된다할 것이나, 이러한 **자살방조죄가 성립하기 위해서는** 그 방조 상대방의 구체적인 자살의 실행을 원조하여 이를 용이하게 하는 행위의 존재 및 그 점에 대한 행위자의 인식이 요구된다(대판 2005.6.10, 2005도1373). ● 경찰승진

> **관련판례**
> ① 피고인이 인터넷 사이트 내 자살 관련 카페 게시판에 청산염 등 자살용 유독물의 판매광고를 한 행위가 단지 금원 편취 목적의 사기행각의 일환으로 이루어졌고, 변사자들이 다른 경로로 입수한 청산염을 이용하여 자살한 사정 등에 비추어, 피고인의 행위는 자살방조에 해당하지 않는다(대판 2005.6.10, 2005도1373). ● 사시, 경찰, 법행
> ② 피해자가 피고인과 말다툼을 하다가 '죽고 싶다' 또는 '같이 죽자'고 하며 피고인에게 기름을 사오라고 하자 피고인이 휘발유 1병을 사다주었는데 피해자가 몸에 휘발유를 뿌리고 불을 붙여 자살한 경우, 자살방조죄가 성립한다(대판 2010.4.29, 2010도2328). ● 법원, 경찰승진

② 자살 : 교사 또는 방조에 의하여 피해자가 자살함으로써 기수가 된다.

(4) 실행의 착수시기

본죄의 실행착수시기에 대해 자살행위에 착수한 때라는 견해와 교사·방조행위를 개시한 때라는 견해가 대립하고 있으나 교사 또는 방조행위를 개시한 때에 실행착수가 된다는 견해가 다수설이다.

V 위계·위력에 의한 살인죄

> 제253조 (위계등에 의한 촉탁살인등) 전조의 경우에 위계 또는 위력으로써 촉탁 또는 승낙하게 하거나 자살을 결의하게 한 때에는 **제250조의 예에 의한다.**
> 제255조 (예비, 음모) 제250조와 제253조의 죄를 범할 목적으로 예비 또는 음모한 자는 10년 이하의 징역에 처한다.
> 제254조 (미수범) 본죄의 미수범은 처벌한다.

1. 의의 및 성격

피해자의 자유로운 의사에 기초한 자살교사방조죄나 촉탁승낙살인과 달리, 위계·위력을 수단으로 하는 점에서 살인죄의 간접정범을 별개의 독립된 구성요건으로 규정한 것이다.

2. 구성요건

(1) 위 계

위계란 상대방의 부지나 착오를 이용하여 목적을 달성하는 것으로 기망, 유혹을 포함한다.

(2) 위 력

위력이란 상대방의 의사를 제압할 수 있는 유·무형의 모든 힘을 의미한다.

3. 처벌

본죄의 객체가 일반인이면 보통살인죄의 형으로 자기 또는 배우자의 직계존속이면 존속살해죄의 형으로 처벌된다.

Ⅵ 살인예비·음모죄

> 제255조 (예비, 음모) 제250조와 제253조의 죄를 범할 목적으로 예비 또는 음모한 자는 10년 이하의 징역에 처한다.

[1] 형법 제255조, 제250조의 살인예비죄가 성립하기 위하여는 형법 제255조에서 명문으로 요구하는 살인죄를 범할 **목적** 외에도 **살인의 준비에 관한 고의가 있어야** 하며, 나아가 실행의 착수까지에는 이르지 아니하는 살인죄의 실현을 위한 준비행위가 있어야 한다. 여기서의 준비행위는 물적인 것에 한정되지 아니하며 특별한 정형이 있는 것도 아니지만, **단순히 범행의 의사 또는 계획만으로는** 그것이 있다고 할 수 없고 객관적으로 보아서 살인죄의 실현에 실질적으로 기여할 수 있는 **외적 행위**를 필요로 한다.

[2] 甲이 乙을 살해하기 위하여 丙, 丁 **등을 고용하면서 그들에게 대가의 지급을 약속한 경우**, 甲에게는 살인죄를 범할 목적 및 살인의 준비에 관한 고의뿐만 아니라 살인죄의 실현을 위한 준비행위를 하였음을 인정할 수 있다는 이유로 살인예비죄의 성립을 인정한 사례(대판 2009.10.29, 2009도7150) ●사시, 경찰

제2절 상해와 폭행의 죄

Ⅰ 상해죄와 폭행죄의 구별

구 분	상해죄	폭행죄
보호법익	신체의 건강	신체의 건재
범죄의성질	침해범, 결과범	거동범, 형식범
수 단	유형, 무형적 방법	유형적 방법
미 수	처벌	불처벌
소추조건	없음	반의사불벌죄

II 상해죄

제257조 (상해, 존속상해) ① 사람의 신체를 상해한 자는 7년 이하의 징역, 10년 이하의 자격정지 또는 1천 만원 이하의 벌금에 처한다.
③ 전2항의 미수범은 처벌한다.

1. 구성요건
(1) 객관적 구성요건

ⓐ 자상 : 피고인이 피해자를 협박하여 그로 하여금 자상케 한 경우에 피고인에게 상해의 결과에 대한 인식이 있고 또 그 협박의 정도가 피해자의 의사결정의 자유를 상실케 함에 족한 것인 이상 피고인에 대하여 상해죄를 구성한다 (대판 1970.9.22, 70도1638). ● 경간부

> **사실관계** 갑은 동거한 사실이 있는 피해자인 을녀에게 자신을 탈영병이라고 헌병대에 신고한 이유와 다른 남자와 정을 통한 사실들을 추궁한 바, 이를 부인하자 하숙집 뒷산으로 데리고 가 계속 부정을 추궁하면서 상대 남자를 말하자 대답을 하지 못하고 당황하던 을녀에게 소지중인 면도칼 1개를 주면서 "네가 네 코를 자르지 않을 때는 돌로서 죽인다"는 등 위협을 가해 자신의 생명에 위험을 느낀 을은 자신의 생명을 보존하기 위하여 위 면도칼로 <u>콧등을 길이 2.5센치, 깊이 0.56센치 절단</u>하므로서 을녀에게 전치 3개월을 요하는 상처를 입혀 안면부 불구가 되게 하였다.
>
> **판결요지** 피해자에 대한 협박정도가 그의 의사결정의 자유를 상실케 함에 족한 이상 피해자 자신이 면도칼로 자기 콧등을 길이 2.5센티미터 깊이 0.56센티미터 절단함으로써 안면부불구가 된 경우 그 협박자에게 중상해를 인정해야 한다(<u>중상해의 간접정범</u>) - (대판 1970.9.22, 70도1638). ● 사시, 법행, 경찰

ⓑ 태아 : 태아를 사망에 이르게 하는 행위가 임산부 신체의 일부를 훼손하는 것이라거나 태아의 사망으로 인하여 그 태아를 양육, 출산하는 임산부의 생리적 기능이 침해되어 임산부에 대한 상해가 된다고 볼 수는 없다. 따라서 산부인과 의사 甲의 업무상 과실로 임신 32주의 임산부 A의 배 속에 있는 태아를 사망에 이르게 한 경우, 甲에게 A에 대한 업무상과실치상죄가 성립할 수 없다(대판 2007.6.29, 2005도3832). ● 경찰

② 행 위

ⓐ 상해의 개념 : 상해는 피해자의 신체의 완전성을 훼손하거나 생리적 기능에 장애를 초래하는 것으로, 반드시 외부적인 상처가 있어야만 하는 것이 아니고, 여기서의 생리적 기능에는 육체적 기능뿐만 아니라 정신적 기능도 포함된다(대판 1999.1.26, 98도3732). ● 사시, 법행

> **판례 정리 ··· 상해를 인정한 경우**

1. 오랜 시간 동안의 협박과 폭행을 이기지 못하고 **실신**하여 범인들이 불러온 구급차 안에서야 정신을 차리게 되었다면, 외부적으로 어떤 상처가 발생하지 않았다고 하더라도 생리적 기능에 훼손을 입은 상해에 해당한다(대판 1996.12.10, 96도2529). ● 경찰승진, 경찰, 사시
2. 타인의 신체에 대하여 폭행을 가하여 **보행불능, 수면장애, 식욕감퇴** 등 기능의 장애를 일으킨 때에는 형법상 상해를 입힌경우에 해당한다(대판 1963.3.11, 69도161). ● 경찰
3. 피해자가 강제추행 과정에서 가해자로부터 왼쪽 젖가슴을 꽉 움켜잡힘으로 인하여 **왼쪽 젖가슴에 약 10일간의 치료를 요하는 좌상을 입고, 심한 압통과 약간의 종창이 있어 그 치료를 위하여 병원에서 주사를 맞고 3일간 투약을 한 경우**, 강제추행치상죄에 있어서의 상해의 개념에 해당한다(대판 2000.2.11, 99도4794).
4. 미성년자에 대한 추행행위로 인하여 그 피해자의 **외음부 부위에 염증**이 발생한 것이라면, 그 증상이 약간의 발적과 경도의 염증이 수반된 정도에 불과하다고 하더라도 미성년자의제강제추행치상죄의 상해의 개념에 해당한다(대판 1996.11.22, 96도1395). ● 사시
5. 난소의 제거로 이미 임신불능 상태에 있는 피해자의 **자궁을 적출**했다 하더라도 그 경우 자궁을 제거한 것이 신체의 완전성을 해한 것이 아니라거나 생활기능에 아무런 장애를 주는 것이 아니라거나 건강상태를 불량하게 변경한 것이 아니라고 할 수 없고 이는 업무상 과실치상죄에 있어서의 상해에 해당한다(대판 1993.7.27, 92도2345). ● 경찰승진, 경찰
6. 피고인이 강간하려고 피해자의 반항을 억압하는 과정에서 주먹으로 피해자의 얼굴과 머리를 몇 차례 때려 피해자가 **코피를 흘리고 콧등이 부었다면** 비록 병원에서 치료를 받지 않더라도 일상생활에 지장이 없고 또 자연적으로 치료될 수 있는 것이라 하더라도 강간치상죄에 있어서의 상해에 해당한다(대판 1991.10.22, 91도1832).
7. 처녀막은 파열되면 정도의 차이는 있어도 생활기능에 장애가 오는 것이라고 보아야 하고, 처녀막 파열이 그와 같은 성질의 것인 한 비록 피해자가 성경험을 가진 여자로서 **특이체질로 인해 새로 형성된 처녀막이 파열되었다 하더라도 강간치상죄를 구성하는 상처**에 해당된다(대판 1995.7.25, 94도1351). ● 경찰
8. 불안, 불면, 악몽, 자책감, 우울감정, 대인관계 회피, 일상생활에 대한 무관심, 흥미상실 등의 정신과적 증상인 **외상후 스트레스 장애**도 상해에 해당한다(대판 1999.1.26, 98도3732).
9. 환자가 기도부종으로 인한 호흡장애로 **식물인간상태**에 이르게 된 경우도 업무상실치상죄에서의 상해에 해당한다(대판 1994.12.22, 93도3030).
10. 7세 1월 남짓밖에 안되는 피해자의 질내에 손가락을 넣어 만지는 등 추행을 하여 피해자의 음순 좌우 양측에 생긴 남적색 피하일혈반이 타박이나 마찰로 말미암아 **음순내부에 피멍**이 든 것으로서 그 상처를 치료하는데 필요한 기간이 2일에 불과하더라도, 형법 제301조(강간 등 상해·치상) 소정의 상해의 개념에 해당한다(대판 1990.4.13, 90도154). ● 법원9급

> **판례 정리 ··· 상해를 부정한 경우**
>
> 1. **극히 하찮은 상처로서 굳이 치료할 필요가 없는 것**이어서 그로 인하여 건강상태를 침해하였다고 보기 어려운 경우에는 상해에 해당하지 않는다(대판 1997.12.12, 97도2396). ● 사시
> 2. **약 1주간의 치료를 요하는 좌측 팔 부분의 동전크기의 멍이든 것**은 상해죄에서 말하는 상해에 해당되지 않는다(대판 1996.12.23, 96도2673). ● 경찰, 경찰승진
> 3. 피해자를 강간하려다가 미수에 그치고 그 과정에서 피해자에게 **7일간 가료를 요하는 경부와 전흉부에 동전크기의 멍을 들게 한 정도의 상처가 발생하였으나 그 상처가 굳이 치료를 받지 않더라도 일상생활을 하는데 아무런 지장이 없고 시일이 경과함에 따라 자연적으로 치유될 수 있는 정도**라면 그로 인하여 신체의 완전성이 손상되고 생활기능에 장애가 왔다거나 건강상태가 불량하게 변경되었다고 보기 어려운 경우에는 강간치상죄의 상해에 해당하지 않는다(대판 1994.11.4, 94도1311).
> 4. 피해자를 강제로 눕혀 옷을 벗긴 뒤 1회용 면도기로 피해자의 음모를 반 정도 깎은 경우 즉 **음모의 모근(毛根)부분을 남기고 모간(毛幹)부분만을 일부 잘라낸 것**은 폭행에 해당할 수 있음은 별론으로 하고 **강제추행치상죄의 상해에 해당한다고 할 수 없다**(대판 2000.3.23, 99도3099). ● 경간부, 경찰
> 5. 강간도중 흥분하여 피해자의 왼쪽 어깨를 **입으로 빨아서 생긴 동전크기 정도의 반상출혈상**은 자연치유되는 것으로서 인체의 생활기능에 장해를 주고 건강상태를 불량하게 변경하는 것이 아니어서 강간치상죄의 상해에 해당한다 할 수 없다(대판 1986.7.8, 85도2042). ● 법행
> 6. 피고인이 피해자를 강간하려다가 미수에 그치고 그 과정에서 위 피해자의 왼쪽 **손바닥에 약 2센티미터 정도의 긁힌 가벼운 상처**가 발생한 경우라면 강간치상죄의 상해에 해당된다고 할 수 없다(대판 1987.10.26, 87도1880). ● 법행
> 7. **3, 4일간의 가료를 요하는 외음부 충혈과 양 상박부 근육통**은 자연적으로 치유가 될 수 있는 정도로 강간치상죄의 상해에 해당된다고 할 수 없다(대판 1989.1.31, 88도831).
> 8. 자동차 사고로 **약 1주일간의 치료를 요하는 요추부 통증상**으로 진단받고 주사 및 물리 치료 등은 받지 않았으나 약을 처방받아 2번 복용한 경우 굳이 치료할 필요가 없이 자연적으로 치유될 수 있는 것으로 상해에 해당하지 않는다(대판 2000.2.25, 99도3910). ● 해경찰간부, 경찰

ⓒ 상해의 수단·방법

(2) 주관적 구성요건

상해죄는 결과범이므로 그 성립에는 상해의 원인인 폭행에 관한 인식이 있으면 충분하고 상해를 가할 의사의 존재는 필요하지 않으나, 폭행을 가한다는 인식이 없는 행위의 결과로 피해자가 상해를 입었던 경우에는 상해죄가 성립하지 아니한다(대판 1983.3.22, 83도231). ● 경찰, 경간부

2. 위법성

(1) 피해자의 승낙

승낙에 의한 상해가 사회상규에 위배되지 않는 경우 위법성이 조각된다.

(2) 의사의 치료행위

판례는 의사의 오진에 따른 부정확한 설명에 근거한 피해자의 승낙은 유효하지 않기 때문에 위법성이 조각되지 않는다고 하여 피해자의 승낙을 중시한 예가 있다(대판 1993.7.27, 92도2345).

(3) 징계행위

판례는 체벌이 신체상해에 이르렀을 때에는 징계권의 범위를 넘는 것으로써 위법성이 조각되지 않는다고 하여 징계행위는 상해죄의 위법성조각사유가 될 수 없다고 하였다(대판 1984.6.26, 84도603).

3. 죄 수

(1) 상해죄의 죄수 결정

상해를 입힌 행위가 동일한 일시, 장소에서 동일한 목적으로 저질러진 것이라 하더라도 피해자를 달리하고 있으면 **피해자별로** 각각 별개의 상해죄를 구성한다고 보아야 할 것이고 1개의 행위가 수개의 죄에 해당하는 경우라고 볼 수 없다(대판 1983.4.26, 83도524). ● 사시, 경찰

(2) 상해에 수반된 폭행이나 협박은 상해죄에 흡수된다(불가벌적 수반행위의 흡수관계)

피고인의 협박사실행위가 피고인에게 인정된 상해사실과 같은 시간 같은 장소에서 동일한 피해자에게 가해진 경우에는 특별한 사정이 없는 한 상해의 단일범의 하에서 이루어진 하나의 폭언에 불과하여 위 상해죄에 포함되는 행위라고 봄이 상당하다(대판 1976.12.14, 76도3375). ● 법행

Ⅲ 존속상해죄

제257조 (상해, 존속상해) ② 자기 또는 배우자의 직계존속에 대하여 제1항의 죄를 범한 때에는 10년 이하의 징역 또는 1천500만 원 이하의 벌금에 처한다.
③ 전2항의 미수범은 처벌한다.

Ⅳ 중상해(존속중상해)죄

제258조 (중상해, 존속중상해) ① 사람의 신체를 상해하여 생명에 대한 위험을 발생하게 한 자는 1년 이상 10년 이하의 징역에 처한다.
② 신체의 상해로 인하여 불구 또는 불치나 난치의 질병에 이르게 한 자도 전항의 형과 같다.
③ 자기 또는 배우자의 직계존속에 대하여 전2항의 죄를 범한 때에는 2년 이상 15년 이하의 유기징역에 처한다.

1. 의의 및 성격

본죄의 법적 성격에 대하여는 상해죄의 부진정결과적 가중범으로 본다(통설).

2. 객관적 구성요건

(1) 생명에 대한 위험

생명에 대한 구체적 위험으로서 치명상을 의미한다.

(2) 불구

불구는 신체의 외형적 부분에 한하고 신체내부의 장기상실은 포함되지 않는다(다수설). 신체조직의 중요부분인가의 판단은 피해자 개인의 사정을 고려하지 않고 객관적으로 판단하여야 한다(다수설).

> **판례정리 ··· 불구에 해당하는 경우**
> 1. 머리를 강타하여 뇌진탕을 일으키거나 눈을 때려 **실명**케 한 경우(대판 1960.4.6, 4292형상395) ● 법행
> 2. 혀를 깨물어 **발음 기능을 상실**케 한 경우(부산지법 1965.1.12, 64고6813)
> 3. 갑이 을녀에게 면도칼 1개를 주면서 "네가 네 코를 자르지 않을 때는 돌로서 죽인다"는 등 위협을 가해 자신의 생명에 위험을 느낀 을녀는 자신의 생명을 보존하기 위하여 위 **면도칼로 콧등을 길이 2.5센치, 깊이 0.56센치 절단하므로서 을녀에게 전치 3개월을 요하는 상처를 입혀 안면부 불구**가 되게 하였다(대판 1970.9.22, 70도1638). ☞ 중상해죄 ● 사시, 법행

> **판례정리 ··· 불구에 해당하지 않는 경우**
> 1. **치아2개를 부러 뜨린 것**(대판 1960.2.29, 4292형상413) ● 경찰승진
> 2. 갑은 을에게 "A의 다리를 부러뜨려 1 ~ 2개월간 입원케 하라."고 교사하고, 또한 을로부터 순차 지시를 받은 병, 정은 칼로 **A의 우측가슴을 찔러 A에게 약 3주간의 치료를 요하는 우측흉부자상** 등을 가하였다(대판 2005.12.9, 2005도7527). ☞ 갑과 을은 상해죄의 교사범, 병과 정은 상해죄가 성립한다(중상해가 안된다는 판례임). ● 법행, 사시, 경찰

(3) 불치 또는 난치의 질병

치료의 가능성이 없거나 현저히 곤란한 질병을 말한다.

3. 적용범위

(1) 폭행의 고의로 중상해의 결과를 야기한 경우에도 중상해죄가 성립하는가에 대하여 다툼이 있다.

(2) 중상해의 성립에는 상해의 고의를 요하므로 폭행의 고의로 중상해의 결과를 발생시킨 때에는 폭행치상죄가 성립하고 처벌은 중상해의 형을(제262조 후단) 적용한다(다수설).

Ⅴ 특수상해죄

제258조의2(특수상해) ① 단체 또는 다중의 위력을 보이거나 위험한 물건을 휴대하여 제257조 제1항 또는 제2항의 죄를 범한 때에는 1년 이상 10년 이하의 징역에 처한다.
② 단체 또는 다중의 위력을 보이거나 위험한 물건을 휴대하여 제258조의 죄를 범한 때에는 2년 이상 20년 이하의 징역에 처한다.
③ 제1항의 미수범은 처벌한다.

甲은 길이 140cm, 지름 4cm인 대나무로 피해자 A의 머리를 여러 차례 때려 대나무가 부러졌고, 결국 A는 두피에 표재성 손상을 입어 병원에서 봉합술을 받게 되었다. 위 대나무는 위험한 물건에 해당한다(대판 2017.12.28, 2015도5854). ● 경찰, 경간부

Ⅵ 상해치사(존속상해치사)죄

제259조 (상해치사) ① 사람의 신체를 상해하여 사망에 이르게 한 자는 3년 이상의 유기징역에 처한다.
② 자기 또는 배우자의 직계존속에 대하여 전항의 죄를 범한 때에는 무기 또는 5년 이상의 징역에 처한다.

1. 법적 성격

기본범죄인 상해에 대한 고의와 과실에 의한 사망(중한 결과)으로 성립하는 진정결과적 가중범이다.

> **관련판례**
> 피고인의 구타행위로 상해를 입은 피해자가 정신을 잃고 빈사상태에 빠지자 사망한 것으로 오인하고, 자신의 행위를 은폐하고 피해자가 자살한 것처럼 가장하기 위하여 피해자를 베란다 아래의 바닥으로 떨어뜨려 사망케 하였다면, 피고인의 행위는 <u>포괄하여 단일의 상해치사죄에 해당한다</u>(대판 1994.11.4, 94도2361).
> ● 경찰, 경찰승진

(1) 인과관계

상해와 사망 사이의 인과관계는 합법칙적조건설에 의한다.

(2) 객관적 귀속(직접성의 원칙)

사망은 상해로 인하여 직접적인 관련하에 발생해야 한다.

(3) 예견가능성

피고인의 구타행위로 상해를 입은 피해자가 정신을 잃고 빈사상태에 빠지자 사망한 것으로 오인하고, 자신의 행위를 은폐하고 피해자가 자살한 것처럼 가장하기 위하여

피해자를 베란다 아래의 바닥으로 떨어뜨려 사망케 하였다면, 피고인의 행위는 포괄하여 단일의 상해치사죄에 해당한다(대판 1994.11.4, 94도2361). ● 경찰승진

2. 상해치사의 공범

결과적가중범인 상해치사죄의 공동정범은 <u>폭행 기타의 신체침해행위를 공동으로 할 의사가 있으면 성립되고 결과를 공동으로 할 의사는 필요 없다</u> 할 것이므로 패싸움중 한사람이 칼로 찔러 상대방을 죽게한 경우에 다른 공범자가 그 결과 인식이 없다 하여 상해치사죄의 책임이 없다고 할 수 없다(대판 1978.1.17, 77도2193). ● 사시

Ⅶ 동시범의 특례

> 제263조 (동시범) 독립행위가 경합하여 상해의 결과를 발생하게 한 경우에 있어서 **원인된 행위가 판명되지 아니한 때**에는 **공동정범의 예**에 의한다.
> 제19조 (독립행위의 경합) 동시 또는 이시의 독립행위가 경합한 경우에 그 결과발생의 **원인된 행위가 판명되지 아니한 때**에는 **각 행위를 미수범**으로 처벌한다.

Ⅷ 폭행의 죄

> 제260조 (폭행) ① 사람의 신체에 대하여 폭행을 가한 자는 2년 이하의 징역, 500만원 이하의 벌금, 구류 또는 과료에 처한다.
> ③ 제1항 및 제2항의 죄는 **피해자의 명시한 의사에 반하여 공소를 제기할 수 없다**.

1. 구성요건

(1) 행위객체

사람의 신체이며 사람은 자연인인 타인을 의미하며, 외국원수·외국사절에 대한 폭행에 대해서는 별도로 처벌규정을 두고 있다(제107조 제1항, 제108조 제1항).

(2) 폭행죄의 폭행개념(협의의 폭행)

형법 제260조에 규정된 폭행죄는 사람의 신체에 대한 유형력의 행사를 가리키며 그 유형력의 행사는 신체적 고통을 주는 물리력의 작용을 의미한다(대판 2003.1.10, 2000도5716). ● 사시, 경찰

① **폭행과 신체의 접촉여부**: 피해자에게 근접하여 욕설을 하면서 때릴듯이 손발이나 물건을 휘두르거나 던지는 행위는 <u>직접 피해자의 신체에 접촉하지 않았다고</u> 하여도 피해자에 대한 불법한 유형력의 행사로서 폭행에 해당한다(대판 1990.2.13, 89도1406). ● 경찰, 경찰, 경찰승진

> **참조판례**
>
> ㉠ 형법 제108조 제1항에서 말하는 외국사절에 대한 폭행죄에 있어서의 폭행이라 함은 외국사절의 신체에 대한 위법한 일체의 유형력의 행사를 의미하며, 여기서의 유형력의 행사는 외국사절의 신체에 대하여 가해지면 충분하며 반드시 신체에 직접적으로 접촉할 필요는 없다. 따라서 외국사절의 숙소 앞에서 시위를 벌이다가 숙소에서 나오던 외국사절을 태운 승용차를 발견하고 5m도 되지 않는 거리에서 위 승용차를 향하여 연이어 계란 4개를 던져 그 중 2개를 위 승용차 운전석 유리창 및 본넷트에 맞힌 행위는 외국사절폭행죄에서의 폭행에 해당한다(대판 2003.7.11, 2003도1800). ☞ 법행
>
> ㉡ 자신의 차를 가로막는 피해자를 부딪친 것은 아니라고 하더라도, 피해자를 부딪칠 듯이 차를 조금씩 전진시키는 것을 반복하는 행위 역시 피해자에 대해 위법한 유형력을 행사한 것이라고 보아야 한다 (대판 2016.10.27, 2016도9302). ☞ 특수폭행죄

② **욕설과 폭행** : 때릴 듯이 위세 또는 위력을 보인 구체적인 행위내용이 적시되어 있지 않다면 결국 욕설을 함으로써 위세 또는 위력을 보였다는 취지로 해석할 수밖에 없고 이와 같이 욕설을 한 것 외에 별다른 행위를 한 적이 없다면 이는 유형력의 행사라고 보기 어려울 것이다(대판 1990.2.13, 89도1406). ☞ 법행

③ **음향과 폭행** : 형법 제260조에 규정된 폭행죄는 사람의 신체에 대한 유형력의 행사를 가리키며, 그 유형력의 행사는 신체적 고통을 주는 물리력의 작용을 의미하므로 신체의 청각기관을 직접적으로 자극하는 음향도 **경우에 따라서는** 유형력에 포함될 수 있다. 따라서 거리상 멀리 떨어져 있는 사람에게 전화기를 이용하여 전화하면서 고성을 내거나 그 전화 대화를 녹음 후 듣게 하는 경우에는 특수한 방법으로 수화자의 청각기관을 자극하여 그 수화자로 하여금 고통스럽게 느끼게 할 정도의 음향을 이용하였다는 등의 특별한 사정이 없는 한 신체에 대한 유형력의 행사를 한 것으로 보기 어렵다(대판 2003.1.10, 2000도5716). ☞ 경찰, 경찰승진

> **비교판례**
>
> 공무원의 직무 수행에 대한 비판이나 시정 등을 요구하는 집회·시위 과정에서 일시적으로 상당한 소음이 발생하였다는 사정만으로는 이를 공무집행방해죄에서의 음향으로 인한 폭행이 있었다고 할 수는 없다. 그러나 의사전달수단으로서 합리적 범위를 넘어서 상대방에게 고통을 줄 의도로 음향을 이용하였다면 이를 폭행으로 인정할 수 있을 것이다(대판 2009.10.29, 2007도3584). ☞ 사시

> **판례 정리** ··· 폭행죄의 폭행에 해당하는 경우
>
> 1. 안수기도 사건 : 안수기도행위에 수반하는 신체적 행위가 단순히 손을 얹거나 약간 누르는 정도가 아니라 그것이 지나쳐서 가슴과 배를 반복하여 누르거나 때려 그로 인하여 사망에 이른 것과 같은 정도의 것이라면 이는 사람의 신체에 대한 유형력의 행사로서 폭행의 개념에 속하는 행위이다(대판 1994.8.23, 94도1484). ☞ 폭행치사 인정
> 2. 사람의 면전에서 폭언을 수차 반복한 경우(대판 1956.12.12, 4289형상297)
> 3. 어린애를 업은 갑녀를 밀어 넘어뜨려 그 결과 어린애가 사망한 경우(대판 1972.11.28, 72도2201) ☞ 甲女를 넘어뜨린 행위는 그 어린애에 대해서도 폭행이 되므로 결국 폭행치사가 성립한다. ☞ 경찰승진

판례 정리 ··· 폭행죄의 폭행에 해당하지 않는 경우

1. 피해자 을이 피고인 갑을 만나주지 않는다는 이유로 시정된 탁구장문과 주방문을 부수고 주방으로 들어가 방문을 열어주지 않으면 모두 죽여버린다고 폭언하면서 시정된 **방문을 수회 발로 찬** 피고인의 행위는 재물손괴죄 또는 숙소안의 자에게 해악을 고지하여 외포케 하는 단순 협박죄에 해당함은 별론으로 하고, 단순히 방문을 발로 몇번 찼다고 하여 그것이 피해자들의 신체에 대한 유형력의 행사로는 볼 수 없어 폭행죄에 해당한다 할 수 없다(대판 1984.2.14, 83도3186). ● 경찰
2. 비닐봉지에 인분을 넣어 타인의 집 **앞마당**에 던진 경우(대판 1977.2.8, 75도2673) ● 경찰

    유사판례
    경찰관이 공무를 집행하고 있는 **파출소 사무실의 바닥**에 인분이 들어 있는 물통을 집어 던지고 책상위에 있던 재떨이에 인분을 퍼 담아 사무실 바닥에 던지는 행위는 경찰관에 대한 폭행이다(대판 1981.3.24, 81도326). ☞광의의 폭행에 해당한다. ● 경찰, 사시

3. 홧김에 피해자에게 욕설을 하고 피해자의 **집**을 발로 찬 경우(대판 1991.1.29, 90도2153) ● 법행
4. 단순히 눈을 부릅뜨고 "이 십팔놈아, 가면 될 것 아니냐"라고 욕설을 한 경우(대판 2001.3.9, 2001도277) ● 경찰
5. 상대방의 시비를 만류하면서 조용히 얘기나 하자며 그의 팔을 2, 3회 끈 사실만 가지고는 사람의 신체에 대한 불법한 공격이라고 볼 수 없어 형법 제260조 제1항 소정의 폭행죄에 해당한다고 볼 수 없다(대판 1986.10.24, 86도1796). ● 간부
6. 甲이 먼저 乙에게 덤벼들고 뺨을 꼬집고 주먹으로 쥐어박았기 때문에 乙이 甲을 부둥켜 안은 행위는 유형력의 행사인 폭행에 해당하지 않는다(대판 1977.2.8, 76도3758). ● 간부

2. 위법성

판례 정리 ··· 폭행의 위법성이 조각되는 경우

1. 술취한 자가 시비를 걸면서 팔을 잡기에 뿌리친 경우(대판 1980.9.24, 80도1898)
2. 강제연행을 모면하기 위해서 팔꿈치로 이를 뿌리치면서 상대방의 가슴을 잡고 벽에 밀어붙인 경우(대판 1982.2.23, 81도2958)
3. 싸움을 말리기 위하여 피해자의 멱살을 잡은 경우(대판 1996.2.23, 95도1642)
4. 폭언을 하면서 피고인의 오른손 둘째 손가락을 물어 뜯으므로 피고인이 이를 피하려고 손을 뿌리치면서 두 손으로 피해자의 양어깨를 누른 경우(대판 1984.4.24, 84도242)
5. 정당한 이유 없이 피고인의 멱살을 잡고 파출소로 가자면서 계속하여 끌어당기므로 피고인이 그와 같은 피해자의 행위를 제지하기 위하여 그의 양팔부분의 옷자락을 잡고 밀친 경우(대판 1990.1.23, 89도1328)
6. 술에 취하여 자정이 가까운 시각에 피고인 경영의 술집에 와서 종업원을 불러내어 시비를 걸면서 피고인에게 심한 욕설을 하고 종업원들에게 폭행을 하기 때문에 피고인이 피해자의 팔을 잡고 밀고 당겼거나, 멱살을 잡고 흔든 경우(대판 1986.6.24, 86도794)
7. 생면부지의 일행 3명이 사무실 유리창문을 발로 차서 손괴하므로 피해변상을 받고자 그 중 1인의 가죽 잠바를 잡아 사무실에 들어오게 하여 멱살을 잡고 흔든 경우(대판 1975.5.27, 75도990)
8. 따라다니면서 귀찮게 싸움을 걸어오는 것을 막으려고 피해자의 멱살을 잡고 밀어 넘어뜨린 경우(대판 1983.5.24, 83도942)

> **판례 정리** ··· 폭행의 위법성이 조각되지 않는 경우
>
> 속칭 '생일빵'을 한다는 명목 하에 피해자를 가격하였다면 폭행죄가 성립하고, 가격행위의 동기, 방법, 횟수 등 제반 사정에 비추어 사회상규에 위배되지 아니하는 정당행위에 해당하지 않는다(대판 2010.5.27, 2010도2680). ● 경찰승진

3. 소추조건(반의사불벌죄)

폭행죄는 피해자의 명시한 의사에 반하여 공소를 제기할 수 없는 반의사불벌죄로서 <u>처벌불원의 의사표시는 의사능력이 있는 피해자가 단독으로 할 수 있는 것이고, 피해자가 사망한 후 그 상속인이 피해자를 대신하여 처벌불원의 의사표시를 할 수는 없다고 보아야 한다</u>(대판 2010.5.27, 2010도2680). ● 경찰

> **참조판례**
>
> 군형법 제60조의6 제1호는 군인등이 「군사기지 및 군사시설 보호법」 제2조 제1호에서 정한 군사기지에서 군인등을 폭행한 경우에 폭행죄를 반의사불벌죄로 규정한 형법 제260조 제3항을 적용하지 않도록 정하고 있다. 군인등이 대한민국의 국군이 군사작전을 수행하기 위한 근거지에서 군인등을 폭행했다면 그곳이 **대한민국의 영토 내인지, 외국군의 군사기지인지** 등과 관계없이 군형법 제60조의6제1호에 따라 형법 제260조 제3항이 적용되지 않는다. 따라서 피고인과 피해자가 소속된 부대는 **주한미군을 지원하는 작전을 수행하는 대한민국의 국군부대로 그 본부가 주한미군기지 안에 위치하고**⋯ 이 사건 범행 장소는 대한민국 국군이 군사작전을 수행하기 위한 근거지에 해당한다고 볼 여지가 크므로, 비록 **외국군의 군사기지라고 하더라도, 그곳에서 일어난 이 사건 범행은 군형법 제60조의6 제1호가 적용되는 군사기지에서 벌어진 군인의 군인에 대한 폭행죄에 해당한다**(대판 2023.6.15, 2020도927). ☞ 반의사불벌죄 ✕

4. 「폭력행위 등 처벌에 관한 법률」 제2조 제2항 제1호 소정의 「공동폭행」

[1] 「폭력행위 등 처벌에 관한 법률」 제2조 제2항 제1호의 '<u>2명 이상이 공동하여 폭행의 죄를 범한 때</u>'라고 함은 그 <u>수인 사이에 공범관계가 존재하고, 수인이 동일 장소에서 동일 기회에 상호 다른 자의 범행을 인식하고 이를 이용하여 폭행의 범행을 한 경우</u>임을 요한다. 따라서 폭행 실행범과의 <u>**공모사실이 인정되더라도 그와 공동하여 범행에 가담하였거나 범행장소에 있었다고 인정되지 아니하는 경우**</u>에는 공동하여 죄를 범한 때에 해당하지 않고, 여러 사람이 공동하여 범행을 공모하였다면 그중 2인 이상이 범행장소에서 실제 범죄의 실행에 이르렀어야 나머지 공모자에게도 공모공동정범이 성립할 수 있을 뿐이다.

[2] <u>고등학생인 피고인 A, B, C가 피해자를 아파트 놀이터로 불러내어 그중 A가 피해자를 폭행하고 B는 이를 휴대전화로 촬영하였으며 C는 옆에서 싸움과정을 지켜봄으로써 폭력행위처벌법위반(공동폭행)으로 기소된 사안</u>에서 대법원은, 피고인들 상호 간에 공동으로 피해자를 폭행하자는 공동가공의 의사를 인정할 증거가 없고, 피고인들

중 1인만 실제 폭행의 실행행위를 하였고 나머지는 이를 인식하고 이용하여 피해자의 신체에 대한 유형력을 행사하는 폭행의 실행행위에 가담한 것이 아니라 <u>단순히 지켜보거나 동영상으로 촬영한 것에 불과하여 2명 이상이 공동하여 피해자를 폭행한 경우 성립하는 폭력행위처벌법위반(공동폭행)죄의 죄책을 물을 수 없다</u>고 보아, 이를 유죄로 판단한 원심판결을 파기·환송함(대판 2023.8.31. 2023도6355)

IX 존속폭행죄

> 제260조 (폭행, 존속폭행) ② 자기 또는 배우자의 직계존속에 대하여 제1항의 죄를 범한 때에는 5년 이하의 징역 또는 700만원 이하의 벌금에 처한다.
> ③ 제1항 및 제2항의 죄는 피해자의 명시한 의사에 반하여 공소를 제기할 수 없다.

X 특수폭행죄

> 제261조 (특수폭행) 단체 또는 다중의 위력을 보이거나 위험한 물건을 휴대하여 제260조 제1항 또는 제2항의 죄를 범한 때에는 5년 이하의 징역 또는 1천만원 이하의 벌금에 처한다.

1. 객관적 구성요건

(1) 단체 또는 다중의 위력을 보이는 폭행

① 단체 : 단체라 함은 공동목적을 가진 다수인의 계속적·조직적 결합체를 말한다.
② 다중 : '다중'이라 함은 단체를 이루지 못한 다수인의 집합을 말하는 것으로, 이는 결국 집단적 위력을 보일 정도의 다수 혹은 그에 의해 압력을 느끼게 해 불안을 줄 정도의 다수를 의미한다(대판 2006.2.10. 2005도174). ●법행
③ 위력 : 다중의 '위력'이라 함은 다중의 형태로 집결한 다수 인원으로 <u>사람의 의사를 제압하기에 족한 세력을 지칭</u>하는 것으로서 그 인원수가 다수에 해당하는가는 행위 당시의 여러 사정을 참작하여 결정하여야 할 것이며, 이 경우 <u>상대방의 의사가 현실적으로 제압될 것을 요하지는 않는</u>다고 할 것이지만 <u>상대방의 의사를 제압할 만한 세력을 인식시킬 정도는 되어야</u> 한다(대판 2006.2.10. 2005도174). ●사시

(2) 위험한 물건의 휴대

① 위험한 물건
㉠ 위험한 물건인지의 여부는 물건의 <u>객관적 성질과 그 사용방법을 종합</u>하여 <u>구체적인 사안</u>에 따라서 <u>사회통념</u>에 비추어 그 물건을 사용하면 그 상대방이나 제3자가 곧 <u>위험성을 느낄 수 있으리라고 인정되는 물건</u>인가의 여부에 따라 판단해야 한다(대판 1981.7.28. 81도1046). ●사시, 법행

㉡ '위험한 물건'이라 함은 흉기는 아니라고 하더라도 널리 사람의 생명, 신체에 해를 가하는 데 사용할 수 있는 일체의 물건을 포함한다고 풀이할 것이므로, 본래 살상용·파괴용으로 만들어진 것뿐만 아니라 다른 목적으로 만들어진 칼, 가위, 유리병, 각종 공구, 자동차 등은 물론 화학약품 또는 사주된 동물 등도 그것이 사람의 생명·신체에 해를 가하는 데 사용되었다면 본조의 '위험한 물건'이라 할 것이다(대판 2002.9.6, 2002도2812).

> **판례 정리 ··· 위험한 물건에 해당하지 않는 경우**
>
> 1. **쇠파이프**(길이 2미터, 직경 5센치미터)로 머리를 구타당하면서 이에 대항하여 그곳에 있던 **각목**(길이 1미터, 직경 5센치미터)으로 상대방의 허리를 구타한 경우의 위 각목(대판 1981.7.28, 81도1046)　●경찰
> 2. 식칼로 자신을 찌르려는 자로부터 그 식칼을 뺏은 다음 훈계하면서 **그 칼의 칼자루 부분으로 그 자의 머리를 가볍게 친 경우**(대판 1989.12.22, 89도1570)　●경찰, 경찰승진
> 3. **당구공으로 피해자의 머리를 툭툭 건드린 정도**에 불과한 것으로 보이는 이상 위와 같은 사정 아래에서는 피고인이 당구공으로 피해자의 머리를 때린 행위로 인하여 사회통념상 피해자나 제3자에게 생명 또는 신체에 위험을 느끼게 하였으리라고 보여지지 아니하므로 위 당구공은 폭력행위등처벌에 관한 법률 제3조 제1항의 '**위험한 물건**'에는 해당하지 아니한다(대판 2008.1.17, 2007도9624, 형법상의 상해죄만 인정).　●경찰
> 4. 소형승용차(라노스)로 중형승용차(쏘나타)를 충격할 당시 두 차량 모두 정차하여 있다가 막 출발하는 상태로서 차량 속도가 빠르지 않았으며 상대방 차량의 손괴 정도가 그다지 심하지 아니하고 피해자들이 입은 상해의 정도가 비교적 경미한 경우에 있어서 위 소형승용차(대판 2009.3.26, 2007도3520)
> 5. 경륜장 사무실에서 술에 취해 소란을 피우면서 '**소화기**'를 **집어던졌지만 특정인을 겨냥하여 던진 것이 아닌 경우**, 위 '소화기'는 폭력행위등처벌에관한법률 제3조 제1항의 '위험한 물건'에 해당하지 않는다(대판 2010.4.29, 2010도930).　●경찰승진

> **판례 정리 ··· 위험한 물건에 해당하는 경우**
>
> 1. 공기총에 실탄을 장전하지 아니하였다고 하더라도 범행현장에서 공기총과 실탄을 소지하고 있었고 언제든지 실탄을 장전하여 발사할 수도 있었던 경우의 공기총(대판 2002.11.26, 2002도4586)　●경찰
> 2. 농약을 먹이려 하고 당구큐대로 폭행한 경우(대판 2002.9.6, 2002도2812)　●법행
> 3. 삽날 길이 21cm 가량의 야전삽(대판 2001.11.30, 2001도5268)　●사시
> 4. 길이 150cm, 지름 7cm의 쇠파이프와 길이 100cm, 굵기 4cm 내지 5cm의 각목(대판 1999.11.9, 99도4146)
> 5. 피고인이 甲과 운전 중 발생한 시비로 한차례 다툼이 벌어진 직후 甲이 계속하여 피고인이 운전하던 자동차를 뒤따라온다고 보고 순간적으로 화가 나 甲에게 **겁을 주기 위하여 자동차를 정차한 후 4 내지 5m 후진하여 甲이 승차하고 있던 자동차와 충돌한 경우**, 피고인 운전의 자동차를 폭력행위등처벌에 관한 법률 제3조 제1항이 정한 '위험한 물건'에 해당한다(대판 2010.11.11, 2010도10256).　●경찰승진
> 6. 회의 진행을 막기 위하여 의장석 앞 발언대 뒤에서 최루탄을 터뜨리고 최루탄 몸체에 남아 있는 최루 분말을 회의 진행을 하던 의장에게 뿌린 경우 위 **최루탄과 최루 분말**은 사회통념에 비추어 '위험한 물건'에 해당한다(대판 2014.6.12, 2014도1894).　●해경

② 휴 대
  ㉠ '위험한 물건'을 '휴대하여'라는 말은 소지뿐만 아니라 널리 이용한다는 뜻도 포함하고 있다. 따라서 견인료납부를 요구하는 교통관리직원을 승용차 앞범퍼 부분으로 들이받아 폭행한 사안에서, 승용차가 폭력행위등처벌에관한법률 제3조 제1항 소정의 '위험한 물건'에 해당한다(대판 1997.5.30, 97도597). ● 경찰
  ㉡ 위험한 물건의 휴대라고 함은 반드시 몸에 지니고 다니는 것을 뜻한다고는 할 수 없으니 범행 현장에서 범행에서 사용할 의도 아래 이를 소지하거나 몸에 지니는 경우도 휴대라고 볼 것이므로 피고인이 깨어진 유리조각을 들고 피해자의 얼굴에 던졌다면 이는 위험한 물건을 휴대하였다고 볼 것이다(대판 1982.2.23, 81도3074).
  ㉢ '흉기 기타 위험한 물건을 휴대하여 그 죄를 범한 자'란 범행현장에서 '사용하려는 의도' 아래 흉기 기타 위험한 물건을 소지하거나 몸에 지니는 경우를 가리키는 것이고, 그 범행과는 전혀 무관하게 우연히 이를 소지하게 된 경우까지를 포함하는 것은 아니라 할 것이나, 범행 현장에서 범행에 사용하려는 의도 아래 흉기 등 위험한 물건을 소지하거나 몸에 지닌 이상 그 사실을 피해자가 인식하거나 실제로 범행에 사용하였을 것까지 요구되는 것은 아니라 할 것이다(대판 2007.3.30, 2007도914). ● 경찰, 경찰승진
  ㉣ **위험한 물건을 휴대**하였다고 하기 위하여는, 피고인이 범행 현장에 있는 **위험한 물건을 사실상 지배하면서 언제든지 그 물건을 곧바로 범행에 사용할 수 있는 상태에 두면 충분**하고, 피고인이 그 물건을 현실적으로 손에 쥐고 있는 등 **피고인과 그 물건이 반드시 물리적으로 부착되어 있어야 하는 것은 아니다**(대판 2024.6.13, 2023도18812). 변호사 ☞ 피해자의 주거지 주방에서 의자와 그릇 등을 피해자를 향해 집어 던지고 그곳 주방에 있는 칼(총 길이 30cm, 칼날 길이 20cm)을 들고 피해자에게 욕설을 하며 위 칼로 주방의자를 찌르고, 피해자의 머리 등을 수회 때리는 등 협박하고 상해를 가한 사건임(대판 2024.6.13, 2023도18812).

> **판례 정리 … 휴대로 본 경우**
>
> 1. 고속도로상에서 타인의 승용차에 바짝 따라붙거나 앞으로 몰고가 급제동을 하거나 옆으로 바짝 밀어붙여 진로를 방해하거나 급제동·급차선 변경을 하게하고 중앙분리대와 충돌할 위험에 처하게 한 경우 특수폭행죄에 해당한다(대판 2001.2.3, 2001도271). ● 사시
> 2. 피해자를 강간하기 위하여 피해자의 주거 부엌에 있던 칼과 운동화 끈을 들고 피해자가 자고 있던 방안으로 들어가서, 소리치면 죽인다며 손으로 피해자의 입을 틀어막고 운동화 끈으로 피해자의 손목을 묶어 반항을 억압한 다음 간음을 하였고, 부엌칼은 굳이 사용할 필요가 없어 이를 범행에 사용하지 않은 사실을 알 수 있는바, 그렇다면 당시 피고인의 부엌칼 휴대 사실을 피해자가 알지 못하였다고 하더라도 피고인은 "흉기 기타 위험한 물건을 휴대하여" 피해자를 강간한 것이라고 보아야 할 것이다(대판 2004.6.11, 2004도2018). ● 법행

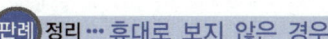

> **판례 정리 ··· 휴대로 보지 않은 경우**
> 1. <u>청산염 2그램 정도를 협박편지에 동봉 우송하여 피해자에게 도달케 하였다</u>는 것만으로는 위 법조에서 말하는 위험한 물건의 휴대라고 할 수 없다(대판 1985.10.8, 85도1851).　●법원
> 2. <u>버섯을 채취하기 위해 칼을 가지고 산으로 가던 중 타인의 주거에 침입하였지만, 주거침입에 사용할 의도는 가지고 있지 않았던 경우</u>는 위험한 물건의 휴대라고 할 수 없다(대판 1990.4.24, 90도401).　●법행
> 3. <u>마약사범이 범행 현장에서 버리려고 비닐봉지에 담아 둔 칼을 들고 있다가 체포된 경우</u>, 범행 현장에서 사용할 의도 아래 흉기를 휴대하였다고 볼 수 없으므로 폭력행위등처벌에관한법률 제7조에 정한 위험한 물건의 '휴대'로 볼 수 없다(대판 2008.7.24, 2008도2794).　●경찰승진

2. 주관적 구성요건

행위자가 위험한 물건을 휴대한 사실을 인식하지 못한 경우에는 특수폭행죄가 성립하지 않고 폭행죄가 성립한다.

XI 폭행치사상죄

> 제262조 (폭행치사상) 제260조와 제261조의 죄를 지어 사람을 사망이나 상해에 이르게 한 경우에는 제257조부터 제259조까지의 예에 따른다.

형법 제262조 폭행치사상죄는 형법 제260조(폭행, 존속폭행) 또는 형법 제261조(특수폭행)를 범하여 상해, 중상해, 사망의 결과가 발생한 경우, 그 결과에 따라 상해의 경우에는 형법 제257조(상해), 중상해의 경우에는 형법 제258조(중상해), 사망의 경우에는 형법 제259조(상해치사)의 예에 준하여 처벌하는 것으로 해석·적용되어 왔으므로 <u>형법 제261조의 특수폭행치상죄를 형법 제258조의 2 제1항(특수상해)의 예에 따라 처벌할 수 없다</u>(대판 2018.7.24, 2018도3443).

> **판례 정리 ··· 폭행치사죄를 인정한 경우**
> 1. 피고인들에게 폭행당하고 화장실에 숨어있던 피해자가 피고인들이 화장실 문을 지키고 당구큐대로 문을 쳐 부수자 창밖으로 숨으려다가 실족사한 경우(대판 1990.10.16, 90도1786) ☞ 폭행치사죄의 공동정범　●사시, 법행
> 2. 주먹으로 복부를 1회 강타하여 장파열이 생겼으나, 의사의 수술지연 등의 과실로 인해 복막염으로 사망한 경우(대판 1984.6.26, 84도831)
> 3. 피해자를 2회에 걸쳐 두 손으로 힘껏 밀어 땅바닥에 넘어뜨리는 폭행을 가함으로써 그 충격으로 인한 쇼크성 심장마비로 사망케 하였으나 당시 위 피해자에게 심관성동맥경화 및 심근섬유화 증세등의 심장질환의 지병이 있었고 음주로 만취된 상태였으며 그것이 피해자가 사망함에 있어 영향을 준 경우(대판 1986.9.9, 85도2433)　●검찰
> 4. 피고인은 빚 독촉을 하다가 시비 중 멱살을 잡고 대드는 피해자의 손을 뿌리치고 그를 뒤로 밀어 넘어트려 뒹굴게 하여 그 순간 그 등에 업힌 피해자의 딸(생후 7개월)에게 두개골절 등 상해를 입혀 그로 말미암아 그를 사망케 한 경우(대판 1972.11.28, 72도2201)　●경찰, 경찰승진

> **판례 정리 ··· 폭행치사죄를 부정한 경우**
>
> 1. 단지 공장에서 동료 사이에 말다툼을 하던 중 피고인이 삿대질하는 것을 피하고자 피해자 자신이 두어걸음 뒷걸음치다가 회전 중이던 십자형 스빙기계 철받침대에 걸려 넘어진 경우(대판 1990.9.25, 90도1596) ☞ 뒷걸음치면 장애물에 걸려 넘어질 수 있다는 것까지는 예견할 수 있었다고 하더라도 그 정도로 넘어지면서 머리를 바닥에 부딪쳐 두개골절로 사망한다는 것은 통상적으로 일반인이 예견하기 어렵다. ● 사시, 경찰
> 2. 피해자의 뺨을 한 번 살짝 때리거나(대판 1978.11.28, 78도1961), 어깨를 잡고 7m 정도 걸어가는 정도의 폭행을 하였는데 특이체질 때문에 사망한 경우(대판 1982.1.12, 81도1811)
> 3. 외관상 건강하지만 특수체질자(관상동맥경화 및 협착증세)를 떠밀어 주저앉게 하였는데 심장마비로 사망한 경우(대판 1985.4.3, 85도303)
> 4. 자기의 앞가슴을 잡고 있는 피해자의 손을 떼어내기 위해 피해자의 손을 뿌리치자 넘어지면서 머리를 부딪쳐 사망한 경우(대판 1987.10.26, 87도464)
> 5. 속칭 '생일빵'을 한다는 명목 하에 피해자를 가격하여 사망에 이르게 한 경우(대판 2010.5.27, 2010도2680) ☞ 폭행과 사망 간에 인과관계는 인정되지만 폭행 당시 피해자의 사망을 예견할 수 없다. ● 사시

XI 상습상해등죄

> 제264조 (상습범) 상습으로 제257조, 제258조, 제258조의2, 제260조 또는 제261조의 죄를 범한 때에는 그 죄에 정한 형의 2분의 1까지 가중한다.

상해죄 및 폭행죄의 상습범에 관한 형법 제264조는 "상습으로 제257조, 제258조, 제258조의2, 제260조 또는 제261조의 죄를 범한 때에는 그 죄에 정한 형의 2분의 1까지 가중한다."라고 규정하고 있다. 형법 제264조에서 말하는 '상습'이란 **위 규정에 열거된 상해 내지 폭행행위의 습벽을 말하는 것**이므로, 위 규정에 열거되지 아니한 다른 유형의 범죄까지 고려하여 상습성의 유무를 결정하여서는 아니 된다(대판 2018.4.24, 2017도21663).

제3절 과실치사상의 죄

I 과실치상죄

제266조 (과실치상) ① 과실로 인하여 사람의 신체를 상해에 이르게 한 자는 500만원 이하의 벌금, 구류 또는 과료에 처한다.
② <u>제1항의 죄는 피해자의 명시한 의사에 반하여 공소를 제기할 수 없다</u>.

II 과실치사죄

제267조 (과실치사) 과실로 인하여 사람을 사망에 이르게 한 자는 2년 이하의 금고 또는 700만원 이하의 벌금에 처한다.

III 업무상과실치사상·중과실치사상죄

제268조 (업무상과실·중과실 치사상) 업무상과실 또는 중대한 과실로 사람을 사망이나 상해에 이르게 한 자는 5년 이하의 금고 또는 2천만원 이하의 벌금에 처한다.

1. 업무상과실치사상

(1) 의 의

① 업무상과실치사상죄는 업무자라는 신분관계로 인하여 형이 가중되는 부진정신분범이다.
② 업무상과실치사상죄에서 공무가 포함되는 지 여부 : 공휴일 또는 야간에는 소장을 대리하는 당직간부에게는 구치소에 수용된 수용자들의 생명·신체에 대한 위험을 방지할 법령상 내지 조리상의 의무가 있다고 할 것이고, 이와 같은 의무를 직무로서 수행하는 <u>교도관들의 업무는 업무상과실치사죄에서 말하는 업무에 해당한다</u>(대판 2007.5.31, 2006도3493).
③ 업무상과실치사상죄의 '업무'는 적법·위법을 불문하므로 무면허운자도 업무자에 해당한다(대판 1970.8.18, 70도820).

(2) 업무의 종류

업무상과실치사상죄에 있어서의 업무란 사람의 사회생활면에 있어서의 하나의 지위로서 계속적으로 종사하는 사무를 말하고, 여기에는 수행하는 직무 자체가 위험성을 갖기 때문에 안전배려를 의무의 내용으로 하는 경우는 물론 사람의 생명·신체의 위험을 방지하는 것을 의무내용으로 하는 업무도 포함된다(대판 2009.5.28, 2009도1040).

> **관련판례**
> ㉠ 안전배려 내지 안전관리 사무에 계속적으로 종사하여 위와 같은 지위로서의 계속성을 가지지 아니한 채 단지 건물의 소유자로서 건물을 비정기적으로 수리하거나 건물의 일부분을 임대하였다는 사정만으로는 업무상과실치상죄에 있어서의 '업무'로 보기 어렵다(대판 2009.5.28, 2009도1040). ● 경찰, 해경
> ㉡ 4층 건물의 2층 내부 벽면에 설치된 분전반을 통해 3층과 4층으로 가설된 전선이 합선으로 단락되어 화재가 나 상해가 발생한 경우에, 4층 건물의 소유자로서 위 건물 2층을 임대하였다는 사정만으로 업무상 과실치상죄에 있어서의 '업무'에 해당한다고 볼 수 없으며 10여 년간 건물 2층을 임차해 오면서 당해 건물의 안전에 이상이 있음을 알고 있었다는 이유만으로, 임차인에게 '업무상 주의의무' 위반이 있다고도 볼 수 없다(대판 2009.5.28, 2009도1040). ● 경간부
> ㉢ 3층 건물의 소유자로서 건물 각 층을 임대한 피고인이, 건물 2층으로 올라가는 계단참의 전면 벽이 아크릴 소재의 창문 형태로 되어 있고 별도의 고정장치가 없는데도 안전바를 설치하는 등 낙하사고 방지를 위한 관리의무를 소홀히 함으로써, 건물 2층에서 나오던 甲이 신발을 신으려고 아크릴 벽면에 기대는 과정에서 벽면이 떨어지고 개방된 결과 약 4m 아래 1층으로 추락하여 상해를 입은 경우 피고인이 건물에 대한 수선 등의 관리를 비정기적으로 하였으나 그 이상의 안전배려나 안전관리 사무에 계속적으로 종사하였다고 인정하기 어렵다고 보이므로 업무상과실치상죄는 성립하지 않고 과실치상죄는 가능하다(대판 2017.12.5, 2016도16738). ● 경간부
> ㉣ 골프와 같은 개인 운동경기에서, 경기에 참가하는 자는 자신의 행동으로 인해 다른 사람이 다칠 수도 있으므로 경기규칙을 준수하고 주위를 살펴 상해의 결과가 발생하는 것을 미연에 방지해야 할 주의의무가 있고, 경기보조원은 그 업무의 내용상 기본적으로는 골프채의 운반·이동·취급 및 경기에 관한 조언 등으로 골프경기 참가자를 돕는 역할을 수행하면서 아울러 경기 진행 도중 위와 같이 경기 참가자의 행동으로 다른 사람에게 상해의 결과가 발생할 위험성을 고려해 예상할 수 있는 사고의 위험을 미연에 방지하기 위한 조치를 취함으로써 경기 참가자들의 안전을 배려하고 그 생명·신체의 위험을 방지할 업무상 주의의무를 부담한다(대판 2022.12.1, 2022도11950). ● 경찰

(3) 업무상과실의 내용

업무상과실이란 업무상 요구되는 주의의무를 위반하는 것을 말한다.

(4) 업무상과실의 입증

의료행위와 환자에게 발생한 상해·사망 등 결과 사이에 인과관계가 인정되는 경우에도, 검사가 업무상과실로 평가할 수 있는 행위의 존재 또는 그 업무상과실의 내용을 구체적으로 증명하지 못하였다면, 의료행위로 인하여 환자에게 상해·사망 등 결과가 발생하였다는 사정만으로 의사의 업무상과실을 추정하거나 단순한 가능성·개연성 등 막연한 사정을 근거로 함부로 이를 인정할 수는 없다(대판 2023.1.12, 2022도11163).

판례 정리 ··· 과실(업무상·중과실) 인정

1. 화물차를 주차하고 적재함에 적재된 **토마토 상자를 운반**하던 중 적재된 상자 일부가 떨어지면서 지나가던 피해자에게 상해를 입힌 경우, 교통사고처리 특례법에 정한 '교통사고'에 해당하지 않아 업무상과실치상죄가 성립한다(대판 2009.7.9. 2009도2390). ● 경찰간부

2. 정신과질환으로 입원한 환자의 주치의사 甲이 **환자의 전해질이상 유무를 확인하지 않고 포도당액을 주사**하여 환자가 이로 인한 쇼크로 사망하였다면, 그 치료과정에서 야간당직의사의 과실이 일부 개입했더라도 주치의사 및 환자와의 관계에 비추어볼 때 환자의 주치의사는 업무상과실치사죄의 책임을 면할 수 없다(대판 1994.12.9. 93도2524).

3. 골프장의 경기보조원인 피고인이 **골프 카트**에 피해자 등 승객들을 태우고 진행하기 전에 안전 손잡이를 잡도록 고지하지도 않고, 또한 승객들이 안전 손잡이를 잡았는지 확인하지도 않은 상태에서 만연히 출발 하였으며, 각도 70°가 넘는 우로 굽은 길을 속도를 충분히 줄이지 않고 급하게 우회전하여 피해자를 골프 카트에서 떨어지게 하여 두개골골절, 지주막하출혈 등의 상해를 입게 한 경우, 업무상과실치상죄가 성립한다(대판 2010.7.22. 2010도1911). ● 경찰승진

4. 산부인과 의사인 甲이 임신중절수술을 시행하기 위하여 마취주사를 시주함에 있어 자신이 직접 주사하지 않고 **간호사**인 乙로 하여금 직접방법에 의하여 에폰톨 500밀리그램이 함유된 **마취주사**를 피해자의 우측 팔에 놓게 하여 피해자에게 상해를 입힌 경우 의사 甲에게는 의사로서의 주의의무를 다하지 아니한 과실이 인정된다(대판 1990.5.22. 90도579). ☞ 결국 甲과 乙 모두 업무상과실이 인정된다. ● 법행

5. 택시 운전자인 피고인이 심야에 밀집된 주택 사이의 **좁은 골목길**이자 직각으로 구부러져 가파른 비탈길의 내리막에 누워 있던 피해자의 몸통 부위를 택시 바퀴로 역과하여 그 자리에서 사망에 이르게 하고 도주한 경우, 피고인에게는 이러한 업무상 주의의무를 위반한 잘못이 있다(대판 2011.5.26. 2010도17506). ● 경찰승진

6. 부득이한 사정으로 할 수 없이 중앙선을 침범한 경우에는 교통사고처리특례법 제3조 제2항 제2호의 중앙선 침범에는 해당하지 아니한다 할 것이나 피고인이 고속도로의 주행선을 진행함에 있어서 비가 내려 노면이 미끄러웠고 추월선상에 다른 차가 진행하고 있었으므로 속도를 더 줄이고 추월선상의 차량의 동태를 살피면서 급히 제동할 수 있는 조치를 취하여야 할 주의의무를 게을리 하여 추월선상의 차량이 피고인의 차선으로 갑자기 들어오는 것을 피하다가 빗길에 미끄러져 중앙분리대를 넘어가 반대편 추월선상의 자동차와 충돌한 경우에는 업무상과실치사상죄 및 도로교통법 제108조 위반의 범죄를 구성한다(대판 1991.1.15. 90도1918).

7. 의사들의 주의의무 위반과 처방체계상의 문제점으로 인하여 수술 후 회복과정에 있는 환자에게 인공호흡 준비를 갖추지 않은 상태에서는 사용할 수 없는 약제가 잘못 처방되었고, 종합병원의 간호사로서 환자에 대한 투약 과정 및 그 이후의 경과 관찰 등의 직무 수행을 위하여 처방 약제의 기본적인 약효나 부작용 및 주사 투약에 따르는 주의사항 등을 미리 확인·숙지하였다면 과실로 처방된 것임을 알 수 있었음에도 그대로 주사하여 환자가 의식불명 상태에 이르게 된 경우, 간호사에게 업무상과실치상의 형사책임이 인정된다(대판 2009.12.24. 2005도8980). ● 경찰

8. 음식 배달을 위하여 식당의 여닫이 **출입문을 밀다가** 출입문 밖에 서있던 피해자의 발뒷꿈치를 충격하여 상해를 입힌 경우 이는 단순히 일상생활상의 주의의무를 위반한 경우에 불과하므로 업무상과실치상죄가 성립하지 않는다(대판 2009.10.29. 2009도5753). ☞ (단순)과실치상죄가 성립된다.

9. **포클레인 기사**가 포클레인을 이용해 토사를 덤프트럭에 적재하는 작업을 하면서 작업범위 밖으로 토사 등이 떨어지지 않도록 충분한 주의를 기울여야 할 업무상 주의의무가 있음에도 이를 게을리 한 채 포클레인으로 퍼서 올린 **토사**가 부근의 자전거도로로 떨어지게 하여 자전거를 타고 그곳을 지나던 피해자들이 떨어진 돌에 부딪혀 넘어지게 하여 피해자들에게 각 상해를 입게 한 경우, 업무상과실치상죄가 성립된다(대판 2021.11.11. 2021도11547).

10. 담당 의사가 췌장 종양 제거수술 직후의 환자 A에 대하여 1시간 간격으로 4회 **활력징후를 측정**하라고 지시하였는데, 일반병실에 근무하는 간호사 甲이 중환자실이 아닌 일반병상에서는 그러할 필요가 없다고 생각하여 2회만 측정한 채 3회차 이후 이를 측정하지 않았고, 甲과 근무를 교대한 간호사 乙 역시 자신의 근무시간 내 4회차 측정시각까지 이를 측정하지 아니하여, A는 그 시각으로부터 약 10분 후 심폐정지 상태에 빠졌다가 이후 약 3시간이 지나 과다출혈로 사망하였다. 甲과 乙에게는 의사의 위 지시를 수행할 의무가 있음에도 3회차 측정시각 이후 4회차 측정시각까지 활력징후를 측정하지 아니한 업무상과실이 있다고 보아야 한다(대판 2010.10.28, 2008도8606). ● 경찰

11. 교차로의 차량신호등이 적색이고 교차로에 연접한 횡단보도 보행등이 녹색인 경우에 차량 운전자가 위 횡단보도 앞에서 정지하지 아니하고 횡단보도를 지나 우회전하던 중 업무상과실치상의 결과가 발생하면 교통사고처리특례법상의 '신호위반'에 해당하고, 이때 위 신호위반 행위가 교통사고 발생의 직접적인 원인이 된 이상 사고장소가 횡단보도를 벗어난 곳이라 하여도 위 신호위반으로 인한 업무상과실치상죄가 성립함에는 지장이 없다(대판 2011.7.28, 2009도8222). ● 법행

판례 정리 ··· 과실(업무상·중과실) 부정

1. **약사**는 의약품을 판매하거나 조제함에 있어서 그 의약품이 그 표시 포장상에 있어서 약사법 소정의 검인 합격품이고 또한 부패 변질 변색되지 아니하고 유효기간이 경과되지 아니함을 확인하고 조제 판매한 경우에는 특별한 사정이 없는 한 관능시험 및 기기시험까지 할 주의의무가 없으므로 그 **약의 표시를 신뢰하고 이를 사용**한 경우에는 과실이 있다고 볼 수 없다(대판 1976.2.10, 74도2046).

2. **야간 당직간호사**가 담당 환자의 심근경색 증상을 **당직의사에게 제대로 보고하지 않음**으로써 당직의사가 필요한 조치를 취하지 못한 채 환자가 사망한 경우, 병원의 야간당직 운영체계상 당직간호사에게 환자의 사망을 예견하거나 회피하지 못한 업무상 과실이 있고, **당직의사에게는 업무상 과실을 인정하기 어렵다**(대판 2007.9.20, 2006도294). ● 법행

3. 소아외과 의사가 **5세**의 급성 림프구성 **백혈병 환자의 항암치료**를 위하여 쇄골하 정맥에 중심정맥도관을 삽입하는 수술을 하는 과정에서 환자의 우측 쇄골하 부위를 주사바늘로 10여 차례 찔러 환자가 우측 쇄골하혈관 및 흉막 관통상에 기인한 외상성 혈흉으로 인한 순환혈액량 감소성 쇼크로 사망한 경우, 담당 소아외과 의사에게 형법 제268조의 업무상 과실이 없다(대판 2008.8.11, 2008도3090). ● 경찰승진

4. 무수혈 인공고관절 수술의 위험성을 충분히 설명 받았으나, **진지한 의사결정에 의한 수혈 거부 의사가 존재**하여 무수혈 수술 동의 아래 수술을 진행하였는데 생명에 위험이 발생할 수 있는 응급상황이 발생하였음에도 환자의 자기결정권을 존중하여 수혈하지 않다가 환자가 과다출혈로 사망에 이른 경우, 의사에게는 업무상과실치사죄를 인정하기 어렵다(대판 2014.6.26, 2009도14407). ☞ 환자의 생명과 자기결정권을 비교형량하기 어려운 특별한 사정이 있다고 인정되는 경우에 의사가 자신의 직업적 양심에 따라 환자의 양립할 수 없는 두 개의 가치 중 어느 하나를 존중하는 방향으로 행위하였다면, 이러한 행위는 처벌할 수 없다는 취지임. ● 경찰

5. 버스운전자로서는 출발하기에 앞서 버스의 전후좌우를 살펴 **버스 주변**에 **장애물**이 있는 지를 확인하고 출발할 의무가 있으되, **피해자가 발차순간에 바퀴 밑으로 들어간 것**이라면 운전사가 미처 이를 발견하지 못한 점에 과실이 있다고는 할 수 없다(대판 1984.7.10, 84도687). ● 경찰

6. 운동경기에 참가하는 자가 경기규칙을 준수하는 중에 또는 그 **경기의 성격상 당연히 예상되는 정도의 경미한 규칙위반 속에 제3자에게 상해의 결과를 발생**시킨 것으로서, 사회적 상당성의 범위를 벗어나지 아니하는 행위라면 과실치상죄가 성립하지 않는다(대판 2008.10.23, 2008도6940). ● 간부

7. 시공회사의 상무이사인 현장소장이 현장에서의 공사감독을 전담하였고 **사장은 그와 같은 감독을 하게 되어 있지 않았다면** 사장으로서는 그 공사의 진행에 관하여 직접적인 지휘·감독을 받지 않는 회사직원 혹은 고용된 노무자들이 공사시행상의 안전수칙을 위반하여 사고를 저지를지 모른다고 하여 이에 대비하여 <u>각개의 개별작업에 대하여 일일이 세부적인 안전대책을 강구하여야 하는 구체적이고 직접적인 주의의무가 있다고 하기 어렵다</u>(대판 1989.11.24, 89도1618). 　　　　　　　　　　　　　　　● 검찰9급, 경찰승진

8. 호텔을 경영하는 주식회사에 대표이사가 별도로 있고 실질적인 책임자로서 업무전반을 총괄하는 전무 등 임직원이 각 소관업무를 분담처리하면서, 소방법 소정의 방화관리자까지 선정, 당국에 신고하여 소방훈련 및 화기사용 또는 취급에 관한 지도감독 등을 하고 있었다면, 위 <u>회사의 업무에 전혀 관여하지 않고 있던 소위 회장</u>에게는 호텔 종업원의 부주의와 호텔구조상의 결함으로 발생, 확대된 화재에 대한 구체적이고도 직접적인 주의의무가 인정되지 않는다(대판 1986.7.22., 85도108). ● 법행

9. **대학병원 과장인 甲**이 외래담당의사 乙의 처치와 치료결과를 주시하고 적절한 수술방법을 지시·감독하지 아니하는 사이 乙의 과실로 환자 A가 사망한 경우 乙에게는 업무상과실이 인정되나 甲에게는 <u>업무상과실이 인정되지 않는다</u>(대판 1996.11.8, 95도2710). 　　　　　　　　　　　　　　　● 경간부, 법원

10. 의사가 환자에 대하여 **다른 의사와 의료행위를 분담**하는 경우에 다른 의사의 전공과목에 전적으로 속하는 사항에 대하여는 다른 의사가 하는 의료행위의 내용이 적절한 것인지의 여부를 확인하고 감독하여야 할 업<u>무상 주의의무가 없다</u>(대판 2007.2.22, 2005도9229). 　　　　　　　　　　　　　　　● 법원

(4) 죄 수

2. 중과실치사상

모텔 방에 투숙하여 담배를 피운 후 재떨이에 담배를 끄게 되었으나 담뱃불이 완전히 꺼졌는지 여부를 확인하지 않은 채 불이 붙기 쉬운 휴지를 재떨이에 버리고 잠을 잔 과실로 담뱃불이 휴지와 침대시트에 옮겨 붙게 함으로써 화재가 발생한 경우, <u>화재를 용이하게 소화할 수 있었다고 보기 어렵다는 이유로, 부작위에 의한 현주건조물방화치사상죄의 공소사실에 대해 무죄를 선고한 원심의 판단을 수긍한 사례</u>(대판 2009.12.9, 2009감도38) ● 경찰
☞ 중과실치사상죄, 중실화죄는 인정하나, 현주건조물방화치사상죄는 부정한 것임.

제4절 낙태의 죄

제5절 유기와 학대의 죄

I 서 설

1. 의 의

유기의 죄란 노유·질병 기타 사정으로 인하여 부조를 요하는 자를 보호할 의무 있는 자가 유기하는 것을 내용으로 하는 범죄이다.

2. 보호법익

유기의 죄의 보호법익은 피유기자의 생명·신체의 안전이며, 보호정도는 추상적 위험범이다(통설).

II 단순유기죄

> 제271조 (유기, 존속유기) ① 나이가 많거나 어림, 질병 그 밖의 사정으로 도움이 필요한 사람을 **법률상 또는 계약상 보호할 의무가 있는 자**가 유기한 경우에는 3년 이하의 징역 또는 500만원 이하의 벌금에 처한다.
> ● 검찰7급

1. 주 체

① 현행 형법은 유기죄에 있어서 구법과는 달리 보호법익의 범위를 넓힌 반면에 보호책임 없는 자의 유기죄는 없애고 **법률상 또는 계약상의 의무 있는 자만을 유기죄의 주체로 규정**하고 있어 명문상 사회상규상의 보호책임을 관념할 수 없다(대판 1977.1.11, 76도3419). ● 사시, 법행

② 유기죄에 관한 형법 제271조 제1항은 그 행위의 주체를 "노유, 질병 기타 사정으로 부조를 요하는 자를 보호할 법률상 또는 계약상 의무 있는 자"라고 정하고 있다. 여기서의 '**계약상 의무**'는 간호사나 보모와 같이 계약에 기한 주된 급부의무가 부조를 제공하는 것인 경우에 반드시 한정되지 아니하며, 계약의 해석상 계약관계의 목적이 달성될 수 있도록 상대방의 신체 또는 생명에 대하여 주의와 배려를 한다는 부수적 의무의 한 내용으로 상대방을 부조하여야 하는 경우를 배제하는 것은 아니라고 할 것이다. 그러나 그 의무 위반의 효과로서 주로 손해배상책임이 문제되는 민사영역에서와는 달리 유기죄의 경우에는 당사자의 인적 책임에 대한 형사적 제재가 문제된다는 점 등을 고려하여 보면, 단지 위와 같은 부수의무로서의 민사적 부조의무 또는 보호의무가 인정된다고 해서 형법 제271조 소정의 '계약상 의무'가 당연히 긍정된다고는

말할 수 없고, … 제반 사정을 고려하여 위 '계약상의 부조의무'의 유무를 신중하게 판단하여야 한다(대판 2011.11.24, 2011도12302). ● 경간부

관련판례

① 강간치상범이 실신상태에 있는 피해자를 방치하고 도주하였더라도 유기죄는 성립하지 않는다(대판 1980.6.24, 80도726). ● 경찰승진

② 경찰관 甲이 술에 만취된 피해자가 향토예비군 4명에게 떼메어 운반되어 지구대 나무의자 위에 눕혀 놓았을 때 숨이 가쁘게 쿨쿨 내뿜고 자신의 수족과 의사도 자제할 수 없는 상태에 있음에도 불구하고 근 3시간 동안이나 아무런 구호조치를 취하지 아니한 것은 유기죄에 대한 범의를 인정할 수 있다(대판 1972.6.27, 72도863).

③ 일정거리 동행사건

> **사실관계** 피고인은 1976.1.26. 16:00경 피해자 송돈호(41세)와 함께 마차4리를 향하여 가던중 술에 취하였던 탓으로 도로 위에서 실족하여 2미터 아래 개울로 미끄러 떨어져 약 5시간 가량 잠을 자다가 술과 잠에서 깨어난 피고인과 피해자는 도로 위로 올라가려 하였으나 야간이므로 도로로 올라가는 길을 발견치 못하여 개울 아래위로 헤매든 중 피해자는 후두부 타박상을 입어서 정상적으로 움직이기가 어렵게 되었고 피고인은 도로로 나오는 길을 발견 혼자 도로 위로 올라왔으며 당시는 영하 15도의 추운 날씨이고 40미터 떨어진 곳에 민가가 있었으나 피고인으로서는 인접한 민가에 가서 피해자의 구조를 요청하던가 또는 스스로 피해자를 데리고 올라와서 병원으로 데려가 의사로 하여금 치료케하는 등 긴급히 구조조치를 취하지 않고 피해자를 그대로 방치하여 피해자가 약 4, 5시간후 심장마비로 사망하였다.
>
> **판결요지** 유기죄의 죄책을 인정하려면 보호책임이 있게 된 경위 사정관계 등을 설시하여 구성요건이 요구하는 법률상 또는 계약상 보호의무를 밝혀야 하고 설혹 동행자가 구조를 요하게 되었다 하여도 **일정거리를 동행**한 사실만으로서는 피고인에게 법률상 계약상의 보호의무가 있다고 할 수 없으니 유기죄의 주체가 될 수 없다(대판 1977.1.11, 76도3419). ● 법행, 경찰

④ 동거녀 필로폰 복용사건
형법 제271조 제1항에서 말하는 법률상 보호의무 가운데는 민법 제826조 제1항에 근거한 부부간의 부양의무도 포함되며, 나아가 법률상 부부는 아니지만 **사실혼 관계에 있는 경우**에도 위와 같은 법률상 보호의무의 존재를 긍정하여야 하지만, **사실혼에 해당하여 법률혼에 준하는 보호를 받기 위하여는** 단순한 동거 또는 간헐적인 정교관계를 맺고 있다는 사정만으로는 부족하고, 그 당사자 사이에 **주관적으로 혼인의 의사**가 있고 **객관적으로도 사회관념상 가족질서적인 면에서 부부공동생활을 인정할 만한 혼인생활의 실체가 존재**하여야 한다(대판 2008.2.14, 2007도3952). ☞ 동거 또는 내연관계를 맺은 사정만으로는 사실혼 관계를 인정할 수 없고, 내연녀가 치사량의 필로폰을 복용하여 부조를 요하는 상태에 있었음을 인식하였다는 점을 인정할 증거가 부족하다는 이유로 유기치사죄의 성립은 부정한 사례임 ● 경찰승진

⑤ 피고인이 자신이 운영하는 주점에 손님으로 와서 수일 동안 식사는 한 끼도 하지 않은 채 계속하여 술을 마시고 만취한 피해자를 주점 내에 그대로 방치하여 저체온증 등으로 사망에 이르게 한 경우, 피해자가 피고인의 지배 아래 있는 주점에서 3일 동안 과도하게 술을 마시고 추운 날씨에 난방이 제대로 되지 아니한 주점 내 소파에서 잠을 자면서 정신을 잃은 상태에 있었다면, 피고인은 주점의 운영자로서 피해자의 생명 또는 신체에 대한 위해가 발생하지 아니하도록 피해자를 주점 내실로 옮기거나 인근에 있는 여관에 데려다 주어 쉬게 하거나 피해자의 지인 또는 경찰에 연락하는 등 필요한 조치를 강구하여야 할 **계약상의 부조의무**를 부담하므로 유기치사죄가 인정된다(대판 2011.11.24, 2011도12302). ● 법원

2. 객 체

노유·질병 기타 사정으로 부조를 요하는 자이다. 요부조자란 타인의 도움 없이는 자기의 생명·신체에 대한 위험을 스스로 극복할 수 없는 자를 말한다. 따라서 거동이 가능한 경제적 요부조자는 제외된다.

3. 유 기

생모가 사망의 위험이 예견되는 그 딸에 대하여는 수혈이 최선의 치료방법이라는 의사의 권유를 자신의 종교적 신념이나 후유증 발생의 염려만을 이유로 완강하게 거부하고 방해하였다면 이는 결과적으로 요부조자를 위험한 장소에 두고 떠난 경우나 다름이 없다고 할 것이고 그때 사리를 변식할 지능이 없다고 보아야 마땅한 11세 남짓의 환자본인 역시 수혈을 거부하였다고 하더라도 생모의 수혈거부 행위가 위법한 점에 영향을 미치는 것이 아니다(대판 1980.9.24, 79도1387). ☞ 살인죄가 아니라 유기치사 인정

4. 주관적 구성요건

유기죄에 있어서는 행위자가 요부조자에 대한 보호책임의 발생원인이 된 사실이 존재한다는 것을 인식하고 이에 기한 보조의무를 해태한다는 의식이 있음을 요한다. 따라서 **피고인이 성류파크호텔 7층 713호실에서 피해자에게 성관계를 요구하다가 피해자가 그 순간을 모면하기 위하여 7층 창문으로 뛰어내렸으나 이를 알지 못한 채 피해자를 방치하여 피해자의 생명에 대한 위험을 발생**케 한 경우라면 피고인에게 중유기의 범의를 인정할 수 없다(대판 1988.8.9, 86도225). ● 법행, 경찰승진

III 존속유기죄

제271조 (존속유기) ② 자기 또는 배우자의 직계존속에 대하여 제1항의 죄를 지은 경우에는 10년 이하의 징역 또는 1천500만원 이하의 벌금에 처한다.

IV 중유기·중존속유기죄

제271조 ③ 제1항의 죄를 지어 사람의 생명에 위험을 발생하게 한 경우에는 7년 이하의 징역에 처한다.
④ 제2항의 죄를 지어 사람의 생명에 위험을 발생하게 한 경우에는 2년 이상의 유기징역에 처한다.

Ⅴ 유기등치사상죄

제275조 (유기등 치사상) ① 제271조 또는 제273의 죄를 범하여 사람을 상해에 이르게 한 때에는 7년 이하의 징역에 처한다. 사망에 이르게 한 때에는 3년 이상의 유기징역에 처한다.
② 자기 또는 배우자의 직계존속에 대하여 제271조 또는 제273의 죄를 범하여 상해에 이르게 한 때에는 3년 이상의 유기징역에 처한다. 사망에 이르게 한 때에는 무기 또는 5년이상의 징역에 처한다.

형법 제275조 제1항의 유기치사·치상죄는 결과적 가중범이므로, 위 죄가 성립하려면 유기행위와 사상의 결과 사이에 상당인과관계가 있어야 하며 행위 시에 결과의 발생을 예견할 수 있어야 한다. 다만 유기행위가 피해자의 사상이라는 결과를 발생하게 한 유일하거나 직접적인 원인이 된 경우뿐만 아니라, 그 행위와 결과 사이에 **제3자의 행위가 일부 기여하였다고 할지라도 유기행위로 초래된 위험이 그대로 또는 그 일부가 사상이라는 결과로 현실화된 경우라면 상당인과관계를 인정할 수 있다**(대판 2015.11.12. 2015도6809 전원합의체 판결). ● 검찰

Ⅵ 단순학대죄

제273조 (학대) ① 자기의 보호 또는 감독을 받는 사람을 학대한 자는 2년 이하의 징역 또는 500만원 이하의 벌금에 처한다.

1. 보호법익 및 보호정도

학대죄는 자기의 보호 또는 감독을 받는 사람에게 육체적으로 고통을 주거나 정신적으로 차별대우를 하는 행위가 있음과 동시에 범죄가 완성되는 **상태범 또는 즉시범**이라 할 것이다(대판 1986.7.8. 84도2922). ● 경찰, 경간부

2. 주체 및 객체

본죄의 주체는 사람을 보호·감독하는 자이다. 보호·감독의 근거는 법률·계약에 제한되지 않고 사무관리, 조리, 관습에 의한 경우도 포함된다(통설). 본죄의 객체는 자기의 보호·감독을 받는 자이다.

3. 행위(학대)

학대죄의 '학대'라 함은 육체적으로 고통을 주거나 정신적으로 차별대우를 하는 행위를 가리키고, 이러한 학대행위는 형법의 규정체제상 학대와 유기의 죄가 같은 장에 위치하고 있는 점 등에 비추어 단순히 상대방의 인격에 대한 **반인륜적 침해만으로는 부족하고 적어도 유기에 준할 정도에 이르러야 한다**. 따라서 피고인이 피해자와 단순히 성관계를

가진 행위를 가리켜 위와 같은 의미의 학대행위에 해당한다고 보기는 어렵다(대판 2000.4.25, 2000도223). ⇨ 친아버지가 친딸(당시 12세)과 성관계를 시작하여 처녀막 파열의 상처를 입히고 그러한 비정상적인 관계가 8년간 지속된 사건이다. ☞ 학대죄 ×, 미성년자의제강간치상죄 ○ ● 경찰승진

4. 기타 특별법

① 「아동학대범죄의 처벌 등에 관한 특례법」(2014.1.28. 제정, 2014.9.29. 시행)은 제34조 제1항(공소시효의 정지와 효력)의 소급적용에 관하여 명시적인 경과규정을 두고 있지 않지만, 동법 시행일 당시 범죄행위가 종료되었으나 아직 공소시효가 완성되지 않은 아동학대범죄에 대해서도 적용된다(대판 2016.9.28, 2016도7273). ● 경찰
② 친아버지가 자신의 아들(만1세)을 양육하면서 집안 내부에 먹다 남은 음식물 쓰레기, 소주병, 담배꽁초가 방치된 상태로 청소를 하지 않아 악취가 나는 비위생적인 환경에서 제대로 세탁하지 않아 음식물이 묻어있는 옷을 입히고, 목욕을 주기적으로 시키지 않아 몸에서 악취를 풍기게 하는 등의 행위를 한 경우, 생존에 필요한 최소한의 보호를 하였거나 아들에게 애정을 표현했다는 사정이 있더라도 이는 아들에 대한 방임행위에 해당한다(대판 2020.9.3, 2020도7625). ● 경찰
③ 어린이집 보육교사가 아동(만 4세)이 창틀에 매달리는 등 위험한 행동을 한다는 이유로 그를 안아 바닥에서 약 78cm 높이의 교구장(110cm×29cm×63cm) 위에 올려둔 후 교구장을 1회 흔들고, 아동의 몸을 잡고는 교구장 뒤 창 쪽으로 흔들어 보이는 등 약 40분 동안 앉혀둔 경우, 이는 비록 안전을 위한 조치라 할지라도 아동에 대한 학대행위 해당한다(대판 2020.3.12, 2017도5769). ● 경찰
④ 아동복지법은 제17조에서 '누구든지 다음 각호의 어느 하나에 해당하는 행위를 하여서는 아니 된다'고 하면서, 제2호로 '아동에게 음란한 행위를 시키거나 이를 매개하는 행위 또는 아동에게 성적 수치심을 주는 성희롱 등의 성적 학대행위'를 금지행위로 규정하고, 제71조 제1항에서 '제17조를 위반한 자를 처벌한다'고 규정하고 있다. 이러한 아동복지법 규정의 각 문언과 조문의 체계 등을 종합하여 보면, 누구든지 제17조 제2호에서 정한 금지행위를 한 경우 제71조 제1항에 따라 처벌되는 것이고, 성인이 아니라고 하여 위 금지행위규정 및 처벌규정의 적용에서 배제된다고 할 수는 없다(대판 2020.10.15, 2020도6422). ● 경찰

Ⅶ 존속학대죄

제273조 (존속학대) ② 자기 또는 배우자의 직계존속에 대하여 전항의 죄를 범한 때에는 5년 이하의 징역 또는 700만원 이하의 벌금에 처한다.

Ⅷ 아동혹사죄

제274조 (아동혹사) 자기의 보호 또는 감독을 받는 16세 미만의 자를 그 생명 또는 신체에 위험한 업무에 사용할 영업자 또는 그 종업자에게 인도한 자는 5년 이하의 징역에 처한다. 그 인도를 받은 자도 같다.

Ⅸ 학대치사상죄·존속학대치사상죄

제275조 (유기등 치사상) ① 제271조 또는 제273의 죄를 범하여 사람을 상해에 이르게 한 때에는 7년 이하의 징역에 처한다. 사망에 이르게 한 때에는 3년 이상의 유기징역에 처한다.
② 자기 또는 배우자의 직계존속에 대하여 제271조 또는 제273의 죄를 범하여 상해에 이르게 한 때에는 3년 이상의 유기징역에 처한다. 사망에 이르게 한 때에는 무기 또는 5년 이상의 징역에 처한다.

CHAPTER 02 자유에 대한 죄

제1절 협박의 죄

I 서 설

1. 의 의

협박의 죄는 사람을 협박함으로써 성립하는 범죄이다.

2. 보호법익

[1] 협박죄가 성립하려면 고지된 해악의 내용이 일반적으로 사람으로 하여금 공포심을 일으키게 하기에 충분한 것이어야 하지만, 상대방이 그에 의하여 현실적으로 공포심을 일으킬 것까지 요구하는 것은 아니며, 그와 같은 정도의 해악을 고지함으로써 상대방이 그 **의미를 인식한 이상**, 상대방이 **현실적으로 공포심을 일으켰는지 여부와 관계없이** 그로써 구성요건은 충족되어 **협박죄의 기수**에 이르는 것으로 해석하여야 한다.

[2] 결국, 협박죄는 사람의 의사결정의 자유를 보호법익으로 하는 **위험범**이라 봄이 상당하고, 협박죄의 미수범 처벌조항은 해악의 고지가 현실적으로 상대방에게 도달하지 아니한 경우나, 도달은 하였으나 상대방이 이를 지각하지 못하였거나 고지된 해악의 의미를 인식하지 못한 경우 등에 적용될 뿐이다.

[3] **정보보안과 소속 경찰관이 자신의 지위를 내세우면서 타인의 민사분쟁에 개입하여 빨리 채무를 변제하지 않으면 상부에 보고하여 문제를 삼겠다고 말한 경우**, 객관적으로 상대방이 공포심을 일으키기에 충분한 정도의 해악의 고지에 해당하므로 현실적으로 피해자가 공포심을 일으키지 않았다 하더라도 협박죄의 기수에 이르렀다(대판 2007.9.28, 2007도606 전원합의체). ● 경찰, 경찰승진

> **참조판례**
> 공군 중사가 상관인 피해자에게 그의 비위 등을 기록한 내용을 제시하면서 **자신에게 폭언한 사실을 인정하지 않으면 그 내용을 상부기관에 제출하겠다는 취지로 말한 경우**, 피해자가 그 취지를 인식하였음이 명백한 이상 설령 피해자가 현실적으로 공포심을 느끼지 못하였다 하더라도 그와는 무관하게 상관협박죄의 기수에 이르렀다고 보아야 한다(대판 2008.12.11, 2008도8922). ● 경찰승진, 경찰

II 협박죄

제283조 (협박) ① 사람을 협박한 자는 3년 이하의 징역, 500만원 이하의 벌금, 구류 또는 과료에 처한다.
③ 제1항 및 제2항의 죄는 피해자의 명시한 의사에 반하여 공소를 제기할 수 없다.
제286조 (미수범) 전3조의 미수범은 처벌한다.

1. 객관적 구성요건

(1) 객체 : 사람

협박죄는 사람의 의사결정의 자유를 보호법익으로 하는 범죄로서 협박죄는 **자연인만을 그 대상**으로 예정하고 있을 뿐 **법인**은 협박죄의 객체가 될 수 없다(대판 2010. 7.15, 2010도1017). ● 경찰, 사시, 법행

(2) 행위 : 협박

① 협박의 개념 : 협박죄에 있어서의 협박이라 함은, 상대방에게 공포심을 일으킬 목적으로 해악을 고지하는 일체의 행위를 의미하는 것으로서, …여러 사정을 종합하여 객관적으로 상대방으로 하여금 공포심을 느끼게 하기에 족하면 되고, 상대방이 현실로 공포심을 일으킬 것까지 요구되는 것은 아니며, 다만 고지하는 해악의 내용이 경미하여 상대방이 전혀 개의치 않을 정도인 경우에는 협박에 해당하지 않는다(대판 2005.3.25, 2004도8984). ● 경찰승진

㉠ 협박과 폭언 내지 욕설과의 구별 : 행위자의 언동이 단순한 감정적인 욕설 내지 일시적 분노의 표시에 불과하여 주위사정에 비추어 가해의 의사가 없음이 객관적으로 명백한 때에는 협박행위 내지 협박의 의사를 인정할 수 없다(대판 1991.5.10, 90도2102). ● 경찰승진

> **판례 정리** … 협박이 부정되는 경우
>
> 1. "입을 찢어 버릴라"사건 : 피해자와 언쟁중 "**입을 찢어 버릴라**"라고 한 말은 당시의 주위사정등에 비추어 단순한 감정적인 욕설에 불과하고 피해자에게 해악을 가할 것을 고지한 행위라고 볼 수 없어 협박에 해당하지 않는다(대판 1986.7.22, 86도1140). ● 법행
> 2. "내가 너희들의 목을 자른다 내 동생을 시켜서라도 자른다"사건 : 지서에 연행된 피고인이 경찰관으로부터 반공법위반 혐의사실을 추궁당하고 뺨까지 얻어맞게 되자 **술김에 흥분하여 항의조로 "내가 너희들의 목을 자른다 내 동생을 시켜서라도 자른다**"라고 말하였다 하여 당시 피고인에게 협박죄를 구성할 만한 해악을 고지할 의사가 있었다고 볼 수 없다(대판 1972.8.29, 72도1565). ● 경찰승진
> 3. "한번 만나자"사건 : 갑은 을의 처와 통화하기 위하여 야간에 전화를 하였는데 남편 을이 받자 20분 내지 30분 동안 아무말도 하지 않고 있다가 전화를 끊어버리거나 어떤 때에는 "**한 번 만나자, 나한테 자신 있나**"라고 말한 경우(대판 1985.7.5, 85도638) ● 경찰승진

4. **수박협박 사건** : 단순히 "**앞으로 수박이 없어지면 네 책임으로 한다**"라고 만 말한 경우는 구체적인 해악의 고지가 없어 협박에 해당하지 않는다(대판 1995.9.29, 94도2187). ● 사시
5. **"파묻어버리겠다."** 사건 : 자신의 동거남과 성관계를 가진 바 있던 피해자에게 "**사람을 사서 쥐도 새도 모르게 파묻어버리겠다. 너까지 것 쉽게 죽일 수 있다.**"라고 말한 경우는 일시적 분노의 표시에 불과하여 협박에 해당하지 않는다(대판 2006.8.25, 2006도546). ● 법행, 경찰승진
6. 같은 동리에 사는 동년배간에 동장직을 못하게 하였다는 **불만의 표시로 '두고보자'**라는 말을 한 경우 단순한 폭언에 불과하지 협박으로 보기는 어렵다(대판 1974.10.8, 74도1892). ● 경찰승진
7. 피고인이 혼자 술을 마시던 중 甲 정당이 국회에서 예산안을 강행처리하였다는 것에 화가 나서 공중전화를 이용하여 경찰서에 여러 차례 전화를 걸어 전화를 받은 각 **경찰관에게 경찰서 관할구역 내에 있는 甲 정당의 당사를 폭파하겠다는 말을 한 경우**, 피고인은 甲 정당에 관한 해악을 고지한 것이므로 각 경찰관 개인에 관한 해악을 고지하였다고 할 수 없고, 다른 특별한 사정이 없는 한 일반적으로 甲 정당에 대한 해악의 고지가 각 경찰관 개인에게 공포심을 일으킬 만큼 서로 밀접한 관계에 있다고 보기 어려우므로, 피고인의 행위가 각 경찰관에 대한 협박죄를 구성한다고 볼 수 없다(대판 2012.8.17, 2011도10451). ● 법행
8. 경영위기에 놓인 회사의 직원 중 일부가 동료 직원 및 주요 투자자와 협의를 거쳐 회사 갱생을 위한 자구책으로 마련한 '**사임제안서**'를 **대표이사에게 전달**한 행위는 '협박'으로 볼 수 없고, 이에 해당하더라도 사회통념상 용인할 수 있는 정도이거나 회사의 경영 정상화라는 정당한 목적을 위한 상당한 수단에 해당하여 **사회상규에 반하지 아니하므로 협박죄가 성립되지 않는다**(대판 2023.2.1, 2022도9187). ● 경찰

> **판례 정리 … 협박이 인정되는 경우**
>
> 피고인이 피해자와 술을 마시던 중 화가 나 횟집 주방에 있던 회칼 2자루를 들고 나와 죽어버리겠다며 자해하려고 한 경우, '협박'에 해당한다(대판 2011.1.27, 2010도14316).

ⓒ 협박과 경고의 구별

[1] 공갈죄의 수단으로써의 협박은 객관적으로 사람의 의사결정의 자유를 제한하거나 의사실행의 자유를 방해할 정도로 겁을 먹게 할 만한 해악을 고지하는 것을 말하고, 그 해악에는 인위적인 것뿐만 아니라 천재지변 또는 신력이나 길흉화복에 관한 것도 포함될 수 있으나, 다만 천재지변 또는 신력이나 길흉화복을 해악으로 고지하는 경우에는 상대방으로 하여금 행위자 자신이 그 천재지변 또는 신력이나 길흉화복을 사실상 지배하거나 그에 영향을 미칠 수 있는 것으로 믿게 하는 명시적 또는 묵시적 행위가 있어야 공갈죄가 성립한다.

[2] **조상천도제를 지내지 아니하면 좋지 않은 일이 생긴다**는 취지의 해악의 고지는 길흉화복이나 천재지변의 예고로서 행위자에 의하여 직접, 간접적으로 좌우될 수 없는 것이고 가해자가 현실적으로 특정되어 있지도 않으며 해악의 발생가능성이 합리적으로 예견될 수 있는 것이 아니므로 협박으로 평가될 수 없다고 한 사례(대판 2002.2.8, 2000도3245) ● 사시, 법행, 경찰

② 해악의 내용

[1] 협박죄에서 협박이란 일반적으로 보아 사람으로 하여금 공포심을 일으킬 정도의 해악을 고지하는 것을 의미하며, 그 고지되는 해악의 내용, 즉 침해하겠다는 법익의 종류나 법익의 향유 주체 등에는 아무런 제한이 없다. 따라서 피해자 본인이나 그 친족뿐만 아니라 그 밖의 '제3자'에 대한 법익 침해를 내용으로 하는 해악을 고지하는 것이라고 하더라도 피해자 본인과 제3자가 밀접한 관계에 있어 그 해악의 내용이 피해자 본인에게 공포심을 일으킬 만한 정도의 것이라면 협박죄가 성립할 수 있다. 이 때 '제3자'에는 자연인뿐만 아니라 법인도 포함된다. ● 법행, 경찰승진

[2] 채권추심 회사의 지사장이 회사로부터 자신의 횡령행위에 대한 민·형사상 책임을 추궁당할 지경에 이르자 이를 모면하기 위하여 회사 본사에 '회사의 내부비리 등을 금융감독원 등 관계 기관에 고발하겠다'는 취지의 서면을 보내는 한편, 위 회사 경영지원본부장이자 상무이사에게 전화를 걸어 자신의 횡령행위를 문제삼지 말라고 요구하면서 위 서면의 내용과 같은 취지로 발언한 경우, 위 상무이사에 대한 협박죄가 인정된다(대판 2010.7.15, 2010도1017).

● 변호사

③ 해악고지의 방법

㉠ 거동에 의한 협박

관련판례

① 협박죄에 있어서의 해악을 가할 것을 고지하는 행위는 통상 언어에 의하는 것이나 경우에 따라서는 한마디 말도 없이 거동에 의하여서도 고지할 수 있는 것이다. 따라서 피고인의 집 앞에서 피해자와 사소한 문제로 시비하다가 동인이 자기 집으로 돌아가자 피고인은 동인을 따라서 그 집 마당까지 가서 그곳에서 한마디 말도 없이 소지 중이던 가위를 동인의 목에 겨누면서 찌를 것처럼 한 경우 협박으로 인정된다(대판 1975.10.7, 74도2727). ● 경찰승진, 법행

② 피고인이 피해자로부터 뺨을 맞는 등 폭행을 당하여 서로 멱살을 잡고 다투자 주위 사람들이 싸움을 제지하였으나 피해자에게 대항하기 위하여 깨어진 병으로 피해자를 찌를 듯이 겨누어 협박한 경우, 피고인의 행위는 정당방위나 야간의 공포나 당황으로 인한 과잉방위에 해당하지 아니한다(대판 1991.5.28, 91도80). ● 경찰승진

㉡ 제3자에 의한 해악을 고지한 경우

관련판례

① 협박의 경우 행위자가 직접 해악을 가하겠다고 고지하는 것은 물론, 제3자로 하여금 해악을 가하도록 하겠다는 방식으로도 해악의 고지는 얼마든지 가능하지만, 이 경우 고지자가 제3자의 행위를 사실상 지배하거나 제3자에게 영향을 미칠 수 있는 지위에 있는 것으로 믿게 하는 명시적·묵시적 언동을 하였거나 제3자의 행위가 고지자의 의사에 의하여 좌우될 수 있는 것으로 상대방이 인식한 경우에 한하여 비로소 고지자가 직접 해악을 가하겠다고 고지한 것과 마찬가지의 행위로 평가할 수 있고, 만약 고지자가 위와 같은 명시적·묵시적 언동을 하거나 상대방이 위와 같이 인

식을 한 적이 없다면 비록 상대방이 현실적으로 외포심을 느꼈다고 하더라도 이러한 고지자의 행위가 협박죄를 구성한다고 볼 수는 없다(대판 2006.12.8, 2006도6155). ● 법행, 사시, 경찰승진

② 피고인이 피해자의 장모가 있는 자리에서 서류를 보이면서 "피고인의 요구를 들어주지 않으면 서류를 세무서로 보내 세무조사를 받게 하여 피해자를 망하게 하겠다"라고 말하여 피해자의 장모로 하여금 피해자에게 위와 같은 사실을 전하게 하고, 그 다음날 피해자의 처에게 전화를 하여 "며칠 있으면 국세청에서 조사가 나올 것이니 그렇게 아시오"라고 말한 경우, 위 각 행위는 협박죄에 있어서 해악의 고지에 해당한다(대판 2007.6.1, 2006도1125). ● 법행

③ 협박죄에 있어서의 협박이라 함은 사람으로 하여금 공포심을 일으킬 수 있을 정도의 해악을 고지하는 것을 의미하므로 그러한 해악의 고지는 구체적이어서 해악의 발생이 일응 가능한 것으로 생각될 수 있을 정도일 것을 필요로 한다(대판 1998.3.10, 98도70). ● 사시, 경찰승진

(3) 기수시기

통설인 침해범설은 해악의 고지로 현실적으로 상대방에게 공포심이 일어났을 때 기수가 된다고 한다. 그러나 판례는 본죄를 위험범으로 이해하여 상대방이 의미를 인식한 이상 상대방이 현실적으로 공포심을 일으켰는지 여부와 상관없이 기수가 된다고 한다.

2. 주관적 구성요건

협박죄에 있어서의 **협박**이라 함은 일반적으로 보아 사람으로 하여금 공포심을 일으킬 수 있는 정도의 해악을 고지하는 것을 의미하므로 그 주관적 구성요건으로서의 **고의**는 행위자가 그러한 정도의 해악을 고지한다는 것을 인식, 인용하는 것을 그 내용으로 하고 고지한 해악을 실제로 실현할 의도나 욕구는 필요로 하지 아니한다(대판 1991.5.10, 90도2102). ● 경찰

> **관련판례**
>
> 피고인이 피해자인 누나의 집에서 갑자기 온 몸에 연소성이 높은 고무놀을 바르고 라이타 불을 켜는 동작을 하면서 이를 말리려는 피해자 등에게 가위, 송곳을 휘두르면서 "방에 불을 지르겠다" "가족 전부를 죽여버리겠다"고 소리쳤고 피해자가 피고인의 행위를 약 1시간 가량 말렸으나 듣지 아니하여 무섭고 두려워서 신고를 하였다면, 피고인의 행위는 피해자 등에게 공포심을 일으키기에 충분할 정도의 해악을 고지한 것이고, 나아가 피고인에게 실제로 피해자 등의 신체에 위해를 가할 의사나 불을 놓을 의사가 없었다고 할지라도 위와 같은 해악을 고지한다는 점에 대한 인식, 인용은 있었다고 봄이 상당하고, 피해자가 그 이상의 행동에 이르지 못하도록 막은 바 있다 해도 피고인의 행위가 단순한 감정적 언동에 불과하거나 가해의 의사가 없음이 객관적으로 명백한 경우에 해당한다고는 볼 수 없다(대판 1991.5.10, 90도2102). ● 경찰, 경찰간부

3. 소추조건(반의사불벌죄)

반의사불벌죄이므로 피해자의 명시한 의사에 반하여 공소를 제기할 수 없다.

4. 타죄와의 관계

> **관련판례**
>
> ① **피고인이 소주병으로 피해자의 머리에 상해를 입힌후 가위로 찔러죽이겠다고 협박한 경우**, 피고인의 협박사실행위가 피고인에게 인정된 상해사실과 같은 시간 같은 장소에서 동일한 피해자에게 가해진 경우에는 특별한 사정이 없는 한 상해의 단일범의 하에서 이루어진 하나의 폭언에 불과하여 위 상해죄에 포함되는 행위라고 봄이 상당하다(대판 1976.12.14, 76도3375).
> ② 피고인이 슈퍼마켓사무실에서 식칼을 들고 피해자를 협박한 행위와 식칼을 들고 매장을 돌아다니며 손님을 내쫓아 그의 영업을 방해한 행위는 별개의 행위이다(대판 1991.1.29, 90도2445).
> ③ 피해자에게 "자동차에 타라, 타지 않으면 가만있지 않겠다"고 협박하면서 동녀를 그곳에 대기시켜 놓았던 자동차 뒷좌석에 강제로 밀어 넣고 자동차를 운전한 경우, **감금을 하기 위한 수단으로서 행사된 단순한 협박행위는 감금죄에 흡수되어 따로 협박죄를 구성하지 아니한다**(대판 1982.6.22, 82도705).
>
> ● 경찰승진

Ⅲ 존속협박죄

제283조 (존속협박) ② 자기 또는 배우자의 직계존속에 대하여 제1항의 죄를 범한 때에는 5년 이하의 징역 또는 700만원 이하의 벌금에 처한다.
③ 제1항 및 제2항의 죄는 피해자의 명시한 의사에 반하여 공소를 제기할 수 없다.
제286조 (미수범) 전3조의 미수범은 처벌한다.

Ⅳ 특수협박죄

제284조 (특수협박) 단체 또는 다중의 위력을 보이거나 위험한 물건을 휴대하여 전조 제1항, 제2항의 죄를 범한 때에는 7년 이하의 징역 또는 1천만원 이하의 벌금에 처한다.

Ⅴ 상습협박죄

제285조 (상습범) 상습으로 제283조 제1항, 제2항 또는 전조의 죄를 범한 때에는 그 죄에 정한 형의 2분의 1까지 가중한다.
제286조 (미수범) 전3조의 미수범은 처벌한다.

제2절 강요의 죄

I 서설

1. 의의

강요의 죄는 폭행 또는 협박으로 사람의 권리행사를 방해하거나 의무 없는 일을 하게 하는 것을 내용으로 하는 범죄이다.

2. 보호법익

본 죄는 사람의 의사결정 및 의사활동의 자유를 보호법익으로 한다.

II 강요죄

> 제324조 (강요) ① 폭행 또는 협박으로 사람의 권리행사를 방해하거나 의무 없는 일을 하게 한 자는 5년 이하의 징역 또는 3천만원 이하의 벌금에 처한다.
> 제324조의5 (미수범) 제324조 내지 제324조의4의 미수범은 처벌한다.

1. 객관적 구성요건

(1) 행위객체

사람이다. 사람은 자연인인 타인을 의미하며 의사결정 및 활동의 자유를 가진 자에 제한된다.

(2) 행위

① 강요의 수단

㉠ **폭행**(광의의 폭행) : 강요죄의 폭행은 사람에 대한 **직접적**인 유형력의 행사뿐만 아니라 **간접적**인 유형력의 행사도 포함하며, 반드시 사람의 신체에 대한 것에 한정되지 않는다. 따라서 **피고인이 甲과 공모하여 甲소유의 차량을 乙소유 주택 대문 바로 앞부분에 주차하는 방법으로 乙이 차량을 주택 내부의 주차장에 출입시키지 못하게 함으로써 乙의 차량 운행에 관한 권리행사를 방해한 경우**, 乙을 폭행하여 차량 운행에 관한 권리행사를 방해하였다고 평가하기 어렵다 (대판 2021.11.25, 2018도1346). ☞ 강요죄 X

㉡ **협박**(협의의 협박)

[1] **강요죄**에서의 협박은 객관적으로 사람의 의사결정의 자유를 제한하거나 의사실행의 자유를 방해할 정도로 겁을 먹게 할 만한 해악을 고지하는 것

을 말한다. 이와 같은 협박이 인정되기 위해서는 발생 가능한 것으로 생각할 수 있는 정도의 구체적인 해악의 고지가 있어야 한다.

[2] **해악의 고지**는 반드시 명시적인 방법이 아니더라도 **말이나 행동을 통해서** 상대방에게 어떠한 해악을 끼칠 것이라는 인식을 갖도록 하면 충분하고, **제3자를 통해서 간접적으로 할 수도 있다. 행위자가 그의 직업, 지위 등에 기초한 위세를 이용하여 불법적으로 재물의 교부나 재산상 이익을 요구하고 상대방이 불응하면 부당한 불이익을 입을 위험이 있다는 위구심을 일으키게 하는 경우에도** 해악의 고지가 된다.

[3] 행위자가 직무상 또는 사실상 상대방에게 영향을 줄 수 있는 직업이나 지위에 있고 직업이나 지위에 기초하여 상대방에게 어떠한 요구를 하였더라도 곧바로 그 요구 행위를 위와 같은 해악의 고지라고 단정하여서는 안 된다.

[4] 공무원이 자신의 직무와 관련한 상대방에게 공무원 자신 또는 자신이 지정한 제3자를 위하여 재산적 이익 또는 일체의 유·무형의 이익 등을 제공할 것을 요구하고 **상대방은 공무원의 지위에 따른 직무에 관하여 어떠한 이익을 기대하며 그에 대한 대가로서 요구에 응하였다면**, 다른 사정이 없는 한 공무원의 위 요구 행위를 객관적으로 사람의 의사결정의 자유를 제한하거나 의사실행의 자유를 방해할 정도로 겁을 먹게 할 만한 해악의 고지라고 단정하기는 어렵다.

[5] 공무원인 행위자가 상대방에게 어떠한 이익 등의 제공을 요구한 경우 해악의 고지로 인정될 수 없다면 직권남용이나 뇌물 요구 등이 될 수는 있어도 협박을 요건으로 하는 강요죄가 성립하기는 어렵다(대판 2019. 8. 29. 2018도13792).

> 판례 정리
>
> 1. **직장에서 상사가 범죄행위를 저지른 부하직원에게 징계절차에 앞서 자진하여 사직할 것을 단순히 권유**하였다고 하여 이를 강요죄에서의 협박에 해당한다고 볼 수는 없다(대판 2008. 11. 27. 2008도7018). ● 경찰승진
> 2. **소비자불매운동**의 일환으로 이루어지는 것으로 볼 수 있는 표현이나 행동이 정치적 표현의 자유나 일반적 행동의 자유 등의 관점에서도 전체 법질서상 용인될 수 없을 정도로 사회적 상당성을 갖추지 못한 때에는 그 행위 자체가 강요죄나 공갈죄에서 말하는 협박의 개념에 포섭될 수 있다. 따라서 **피고인이, 甲 주식회사가 특정 신문들에 광고를 편중했다는 이유로 기자회견을 열어 甲 회사에 대하여 불매운동을 하겠다고 하면서 특정 신문들에 대한 광고를 중단할 것과 다른 신문들에 대해서도 특정 신문들과 동등하게 광고를 집행할 것을 요구하고 甲 회사 인터넷 홈페이지에 '甲 회사는 앞으로 특정 언론사에 편중하지 않고 동등한 광고 집행을 하겠다'는 내용의 팝업창을 띄우게 한 경우** 강요죄나 공갈죄의 수단으로서의 협박에 해당한다(대판 2013. 4. 11. 2010도13774). ● 경간부

② 강요의 내용
　㉠ 권리행사방해를 방해한다는 것 : 본죄에서 말하는 권리라 함은 재산적 권리뿐 아니라 비재산적 권리로 볼 수 있는 개인의 계약체결에 대한 자유권도 포함되고 그 계약체결이 법률상 위법 기타 제한이 있다 하더라도 강요죄가 성립한다(대판 1962.1.25, 4293형상233).

> **관련판례**
> 전답의 점유를 침탈당한 자라도 이를 실력으로 회수할 수는 없는 것이니 그 전답의 점유를 실력으로 회수하려는 자에게 폭행을 가하였다면 이는 단순폭행죄에 해당한다 할 것이고 권리행사를 방해하였다고 할 수 없다(대판 1961.11.9, 4294형상357). ☞ 강요죄 ×　●경찰간부

　㉡ 의무 없는 일을 행하게 한다는 것
　　ⓐ 강요죄는 폭행 또는 협박으로 사람의 권리행사를 방해하거나 의무 없는 일을 하게 하는 것을 말하고, 여기에서 '의무 없는 일'이란 법령, 계약 등에 기하여 발생하는 법률상 의무 없는 일을 말하므로, 폭행 또는 협박으로 법률상 의무 있는 일을 하게 한 경우에는 폭행 또는 협박죄만 성립할 뿐 강요죄는 성립하지 아니한다(대판 2008.5.15, 2008도1097). ●경찰, 경찰승진
　　ⓑ 상관이 직무수행을 태만히 하거나 지시사항을 불이행하고 허위보고 등을 한 부하에게 근무태도를 교정하고 직무수행을 감독하기 위하여 직무수행의 내역을 일지 형식으로 기재하여 보고하도록 명령하는 행위는 직무권한 범위 내에서 내린 정당한 명령이므로 부하는 명령을 실행할 법률상 의무가 있고, 명령을 실행하지 아니하는 경우 군인인사법 제57조 제2항에서 정한 징계처분이 내려진다거나 그에 갈음하여 얼차려의 제재가 부과된다고 하여 그와 같은 명령이 형법 제324조의 강요죄를 구성한다고 볼 수 없다(대판 2012.11.29, 2010도1233). ●경간부

> **기타판례**
> ① 피해자를 협박하여 동인으로 하여금 법률상 의무 없는 진술서를 작성케 한 행위는 사람의 자유권 행사를 방해한 것이므로 형법 324조의 폭력에 의한 권리행사방해죄를 구성한다(대판 1974.5.14, 73도2578).　●법행
> ② 골프시설의 운영자가 골프회원에게 불리하게 변경된 내용의 회칙에 대하여 동의한다는 내용의 등록신청서를 제출하지 아니하면 회원으로 대우하지 아니하겠다고 통지한 것이 강요죄에 해당한다(대판 2003.9.26, 2003도763).　●경찰승진
> ③ 원산폭격 사건 : 상사 계급의 피고인이 그의 잦은 폭력으로 신체에 위해를 느끼고 겁을 먹은 상태에 있던 부대원들에게 청소 불량 등을 이유로 40분 내지 50분간 머리박아(속칭 '원산폭격')를 시키거나 양손을 깍지 낀 상태에서 약 2시간 동안 팔굽혀펴기를 50~60회 정도 하게 한 행위가 형법 제324조에서 정한 강요죄에 해당한다(대판 2006.4.27, 2003도4151).　●사시

④ 여권강제회수 사건 : 형법 제324조 소정의 폭력에 의한 권리행사방해죄는 폭행 또는 협박에 의하여 권리행사가 현실적으로 방해되어야 할 것인바, 피해자의 해외도피를 방지하기 위하여 피해자를 협박하고 이에 피해자가 겁을 먹고 있는 상태를 이용하여 동인 소유의 여권을 교부하게 하여 피해자가 그의 여권을 강제 회수당하였다면 피해자가 해외여행을 할 권리는 사실상 침해되었다고 볼 것이므로 권리행사방해죄의 기수로 보아야 한다(대판 1993.7.27, 93도901). ● 경찰승진

⑤ 폐수 배출 단속사건 : 환경단체 소속 회원들이 축산 농가들의 폐수 배출 단속활동을 벌이면서 폐수 배출현장을 사진촬영하거나 지적하는 한편 폐수 배출사실을 확인하는 내용의 사실확인서를 징구하는 과정에서 서명하지 아니할 경우 법에 저촉된다고 겁을 주는 등의 행위는 '협박'에 의한 강요행위에 해당한다(대판 2010.4.29, 2007도7064). ● 법행

2. 주관적 구성요건

폭행·협박에 대한 고의와 권리행사를 방해하거나 의무 없는 일을 하게 한다는 고의가 있어야 한다.

> **관련판례**
>
> 폭력조직 전력이 있는 피고인이 특정 연예인에게 팬미팅 공연을 하도록 강요하면서 만날 것을 요구하고, 팬미팅 공연이 이행되지 않으면 안 좋은 일을 당할 것이라고 협박한 경우, 위 연예인에게 공연을 할 의무가 없다는 점에 대한 미필적 인식 즉, 강요죄의 고의가 피고인에게 있었다고 단정하기 어렵다(대판 2008.5.15, 2008도1097). ● 경찰승진

3. 위법성

총칙상의 일반적 위법성조각사유에 의하여 위법성이 조각될 수 있다.

4. 죄수 및 타죄와의 관계

피고인이 투자금의 회수를 위해 피해자를 강요하여 물품대금을 횡령하였다는 자인서를 받아낸 뒤 이를 근거로 돈을 갈취한 경우, 피고인의 주된 범의가 피해자로부터 돈을 갈취하는 데에 있었던 것이라면 피고인은 단일한 공갈의 범의하에 갈취의 방법으로 일단 자인서를 작성케 한 후 이를 근거로 계속하여 갈취행위를 한 것으로 보아야 할 것이므로 위 행위는 포함하여 공갈죄 일죄만을 구성한다고 보아야 한다(대판 1985.6.25, 84도2083). ● 경찰, 법행

Ⅲ 특수강요죄

제324조 (강요) ② 단체 또는 다중의 위력을 보이거나 위험한 물건을 휴대하여 제1항의 죄를 범한 자는 10년 이하의 징역 또는 5천만원 이하의 벌금에 처한다.

제1편 개인적 법익에 관한 죄

Ⅳ 중강요죄

제326조 (중권리행사방해) 제324조 또는 제325조의 죄를 범하여 사람의 생명에 대한 위험을 발생하게 한 자는 10년 이하의 징역에 처한다.

Ⅴ 인질강요죄

제324조의2 (인질강요) 사람을 체포·감금·약취 또는 유인하여 이를 인질로 삼아 **제3자에 대하여** 권리행사를 방해하거나 의무없는 일을 하게 한 자는 3년 이상의 유기징역에 처한다.
제324조의5 (미수범) 제324조 내지 제324조의4의 미수범은 처벌한다.
제324조의6 (형의 감경) 제324조의2 또는 제324조의3의 죄를 범한 자 및 그 죄의 미수범이 인질을 안전한 장소로 풀어준 때에는 그 형을 감경할 수 있다.
  ※ 강요를 당하는 자는 인질이 아니라 제3자이다. 🔷경찰간부

Ⅵ 인질상해·치상죄

제324조의3 (인질상해·치상) 제324조의2의 죄를 범한 자가 인질을 상해하거나 상해에 이르게 한 때에는 무기 또는 5년 이상의 징역에 처한다.
제324조의5 (미수범) 제324조 내지 제324조의4의 미수범은 처벌한다.
제324조의6 (형의 감경) 제324조의2 또는 제324조의3의 죄를 범한 자 및 그 죄의 미수범이 **인질을 안전한 장소로 풀어준 때에는 그 형을 감경할 수 있다.** 🔷사시, 경찰, 법행
  ※ 인질살해·치사죄 적용×

Ⅶ 인질살해·치사죄

제324조의4(인질살해·치사) 제324조의2의 죄를 범한 자가 인질을 살해한 때에는 사형 또는 무기징역에 처한다. 사망에 이르게 한 때에는 무기 또는 10년 이상의 징역에 처한다.
제324조의5 (미수범) 제324조 내지 제324조의4의 미수범은 처벌한다.

제3절 체포와 감금의 죄

I 서 설

1. 의 의

체포와 감금의 죄는 사람을 불법하게 체포 또는 감금함으로써 신체적 활동의 자유(장소선택의 자유)를 침해하는 것을 내용으로 하는 범죄이다.

2. 보호법익 및 보호정도

사람의 잠재적 이전의 자유이며(통설), 보호의 정도는 침해범이다.

II 체포·감금죄

제276조 (체포, 감금) ① 사람을 체포 또는 감금한 자는 5년 이하의 징역 또는 700만원 이하의 벌금에 처한다.
제280조 (미수범) 전4조의 미수범은 처벌한다.

1. 의 의

사람을 체포 또는 감금하여 성립하는 범죄이다(계속범).

2. 구성요건

(1) 행위객체

정신병자도 감금죄의 객체가 될 수 있다(대판 2002.10.11, 2002도4315). ● 법행

(2) 행 위

① 체포 : 형법 제276조 제1항의 체포죄에서 말하는 '**체포**'는 사람의 신체에 대하여 **직접적이고 현실적인 구속을 가하여 신체활동의 자유를 박탈하는 행위**를 의미하는 것으로서 수단과 방법을 불문한다(대판 2018.2.28, 2017도21249).
② 감금 : 감금죄는 사람의 행동의 자유를 그 보호법익으로 하여 사람이 특정한 구역에서 벗어나는 것을 불가능하게 하거나 또는 매우 곤란하게 하는 죄로서 그 본질은 사람의 행동의 자유를 구속하는 데에 있다. 그 방법은 물리적·유형적 장애뿐만 아니라 심리적·무형적 방법 뿐만 아니라 유형적인 것이거나 무형적인 것이거나를 가리지 아니한다. 또한 감금죄가 성립하기 위하여 반드시 사람의 행동의 자유를 전면적으로 박탈할 필요는 없고, 감금된 특정한 구역 범위 안에서 일

정한 생활의 자유가 허용되어 있었다고 하더라도 유형적이거나 무형적인 수단과 방법에 의하여 사람이 특정한 구역에서 벗어나는 것을 불가능하게 하거나 매우 곤란하게 한 이상 감금죄의 성립에는 아무런 지장이 없다(대판 1998.5.26, 98도1036). ● 경찰, 경찰승진

> **관련판례**
>
> ① 피해자가 경찰서 안에서 직장동료인 피의자들과 같이 식사도 하고 사무실 안팎을 내왕하였다 하여도 피해자를 경찰서 밖으로 나가지 못하도록 그 신체의 자유를 제한하는 유형, 무형의 억압이 있었다면 이는 감금행위에 해당한다(대결 1991.12.30, 91모5). ● 경찰승진
> ② 피해자가 만약 도피하는 경우에는 생명 신체에 심한 해를 당할지도 모른다는 공포감에서 도피하기를 단념하고 있는 상태하에서 그를 호텔로 데리고 가서 함께 유숙한 후 그와 함께 항공기로 국외에 나간 행위는 감금죄를 구성한다(대판 1991.8.27, 91도1604). ● 법행
> ③ 피고인들이 대한상이군경회원 80여명과 공동으로 호텔 출입문을 봉쇄하며 피해자들의 출입을 방해하였다면 위의 감금죄에 해당한다(대판 1983.9.13, 80도277). ● 경찰승진
> ④ 구 정신보건법 제23조 제2항은 '정신의료기관의 장은 자의(自意)로 입원 등을 한 환자로부터 퇴원 신청이 있는 경우에는 지체 없이 퇴원을 시켜야 한다.'고 정하고 있다. 정신병원장 甲은 자의로 입원한 乙의 퇴원요구에도 계속 乙을 폐쇄병동에 입실시켰다. 乙은 수차례 퇴원요구에도 甲이 불응하자 경찰에 전화를 하여 자신이 벌금수배자임을 밝히고 잡아가라는 신고를 하여 이에 출동한 경찰에 의해 병원에서 나오게 되었다. 甲에게는 감금죄가 성립한다(대판 2017.8.18, 2017도7134). ☞ 환자로부터 퇴원 요구가 있는데도 법에 정해진 절차를 밟지 않은 채 방치한 경우에는 위법한 감금행위가 인정된다는 사례임
> ⑤ 정신건강의학과 전문의 甲과 乙은 보호의무자인 丙의 진술뿐만 아니라 A를 직접 대면하여 진찰한 결과를 토대로 A에게 피해사고나 망상장애의 의심이 있다고 판단하여 입원이 필요하다는 진단을 한 후 A를 응급이송차량에 강제로 태워 정신병원으로 데리고 가 입원시킨 경우 감금죄에 해당하지 않는다(대판 2015.10.29, 2015도8429).

(3) 미수 및 기수시기

① **실행착수** : 체포의 고의로써 타인의 신체적 활동의 자유를 현실적으로 침해하는 행위를 개시한 때 체포죄의 실행에 착수하였다고 볼 것이다(대판 2018.2.28, 2017도21249). ● 검찰

> **관련판례**
>
> 피해자가 피고인으로부터 강간미수 피해를 입은 후 피고인의 집에서 나가려고 하였는데 피고인이 피해자가 나가지 못하도록 현관에서 거실 쪽으로 피해자를 세 번 밀쳤고, 피해자가 피고인을 뿌리치고 현관문을 열고 나와 엘리베이터를 누르고 기다리는데 피고인이 팬티 바람으로 쫓아 나왔으며, 피해자가 엘리베이터를 탔는데 피해자의 팔을 잡고 끌어내리려고 해서 이를 뿌리쳤고, 피고인이 닫히는 엘리베이터 문을 손으로 막으며 엘리베이터로 들어오려고 하자 피해자가 버튼을 누르고 손으로 피고인의 가슴을 밀어낸 경우 체포미수죄가 성립한다(대판 2018.2.28, 2017도21249).

② 기수 : **체포죄**는 계속범으로서 체포의 행위에 확실히 사람의 신체의 자유를 구속한다고 인정할 수 있을 정도의 **시간적 계속이 있어야 기수**에 이르고, **신체의 자유에 대한 구속이 그와 같은 정도에 이르지 못하고 일시적인 것으로 그친 경우**에는 체포죄의 **미수범**이 성립할 뿐이다. 따라서 甲등이 A의 팔을 잡아당기거나 등을 미는 등의 방법으로 A를 끌고 가려고 한 경우 체포죄의 실행착수가 인정되어 체포미수죄가 성립된다(대판 2020.3.27, 2016도18713).

3. 위법성

(1) 정당행위

관련판례

① 수용시설에 수용중인 부랑인들의 야간도주를 방지하기 위하여 그 취침시간중 출입문을 안에서 시정조치한 행위가 형법 제20조의 정당행위에 해당되어 위법성이 조각된다(대판 1988.11.8, 88도1580). ●경찰승진
② 정신병자의 어머니의 의뢰 및 승낙하에 그 감호를 위하여 그 보호실 문을 야간에 한해서 3일간 시정하여 출입을 못하게 한 감금행위는 그 병자의 신체의 안정과 보호를 위하여 사회통념상 부득이 한 조처로서 수긍될 수 있는 것이면, 위법성이 없다(대판 1980.2.12, 79도1349). ●경찰승진

(2) 피해자의 승낙

구성요건해당성조각설(양해, 다수설)과 위법성조각설이 대립되고 있다.

4. 죄수 및 타죄와의 관계

관련판례

① 감금을 하기 위한 수단으로서 행사된 단순한 협박행위는 감금죄에 흡수되어 따로 협박죄를 구성하지 아니한다(대판 1982.6.22, 82도705). ●법행, 경찰승진
② 피고인이 피해자(17세)가 태워달라고 부탁하자 피해자를 운전석 옆에 태우고 가다가 강간할 마음이 생겨 하차요구를 거절한 채 계속 운행하면서 강제로 추행을 하여 여관까지 데리고 가서 피해자를 강간하려 하였으나 미수에 그친 경우 강간죄의 성립에 언제나 직접적으로 또 필요한 수단으로서 감금행위를 수반하는 것은 아니므로 감금행위가 강간미수죄의 수단이 되었다 하여 감금행위는 강간미수죄에 흡수되지 않고 감금죄와 강간미수죄는 일개의 행위에 의하여 실현된 경우로서 형법 제40조의 상상적 경합관계에 있다(대판 1983.4.26, 83도323). ●사시
③ 감금행위가 단순히 강도상해 범행의 수단이 되는 데 그치지 아니하고 강도상해의 범행이 끝난 뒤에도 계속된 경우에는 1개의 행위가 감금죄와 강도상해죄에 해당하는 경우라고 볼 수 없고, 이 경우 감금죄와 강도상해죄는 형법 제37조의 경합범 관계에 있다(대판 2003.1.10, 2002도4380). ●법행 사시 경찰승진
④ 미성년자를 유인한 자가 계속하여 미성년자를 불법하게 감금하였을 때에는 미성년자유인죄 이외에 감금죄가 별도로 성립한다(대판 1998.5.26, 98도1036). ●경찰승진

III 존속체포·감금죄

제276조 (존속체포, 존속감금) ② 자기 또는 배우자의 직계존속에 대하여 제1항의 죄를 범한 때에는 10년 이하의 징역 또는 1천500만원 이하의 벌금에 처한다.
제280조 (미수범) 전4조의 미수범은 처벌한다.

IV 중체포·감금죄체포·감금죄

제277조 (중체포, 중감금, 존속중체포, 존속중감금) ① 사람을 체포 또는 감금하여 **가혹한 행위**를 가한 자는 7년 이하의 징역에 처한다. 경찰, 사시
② 자기 또는 배우자의 직계존속에 대하여 전항의 죄를 범한 때에는 2년 이상의 유기징역에 처한다.
제280조 (미수범) 전4조의 미수범은 처벌한다.
제282조 (자격정지의 병과) 본장의 죄에는 10년 이하의 자격정지를 병과할 수 있다.

V 특수체포·감금죄

제278조 (특수체포, 특수감금) 단체 또는 다중의 위력을 보이거나 위험한 물건을 휴대하여 전2조의 죄를 범한 때에는 그 죄에 정한 형의 2분의 1까지 가중한다.
제280조 (미수범) 전4조의 미수범은 처벌한다.
제282조 (자격정지의 병과) 본장의 죄에는 10년 이하의 자격정지를 병과할 수 있다.

VI 상습체포·감금죄

제279조 (상습범) 상습으로 제276조 또는 제277조의 죄를 범한 때에는 전조의 예에 의한다.
제280조 (미수범) 전4조의 미수범은 처벌한다.

VII 체포·감금치사상죄, 존속체포·감금치사상죄

제281조 (체포·감금등의 치사상) ① 제276조 내지 제280조의 죄를 범하여 사람을 상해에 이르게 한 때에는 1년 이상의 유기징역에 처한다. 사망에 이르게 한 때에는 3년 이상의 유기징역에 처한다.
② 자기 또는 배우자의 직계존속에 대하여 제276조 내지 제280조의 죄를 범하여 상해에 이르게 한 때에는 2년 이상의 유기징역에 처한다. 사망에 이르게 한 때에는 무기 또는 5년 이상의 징역에 처한다.

> **관련판례**
> ① 피고인이 아파트 안방에서 안방문에 못질을 하여 동거하던 피해자가 술집에 나갈 수 없게 감금하고, 피해자를 때리고 옷을 벗기는 등 가혹한 행위를 하여 피해자가 이를 피하기 위하여 창문을 통해 밖으로 뛰어 내리려 하자 피고인이 이를 제지한 후, 피고인이 거실로 나오는 사이에 갑자기 안방 창문을 통하여 알몸으로 아파트 아래 잔디밭에 뛰어 내리다가 다발성 실질장기파열상 등을 입고 사망한 경우, 피고인의 중감금행위와 피해자의 사망 사이에는 인과관계가 있어 피고인은 중감금치사죄의 죄책을 진다(대판 1991.10.25, 91도2085).
> ② 승용차에 피해자를 태우고 질주하던 중 피해자가 차량을 빠져 나오다 떨어져 사망한 경우 감금치사죄가 인정된다(대판 2000.2.11, 99도5286). ● 경찰간부
> ③ 피고인이 미성년자를 유인하여 포박 감금한 후 단지 그 상태를 유지하였을 뿐인데도 피감금자가 사망에 이르게 된 것이라면 피고인의 죄책은 감금치사죄에 해당한다 하겠으나, 나아가서 그 감금상태가 계속된 어느 시점에서 피고인에게 살해의 범의가 생겨 피감금자에 대한 위험발생을 방지함이 없이 포박감금상태에 있던 피감금자를 그대로 방치함으로써 사망케 하였다면 피고인의 부작위는 살인죄의 구성요건적 행위를 충족하는 것이라고 평가하기에 충분하므로 부작위에 의한 살인죄를 구성한다(대판 1982.11.23, 82도2024). ● 법행

제4절 약취와 유인의 죄

I 의의 및 보호법익

1. 의 의

약취와 유인의 죄는 사람을 약취·유인 또는 매매하여 자기 또는 제3자의 실력적 지배하에 둠으로써 개인의 자유(신체활동의 자유)를 침해하는 것을 내용으로 하는 범죄이다.

2. 보호법익 및 보호정도

피인취자의 장소선택의 자유가 주된 보호법익이지만 부차적으로 보호자의 감호권도 보호법익이 된다. 보호정도는 침해범이다.

II 미성년자 약취·유인죄

제287조 (미성년자의 약취, 유인) 미성년자를 약취 또는 유인한 사람은 10년 이하의 징역에 처한다.
제294조 (미수범) 미수범은 처벌한다.
제295조의2 (형의 감경) 제287조부터 제290조까지, 제292조와 제294조의 죄를 범한 사람이 약취, 유인, 매매 또는 이송된 사람을 안전한 장소로 풀어준 때에는 그 형을 감경할 수 있다.
제296조 (예비, 음모) 제287조부터 제289조까지, 제290조 제1항, 제291조 제1항과 제292조 제1항의 죄를 범할 목적으로 예비 또는 음모한 사람은 3년 이하의 징역에 처한다.

1. 의의 및 보호법익

형법 제287조에 규정된 **미성년자약취죄**의 입법 취지는 심신의 발육이 불충분하고 지려와 경험이 풍부하지 못한 미성년자를 특별히 보호하기 위하여 그를 약취하는 행위를 처벌하려는 데 그 입법의 취지가 있으며, **미성년자의 자유 외에 보호감독자의 감호권도 그 보호법익**으로 하고 있다는 점을 고려하면, 피고인과 공범들이 미성년자를 보호·감독하고 있던 그 아버지의 감호권을 침해하여 그녀를 자신들의 사실상 지배하로 옮긴 이상 미성년자약취죄가 성립한다 할 것이고, 약취행위에 미성년자의 동의가 있었다 하더라도 본죄의 성립에는 변함이 없다(대판 2003.2.11, 2002도7115). ● 사시

2. 구성요건

(1) 행위주체

미성년자를 보호감독하는 자라 하더라도 다른 보호감독자의 감호권을 침해하거나 자신의 감호권을 남용하여 미성년자 본인의 이익을 침해하는 경우에는 미성년자약취·유인죄의 주체가 될 수 있다. 따라서 외조부가 맡아서 양육해 오던 미성년인 자(子)를 그 자(子)의 의사에 반하여 사실상 자신의 지배하에 옮긴 친권자는 미성년자약취·유인죄가 성립된다(대판 2008.1.31, 2007도8011). ● 경찰승진

> **관련판례**
> ㉠ 피해자가 스스로 가출하였다고는 하나 그것이 피고인의 독자적인 교리설교에 의하여 하자 있는 의사로써 이루어진 것이고, 동 피해자를 보호감독권자의 보호관계로부터 이탈시켜 피고인의 지배하에 옮긴 이상 미성년자 유인죄가 성립한다(대판 1982.4.27, 82도186). ● 경찰
> ㉡ 미성년의 자녀를 부모가 함께 동거하면서 보호·양육하여 오던 중 부모의 일방이 상대방 부모나 그 자녀에게 어떠한 폭행, 협박이나 불법적인 사실상의 힘을 행사함이 없이 그 자녀를 데리고 종전의 거소를 벗어나 다른 곳으로 옮겨 자녀에 대한 보호·양육을 계속하였다면, 그 행위가 보호·양육권의 남용에 해당한다는 등 특별한 사정이 없는 한 설령 이에 관하여 법원의 결정이나 상대방 부모의 동의를 얻지 아니하였다고 하더라도 그러한 행위에 대하여 곧바로 형법상 미성년자에 대한 약취죄의 성립을 인정할 수는 없다. 따라서 **베트남 국적 여성인 피고인이 남편 甲의 의사에 반하여 생후 약 13개월 된 자녀 乙을 주거지에서 데리고 나와 약취하고 베트남에 함께 입국함으로써 乙을 국외에 이송한 경우** 폭행, 협박 또는 불법적인 사실상의 힘을 사용하여 乙을 자기 또는 제3자의 지배하에 옮긴 약취행위로 볼 수는 없다(대판 2013.6.20, 2010도14328). ☞ 미성년자약취죄×, 국외이송약취죄×, 피약취자국외이송죄×
> ㉢ 피고인과 甲은 각각 한국과 프랑스에서 따로 살며 이혼소송 중인 부부로서 자녀인 피해아동 乙(만 5세)은 프랑스에서 甲과 함께 생활하였는데, 피고인이 乙을 면접교섭하기 위하여 그를 보호·양육하던 甲으로부터 乙을 인계받아 국내로 데려온 후 면접교섭 기간이 종료하였음에도 乙을 데려다주지 아니한 채 甲과 연락을 두절한 후 법원의 유아인도명령 등에도 불응한 경우, 여러 사정을 종합하면, 피고인의 행위는 불법적인 사실상의 힘을 수단으로 乙을 그 의사와 복리에 반하여 자유로운 생활 및 보호관계로부터 이탈시켜 자기의 사실상 지배하에 옮긴 적극적 행위와 형법적으로 같은 정도의 행위로 평가할 수 있으므로 형법 제287조 미성년자약취죄의 약취행위에 해당한다(대판 2021.9.9, 2019도16421). ● 법행 ☞ 부작위에 의한 미성년자약취죄 성립

(2) 행위객체

만 19세 미만의 자이면 성별·의사능력의 유무를 불문한다.

(3) 행위(약취·유인)

① 약 취

[1] 형법 제288조에 규정된 약취행위는 피해자를 그 의사에 반하여 자유로운 생활관계 또는 보호관계로부터 범인이나 제3자의 사실상 지배하에 옮기는 행위를 말하는 것으로서, 폭행 또는 협박을 수단으로 사용하는 경우에 그 폭행 또는 협박의 정도는 상대방을 실력적 지배하에 둘 수 있을 정도이면 족하고 반드시 상대방의 반항을 억압할 정도의 것임을 요하지는 아니하고, 뿐만 아니라 약취에는 폭행 또는 협박 이외의 사실상의 힘에 의한 경우도 포함되며, 어떤 행위가 위와 같은 약취행위에 해당하는지 여부는 행위의 목적과 의도, 행위 당시의 정황, 행위의 태양과 종류, 피해자의 의사 등을 종합하여 판단하여야 한다.

[2] **위험에 대한 대처능력이 미약한 초등학교 5학년 여학생인 피해자의 소매를 잡아끌면서 '우리 집에 같이 자러가자'라고 한 행위**는 그 행위의 목적과 의도, 행위 당시의 정황, 행위의 태양과 종류, 피해자의 의사 등을 종합하여 볼 때, 피고인이 피해자를 그 의사에 반하여 자유로운 생활관계 또는 보호관계로부터 피고인의 사실상 지배하에 옮기기 위한 약취행위의 수단으로서 폭행에 충분히 해당한다고 할 것이고, 또한 약취의 의사도 인정된다고 할 것이므로, 피고인에게 약취행위에 해당하는 실행행위가 있다고 보아야 할 것이다(대판 2009. 7. 9, 2009도3816). ● 법행

② 유 인

[1] 미성년자유인죄라 함은 기망 또는 유혹을 수단으로 하여 미성년자를 꾀어 현재의 보호상태로부터 이탈케 하여 자기 또는 제3자의 사실적 지배하로 옮기는 행위를 말하고, 여기서의 유혹이라 함은 기망의 정도에는 이르지 아니하나 감언이설로써 상대방을 현혹시켜 판단의 적정을 그르치게 하는 것이므로 반드시 그 유혹의 내용이 허위일 것을 요하지는 않는다.

[2] 자신의 4촌 매형이 경영하는 청소대행업체에서 일하면서 숙식을 해결하고 있던, 사고능력이 현저하게 떨어지는 미성년인 저능아를 제주도로 데려간 후 그로부터 8개월 후 다시 서울로 돌아올 때까지 보호자인 자신의 4촌 매형에게 이 사실을 숨긴 채 한 번도 이야기하지 않은 경우, 미성년자유인죄가 성립한다(대판 1996. 2. 27, 95도2980). ● 사시

> **관련판례**
> ㉠ 영화배우가 되기 위해서 가출한 여고생에게 수차례 집으로 돌아갈 것을 권유했지만 말을 듣지 않으므로 자신의 자취방에서 지낸 경우에는 미성년자에 대한 물리적·실력적인 지배관계를 설정한 것으로 볼 수 없다(대판 1998.5.15, 98도690). ● 법무사
> ㉡ 미성년자의 아버지의 부탁으로 그 아이들을 보호하고 있는 자는 위 아이를 인도하라는 어머니의 요구를 거부하였다 하여 미성년자약취죄의 죄책을 진다고 볼 수 없다(대판 1974.5.28, 74도840). ● 사시

③ 약취·유인에 피인취자의 장소적 이전 불요

[1] 형법 제287조에 규정된 약취행위는 폭행 또는 협박을 수단으로 하여 미성년자를 그 의사에 반하여 자유로운 생활관계 또는 보호관계로부터 이탈시켜 범인이나 제3자의 사실상 지배하에 옮기는 행위를 말하는 것이다. 물론, 여기에는 미성년자를 장소적으로 이전시키는 경우뿐만 아니라 장소적 이전 없이 기존의 자유로운 생활관계 또는 부모와의 보호관계로부터 이탈시켜 범인이나 제3자의 사실상 지배하에 두는 경우도 포함된다고 보아야 한다. 다만, 미성년자와 보호자의 일상생활의 장소적 중심인 주거에서 장소적 이전을 전제로 하지 아니한 채 폭행 또는 협박이 이루어진 경우에는, 그로 인하여 미성년자와 부모의 보호관계가 제한 혹은 박탈되는 모든 경우에 형법 제287조의 미성년자약취죄가 성립하는 것으로 볼 수는 없고, 무엇보다 미성년자를 기존의 생활관계 및 보호관계로부터 이탈시킬 의도가 없는 경우에는 실행의 착수조차 인정하기 어려우며, 범행의 목적과 수단, 시간적 간격 등을 고려할 때 사회통념상 실제로 기존의 생활관계 및 보호관계로부터 이탈시킨 것으로 인정되어야만 기수가 성립한다.

[2] 미성년자가 혼자 머무는 주거에 침입하여 그를 감금한 뒤 폭행 또는 협박에 의하여 부모의 출입을 봉쇄하거나, 미성년자와 부모가 거주하는 주거에 침입하여 부모만을 강제로 퇴거시키고 독자적인 생활관계를 형성하기에 이르렀다면 비록 장소적 이전이 없었다 할지라도 형법 제287조의 미성년자약취죄에 해당함이 명백하지만, 강도 범행을 하는 과정에서 혼자 주거에 머무르고 있는 미성년자를 체포·감금하거나 혹은 미성년자와 그의 부모를 함께 체포·감금, 또는 폭행·협박을 가하는 경우, 나아가 주거지에 침입하여 미성년자의 신체에 위해를 가할 것처럼 협박하여 부모로부터 금품을 강취하는 경우와 같이, 일시적으로 부모와의 보호관계가 사실상 침해·배제되었다 할지라도, 그 의도가 미성년자를 기존의 생활관계 및 보호관계로부터 이탈시키는 데 있었던 것이 아니라 단지 금품 강취를 위하여 반항을 제압하는 데 있었다거나 금품 강취를 위하여 고지한 해악의 대상이 그곳에 거주하는 미성년자였던 것

에 불과하다면, 특별한 사정이 없는 한 미성년자를 약취한다는 범의를 인정하기 곤란할 뿐 아니라, 보통의 경우 시간적 간격이 짧아 그 주거지를 중심으로 영위되었던 기존의 생활관계로부터 완전히 이탈되었다고 평가하기도 곤란하다.

[3] 미성년자 혼자 머무는 주거에 침입하여 강도 범행을 하는 과정에서 미성년자와 그 부모에게 폭행·협박을 가하여 일시적으로 부모와의 보호관계가 사실상 침해·배제되었더라도, 미성년자가 기존의 생활관계로부터 완전히 이탈되었다거나 새로운 생활관계가 형성되었다고 볼 수 없고 범인의 의도도 위와 같은 생활관계의 이탈이 아니라 단지 금품 강취를 위한 반항 억압에 있었으므로, 형법 제287조의 미성년자약취죄가 성립하지 않는다(대판 2008.1.17, 2007도8485). ● 법행

(4) 실행의 착수 및 기수시기(계속범)

약취·유인의 수단인 폭행·협박·기망·유혹을 개시한 때에 실행의 착수가 인정되며, 계속범이므로 피인취자에 대한 실력적 지배가 어느 정도 계속되어야 기수가 된다.

(5) 주관적 구성요건

미성년자유인죄라 함은 기망 유혹과 같은 달콤한 말을 수단으로 하여 미성년자를 꾀어 현재의 보호상태로부터 이탈케 하여 자기 또는 제3자의 사실적 지배하에 옮기는 것으로서 사려없고 나이어린 피해자의 하자있는 의사를 이용하는데 있는 것이며 **본죄의 범의**는 피해자가 미성년자임을 알면서 **유인행위에 대한 인식이 있으면 족하고** 유인하는 행위가 **피해자의 의사에 반하는 것까지 인식할 필요는 없으며** 또 피해자가 하자있는 의사로 자유롭게 승낙하였다 하더라도 본죄의 성립에 소장이 없다(대판 1976.9.14, 76도2072). ● 경간부

3. 위법성

미성년자의 동의만 있는 경우에는 보호자의 감호권에 대한 침해가 있고, 보호자의 승낙은 미성년자의 신체의 자유가 침해되므로 피인취자나 보호자 일방의 승낙만으로는 위법성이 조각될 수 없다. 양자 모두의 승낙이 있다면 구성요건해당성이 조각된다(다수설).

4. 죄수 및 타죄와의 관계

미성년자를 유인한 자가 계속하여 미성년자를 불법하게 감금하였을 때에는 미성년자유인죄 이외에 감금죄가 별도로 성립한다(대판 1998.5.26, 98도1036). ● 검찰7급, 경찰승진

5. 해방감경

본 장의 죄를 범한 자가 약취·유인·매매 또는 이송된 자를 안전한 장소로 풀어 준 때에는 그 형을 감경할 수 있다(제295조의2). ●경찰, 사시

III 추행 등 목적 약취·유인죄

제288조(추행 등 목적 약취, 유인 등) ① 추행, 간음, 결혼 또는 영리의 목적으로 사람을 약취 또는 유인한 사람은 1년 이상 10년 이하의 징역에 처한다.
② 노동력 착취, 성매매와 성적 착취, 장기적출을 목적으로 사람을 약취 또는 유인한 사람은 2년 이상 15년 이하의 징역에 처한다.
③ 국외에 이송할 목적으로 사람을 약취 또는 유인하거나 약취 또는 유인된 사람을 국외에 이송한 사람도 제2항과 동일한 형으로 처벌한다.
제294조 (미수범) 제287조부터 제289조까지, 제290조 제1항, 제291조 제1항과 제292조 제1항의 미수범은 처벌한다.
제295조(벌금의 병과) 제288조부터 제291조까지, 제292조 제1항의 죄와 그 미수범에 대하여는 5천만원 이하의 벌금을 병과할 수 있다.
제295조의2 (형의 감경) 제287조부터 제290조까지, 제292조와 제294조의 죄를 범한 사람이 약취, 유인, 매매 또는 이송된 사람을 안전한 장소로 풀어준 때에는 그 형을 감경할 수 있다.
제296조(예비, 음모) 제287조부터 제289조까지, 제290조 제1항, 제291조 제1항과 제292조 제1항의 죄를 범할 목적으로 예비 또는 음모한 사람은 3년 이하의 징역에 처한다.

피고인이 11세에 불과한 어린 나이의 피해자를 유혹하여 위 모텔 앞길에서부터 위 모텔 301호실까지 데리고 간 이상, 그로써 피고인은 피해자를 자유로운 생활관계로부터 이탈시켜 피고인의 사실적 지배 아래로 옮겼다고 할 것이고, 이로써 간음목적유인죄의 기수에 이르른 것으로 보아야 할 것이다(대판 2007.5.11. 2007도2318). ●사시, 법행

IV 인신매매죄

제289조(인신매매) ① 사람을 매매한 사람은 7년 이하의 징역에 처한다.
② 추행, 간음, 결혼 또는 영리의 목적으로 사람을 매매한 사람은 1년 이상 10년 이하의 징역에 처한다.
③ 노동력 착취, 성매매와 성적 착취, 장기적출을 목적으로 사람을 매매한 사람은 2년 이상 15년 이하의 징역에 처한다.
④ 국외에 이송할 목적으로 사람을 매매하거나 매매된 사람을 국외로 이송한 사람도 제3항과 동일한 형으로 처벌한다.
제294조 (미수범) 제287조부터 제289조까지, 제290조 제1항, 제291조 제1항과 제292조 제1항의 미수범은 처벌한다.
제295조(벌금의 병과) 제288조부터 제291조까지, 제292조 제1항의 죄와 그 미수범에 대하여는 5천만원 이하의 벌금을 병과할 수 있다.

> 제295조의2 (형의 감경) 제287조부터 제290조까지, 제292조와 제294조의 죄를 범한 사람이 약취, 유인, 매매 또는 이송된 사람을 안전한 장소로 풀어준 때에는 그 형을 감경할 수 있다.
> 제296조(예비, 음모) 제287조부터 제289조까지, 제290조 제1항, 제291조 제1항과 제292조 제1항의 죄를 범할 목적으로 예비 또는 음모한 사람은 3년 이하의 징역에 처한다.

1. 주체 및 객체

① 주체 : 제한이 없다. 친권자나 배우자도 주체가 될 수 있다. 필요적 공범(대향범)이므로 매도인과 매수인 모두 처벌된다.
② 객체 : 사람이다. 사람인 이상 그 나이나 성년, 미성년, 기혼 여부 등을 불문한다. 법질서에 호소할 능력이 있는가도 불문한다.

2. 행위

매매이다. 따라서 어떠한 대가의 교부가 없는 무상의 경우 본죄가 성립하지 않는다. 매매에는 교환도 포함된다.

3. 착수시기 및 기수시기

(1) 매매계약을 체결한 때에 실행의 착수가 인정되며, 사람의 신체에 대한 사실상의 지배이전이 있어야 기수가 되고 매매대금의 지급여부는 불문한다. 따라서 매매계약만 체결하고 인도하지 않으면 미수에 해당한다.

(2) 목적범의 경우(추행·간음·결혼·영리·노동력 착취·성매매와 성적 착취·장기적출·국외이송의 목적) 목적의 달성여부는 범죄의 성립여부와는 무관하므로 매매하면 본죄는 기수가 된다.

4. 주관적 구성요건

제289조 제1항의 인신매매죄는 고의만으로 충분하고 별도로 목적을 요하지 않으나 제289조 제2항·3항·4항의 범죄는 고의 외에 목적을 요한다.

Ⅴ 약취, 유인, 매매, 이송 등 상해·치상죄

> 제290조(약취, 유인, 매매, 이송 등 상해·치상) ① 제287조부터 제289조까지의 죄를 범하여 약취, 유인, 매매 또는 이송된 사람을 상해한 때에는 3년 이상 25년 이하의 징역에 처한다.
> ② 제287조부터 제289조까지의 죄를 범하여 약취, 유인, 매매 또는 이송된 사람을 상해에 이르게 한 때에는 2년 이상 20년 이하의 징역에 처한다.

제294조 (미수범) 제287조부터 제289조까지, 제290조 제1항, 제291조 제1항과 제292조 제1항의 미수범은 처벌한다.
제295조(벌금의 병과) 제288조부터 제291조까지, 제292조 제1항의 죄와 그 미수범에 대하여는 5천만원 이하의 벌금을 병과할 수 있다.
제295조의2 (형의 감경) 제287조부터 제290조까지, 제292조와 제294조의 죄를 범한 사람이 약취, 유인, 매매 또는 이송된 사람을 안전한 장소로 풀어준 때에는 그 형을 감경할 수 있다.
제296조(예비, 음모) 제287조부터 제289조까지, 제290조 제1항, 제291조 제1항과 제292조 제1항의 죄를 범할 목적으로 예비 또는 음모한 사람은 3년 이하의 징역에 처한다.

Ⅵ 약취, 유인, 매매, 이송 등 살인·치사죄

제291조(약취, 유인, 매매, 이송 등 살인·치사) ① 제287조부터 제289조까지의 죄를 범하여 약취, 유인, 매매 또는 이송된 사람을 살해한 때에는 사형, 무기 또는 7년 이상의 징역에 처한다.
② 제287조부터 제289조까지의 죄를 범하여 약취, 유인, 매매 또는 이송된 사람을 사망에 이르게 한 때에는 무기 또는 5년 이상의 징역에 처한다.
제294조 (미수범) 제287조부터 제289조까지, 제290조 제1항, 제291조 제1항과 제292조 제1항의 미수범은 처벌한다.
제295조(벌금의 병과) 제288조부터 제291조까지, 제292조 제1항의 죄와 그 미수범에 대하여는 5천만원 이하의 벌금을 병과할 수 있다.
제296조(예비, 음모) 제287조부터 제289조까지, 제290조 제1항, 제291조 제1항과 제292조 제1항의 죄를 범할 목적으로 예비 또는 음모한 사람은 3년 이하의 징역에 처한다.

Ⅶ 약취, 유인, 매매, 이송된 사람의 수수·은닉 등죄

제292조(약취, 유인, 매매, 이송된 사람의 수수·은닉 등) ① 제287조부터 제289조까지의 죄로 약취, 유인, 매매 또는 이송된 사람을 수수(授受) 또는 은닉한 사람은 7년 이하의 징역에 처한다.
② 제287조부터 제289조까지의 죄를 범할 목적으로 사람을 모집, 운송, 전달한 사람도 제1항과 동일한 형으로 처벌한다.
제294조 (미수범) 제287조부터 제289조까지, 제290조 제1항, 제291조 제1항과 제292조 제1항의 미수범은 처벌한다.
제295조(벌금의 병과) 제288조부터 제291조까지, 제292조 제1항의 죄와 그 미수범에 대하여는 5천만원 이하의 벌금을 병과할 수 있다.
제295조의2 (형의 감경) 제287조부터 제290조까지, 제292조와 제294조의 죄를 범한 사람이 약취, 유인, 매매 또는 이송된 사람을 안전한 장소로 풀어준 때에는 그 형을 감경할 수 있다.
제296조(예비, 음모) 제287조부터 제289조까지, 제290조 제1항, 제291조 제1항과 제292조 제1항의 죄를 범할 목적으로 예비 또는 음모한 사람은 3년 이하의 징역에 처한다.

Ⅷ 세계주의

제296조의2(세계주의) 제287조부터 제292조까지 및 제294조는 대한민국 영역 밖에서 죄를 범한 외국인에게도 적용한다. ☞ 예비·음모죄에는 세계주의가 적용되지 않는다.

제5절 강간과 추행의 죄

Ⅰ 서 설

1. 의 의

강간과 추행의 죄란 개인의 성적 자유를 침해하는 것을 내용으로 하는 범죄이다. 보호법익은 개인의 성적 자기결정의 자유(성행위로부터의 소극적 자유)이다.

2. 보호법익 및 보호정도

형법은 제2편 제32장에서 '강간과 추행의 죄'를 규정하고 있는데, 이 장에 규정된 죄는 모두 개인의 **성적 자유 또는 성적 자기결정권**을 침해하는 것을 내용으로 한다. 여기에서 '**성적 자유**'는 적극적으로 성행위를 할 수 있는 자유가 아니라 소극적으로 원치 않는 성행위를 하지 않을 자유를 말하고, '**성적 자기결정권**'은 성행위를 할 것인가 여부, 성행위를 할 때 상대방을 누구로 할 것인가 여부, 성행위의 방법 등을 스스로 결정할 수 있는 권리를 의미한다(대판 2019.6.13. 2019도3341).

Ⅱ 강간죄와 강제추행죄

1. 강간죄

제297조(강간) 폭행 또는 협박으로 **사람**을 강간한 자는 3년 이상의 유기징역에 처한다.
제300조 (미수범) 미수범은 처벌한다.

(1) 행위주체

행위주체에는 제한이 없다.

(2) 행위객체

① 법률상 처의 강간죄 객체성 여부 : 형법은 법률상 처를 강간죄의 객체에서 제외하는 명문의 규정을 두고 있지 않으므로, 문언 해석상으로도 법률상 처가 강간죄의

객체에 포함된다고 새기는 것에 아무런 제한이 없으며 또한 강간죄의 보호법익은 자유롭고 독립된 개인이 가지는 성적 자기결정권이다. 한편 부부 사이에 민법상의 동거의무가 인정된다고 하더라도 거기에 폭행, 협박에 의하여 강요된 성관계를 감내할 의무가 내포되어 있다고 할 수 없으므로 혼인관계가 파탄된 경우뿐만 아니라 혼인관계가 실질적으로 유지되고 있는 경우에도 남편이 반항을 불가능하게 하거나 현저히 곤란하게 할 정도의 폭행이나 협박을 가하여 아내를 간음한 경우에는 강간죄가 성립한다고 보아야 한다(대판 2013. 5. 16, 2012도14788전원합의체). ● 경찰

② 성전환 수술에 의하여 여성이 된 자의 객체성 여부 : 구형법상의 강간죄에서는 객체가 부녀로 한정되었으나 개정 형법(2013.12.18 개정)에서는 강간죄의 객체를 부녀에서 사람으로 변경하였으므로 성전환 수술에 의하여 여성이 된 자도 현행법하에서는 객체가 된다고 보아야 한다.

(3) 행위 : 폭행 또는 협박으로 부녀를 강간

① 폭행 또는 협박의 정도

㉠ **강간죄**가 성립하려면 가해자의 폭행 · 협박은 피해자의 **항거를 불가능**하게 하거나 **현저히 곤란**하게 할 정도의 것이어야 한다(대판 2007.1.25, 2006도5979).
● 경찰

㉡ 가해자가 폭행을 수반함이 없이 오직 **협박만을 수단으로** 피해자를 간음한 경우에도 그 협박의 정도가 피해자의 항거를 불가능하게 하거나 현저히 곤란하게 할 정도의 것이라면 강간죄가 성립하고, 협박과 간음사이에 시간적 간격이 있더라도 협박에 의하여 간음이 이루어진 것으로 인정될 수 있다면 달리 볼 것은 아니다(대판 2007.1.25, 2006도5979). ● 법행

> **관련판례**
> ① 유부녀인 피해자에 대하여 혼인 외 성관계 사실을 폭로하겠다는 등의 내용으로 협박하여 피해자를 간음 또는 추행한 경우 강간죄 또는 강제추행죄가 성립한다(대판 2007.1.25, 2006도5979).
> ● 법행
> ② 강간죄가 성립하기 위한 가해자의 폭행 · 협박이 있었는지 여부는 그 폭행 · 협박의 내용과 정도는 물론 유형력을 행사하게 된 경위, 피해자와의 관계, 성교 당시와 그 후의 정황 등 모든 사정을 종합하여 피해자가 성교 당시 처하였던 구체적인 상황을 기준으로 판단하여야 하며, **사후적으로 보아 피해자가 성교 이전에 범행 현장을 벗어날 수 있었다거나 피해자가 사력을 다하여 반항하지 않았다는 사정**만으로 가해자의 폭행 · 협박이 피해자의 항거를 현저히 곤란하게 할 정도에 이르지 않았다고 섣불리 단정하여서는 안 된다(대판 2005.7.28, 2005도3071). ● 법행

> **판례 정리** ··· 강간죄의 폭행·협박이 인정된 경우
>
> 갑이 을을 여관방으로 유인한 다음 방문을 걸어 잠근 후 을에게 성교할 것을 요구하였으나 을이 이를 거부하자 "옆방에 내 친구들이 많이 있다. 소리지르면 다 들을 것이다. 조용히 해라. 한 명하고 할 것이냐? 여러 명하고 할 것이냐?"라고 말하면서 성행위를 요구한 경우(대판 2000.8.18, 2000도1914)

> **판례 정리** ··· 강간죄의 폭행·협박이 부정된 경우
>
> 1. 애인을 강제로 여관으로 끌고 가 간음하였던바, 당시 여관주인이 방을 안내하였지만 창피하다는 이유로 구조를 요청하지 않은 경우(대판 1990.9.28, 90도1526) ● 사시
> 2. 피고인과 피해자가 전화로 사귀어 오면서 음담패설을 주고 받을 정도까지 되었고 당초 간음을 시도한 방에서 피해자가 "여기는 죽은 시어머니를 위한 제청방이니 이런 곳에서 이런 짓을 하면 벌 받는다"고 말하여 안방으로 장소를 옮긴 후 간음한 경우(대판 1991.5.28, 91도546) ● 법행
> 3. 채팅을 통해 PC방에서 만난 부녀(14세)를 집에 돌려보내려고 하였으나 집에 들어가지 않는다고 하여 비디오방으로 가게 되었는데, 비디오방에서 소파에 누워 있는 피해자를 강제로 바지를 벗기고 간음을 한 후, 회사 숙직실로 가서 "하자"고 하였더니 아무런 대답이 없자 다시 강제로 성관계를 맺었다. 그 후 함께 지내다가 택시에 태워 집으로 보내준 경우(대판 2004.6.25, 2004도261)

② **간음** : 강간죄에서의 폭행·협박과 간음 사이에는 인과관계가 있어야 하나, <u>폭행·협박이 반드시 간음행위보다 선행되어야 하는 것은 아니다</u>(대판 2017.10.12, 2016도16948).

> **관련판례**
>
> 피고인이 동거하던 피해자의 집에서 피해자에게 성관계를 요구하였는데, 피해자가 생리 중이라는 등의 이유로 이를 거부하자, 피해자에게 성기삽입은 하지 않고 자위행위만 하겠다고 하자 마지못해 엎드렸으나 피고인이 자위행위 도중 참지 못하고 기습적으로 피해자의 팔과 함께 몸을 세게 끌어안은 채 가슴으로 피해자의 등을 세게 눌러 움직이지 못하도록 한 후 자신의 성기를 피해자의 성기에 삽입한 경우 피고인의 행위는, 비록 간음행위를 시작할 때 폭행·협박이 없었다고 하더라도 간음행위와 거의 동시 또는 그 직후에 피해자를 폭행하여 간음한 것으로 볼 수 있고, 이는 강간죄를 구성한다(대판 2017.10.12, 2016도16948).

③ **착수시기·기수시기** : <u>강간죄는 부녀를 간음하기 위하여 피해자의 항거를 불능하게 하거나 현저히 곤란하게 할 정도의 폭행 또는 협박을 개시한 때에 그 실행의 착수가 있다고 보아야 할 것이고, **실제로** 그와 같은 폭행 또는 협박에 의하여 피해자의 항거가 불능하게 되거나 현저히 곤란하게 되어야만 실행의 착수가 있다고 볼 것은 아니다</u>(대판 2000.6.9, 2000도1253). ● 사시, 법행

> **판례 정리 … 실행의 착수가 인정된 경우**
>
> 1. 간음할 목적으로 새벽 4시에 여자 혼자 있는 방문 앞에 가서 피해자가 방문을 열어 주지 않으면 부수고 들어갈 듯한 기세로 방문을 두드리고 피해자가 위험을 느끼고 창문에 걸터 앉아 가까이 오면 뛰어 내리겠다고 하는데도 베란다를 통하여 창문으로 침입하려고 한 경우(대판 1991.4.9, 91도288) ☞ 사시
> 2. 술에 취한 피고인이 내연관계에 있는 여인의 딸이 침대에서 일어나 나가려는 것을 팔을 낚아채어 일어나지 못하게 하고 저항하는 그 딸에게 '너는 대학생이니까 괜찮다'고 하면서 유방과 엉덩이를 만지면서 팬티를 벗기려고 하자 그 딸이 이를 뿌리치면서 동생 방으로 건너간 경우(대판 2000.6.9, 2000도1253) ☞ 강간미수죄 ○

> **판례 정리 … 실행의 착수가 부정된 경우**
>
> 강간할 목적으로 자기의 사촌여동생인 피해자(여, 18세)의 집에 담을 넘어 침입한 후 안방에 들어가 누워 자고있던 위 피해자의 가슴과 엉덩이를 만지면서 피해자를 강간하려 하였으나 위 피해자가 "야"하고 크게 고함을 치자 도망감으로서 그 목적을 이루지 못한 경우(대판 1990.5.25, 90도607) ☞ 주거침입죄 ○, 강간미수 X ☞ 사시

(4) 주관적 구성요건

폭행·협박에 의하여 부녀를 강간한다는 인식과 의사가 있어야 한다.

(5) 죄수 및 타죄와의 관계

> **관련판례**
>
> ① 접속범의 포괄일죄 : 피해자를 1회 간음하고 200미터쯤 오다가 다시 1회 간음한 경우 피고인의 의사 및 그 범행시각과 장소로 보아 두 번째의 간음행위는 처음 한 행위의 계속으로 볼 수 있어 이를 단순일죄로 처벌한다(대판 1970.9.29, 70도1516).
> ② 경합범 : 피해자를 1회 강간하여 상처를 입게한 후 약 1시간후에 장소를 옮겨 같은 피해자를 다시 1회 강간한 행위는 그 범행시간과 장소를 달리하고 있을 뿐만 아니라 각 별개의 범의에서 이루어진 행위로서 형법 제37조 전단의 실체적 경합범에 해당한다(대판 1987.5.12, 87도694).
> ③ 폭행 또는 협박으로 부녀를 강간한 경우에는 강간죄만 성립하고, 그것과 별도로 강간의 수단으로 사용된 폭행·협박이 형법상의 폭행죄나 협박죄 또는 폭력행위등처벌에관한법률위반의 죄를 구성한다고는 볼 수 없으며, 강간죄와 이들 각 죄는 이른바 법조경합의 관계일 뿐이다(대판 2002.5.16, 2002도51 전원합의체).

2. 유사강간죄

제297조의2 (유사강간) 폭행 또는 협박으로 사람에 대하여 구강, 항문 등 신체(성기는 제외한다)의 내부에 성기를 넣거나 성기, 항문에 손가락 등 신체(성기는 제외한다)의 일부 또는 도구를 넣는 행위를 한 사람은 2년 이상의 유기징역에 처한다.
제300조 (미수범) 미수범은 처벌한다.
　☞ 구강에 손가락을 넣는 경우는 유사강간이 아님

강간죄는 사람을 강간하기 위하여 피해자의 항거를 불능하게 하거나 현저히 곤란하게 할 정도의 폭행 또는 협박을 개시한 때에 그 실행의 착수가 있다고 보아야 할 것이지,

실제 간음행위가 시작되어야만 그 실행의 착수가 있다고 볼 것은 아니다. **유사강간죄**의 경우도 이와 같다(대판 2021.8.12. 2020도17796). ● 승진

3. 강제추행죄

> 제298조 (강제추행) 폭행 또는 협박으로 사람에 대하여 추행을 한 자는 10년 이하의 징역 또는 1천 500만원 이하의 벌금에 처한다.
> 제300조 (미수범) 미수범은 처벌한다.

(1) 객관적 구성요건

① 행위주체 : 제한이 없으므로 여자도 본죄의 단독정범이 된다.
② 행위객체 : 사람이다. 남자도 객체가 된다.
③ 폭행 또는 협박의 정도 및 시기
  ㉠ 폭행·협박 선행형 강제추행 : 강제추행죄(성폭력처벌법상의 강제추행죄 포함)의 '폭행 또는 협박'은 **상대방의 항거를 곤란하게 할 정도로 강력할 것이 요구되지 아니하고**, 상대방의 신체에 대하여 불법한 유형력을 행사(폭행죄의 폭행)하거나 일반적으로 보아 상대방으로 하여금 공포심을 일으킬 수 있는 정도의 해악을 고지(협박죄의 협박)하는 것이라고 보아야 한다. 따라서 강제추행죄는 상대방의 신체에 대해 불법한 유형력을 행사하거나 상대방으로 하여금 공포심을 일으킬 수 있는 정도의 해악을 고지하여 상대방을 추행한 경우에 성립한다(대판 2023.9.21. 2018도13877 전원합의체판결). ☞ 강제추행죄의 '폭행 또는 협박'의 의미를 위와 같이 정의한다고 하여 위력에 의한 추행죄와 구별이 불분명해지는 것은 아니다. 위력에 의한 추행죄에서 '위력'이라 함은 사람의 자유의사를 제압하거나 혼란하게 할 만한 일체의 세력을 말하는 것으로, 유형적이든 무형적이든 묻지 아니하는바, 이는 앞서 본 강제추행죄에서의 '폭행 또는 협박'과 개념적으로 구별된다. **위력에 의한 추행죄에서 '위력'**은 유형력의 대상이나 내용 등에 비추어 강제추행죄의 '폭행 또는 협박'에 해당하지 아니하는 폭행·협박은 물론, 상대방의 자유의사를 제압하거나 혼란하게 할 만한 사회적·경제적·정치적인 지위나 권세를 이용하는 것을 포함한다. 따라서 강제추행죄의 폭행 또는 협박의 의미를 종래의 판례 법리와 같이 제한 해석하여야만 위력과 구별이 용이해진다고 볼 수는 없다.

> **관련판례**
> 甲이 방안에서 乙(사촌여동생)의 숙제를 도와주던 중 乙의 왼손을 잡아 자신의 성기 쪽으로 끌어당겼고, "한 번만 안아줄 수 있느냐?"하자 이를 거부하고 자리를 이탈하려는 乙의 의사에 반하여 乙을 끌어안은 다음 침대로 넘어져 乙의 위에 올라탄 후 乙의 가슴을 만졌으며, "이러면 안 된다. 이러면 큰일 난다."며 팔을 풀어줄 것을 요구하고 방문을 나가려는 乙을 뒤따라가 끌어안은 행위를 한 경우, 설령 甲의 행위가 乙의 항거를 곤란하게 할 정도의 폭행 또는 협박에 해당하지 않는다고 하더라도 乙을 강제추행한 것에 해당한다고 볼 수 있다(대판 2023.9.21. 2018도13877전합). ● 법행, 경찰

　　ⓛ 기습추행형 강제추행 : 강제추행죄는 **폭행행위 자체가 추행행위라고 인정되는 경우**도 포함되는 것이며, 이 경우에 있어서의 폭행은 반드시 상대방의 의사를 억압할 정도의 것임을 요하지 않고 상대방의 의사에 반하는 유형력의 행사가 있는 이상 그 힘의 대소강약을 불문한다. 따라서 **피해자와 춤을 추면서 피해자의 유방을 만진 경우**, 폭행행위 자체가 추행행위라고 인정되므로 **강제추행에 해당된다**(대판 2012.7.26. 2011도8805). ● 경찰, 검찰

④ 추행
　　㉠ 강제추행죄는 개인의 성적 자유라는 개인적 법익을 침해하는 죄로서, 여기서의 '**추행**'이란 일반인에게 성적 수치심이나 혐오감을 일으키고 선량한 성적 도덕관념에 반하는 행위인 것만으로는 부족하고 그 행위의 상대방인 피해자의 **성적 자기결정의 자유를 침해**하는 것이어야 한다(대판 2012.7.26. 2011도8805). ● 경찰승진

　　ⓛ **추행**이라 함은 객관적으로 일반인에게 성적 수치심이나 혐오감을 일으키게 하고 선량한 성적 도덕관념에 반하는 행위로서 피해자의 성적 자유를 침해하는 것으로 … 성적 자유를 침해당했을 때 느끼는 **성적 수치심**은 부끄럽고 창피한 감정만으로 나타나는 것이 아니라 **다양한 형태**로 나타날 수 있다. **추행행위에 해당하기 위해서는** 객관적으로 일반인에게 성적 수치심이나 혐오감을 일으키게 할만한 행위로서 선량한 성적 도덕관념에 반하는 행위를 행위자가 대상자를 상대로 실행하는 것으로 충분하고, 그 행위로 말미암아 대상자가 성적 수치심이나 혐오감을 반드시 실제로 느껴야 하는 것은 아니다(대판 2021.10.28. 2021도7538).

> **판례 정리 ··· 추행에 해당하는 지 여부 – 해당 ○**

1. 미용업체인 A 주식회사를 운영하는 甲이 A 회사의 가맹점에서 근무하는 乙(여, 27세)을 비롯한 직원들과 노래방에서 회식을 하던 중 乙을 자신의 옆자리에 앉힌 후 여성인 乙이 성적 수치심이나 혐오감을 느낄 수 있는 부위인 허벅지를 쓰다듬은 경우, 이는 乙의 의사에 반하여 이루어진 것인 한 乙의 성적 자유를 침해하는 유형력의 행사에 해당할 뿐 아니라 일반인에게도 성적 수치심이나 혐오감을 일으키게 하는 추행행위라고 보아야 한다(대판 2020.3.26, 2019도15994). ● 법학특채
2. 피고인이 놀이터 의자에 앉아 통화를 하고 있는 처음 보는 여성인 피해자의 뒤로 몰래 접근하여 성기를 드러내고 피해자를 향한 자세에서 피해자의 등 쪽에 소변을 본 경우, …피해자의 성적 자기결정권은 침해되었다고 보아야 하며, 행위 당시에 피해자가 이를 인식하지 못하였다고 하여 추행에 해당하지 않는다고 볼 것은 아니다(대판 2021.10.28, 2021도7538).
3. 노래를 부르면서 놀던 중 노래를 부르는 피해자를 뒤에서 껴안고 춤을 추면서 유방을 만진 경우(대판 2002.4.26, 2001도2417) ● 사시
4. 초등학교 4학년 담임교사(남자)가 교실에서 자기반 남학생의 성기를 만진 경우(대판 2006.1.13, 2005도6791) ● 법행
5. 직장 상사가 등 뒤에서 피해자의 의사에 명백히 반하여 어깨를 주무른 경우(대판 2004.4.16, 2004도52) ● 사시
6. 골프장 여종업원들이 거부의사를 밝혔음에도, 골프장 사장과의 친분관계를 내세워 함께 술을 마시지 않을 경우 신분상의 불이익을 가할 것처럼 협박하여 이른바 **러브샷**의 방법으로 술을 마시게 한 경우(대판 2008.3.13, 2007도10050) ● 경찰간부
7. 초등학교 기간제 교사가 다른 학생들이 지켜보는 가운데 건강검진을 받으러 온 학생의 옷 속으로 손을 넣어 배와 가슴 등의 신체 부위를 만진 행위(대판 2009.9.24, 2009도2576) ● 법행
8. 엘리베이터 안에서 피해자를 칼로 위협하는 등의 방법으로 꼼짝하지 못하도록 하여 자신의 실력적인 지배하에 둔 다음 자위행위 모습을 보여준 행위(대판 2010.2.25, 2009도13716) ● 경찰승진

> **참조판례**
>
> 피고인이 아파트 엘리베이터 내에 13세 미만인 甲(여, 11세)과 단둘이 탄 다음 甲을 향하여 성기를 꺼내어 잡고 여러 방향으로 움직이다가 이를 보고 놀란 甲 쪽으로 가까이 다가간 경우 비록 피고인이 甲의 신체에 직접적인 접촉을 하지 아니하였고 엘리베이터가 멈춘 후 甲이 위 상황에서 바로 벗어날 수 있었다고 하더라도, 피고인의 행위는 甲의 성적 자유의사를 제압하기에 충분한 세력에 의하여 추행행위에 나아간 것으로서 (구)성폭력범죄의 처벌 등에 관한 특례법 소정의 위력에 의한 추행에 해당한다(대판 2013.1.16, 2011도7164 · 2011전도124). ● 경찰

> **판례 정리 ··· 추행에 해당하는 지 여부 – 해당 ×**

1. 육군 중대장이 소속 중대원들의 젖꼭지 등 특정 신체부위를 비틀거나 때린 경우(대판 2008.5.29, 2008도2222)
2. 갑이 사람 및 차량의 왕래가 빈번한 도로 옆길에서 을과 사이가 좋지 않은 병녀(48세)가 지나가자 말을 걸었으나 병녀가 이를 무시하자 이에 화가 나 주차장으로 향하던 병녀를 쫓아가면서 욕설을 하고 바지를 벗어 성기를 보여 준 경우 단순히 피고인이 바지를 벗어 자신의 성기를 보여준 것만으로는 폭행 또는 협박으로 '추행'을 하였다고 볼 수 없다(대판 2012.7.26, 2011도8805). ● 경찰승진

(2) 주관적 구성요건

강제추행죄의 성립에 필요한 주관적 구성요건으로 성욕을 자극·흥분·만족시키려는 주관적 동기나 목적이 있어야 하는 것은 아니다. 따라서 피고인이 여성A에게 키스를 하려다가 A가 자신의 머리채를 잡아 폭행을 가하자 이에 대한 보복의 의미에서 감정이 폭발하여 A의 입술, 귀, 유두, 가슴 등을 입으로 깨무는 등의 행위를 한 것은 강제추행죄의 추행에 해당한다(대판 2013.9.26, 2013도5856). ● 경찰

(3) 미 수

[1] 추행의 고의로 상대방의 의사에 반하는 유형력의 행사, 즉 폭행행위를 하여 실행행위에 착수하였으나 추행의 결과에 이르지 못한 때에는 강제추행미수죄가 성립하며, 이러한 법리는 폭행행위 자체가 추행행위라고 인정되는 이른바 '기습추행'의 경우에도 마찬가지로 적용된다.

[2] 피고인이 밤에 술을 마시고 배회하던 중 **버스에서 내려 혼자 걸어가는 피해자 甲(여, 17세)을 발견하고 마스크를 착용한 채 뒤따라가다가 인적이 없고 외진 곳에서 가까이 접근하여 껴안으려 하였으나, 甲이 뒤돌아보면서 소리치자 그 상태로 몇 초 동안 쳐다보다가 다시 오던 길로 되돌아갔다**고 하여 아동·청소년의 성보호에 관한 법률 위반으로 기소된 경우, 피고인과 甲의 관계, 甲의 연령과 의사, 행위에 이르게 된 경위와 당시 상황, 행위 후 甲의 반응 및 행위가 甲에게 미친 영향 등을 고려하여 보면, 피고인은 甲을 추행하기 위해 뒤따라간 것으로 추행의 고의를 인정할 수 있고, 피고인이 가까이 접근하여 갑자기 뒤에서 껴안는 행위는 일반인에게 성적 수치심이나 혐오감을 일으키게 하고 선량한 성적 도덕관념에 반하는 행위로서 甲의 성적 자유를 침해하는 행위여서 그 자체로 이른바 '기습추행' 행위로 볼 수 있으므로, 피고인의 팔이 甲의 몸에 닿지 않았더라도 양팔을 높이 들어 갑자기 뒤에서 껴안으려는 행위는 甲의 의사에 반하는 유형력의 행사로서 폭행행위에 해당하며, 그때 '기습추행'에 관한 실행의 착수가 있는데, 마침 甲이 뒤돌아보면서 소리치는 바람에 몸을 껴안는 추행의 결과에 이르지 못하고 미수에 그쳤으므로, 피고인의 행위는 아동·청소년에 대한 **강제추행미수죄**에 해당한다(대판 2015.9.10, 2015도6980·2015모2524).

(4) 간접정범 가능 여부

강제추행죄는 사람의 성적 자유 내지 성적 자기결정의 자유를 보호하기 위한 죄로서 정범 자신이 직접 범죄를 실행하여야 성립하는 자수범이라고 볼 수 없으므로, 처벌되지 아니하는 타인을 도구로 삼아 피해자를 강제로 추행하는 간접정범의 형태로도 범할 수 있다. 여기서 강제추행에 관한 간접정범의 의사를 실현하는 도구로서의 타인에는 피해자도 포함될 수 있으므로, 피해자를 도구로 삼아 피해자의 신체를 이용

하여 추행행위를 한 경우에도 강제추행죄의 간접정범에 해당할 수 있다(대판 2018.2. 8, 2016도17733).

> **관련판례**
> 피고인이 스마트폰 채팅 애플리케이션을 통하여 알게 된 피해자들로부터 은밀한 신체 부위가 드러난 사진을 전송받은 사실과 피해자들의 개인정보나 피해자들의 지인에 대한 인적사항을 알게 된 것을 기화로 피해자들에게 시키는 대로 하지 않으면 기존에 전송받았던 신체 사진과 개인정보 등을 유포하겠다고 피해자들을 협박하여 이에 겁을 먹은 피해자들로 하여금 스스로 가슴 사진, 성기 사진, 가슴을 만지는 동영상을 촬영하도록 한 경우 강제추행죄의 간접정범에 해당한다(대판 2018.2.8, 2016도17733).

(5) 죄수

강제추행죄는 특별한 사정이 없는 한 **행위마다 1개의 범죄가 성립**하고, 강제추행죄가 성립되기 위해서는 문제가 되는 **행위마다 폭행 또는 협박 외에 추행행위 및 그에 대한 범의가 인정**되어야 한다(대판 2024.8.1, 2024도3061).

Ⅲ 준강간죄·준강제추행죄

> 제299조 (준강간, 준강제추행) 사람의 심신상실 또는 항거불능의 상태를 이용하여 간음 또는 추행을 한 자는 제297조, 제297조의2 및 제298조의 예에 의한다.
> 제300조 (미수범) 미수범은 처벌한다.

1. 의의 및 성질

사람의 심신상실 또는 항거불능의 상태를 이용하여 간음 또는 추행함으로써 성립하는 범죄이다. 자수범성에 대한 견해 대립이 있으나 부정설이 다수설이다.

2. 객관적 구성요건

(1) **행위객체** : 심신상실 또는 항거불능의 상태에 있는 사람

① 준강간죄에서 '**심신상실**'이란 정신기능의 장애로 인하여 성적 행위에 대한 정상적인 판단능력이 없는 상태를 의미하고, '**항거불능**'의 상태라 함은 심신상실 이외의 원인으로 심리적 또는 물리적으로 반항이 절대적으로 불가능하거나 현저히 곤란한 경우를 의미한다. 이는 준강제추행죄의 경우에도 마찬가지이다. 피해자가 깊은 잠에 빠져 있거나 술·약물 등에 의해 일시적으로 의식을 잃은 상태 또는 완전히 의식을 잃지는 않았더라도 그와 같은 사유로 정상적인 판단능력과 대응·조절능력을 행사할 수 없는 상태에 있었다면 준강간죄 또는 준강제추행죄에서의 심신상실 또는 항거불능 상태에 해당한다(대판 2021.2.4, 2018도9781). ● 경찰

② 음주 후 준강간 또는 준강제추행을 당하였음을 호소한 피해자의 경우, 범행당시 알코올이 위의 기억형성의 실패만을 야기한 **알코올 블랙아웃 상태**였다면 피해자는 기억장애 외에 인지기능이나 의식 상태의 장애에 이르렀다고 인정하기 어렵지만, 이에 비하여 피해자가 술에 취해 수면상태에 빠지는 등 의식을 상실한 **패싱아웃 상태**였다면 심신상실의 상태에 있었음을 인정할 수 있다. 또한 앞서 본 '준강간죄 또는 준강제추행죄에서의 심신상실·항거불능'의 개념에 비추어, 피해자가 **의식상실 상태에 빠져 있지는 않지만 알코올의 영향으로 의사를 형성할 능력이나 성적 자기결정권 침해행위에 맞서려는 저항력이 현저하게 저하된 상태**였다면 '항거불능'에 해당하여, 이러한 피해자에 대한 성적 행위 역시 준강간죄 또는 준강제추행죄를 구성할 수 있다(대판 2021.2.4, 2018도9781). ● 해경간부

판례 정리

① 피고인이 잠을 자고 있는 피해자의 옷을 벗긴 후 자신의 바지를 내린상태에서 피해자의 음부 등을 만지고 자신의 성기를 피해자의 음부에 삽입하려고 하였으나 피해자가 몸을 뒤척이고 비트는 등 잠에서 깨어 거부하는 듯한 기색을 보이자 더 이상 간음행위에 나아가는 것을 포기한 경우, 준강간죄의 실행에 착수가 있다(대판 2000.1.14, 99도5187). ☞ 준강간 미수 ● 법행

② 피해자는 안방에서 잠을 자고 있던 중 피고인이 안방에 들어오자 피고인을 자신의 애인으로 잘못 알고 불을 끄라고 말하였고, 피고인이 자신을 애무할 때 누구냐고 물었으며, 피고인이 여관으로 가자고 제의하자 그냥 빨리 하라고 말한 사실을 알 수 있으므로, 피고인의 이 사건 간음행위 당시 피해자가 심신상실상태에 있었다고 볼 수 없다(대판 2000.2.25., 98도4355). ● 사시

③ 甲이 피해자 A(여,18세)와 성관계를 할 의사로 술에 취하여 모텔 침대에 잠들어 있는 A의 속바지를 벗기다가 A가 깨어나자 중단한 경우, 甲이 A의 속바지를 벗기려던 행위는 간음의 의도를 가지고 간음의 수단이라고 할 수 있는 행동을 시작한 것이므로 준강간죄의 실행에 착수한 것으로 보아야 한다(대판 2019.2.14, 2018도19295).

(2) 행 위

심신상실·항거불능를 이용하여 간음·추행하는 것이다.

사실관계 甲은 2017. 4. 17. 22:30경 자신의 집에서 자신의 처, 乙女와 함께 술을 마시다가 다음 날 01:00경 자신의 처가 먼저 잠이 들고 02:00경 乙女도 안방으로 들어가자 乙女를 따라 들어간 뒤, 술에 취해 깊은 잠에 빠져 있는 것으로 생각하고 누워 있는 乙女의 옆에서 乙女의 가슴을 만지고 팬티 속으로 손을 넣어 음부를 만지다가, 몸을 비틀고 소리를 내어 상황을 벗어나려는 乙女의 입을 막고 바지와 팬티를 벗긴 후 1회 간음하여 강간하였는데 실제로는 乙女는 심신상실 또는 항거불능의 상태에는 있지 않았다.

판결요지 [1] 준강간의 고의는 피해자가 심신상실 또는 항거불능의 상태에 있다는 것과 그러한 상태를 이용하여 간음한다는 구성요건적 결과 발생의 가능성을 인식하고 그러한 위험을 용인하는 내심의 의사를 말한다.

[2] 형법 제300조는 준강간죄의 미수범을 처벌한다. 또한 형법 제27조는 "실행의 수단 또는 대상의 착오로 인하여 결과의 발생이 불가능하더라도 위험성이 있는 때에는 처벌한다. 단, 형을 감경 또는 면제할 수 있다."라고 규정하여 불능미수범을 처벌하고 있다. 따라서 피고인이 피해자가 심신상실 또는 항거불능의 상태에 있다고 인식하고 그러한 상태를 이용하여 간음할 의사로 피해자를 간음하였으나 피해자가 실제로는 심신상실 또는 항거불능의 상태에 있지 않은 경우에는, 실행의 수단 또는 대상의 착오로 인하여 준강간죄에서 규정하고 있는 구성요건적 결과의 발생이 처음부터 불가능하였고 실제로 그러한 결과가 발생하였다고 할 수 없다. 피고인이 준강간의 실행에 착수하였으나 범죄가 기수에 이르지 못하였으므로 준강간죄의 미수범이 성립한다. 피고인이 행위 당시에 인식한 사정을 놓고 일반인이 객관적으로 판단하여 보았을 때 준강간의 결과가 발생할 위험성이 있었으므로 준강간죄의 불능미수가 성립한다.

[3] 불능미수는 행위자가 실제로 존재하지 않는 사실을 존재한다고 오인하였다는 측면에서 존재하는 사실을 인식하지 못한 사실의 착오와 다르다.

[4] 장애미수 또는 중지미수는 범죄의 실행에 착수할 당시 실행행위를 놓고 판단하였을 때 행위자가 의도한 범죄의 기수가 성립할 가능성이 있었으므로 처음부터 기수가 될 가능성이 객관적으로 배제되는 불능미수와 구별된다.

[5] 형법 제27조에서 정한 '실행의 수단 또는 대상의 착오'는 행위자가 시도한 행위방법 또는 행위객체로는 결과의 발생이 처음부터 불가능하다는 것을 의미한다. 그리고 '결과 발생의 불가능'은 실행의 수단 또는 대상의 원시적 불가능성으로 인하여 범죄가 기수에 이를 수 없는 것을 의미한다고 보아야 한다.

[6] 불능범과 구별되는 불능미수의 성립요건인 '위험성'은 피고인이 행위 당시에 인식한 사정을 놓고 일반인이 객관적으로 판단하여 결과 발생의 가능성이 있는지 여부를 따져야 한다.

[7] 형법 제299조에서 정한 준강간죄는 사람의 심신상실 또는 항거불능의 상태를 이용하여 간음함으로써 성립하는 범죄로서, 정신적·신체적 사정으로 인하여 성적인 자기방어를 할 수 없는 사람의 성적 자기결정권을 보호법익으로 한다. 심신상실 또는 항거불능의 상태는 피해자인 사람에게 존재하여야 하므로 준강간죄에서 행위의 대상은 '심신상실 또는 항거불능의 상태에 있는 사람'이다. 그리고 구성요건에 해당하는 행위는 그러한 '심신상실 또는 항거불능의 상태를 이용하여 간음'하는 것이다. 심신상실 또는 항거불능의 상태에 있는 사람에 대하여 그 사람의 그러한 상태를 이용하여 간음행위를 하면 구성요건이 충족되어 준강간죄가 기수에 이른다.

[8] 피고인이 피해자가 심신상실 또는 항거불능의 상태에 있다고 인식하고 그러한 상태를 이용하여 간음할 의사를 가지고 간음하였으나, 실행의 착수 당시부터 피해자가 실제로는 심신상실 또는 항거불능의 상태에 있지 않았다면, 실행의 수단 또는 대상의 착오로 준강간죄의 기수에 이를 가능성이 처음부터 없다고 볼 수 있다. 이 경우 피고인이 행위 당시에 인식한 사정을 놓고 일반인이 객관적으로 판단하여 보았을 때 정신적·신체적 사정으로 인하여 성적인 자기방어를 할 수 없는 사람의 성적 자기결정권을 침해하여 준강간의 결과가 발생할 위험성이 있었다면 불능미수가 성립한다(대판 2019.3.28, 2018도16002 전원합의체).

3. 준강간 장애미수와 불능미수의 구별

피고인이 술에 취하여 잠이 들어 항거불능 상태에 있던 피해자를 간음하려 하였으나 정신을 차린 피해자가 거부하며 항의하는 바람에 미수에 그쳤다는 이유로 **준강간죄의 장애미수**로 기소된 사안에서 준강간죄의 불능미수 범행과 이 사건 공소사실인 준강간죄의 장애미수 범행 사이에 범죄의 중대성, 죄질, 처벌가치 등 측면에서 별다른 차이가 있다고 보기도 어렵다. **두 범행 모두 피해자의 항거불능 상태를 이용하여 간음하겠다는 의사**로 저질러지는 것이고, **구성요건적 결과가 발생하지 않았다**는 점에서도 차이가 없다. **구성요건적 결과가 발생하지 않은 원인이 실행의 착수 이전부터 존재하였는지, 실행의 착수 이후 발생하였는지에 관하여만 차이**가 있을 뿐인데, 이는 피고인이 행위 당시 인식하지 못한 우연한 사정으로, 본질적 차이에 해당한다고 보기 어렵다(대판 2024.4.12, 2021도9043).

Ⅳ 미성년자의제강간·강제추행죄

> 제305조 (미성년자에 대한 간음, 추행) ① **13세 미만의 사람**에 대하여 간음 또는 추행을 한 **자**는 제297조, 제297조의2, 제298조, 제301조 또는 제301조의2의 예에 의한다.
> ② **13세 이상 16세 미만의 사람**에 대하여 간음 또는 추행을 한 **19세 이상의 자**는 제297조, 제297조의2, 제298조, 제301조 또는 제301조의2의 예에 의한다.

1. 의 의

객체	주체
13세 미만의 사람	
13세 이상 16세 미만의 사람	19세 이상

2. 객관적 구성요건

형법 제305조에 규정된 13세미만 부녀에 대한 의제강간·추행죄는 그 성립에 있어 위계 또는 위력이나 폭행 또는 협박의 방법에 의함을 요하지 아니하며 <u>피해자의 동의가 있었다고 하여도 성립하는 것이다</u>(대판 1982.10.12. 82도2183). ● 경찰승진

3. 주관적 구성요건

형법 제305조의 미성년자의제강제추행죄는 그 성립에 필요한 <u>주관적 구성요건요소는 고의만으로 충분하고, 그 외에 성욕을 자극·흥분·만족시키려는 주관적 동기나 목적까지 있어야 하는 것은 아니다.</u> 따라서 <u>초등학교 4학년 담임교사(남자)가 교실에서 자신이 담당하는 반의 남학생의 성기를 만진 행위</u>는 미성년자의제강제추행죄에서 말하는 '<u>추행</u>'에 해당한다(대판 2006.1.13. 2005도6791). ● 해경

4. 미수의 처벌 및 소추조건

<u>미성년자의제강간·강제추행죄</u>를 규정한 형법 제305조가 "13세 미만의 부녀를 간음하거나 13세 미만의 사람에게 추행을 한 자는 <u>제297조, 제298조, 제301조 또는 제301조의2의 예에 의한다</u>"로 되어 있는바 입법 취지에 비추어 보면 동조에서 규정한 형법 제297조와 제298조의 '예에 의한다'는 의미는 미성년자의제강간·강제추행죄의 처벌에 있어 그 법정형뿐만 아니라 미수범에 관하여도 강간죄와 강제추행죄의 예에 따른다는 취지로 해석되고, 이러한 해석이 형벌법규의 명확성의 원칙에 반하는 것이거나 죄형법정주의에 의하여 금지되는 확장해석이나 유추해석에 해당하는 것으로 볼 수 없다(대판 2007.3.15. 2006도9453). ● 사시

Ⅴ 강간 등 상해·치상죄, 강간등살인·치사죄

1. 강간 등 상해·치상죄

> 제301조 (강간 등 상해·치상) 제297조, 제297조의2 및 제298조부터 제300조까지의 죄를 범한 자가 사람을 상해하거나 상해에 이르게 한 때에는 무기 또는 5년 이상의 징역에 처한다.

(1) 의 의

본죄는 강간죄, 유사강간죄, 강제추행죄, 준강간·강제추행죄, 미성년자의제강간·강제추행죄 및 그 미수범을 범한 자가 사람을 상해하거나 상해에 이르게 함으로써 성립하는 범죄이다.

(2) 객관적 구성요건

① **행위주체**: 강간죄, 강제추행죄, 준강간·강제추행죄, 미성년자의제강간·강제추행죄 및 그 미수범이다.

② **행위**(상해·치상)

㉠ 강간상해·치상죄에 있어서의 상해는 피해자의 신체의 건강상태가 불량하게 변경되고 생활기능에 장애가 초래되는 것을 말하는 것으로서, 피해자가 입은 상처가 극히 경미하여 굳이 치료할 필요가 없고 치료를 받지 않더라도 일상생활을 하는 데 아무런 지장이 없으며 시일이 경과함에 따라 자연적으로 치유될 수 있는 정도라면, 그로 인하여 피해자의 신체의 건강상태가 불량하게 변경되었다거나 생활기능에 장애가 초래된 것으로 보기 어려워 강간상해·치상죄에 있어서의 상해에 해당한다고 할 수 없다(대판 2004.3.11, 2004도483, 대판 2003.7.11, 2003도2313). ● 경찰간부

㉡ 강간행위에 수반하여 생긴 상해가 극히 경미한 것으로서 굳이 치료할 필요가 없어서 자연적으로 치유되며 일상생활을 하는 데 아무런 지장이 없는 경우에는 강간치상죄의 상해에 해당되지 아니한다고 할 수 있을 터이나, 그러한 논거는 피해자의 반항을 억압할 만한 폭행 또는 협박이 없어도 일상생활 중 발생할 수 있는 것이거나 합의에 따른 성교행위에서도 통상 발생할 수 있는 상해와 같은 정도임을 전제로 하는 것이므로 그러한 정도를 넘는 상해가 그 폭행 또는 협박에 의하여 생긴 경우라면 상해에 해당된다고 할 것이며, 피해자의 건강상태가 나쁘게 변경되고 생활기능에 장애가 초래된 것인지는 객관적, 일률적으로 판단될 것이 아니라 피해자의 연령, 성별, 체격 등 신체, 정신상의 구체적 상태를 기준으로 판단되어야 한다(대판 2005.5.26, 2005도1039).

> **판례 정리** ··· 상해에 해당하는 경우 ⇨ 강간(강제추행)치상죄가 성립하는 경우
>
> 1. 강간으로 인해 보행불능·수면장애·식욕감퇴 등의 기능장애가 야기된 경우(대판 1969.3.11, 69도161), 6개월간의 치료를 요하는 특수한 정신과적 증상인 외상 후 스트레스 장애(대판 1999.1.26, 9도3732), 10일간의 치료를 요하는 히스테리증을 야기한 경우(대판 1970.2.10, 69도2213), 코피를 내고 콧등을 붓게 한 경우(대판 1991.10.22, 91도1832), 피해자가 성경험을 가진 여자로서 특이체질로 인해 새로 형성된 처녀막을 파열시킨 경우(대판 1995.7.25, 94도1351), 경추부좌상 및 우측주관절부염좌상이 발생한 경우(대판 1997.9.5, 97도1725), 요도염 의증 및 음핵부위에 궤양이 있는 음부염증(대판 2003.9.26, 2003도4606), 피해자가 소형승용차 안에서 강간범행을 모면하려고 저항하는 과정에서 피고인과의 물리적 충돌로 인하여 입은 '우측 슬관절 부위 찰과상'(대판 2005.5.26, 2005도1039)
> 2. 피해자가 강제추행 과정에서 가해자로부터 왼쪽 젖가슴을 꽉 움켜잡힘으로 인하여 왼쪽 젖가슴에 약 10일간의 치료를 요하는 좌상을 입고, 심한 압통과 약간의 종창이 있어 그 치료를 위하여 병원에서 주사를 맞고 3일간 투약을 한 경우(대판 2000.2.11, 99도4794)
> 3. 미성년자의 외음부에 약간의 발적과 경도의 염증이 수반된 외음부염증이 발생한 경우(대판 1996.11.22, 96도1395)

4. 질내에 손가락을 넣어 음부염증으로 병원에서 주사를 맞고 3일간 투약케 한 경우(대판 2003.9.26, 2003도4606)
5. **수면제와 같은 약물을 투약하여 피해자를 일시적으로 수면 또는 의식불명 상태에 이르게 한 경우**에도 약물로 인하여 피해자의 건강상태가 불량하게 변경되고 생활기능에 장애가 초래되었다면 자연적으로 의식을 회복하거나 외부적으로 드러난 상처가 없더라도 이는 강간치상죄나 강제추행치상죄에서 말하는 상해에 해당한다(대판 2017.6.29, 2017도3196). 🔵 경찰
6. 피해자(女, 26세)가 피고인으로부터 졸피뎀과 트리아졸람이 섞인 커피를 받아 마신 후 정신을 잃고 깊이 잠들었다가 약 3시간 뒤에 깨어났는데 피해자는 커피를 마신 다음에 샤워를 하고 피고인과 잠깐 대화를 나눈 것 외에는 자신이 잠들기 전까지 무슨 행동을 하였는지 기억하지 못하였고 또한 피해자의 휴대전화 내역에 어머니와 약 30초간 통화한 사실이 확인되는데도 피해자가 통화사실이나 내용을 기억하지 못하였다면 이는 강간치상죄에서 말하는 상해에 해당한다(대판 2017.7.11, 2015도3939).

> **판례 정리** ··· 상해에 해당하지 않는 경우 ⇨ 강간(강제추행)치상죄가 성립하지 않는 경우

1. 강간도중 흥분하여 피해자의 왼쪽 어깨를 입으로 빨아서 생긴 동전크기 정도의 반상출혈상(대판 1986.7.8, 85도2042)
2. 피해자의 음모의 모근(毛根) 부분을 남기고 모간(毛幹) 부분만을 일부 잘라냄으로써 음모의 전체적인 외관에 변형만이 생긴 경우(대판 2000.3.23, 99도3099)
3. 경부 및 전흉부 피하출혈, 통증으로 7일간의 가료를 요하는 상처(대판 1994.11.4, 94도1311)
4. 강간하려는 과정에서 손바닥에 생긴 2cm 정도의 긁힌 상처(대판 1987.10.26, 87도1880)
5. 3·4일간의 가료를 요하는 외음부충혈과 근육통이 생긴 경우(대판 1989.1.31, 88도831)
6. 강제추행치상죄에 있어서의 상해는 피해자의 신체의 건강상태가 불량하게 변경되고 생활기능에 장애가 초래되는 것을 말하는 것으로서, 신체의 외모에 변화가 생겼다고 하더라도 신체의 생리적 기능에 장애를 초래하지 아니하는 이상 상해에 해당한다고 할 수 없다(대판 2000.3.23, 99도3099). 🔵 경찰

③ 인과관계 및 객관적 귀속(간음 또는 추행의 기회) : 강간이 미수에 그치거나 간음의 결과 사정을 하지 않은 경우라도 그로 인하여 피해자가 상해를 입었으면 강간치상죄가 성립하는 것이고, 강간치상죄에 있어 상해의 결과는 강간의 수단으로 사용한 폭행으로부터 발생한 경우뿐 아니라 간음행위 그 자체로부터 발생한 경우나 강간에 수반하는 행위에서 발생한 경우도 포함하는 것이다(대판 1999.4.9, 99도519). 🔵 사시

> **관련판례**
>
> ① 피고인과 피해자가 여관에 투숙하여 별다른 저항이나 마찰 없이 성행위를 한 후, 피고인이 잠시 방밖으로 나간 사이에 피해자가 방문을 안에서 잠그고 구내전화를 통하여 여관종업원에게 구조요청까지 한 후, 피고인의 방문 흔드는 소리에 겁을 먹고 강간을 모면하기 위하여 3층에서 창문을 넘어 탈출하다가 상해를 입은 경우(대판 1985.10.8, 85도1537) ☞ 강간치상죄 ×
> ② 피고인과 만나 함께 놀다가 큰 저항 없이 여관방에 함께 들어간 피해자가 피고인이 강간의 수단으로는 비교적 경미한 폭행 또는 협박으로써 강간을 하려다가 피고인이 화장실에 가 있어 피해자가 일단 급박한 위해상태에서 벗어나 있었음에도 불구하고 피해자가 4층에 위치한 여관방에서 창문을 통하여 아래로 뛰어내려 상해를 입은 경우(대판 1993.4.27, 92도3229) ☞ 강간치상죄 ×

③ 위험한 물건인 전자충격기를 사용하여 강간을 시도하다가 미수에 그치고, 피해자에게 약 2주간의 치료를 요하는 안면부 좌상 등의 상해를 입힌 사안에서, 성폭력범죄의 처벌 및 피해자보호등에 관한 법률에 의한 특수강간치상죄가 성립한다고 본 사례(대판 2008.4.24, 2007도10058)

④ 강제추행치상죄에서 상해의 결과는 강제추행의 수단으로 사용한 폭행이나 추행행위 그 자체 또는 강제추행에 수반하는 행위로부터 발생한 것이어야 한다. 따라서 상해를 가한 부분을 고의범인 상해죄로 처벌하면서 이를 다시 결과적 가중범인 강제추행치상죄의 상해로 인정하여 이중으로 처벌할 수는 없다. 따라서 피고인이 **피해자를 폭행하여 비골 골절 등의 상해를 가한 다음 강제추행한 경우**, 피고인의 위 폭행을 강제추행의 수단으로서의 폭행으로 볼 수 없어 위 상해와 강제추행 사이에 인과관계가 없으므로, 폭력행위 등 처벌에 관한 법률 위반죄로 처벌한 상해를 다시 강제추행치상죄의 상해로 인정할 수 없다(대판 2009.7.23, 2009도1934). ● 경찰승진

④ 기수시기 및 미수의 처벌 : 간음이나 추행의 기회에 상해가 발생한 이상 강간죄 또는 강제추행죄가 미수에 그친 경우에도 강간상해죄는 물론 강간치상죄도 기수가 된다.

(3) 주관적 구성요건

① 강간등상해죄는 강간등의 행위와 상해에 대한 고의가 있어야 한다.
② 강간등치상죄는 진정결과적 가중범이므로 강간 등의 행위에 대한 고의와 상해에 대한 예견가능성이 있어야 한다.

(4) 죄수 및 타죄와의 관계

강간치상의 범행을 저지른 자가 그 범행으로 인하여 실신상태에 있는 피해자를 구호하지 않고 방치하였다고 하더라도 그 행위는 포괄적으로 단일의 강간치상죄만을 구성한다(대판 1980.6.24, 80도726).

2. 강간등살인·치사죄

> 제301조의2 (강간등 살인·치사) 제297조, 제297조의2 및 제298조부터 제300조까지의 죄를 범한 자가 사람을 살해한 때에는 사형 또는 무기징역에 처한다. 사망에 이르게 한 때에는 무기 또는 10년 이상의 징역에 처한다.

(1) 성 질

강간등살인죄는 강간죄등과 살인죄의 결합범이고, 강간등치사죄는 강간죄등과 과실치사죄의 결합범으로 강간죄에 대한 (진정)결과적 가중범이다.

(2) 구성요건

> **비교판례**
>
> ① **강간치사죄가 성립하는 경우** : 피고인들이 의도적으로 피해자를 술에 취하도록 유도하고 수차례 강간한 후 의식불명 상태에 빠진 피해자를 비닐창고로 옮겨 놓아 피해자가 저체온증으로 사망한 사안에서, 위 피해자의 사망과 피고인들의 강간 및 그 수반행위와의 인과관계 그리고 피해자의 사망에 대한 피고인들의 예견가능성이 인정되므로, 위 비닐창고에서 피해자를 재차 강제추행, 강간하고 하의를 벗겨 놓은 채 귀가한 피고인이 있다 하더라도 피고인들은 피해자의 사망에 대한 책임을 면한다고 볼 수 없어 강간치사죄가 인정된다(대판 2008.2.29, 2007도10120).
>
> ② **강간치사죄가 성립하지 않는 경우** : 강간을 당한 피해자가 집에 돌아가 음독자살하기에 이르른 원인이 강간을 당함으로 인하여 생긴 수치심과 장래에 대한 절망감 등에 있었다 하더라도 그 자살행위가 바로 강간행위로 인하여 생긴 당연의 결과라고 볼 수는 없으므로 강간행위와 피해자의 자살행위 사이에 인과관계를 인정할 수는 없다(대판 1982.11.23, 82도1446).

VI 독립된 구성요건

1. 미성년자·심신미약자 간음·추행죄

> **제302조 (미성년자등에 대한 간음)** 미성년자 또는 심신미약자에 대하여 위계 또는 위력으로써 간음 또는 추행을 한 자는 5년 이하의 징역에 처한다.

(1) 의의 및 행위객체

① 형법 제302조는 "미성년자 또는 심신미약자에 대하여 위계 또는 위력으로써 간음 또는 추행을 한 자는 5년 이하의 징역에 처한다."라고 규정하고 있다. … 형법 제32장의 죄의 기본적 구성요건은 강간죄(제297조)나 강제추행죄(제298조)인데, 이 죄는 미성년자나 심신미약자와 같이 판단능력이나 대처능력이 일반인에 비하여 낮은 사람은 낮은 정도의 유·무형력의 행사에 의해서도 저항을 제대로 하지 못하고 피해를 입을 가능성이 있기 때문에 범죄의 성립요건을 보다 완화된 형태로 규정한 것이다(대판 2019.6.13, 2019도3341). 경찰

② 이 죄에서 '미성년자'는 형법 제305조 및 성폭력범죄의 처벌등에 관한 특례법 제7조 제5항의 관계를 살펴볼 때 '13세 이상 19세 미만의 사람'을 가리키는 것으로 보아야 하고, '심신미약자'란 정신기능의 장애로 인하여 사물을 변별하거나 의사를 결정할 능력이 미약한 사람을 말한다. 그리고 '추행'이란 객관적으로 피해자와 같은 처지에 있는 일반적·평균적인 사람으로 하여금 성적 수치심이나 혐오감을 일으키게 하고 선량한 성적 도덕관념에 반하는 행위로서 구체적인 피해자를 대상으로 하여 피해자의 성적 자유를 침해하는 것을 의미한다(대판 2019.6.13, 2019도3341).

(2) 행 위

① 위계

㉠ **성적 자기결정권 침해여부의 판단** : 아동·청소년이 외관상 성적 결정 또는 동의로 보이는 언동을 하였더라도, 그것이 타인의 기망이나 왜곡된 신뢰관계의 이용에 의한 것이라면, 이를 아동·청소년의 온전한 성적 자기결정권의 행사에 의한 것이라고 평가하기 어렵다.

㉡ **위계에 의한 간음죄에서 위계의 의미** : '위계'라 함은 행위자의 행위목적을 달성하기 위하여 피해자에게 오인, 착각, 부지를 일으키게 하여 이를 이용하는 것을 말한다. … 행위자가 간음의 목적으로 피해자에게 오인, 착각, 부지를 일으키고 피해자의 그러한 심적 상태를 이용하여 간음의 목적을 달성하였다면 위계와 간음행위 사이의 인과관계를 인정할 수 있고, 따라서 위계에 의한 간음죄가 성립한다. 왜곡된 성적 결정에 기초하여 성행위를 하였다면 **왜곡이 발생한 지점이 성행위 그 자체인지 성행위에 이르게 된 동기인지는** 성적 자기결정권에 대한 침해가 발생한 것은 마찬가지라는 점에서 핵심적인 부분이라고 하기 어렵다. 피해자가 오인, 착각, 부지에 빠지게 되는 대상은 **간음행위 자체**일 수도 있고, **간음행위에 이르게 된 동기**이거나 **간음행위와 결부된 금전적·비금전적 대가**와 같은 요소일 수도 있다. 다만 행위자의 위계적 언동이 존재하였다는 사정만으로 위계에 의한 간음죄가 성립하는 것은 아니므로 위계적 언동의 내용 중에 피해자가 성행위를 결심하게 된 중요한 동기를 이룰 만한 사정이 포함되어 있어 피해자의 자발적인 성적 자기결정권의행사가 없었다고 평가할 수 있어야 한다. 한편 위계에 의한 간음죄가 보호대상으로 삼는 아동·청소년, 미성년자, 심신미약자, 피보호자·피감독자, 장애인 등의 성적 자기결정 능력은 그 나이, 성장과정, 환경, 지능 내지 정신기능 장애의 정도 등에 따라 개인별로 차이가 있으므로 간음행위와 인과관계가 있는 위계에 해당하는지 여부를 판단함에 있어서는 **구체적인 범행 상황에 놓인 피해자의 입장과 관점이 충분히 고려되어야** 하고, 일반적·평균적 판단능력을 갖춘 성인 또는 충분한 보호와 교육을 받은 또래의 시각에서 인과관계를 쉽사리 부정하여서는 안 된다.

㉢ **사례 및 해결** : 甲남(36세)은 스마트폰 채팅 애플리케이션을 통하여 알게 된 乙녀(14세)에게 자신을 '고등학교 2학년생인 A'라고 거짓으로 소개하고 채팅을 통해 乙녀와 사귀기로 하였다. 이후 甲남은 乙녀에게 '사실은 나(A)를 좋아해서 스토킹하는 여성이 있는데, 나에게 집착을 해서 너무 힘들다. 죽고 싶다. 우리 그냥 헤어질까'라고 거짓말하면서 '스토킹하는 여성을 떼어내려면 나의 선배와 성관계하면 된다'는 취지로 이야기하였다. 乙녀는 甲남과 헤어지는 것

이 두려워 甲남의 제안을 승낙하였고, 甲남은 마치 자신이 A의 선배인 것처럼 행세하며 乙녀를 간음하였다. 甲남의 간음행위는 위계에 의한 것이라고 평가할 수 있다(대판 2020.8.27, 2015도9436 전원합의체).

② 위 력

㉠ 위력이라 함은 피해자의 자유의사를 제압하기에 충분한 세력을 말하고, 유형적이든 무형적이든 묻지 않으므로 폭행·협박뿐 아니라 사회적·경제적·정치적인 지위나 권세를 이용하는 것도 가능하며, 위력행위 자체가 추행행위라고 인정되는 경우도 포함되고, 이 경우에 있어서의 위력은 현실적으로 피해자의 자유의사가 제압될 것임을 요하는 것은 아니다(대판 1998.1.23, 97도2506). ●사시

㉡ 강간죄에서 요구하는 폭행·협박을 사용한 경우에는 미성년자나 심신미약자라도 본죄가 아닌 강간죄나 강제추행죄가 성립한다(대판 1965.3.30, 65도45). ●법행

2. 업무상 위력등에 의한 간음죄

> 제303조 (업무상위력 등에 의한 간음) ① 업무, 고용 기타 관계로 인하여 자기의 보호 또는 감독을 받는 사람에 대하여 위계 또는 위력으로써 간음한 자는 5년 이하의 징역 또는 1천 500만원 이하의 벌금에 처한다.

(1) 업무, 고용이나 그 밖의 관계로 인하여 자기의 보호, 감독을 받는 사람'

업무, 고용이나 그 밖의 관계로 인하여 자기의 보호, 감독을 받는 사람'에는 직장 안에서 보호 또는 감독을 받거나 사실상 보호 또는 감독을 받는 상황에 있는 사람뿐만 아니라 채용 절차에서 영향력의 범위 안에 있는 사람도 포함된다(대판 2020.7.9, 2020도5646).

> 관련판례
> ① 편의점 업주인 피고인이 아르바이트 구인 광고를 보고 연락한 甲을 채용을 빌미로 불러내 면접을 한 후 자신의 집으로 유인하여 甲의 성기를 만지고 甲에게 피고인의 성기를 만지게 한 경우, 피고인이 채용 권한을 가지고 있는 지위를 이용하여 甲의 자유의사를 제압하여 甲을 추행하였다고 보아야 하므로 성폭력범죄의 처벌 등에 관한 특례법 위반(업무상위력등에의한추행)죄가 인정된다(대판 2020.7.9, 2020도5646).
> ② 자기의 처가 경영하는 미장원에 고용된 부녀를 간음에 응하지 않으면 해고하겠다고 하여 간음하면 업무상위력간음죄가 성립한다(대판 1976.2.10, 74도1519).

(2) 행 위

병원 응급실에서 당직 근무를 하던 의사가 가벼운 교통사고로 인하여 비교적 경미한 상처를 입고 입원한 여성 환자들의 바지와 속옷을 내리고 음부 윗부분을 진료행위를

가장하여 수회 누른 행위가 업무상 위력 등에 의한 추행에 해당한다(대판 2005.7.14, 2003도7107).

Ⅶ 피구금자 간음죄

> 제303조 (업무상위력등에 의한 간음) ② 법률에 의하여 구금된 사람을 감호하는 자가 그 사람을 간음한 때에는 7년 이하의 징역에 처한다.

1. 의의 및 보호법익

본죄는 법률에 의하여 구금된 자를 감호하는 자(검찰·경찰·교정직공무원)가 그 사람을 간음함으로써 성립하는 범죄이다.

2. 행위객체

본죄의 객체는 법률에 의하여 구금된 자이다.

3. 행위

간음이다. 특별한 수단을 요하지 않으므로 피구금부녀의 동의를 얻어 간음한 경우는 물론 위계·위력을 사용한 경우에도 본죄에 해당한다(통설).

4. 타죄와의 관계

13세 미만인 피구금자를 간음한 경우에는 미성년자의제강간죄가 성립한다.

Ⅷ 예비·음모

> 제305조의3(예비, 음모) 제297조, 제297조의2, 제299(준강간죄에 한정된다), 제301조(강간등상해죄에 한정된다) 및 제305조의 죄를 범할 목적으로 예비 또는 음모한 사람은 3년 이하의 징역에 처한다.

형법개정(20.5.19)으로 예비·음모 규정이 신설되었으나 강제추행(제298조), 준강제추행죄(제299조), 강간등살인(제301조의2), 미성년자등에 대한 간음죄(제302조), 업무상위력등에 의한 간음죄(제303조)에는 예비·음모규정이 없다.

Ⅸ 성폭력범죄의 처벌 등에 관한 특례법(성폭력처벌법)

1. 공중밀집장소에서의 추행(제11조)

(1) (구) 성폭력범죄의 처벌 등에 관한 특례법 제11조는 공중이 밀집하는 장소에서의 추행을 벌하는 바, 여기서 말하는 '**공중 밀집 장소**'란 현실적으로 사람들이 빽빽이 들어서 있어 서로간의 신체적 접촉이 이루어지고 있는 곳만을 의미하는 것이 아니라 공중의 이용에 상시적으로 제공·개방된 상태에 놓여 있는 곳 일반을 의미한다. 따라서 **찜질방 수면실에서 옆에 누워 있던 피해자의 가슴 등을 손으로 만진 행위**는 공중밀집장소에서의 추행행위에 해당한다(대판 2009.10.29. 2009도5704). ● 경찰, 경간부

(2) 구 성폭력범죄의 처벌 등에 관한 특례법 소정의 **공중밀집장소에서의 추행죄가 기수**에 이르기 위해서는 객관적으로 일반인에게 성적 수치심이나 혐오감을 일으키게 할 만한 행위로서 선량한 성적 도덕관념에 반하는 행위를 행위자가 대상자를 상대로 실행하는 것으로 충분하고, 행위자의 행위로 말미암아 대상자가 성적 수치심이나 혐오감을 반드시 실제로 느껴야 하는 것은 아니다. 따라서 **피고인이 지하철 내에서 甲(女)의 등 뒤에 밀착하여 무릎을 굽힌 후 성기를 甲의 엉덩이 부분에 붙이고 앞으로 내미는 등의 행위**는 구 성폭력범죄의 처벌 등에 관한 특례법 소정의 공중밀집장소에서의 추행에 해당한다(대판 2020.6.25. 2015도7102).

2. 통신매체이용음란행위(제13조)

(1) 의의

성폭력처벌법 제13조(통신매체이용음란행위)는 자기 또는 다른 사람의 성적 욕망을 유발하거나 만족시킬 목적으로 전화, 우편, 컴퓨터, 그 밖의 통신매체를 통하여 성적 수치심이나 혐오감을 일으키는 말, 음향, 글, 그림, 영상 또는 물건을 상대방에게 도달하게 한 사람을 처벌하는 규정이다(대판 2017.6.8. 2016도21389).

(2) 보호법익

성폭력처벌법 제13조에서 정한 '통신매체이용음란죄'는 '성적 자기결정권에 반하여 성적 수치심을 일으키는 그림 등을 개인의 의사에 반하여 접하지 않을 권리'를 보장하기 위한 것으로 **성적 자기결정권과 일반적 인격권의 보호, 사회의 건전한 성풍속 확립**을 보호법익으로 한다(대판 2017.6.8. 2016도21389). ● 경찰 ☞ '건전한 성풍속을 보호하기 위한 구성요건이 아니다'라고 출제된 바 있다.

(3) 내용

① 성폭력범죄의 처벌 등에 관한 특례법 제13조에서 '성적 수치심이나 혐오감을 일으키는 말, 음향, 글, 그림, 영상 또는 물건을 상대방에게 도달하게 한다'는 것은

'상대방이 성적 수치심을 일으키는 그림 등을 **직접 접하는 경우**뿐만 아니라 상대방이 **실제로 이를 인식할 수 있는 상태에 두는 것**'을 의미한다. 따라서 행위자의 의사와 그 내용, 웹페이지의 성격과 사용된 링크기술의 구체적인 방식 등 모든 사정을 종합하여 볼 때 **상대방에게 성적 수치심을 일으키는 그림등이 담겨 있는 웹페이지 등에 대한 인터넷 링크(internet link)를 보내는 행위를** 통해 그와 같은 그림등이 상대방에 의하여 인식될 수 있는 상태에 놓이고 실질에 있어서 이를 직접 전달하는 것과 다를 바 없다고 평가되고, 이에 따라 상대방이 이러한 링크를 이용하여 별다른 제한 없이 성적 수치심을 일으키는 그림 등에 바로 접할 수 있는 상태가 실제로 조성되었다면, 그러한 행위는 전체로 보아 성적 수치심을 일으키는 그림 등을 상대방에게 도달하게 한다는 <u>구성요건을 충족한다</u>(대판 2017.6.8, 2016도21389). ● 경찰 ☞ 甲은 동업하면서 알게 된 乙녀와 성관계를 하면서 찍은 乙女의 나체사진이 저장되어 있는 드롭박스 애플리케이션에 접속할 수 있는 인터넷 주소를 링크를 남편과 함께 있는 乙女에게 휴대전화 카카오톡 메신저를 이용하여 전송하였다. 甲의 행위는 성폭력처벌법 제13조의 '통신매체이용음란죄'에 해당한다.

② 성폭력범죄의 처벌 등에 관한 특례법 제13조에서 '**자기 또는 다른 사람의 성적 욕망을 유발하거나 만족시킬 목적**'이 있는지는 피고인과 피해자의 관계, 행위의 동기와 경위, 행위의 수단과 방법, 행위의 내용과 태양, 상대방의 성격과 범위 등 여러 사정을 종합하여 사회통념에 비추어 합리적으로 판단하여야 한다. 또한 '**성적 수치심이나 혐오감을 일으키는 것**'은 피해자에게 **단순한 부끄러움이나 불쾌감을 넘어** 인격적 존재로서의 수치심이나 모욕감을 느끼게 하거나 싫어하고 미워하는 감정을 느끼게 하는 것으로서 **사회 평균인의 성적 도의관념에 반하는 것을 의미한다.** 이와 같은 **성적 수치심 또는 혐오감의 유발 여부는 일반적이고 평균적인 사람들을 기준**으로 하여 판단함이 타당하고, 특히 **성적 수치심의 경우 피해자와 같은 성별과 연령대의 일반적이고 평균적인 사람들을 기준**으로 하여 그 유발 여부를 판단하여야 한다(대판 2017.6.8, 2016도21389).

3. 카메라등이용촬영(제14조)

(1) 촬영의 의미

카메라등이용촬영죄는 카메라 등을 이용하여 성적 욕망 또는 수치심을 유발할 수 있는 타인의 신체를 그 의사에 반하여 촬영함으로써 성립하는 범죄이고, 여기서 '촬영'이란 카메라나 그 밖에 이와 유사한 기능을 갖춘 기계장치 속에 들어 있는 필름이나 저장장치에 피사체에 대한 영상정보를 입력하는 행위를 의미한다(대판 2021.3.25, 2021도749).

(2) 보호법익

'카메라등이용촬영죄'는 피해자의 **성적 자기결정권 및 일반적 인격권 보호, 사회의 건전한 성풍속 확립을** 그 보호법익으로 하며, 구체적으로 인격체인 피해자의 성적 자유와 함부로 촬영당하지 아니할 자유를 보호하기 위한 것이다. 여기에서 '성적 자유'는 소극적으로 자기 의사에 반하여 성적 대상화가 되지 않을 자유를 의미한다(대판 2020.12.24, 2019도16258).

(3) 촬영의 대상

① 촬영의 대상을 '**다른 사람의 신체**'(현행법 : 타인의 신체)로 규정하고 있으므로, **다른 사람의 신체 그 자체를 직접 촬영하는 행위만이** '다른 사람의 신체를 촬영하는 행위'에 해당하고, 다른 사람의 **신체 이미지가 담긴 영상을 촬영하는 행위는 이에 해당하지 않는다**(대판 2018.8.30, 2017도3443). ● 경간부, 경찰 ☞ 성관계 동영상 파일을 컴퓨터로 재생한 후 모니터에 나타난 영상을 휴대전화 카메라로 촬영하였더라도, 이는 신체 그 자체를 직접 촬영한 행위에 해당하지 아니한다.

> **유사판례**
> 성폭력특례법 제14조 제1항 카메라등이용촬영죄 소정의 '사람의 신체를 촬영한 행위'에는 사람의 신체 그 자체를 직접 촬영하는 행위만을 의미하고 사람의 신체 이미지가 담긴 영상을 촬영한 행위는 이에 해당하지 않는다. 따라서 피고인이 **피해자와 영상통화를 하면서 피해자가 나체로 샤워하는 모습을 휴대전화 녹화기능을 이용하여 녹화·저장한 행위는** 피해자의 신체 그 자체가 아니라 피고인의 휴대전화에 수신된 신체 이미지 영상을 대상으로 한 것이어서 위 조항이 정하는 '사람의 신체를 촬영한 행위'에 해당한다고 볼 수 없다(대판 2024.10.31, 2024도10477).

② **촬영한 대상이 '성적 욕망 또는 수치심을 유발할 수 있는 다른 사람의 신체'에 해당하는지는** 객관적으로 **피해자와 같은 성별, 연령대의 일반적이고 평균적인 사람들의** 관점에서 성적 욕망 또는 수치심을 유발할 수 있는 신체에 해당하는지를 고려함과 아울러, 피해자의 옷차림, 노출의 정도 등은 물론, 촬영자의 의도와 촬영에 이르게 된 경위, 촬영 장소와 촬영 각도 및 촬영 거리, 촬영된 원판의 이미지, 특정 신체 부위의 부각 여부 등을 종합적으로 고려하여 구체적·개별적·상대적으로 결정하여야 한다(대판 2008.9.25, 2008도7007).

③ '**성적 욕망 또는 수치심을 유발할 수 있는 신체**'란 특정한 신체의 부분으로 **일률적으로 결정되는 것이 아니고** 촬영의 맥락과 촬영의 결과물을 고려하여 그와 같이 촬영을 하거나 촬영을 당하였을 때 '성적 욕망 또는 수치심을 유발할 수 있는 경우'를 의미한다. 따라서 **피해자가 공개된 장소에서 자신의 의사에 의하여 드러낸 신체 부분**이라고 하더라도 이를 촬영하거나 촬영 당하였을 때에는 성적 욕망 또는 수치심이 유발될 수 있으므로 카메라등이용촬영죄의 대상이 되지 않는다고 섣불리 단정하여서는 아니된다. 따라서 **버스 안에서 레깅스 바지를 입고 서 있던**

피해자의 엉덩이 부위 등 하반신을 피해자 몰래 동영상 촬영한 행위는 성적 욕망 또는 수치심을 유발할 수 있는 피해자의 신체를 그 의사에 반하여 촬영한 행위에 해당한다(대판 2020.12.24, 2019도16258).
④ 피고인이 같은 의도를 가지고 유사한 옷차림을 한 여성에 대한 촬영을 오랜 기간 지속한 경우에도 피고인의 행위가 카메라등이용촬영죄에 해당하는지 여부는 개개의 촬영행위별로 구체적·개별적으로 결정되어야 하고, 이 사건 엑셀 파일 중 **엉덩이를 부각하여 촬영한 경우**는 성적 수치심을 유발할 수 있다고 볼 여지가 있으나 **특별히 엉덩이를 부각하지 않고 일상복인 청바지를 입은 여성의 뒷모습 전신을 어느 정도 떨어진 거리에서 촬영**하였을 뿐이라면 카메라등이용촬영죄 성립을 단정하기 어렵다(대판 2022.3.17, 2021도13203).

(4) 성적 자기결정권 침해의 기준 및 판단

① 피해자가 성적 자유를 침해당했을 때 느끼는 성적 수치심은 부끄럽고 창피한 감정으로만 나타나는 것이 아니라 분노·공포·무기력·모욕감 등 다양한 형태로 나타날수 있다. **성적 수치심의 의미**를 협소하게 이해하여 부끄럽고 창피한 감정이 표출된 경우만을 보호의 대상으로 한정하는 것은 성적 피해를 당한 피해자가 느끼는 다양한 피해 감정을 소외시키고 피해자로 하여금 부끄럽고 창피한 감정을 느낄 것을 강요하는 결과가 될 수 있으므로, 피해 감정의 다양한 층위와 구체적인 범행 상황에 놓인 피해자의 처지와 관점을 고려하여 성적 수치심이 유발되었는지 여부를 신중하게 판단해야 한다(대판 2020.12.24., 2019도16258).
② **성적 자기결정권이 침해되었는지 여부**를 판단함에 있어서도 **구체적인 범행 상황에 놓인 피해자의 입장과 관점**이 충분히 고려되어야 한다. 여성에 대한 추행에 있어 신체 부분에 따라 본질적인 차이가 있다고 볼수는 없다(대판 2020.12.10, 2019도12282).

(5) 실행착수

범인이 피해자를 촬영하기 위하여 **육안 또는 캠코더의 줌 기능을 이용하여 피해자가 있는지 여부를 탐색하다가 피해자를 발견하지 못하고 촬영을 포기한 경우**에는 촬영을 위한 준비행위에 불과하여 카메라등이용촬영죄의 실행에 착수한 것으로 볼 수 없다. 이에 반하여 범인이 카메라 기능이 설치된 휴대전화를 피해자의 치마 밑으로 들이밀거나, 피해자가 용변을 보고 있는 화장실 칸 밑 공간 사이로 집어 넣는 등 카메라 등 이용 **촬영 범행에 밀접한 행위를 개시한 경우**에는 카메라등이용촬영죄의 실행에 착수하였다고 볼 수 있다(대판 2021.3.25., 2021도749). ● 법원, 경찰

4. 촬영물 등을 이용한 협박(제14조의3 제1항)

「성폭력범죄의 처벌 등에 관한 특례법」 제14조의3 제1항은 성적 욕망 또는 수치심을 유발할 수 있는 촬영물 또는 복제물(복제물의 복제물을 포함한다)을 이용하여 사람을 협박한 자를 형법상의 협박죄보다 가중 처벌하는 규정을 두고 있다. 여기서 '촬영물 등을 이용하여'는 '촬영물 등'을 인식하고 이를 방편 또는 수단으로 삼아 협박행위에 나아가는 것을 의미한다. … 실제로 촬영, 제작, 복제 등의 방법으로 만들어진 바 있는 촬영물 등을 방편 또는 수단으로 삼아 <u>유포가능성 등 공포심을 일으킬 수 있을 정도의 해악을 고지한 이상</u> 성폭력처벌법 제14조의3 제1항의 죄는 성립할 수 있고, 반드시 행위자가 촬영물 등을 피해자에게 직접 제시하는 방법으로 협박해야 한다거나 협박 당시 해당 촬영물 등을 소지하고 있거나 유포할 수 있는 상태일 필요는 없다(대판 2024.5.30. 2023도17896). ☞피해자에게 피해자의 음부 사진을 피해자의 남편에게 제공할 듯한 태도를 보이는 발언을 하여 피해자를 협박하였으나 <u>협박 당시에는 이미 사진을 삭제하여 현존하지 않았더라도 촬영물 등이 실제로 만들어졌다면, 반드시 촬영물 등을 피해자에게 제시하는 방법으로 협박하거나 협박 당시 촬영물 등을 피고인이 소지하고 있거나 유포할 수 있는 상태가 아니더라도</u> 「성폭력범죄의 처벌 등에 관한 특례법」 제14조의3 제1항(촬영물 등을 이용한 협박)에 해당된다는 사례임.

5. 기타

> **판례 정리**
>
> ① 제공의 의미 : (구)성폭력처벌법 제14조 제1항에서 '반포'와 별도로 열거된 '**제공**'은, '반포'에 이르지 아니하는 무상 교부행위로서 '반포'할 의사 없이 '특정한 1인 또는 소수의 사람'에게 무상으로 교부하는 것을 의미하므로 **촬영의 대상이 된 피해자 본인**은 성폭력처벌법 제14조 제1항에서 말하는 '제공'의 상대방인 '특정한 1인 또는 소수의 사람'에 포함되지 않는다고 봄이 타당하다(대판 2018.8.1. 2018도1481). ●승진
>
> ② 반포의 의미 : '**반포**'는 불특정 또는 다수인에게 무상으로 교부하는 것을 말하고, 계속적·반복적으로 전달하여 불특정 또는 다수인에게 반포하려는 의사를 가지고 있다면 특정한 1인 또는 소수의 사람에게 교부하는 것도 반포에 해당할 수 있다. 따라서 **甲이 A와 교제하면서 촬영한 성관계 동영상, 나체사진 등의 촬영물을 A와 교제하던 다른 남성에게 A와 헤어지게 할 의도로 전송한 행위**는 (구)성폭력범죄의 처벌 등에 관한 특례법 제14조 제2항의 카메라 이용 촬영물의 '반포'에 해당하지 않는다(대판 2016.12.27. 2016도16676). ●경찰
>
> > **참조판례**
> >
> > 성폭력처벌법 제14조 제2항 위반죄(**촬영물반포등죄**)는 반포등 행위 시를 기준으로 촬영대상자의 의사에 반하여 그 행위를 함으로써 성립하고, **촬영이 촬영대상자의 의사에 반하지 아니하였더라도 그 성립에 지장이 없다**(대판 2023.6.15. 2022도15414).
>
> ③ 아동·청소년 이용음란물 제작죄 : 甲이 제작한 영상물은 객관적으로 아동·청소년이 등장하여 성적 행위를 하는 내용을 표현한 영상물에 해당하고 대상이 된 아동·청소년의 묵시적 동의하에 촬영한 것이라도 사리분별력이 충분한 아동·청소년이 성적 행위에 관한 자기결정권을 자발적이고 진지하게 행사한 것으로 보기 어

려우므로 甲의 행위는 아동·청소년의 성보호에 관한 법률 상 아동·청소년 이용음란물을 제작한 것에 해당한다(대판 2015.3.20, 2014도17346).

④ 성폭력범죄의 처벌 등에 관한 특례법 제6조에서 정하는 '**정신적인 장애가 있는 사람**'이란 '정신적인 기능이나 손상 등의 문제로 일상생활이나 사회생활에서 상당한 제약을 받는 사람'을 가리킨다. 장애인복지법에 따른 **장애인 등록을 하지 않았다거나 그 등록 기준을 충족하지 못하더라도** 여기에 해당할 수 있다(대판 2021.10.28, 2021도9051). ● 법행

⑤ 구 성폭력처벌법 제14조 제2항에서 유포행위의 한 유형으로 열거하고 있는 '**공공연한 전시**'란 불특정 또는 다수인이 촬영물 등을 인식할 수 있는 상태에 두는 것을 의미하고, 촬영물 등의 '공공연한 전시'로 인한 범죄는 불특정 또는 다수인이 전시된 촬영물 등을 실제 인식하지 못했다고 하더라도 촬영물 등을 위와 같은 상태에 둠으로써 성립한다(2022.6.9, 2022도1683).

⑥ 동성애 채팅 애플리케이션을 통해 만나게 된 **남성 군인 甲이 자신의 독신자 숙소에서 동성 군인 乙등과 휴일 또는 근무시간 이후에 자유로운 의사를 기초로 한 합의에 따라 항문성교나 그 밖의 성행위를 한 경우** 군형법 제92조의6에서 처벌대상으로 규정한 '항문성교나 그 밖의 추행'에 해당하지 않는다(대판 2022.4.21, 2019도3047 전원합의체 판결). ● 경찰, 경간부 ☞ 동성 군인 간 합의에 의한 성행위를 군이라는 공동사회의 건전한 생활과 군기를 직접적, 구체적으로 침해하지 않는 경우에까지 형사처벌을 하는 것은 헌법을 비롯한 전체 법질서에 비추어 허용되지 않는다는 취지임

⑦ 성폭력범죄의 처벌등에 관한 특례법상의 **주거침입강제추행죄 및 주거침입강간죄** 등은 사람의 주거 등을 침입한 자가 피해자를 간음, 강제추행 등 성폭력을 행사한 경우에 성립하는 것으로서, 주거침입죄를 범한 후에 사람을 강간하는 등의 행위를 하여야 하는 일종의 **신분범**이고, 선후가 바뀌어 강간죄 등을 범한 자가 그 피해자의 주거에 침입한 경우에는 이에 해당하지 않고 강간죄 등과 주거침입죄 등의 실체적 경합범이 된다. 그 **실행의 착수시기는 주거침입 행위 후 강간죄 등의 실행행위에 나아간 때**이다(대판 2021.8.12, 2020도17796).

⑧ [1] 현행 성폭력처벌법 제6조 제4항에서의 '**신체적인 또는 정신적인 장애로 항거불능 또는 항거곤란 상태에 있음**'이란 신체적인 또는 정신적인 장애 **그 자체로** 항거불능 또는 항거곤란의 상태에 있는 **경우뿐 아니라** 신체적인 또는 정신적인 장애가 주된 원인이 되어 심리적 또는 물리적으로 반항이 불가능하거나 곤란한 상태에 이른 경우를 포함하는 것으로 보아야 한다.

[2] 특히 '**정신적인 장애로 항거불능 또는 항거곤란 상태**'에 있었는지 여부를 판단할 때에는 피해자가 정신적 장애인이라는 사정이 충분히 고려되어야 하므로, **외부적으로 드러나는 피해자의 지적 능력 이외에** 정신적 장애로 인한 사회적 지능·성숙의 정도, 이로 인한 대인관계에서 특성이나 의사소통 능력 등을 전체적으로 살펴 피해자가 범행 당시에 성적 자기결정권을 실질적으로 표현·행사할 수 있었는지를 신중히 판단하여야 한다.

[3] **피해자가 피고인을 상대로 성적 자기결정권을 행사할 수 없거나 행사하기 곤란한 항거불능 또는 항거곤란 상태에 있었는지 여부**는 피해자의 장애 정도와 함께 다른 여러 사정들을 종합하여 범행 당시를 기준으로 판단해야 하는 것이고, 피해자의 장애가 성적 자기결정권을 행사하지 못할 정도인지 여부가 절대적인 기준이 되는 것은 아니다. 그리고 이를 판단함에 있어서는 장애와 관련된 피해자의 상태는 개인별로 그 모습과 정도에 차이가 있다는 점에 대한 이해를 바탕으로 해당 피해자의 상태를 충분히고려하여야 하고 비장애인의 시각과 기준에서 피해자의 상태를 판단하여 '장애로 인한 항거불능 또는 항거곤란 상태'에 해당하지 않는다고 쉽게 단정해서는 안 된다(대판 2022.11.10, 2020도13672).

⑨ **정신적 장애인의 경우** 피해자의 지적 능력을 비롯한 구체적인 상태, 행위자와의 관계, 범행에 이르게 된 경위, 범행 당시와 전후의 상황 등을 종합적으로 고려하여 피해자의 성적 자기결정권이 침해되었다고 규범적으로 평가할 수 있는지에 따라 간음행위와 인과관계 있는 위계에 해당하는지 여부를 판단하여야 하고, **비장애인의 시각과 기준에서 행위자의 언행을 판단하여 '인과관계 있는 위계'에 해당하지 않는다고 쉽게 단정해서는 아니 된다**(대판 2023.6.29, 2020도15730).

⑩ 아동·청소년 등이 **일상적인 생활을 하면서 신체를 노출한 것일 뿐 적극적인 성적 행위를 한 것이 아니더라도** 이를 몰래 촬영하는 방식 등으로 성적 대상화하였다면 이와 같은 행위를 표현한 영상 등은 **아동·청소년이용음란물에 해당한다**(대판 2023.11.16, 2021도4265). ☞ 피고인이 소지한 동영상은 고등학교 여자기숙사의 여러 방실에서 여학생들이 옷을 갈아입는 등 일상생활을 하는 모습을 밤에 원거리에서 망원렌즈를 이용하여 창문을 통해 몰래 촬영한 사례임

⑪ 「성매매알선 등 행위의 처벌에 관한 법률」(이하 '성매매처벌법'이라 한다) 제2조 제1항 제2호가 규정하는 **'성매매알선'**은 성매매를 하려는 당사자 사이에 서서 이를 중개하거나 편의를 도모하는 것을 의미하므로, 성매매의 알선이 되기 위하여는 반드시 그 알선에 의하여 성매매를 하려는 당사자가 실제로 성매매를 하거나 서로 대면하는 정도에 이르러야만 하는 것은 아니고, 성매매를 하려는 당사자들의 의사를 연결하여 더 이상 알선자의 개입이 없더라도 당사자 사이에 성매매에 이를 수 있을 정도의 주선행위만 있으면 족하다. 그리고 성매매처벌법 제19조에서 정한 **성매매알선죄는 성매매죄 정범에 종속되는 종범이 아니라** 성매매죄 정범의 존재와 관계없이 그 자체로 **독자적인 정범**을 구성하므로, 알선자가 위와 같은 주선행위를 하였다면 성매수자에게 실제로는 성매매에 나아가려는 의사가 없었다고 하더라도 위 법에서 정한 성매매알선죄가 성립한다 (대판 2023.6.29, 2020도3626).

⑫ 성폭력범죄의 처벌등에 관한 특례법(성폭력처벌법) 제5조 제3항은 "친족관계인 사람이 사람에 대하여 형법 제299조(준강간, 준강제추행)의 죄를 범한 경우에는 제1항 또는 제2항의 예에 따라 처벌한다."라고 규정하고 있고, … 따라서 **의붓아버지**와 **의붓딸**의 관계는 성폭력처벌법 제5조 제4항이 규정한 **4촌 이내의 인척으로서 친족관계에 해당한다**(대판 2020.11.5, 2020도10806).

⑬ 구 「아동·청소년의 성보호에 관한 법률」 제11조 제2항은 '**영리를 목적으로** 아동·청소년이용음란물을 판매·대여·배포·제공하거나 **이를 목적으로 소지**·운반하거나 공연히 전시 또는 상영한 자는 10년 이하의 징역에 처한다.'고 규정하여, 영리를 목적으로 아동·청소년이용음란물을 배포하는 등의 행위를 하거나 "이를 목적으로" 소지하는 행위를 금지하고 있다. … 이 사건 조항이 처벌대상으로 정하고 있는 '소지'도 배포 등 유통행위를 목적으로 하는 소지로 보아야 한다. 따라서 이 사건 조항이 정한 **'이를 목적으로'**란 '**영리를 목적으로 배포 등 행위를 하기 위하여**'를 의미한다고 할 것이므로, 이 사건 조항의 **소지죄**가 성립하기 위해서는 **영리 목적뿐만 아니라 '배포 등 행위의 목적'**이 있어야 한다(대판 2024.5.30, 2021도6801).

X 스토킹범죄의 처벌 등에 관한 법률

[1] 「스토킹범죄의 처벌 등에 관한 법률」 제2조 제1호는 '**스토킹행위**'란 상대방의 의사에 반하여 정당한 이유 없이 상대방 또는 그의 동거인, 가족에 대하여 다음 각 목의 어느 하나에 해당하는 행위를 하여 상대방에게 불안감 또는 공포심을 일으키는 것을 말한다."라고 규정하면서, 그 다목에서 "우편·전화·팩스 또는 「정보통신망 이용 촉진 및 정보보호 등에 관한 법률」 제2조 제1항 제1호의 정보통신망을 이용하여 물건이나 글·말·부호·음향·그림·영상·화상을 도달하게 하는 행위"를 스토킹행위 중 하나로 규정한다. 스토킹처벌법 제2조 제2호는 '**스토킹범죄**'란 지속적 또는 반복적으로 스토킹행위를 하는 것을 말한다."라고 규정한다. 스토킹처벌법의 문언, 입법목적 등을 종합하면, 피고인이 전화를 걸어 피해자의 **휴대전화에 벨소리**가 울리게 하거나 **부재중 전화 문구 등이 표시**되도록 하여 상대방에게 불안감이나 공포심을 일으키는

행위는 **실제 전화통화가 이루어졌는지 여부와 상관없이** 쟁점 조항이 정한 스토킹행위에 해당한다고 볼 수 있다.

[2] 쟁점 조항은 스토킹행위 중 하나로 전화 또는 정보통신망 등을 '이용하여' 음향·글·부호 등을 피해자에게 도달하게 하는 행위를 규정한다. "이용하다"의 사전적 의미는 '대상을 필요에 따라 이롭게 쓴다'는 것으로, 피해자에게 음향 등을 도달시킬 목적으로 전화, 정보통신망을 도구로 사용한다는 의미로 이해할 수 있다. 또한 쟁점 조항은 피해자에게 도달하게 하는 음향·글·부호 등의 내용 자체가 피해자에게 불안감 또는 공포심을 유발하는 내용일 것을 요구하지 않고, 음향·글·부호 등의 발신·송신을 요구하지도 않으며, 음향·글·부호 등이 도달하게 하는 행위에 해당할 것을 요구할 뿐이다. 따라서 피고인이 피해자에게 전화를 걸어 무선 기지국 등에 '피고인이 피해자와 전화통화를 원한다.'라는 내용이 담긴 정보의 전파를 발신, 송신하고, 그러한 정보의 전파가 기지국, 교환기 등을 거쳐 피해자의 휴대전화에 수신된 후 '피고인이 피해자와 전화통화를 원한다.' 또는 '피고인이 피해자와 전화통화를 원하였다.'는 내용의 정보가 벨소리, 발신번호 표시, 부재중 전화 문구 표시로 변형되어 피해자의 휴대전화에 나타났다면, 피고인이 전화 또는 정보통신망을 도구로 사용하여 피고인 전화기에서의 출발과 장소적 이동을 거친 음향(벨소리), 글(발신번호 표시, 부재중 전화 문구 표시)을 피해자의 휴대전화에 '도달'하게 한 것으로 평가할 수 있다.

[3] 피고인이 전화를 걸어 피해자의 휴대전화에 벨소리가 울리게 하거나 부재중 전화 문구가 표시되게 하였음에도 피해자가 전화를 수신하지 않았다는 이유만으로 스토킹행위에서 배제하는 것은 우연한 사정에 의하여 처벌 여부가 좌우되도록 하고 처벌 범위도 지나치게 축소시켜 부당하다. 피해자가 전화를 수신하여야만 불안감 또는 공포심을 일으킨다고 볼 수 없고, 오히려 스토킹행위가 반복되어 불안감 또는 공포심이 증폭된 피해자일수록 전화를 수신하지 않을 가능성이 높다.

[4] 피고인이 피해자와 전화통화를 의욕하고 전화를 걸었거나 피해자의 휴대전화 상태나 전화수신 여부를 알 수 없었다고 하더라도 피고인으로서는 적어도 미수신시 피해자의 휴대전화에서 벨소리나 진동음이 울리거나 부재중 전화 문구 등이 표시된다는 점을 알 수 있었고 그러한 결과의 발생을 용인하는 의사도 있었다고 볼 수 있으므로 미필적 고의는 있었다고 보아야 한다.

[5] 구 정보통신망법 제65조 제1항 제3호는 "정보통신망을 통하여" 피해자에게 송신되는 음향 자체가 공포심이나 불안감을 유발하는 내용일 것을 요구하였으나, 쟁점 조항 **스토킹 행위**는 "전화, 정보통신망 등을 이용하여" 말, 음향, 글 등을 **도달하게 하면 족하고** 전달되는 음향이나 글 등이 피해자에게 **불안감 또는 공포심을 유발하는 내용일 것을 요구하지 않는다.**

[6] 아울러, 피고인이 피해자의 의사에 반하여 정당한 이유 없이 전화를 걸어 피해자와 전화통화를 하여 말을 도달하게 한 행위는, 그 전화통화 내용이 불안감 또는 공포심을 일으키는 것이었음이 밝혀지지 않는다고 하더라도, 피고인과 피해자의 관계, 지위, 성향, 행위 전후의 여러 사정을 종합하여 그 전화통화 행위가 피해자의 불안감 또는 공포심을 일으키는 것으로 평가되면, 쟁점 조항 스토킹행위에 해당하게 된다.

[7] 설령 피고인이 피해자와의 **전화통화 당시 아무런 말을 하지 않아 '말을 도달하게 하는 행위'에 해당하지 않는다고 하더라도** 피해자의 수신 전 전화 벨소리가 울리게 하거나 발신자 전화번호가 표시되도록 한 것까지 포함하여 피해자에게 불안감이나 공포심을 일으킨 것으로 평가된다면 '음향, 글 등을 도달하게 하는 행위'에 해당하므로 마찬가지로 쟁점 조항 스토킹행위에 해당한다고 볼 수 있다(대판 2023.5.18, 2022도12037). ● 경찰

유사판례

① **스토킹범죄**는 행위자의 어떠한 행위를 매개로 이를 인식한 상대방에게 불안감 또는 공포심을 일으킴으로써 그의 자유로운 의사결정의 자유 및 생활형성의 자유와 평온이 침해되는 것을 막고 이를 보호법익으로 하는 위험범이라고 볼 수 있으므로, 구 스토킹범죄의 처벌 등에 관한 법률 제2조 제1호 각 목의 행위가 객관적·일반적으로 볼 때 이를 인식한 상대방으로 하여금 불안감 또는 공포심을 일으키기에 충분한 정도라고 평가될 수 있다면 현실적으로 상대방이 불안감 내지 공포심을 갖게 되었는지 여부와 관계없이 '스토킹행위'에 해당하고, 나아가 그와 같은 일련의 스토킹행위가 지속되거나 반복되면 '스토킹범죄'가 성립한다. 따라서 빌라 아래층에 살던 사람이 주변의 생활소음에 대한 불만으로 이웃을 괴롭히기 위해 불상의 도구로 수개월에 걸쳐 늦은 밤부터 새벽 사이에 반복하여 벽 또는 천장을 두드려 '쿵쿵' 소리를 내어 이를 위층에 살던 피해자의 의사에 반하여 피해자에게 도달하게 한 경우, 이는 객관적·일반적으로 상대방에게 불안감 내지 공포심을 일으키기에 충분한 행위라 볼 수 있어 스토킹범죄를 구성한다(대판 2023.9.27, 2023도6411). ● 경찰

② 지속적 또는 반복적으로 이루어진 **일련의 스토킹행위에 흉기 또는 그 밖의 위험한 물건을 휴대하거나 이용한 스토킹행위가 포함되어 있는 경우**, 그러한 일련의 스토킹행위는 **하나의 특수스토킹범죄를 구성**한다고 봄이 타당하다. 따라서 피고인이 지속적 또는 반복적으로 위험한 물건 등을 휴대·이용하지 않은 스토킹행위를 4회 하고 위험한 물건을 휴대한 스토킹행위를 1회 하였다는 부분에 관하여, 총 5회에 걸친 일련의 스토킹행위는 구 스토킹처벌법 제18조 제2항 소정의 하나의 특수스토킹범죄에 해당한다(대판 2025.1.9, 2023도11912).

CHAPTER 03 명예와 신용에 대한 죄

제1절 명예에 관한 죄

I 서 설

1. 보호법익

명예훼손죄와 모욕죄의 보호법익은 다같이 사람의 가치에 대한 사회적 평가인 이른바 외부적 명예인 점에서는 차이가 없으나 다만 명예훼손은 사람의 사회적 평가를 저하시킬 만한 구체적 사실의 적시를 하여 명예를 침해함을 요하는 것으로서 구체적 사실이 아닌 단순한 추상적 판단이나 경멸적 감정의 표현으로서 사회적 평가를 저하시키는 모욕죄와 다르다(대판 1987.5.12, 87도739). ● 사시, 법행

2. 보호정도

① **추상적 위험범으로서 명예훼손죄**는 개인의 명예에 대한 사회적 평가를 진위에 관계없이 보호함을 목적으로 하고, 적시된 사실이 특정인의 사회적 평가를 침해할 가능성이 있을 정도로 구체성을 띠어야 하나, 위와 같이 침해할 위험이 발생한 것으로 족하고 침해의 결과를 요구하지 않으므로, 다수의 사람에게 사실을 적시한 경우뿐만 아니라 소수의 사람에게 발언하였다고 하더라도 그로 인해 불특정 또는 다수인이 인식할 수 있는 상태를 초래한 경우에도 공연히 발언한 것으로 해석할 수 있다(대판 2020.11.19, 2020도5813 전원합의체).

② 명예훼손죄 규정이 '**명예를 훼손한**'이라고 규정되어 있음에도 이를 침해범이 아니라 추상적 위험범으로 보는 것은 명예훼손이 갖는 행위반가치와 결과반가치의 특수성에 있다. 즉, 명예훼손죄의 보호법익인 명예에 대한 침해가 객관적으로 확인될 수 없고 이를 증명할 수도 없기 때문이다. 따라서 불특정 또는 다수인이 적시된 사실을 실제 인식하지 못하였다고 하더라도 그러한 상태에 놓인 것만으로도 명예가 훼손된 것으로 보아야 하고 이를 불능범이나 미수로 평가할 수 없다(대판 2020.11.19, 2020도5813 전원합의체).

II 명예훼손죄

제307조 (명예훼손) ① 공연히 **사실을 적시**하여 사람의 명예를 훼손한 자는 2년 이하의 징역이나 금고 또는 500만원 이하의 벌금에 처한다.
② 공연히 **허위의 사실을 적시**하여 사람의 명예를 훼손한 자는 5년 이하의 징역, 10년 이하의 자격정지 또는 1천만원 이하의 벌금에 처한다.
제312조 (고소와 피해자의 의사) ① 제308조와 제311조의 죄는 고소가 있어야 공소를 제기할 수 있다.
② 제307조와 제309조의 죄는 피해자의 명시한 의사에 반하여 공소를 제기할 수 없다.

1. 객관적 구성요건

(1) 객체(명예의 주체)

① **자연인** : 자연인은 모두 명예의 주체가 된다. 따라서 유아·정신병자를 불문한다.
② **사자** : 사자도 역사적 존재자로서의 인격적 가치는 보호받아야 하므로 명예의 주체가 된다(다수설).
③ **법인 기타의 단체**
④ **집합명칭에 의한 명예훼손** : 명예훼손죄는 **어떤 특정한 사람 또는 인격을 보유하는 단체**에 대하여 그 명예를 훼손함으로써 성립하는 것이므로 그 **피해자는 특정**한 것임을 요하고, 다만 서울시민 또는 경기도민이라 함과 같은 막연한 표시에 의해서는 명예훼손죄를 구성하지 아니한다 할 것이지만, **집합적 명사를 쓴 경우**에도 그것에 의하여 그 범위에 속하는 특정인을 가리키는 것이 명백하면, 이를 각자의 명예를 훼손하는 행위라고 볼 수 있다. 그러므로 서울시 교육청내 공보실에서 피해자의 이름을 적시하지 않은채 **'3·19동지회' 소속 교사들**이 학생들을 선동하여 무단 하교하게 하였다는 내용의 보도자료를 기자들에게 배포한 경우, 3·19동지회 소속 교사들에 대한 제307조 제2항의 **명예훼손죄가 성립한다**(대판 2000.10.10, 99도5407). ● 경찰승진, 법행

> **참조판례**
> **집단표시에 의한 모욕은, 모욕의 내용이 집단에 속한 특정인에 대한 것이라고는 해석되기 힘들고**, 집단표시에 의한 비난이 개별구성원에 이르러서는 **비난의 정도가 희석되어 구성원 개개인의 사회적 평가에 영향을 미칠 정도에 이르지 아니한 경우에는 구성원 개개인에 대한 모욕이 성립되지 않는다고 봄이 원칙이고**, **비난의 정도가 희석되지 않아 구성원 개개인의 사회적 평가를 저하시킬 만한 것으로 평가될 경우에는 예외적으로 구성원 개개인에 대한 모욕이 성립할 수 있다.** 한편 구성원 개개인에 대한 것으로 여겨질 정도로 구성원 수가 적거나 당시의 주위 정황 등으로 보아 집단 내 개별구성원을 지칭하는 것으로 여겨질 수 있는 때에는 집단 내 개별구성원이 피해자로서 특정된다고 보아야 할 것인데, 구체적인 기준으로는 집단의 크기, 집단의 성격과 집단 내에서의 피해자의 지위 등을 들 수 있다(대판 2014.3.27, 2011도15631).

ⓔ **정부 또는 국가기관** : 정부 또는 국가기관의 정책결정이나 업무수행과 관련된 사항은 항상 국민의 감시와 비판의 대상이 되어야 하고, 이러한 감시와 비판은 이를 주요 임무로 하는 언론보도의 자유가 충분히 보장될 때 비로소 정상적으로 수행될 수 있으며, **정부 또는 국가기관은 형법상 명예훼손죄의 피해자가 될 수 없으므로,** 정부 또는 국가기관의 정책결정 또는 업무수행과 관련된 사항을 주된 내용으로 하는 언론보도로 인하여 그 정책결정이나 업무수행에 관여한 공직자에 대한 사회적 평가가 다소 저하될 수 있더라도, 그 **보도의 내용이 공직자 개인에 대한 악의적이거나 심히 경솔한 공격으로서 현저히 상당성을 잃은 것으로 평가되지 않는 한,** 그 보도로 인하여 곧바로 공직자 개인에 대한 명예훼손이 된다고 할 수 없다(대판 2011.9.2, 2010도17237). ● 사시, 법행

(2) 행 위
① 공연성(전파성이론)
  ㉠ **공연성의 의의** : **공연성은 '불특정 또는 다수인이 인식할 수 있는 상태'를 의미**한다(대판 2008.2.14, 2007도8155).
  ㉡ **전파가능성과 공연성** : **개별적으로 소수의 사람에게 사실을 적시하였더라도 그 상대방이 불특정 또는 다수인에게 적시된 사실을 전파할 가능성이 있는 때에는 공연성이 인정**되고 이와 달리 **전파가능성이 없다면** 특정한 한 사람에 대한 사실의 유포는 **공연성이 결여된다**. 이러한 법리는 정보통신망 이용촉진 및 정보보호 등에 관한 법률상 정보통신망을 이용한 명예훼손이나 공직선거법상 후보자비방죄 등의 공연성 판단에도 동일하게 적용된다(대판 2008.2.14, 2007도8155).
  ㉢ **전파가능성의 증명정도** : 공연성은 명예훼손죄의 구성요건으로서, 특정 소수에 대한 사실적시의 경우 공연성이 부정되는 유력한 사정이 될 수 있으므로, 전파될 가능성에 관하여는 검사의 엄격한 증명이 필요하다. 나아가 대법원은 '특정의 개인이나 소수인에게 개인적 또는 사적으로 정보를 전달하는 것과 같은 행위는 공연하다고 할 수 없고, 다만 **특정의 개인 또는 소수인이라고 하더라도 불특정 또는 다수인에게 전파 또는 유포될 개연성**이 있는 경우라면 공연하다고 할 수 있다'고 판시하여 **전파될 가능성에 대한 증명의 정도로 단순히 '가능성'이 아닌 '개연성'**을 요구하고 있다(대판 2008.2.14, 2007도8155).
  ㉣ **전파가능성의 판단** : 발언 이후 실제 전파되었는지 여부는 전파가능성 유무를 판단하는 고려요소가 될 수 있으나, **발언 후 실제 전파 여부라는 우연한 사정은 공연성 인정 여부를 판단함에 있어 소극적 사정으로만 고려되어야 한다.** 따라서 전파가능성 법리에 따르더라도 위와 같은 객관적 기준에 따라 전파가능성을 판단할 수 있고, 행위자도 발언 당시 공연성 여부를 충분히 예견할 수

있으며, 상대방의 전파의사만으로 전파가능성을 판단하거나 실제 전파되었다는 결과를 가지고 책임을 묻는 것이 아니다. 특히 발언 상대방이 발언자나 피해자의 **배우자, 친척, 친구 등 사적으로 친밀한 관계에 있는 경우, 직무상 비밀유지의무 또는 이를 처리해야 할 공무원이나 이와 유사한 지위에 있는 경우**에는 그러한 관계나 신분으로 인하여 비밀의 보장이 상당히 높은 정도로 기대되는 경우로서 공연성이 부정된다. 위와 같이 **발언자와 상대방 및 피해자와 상대방이 특수한 관계에 있는 경우, 상대방이 직무상 특수한 지위 내지 신분을 가지고 있는 경우**에는 그 상대방에 대한 사실적시 행위에 관하여 공연성을 인정하기 위해서는 그러한 관계나 신분에도 불구하고 불특정 또는 다수인에게 전파될 수 있다고 볼 만한 특별한 사정이 존재하여야 한다(대판 1981.10.27, 81도1023, 대판 2020.11.19, 2020도5813). ● 경찰, 검찰

㉤ 전파가능성에 관한 인식과 위험을 용인하는 내심의 의사 : '전파가능성을 이유로 명예훼손죄의 공연성을 인정하는 경우에는 적어도 범죄구성요건의 **주관적 요소로서 미필적 고의**가 필요하므로 전파가능성에 대한 인식이 있음은 물론 나아가 그 위험을 용인하는 내심의 의사가 있어야 하고, 행위자가 전파가능성을 용인하고 있었는지 여부는 외부에 나타난 행위의 형태와 상황 등 구체적인 사정을 기초로 일반인이라면 그 전파가능성을 어떻게 평가할 것인가를 고려하면서 **행위자의 입장**에서 그 심리상태를 추인하여야 한다(대판 2004.4.9, 2004도340). ● 경간부

> **판례 정리** ··· 공연성을 인정한 경우

1. **직장의 전산망에 설치된 전자게시판**에 타인의 명예를 훼손하는 내용의 글을 게시한 행위가 명예훼손죄를 구성한다(대판 2000.5.12, 99도5734). ● 사시
2. **인터넷 개인 블로그의 비공개 대화방**에서 상대방으로부터 비밀을 지키겠다는 말을 듣고 일대일로 대화하였다고 하더라도, 그 사정만으로 대화 상대방이 대화내용을 불특정 또는 다수에게 전파할 가능성이 없다고 할 수 없으므로, 명예훼손죄의 요건인 공연성을 인정할 여지가 있다(대판 2008.2.14, 2007도8155). ● 경찰
3. 피고인이 **4인에게 순차적**으로 경찰관으로부터 고문을 받았다고 허위사실을 적시한 경우(대판 1985.12.10, 84도2380) ● 법무사
4. 피고인의 말을 들은 사람은 **한 사람씩에 불과하였으나 그들은 피고인과 특별한 친분관계가 있는 자가 아니며**, 그 범행의 내용도 지방의회 의원선거를 앞둔 시점에 현역 시의회 의원이면서 다시 그 후보자가 되고자 하는 자를 비방한 것이어서 피고인이 적시한 사실이 전파될 가능성이 많을 뿐만 아니라, 결과적으로 그 사실이 피해자에게 전파되어 피해자가 고소를 제기하기에 이른 사정 등을 참작하여 볼 때, 피고인의 판시 범행은 행위 당시에 이미 공연성을 갖추었다(대판 1996.7.12, 96도1007).
5. 길거리에서 **동네사람과 피해자의 시어머니가 있는 자리**에서 "시커멓게 생긴 놈하고 매일같이 붙어 다닌다. 점방 마치면 여관에 가서 누워자고 아침에 들어온다"라고 말한 경우(대판 1983.10.11, 83도2222) ● 사시
6. 행정서사 사무실에서 같은 교회에 다니는 3인에게 "피해자가 처자식이 있는 남자와 사는데 아니냐"라고 말한 경우(대판 1985.4.23, 85도431) ● 법행

7. 진정서와 고소장을 특정 사람들에게 **개별적으로 우송하여도 다수인(19명, 193명)에게 배포**하였고, 또 그 내용이 다른 사람에게 전파될 가능성도 있어 공연성의 요건이 충족된다(대판 1991.6.25, 91도347). ● 법행
8. 명예훼손의 발언(피해자들이 전과가 많다는 내용)을 들은 사람들이 피해자들과는 **일면식이 없다거나 이미 피해자들의 전과사실을 알고 있었다고 하더라도 공연성 즉 발언이 전파될 가능성이 없다고 볼 수 없다**(대판 1993.3.23, 92도455). ● 사시
9. ○○작가협회 회원이 타인의 명의를 도용하여 협회 교육원장을 비방하는 내용의 호소문을 작성한 후 이를 **협회 회원들에게 우편으로 송달한 경우**, 사문서위조죄와 명예훼손죄가 각 성립하고, 이는 실체적 경합관계에 있다(대판 2009.4.23, 2008도8527). ● 법행
10. 유인물을 **71명의 회원에게 배부**한 경우(대판 1981.8.25, 81도149), **진주민속예술보존회** 이사장이 이사회 또는 임시총회를 진행하다가 10여 명 또는 30여 명의 회원들이 있는 자리에서 허위사실을 말한 경우(대판 1990.12.26, 90도2473) ● 검찰7급
11. 甲이 A의 집 뒷길에서 자신의 남편 乙 및 A의 친척인 B가 듣는 가운데 A에게 '저것이 징역 살다온 전과자다' 등으로 큰 소리로 말한 경우(대판 2020.11.19, 2020도5813 전원합의체) ☞ B가 A와 친척관계에 있다는 이유만으로 전파가능성이 부정된다고 볼 수 없고, 오히려 甲은 공개된 장소에서 큰 소리로 말하여 다른 마을 사람들이 들을 수 있을 정도였던 사례이다. ● 경찰, 경간부
12. 출판물 15부를 **피고인들이 소속된 교회의 교인 15인**(그 일부가 위 출판물작성에 가담한 사람임)에게 배부한 경우(대판 1984.2.28, 83도3124) ● 경찰
13. 같은 직장에 근무하는 피해자에 대한 허위사실을 **같은 직장 노조위원장과 관리과장에게 유포**한 경우(대판 1986.9.23, 86도556)
14. **개별적으로 한 사람**에 대하여 사실을 유포하였더라도 **연속하여 수인에게 사실을 유포**한 경우(대판 1968.12.24, 68도1569) ● 사시
15. 피고인이 상가 관리단의 임시총회에서 피해자가 새로운 관리인으로 선출되자, 피해자가 뇌물공여죄, 횡령죄 등 전과 13범으로 관리단규약에 의하여 선량한 관리인으로서의 자격이 없다는 내용을 담은 서면을 **관리단 감사에게 팩스로 전송**한 경우(대판 2008.10.23, 2008도6515) ● 경간부
16. 골프장 경기도우미들이 허위사실을 적시한 **서명자료를 만들어 다수의 동료들에게 읽고 서명**하게 한 경우 특히 그 내용을 동료들이 알고 있는 경우(대판 2020.12.30, 2015도15619)

> **판례 정리 … 공연성을 부정한 경우**
>
> 1. 피해자와 말을 듣는 상대방 사이에 특별한 관계가 있는 경우
>   ① 중학교 교사에 대해 "전과범으로서 교사직을 팔아가며 이웃을 해치고 고발을 일삼는 악덕 교사"라는 취지의 진정서를 그가 **근무하는 학교법인 이사장** 앞으로 제출한 행위 자체는 위 진정서의 내용과 진정서의 수취인인 학교법인 이사장과 위 교사의 관계등에 비추어 볼 때 위 이사장이 위 진정서 내용을 타에 전파할 가능성이 있다고 보기 어려우므로 명예훼손죄의 구성요건인 공연성이 있다고 보기 어렵다(대판 1983.10.25, 83도2190). ● 경찰, 사시
>   ② 이혼소송 계속 중인 처가 **남편의 친구에게 서신**을 보내면서 남편의 명예를 훼손하는 문구가 기재된 서신을 동봉한 경우, 공연성이 결여되었다(대판 2000.2.11, 99도4579). ● 경찰승진
>   ③ 피고인을 **명예훼손죄로 고소할 수 있도록 그 증거자료를 미리 은밀하게 수집, 확보하기 위하여 피고인의 발언을 유도**하였다고 의심되는 사람들에게 한 피해자의 여자 문제 등 사생활에 관한 피고인의 발언은 이들이 수사기관 이외의 다른 사람들에게 전파할 가능성이 없다(대판 1996.4.12, 94도3309). ● 경찰
>   ④ **피해자와 남편과 전처 아들에게** 피해자의 공금횡령사실을 적시한 경우(대판 1989.7.11, 89도886)

⑤ 조합장으로 취임한 피고인이 조합의 원만한 운영을 위하여 피해자의 측근이며 피해자의 불신임을 적극 반대하였던 갑에게 조합운영에 대한 협조를 구하기 위하여 동인과 단둘이 있는 자리에서 이사회가 피해자를 불신임하게 된 사유를 설명하는 과정에서 피해자에 대한 여자관계의 소문이 돌고 있다는 취지의 말을 한 것이라면 그것은 전파될 가능성이 있다고 할 수 없다(대판 1990.4.27, 89도1467). ● 사시

⑥ 피해자의 남편과 친척앞에서 피해자의 불륜사실을 말한 경우(대판 1981.10.27, 81도1023)

⑦ 피고인이 다방에서 피해자와 동업관계로 친한 사이인 甲에게 피해자의 험담을 한 경우에 있어서 다방 내의 좌석이 다른 손님의 자리와 멀리 떨어져 있고, 그 당시 甲은 피고인에게 "왜 피해자에 관해서 그런 말을 하느냐"고 힐책까지 한 사실이 있다면 전파될 가능성이 없으므로 공연성은 부정된다(대판 1984.2.28, 83도891). ● 법행

⑧ 골프장 경기도우미들이 자율규정을 위반한 경기도우미를 징계하였으니 처리하여 달라는 취지가 기재된 요청서를 절차에 따라 골프장 운영 회사의 담당자에게 전달한 경우(대판 2020.12.30, 2015도15619)

2. 귀엣말로 얘기한 경우

어느 사람에게 귀엣말 등 그 사람만 들을 수 있는 방법으로 그 사람 본인의 사회적 가치 내지 평가를 떨어뜨릴 만한 사실을 이야기하였다면, 위와 같은 이야기가 불특정 또는 다수인에게 전파될 가능성이 있다고 볼 수 없어 명예훼손의 구성요건인 공연성을 충족하지 못하는 것이며, 그 사람이 들은 말을 스스로 다른 사람들에게 전파하였더라도 위와 같은 결론에는 영향이 없다(대판 2005.12.9, 2004도2880). ● 법행, 경찰

3. 기자에게 제보한 경우

통상 기자가 아닌 보통 사람에게 사실을 적시할 경우에는 그 자체로서 적시된 사실이 외부에 공표되는 것이므로 그 때부터 곧 전파가능성을 따져 공연성 여부를 판단하여야 할 것이지만, 그와는 달리 기자를 통해 사실을 적시하는 경우에는 기사화되어 보도되어야만 적시된 사실이 외부에 공표된다고 보아야 할 것이므로 기자가 취재를 한 상태에서 아직 기사화하여 보도하지 아니한 경우에는 전파가능성이 없다고 할 것이어서 공연성이 없다(대판 2000.5.16, 99도5622). ● 사시, 경찰승진

4. 들은 사람이 피해자와 무관한 자이지만 전파가능성이 없는 경우

① 피고인이 자기 집에서 피해자와 서로 다투다가 피해자에게 한 욕설을 피고인의 남편외에 들은 사람이 없다고 한다면 그 욕설을 불특정 또는 다수인이 인식할 수 있는 상태였다고 할 수는 없으므로 공연성을 인정하기 어렵다(대판 1985.11.26, 85도2037).

② 피고인이 집에서 피고인의 처로부터 전날 피고인이 외박한 사실에 대하여 추궁당하자 이를 모면하기 위하여 처에게 피해자와 여관방에서 동침한 사실이 있다고 말한 사실만으로써는 명예훼손죄의 구성요건인 공연성이 있다 할 수 없다(대판 1984.3.27, 84도86). ● 사시

③ 피고인이 평소 유혹하려던 과부에게 단둘이 마주치게 되자 "남편 있는 여자도 서방질을 하는데 과부가 서방을 두는 것이 무슨 잘못이냐"라고 말한 경우(대판 1982.2.9, 81도2152) ● 사시

④ 피고인이 평소 乙이 자신의 일에 간섭하는 것에 기분이 나쁘다는 이유로 甲으로부터 취득한 乙의 범죄경력기록을 같은 아파트에 거주하는 丙에게 보여주면서 "전과자이고 나쁜 년"이라고 사실을 적시하여 乙의 명예를 훼손한 경우(대판 2010.11.11, 2010도8265)

⑤ 피고인이 자신의 아들 등에게 폭행을 당하여 입원한 피해자의 병실로 찾아가 그의 모(母) 甲과 대화하던 중 甲의 이웃 乙 및 피고인의 일행 丙 등이 있는 자리에서 "학교에 알아보니 피해자에게 원래 정신병이 있었다고 하더라."라고 허위사실을 말하여 피해자의 명예를 훼손하였다는 내용으로 기소된 사안에서, 피고인이 丙과 함께 피해자의 병문안을 가서 피고인·甲·乙·丙 4명이 있는 자리에서 피해자에 대한 폭행사건에 관하여 대화를 나누던 중 위 발언을 한 것이라면 불특정 또는 다수인이 인식할 수 있는 상태라고 할 수 없고, 또 그 자리에 있던 사람들의 관계 등 여러 사정에 비추어 피고인의 발언이 불특정 또는 다수인에게 전파될 가능성이 있다고 보기도 어려워 공연성이 없다(대판 2011.9.8, 2010도7497). ● 경찰

② 사실의 적시
　㉠ 사실과 가치판단의 구별 : 명예훼손죄에 있어서의 '**사실의 적시**'란 가치판단이나 평가를 내용으로 하는 **의견표현에 대치되는 개념**으로서 시간과 공간적으로 구체적인 과거 또는 현재의 사실관계에 관한 보고 내지 진술을 의미하는 것이며, 그 표현내용이 증거에 의한 입증이 가능한 것을 말한다. 따라서 목사가 예배중 특정인을 가리켜 "이단 중에 이단이다"라고 설교한 부분은 명예훼손죄에서 말하는 '사실의 적시'에 해당하지 않는다(대판 2008.10.9, 2007도1220). ● 경찰, 경찰승진

　㉡ 장래의 사실적시와 명예훼손 : 명예훼손죄가 성립하기 위하여는 사실의 적시가 있어야 하는데, 여기에서 적시의 대상이 되는 사실이란 현실적으로 발생하고 증명할 수 있는 과거 또는 현재의 사실을 말하며, **장래의 일을 적시하더라도 그것이 과거 또는 현재의 사실을 기초로 하거나 이에 대한 주장을 포함하는 경우에는 명예훼손죄가 성립한다**. 따라서 피고인이 경찰관을 상대로 진정한 사건이 혐의인정되지 않아 내사종결 처리되었음에도 불구하고 공연히 "사건을 조사한 경찰관이 내일부로 검찰청에서 구속영장이 떨어진다."고 말한 것은 현재의 사실을 기초로 하거나 이에 대한 주장을 포함하여 장래의 일을 적시한 것으로 볼 수 있어 명예훼손죄에 있어서의 사실의 적시에 해당한다(대판 2003.5.13, 2002도7420). ● 사시, 법행, 경찰

　㉢ 공지의 사실 : 명예훼손죄가 성립하기 위하여는 반드시 숨겨진 사실을 적발하는 행위만에 한하지 아니하고 **이미 사회의 일부에 잘 알려진 사실**이라고 하더라도 이를 **적시하여 사람의 사회적 평가를 저하시킬 만한 행위를 한 때**에는 명예훼손죄를 구성한다. 따라서 일간신문에도 소개되어 세인의 관심이 되었던 공지의 사실도 사실에 해당한다(대판 1994.4.12, 93도3535). ● 사시, 경찰

　㉣ 전문한 사실의 적시 : 명예훼손죄에 있어서의 사실의 적시는 그 사실의 적시자가 스스로 실험한 것으로 적시하던 타인으로부터 전문한 것으로 적시하던 불문한다(대판 1985.4.23, 85도431). ● 사시

　㉤ 사실적시의 구체성
　　ⓐ 명예훼손죄가 성립하기 위하여는 **특정인의 사회적 가치 내지 평가가 침해될 가능성이 있는 구체적인 사실을 적시하여야** 하는바, 어떤 표현이 명예훼손적인지 여부는 그 표현에 대한 사회 통념에 따른 객관적 평가에 의하여 판단하여야 한다. 따라서 **가치중립적인 표현**을 사용하였다 하더라도 사회 통념상 그로 인하여 특정인의 사회적 평가가 저하되었다고 판단된다면 명예훼손죄가 성립할 수 있다(대판 2007.10.25, 2007도5077). ● 경찰
　　ⓑ 비록 허위의 사실을 적시하였더라도 그 허위의 사실이 특정인의 사회적 가치 내지 평가를 침해할 수 있는 내용이 아니라면 형법 제307조 소정의 명예훼손죄는 성립하지 않는다(대판 2009.9.24, 2009도6687).

> **관련판례**
> '(주)진로가 일본 아사히 맥주에 지분이 50% 넘어가 일본 기업이 됐다'는 부분은 가치중립적인 표현으로서, 우리나라와 일본의 특수한 역사적 배경과 소주라는 상품의 특수성 때문에 '참이슬' 소주를 생산하는 (주)진로의 대주주 내지 지배주주가 일본 회사라고 적시하는 경우 일부 소비자들이 '참이슬' 소주의 구매에 소극적이 될 여지가 있다 하더라도 이를 사회통념상 (주)진로의 사회적 가치 내지 평가가 침해될 가능성이 있는 명예훼손적 표현이라고 볼 수 없다(대판 2008.11.27, 2008도6728).

ⓒ 사회 평균인의 입장에서 허위의 사실을 적시한 발언을 들었을 경우와 비교하여 오히려 진실한 사실을 듣는 경우에 피해자의 사회적 가치 내지 평가가 더 크게 침해될 것으로 예상되거나, 양자 사이에 별다른 차이가 없을 것이라고 보는 것이 합리적인 경우라면, 형법 제307조 제2항의 허위사실 적시에 의한 명예훼손죄로 처벌할 수는 없다(대판 2014.9.4, 2012도13718). ● 법행

ⓓ 특정인의 사회적 가치나 평가를 저하시키기에 충분한 구체적인 사실의 적시가 있다고 하기 위해서는, 반드시 그러한 구체적인 사실이 직접적으로 명시되어 있을 것을 요구하는 것은 아니지만, 적어도 적시된 내용 중의 특정 문구에 의하여 그러한 사실이 곧바로 유추될 수 있을 정도는 되어야 한다(대판 2011.8.18, 2011도6904).

ⓑ 제307조 제1항의 사실과 제307조 제2항의 허위의 사실의 비교

형법 제307조 제1항, 제2항, 제310조의 체계와 문언 및 내용에 의하면, 제307조 제1항의 '사실'은 제2항의 '허위의 사실'과 반대되는 '진실한 사실'을 말하는 것이 아니라 가치판단이나 평가를 내용으로 하는 '의견'에 대치되는 개념이다. 따라서 제307조 제1항의 명예훼손죄는 적시된 사실이 진실한 사실인 경우이든 허위의 사실인 경우이든 모두 성립될 수 있고, 특히 적시된 사실이 허위의 사실이라고 하더라도 행위자에게 허위성에 대한 인식이 없는 경우에는 제307조 제2항의 명예훼손죄가 아니라 제307조 제1항의 명예훼손죄가 성립될 수 있다. 제307조 제1항의 법정형이 2년 이하의 징역 등으로 되어 있는 반면 제307조 제2항의 법정형은 5년 이하의 징역 등으로 되어 있는 것은 적시된 사실이 객관적으로 허위일 뿐 아니라 행위자가 그 사실의 허위성에 대한 주관적 인식을 하면서 명예훼손행위를 하였다는 점에서 가벌성이 높다고 본 것이다(대판 2017.4.26, 2016도18024).

ⓐ 민사판결과 사실의 진실여부 : 특별한 사정이 없는 한, 그 진실이 무엇인지 확인할 수 없는 과거의 역사적 사실관계 등에 대하여 민사판결을 통하여 어떠한 사실인정이 있었다는 이유만으로, 이후 그와 반대되는 사실의 주장이나 견해의 개진 등을 형법상 명예훼손죄 등에 있어서 '허위의 사실 적시'라는 구성요건에 해당한다고 쉽게 단정하여서는 아니 된다(대판 2017.12.5, 2017도15628).

> **판례 정리 ··· 구체적 사실의 적시 ○**

1. 피해자가 동성애자가 아님에도 불구하고 피고인이 인터넷사이트 싸이월드에 7회에 걸쳐 피해자가 동성애자라는 허위내용의 글을 게재한 경우(대판 2007.10.25, 2007도5077) ● 법행
2. 피고인이 인터넷 홈페이지에 "민생법안이 널려 있어도 국회에 앉아 하품만 하는 년이지/아니지 국회출석률 꼴찌이지"라는 내용의 **시를 게재**한 것은 구체적 사실 적시에 해당한다(대판 2007.5.10, 2007도1307).
3. 인터넷 포털사이트의 피해자에 대한 기사란에 그녀가 재벌과 사이에 아이를 낳거나 아이를 낳아준 대가로 수십억 원을 받은 사실이 없음에도 불구하고 그러한 사실이 있는 것처럼 댓글이 붙어 있던 상황에서 피고인이 추가로 "지고지순이 뜻이 뭔지나 아니? 모 재벌님하고의 관계는 끝났나?"라는 내용의 댓글을 게시한 행위(대판 2008.7.10, 2008도2422)

> **판례 정리 ··· 구체적 사실의 적시 ×**

1. "애꾸눈 병신"이라는 발언(대판 1994.10.25, 94도1770)
2. "첩년", '늙은 화냥년의 간나, 네가 화냥질을 했잖아'(대판 1987.5.12, 87도739)
3. "아무것도 아닌 똥꼬다리 같은 놈", "잘 운영되어 가는 어촌계를 파괴하려 한다"는 구절(대판 1989.3.14, 88도1397)
4. '빨갱이 계집년', '무당', '첩년'이라고 말한 것은 모욕에는 해당되어도 명예훼손죄는 성립하지 않는다(대판 1981.11.24, 2280).
5. "야 이 개같은 잡년아, 시집을 열두 번을 간 년아, 자식을 못 낳는 창녀 같은 년"이라는 표현(대판 1985.10.22, 85도1629)
6. "저 망할 년이 저기 오네"라는 표현(대판 1990.9.25, 90도873)
7. 다른 사람의 말이나 글을 비평하면서 사용한 표현이 겉으로 보기에 증거에 의해 입증 가능한 구체적인 사실관계를 서술하는 형태를 취하고 있더라도, 글의 집필의도, 논리적 흐름, 서술체계 및 전개방식, 해당 글과 비평의 대상이 된 말 또는 글의 전체적인 내용 등을 종합하여 볼 때, 평균적인 독자의 관점에서 문제 된 부분이 실제로는 비평자의 주관적 의견에 해당하고, 다만 비평자가 자신의 의견을 강조하기 위한 수단으로 그와 같은 표현을 사용한 것이라고 이해된다면 명예훼손죄에서 말하는 사실의 적시에 해당한다고 볼 수 없다(대판 2017.5.11, 2016도19255).
8. 누구든지 범죄가 있다고 생각하는 때에는 고발할 수 있는 것이므로, 어떤 사람이 범죄를 고발하였다는 사실이 주위에 알려졌다고 하여 그 **고발사실 자체만으로 고발인의 사회적 가치나 평가가 침해될 가능성이 있다고 볼 수는 없을 터**이고, 다만 그 고발의 동기나 경위가 불순하다거나 온당하지 못하다는 등의 사정이 있고 이러한 사정이 함께 알려진 경우에 고발인의 명예가 침해될 가능성이 있다. 따라서 피해자가 **피고인의 범죄를 고발하였다는 내용의 언사만을 하고 그 고발의 동기나 경위에 관하여는 전혀 언급을 하지 아니하였다면, 그와 같은 언사만으로는 피해자의 사회적 가치나 평가를 침해하기에 충분한 구체적인 사실이 적시되었다고 보기는 어렵다**(대판 1994.6.28, 93도696). ● 법행
9. 명예훼손내용의 사실을 발설하게 된 경위가 **그 사실에 대한 확인요구에 대답하는 과정에서 나오게 된 것이라면** 그 발설내용과 동기에 비추어 명예훼손의 범의를 인정할 수 없고 또 **질문에 대한 단순한 확인대답이** 명예훼손의 사실적시라고 할 수 없다(대판 1983.8.23, 83도1017). ● 사시, 경찰승진
10. 방송국 프로듀서 등 피고인들이 특정 프로그램 방송보도를 통하여 '미국산 쇠고기 수입을 위한 제2차 한미 전문가 기술협의'(이른바 '한미 쇠고기 수입 협상')의 **협상단 대표와 주무부처 장관이 미국산 쇠고기 실태를 제대로 파악하지 못하였다는 취지**의 허위사실을 적시하여 이들의 명예를 훼손하였다는 내용으로 기소된 사안에서, 명예훼손죄의 사실적시에 관한 법리 및 대법원 2011.9.2. 선고 2009다52649 전원합의체 판결에서

정부 협상단의 미국산 쇠고기 실태 파악 관련 방송보도에 관하여, **정부가 미국 도축시스템의 실태 중 아무 것도 본 적이 없다는 구체적 사실을 적시한 것이 아니라, 미국산 쇠고기 수입위생조건 협상에 필요한 만큼 미국 도축시스템의 실태를 제대로 알지 못하였다는 주관적 평가를 내린 것**이라고 판시한 점 등에 비추어, 이 부분 보도내용을 비판 내지 의견 제시로 보아 명예훼손죄에서 말하는 '사실의 적시'에 해당하지 않는다(대판 2011.9.2, 2010도17237). ● 법행

11. 종교적 목적을 위한 언론·출판의 자유를 행사하는 과정에서 타 종교의 신앙의 대상을 우스꽝스럽게 묘사하거나 다소 모욕적이고 불쾌하게 느껴지는 표현을 사용하였더라도 그것이 그 종교를 신봉하는 신도들에 대한 증오의 감정을 드러내는 것이거나 그 자체로 폭행·협박 등을 유발할 우려가 있는 정도가 아닌 이상 허용된다고 보아야 하므로 명예훼손이 성립하지 않는다(대판 2014.9.4, 2012도13718). ● 법행

12. **단순히 그 사람을 사칭하여 마치 그 사람이 직접 작성한 글인 것처럼 가장하여 게시글을 올리는 행위**는 그 사람에 대한 사실을 드러내는 행위에 해당하지 아니하므로, 그 사람에 대한 관계에서는 정보통신망법 제70조 제2항 소정의 '사실을 드러내어 사람의 명예를 훼손한 것'으로 볼 수 없다. 따라서 甲은 A를 비방할 목적으로 甲 명의로 가입한 인터넷 커뮤니티의 닉네임을, A가 인터넷 포털 사이트에서 사용하는 닉네임으로 변경한 후, A를 사칭하여 마치 A가 직접 작성한 글인 것처럼 가장하여 위 커뮤니티의 게시판에 글을 올린 경우 정보통신망법 제70조 제2항 명예훼손죄는 성립되지 않는다(대판 2018.5.30, 2017도607).

13. 甲이 초등학생인 딸 A에 대한 학교폭력을 신고하여 교장이 가해학생인 乙에 대하여 '피해학생에 대한 접촉, 보복행위의 금지' 등의 조치를 하였는데, 그 후 甲이 자신의 카카오톡 계정 프로필 상태메시지에 "학교폭력범은 접촉금지!!!"라는 글과 주먹 모양의 그림말 세 개를 게시한 경우, 乙의 사회적 가치나 평가를 저하시키기에 충분한 구체적인 사실을 드러냈다고 보기 어렵다(대판 2020.5.28, 2019도12750). ☞ 정보통신망법 제70조 제1항의 명예훼손죄 불성립

14. 동장인 피고인이 동 주민자치위원에게 전화를 걸어 '어제 열린 당산제(마을제사) 행사에 남편과 이혼한 甲도 참석을 하여, 이에 대해 행사에 참여한 사람들 사이에 안 좋게 평가하는 말이 많았다.'는 취지로 말하고, 동 주민들과 함께한 저녁식사 모임에서 '**甲은 이혼했다**는 사람이 왜 **당산제에 왔는지 모르겠다.**'는 취지로 말한 경우 … 위 발언은 甲의 사회적 가치나 평가를 침해하는 구체적인 사실의 적시에 해당하지 않고 甲의 당산제 참여에 관한 의견표현에 지나지 않으므로 명예훼손죄가 성립되지 않는다(대판 2022.5.13, 2020도15642).

15. 피고인이 페이스북에 과거 자신이 근무했던 소규모 스타트업 회사의 대표가 회식 자리에서 직원들에게 술을 강권하였다는 취지의 글을 게시한 경우 개인적 환경이나 근로 환경에 따라 회식 자리에서의 음주와 관련한 근로자 개인이 느끼는 압박감의 정도가 다를 수 있으므로 위 게시한 글은 허위사실도 아니며, 비방할 목적도 인정되지 않아 정보통신망법 제70조 제2항의 '허위사실 적시에 의한 명예훼손죄'가 성립되지 않는다(대판 2022.4.28, 2020도15738).

◎ 피해자의 특정

ⓐ 명예훼손에 의한 불법행위가 성립하려면 피해자가 특정되어 있어야 하지만, 그 특정을 할 때 반드시 사람의 성명이나 단체의 명칭을 명시해야만 하는 것은 아니고, 사람의 성명을 명시하지 않거나 또는 두문자(頭文字)나 이니셜만 사용한 경우라도 그 표현의 내용을 주위사정과 종합하여 볼 때 그 표시가 피해자를 지목하는 것을 알아차릴 수 있을 정도이면 피해자가 특정되었다고 할 것이다(대판 2002.5.10, 2000다50213). ● 경찰, 사시

ⓑ **갑은 신씨종중의 재산관리위원장이던 을과 종중재산의 관리에 관한 다툼이 있어 왔는데 어느날 그들이 사는 마을에서 방송으로 "어떤 분자가 종중재산을 횡령 착복하였다"는 말을 한 경우** 그 마을은 부락민 80세대 중 50세대가 신씨종중원이었으므로 사람의 성명을 명시한 바 없는 허위사실의 적시행위라도 그 표현의 내용을 주위사정과 종합 판단하여 그것이 특정인을 지목하는 것인가를 알아차릴 수 있는 경우이므로 그 특정인에 대한 명예훼손죄를 구성한다(대판 1982.11.9, 82도1256). ● 경찰

ⓧ 간접적 우회적 표현을 사용한 경우
명예훼손죄에 있어서의 사실의 적시는 사실을 직접적으로 표현한 경우에 한정될 것은 아니고, 간접적이고 우회적인 표현에 의하더라도 그 표현의 전취지에 비추어 그와 같은 사실의 존재를 암시하고, 또 이로써 특정인의 사회적 가치 내지 평가가 침해될 가능성이 있을 정도의 구체성이 있으면 족한 것이다. 따라서 교수가 학생들 앞에서 피해자의 **이성관계를 암시하는 발언**을 한 것에 대하여 명예훼손죄가 성립한다(대판 1991.5.14, 91도420). ● 법행

ⓧ 언론보도와 사실의 적시
ⓐ 객관적으로 피해자의 사회적 평가를 저하시키는 사실에 관한 **보도내용이 소문이나 제3자의 말, 보도를 인용**하는 방법으로 단정적인 표현이 아닌 전문 또는 추측한 것을 기사화한 형태로 표현하였지만, 그 표현 전체의 취지로 보아 **그 사실이 존재할 수 있다는 것을 암시**하는 방식으로 이루어진 경우에는 사실을 적시한 것이라고 보아야 한다(대판 1991.5.14, 91도420). ● 경찰

ⓑ 소문이나 제3자의 말을 인용한 **언론보도가 허위사실을 적시한 것인지 판단**하려면 원칙적으로 그 **보도내용의 주된 부분**이 암시된 사실 자체를 기준으로 그것이 진실인지 여부를 살펴보아야 하며, 그러한 **소문, 제3자의 말 등의 존부**를 기준으로 보도가 허위사실인지를 판단해서는 안된다(대판 2008. 11.27, 2007도5312). ● 경간부

㋓ 학문적 표현과 사실적시 : 학문적 연구에 따른 의견 표현을 명예훼손죄에서 사실의 적시로 평가하는 데에는 신중할 필요가 있다. … 학문적 표현을 그 자체로 이해하지 않고, 표현에 숨겨진 배경이나 배후를 섣불리 단정하는 방법으로 암시에 의한 사실 적시를 인정하는 것은 허용된다고 보기 어렵다(대판 2023.10. 26, 2017도18697).

③ 명예훼손 : 서적·신문 등 기존의 매체에 명예훼손적 내용의 글을 게시하는 경우에 그 **게시행위로써 명예훼손의 범행은 종료**하는 것이며 그 서적이나 신문을 회수하지 않는 동안 범행이 계속된다고 보지는 않는다는 점을 고려해 보면, **정보통신망을 이용한 명예훼손**의 경우에, 게시행위 후에도 독자의 접근가능성이 기존의 매체에 비하여 좀 더 높다고 볼 여지가 있다 하더라도 그러한 정도의 차이만

으로 정보통신망을 이용한 명예훼손의 경우에 범죄의 종료시기가 달라진다고 볼 수 는 없다(대판 2007.10.25, 2006도346). ☞ 정보통신망을 이용한 명예훼손의 경우, 범죄종료시기는 원래의 게시물이 삭제되어 정보의 송수신이 불가능해지는 시점이다.(X) ● 경찰

2. 주관적 구성요건

(1) 고 의

① 형법 제307조 제2항의 명예훼손죄에 있어서의 범의는 그 구성요건사실 즉 적시한 사실이 허위인 점과 그 사실이 사람의 사회적 평가를 저하시킬 만한 것이라는 점을 인식하는 것을 말하고 특히 비방의 목적이 있음을 요하지 않는다(대판 1991.3.27, 91도156). ● 경찰, 경찰승진, 사시

② 형법 제307조 제2항이 정하는 허위사실 적시에 의한 명예훼손죄가 성립하기 위하여는 범인이 공연히 사실의 적시를 하여야 하고, 그 적시한 사실이 사람의 사회적 평가를 저하시키는 것으로서 허위이어야 하며, 범인이 그와 같은 사실이 허위라고 인식하였어야 한다(대판 2000.2.25, 99도4757). ● 경찰, 경찰승진

③ 실제 인물이나 역사적 사건을 모델로 한 영화라 하더라도 상업영화의 경우에는 대중적 관심을 이끌어 내고 이를 확산하기 위하여 통상적으로 광고·홍보행위가 수반되는바, **영화가 허위의 사실을 표현하여 개인의 명예를 훼손한 경우에도 행위자가 그것을 진실이라고 믿었고 또 그렇게 믿을 만한 상당한 이유가 있어 그 행위자에게 명예훼손으로 인한 불법행위책임을 물을 수 없다면 그 광고·홍보의 내용이 영화에서 묘사된 허위의 사실을 넘어서는 등의 특별한 사정이 없는 한 그 광고·홍보행위가 별도로 명예훼손의 불법행위를 구성한다고 볼 수 없다**(대판 2010.7.15, 2007다3483). ● 경찰

④ 빌라를 관리하고 있는 피고인들이 **빌라 아랫집**에 거주하는 甲으로부터 **누수 문제**로 공사 요청을 받게 되자, 甲과 전화통화를 하면서 빌라를 임차하여 거주하고 있는 피해자들에 대하여 누수 공사 협조의 대가로 과도하고 부당한 요구를 하거나 막말과 욕설을 하였다는 취지로 발언하고, **'무식한 것들'**, **'이중인격자'** 등으로 말한 경우, 위 발언들은 신속한 누수 공사 진행을 요청하는 甲에게 임차인인 피해자들의 협조 문제로 공사가 지연되는 상황을 설명하는 과정에서 나온 것으로서, 이에 관한 피고인들의 진술내용을 종합해 보더라도 피고인들이 전파가능성에 대한 인식과 위험을 용인하는 내심의 의사에 기하여 위 발언들을 하였다고 단정하기 어렵다(대판 2022.7.28, 2020도8336).

> **관련판례**
>
> [고의가 부정되는 경우]
> ① 새로 목사로서 부임한 피고인이 전임목사에 관한 교회내의 불미스러운 소문의 진위를 확인하기 위하여 이를 교회집사들에게 물어보았다면 이는 경험칙상 충분히 있을 수 있는 일로서 명예훼손의 고의없는 단순한 확인에 지나지 아니하여 사실의 적시라고 할 수 없으므로 명예훼손의 고의 또는 미필적 고의가 있을 수 없다고 할 수 밖에 없다(대판 1985.5.28, 85도588). ● 사시
> ② 불미스러운 **소문의 진위를 확인**하고자 **질문을 하는 과정**에서 타인의 명예를 훼손하는 발언을 하였다면 이러한 경우에는 그 동기에 비추어 명예훼손의 고의를 인정하기 어렵다(대판 2018.6.15, 2018도4200).
> ③ **명예훼손 사실을 발설한 것이 정말이냐는 질문에 대답하는 과정**에서 타인의 명예를 훼손하는 사실을 발설하게 된 것이라면, 그 발설내용과 동기에 비추어 명예훼손의 범의를 인정할 수 없다(대판 2010.10.28, 2010도2877). ● 법행
> ④ 방송국 프로듀서 등 피고인들이 특정 프로그램 방송보도를 통하여 '**미국산 쇠고기 수입을 위한 제2차 한미 전문가 기술협의**'(이른바 '한미 쇠고기 수입 협상')의 협상단 대표와 주무부처 장관이 **협상을 졸속으로 체결하여 국민을 인간광우병(vCJD) 위험에 빠뜨리게 하였다는 취지로 표현**하는 등 그 자질 및 공직수행 자세를 비하하여 이들의 명예를 훼손하였다는 내용으로 기소된 사안에서, 보도내용 중 일부가 객관적 사실과 다른 허위사실 적시에 해당한다고 하면서도, 위 방송보도가 국민의 먹을 거리와 이에 대한 정부 정책에 관한 여론형성이나 공개토론에 이바지할 수 있는 공공성 및 사회성을 지닌 사안을 대상으로 하고 있는 점, 허위사실의 적시로 인정되는 **방송보도 내용은 미국산 쇠고기의 광우병 위험성에 관한 것으로 공직자인 피해자들의 명예와 직접적인 연관을 갖는 것이 아닐 뿐만 아니라 피해자들에 대한 악의적이거나 현저히 상당성을 잃은 공격으로 볼 수 없는 점** 등의 사정에 비추어, 피고인들에게 **명예훼손의 고의를 인정하기 어렵다**(대판 2011.9.2, 2010도17237).
> ⑤ 마트의 운영자인 피고인이 마트에 아이스크림을 납품하는 업체 직원인 甲을 불러 '다른 업체에서는 마트에 입점하기 위하여 입점비를 준다고 하던데, **입점비를 얼마나 줬냐?** 점장 乙이 여러 군데 업체에서 입점비를 돈으로 받아 해먹었고, 지금 뒷조사 중이다.'라고 말한 경우 피고인에게 전파가능성에 대한 인식과 그 위험을 용인하는 내심의 의사가 있었다고 보기도 어려우므로 명예훼손죄에서의 고의와 공연성이 부정된다(대판 2018.6.15, 2018도4200).
> ⑥ 작업장의 책임자인 피고인이 甲으로부터 작업장에서 발생한 성추행 사건에 대해보고 받은 사실이 있음에도, 직원 5명이 있는 회의 자리에서 상급자로부터 경과보고를 요구받으면서 과태료 처분에 관한 **책임을 추궁받자 이에 대답하는 과정**에서 '甲은 성추행 사건에 대해 애초에 보고한 사실이 없다. 그런데도 이를 수사기관 등에 신고하지 않았다고 과태료 처분을 받는 것은 억울하다.'는 취지로 甲에 대한 허위사실을 발언한 경우, 위와 같이 회의 자리에서 상급자로부터 책임을 추궁당하며 **질문을 받게 되자 이에 대답하는 과정**에서 타인의 명예를 훼손하는 듯한 사실을 발설하게 된 것이라면 그 발설 내용과 경위·동기 및 상황 등에 비추어 **명예훼손의 고의를 인정하기 어렵고**, 또한 **질문에 대하여 단순한 확인 취지의 답변을 소극적으로 한 것에 불과하다면 이를 명예훼손에서 말하는 사실의 적시라고 단정할 수도 없다**(대판 2022.4.14, 2021도17744). ● 법원직

(2) 착 오

허위사실을 진실한 사실로 오인하고 적시한 경우에는 제307조 제1항이, 진실한 사실을 허위사실로 오인하고 적시한 경우에는 제307조 제1항의 명예훼손죄가 성립한다.

3. 위법성

(1) 일반적 위법성조각

> **관련판례**
> 사단법인(진주민속예술보존회)의 이사장이 이사회 또는 임시총회의 의장으로서 의안에 관하여 발언하다가 타인의 명예를 훼손하는 내용의 말을 하였다면 사회상규에 반하지 아니한다고 할 수 없으므로 위법성이 조각되지 아니한다(대판 1990.12.26, 90도2473).

(2) 형법 제310조에 의한 위법성조각

> 제310조 (위법성의 조각) 제307조 제1항의 행위가 진실한 사실로서 오로지 공공의 이익에 관한 때에는 처벌하지 아니한다.

① **입법취지 및 법적 성격** : 공연히 사실을 적시하여 사람의 명예를 훼손한 행위가 형법 제310조에 따라서 위법성이 조각되어 처벌받지 않기 위하여는 적시된 사실이 객관적으로 볼 때 공공의 이익에 관한 것으로서 행위자도 공공의 이익을 위하여 그 사실을 적시한 것이어야 될 뿐만 아니라, 그 적시된 사실이 진실한 것이거나 적어도 행위자가 그 사실을 진실한 것으로 믿었고 또 그렇게 믿을 만한 상당한 이유가 있어야 한다(대판 1994.8.26, 94도237). ● 사시

② **요건**

  ㉠ **진실한 사실** : '진실한 사실'이란 그 내용 전체의 취지를 살펴볼 때 중요한 부분이 객관적 사실과 합치되는 사실이라는 의미로서 세부에 있어 진실과 약간 차이가 나거나 다소 과장된 표현이 있더라도 무방하다(대판 2002.9.24, 2002도3570). ● 법행

  ㉡ **오로지 공공의 이익에 관한 때**

    ⓐ **의미** : '오로지 공공의 이익에 관한 때'라 함은 적시된 사실이 **객관적**으로 볼 때, 공공의 이익에 관한 것으로서 행위자도 **주관적**으로 공공의 이익을 위하여 그 사실을 적시한 것이어야 한다(대판 2004.10.15, 2004도3912). ● 법행

    ⓑ **공익의 판단 기준** : 적시한 사실이 공공의 이익에 관한 것인지 여부는 당해 명예훼손적 표현으로 인한 피해자가 공무원 내지 공적 인물과 같은 공인(公人)인지 아니면 사인(私人)에 불과한지, 그 표현이 객관적으로 국민이

알아야 할 공공성·사회성을 갖춘 공적 관심사안에 관한 것으로 사회의 여론형성 내지 공개토론에 기여하는 것인지 아니면 순수한 사적인 영역에 속하는 것인지, 피해자가 그와 같은 명예훼손적 표현의 위험을 자초한 것인지, 그리고 그 표현에 의하여 훼손되는 명예의 성격과 침해의 정도, 그 표현의 방법과 동기 등의 여러 사정에 비추어 판단하여야 할 것이다(대판 2008.11. 13, 2006도7915). ● 사시

ⓒ **공익의 범위** : '공공의 이익'이라 함은 널리 국가·사회 기타 일반 다수인의 이익에 관한 것뿐만 아니라 특정한 사회집단이나 그 구성원의 관심과 이익에 관한 것도 포함한다(대판 2001.10.9, 2001도3594). ● 검찰9급

> **유사판례**
> 진실한 사실의 적시의 경우에는 형법 제310조의 '공공의 이익'도 보다 더 넓게 인정되어야 한다. 특히 공공의 이익관련성 개념이 시대에 따라 변화하고 공공의 관심사 역시 상황에 따라 쉴 새 없이 바뀌고 있다는 점을 고려하면, 공적인 인물, 제도 및 정책 등에 관한 것만을 공공의 이익관련성으로 한정할 것은 아니다. 따라서 사실적시의 내용이 **사회 일반의 일부 이익에만 관련된 사항이라도** 다른 일반인과의 공동생활에 관계된 사항이라면 공익성을 지닌다고 할 것이고, 이에 나아가 **개인에 관한 사항이더라도** 그것이 공공의 이익과 관련되어 있고 사회적인 관심을 획득한 경우라면 직접적으로 국가·사회 일반의 이익이나 특정 사회집단에 관한 것이 아니라는 이유만으로 형법 제310조의 적용을 배제할 것은 아니다. **사인**이라도 그가 관계하는 사회적 활동의 성질과 사회에 미칠 영향을 헤아려 공공의 이익에 관련되는지 판단하여야 한다(대판 2020.11.19, 2020도5813 전원합의체).

ⓓ **사적 목적과 공익** : 사실을 적시한 행위자의 주요한 목적이 공공의 이익을 위한 것이면 부수적으로 다른 목적이 있었다고 하더라도 형법 제310조(위법성조각)의 적용을 배제할 수 없다(대판 1997.4.11, 97도88).

ⓔ **공적관심사안과 공익** : **공적 관심사안**에 관하여 진실하거나 진실이라고 봄에 상당한 사실을 공표한 경우에는 그것이 악의적이거나 현저히 상당성을 잃은 공격에 해당하지 않는 한 원칙적으로 공공의 이익에 관한 것이라는 증명이 있는 것으로 보아야 한다. 따라서 **축산업협동조합중앙회장이 농림부장관이 공식 채택한 수입쇠고기 유통 및 판매의 권장정책 및 농축협 통합정책의 정당성 여부를 문제삼는 내용의 광고를 게재한 경우**, 농림부장관 개인에 대한 비방의 목적이 있다고 단정하기 어렵다(대판 2007.1.26, 2004도1632). ● 법행

ⓕ **인터넷 댓글과 공익** : 인터넷 포털사이트의 지식검색 질문·답변 게시판에 성형시술 결과가 만족스럽지 못하다는 주관적인 평가를 주된 내용으로 하는 한 줄의 댓글을 게시한 경우, 그 표현물은 전체적으로 보아 성형시술을 받을 것을 고려하고 있는 다수의 인터넷 사용자들의 의사결정에 도움이 되는 정보 및 의견의 제공이라는 공공의 이익에 관한 것이어서 비방할 목적이 있었다고 보기 어렵다(대판 2009.5.28, 2008도8812). ● 경찰

ⓖ **공익의 입증책임** : 공연히 사실을 적시하여 사람의 명예를 훼손한 행위가 형법 제310조의 규정에 따라서 위법성이 조각되어 처벌대상이 되지 않기 위하여는 그것이 진실한 사실로서 오로지 공공의 이익에 관한 때에 해당된다는 점을 <u>행위자가 증명하여야 한다</u>(대판 1996.10.25, 95도1473). ● 법원

> **판례 정리 ··· 공공의 이익이 인정되는 경우**
>
> 1. 개인택시운송조합 전임 이사장이 새로 취임한 이사장의 비리에 관한 사실을 적시하여 조합원들에게 유인물을 배포한 행위(대판 2007.12.14, 2006도2074) ● 사시
> 2. 아파트 동대표인 피고인이 자신에 대한 부정비리 의혹을 해명하기 위하여 그 의혹제기자가 명예훼손죄로 입건된 사실 등을 기재한 문서를 아파트 입주민들에게 배포한 경우(대판 2005.7.15, 2004도1388). ● 법원
> 3. 국립대학교 교수가 자신의 연구실에서 제자인 여학생을 성추행하였다는 내용의 글을 지역 여성단체가 자신의 홈페이지 또는 소식지에 게재한 경우(대판 2005.4.29, 2003도2137) ● 사시
> 4. 교장 甲이 여성기간제교사 乙에게 차 접대 요구와 부당한 대우를 하였다는 인상을 주는 내용의 글을 게재한 교사 丙의 **명예훼손행위**(대판 2008.7.10, 2007도9885) ● 경찰
> 5. 특정 상가건물관리회의 회장이 위 관리회의 결산보고를 하면서 전 관리회장이 체납관리비 등을 둘러싼 분쟁으로 자신을 폭행하여 유죄판결을 받은 사실을 알린 경우(대판 2008.11.13, 2008도6342) ● 법행
> 6. 신학대학교의 교수가 출판물 등을 통하여 종교단체인 구원파를 이단으로 비판하는 과정에서 특정인을 그 실질적 지도자로 지목하여 명예를 훼손하는 사실을 적시한 경우(대판 1996.4.12, 94도3309) ● 사시
> 7. 피고인들이 종중 회장 선출을 위한 종친회에서 피해자의 종친회 회장 출마에 반대하면서 "OOO은 남의 재산을 탈취한 사기꾼이다. **사기꾼은 내려오라.**"로 말한 경우(대판 2022.2.11, 2021도10827) ☞ 피해자에게 횡령죄의 전과가 있으며 발언의 주요부분이 객관적 사실에 합치되었고, 피해자의 종친회 회장으로서의 적격 여부는 종친회 구성원들 전체의 관심과 이익에 관한 사항으로서 공익성이 인정된다는 사례임
> 8. 甲 대학교 총학생회장인 피고인이 **총학생회 주관의 농활** 사전답사 과정에서 乙을 비롯한 학생회 임원진의 **음주 및 음주운전** 사실이 있었음을 계기로 음주운전 및 이를 묵인하는 관행을 공론화하여 '총학생회장으로서 음주운전을 끝까지 막지 못하여 사과드립니다.'라는 제목의 글을 써 페이스북 등에 게시함으로써 음주운전자로 특정된 乙의 명예를 훼손한 경우 게시글의 중요한 부분은 '진실한 사실'에 해당하고, 게시글의 주된 의도·목적의 측면에서 공익성이 충분히 인정되는 점 등을 종합하면, 피고인의 행위는 형법 제310조 에 따라 위법성이 조각된다고 봄이 타당하다(대판 2023.2.2, 2022도13425). ● 경찰
> 9. 재단법인 이사장 A가 전임 이사장 B에 대하여 재임 기간 중 재단법인의 재산을 횡령하였다고 고소하였다가 무고죄로 유죄판결을 받자, **甲이 A의 퇴진을 요구하는 시위를 하면서 A가 유죄판결을 받은 사실 등을 적시한 경우**, 甲의 행위가 자신이 속한 집단을 위한 목적이나 동기가 다소 내포되어 있다 할지라도 객관적으로 공공의 이익을 위한 것임이 인정된다면 위법성이 조각되어 甲에게는 명예훼손죄가 성립하지 않는다(대판 2017.6.15, 2016도8557). ● 경찰

> **판례 정리 … 공공의 이익이 부정되는 경우**
>
> 1. 직장의 전산망에 설치된 전자게시판에 타인의 명예를 훼손하는 내용의 글을 게시한 행위가 명예훼손죄를 구성한다(대판 2000.5.12, 99도5734). ● 법행
> 2. 대안학교의 영어 교과를 담당하던 피고인이 교장인 피해자를 속이고 자신이 별도로 운영하는 교육 콘텐츠 제공 등 업체가 사용권이 있는 영어 교육 프로그램을 도입하면서 청구할 필요 없는 이용료를 학생들로부터 지급받은 문제 등으로 피해자와 대립하자 게시판에 '교장이 정신과를 다닌다'는 내용의 발언을 하거나 '학교 재산을 횡령하였다'는 내용의 글을 게시하여 피해자인 교장의 명예를 훼손한 경우 이는 학교 운영의 정상화나 학생의 학습권보장 등의 목적이 아니라 본인의 이익을 추구할 목적으로 피해자를 비난하는 내용의 발언 내지 게시행위로서 형법 제310조가 정한 '공공의 이익'이 인정되지 않으며 「정보통신망 이용촉진 및 정보보호 등에 관한 법률」 제70조 제1항이 정한 '비방할 목적'이 인정된다(대판 2021.1.14, 2020도8780).
> 3. 학교운영의 공공성, 투명성의 보장을 요구하여 학교가 합리적이고 정상적으로 운영되게 할 목적으로 공연히 사실을 적시하였더라도, **피해자들의 거주지 앞에서 그들의 주소까지 명시하여 명예를 훼손**하였다면, 이는 공공의 이익을 위한 사실의 적시로 볼 수 없어 위법성이 조각되지 아니한다(대판 2008.3.14, 2006도6049).
> 4. 징계혐의 사실은 징계절차를 거친 다음 일을 확정되는 것이므로 **징계절차에 회부되었을 뿐인 단계**에서 그 사실을 공개함으로써 피해자의 명예를 훼손하는 경우, 이를 사회적으로 상당한 행위라고 보기는 어렵다(대판 2021.8.26, 2021도6416).

③ **진실성에 대한 착오** : 형법 제310조의 규정은 인격권으로서의 개인의 명예의 보호와 헌법 제21조에 의한 정당한 표현의 자유의 보장이라는 상충되는 두 법익의 조화를 꾀한 것이라고 보아야 할 것이므로, 두 법익간의 조화와 균형을 고려한다면 <u>적시된 사실이 진실한 것이라는 증명이 없더라도 행위자가 진실한 것으로 믿었고 또 그렇게 믿을 만한 상당한 이유가 있는 경우에는 위법성이 없다</u>(대판 1993.6.22, 92도3160). ● 경간부

④ **형법 제310조의 적용범위**

㉠ 형법 제310조의 공공의 이익에 관한 때에는 처벌하지 아니한다는 규정은 사람을 비방할 목적이 있어야 하는 형법 제309조 제1항 소정의 행위에 대하여는 적용되지 아니하고 그 목적을 필요로 하지 않는 형법 제307조 제1항의 행위에 한하여 적용되는 것이다(대판 2003.12.26, 2003도6036). ● 사시

㉡ 출판물에 의한 명예훼손의 경우 적시한 사실이 공공의 이익에 관한 것인 경우에는 특별한 사정이 없는 한 비방 목적은 부인된다고 봄이 상당하므로 이와 같은 경우에는 형법 제307조 제1항 소정의 명예훼손죄의 성립 여부가 문제될 수 있고 이에 대하여는 다시 형법 제310조에 의한 위법성 조각 여부가 문제로 될 수 있다(대판 2003.12.26, 2003도6036). ● 사시

㉢ 형법 제310조에 의하여 위법성이 조각되는 경우는 형법 제307조 제1항의 행위가 진실한 사실로서 오로지 공공의 이익에 관한 때에 한하며, **형법 제307조 제2항에 해당하는 행위에 대하여는 위법성조각에 관한 형법 제310조는 적용될 여지가 없다**(대판 1993.4.13, 92도234).

② 군형법 제64조 제3항의 상관명예훼손죄는 형법 제310조와 같이 공공의 이익에 관한 때에는 처벌하지 아니한다는 규정을 별도로 두지 않으나, **형법 제307조 제1항의 행위에 대한 위법성조각사유를 규정한 형법 제310조는 군형법 제64조 제3항의 행위에 대해 유추적용된다고 보아야 한다**(대판 2024.4.16, 2023도13333). ● 경찰

⑤ 효 과

㉠ 실체법적 효과 : 교회담임목사를 출교처분한다는 취지의 교단산하 재판위원회의 판결문은 성질상 교회나 교단 소속신자들 사이에서는 당연히 전파, 고지될 수 있는 것이므로 위 판결문을 복사하여 예배를 보러온 신도들에게 배포한 행위에 의하여 그 목사의 개인적인 명예가 훼손된다 하여도 그것은 진실한 사실로서 오로지 교단 또는 그 산하교회 소속신자들의 이익에 관한 때에 해당하거나 적어도 사회상규에 위배되지 아니하는 행위에 해당하여 위법성이 없다(대판 1989.2.14, 88도899).

㉡ 소송법적 효과 : 공연히 사실을 적시하여 사람의 명예를 훼손한 행위가 형법 제310조의 규정에 따라서 위법성이 조각되어 처벌대상이 되지 않기 위하여는 그것이 진실한 사실로서 오로지 공공의 이익에 관한 때에 해당된다는 점을 행위자가 증명하여야 하는 것이나, 그 증명은 유죄의 인정에 있어 요구되는 것과 같이 법관으로 하여금 의심할 여지가 없을 정도의 확신을 가지게 하는 증명력을 가진 엄격한 증거에 의하여야 하는 것은 아니므로, 이 때에는 전문증거에 대한 증거능력의 제한을 규정한 형사소송법 제310조의2는 적용될 여지가 없다(대판 1996.10.25, 95도1473). ☞ 거증책임전환규정

4. 반의사불벌죄

본죄는 피해자의 명시한 의사에 반하여 공소를 제기할 수 없다(형법 제312조 제2항).

5. 죄수 및 타죄와의 관계

보호법익이 일신전속적이므로 죄수는 피해자의 수를 기준으로 한다.

Ⅲ 사자명예훼손죄

제308조 (사자의 명예훼손) 공연히 허위의 사실을 적시하여 사자의 명예를 훼손한 자는 2년 이하의 징역이나 금고 또는 500만원 이하의 벌금에 처한다.
제312조 (고소와 피해자의 의사) ① 본죄는 고소가 있어야 공소를 제기할 수 있다.

1. 의의 및 보호법익

사자명예훼손죄는 사자에 대한 사회적, 역사적 평가를 보호법익으로 하는 것이므로 그 구성요건으로서의 사실의 적시는 허위의 사실일 것을 요하는 바 피고인이 사망자의 사망사실을 알면서 위 망인은 사망한 것이 아니고 빚 때문에 도망다니며 죽은 척 하는 나쁜 놈이라고 함은 공연히 허위의 사실을 적시한 행위로서 사자의 명예를 훼손하였다고 볼 것이다(대판 1983.10.25, 83도1520). ● 경찰

2. 주관적 구성요건

범죄의 고의는 확정적 고의뿐만 아니라 결과 발생에 대한 인식이 있고 그를 용인하는 의사인 이른바 미필적 고의도 포함하므로 형법 제307조 제2항의 허위사실 적시에 의한 명예훼손죄 역시 미필적 고의에 의하여도 성립하고, 위와 같은 법리는 형법 제308조의 사자명예훼손죄의 판단에서도 마찬가지로 적용된다(대판 2014.3.13, 2013도12430). ● 경찰

3. 친고죄

본죄는 친고죄임을 주의를 요한다.

Ⅳ 출판물에 의한 명예훼손죄

> 제309조 (출판물등에 의한 명예훼손) ① 사람을 비방할 목적으로 신문, 잡지 또는 라디오 기타 출판물에 의하여 제307조 제1항의 죄를 범한 자는 3년 이하의 징역이나 금고 또는 700만원 이하의 벌금에 처한다.
> ② 제1항의 방법으로 제307조 제2항의 죄를 범한 자는 7년 이하의 징역, 10년 이하의 자격정지 또는 1천500만원 이하의 벌금에 처한다.
> 제312조 (피해자의 의사) ② 본죄는 피해자의 명시한 의사에 반하여 공소를 제기할 수 없다.

1. 의 의

출판물 등에 의한 명예훼손죄를 일반 명예훼손죄보다 가중 처벌하는 이유는 사실적시의 방법으로서의 출판물 등의 이용이 그 성질상 다수인이 견문할 수 있는 높은 전파성과 신뢰성 및 장기간의 보존가능성 등 피해자에 대한 법익침해의 정도가 더욱 크다는 데 있다(대판 1997.8.26, 97도133).

2. 신문·잡지·라디오 기타 출판물

> **관련판례**
>
> [기타 출판물에 불해당]
> ① 컴퓨터 워드프로세서로 작성되어 프린트된 A4용지 7쪽 분량으로 작성된 인쇄물(대판 2000.2.11, 99도3048) ● 경찰
> ② 가로 약 25센티미터, 세로 약 30센티미터되는 모조지 위에 싸인펜으로 특정인의 인적사항, 인상, 말씨 등을 기재하고 위 사람은 정신분열증 환자로서 무단가출하였으니 연락해 달라는 취지의 내용을 기재한 광고문(대판 1986.3.25, 85도1143) ● 법행
> ③ 장수가 2장에 불과하며 제본방법도 조잡한 것으로 보이는 최고서 사본(대판 1997.8.26, 97도133) ● 사시
> ④ 제호의 기재가 없는 낱장의 종이에 자기주장을 광고하는 문안이 인쇄되어 있는 인쇄물(대판 1998.10.9, 97도158) ● 사시

3. 사실의 적시

허위사실 적시로 인한 출판물에 의한 명예훼손과 관련하여, 타인의 발언을 비판할 의도로 출판물에 그 타인의 발언을 그대로 소개한 후 그 중 **일부분을 부각, 적시**하면서 이에 대한 다소 과장되거나 편파적인 내용의 비판을 덧붙인 경우라 해도 위 소개된 타인의 발언과의 전체적, 객관적 해석에도 불구하고 위 비판적 내용의 사실적시가 허위라고 읽혀지지 않는 한 위 일부 사실적시 부분만을 따로 떼어 허위사실이라고 단정하여서는 안 된다(대판 2007.1.26, 2004도1632). ● 법행

4. 비방할 목적

① 형법 제309조 제1항 소정의 '사람을 비방할 목적'이란 가해의 의사 내지 목적을 요하는 것으로서 공공의 이익을 위한 것과는 행위자의 주관적 의도의 방향에 있어 서로 상반되는 관계에 있다고 할 것이므로, 적시한 사실이 공공의 이익에 관한 것인 경우에는 특별한 사정이 없는 한 비방 목적은 부인된다(대판 2000.2.25. 98도2188). ● 법행
② 정보통신망 이용촉진 및 정보보호 등에 관한 법률 제70조 제1항은 "사람을 비방할 목적으로 정보통신망을 통하여 공공연하게 사실을 드러내어 다른 사람의 명예를 훼손한 자는 3년 이하의 징역 또는 3천만 원 이하의 벌금에 처한다."라고 정한다. 이 규정에 따른 범죄가 성립하려면 피고인이 공공연하게 드러낸 사실이 다른 사람의 사회적 평가를 떨어트릴 만한 것임을 인식해야 할 뿐만 아니라 사람을 비방할 목적이 있어야 한다. 비방할 목적이 있는지는 피고인이 드러낸 사실이 사회적 평가를 떨어트릴 만한 것인지와 별개의 구성요건으로서, **드러낸 사실이 사회적 평가를 떨어트리는 것이라고 해서 비방할 목적이 당연히 인정되는 것은 아니다**(대판 2024.1.4, 2022도699).

판례 정리 ··· 비방의 목적이 인정되는 경우

1. 언론매체가 피해자의 명예를 현저하게 훼손할 수 있는 보도내용의 주된 부분이 허위임을 충분히 인식하면서도 이를 보도하였다면 특별한 사정이 없는 한 거기에는 사람을 비방할 목적이 있다고 볼 것이다(대판 2008.11.27, 2007도5312). ● 검찰
2. 甲이 양육비 지급판결을 받는 등 양육비 지급의무가 있음에도 이를 지급하지 않고 있는 A, B, C에 대한 제보를 받아 그들의 이름, 얼굴사진, 거주지, 직장명 등 신상정보를 특정 인터넷 사이트에 공개하는 글을 게시한 경우 이는 양육비 미지급으로 인한 사회적 문제를 공론화하기 위한 목적이 있었더라도 신상정보의 공개는 이러한 목적과 직접적인 관련성이 있다고 보기 어려운 점 등을 고려하면 甲에게는 '비방할 목적'이 인정된다(대판 2024.1.4, 2022도699). ● 경간부

판례 정리 ··· 비방의 목적이 부정된 경우

1. 인터넷 포털사이트의 지식검색 질문·답변 게시판에 성형시술 결과가 만족스럽지 못하다는 주관적인 평가를 주된 내용으로 하는 한 줄의 댓글을 게시한 사안에서, '사실을 적시'한 것은 맞지만 '비방할 목적'이 있었다고 보기 어렵다(대판 2009.5.28, 2008도8812). ● 법행
2. 사이버대학교 법학과 학생인 甲이 법학과 학생들만 회원으로 가입한 네이버밴드에 A가 총학생회장 출마자격에 관하여 조언을 구한다는 글을 게시하자 이에 대한 댓글 형식으로 직전 연도 총학생회장 선거에 입후보하였다가 중도 사퇴한 乙의 실명을 거론하며 '○○○이라는 학우가 학생회비도 내지 않고 총학생회장 선거에 출마하려 했다가 상대방 후보를 비방하고 이래저래 학과를 분열시키고 개인적인 감정을 표한 사례가 있다.'고 언급한 다음 '그러한 부분은 지양했으면 한다.'는 의견을 덧붙인 경우, 甲의 주요한 동기와 목적은 공공의 이익을 위한 것으로서 乙을 비방할 목적이 있다고 보기 어려우므로 정보통신망 이용촉진 및 정보보호 등에 관한 법률 위반(명예훼손)죄가 성립되지 않는다(대판 2020.3.2, 2018도15868).
3. 국립대학교 교수가 자신의 연구실 내에서 제자인 여학생을 성추행하였다는 내용의 글을 지역 여성단체가 자신의 인터넷 홈페이지 또는 소식지에 게재한 사안에서, 학내 성폭력의 근절을 위한 대책마련을 촉구하기 위한 목적으로 공공의 이익을 위한 것으로서 비방의 목적이 부인된다(대판 2005.4.29, 2003도2137). ● 사시
4. 인터넷신문 기자가 시의회의원이 시청공무원에게 욕설 등 폭언을 하며 질책하였다는 내용의 기사를 작성, 보도한 경우, 위 기사의 내용이 사실을 그대로 적시한 것으로 위 시의회의원을 비방할 목적을 인정하기 어렵다(대판 2006.10.13, 2005도3112). ● 검찰9급
5. 甲 운영의 산후조리원을 이용한 피고인이 인터넷 카페나 자신의 블로그 등에 자신이 직접 겪은 불편사항 등을 후기 형태로 게시한 것은 산후조리원에 대한 정보를 구하고자 하는 임산부의 의사결정에 도움이 되는 정보 및 의견 제공이라는 공공의 이익에 관한 것이라고 봄이 타당하므로 피고인에게 甲을 비방할 목적이 있었다고 보기 어렵다(대판 2012.11.29, 2012도10392). ● 경찰
6. 피고인이 고등학교 동창인 甲으로부터 사기 범행을 당했던 사실과 관련하여 같은 학교 동창 10여 명이 참여하던 단체 채팅방에서 '甲이 **내 돈을 갚지 못해 사기죄로 감방에서 몇 개월 살다가 나왔다. 집에서도 포기한 애다. 너희들도 조심해라.**'라는 내용의 글을 게시한 경우 피고인의 주요한 동기와 목적은 공공의 이익을 위한 것으로 볼 여지가 있고 피고인에게 甲을 비방할 목적이 있다는 사실이 합리적 의심의 여지가 없을 정도로 증명되었다고 볼 수 없다(대판 2022.7.28, 2022도4171).

5. 간접정범

(1) 허위의 기사를 기자에게 제보한 경우

타인을 비방할 목적으로 허위사실인 기사의 재료를 신문기자에게 제공한 경우에 기사를 신문지상에 게재하느냐의 여부는 신문 편집인의 권한에 속한다고 할 것이나 이를 편집인이 신문지상에 게재한 이상 기사의 게재는 기사재료를 제공한 자의 행위에 기인한 것이므로 기사재료의 제공행위는 형법 제309조 제2항 소정의 출판물에 의한 명예훼손죄의 죄책을 면할 수 없다(대판 1994.4.12, 93도3535).

(2) 허위의 기사를 취재와 관련 없는 자에게 제보한 경우

[1] 출판물에 의한 명예훼손죄는 간접정범에 의하여 범하여질 수도 있으므로 타인을 비방할 목적으로 허위의 기사 재료를 그 정을 모르는 기자에게 제공하여 신문 등에 보도되게 한 경우에도 성립할 수 있으나 **제보자가 기사의 취재·작성과 직접적인 연관이 없는 자에게 허위의 사실을 알렸을 뿐인 경우에는**, 제보자가 피제보자에게 그 알리는 사실이 기사화 되도록 특별히 부탁하였다거나 **피제보자가 이를 기사화 할 것이 고도로 예상되는 등의 특별한 사정이 없는 한**, 피제보자가 언론에 공개하거나 기자들에게 취재됨으로써 그 사실이 신문에 게재되어 일반 공중에게 배포되더라도 제보자에게 출판·배포된 기사에 관하여 출판물에 의한 명예훼손죄의 책임을 물을 수는 없다.

[2] **의사가 의료기기 회사와의 분쟁을 정치적으로 해결하기 위하여 국회의원에게 허위의 사실을 제보하였을 뿐인데, 위 국회의원의 발표로 그 사실이 일간신문에 게재된 경우** 출판물에 의한 명예훼손이 성립하지 아니한다고 한 사례(대판 2002.6. 28, 2000도3045). ●법행

6. 기수시기

본죄는 추상적 위험범이므로 출판물에 의하여 사실을 적시함으로써 불특정 또는 다수인이 인식할 수 있는 상태에 이르면 기수가 되며, 현실적인 인식여부나 비방의 목적달성 여부는 불문한다.

7. 소추조건

반의사불벌죄이다.

V 모욕죄

제311조 (모욕) 공연히 사람을 모욕한 자는 1년 이하의 징역이나 금고 또는 200만원 이하의 벌금에 처한다.
제312조 (고소와 피해자의 의사) ① 제308조와 제311조의 죄는 고소가 있어야 공소를 제기할 수 있다.

1. 의 의

모욕죄는 공연히 사람을 모욕하는 경우에 성립하는 범죄로서, 사람의 가치에 대한 사회적 평가를 의미하는 외부적 명예를 보호법익으로 하고, 여기에서 '모욕'이란 사실을 적시하지 아니하고 사람의 사회적 평가를 저하시킬 만한 추상적 판단이나 경멸적 감정을 표현하는 것을 의미한다. 그리고 모욕죄는 피해자의 외부적 명예를 저하시킬 만한 추상적 판단이나 경멸적 감정을 공연히 표시함으로써 성립하므로, 피해자의 외부적 명예가 현실적으로 침해되거나 구체적·현실적으로 침해될 위험이 발생하여야 하는 것도 아니다(대판 2016.10.13, 2016도9674). ● 경찰

2. 객관적 구성요건

(1) 행위객체

① 사람이다. 사자는 제외된다.
② 모욕죄는 특정한 사람 또는 인격을 보유하는 단체에 대하여 사회적 평가를 저하시킬 만한 경멸적 감정을 표현함으로써 성립하므로 그 피해자는 특정되어야 한다(대판 2014.3.27, 2011도15631). ☞ 인격을 보유하는 단체도 피해자가 될 수 있음을 보여주는 판례임

(2) 행위

① 공연성 : 명예훼손죄의 구성요건인 공연성이란 '불특정 또는 다수인이 인식할 수 있는 상태'를 의미하는데, 개별적으로 소수의 사람에게 사실을 적시하였더라도 그 상대방이 불특정 또는 다수인에게 적시된 사실을 전파할 가능성이 있는 때에는 공연성이 인정된다. 이러한 법리는 모욕죄에도 동일하게 적용된다. 따라서 발언 상대방이 발언자나 피해자의 배우자, 친척, 친구 등 사적으로 친밀한 관계에 있어 그러한 관계로 인하여 비밀의 보장이 상당히 높은 정도로 기대되는 경우에는 공연성이 부정된다(대판 2022.6.16, 2021도15122).

② 모욕
㉠ '모욕'이란 사실을 적시하지 아니하고 사람의 외부적 명예를 침해할 만한 추상적 판단이나 경멸적 감정을 표현하는 것을 의미한다. **어떠한 표현이 모욕죄의 모욕에 해당하는지는** 상대방 개인의 주관적 감정이나 정서상 어떠한 표현을

들고 기분이 나쁜지 등 명예감정을 침해할 만한 표현인지를 기준으로 판단할 것이 아니라 당사자들의 관계, 해당 표현에 이르게 된 경위, 표현방법, 당시 상황 등 객관적인 제반 사정에 비추어 **상대방의 외부적 명예를 침해할 만한 표현인지를 기준**으로 엄격하게 판단하여야 한다. 어떠한 표현이 **개인의 인격권을 심각하게 침해할 우려가 있는 것이거나 상대방의 인격을 허물어뜨릴 정도로 모멸감을 주는 혐오스러운 욕설**이 아니라 상대방을 **불쾌하게 할 수 있는 무례하고 예의에 벗어난 정도이거나 상대방에 대한 부정적·비판적 의견이나 감정을 나타내면서 경미한 수준의 추상적 표현이나 욕설**이 사용된 경우 등이라면 특별한 사정이 없는 한 외부적 명예를 침해할 만한 표현으로 볼 수 없어 모욕죄의 구성요건에 해당된다고 볼 수 없다. 개인의 인격권으로서의 명예 보호와 민주주의의 근간을 이루는 기본권인 표현의 자유는 모두 헌법상 보장되는 기본권으로 각자의 영역 내에서 조화롭게 보호되어야 한다. 따라서 모욕죄의 구성요건을 해석·적용할 때에도 **개인의 인격권과 표현의 자유**가 함께 고려되어야 한다(대판 2022.8.31, 2019도7370).

ⓛ 어떠한 표현이 상대방의 인격적 가치에 대한 사회적 평가를 저하시킬 만한 것이 아니라면 표현이 다소 무례한 방법으로 표시되었다 하더라도 모욕죄의 구성요건에 해당한다고 볼 수 없다(대판 2015.9.10, 2015도2229).

ⓒ 모욕의 수단과 방법에는 제한이 없으므로 언어적 수단이 아닌 **비언어적·시각적 수단**만을 사용하여 표현을 하더라도 그것이 사람의 사회적 평가를 저하시킬 만한 추상적 판단이나 경멸적 감정을 전달하는 것이라면 모욕죄가 성립한다. 최근 영상 편집·합성 기술이 발전함에 따라 합성 사진 등을 이용한 모욕 범행의 가능성이 높아지고 있고, **시각적 수단만을 사용**한 모욕이라 하더라도 그 행위로 인하여 피해자가 입는 피해나 범행의 가벌성 정도는 언어적 수단을 사용한 경우와 비교하여 차이가 없다(대판 2023.2.2, 2022도4719).

> **판례 정리 … 모욕이 부정되는 경우**
>
> 1. "**부모가 그런 식이니 자식도 그런 것이다**"와 같은 표현으로 인하여 상대방의 기분이 다소 상할 수 있다고 하더라도 그 내용이 너무나 막연하여 그것만으로 곧 상대방의 명예감정을 해하여 형법상 모욕죄를 구성한다고 보기는 어렵다(대판 2007.2.22, 2006도8915). ● 경찰승진
> 2. 임대아파트의 분양전환과 관련하여 임차인이 아파트 관리사무소의 방송시설을 이용하여 임차인대표회의의 전임회장을 비판하며 "**전 회장의 개인적인 의사에 의하여 주택공사의 일방적인 견해에 놀아나고 있기 때문에**"라고 한 표현이 전체 문언상 모욕죄의 '모욕'에 해당하지 않는다(대판 2008.12.11, 2008도8917).
> 3. 인터넷 댓글에 의하여 모욕을 당한 피해자의 인터넷 아이디(ID)만을 알 수 있을 뿐 그 밖의 주위사정을 종합해 보더라도 그와 같은 인터넷 아이디를 가진 사람이 청구인이라고 알아차릴 수 없는 경우에 있어서는 외부적 명예를 보호법익으로 하는 명예훼손죄 또는 모욕죄의 피해자가 청구인으로 특정된 경우로 볼 수 없으므로, 특정인인 청구인에 대한 명예훼손 또는 모욕죄가 성립하지 않는다(대판 2008.6.26, 2007도461). ● 사시

3. 인터넷 댓글에 의하여 모욕을 당한 피해자의 인터넷 아이디(ID)만을 알 수 있을 뿐 그 밖의 주위사정을 종합해보더라도 그와 같은 인터넷 아이디를 가진 사람이 청구인이라고 알아차릴 수 없는 경우에 있어서는 외부적 명예를 보호법익으로 하는 명예훼손죄 또는 모욕죄의 피해자가 청구인으로 특정된 경우로 볼 수 없으므로, 특정인인 청구인에 대한 명예훼손죄 또는 모욕죄가 성립하지 않는다(대판 2008.6.26, 2007도461).
   ● 사시

4. 아파트 입주자대표회의 감사인 피고인이 관리소장 甲의 외부특별감사에 관한 업무처리에 항의하기 위해 관리소장실을 방문한 자리에서 甲과 언쟁을 하다가 "야, 이따위로 일할래.", "나이 처먹은 게 무슨 자랑이냐."라고 말한 경우, 여러 정황 등에 비추어 볼 때, 피고인의 발언은 상대방을 불쾌하게 할 수 있는 무례하고 저속한 표현이기는 하지만 객관적으로 甲의 인격적 가치에 대한 사회적 평가를 저하시킬 만한 모욕적 언사에 해당하지 않는다(대판 2015.9.10, 2015도2229).

5. 甲이 택시 기사와 요금 문제로 시비가 벌어져 112 신고를 한 후, 신고를 받고 출동한 경찰관 A에게 늦게 도착한 데 대하여 항의하는 과정에서 "아이 씨발!"이라고 말한 경우, 제반 사정에 비추어 甲의 발언은 직접적으로 피해자를 특정하여 그의 인격적 가치에 대한 사회적 평가를 저하시킬 만한 경멸적 감정을 표현한 모욕적 언사에 해당한다고 단정하기 어렵다(대판 2015.12.24, 2015도6622).
   ● 법행

6. 장래의 희망이 아나운서라고 한 여학생들에게 '다 줄 생각을 해야 하는데, 그래도 아나운서 할 수 있겠느냐. ○○여대 이상은 자존심 때문에 그렇게 못하더라' 라는 등의 말을 한 경우 집단표시에 의한 비난이 개별구성원에 이르러서는 비난의 정도가 희석되었다고 볼 여지가 있으므로 구성원 개개인에 대한 모욕이 성립되지 않는다(대판 2014.3.27, 2011도15631).
   ● 법행

7. 甲이 인터넷 포털 사이트 '○○'의 카페인 '△△△△추진운동본부'에 접속하여 '자칭 타칭 乙하면 떠오르는 키워드!!!'라는 제목의 게시글에 '공황장애 ㅋ'라는 댓글을 게시한 경우 '공황장애 ㅋ'라는 표현이 상대방을 불쾌하게 할 수 있는 무례한 표현이기는 하나, 상대방의 인격적 가치에 대한 사회적 평가를 저하시킬 만한 표현에 해당한다고 보기는 어려우므로 모욕죄는 성립되지 않는다(대판 2018.5.30, 2016도20890).

8. 甲 주식회사 해고자 신분으로 노동조합 사무장직을 맡아 노조활동을 하는 피고인이 노사 관계자 140여 명이 있는 가운데 큰 소리로 피고인보다 15세 연장자로서 甲 회사 부사장인 乙을 향해 "야 ○○아, ○○이 여기 있네, 니 이름이 ○○이잖아, ○○아 나오니까 좋지?" 등으로 여러 차례 乙의 이름을 부른 경우 위 발언은 상대방을 불쾌하게 할 수 있는 무례하고 예의에 벗어난 표현이기는 하지만 객관적으로 乙의 인격적 가치에 대한 사회적 평가를 저하시킬 만한 모욕적 언사에 해당한다고 보기 어렵다(대판 2018.11.29, 2017도2661).
   ● 법학특채

9. 사업소 소장인 피고인이 직원들에게 甲이 관리하는 다른 사업소의 문제를 지적하는 내용의 카카오톡 문자메시지를 발송하면서 "甲은 정말 야비한 사람인 것 같습니다."라고 표현한 경우,…제반 사정에 비추어 볼 때, 위 표현은 피고인의 甲에 대한 부정적·비판적 의견이나 감정이 담긴 경미한 수준의 추상적 표현에 불과할 뿐 甲의 외부적 명예를 침해할 만한 표현이라고 단정하기 어렵다(대판 2022.8.31, 2019도7370).
   ● 경찰

10. 피고인이 유튜브 채널에 피해자의 방송 영상을 게시하면서 피해자의 얼굴에 '개' 얼굴을 합성하는 방법으로 표현한 경우, 피고인이 유튜브 영상에서 피해자를 '개'로 지칭하지는 않은 점 및 피고인이 효과음, 자막을 사용하지 않았다는 점 등을 무죄의 근거로 든 원심의 설시가 적절하다고 보기 어려우나, 영상의 전체적인 내용을 살펴볼 때, 피고인이 피해자의 얼굴을 가리는 용도로 동물 그림을 사용하면서 피해자에 대한 부정적인 감정을 다소 해학적으로 표현하려 한 것에 불과하다고 볼 여지도 상당하므로, 해당 영상이 피해자를 불쾌하게 할 수 있는 표현이기는 하지만 객관적으로 피해자의 인격적 가치에 대한 사회적 평가를 저하시킬 만한 모욕적 표현을 한 경우에 해당한다고 단정하기는 어렵다(대판 2023.2.2, 2022도4719).
    ● 경찰

11. 성명불상자가 인터넷 ○○일보 자유게시판에 「오늘 공소외인 이틀연속.. 어쩌구한 △△일보 기자 면상」이라는 제목으로 피해자 A가 작성한 기사들의 제목과 피해자의 사진, 이름이 나온 기자 정보란을 캡처한 게시물을 작성·게시하였고, 피고인이 위 게시물에 "꼰대로 돌아가자면 어린놈의 색이가"라는 댓글을 작성한 경우

성명불상자가 인터넷 ○○일보 자유게시판에 「오늘 공소외인 이틀연속.. 어쩌구한 △△일보 기자 면상」이라는 제목으로 피해자 A가 작성한 기사들의 제목과 피해자의 사진, 이름이 나온 기자 정보란을 캡처한 게시물을 작성·게시하였고, 피고인이 위 게시물에 "꼰대로 돌아가자면 어린놈의 색이가"라는 댓글을 작성한 경우 이 댓글은 피해자 A에 대한 부정적·비판적 의견이나 감정을 나타내는 것으로서 피해자 A를 불쾌하게 할 수 있는 무례하고 저속한 표현이기는 하지만 객관적으로 피해자의 인격적 가치에 대한 사회적 평가를 저하시킬 만한 모욕적 언사에 해당한다고 보기는 어렵다(대판 2024.9.27, 2023도17996). ● 경찰

12. 甲(피고인)이 대학교 동창인 A(피해자)가 인스타그램에서 甲의 팔로우를 해제한 것에 불만을 가지고 있던 중 A가 친구들과 촬영한 사진이 포함된 글을 작성·게시한 것을 보고 거기에 "와 인성 저런데 친구는 있으시네요, 잘 봤습니다, 안녕히 계세요."라는 내용의 댓글을 게시하였다가 곧 삭제한 경우, 무례한 표현이기는 하지만 객관적으로 피해자의 인격적 가치에 대한 사회적 평가를 저하시킬 만한 모욕적 언사에 해당한다고 보기는 어렵다(대판 2024.5.9, 2024도2879). ● 경찰

13. 甲(피고인)과 A(피해자)는 모두 노상에서 유튜브 방송을 진행하고 있었던 사실, 甲과 A는 정치적 성향을 달리하여 사이가 좋지 않았는데, 甲이 방송을 진행하던 중 근처에 있던 A가 훼방하는 발언을 하여 실랑이를 벌이다가 A에게 "공소외인이, 니 보고 하는 이야기 아니니 입 다물어라. 경찰관계자 분도 보고 계시겠지만 저 여자가 정상적인 여자라 할 수 있겠습니까?"라고 말하였고, 이에 A가 "입 다물어라? 정상이 아닌 것은 니다."라고 말하자 甲이 "병원 좀 가봐라. 상담 좀 받아 봐야겠다. 상당히 심각하다. 공소외인"이라고 말한 사례에서 이는 피해자에 대한 부정적·비판적 의견이나 감정을 나타내는 것으로서 피해자를 불쾌하게 할 수 있는 무례한 표현이기는 하지만 객관적으로 피해자의 인격적 가치에 대한 사회적 평가를 저하시킬 만한 모욕적 언사에 해당한다고 보기는 어렵다(대판 2024.5.9, 2024도2131).

판례 정리 … 모욕이 인정되는 경우

1. 자신의 MSN대화명을 "A주식회사 사장 씨발새끼 좆까는 새끼"라고 바꾸어 자신의 대화 상대방에게 보이게 한 행위는 공연성이 인정되고 경멸적 의사를 표시한 것으로 볼수 있으므로 모욕죄가 성립한다(대판 2005.2.18, 2004도8351).

2. 피고인들이 소속 노동조합 위원장 A를 '어용', '앞잡이' 등으로 지칭하여 표현한 현수막, 피켓 등을 장기간 반복하여 일반인의 왕래가 잦은 도로변 등에 게시한 경우 제반 사정에 비추어 피고인들의 위 행위는 A에 대한 모욕적 표현으로서 사회상규에 위배되지 않는 행위로 보기 어렵다(대판 2021.9.9, 2016도88). ● 경찰

3. 피고인이 인터넷 포털사이트 뉴스 댓글난에 연예인인 피해자를 '국민호텔녀'로 지칭하는 댓글을 게시한 경우, 피해자는 '국민첫사랑', '국민여동생' 등의 수식어로 불리며 대중적 인기를 받아 온 점 … '국민호텔녀'라는 표현은 피해자의 사생활을 들추어 피해자가 종전에 대중에게 호소하던 청순한 이미지와 반대의 이미지를 암시하면서 피해자를 성적 대상화하는 방법으로 비하하는 것으로서 여성 연예인인 피해자의 사회적 평가를 저하시킬 만한 모멸적인 표현으로 평가할 수 있고, 정당한 비판의 범위를 벗어난 것으로서 정당행위로 보기도 어렵다(대판 2023.2.1, 2017도19229). ☞ 모욕죄 성립 ● 경찰승진

4. 인터넷 댓글로서 특정인의 실명을 거론하여 특정인의 명예를 훼손하거나, 또는 실명을 거론하지는 않더라도 그 표현의 내용을 주위사정과 종합하여 볼 때 그 표시가 특정인을 지목하는 것임을 알아차릴 수 있는 경우에는, 그와 같은 악의적 댓글을 단 행위자는 원칙적으로 특정인에 대한 명예훼손 또는 모욕의 죄책을 면하기 어렵다 할 것이다(헌재 2008.6.26, 2007헌마461).

5. 피고인이 자신의 인터넷 블로그에 '듣보잡', '함량미달', '함량이 모자라도 창피한 줄 모를 정도로 멍청하게 충성할 사람', '싼 맛에 갖다 쓰는 거죠', '비욘 드보르잡', '개집' 등이라고 한 부분은 피해자를 비하하여 사회적 평가를 저하시킬 만한 추상적 판단이나 경멸적 감정을 표현한 것으로서 모욕적인 언사에 해당한다(대판 2011.12.22, 2010도10130). ● 경찰

6. 甲이 식당 영업 업무를 방해하고 식당주인에게 폭행을 하던 중 112 신고를 받고 출동한 경찰관 乙로부터 제지를 당하자 위 식당주인과 성명불상의 손님들이 있는 가운데 乙에게 큰 소리로 "**젊은 놈의 새끼야, 순경새끼, 개새끼야.**", "씨발 개새끼야, 좆도 아닌 젊은 새끼는 꺼져 새끼야."라고 욕설한 경우(대판 2016.10.13. 2016도9674) ● 방행
7. 甲이 택시를 타고 목적지까지 갔음에도 택시기사에게 택시요금을 주지 않자 택시기사가 경찰서 지구대 앞까지 운전하여 간 다음 112 신고를 하였고, 위 **지구대** 앞길에서 **경찰관** 乙을 포함한 경찰관들이 위 택시에 다가가 甲에게 택시요금을 지불하라고 요청하자 甲이 "야! 뭐야!"라고 소리를 쳐서 甲을 택시에서 내리게 한 후, 乙이 甲에게 "손님, 요금을 지불하고 귀가하세요."라고 말하자 甲이 乙을 향해 "뭐야. 개새끼야.", "뭐 하는 거야. 새끼들아.", "**씨팔놈들아. 개새끼야.**"라고 큰소리로 욕설을 한 경우(대판 2017.4.13. 2016도15264)

3. 주관적 구성요건

고의가 있어야 한다.

4. 위법성

어떤 글이 모욕적 표현을 담고 있는 경우에도 그 글이 객관적으로 타당성이 있는 사실을 전제로 하여 그 사실관계나 이를 둘러싼 문제에 관한 자신의 판단과 피해자의 태도 등이 합당한가에 대한 의견을 밝히고, **자신의 판단과 의견이 타당함을 강조하는 과정**에서 부분적으로 다소 모욕적인 표현이 사용된 것에 불과하다면 사회상규에 위배되지 않는 행위로서 형법 제20조에 의하여 위법성이 조각될 수 있다. 그리고 **인터넷 등 공간에서 작성된 단문의 글**이라고 하더라도, 그 내용이 자신의 의견을 강조하거나 압축하여 표현한 것이라고 평가할 수 있고 표현도 지나치게 모욕적이거나 악의적이지 않다면 마찬가지로 위법성이 조각될 수 있다(대판 2022.8.25. 2020도16897). ● 경간부

> **관련판례**
> ① 골프클럽 경기보조원들의 구직편의를 위해 제작된 인터넷 사이트 내 회원 게시판에 특정 골프클럽의 운영상 불합리성을 비난하는 글을 게시하면서 위 **클럽담당자에 대하여 한심하고 불쌍한 인간**이라는 등 경멸적 표현을 한 경우, **사회상규에 위배되지 않으므로 모욕죄의 성립이 부정된다**(대판 2008.7.10. 2008도1433). 경찰승진
> ② 인터넷 신문사 소속 기자 甲이 작성한 기사가 인터넷 포털 사이트의 '핫이슈' 난에 게재되자, 피고인이 "**이런걸 기레기라고 하죠?**"라는 댓글을 게시한 경우, '기레기'는 '기자'와 '쓰레기'의 합성어로서 … 모욕적 표현에 해당하기는 하나 … 위 댓글을 작성한 행위는 **사회상규에 위배되지 않는 행위로서 형법 제20조에 의하여 위법성이 조각된다**(대판 2021.3.25. 2017도17643).
> ③ 피고인이 방송국 시사프로그램을 시청한 후 **방송국 홈페이지의 시청자 의견란**에 작성·게시한 글 중 특히, "그렇게 소중한 자식을 범법행위의 변명의 방패로 쓰시다니 정말 대단하십니다."는 등의 표현은 그 출연자인 피해자에 대한 사회적 평가를 훼손할 만한 모욕적 언사라고 할 수 있으나 그 게시글 전체를 두고 볼 때 **사회상규에 위배되지 않는다고 보아야 한다**(대판 2003.11.28. 2003도3972). 경간부 ☞ 모욕죄의 구성요건에는 해당하나 위법성이 조각되는 사례이다.

④ 피고인이 해군 부사관 동기생의 단체채팅방에서, 피고인의 직속상관인 피해자가 목욕탕 청소담당 교육생들에게 과실 지적을 많이 한다는 이유로, "**도라이** ㅋㅋㅋ 습기가 그렇게 많은데"라고 게시한 경우 이는 상관인 피해자를 경멸적으로 비난한 것으로 모욕적인 언사라고 볼 수 있으나 사회상규에 위배되지 않아 형법 제20조의 정당행위에 해당한다(대판 2021.8.19, 2020도14576).

⑤ 노동조합원인 피고인이 노동조합 집행부의 공적 활동과 관련한 자신의 의견을 담은 게시글을 작성하면서 **페이스북에 노동조합 간부들을 상대로 '악의축'이라고 적시한 경우** 어떤 글이 모욕적 표현을 담고 있는 경우에도 그 글이 객관적으로 타당성이 있는 사실을 전제로 하여 그 사실관계나 이를 둘러싼 문제에 관한 자신의 판단과 피해자의 태도 등이 합당한가에 대한 의견을 밝히고, **자신의 판단과 의견이 타당함을 강조하는 과정에서 부분적으로 다소 모욕적인 표현이 사용된 것에 불과하다면** 사회상규에 위배되지 않는 행위로서 형법 제20조에 의하여 위법성이 조각될 수 있다(대판 2022.10.27, 2019도14421).

⑥ 피고인이 자신의 페이스북에 甲에 대한 비판적인 글을 게시하면서 "**철면피, 파렴치, 양두구육, 극우부패세력**"이라는 표현을 사용한 경우, 모욕죄의 구성요건에는 해당하나, …제반 사정을 종합할 때, 피고인이 甲의 공적 활동과 관련한 자신의 의견을 담은 게시글을 작성하면서 위 표현을 한 것은 사회상규에 위배되지 않는 행위로서 형법 제20조에 의하여 위법성이 조각된다고 볼 여지가 크다(대판 2022.8.25, 2020도16897).

제2절 신용·업무와 경매에 관한 죄

I 신용훼손죄

제313조 (신용훼손) 허위의 사실을 유포하거나 기타 위계로써 사람의 신용을 훼손한 자는 5년 이하의 징역 또는 1천500만원 이하의 벌금에 처한다.

1. 보호법익 및 보호정도

보호법익은 사람의 신용이다. 신용이란 경제적 생활영역에서의 사회적 평가, 특히 지불의사와 지불능력에 대한 사회적 평가를 의미한다. 보호법익의 정도는 추상적 위험범이다.

2. 객관적 구성요건

(1) 허위사실의 유포

甲은 8년 전부터 남편 없이 3자녀를 데리고 생계를 꾸려왔을 뿐 아니라 피고인에 대한 다액의 채무를 담보하기 위해 동녀의 아파트와 가재도구까지를 피고인에게 제공한 상태에서 피고인이 "甲은 집도 남편도 없는 과부이며 계주로서 계불입금을 모아서 도망가더라도 책임지고 도와줄 사람이 없다."라고 계원들에게 말한 경우 피고인의 말은 甲에 대한 개인적 의견이나 평가를 진술한 것에 불과하여 허위사실의 유포라고 볼 수 없다. 따라서 신용훼손죄가 성립하지 않는다(대판 1983.2.8, 82도2486).

(2) 기타 위계

피고인이 A은행 본점 앞으로 "피해자가 대출금 이자를 연체하여 위 은행의 B지점장이 3,000만 원의 연체이자를 대납하였다"는 등의 허위내용의 편지를 보낸 경우 위 편지를 본점에 송부한 행위는 불특정 또는 다수인에게 전파시킨 경우에는 해당한다고 보기 어려우나 A은행의 오인 또는 착각 등을 일으켜 위계로써 피해자의 신용을 훼손한 경우에는 해당한다(대판 2006.12.7, 2006도3400).

(3) 신용의 훼손

> **관련판례**
>
> ① <u>건축공사의 시공사 대표이사가 비용을 줄이려는 시도에서 건축설계자에게 제품변경을 요청하는 문서를 송부한 사안</u>에서, 위 문서의 내용은 위 제품을 판매하는 <u>회사의 지불능력이나 지불의사에 대한 사회적 신뢰를 저해한 것이 아니라고 보아 신용훼손죄의 객체인 신용에 해당하지 않는다</u>(대판 2006.5.25, 2004도1313). ☞ 취급하는 상품의 품질, 애프터서비스의 양부, 경영자의 경영자세 등 경제활동에 대한 평가는 포함되지 않는다. ●법원9급
> ② "어느 사람의 점포의 물건 값이 유달리 비싸다"라고 말한 것은 그 사람의 지불의사에 대한 사회적 신뢰를 훼손한 것이라고 볼 없다(대판 1969.1.21, 68도1660). ●경찰승진
> ③ 퀵서비스 사건 : 퀵서비스 운영자인 피고인이 배달업무를 하면서, <u>손님의 불만이 예상되는 경우에는 평소 경쟁관계에 있는 피해자 운영의 퀵서비스 명의로 된 영수증을 작성·교부함으로써 손님들로 하여금 불친절하고 배달을 지연시킨 사업체가 피해자 운영의 퀵서비스인 것처럼 인식하게 한 경우</u>, 퀵서비스의 주된 계약내용이 신속하고 친절한 배달이라 하더라도, 그와 같은 사정만으로 <u>위 행위가 피해자의 경제적 신용, 즉 지급능력이나 지급의사에 대한 사회적 신뢰를 저해하는 행위에 해당한다고 보기는 어렵다</u>(대판 2011.5.13, 2009도5549). ☞ 업무방해죄 인정 ●법행

3. 주관적 구성요건

<u>신용훼손죄에 있어서의 범의는</u> 반드시 확정적인 고의를 요하는 것은 아니고, 허위사실을 유포하거나 기타 위계를 사용한다는 점과 그 결과 다른 사람의 신용을 저하시킬 염려가 있는 상태가 발생한다는 점에 대한 <u>미필적 인식으로도 족하다</u> 할 것이다(대판 2006.12.7, 2006도3400). ●사시

4. 타죄와의 관계

공연히 진실한 사실을 적시하여 명예와 신용을 훼손한 경우는 명예훼손죄만 성립한다.

●경찰, 사시

Ⅱ 업무방해죄

1. 업무방해죄

> 제314조 (업무방해) ① **제313조의 방법 또는 위력**으로써 사람의 업무를 방해한 자는 5년 이하의 징역 또는 1천500만원 이하의 벌금에 처한다.

(1) 의의 및 보호법익

허위의 사실을 유포하거나 위계 또는 위력으로써 사람의 업무를 방해함으로써 성립하는 범죄이다. 보호법익은 사람의 업무이고, 추상적 위험범이다.

(2) 행위객체 : 사람의 업무

① 업무의 의의 : 업무방해죄에 있어서의 업무란 직업 또는 사회생활상의 지위에 기하여 계속적으로 종사하는 사무나 사업의 일체를 의미하고, 그 업무가 주된 것이든 부수적인 것이든 가리지 아니하며, 일회적인 사무라 하더라도 그 자체가 어느 정도 계속하여 행해지는 것이거나 혹은 그것이 직업 또는 사회생활상의 지위에서 계속적으로 행하여 온 본래의 업무수행과 밀접불가분의 관계에서 이루어진 경우에도 이에 해당한다(대판 2005.4.15, 2004도8701). ● 법행

> **판례 정리 ··· 업무에 해당하는 지 여부**
>
> 1. 종중 정기총회를 주재하는 **종중 회장의 의사진행업무 자체**는 1회성을 갖는 것이라고 하더라도 그것이 종중 회장으로서의 사회적인 지위에서 계속적으로 행하여 온 종중 업무수행의 일환으로 행하여진 것이라면, 그와 같은 의사진행업무도 형법 제314조 소정의 업무방해죄에 의하여 보호되는 업무에 해당한다(대판 1995.10.12, 95도1589). ● 사시
> 2. 회사가 사업장의 이전을 계획하고 그 이전을 전후하여 사업을 중단 없이 영위할 목적으로 이전에 따른 사업의 지속적인 수행방안, 새 사업장의 신축 및 가동개시와 구 사업장의 폐쇄 및 가동중단 등에 관한 일련의 **경영상 계획의 일환으로서 시간적ㆍ절차적으로 일정기간의 소요가 예상되는 사업장 이전을 추진, 실시하는 행위**는 그 자체로서 일정기간 계속성을 지닌 업무의 성격을 지니고 있을 뿐만 아니라 회사의 본래 업무인 목적 사업의 경영과 밀접불가분의 관계에서 그에 수반하여 이루어지는 것으로 볼 수 있으므로 이 점에서도 업무방해죄에 의한 보호의 대상이 되는 업무에 해당한다(대판 2005.4.15, 2004도8701) ● 법행
>
> **비교판례**
> ① **계속하여 행하는 사무가 아닌 공장의 이전과 같은 일회적인 사무**는 업무방해죄의 객체가 되는 업무에 해당하지 않는다(대판 1989.9.12, 88도1752). ● 법무사
> ② 건물 임대인이 구청장의 조경공사 촉구지시에 따라 임대 건물 앞에서 **1회적인 조경공사**를 하는 데 불과한 경우에는 위 "가"항의 "업무"에 해당되지 않는다(대판 1993.2.9, 92도2929). ● 사시
> 3. **조업이 끝난 후 이루어지는 공장 정문의 개폐 등 관리사무**는 회사의 주된 업무와 밀접불가분의 관계에 있으면서 계속적으로 수행되어지는 회사의 부수적 업무라 할 것이므로 이는 업무방해죄에서 보호의 대상으로 삼고 있는 업무에 해당된다(대판 1992.2.11, 91도1834). ● 사시

4. **주주로서 주주총회에서 의결권 등을 행사하는 것**은 주식의 보유자로서 그 자격에서 권리를 행사하는 것에 불과할 뿐 그것이 '직업 기타 사회생활상의 지위에 기하여 계속적으로 종사하는 사무 또는 사업'에 해당한다고 할 수 없다(대판 2004.10.28, 2004도1256). ● 사시, 경찰승진
5. **초등학생들이 학교에 등교하여 교실에서 수업을 듣는 것**은 학생들 본인의 권리를 행사하는 것이거나 국가 내지 부모들의 의무를 이행하는 것에 불과할 뿐 그것이 '직업 기타 사회생활상의 지위에 기하여 계속적으로 종사하는 사무 또는 사업'에 해당한다고 할 수 없다(대판 2013.6.14, 2013도3829). ● 경찰
6. 경비원은 상사의 명령에 의하여 주로 경비업무등 노무를 제공하는 직분을 가지고 있는 것이므로 상사의 명에 의하여 그 직장의 업무를 수행한다면 설사 그 업무가 본조의 계속적인 직무권한에 속하지 아니한 일시적인 것이라 할지라도 본죄의 업무에 해당한다(대판 1971.5.24, 71도399). ☞ 경비원이 상사의 명령에 의하여 일시적으로 수행하는 유인물의 배부행위도 업무방해죄의 업무에 해당한다. ● 경찰
7. **단순한 개인적인 일상생활의 일환으로 행하여지는 사무**는 업무방해죄의 보호대상인 업무에 해당한다고 볼 수 없다. 따라서 주부 A는 **개인적 용무**로 고속버스를 타기 위해 고속버스터미널까지 자신의 차량을 운행한 후 근처에 있던 **건물 주차장에 주차**하였는데 주차장 관리인 甲이 위 차량을 무단주차 차량으로 여기고 차량 앞 범퍼와 손수레 사이를 쇠사슬로 묶어 둔 경우 **업무방해죄가 성립되지 않는다**(대판 2017.11.9, 2014도3270).
8. 피고인들이 공모하여 **이사회에서 '급여규정 일부 개정안'**에 대하여 허위로 설명 또는 보고하거나 개정안과 관련하여 허위의 자료를 작성하여 제시한 경우 …개별 이사회에서 이루어지는 심의·의결 등 업무는 감사가 그 주체로서 행한 업무에 해당하지 아니하므로, **감사의 특정 이사회 출석 및 의견 진술은 감사의 본래 업무와 밀접불가분의 관계에 있는 부수적인 업무라고 보기 어려운 점** 등을 종합하면, 피고인들의 행위는 직접적·본질적으로 이사들의 '급여규정 일부 개정안' 심의·의결 업무를 방해한 것으로 볼 수 있을 뿐, 이사회에 참석한 감사의 업무를 방해한 것으로 보기는 어렵고, 피고인들의 이사들에 대한 위와 같은 기망적인 행위로 인해 이사회에 출석한 감사가 의견을 진술하는 데에 결과적으로 지장을 초래한 것으로 볼 수 있다 하더라도 … **이사회가 의안 심의 및 결의에 관한 업무와 관련하여 특정 안건의 심의 및 의결 절차의 편의상 이사회 구성원이 아닌 감사 등의 의견을 청취하는 것**은 그 실질에 있어 이사회 구성원인 이사들의 의안 심의 및 결의에 관한 계속적 업무 혹은 그와 밀접불가분의 관계에 있는 업무에 해당할 뿐, 피고인들의 행위로 이사회에 출석하여 의견을 진술한 이사회 구성원 아닌 **감사의 업무가 방해된 경우에 해당한다고 볼 수 없다**(대판 2023.9.27, 2023도9332).
9. 주택재개발정비사업조합 구역 내 건물의 소유자인 피고인들이 위 건물에 대한 건물명도소송 확정판결에 따른 강제집행을 보상액이 적다는 이유로 위력으로 방해함으로써 **집행관에게 집행위임을 한 조합의 이주·철거업무를 방해한 경우**, 위 강제집행은 특별한 사정이 없는 한 집행위임을 한 조합의 업무가 아닌 **집행관의 고유한 직무**에 해당하고, 설령 피고인들이 집행관의 강제집행 업무를 방해하였더라도 이를 채권자인 조합의 업무를 직접 방해한 것으로 볼 만한 증거도 부족하므로, 피고인들이 조합의 업무를 방해하였다고 볼 수 없고 피고인들의 행위와 조합의 업무방해 사이에 상당인과관계가 있다고 단정할 수도 없다(대판 2023.4.27, 2020도34).

② **업무의 주체** : 사람으로서의 타인이다. 자연인, 법인, 법인격 없는 단체를 불문한다. 따라서 정당의 지구당은 창당업무에서 업무의 주체가 되지만 **대학교는 영조물에 불과하므로 주체가 될 수 없다**(영조물은 법인격이 없기 때문). 따라서 대학 편입학업무의 주체는 총장이고, 개설강좌의 성적평가업무의 주체는 담당교수이다(대판 1999.1.15, 98도663). ● 법행

③ **보호가치 있는 업무**
㉠ 형법상 업무방해죄의 보호대상이 되는 '업무'라고 함은 직업 또는 계속적으로 종사하는 사무나 사업으로서 타인의 위법한 침해로부터 형법상 보호할 가치

가 있는 것이어야 하므로 어떤 사무나 활동 자체가 위법의 정도가 중하여 사회생활상 도저히 용인될 수 없는 정도로 반사회성을 띠는 경우에는 업무방해죄의 보호대상이 되는 '업무'에 해당한다고 볼 수 없다(대판 2001.11.30, 2001도2015). ● 사시, 법행

ⓛ 형법상 업무방해죄의 보호대상이 되는 '업무'는 직업 또는 계속적으로 종사하는 사무나 사업으로서 일정 기간 사실상 평온하게 이루어져 사회적 활동의 기반이 되는 것을 말하며, 그 업무의 기초가 된 계약 또는 행정행위 등이 반드시 적법하여야 하는 것은 아니지만 타인의 위법한 행위에 의한 침해로부터 보호할 가치가 있는 것이어야 한다(대판 2007.8.23, 2006도3687). ● 경찰승진

ⓒ 법률상 보호할 가치가 있는 업무인지는 그 사무가 사실상 평온하게 이루어져 사회적 활동의 기반이 되고 있느냐에 따라 결정되고, 업무의 개시나 수행과정에 실체상 또는 절차상 하자가 있더라도 사회생활상 도저히 용인할 수 없는 정도로 반사회성을 띠는 데까지 이르거나 법적 보호라는 측면에서 그와 동등한 평가를 받을 수밖에 없는 경우에 이르지 아니한 이상 업무방해죄의 보호대상이 된다(대판 2023.2.2, 2020도5940). ● 경찰

ⓔ 의료인이나 의료법인이 아닌 자가 의료기관을 개설하여 운영하는 행위는 업무방해죄의 보호대상이 되는 업무에 해당하지 않는다. 그러나 **무자격자에 의해 개설된 의료기관에 고용된 의료인이 환자를 진료**한다고 하여 그 진료행위 또한 당연히 반사회성을 띠는 행위라고 볼 수는 없다. 이때 의료인의 진료 업무가 업무방해죄의 보호대상이 되는 업무인지는 의료기관의 개설·운영 형태, 해당 의료기관에서 이루어지는 진료의 내용과 방식, 피고인의 행위로 인하여 방해되는 업무의 내용 등 사정을 종합적으로 고려하여 판단해야 한다(대판 2023.3.16, 2021도16482). ● 경간부 ☞ 의료인인 甲의 명의로 의료인이 아닌 乙이 개설하여 운영하는 丙병원에서 큰 소리를 지르거나 환자 진료 예약이 있는 甲을 붙잡고 있는 등의 방법으로 위력으로써 甲의 진료 업무를 방해한 사례임

판례 정리 … 보호가치 없는 업무(업무방해죄 X)

1. **의료인이나 의료법인이 아닌 자가 의료기관을 개설하여 운영하는 행위**는 그 위법의 정도가 중하여 사회생활상 도저히 용인될 수 없는 정도로 반사회성을 띠고 있으므로 업무방해죄의 보호대상이 되는 '업무'에 해당하지 않는다(대판 2001.11.30, 2001도2015). ● 사시, 경찰

2. **법원의 직무집행정지 가처분결정**에 의하여 그 직무집행이 정지된 자가 법원의 결정에 반하여 직무를 수행함으로써 업무를 계속 행하는 경우 그 업무는 국법질서와 재판의 존엄성을 무시하는 것으로서 사실상 평온하게 이루어지는 사회적 활동의 기반이 되는 것이라 할 수 없고, 비록 그 업무가 반사회성을 띠는 경우라고까지는 할 수 없다고 하더라도 법적 보호라는 측면에서는 그와 동등한 평가를 받을 수밖에 없으므로, 그 업무 자체는 법의 보호를 받을 가치를 상실하였다고 하지 않을 수 없어 업무방해죄에서 말하는 업무에 해당하지 않는다(대판 2002.8.23, 2001도5592). ● 사시, 경찰, 경찰승진

3. 성매매알선 등 행위는 업무방해죄의 보호대상이 되는 업무라고 볼 수 없다. 따라서 폭력조직 간부인 피고인이 조직원들과 공모하여 甲이 운영하는 **성매매업소** 앞에 속칭 '병풍'을 치거나 **차량을 주차해 놓는 등 위력으로써 업무를 방해한 경우** 성매매업소 운영업무는 업무방해죄의 보호대상이 되는 업무가 아니므로 업무방해죄가 성립하지 않는다(대판 2011.10.13, 2011도7081). ● 경찰승진
4. 도로관리청 또는 그로부터 권한을 위임받아 과적차량 단속을 위한 적재량 측정의 업무를 수행하는 자라고 하더라도, **적재량 측정을 강제할 수 있는 법령상의 근거가 없는 한**, 측정에 불응하는 자를 고발하는 것은 별론으로 하고, 측정을 강제하기 위한 조치를 취할 권한은 없으므로, 이를 위한 조치가 정당한 업무집행이라고 볼 수는 없다(대판 2010.6.10, 2010도9350). ● 경찰간부
5. **회사 운영권의 양도·양수 합의의 존부 및 효력에 관한 다툼이 있는 상황**에서 양수인이 비정상적으로 위 회사의 임원변경등기를 마친 것만으로는 회사 대표이사로서 정상적인 업무에 종사하기 시작하였다거나 그 업무가 양도인에 대한 관계에서 보호할 가치가 있는 정도에 이르렀다고 보기 어려워, 양도인의 침해행위가 양수인의 '업무'에 대한 업무방해죄를 구성하는 것으로 볼 수 없다(대판 2007.8.23, 2006도3687). ● 경찰승진
6. **공인중개사가 아닌 사람이 영위하는 부동산중개업**은 형사처벌의 대상이 되는 범죄행위에 해당하는 것으로서 업무방해죄의 보호대상이 되는 업무라고 볼 수 없다(대판 2007.1.12, 2006도6599). ● 경간부

> **판례 정리 ··· 보호가치 있는 업무(업무방해죄 ○)**

1. 연장근로가 당사자의 합의에 의하여 이루어지는 것이라고 하더라도 근로자들을 선동하여 근로자들이 통상적으로 해 오던 **연장근로를 집단적으로 거부**하도록 함으로써 회사업무의 정상운영을 방해한 경우(대판 1996.2.27, 95도2970) ● 사시
2. 건물의 전차인이 **임대인의 승낙 없이 전차**하였다고 하더라도 전차인이 불법침탈 등의 방법에 의하여 위 건물의 점유를 개시한 것이 아니고 그동안 평온하게 음식점등 영업을 하면서 점유를 계속하여 온 경우(대판 1986.12.23, 86도1372) ● 법행
3. 피고인이 고의로 피해자 회사의 **폐석운반 업무**를 방해할 의사로 선착장 앞에 위치한 자신의 어업구역 내에 양식장을 설치한다는 구실로 밧줄을 매어 선박의 출입을 방해한 경우(대판 1996.11.12, 96도2214) ● 사시
4. 아파트관리사무실의 경리가 관리단 총회에서 새로이 선임된 관리인에 의하여 **재임명되어 경리업무를 수행**하여 온 경우, 위 관리인 선임에 **무효사유**가 있다고 하더라도 위 경리의 아파트관리업무가 업무방해죄의 보호대상에 해당한다(대판 2006.3.9, 2006도382).
5. 한국도로공사가 고속도로 통행료 자동징수시스템을 도입하기로 결정하고 제조구매 입찰을 실시하면서 업체 선정을 위한 현장성능시험을 시행한 사안에서, **당시 입찰에 참가한 회사의 하이패스 시스템이 시험에 관한 기본가정 내지 도로공사의 제안요청서상 요구되는 기술적 조건을 충족하지 못하였고 입찰참여조건을 위반하여 성능시험 자체가 부적합한 것으로 드러났다고 하더라도**, 위 시험의 개시나 수행과정에서의 하자 정도가 반사회성을 띠는 데까지 이르렀다고 볼 수 없다는 이유로, 도로공사의 위 성능시험 업무는 업무방해죄의 보호대상이 된다고 한 사례(대판 2010.5.27, 2008도2344)
6. **목욕탕**의 전소유자가 지하수를 사용하여 목욕탕을 경영하여 왔고 甲은 이를 경락받아 그전과 같은 방법으로 위 지하수를 사용하여 왔다면 비록 甲이 정당한 권리 없이 위 지하수를 사용함으로써 乙이 손해를 입더라도 乙은 소송절차등에 의하여 그 권리를 구제받는 것은 별 문제로 하고 적어도 甲의 목욕탕 경영은 법률로서 보호받아야 할 업무라 볼 수 있다(대판 1989.5.23, 89도275). ● 경간부
7. 이 사건 **주차장**은 원래의 소유자이었던 A로부터 B, C, D에게로 순차 임대 또는 전대되어 D가 운영해 오고 있었던 것임을 알 수 있으므로, 설령 피고인이 정당한 소유자로부터 위 주차장을 새로 임대받았다고 하더라도, 피고인이 적법절차에 따라 권리를 확보하고 보호받는 것은 별론으로 하고, 피고인이 다른 특별한 사정없이 D의 주차장 영업을 방해한 행위는 업무방해죄에 해당한다(대판 2008.3.14, 2007도11181). ● 경간부

8. 피고인들이 마이크를 빼앗으며 <u>유림총회의 회의를 진행하지 못하게 하고 피해자를 비방하면서 걸려 있는 현수막을 제거하고 회의장에 들어가려는 대의원들을 회의에 참석하지 못하게 하였다면 위력으로 피해자의 유림총회 개최업무를 방해한 것</u>이라고 보아야 할 것이고, 피해자가 <u>유림대표 선출에 관한 규정에 위배하여 위 회의를 개최하였고, 결국 총회의 무기연기가 선언되었다고 하여도 업무방해죄의 성립에 영향이 없다</u>(대판 1991.2.12, 90도2501). ● 경간부

④ 공무의 포함 여부

[1] 형법이 업무방해죄와는 별도로 공무집행방해죄를 규정하고 있는 것은 사적 업무와 공무를 구별하여 공무에 관해서는 공무원에 대한 폭행, 협박 또는 위계의 방법으로 그 집행을 방해하는 경우에 한하여 처벌하겠다는 취지라고 보아야 한다. 따라서 <u>공무원이 직무상 수행하는 공무를 방해하는 행위에 대해서는 업무방해죄로 의율할 수는 없다고 해석함이 상당하다.</u>

[2] **지방경찰청 민원실에서 민원인들이 진정사건의 처리와 관련하여 지방경찰청장과의 면담 등을 요구하면서 이를 제지하는 경찰관들에게 큰소리로 욕설을 하고 행패를 부린 행위**에 대하여, 경찰관들의 수사 관련 업무를 방해한 것이라는 이유로 업무방해죄의 성립을 인정한 원심판결에, 업무방해죄의 성립범위에 관한 법리를 오해한 위법이 있다고 한 사례(대판 2009.11.19, 2009도4166 전원합의체) ● 경찰, 사시, 경찰승진

> **동지판례**
> ① **경찰청 민원실에서 말똥을 책상 및 민원실 바닥에 뿌리고 소리를 지르는 등 난동을 부린 행위**가 '위력'으로 경찰관의 민원접수 업무를 방해한 것이라는 이유로 업무방해에 해당한다고 본 원심판결에 법리오해의 위법이 있다(대판 2010.2.25, 2008도9049). ● 법행
> ② 마산시장과 STX중공업 회사 관계자 등이 'STX조선소 유치 확정'에 관한 기자회견을 하려고 하자, 갑은 을 등과 공모하여 위력으로써 마산시청 1층 브리핑룸 및 중회의실 출입구를 봉쇄하여 **마산시장등의 기자회견 업무**를 방해하였다. 갑 등에게는 업무방해죄가 성립하지 않는다(대판 2011.7.28, 2009도11104). ● 경간부

(3) 행 위

① 허위사실의 유포

㉠ 허위사실을 유포하는 방법에 의하여 타인의 업무를 방해함으로써 성립하는 업무방해죄에 있어, 허위사실을 유포한다고 함은 <u>실제의 객관적 사실과 서로 다른 사항을 내용으로 하는 사실을 불특정 다수인에게 전파시키는 것을 말하고, 특히 이러한 경우 그 행위자에게 행위 당시 자신이 유포한 사실이 허위라는 점을 적극적으로 인식하였을 것을 요한다</u>(대판 1994.1.28, 93도1278). ● 사시

㉡ 업무방해죄에서 '**허위사실의 유포**'란 객관적으로 진실과 부합하지 않는 사실을 유포하는 것으로서 단순한 의견이나 가치판단을 표시하는 것은 이에 해당

하지 않는다. **의견표현과 사실 적시가 혼재되어 있는 경우**에는 이를 전체적으로 보아 허위사실을 유포하여 업무를 방해한 것인지 등을 판단해야지, 의견표현과 사실 적시 부분을 분리하여 별개로 범죄의 성립 여부를 판단해서는 안 된다. 반드시 기본적 사실이 거짓이어야 하는 것은 아니고 비록 **기본적 사실은 진실이더라도 이에 거짓이 덧붙여져 타인의 업무를 방해할 위험이 있는 경우도 업무방해에 해당한다**. 그러나 그 내용 전체의 취지를 살펴볼 때 중요한 부분이 객관적 사실과 합치되고 단지 세부적으로 약간의 차이가 있거나 다소 과장된 표현이 있는 정도에 지나지 않아 타인의 업무를 방해할 위험이 없는 경우는 이에 해당하지 않는다(대판 2021.9.30, 2021도6634).

> **관련판례**
> ① 피고인의 구속 형사사건의 변호인으로 선임된 변호사가 피고인에게 무죄판결을 받아주겠다고 약속한 일이 없고 피고인이 범죄사실을 자백하여 유죄의 선고를 받고 확정되었는데도, 피고인이 **사람의 통행이 빈번한 변호사 사무실 앞에서 등에 붉은색 페인트로 "무죄라고 약속하고 이백만원에 선임했다. 사건담당변호사"라는 등을 기재한 흰까운을 입고 주변을 배회**하는 등 하였다면 이는 공연히 허위의 사실을 적시하여 유포함으로써 변호사로서의 업무의 경영을 저해하는 경우에 해당하므로 **업무방해죄를 구성한다**(대판 1991.8.27, 91도1344). ● 사시, 법행
> ② **피해자가 대표이사인 회사의 소방사업부장이 소속 직원들에게 허위의 사실을 유포하는 등의 방법을 사용하여 직원들로부터 사표를 제출받은 경우**, 직원들이 집단적으로 사표를 제출함으로써 일시적으로나마 소방사업부의 업무에서 이탈하거나 업무를 중단할 위험이 생겼고 그로 인하여 피해자의 소방사업부 업무의 경영을 저해할 위험성이 발생하였다고 볼 것이므로, **업무방해죄가 성립된다**(대판 2002.3.29, 2000도3231). ● 경찰승진

② 위계 : 위계에 의한 업무방해죄에 있어서 위계라 함은 행위자의 행위목적을 달성하기 위하여 상대방에게 오인, 착각 또는 부지를 일으키게 하여 이를 이용하는 것을 말하며, 상대방이 이에 따라 그릇된 행위나 처분을 하였다면 위계에 의한 업무방해죄가 성립된다(대판 1996.6.9, 91도2221). ● 법행, 사시

> **판례 정리** … '위계'(허위사실 유포)에 의한 업무방해죄를 인정한 경우

1. 단순히 통계처리와 분석, 또는 외국자료의 번역과 타자만을 타인에게 의뢰한 것이 아니라 **전체 논문의 초안 작성을 의뢰**하고, 그에 따라 작성된 논문의 내용에 약간의 수정만을 가하여 제출한 경우 업무방해죄가 성립한다(대판 1996.7.30, 94도2708). ● 법행

> **비교판례**
> **학위논문을 작성함**에 있어 자료를 분석, 정리하여 논문의 내용을 완성하는 일의 대부분을 타인에게 의존하였다면 그 논문은 타인에 의하여 대작된 것이라고 보아야 할 것이나, **학위청구논문의 작성계획을 밝히는 예비심사 단계에서 제출된 논문 또는 자료의 경우**에는 아직 본격적인 연구가 이루어지기 전이고, 연구주제 선정, 목차 구성, 논문작성계획의 수립, 기존 연구성과의 정리 등에 논문지도교수의 폭넓은 지도를 예정하고 있다고 할 것이어서 **학위논문과 동일하게 볼 수 없다**(대판 2023.9.14, 2021도13708).

2. 교수인 피고인 갑이 출제교수들로부터 대학원신입생전형시험문제를 제출받아 피고인 을, 병에게 그 시험문제를 알려주자 그들이 답안쪽지를 작성한 다음 이를 답안지에 그대로 베껴써서 그 정을 모르는 시험감독관에게 제출한 경우, 위계로써 입시감독업무를 방해한 것이므로 업무방해죄에 해당한다(대판 1991.11.12, 91도2211). ● 경찰, 사시

3. 컴퓨터 등 정보처리장치에 정보를 입력하는 등의 행위가 그 입력된 정보 등을 바탕으로 업무를 담당하는 사람의 오인, 착각 또는 부지를 일으킬 목적으로 행해진 경우에는 그 행위가 업무를 담당하는 사람을 직접적인 대상으로 이루어진 것이 아니라고 하여 위계에 의한 업무방해죄에서의 위계가 아니라고 할 수는 없다. 따라서 갑 정당의 제19대 국회의원 비례대표 후보자 추천을 위한 당내 경선과정에서 피고인들이 선거권자들로부터 인증번호만을 전달받은 뒤 그들 명의로 특정 후보자에게 전자투표를 한 경우 위계로써 갑 정당의 경선관리 업무를 방해한 것으로 볼 수 있다(대판 2013.11.28, 2013도5117). ● 경찰, 경간부

4. 피고인이 자신이 저작자가 아님에도 공저자로 표시되어 발행된 서적을 자신의 저서인 것처럼 업적보고서에 연구업적으로 기재하여 대학교 교원업적 평가 담당자에게 제출함으로써 교원업적평가 결과를 왜곡한 이상 위계에 의한 업무방해죄가 성립하고, 피고인이 교원재계약을 위한 기준 점수를 월등히 초과하여 있었다 하더라도 달리 볼 것은 아니다(대판 2017.10.26, 2016도16031).

> 유사판례
> 당해 논문을 제외한 다른 논문만으로도 부교수 승진 요건을 월등히 충족하고 있었다는 등의 사정만으로는 승진심사 업무의 적정성이나 공정성을 해할 위험성이 없었다고 단정할 수 없으므로, 위계에 의한 업무방해죄를 구성한다(대판 2009.9.10, 2009도4772). ● 법원

5. 금융실명거래및비밀보장에관한긴급재정경제명령을 위반하여 위계로써 금융회사의 실명전환업무 및 전산처리업무를 방해한 경우 업무방해죄를 구성한다(대판 1995.11.14, 95도1729). ● 사시

> 비교판례
> 기존의 비실명예금을 합의차명에 의하여 명의대여자의 실명으로 전환한 행위는 위 긴급명령에 따른 행위로서 금융기관의 실명전환에 관한 업무를 방해한 것이라고 할 수 없다(대판 1999.4.17, 96도3377 전원합의체). ● 경찰승진

6. 노동운동을 할 목적으로 자신의 신분을 숨긴 채 타인 명의로 허위의 학력, 경력을 기재한 이력서와 생활기록부 등을 제출하여 채용시험에 합격한 경우 위계에 의한 업무방해죄가 성립한다(대판 1992.6.9, 91도2221). ● 법행

7. 경쟁사가 제작한 고속도로 통행요금징수 기계화시스템의 성능에 대한 문제점을 강조하기 위하여 인위적으로 공기압을 낮추어 시험하게 한 경우 위계에 의한 업무방해죄가 성립한다(대판 1994.6.14, 93도288). ● 경간부

8. 전용실시권 없이 의장권만을 경락에 의하여 취득한 자가 전용실시권에 기하여 그 권리범위에 속하는 물품을 제조판매하는 거래에 관하여 자기에게만 실시권이 있는 양 주장하면서 물품의 제조판매의 중지와 불응시 제재하겠다는 통고문을 내용증명우편으로 발송하였다면 이는 업무방해죄의 구성요건을 충족할 수 있다(대판 1977.4.26, 76도2446). ● 법행

9. 피고인이 서류배달업 회사가 고객으로부터 배달을 의뢰받은 서류의 포장 안에 특정종교를 비방하는 내용의 전단을 집어 넣어 함께 배달되게 한 경우, 위 회사의 서류배달업무를 방해한 것으로 업무방해죄가 성립한다. (대판 1999.5.14, 98도3767) ● 경찰승진, 사시

10. **특정 회사가 제공하는 게임사이트에서 정상적인 포커게임을 하고 있는 것처럼 가장하면서 통상적인 업무처리 과정에서 적발해 내기 어려운 사설 프로그램('한도우미 프로 그램')을 이용하여 약관상 양도가 금지되는 포커머니를 약속된 상대방에게 이전해 준 사안**에서, 이는 구 정보통신망 이용촉진 및 정보보호 등에 관한 법률 제48조 제2항에서 정한 '악성프로그램'이나 형법 제314조 제2항에 정한 '부정한 명령의 입력'에 해당하지는 않지만, 회사의 정상적인 게임사이트 운영 업무를 방해한 것이므로 위계에 의한 업무방해죄를 구성한다(대판 2009.10.15, 2007도9334). ● 사시

11. 수산업협동조합의 신규직원 채용에 응시한 甲과 乙이 필기시험에서 합격선에 못 미치는 점수를 받게 되자, 채점업무 담당자들이 조합장인 피고인의 지시에 따라 점수조작행위를 통하여 이들을 필기시험에 합격시킴으로써 필기시험 합격자를 대상으로 하는 면접시험에 응시할 수 있도록 한 사안에서, 위 점수조작행위에 공모 또는 양해하였다고 볼 수 없는 일부 면접위원들이 조합의 신규직원 채용업무로서 수행한 면접업무는 위 점수조작행위에 의하여 방해되었다(대판 2010.3.25, 2009도8506). ● 법행

> **유사판례**
> 학칙에 따라 입학에 관한 업무가 총장 甲의 권한에 속한다고 하더라도 그 중 면접업무가 면접위원 A에게 위임되었다면 그 위임된 업무는 A의 독립된 업무에 속하므로 甲과의 관계에서도 업무방해죄의 객체인 타인의 업무에 해당한다(대판 2018.5.15, 2017도19499). ● 경간부

12. **주한외국영사관에 비자 발급을 신청함에 있어서 허위의 사실을 기재한 신청서와 이를 입증할 다른 허위자료까지 제출하고 공범으로 하여금 비자 면접 때 그에 맞추어 허위의 답변을 하도록 연습을 시킨 경우** 위계에 의한 업무방해죄가 성립한다(대판 2004.3.26, 2003도7927). ● 경찰승진

13. 대학교 총장이 신입생을 추가로 모집함에 있어 기부금을 낸 학부모나 교직원 자녀들의 **성적 또는 지망학과를 고쳐 석차가 추가로 모집하는 인원의 범위 내에 들도록 사정부를 허위로 작성**한 다음 그 정을 모르는 입학사정위원들에게 제출하여 허위로 작성된 사정부에 따라 입학사정을 하게 함으로써 위 자녀들을 합격자로 사정하게 하였다면 이는 위계로써 입학사정업무를 방해하였다고 볼 수 있다(대판 1993.5.11, 92도255). ● 경찰

14. 대한주택공사의 택지개발예정지구 지정공고일 이후에 대상토지를 매수하여 **신청자격이 없는 자**가, 계약일자를 위 공고일 이전으로 허위기재한 매매계약서를 기초로 소유권이전등기를 마친 후 그 등기부등본을 첨부하여 **수의공급신청을 한 경우**, 위 공사의 택지공급업무의 적정성과 공정성을 해할 위험을 초래한 것에 해당하므로 위계에 의한 업무방해죄를 구성한다(대판 2007.12.27, 2007도5030). ● 해경간부

15. 甲, 乙이 공모하여, 甲은 A고등학교의 학생 丙이 약 10개월 동안 총 84시간의 봉사활동을 한 것처럼 **허위로 기재된 봉사활동확인서**를 발급받아 乙에게 교부하고, 乙은 이를 丙의 담임교사를 통하여 A학교에 제출하여 丙으로 하여금 2010년도 **학교장 명의의 봉사상을 수상**하도록 한 경우, 위계로써 학교장의 봉사상 심사 및 선정 업무를 방해하였다고 보아야 한다(대판 2020.9.24, 2017도19283). ● 경찰

> **판례 정리** ··· '위계'(허위사실 유포)에 의한 업무방해죄를 부정한 경우

1. 신규직원 채용권한을 가지고 있는 지방공사 사장이 시험업무 담당자들에게 지시하여 상호 공모 내지 양해하에 시험성적조작 등의 부정한 행위를 한 경우, 법인인 공사에게 신규직원 채용업무와 관련하여 오인·착각 또는 부지를 일으키게 한 것이 아니므로, '위계'에 의한 업무방해죄에 해당하지 않는다(대판 2007.12.27, 2005도6404). ● 사시

2. 피고인이 그가 경영하던 공장을 갑에게 양도하면서 미수외상대금채권의 수금권을 포기하기로 약정하고도 이를 외상채무자들에게 고지하지 아니하고 외상대금을 수령한 행위는 위계에 의한 업무방해죄가 성립하지 않는다(대판 1984.5.9, 83도2270). ● 경찰

3. 피고인이 계원들로 하여금 계주대신 피고인을 계주로 믿게 하여 계금을 지급하고 불입금을 지급받아 위계를 사용하여 계주의 계운영업무를 방해하였다고 하여도 피고인에 대하여 다액의 채무를 부담하고 있던 계주로서는 채권확보를 위한 피고인의 요구를 거절할 수 없었기 때문에 피고인이 계주의 업무를 대행하는데 대하여 이를 승인 내지 묵인한 사실이 인정된다면 피고인의 행위는 이른바 위 계주의 승낙이 있었던 것으로서 위법성이 조각되어 업무방해죄가 성립되지 않는다(대판 1983.2.8, 82도2486). ● 경찰, 사시

4. 인터넷 자유게시판 등에 실제의 객관적인 사실을 게시하는 행위는, 설령 그로 인하여 피해자의 업무가 방해된다고 하더라도, 위 법조항 소정의 '위계'에 해당하지 않는다(대판 2007.6.29, 2006도3839). ● 사시, 법원

5. 지역주택조합설립을 반대하는 甲등은 "지역주택조합 실패시 개발 투자금 전부 날릴 수 있으니 주의하세요"라는 문구가 기재된 현수막과 "지역주택조합 동의는 보증 빚지는 행위와 같을 수 있으니 투자에 신중하세요"라고 기재된 현수막을 만들어서 걸은 경우 이는 주택건설사업이 진행되는 것에 대한 반대의견을 표명하면서 지역주택조합에 투자하였다가 그 사업이 실패할 경우 투자금 손실을 입을 수 있다는 사실을 과장하여 표현한 것에 불과하므로, 이를 허위사실의 유포에 해당한다고 보기는 어렵다(대판 2017.4.13, 2016도19159). ☞ 업무방해죄 불성립

6. 어장의 대표자였던 피고인이 어장측에 대한 허위의 채권을 주장하면서 후임대표자에게 그 인장을 인도하기를 거절함으로써 후임대표자가 만기도래한 어장소유의 수산업협동조합 예탁금을 인출하지 못하였고 어장소유 선박의 검사를 받지 못한 결과를 초래하였다 하여, 피고인의 위 허위주장을 가리켜 허위사실을 유포하거나 기타 위계로써 타인의 업무를 방해한 경우에 해당한다고는 할 수 없다(대판 1984.7.10, 84도638). ● 경간부

7. 지방공기업 사장인 피고인이 내부 인사규정 변경을 위한 적법한 절차를 거치지 않은 채 채용공고상 자격요건을 무단으로 변경하여 공동피고인을 2급 경력직의 사업처장으로 채용한 경우, 채용공고가 인사규정에 부합하는지 여부는 서류심사위원과 면접위원의 업무와 무관하고, … 공기업 대표이사인 피고인은 직원 채용여부에 관한 결정에 있어 인사담당자의 의사결정에 관여할 수 있는 권한을 갖고 있어 관련 업무지시를 위력행사로 볼 수 없으므로 위계 또는 위력에 의한 업무방해죄를 인정할 수 없다(대판 2022.6.9, 2020도16182).

8. 전화금융사기 조직의 현금 수거책인 피고인이 무매체 입금거래의 '1인 1일 100만 원' 한도 제한을 회피하기 위하여 은행 자동화기기에 제3자의 주민등록번호를 입력하는 방법으로 이른바 **쪼개기 송금**을 한 경우 은행에 대한 관계에서 업무방해죄의 위계에 해당하지 않는다(대판 2022.2.11, 2021도12394). ☞ 컴퓨터 등 정보처리장치에 정보를 입력하는 등의 행위로 업무와 관련하여 오인, 착각 또는 부지를 일으킨 상대방이 없으므로 위계가 있었다고 볼 수 없다.

9. 계좌개설 신청인이 접근매체를 양도할 의사로 금융기관에 법인 명의 계좌를 개설하면서 예금거래신청서 등에 금융거래의 목적이나 접근매체의 양도의사 유무 등에 관한 사실을 허위로 기재하였으나, 계좌개설 심사업무를 담당하는 금융기관의 업무담당자가 단순히 예금거래신청서 등에 기재된 계좌개설 신청인의 허위 답변만을 그대로 믿고 그 내용의 진실 여부를 확인할 수 있는 증빙자료의 요구 등 추가적인 확인조치 없이 법인 명의의 계좌를 개설해 준 경우 그 계좌개설은 금융기관 업무담당자의 불충분한 심사에 기인한 것이므로, 계좌개설 신청인의 위계가 업무방해의 위험성을 발생시켰다고 할 수 없어 위계에 의한 업무방해죄를 구성하지 않는다고 보아야 한다(대판 2023.8.31, 2021도17151).

ⓒ 신청에 따른 심사와 위계에 의한 업무방해죄

> **관련판례**
>
> ① 상대방으로부터 신청을 받아 상대방이 일정한 자격요건 등을 갖춘 경우에 한하여 그에 대한 수용 여부를 결정하는 업무에 있어서는 신청서에 기재된 사유가 사실과 부합하지 않을 수 있음을 전제로 그 자격요건 등을 심사·판단하는 것이므로, 그 업무담당자가 사실을 충분히 확인하지 아니한 채 신청인이 제출한 허위의 신청사유나 허위의 소명자료를 가볍게 믿고 이를 수용하였다면 이는 업무담당자의 **불충분한 심사**에 기인한 것으로서 신청인의 위계가 업무방해의 위험성을 발생시켰다고 할 수 없어 위계에 의한 업무방해죄를 구성하지 않지만, 신청인이 업무담당자에게 허위의 주장을 하면서 이에 부합하는 허위의 소명자료를 첨부하여 제출한 경우 그 수리 여부를 결정하는 업무담당자가 관계 규정이 정한 바에 따라 그 요건의 존부에 관하여 나름대로 **충분히 심사**를 하였음에도 신청사유 및 소명자료가 허위임을 발견하지 못하여 그 신청을 수리하게 될 정도에 이르렀다면, 이는 업무담당자의 불충분한 심사가 아니라 신청인의 위계행위에 의하여 업무방해의 위험성이 발생한 것이어서 위계에 의한 업무방해죄가 성립한다(대판 2007.12.27, 2007도5030).
>
> ② 대학교 시간강사 임용과 관련하여 허위의 학력이 기재된 이력서만을 제출한 사안에서, 임용심사 업무 담당자가 **불충분한 심사**로 인하여 허위 학력이 기재된 이력서를 믿은 것이므로 위계에 의한 업무방해죄를 구성하지 않는다(대판 2009.1.30, 2008도6950). ● 법행

③ 위 력

ⓐ 업무방해죄의 '**위력**'이란 사람의 자유의사를 제압·혼란케 할 만한 일체의 세력으로, 유형적이든 무형적이든 묻지 아니하므로, 폭력·협박은 물론 사회적·경제적·정치적 지위와 권세에 의한 압박 등도 이에 포함되고, **현실적으로 피해자의 자유의사가 제압될 것을 요하는 것은 아니지만**, 범인의 위세, 사람 수, 주위의 상황 등에 비추어 피해자의 자유의사를 제압하기 족한 세력을 의미하는 것으로서, 위력에 해당하는지는 범행의 일시·장소, 범행의 동기, 목적, 인원수, 세력의 태양, 업무의 종류, 피해자의 지위 등 제반 사정을 고려하여 객관적으로 판단하여야 한다. 또한, 업무방해죄의 위력은 반드시 **업무에 종사 중인 사람에게 직접 가해지는 세력만을 의미하는 것은 아니고**, 사람의 자유의사를 제압하기에 족한 일정한 물적 상태를 만들어 사람으로 하여금 자유로운 행동을 불가능하게 하거나 현저히 곤란하게 하는 행위도 이에 포함될 수 있다(대판 2009.9.10, 2009도5732). ● 사시, 법행

ⓑ [1] **소비자불매운동**이 헌법상 보장되는 정치적 표현의 자유나 일반적 행동의 자유 등의 점에서도 전체 법질서상 용인될 수 없을 정도로 사회적 상당성을 갖추지 못한 때에는 그 행위 자체가 위법한 세력의 행사로서 형법 제314조 제1항의 업무방해죄에서 말하는 위력의 개념에 포섭될 수 있다.

[2] 업무방해죄의 위력은 **원칙적으로 피해자에게 행사**되어야 하므로, 그 위력 행사의 상대방이 **피해자가 아닌 제3자인 경우** 그로 인하여 피해자의 자유

의사가 제압될 가능성이 직접적으로 발생함으로써 이를 <u>실질적으로 피해자에 대한 위력의 행사와 동일시할 수 있는 특별한 사정이 있는 경우가 아니라면 피해자에 대한 업무방해죄가 성립한다고 볼 수 없다.</u>

[3] 인터넷카페의 운영진인 피고인들이 카페 회원들과 공모하여, 특정 신문들에 광고를 게재하는 광고주들에게 불매운동의 일환으로 지속적·집단적으로 항의전화를 하거나 광고주들의 홈페이지에 항의글을 게시하는 등의 방법으로 광고중단을 압박한 경우 광고주에 대해서는 위력에 의한 업무방해죄가 성립하나 신문사에 대해서는 업무방해죄를 인정하기 어렵다(대판 2013.3.14, 2010도410). ● 경찰

ⓒ **업무방해죄의 수단인 위력은** 사람의 자유의사를 제압·혼란하게 할 만한 일체의 억압적 방법을 말하고, 이는 <u>제3자를 통하여 간접적으로 행사하는 것도 포함될 수 있다.</u> 그러나 어떤 행위의 결과 상대방의 업무에 지장이 초래되었다 하더라도 행위자가 가지는 정당한 권한을 행사한 것으로 볼 수 있는 경우에는, 행위의 내용이나 수단 등이 사회통념상 허용될 수 없는 등 특별한 사정이 없는 한 업무방해죄를 구성하는 위력을 행사한 것이라고 할 수 없다. 따라서 제3자로 하여금 상대방에게 어떤 조치를 취하게 하는 등으로 상대방의 업무에 곤란을 야기하거나 그러한 위험이 초래되게 하였다 하더라도, **행위자가 제3자의 의사결정에 관여할 수 있는 권한을 가지고 있거나 그에 대하여 업무상 지시를 할 수 있는 지위에 있는 경우에는 특별한 사정이 없는 한 업무방해죄를 구성하지 아니한다**(대판 2013.2.28, 2011도16718).

【철도노동조합 파업사건】
[1] 쟁의행위로서 파업(노동조합 및 노동관계조정법 제2조 제6호)도, 단순히 근로계약에 따른 노무의 제공을 거부하는 부작위에 그치지 아니하고 이를 넘어서 사용자에게 압력을 가하여 근로자의 주장을 관철하고자 집단적으로 노무제공을 중단하는 실력행사이므로, 업무방해죄에서 말하는 위력에 해당하는 요소를 포함하고 있다.
[2] 쟁의행위로서 파업이 언제나 업무방해죄에 해당하는 것으로 볼 것은 아니고, <u>전후 사정과 경위 등에 비추어 사용자가 예측할 수 없는 시기에 전격적으로 이루어져 사용자의 사업운영에 심대한 혼란 내지 막대한 손해를 초래하는 등으로 사용자의 사업계속에 관한 자유의사가 제압·혼란될 수 있다고 평가할 수 있는 경우에 비로소 집단적 노무제공의 거부가 위력에 해당하여 업무방해죄가 성립한다고 보는 것이 타당하다.</u>
[3] 근로자들이 집단적으로 근로의 제공을 거부하여 사용자의 정상적인 업무운영을 저해하고 손해를 발생하게 한 행위가 당연히 위력에 해당하는 것을 전제로 노동관계 법령에 따른 정당한 쟁의행위로서 위법성이 조각되는 경우가 아닌 한 업무방해죄를 구성한다고 볼 것은 아니다.

[4] 폭력적인 수단이 동원되지 않은 채 단순히 근로자가 사업장에 출근하지 않음으로써 근로제공을 하지 않는 '소극적인 근로제공 중단', 즉 '단순 파업'이라고 하더라도 파업은 그 자체로 부작위가 아니라 **작위적 행위**라고 보아야 한다.

[5] 피고인을 비롯한 전국철도노동조합 집행부가 중앙노동위원회 위원장의 직권중재회부결정에도 불구하고 파업에 돌입할 것을 지시하여, 조합원들이 전국 사업장에 출근하지 아니한 채 업무를 거부하여 철도 운행이 중단되도록 함으로써 한국철도공사에 영업수익 손실과 대체인력 보상금 등 막대한 손해를 입힌 경우 위 파업은 사용자의 자유의사를 제압·혼란케 할 만한 세력으로서 형법 제314조 제1항에서 정한 '위력'에 해당한다고 보기에 충분하므로 업무방해죄에 해당한다(대판 2011.3.17, 2007도482 전원합의체). 경행

판례정리 ··· 위력에 의한 업무방해죄가 성립하는 경우

1. 대부업체 직원이 대출금을 회수하기 위하여 소액의 지연이자를 문제삼아 법적 조치를 거론하면서 **소규모 간판업자인 채무자의 휴대전화로 수백 회에 이르는 전화공세**를 한 것이 사회통념상 허용한도를 벗어난 채권추심행위로서 채무자의 간판업 업무가 방해되는 결과를 초래할 위험이 있었다고 보아 업무방해죄를 구성한다(대판 2005.5.27, 2004도8447). 법행사시

2. 피고인이 **자신의 명의로 등록**되어 있는 피해자 운영의 학원에 대하여 피해자의 승낙을 받지 아니하고 폐원신고를 하였다고 하더라도 피해자에게 사전에 통고를 한 뒤 폐원신고를 하였다면 피해자에게 오인·착각 또는 부지를 일으켜 이를 이용하여 피해자의 업무를 방해한 것으로 보기는 어렵고, 오히려 피해자가 운영하고 있는 학원이 자신의 명의로 등록되어 있는 지위를 이용하여 임의로 폐원신고를 함으로써 피해자의 업무를 위력으로써 방해한 것이다(대판 2005.3.25, 2003도5004). 법행

비교판례
임대인 甲으로부터 건물을 임차하여 학원을 운영하던 피고인이 건물을 인도한 이후에도 자신 명의로 된 학원설립등록을 말소하지 않고 **휴원신고를 연장**함으로써 새로운 임차인 乙이 그 건물에서 학원설립등록을 하지 못하도록 한 경우, 피고인의 휴원연장신고와 乙이 학원설립등록을 하지 못한 점 사이에 인과관계가 있다고 단정하기 어렵고, 피고인의 행위가 乙의 자유의사를 제압·혼란케 할 정도의 위력에 해당한다고 보기 어렵다(대판 2010.11.25, 2010도9186). ☞ 위력에 의한 업무방해죄 불성립 경찰

3. 피해자가 시장번영회를 상대로 **잦은 진정을 하고 협조를 하지 않는다는 이유**로 시장번영회 총회결의에 의하여 피해자 소유점포에 대하여 정당한 권한없이 단전조치를 한 경우(대판 1983.11.8, 83도1798) 경찰, 사시

비교판례
① 시장번영회 회장이 관리규정을 위반하여 **칸막이를 천장까지 설치**한 일부 점포주들에 대하여 단전조치를 취한 경우(대판 1994.4.15, 93도2899) ☞ 정당행위 사시
② 시장번영회 회장이 이사회의 결의와 시장번영회의 관리규정에 따라서 **관리비 체납자**의 점포에 대하여 실시한 단전조치(대판 2004.8.20, 2003도4732) ☞ 정당행위
③ 백화점 입주상인들이 영업을 하지 않고 매장 내에서 점거 농성만을 하면서 매장 내의 기존의 전기시설에 임의로 전선을 연결하여 각종 전열기구를 사용함으로써 화재위험이 높아 백화점 경영 회사의 대표이사인 피고인이 부득이 단전조치를 취하였다면, 그 단전조치 당시 보호받을 업무가 존재하지 않았을 뿐

만 아니라 화재예방 등 건물의 안전한 유지 관리를 위한 정당한 권한 행사의 범위 내의 행위에 해당하므로 피고인의 단전조치가 업무방해죄를 구성한다고 볼 수 없다(대판 1995.6.30, 94도3136). ● 사시

④ 호텔 내 주점의 임대인이 임차인이 차임 연체를 이유로 계약서상 규정에 따라 위 주점에 대하여 단전·단수조치를 취한 경우, 약정 기간이 만료되었고 임대차보증금도 차임연체 등으로 공제되어 이미 남아있지 않은 상태에서 미리 예고한 후 단전·단수조치를 하였다면 형법 제20조의 정당행위에 해당하지만, 약정 기간이 만료되지 않았고 임대차보증금도 상당한 액수가 남아있는 상태에서 계약해지의 의사표시와 경고만을 한 후 단전·단수조치를 하였다면 정당행위로 볼 수 없다(대판 2007.9.20, 2006도9157).
● 경찰승진

4. 신고한 옥외집회에서 고성능 확성기 등을 사용하여 발생된 소음이 82.9dB 내지 100.1dB에 이르고, 사무실 내에서의 전화통화, 대화 등이 어려웠으며, 밖에서는 부근을 통행하기조차 곤란하였고, 인근 상인들도 소음으로 인한 고통을 호소하는 정도에 이르렀다면 이는 위력으로 인근 상인 및 사무실 종사자들의 업무를 방해한 업무방해죄를 구성한다(대판 2004.10.15, 2004도4467). ● 경찰승진

5. 임대인이 임차인의 물건을 임의로 반출할 수 있다는 임대차계약 조항에 따라 임대인이 영업중인 임차인의 식당 점포의 간판을 철거하고 출입문을 봉쇄한 경우(위의 임대차계약조항은 공서양속에 반하므로 민법제103조에 의하여 무효 이므로)(대판 2005.3.10, 2004도341) ● 사시

6. 임차인이 임대인 승낙 없이 건물을 전대차하자 임대인이 그 건물을 폐쇄하고 전차인소유의 집기를 들어낸 경우(대판 1986.12.23, 86도1372) ● 경찰, 사시

7. 피고인들이 건물신축 공사현장에 무단으로 들어간 뒤 타워크레인에 올라가 이를 점거한 사안에서, 주거침입죄가 성립하지 않고 업무방해죄를 구성한다(대판 2005.10.7, 2005도5351). ● 사시

8. 자신의 명의로 사업자등록이 되어 있고 자신이 상주하여 지게차 판매 등을 하고 있는 지위를 이용하여, 피해자의 사업장 출입을 금지하기 위하여 출입문에 설치된 자물쇠의 비밀번호를 변경한 행위(대판 2009.4.23, 2007도9924)

9. 피고인이 피해자들이 경작 중이던 농작물을 트랙터를 이용하여 갈아엎은 다음 그곳에 이랑을 만들고 새로운 농작물을 심어 피해자의 자유로운 논밭 경작 행위를 불가능하게 하거나 현저히 곤란하게 한 경우, 위력에 의한 업무방해죄에 해당한다(대판 2009.9.10, 2009도5732). ● 사시, 법행

10. 甲 주식회사 임원인 피고인이 자동차 판매수수료율과 관련하여 대리점 사업자들과 甲 회사 사이에 의견대립이 고조되자, 대리점 사업자 乙이 일정액의 사용료를 지급하고 판매정보 교환 등에 이용해 오던 甲 회사의 내부전산망 전체 및 고객관리시스템 중 자유게시판에 대한 접속권한을 차단한 경우(대판 2012.5.24, 2009도4141)

11. 전국철도노동조합이 파업을 예고한 상황에서 파업 예정일 하루 전에 사용자인 한국철도공사 측 교섭위원 甲이 산하 차량정비단 직원들을 상대로 설명회 등 특별교육을 실시하려고 하자, 노동조합 간부인 피고인 등이 직원들의 교육장 진입을 막는 등 위력으로 甲의 업무를 방해한 경우 위력에 의한 업무방해죄가 성립한다(대판 2013.1.10, 2011도15497). ● 경간부

> **판례 정리** ··· 위력에 의한 업무방해죄가 성립하지 않는 경우

1. 종손인 **74세**의 피고인은 자신의 동의도 없이 종중이 자기소유의 토지를 매도하기로 결의하고 측량하려 하자, 종중원들과 측량기사에게 "내 허락 없이 측량을 하면 가만두지 않겠다"고 측량을 반대하면서 소리치며 시비를 한 경우 피해자의 자유의사를 제압하기에 족한 위력을 행사한 것이라고 볼 수 없다(대판 1999.5.28, 99도495). ● 사시

2. 도급인의 **공사계약해제가 적법**하고 수급인이 **스스로 공사를 중단한 상태**에서 도급인이 공사현장에 남아 있는 수급인 소유의 공사자재 등을 다른 곳으로 옮긴 경우(대판 1999.1.29, 98도3240) ● 경찰승진, 법행

3. 대하양식장에 관한 권리도 양도하고 그 대금 일부를 지급받은 자가 **잔대금의 지급관계를 둘러싸고 분규**가 계속되자 양수인의 대하포획행위를 중지시키기 위하여 수문을 잠그고 수문여닫이용 손잡이를 회사 창고에 보관한 경우(대판 1994.4.12, 93도2690) ● 경찰승진

4. A주식회사가 운영하는 **사우나**에서 시설 및 보일러, 전기 등을 관리하던 甲이 A회사가 乙에게 사우나를 인계하는 과정에서 자신을 **부당하게 해고**하였다는 이유로 화가 나 그곳 전기배전반의 위치와 각 스위치의 작동 방법 등을 알려주지 않는 등으로 A회사의 사우나 경영 업무를 방해한 경우, 甲의 행위는 A회사나 乙이 사우나를 운영하려는 자유의사 또는 A회사가 乙에게 사우나의 운영에 관한 업무 인수인계를 정상적으로 해 주려는 자유의사를 제압하기에 족한 위력에 해당한다고 단정하기 어려우므로 위력에 의한 업무방해죄는 성립되지 않는다(대판 2017.11.9, 2017도12541).

5. 공인중개사 甲이 공인중개사가 아닌 A와 동업하여 중개사무소를 운영하다가 동업관계가 종료된 후 자신의 명의로 등록되어 있는 지위를 이용하여 임의로 폐업신고를 한 경우 위력에 의한 업무방해죄가 성립되지 않는다.(대판 2007.1.12, 2006도6599) ☞ 공인중개사가 아닌 피해자의 중개업은 법에 의하여 금지된 형사처벌의 대상이 되는 범죄행위에 해당하는 것으로서 업무방해죄의 보호대상이 되는 업무라고 볼 수 없다.

6. 장애인복지협회의 지부장으로서 **협회에 대한 회계자료열람권을 가진** 피고인이 **협회사무실에서 회계서류 등의 열람을 요구하는 과정**에서 협회 직원들을 불러 모아 상당한 시간 동안 이야기를 하거나 피고인의 요구를 거부하는 직원에게 다소 언성을 높여 책임을 지게 될 수 있다고 이야기한 사정 등만으로는 피고인의 행위가 업무방해 행위에 해당하지 않는다(대판 2021.7.8, 2021도3805).

7. 특성화고등학교인 A고등학교의 교장인 甲이 신입생 입학 사정회의 과정에서 면접위원들에게 "참 선생님들이 말을 안 듣네. 중학교는 이 정도면 교장 선생님한테 권한을 줘서 끝내는데. 왜 그러는 거죠?" 등 특정 **학생을 합격시키라는 취지의 발언을 한 경우**, 학교 교장이자 전형위원회 위원장으로서 사정회의에 참석하여 자신의 의견을 밝힌 후 계속하여 논의가 길어지자 위와 같은 발언을 한 것이라 면 甲의 행위는 위력으로 면접위원들의 면접업무를 방해하였다고 볼 수 없다(대판 2023.3.30, 2019도7466).

④ 업무방해
  ㉠ 업무방해죄의 성립에는 업무방해의 결과가 실제로 발생함을 요하지 않고 업무방해의 결과를 초래할 위험이 발생하는 것이면 족하며, 업무수행 자체가 아니라 업무의 적정성 내지 공정성이 방해된 경우에도 업무방해죄가 성립한다(대판 2008.1.17, 2006도1721). ● 경찰
  ㉡ 업무방해죄에 있어 업무를 '방해한다'함은 업무의 집행 자체를 방해하는 것은 물론이고 널리 업무의 경영을 저해하는 것도 포함한다고 할 것이다(대판 1999.5.14, 98도3767).

> **판례** 정리
>
> 1. 임시주주총회 결과 대표이사로 선임된 피해자가 업무집행을 위하여 회사사무실에 들어가려 하자 피고인들이 제지하였다면 피해자의 업무방해의 결과를 초래할 위험을 야기하였다고 볼 수 있다(대판 1997.3.11, 96도2801).
> 2. 시험의 출제위원이 문제를 선정하여 시험실시자에게 제출하기 전에 이를 유출하였다고 하더라도 이러한 행위 자체는 위계를 사용하여 시험실시자의 업무를 방해하는 행위가 아니라 그 준비단계에 불과한 것이고, 그 후 그와 같이 유출된 문제가 시험실시자에게 제출되지도 아니하였다면 그러한 문제유출로 인하여 시험실시 업무가 방해될 추상적인 위험조차도 있다고 할 수 없으므로 업무방해죄가 성립한다고 할 수 없다(대판 1999.12.10, 99도3487). ● 사시

(4) 주관적 구성요건

업무방해죄에서 업무방해의 범의는 반드시 업무방해의 목적이나 계획적인 업무방해의 의도가 있어야 인정되는 것은 아니고, 자기의 행위로 인하여 타인의 업무가 방해될 것이라는 결과를 발생시킬 만한 가능성 또는 위험이 있음을 인식하거나 예견하면 족한 것이며, 그 인식이나 예견은 확정적인 것은 물론 불확정적인 것이라도 이른바 미필적 고의로 인정되는 것이다(대판 2013.1.31, 2012도3475).

(5) 위법성

위법성 조각 O	① 국유토지가 공개입찰에 의하여 매매되고 그 인도집행이 완료되었다 하더라도 그 토지의 종전 경작자인 피고인이 파종한 보리가 30센치 이상 성장하였다면 그 보리는 피고인의 소유로서 그가 수확할 권한이 있으므로 토지매수자가 토지를 경작하기 위하여 소를 이용하여 쟁기질을 하고 성장한 보리를 갈아뭉개는 행위는 피고인의 재산에 대한 현재의 부당한 침해라 할 것이므로 이를 막기 위하여 그 경작을 못 하도록 소 앞을 가로막고 쟁기를 잡아당기는 등의 피고인의 행위는 정당방위에 해당된다(대판 1977.5.24, 76도3460). ② 피고인이 계원들로 하여금 피해자 대신 피고인을 계주로 믿게 하여 계금을 지급하고 불입금을 지급받아 위계를 사용하여 피해자의 계운영 업무를 방해하였다고 하여도 피고인에 대하여 다액의 채무를 부담하고 있던 피해자로서는 채권확보를 위한 피고인의 요구를 거절할 수 없었기 때문에 피고인이 계주의 업무를 대행하는데 대하여 이를 승인 내지 묵인한 사실이 인정된다면 피해자의 승낙에 의해 위법성이 조각되어 업무방해죄가 성립되지 않는다(대판 1983.2.8, 82도2486). ③ 시장번영회 회장이 이사회의 결의와 시장번영회의 관리규정에 따라서 관리비 체납자의 점포에 대하여 실시한 단전조치는 정당행위로서 업무방해죄를 구성하지 아니한다(대판 2004.8.20, 2003도4732).

위법성 조각 X	① 아파트 입주자대표회의 회장이 다수 입주민들의 민원에 따라 위성방송 수신을 방해하는 케이블TV방송의 시험방송 송출을 중단시키기 위하여 위 케이블TV방송의 방송안테나를 절단하도록 지시한 행위를 긴급피난 내지는 정당행위에 해당한다고 볼 수 없다(대판 2006.4.13, 2005도9396). ② 한국조폐공사 노동조합이 임금 등 근로조건 개선을 내세워 쟁의행위에 돌입하였으나 그 주된 목적은 정부의 공기업 구조조정 및 그 일환으로 추진되는 조폐창 통폐합을 반대하기 위한 대정부 투쟁에 있다고 보아 쟁의행위의 정당성을 인정할 수 없다(대판 2002.2.26, 99도5380). ③ 다수의 근로자들이 정부의 열병합발전소 민영화 방침의 철회를 수차례에 걸쳐 주장하다가 정부의 방침이 워낙 확고히 추진되자 공단 측에서 수용하기 힘든 요구사항을 주장하면서 실질적으로 민영화 추진 반대를 목적으로 집단적인 농성에 의한 작업을 거부한 경우(대판 2006.5.25, 2002도5577)

2. 컴퓨터업무방해죄

> 제314조 (업무방해) ② 컴퓨터등 정보처리장치 또는 전자기록등 특수매체기록을 손괴하거나 정보처리장치에 허위의 정보 또는 부정한 명령을 입력하거나 기타 방법으로 정보처리에 장애를 발생하게 하여 사람의 업무를 방해한 자도 제1항의 형과 같다.

(1) 의 의

형법 제314조 제2항의 '컴퓨터 등 장애 업무방해죄'가 성립하기 위해서는 가해행위 결과 정보처리장치가 그 사용목적에 부합하는 기능을 하지 못하거나 사용목적과 다른 기능을 하는 등 정보처리에 장애가 현실적으로 발생하였을 것을 요하나, 정보처리에 장애를 발생하게 하여 업무방해의 결과를 초래할 위험이 발생한 이상, 나아가 업무방해의 결과가 실제로 발생하지 않더라도 위 죄가 성립한다(대판 2009.4.9, 2008도11978). ● 사시

(2) 객관적 구성요건

① 행위객체
  ㉠ 컴퓨터 등 정보처리장치 : 자동적으로 계산이나 데이터처리를 할 수 있는 전자장치로서 하드웨어와 소프트웨어를 모두 포함한다(대판 2012.5.24, 2011도7934).
  ㉡ 전자기록 등 특수매체기록 : 정보처리장치에 의해 정보처리에 사용되는 기록을 말한다.

② 행 위
  ㉠ 손괴 : 유형력을 행사하여 물리적으로 파괴·멸실시키는 것뿐 아니라 전자기록의 소거나 자력에 의한 교란도 포함한다(대판 2012.5.24, 2011도7934).

- ⓒ 허위정보·부정명령입력 : 객관적으로 진실에 반하는 내용의 정보를 입력하거나 정보처리장치를 운영하는 본래의 목적과 상이한 명령을 입력하는 것이다(대판 2012.5.24, 2011도7934).
- ⓒ 기타 방법에 의한 정보처리에 장애발생 : 컴퓨터 등 장애 업무방해죄에서 '기타 방법'이란 컴퓨터의 정보처리에 장애를 초래하는 가해수단으로서 컴퓨터의 작동에 직접·간접으로 영향을 미치는 일체의 행위를 말한다(대판 2012.5.24, 2011도7934).
- ⓔ 업무방해 : 업무가 현실적으로 방해될 필요는 없고 업무가 방해될 위험이 있음으로써 족하다(추상적 위험범).

판례 정리 ··· 컴퓨터업무방해죄가 성립하는 경우

1. 대학의 컴퓨터시스템 서버를 관리하던 피고인이 전보발령을 받아 더 이상 웹서버를 관리 운영할 권한이 없는 상태에서, **웹서버에 접속하여 홈페이지 관리자의 아이디와 비밀번호를 무단으로 변경**한 행위는, 피고인이 웹서버를 관리 운영할 정당한 권한이 있는 동안 입력하여 두었던 **홈페이지 관리자의 아이디와 비밀번호를 단지 후임자 등에게 알려 주지 아니한 행위와는 달리**, 정보처리장치에 부정한 명령을 입력하여 정보처리에 현실적 장애를 발생시킴으로써 피해 대학에 업무방해의 위험을 초래하는 행위에 해당하여 컴퓨터 등 장애 업무방해죄를 구성한다(대판 2006.3.10, 2005도382). 법행
2. 포털사이트 운영회사의 통계집계시스템 서버에 **허위의 클릭정보를 전송**하여 검색순위 결정 과정에서 위와 같이 전송된 허위의 클릭정보가 **실제로 통계에 반영**됨으로써 정보처리에 장애가 현실적으로 발생하였다면, 그로 인하여 실제로 검색순위의 변동을 초래하지는 않았다 하더라도 '컴퓨터 등 장애 업무방해죄'가 성립한다(대판 2009.4.9, 2008도11978). 경찰, 법행
3. 甲 주식회사 대표이사인 피고인이, 악성프로그램이 설치된 피해 컴퓨터 사용자들이 실제로 인터넷 포털사이트 '네이버' 검색창에 해당 검색어로 검색하거나 검색 결과에서 해당 스폰서링크를 클릭하지 않았음에도 **악성프로그램을 이용하여 그와 같이 검색하고 클릭한 것처럼 네이버의 관련 시스템 서버에 허위의 신호를 발송하는 방법으로 정보처리에 장애를 발생하게 한 경우**, 네이버의 검색어 제공서비스 등의 업무나 네이버의 스폰서링크 광고주들의 광고 업무가 방해되었으므로 컴퓨터 등 장애 업무방해죄 성립한다(대판 2013.3.28, 2010도14607).
4. 주택재건축조합 조합장인 피고인이 자신에 대한 감사활동을 방해하기 위하여 조합 사무실에 있던 **컴퓨터에 비밀번호를 설정하고 하드디스크를 분리·보관한 경우** 조합의 정보처리에 관한 업무를 방해하였으므로 형법 제314조 제2항의 컴퓨터 등 장애 업무방해죄에 해당한다(대판 2012.5.24, 2011도7934).

판례 정리 ··· 컴퓨터 업무방해죄가 성립하지 않는 경우

1. 메인 컴퓨터의 비밀번호는 시스템관리자가 시스템에 접근하기 위하여 사용하는 보안 수단에 불과하므로, 단순히 **메인 컴퓨터의 비밀번호를 알려주지 아니한 것만으로는** 정보처리장치의 작동에 직접 영향을 주어 그 사용목적에 부합하는 기능을 하지 못하게 하거나 사용목적과 다른 기능을 하게 하였다고 볼 수 없어 형법 제314조 제2항에 의한 **컴퓨터등장애업무방해죄로 의율할 수 없다** 할 것이다(대판 2004.7.9, 2002도631). 사시

2. 피고인들이 불특정 다수의 인터넷 이용자들에게 배포한 '업링크솔루션'이라는 프로그램은, A회사의 네이버 포털사이트 서버가 이용자의 컴퓨터에 정보를 전송하는 데에는 아무런 영향을 주지 않고, 다만 이용자의 동의에 따라 위 프로그램이 설치된 컴퓨터 화면에서만 네이버 화면이 전송받은 원래 모습과는 달리 피고인들의 광고가 대체 혹은 삽입된 형태로 나타나도록 하는 것에 불과하므로, 이것만으로는 정보처리장치의 작동에 직접·간접으로 영향을 주어 그 사용목적에 부합하는 기능을 하지 못하게 하거나 사용목적과 다른 기능을 하게 하였다고 볼 수 없어 컴퓨터 등 장애 업무방해죄로 의율할 수 없다(대판 2010. 9.30, 2009도12238).

(3) 주관적 구성요건

가해행위로 업무를 처리할 정보처리에 장애가 발생한다는 점에 대한 인식과 의사이다.

(4) 죄수 및 타죄와의 관계

본죄가 성립하면 업무방해죄는 성립하지 않는다(특별관계).

III 경매·입찰방해죄

제315조 (경매, 입찰의 방해) 위계 또는 위력 기타 방법으로 경매 또는 입찰의 공정을 해한 자는 2년 이하의 징역 또는 700만원 이하의 벌금에 처한다.

1. 의 의

(1) **입찰방해죄**는 위계 또는 위력 기타의 방법으로 입찰의 공정을 해하는 경우에 성립하는 **위태범**으로서 결과의 불공정이 현실적으로 나타나는 것을 필요로 하지 않고, 여기서 '**입찰의 공정을 해하는 행위**'란 공정한 자유경쟁을 방해할 염려가 있는 상태를 발생시키는 것, 즉 공정한 자유경쟁을 통한 **적정한 가격형성에 부당한 영향을 주는 상태를 발생**시키는 것으로, 그 행위에는 **가격결정**뿐 아니라 '**적법하고 공정한 경쟁방법**'을 해하는 행위도 포함된다(대판 2006.12.22, 2004도2581). ● 법행

(2) 입찰방해죄는 위계 또는 위력 기타의 방법으로 입찰의 공정을 해하는 경우에 성립하고, 여기서 '입찰의 공정을 해하는 행위'란 공정한 자유경쟁을 방해할 염려가 있는 상태를 발생시키는 것으로서, 그 행위에는 **적정한 가격형성**에 부당한 영향을 주는 것뿐 아니라 **적법하고 공정한 경쟁방법**을 해하거나 **공정한 경쟁구도의 형성**을 저해하는 행위도 포함된다(대판 2023.12.21, 2023도10254).

(3) **경매방해죄**는 위계 또는 위력 기타의 방법으로 경매의 공정을 해하는 경우에 성립하는 **추상적 위험범**으로서 결과의 불공정이 현실적으로 나타나는 것을 요하지 아니한다. 여기서 '**경매의 공정을 해하는 행위**'란 공정한 자유경쟁을 방해할 염려가 있는 상태를 발생시키는 것으로서 **가격을 결정**하는 데 있어서뿐 아니라 **적법하고 공정한**

경쟁방법 자체를 해하는 행위를 포함한다. 법률적으로 경매결과에 영향을 미칠 수 있는 행위뿐 아니라 경매에 참가하려는 자의 의사결정에 사실상 영향을 미칠 수 있는 행위도 '경매의 공정을 해하는 행위'에 해당할 수 있다(대판 2025.1.9, 2022도3103).
☞ 甲이 A소유 부동산의 강제경매사건에서, 사실은 A에게 임대차보증금을 지급하고 A소유의 부동산을 임차한 사실이 없음에도, 이 사건 부동산을 보증금 2,000만원에 임차하였다는 내용으로 허위작성된 부동산 임대차계약서(위 경매절차에 대한 개시결정 후 만든 것)를 첨부한 '권리신고 및 배당요구신청서'를 위 법원에 제출하였던 사건임

2. 행위객체

(1) 경매 또는 입찰

① 제1차 입찰에서 낙찰 받았으나 대금을 제때 납부하지 않아 재입찰을 시행하게 되었는데 재입찰시행 직전에 다른 입찰참가자들을 돌려보냄으로써 결국 재입찰이 실시되지 않은 경우, 처음부터 무슨 재입찰절차가 존재하였다 할 수 없어 결국 입찰방해죄는 성립할 수 없다(대판 2005.9.9, 2005도3857). ☞ 입찰방해죄가 성립하려면 최소한 적법하고 유효한 입찰 절차의 존재가 전제되어야 한다.

② 실제로는 수의계약을 체결하면서 입찰절차를 거쳤다는 증빙을 남기기 위하여 입찰을 전혀 시행하지 아니한 채 형식적인 입찰서류만을 작성하여 입찰이 있었던 것처럼 조작한 경우, 입찰방해 행위에 해당하지 않는다(대판 2001.2.9, 2000도4700).

③ 한국토지공사 지사가 폐기물최종처리시설 부지를 분양하면서 일정 요건을 갖춘 분양신청자를 대상으로 추첨을 통해 1인의 분양대상자를 선정하는 방식으로 분양절차를 진행한 경우, 이는 입찰방해죄의 입찰절차에 해당하지 않는다(대판 2008. 12. 24, 2007도9287).

> **유사판례**
> 한국토지공사 지역본부가 중고자동차매매단지를 분양하기 위하여 유자격 신청자들을 대상으로 **무작위 공개 추첨**하여 1인의 수분양자를 선정하는 절차를 진행하는데, 신청자격이 없는 피고인이 총 12인의 신청자 중 9인의 신청자의 자격과 명의를 빌려 그 당첨확률을 약 75%까지 인위적으로 높여 분양을 신청한 경우, 위 분양절차는 공정한 자유경쟁을 통한 적정한 가격형성을 목적으로 하는 입찰절차에 해당하지 않고, 피고인이 분양절차에 참가한 것은 9인의 신청자와 맺은 합작투자의 약정에 따른 것으로서 위 분양업무의 주체인 한국토지공사가 예정하고 있던 범위 내의 행위이므로, 위 추첨방식의 분양업무의 적정성과 공정성 등을 방해하는 행위라고 볼 수 없어 입찰방해죄나 업무방해죄가 성립하지 않는다(대판 2008.5.29, 2007도5037).

④ 입찰방해 행위가 있다고 하기 위해서는 그 방해의 대상이 되는 입찰절차가 존재하여야 하므로, 공정한 자유경쟁을 통한 적정한 가격형성을 목적으로 하는 입찰절차가 아니라 공적·사적 경제주체의 임의의 선택에 따른 계약체결의 과정에

공정한 경쟁을 해하는 행위가 개재되었다 하여 입찰방해죄로 처벌할 수는 없다(대판 2008.12.24, 2007도9287). ● 법행

(2) 위계·위력·기타방법

① 위계에 의한 입찰방해죄의 성립 : 지명경쟁입찰의 시행자인 법인의 대표자가 특정인과 공모하여 그 특정인이 낙찰자로 선정될 수 있도록 예정가격을 알려 주고 그 특정인은 나머지 입찰참가인들과 담합하여 입찰에 응하였다면 입찰의 실시 없이 서류상으로만 입찰의 근거를 조작한 경우와는 달리 현실로 실시된 입찰의 공정을 해하는 것으로 평가되어 입찰방해죄가 성립한다(대판 2007.5.31, 2006도8070).

② 위력에 의한 입찰 방해죄

> **관련판례**
> ① 형법 제315조 소정의 입찰방해죄에 있어 '위력'이란 사람의 자유의사를 제압, 혼란케 할 만한 일체의 유형적 또는 무형적 세력을 말하는 것으로서 폭행, 협박은 물론 사회적, 경제적, 정치적 지위와 권세에 의한 압력 등을 포함하는 것이다(대판 2000.7.6, 99도4079). ● 사시
> ② 입찰방해죄는 위계 또는 위력 기타의 방법으로 입찰의 공정을 해하는 경우에 성립하는 것으로서, 입찰의 공정을 해할 행위를 하면 족하고 현실적으로 입찰의 공정을 해한 결과가 발생할 필요가 없으며, 위력의 사용은 폭행·협박의 정도에 이르러야만 되는 것도 아니다. 그러므로 입찰장소의 주변을 에워싸고 사람들의 출입을 막는 등 위력을 사용하여 입찰에 참가하려는 사람을 참석하지 못하도록 한 행위가 입찰방해죄를 구성한다(대판 1993.2.23, 92도3395). ● 법행

(3) 경매·입찰의 공정을 해할 것

적정한 가격을 형성시키는 공정한 자유경쟁이 방해될 위험이 있는 상태를 발생시키는 것을 말한다. 공정을 해하는 행위에는 **경매·입찰가격을 결정**하는데 있어서 뿐만 아니라 **공정한 경쟁방법**을 해하는 행위도 포함된다(대판 2006.12.22, 2004도2581).

(4) 기수시기

[1] 형법 제315조의 입찰방해죄는 입찰의 공정을 해하는 죄인바, 입찰의 공정을 해하는 행위란 '공정한 자유경쟁을 방해할 염려가 있는 상태를 발생시키는 것, 즉, 공정한 자유경쟁을 통한 적정한 가격형성에 부당한 영향을 주는 상태를 발생시키는 것'을 의미하며 한편, 입찰방해미수죄는 따로 처벌규정이 없어 처벌되지 아니한다.

[2] 입찰방해죄는 위태범으로서 결과의 불공정이 현실적으로 나타나는 것을 요하는 것이 아니고, 그 행위에는 가격을 결정하는 데 있어서뿐 아니라, 적법하고 공정한 경쟁방법을 해하는 행위도 포함되므로, 그 행위가 설사 동종(동종)업자 사이

의 무모한 출혈경쟁을 방지하기 위한 수단에 불과하여 입찰가격에 있어 입찰실시자의 이익을 해하거나 입찰자에게 부당한 이익을 얻게 하는 것이 아니었다 하더라도 **실질적으로는 단독입찰을 하면서 경쟁입찰인 것같이 가장**하였다면 그 입찰가격으로써 낙찰하게 한 점에서 경쟁입찰의 방법을 해한 것이 되어 입찰의 공정을 해한 것으로 되었다 할 것이다(대판 2003.9.26, 2002도3924). ● 법행

3. 담합행위의 입찰방해죄 성부

(1) 가장경쟁자를 조작하거나 입찰의 경쟁에 참가하는 자가 서로 통모하여 그 중의 특정한 자를 낙찰자로 하기 위하여 일정한 가격 이하 또는 이상으로 입찰하지 않을 것을 협정하거나 입찰을 포기하게 하는 등의 소위 담합행위가 입찰방해죄로 되기 위하여는 반드시 입찰참가자 전원과의 사이에 담합이 이루어져야 하는 것은 아니고, 입찰참가자들 중 일부와의 사이에만 담합이 이루어진 경우라고 하더라도 그것이 입찰의 공정을 해하는 것으로 평가되는 이상 입찰방해죄는 성립한다(대판 2006.6.9, 2005도8498). ● 사시

(2) 입찰자 일부와 담합이 있고 그에 따른 담합금이 수수되었다 하더라도 입찰시행자의 이익을 해함이 없이 **자유로운 경쟁을 한 것과 동일한 결과**로 되는 경우에는 입찰의 공정을 해할 위험이 없다(대판 1983.1.18, 81도824). ● 경찰

> **판례 정리 ··· 경매·입찰방해죄가 성립하는 경우**
>
> 1. 2인이 참가한 입찰에서 담합행위가 있었다면 낙찰가격이 입찰시행자에게 유리하게 결정되었고 또 담합자 사이에 금품의 수수도 없었던 경우라도 본죄가 성립한다(대판 1994.5.24, 94도600).
> 2. 피고인이 민사집행법상 기일입찰 방식의 경매절차에서 경매목적물을 매수할 의사나 능력 없이 **오로지 경매목적물이 제3자에게 매각되는 것을 저지하기 위하여 경매절차를 지연할 목적**으로 다른 사람의 명의를 이용하여 감정가와 현저하게 차이가 나는 금액으로 입찰하는 행위를 반복함으로써 제3자의 매수를 사실상 봉쇄하여 전체적으로 경매절차를 형해화하는 정도에 이르렀고 이는 위계로써 경매의 공정을 해한 것으로 볼 수 있다(대판 2023.12.21, 2023도10254).
> 3. 고속도로 휴게소 운영권 입찰에서 여러 회사가 각자 입찰에 참가하되 누구라도 낙찰될 경우 동업하여 새로운 회사를 설립하고 그 회사로 하여금 휴게소를 운영하기로 합의한 후 입찰에 참가한 경우 입찰방해죄가 성립한다(대판 2006.12.22, 2004도2581).
> 4. 일부 입찰참가자들이 가격을 합의하고, 낙찰이 되면 특정 업체가 모든 공사를 하기로 합의하는 등 담합하여 투찰행위를 한 사안에서, 이는 '적법하고 공정한 경쟁방법'을 해하는 행위로서 입찰의 공정을 해하는 경우에 해당하며, 결과적으로 위 투찰에 참여한 업체의 수가 많아서 실제로 가격형성에 부당한 영향을 주지 않았다고 하더라도 입찰방해죄가 성립한다(대판 2009.5.14, 2008도11361).
> 5. [1] 입찰자들 상호간에 특정업체가 낙찰받기로 하는 담합이 이루어진 상태에서 그 특정업체를 포함한 다른 입찰자들은 당초의 합의에 따라 입찰에 참가하였으나 **일부 입찰자**는 자신이 낙찰받기 위하여 당초의 합의에 따르지 아니한 채 오히려 낙찰받기로 한 특정업체보다 저가로 입찰하였다면, 이러한 일부 입찰자의 행위는 위와 같은 담합을 이용하여 낙찰을 받은 것이라는 점에서 적법하고 공정한 경쟁방법을 해한 것이 되고, 따라서 이러한 일부 입찰자의 행위 역시 입찰방해죄에 해당한다. ● 경찰승진

[2] 피고인이 서울특별시도시철도공사가 발주한 시각장애인용 음성유도기 제작설치 입찰에 관한 담합에 가담하기로 하였다가 자신이 낙찰받기 위하여 당초의 합의에 따르지 아니한 채 원래 낙찰받기로 한 특정업체보다 저가로 입찰한 경우, 이러한 피고인의 행위는 입찰방해죄에 해당하므로, 같은 취지에서 위계로써 입찰의 공정을 해하였다는 공소사실을 유죄로 인정한 원심판단을 수긍한 사례(대판 2010.10.14, 2010도4940).

6. [1] 입찰시행자가 입찰을 실시할 법적 의무에 기하여 시행한 입찰이라야만 입찰방해죄의 객체가 되는 것은 아니다.
   [2] 학교법인의 이사장과 직원이 특정업자와 공모하여 예정가격을 미리 알려 줌으로써 그 특정업자가 공정한 자유경쟁 없이 공사를 낙찰받을 수 있도록 한 경우, 위 사람들은 모두 입찰방해죄가 성립한다(대판 2007.5.31, 2006도8070).

7. 범죄행위가 법원경매업무를 담당하는 집행관의 구체적인 직무집행을 저지하거나 현실적으로 곤란하게 하는 데까지는 이르지 않고 입찰의 공정을 해하는 정도의 행위라면 형법 제315조의 경매·입찰방해죄에만 해당될 뿐, 형법 제137조의 위계에 의한 공무집행방해죄에는 해당되지 않는다(대판 2000.3.24, 2000도102).

> **판례 정리 … 경매·입찰방해죄가 성립하지 않는 경우**
>
> 1. 주문자의 예정가격내에서 무모한 경쟁을 방지하고자 담합한 경우에는 담합자끼리 금품의 수수가 있었다 하더라도 입찰자체의 공정을 해하였다고는 볼 수 없다(대판 1971.4.20, 70도2241).
> 2. 5개 회사가 참가한 입찰에서 2개회사 사이에 담합이 있었으나 나머지 회사들이 이에 응하지 않아 자유경쟁을 한 경우, 입찰시행자의 이익을 해함이 없이 자유경쟁과 같은 결과가 되므로 입찰의 공정을 해할 위험이 없으므로 입찰방해죄가 성립하지 않는다(대판 1983.1.18, 81도824).
> 3. 일부 입찰자가 단순히 정보를 교환하여 응찰가격을 조정하는 행위가 건설업법 제59조 제1호 소정의 담합행위에 해당하지 않는다(대판 1997.3.28, 95도1199). ☞ 단순한 정보교환은 담합이 아니다.

CHAPTER 04 사생활의 평온에 대한 죄

제1절 비밀침해의 죄

I 서 설

비밀침해의 죄란 사생활에 있어서의 비밀(privacy)을 침해하는 것을 내용으로 하는 범죄이다.

II 비밀침해죄

> 제316조 (비밀침해) ① 봉함 기타 비밀장치한 사람의 편지, 문서 또는 도화를 개봉한 자는 3년 이하의 징역이나 금고 또는 500만원 이하의 벌금에 처한다.
> ② 봉함 기타 비밀장치한 사람의 편지, 문서, 도화 또는 전자기록등 특수매체기록을 기술적 수단을 이용하여 그 내용을 알아낸 자도 제1항의 형과 같다.
> 제318조 (고소) **본죄는 고소가 있어야 공소를 제기할 수 있다.**

1. 의의 및 보호법익

보호법익은 개인의 비밀이다. 보호정도는 제316조 제1항의 경우는 추상적 위험범이며, 제316조 제2항의 경우는 침해범이다(다수설).

2. 객관적 구성요건

(1) 행위객체

① 편지·문서·도화 또는 전자기록 등 특수매체기록

② 봉함·기타 비밀장치

형법 제316조 제1항의 비밀침해죄에서의 '**봉함 기타 비밀장치가 되어 있는 문서**'란 '기타 비밀장치'라는 일반 조항을 사용하여 널리 비밀을 보호하고자 하는 위 규정의 취지에 비추어 볼 때, 반드시 문서 자체에 비밀장치가 되어 있는 것만을 의미하는 것은 아니고, 봉함 이외의 방법으로 외부 포장을 만들어서 그 안의 내용을 알 수 없게 만드는 일체의 장치를 가리키는 것으로, 잠금장치 있는 용기나 서랍 등도 포함한다. 따라서 **서랍이 2단으로 되어 있어 그 중 아랫칸의 윗부분이 막혀 있지 않아 윗칸을 밖으로 빼내면 아랫칸의 내용물을 쉽게 볼 수 있는 구조로 되어 있는 서랍이라고 하더라도,** … 아랫칸은 윗칸에 잠금장치가 되어 있는지 여부에 관계없이 그 자체로서 형법 제316조 제1항에 규정하고 있는 비밀장치에 해당한다(대판 2008.11.27, 2008도9071). ● 법행

(2) 행 위
① 개봉 : 봉함 기타 비밀장치를 제거하여 그 내용을 알 수 있는 상태에 두는 것이다.
② 기술적 수단을 이용하여 내용을 알아내는 것 : 투시기를 사용, 약물사용 또는 해킹등을 통해서 내용을 알아내는 것을 말하고 단순히 불빛에 비추어 보는 것은 기술적 수단을 이용한 것이라 할 수 없다.

> **관련판례**
>
> 형법 제316조 제2항 소정의 **전자기록등내용탐지죄**는 봉함 기타 비밀장치한 전자기록 등 특수매체기록을 기술적 수단을 이용하여 그 내용을 알아낸 자를 처벌하는 규정인바, 전자기록 등 특수매체기록에 해당하더라도 봉함 기타 비밀장치가 되어 있지 아니한 것은 이를 기술적 수단을 동원해서 알아냈더라도 전자기록등내용탐지죄가 성립하지 않는다(대판 2022.3.31, 2021도8900). ☞ 피고인이 사무실에서 직장 동료인 피해자의 노트북 컴퓨터에 '키로그'라는 프로그램을 몰래 설치하여 피해자가 네이트온, 카카오톡, 구글 계정에 접속하는 과정에서 컴퓨터 키보드에 입력한 이 사건 아이디 등을 알아낸 사례임 ☞ 이 사건 아이디 등은 형법 제316조 제2항의 '전자기록 등 특수매체기록'에 해당하나 이에 대하여 별도의 보안장치가 설정되어 있지 않은 등 비밀장치가 된 것으로 볼 수 없었으므로 전자기록등내용탐지죄가 성립하지 않는다는 판례임
> ● 경찰

3. 주관적 구성요건
고의가 있어야 한다. 미필적 고의로 족하다.

4. 위법성
피해자의 동의는 양해로서 구성요건해당성이 조각된다는 견해와 위법성을 조각한다는 견해로 대립된다. 본죄는 정당행위가 주로 문제된다.

5. 소추조건
친고죄이다.

Ⅲ 업무상 비밀누설죄

> 제317조 (업무상비밀누설) ① 의사, 한의사, 치과의사, 약제사, 약종상, 조산사, 변호사, 변리사, 공인회계사, 공증인, 대서업자나 그 직무상 보조자 또는 차등의 직에 있던 자가 그 **업무처리중 지득한 타인의 비밀**을 누설한 때에는 3년 이하의 징역이나 금고, 10년 이하의 자격정지 또는 700만원 이하의 벌금에 처한다.
> ② 종교의 직에 있는 자 또는 있던 자가 **그 직무상 지득한 사람의 비밀**을 누설한 때에도 전항의 형과 같다.
> 제318조 (고소) **본죄는 고소가 있어야 공소를 제기할 수 있다.**

1. 객관적 구성요건

(1) 행위주체

의사, 한의사, 치과의사, 약제사, 약종상, 조산사, 변호사, 변리사, 공인회계사, 공증인, 대서업자(법무사, 행정서사 등)나 그 직무상 보조자(의사의 조수, 변호사사무실의 사무장)를 말한다.

(2) 행위객체

업무상비밀누설죄의 객체는 업무처리중 또는 직무상 지득한 비밀이다. 따라서 병원에서 분실된 진료기록의 일부를 당사자가 증거로 제출하는 것은 형법 제317조 제1항 소정의 업무상비밀누설죄에 해당된다고 볼 수 없다(대판 1992.5.22. 91다39320).

(3) 행 위

본죄의 행위는 누설하는 것이다. 누설이란 비밀을 모르는 사람에게 알게 하는 일체의 행위를 말한다.

2. 주관적 구성요건

신분에 대한 인식 및 자기가 지득한 비밀을 누설한다는 인식과 의사가 있어야 한다.

3. 위법성

위법성 조각사유로서 긴급피난(예 성병환자를 치료한 의사가 전염을 막기 위해 그의 배우자에게 알려준 경우), 정당행위(예 전염병예방법에 의해 비밀을 고지할 의무, 후천성면역결핍증예방법에 의해 에이즈 환자임을 고지할 의무), 피해자의 동의(구성요건자체가 조각된다)가 거론된다.

4. 소추조건

친고죄이다.

제2절 주거침입의 죄

I 의의 및 보호법익

주거침입죄는 사실상의 주거의 평온을 보호법익으로 하는 것이므로, 그 주거자 또는 간수자가 건조물 등에 거주 또는 간수할 권리를 가지고 있는가의 여부는 범죄의 성립을 좌우하는 것이 아니며, 점유할 권리 없는 자의 점유라 하더라도 그 주거의 평온은 보호되어야 할 것이므로, 권리자가 그 권리를 실행함에 있어 법에 정하여진 절차에 의하지 아니하고 그 건조물 등에 침입한 경우에는 주거침입죄가 성립한다(대판 2008.5.8, 2007도11322). ● 법행

> **관련판례**
>
> [사실상의 평온을 침해한 경우]
> ① 근저당권설정등기가 되어 있지 아니한 별개 독립의 이 사건 건물이 근저당권의 목적으로 된 대지 및 건물과 일괄하여 경매된 경우 이 사건 건물에 대한 경락허가결정이 당연무효라고 하더라도 이에 기한 인도명령에 의한 집행으로서 일단 이 사건 건물의 점유가 경락인에게 이전된 이상 이 사건 건물의 소유자인 피고인이 위 무효인 인도집행에 반하여 위 건물에 들어간 경우에도 주거침입죄는 성립한다(대판 1984.4.24, 83도1429). ● 경찰승진
> ② 점유할 권리없는 자의 점유라고 하더라도 그 주거의 평온은 보호되어야 할 것이므로, 권리자가 그 권리실행으로서 자력구제의 수단으로 건조물에 침입한 경우에도 주거침입죄가 성립한다(대판 1985. 3.26, 85도122). ● 법원, 사시
> ③ 타인이 인도받아 점유하고 있는 자신 소유의 비닐하우스의 열쇠를 손괴하고 그 안에 들어간 행위가 재물손괴죄 및 주거침입죄에 해당한다(대판 2007.3.15, 2006도7044).

II 주거침입죄

> 제319조 (주거침입, 퇴거불응) ① 사람의 주거, 관리하는 건조물, 선박이나 항공기 또는 점유하는 방실에 침입한 자는 3년 이하의 징역 또는 500만원 이하의 벌금에 처한다.
>   ※ 자동차 ×
> 제322조 (미수범) 미수범은 처벌한다.

1. 객체

(1) 사람의 주거

① 주거침입죄에 있어서 **주거**란 단순히 가옥 자체만을 말하는 것이 아니라 그 정원 등 **위요지를 포함**한다. 따라서 다가구용 단독주택이나 다세대주택·연립주택·아파트 등 공동주택 안에서 공용으로 사용하는 엘리베이터, 계단과 복도는 특별한 사정이 없는 한 주거침입죄의 객체인 '사람의 주거'에 해당한다(대판 2009.9.10, 2009도4335). ● 법행, 사시

② 퇴거불응죄에 있어서 '건조물'이라 함은 단순히 건조물 그 자체만을 말하는 것이 아니고 위요지를 포함하고, **'위요지'가 되기 위하여는** 건조물에 인접한 그 주변 토지로서 관리자가 외부와의 경계에 문과 담 등을 설치하여 그 토지가 건조물의 이용을 위하여 제공되었다는 것이 명확히 드러나야 할 것인데, **화단의 설치, 수목의 식재 등으로 담장의 설치를 대체하는 경우에도 건조물에 인접한 그 주변 토지가 건물, 화단, 수목 등으로 둘러싸여 건조물의 이용에 제공되었다는 것이 명확히 드러난다면** 위요지가 될 수 있다(대판 2010.3.11, 2009도12609). ● 법행

③ 건조물의 이용에 기여하는 인접의 부속 토지라고 하더라도 인적 또는 물적 설비 등에 의한 구획 내지 통제가 없어 통상의 보행으로 그 경계를 쉽사리 넘을 수 있는 정도라고 한다면 일반적으로 외부인의 출입이 제한된다는 사정이 객관적으로 명확하게 드러났다고 보기 어려우므로, 이는 다른 특별한 사정이 없는 한 위요지에 해당하지 않으므로 주거침입죄의 객체에 속하지 아니한다고 봄이 상당하다(대판 2010.4.29, 2009도14643).

④ 주거침입죄의 객체는 행위자 이외의 사람, 즉 **'타인'이 거주하는 주거 등**이라고 할 것이므로 **행위자 자신이 단독으로 또는 다른 사람과 공동으로 거주**하거나 관리 또는 점유하는 주거 등에 임의로 출입하더라도 주거침입죄를 구성하지 않는다. 다만 다른 사람과 공동으로 주거에 거주하거나 건조물을 관리하던 사람이 **공동생활관계에서 이탈**하거나 주거 등에 대한 **사실상의 지배·관리를 상실**한 경우 등 특별한 사정이 있는 경우에 주거침입죄가 성립할 수 있을 뿐이다(대판 2021.9.9, 2020도6085 전원합의체 판결).

> **관련판례**
>
> ① 피고인이 강간할 목적으로 피해자를 따라 피해자가 거주하는 아파트 내부의 엘리베이터에 탄 다음 그 안에서 폭행을 가하여 반항을 억압한 후 계단으로 끌고 가 피해자를 강간하고 상해를 입힌 경우, 피고인이 성폭력범죄의 처벌 및 피해자보호 등에 관한 법률 제5조 제1항에 정한 주거침입범의 신분을 가지게 되었다는 이유로, 주거침입을 인정하지 않고 강간상해죄만을 선고한 원심판결을 파기한 사례(대판 2009.9.10, 2009도4335) ☞ 주거침입죄 ○, 강간상해죄 ○ ● 해경
>
> ② 차량 통행이 빈번한 도로에 바로 접하여 있고, 도로에서 주거용 건물, 축사 4동 및 비닐하우스 2동으로 이루어진 시설로 들어가는 입구 등에 그 출입을 통제하는 문이나 담 기타 인적·물적 설비가 전혀 없고 노폭 5m 정도의 통로를 통하여 누구나 축사 앞 공터에 이르기까지 자유롭게 드나들 수 있는 사실 등을 이유로, 차를 몰고 위 통로로 진입하여 축사 앞 공터까지 들어간 행위가 주거침입에 해당한다고 할 수 없다(대판 2010.4.29, 2009도14643). ● 법행
>
> ③ 관리자가 일정한 토지와 외부의 경계에 인적 또는 물적 설비를 갖추고 외부인의 출입을 제한하고 있더라도 그 토지에 인접하여 건조물로서의 요건을 갖춘 구조물이 존재하지 않는다면 이러한 토지는 건조물침입죄의 객체인 위요지에 해당하지 않는다(대판 2017.12.22, 2017도690). ☞ 기둥과 계단 외에 벽이나 천정이라고 볼 수 있는 시설을 갖추지 않은 신축 중인 상태의 철골구조물로 되어 있는 석유정제시설 타워는 건조물이 아니므로 위 시설의 주변 토지는 위요지가 될 수 없다는 사례임 ● 경찰

④ **사드기지**는 더 이상 골프장으로 사용되고 있지 않을 뿐만 아니라 이미 사드발사대 2대가 반입되어 이를 운용하기 위한 병력이 골프장으로 이용될 당시의 클럽하우스, 골프텔 등의 건축물에 주둔하고 있었고, 군 당국은 외부인 출입을 엄격히 금지하기 위하여 사드기지의 경계에 외곽 철조망과 내곽 철조망을 2중으로 설치하여 외부인의 접근을 철저하게 통제하고 있었으므로, 위 사드기지의 부지는 기지 내 건물의 위요지에 해당한다(대판 2020.3.12, 2019도16484).

(2) 관리하는 건조물

건조물은 주위벽 또는 기둥과 지붕 또는 천정으로 구성된 구조물로서 <u>사람이 기거하거나 출입할 수 있는 장소</u>를 말하며 반드시 <u>영구적인 구조물일 것을 요하지 않는다</u>. 또한 단순히 건조물 그 자체만을 말하는 것이 아니고 위요지를 포함한다(대판 1989.2.28, 88도2430). ●사시

관련판례

① 피고인들이 건물신축 공사현장에 무단으로 들어간 뒤 타워크레인에 올라가 이를 점거한 사안에서, **타워크레인**은 건설기계의 일종으로서 작업을 위하여 토지에 고정되었을 뿐이고 운전실은 기계를 운전하기 위한 작업공간 그 자체이지 건조물침입죄의 객체인 건조물에 해당하지 아니하고, 피고인들이 위 공사현장에 컨테이너 박스 등으로 가설된 현장사무실 또는 경비실 자체에 들어가지 아니하였다면, 피고인들이 위 공사현장의 구내에 들어간 행위를 위 공사현장 구내에 있는 건조물인 위 각 현장사무실 또는 경비실에 침입한 행위로 보거나, <u>위 공사현장 구내에 있는 건축 중인 건물에 침입한 행위로 볼 수 없다</u>(대판 2005.10.7, 2005도5351). ●법행

비교판례

선박건조자재운반용으로 도크에 고정되어 82m 높이에 설치되어 있으며 약 10평 정도되는 방실 등이 있고 평소 그 운전을 위해 <u>1, 2명의 직원이 근무하며 인가자 이외의 출입이 금지되는 "골리앗크레인"</u>에 출입통제를 위해 출입문이 잠긴 채 간수인이 없었다 하여도 피고인 등 70명 정도의 근로자가 함께 위 "골리앗크레인"에 들어가서 농성을 하였다면, 피고인 등이 다중의 위력을 보여 간수하는 건조물에 침입한 것이다(특수주거침입죄 성립) (대판 1991.6.11, 91도753). ●사시

② 건조물침입죄의 객체인 관리하는 건조물은 주위 벽, 기둥과 지붕 또는 천정으로 구성된 구조물로서 사람이 기거하거나 출입할 수 있는 장소를 말하므로, **물탱크시설**은 이에 해당하지 않는다(대판 2007.12.13, 2007도7247). ●경찰승진, 경찰, 법행

비교판례

피해자 소유의 축사 건물 및 그 부지를 임의경매절차에서 매수한 사람이 위 부지 밖에 설치된 피해자 소유 **소독시설**을 통로로 삼아 위 축사건물에 출입한 사안에서, 위 소독시설은 축사출입 차량의 소독을 위하여 설치한 것이기는 하나 별개의 토지 위에 존재하는 <u>독립한 건조물로서 축사 자체의 효용에 제공된 종물이 아니므로, 위 출입행위는 건조물침입죄를 구성한다</u>(대판 2007.12.13, 2007도7247). ●경찰간부

(3) 점유하는 방실

점유하는 방실이란 건조물 내에서 사실상 지배·관리하고 있는 일정한 구획을 말한다(사무실, 점포, 연구실, 건축공사장의 임시가건물 등).

> **관련판례**
>
> 피고인이 피해자가 사용 중인 **공중화장실의 용변칸**에 노크하여 남편으로 오인한 피해자가 용변칸 문을 열자 **강간할 의도로 용변칸에 들어간 것**이라면 피해자가 명시적 또는 묵시적으로 이를 승낙하였다고 볼 수 없어 **주거침입죄에 해당한다**(대판 2003.5.30, 2003도1256). ● 경찰, 검찰9급

2. 행위 : 침입

① 주거침입죄에서의 '침입'은 외부로부터 침입을 말하며 이미 주거 안에 있는 자에 대해서는 본죄가 성립하지 않는다(대판 1984.2.14, 83도2897). ● 검찰9급

② **침입**이란 '거주자가 주거에서 누리는 **사실상의 평온상태를 해치는 행위태양**으로 주거에 들어가는 것'을 의미하고, 침입에 해당하는지 여부는 출입 당시 <u>객관적·외형적으로 드러난 행위태양을 기준으로 판단</u>함이 원칙이다. 단순히 주거에 들어가는 행위 자체가 거주자의 의사에 반한다는 거주자의 주관적 사정만으로 바로 침입에 해당한다고 볼 수는 없다(대판 2021.9.9. 2020도12630).

③ 공동거주자 중 주거 내에 현재하는 거주자의 현실적인 승낙을 받아 통상적인 출입방법에 따라 들어갔다면, 설령 그것이 부재중인 다른 거주자의 의사에 반하는 것으로 추정된다고 하더라도 주거침입죄의 보호법익인 사실상 주거의 평온을 깨트렸다고 볼 수는 없다(대판 2021.9.9. 2020도12630). ● 경찰

④ 공동거주자 각자는 특별한 사정이 없는 한 공동주거 중 공동생활의 장소로 설정한 부분에 출입하여 공동의 공간을 이용할 수 있는 것과 같은 이유로, 다른 공동거주자가 이에 출입하여 이용하는 것을 용인할 수인의무도 있다. … **공동거주자 중 한 사람이 법률적인 근거 기타 정당한 이유 없이 다른 공동거주자가 공동생활의 장소에 출입하는 것을 금지한 경우**, 다른 공동거주자가 이에 대항하여 공동생활의 장소에 들어갔더라도 이는 사전 양해된 공동주거의 취지 및 특성에 맞추어 공동생활의 장소를 이용하기 위한 방편에 불과할 뿐, 그의 출입을 금지한 공동거주자의 사실상 주거의 평온이라는 법익을 침해하는 행위라고는 볼 수 없으므로 주거침입죄는 성립하지 않는다. 설령 그 공동거주자가 공동생활의 장소에 출입하기 위하여 출입문의 잠금장치를 손괴하는 등 다소간의 물리력을 행사하여 그 **출입을 금지한 공동거주자의 사실상 평온상태를 해쳤더라도** 그러한 행위 자체를 처벌하는 별도의 규정에 따라 처벌될 수 있음은 별론으로 하고, **주거침입죄가 성립하지 아니함은 마찬가지이다**(대판 2021.9.9. 2020도6085).

⑤ **공동거주자의 승낙을 받아 공동생활의 장소에 함께 들어간 외부인의 출입 및 이용행위가 전체적으로 그의 출입을 승낙한 공동거주자의 통상적인 공동생활 장소의 출입 및 이용행위의 일환이자 이에 수반되는 행위로 평가할 수 있는 경우라면,** 이를 금지하는 공동거주자의 사실상 평온상태를 해쳤음에도 불구하고 그 외부인에 대하여도 역시 주거침입죄가 성립하지 않는다(대판 2021.9.9, 2020도6085 전원합의체 판결).

⑥ **행위자가 거주자의 승낙을 받아 주거에 들어갔으나 범죄나 불법행위 등을 목적으로 한 출입이거나 거주자가 행위자의 실제 출입 목적을 알았더라면 출입을 승낙하지 않았을 것이라는 사정이 인정되는 경우** 행위자의 출입행위가 주거침입죄에서 규정하는 침입행위에 해당하려면, 출입하려는 주거 등의 형태와 용도·성질, 외부인에 대한 출입의 통제·관리 방식과 상태, 행위자의 출입 경위와 방법 등을 종합적으로 고려하여 행위자의 출입 당시 객관적·외형적으로 드러난 행위태양에 비추어 주거의 사실상 평온상태가 침해되었다고 평가되어야 한다. 이때 거주자의 의사도 고려되지만 주거 등의 형태와 용도·성질, 외부인에 대한 출입의 통제·관리 방식과 상태 등 출입 당시 상황에 따라 그 정도는 달리 평가될 수 있다. **일반인의 출입이 허용된 음식점에 영업주의 승낙을 받아 통상적인 출입방법으로 들어갔다면** 특별한 사정이 없는 한 주거침입죄에서 규정하는 침입행위에 해당하지 않는다. 설령 **행위자가 범죄 등을 목적으로 음식점에 출입하였거나 영업주가 행위자의 실제 출입 목적을 알았더라면 출입을 승낙하지 않았을 것이라는 사정**이 인정되더라도 그러한 사정만으로는 출입 당시 객관적·외형적으로 드러난 행위태양에 비추어 사실상의 평온상태를 해치는 방법으로 음식점에 들어갔다고 평가할 수 없으므로 침입행위에 해당하지 않는다(대판 2022.3.24, 2017도18272 전원합의체 판결).

⑦ 관리자에 의해 출입이 통제되는 건조물에 **관리자의 승낙을 받아 건조물에 통상적인 출입방법**으로 들어갔다면, 이러한 **승낙의 의사표시에 기망이나 착오 등의 하자가** 있더라도 특별한 사정이 없는 한 형법 제319조 제1항에서 정한 건조물침입죄가 성립하지 않는다. 이러한 경우 관리자의 현실적인 승낙이 있었으므로 가정적·추정적 의사는 고려할 필요가 없다. 단순히 승낙의 동기에 착오가 있다고 해서 승낙의 유효성에 영향을 미치지 않으므로, 관리자가 행위자의 실제 출입 목적을 알았더라면 출입을 승낙하지 않았을 사정이 있더라도 건조물침입죄가 성립한다고 볼 수 없다(대판 2022.3.31, 2018도15213).

판례 정리 ··· 주거침입죄등이 인정되는 경우

① 약 270명의 승려 및 신도들이 피고인의 주지취임을 반대하면서 사찰경내를 굳게 지키고 있는 상황을 알면서, 피고인이 약 37명 가량의 일반승려들을 규합하여 이들과 함께 날이 채 새기도 전에 잠겨진 뒷문을 넘어 들어가거나 정문에 설치된 철조망을 걷어 내고 정문을 통과하는 방법으로 사찰 경내로 난입했다면, … 전임 주지측의 사찰경내에 대한 사실상 점유의 평온을 침해한 것으로 주거침입죄가 성립한다(대판 1983.3.8, 82도1363). ●승진

② 임대차기간 종료후 임차인이 불법점유하고 있는 건물에 임대인이 함부로 들어가는 것은 주거침입죄가 성립한다(대판 1989.9.12, 89도889). ●경간부

③ 세차업자인 피고인이 '피고인의 이 사건 아파트 지하주차장 출입을 금지'하는 입주자대표회의의 결정과 법원의 출입금지가처분 결정에 반하여 일부 입주자등과 체결한 세차용역계약의 이행을 위하여 이 사건 아파트 지하주차장에 들어간 경우 출입 당시 관리자로부터 구체적인 제지를 받지 않았고 일부 입주자등의 승낙도 받았더라도 건조물침입죄가 성립된다(대판 2021.1.14., 2017도21323). 법행 ☞ 입주자대표회의는 공동주택의 자치의결기구로서 공동주택의 입주자등을 대표하여 공동주택의 관리에 관한 주요사항을 결정할 수 있고, 개별 입주자등은 공동주택에서의 본질적인 권리가 침해되지 않는 한 입주자대표회의가 결정한 공동주택의 관리에 관한 사항을 따를 의무가 있다. 공동주택의 관리에 관한 사항에는 '단지 안의 주차장 유지 및 운영에 관한 사항'도 포함된다.

④ 이미 수일 전에 2차례에 걸쳐 피해자를 강간하였던 피고인이 대문을 몰래 열고 들어와 담장과 피해자가 거주하던 방 사이의 좁은 통로에서 창문을 통하여 방안을 엿본 경우, 주거침입죄에 해당한다(대판 2001.4.24, 2001도1092). ●경찰

⑤ A회사의 감사인 甲은 경영진과의 불화로 퇴사한 후 30일이 지나 회사의 승낙 없이 자신이 사용하던 A회사 소유의 컴퓨터 하드디스크를 가지고 가기 위하여 일출 직후인 06 : 48경 A회사에 갔으나 자신의 출입카드가 정지되어 출입구가 열리지 않자 경비원으로부터 임시 출입증을 받아 감사실에 들어간 경우 甲에게는 방실침입죄가 성립한다(대판 2011.8.18, 2010도9570). ●법행

⑥ 정당한 이유 없이 비밀번호를 임의로 입력하거나 조작하는 등의 방법으로 거주자나 관리자 모르게 공동현관에 출입한 경우 종합적으로 고려할 때 공동주택 거주자의 주거의 사실상의 평온상태를 해치는 행위태양으로 볼 수 있는 경우라면 공동주택 거주자들에 대한 주거침입에 해당할 것이다. 따라서 피고인이 교제하다 헤어진 피해자의 주거가 속해 있는 아파트 동의 출입구에 설치된 공동출입문에 피해자나 다른 입주자의 승낙 없이 비밀번호를 입력하는 방법으로 아파트의 공용 부분에 출입한 경우, 피고인이 출입구에 출입할 당시 객관적·외형적으로 드러난 행위태양에 비추어 피해자 또는 다른 입주자들에 대한 침입행위에 해당한다(대판 2022.1.27, 2021도15507). ●경찰

⑦ 사생활 보호의 필요성이 큰 사적 주거, 외부인의 출입이 엄격히 통제되는 건조물에 거주자나 관리자의 승낙 없이 몰래 들어간 경우 또는 출입 당시 거주자나 관리자가 출입의 금지나 제한을 하였음에도 이를 무시하고 출입한 경우에는 사실상의 평온상태가 침해된 경우로서 침입행위가 될 수 있다. 따라서 피고인이 '甲에게 100m 이내로 접근하지 말 것' 등을 명하는 법원의 접근금지가처분 결정이 있는 등 피고인이 甲을 방문하는 것을 甲이 싫어하는 것을 알고 있음에도 임의로 甲이 근무하는 사무실 안으로 들어감으로써 건조물에 침입한 경우, 甲의 명시적인 의사에 반하는 행위일 뿐만 아니라, 출입의 금지나 제한을 무시하고 출입한 경우로서 출입 당시 객관적·외형적으로 드러난 행위태양을 기준으로 보더라도 사실상 평온상태가 침해된 것으로 볼 수 있으므로 건조물침입죄가 성립한다(대판 2024.2.8, 2023도16595). ●승진

⑧ 피고인이 사귀다 헤어진 여자친구인 甲의 사적 대화 등을 몰래 녹음하거나 현관문에 甲에게 불안감을 불러 일으킬 수 있는 문구가 기재된 마스크를 걸어놓거나 甲이 다른 남자와 찍은 사진을 올려놓으려는 의도로 3차례에 걸쳐 야간에 甲이 거주하는 빌라 건물의 공동현관, 계단을 통해 甲의 2층 주거 현관문 앞까지 들어간

경우에서, 빌라 건물은 甲을 포함하여 약 10세대의 입주민들이 거주하는 전형적인 다세대주택으로, 피고인이 들어간 **공동현관, 공용 계단, 세대별 현관문 앞부분**은 형태와 용도·성질에 비추어 거주자들의 확장된 주거공간으로서의 성격이 강하여 외부인의 출입이 일반적으로 허용된다고 보기 어려운 점, 빌라 건물의 거주자들이나 관리자는 CCTV 설치나 기둥 벽면의 문구를 통하여 외부차량의 무단주차금지 외에도 주차장 및 이와 연결된 주거공간인 빌라 건물 일체에 대한 외부인의 무단출입을 통제·관리한다는 취지를 대외적으로 표시하였다고 평가할 수 있는 점 등을 종합하면, 피고인은 甲주거의 사실상 평온상태를 해치는 행위태양으로 빌라 건물에 출입하였다고 볼 여지가 충분하다(대판 2024.2.15, 2023도15164).

⑨ 지방의회 본회의 방청 중 회의 진행을 방해하고 퇴거 요구에 불응한 사건과 회의장에서 인화물질로 몸에 불을 붙이려다 미수에 그친 사건으로 지방의회 출입제한 조치를 받은 甲이 며칠 뒤 의회 1층 출입구 앞에서 출입을 제지하는 방호요원들을 밀치면서 의회 청사 로비로 들어간 경우, 甲의 행위는 건조물침입죄를 구성한다(대판 2024.3.12, 2023도9571). ● 경찰

> **판례 정리** ··· 주거침입죄등이 인정되지 않는 경우

① 일반적으로 출입이 허용되어 개방된 시청사 로비에 관리자의 출입 제한이나 제지가 없는 상태에서 통상적인 방법으로 들어간 이상 사실상의 평온상태를 해치는 행위 태양으로 시청 1층 로비에 들어갔다고 볼 수 없으므로 건조물침입죄에서 규정하는 침입행위에 해당하지 않는다(대판 2022.6.16, 2021도7087). ☞ 피고인들이 공동하여 ○○시청에 이르러 150여 명의 조합원들과 함께 시청 1층 로비로 들어가 바닥에 앉아 구호를 외치며 소란을 피운 사건이나 1층 로비에 들어갈 당시 공무원 등으로부터 아무런 제지를 받지 않았고, 다수의 힘 또는 위세를 이용하여 들어간 정황이 없었던 사건임

② 임대차기간 종료후 임대인이 임의로 출입문을 폐쇄하자 임차인이 임대인이 폐쇄한 출입구를 뜯고 들어갔다고 하더라도 주거침입죄는 성립하지 않는다(대판 1973.6.26, 73도460). ● 승진

③ 남편의 일시 부재중에 혼외 성관계를 가질 목적으로 그 처의 승낙을 받아 주거에 들어간 경우, 외부인이 공동거주자의 일부가 부재중에 주거 내에 현재하는 거주자의 현실적인 승낙을 받아 통상적인 출입방법에 따라 공동주거에 들어간 경우라면 그것이 부재중인 다른 거주자의 추정적 의사에 반하는 경우에도 주거침입죄가 성립되지 않는다(대판 2021.9.9, 2020도12630). ● 경간부

④ 피고인들이 공모하여, 甲, 乙이 운영하는 각 음식점에서 인터넷 언론사 기자 丙을 만나 식사를 대접하면서 丙이 부적절한 요구를 하는 장면 등을 확보할 목적으로 녹음·녹화장치를 설치하거나 장치의 작동 여부 확인 및 이를 제거하기 위하여 각 음식점의 방실에 들어간 경우 주거침입죄가 성립하지 않는다(대판 2022.3.24, 2017도18272 전원합의체 판결).

⑤ 피고인이 피해자의 안방에 CCTV 카메라와 동영상 저장장치를 부착한 TV인 사실을 숨기고 피해자에게 TV를 설치해주겠다면서 안방까지 들어가 피해자의 주거에 침입한 경우, 피해자의 사실상 평온상태가 침해되었다고 볼 만한 사정이 없고, 피고인의 출입이 비록 범죄 등의 목적을 숨기고 한 것이라도 주거침입죄가 성립하지 않는다(대판 2022.4.28, 2022도1717). ● 경찰

⑥ 피고인들이 교도관의 현실적인 승낙을 받아 통상적인 출입방법으로 구치소의 접견실에 들어갔으나 구치소에 수용 중인 사람을 취재하고자 구치소장의 허가 없이 접견내용을 촬영·녹음할 목적으로 안경 모양으로 제작된 녹음·녹화장비를 착용하고 접견실에 들어간 경우 건조물침입죄가 성립되지 않는다(대판 2022.4.28, 2020도8030).

⑦ 사용자의 직장폐쇄가 정당한 쟁의행위로 인정되지 아니하는 때에는 다른 특별한 사정이 없는 한 근로자가 평소 출입이 허용되는 사업장 안에 들어가는 행위가 주거침입죄를 구성하지 아니한다(대판 2002.9.24, 2002도2243). ● 경찰

⑧ 甲은 처(妻) 乙과의 불화로 인해 乙과 공동생활을 영위하던 아파트에서 짐 일부를 챙겨 나왔는데, 그 후 자신의 부모인 피고인 A, B와 함께 아파트에 찾아가 출입문을 열 것을 요구하였으나 乙은 외출한 상태로 乙의 동생인 C가 출입문에 설치된 체인형 걸쇠를 걸어 "언니가 귀가하면 오라."며 문을 열어 주지 않자 공동하여 걸쇠를 손괴한 후 아파트에 침입하였다. 甲과 A, B는 폭력행위 등 처벌에 관한 법률 위반(공동주거침입)가 성립하지 않는다(대판 2021.9.9. 2020도6085 전원합의체 판결). ● 경찰

⑨ 주택의 매수인이 계약금과 중도금을 지급하고서 그 주택을 명도받아 점유하고 있던 중 위 매매계약을 해제하고 중도금반환청구소송을 제기하여 얻은 그 승소판결에 기하여 강제집행에 착수한 이후에, 매도인이 매수인이 잠그어 놓은 위 주택의 출입문을 열고 들어간 경우라면 …그 주택에 대하여 보호받아야 할 피해자의 주거에 대한 평온상태는 소멸되었다고 볼 수 있으므로 매도인의 위 소위는 주거침입죄를 구성하지 아니한다(대판 1987.5.12. 87도3). ● 해경간부

⑩ 마트산업노동조합 간부와 조합원인 피고인들이 공동하여, 대형마트 지점에 방문한 대표이사 등에게 해고와 전보 인사발령에 항의하기 위하여 지점장 甲의 의사에 반하여 정문을 통해 지점 2층매장으로 들어간 경우, 건조물침입죄가 성립하지 않는다(대판 2022.9.7. 2021도9055). ☞ 2층 매장은 영업시간 중에는 출입자격 등의 제한 없이 일반적으로 개방되어 있는 장소라는 점, 영업시간에 손님들이 이용하는 정문과 매장 입구를 차례로 통과하여 들어간 사례임

⑪ 피고인들이 업무시간 중 일반적으로 출입이 허용되어 개방된 장소이거나 업무상 이해관계인의 출입에 별다른 제한이 없는 영업장소에 업무상 이해관계인 자격으로 관리자의 출입제한이나 제지가 없는 상태에서 사전에 면담약속·방문 통지를 한 후 방문한 것이거나 면담요청을 하기 위해 통상적인 방법으로 들어간 이상, 사실상의 평온상태를 해치는 행위 태양으로 들어갔다고 볼 수 없어 건조물침입죄에서 규정하는 침입행위에 해당한다고 보기 어려우며, 사후적으로 볼 때 위 피고인들의 위 각 장소에의 순차적 출입이 앞서 본 소란 등 행위로 인하여 결과적으로 각 관리자의 추정적 의사에 반하는 결과를 초래하게 되었더라도, 그러한 사정만으로는 사실상의 평온상태를 해치는 행위 태양으로 출입하였다고 평가할 수 없다(대판 2024.1.4. 2022도15955).

⑫ 피해자로부터 피해 회사 출입을 위한 스마트키를 교부받아 별다른 제한 없이 사용하던 피고인이 야간에 이를 이용하여 피해 회사에 들어가 물건을 절취한 경우 피고인이 피해자로부터 교부받은 스마트키를 이용하여 피해 회사에서 예정한 통상적인 출입방법에 따라 위 사무실에 들어간 것일 뿐 그 당시 객관적·외형적으로 드러난 행위태양을 기준으로 볼 때 사실상의 평온상태를 해치는 방법으로 피해 회사에 들어갔다고 볼 수 없어 건조물침입이 인정되지 않는다(대판 2023.6.29. 2023도3351). ☞ 결국 야간건조물침입절도죄가 성립되지 않는다.

⑬ 일반인의 출입이 허용된 상가 등 영업장소에 영업주의 승낙을 받아 통상적인 출입방법으로 들어갔다면 설령 행위자가 범죄 등을 목적으로 영업장소에 출입하였거나 영업주가 행위자의 실제 출입 목적을 알았더라면 출입을 승낙하지 않았을 것이라는 사정이 인정되더라도 특별한 사정이 없는 한 건조물침입죄에서 규정하는 침입행위에 해당하지 않는다(대판 2022.8.25. 2022도3801).

3. 실행의 착수 및 기수시기

① 주거침입죄의 실행의 착수 : 주거침입죄의 실행의 착수는 주거자, 관리자, 점유자 등의 의사에 반하여 주거나 관리하는 건조물 등에 들어가는 행위, 즉 구성요건의 일부를 실현하는 행위까지 요구하는 것은 아니고 범죄구성요건의 실현에 이르는 현실적 위험성을 포함하는 행위를 개시하는 것으로 족하다(대판 2008.4.10. 2008도1464).

● 법행, 경찰

> **판례 정리**
>
> 1. 야간에 다세대주택에 침입하여 물건을 절취하기 위하여 **가스배관을 타고 오르다가** 순찰 중이던 경찰관에게 발각되어 그냥 뛰어내렸다면, 야간주거침입절도죄의 실행의 착수에 이르지 못했다(대판 2008.3.27, 2008도917). ● 법행
> 2. 아파트의 초인종을 누르다가 사람이 없으면 만능키 등을 이용하여 문을 열고 안으로 들어가 물건을 훔치기로 모의한 갑과 을이 함께 다니다가 병의 집 초인종을 누르면서 "자장면 시키지 않았느냐"라고 말하였으나 집 안에 있던 병이 "시킨 적 없다"고 대답하자 계단을 이용하여 아래층으로 이동한 경우, 침입 대상인 **아파트에 사람이 있는지 확인하기 위해 초인종을 누른 행위**는 주거침입죄의 실행의 착수에 해당하지 않는다(대판 2008.4.10, 2008도1464). ● 법행, 경찰
> 3. 출입문이 열려 있으면 안으로 들어가겠다는 의사 아래 출입문을 당겨보는 행위는 바로 주거의 사실상의 평온을 침해할 객관적인 위험성을 포함하는 행위를 한 것으로 볼 수 있어 그것으로 주거침입의 실행에 착수한 것으로 보아야 한다(대판 2006.9.14, 2006도2824). ● 법행, 경찰
> 4. 주거침입죄의 경우 주거침입의 범의로써 예컨대, 주거로 들어가는 문의 시정장치를 부수거나 문을 여는 등 침입을 위한 구체적 행위를 시작하였다면 주거침입죄의 실행의 착수는 있었다고 보아야 한다(대판 2003.10.24, 2003도4417). ● 사시

② 주거침입죄의 기수시기 : 주거침입죄는 사실상의 주거의 평온을 보호법익으로 하는 것이므로, 반드시 행위자의 신체의 전부가 범행의 목적인 타인의 주거 안으로 들어가야만 성립하는 것이 아니라 **신체의 일부**만 타인의 주거 안으로 들어갔다고 하더라도 거주자가 누리는 **사실상의 주거의 평온을 해할 수 있는 정도에 이르렀다면** 범죄구성요건을 충족하는 것이라고 보아야 한다(대판 1995.9.15, 94도2561). ● 경찰, 경찰승진, 법행

4. 주관적 구성요건

주거침입죄의 범의는 반드시 신체의 전부가 타인의 주거 안으로 들어간다는 인식이 있어야만 하는 것이 아니라 신체의 일부라도 타인의 주거 안으로 들어간다는 인식이 있으면 족하다(대판 1995.9.15, 94도2561).

5. 위법성

> **판례 정리 ··· 위법성이 조각되는 경우**
>
> 1. 연립주택 아래층에 사는 피해자가 위층 피고인의 집으로 통하는 상수도관의 밸브를 임의로 잠근 후 이를 피고인에게 알리지 않아 하루 동안 수돗물이 나오지 않은 고통을 겪었던 피고인이 상수도관의 밸브를 확인하고 이를 열기 위하여 부득이 피해자의 집에 들어간 행위는 정당행위에 해당한다(대판 2004.2.13, 2003도7393).
> 2. 이혼 후 자녀를 직접 양육하지 아니하는 모(母)가 자녀를 양육하고 있는 부(父)의 허락을 받지 않고 그 주거에 들어가 자녀들의 양육에 필요한 최소한의 행위만을 한 경우(대판 2003.11.28, 2003도5931) ● 경찰승진

3. 해고된 근로자라도 상당한 기간 내에 그 해고의 효력을 다투는 자에 대하여는 근로자 또는 조합원으로서의 지위를 인정하여야 하는바, 그러한 근로자가 조합원의 자격으로서 회사 내 노조사무실에 들어가는 것은 정당한 행위이므로 노조사무실 출입목적으로 경비원의 제지를 뿌리치고 회사 내로 들어가더라도 건조물침입죄로 벌할 수 없다(대판 1991.11.8, 91도326).

> **비교판례**
> 해고를 당한 후 해고처분무효확인소송을 제기하여 그 효력을 다툼으로써 노동조합의 조합원인 근로자의 지위를 그대로 갖고 있다 하더라도 회사가 조합의 대의원이 아닌 피고인에게 회사 내의 조합대의원회의에 참석하는 것을 허락하지 아니하였는데도 그 의사에 반하여 함부로 거기에 들어가고 회사경비원들의 출입통제업무를 방해한 것은 건조물침입죄와 업무방해죄에 해당한다(대판 1991.9.10, 91도1666).

> **판례 정리 … 위법성이 조각되지 않는 경우**
>
> 1. 현행범을 추적하여 그 범인의 父의 집에 들어가서 동인과 시비 끝에 상해를 입힌 경우(대판 1965.12.21, 65도899)
> 2. 건물의 소유권에 대한 분쟁이 계속되고 있는 상황이라면 건물의 소유자라고 주장하는 피고인이 그 건물에 침입하는 것에 대한 건물점유자의 추정적 승낙이 있었다거나 사회상규에 위배되지 않는 것이라 볼 수 없다(대판 1989.9.12, 89도889).
> 3. A회사의 해고된 근로자에게 복직협의를 위한 회사출입을 허용해 왔는데, 그 근로자는 노조원들의 불법시위로 회사가 점거된 상태에서 노조간부들이 무단점거하여 사용하고 있는 노조임시사무실에 들어간 경우 ⇨ 회사측의 의사 내지 추정적 의사에 반함(대판 1994.2.8, 93도120 ∴ 건조물침입죄)
> 4. 2인 이상이 하나의 공간에서 공동생활을 하고 있는 경우에는 각자 주거의 평온을 누릴 권리가 있으므로, 사용자가 제3자와 공동으로 관리·사용하는 공간을 사용자에 대한 쟁의행위를 이유로 관리자의 의사에 반하여 침입·점거한 경우, 비록 그 공간의 점거가 사용자에 대한 관계에서 정당한 쟁의행위로 평가될 여지가 있다 하여도 이를 공동으로 관리·사용하는 제3자의 명시적 또는 추정적인 승낙이 없는 이상 위 제3자에 대하여서까지 이를 정당행위라고 하여 주거침입의 위법성이 조각된다고 볼 수는 없다(대판 2010.3.11, 2009도5008). 경찰

6. 죄수 및 타죄와의 관계

다른 사람의 주택에 무단 침입한 범죄사실로 이미 유죄판결을 받은 사람이 그 판결이 확정된 후에도 퇴거하지 않은 채 계속하여 당해 주택에 거주한 사안에서, 위 판결 확정 이후의 행위는 별도의 주거침입죄를 구성한다(대판 2008.5.8, 2007도11322). 법행, 경찰

Ⅲ 퇴거불응죄

제319조 (퇴거불응) ② 전항의 장소에서 퇴거요구를 받고 응하지 아니한 자도 전항의 형과 같다.
제322조 (미수범) 본죄의 미수범은 처벌한다. 경찰

1. 의 의

(1) 주거 등에 적법하게 또는 과실로 들어간 자가 퇴거요구를 받고 나가지 않을 경우 성립하는 범죄이다.

(2) 형법 제319조 제2항의 **퇴거불응죄**는 주거나 건조물·방실 등의 **사실상 주거의 평온을 보호법익**으로 하는 것으로, 거주자나 관리자·점유자로부터 주거나 건조물·방실 등에서 퇴거요구를 받고도 응하지 아니하면 성립하는데, 이때 **주거 등에 관하여 거주·관리·점유할 법률상 정당한 권한을 가지고 있어야만 거주자나 관리자·점유자가 될 수 있는 것은 아니다.** 이는 **숙박업자가 고객에게 객실을 제공하여 일시적으로 이를 사용할 수 있도록 하고 고객으로부터 사용에 따른 대가를 지급받는 숙박계약이 종료됨에 따라 고객이 숙박업소의 관리자 등으로부터 퇴거요구를 받은 경우에도 원칙적으로 같다**(대판 2023.12.14, 2023도9350).

2. 행위 : 퇴거요구에 불응

(1) 주거침입죄와 퇴거불응죄는 모두 사실상의 주거의 평온을 그 보호법익으로 하고, 주거침입죄에서의 침입이 신체적 침해로서 행위자의 신체가 주거에 들어가야 함을 의미하는 것과 마찬가지로 퇴거불응죄의 퇴거 역시 행위자의 신체가 주거에서 나감을 의미하므로 **정당한 퇴거요구를 받고 건물에서 나가면서 가재도구 등을 남겨둔 경우 퇴거불응죄를 구성하지 않는다**(대판 2007.11.15, 2007도6990). ● 경찰승진, 경찰

(2) **적법히 직장폐쇄를 단행한 사용자로부터 퇴거요구를 받고도 불응한 채 직장점거를 계속한 행위는 퇴거불응죄를 구성한다**(대판 1991.8.13, 91도1324). ● 사시

> **비교판례**
> ① 사용자의 직장폐쇄가 정당한 쟁의행위로 인정되지 아니하는 때에는 적법한 쟁의행위로서 사업장을 점거 중인 근로자들이 직장폐쇄를 단행한 사용자로부터 퇴거 요구를 받고 이에 불응한 채 직장점거를 계속하더라도 퇴거불응죄가 성립하지 아니한다(대판 2007.3.29, 2006도9307). ● 경찰승진
> ② 노동조합이 파업을 시작한 지 불과 4시간 만에 사용자가 바로 직장폐쇄 조치를 취한 것이 정당한 쟁의행위로 인정되지 아니하므로, 사용자측 시설을 정당하게 점거한 조합원들이 사용자의 퇴거요구에 불응하였더라도 퇴거불응죄가 성립하지 아니한다(대판 2007.12.28, 2007도5204). ● 경찰승진

(3) 숙박계약에서 숙박업자는 통상적인 임대차계약과는 달리…숙박계약의 특수성을 고려하면, 고객이 개별 객실을 점유하고 있더라도 숙박업소 및 객실의 구조 및 성격, 고객이 개별 객실을 점유하게 된 경위 및 점유 기간, 퇴실시간의 경과 여부, 숙박업자의 관리 정도, 고객에 대한 퇴거요구의 사유 등에 비추어 오히려 **고객의 개별 객실에 대한 점유가 숙박업자의 전체 숙박업소에 대한 사실상 주거의 평온을 침해하는 것으로 평가할 수 있는 특별한 사정이 있는 경우**에는 숙박업자가 고객에게 적법하게

퇴거요구를 하였음에도 고객이 응하지 않을 때 퇴거불응죄가 성립할 수 있다(대판 2023.12.14, 2023도9350).

Ⅳ 특수주거침입죄

제320조 (특수주거침입) 단체 또는 다중의 위력을 보이거나 위험한 물건을 휴대하여 전조의 죄를 범한 때에는 5년 이하의 징역에 처한다.
제322조 (미수범) 미수범은 처벌한다.

1. 특수주거침입죄 성립

해고되어 회사의 근로자도 아닌 피고인이 시위근로자 570명과 함께 회사건물 본관 앞까지 이동한 다음 무단점거를 저지하려는 관리직사원 등 400여명을 힘으로 밀어붙이고 동 건물을 점거한 경우(대판 1990.6.12, 90도672)

2. 특수주거침입죄 불성립

관련판례

① 버섯을 채취하러 산에 가면서 칼을 휴대한 것일 뿐 주거침입에 사용할 의도 아래 이를 소지한 것이 아니고 또 주거침입시에 이를 사용한 것도 아닌 경우에는 폭력행위 등 처벌에 관한 법률 제3조 제1항 소정의 흉기를 휴대하여 주거침입의 죄를 범한 자라고 할 수는 없다(대판 1990.4.24, 90도401). ● 사시
② 수인이 흉기를 휴대하여 타인의 건조물에 침입하기로 공모한 후 그중 일부는 밖에서 망을 보고 나머지 일부만이 건조물 안으로 들어갔을 경우에 있어서 **특수주거침입죄의 구성요건이 충족되었다고 볼 수 있는지의 여부**는 직접 건조물에 들어간 범인을 기준으로 하여 그 범인이 흉기를 휴대하였다고 볼 수 있느냐의 여부에 따라 결정되어야 한다. 따라서 비록 밖에서 망보는 자가 흉기를 휴대하고 있을지라도 직접 침입한 자가 흉기를 휴대하고 있지 않으면 특수주거침입죄가 성립하지 않는다(대판 1994.10.11, 94도1991).

Ⅴ 주거·신체수색죄

제321조 (주거·신체 수색) 사람의 신체, 주거, 관리하는 건조물, **자동차**, 선박이나 항공기 또는 점유하는 방실을 수색한 자는 3년 이하의 징역에 처한다.
제322조 (미수범) 미수범은 처벌한다.

회사에서 주주의 회계장부등의 열람을 거부한 경우 주주총회에 참석한 주주는 상법 소정의 절차에 따라 그 열람을 청구하면 되는 것으로 이러한 절차를 무시하고 강제로 사무실을 뒤져 회계장부를 찾아내는 것은 사회통념상 용인되는 정당행위로 볼 수 없다(대판 2001.9.7, 2001도2917).

● 사시, 법행, 경찰

CHAPTER 05 재산에 대한 죄

제1절 재산죄 서설

I 재산죄의 분류

보호법익에 따른 분류	소유권을 보호법익으로 하는 범죄	절도죄, 횡령죄, 손괴죄, 장물죄
	소유권 이외의 물권 또는 채권을 보호법익으로 하는 범죄	권리행사방해죄
	전체로서의 재산권을 보호법익으로 하는 범죄	강도죄, 사기죄, 공갈죄, 배임죄
객체에 따른 분류	재물죄(재물만을 객체로 하는 범죄)	절도죄, 횡령죄, 손괴죄, 장물죄
	이득죄(재산상 이익만을 객체로 하는 범죄)	배임죄, 컴퓨터 등 사용사기죄
	재물죄인 동시에 이득죄	강도죄, 사기죄, 공갈죄
영득의사에 따른 분류	영득죄(불법영득의사를 필요로 하는 범죄)	절도죄, 강도죄, 사기죄, 공갈죄, 횡령죄
	비영득죄	손괴죄
침해방법에 따른 분류	탈취죄(타인의 의사에 의하지 않고 재물을 취득하는 방법)	절도죄, 강도죄, 장물죄, 횡령죄
	편취죄(타인의 하자 있는 의사에 의하여 재물을 취득하는 범죄)	사기죄, 공갈죄

II 재산죄의 객체

1. 재 물

제346조 (동력) 본장의 죄에 있어서 관리할 수 있는 동력은 재물로 간주한다.

(1) 재물의 개념

횡령죄에 있어서의 재물은 동산, 부동산의 유체물에 한정되지 아니하고 관리할 수 있는 동력도 재물로 간주되지만, 여기에서 말하는 관리란 물리적 또는 물질적 관리를 가리킨다고 볼 것이고, 재물과 재산상 이익을 구별하고 횡령과 배임을 별개의 죄로 규정한 현행 형법의 규정에 비추어 볼 때 사무적으로 관리가 가능한 채권이나 그 밖의 권리 등은 재물에 포함된다고 해석할 수 없다(대판 1994.3.8, 93도2272). ● 사시
① 전기의 재물성 : **전기는 재물**이므로 도전한 경우 절도죄가 성립한다(대판 1958. 10.31, 4291형상361). ● 법행
② 권리의 재물성 부정

> **관련판례**
> ① **광업권**은 재물인 광물을 취득할 수 있는 권리에 불과하지 재물 그 자체는 아니므로 횡령죄의 객체가 된다고 할 수 없다(대판 1994.3.8, 93도2272). ● 경찰간부
> ② **수산업법에 의한 양식어업권**은 행정관청의 면허를 받아 해상의 일정구역 내에서 패류·해조류 또는 정착성 수산동물을 포획·채취할 수 있는 권리를 가리키는 것이고 … 그 지역 내의 수산동식물의 소유권을 취득하는 권리는 아니므로 어업권의 취득만으로 당연히 그 지역 내에서 자연 번식하는 수산동식물의 소유권이나 점유권까지 취득한다고는 볼 수 없다. 따라서 **어업권자와 어업권행사계약을 체결하고 어업권을 행사하는 피해자의 양식장에서 '자연산' 모시조개를 무단 채취한 행위**가 절도죄에 해당하지 아니한다(대판 2010.4.8, 2009도11827). ● 법행, 사시
> ③ 상법상 주식은 자본구성의 단위 또는 주주의 지위(株主權)를 의미하고, 주주권을 표창하는 유가증권인 주권(株券)과는 구분이 되는바, **주권(株券)**은 유가증권으로서 재물에 해당되므로 횡령죄의 객체가 될 수 있으나, 자본의 구성단위 또는 주주권을 의미하는 **주식**은 재물이 아니므로 횡령죄의 객체가 될 수 없다(대판 2005.2.18, 2002도2822). ● 경찰

③ 정보의 재물성

> **관련판례**
> ① '**정보**' 그 자체는 유체물이라고 볼 수도 없고, 물질성을 가진 동력도 아니므로 재물이 될 수 없다 할 것이며, 또 **이를 복사하거나 출력**하였다 할지라도 그 정보 자체가 감소하거나 피해자의 점유 및 이용가능성을 감소시키는 것이 아니므로 그 복사나 출력 행위를 가지고 절도죄를 구성한다고 볼 수도 없다. 따라서 피고인이 **컴퓨터에 저장된 정보를 출력하여 생성한 문서**는 피해 회사의 업무를 위하여 생성되어 피해 회사에 의하여 보관되고 있던 문서가 아니라, 피고인이 가지고 갈 목적으로 피해 회사의 업무와 관계없이 새로이 생성시킨 문서라 할 것이므로, 이는 피해 회사 소유의 문서라고 볼 수는 없다 할 것이어서, 이를 가지고 간 행위를 들어 피해 회사 소유의 문서를 절취한 것으로 볼 수는 없다(대판 2002.7.12, 2002도745). ● 경찰승진
>
> **유사판례**
> 백색 발광다이오드 제조와 관련된 부품과 원료의 배합비율과 제조공정을 기술한 자료와 회사가 시제품의 품질을 확인하거나 제조기술 향상을 위한 각종 실험을 통하여 나타난 결과를 기재한 자료를 가져간 경우 이는 절도에 해당한다(대판 2008.2.15, 2005도6223). ● 경찰간부, 법행
>
> ② 회사 직원이 업무와 관련하여 다른 사람이 작성한 회사의 문서를 복사기를 이용하여 복사를 한 후 원본은 제자리에 갖다 놓고 그 **사본만** 가져간 경우, 그 회사 소유의 문서의 사본을 절취한 것으로 볼 수는 없다(대판 1996.8.23, 95도192). ● 경찰승진
> ③ **원주주명부를 복사하여 놓은 복사본**이 절도죄의 객체가 되는 재물에 해당한다. 따라서 이를 가져가면 절도죄가 성립한다(대판 2004.10.28, 2004도5183). ● 사시

④ **전화사용과 재물성** : 타인의 **전화기를 무단으로 사용**하여 전화통화를 하는 행위는 무형적인 이익에 불과하고 물리적 관리의 대상이 될 수 없어 **재물이 아니라고** 할 것이므로 절도죄의 객체가 되지 아니한다(대판 1998.6.23, 98도700). ● 법행, 경찰승진

⑤ **부동산의 재물성** : 부동산이 절도죄의 객체가 될 수 있는가에 대해서는 견해가 대립하나 부동산은 점유이전이 불가능하여 그 대상이 될 수 없다는 것이 다수설의 입장이다.

⑥ **금제품의 재물성**
　㉠ 유가증권도 그것이 정상적으로 발행된 것은 물론 비록 작성권한 없는 자에 의하여 위조된 것이라고 하더라도 절차에 따라 몰수되기까지는 그 소지자의 점유를 보호하여야 한다는 점에서 형법상 재물로서 절도죄의 객체가 된다(대판 1998.11.24, 98도2967). ☞ 리프트탑승권 발매기를 전산조작하여 위조한 탑승권을 발매기에서 뜯어 간 행위는 탑승권 위조행위와 위조탑승권 절취행위가 결합된 것이라는 이유로, 위조탑승권의 장물성을 인정한 사례 ● 사시
　㉡ 타인의 대마밭에서 대마를 절취한 경우 절도죄가 성립한다(대판 1999.4.13, 98도3619). ● 법행

⑦ **기타 재물성이 인정되는 경우** ● 사시
　㉠ 주권포기각서
　㉡ 주민등록증
　㉢ 법원으로부터 송달된 심문기일소환장
　㉣ 폐지로서 소각대상인 '도시계획구조변경계획서'
　㉤ 신용카드, 인감증명
　㉥ 찢어버린 약속어음

(2) 재물의 경제적 가치성의 요부

① 재산죄의 객체인 재물은 반드시 **객관적인 금전적 교환가치를 가질 필요는 없고** 소유자, 점유자가 **주관적인 가치를 가지고 있음으로써 족**하다고 할 것이고, 이 경우 주관적, 경제적 가치의 유무를 판별함에 있어서는 그것이 타인에 의하여 이용되지 않는다고 하는 소극적 관계에 있어서 그 가치가 성립하더라도 관계없다 할 것이므로, 피고인이 절취한 **백지의 자동차출고의뢰서 용지**도 그것이 어떠한 권리도 표창하고 있지 않다 하더라도 경제적 가치가 없다고는 할 수 없어 이는 절도죄의 객체가 되는 **재물에 해당한다**(대판 1996.5.10, 95도3057). ● 경찰승진

② 발행자가 회수하여 **세조각으로 찢어버림으로서 폐지로 되어 쓸모없는 것처럼 보이는 약속어음**의 소지를 침해하여 가져갔다면 절도죄가 성립한다(대판 1976.1.27, 74도3442). ● 사시

2. 재산상 이익(경제적 재산설)

(1) 강도죄(이른바 강제이득죄)의 요건이 되는 **재산상의 이익**이란 재물 **이외**의 재산상의 이익을 말하는 것으로서, 그 재산상의 이익은 반드시 사법상 유효한 재산상의 이득만을 의미하는 것이 아니고 외견상 재산상의 이득을 얻을 것이라고 인정할 수 있는 사실관계만 있으면 여기에 해당된다(대판 1997.2.25, 96도3411). ● 경찰, 법행

> **관련판례**
> ① 피고인들이 폭행·협박으로 피해자로 하여금 매출전표에 서명을 하게 한 다음 이를 교부받아 소지함으로써 이미 외관상 각 매출전표를 제출하여 신용카드회사들로부터 그 금액을 지급받을 수 있는 상태가 되었는바, 피해자가 각 매출전표에 허위 서명한 탓으로 피고인들이 신용카드회사들에게 각 매출전표를 제출하여도 신용카드회사들이 신용카드 가맹점 규약 또는 약관의 규정을 들어 그 금액의 지급을 거절할 가능성이 있다 하더라도, 그로 인하여 피고인들이 각 매출전표 상의 금액을 지급받을 가능성이 완전히 없어져 버린 것이 아니고 외견상 여전히 그 금액을 지급받을 가능성이 있는 상태이므로, 결국 피고인들이 '재산상 이익'을 취득하였다고 볼 수 있다(대판 1997.2.25, 96도3411). ☞ 특수강도 기수
> ② 강도죄에 있어서 재산상의 이익은 반드시 사법상 유효한 재산상의 이득만을 의미하는 것이 아니고 외견상 재산상의 이득을 얻을 것이라고 인정할 수 있는 사실관계만 있으면 되는 것이므로, 협박을 통해서 '**지불각서**'를 **받은 경우** 재산상의 이익을 취득한 것으로 볼 수 있다(대판 1994.2.22, 93도428)
> ③ 강도죄의 성질상 그 권리의무관계의 외형상 변동의 사법상 효력의 유무는 그 범죄의 성립에 영향이 없고, 법률상 정당하게 그 이행을 청구할 수 있는 것이 아니라도 강도죄에 있어서의 재산상의 이익에 해당한다(대판 1994.2.22, 93도428). ● 경간부

(2) 사기죄의 객체가 되는 재산상의 이익이 반드시 사법(私法)상 보호되는 경제적 이익만을 의미하지 아니하고, **부녀가 금품 등을 받을 것을 전제로 성행위를 하는 경우 그 행위의 대가**는 사기죄의 객체인 경제적 이익에 해당하므로, 부녀를 기망하여 성행위 대가의 지급을 면하는 경우 사기죄가 성립한다(대판 2001.10.23, 2001도2991).

(3) 공갈죄는 사람을 공갈하여 재물의 교부를 받거나 재산상의 이익을 취득함으로써 성립하고 **채무의 변제 또는 채권양도 등을 약속받는 것**도 여기의 재산상의 이익에 해당한다(대판 2010.12.9, 2010도1017). ● 경찰승진

Ⅲ 형법상 점유

1. 점유의 의의

민법상 점유보조자(점원)라고 할지라도 그 물건에 대하여 사실상 지배력을 행사하는 경우에는 형법상 보관의 주체로 볼 수 있으므로 이를 영득한 경우에는 절도죄가 아니라 횡령죄에 해당한다(대판 1982.3.9, 81도3396). ● 법행

2. 형법상 점유의 기능적 분류

(1) 보호객체로서의 점유

점유가 보호법익이므로 적법한 점유일 것을 요한다(권리행사방해죄의 점유).

(2) 행위주체로서의 점유

횡령죄의 보관이 이에 해당한다.

(3) 행위객체로서의 점유

절도죄, 강도죄와 같이 행위객체가 되는 점유를 말한다.

3. 점유의 요건

(1) 객관적·물리적 요소(사실상의 재물지배)

점유가 인정되기 위해서는 재물에 대한 사실상의 지배가 있어야 한다. 사실상 지배는 적법한 권원에 의하여야 하는 것은 아니므로 절도범도 탈취물에 대한 점유를 가진다.

(2) 주관적·정신적 요소(지배의사)

점유가 인정되기 위해서는 재물을 지배할 의사가 있어야 한다. 지배의사는 자연적인 사실상의 지배의사를 의미하며(예 어린이의 지배) 일반적 지배의사(예 편지함에 들어 있는 물건에 대한 지배), 잠재적 지배의사(예 수면 중에 있는 사람)로도 족하다.

(3) 사회적·규범적 요소

점유여부는 사회생활상의 경험법칙에 따라 결정된다. 즉, 도로변에 세워둔 자동차는 주인의 점유가 미치나 음식점에서 손님이 사용하고 있는 그릇은 주인의 점유가 미친다.

4. 사자의 점유

피해자를 살해한 방에서 사망한 피해자 곁에 4시간 30분쯤 있다가 그곳 피해자의 자취방 벽에 걸려 있던 피해자가 소지하는 물건들을 영득의 의사로 가지고 나온 경우 피해자가 생전에 가진 점유는 사망 후에도 여전히 계속되는 것으로 보아야 한다(대판 1993.9.28, 93도2143). ● 경찰, 사시

5. 타인의 점유

(1) 점유의 타인성

타인의 점유란 행위자의 단독점유에 속하지 않는 것을 말한다. 따라서 공동점유는 타인의 점유에 해당한다.

(2) 공동점유

① 대등관계에 의한 공동점유가 인정되는 경우

> **관련판례**
>
> ① 인장이 들은 돈궤짝을 사실상 별개 가옥에 별거 중인 남편이 그 거주가옥에 보관중이었다면 처가 그 돈궤짝의 열쇠를 소지하고 있었다고 하더라도 그 안에 들은 인장은 처의 단독 보관하에 있은 것이 아니라 남편과 공동보관하에 있다고 보아야 할 것이므로, 공동보관자중의 1인인 처가 다른 보관자인 남편의 동의없이 불법영득의 의사로 위 인장을 취거한 이상 절도죄를 구성한다고 보아야 할 것이다(대판 1984.1.31, 83도3027). ● 사시
> ② 하나의 교회가 두 개 이상으로 분열된 경우 그 재산의 처분에 관하여 교회 장정 등에 규정이 없는 한 분열 당시 교인들의 총의에 따라 그 귀속을 정하여야 하고 그와 같은 절차 없이 위 재산에 대하여 다른 교파의 점유를 배제하고 자기 교파만의 지배에 옮긴다는 인식 아래 이를 가지고 갔다면 절도죄를 구성한다(대판 1998.7.10, 98도126). ● 법행
> ③ 조합원의 1인이 조합원의 공동점유에 속하는 합유의 물건을 다른 조합원의 승낙 없이 조합원의 점유를 배제하고 단독으로 자신의 지배하에 옮긴다는 인식이 있었다면 절도죄에 있어서의 불법영득의 의사가 있었다고 볼 것이다(대판 1982.12.28, 82도2058). ● 경찰승진

② 하위자의 점유가 인정 : 횡령죄 성립

> **관련판례**
>
> ① 주인이 외출하면서 금고와 오토바이 열쇠를 배달된 상품대금으로 지급할 것을 종업원에게 위탁하였는데 종업원이 금고안의 돈을 훔쳐 오토바이를 타고 달아난 경우 금고안의 돈과 오토바이에 대한 종업원의 단독점유가 인정되므로 횡령죄가 성립한다(대판 1982.3.9, 81도3396). ● 경찰
> ② 운수회사 소속의 화물자동차 운전수가 지시에 의하여 커피3상자를 화물자동차로 운송하던 중 자의로 매각 처분한 경우, 피고인은 위 물건의 보관자에 해당하므로 횡령죄에 해당한다(대판 1957.10. 20, 4290형상281).
> ③ 피해자가 시장 점포에서 물건을 매수하여 묶어서 그곳에 맡겨 놓은 후 그곳에서 약 50미터 떨어져 동 점포를 살펴볼 수 없는 딴 가게로 가서 지게 짐꾼인 피고인을 불러 피고인 단독으로 위 점포에 가서 맡긴 물건을 운반해 줄 것을 의뢰하였더니 피고인이 동 점포에 가서 맡긴 물건을 찾아 피해자에게 운반해 주지 않고 용달차에 싣고 가서 처분한 것이라면 피고인의 위 운반을 위한 소지 관계는 피해자의 위탁에 의한 보관관계에 있다고 할 것이므로 이를 영득한 행위는 절도죄가 아니라 횡령죄를 구성한다(대판 1982.11.23, 82도2394). ● 법행
> ④ 피해자가 그 소유의 오토바이를 타고 심부름을 다녀오라고 하여서 그 오토바이를 타고 가다가 마음이 변하여 이를 반환하지 아니한 채 그대로 타고 가버렸다면 횡령죄를 구성함은 별론으로 하고 적어도 절도죄를 구성하지는 아니한다(대판 1986.8.19, 86도1093).
> ⑤ 동회의 사원이 동직원으로부터 시청금고에 입금하도록 교부받은 현금과 예금에서 찾은 돈을 사생활비에 소비한 경우 횡령죄가 성립한다(대판 1968.10.29, 68도1207). ● 사시

③ 운반자의 점유가 부정 : 절도죄 성립

> **관련판례**
>
> ① 경리과 직원의 요청으로 그와 동행하여 은행에서 찾은 현금을 운반하여 사무실에 당도한 후 그 중 10만원을 현금으로 가장한 돈뭉치와 바꿔치기 한 경우 피고인의 운반을 위한 소지는 피해자의 점유에 속하는 점유의 기관으로서의 소지에 지나지 않으므로 이를 영득한 것은 절도죄에 해당한다(대판 1966.1.31, 65도1178). ● 법행
> ② 철도운송 승무원들이 그 운송중의 화물을 탈취한 때에는 업무상 횡령이 아니고 특수절도가 된다(대판 1969.7.8, 69도798). ● 법무사

④ 기타 : 산지기로서 종중 소유의 분묘를 간수하고 있는 자는 그 분묘에 설치된 석등이나 문관석 등을 점유하고 있다고는 할 수 없으므로 이러한 물건 등을 반출하여 가는 행위는 횡령죄가 아니고 절도죄를 구성한다(대판 1985.3.26, 84도3024·84감도474). ● 경찰승진

(3) 임치된 봉함물의 점유

피고인이 보관계약에 의하여 보관 중인 정부소유의 미곡 가마니에서 삭대를 사용하여 약간량씩을 발취한 경우에, 피고인이 발취한 포장함 입내의 보관 중의 정부소유미의 점유는 정부에 있다 할 것이므로 이를 발취한 행위는 절도에 해당한다(대판 1956. 1. 27, 4288형상375). ● 사시

(4) 상속과 점유

[1] 절도죄란 재물에 대한 타인의 점유를 침해함으로써 성립하는 것이다. 여기서의 '점유'라고 함은 현실적으로 어떠한 재물을 지배하는 순수한 사실상의 관계를 말하는 것으로서, 종전 점유자의 점유가 그의 사망으로 인한 상속에 의하여 당연히 그 상속인에게 이전된다는 민법 제193조는 절도죄의 요건으로서의 '타인의 점유'와 관련하여서는 적용의 여지가 없고, 재물을 점유하는 소유자로부터 이를 상속받아 그 소유권을 취득하였다고 하더라도 상속인이 그 재물에 관하여 위에서 본 의미에서의 사실상의 지배를 가지게 되어야만 이를 점유하는 것으로서 그때부터 비로소 상속인에 대한 절도죄가 성립할 수 있다.

[2] 피고인이 내연관계에 있는 갑과 아파트에서 동거하다가, 갑의 사망으로 갑의 상속인인 을 및 병 소유에 속하게 된 부동산 등기권리증 등 서류들이 들어 있는 가방을 위 아파트에서 가지고 간 경우, 갑의 사망으로 아파트 등의 소유권을 상속하였으나, 피고인이 가방을 들고 나온 시점에 을 및 병이 아파트에 있던 가방을 사실상 지배하여 점유하고 있었다고 볼 수 없어 피고인의 행위가 을 등의 가방에 대한 점유를 침해하여 절도죄를 구성한다고 할 수 없다(대판 2012.4.26, 2010도6334). ● 경찰, 사시

> **판례 정리 … 점유의 타인성 인정 : 절도죄의 객체 긍정**

1. 피해자가 PC방에 두고 간 핸드폰은 PC방 관리자의 점유하에 있는 물건으로서 제3자가 이를 취한 행위는 절도죄를 구성한다(대판 2007.3.25, 2006도938). ● 법행
2. 어떤 물건을 잃어버린 장소가 당구장과 같이 타인의 관리 아래 있을 때에는 그 물건은 일응 그 관리자의 점유에 속한다 할 것이고, 이를 그 관리자 아닌 제3자가 취거하는 것은 유실물횡령이 아니라 절도죄에 해당한다(대판 1988.4.25, 88도409). ● 사시
3. 강간을 당한 피해자가 도피하면서 현장에 놓아두고 간 손가방은 점유이탈물이 아니라 사회통념상 피해자의 지배하에 있는 물건이라고 보아야 할 것이므로 피고인이 그 손가방안에 들어 있는 피해자 소유의 돈을 꺼낸 소위는 절도죄에 해당한다(대판 1984.2.28, 84도38). ● 경찰

> **판례 정리 … 점유의 타인성이 부정 : 절도죄의 객체 부정**

1. 임차인이 임대계약 종료 후 식당건물에서 퇴거하면서 종전부터 사용하던 냉장고의 전원을 켜 둔 채 그대로 두었다가 약 1개월 후 철거해 가는 바람에 그 기간 동안 전기가 소비된 사안에서, 임차인이 퇴거 후에도 냉장고에 관한 점유·관리를 그대로 보유하고 있었다고 보아야 하므로, 냉장고를 통하여 전기를 계속 사용하였다고 하더라도 이는 당초부터 자기의 점유·관리하에 있던 전기를 사용한 것일 뿐 타인의 점유·관리하에 있던 전기가 아니어서 절도죄가 성립하지 않는다(대판 2008.7.10, 2008도3252). ● 경찰승진

   유사판례
   乙은 강제경매 절차에서 甲소유이던 토지 및 그 지상 건물을 매수한 후 법원으로부터 인도명령을 받아 인도집행을 하였는데, 甲이 인도집행 전에 건물 외벽에 설치된 전기코드에 선을 연결하여 甲자신이 점유하며 창고로 사용 중인 컨테이너로 전기를 공급받아 사용한 경우, 甲은 인도명령의 집행이 이루어지기 전까지는 당초부터 甲자신이 점유·관리하던 전기를 사용한 것에 불과할 뿐 타인이 점유·관리하던 전기를 사용한 것이라고 할 수 없으므로, 甲에게 절도의 범의도 인정할 수 없다(대판 2016.12.15, 2016도15492).

2. 고속버스 운전사는 고속버스의 관수자로서 차내에 있는 승객의 물건을 점유하는 것이 아니고 승객이 잊고 내린 유실물을 교부받을 권능을 가질 뿐이므로 유실물을 현실적으로 발견하지 않는 한 이에 대한 점유를 개시하였다고 할 수 없고, 그 사이에 다른 승객이 유실물을 발견하고 이를 가져갔다면 절도에 해당하지 아니하고 점유이탈물횡령에 해당한다(대판 1993.3.16, 92도3170). ● 경찰
3. 승객이 놓고 내린 지하철의 전동차 바닥이나 선반 위에 있던 물건을 가지고 간 경우, 지하철의 승무원은 유실물법상 전동차의 관수자로서 승객이 잊고 내린 유실물을 교부받을 권능을 가질 뿐 전동차 안에 있는 승객의 물건을 점유한다고 할 수 없고, 그 유실물을 현실적으로 발견하지 않는 한 이에 대한 점유를 개시하였다고 할 수도 없으므로, 그 사이에 위와 같은 유실물을 발견하고 가져간 행위는 점유이탈물횡령죄에 해당함은 별론으로 하고 절도죄에 해당하지는 않는다(대판 1999.11.26, 99도3963). ● 경찰

Ⅳ 불법영득의사

1. 의 의

(1) 불법영득의 의사라 함은 권리자를 배제하고 타인의 물건을 자기의 소유물과 같이 이용, 처분할 의사를 말하고 **영구적으로 그 물건의 경제적 이익을 보유할 의사임은 요치 않으며** 일시사용의 목적으로 타인의 점유를 침탈한 경우에도 이를 반환할 의사 없이 상당한 장시간 점유하고 있거나 본래의 장소와 다른 곳에 유기하는 경우에는 이를 일시 사용하는 경우라고는 볼 수 없으므로 영득의 의사가 없다고 할 수 없다(대판 2002.9.6, 2002도3465). ● 경찰

(2) 타인의 재물을 점유자의 승낙 없이 무단 사용하는 경우에 있어서 그 **사용으로 인하여 물건 자체가 가지는 경제적 가치가 상당한 정도로 소모**되거나 또는 **사용 후 그 재물을 본래 있었던 장소가 아닌 다른 장소에 버리거나** 곧 **반환하지 아니하고 장시간 점유하고 있는 것**과 같은 때에는 그 소유권 또는 본권을 침해할 의사가 있다고 보아 불법영득의 의사를 인정할 수 있을 것이나, 그렇지 않고 그 사용으로 인한 가치의 소모가 무시할 수 있을 정도로 경미하고, 또한 사용 후 곧 반환한 것과 같은 때에는 그 소유권 또는 본권을 침해할 의사가 있다고 할 수 없어 불법영득의 의사가 있다고 인정할 수 없다(대판 2006.3.9, 2005도7819). ● 경간부

2. 불법영득의사의 대상

목적물의 **물질을** 영득할 의사이거나 또는 그 **물질의 가치**만을 영득할 의사이든 적어도 그 재물에 대한 영득의 의사가 있어야 한다(대판 1992.9.8, 91도3149).

> **판례 정리**
>
> 1. 예금통장을 사용하여 예금을 인출하게 되면 그 인출된 예금액에 대하여는 예금통장 자체의 예금액 증명기능이 상실되고 이에 따라 그 상실된 기능에 상응한 경제적 가치도 소모된다. 그렇다면 **타인의 예금통장을 무단 사용하여 예금을 인출한 후 바로 예금통장을 반환**하였다 하더라도 그 사용으로 인한 위와 같은 경제적 가치의 소모가 무시할 수 있을 정도로 **경미한 경우가 아닌 이상**, 예금통장 자체가 가지는 예금액 증명기능의 경제적 가치에 대한 불법영득의 의사를 인정할 수 있으므로 절도죄가 성립한다(대판 2010.5.27, 2009도9008). ● 경찰, 경간부
> 2. **신용카드업자가 발행한 신용카드**를 사용하여 현금자동지급기에서 현금을 인출하였다 하더라도 신용카드 자체가 가지는 경제적 가치가 인출된 예금액만큼 소모되었다고 할 수 없으므로, 이를 일시 **사용하고 곧 반환한 경우에는 불법영득의 의사가 없다**(대판 1999.7.9, 99도857). ● 경찰
> 3. 피해자로부터 지갑을 잠시 건네받아 임의로 지갑에서 **현금카드**를 꺼내어 현금자동인출기에서 현금을 인출하고 곧바로 피해자에게 현금카드를 반환한 경우, 현금카드에 대한 불법영득의사가 없다(대판 1998.11.10, 98도2642). ● 경찰

4. 은행이 발급한 **직불카드**를 사용하여 타인의 예금계좌에서 자기의 예금계좌로 돈을 이체시켰다 하더라도 직불카드 자체가 가지는 경제적 가치가 계좌이체된 금액만큼 소모되었다고 할 수는 없으므로, 이를 일시 사용하고 곧 반환한 경우에는 그 직불카드에 대한 불법영득의 의사는 없다고 보아야 한다(대판 2006.3.9, 2005도7819).

3. 불법영득의사의 내용

권리자를 배제한다는 소극적 요소(배제의사), 타인의 재물에 대하여 소유자와 유사한 지위를 취득한다는 적극적 요소(취득의사), 경제적 용법에 따라 그 재물을 이용·처분하려는 의사(경제적 의사)를 그 내용으로 한다(판례).

4. 사용절도

(1) 의의 및 요건

타인의 재물을 일시적으로 사용한 후에 소유자에게 반환하는 것을 말한다(예 옆자리에 있는 볼펜을 잠시 쓰고 돌려 준 경우). 형법상 자동차등불법사용죄가 사용절도의 예이다.

(2) 사용절도의 효과

절도죄로 처벌할 수 없다. 다만 형법에는 사용절도를 예외적으로 처벌하는 규정을 두고 있다(예 자동차등불법사용죄).

판례 정리 … 불법영득의사를 인정한 경우

1. 피고인이 길가에 세워져 있는 오토바이를 소유자의 승낙 없이 타고 가서 용무를 마친 약1시간 30분 후 본래 있던 곳에서 약 7,8미터 되는 장소에 방치하였다면 불법영득의 의사가 있었다고 할 것이다(대판 1981.10.13, 81도2394).
2. 피고인이 길가에 **시동을 걸어놓은 채 세워둔** 모르는 사람의 자동차를 함부로 운전하고 약 200미터 가량 갔다면 불법영득의 의사가 있었다 할 것이다(대판 1992.9.22, 92도1949).
3. 피고인이 현금 등이 들어 있는 피해자의 지갑을 가져갈 당시에 피해자의 승낙을 받지 않았다면 가사 피고인이 후일 변제할 의사가 있었다고 하더라도 불법영득의사가 있다(대판 1999.4.9, 99도519).
4. **피고인이 소총 소지자를 총기로 협박하여 그 소총을 교부받아 실탄을 장전한 후 소속 부대 하급자에게 건네주어 그로 하여금 소속 부대원들이 내무반에서 나오는지 여부를 감시하도록 지시한 경우**, 피고인은 그 소총을 소지자로부터 자기의 지배하에 이전하여 그 소유자가 아니라면 할 수 없는 사용처분행위를 하였다고 할 것이므로, 비록 피고인의 지시에 따라 그 소총을 소지하고 있던 하급자가 나중에 피고인이 위병소를 빠져나갈 때 뒤따라 나가면서 그 소총에서 탄창을 제거한 후 그 소총을 원래의 소지자에게 던져 준 사실이 있다고 하더라도, 그러한 사정만으로는 피고인에게 그 소총에 대한 군용물특수강도죄의 **불법영득의사가 인정된다**(대판 1995.7.11, 95도910).
5. 일시 사용의 목적으로 타인의 점유를 침탈한 경우에도 이를 반환할 의사 없이 **상당히 오래도록 점유하고 있거나 본래의 장소와 다른 곳에 유기**하는 경우(대판 1988.9.13, 88도917)

6. 주점 점원의 초청을 받고 주점에 온 자가 주점 주인이 잠가둔 샷타문을 열고 그 곳 주방 안에 있는 맥주를 꺼내 마신 경우(대판 1986.9.9, 86도1439) ● 법행
7. 甲의 영업점 내에 있는 甲 소유의 휴대전화를 허락 없이 가지고 나와 이를 이용하여 통화를 하고 문자메시지를 주고받은 다음 약 1~2시간 후 甲에게 아무런 말을 하지 않고 위 영업점 정문 옆 화분에 놓아두고 간 경우(대판 2012.7.12, 2012도1132) ☞ 절도죄○ ● 경찰
8. 甲 주식회사 감사인 피고인이 회사 경영진과의 불화로 한 달 가까이 결근하다가 이른 아침(오전 06:48)에 피고인의 출입카드가 정지되어 있자 경비원으로부터 출입증을 받아 회사 감사실에 침입하여 자신이 사용하던 컴퓨터가 가압류 집행 대상이라는 점을 알면서 그 컴퓨터의 하드디스크를 떼어간 후 4개월 가까이 지난 시점에 반환한 경우(대판 2011.8.18, 2010도9570) ☞ 절도죄○, 방실침입죄○, 공무상표시무효죄○
9. 어떠한 물건을 점유자의 의사에 반하여 취거하는 행위가 결과적으로 소유자의 이익으로 된다는 사정 또는 소유자의 추정적 승낙이 있다고 볼 만한 사정이 있다고 하더라도 다른 특별한 사정이 없는 한 그러한 사유만으로 불법영득의사가 없다고 할 수는 없다(대판 2014.2.21, 2013도14139). ● 경찰

> **판례 정리** … 불법영득의사를 부정한 경우

1. 피해자의 승낙 없이 혼인신고서를 작성하기 위하여 피해자의 도장을 몰래 꺼내어 **사용한 후 곧바로 제자리에 갖다 놓은 경우**, 도장에 대한 불법영득의 의사가 있었다고 볼 수 없다(대판 2000.3.28, 2000도493) ● 사시
2. 동네 선배로부터 차량을 빌렸다가 반환하지 아니한 보조열쇠를 이용하여 그 후 3차례에 걸쳐 위 차량을 2~3시간 정도 운행한 후 **원래 주차된 곳에 갖다 놓아 반환한 경우** 피해자와의 친분관계, 차량의 운행경위, 운행시간, 운행 후의 정황 등에 비추어 불법영득의 의사가 있었다고 볼 수 없다. 따라서 절도죄가 아닌 자동차불법사용죄가 성립한다(대판 1992.4.24, 92도118). ● 사시
3. 피고인이 타인 소유의 버스요금함 서랍 견본 1개를 그에 대한 최초 고안자로서의 권리를 확보하겠다는 생각으로 가지고 나가 변리사에게 의장출원을 의뢰하고 그 도면을 작성한 뒤 당일 이를 **원래 있던 곳에 가져다 두었다면** 불법영득의사를 인정할 수 없다(대판 1991.6.11, 91도878). ● 법행
4. 군인이 총기를 분실하고 그를 **보충하기 위하여** 총기를 취거한 경우에는 불법영득의 의사가 있다고 할 수 없다(대판 1977.6.7, 77도1069). ● 법행
5. **피고인이 살해된 피해자의 주머니에서 꺼낸 지갑을 살해도구로 이용한 골프채와 옷 등 다른 증거품들과 함께 자신의 차량에 싣고 가다가 쓰레기 소각장에서 태워버린 경우**, 살인 범행의 증거를 인멸하기 위한 행위로서 불법영득의 의사가 있었다고 보기 어렵다(대판 2000.10.13, 2000도3655). ● 경찰
6. 내연관계에 있던 여자가 계속 회피하며 만나 주지 않자 내연관계를 회복시켜 볼 목적으로 그녀의 물건을 가져 와 보관한 후 이를 찾으러 오면 그 때 그 물건을 반환하면서 타일러 다시 **내연관계를 지속시킬 생각으로 물건을 가져 왔고** 그녀의 가족에게 그 사실을 그녀에게 연락하라고 말하였으며 그 후 이를 보관하고 있으면서 이용 내지 소비하지 아니한 경우 불법영득의 의사가 있다고 할 수 없다(대판 1992.5.12, 92도280). ● 사시
7. 절도죄의 성립에 필요한 불법영득의 의사라 함은 권리자를 배제하고 타인의 물건을 자기의 소유물과 같이 이용, 처분할 의사를 의미한다 할 것인 바, 피고인이 피해자의 **전화번호를 알아두기 위하여** 피해자가 떨어뜨린 전화요금영수증을 습득한 후 돌려주지 않은 경우에 그에게 불법영득의 의사가 있다고 인정하기 어렵다(대판 1989.11.28, 89도1679). ● 법행
8. **부정행위를 한 타인을 꾸짖어 줄 목적**으로 그 타인의 소유물건을 가져와 보관하고 있으면 그가 이를 찾으러 올 것이고 그때에 그 물건을 반환하면서 그를 꾸짖어 줄 생각으로 그 물건을 가져온 경우(대판 1973.2.28, 72도2812) ☞ 절도죄× ● 간부

9. 피고인이 피해자등과 말다툼을 하면서 시비하는 중에 그들중 일행이 피고인을 식칼로 찔러 죽이겠다고 위협을 하여 주위를 살펴보니 식칼이 있어 이를 갖고 파출소에 가져가 협박의 **증거물로 제시**하였다면, 가사 피고인의 위 협박의 신고내용이 허위라고 하더라도 불법영득의 의사가 있었다고 할 수는 없다(대판 1986.7.8, 86도354). ● 법행

10. 사촌형제인 피해자와의 분규로 재단법인 이사장직을 사임한 뒤 피해자의 집무실에 찾아가 잘못을 나무라는 과정에서 **화가 나서 피해자를 혼내주려고 피해자의 가방을 들고 나온 경우** 불법영득의 의사가 있다고 할 수 없다(대판 1993.4.13, 93도328). ● 법행

11. 피해자의 책상서랍에서 인감도장을 몰래 꺼내서 가지고 가서 차용금증서의 **연대보증인란에 날인한 후 곧 제자리에 넣어 둔 경우**(대판 1987.12.8, 87도1959) ● 사시

12. 상사와의 의견 충돌 끝에 **항의표시로** 사표를 제출한 다음 평소 자신이 전적으로 보관·관리해오던 비자금관계서류 및 금품이 든 가방을 들고 나온 경우(대판 1995.9.5, 94도3033) ● 사시

13. 군무를 이탈할 때 총기를 휴대하고 있는지 조차 인식할 수 없는 정신상태에 있었고 총기는 어떤 경우라도 몸을 떠나서는 안된다는 교육을 지속적으로 받아왔다면 사격장에서 군무를 이탈하면서 **총기를 휴대**하였다는 것만 가지고는 피고인에게 총기에 대한 불법영득의 의사가 있었다고 할 수 없다(대판 1992.9.8, 91도3149). ● 경찰

14. 피고인 甲이 乙과 함께 **소주방**에서 술을 마시다가 서로 몸싸움을 하는 과정에서 乙이 떨어뜨리고 간 **휴대전화**를 소주방 업주로부터 건네받아 보관하던 중 乙의 휴대전화를 임의로 사용한 경우 피고인은 조리상 乙을 위하여 휴대전화를 **보관하는** 지위에 있으나, 乙의 휴대전화를 임의로 사용한 것만으로는 불법영득의사를 인정하기 어렵다(대판 2014.3.13, 2012도5346). ● 경찰

6. 불법영득의사의 불법의 내용

(1) [1] 형법상 절취란 타인이 점유하고 있는 자기 이외의 자의 소유물을 점유자의 의사에 반하여 그 점유를 배제하고 자기 또는 제3자의 점유로 옮기는 것을 말하는 것으로, 비록 약정에 기한 인도 등의 청구권이 인정된다고 하더라도, <u>취거 당시에 점유 이전에 관한 점유자의 명시적·묵시적인 동의가 있었던 것으로 인정되지 않는 한, 점유자의 의사에 반하여 점유를 배제하는 행위를 함으로써 절도죄는 성립하는 것이고, 그러한 경우에 특별한 사정이 없는 한 불법영득의 의사가 없었다고 할 수는 없다.</u>

[2] 굴삭기 매수인이 약정된 기일에 대금채무를 이행하지 아니하면 굴삭기를 회수하여 가도 좋다는 약정을 하고 각서와 매매계약서 및 양도증명서 등을 작성하여 판매회사 담당자에게 교부한 후 그 채무를 불이행하자 그 담당자가 굴삭기를 취거하여 매도한 경우, … 자신의 동의나 승낙 없이 현실적으로 자신의 점유를 배제하고 굴삭기를 가져가도 좋다는 의사까지 포함되어 있었던 것으로 보기 어려우므로 그 굴삭기 취거행위는 절도죄에 해당하고 불법영득의 의사도 인정된다(대판 2001.10.26, 2001도4546). ● 경찰승진

(2) 점유개정의 방법으로 양도담보부 금전소비대차계약의 채권자가 변제기일이 지나도록 채무를 변제하지 않자 채무자의 의사에 반하여 담보목적물인 쇄석장비들을 가져간 경우 영득의사가 인정된다(대판 2005.6.24, 2005도2861). ☞ 절도죄○ ● 사시

Ⅴ 친족상도례

제328조 (친족간의 범행과 고소) ① 직계혈족, 배우자, 동거친족, 동거가족 또는 그 배우자간의 제323조의 죄는 그 **형을 면제**한다. ● 경찰7급
② 제1항이외의 친족간에 제323조의 죄를 범한 때에는 **고소가 있어야 공소를 제기할 수 있다**. ● 사시
③ 전2항의 신분관계가 없는 공범에 대하여는 전2항을 적용하지 아니한다.
제344조 (친족간의 범행) 제328조의 규정은 제329조 내지 제332조의 죄 또는 미수범에 준용한다.

1. 의의 및 법적 성질

친족간의 재산범죄에 관하여 친족간의 특수성을 고려하여 형을 면제하거나 고소가 있어야 공소를 제기할 수 있도록 하는 특례규정을 말한다.

2. 적용범위

> **관련판례**
>
> ① 형법상 사기죄의 성질은 특정경제범죄 가중처벌 등에 관한 법률 제3조 제1항에 의해 가중처벌되는 경우에도 그대로 유지되고 같은 법률에 친족상도례의 적용을 배제한다는 명시적인 규정이 없으므로, 형법 제354조는 같은 법률 제3조 제1항 위반죄에도 그대로 적용된다(대판 2010.2.11, 2009도12627).
> ● 경찰, 사시
>
> ② 형법상 횡령죄의 성질은 특정경제범죄 가중처벌등에 관한 법률 제3조 제1항에 의해 가중처벌되는 경우에도 그대로 유지되므로 형법 제361조(친족상도례 준용규정)는 특정경제범죄 가중처벌등에 관한 법률 제3조 제1항 위반죄에도 그대로 적용된다(대판 2013.9.13, 2013도7754).
>
> ③ 비록 당사자 사이에 혼인의 신고가 있었더라도, 그것이 단지 다른 목적을 달성하기 위한 방편에 불과한 것으로서 그들 사이에 참다운 부부관계의 설정을 바라는 효과의사가 없을 때에는 그 혼인은 무효라고 할 것이다. 따라서 형법 제354조, 제328조 제1항에 의하면 배우자 사이의 사기죄는 이른바 친족상도례에 의하여 형을 면제 하도록 되어 있으나, 사기죄를 범하는 자가 금원을 편취하기 위한 수단으로 피해자와 혼인신고를 한 것 이어서 그 혼인이 무효인 경우라면, 그러한 피해자에 대한 사기죄에서는 친족상도례를 적용할 수 없다(대판 2015.12.10, 2014도11533). ● 경찰

3. 친족관계의 범위

형법 제354조에 의하여 준용되는 제328조 제1항에서 "직계혈족, 배우자, 동거친족, 동거가족 또는 그 배우자 간의 제323조의 죄는 그 형을 면제한다."고 규정하고 있는바, 여기서 '그 배우자'는 동거가족의 배우자만을 의미하는 것이 아니라, 직계혈족, 동거친족, 동거가족 모두의 배우자를 의미하는 것으로 보아야 한다(대판 2011.5.13, 2011도1765).

● 경찰승진

> **관련판례**
>
> ① 친족상도례에 관한 규정은 **범인과 피해물건의 소유자 및 점유자 모두 사이에 친족관계가 있는 경우에만 적용되는 것이고 절도범인이 피해물건의 소유자나 점유자의 어느 일방과 사이에서만 친족관계가 있는 경우에는 그 적용이 없다**(대판 1980.11.11, 80도131). ● 검찰7급, 법행, 경찰승진
> ② 법원을 기망하여 제3자로부터 재물을 편취한 경우에 **피기망자인 법원은 피해자가 될 수 없고 재물을 편취당한 제3자가 피해자라고 할 것이므로 피해자인 제3자와 사기죄를 범한 자가 직계혈족의 관계에 있을 때에는 그 범인에 대하여 형법 328조 1항을 준용하여 형을 면제하여야 한다**(대판 1976.4.13, 75도781).
> ③ 횡령범인이 위탁자가 소유자를 위해 보관하고 있는 물건을 위탁자로부터 보관받아 이를 횡령한 경우에 형법 제361조에 의하여 준용되는 제328조 제2항의 친족간의 범행에 관한 조문은 **범인과 피해물건의 소유자 및 위탁자 쌍방 사이에 같은 조문에 정한 친족관계가 있는 경우에만 적용되고, 단지 횡령범인과 피해물건의 소유자간에만 친족관계가 있거나 횡령범인과 피해물건의 위탁자간에만 친족관계가 있는 경우에는 적용되지 않는다**(대판 2008.7.24, 2008도3438). ● 법행, 법원, 경찰, 사시
> ④ 손자가 할아버지 소유 농업협동조합 예금통장을 절취하여 이를 현금자동지급기에 넣고 조작하는 방법으로 예금 잔고를 자신의 거래 은행 계좌로 이체한 경우, 위 농업협동조합이 컴퓨터 등 사용사기 범행 부분의 피해자이므로 **친족상도례를 적용할 수 없다**(대판 2007.3.15, 2006도2704). ● 사시, 법행, 경찰승진, 경찰
> ⑤ 사돈지간 사기 사건 : **피고인이 백화점 내 점포에 입점시켜 주겠다고 속여 피해자로부터 입점비 명목으로 돈을 편취하였다며 사기로 기소된 경우**, 피고인의 딸과 피해자의 아들이 혼인하여 피고인과 피해자가 사돈지간이라고 하더라도 민법상 친족으로 볼 수 없으므로 친족상도례가 적용되지 않는다(대판 2011.4.28, 2011도2170). ● 경찰
> ⑥ 피고인 등이 공모하여, 피해자 甲, 乙 등을 기망하여 甲, 乙 및 丙과 부동산(甲, 乙, 丙의 공동소유)계약을 체결하고 소유권을 이전받은 다음 잔금을 지급하지 않아 같은 금액 상당의 재산상 이익을 편취하였다는 내용으로 기소된 사안에서, 甲은 피고인의 8촌 혈족, 丙은 피고인의 부친이나, 피고인에게 형법상 친족상도례 규정이 적용되지 않는다(대판 2015.6.11, 2015도3160). ☞ 친족상도례가 적용되기 위해서는 모두에게 친족관계가 있어야 하나 甲과 丙은 친족관계 있으나 乙은 친족관계가 없으므로 친족상도례가 적용되지 않는다.
> ⑦ 피해품인 민화가 피고인의 오빠가 매수한 것이라면 이는 동인의 특유재산으로서 이에 대한 점유·관리권은 동인에게 있다 할 것이고 범행당시 비록 동인이 집에 없었다 하더라도 그것이 동인소유의 집 벽에 걸려있었던 이상 동인의 지배력이 미치는 범위 안에 있는 것이라 할 것이므로 동인의 소지에 속하고 그 부부의 공동점유 하에 있다고 볼 수는 없어 이를 절취한 행위에 대하여는 친족상도례가 적용된다(대판 1985.3.26, 84도365).

4. 친족관계의 존재시기

형법 제344조, 제328조 제1항 소정의 친족간의 범행에 관한 규정이 적용되기 위한 **친족관계는 원칙적으로 범행 당시에 존재**하여야 하는 것이지만, 부가 혼인 외의 출생자를 인지하는 경우에 있어서는 민법 제860조에 의하여 그 자의 출생시에 소급하여 인지의 효력이 생기는 것이며, 이와 같은 인지의 소급효는 친족상도례에 관한 규정의 적용에도 미친다고 보아야 할 것이므로, **혼인 외의 출생자에 대한 인지가 범행 후에 이루어진 경**

우라고 하더라도 그 소급효에 따라 형성되는 친족관계를 기초로 하여 친족상도례의 규정이 적용된다(대판 1997.1.24, 96도1731). ● 경찰승진, 법행, 사시

5. 친족관계의 인식 및 착오

친족관계는 객관적으로 존재하면 충분하고 이를 인식할 필요도 없으며, 이에 관한 착오는 범죄성립에 지장 없다. ● 경찰

제2절 절도의 죄

I 서설(의의 및 보호법익)

타인의 재물을 그의 의사에 반하여 절취함으로써 성립하는 범죄로서, 재물죄·영득죄·탈취죄에 속한다.

II 절도죄

제329조 (절도) 타인의 재물을 절취한 자는 6년 이하의 징역 또는 1천만원 이하의 벌금에 처한다.
제342조 (미수범) 미수범은 처벌한다.
제345조 (자격정지의 병과) 본장의 죄를 범하여 유기징역에 처할 경우에는 10년 이하의 자격정지를 병과할 수 있다.

1. 객관적 구성요건

(1) 행위객체

① 타인 소유의 재물

㉠ 무주물 : 육지로부터 멀리 떨어진 섬에서 광산을 개발하기 위하여 발전기, 경운기 엔진을 섬으로 반입하였다가 광업권 설정이 취소됨으로써 광산개발이 불가능하게 되자 육지로 그 물건들을 반출하는 것을 포기하고 그대로 유기하여 둔채 섬을 떠난 후 10년 동안 그 물건들을 관리하지 않고 있었다면, 그 섬에 거주하는 피고인이 그 소유자가 섬을 떠난지 7년이 경과한 뒤 노후된 물건들을 피고인 집 가까이에 옮겨 놓았다 하더라도, 그 물건들의 반입 경위, 그 소유자가 섬을 떠나게 된 경위, 그 물건들을 옮긴 시점과 그간의 관리상황 등에 비추어 볼 때 피고인이 그 물건들을 옮겨 갈 당시 원소유자나 그 상속인이 그 물건들을 점유할 의사로 사실상 지배하고 있었다고는 볼 수 없으므로, 그

물건들을 절도죄의 객체인 <u>타인이 점유하는 물건으로 볼 수 없다</u>(대판 1994. 10.11, 94도1481). ☞ 절도죄 × ● 법행, 경찰승진

> **유사판례**
> 망부석이 묘의 장구로서 묘주의 소유에 속하였는데 묘는 이장하고 망부석만이 30여년간 방치된 상태에 있어 외형상 그 소유자가 방기한 것으로 되어 그 물건은 산주의 추상적, 포괄적 소지에 속하게 되었어도 그 산주가 망부석을 사실상 지배할 의사가 없음을 표시한 경우에는 그의 소지에 있다고 볼 수 없고, 이는 임야의 관리인으로서 사실상 점유하여 온 자의 소지하에 있다고 볼 것이므로 동 관리인이나 그와 함께 위 망부석을 처분한 자를 절도죄로 의율할 수 없다(대판 1981.8.25, 80도509).

ⓛ **수산업법에 의한 양식어업권** : 굴 양식면허를 받은 위 구역 내에서 피고인들이 자연서식의 반지락을 채취하였다고 하더라도 수산업법위반이 됨은 별론으로 하고 절도죄를 구성한다고는 할 수 없다(대판 1983. 2.8, 82도696). ● 경찰, 법원

ⓒ **타인의 토지상에 권원 없이 식재한 수목** : <u>타인의 토지상에 **권원 없이 식재한 수목**의 소유권은 토지소유자에게 귀속</u>하고 권원에 의하여 식재한 경우에는 그 소유권이 식재한 자에게 있으므로, <u>권원 없이 식재한 감나무에서 감을 수확한 것은 절도죄에 해당한다</u>(대판 1998.4.24, 97도3425). ● 사시, 법행

> **비교판례**
> ① <u>타인소유의 토지에 사용수익의 권한 없이 농작물을 경작한 경우에 그 농작물의 소유권은 경작한 사람에게 귀속된다</u>(대판 1970.3.10, 70도82). ● 경찰, 법행, 경찰승진
> ② 타인의 토지상에 권원없이 식재한 수목의 소유권은 토지소유자에게 귀속되고 권원에 의하여 식재한 경우에는 그 소유권이 식재한 자에게 있다(대판 1980.9.30, 80도1874). ● 경찰2차 ☞ 甲이 자신의 토지를 임차하여 대나무를 식재하고 가꾸어 온 A의 대나무를 그의 의사에 반하여 벌채하여 간 경우 절도죄가 성립된다는 사례임

ⓔ **명의대여약정** : 피해자는 식당 종업원으로 일하던 피고인으로부터 영업허가명의 및 사업자등록명의를 빌리기로 하였고, 피고인이 이를 승낙함에 따라 피고인 명의로 일반음식점에 관한 식품접객업 영업허가를 받고 그 사업자등록을 한 다음 피고인 명의로 발급된 영업허가증과 사업자등록증을 피해자가 교부받아 처(부인)의 손가방 안에 보관하고 있던 중 피고인이 이를 꺼내어 간 경우, <u>명의대여 약정에 따른 신청에 의하여 발급된 영업허가증과 사업자등록증은 피해자가 인도받음으로써 피해자의 소유가 되었다고 할 것이므로, 이를 명의대여자가 가지고 간 행위는 절도죄에 해당한다</u>(대판 2004.3.12, 2002도5090). ● 경찰승진

ⓜ **공동소유물** : <u>타인과 공유관계에 있는 물건도 절도죄의 객체가 되는 타인의 재물에 속한다</u>(대판 1994.11.25, 94도2432, 대판 1982.12.28, 82도2058등). ● 경찰

> **관련판례**

① 두 사람으로 된 생강농사 동업관계에 불화가 생겨 그 중 1인이 나오지 않자, 남은 동업인이 혼자 생강 밭을 경작하여 생강을 반출한 경우 절도죄를 구성하지 않는다(대판 2009.2.12, 2008도11804). ● 경찰
  ☞ 동업관계와 같은 조합관계에 있어 1인이 탈퇴하면 조합재산은 남은 조합원의 단독소유가 되고 탈퇴자와 남은 자 사이에는 탈퇴로 인한 계산을 하면 된다.
② 피고인 甲이 자신과 피해자 乙의 동업자금으로 구입하여 乙이 관리하고 있던 다이야포크레인 1대를 乙의 허락 없이 A로 하여금 운전하여 가도록 한 경우 절도죄가 성립한다(대판 1990.9.11, 90도1021).
③ **동업체에 제공된 물품**은 동업관계가 청산되지 않는 한 동업자들의 공동점유에 속하므로 그 물품이 원래 피고인의 소유라거나 피고인이 다른 곳에서 빌려서 제공하였다는 사유만으로는 절도죄의 객체가 됨에 지장이 없다(대판 1995.10.12, 94도2076). ● 법행

(ㅂ) 명의신탁과 절도죄 : **자동차에 대한 소유권의 득실변경**은 등록을 함으로써 그 효력이 생기고 등록이 없는 한 대외적 관계에서는 물론 당사자의 대내적 관계에서도 소유권을 취득할 수 없는 것이 원칙이지만, 당사자 사이에 **소유권을 등록명의자 아닌 자가 보유하기로 약정하였다는 등의 특별한 사정이 있는 경우에는 그 내부관계**에 있어서는 등록명의자 아닌 자가 소유권을 보유하게 된다고 할 것이다(대판 2013.2.28, 2012도15303). ● 경찰

> **관련판례**

① 자동차 명의신탁관계에서 제3자가 명의수탁자로부터 승용차를 가져가 매도할 것을 허락받고 인감증명 등을 교부받아 위 승용차를 명의신탁자 몰래 가져간 경우, 위 제3자와 명의수탁자의 공모·가공에 의한 절도죄의 공모공동정범이 성립한다(대판 2007.1.11, 2006도4498). ● 경찰승진
② 피고인이 자신의 모(母) 甲 명의로 구입·등록하여 甲에게 명의신탁한 자동차를 乙에게 담보로 제공한 후 乙몰래 가져간 경우, 乙에 대한 관계에서 자동차의 소유자는 甲이고 피고인은 소유자가 아니므로 乙이 점유하고 있는 자동차를 임의로 가져간 이상 절도죄가 성립한다(대판 2012.4.26, 2010도11771). ● 경찰
③ 피고인이 자신의 명의로 등록된 자동차를 사실혼 관계에 있던 甲에게 증여하여 甲만이 이를 운행·관리하여 오다가 서로 별거하면서 재산분할 내지 위자료 명목으로 甲이 소유하기로 하였는데, 피고인이 이를 임의로 운전해 간 경우 절도죄가 성립한다(대판 2013.2.28, 2012도15303). ● 경찰

(ㅅ) 돈사에서 대량으로 사육되는 돼지를 양도담보의 목적물로 삼은 다음 다시 다른 채권자와 양도담보설정계약을 체결하고 점유개정의 방법으로 인도하더라도 선의취득이 인정되지 않는 한 나중에 설정계약을 체결한 채권자로서는 양도담보권을 취득할 수 없다. 따라서 뒤에 점유개정방식으로 양도담보설정계약을 체결한 채권자가 임의로 돼지를 반출한 경우 절도죄가 성립한다(대판 2007.2.22, 2006도8649). ● 사시

> **유사판례**
>
> [1] 금전채무를 담보하기 위하여 채무자가 그 소유의 동산을 채권자에게 양도하되 점유개정에 의하여 채무자가 이를 계속 점유하기로 한 경우, 특별한 사정이 없는 한 동산의 소유권은 신탁적으로 이전되고, 채권자와 채무자 사이의 대내적 관계에서 채무자는 의연히 소유권을 보유하나 대외적인 관계에 있어서 채무자는 동산의 소유권을 이미 채권자에게 양도한 무권리자가 된다. 따라서 동산에 관하여 양도담보계약이 이루어지고 채권자가 점유개정의 방법으로 인도를 받았다면, 그 정산절차를 마치기 전이라도 양도담보권자인 **채권자는 제3자에 대한 관계에 있어서는 담보목적물의 소유자로서 그 권리를 행사할 수 있다.**
>
> [2] **양도담보권자인 채권자가 제3자에게 담보목적물인 동산을 매각한 경우,** 제3자는 채권자와 채무자 사이의 정산절차 종결 여부와 관계없이 양도담보 목적물을 인도받음으로써 소유권을 취득하게 되고, 양도담보의 설정자가 담보목적물을 점유하고 있는 경우에는 그 목적물의 인도는 채권자로부터 목적물반환청구권을 양도받는 방법으로도 가능하다. 채권자가 양도담보 목적물을 위와 같은 방법으로 제3자에게 처분하여 그 목적물의 소유권을 취득하게 한 다음 그 제3자로 하여금 그 목적물을 취거하게 한 경우, 그 제3자로서는 자기의 소유물을 취거한 것에 불과하므로, 채권자의 이 같은 행위는 절도죄를 구성하지 않는다(대판 2008.11.27, 2006도4263). ● 사시

◎ 자기 논에 물을 품어 넣기 위하여 토지개량조합의 배수로에 토지개량조합규칙에 위배되는 행위로서 특수한 공작물을 설치하여 자기 논에 물을 저수하였다 하여도 그 물이 물을 막은 사람의 사실상이나 법률상 지배하는 것이 되지 못한다고 인정되므로 그 물은 절도죄의 객체가 되지 못한다(대판 1964.6.23, 54도209). ● 경찰승진

② 타인 점유인 재물 : 절취란 타인이 점유하고 있는 재물을 점유자의 의사에 반하여 그 점유를 배제하고 자기 또는 제3자의 점유로 옮기는 것을 말하고, 어떤 물건이 타인의 점유하에 있다고 할 것인지의 여부는, **객관적**인 요소로서의 관리범위 내지 사실적 관리가능성 외에 **주관적** 요소로서의 지배의사를 참작하여 결정하되 궁극적으로는 당해 물건의 형상과 그 밖의 구체적인 사정에 따라 사회통념에 비추어 규범적 관점에서 판단할 수밖에 없다(대판 1999.11.12, 99도3801).

(2) 절 취

형법상 절취란 타인이 점유하고 있는 자기 이외의 자의 소유물을 점유자의 의사에 반하여 그 점유를 배제하고 자기 또는 제3자의 점유로 옮기는 것을 말하는 것이다(대판 2001.10.26, 2001도4546). ● 사시

> **판례** 정리

1. 피고인이 동거중인 피해자의 지갑에서 현금을 꺼내가는 것을 피해자가 현장에서 목격하고도 만류하지 아니하였다면 피해자가 이를 허용하는 묵시적 의사가 있었다고 봄이 상당하여 이는 절도죄를 구성하지 않는다(대판 1985.11.26, 85도1487). ● 경찰

   > **유사판례**
   >
   > 피고인이 피해자에게 이 사건 밍크 45마리에 관하여 자기에게 그 권리가 있다고 주장하면서 이를 가져간 데 대하여 피해자의 묵시적인 동의가 있었다면 피고인의 주장이 후에 허위임이 밝혀졌더라도 피고인의 행위는 절도죄의 절취행위에는 해당하지 않는다(대판 1990.8.10, 90도1211). ● 경찰승진

2. 피고인이 타인의 명의를 모용하여 발급받은 신용카드를 사용하여 현금자동지급기에서 현금대출을 받는 행위는 카드회사에 의하여 미리 포괄적으로 허용된 행위가 아니라, 현금자동지급기의 관리자의 의사에 반하여 그 지배를 배제한 채 그 현금을 자기의 지배하에 옮겨 놓는 행위로서 절도죄에 해당한다고 봄이 상당하다(대판 2002.7.12, 2002도2134). ● 사시, 경찰승진

3. 날치기와 같이 강력적으로 재물을 절취하는 행위는 때로는 피해자를 전도시키거나 부상케 하는 경우가 있고, 구체적인 상황에 따라서는 이를 강도로 인정하여야 할 때가 있다 할 것이나, 그와 같은 결과가 피해자의 반항억압을 목적으로 함이 없이 점유탈취의 과정에서 우연히 가해진 경우라면 이는 절도에 불과한 것으로 보아야 한다(대판 2003.7.25, 2003도2316). ● 사시

4. 갑회사가 을에게 철재를 외상 판매하고 그 대금지급을 위하여 받은 약속어음이 부도되어 동 물품의 반환청구권을 가지고 있다 하여도, 갑회사의 사원인 피고인이 위 을로부터 피해자 병이 위 철재를 매수하여 점유하고 있는 사실을 알고서도 이를 운반하여 갔다면 절도죄의 성립에 영향이 없다(대판 1983.11.22, 83도2539). ● 경찰승진

5. 책략절도
   ① 피해자가 가지고 있는 **책을 잠깐 보겠다**고 하며 동인이 있는 자리에서 보는 척 하다가 가져갔다면 위 책은 아직 피해자의 점유하에 있었다고 할 것이므로 절도죄가 성립한다(대판 1983.2.22, 82도3115). ● 경찰
   ② 피고인이 피해자 경영의 금방에서 마치 **귀금속을 구입할 것처럼** 가장하여 피해자로부터 순금목걸이 등을 건네받은 다음 화장실에 갔다 오겠다는 핑계를 대고 도주한 것이라면 위 순금목걸이 등은 도주하기 전까지는 아직 피해자의 점유하에 있었다고 할 것이므로 이를 절도죄로 의율 처단한 것은 정당하다(대판 1994.8.12, 94도1487). ● 사시
   ③ 피해자가 결혼예식장에서 신부측 **축의금 접수인인 것처럼** 행세하는 피고인에게 축의금을 내어 놓자 이를 교부받아 가로챈 사안에서, 피해자의 교부행위의 취지는 신부측에 전달하는 것일 뿐 피고인에게 그 처분권을 주는 것이 아니므로, 이를 피고인에게 교부한 것이라고 볼 수 없고 단지 신부측 접수대에 교부하는 취지에 불과하므로 피고인이 그 돈을 가져간 것은 신부측 접수처의 점유를 침탈하여 범한 절취행위라고 보는 것이 정당하다(대판 1996.10.15, 96도2227 · 96감도94). ● 경찰, 사시
   ④ 자전거를 살 의사도 없이 **시운전을 빙자**하여 교부받은 자전거를 타고 도주한 때에는 사기죄를 구성한다(대판 1969.5.21, 68도480). ● 법행

(3) 실행의 착수시기

실행착수가 인정되는 경우	① <u>소매치기의 경우</u> 피해자의 양복상의 주머니로부터 금품을 절취하려고 그 호주머니에 손을 뻗쳐 그 겉을 더듬은 때에는 절도의 범행은 예비단계를 지나 실행에 착수하였다고 봄이 상당하다(대판 1984.12.11, 84도2524). ② <u>주간</u>에 절도의 목적으로 <u>방 안까지 들어갔다가 절취할 재물을 찾지 못하여 거실로 돌아나온</u> 경우, 절도죄의 실행 착수가 인정된다(대판 2003.6.24, 2003도1985·2003감도26). ③ 범인들이 함께 담을 넘어 마당에 들어가 그 중 1명이 그곳에 있는 <u>구리를 찾기 위하여 담에 붙어 걸어가다가 잡혔다면</u> 절취대상품에 대한 물색행위가 없었다고 할 수 없다(대판 1989.9.12, 89도1153). ④ 금품을 절취하기 위하여 고속버스 선반 위에 놓여진 손가방의 <u>한쪽 걸쇠만 열었다</u> 하여도 절도범행의 실행에 착수하였다 할 것이다(대판 1983.10.25, 83도2432·83감도420). ⑤ 피해자 소유 자동차 안에 들어 있는 밍크코트를 발견하고 이를 절취할 생각으로 공범이 위 차 옆에서 망을 보는 사이 위 차 <u>오른쪽 앞문을 열려고 앞문손잡이를 잡아당기다가</u> 피해자에게 발각되었다면 절도의 실행에 착수하였다고 봄이 상당하다(대판 1986.12.23, 86도2256).
실행착수가 부정되는 경우	① 노상에 세워 놓은 자동차안에 있는 물건을 훔칠 생각으로 <u>자동차의 유리창을 통하여 그 내부를 손전등으로 비추어 본</u> 것에 불과하다면 비록 유리창을 따기 위해 면장갑을 끼고 있었고 칼을 소지하고 있었다 하더라도 절도의 예비행위로 볼 수는 있겠으나 타인의 재물에 대한 지배를 침해하는데 밀접한 행위를 한 것이라고는 볼 수 없어 절취행위의 착수에 이른 것이었다고 볼 수 없다(대판 1985.4.23, 85도464). ② 피해자의 집 부엌문에 시정된 <u>열쇠고리의 장식을 뜯는 행위</u>만으로는 절도죄의 실행행위에 착수한 것이라고 볼 수 없다(대판 1989.2.28, 88도1165). ③ 평소 잘 아는 피해자에게 <u>전화채권을 사주겠다</u>고 하면서 골목길로 유인하여 돈을 절취하려고 기회를 엿본 행위만으로는 절도의 예비행위는 될지언정 행위의 방법, 태양 및 주변상황 등에 비추어 볼때 타인의 재물에 대한 사실상 지배를 침해하는데 밀접한 행위가 개시되었다고 단정할 수 없다(대판 1983.3.8, 82도2944).

(4) 기수시기

기수시기에 대해서는 접촉설, 취득설, 은닉설의 대립이 있으나 절취는 타인의 점유를 배제하고 재물을 자기 또는 제3자의 점유로 옮긴 때 즉, 점유의 취득으로 기수가 된다는 취득설이 통설 및 판례이다.

> **판례** 정리
>
> 1. 피고인이 피해자 경영의 까페에서 야간에 아무도 없는 그 곳 내실에 침입하여 장식장 안에 들어 있던 <u>정기적 금통장 등을 꺼내 들고 까페로 나오던 중 발각되어 돌려 준 경우</u> 피고인은 피해자의 재물에 대한 소지(점유)를 침해하고, 일단 피고인 자신의 지배 내에 옮겼다고 볼 수 있으니 <u>야간주거침입절도의 기수</u>라고 할 것이다(대판 1991.4.23, 91도476). ● 경찰
> 2. 입목을 절취하기 위하여 캐낸 때에 소유자의 입목에 대한 점유가 침해되어 범인의 사실적 지배하에 놓이게 되므로 범인이 그 점유를 취득하고 절도죄는 기수에 이른다. 이를 운반하거나 반출하는 등의 행위는 필요하지 않다. 따라서 **절도범인이 혼자 입목을 땅에서 완전히 캐낸 후에 비로소 제3자가 가담하여 함께 입목을 운반한 경우** 특수절도죄가 성립하지 않는다(대판 2008.10.23, 2008도6080). ☞ 제3자에게는 장물운반죄 가능함 ● 사시, 법행
> 3. 타인의 집에 들어가 라디오와 탁상시계를 가지고 나오다가 소유자가 "도둑이야"하는 고함소리에 당황하여 탁상시계를 그 집 방문 밖에 떨어뜨리고 라디오는 방에 던진 채 달아난 경우(대판 1964.4.22, 64도112) ☞ 기수 ● 경찰
> 4. 타인의 창고에서 <u>동판과 전선</u>을 밖으로 들고 나와 손수레에 <u>싣고 운반해가다가</u> 방범대원들에게 발각되어 체포된 경우(대판 1984.2.14, 83도3242) ☞ 기수 ● 법행
> 5. 자동차를 절취할 생각으로 자동차의 조수석문을 열고 들어가 시동을 걸려고 시도하는 등 차 안의 기기를 이것저것 만지다가 핸드브레이크를 풀게 되었는데 그 장소가 내리막길인 관계로 <u>시동이 걸리지 않은 상태에서 약 10미터 전진하다가 가로수를 들이받는 바람에 멈추게 되었다면 절도의 기수에 해당한다고 볼 수 없다</u>(대판 1994.9.9, 94도1522). ● 경찰
>
> **비교판례**
> 길가에 시동을 걸어놓은 채 세워둔 자동차를 함부로 운전하고 약 200m 가량 간 경우(대판 1992.9.22, 92도1949) ☞ 기수 ● 법행

2. 주관적 구성요건

(1) 고 의

절도죄의 고의는 타인이 점유하는 재물을 절취한다는 점에 대한 인식과 의사를 말한다.

(2) 불법영득의사

① 타인의 재물을 점유자의 승낙 없이 무단 사용하는 경우에 있어서 <u>그 사용으로 인하여 물건 자체가 가지는 경제적 가치가 상당한 정도로 소모되거나 또는 사용 후 그 재물을 본래 있었던 장소가 아닌 다른 장소에 버리거나 곧 반환하지 아니하고 장시간 점유하고 있는 것</u>과 같은 때에는 그 소유권 또는 본권을 침해할 의사가 있다고 보아 불법영득의 의사를 인정할 수 있을 것이나, 그렇지 않고 <u>그 사용으로 인한 가치의 소모가 무시할 수 있을 정도로 경미하고, 또한 사용 후 곧 반환한 것과 같은 때</u>에는 그 소유권 또는 본권을 침해할 의사가 있다고 할 수 없어 <u>불법영득의 의사가 있다고 인정할 수 없다</u>(대판 2006.3.9, 2005도7819). ● 사시

② 비록 약정에 기한 인도 등의 청구권이 인정된다고 하더라도, 취거 당시에 점유이전에 관한 점유자의 명시적·묵시적인 동의가 있었던 것으로 인정되지 않는

한, 점유자의 의사에 반하여 점유를 배제하는 행위를 함으로써 절도죄는 성립하는 것이고, 그러한 경우에 특별한 사정이 없는 한 불법영득의 의사가 없었다고 할 수는 없다(대판 2001.10.26, 2001도4546). ● 법행

3. 죄수 및 타죄와의 관계

(1) 단일범의로의 절취한 시간과 장소가 접착되어 있고 같은 관리인의 관리하에 있는 방 안에서 소유자를 달리하는 두 사람의 물건을 절취한 경우에는 1개의 절도죄가 성립한다(대판 1970.7.21, 70도1133).

(2) 절도범이 갑의 집에 침입하여 그 집의 방안에서 그 소유의 재물을 절취하고 그 무렵 그 집에 세들어 사는 을의 방에 침입하여 재물을 절취하려다 미수에 그쳤다면 위 두 범죄는 그 범행장소와 물품의 관리자를 달리하고 있어서 별개의 범죄를 구성한다(대판 1989.8.8, 89도664).

> **판례 정리 ⋯ 불가벌적 사후행위 O**
>
> 1. 금융기관발행의 자기앞수표는 그 액면금을 즉시 지급받을 수 있어 현금에 대신하는 기능을 하고 있으므로 절취한 자기앞수표를 현금 대신으로 교부한 행위는 절도행위에 대한 가벌적 평가에 당연히 포함되는 것으로 봄이 상당하다 할 것이므로 절취한 자기앞수표를 음식대금으로 교부하고 거스름돈을 환불받은 행위는 절도의 불가벌적 사후처분행위로서 사기죄가 되지 아니한다(대판 1987.1.20, 86도1728).
> 2. 열차승차권은 그 자체에 권리가 화체되어 있는 무기명증권이므로 이를 곧 사용하여 승차하거나 권면가액으로 양도할 수 있고 매입금액의 환불을 받을 수 있는 것으로서 열차승차권을 절취한 자가 환불을 받음에 있어 비록 기망행위가 수반한다 하더라도 절도죄 외에 따로히 사기죄가 성립하지 아니한다(대판 1975.8.29, 75도1996).
> 3. 절취한 자기앞수표의 환금행위는 절취행위에 대한 수반한 당연의 경과라 하여 절도행위에 대한 가벌적 평가에 당연히 포함된다. 봄이 상당하므로 사기죄가 성립하지 아니한다(대판 1982.7.27, 82도822).

> **판례 정리 ⋯ 불가벌적 사후행위 X**
>
> 1. 절취한 은행예금통장을 이용하여 은행원을 기망해서 진실한 명의인이 예금을 찾는 것으로 오신시켜 예금을 편취한 것이라면 새로운 법익의 침해로 절도죄 외에 따로 사기죄가 성립한다(대판 1974.11.26, 74도2817).
> 2. 절취한 전당표를 제3자에게 교부하면서 자기 누님의 것이니 찾아 달라고 거짓말을 하여 이를 믿은 제3자가 전당포에 이르러 그 종업원에게 전당표를 제시하여 기망케 하고 전당물을 교부받게 하여 편취하였다면 이는 사기죄를 구성하는 것이다(대판 1980.10.14, 80도2155).
> 3. 대마취급자가 아닌 자가 절취한 대마를 흡입할 목적으로 소지하는 행위는 절도죄의 보호법익과는 다른 새로운 법익을 침해하는 행위이므로 절도죄의 불가벌적 사후행위로서 절도죄에 포괄흡수된다고 할 수 없고 절도죄 외에 별개의 죄를 구성한다고 할 것이며, 절도죄와 무허가대마소지죄는 경합범의 관계에 있다(대판 1999.4.13, 98도3619).
> 4. 신용카드를 절취한 후 이를 사용한 경우 신용카드의 부정사용행위는 새로운 법익의 침해로 보아야 하고 그 법익침해가 절도범행보다 큰 것이 대부분이므로 위와 같은 부정사용행위가 절도범행의 불가벌적 사후행위가 되는 것은 아니다(대판 1996.7.12, 96도1181).

Ⅲ 가중적 구성요건

1. 야간주거침입절도죄

> 제330조 (야간주거침입절도) 야간에 사람의 주거, 관리하는 건조물, 선박, 항공기 또는 점유하는 방실(房室)에 침입하여 타인의 재물을 절취(竊取)한 자는 10년 이하의 징역에 처한다.
> 제342조 (미수범) 미수범은 처벌한다. ● 사시
> 제345조 (자격정지의 병과) 본장의 죄를 범하여 유기징역에 처할 경우에는 10년 이하의 자격정지를 병과할 수 있다.
> ※ 자동차 ×

(1) 의 의

야간에 타인의 주거 등에 침입하여 절취하는 것을 내용으로 하는 범죄이다. 주거침입죄와 절도죄의 결합범이다(다수설).

> **관련판례**
>
> [1] 만일 주거침입의 시점과는 무관하게 절취행위가 야간에 이루어지면 야간주거침입절도죄가 성립한다고 해석하거나, 주거침입 또는 절취 중 어느 것이라도 야간에 이루어지면 야간주거침입절도죄가 성립한다고 해석한다면, 이는 이 사건과 같이 주간에 주거에 침입하여 야간에 재물을 절취한 경우에도 야간주거침입절도죄의 성립을 인정하여 결국 야간절도를 주간절도보다 엄하게 처벌하는 결과가 되는바, 앞서 본 바와 같이 현행법상 야간절도라는 이유만으로 주간절도보다 가중하여 처벌하는 규정은 없을 뿐만 아니라, 재산범죄 일반에 관하여 야간에 범죄가 행하여졌다고 하여 가중처벌하는 규정이 존재하지 아니한다. 또한 절도행위가 야간에 이루어졌다고 하여 절도행위 자체만으로 주간절도에 비하여 피해자의 심리적 불안감이나 피해 증대 등의 위험성이 커진다고 보기도 어렵다. 나아가, 예컨대 일몰 전에 주거에 침입하였으나 시간을 지체하는 등의 이유로 절취행위가 일몰 후에 이루어진 경우 야간주거침입절도죄로 가중처벌하는 것은 주거침입이 일몰 후에 이루어진 경우와 그 행위의 위험성을 비교하여 볼 때 가혹하다 할 것이다. 한편 야간주거침입절도죄는 주거에 침입한 단계에서 이미 실행에 착수한 것으로 보아야 한다는 것이 대법원의 확립된 판례인바, 만일 주간에 주거에 침입하여 야간에 재물을 절취한 경우에도 야간주거침입절도죄의 성립을 인정한다면, 원심이 적절히 지적하고 있는 바와 같이 행위자가 주간에 주거에 침입하여 절도의 실행에는 착수하지 않은 상태에서 발각된 경우 야간에 절취할 의사였다고 하면 야간주거침입절도의 미수죄가 되고 주간절도를 계획하였다고 하면 주거침입죄만 인정된다는 결론에 이르는데, 결국 행위자의 주장에 따라 범죄의 성립이 좌우되는 불합리한 결과를 초래하게 된다.
> [2] 형법은 제329조에서 절도죄를 규정하고 곧바로 제330조에서 야간주거침입절도죄를 규정하고 있을 뿐, 야간절도죄에 관하여는 처벌규정을 별도로 두고 있지 아니하다. 이러한 형법 제330조의 규정형식과 그 구성요건의 문언에 비추어 보면, 형법은 야간에 이루어지는 주거침입행위의 위험성에 주목하여 그러한 행위를 수반한 절도를 야간주거침입절도죄로 중하게 처벌하고 있는 것으로 보아야 하고, 따라서 주거침입이 주간에 이루어진 경우에는 야간주거침입절도죄가 성립하지 않는다고 해석하는 것이 타당하다(대판 2011.4.14, 2011도300·2011감도5). ● 경찰

(2) 구성요건

① **야간** : 야간의 의미에 관하여 일몰 후부터 일출 전까지를 의미한다(천문학적 해석설 : 판례).

② **행위**(실행착수) : 야간에 타인의 재물을 절취할 목적으로 사람의 주거에 침입한 경우에는 **주거에 침입한 단계**에서 이미 형법 제330조에서 규정한 <U>야간주거침입절도죄라는 범죄행위의 실행에 착수한 것이라고 보아야 한다</U>(대판 2006.9.14, 2006도2824). ● 경찰

> **판례 정리** …
>
> 1. <U>야간에 아파트에 침입하여 물건을 훔칠 의도하에 아파트의 베란다 철제난간까지 올라가 유리창문을 열려고 시도하였다면 야간주거침입절도죄의 실행에 착수한 것으로 보아야 한다</U>(대판 2003.10.24, 2003도4417). ● 사시
>
> **비교판례**
> 야간에 다세대주택에 침입하여 물건을 절취하기 위하여 가스배관을 타고 오르다가 순찰 중이던 경찰관에게 발각되어 그냥 뛰어내렸다면, 야간주거침입절도죄의 실행의 착수에 이르지 못했다(대판 2008.3.27, 2008도917).
>
> 2. 종업원이 점포(사진관)안에 둔 주인 소유의 금품을 야간에 절취한 행위는 절도죄에는 해당될지언정 야간주거침입절도죄에는 해당한다고 볼 수 없다(대판 1976.4.13, 76도414). ☞ 침입은 밖에서 내부로 침입하는 것이다. ● 사시

③ **고의** : 형법 제330조 **야간주거침입절도죄**는 주거침입죄와 절도죄의 결합범으로서 시간적으로 주거침입행위가 선행되는 것이므로 그 <U>실행의 착수시점인 주거침입이 이루어질 때 절도의 고의가 있어야 한다. **야간에 주거침입행위가 있은 후 비로소 절도의 고의가 생겼다면** 주거침입죄와 절도죄의 경합범이 될 수 있을지언정 야간주거침입절도죄는 성립하지 않는다</U>(대판 2025.1.9, 2022도5573).

2. 특수절도죄

> 제331조 (특수절도) ① 야간에 문이나 담 그 밖의 건조물의 일부를 손괴하고 제330조의 장소에 침입하여 타인의 재물을 절취한 자는 1년 이상 10년 이하의 징역에 처한다.
> ② 흉기를 휴대하거나 2명 이상이 합동하여 타인의 재물을 절취한 자도 제1항의 형에 처한다.
> 제342조 (미수범) 미수범은 처벌한다. ● 사시
> 제345조 (자격정지의 병과) 본장의 죄를 범하여 유기징역에 처할 경우에는 10년 이하의 자격정지를 병과할 수 있다.

(1) 제1항의 특수절도죄(야간손괴후주거침입절도)

야간에 불이 꺼져 있는 상점의 출입문을 손으로 열어보려고 하였으나 출입문의 하단에 부착되어 있던 잠금 고리가 잠겨져 있어 열리지 않았는데, **출입문을 발로 걷어차자 잠금 고리의 아래쪽 부착 부분이 출입문에서 떨어져 출입문과의 사이가 뜨게 되**

면서 출입문이 열려 상점 안으로 침입하여 재물을 절취하였다면, 이는 물리적으로 위장시설을 훼손하여 그 효용을 상실시키는 행위에 해당하여 특수절도죄가 성립한다(대판 2004.10.15, 2004도4505). ● 사시, 법행

> **관련판례**
>
> **[실행의 착수를 인정한 경우]**
> ① 두 사람이 공모 합동하여 타인의 재물을 절취하려고 한 사람은 망을 보고 또 한 사람은 기구를 가지고 출입문의 자물쇠를 떼어내거나 출입문의 환기창문을 열었다면 특수절도죄의 실행에 착수한 것이다(대판 1986.7.8, 86도843).
> ② 야간에 절도의 목적으로 출입문에 장치된 자물통 고리를 절단하고 출입문을 손괴한 뒤 집안으로 침입하려다가 발각된 것이라면 이는 특수절도죄의 실행에 착수한 것이다(대판 1986.9.9, 86도1273).
> ③ 야간에 창문과 방충망을 창틀에서 분리한 후 주거에 침입하여 절도를 한 경우 방충망을 물리적으로 훼손하여 그 효용을 상실하게 한 것이라 볼 수 없으므로 즉 손괴라고 보기 어려우므로 야간손괴주거침입절도(제331조 제1항 특수절도)가 성립하지 않는다(대판 2015.10.29, 2015도7559). ☞ 야간주거침입절도죄가 성립함. ● 경찰

(2) 제2항의 특수절도죄

① **흉기휴대절도** : **흉기**는 본래 살상용·파괴용으로 만들어진 것이거나 이에 준할 정도의 위험성을 가진 것으로 봄이 상당하고, 그러한 위험성을 가진 물건에 해당하는지 여부는 그 물건의 본래의 용도, 크기와 모양, 개조 여부, 구체적 범행 과정에서 그 물건을 사용한 방법 등 제반 사정에 비추어 사회통념에 따라 객관적으로 판단할 것이다. 따라서 **일반적인 드라이버로 택시 운전석 창문을 파손한 후 택시 안에 있는 재물을 절취한 경우**, 일반적인 드라이버는 흉기에 해당하지 않으므로 형법 제331조 제2항의 **특수절도죄로 보기 어렵다**(대판 2012.6.14, 2012도4175).

② **합동절도**
  ㉠ 합동의 의미
    [1] 형법 제331조 제2항 후단의 2인 이상이 합동하여 타인의 재물을 절취한 경우의 특수절도죄가 성립하기 위하여는 주관적 요건으로서의 공모와 객관적 요건으로서의 실행행위의 분담이 있어야 하고 그 실행행위에 있어서는 **시간적으로나 장소적으로 협동관계**에 있음을 요한다.
    [2] 피고인이 피해자의 형과 범행을 모의하고 피해자의 형이 피해자의 집에서 절취행위를 하는 동안 **피고인은 그 집 안의 가까운 곳에 대기**하고 있다가 절취품을 가지고 같이 나온 경우 시간적, 장소적으로 협동관계가 있다고 보아 합동절도죄가 성립한다(대판 1996.3.22, 96도313).

> **관련판례**
>
> 1. 합동을 인정한 경우
>   ① 다수인이 실행행위의 분담을 공모한 후 피고인이 운전하는 차량 내에 대기하고 있는 경우에 <u>다른 공모자가 범행대상을 물색하는 과정에서 절취행위 장소가 피고인이 대기중인 차량으로부터 다소 떨어지게 된 때가 있어도 시간적, 장소적 협동관계가 유지된다</u>(대판 1988.9.13, 88도1197).
>   ② 두사람이 공모 합동하여 타인의 재물을 절취하려고 한 사람은 **망을 보고** 또 한 사람은 기구를 가지고 출입문의 자물쇠를 떼어내거나 출입문의 환기창문을 열었다면 특수절도죄의 실행에 착수한 것이다(대판 1986.7.8, 86도843).
>   ③ 피고인이 피해자의 형과 범행을 모의하고 피해자의 형이 피해자의 집에서 절취행위를 하는 동안 피고인은 그 **집 안의 가까운 곳에 대기**하고 있다가 절취품을 가지고 같이 나온 경우 시간적, 장소적으로 협동관계가 인정된다(대판 1996.3.22, 96도313). ● 경찰, 사시
> 2. 합동을 부정한 경우
>   형법 331조 2항 후단 소정 합동절도에는 주관적 요건으로서 공모외에 객관적 요건으로서 시간적으로나 장소적으로 협동관계가 있는 실행행위의 분담이 있어야 하므로 "갑"이 공모한 내용대로 국도상에서 "을" "병" 등이 당일 마을에서 절취하여 온 황소를 대기하였던 트럭에 싣고 운반한 행위는 시간적으로나 장소적으로 절취행위와 협동관계가 있다고 할 수 없어 합동절도죄로 문의할 수는 없다(대판 1976.7.27, 75도2720).

ⓒ **합동범의 공동정범** : 3인 이상의 범인이 합동절도의 범행을 공모한 후 적어도 2인 이상의 범인이 범행 현장에서 시간적, 장소적으로 협동관계를 이루어 절도의 실행행위를 분담하여 절도 범행을 한 경우에는 공동정범의 일반 이론에 비추어 그 공모에는 참여하였으나 현장에서 절도의 실행행위를 직접 분담하지 아니한 다른 범인에 대하여도 그가 현장에서 절도 범행을 실행한 위 2인 이상의 범인의 행위를 자기 의사의 수단으로 하여 합동절도의 범행을 하였다고 평가할 수 있는 정범성의 표지를 갖추고 있다고 보여지는 한 그 다른 범인에 대하여 합동절도의 공동정범의 성립을 부정할 이유가 없다고 할 것이다(대판 1998.5.21, 98도321 전원합의체). ● 사시, 법행

③ **형법 제331조 제2항의 특수절도의 실행착수**

[1] 형법 제331조 제2항의 특수절도에 있어서 <u>주거침입은 그 구성요건이 아니므로, 절도범인이 그 범행수단으로 주거침입을 한 경우에 그 주거침입행위는 절도죄에 흡수되지 아니하고 별개로 주거침입죄를 구성하여 절도죄와는 실체적 경합의 관계에 있게 되고, 2인 이상이 합동하여 **야간이 아닌 주간에** 절도의 목적으로 타인의 주거에 침입하였다 하여도 **아직 절취할 물건의 물색행위를 시작하기 전이라면** 특수절도죄의 실행에는 착수한 것으로 볼 수 없는 것이어서 그 미수죄가 성립하지 않는다.</u>

[2] '**주간에**' **아파트 출입문 시정장치를 손괴하다가 발각되어 도주한 피고인들이 특수절도미수죄로 기소된 사안**에서, '실행의 착수'가 없었다는 이유로 형법 제331조 제2항의 특수절도죄의 점에 대해 무죄를 선고한 원심 판단을 수긍한 사례(대판 2009.12.24, 2009도9667) ● 경찰

> **관련판례**
> 피고인이 야간에 아파트 신축 공사현장 안에 있는 건축자재 등을 훔칠 생각으로 공범과 함께 마스크를 착용하고 위 공사현장 안으로 들어간 후 <u>지하실에까지 침입하지 않고 창문을 통하여 건축 중인 아파트의 지하실 안쪽을 살폈을 뿐인 경우</u> 피고인이 창문으로 살펴보고 있었던 지하실에 실제로 값비싼 동파이프가 보관되어 있었다고 하더라도 피고인의 위 행위를 위 <u>지하실에 놓여있던 동파이프에 대한 피해자의 사실상의 지배를 침해하는 밀접한 행위라고 볼 수 없으므로 형법 제331조 제2항 특수절도죄의 실행착수를 인정할 수 없다</u>(대판 2010.4.29, 2009도14554). ● 검찰7급

3. 자동차 등 불법사용죄

> 제331조의2 (자동차등 불법사용) 권리자의 동의없이 타인의 **자동차, 선박, 항공기 또는 원동기장치자전거**를 일시 사용한 자는 3년 이하의 징역, 500만원 이하의 벌금, 구류 또는 과료에 처한다.
> ※ 기차×   ● 사시
> 제342조 (미수범) 미수범은 처벌한다.
> 제345조 (자격정지의 병과) 본장의 죄를 범하여 유기징역에 처할 경우에는 10년 이하의 자격정지를 병과할 수 있다.

(1) 의의 및 보호법익

권리자의 동의 없이 타인의 자동차, 선박, 항공기 또는 원동기장치자전거를 일시 사용함으로써 성립하는 범죄이다. 불법영득의사가 없어 절도죄에 해당하지 않는 사용절도를 특별히 처벌하기 위한 범죄로 절도죄와는 구별되는 독자적인 범죄유형이다.

(2) 객관적 구성요건

① 행위객체 : 자동차, 선박, 항공기 또는 원동기장치자전거가 객체가 되며 일반 자전거, <u>열차는 객체가 될 수 없다</u>. ● 사시
② 행위 : 권리자의 동의 없이 일시 사용하는 것이다.

(3) 타죄와의 관계

> **관련판례**
> ① 불법영득의 의사없이 타인의 자동차를 일시 사용하는 경우 휘발유가 소비되는 것은 필연적이므로 자동차의 사용방법, 사용시간, 주행거리 그 밖의 구체적인 상황으로 보아 자동차 그 자체의 일시사용이 그 주목적이고 소비된 휘발유의 양이 매우 적은 것임이 명백한 경우에는 그 휘발유의 소비는 자동차의 일시사용 가운데 포함되는 것으로서 이에 대하여는 별도의 절도죄가 성립되지 아니한다(대판 1984.4.24, 84도311).
> ② 형법 제331조의2에서 규정하고 있는 자동차등불법사용죄는 타인의 자동차 등의 교통수단을 불법영득의 의사 없이 일시 사용하는 경우에 적용되는 것으로서 불법영득의사가 인정되는 경우에는 절도죄로 처벌할 수 있을 뿐 본죄로 처벌할 수 없다(대판 2002.9.6, 2002도3465).

4. 상습절도죄

> **관련판례**
> 상습절도 등의 범행을 한 자가 추가로 자동차등불법사용의 범행을 한 경우에 그것이 절도 습벽의 발현이라고 보이는 이상 자동차등불법사용의 범행은 상습절도 등의 죄에 흡수되어 1죄만이 성립하고 이와 별개로 자동차등불법사용죄는 성립하지 않는다(대판 2002.4.26, 2002도429). ● 사시

제3절 강도의 죄

I 서 설

1. 의 의

폭행 또는 협박으로 타인의 재물을 강취하거나 또는 재산상의 이익을 취득하거나 제3자로 하여금 이를 취득하게 하는 것을 내용으로 하는 범죄이다.

2. 보호법익 및 보호정도

주된 보호법익은 재산권이나, 의사결정 및 의사활동의 자유도 보호법익이 된다. 보호의 정도는 침해범이다.

II 강도죄

제333조 (강도) 폭행 또는 협박으로 타인의 재물을 강취하거나 기타 재산상의 이익을 취득하거나 제삼자로 하여금 이를 취득하게 한 자는 3년 이상의 유기징역에 처한다.
제342조(미수범) 본죄의 미수범은 처벌한다.
제345조 (자격정지의 병과) 본장의 죄를 범하여 유기징역에 처할 경우에는 10년 이하의 자격정지를 병과할 수 있다.

1. 객관적 구성요건

(1) 행위객체

피고인들이 폭행·협박으로 피해자로 하여금 매출전표에 서명을 하게 한 다음 이를 교부받아 소지함으로써 이미 외관상 각 매출전표를 제출하여 신용카드회사들로부터 그 금액을 지급받을 수 있는 상태가 되었는바, 피해자가 각 매출전표에 허위 서명한 탓으로 피고인들이 신용카드회사들에게 각 매출전표를 제출하여도 신용카드회사들이 신용카드 가맹점 규약 또는 약관의 규정을 들어 그 금액의 지급을 거절할 가능성이 있다 하더라도, 그로 인하여 피고인들이 각 매출전표 상의 금액을 지급받을 가능성이 완전히 없어져 버린 것이 아니고 외견상 여전히 그 금액을 지급받을 가능성이 있는 상태이므로, 결국 피고인들이 '재산상 이익'을 취득하였다고 볼 수 있다(대판 1997.2.25, 96도3411). ● 사시, 경찰

(2) 행위 : 폭행 또는 협박

① 폭행·협박의 정도

강도죄에 있어서 폭행과 협박의 정도는 사회통념상 객관적으로 상대방의 반항을 억압하거나 항거불능케 할 정도의 것이라야 한다(대판 1981.3.24, 81도409).

강도죄의 폭행·협박 해당 O	① 소위 '**날치기**'와 같이 강제력을 사용하여 재물을 절취하는 행위가 때로는 피해자를 넘어뜨리거나 상해를 입게 하는 경우가 있고, 그러한 결과가 피해자의 반항 억압을 목적으로 함이 없이 점유탈취의 과정에서 우연히 가해진 경우라면 이는 강도가 아니라 절도에 불과하지만, 그 강제력의 행사가 사회통념상 객관적으로 상대방의 반항을 억압하거나 항거 불능케 할 정도의 것이라면 이는 강도죄의 폭행에 해당한다. 그러므로 **날치기 수법의 점유탈취 과정에서 이를 알아채고 재물을 뺏기지 않으려는 상대방의 반항에 부딪혔음에도 계속하여 피해자를 끌고 가면서 억지로 재물을 빼앗은 행위**는 피해자의 반항을 억압한 후 재물을 강취한 것으로서 강도에 해당한다(대판 2007.12.13, 2007도7601). ● 경찰

	비교판례 날치기와 같이 강력적으로 재물을 절취하는 행위는 때로는 피해자를 전도시키거나 부상케 하는 경우가 있고, 구체적인 상황에 따라서는 이를 강도로 인정하여야 할 때가 있다 할 것이나, 그와 같은 결과가 <u>피해자의 반항억압을 목적으로 함이 없이 점유탈취의 과정에서 우연히 가해진 경우라면 이는 절도에 불과한 것으로 보아야 한다</u>(대판 2003.7.25, 2003도2316). ☞ 피고인들이 승용차에 승차하여 범행 대상을 물색하던 중, 마침 그 곳을 지나가는 피해자에게 접근한 후 피고인 중 1인이 창문으로 손을 내밀어 피해자 소유의 손가방 1개를 낚아채어 감으로써 피해자로 하여금 약 4주간의 치료를 요하는 골절상을 입게 한 경우 강도치상죄는 성립하지 않는다. ●경찰 ② **"아리반"(신경안정제) 4알**을 탄 우유나 사와가 들어 있는 갑을 휴대하고 다니다가 사람에게 마시게 하여 졸음에 빠지게 하고 그 틈에 그 사람의 돈이나 물건을 빼앗은 경우에 그 수단은 강도죄에서 요구하는 남의 항거를 억압할 정도의 폭행에 해당된다(대판 1979.9.25, 79도1735). ●법행 ③ 택시 운전사에게 안면에 **주머니 칼**을 들이대고 금품을 강요한 경우 피해자의 반항을 억압할 정도의 폭행, 협박에 해당한다(대판 1967.11.28, 67도1283). ●법행
강도죄의 폭행·협박 해당 X	① 피고인이 이건 두번의 범행시 비록 칼을 내보이기는 하였으나 <u>범행시간과 장소 및 불과 일이백원정도의 잔돈만을 소지하고 있는 15, 6세 정도의 소년만을 대상자로 선정 범행한 점</u>, 피해자가 피고인에게 "내돈을 돌려주어"라고 요구했고 피고인이 피해자에게 시계를 벗어 달라고 했으나 시계는 안주었다는 취지의 진술이 있는 점 등의 사정으로 보아 그의 협박의 정도가 피해자등의 반항을 억압함에 족한 협박이라고 볼 수 없는 경우에는 피고인을 강도죄로 처단할 수 없다(대판 1976.8.24, 76도1932). ●사시 ② 타인에게 상해를 가하여 혼미상태에 빠지게 한 후에 <u>우발적으로 그의 재물을 탈취한 경우는 폭행을 탈취의 수단으로 사용한 것이 아니므로 강도죄가 성립하지 아니한다</u>(대판 1956.8.17, 4289형상170). ☞ 상해죄와 절도죄의 경합범

② **폭행·협박의 상대방** : 재물의 피해자에 국한되지 않고 강도실행에 장애가 되는 한 제3자도 포함된다.

③ **(폭행·협박을 수단으로) 재물 또는 재산상 이익의 강취** : 피고인이 피해자의 집에서 <u>칼을 들이대면서 돈을 요구</u>하였으나 피해자가 돈이 없다고 하여 풀어주고 다음날 다시 돈을 요구하자 피고인의 행패가 두려운 피해자는 집이 아닌 다른 곳에서 돈을 건네준 사안에서 반항 불가능한 정도에 이른 폭행, 협박이 있은 후 그로부터 상당한 시간이 경과한 후 폭행, 협박이 있은 곳과는 다른 장소에서 폭행, 협박

에서 벗어난 상태에서 하자있는 의사에 기하여 금원을 교부받은 경우 특수강도의 미수가 성립한다(대판 1995.3.28, 95도91). ● 경찰, 사시

> **관련판례**
>
> [1] 형법 제333조의 강도죄는 사람의 반항을 억압함에 충분한 폭행 또는 협박을 사용하여 타인의 재물을 강취하거나 재산상의 이익을 취득함으로써 성립하는 범죄이므로, 피고인이 타인에 대하여 반항을 억압함에 충분한 정도의 폭행 또는 협박을 가한 사실이 있다 해도 그 타인이 재물 취거의 사실을 알지 못하는 사이에 그 틈을 이용하여 피고인이 우발적으로 타인의 재물을 취거한 경우에는 위 폭행이나 협박이 재물 탈취의 방법으로 사용된 것이 아님은 물론, 그 폭행 또는 협박으로 조성된 피해자의 반항억압의 상태를 이용하여 재물을 취득하는 경우에도 해당하지 아니하여 양자 사이에 인과관계가 존재하지 아니한다 할 것이므로, 위 폭행 또는 협박에 의한 반항억압의 상태가 처음부터 재물 탈취의 계획하에 이루어졌다거나 양자가 시간적으로 극히 밀접되어 있는 등 전체적·실질적으로 단일한 재물 탈취의 범의의 실현행위로 평가할 수 있는 경우에 해당하지 아니하는 한 강도죄의 성립을 인정하여서는 안 될 것이다.
> [2] 주점 도우미인 피해자와의 윤락행위 도중 시비 끝에 피해자를 이불로 덮어씌우고 폭행한 후 이불 속에 들어 있는 피해자를 두고 나가다가 탁자 위의 피해자 손가방 안에서 현금을 가져간 사안에서, 폭행에 의한 강도죄의 성립을 인정한 원심을 파기한 사례(대판 2009.1.30, 2008도10308) ● 법행

2. 주관적 구성요건

(1) 고 의

폭행·협박으로 재물을 강취하거나 이익을 취득한다는 고의가 필요하고 고의는 미필적 고의로도 충분하다.

(2) 불법영득(이득)의사

① 강도살인죄가 성립하려면 먼저 강도죄의 성립이 인정되어야 하고 강도죄가 성립하려면 불법영득의 의사가 있어야 하는 것인 바, 피해자를 강간한 후 항거불능 상태에 있는 피해자에게 돈을 내놓으라고 하여 피해자가 서랍 안에서 꺼내주는 돈을 받는 즉시 팁이라고 하면서 피해자의 브라쟈 속으로 그 돈을 집어넣어 준 것이라면 이는 불법영득을 하려 한 것이 아니라 피해자를 희롱하기 위하여 돈을 뺏은 다음 그대로 돌려주려고 한 의도였다고 할 것이므로 불법영득의 의사가 있었다고 보기 어렵다(대판 1986.6.24, 86도776).
② 강간하는 과정에서 피해자들이 도망가지 못하게 하기 위해 손가방을 빼앗은 것에 불과하다면 이에 불법영득의 의사가 있었다고 할 수 없다(대판 1985.8.13, 85도1170).
③ 강도상해죄가 성립하려면 먼저 강도죄의 성립이 인정되어야 하고, 강도죄가 성립하려면 불법영득 또는 불법이득의 의사가 있어야 한다. 채권자를 폭행·협박하여 채무를 면탈함으로써 성립하는 **강도죄에서 불법이득 의사는 단순 폭력범죄와 구별되는 중요한 구성요건 표지**이다(대판 2021.6.30, 2020도4539).

3. 위법성

채권자로부터 채무자에 대한 외상물품 대금채권의 회수를 의뢰받았다 하더라도, 채무자의 반항을 억압할 정도의 폭행과 협박을 가하여 재물 및 재산상 이득을 취득한 이상 이는 정당한 권리행사라고 볼 수 없음이 명백하여 강도상해죄가 성립함에는 아무런 지장이 없다(대판 1995.12.12, 95도2385).

4. 죄수 및 타죄와의 관계

> **관련판례**
>
> ① 피고인이 여관에 들어가 1층 안내실에 있던 여관의 관리인을 칼로 찔러 상해를 가하고, 그로부터 금품을 강취한 다음, 각 객실에 들어가 각 투숙객들로부터 금품을 강취하였다면, 피고인의 위와 같은 각 행위는 비록 시간적으로 접착된 상황에서 동일한 방법으로 이루어지기는 하였으나, 포괄하여 1개의 강도상해죄만을 구성하는 것이 아니라 실체적 경합범의 관계에 있는 것이라고 할 것이다(대판 1991.6.25, 91도643).
> ② 강도가 시간적으로 접착된 상황에서 가족을 이루는 수인에게 폭행·협박을 가하여 집안에 있는 재물을 탈취한 경우 그 재물은 가족의 공동점유 아래 있는 것으로서, 이를 탈취하는 행위는 그 소유자가 누구인지에 불구하고 단일한 강도죄의 죄책을 진다(대판 1996.7.30, 96도1285).
> ③ 강도가 한 개의 강도범행을 하는 기회에 수명의 피해자에게 각 폭행을 가하여 각 상해를 입힌 경우에는 각 피해자별로 수개의 강도상해죄가 성립하며 이들은 실체적 경합범의 관계에 있다(대판 1987.5.26, 87도527).
> ④ 감금죄와 강도죄의 관계
>   ㉠ 감금행위가 강간죄나 강도죄의 수단이 된 경우에도 감금죄는 강간죄나 강도죄에 흡수되지 아니하고 별죄를 구성한다(대판 1997.1.21, 96도2715).
>   ㉡ 감금행위가 단순히 강도상해 범행의 수단이 되는 데 그치지 아니하고 강도상해의 범행이 끝난 뒤에도 계속되는 경우에는 1개의 행위가 감금죄와 강도상해죄에 해당하는 경우라고 볼 수 없고, 이 경우 감금죄와 강도상해죄는 형법 제37조의 경합범 관계에 있다(대판 2003.1.10, 2002도4380).

Ⅲ 준강도죄

> 제335조 (준강도) 절도가 재물의 탈환에 항거하거나 체포를 면탈하거나 범죄의 흔적을 인멸할 목적으로 폭행 또는 협박한 때에는 제333조 및 제334조의 예에 따른다.
> 제342조 (미수범) 미수범은 처벌한다.
> 제345조 (자격정지의 병과) 본장의 죄를 범하여 유기징역에 처할 경우에는 10년 이하의 자격정지를 병과할 수 있다.

1. 의의 및 법적 성격

절도가 재물의 탈환을 항거하거나 체포를 면탈하거나 죄적을 인멸할 목적으로 폭행 또는 협박함으로써 성립하는 범죄이다. 강도죄에 준해서 처벌되는 독립된 구성요건이다.

2. 객관적 구성요건

(1) 행위주체

절도이다. 단순절도·야간주거침입절도·특수절도·상습절도 모두 포함된다. 기수·미수를 불문한다. ● 검찰7급

(2) 행위(폭행·협박)

① **폭행·협박의 정도** : 준강도죄에 있어서의 폭행이나 협박은 상대방의 반항을 억압하는 수단으로서 일반적·객관적으로 가능하다고 인정하는 정도의 것이면 되고 반드시 현실적으로 반항을 억압하였음을 필요로 하는 것은 아니다(대판 1981.3.24, 81도409). ☞ 강도죄와 동일 ● 사시, 경찰승진

> **판례** 정리 ··· 준강도죄의 폭행·협박에 해당 ✕
>
> 1. 피고인을 체포하려는 피해자가 체포에 필요한 정도를 넘어서서 발로 차며 중상을 입힐 정도로 심한 폭력을 가해오자 피고인이 이를 피하기 위하여 엉겁결에 솥뚜껑을 들어 위 폭력을 막아 내려다가 그 솥뚜껑에 스치어 피해자가 상처를 입게 되었다면 피고인의 위 행위는 일반적, 객관적으로 피해자의 체포의사를 제압할 정도의 폭행에 해당하지 않는다고 할 것이므로 준강도상해죄는 성립되지 않는다(대판 1990.4.24, 90도193). ● 법행
> 2. 피고인이 옷을 잡히자 체포를 면하려고 충동적으로 저항을 시도하여 잡은 손을 뿌리친 정도의 폭행을 준강도죄로 의율 할 수는 없다(대판 1985.5.14, 85도619). ● 법행, 경찰승진

> **판례** 정리 ··· 준강도죄의 폭행·협박에 해당 ○
>
> 1. 오토바이를 끌고 가다가 추격하여 온 피해자에게 멱살을 잡히게 되자 체포를 면탈할 목적으로 피해자의 얼굴을 주먹으로 때리고, 놓아주지 아니하면 죽여버리겠다고 협박한 경우에는 그 같은 폭행, 협박은 피해자의 반항을 억압하기 위한 수단으로써 일반적, 객관적으로 가능하다고 인정되는 정도의 폭행, 협박에 해당한다고 볼 수 있으므로 준강도죄를 구성한다(대판 1983.3.8, 82도2838).
> 2. 피고인이 절도의 현장에서 발각되어 도주하다가 추격하여 온 피해자에 대하여 체포를 면할 목적으로 손전지로 피해자의 오른손을 구타하는 폭행행위는 준강도죄의 성립을 위한 폭행에 해당한다(대판 1966.9.20, 66도1108).

② **폭행·협박의 시기**(절도의 기회) : 준강도는 절도범인이 절도의 기회에 재물탈환, 항거 등의 목적으로 폭행 또는 협박을 가함으로써 성립되는 것이므로, 그 폭행 또는 협박은 절도의 실행에 착수하여 그 실행중이거나 그 실행 직후 또는 실행의 범의를 포기한 직후로서 사회통념상 범죄행위가 완료되지 아니하였다고 인정될 만한 단계에서 행하여짐을 요한다(대판 1999.2.26, 98도3321). ● 법원

판례 정리 ··· 절도의 기회 인정

1. [1] 준강도는 절도범인이 절도의 기회에 재물탈환의 항거 등의 목적으로 폭행 또는 협박을 가함으로써 성립되는 것으로서, 여기서 절도의 기회라고 함은 절도범인과 피해자측이 절도의 현장에 있는 경우와 절도에 잇달아 또는 절도의 시간·장소에 접착하여 피해자측이 범인을 체포할 수 있는 상황, 범인이 죄적인멸에 나올 가능성이 높은 상황에 있는 경우를 말하고, 그러한 의미에서 피해자측이 추적태세에 있는 경우나 범인이 일단 체포되어 아직 신병확보가 확실하다고 할 수 없는 경우에는 절도의 기회에 해당한다.
   [2] 절도범인이 일단 체포되었으나 아직 **신병확보가 확실하지 않은 단계에서** 체포 상태를 면하기 위해 폭행하여 상해를 가한 경우, 그 행위는 절도의 기회에 체포를 면탈할 목적으로 폭행하여 상해를 가한 것으로서 강도상해죄에 해당한다(대판 2001.10.23, 2001도4142,2001감도100). ● 사시, 법행

2. 야간에 절도의 목적으로 피해자의 집에 담을 넘어 들어갔다가 피해자에게 발각되어 **범행현장으로부터 200미터 떨어진 곳까지 추격당하자** 계속 추격당하거나 재물을 면탈하고자 피해자에게 폭행을 가한 경우(대판 1984.9.11, 84도1398) ● 경찰승진

3. 합동하여 절도를 한 범인 중 1인이 범죄현장에서 2킬로미터 떨어진 곳까지 추격당하여 폭행·협박을 가한 경우(대판 1982.7.13, 82도1352) ● 경찰승진

4. 피고인이 점유자 또는 소유자의 승낙 없이 물건을 갖고 나오다 경비원에게 발각되어 동인이 절도범인 체포 사실을 파출소에 신고전화하려는데 피고인이 잘해 보자며 대들면서 폭행을 가한 경우, 설사 그 같은 행위가 피고인이 사장도 잘 안다하며 전화확인을 하자는 제의를 경비원이 거부하면서 내일이나 모래와서 확인한 후에 가져가라하자 피고인이 자기의 것이니 무조건 달라고 시비한 끝에 저질러진 것이라 하여도, 그곳이 체포현장이었고 주위 사람에게 도주를 방지케 부탁한 상태아래 일어난 것이라면 준강도 행위에 해당한다(대판 1984.7.24, 84도1167). ● 법행

판례 정리 ··· 절도의 기회 부정

1. 피해자의 집에서 절도범행을 마친지 **10분가량 지나** 피해자의 집에서 **200m 가량 떨어진 버스정류장이 있는 곳**에서 피고인을 절도범인이라고 의심하고 뒤쫓아 온 피해자에게 붙잡혀 피해자의 집으로 돌아왔을 때 비로소 피해자를 폭행한 경우, 그 폭행은 사회통념상 절도범행이 이미 완료된 이후에 행하여졌다는 이유로 준강도죄가 성립하지 않는다(대판 1999.2.26, 98도3321 – 절도죄와 폭행죄의 경합범). ● 사시, 법행, 경찰승진

2. 甲이 술집 운영자 乙로부터 <u>술값의 지급을 요구받자</u> 乙을 유인·폭행하고 도주함으로써 술값의 지급을 면하여 재산상 이익을 취득하고 아울러 <u>상해까지 가한 경우 준강도가 상해를 가한 경우로 볼 수 없다</u>(대판 2014.5.16, 2014도2521). ☞ 강도상해죄

③ **기수시기** : 본죄의 미수범은 처벌되므로 기수시기를 어떤 기준으로 확정할 것인지가 문제된다. 본죄의 기·미수를 절도의 기·미수에 의해 결정된다는 절취행위기준설(판례)이 판례의 입장이다.

> **사실관계** 갑과 을이 합동하여 병이 운영하는 주점에서 양주를 절취할 목적으로 을은 1층과 2층 계단 사이에서 갑과 무전기로 연락을 취하면서 망을 보고, 갑은 위 주점의 잠금장치를 뜯고 침입하여 위 주점 내 진열장에 있던 양주를 미리 준비한 바구니에 담고 있던 중, 계단에서 서성거리고 있던 을을 수상하게 여긴 주점종업원이 주점으로 들어오는 소리를 듣자 양주를 그대로 둔 채 나오려다가 주점종업원에게 붙잡히자 체포를 면탈할 목적으로 주점종업원의 손을 깨물고 도주하였다.
>
> **판결요지** 형법 제335조에서 절도가 재물의 탈환을 항거하거나 체포를 면탈하거나 죄적을 인멸할 목적으로 폭행 또는 협박을 가한 때에 준강도로서 강도죄의 예에 따라 처벌하는 취지는, 강도죄와 준강도죄의 구성요건인 재물탈취와 폭행·협박 사이에 시간적 순서상 전후의 차이가 있을 뿐 실질적으로 위법성이 같다고 보기 때문인바, 이와 같은 준강도죄의 입법 취지, 강도죄와의 균형 등을 종합적으로 고려해 보면, <u>준강도죄의 기수 여부는 **절도행위의 기수 여부를 기준**으로 하여 판단하여야 한다. 따라서 절도미수범이 체포를 면탈할 목적으로 폭행한 행위에 대하여 준강도미수죄가 성립한다</u>(대판 2004.11.18, 2004도5074 전원합의체).
>
> ● 법행, 경찰승진

3. 주관적 구성요건

준강도죄에 있어서의 '**재물의 탈환을 항거할 목적**'이라 함은 일단 절도가 재물을 자기의 배타적 지배하에 옮긴 뒤 탈취한 재물을 피해자측으로부터 탈환당하지 않기 위하여 대항하는 것을 말한다. 따라서 <u>피해자의 상해가 차량을 이용한 날치기 수법의 절도시 점유 탈취의 과정에서 우연히 가해진 것에 불과하고, 그에 수반된 강제력 행사도 피해자의 반항을 억압하기 위한 목적 또는 정도의 것은 아니었던 것</u>으로 보아 강도치상죄가 성립되지 않는다(대판 2003.7.25, 2003도2316).

4. 처 벌

강도죄·특수강도죄의 예에 의하여 처벌된다.

> **관련판례**
> 강도죄에 있어서의 재물탈취의 수단인 폭행 또는 협박의 유형을 흉기를 휴대하고 하는 경우와 그렇지 않은 경우로 나누어 흉기를 휴대하고 하는 경우를 특수강도로 하고, 그렇지 않은 경우를 단순강도로 하여 처벌을 달리하고 있음에 비추어 보면 <u>절도범인이 처음에는 흉기를 휴대하지 아니하였으나 체포를 면탈할 목적으로 폭행 또는 협박을 가할 때에 비로소 흉기를 휴대사용하게 된 경우에는 형법 제334조의 예에 의한 준강도(특수강도의 준강도)가 되는 것</u>으로 해석하여야 할 것이다(대판 1973.11.13, 73도1553 전원합의체).
>
> ● 사시

5. 죄 수

절도범이 체포를 면탈할 목적으로 체포하려는 여러 명의 피해자에게 같은 기회에 폭행을 가하여 그 중 1인에게만 상해를 가하였다면 이러한 행위는 포괄하여 하나의 강도상해죄만 성립한다(대판 2001.8.21, 2001도3447).

> **관련판례**
>
> **강도죄와 공무집행방해죄와의 관계**
> 절도범인이 체포를 면탈할 목적으로 경찰관에게 폭행 협박을 가한 때에는 준강도죄와 공무집행방해죄를 구성하고 양죄는 상상적 경합관계에 있으나, 강도범인이 체포를 면탈할 목적으로 경찰관에게 폭행을 가한 때에는 강도죄와 공무집행방해죄는 실체적 경합관계에 있다(대판 1992.7.28, 92도917).

6. 준강도죄와 공동정범

판례는 다른 공범자에게 폭행·협박의 예견가능성이 있으면 준강도죄의 공동정범의 성립을 인정한다.

> **판례 정리 ··· 예견가능성 부정**
>
> 1. 절도를 공모한 피고인이 다른 공모자 갑의 폭행행위에 대하여 사전양해나 의사의 연락이 전혀 없었고, 범행장소가 빈 가게로 알고 있었고, 위 갑이 담배창구를 통하여 가게에 들어가 물건을 절취하고 피고인은 밖에서 망을 보던 중 예기치 않았던 인기척 소리가 나므로 도주해버린 이후에 위 갑이 창구에 몸이 걸려 빠져 나오지 못하게 되어 피해자에게 붙들리자 체포를 면탈할 목적으로 피해자에게 폭행을 가하여 상해를 입힌 것이고, 피고인은 그동안 상당한 거리를 도주하였을 것으로 추정되는 상황 하에서는 피고인이 위 갑의 폭행행위를 전연 예기할 수 없었다고 보여지므로 피고인에게 준강도상해죄의 공동책임을 지울 수 없다(대판 1984.2.28, 83도3321). 🔹 사시
> 2. 甲과 乙이 자기 집에서 물건을 훔쳐 나왔다는 연락을 받은 A가 1Km 가량 추격하여 甲을 체포하여 동리 사람들에게 인계하고 1Km를 더 추격하여 乙을 체포하기 위해 가지고 간 나무 몽둥이로 乙을 1회 구타하자 乙이 위 몽둥이를 빼앗아 A를 구타 상해를 가한 경우(대판 1982.7.13, 82도1352) ⇨ 乙 : 준강도상해죄 ○, 甲 : 준강도상해죄 ×

> **판례 정리 ··· 예견가능성 인정**
>
> 1. 특수절도의 범인들이 범행이 발각되어 각기 다른 길로 도주하다가 그중 1인이 체포를 면탈할 목적으로 폭행하여 상해를 가한 때에는, 나머지 범인도 위 공범이 추격하는 피해자에게 체포되지 아니하려고 위와 같이 폭행할 것을 예견할 수 있었으므로 그 폭행의 결과로 발생한 상해에 관하여 형법 제337조, 제335조의 강도상해죄의 책임을 진다(대판 1984.10.10, 84도1887·84감도296). 🔹 법행, 검찰7급
> 2. 甲과 乙등이 타인의 재물을 절취하기로 공모한 다음 甲은 망을 보고 乙등이 재물을 절취한 다음 달아나려다가 피해자에게 발각되자 체포를 면탈할 목적으로 피해자를 때려 상해를 입혔다면 甲도 이를 전연 예견하지 못했다고 볼 수 없어 강도상해죄의 죄책을 면할 수 없다(대판 1989.12.12, 89도1991).

Ⅳ 인질강도죄

> 제336조 (인질강도) 사람을 체포·감금·약취 또는 유인하여 이를 인질로 삼아 재물 또는 재산상의 이익을 취득하거나 제3자로 하여금 이를 취득하게 한 자는 3년 이상의 유기징역에 처한다.
> 제342조(미수범) 본죄의 미수범은 처벌한다.
> 제345조 (자격정지의 병과) 본장의 죄를 범하여 유기징역에 처할 경우에는 10년 이하의 자격정지를 병과할 수 있다.

Ⅴ 가중적 구성요건

1. 특수강도죄

> 제334조 (특수강도) ① 야간에 사람의 주거, 관리하는 건조물, 선박이나 항공기 또는 점유하는 방실에 침입하여 제333조의 죄를 범한 자는 무기 또는 5년 이상의 징역에 처한다.
> ② 흉기를 휴대하거나 2인 이상이 합동하여 전조의 죄를 범한 자도 전항의 형과 같다.
> 제342조(미수범) 본죄의 미수범은 처벌한다.
> 제345조 (자격정지의 병과) 본장의 죄를 범하여 유기징역에 처할 경우에는 10년 이하의 자격정지를 병과할 수 있다.

(1) 의 의

야간에 사람의 주거, 관리하는 건조물, 선박이나 항공기 또는 점유하는 방실에 침입하여 강도죄를 범하거나, 흉기를 휴대하거나 2인 이상이 합동하여 강도죄를 범하는 것을 말한다.

(2) 야간주거침입강도의 실행의 착수시기(제1항)

판례는 입장이 일관되어 있지 않다.

> **관련판례**
> 1. 주거침입시 입장 : 형법 제334조 제1항 소정의 야간주거침입강도죄는 주거침입과 강도의 결합범으로서 시간적으로 주거침입행위가 선행되므로 주거침입을 한 때에 본죄의 실행에 착수한 것으로 볼 것인바, 같은 조 제2항 소정의 흉기휴대 합동강도죄에 있어서도 그 강도행위가 야간에 주거에 침입하여 이루어지는 경우에는 주거침입을 한 때에 실행에 착수한 것으로 보는 것이 타당하다(대판 1992.7.28, 92도917).
> 2. 폭행·협박시 입장 : 특수강도의 실행의 착수는 강도의 실행행위 즉 사람의 반항을 억압할 수 있는 정도의 폭행 또는 협박에 나아갈 때에 있다 할 것이다. 따라서 강도의 범의로 야간에 칼을 휴대한 채 타인의 주거에 침입하여 집안의 동정을 살피다가 피해자를 발견하고 갑자기 욕정을 일으켜 칼로 협박하여 강간한 경우, 야간에 흉기를 휴대한 채 타인의 주거에 침입하여 집안의 동정을 살피는 것만으로는 특수강도의 실행에 착수한 것이라고 할 수 없으므로 위의 특수강도에 착수하기도 전에 저질러진 위와 같은 강간행위가 구 특정범죄가중처벌등에관한법률 제5조의6 제1항 소정의 특수강도강간죄에 해당한다고 할 수 없다(대판 1991.11.22, 91도2296).

(3) 흉기휴대 및 합동강도(제2항)

형법 제334조 제2항에 규정된 합동범은 주관적 요건으로서 공모가 있어야 하고 객관적 요건으로서 현장에서의 실행행위의 분담이라는 협동관계가 있어야 하는 것이므로 피고인이 다른 피고인들과 택시강도를 하기로 모의한 일이 있다고 하여도 다른 피고인들이 피해자에 대한 폭행에 착수하기 전에 겁을 먹고 미리 현장에서 도주해 버렸다면 다른 피고인들과의 사이에 강도의 실행행위를 분담한 협동관계가 있었다고 보기는 어려우므로 피고인을 특수강도의 합동범으로 다스릴 수는 없다(대판 1985. 3. 26, 84도2956).

(4) 죄 수

2인 이상이 합동하여 흉기를 휴대하고 야간에 주거에 침입하여 강도한 경우 포괄하여 특수강도죄의 일죄가 성립한다.

2. 강도상해·치상죄

> 제337조 (강도상해, 치상) 강도가 사람을 상해하거나 상해에 이르게 한 때에는 무기 또는 7년 이상의 징역에 처한다.
> 제342조(미수범) 본죄의 미수범은 처벌한다.
> 제345조 (자격정지의 병과) 본장의 죄를 범하여 유기징역에 처할 경우에는 10년 이하의 자격정지를 병과할 수 있다.

(1) 의 의

강도가 사람을 상해하거나 상해에 이르게 함으로써 성립하는 범죄이다.

(2) 구성요건

① 행위주체 : 강도이다. 단순강도, 특수강도, **준강도**, 인질강도를 포함하며 강도의 기·미수는 불문한다.

> **관련판례**
>
> [1] 강도상해죄에 있어서의 강도는 형법 제334조 제1항 특수강도도 포함된다고 보아야 한다. 그런데 형법 제334조 제1항 특수강도죄는 '주거침입'이라는 요건을 포함하고 있으므로 형법 제334조 제1항 특수강도죄가 성립할 경우 '주거침입죄'는 별도로 처벌할 수 없고, 형법 제334조 제1항 특수강도에 의한 강도상해가 성립할 경우에도 별도로 '주거침입죄'를 처벌할 수 없다고 보아야 할 것이다.
>
> [2] 피고인이 야간에 피해자의 주거에 침입하여 재물을 물색하던 중 피해자가 잠에서 깨어나자 피해자를 폭행하여 간음하고 재물을 강취할 것을 마음먹고, 주먹으로 피해자의 얼굴 부위를 수회 때려 피해자의 반항을 억압한 후 피해자의 바지와 팬티를 벗겨 피해자를 간음하려 하였으나 피해자의 집 밖에서 차량 소리가 들리는 바람에 피해자를 간음하지 못하고, 현금 8,730원을 가지고 나온 경우 강도상해죄와 강도강간미수죄는 성립하여도 주거침입죄는 별도로 성립하지 않는다 (대판 2012.12.27, 2012도12777).

② 상해·치상

상해·치상의 결과발생은 반드시 강도의 수단인 폭행·협박에 의하여 발생해야 하는 것은 아니며 강도의 기회에 발생한 것이면 충분하다. 본죄는 강도의 기회에 상해·치상의 결과가 발생되기 쉽다는 것을 고려한 가중적 구성요건이기 때문이다.

> **판례 정리 ··· 강도상해·치상 인정**
>
> 1. 강도범인이 강도를 하는 기회에 범행의 현장에서 사람을 상해한 이상, 재물강취의 수단인 폭행으로 인하여 상해의 결과가 발생한 것이 아니고, 재물의 탈환을 항거하거나 체포를 면탈하거나 죄적을 인멸할 목적으로 폭행을 가한 것이 아니라고 하더라도 강도상해죄가 성립한다(대판 1992.4.14, 92도408). ● 사시
> 2. 수인의 피고인들이 도박에서 잃은 돈을 강취하려 하자 피해자가 이를 피하려고 안방으로 들어가 문을 잠그자 피고인등이 문을 칼로 찌르고 발로 수회 차서 문을 열고 들어오는 것을 보고 피해자가 극도의 공포심에서 베란다에서 뛰어내려 중상을 입은 경우, 폭행 또는 협박으로 타인의 재물을 강취하려는 행위와 이에 극도의 흥분을 느끼고 공포심에 사로잡혀 이를 피하려다 상해에 이르게 된 사실과는 상당인과관계가 있다 할 것이고 이 경우 강취 행위자가 상해의 결과의 발생을 예견할 수 있었다면 이를 강도치상죄로 다스릴 수 있다(대판 1996.7.12, 96도1142). ● 법행
> 3. 날치기 수법으로 피해자가 들고 있던 가방을 탈취하면서 가방을 놓지 않고 버티는 피해자를 5m 가량 끌고 감으로써 피해자의 무릎 등에 상해를 입힌 경우, 반항을 억압하기 위한 목적으로 가해진 강제력으로서 그 반항을 억압할 정도에 해당한다고 보아 강도치상죄의 성립이 인정된다(대판 2007.12.13, 2007도7601). ● 경찰
> 4. 강취현장에서 강도범의 발을 붙잡고 늘어지는 피해자를 30m쯤 끌고 가서 폭행 상해한 경우 강도상해죄가 성립한다(대판 1984.6.26, 84도970). ● 법행, 경찰승진
> 5. 피고인이 피해자로부터 재물을 강취하고 피해자가 운전하는 자동차에 함께 타고 도주하다가 단속 경찰관이 뒤따라오자 피해자를 칼로 찔러 상해를 가하였다면 강도상해죄를 구성한다 할 것이고 강취와 상해 사이에 1시간 20분이라는 시간적 간격이 있었다는 것만으로는 그 범죄의 성립에 영향이 없다(대판 1992.1.21, 91도2727).
> 6. 강도상해죄는 강도범행의 수단으로 한 폭행에 의하여 상해를 입힐 것을 요하는 것은 아니고 상해행위가 강도가 기수에 이르기 전에 행하여져야만 하는 것은 아니므로, 강도범행 이후에도 피해자를 계속 끌고 다니거나 차량에 태우고 함께 이동하는 등으로 강도범행으로 인한 피해자의 심리적 저항불능 상태가 해소되지 않은 상태에서 강도범인의 상해행위가 있었다면 강취행위와 상해행위 사이에 다소의 시간적·공간적 간격이 있었다는 것만으로는 강도상해죄의 성립에 영향이 없다(대판 2014.9.26, 2014도9567).

> **판례 정리 ··· 강도상해·치상 부정**
>
> 강도상해죄는 강도가 사람을 상해한 경우에 성립하는 것이므로 도주하는 강도를 체포하기 위해 위에서 덮쳐 오른손으로 목을 잡고, 왼손으로 앞부분을 잡는 순간 강도가 들고 있던 벽돌에 끼어 있는 철사에 찔려 부상을 입었다거나 또는 도망하려는 공범을 뒤에서 양팔로 목을 감싸잡고 내려오다 같이 넘어져 부상을 입은 경우라면 위 부상들은 피해자들의 적극적인 체포행위 과정에서 스스로의 행위의 결과로 입은 상처이어서 위 상해의 결과에 대하여 강도상해죄로 의율 할 수 없다(대판 1985.7.9, 85도1109).

(3) 미수 및 기수시기

① 절도가 체포를 면탈할 목적으로 폭행을 가하여 피해자에게 상해의 결과를 발생케 한 경우에는 비록 재물의 절취는 미수에 그쳤다 할지라도 강도상해죄의 기수

범으로 보아야 한다(대판 1971.1.26, 70도2518). ☞ 강도상해죄에 있어서의 강도에는 준강도도 포함된다.
② 피고인이 절취품을 물색 중 피해자가 잠에서 깨어나 "도둑이야"고 고함치자 체포를 면탈할 목적으로 그녀에게 이불을 덮어씌우고 입과 목을 졸라 상해를 입혔다면 절도의 목적달성여부에 관계없이 강도상해죄가 성립한다(대판 1985.5.28, 85도682). ● 법행, 경찰승진

(4) 공범관계

> **관련판례**
> ① 강도합동범 중 1인이 피고인과 공모한대로 과도를 들고 강도를 하기 위하여 피해자의 거소를 들어가 피해자를 향하여 칼을 휘두른 이상 이미 강도의 실행행위에 착수한 것임이 명백하고, 그가 피해자들을 과도로 찔러 상해를 가하였다면 대문 밖에서 망을 본 공범인 피고인이 구체적으로 상해를 가할 것까지 공모하지 않았다 하더라도 피고인은 상해의 결과에 대하여도 공범으로서의 책임을 면할 수 없다(대판 1998.4.14, 98도356).
> ② 합동하여 절도를 한 경우 범인 중 1인이 체포를 면탈할 목적으로 폭행을 하여 상해를 가한 때에는 나머지 범인도 이를 예기하지 못한 것으로 볼 수 없으면 준강도상해죄의 죄책을 면할 수 없다(대판 1982.7.13, 82도1352).
> ③ 행위자 상호간에 범죄의 실행을 공모하였다면 다른 공모자가 이미 실행에 착수한 이후에는 그 공모관계에서 이탈하였다고 하더라도 공동정범의 책임을 면할 수 없는 것이므로 피고인 등이 금품을 강취할 것을 공모하고 피고인은 집 밖에서 망을 보기로 하였으나, 다른 공모자들이 피해자의 집에 침입한 후 담배를 사기 위해서 망을 보지 않았다고 하더라도, 피고인은 강도상해죄의 공동정범의 죄책을 면할 수가 없다(대판 1984.1.31, 83도2941). ● 사시
> ④ 수인이 재물강취의 의사로 피해자를 상해하고, 그 중 1인이 몰래 피해자가 도망가면서 남겨 둔 옷에서 돈을 꺼내어 사용한 경우, 위 1인의 강도행위를 나머지 행위자들이 예측할 수 있었다고 볼 수 있으므로 강도상해의 공동정범이 성립된다(대판 2004.10.28, 2004도4437). ● 경찰승진, 법행

3. 강도살인·치사죄

제338조 (강도살인·치사) 강도가 사람을 살해한 때에는 사형 또는 무기징역에 처한다. 사망에 이르게 한 때에는 무기 또는 10년 이상의 징역에 처한다.
제342조(미수범) 본죄의 미수범은 처벌한다.
제345조 (자격정지의 병과) 본장의 죄를 범하여 유기징역에 처할 경우에는 10년 이하의 자격정지를 병과할 수 있다.

(1) 의 의

강도가 사람을 살해하거나 사망에 이르게 함으로써 성립하는 범죄이다.

(2) 주 체

① 강도살인죄(형법 제338조)의 주체인 강도는 준강도죄(형법 제335조)의 강도범인을 포함한다고 할 것이므로 절도가 체포를 면탈할 목적으로 사람을 살해한 때에는 강도살인죄가 성립한다(대판 1987.9.22, 87도1592). ● 사시

② 재물강취의 목적과 수단으로 사람을 살해한 이상 그 살해행위가 강취행위의 전후를 불문하고 또 강취행위의 기수이거나 미수임을 구별치 않고 강도살인죄가 성립한다(대판 1957.10.11, 4290형상313).

(3) 행위 : 강도의 기회에 행해질 것

① 강도살인이라 함은 강도범인이 강도의 기회에 살인행위를 함으로써 성립하는 것이므로, 강도범행의 실행 중이거나 실행 직후 또는 실행의 범의를 포기한 직후로서 사회통념상 범죄행위가 완료되지 아니하였다고 볼 수 있는 단계에서 살인이 행하여짐을 요건으로 한다(대판 1996.7.12, 96도1108). ● 법행

강도살인죄 부정	① 피고인이 피해자 소유의 돈과 신용카드에 대하여 불법영득의 의사를 갖게 된 것이 살해 후 상당한 시간이 지난 후로서 살인의 범죄행위가 이미 완료된 후의 일이라면, 살해 후 상당한 시간이 지난 후에 별도의 범의에 터잡아 이루어진 재물 취거행위를 그보다 앞선 살인행위와 합쳐서 강도살인죄로 처단할 수 없다(대판 2004.6.24, 2004도1098). ② 채무의 존재가 명백할 뿐만 아니라 채권자의 상속인이 존재하고 그 상속인에게 채권의 존재를 확인할 방법이 확보되어 있는 경우에는 비록 그 채무를 면탈할 의사로 채권자를 살해하더라도 일시적으로 채권자측의 추급을 면한 것에 불과하여 재산상 이익의 지배가 채권자측으로부터 범인 앞으로 이전되었다고 보기는 어려우므로, 이러한 경우에는 강도살인죄가 성립할 수 없다(대판 2004.6.24, 2004도1098). ● 사시, 경찰 비교판례 피고인이 채무를 면할 목적으로 피해자를 살해하였고, 또 상속인도 없음을 알고 피해자를 살해함으로써 사실상 그 채권의 추궁을 면한 것과 같은 입장에 놓이리라는 것을 알고 살해하였다면 강도살인죄가 성립한다(대판 1971.4.6, 71도287). ● 사시
강도살인죄 인정	① 강도범행 직후 신고를 받고 출동한 경찰관이 위 범행 현장으로부터 약 150m 지점에서, 화물차를 타고 도주하는 피고인을 발견하고 순찰차로 추적하여 격투 끝에 피고인을 붙잡았으나, 피고인이 너무 힘이 세고 반항이 심하여 수갑도 채우지 못한 채 피고인을 순찰차에 억지로 밀어 넣고서 파출소로 연행하고자 하였는데, 그 순간 피고인이 체포를 면하기 위하여 소지하고 있던 과도로써 옆에 앉아 있던 경찰관을 찔러 사망케 하였다면 피고인의 위 살인행위는 강도행위와 시간상 및 거리상 극히 근접하여 사회통념상 범죄행위가 완료되지 아니한 상태에서 이루어진 것이라고 보여지므로(위 살인

강도 살인죄 인정	행위 당시에 피고인이 체포되어 신체가 완전히 구속된 상태이었다고 볼 수 없다), 강도살인죄에 해당한다(대판 1996.7.12, 96도1108). ● 경찰, 경찰승진 ② 강도가 베개로 피해자의 머리부분을 약 3분간 누르던 중 피해자가 저항을 멈추고 사지가 늘어졌음에도 계속하여 눌러 사망한 경우 강도살인죄가 성립한다(대판 2002.2.8, 2001도6425). ● 경찰, 사시 ③ 술집에 피고인과 술집 주인 두 사람밖에 없는 상황에서 술값의 지급을 요구하는 술집 주인을 살해하고 곧바로 피해자가 소지하던 현금을 탈취한 경우 강도살인죄가 성립한다(대판 1999.3.9, 99도242). ● 사시, 법행 ④ 채무면탈의 목적으로 채권자를 살해하고 동인의 반항능력이 완전히 상실된 것을 이용하여 즉석에서 동인이 소지하고 있던 재물까지 탈취하였다면 살인행위와 재물탈취행위는 서로 밀접하게 관련되어 있어 살인행위를 이용한 재물탈취행위라고 볼 것이므로 이는 강도살인죄에 해당한다(대판 1985.10. 22, 85도1527). ● 사시

② 채무면탈의 목적을 가지고 살해행위에 착수하였다가 미수에 그친 경우 강도살인미수가 성립한다(대판 1964.9.8, 64도310).

(4) 공 범

강도살인죄는 고의범이고 강도치사죄는 이른바 결과적가중범으로서 살인의 고의까지 요하는 것이 아니므로, **수인이 합동하여 강도를 한 경우 그 중 1인이 사람을 살해하는 행위**를 하였다면 그 범인은 강도살인죄의 기수 또는 미수의 죄책을 지는 것이고 다른 공범자도 살해행위에 관한 **고의의 공동이 있었으면** 그 또한 강도살인죄의 기수 또는 미수의 죄책을 지는 것이 당연하다 하겠으나, **고의의 공동이 없었으면** 피해자가 사망한 경우에는 강도치사의, **강도살인이 미수에 그치고 피해자가 상해만 입은 경우**에는 강도상해 또는 치상의, **피해자가 아무런 상해를 입지 아니한 경우**에는 강도의 죄책만 진다고 보아야 할 것이다(대판 1991.11.12, 91도2156).

> **관련판례**
>
> ① 강도살인죄의 공동정범 인정 : 수인이 합동하여 강도를 한 경우 1인이 강취하는 과정에서 간수자를 강타, 사망케 한 때에는 나머지 범인도 이를 예기하지 못한 것으로 볼 수 없는 경우에는 강도살인죄의 죄책을 면할 수 없다 할 것인바, 피고인들이 사전에 금품강취범행을 모의하고 전원이 범행현장에 임하여 각자 범죄의 실행을 분담하였으며 그 과정에 피고인(갑)을 제외한 나머지 3명이 모두 과도 또는 쇠파이프등을 휴대하였고 쇠파이프를 휴대한 피고인(을)이 위 피해자를 감시하였던 상황에 비추어 피고인(을)이 피해자를 강타, 살해하리라는 점에 관하여 나머지 피고인들도 예기할 수 없었다고는 보여지지 아니하므로 피고인들을 모두 강도살인죄의 정범으로 처단함은 정당하다(대판 1984.2.28, 83도3162). ● 경찰승진

② 강도치사죄의 공동정범 인정 : 피고인들이 등산용 칼을 이용하여 노상강도를 하기로 공모한 사건에서 범행 당시 차안에서 망을 보고 있던 피고인 갑이나 등산용 칼을 휴대하고 있던 피고인 을과 함께 차에서 내려 피해자로부터 금품을 강취하려 했던 피고인 병으로서는 그때 우연히 현장을 목격하게 된 다른 피해자를 피고인 을이 소지 중인 등산용 칼로 살해하여 강도살인행위에 이를 것을 전혀 예상하지 못하였다고 할 수 없으므로 피고인들 모두는 강도치사죄로 의율처단 함이 옳다(대판 1990. 11. 27, 90도2262). ● 경찰, 법행, 검찰7급

4. 강도강간죄

제339조 (강도강간) 강도가 사람을 강간한 때에는 무기 또는 10년 이상의 징역에 처한다.
제342조(미수범) 본죄의 미수범은 처벌한다.
제345조 (자격정지의 병과) 본장의 죄를 범하여 유기징역에 처할 경우에는 10년 이하의 자격정지를 병과할 수 있다.

(1) 의 의

강도가 사람을 강간함으로써 성립하는 범죄이다.

(2) 주 체

강도이다. 실행에 착수한 이상 기수·미수를 불문한다.

① 강도강간죄는 강도라는 신분을 가진 범인이 강간죄를 범하였을 때 성립하는 범죄이고 따라서 강간범이 강간행위 후에 강도의 범의를 일으켜 그 부녀의 재물을 강취하는 경우에는 강도강간죄가 아니라 강도죄와 강간죄의 경합범이 성립될 수 있을 뿐이나, 강간범이 **강간행위 종료전 즉 그 실행행위의 계속 중**에 강도의 행위를 할 경우에는 이때에 바로 강도의 신분을 취득하는 것이므로 이후에 그 자리에서 강간행위를 계속하는 때에는 강도가 부녀를 강간한 때에 해당하여 형법 제339조 소정의 강도강간죄를 구성한다(대판 1988. 9. 9, 88도1240). ● 사시, 법행

② 피고인이 강도하기로 모의를 한 후 피해자 갑남으로부터 금품을 빼앗고 이어서 피해자 을녀를 강간하였다면 강도강간죄를 구성한다(대판 1991. 11. 12, 91도2241).
● 경찰

③ 강도강간죄는 강도범인이 강도의 기회에 강간행위를 한 경우에 성립되는 것으로서 강도가 실행에 착수하였으나 아직 강도행위를 완료하기 전에 강간을 한 경우도 이에 포함된다(대판 1984. 10. 10, 84도1880). ● 사시, 법행

④ 강도죄는 재물탈취의 방법으로 폭행, 협박을 사용하는 행위를 처벌하는 것이므로 폭행, 협박으로 타인의 재물을 탈취한 이상 피해자가 우연히 재물탈취 사실을 알지 못하였다고 하더라도 강도죄는 성립하고, 폭행, 협박당한 자가 탈취당한 재물의 소유자 또는 점유자일 것을 요하지도 아니하며, 강간범인이 부녀를 강간할 목

적으로 폭행, 협박에 의하여 반항을 억압한 후 반항억압 상태가 계속 중임을 이용하여 재물을 탈취하는 경우에는 재물탈취를 위한 새로운 폭행, 협박이 없더라도 강도죄가 성립한다(대판 2010.12.9, 2010도9630). ● 경찰, 법원, 사시

(3) 죄 수

강도가 재물강취의 뜻을 재물의 부재로 이루지 못한 채 미수에 그쳤으나 그 자리에서 항거불능의 상태에 빠진 피해자를 간음할 것을 결의하고 실행에 착수했으나 역시 미수에 그쳤더라도 반항을 억압하기 위한 폭행으로 피해자에게 상해를 입힌 경우에는 강도강간미수죄와 강도치상죄가 성립되고 이는 1개의 행위가 2개의 죄명에 해당되어 상상적 경합관계가 성립된다(대판 1988.6.28, 88도820). ● 사시

> **동지판례**
> 강도가 피해자에게 상해를 입혔으나 재물의 강취에는 이르지 못하고 그 자리에서 항거불능 상태에 빠진 피해자를 간음한 경우에는 강도상해죄와 강도강간죄만 성립하고, 그 실행행위의 일부인 강도미수 행위는 위 각 죄에 흡수되어 별개의 범죄를 구성하지 않는다(대판 2010.4.29, 2010도1099).

5. 해상강도죄

> **제340조 (해상강도)** ① 다중의 위력으로 해상에서 선박을 강취하거나 선박내에 침입하여 타인의 재물을 강취한 자는 무기 또는 7년 이상의 징역에 처한다.
> ② 제1항의 죄를 범한 자가 사람을 상해하거나 상해에 이르게 한 때에는 무기 또는 10년 이상의 징역에 처한다.
> ③ 제1항의 죄를 범한 자가 사람을 살해 또는 사망에 이르게 하거나 사람을 강간한 때에는 사형 또는 무기징역에 처한다.
> **제342조(미수범)** 본죄의 미수범은 처벌한다.
> **제345조 (자격정지의 병과)** 본장의 죄를 범하여 유기징역에 처할 경우에는 10년 이하의 자격정지를 병과할 수 있다.

[1] 선장을 비롯한 일부 선원들을 살해하는 등의 방법으로 선박의 지배권을 장악하여 목적지까지 항해한 후 선박을 매도하거나 침몰시키려고 한 경우에 선박에 대한 불법영득의 의사가 있다고 보아 해상강도살인죄로 인정한 사례(페스카마 15호 선상 살인사건)

[2] 사람을 살해한 자가 그 사체를 다른 장소로 옮겨 유기하였을 때에는 별도로 사체유기죄가 성립하고, 이와 같은 사체유기를 불가벌적 사후행위로 볼 수는 없다(대판 1997.7.25, 97도1142).

6. 상습강도죄

> 제341조 (상습범) 상습으로 제333조, 제334조, 제336조 또는 전조 제1항의 죄를 범한 자는 무기 또는 10년 이상의 징역에 처한다.
> 제342조(미수범) 본죄의 미수범은 처벌한다.
> 제345조 (자격정지의 병과) 본장의 죄를 범하여 유기징역에 처할 경우에는 10년 이하의 자격정지를 병과할 수 있다.

7. 강도예비·음모죄

> 제343조 (예비, 음모) 강도할 목적으로 예비 또는 음모한 자는 7년 이하의 징역에 처한다.

[1] 강도예비·음모죄가 성립하기 위해서는 예비·음모 행위자에게 미필적으로라도 '강도'를 할 목적이 있음이 인정되어야 하고 그에 이르지 않고 단순히 '준강도'할 목적이 있음에 그치는 경우에는 강도예비·음모죄로 처벌할 수 없다.

[2] 피고인이 절도목적으로 주택가를 배회하며 범행대상을 물색하다가 체포되었는데 체포당시 피고인은 범행 발각시 체포를 면탈하는데 도움이 될 수 있을 것이라는 생각에서 칼을 휴대하고 있었다면 강도예비·음모죄로 처벌할 수 없다(대판 2006.9.14, 2004도6432). ● 경찰, 사시, 경찰승진

제4절 사기의 죄

I 서 설

사기죄의 보호법익은 재산권이므로, 기망행위에 의하여 국가적 또는 공공적 법익이 침해되었다는 사정만으로 사기죄가 성립한다고 할 수 없다(대판 2019.12.27, 2015도10570). 그러나 기망행위에 의하여 국가적 또는 공공적 법익을 침해한 경우라도 그와 동시에 형법상 사기죄의 보호법익인 재산권을 침해하는 것과 동일하게 평가할 수 있는 때에는 당해 행정법규에서 사기죄의 특별관계에 해당하는 처벌규정을 별도로 두고 있지 않는 한 사기죄가 성립할 수 있다(대판 2008.11.27, 2008도7303).

> **관련판례**
> ① 기망행위에 의하여 조세를 포탈하거나 조세의 환급·공제를 받은 경우에는 조세범처벌법 제9조에서 이러한 행위를 처벌하는 규정을 별도로 두고 있을 뿐만 아니라, 조세를 강제적으로 징수하는 국가 또는 지방자치단체의 직접적인 권력작용을 사기죄의 보호법익인 재산권과 동일하게 평가할 수 없는 것이므로 조세범처벌법 위반죄가 성립함은 별론으로 하고, 형법상 사기죄는 성립하지 않는다(대판 2008.11.27, 2008도7303).
> ● 경간부

② **침해행정 영역**에서 일반 국민이 **담당 공무원을 기망하여 권력작용에 의한 재산권 제한을 면하는 경우**에는 부과권자의 직접적인 권력작용을 사기죄의 보호법익인 재산권과 동일하게 평가할 수 없는 것이므로, 행정법규에서 그러한 행위에 대한 처벌규정을 두어 처벌함은 별론으로 하고, <u>사기죄는 성립할 수 없다</u>(대판 2019.12.24, 2019도2003).

③ 주유소 운영자가 농·어민 등에게 조세특례제한법에 정한 면세유를 공급한 것처럼 <u>위조한 면세유류공급확인서로 정유회사를 기망하여 면세유를 공급받음</u>으로써 면세유와 정상유의 가격 차이 상당의 이득을 취득한 경우, 정유회사에 대하여 사기죄를 구성하는 것은 별론으로 하고, <u>국가 또는 지방자치단체를 기망하여 국세 및 지방세의 환급세액 상당을 편취한 것으로 볼 수 없다</u>(대판 2008.11.27, 2008도7303). ● 경찰

Ⅱ 사기죄

제347조 (사기) ① 사람을 기망하여 재물의 교부를 받거나 재산상의 이익을 취득한 자는 10년 이하의 징역 또는 2천만원 이하의 벌금에 처한다.
② 전항의 방법으로 제삼자로 하여금 재물의 교부를 받게 하거나 재산상의 이익을 취득하게 한 때에도 전항의 형과 같다.
제352조 (미수범) 본죄의 미수범은 처벌한다.
제353조 (자격정지의 병과) 본장의 죄에는 10년 이하의 자격정지를 병과할 수 있다.
제354조 (친족간의 범행, 동력) 제328조와 제346조의 규정은 본장의 죄에 준용한다.

1. 객관적 구성요건

(1) 주 체

<u>甲이 금융기관에 피고인 명의로 예금을 하면서 자신만이 이를 인출할 수 있게 해달라고 요청하여 금융기관 직원이 예금관련 전산시스템에 '甲이 예금, 인출 예정'이라고 입력하였고 피고인도 이의를 제기하지 않았는데, 그 후 피고인이 금융기관을 상대로 예금 지급을 구하는 소를 제기하였다가 금융기관의 변제공탁으로 패소한 경우</u>, 제반 사정에 비추어 금융기관과 甲 사이에 실명확인 절차를 거쳐 서면으로 이루어진 피고인 명의의 예금계약을 부정하여 예금명의자인 피고인의 예금반환청구권을 배제하고, 甲에게 이를 귀속시키겠다는 명확한 의사의 합치가 있었다고 인정할 수 없어 <u>예금주는 여전히 피고인이라는 이유로</u>, 이와 달리 예금주가 甲이라는 전제하에 피고인에게 사기미수죄를 인정한 원심판단에 예금계약의 당사자 확정 방법에 관한 법리오해의 위법이 있다(대판 2011.5.13, 2009도5386). ☞ 피고인에게는 사기미수죄가 성립하지 않는다. 즉 무죄이다. ● 경찰승진

(2) 행위객체

① 재 물

> **관련판례**
>
> ① **무효인 약속어음공정증서**도 그 증서 자체에 이를 무효로 하는 사유의 기재가 없고 외형상 권리의 무를 증명함에 족한 체제를 구비하고 있는 한 그 증서는 형법상의 재물로서 사기죄의 객체가 됨에 아무런 지장이 없다(대판 1995.12.22, 94도3013). ● 사시
>
> ② 발행인의 자금부족으로 지급장소에서 지급되지 아니하는 **약속어음**이라도 사기죄의 객체가 된다 (대판 1985.3.9, 85도951). ● 경찰승진
>
> ③ **보험가입사실증명원**은 교통사고를 일으킨 차가 교통사고처리특례법 제4조에서 정한 취지의 보험에 가입하였음을 보험회사가 증명하는 내용의 문서일 뿐이고 거기에 재물이나 재산상의 이익의 처분에 관한 사항을 포함하고 있는 것은 아니므로, 이러한 문서의 불법취득에 의해 침해된 또는 침해될 우려가 있는 법익은 보험가입사실증명원인 서면 그 자체가 아니고 그 문서가 교통사고처리특례법 제4조에 정한 보험에 가입한 사실의 진위에 관한 내용이라고 할 것이고, 따라서 이러한 증명에 의하여 사기죄에서 말하는 재물이나 재산상의 이익이 침해된 것으로 볼 것은 아니어서 보험가입사실증명원은 사기죄의 객체가 되지 아니한다(대판 1997.3.28, 96도2625). ● 경찰, 사시
>
> ④ **인감증명서**는 다른 특별한 사정이 없는 한 재산적 가치를 가지는 것이어서 형법상의 '재물'에 해당한다고 할 것이어서 그 소지인을 기망하여 인감증명서를 편취하는 것은 그 소지인에 대한 관계에서 사기죄가 성립한다. 따라서 **피고인이 피해자에게서 매수한 재개발아파트 수분양권을 이미 매도하였는데도 마치 자신이 피해자의 입주권을 정당하게 보유하고 있는 것처럼 피해자의 딸과 사위에게 거짓말하여 피해자 명의의 인감증명서 3장을 교부받은 경우**, 재물의 편취에 의한 사기죄가 성립한다(대판 2011.11.10, 2011도9919). ● 법행

② 재산상 이익

㉠ 형법 제347조에서 말하는 재산상 이익 취득은 그 재산상의 이익을 법률상 유효하게 취득함을 필요로 하지 아니하고 그 이익 취득이 **법률상 무효라 하여도 외형상 취득한 것이면 족하다. 따라서 통정허위표시로서 무효인 임대차계약에 기초하여 임차권등기명령을 받아 임차권등기를 마친 경우**, 외형상 임차인으로서 취득하게 되는 권리는 사기죄의 객체인 '재산상 이익'에 해당한다(대판 2012.5.24, 2010도12732). ● 경간부

㉡ 경제적 이익을 기대할 수 있는 자금운용의 권한 내지 지위의 획득도 그 자체로 경제적 가치가 있는 것으로 평가할 수 있다면 사기죄의 객체인 재산상의 이익에 포함된다. 따라서 **피고인이 자신이 개발한 주식운용프로그램을 이용하면 상당한 수익을 낼 수 있고 만일 손해가 발생하더라도 원금과 은행 정기예금 이자 상당의 반환은 보장하겠다는 취지로 피해자 甲을 기망하여 甲의 자금이 예치된 甲 명의 주식계좌에 대한 사용권한을 부여받은 경우**, 甲을 기망하여 그러한 권한과 지위를 획득한 것 자체를 사기죄의 객체인 재산상 이익을 취득한 것으로 볼 수 있으므로 피고인에게는 사기죄가 성립한다(대판 2012.9.27, 2011도282). ● 경찰

ⓒ **비트코인**은 경제적인 가치를 디지털로 표상하여 전자적으로 이전, 저장과 거래가 가능하도록 한 가상자산의 일종으로 사기죄의 객체인 재산상 이익에 해당한다(대판 2021.11.11, 2021도9855).

> **판례 정리** ··· 재산상 이익 취득을 인정한 경우

1. 피고인이 피해자를 기망하여 **연대보증인으로** 서명하게 한 행위는 사기죄가 성립한다(대판 1983.2.22, 82도2555). ● 경찰, 사시
2. 아파트 소유권이전등기청구권을 가압류당한 아파트 수분양권자가 위 청구권을 행사하거나 아파트를 매도할 수 없게 되자 가압류채권자에게 가압류를 해제하여 주면 아파트 매도대금으로 채무를 변제하겠다고 거짓말하여 이에 속은 채권자로부터 가압류해제신청서를 받아 가압류를 해제한 후 아파트를 매도하였으면서도 위 채무를 변제하지 아니한 사안에서, 위 수분양권자로서는 **가압류가 해제**됨으로써 아파트 매도가 용이해져 매도대금을 수령할 수 있게 된 이익이 있으므로 가압류청구금액 상당의 재산상의 이익을 취득한 사기죄가 성립한다(대판 2007.7.26, 2007도3160). ● 사시, 법행

> **관련판례**
> 부동산가압류결정을 받아 부동산에 관한 가압류집행까지 마친 자가 그 가압류를 해제하면 소유자는 가압류의 부담이 없는 부동산을 소유하는 이익을 얻게 되므로, 가압류를 해제하는 것 역시 사기죄에서 말하는 재산적 처분행위에 해당하고, 그 이후 가압류의 피보전채권이 존재하지 않는 것으로 밝혀졌다고 하더라도 가압류의 해제로 인한 재산상의 이익이 없었다고 할 수 없다(대판 2007.9.20, 2007도5507). ● 법행, 사시, 경찰승진

3. 사기죄에 있어서 **채무이행을 연기**받는 것도 재산상의 이익이 되므로, 채무자가 채권자에 대하여 소정기일까지 지급할 의사와 능력이 없음에도 종전 채무의 변제기를 늦출 목적에서 어음을 발행 교부한 경우에는 사기죄가 성립한다(대판 1997.7.25, 97도1095). ● 사시, 법행
4. 채무자의 기망행위로 인하여 채권자가 **채무를 확정적으로 소멸 내지 면제시키는 특약** 등 처분행위를 한 경우에는 채무의 면제라고 하는 재산상 이익에 관한 사기죄가 성립하고, 후에 재산적 처분행위가 사기를 이유로 민법에 따라 취소될 수 있다고 하여 달리 볼 것은 아니다. 따라서 피고인이 피해자들을 기망하여 부동산을 매도하면서 매매대금 중 일부를 피해자들의 피고인에 대한 기존 채권과 상계하는 방법으로 지급받아 채무 소멸의 재산상 이익을 취득한 경우, 피고인이 상계에 의하여 기존 채무가 소멸되는 재산상 이익을 취득하였다고 보이므로 사기죄가 인정된다(대판 2012.4.13, 2012도1101). ● 법행

> **판례 정리** ··· 재산상 이익 취득을 부정한 경우

1. **위조된 약속어음을 진정한 약속어음인 것처럼 속여 기왕의 물품대금채무의 변제를 위하여 채권자에게 교부**하였다고 하여도 어음이 결제되지 않는 한 물품대금채무가 소멸되지 아니하므로 사기죄는 성립되지 않는다(대판 1983.4.12, 82도2938). ● 사시, 법행
2. **자기의 채권자에 대한 채무이행으로 채권을 양도하였다 하더라도 위 채권이 존재하지 않는다면** 이를 양도하였다 하여 권리이전의 효력을 발생할 수 없는 것이고 따라서 채권자에 대한 기존의 채무도 소멸하는 것이 아니므로 채무면탈의 효과도 발생할 수 없어 위 채권의 양도로써 재산상의 이득을 취하였다고는 볼 수 없으므로 사기죄는 성립하지 않는다(대판 1985.3.12, 85도74).
3. 치료비채무의 이행을 모면하기 위하여 피고인이 거짓말을 하고 입원환자(처)와 함께 병원을 빠져 나와 도주하였다 하여도 그것만으로서는 피고인이 위 치료비의 지급채무를 면탈받은 것은 아니라 할 것이므로 사기죄가 될 수 없다(대판 1970.9.22, 70도1615). ● 사시
4. 법원을 기망하여 **부재자의 재산관리인으로 선임된 것만**으로 어떤 재산권이나 재산상의 이익을 얻은 것이라고 볼 수 없으므로 그 행위를 사기죄에 해당한다고 볼 수 없다(대판 1973.9.25, 73도1080). ● 경찰

(3) 기망행위

① **기망행위의 대상**: 기망은 널리 재산상의 거래관계에 있어서 서로 지켜야 할 신의와 성실의 의무를 저버리는 모든 적극적 또는 소극적 행위를 말하는 것으로서, 반드시 법률행위의 중요부분에 관한 허위표시임을 요하지 아니하고, 상대방을 착오에 빠지게 하여 행위자가 희망하는 재산적 처분행위를 하도록 하기 위한 판단의 기초가 되는 사실에 관한 것이면 충분하다(대판 1999.2.12. 98도3549). ●경찰승진

> **관련판례**
>
> ① **도급계약에서 편취에 의한 사기죄의 성립 여부**는 계약 당시를 기준으로 피고인에게 일을 완성할 의사나 능력이 없음에도 피해자에게 일을 완성할 것처럼 거짓말을 하여 피해자로부터 일의 대가 등을 편취할 고의가 있었는지 여부에 의하여 판단하여야 한다. 따라서 도급계약이나 물품구매 조달계약 체결 당시 관련 영업 또는 업무를 규제하는 행정법규나 입찰 참가자격, 계약절차 등에 관한 규정을 위반한 사정이 있더라도 그러한 사정만으로 도급계약을 체결한 행위가 기망행위에 해당한다고 단정해서는 안 되고, 그 위반으로 말미암아 계약 내용대로 이행되더라도 일의 완성이 불가능하였다고 평가할 수 있을 만큼 그 위법이 일의 내용에 본질적인 것인지 여부를 심리·판단하여야 한다(대판 2023.1.12. 2017도14104). ☞ 자본금 요건과 기술자 보유 요건을 가장하여 전문건설업을 부정 등록한 무자격 건설업자로 전문공사를 하도급받을 수 없었음에도, 이를 바탕으로 공사 발주기관을 기망하여 특허 사용협약을 체결하고, 해당 공사를 낙찰받은 건설회사 담당자를 기망하여 하도급 계약을 체결한 후, 각 계약들에 따른 공사대금을 지급받은 사례임
>
> ② 민간사업자가 국민주택건설자금으로 사용할 것처럼 용도를 속여 대출받아 대출자금 중 일부를 나중에 국민주택건설자금으로 사용한 경우 대출금전액에 대한 사기죄가 성립한다(대판 2002.7.26. 2002도2620). ●사시, 법행
>
> ③ 명의상의 학원원장에 불과한 자가 창업자금 대출금 중 일부를 개인적인 용도로 사용할 생각이었음에도 불구하고 위 대출금을 학원 운전자금 용도로 사용하겠다면서 보증을 신청하여 대출받은 경우 사기죄가 성립한다(대판 2003.12.12. 2003도4450). ●경찰
>
> ④ 사기도박
>
> [1] 도박이란 2인 이상의 자가 상호간에 재물을 도(賭)하여 우연한 승패에 의하여 그 재물의 득실을 결정하는 것이므로, 이른바 **사기도박**과 같이 도박당사자의 일방이 사기의 수단으로써 승패의 수를 지배하는 경우에는 도박에서의 우연성이 결여되어 **사기죄만 성립하고 도박죄는 성립하지 아니한다**.
>
> [2] 사기죄는 편취의 의사로 기망행위를 개시한 때에 실행에 착수한 것으로 보아야 하므로, 사기도박에서도 사기적인 방법으로 도금을 편취하려고 하는 자가 상대방에게 도박에 참가할 것을 권유하는 등 기망행위를 개시한 때에 실행의 착수가 있는 것으로 보아야 한다.
>
> [3] 피고인 등이 사기도박에 필요한 준비를 갖추고 그러한 의도로 피해자들에게 도박에 참가하도록 권유한 때 또는 늦어도 그 정을 알지 못하는 피해자들이 도박에 참가한 때에는 이미 사기죄의 실행에 착수하였다고 할 것이므로, 피고인 등이 그 후에 사기도박을 숨기기 위하여 얼마간 정상적인 도박을 하였더라도 이는 사기죄의 실행행위에 포함되는 것이어서 피고인에 대하여는 피해자들에 대한 사기죄만이 성립하고 도박죄는 따로 성립하지 아니한다.

[4] 피고인 등이 피해자들을 유인하여 사기도박으로 도금을 편취한 행위는 사회관념상 1개의 행위로 평가하는 것이 타당하므로, 피해자들에 대한 각 사기죄는 상상적 경합의 관계에 있다고 보아야 함에도, 위 각 죄가 실체적 경합의 관계에 있는 것으로 보고 경합범 가중을 한 원심판결에 사기죄의 죄수에 관한 법리오해의 위법이 있다고 한 사례(대판 2011.1.13, 2010도9330). ● 사시, 경찰

⑤ 사기죄가 성립하기 위해서는 기망행위와 상대방의 착오 및 재물의 교부 또는 재산상의 이익의 공여와의 사이에 순차적인 인과관계가 있어야 하지만, 착오에 빠진 원인 중에 피기망자 측에 과실이 있는 경우에도 사기죄가 성립한다(대판 2009.6.23, 2008도1697.) ● 법행

⑥ 용도를 속여 국민주택 건설자금을 대출받음에 있어, 기금 대출사무를 위탁받은 은행의 일선 담당직원이 대출금이 지정된 용도에 사용되지 않을 것이라는 점을 알고 있었다 하더라도, **대출 신청액이 일정한 금액을 초과하는 경우**에는 은행장이 대출 승인 여부를 결정할 권한이 있으므로, **은행장을 피기망자**라고 보아 사기죄의 성립이 인정된다(대판 2002.7.26, 2002도2620). ● 해경

② 기망행위의 수단·방법
　㉠ 작위에 의한 기망

| 기망 O (사기죄 O) | ① 피고인이 접속 후 매 30초당 정보이용료 1,000원이 부과되는 060회선을 임차하여 휴대폰 사용자들인 피해자들에게 음악편지도착 등의 문자 메세지를 무작위로 보내어 마치 아는 사람으로부터 음악 및 음성메세지가 도착한 것으로 오인하게 하여 통화버튼을 눌러 접속하게 한 후 정보이용료가 부가하게 된 경우 사기죄가 성립한다(대판 2004.10.15, 2004도4705). ● 경찰승진
② 실질적으로는 통원치료를 하였음에도 의사와 짜고 입원치료를 받은 것처럼 허위사실을 기재한 요양급여비용 청구서를 작성하게 한 후 국민건강보험공단에 발송하여 입원치료에 대한 요양급여를 지급받은 경우 사기죄가 성립한다(대판 2006.1.12, 2004도6547). ● 경찰승진
③ 절도범인이 절취한 장물을 자기 것인양 제3자에게 담보로 제공하고 금원을 편취한 경우에는 별도의 사기죄가 성립된다(대판 1980.11.25, 80도2310). ● 법행
　유사판례
　절취한 은행예금통장을 이용하여 은행원을 기망해서 진실한 명의인이 예금을 찾는 것으로 오신시켜 예금을 편취한 것이라면 새로운 법익의 침해로 절도죄 외에 따로 사기죄가 성립한다(대판 1974.11.26, 74도2817).
④ 피고인이 파산신청 2년 전부터 불과 40여 일 전까지 여러 사람들로부터 돈을 빌려서 채무변제와 생활비 등으로 사용한 것은 사기죄를 구성한다(대판 2007.11.29, 2007도8549). ● 경찰승진 |

⑤ 교주인 피고인이 자신을 스스로 구제주로 지칭하면서 **헌금하지 않는 신도는 영생할 수 없다**고 설교하여 신도들로부터 헌금 명목으로 금원을 교부받았다면 사기죄가 성립한다(대판 1995.4.28, 95도250). ● 검찰

⑥ 피고인이 피해자에게 불행을 고지하거나 길흉화복에 관한 어떠한 결과를 약속하고 **기도비** 등의 명목으로 대가를 교부받은 경우에 <u>전통적인 관습 또는 종교행위로서 허용될 수 있는 한계를 벗어났다면 사기죄에 해당한다</u>(대판 2017.11.9, 2016도12460). ● 법행

⑦ 결제될 가망이 없는 어음이나 수표를 담보로 제공하거나 할인을 받고 재물을 취득한 때(대판 1971.1.26, 70도2495) ● 경찰승진

⑧ 비의료인이 개설한 의료기관이 마치 의료법에 의하여 적법하게 개설된 요양기관인 것처럼 국민건강보험공단에 요양급여비용의 지급을 청구하는 것은 국민건강보험공단으로 하여금 요양급여비용 지급에 관한 의사결정에 착오를 일으키게 하는 것으로서 사기죄의 기망행위에 해당하고, 이러한 기망행위에 의하여 국민건강보험공단에서 요양급여비용을 지급받을 경우에는 <u>사기죄가 성립한다</u>. 이 경우 의료기관의 개설인인 비의료인이 개설 명의를 빌려준 의료인으로 하여금 환자들에게 요양급여를 제공하게 하였다 하여도 마찬가지이다(대판 2015.7.9, 2014도11843). ● 법원

기망 O
(사기죄 O)

> **참조판례**
>
> ① 비의료인이 개설한 의료기관이라고 하더라도, 면허를 갖춘 의료인을 통해 피해자에 대한 진료가 이루어지고 보험회사 등에 자동차손해배상 보장법에 따라 자동차보험진료수가를 청구한 것이라면 보험회사 등으로서는 특별한 사정이 없는 한 그 지급을 거부할 수 없다고 보아야 한다. 따라서 피해자를 진료한 의료기관이 위 의료법 규정에 위반되어 개설된 것이라는 사정은 피해자나 해당 의료기관에 대한 보험회사 등의 자동차보험진료수가 지급의무에 영향을 미칠 수 있는 사유가 아니어서, 해당 의료기관이 보험회사 등에 이를 고지하지 아니한 채 그 지급을 청구하였다고 하여 사기죄에서 말하는 기망이 있다고 볼 수는 없다(대판 2018.4.10, 2017도17699).
>
> ② 의료인으로서 자격과 면허를 보유한 사람이 의료법에 따라 의료기관을 개설하여 건강보험의 가입자 또는 피부양자에게 국민건강보험법에서 정한 요양급여를 실시하고 국민건강보험공단으로부터 요양급여비용을 지급받았다면, 설령 그 의료기관이 다른 의료인의 명의로 개설·운영되어 의료법 제4조 제2항을 위반하였더라도 그 자체만으로는 국민건강보험법상 요양급여비용을 청구할 수 있는 요양기관에서 제외되지 아니하므로, 달리 요양급여비용을 적법하게 지급받을 수 있는 자격 내지 요건이 흠결되지 않는 한 국민건강보험공단을 피해자로 하는 사기죄를 구성한다고 할 수 없다(대판 2019.5.30, 2019도1839).
>
> ③ 적법하게 개설되지 아니한 의료기관의 실질 개설·운영자가 적법하게 개설된 의료기관인 것처럼 의료급여비용 지급을 청구하여 이에 속은 국민건강보험공단으로부터 의료급여비용 명목의 금원을 지급받아 편취한 경우 국민건강보험공단을 피해자로 보아야 하고, 의료급여비용이 시·도에 설치된 의료급여기금을 재원으로 지급된다거나, 의료급여비용 편취 범행으로 인한 재산상 손해가 최종적으로 국민건강보험공단에 귀속되지 않는다고 하여 달리 볼 것은 아니다(대판 2023.10.26, 2022도90). ● 법행 ☞ 피해자는 시, 구, 군청이 아니다.

기망 O (사기죄 O)	⑨ **융통어음**을 할인함에 있어 그 상대방에 대하여 그 어음이 이른바 **진성어음인 것처럼** 하기 위하여 적극적인 위장수단을 강구하여 할인명목으로 돈을 교부케 한 행위도 사기죄를 구성하고, 그 할인을 받음에 있어 일부의 담보를 제공하였다 하여 결론이 달라지는 것은 아니므로, 담보가액을 공제하지 아니한 편취 금액 전부에 대하여 사기죄가 성립한다(대판 1997.7.25, 97도1095). ● 경찰승진 ⑩ 의사인 피고인이 전화를 이용하여 진찰한 것임에도 내원 진찰인 것처럼 가장하여 국민건강보험관리공단에 요양급여비용을 청구함으로써 진찰료 등을 편취한 경우 사기죄가 성립한다(대판 2013.4.26, 2011도10797). ⑪ 보험계약자가 보험계약 체결시 보험금액이 목적물의 가액을 현저하게 초과하는 초과보험 상태를 의도적으로 유발한 후 보험사고가 발생하자 초과보험 사실을 알지 못하는 보험자에게 목적물의 가액을 묵비한 채 보험금을 청구하여 보험금을 교부받은 경우, 보험자가 보험금액이 목적물의 가액을 현저하게 초과한다는 것을 알았더라면 같은 조건으로 보험계약을 체결하지 않았을 뿐만 아니라 협정보험가액에 따른 보험금을 그대로 지급하지 아니하였을 관계가 인정된다면, <u>보험계약자가 초과보험 사실을 알지 못하는 보험자에게 목적물의 가액을 묵비한 채 보험금을 청구한 행위는 사기죄의 실행행위로서의 기망행위에 해당한다</u>(대판 2015.7.23, 2015도6905). ☞ 보험대상인 말(馬)의 가격을 속여 보험가입을 한 사건 ● 법원
기망 X (사기죄 X)	① 피고인들이 매수인들에게 토지의 매수를 권유하면서 언급한 내용이 객관적 사실에 부합하거나 비록 확정된 것은 아닐지라도 **연구용역 보고서와 신문스크랩 등에 기초한** 것으로서 사기죄에 있어서 기망행위에 해당한다고 보기는 어렵다(대판 2007.1.25, 2004도45). ● 경찰승진 **비교판례** 부동산 관련 업체가 지방자치단체의 특정 용역보고서만을 근거로 확정되지도 않은 개발계획이 마치 확정된 것처럼 허위 또는 과장된 정보를 제공하여 매수인들과 토지매매계약을 체결한 사안에서, 사기죄가 성립한다(대판 2008.10.23, 2008도6549). ● 사시, 법행 ② **공사대금채권과 대여금채권을 합산하여 임대차보증금반환채권으로 전환하기로 합의**하여 임대차계약을 체결하고, 실제로 임차인이 임대차목적물에 거주하면서 주민등록전입신고를 하고 확정일자를 받은 경우, 임차인이 이에 기하여 경매법원으로부터 배당을 받은 행위를 사기죄로 의율할 수 없다(대판 2004.7.22, 2003도6412). ● 법행, 경찰승진 ③ 타인의 일반전화를 무단으로 이용하여 전화통화를 하는 행위는 한국전기통신공사의 통신매개 역무를 부당하게 이용한 것에 불과하고 한국전기통신공사가 착오에 빠져 처분행위를 한 것이라고 볼 수 없으므로 사기죄를 구성하지 않는다(대판 1999.6.25, 98도3891). ④ 임상병리사가 아닌 간호사가 당직의사의 지도하에서 제한적으로 환자에 대하여 심전도 검사를 하고, 의료법인 대표가 이에 대한 검사료를 청구하여 보험금을 수령한 경우 편취행위에 해당하지 않는다(대판 2009.6.11, 2009도794).

⑤ [1] 국민건강보험법 제48조 제1항 제1호에서는 고의 또는 중대한 과실로 인한 범죄행위에 기인하거나 고의로 보험사고를 발생시킨 경우 이에 대한 보험급여를 제한하도록 규정하고 있는데, 여기서 '고의 또는 중대한 과실로 인한 범죄행위에 기인한 경우'는 '고의 또는 중대한 과실로 인한 자기의 범죄행위에 전적으로 기인하여 보험사고가 발생하였거나 고의 또는 중대한 과실로 인한 자신의 범죄행위가 주된 원인이 되어 보험사고가 발생한 경우'를 말하는 것으로 해석함이 상당하다.
[2] **타인의 폭행으로 상해를 입고 병원에서 치료를 받으면서, 상해를 입은 경위에 관하여 거짓말을 하여 국민건강보험공단으로부터 보험급여 처리를 받은 경우**, 위 상해는 '전적으로 또는 주로 피고인의 범죄행위에 기인하여 입은 상해'라고 할 수 없으므로 사기죄는 성립하지 않는다(대판 2010.6.10, 2010도1777). ●경찰승진

⑥ 부동산소유권이전등기에관한특별조치법에 의거하여 임야의 사실상의 양수자가 확인서발급 신청을 하자 피고인이 위조된 계약서 사본을 첨부하여 위 임야의 소유자라고 허위 주장하여 이의신청을 한 결과 위 확인서 발급신청이 기각되었다 하더라도 위 임야를 편취하려는 기망행위에 나아간 것이라고 보기 어렵다(대판 1983.3.9, 81도2767). ●경찰승진

⑦ **피고인 등이 피해자 A 등에게 자동차를 매도하겠다고 거짓말하고 자동차를 양도하면서 매매대금을 편취한 다음, 자동차에 미리 부착해 놓은 지피에스(GPS)로 위치를 추적하여 자동차를 절취한 경우**, 피고인이 A 등에게 자동차를 인도하고 소유권이전등록에 필요한 일체의 서류를 교부함으로써 A 등이 언제든지 자동차의 소유권이전등록을 마칠 수 있게 된 이상, 피고인이 자동차를 양도한 후 다시 절취할 의사를 가지고 있었더라도 자동차의 소유권을 이전하여 줄 의사가 없었다고 볼 수 없고, 피고인이 자동차를 매도할 당시 곧바로 다시 절취할 의사를 가지고 있으면서도 이를 숨긴 것을 기망이라고 할 수 없어, 결국 피고인이 자동차를 매도할 당시 기망행위가 없었으므로, 피고인에게 사기죄가 성립하지 않는다(대판 2016.3.24, 2015도17452).

ⓒ 부작위에 의한 기망 : 부작위에 의한 기망은 **법률상 고지의무 있는 자가** 일정한 사실에 관하여 **상대방이 착오에 빠져 있음을 알면서도 그 사실을 고지하지 아니함**을 말하는 것으로서, 일반거래의 경험칙상 상대방이 그 사실을 알았더라면 당해 법률행위를 하지 않았을 것이 명백한 경우에는 신의칙에 비추어 그 사실을 고지할 법률상 의무가 인정된다(대판 2006.2.23, 2005도8645). ●사시

> 참조판례
> 어떤 법률행위를 하려는 사람이 그 법률행위에 따른 상대방의 법률상 지위에 아무런 영향도 미칠 수 없는 사유까지 상대방에게 고지할 의무가 있다고 볼 수는 없다. 따라서 **피고인이 부동산에 대해 甲과 신탁금지약정을 체결한 사실을 乙 은행에 알리지 아니한 채 위 부동산을 담보신탁하고 乙 은행에서 대출을 받은 경우**, 신탁금지약정 사실을 고지하지 아니하였다고 하여 乙 은행을 기망하였다고 평가할 수 없으므로 사기죄는 성립되지 않는다(대판 2012.4.13, 2011도2989). ●경찰

부작위에 의한 기망 O (사기죄 O)	① 특정 시술을 받으면 아들을 낳을 수 있을 것이라는 착오에 빠져있는 피해자들에게 그 시술의 효과와 원리에 관하여 <u>사실대로 고지하지 아니한 채</u> 아들을 낳을 수 있는 시술인 것처럼 가장하여 일련의 시술과 처방을 행한 의사에게는 사기죄가 성립한다(대판 2000.1.28, 99도2884). ●사시, 법행 ② <u>편취한 약속어음을 그와 같은 사실을 모르는 제3자에게 편취사실을 숨기고 할인받는 행위</u>는 당초의 어음 편취와는 별개의 새로운 법익을 침해하는 행위로서 기망행위와 할인금의 교부행위 사이에 상당인과관계가 있어 <u>새로운 사기죄를 구성한다</u> 할 것이고, 설령 그 약속 어음을 취득한 제3자가 선의이고 약속어음의 발행인이나 배서인이 어음금을 지급할 의사와 능력이 있었다 하더라도 이러한 사정은 사기죄의 성립에 영향이 없다(대판 2005.9.30, 2005도5236). ●경간부 **유사판례** ㉠ 부동산매매에 있어서 <u>매매목적물에 관하여 소유권귀속에 관한 분쟁이 있어 재심소송이 계속중에 있다면</u> 이러한 사정들은 특별한 사정이 없는 한 매수인으로서는 매매계약의 체결 여부를 결정짓는 매우 중요한 요소이므로 매도인은 거래의 신의성실의 원칙상 매수인에게 <u>고지할 의무가 있다</u> 할 것이고 매도인 이 매수인에게 <u>소송계속사실을 숨기고 매도하여 대금을 교부받았다면 이는 사기죄를 구성한다</u>(대판 1986.9.9, 86도956). ●경찰 ㉡ 토지에 대하여 도시계획이 입안되어 있어 장차 <u>협의매수되거나 수용될 것이라는 사정을 매수인에게 고지하지 아니한 행위가 부작위에 의한 사기죄를 구성한다</u>고 본 사례(대판 1993.7.13, 93도14). ●경찰, 법행, 사시 ㉢ 토지를 매도함에 있어서 채무담보를 위한 <u>가등기와 근저당권설정등기가 경료되어 있는 사실을 숨기고</u> 이를 고지하지 아니하여 매수인이 이를 알지 못한 탓으로 그 토지를 매수하였다면 이는 사기죄를 구성한다(대판 1981.8.20, 81도1638). ●사시 ㉣ 여관건물이 경매진행 중임에도 불구하고 이를 알리지 않고 임대하여 보증금을 수령한 경우(대판 1998.12.8, 98도3263 ; 임차인이 등기부를 확인·열람하는 것이 가능하더라도 사기죄 성립). ●경찰 ㉤ 제3자가 매도인을 상대로 대지 및 지상건물에 대한 명도소송을 제기하여 계속중이고 <u>점유이전금지가처분까지 되어 있는 사실</u>을 매수인이 알았다면 거래의 경험칙상 위 대지를 매수하지 아니하였을 것이 분명하므로 신의성실의 원칙에 따라 매도인은 위와 같은 소송관계를 매수인에게 <u>고지할 법률상 의무가 있다</u>(대판 1985.3.26, 84도301). ●해경 ③ 비록 토지의 소유자로 등기되어 있다고 하더라도 자신이 진정한 소유자가 아닌 사실을 알게 된 이상, 당해 토지의 수용보상금을 수령함에 있어서 당해 토지를 수용한 기업자나 공탁공무원에게 그러한 사실을 고지하여야 할 의무가 있다고 보아야 할 것이고, 이러한 사실을 고지하지 아니한 채 수용보상금으로 공탁된 공탁금의 출급을 신청하여 이를 수령한 이상 사기죄가 성립한다(대판 1994.10.14, 94도1911). ●경찰승진 ④ 수표나 어음이 지급기일에 결제되지 않으리라는 점을 예견하였거나 지급기일에 지급될 수 있다는 확신이 없으면서도 그러한 내용을 수취인에게 고지하지 아니하고 이를 속여서 할인을 받으면 사기죄가 성립한다(대판 1998.12.9, 98도3282). ●사시, 법행

| | ⑤ 물품의 국내 독점판매계약을 체결하면서 그 물건이 이미 다른 사람에 의하여 판매되고 있음을 고지하지 않은 경우, 이는 고지할 사실을 묵비함으로써 상대방을 기망한 것이 되어 사기죄를 구성한다(대판 1996.7.30, 96도1081).
● 사시, 법행, 경찰
⑥ 사채업자가 대출희망자로부터 대출을 의뢰받은 다음 대출희망자가 <u>자동차의 실제 구입자가 아니어서 자동차할부금융의 대상이 되지 아니함에도</u> 그가 실제로 자동차를 할부로 구입하는 것처럼 그 명의의 대출신청서 등 관련 서류를 작성한 후 이를 할부금융회사에 제출하여 <u>자동차할부금융으로 대출금을 받은 경우</u>, 할부금융회사로서는 그러한 사정을 알았더라면 할부금융대출을 실시하지 않았을 것이므로, 사채업자가 이를 고지하지 아니한 채 그 대출금을 지급받은 행위는 할부금융회사를 기망한 것이 되어 사기죄를 구성한다(대판 2004.4.9, 2003도7828). ● 법행
⑦ 주식매도인이 주식매수인에게 주식거래의 목적물이 <u>증자 전의 주식이 아니라 증자 후의 주식이라는 점</u>을 제대로 알리지 않은 것이 사기죄의 기망행위에 해당한다(대판 2006.10.27, 2004도6503).
● 사시, 법행 |
|:---:|:---|
| 부작위에 의한 기망 O (사기죄 O) | ⑧ 오로지 어업피해보상금을 수령할 목적으로 어업면허를 취득한 후 실제로 아무런 양식어업행위를 하지 않았으면서도 양식어업행위를 한 것처럼 관계 서류를 꾸며 놓고 어업피해조사를 나온 연구원에게 연평균어획량을 허위로 대답하여 어업피해보상기관으로부터 <u>어업피해보상금을 수령한 경우</u> 사기죄가 성립한다(대판 2004.6.11, 2004도1553).
● 경찰승진
⑨ 연구책임자가 처음부터 소속 학생연구원들에 대한 개별 지급의사 없이 공동관리계좌를 관리하면서 사실상 그 처분권을 가질 의도하에 이를 숨기고 산학협력단에 연구비를 신청하여 이를 지급받았다면 이는 산학협력단에 대한 관계에 있어 기망에 의한 편취행위에 해당한다(대판 2021.9.9, 2021도8468). ● 경찰
⑩ 매수인이 매도인에게 매매잔금을 지급함에 있어 착오에 빠져 지급해야 할 금액을 초과하는 돈을 교부하는 경우, 매도인이 사실대로 고지하였다면 매수인이 그와 같이 초과하여 교부하지 아니하였을 것임은 경험칙상 명백하므로, **매도인이 매매잔금을 교부받기 전 또는 교부받던 중에 그 사실을 알게 되었을 경우**에는 특별한 사정이 없는 한 매도인으로서는 매수인에게 사실대로 고지하여 매수인의 그 착오를 제거하여야 할 신의칙상 의무를 지므로 그 의무를 이행하지 아니하고 매수인이 건네주는 돈을 그대로 수령한 경우에는 사기죄에 해당될 것이지만, 그 사실을 미리 알지 못하고 매매잔금을 건네주고 받는 행위를 **끝마친 후에야 비로소 알게 되었을 경우에는** 주고 받는 행위는 이미 종료되어 버린 후이므로 매수인의 착오 상태를 제거하기 위하여 그 사실을 고지하여야 할 법률상 의무의 불이행은 더 이상 그 초과된 금액 편취의 수단으로서의 의미는 없으므로, 교부하는 돈을 그대로 받은 그 행위는 점유이탈물횡령죄가 될 수 있음은 별론으로 하고 사기죄를 구성할 수는 없다(대판 2004.5.27, 2003도4531).
● 사시, 법행 |

	⑪ 보험계약 체결 당시 이미 발생한 교통사고 등으로 생긴 '요추, 경추, 사지' 부분의 질환과 관련하여 입·통원치료를 받고 있었을 뿐 아니라 그러한 기왕증으로 인해 유사한 상해나 질병으로 보통의 경우보다 입원치료를 더 받게 될 개연성이 농후하다는 사정을 인식하고 있었음에도 자신의 과거 병력과 치료이력을 모두 묵비한 채 보험계약을 체결하였다면 부작위에 의한 기망에 해당한다(대판 2017.4.26, 2017도1405). ● 경찰 ⑫ 대출자금으로 빌딩을 경락받았으나 분양이 저조하여 자금조달에 실패한 피고인들이 수분양자들과 사이에 대출금으로 충당되는 중도금을 제외한 계약금과 잔금의 지급을 유예하고 1년의 위탁기간 후 재매입하기로 하는 등의 비정상적인 이면약정을 체결하고 점포를 분양하였음에도, 금융기관에 대해서는 그러한 이면약정의 내용을 감춘 채 분양 중도금의 집단적 대출을 교섭하여 중도금대출 명목으로 금원을 지급받은 경우, 대출 금융기관에 대하여 비정상적인 이면약정의 내용을 알릴 신의칙상 의무가 있으므로 이를 알리지 않은 것은 사기죄의 요건으로서의 부작위에 의한 기망에 해당한다(대판 2006.2.23, 2005도8645). ● 경찰
부작위에 의한 기망 X (사기죄 X)	① 중고 자동차 매매에 있어서 매도인의 할부금융회사 또는 보증보험에 대한 할부금 채무가 매수인에게 당연히 승계되는 것이 아니라는 이유로 그 할부금 채무의 존재를 매수인에게 고지하지 아니한 것이 부작위에 의한 기망에 해당하지 아니한다(대판 1998.4.14, 98도231). ● 경찰, 사시, 법행 ② **부동산중개업자인 피고인이 아파트 입주권을 매도하면서 그 입주권을 2억 5,000만 원에 확보하여 2억 9,500만 원에 전매한다는 사실을 매수인에게 고지하지 않은 경우**, 피고인이 매수인을 기망하여 차액 4,500만 원을 편취하였다고 보기 어려워 사기죄가 성립하지 않는다(대판 2011.1.27, 2010도5124). ③ 채무자는 채권자로부터 **채권의 양도통지를 받지 않은 이상** 채무금은 원래의 채권자에게 반환할 의무가 있는 것이므로, 채권양도 통지 전에는 그 채무자가 채권자에게 그 채무금을 반환하면 유효한 변제가 되는 것이고 채권자에 대하여 위 채무금의 지급을 거부할 권리를 유보하고 양수인에게만 지급해야 할 특별한 사정이 없는 한 채무자로서는 양수인이 채무의 지급을 구한다 하더라도 이를 거부할 권리가 있으므로 채권자가 위 채권의 양도사실을 밝히지 아니하고 직접 위 외상대금을 수령하였다 하여 기망수단을 써서 채무자를 착오에 빠뜨려 그 대금을 편취한 것이라 할 수 없다(대판 1999.5.9, 83도2270). ● 해경

③ 기망행위의 정도

> **판례정리 ··· 신의칙에 반하지 않는 경우 : 기망에 불해당**
>
> 1. <u>부동산의 이중매매</u>에 있어서 매도인이 제1의 매매계약을 일방적으로 해제할 수 없는 처지에 있었다는 사정만으로는, 바로 제2의 매매계약의 효력이나 그 매매계약에 따르는 채무이행, 또는 제2의 매수인의 매매목적물에 대한 권리의 실현에 장애가 된다고도 볼 수 없는 것이므로 매도인이 제2의 매수인에게 그와 같은 사정을 고지하지 아니하였다고 하여 제2의 매수인을 기망한 것이라고 할 수 없다(대판 1991.12.24, 91도2698). ● 사시
> 2. 부동산명의신탁의 법리상 대외적으로 수탁자에게 그 부동산의 처분권한이 있는 것임이 분명하고, 제3자로서도 자기 명의의 소유권이전등기가 마쳐진 이상 무슨 실질적인 재산상의 손해가 있을리 없으므로 그 명의신탁 사실과 관련하여 신의칙상 고지의무가 있다거나 기망행위가 있었다고 볼 수도 없어서 그 제3자에 대한 사기죄가 성립될 여지가 없고, 나아가 그 처분시 매도인(명의수탁자)의 소유라는 말을 하였다고 하더라도 역시 사기죄가 성립하지 않으며, 이는 자동차의 명의수탁자가 처분한 경우에도 마찬가지이다(대판 2007.1.11, 2006도4498).
> 3. <u>임대인과 임대차계약을 체결한 임차인이 임차건물에 거주하기는 하였으나 그의 처만이 전입신고를 마친 후에 경매절차에서 배당을 받기 위하여 임대차계약서상의 임차인 명의를 처로 변경하여 경매법원에 배당요구를 한 경우</u>, 실제의 임차인이 전세계약서상의 임차인 명의를 처의 명의로 변경하지 아니하였다 하더라도 소액임대차보증금에 대한 우선변제권 행사로서 배당금을 수령할 권리가 있다 할 것이어서, 경매법원이 실제의 임차인을 처로 오인하여 배당결정을 하였더라도 이로써 재물의 편취라는 결과의 발생은 불가능하다 할 것이고, 이러한 임차인의 행위를 객관적으로 결과발생의 가능성이 있는 행위라고 볼 수도 없으므로 형사소송법 제325조에 의하여 무죄를 선고하여야 한다(대판 2002.2.8, 2001도6669). ● 법행

> **판례정리 ··· 과장광고가 기망행위에 해당하는지 여부**
>
> **[기망 ○]**
> 1. 종전에 출하한 일이 없던 신상품에 대하여 첫 출하시부터 종전가격 및 할인가격을 비교표시하여 막바로 세일에 들어가는 이른바 **변칙세일**은 진실규명이 가능한 구체적 사실인 가격조건에 관하여 기망이 이루어진 경우로서 그 사술의 정도가 사회적으로 용인될 수 있는 상술의 정도를 넘은 것이어서 사기죄의 기망행위를 구성한다(대판 1992.9.14, 91도2994). ● 사시, 법행
> 2. 백화점의 식품매장에서 당일 판매되지 못하고 남은 생식품들에 대하여 그 다음날 아침 포장지를 교체하면서 **가공일자가 재포장일자로 기재된 바코드라벨을 부착**하여 재판매하는 행위 내지 판매기법은 제품의 신선도에 대한 소비자들의 신뢰를 배신하고 그들의 생식품 구매 동기에 있어서 중요한 요소인 가공일자에 관한 착오를 이용하여 재고상품을 종전 가격에 판매하고자 하는 것으로서 그 사술의 정도가 <u>사회적으로 용인될 수 있는 상술의 정도를 넘은 기망행위에 해당한다</u>(대판 1995.7.28, 95도1157). ● 사시, 경찰
> 3. 식육식당을 경영하는 자가 음식점에서 **한우만을 취급한다**는 취지의 상호를 사용하면서 광고선전판, 식단표 등에도 한우만을 사용한다고 기재한 경우, 그 사술의 정도가 사회적으로 용인될 수 있는 상술의 정도를 넘는 것이고, 따라서 피고인의 기망행위 및 편취의 범의를 인정된다(대판 1997.9.9, 97도1561). ● 법행
> 4. 농업협동조합의 조합원이나 검품위원이 아닌 자가 TV홈쇼핑업체에 납품한 삼이 **인공적으로 재배한 삼**이라는 사실을 알면서도 광고방송에 출연하여 위 삼이 자연산삼의 종자를 심산유곡에 심고 자연방임 상태에서 성장시킨 <u>산양산삼</u>이며 자신이 조합의 검품위원으로서 위 삼 중 우수한 것만을 선정하여 감정인의 감정을 받은 것처럼 허위 내용의 광고를 한 것은 그 사술의 정도가 사회적으로 용인될 수 있는 상술의 정도를 넘은 것이어서 사기죄의 기망행위를 구성한다(대판 2002.2.5, 2001도5789). ● 경찰승진

5. 오리, 하명, 누에, 동충하초, 녹용 등 여러가지 재료를 혼합하여 제조·가공한 '녹동달오리골드'라는 제품이 당뇨병, 관절염, 신경통 등의 성인병 치료에 특별한 효능이 있는 좋은 약이라는 허위의 강의식 선전·광고행위를 하여 이에 속은 노인들로 하여금 위 제품을 고가에 구입하도록 한 것은 그 사술의 정도가 사회적으로 용인될 수 있는 상술의 정도를 넘은 것이어서 사기죄의 기망행위를 구성한다(대판 2004.1.15, 2001도1429). ● 경찰승진
6. 신생 수입브랜드의 시계를 마치 오랜 전통을 지닌 브랜드의 제품인 것처럼 허위광고 함으로써 그 품질과 명성을 오인한 구매자들에게 고가로 판매한 행위가 사기죄의 '기망행위'에 해당한다(대판 2008.7.10, 2008도1664). ● 법행

[기망 ×]
1. 아파트를 분양함에 있어 아파트 평형의 수치를 다소 과장하여 광고를 한 사실은 인정되나 분양가 결정방법, 분양계약 체결의 경위 및 최종대금의 절충과정 등 제반 사정에 비추어 볼 때 위 광고는 그 거래당사자 사이에서 매매대금을 산정하기 위한 기준이 되었다고 할 수 없고, 단지 분양대상 아파트를 특정하고 나아가 위 아파트의 분양이 쉽게 이루어지도록 하려는 의도에서 한 것에 지나지 않는다고 하여 위 과대광고가 기망행위에 해당하지 않는다(대판 1991.6.11, 91도788). ● 사시, 법행
2. 점포의 일부를 임차하고 있는 자가 나머지 부분을 임차하고 있는 자로부터 전대를 위임받아 동 점포를 전대함에 있어 동인이 그 점포전체를 임차하여 사용하고 있는 것처럼 이야기하였다 하더라도 이는 거래에 있어 있을 수 있는 과장에 불과한 것이어서 사기죄에 있어서의 기망이라고 보기 어렵다(대판 1986.4.8, 86도236).

④ 기망행위의 상대방
  ㉠ 사기죄에 있어 피기망자는 재물 또는 재산상의 이익에 대한 처분행위를 할 권한이 있는 자를 말한다(대판 2002.7.26, 2002도2620).
  ㉡ 법인도 사기죄의 피해자는 될 수 있으나 현실적인 피기망자와 처분행위자는 사기 범행의 성질상 자연인이어야 한다. 또한 그 자연인의 이름 등이 특정되어야 하는 것은 아니다(대판 2006.3.24, 2006도282).

  관련판례
  ① [1] <u>송금의뢰인이 수취인의 예금계좌에 계좌이체 등을 한 이후, 수취인이 은행에 대하여 예금반환을 청구함에 따라 은행이 수취인에게 그 예금을 지급하는 행위</u>는 계좌이체액 상당의 예금약의 성립 및 그 예금채권 취득에 따른 것으로서 <u>은행이 착오에 빠져 처분행위를 한 것이라고 볼 수 없으므로, 결국 이러한 행위는 은행을 피해자로 한 형법 제347조의 사기죄에 해당하지 않는다고 봄이 상당하다.</u>
  [2] <u>예금주인 피고인이 제3자에게 편취당한 송금의뢰인으로부터 자신의 은행계좌에 계좌송금된 돈을 출금한 사안</u>에서, 피고인은 예금주로서 은행에 대하여 예금반환을 청구할 수 있는 권한을 가진 자이므로, 위 <u>은행을 피해자로 한 사기죄가 성립하지 않는다</u>(대판 2010.5.27, 2010도3498). ● 경찰승진
  ② 피고인이, 휴대전화 문자메시지를 발송하더라도 이용대금을 납부할 의사와 능력이 없는데도, 단독으로 또는 공범들과 함께 사용이 정지되거나 사용할 수 없게 된 휴대전화를 구입한 후 이른바 '대포폰'으로 유통시켜 사용하도록 하거나 '유심칩(USIM Chip) 읽기'를 통하여 해당 휴대전화의 문자발송제한을 해제하고 광고성 문자를 대량 발송하여 재산상 이익을 취득한 경우 이동통신회사에 대한 사기죄가 성립하지 않는다(대판 2011.7.28, 2011도5299). ☞ 사람에 대한 기망이 아니다. ● 경찰

③ [1] 사기죄는 타인을 기망하여 착오에 빠뜨려 재물을 교부받거나 재산상의 이익을 얻음으로써 성립하므로 **기망행위의 상대방 또는 피기망자는 재물 또는 재산상 이익을 처분할 권한이 있어야 한다.** 사기죄의 피해자가 법인이나 단체인 경우에 기망행위가 있었는지는 법인이나 단체의 대표 등 최종 의사결정권자 또는 내부적인 권한 위임 등에 따라 실질적으로 법인의 의사를 결정하고 처분을 할 권한을 가지고 있는 사람을 기준으로 판단하여야 한다.

[2] 피해자 법인이나 단체의 **대표자 또는 실질적으로 의사결정을 하는 최종결재권자 등 기망의 상대방이 기망행위자와 동일인이거나 기망행위자와 공모하는 등 기망행위를 알고 있었던 경우**에는 기망의 상대방에게 기망행위로 인한 착오가 있다고 볼 수 없고, 기망의 상대방이 재물을 교부하는 등의 처분을 했더라도 <u>기망행위와 인과관계가 있다고 보기 어렵다.</u> 이러한 경우에는 사안에 따라 업무상횡령죄 또는 업무상배임죄 등이 성립하는 것은 별론으로 하고 <u>사기죄가 성립한다고 보기 어렵다.</u> **반면**에 피해자 법인이나 단체의 업무를 처리하는 <u>실무자인 일반 직원이나 구성원 등이 기망행위임을 알고 있었더라도, 피해자 법인이나 단체의 대표자 또는 실질적으로 의사결정을 하는 최종결재권자 등이 기망행위임을 알지 못한 채 착오에 빠져 처분행위에 이른 경우라면, 피해자 법인에 대한 사기죄의 성립에 영향이 없다</u>(대판 2017.8.29, 2016도18986).

(4) 피기망자의 착오야기

① 피기망자의 착오

사기미수죄는 재물을 교부받거나 재산상의 이익을 취득하기 위하여 상대방을 착오에 빠뜨리려는 <u>기망수단을 사용한 사실이 있으면 족하고 상대방이 착오에 빠지지 아니하여 그 목적을 이루지 못하면 사기미수죄를 구성하는 것이므로 피고인이 이미 전에 금원을 편취당한 바 있던 피해자에게 다시 금원차용을 요구한 소위는 사기미수죄에 해당한다</u>(대판 1988.3.22, 87도2539).

② 기망과 착오사이의 인과관계

③ 피기망자와 피해자와의 관계(삼각사기) : 사기죄가 성립되려면 피기망자가 착오에 빠져 어떠한 재산상의 처분행위를 하도록 유발하여 재산적 이득을 얻을 것을 요하고, <u>피기망자와 재산상의 피해자가 같은 사람이 아닌 경우에는 피기망자가 피해자를 위하여 그 재산을 처분할 수 있는 **권능을 갖거나 그 지위**에 있어야 하지만, 여기에서 피해자를 위하여 재산을 처분할 수 있는 권능이나 지위라 함은 반드시 **사법상의 위임이나 대리권의 범위와 일치하여야 하는 것은 아니고** 피해자의 의사에 기하여 <u>재산을 처분할 수 있는 서류 등이 교부된 경우에는 피기망자의 처분행위가 설사 피해자의 진정한 의도와 어긋나는 경우라고 할지라도 위와 같은 권능을 갖거나 그 지위에 있는 것으로 보아야 한다</u>(대판 1994.10.11, 94도1575).

(5) 처분행위

① **의의** : **사기죄에서 처분행위는** 행위자의 기망행위에 의한 피기망자의 착오와 행위자 등의 재물 또는 재산상 이익의 취득이라는 최종적 결과를 중간에서 매개·연결하는 한편, 착오에 빠진 피해자의 행위를 이용하여 재산을 취득하는 것을 본질적 특성으로 하는 사기죄와 피해자의 행위에 의하지 아니하고 행위자가 탈취의 방법으로 재물을 취득하는 절도죄를 구분하는 역할을 한다. 처분행위가 갖는 이러한 역할과 기능을 고려하면, 피기망자의 의사에 기초한 어떤 행위를 통해 행위자 등이 재물 또는 재산상의 이익을 취득하였다고 평가할 수 있는 경우라면 사기죄에서 말하는 처분행위가 인정된다(대판 2017.2.16, 2016도13362 전원합의체).

② **처분의사** : 사기죄에서 피기망자의 **처분의사**는 기망행위로 착오에 빠진 상태에서 형성된 하자 있는 의사이므로 불완전하거나 결함이 있을 수밖에 없다. 따라서 **처분의사는** 착오에 빠진 **피기망자가 어떤 행위를 한다는 인식이 있으면 충분하고, 그 행위가 가져오는 결과에 대한 인식까지 필요하다고 볼 것은 아니다.** 즉 피기망자가 기망당한 결과 자신의 작위 또는 부작위가 갖는 의미를 제대로 인식하지 못하여 그러한 행위가 초래하는 결과를 인식하지 못하였더라도 그와 같은 착오 상태에서 재산상 손해를 초래하는 행위를 하기에 이르렀다면 피기망자의 처분행위와 그에 상응하는 처분의사가 있다고 보아야 한다(대판 2017.2.16, 2016도13362 전원합의체).

③ **처분의사의 기능** : 사기죄에서 피해자의 **처분의사가 갖는 기능**은 피해자의 처분행위가 존재한다는 객관적 측면에 상응하여 이를 주관적 측면에서 확인하는 역할을 하는 것일 뿐이다. 따라서 처분행위라고 평가되는 어떤 행위를 피해자가 인식하고 한 것이라면 피해자의 처분의사가 있다고 할 수 있다. 결국 피해자가 처분행위로 인한 결과까지 인식할 필요가 있는 것은 아니다. 결국 **피기망자가 처분행위의 의미나 내용을 인식하지 못하였더라도**, 피기망자의 작위 또는 부작위가 직접 재산상 손해를 초래하는 재산적 처분행위로 평가되고, 이러한 작위 또는 부작위를 피기망자가 인식하고 한 것이라면 처분행위에 상응하는 처분의사는 인정된다(대판 2017.2.16, 2016도13362 전원합의체).

④ **부작위에 의한 처분행위** : 처분행위라 함은 재산적 처분행위로서 피해자가 자유의사로 직접 재산상 손해를 초래하는 작위에 나아가거나 또는 부작위에 이른 것을 말하므로, 피해자가 착오에 빠진 결과 채권의 존재를 알지 못하여 채권을 행사하지 아니하였다면 그와 같은 부작위도 재산의 처분행위에 해당한다. 따라서 **출판사 경영자가 출고현황표를 조작하는 방법으로 실제출판부수를 속여 작가에게 인세의 일부만을 지급한 경우**, 작가가 나머지 인세에 대한 청구권의 존재 자체를 알지 못하는 착오에 빠져 이를 행사하지 아니한 것이 사기죄에 있어 부작위에 의한 처분행위에 해당하므로 사기죄가 성립한다(대판 2007.7.12, 2005도9221).

⑤ **서명사취와 처분행위** : '**서명사취**' **사기**는 기망행위에 의해 유발된 착오로 인하여 피기망자가 내심의 의사와 다른 처분문서에 서명 또는 날인함으로써 재산상 손해를 초래한 경우로서 피기망자는 착오에 빠져 처분문서에 대한 자신의 서명 또는 날인행위가 초래하는 결과를 인식하지 못하는 특수성이 있다. 이처럼 피기망자가 행위자의 기망행위로 인하여 착오에 빠진 결과 내심의 의사와 다른 효과를 발생시키는 내용의 처분문서에 서명 또는 날인함으로써 처분문서의 내용에 따른 재산상 손해가 초래되었다면 그와 같은 처분문서에 서명 또는 날인을 한 피기망자의 행위는 사기죄에서 말하는 처분행위에 해당한다. 아울러 비록 피기망자가 처분결과, 즉 문서의 구체적 내용과 법적 효과를 미처 인식하지 못하였더라도, 어떤 문서에 스스로 서명 또는 날인함으로써 처분문서에 서명 또는 날인하는 행위에 관한 인식이 있었던 이상 피기망자의 처분의사 역시 인정된다(대판 2017.2.16, 2016도13362 전원합의체).

⑥ **사례 및 해결** : **甲 등이 토지의 소유자이자 매도인인 피해자 乙 등에게 토지거래허가 등에 필요한 서류라고 속여 근저당권설정계약서 등에 서명·날인하게 하고 인감증명서를 교부받은 다음, 이를 이용하여 乙 등의 소유 토지에 甲을 채무자로 한 근저당권을 丙 등에게 설정하여 주고 돈을 차용하는 방법으로 재산상 이익을 취득한 경우** 乙 등은 甲 등의 기망행위로 착오에 빠진 결과 토지거래허가 등에 필요한 서류로 잘못 알고 처분문서인 근저당권설정계약서 등에 서명 또는 날인함으로써 재산상 손해를 초래하는 행위를 하였으므로 乙 등의 행위는 사기죄에서 말하는 처분행위에 해당하고, 乙 등이 비록 자신들이 서명 또는 날인하는 문서의 정확한 내용과 문서의 작성행위가 어떤 결과를 초래하는지를 미처 인식하지 못하였더라도 토지거래허가 등에 관한 서류로 알고 그와 다른 근저당권설정계약에 관한 내용이 기재되어 있는 문서에 스스로 서명 또는 날인함으로써 그 문서에 서명 또는 날인하는 행위에 관한 인식이 있었던 이상 처분의사도 인정되므로 결국 乙 등에 대한 사기죄가 성립한다(대판 2017.2.16, 2016도13362 전원합의체).

> **판례 정리 ··· 처분행위가 인정되는 경우**
>
> 1. 배당이의 소송의 제1심에서 패소판결을 받고 항소한 자가 그 **항소를 취하**하면 그 즉시 제1심판결이 확정되고 상대방이 배당금을 수령할 수 있는 이익을 얻게 되는 것이므로 위 항소를 취하하는 것 역시 사기죄에서 말하는 재산적 처분행위에 해당한다(대판 2002.11.22, 2000도4419). ● 사시
> 2. 부동산 위에 소유권이전청구권 보전의 가등기를 마친 자가 그 가등기를 말소하면 부동산 소유자는 가등기의 부담이 없는 부동산을 소유하게 되는 이익을 얻게 되는 것이므로, **가등기를 말소**하는 것 역시 사기죄에서 말하는 재산적 처분행위에 해당하고, 설령 그 후 위 가등기에 의하여 보전하고자 하였던 소유권이전청구권이 존재하지 않아 위 가등기가 무효임이 밝혀졌다고 하더라도 가등기의 말소로 인한 재산상의 이익이 없었던 것으로 볼 수 없다(대판 2008.1.24, 2007도9417). ● 경찰승진

3. 부동산가압류결정을 받아 부동산에 관한 가압류집행까지 마친 자가 그 가압류를 해제하면 소유자는 가압류의 부담이 없는 부동산을 소유하는 이익을 얻게 되므로, **가압류를 해제**하는 것 역시 사기죄에서 말하는 **재산적 처분행위**에 해당하고, 그 이후 가압류의 피보전채권이 존재하지 않는 것으로 밝혀졌다고 하더라도 가압류의 해제로 인한 재산상의 이익이 없었다고 할 수 없다(대판 2007.9.20, 2007도5507). 　　🔵 법행, 사시

4. 피고인이 점포에 대한 권리금을 지급한 것처럼 허위의 사용내역서를 작성·교부하여 동업자들을 기망하고 출자금 지급을 면제받으려 하였으나 미수에 그친 경우, 동업자들이 피고인에 대한 출자의무를 명시적으로 면제하지 않았더라도, 착오에 빠져 이를 면해 주는 결과에 이를 수 있어, 이는 **부작위에 의한 처분행위**에 해당한다(대판 2009.3.26, 2008도6641). 　　🔵 검찰

5. 허위의 근저당권자가 집행법원을 기망하여 원인무효이거나 피담보채권이 존재하지 않는 근저당권에 기해 채무자 또는 물상보증인 소유의 부동산에 대하여 임의경매신청을 하여 부동산 매각대금에 대한 배당절차에서 배당금을 지급받은 경우, 집행법원의 배당표 작성과 이에 따른 배당금 교부행위는 매수인의 처분행위에 갈음하는 내용과 효력을 가지므로 매수인에 대한 관계에서 사기죄가 성립한다(대판 2017.6.19, 2013도564). 　　🔵 경찰

6. 피해자 갑은 드라이버를 구매하기 위해 특정 매장에 방문하였다가 지갑을 떨어뜨렸는데, 10분쯤 후 피고인이 같은 매장에서 우산을 구매하고 계산을 마친 뒤, 지갑을 발견하여 습득한 매장 주인 을로부터 "**이 지갑이 선생님 지갑이 맞느냐?**"라는 질문을 받자 "**내 것이 맞다.**"라고 대답한 후 이를 교부받아 가지고 간 경우, 을은 지갑을 습득하여 진정한 소유자에게 돌려주어야 하는 지위에 있으므로 갑을 위하여 이를 처분할 수 있는 권능을 갖거나 그 지위에 있었으며, 이러한 처분 권능과 지위에 기초하여 지갑의 소유자라고 주장하는 피고인에게 지갑을 교부하였고 이를 통해 피고인이 지갑을 취득하여 자유로운 처분이 가능한 상태가 되었으므로, 을의 행위는 사기죄에서 말하는 처분행위에 해당하고 피고인의 행위를 절취행위로 평가할 수 없다. 따라서 피고인은 절도죄가 아니라 사기죄가 성립된다(대판 2022.12.29, 2022도12494). 　　🔵 경찰

판례 정리 ··· 처분행위가 부정되는 경우

1. 피고인이 피해자에게 **부동산매도용인감증명 및 등기의무자본인확인서면**의 진실한 용도를 속이고 그 서류들을 교부받아 피고인 등 명의로 위 부동산에 관한 **소유권이전등기를 경료**하였다 하여도 피해자의 위 부동산에 관한 처분행위가 있었다고 할 수 없을 것이고 따라서 사기죄를 구성하지 않는다(대판 2001.7.13, 2001도1289). 　　🔵 경찰, 사시, 경찰승진

2. 타인 명의의 등기서류를 위조하여 **등기공무원**에게 제출함으로써 피고인 명의로 소유권이전등기를 마쳤다고 하여도 피해자의 처분행위가 없을 뿐 아니라 등기공무원에게는 위 부동산의 처분권한이 있다고 볼 수 없어 사기죄가 성립하지 않는다(대판 1981.7.28, 81도529). 　　🔵 법행

유사판례

① 토지의 일부만을 매수한 자가 그 부분만을 분할 이전하겠다고 거짓말하여 소유자로부터 인장을 교부받아 토지전부에 관하여 소유권이전등기를 필한 경우에는 매수하지 아니한 부분에 관한 등기에 대하여는 위 소유자의 처분 행위가 없었을 뿐만 아니라 등기 공무원에게는 그 처분권한이 있다고 볼 수 없어 사기죄가 성립하지 않는다(대판 1982.3.9, 81도1732). 　　🔵 법행, 경찰승진

② 특허 관련 명의변경 서류를 위조하여 일본국 **특허청 공무원**에게 제출함으로써 특허의 출원자를 자신의 명의로 변경한 사안에서, 특허권에 관한 **처분행위**가 있었다고 볼 수 없으므로 사기죄를 구성하지 않는다(대판 2007.11.16, 2007도3475). 　　🔵 경찰승진

3. 법인이 임대주택용지 분양신청을 함에 있어서 분양신청자 중의 추첨대상자에 들기 위하여 법인의 대표이사 개인의 허위 건축실적증명을 첨부하였으나 마감시간이 지나도록 다른 업체로부터의 매수신청이 없어 위 법인의 대표이사에게 매수신청서를 제출하도록 하여 수의계약을 체결한 경우 기망행위와 처분행위사이의 인과관계가 없어 사기죄를 구성하지 않는다(대판 1994.5.24, 93도1839). ● 경찰승진
4. 재물에 대한 사기죄에 있어서 처분행위란, 범인의 기망에 따라 피해자가 착오로 재물에 대한 사실상의 지배를 범인에게 이전하는 것을 의미하므로, 외관상 재물의 교부에 해당하는 행위가 있었다고 하더라도, 재물이 범인의 사실상의 지배 아래에 들어가 그의 자유로운 처분이 가능한 상태에 놓이지 않고 여전히 피해자의 지배 아래에 있는 것으로 평가된다면, 그 재물에 대한 처분행위가 있었다고 볼 수 없다(대판 2018.8.1, 2018도7030). ☞ 금괴운반 도중 금괴를 빼돌린 사건

(6) 재물·재산상의 이익 취득 및 재산상의 손해 발생

① 재물·재산상의 이익의 귀속주체 : 재물편취를 내용으로 하는 사기죄에 있어서는 기망으로 인한 재물교부가 있으면 그 자체로써 피해자의 재산침해가 되어 곧 사기죄는 성립하는 것이고, 그로 인한 이익이 결과적으로 누구에게 귀속하는지는 사기죄의 성부에 아무런 영향이 없다. 따라서 甲이 乙에게 **이중 매도한 택지분양권**을 순차 매수한 丙·丁에게 이중매도 사실을 숨긴 채 자신의 명의로 형식적인 매매계약서를 작성해 준 경우, 甲이 직접 매매대금을 수령하지 않았더라도 丙·丁에 대한 사기죄가 성립한다(대판 2009.1.30, 2008도9985). ● 변호사

② 재산상 손해여부와 사기죄 : 사기죄의 본질은 기망에 의한 재물이나 재산상의 이득의 취득에 있고 상대방에게 현실적으로 재산상 손해가 발생함을 그 요건으로 하지 않으며(대판 2009.1.15, 2006도6687) 상당한 대가가 지급되었더라도 사기죄의 성립에는 영향이 없다(대판 1982.6.22, 82도777). ● 변호사

> **관련판례**
> ① 사기죄는 상대방을 기망하여 하자 있는 상대방의 의사에 의하여 재물을 교부받음으로써 성립하는 것이므로 분식회계에 의한 재무제표 등으로 금융기관을 기망하여 대출을 받았다면 사기죄는 성립하고, 변제의사와 변제능력의 유무 그리고 충분한 담보가 제공되었다거나 피해자의 전체 재산상에 손해가 없고, 사후에 대출금이 상환되었다고 하더라도 사기죄의 성립에는 영향이 없다(대판 2005.4.29, 2002도7262). ● 사시, 경찰승진
> ② 피고인이 피해자들을 기망하여 부동산을 매도하면서 매매대금 중 일부를 피해자들의 피고인에 대한 기존 채권과 상계하는 방법으로 지급받은 경우, 상계에 의하여 기존 채무가 소멸되는 재산상 이익을 취득하게 되므로 사기죄가 성립한다(대판 2012.4.13, 2012도1101).
> ③ 타인으로부터 금전을 차용함에 있어서 그 차용한 금전의 용도나 변제할 자금의 마련방법에 관하여 사실대로 고지하였더라면 상대방이 응하지 않았을 경우에 그 용도나 변제자금의 마련방법에 관하여 진실에 반하는 사실을 고지하여 금전을 교부받은 경우에는 사기죄가 성립하고, 이 경우 차용금채무에 대한 담보를 제공하였다는 사정만으로는 결론을 달리 할 것은 아니다(대판 2005.9.15, 2003도5382).

④ 주유소 운영자가 농민들에게 면세유를 공급한 것처럼 부당하게 발급받은 면세유류공급확인서로 석유정제업자를 기망하여 부가가치세 등에 상당한 석유류를 취득한 경우, 석유정제업자에게 현실적인 재산상 손해가 없더라도 사기죄가 성립한다(대판 2009.1.15. 2006도6687). ● 경찰승진

⑤ 피고인이 甲에게 사업자등록 명의를 빌려주면 세금이나 채무는 모두 자신이 변제하겠다고 속여 그로부터 명의를 대여받아 호텔을 운영하면서 甲으로 하여금 호텔에 관한 각종 세금 및 채무 등을 부담하게 함으로써 재산상 이익을 편취하였다는 내용으로 기소된 사안에서, 甲이 명의를 대여하였다는 것만으로 피고인이 위와 같은 채무를 면하는 재산상 이익을 취득하는 甲의 재산적 처분행위가 있었다고 보기 어렵다(대판 2012.6.28. 2012도4773). ● 해경

③ **편취액의 범위** : 사기죄에 있어서 그 대가가 일부 지급된 경우에도 그 편취액은 피해자로부터 교부된 금원으로부터 그 대가를 공제한 차액이 아니라 교부받은 금원 전부이고, 이는 금원 교부에 갈음하여 신용카드결제의 방법으로 거래가 이루어진 경우에도 마찬가지이다(대판 2007.10.11. 2007도6012). ● 법행, 경찰

> **관련판례**
>
> ① 재물을 편취한 후 현실적인 자금의 수수 없이 형식적으로 기왕에 편취한 금원을 새로이 **장부상으로만 재투자하는 것**으로 처리한 경우에는 그 재투자금액은 이를 **편취액의 합산에서 제외**하여야 할 것이나, 그렇지 아니하고 재물을 편취한 후 예금계좌 등으로 그 일부를 수당 등의 명목으로 입금해 주어 피해자가 이를 **현실적으로 수령**한 다음, 일정기간 후 이를 가지고 다시 물품을 구매하는 형식으로 **재투자** 하였다면, 이는 새로운 법익의 침해가 발생한 경우라고 할 것이어서 그 재구매 금액은 **편취액에서 제외할 성질의 것이 아니라**고 할 것이고, 한편, 재물편취를 내용으로 하는 사기죄에 있어서는 기망으로 인한 재물교부가 있으면 그 자체로써 피해자의 재산침해가 되어 이로써 곧 사기죄가 성립하는 것이고, 상당한 대가가 지급되었다거나 피해자의 전체 재산상에 손해가 없다 하여도 사기죄의 성립에는 그 영향이 없으므로 사기죄에 있어서 그 대가가 일부 지급된 경우에도 그 **편취액은 피해자로부터 교부된 재물의 가치로부터 그 대가를 공제한 차액이 아니라 교부받은 재물 전부**라 할 것이다(대판 2005.10.28. 2005도5774). ● 경찰, 경찰승진
>
> ② 피고인들이 상대방 운전자의 과실에 의하여 야기된 교통사고로 일부 경미한 상해를 입었다고 하더라도, 이를 기화로 그 상해를 과장하여 병원에 장기간 입원하고, 이를 이유로 다액의 보험금을 받았다면, 그 보험금 전체에 대해 사기죄가 성립한다(대판 2005.9.9. 2005도3518). ● 경찰승진
>
> ③ **어음·수표의 할인에 의한 사기죄**에서 피고인이 **피해자로부터 수령한 현금액**이 피고인이 피해자에게 교부한 **어음 등의 액면금보다 적을 경우**, 피고인이 취득한 재산상의 이익액은, … 특별한 사정이 없는 한, 위 **어음 등의 액면금이 아니라 피고인이 수령한 현금액**이다. 따라서 어음의 할인에 의한 사기죄에서 편취액은 다른 특별한 사정이 없는 한, 어음의 액면금이 아니라 피고인이 피해자로부터 실제 수령한 **할인금**이다(대판 2009.7.23. 2009도2384). ● 법행, 경찰승진
>
> **비교판례**
>
> [1] **업무상배임죄에 있어서 본인에게 손해를 가한다** 함은 총체적으로 보아 본인의 재산 상태에 손해를 가하는 경우를 말하고, 위와 같은 손해에는 **장차 취득할 것이 기대되는 이익을 얻지 못하는 경우도 포함**된다.

[2] **금융기관이 금원을 대출함에 있어 대출금 중 선이자를 공제한 나머지만 교부하거나 약속어음을 할인함에 있어 만기까지의 선이자를 공제한 경우,** 금융기관으로서는 대출금채무의 변제기나 약속어음의 만기에 선이자로 공제한 금원을 포함한 대출금 전액이나 약속어음 액면금 상당액을 취득할 것이 기대된다 할 것이므로 배임행위로 인하여 금융기관이 입는 손해는 **선이자를 공제한 금액이 아니라 선이자로 공제한 금원을 포함한 대출금 전액이거나 약속어음 액면금 상당액**으로 보아야 한다(대판 2004.7.9, 2004도810). ● 법행, 경찰승진

④ 자금중개업자인 피고인이 대출의뢰인 甲에게서 일정 금액을 대출해 달라는 부탁을 받았음에도 위임받은 범위를 초과한 금액의 대출의뢰를 받은 것처럼 사채업자 乙을 속여 돈을 대출받아 편취한 경우 피고인이 乙로부터 교부받은 돈 전부가 편취액이 된다(대판 2012.4.13, 2012도216).
⑤ 사기로 인한 특정경제범죄법 위반죄는 편취한 재물이나 재산상 이익의 가액이 5억 원 이상 또는 50억 원 이상인 것이 범죄구성요건의 일부로 되어 있고 가액에 따라 그 죄에 대한 형벌도 가중되어 있으므로, … **그 이익의 가액을 구체적으로 산정할 수 없는 경우에는 재산상 이익의 가액을 기준으로 가중 처벌하는 특정경제범죄법 제3조를 적용할 수 없다**(대판 2024.4.25, 2023도18971). ● 경찰
⑥ 사기죄에서 그 대가가 일부 지급되거나 담보가 제공된 경우에도 편취액은 **피해자로부터 교부된 금원으로부터 그 대가 또는 담보 상당액을 공제한 차액이 아니라 교부받은 금원 전부**라고 보아야 한다(대판 2017.12.22, 2017도12649).
⑦ 사람을 기망하여 부동산의 소유권을 이전받거나 제3자로 하여금 이전받게 함으로써 이를 편취한 경우에 특정경제범죄가중처벌등에관한 법률 제3조의 적용을 전제로 하여 그 부동산의 가액을 산정함에 있어서는, 그 **부동산에 아무런 부담이 없는 때에는** 그 부동산의 시가 상당액이 곧 그 가액이라고 볼 것이지만, 그 **부동산에 근저당권설정등기가 경료되어 있거나 압류 또는 가압류 등이 이루어져 있는 때에는** 특별한 사정이 없는 한 아무런 부담이 없는 상태에서의 그 부동산의 시가 상당액에서 근저당권의 채권최고액 범위 내에서의 피담보채권액, 압류에 걸린 집행채권액, 가압류에 걸린 청구금액 범위 내에서의 피보전채권액 등을 뺀 **실제의 교환가치**를 그 부동산의 가액으로 보아야 한다(대판 2007.4.19, 2005도7288). ● 경찰

(7) 실행의 착수시기 및 기수시기

① 실행의 착수 : 편취의 의사로 기망행위를 개시한 때이다. 기망행위로 인하여 상대방이 착오에 빠졌는가는 불문한다.

관련판례

① 태풍 피해복구보조금 지원절차가 행정당국에 의한 실사를 거쳐 피해자로 확인된 경우에 한하여 보조금 지원신청을 할 수 있도록 되어 있는 경우, 피해신고는 국가가 보조금의 지원 여부 및 정도를 결정함에 있어 그 직권조사를 개시하기 위한 참고자료에 불과하다는 이유로 허위의 피해신고만으로는 위 보조금 편취범행의 실행에 착수한 것이라고 볼 수 없다(대판 1999.3.12, 98도3443). ● 사시, 경찰
② 장애인단체의 지회장이 지방자치단체로부터 보조금을 더 많이 지원받기 위하여 허위의 보조금 정산보고서를 제출한 경우, 보조금 정산보고서는 보조금의 지원 여부 및 금액을 결정하기 위한 참고자료에 불과하며 직접적인 서류라고 할 수 없다는 이유로 보조금 편취범행(기망)의 실행에 착수한 것으로 보기 어렵다(대판 2003.6.13, 2003도1279). ● 경찰

③ 장해보상지급청구권자에게 보상금을 찾아주겠다고 거짓말을 하여 동인을 보상금 지급기관까지 유인한 것만으로는 (보상금 지급청구에 나아가지 않았으므로)사기죄에 있어서의 기망행위의 착수에 이르렀다고 보기 어렵다(대판 1980.5.13, 78도2259). ● 경찰, 사시

④ 피고인(甲회사 운영자)이 '甲회사의 乙에 대한 채권'이 존재하지 않는다는 사실을 알면서 그 사실을 모르는 丙(甲회사에 대한 채권자)에게 '甲회사의 乙에 대한 채권'의 압류 및 전부(추심)명령을 신청하게 하여 그 명령을 받게 한 사안에서, 丙이 甲회사에 대하여 진정한 채권을 가지고 있는 이상, 위와 같은 사정만으로는 법원을 기망하였다거나 소송사기의 실행에 착수한 것으로 볼 수 없다(대판 2009.12.10, 2009도9982). ● 사시, 경찰간부

⑤ 진정한 임차권자가 아니면서 허위의 임대차계약서를 법원에 제출하여 임차권등기명령을 신청하면 그로써 소송사기의 실행행위에 착수한 것으로 보아야 하고, 나아가 그 임차보증금 반환채권에 관하여 현실적으로 청구의 의사표시를 하여야만 사기죄의 실행의 착수가 있다고 볼 것은 아니다 (대판 2012.5.24, 2010도12732.) ● 법행

② 기수시기

㉠ 재물편취를 내용으로 하는 사기죄에 있어서는 기망으로 인한 재물교부가 있으면 그 자체로써 피해자의 재산침해가 되어 이로써 곧 사기죄가 성립하는 것이고 상당한 대가가 지급되었다거나 피해자의 전체 재산상에 손해가 없다 하여도 사기죄의 성립에는 영향이 없다(대판 1982.6.22, 82도777).

㉡ 사기죄에 있어서 '재물의 교부'란 범인의 기망에 따라 피해자가 착오로 재물에 대한 사실상의 지배를 범인에게 이전하는 것을 의미하는데, 재물의 교부가 있었다고 하기 위하여 반드시 재물의 현실의 인도가 필요한 것은 아니고 재물이 범인의 사실상의 지배 아래에 들어가 그의 자유로운 처분이 가능한 상태에 놓인 경우에도 재물의 교부가 있었다고 보아야 한다(대판 2003.5.16, 2001도1825). ● 사시, 법행

관련판례

① 피고인의 주문에 따라 제작된 도자기 중 실제로 배달된 것뿐만 아니라 피고인이 지정하는 장소로의 배달을 위하여 피해자가 보관중인 도자기도 피고인에게 모두 교부되었다고 판단되므로 사기죄의 기수가 인정된다(대판 2003.5.16, 2001도1825). ● 법행

② 타인의 명의를 빌려 예금계좌를 개설한 후, 통장과 도장은 명의인에게 보관시키고 자신은 위 계좌의 현금인출카드를 소지한 채, 명의인을 기망하여 위 예금계좌로 돈을 송금하게 한 경우, 자신은 통장의 현금인출카드를 소지하고 있으면서 언제든지 카드를 이용하여 차명계좌 통장으로부터 금원을 인출할 수 있었고, 명의인을 기망하여 위 통장으로 돈을 송금받은 이상, 이로써 송금받은 돈을 자신의 지배하에 두게 되어 편취행위는 기수에 이르렀다고 할 것이고, 이후 편취금을 인출하지 않고 있던 중 명의인이 이를 인출하여 갔다 하더라도 이는 범죄성립 후의 사정일 뿐 사기죄의 성립에 영향이 없다(대판 2003.7.25, 2003도2252). ● 사시, 경찰

③ A회사의 경영자인 피고인이, A회사와 B회사 사이에 허위로 작성된 물품공급계약서에 따른 공급을 한 사실이 없음에도 완료하였음을 전제로 B회사를 상대로 물품대금 청구소송을 제기하면서 증거자료로 위 물품공급 계약서를 제출하였다가 그 후 소송을 취하하였다면 사기미수죄가 성립한다(대판 2011.9.8, 2011도7262). ● 경찰

④ 변제의 의사나 능력이 없음에도 이를 숨긴 채 피해자에게 금원 대여를 요청하여 이에 속은 피해자로부터 동인의 배서가 된 약속어음을 교부받아 이를 금융기관에서 할인한 후 그 할인금을 사용하였다면, 그 후 위 약속어음이 지급기일에 지급거절되고 피고인이 금융기관에 대하여 그 상환채무를 지게 되었다고 하더라도 피해자에 대한 사기죄가 성립한다고 할 것이다(대판 2007.4.12, 2007도1033).

● 경찰

2. 주관적 구성요건

고의와 불법영득의사가 있어야 한다.

(1) 사기죄의 고의의 내용

① 사기죄의 성립에 있어서 피해자에게 손해를 가하려는 목적을 필요로 하지는 않지만 적어도 타인의 재물 또는 이익을 침해한다는 의사와 피기망자로 하여금 어떠한 처분을 하게 한다는 의사는 있어야 한다(대판 1998.4.24, 97도3054).

② 상법상 고지의무를 위반하여 보험계약을 체결하였다는 사정만으로 보험계약자에게 미필적으로나마 보험금 편취를 위한 고의의 기망행위가 있었다고 단정하여서는 아니 되고, 더 나아가 보험사고가 이미 발생하였음에도 이를 묵비한 채 보험계약을 체결하거나 보험사고 발생의 개연성이 농후함을 인식하면서도 보험계약을 체결하는 경우 또는 보험사고를 임의로 조작하려는 의도를 갖고 보험계약을 체결하는 경우와 같이 그 행위가 '보험사고의 우연성'과 같은 보험의 본질을 해할 정도에 이르러야 비로소 보험금 편취를 위한 고의의 기망행위를 인정할 수 있다. 피고인이 위와 같은 고의의 기망행위로 보험계약을 체결하고 위 보험사고가 발생하였다는 이유로 보험회사에 보험금을 청구하여 보험금을 지급받았을 때 사기죄는 기수에 이른다(대판 2019.4.3, 2014도2754).

(2) 고의의 판단시점

차용금의 편취에 의한 사기죄의 성립 여부는 **차용 당시**를 기준으로 판단하여야 하므로, 피고인이 차용 당시에는 변제할 의사와 능력이 있었다면 그 후에 차용금을 변제하지 못하였다고 하더라도 이는 단순한 민사상의 채무불이행에 불과할 뿐 형사상 사기죄가 성립한다고 할 수 없다(대판 2008.2.14, 2007도10770).

> **판례 정리 ··· 고의가 인정되는 경우**
>
> 1. 시세조종된 주식임을 잘 알면서도 이를 숨긴 채 담보로 제공하였다면 대출받을 당시 담보가치가 충분히 있었다고 하더라도 편취의 범의가 인정된다(대판 2004.5.28, 2004도1465).
> 2. 쇼핑몰 상가 분양사업을 계획하면서 사채와 분양대금만으로 사업부지 매입 및 공사대금을 충당할 수 있다는 막연한 구상 외에 체계적인 사업계획 없이 무리하게 쇼핑몰 상가 분양을 강행한 경우 편취의 범의를 인정할 수 있다(대판 2005.4.29, 2005도741). ● 법행, 사시
> 3. 농어촌구조개선 특별회계기금을 재원으로 하여 임업후계자육성을 위해 이루어지는 정책자금대출로서 그 대출의 조건 및 용도가 임야매수자금으로 한정되어 있는 정책자금을 대출받음에 있어 임야매수자금을 실제보다 부풀린 허위의 계약서를 제출함으로써 대출취급기관을 기망하였다면, 피고인에게 대출받은 자금을 상환할 의사와 능력이 있었는지 여부를 불문하고 편취의 고의가 인정된다(대판 2007.4.27, 2006도7634).
> 4. 융통어음을 할인함에 있어 그 상대방에 대하여 그 어음이 이른바 진성어음인 것처럼 하기 위하여 적극적인 위장수단을 강구하는 것은 명백한 기망행위에 해당되어 상대방으로 하여금 그 뜻을 오신케 하고 할인명목으로 돈을 교부케 한 행위도 사기죄를 구성한다(대판 1997.7.25, 97도1095). ● 사시
> 5. 이미 과다한 부채의 누적으로 변제의 능력이나 의사마저 극히 의심스러운 상황에 처하고서도 이러한 사실을 숨긴 채 피해자들에게 사업에의 투자로 큰 이익을 볼 수 있다고 속여 금전을 차용한 후 이를 주로 상환이 급박해진 기존채무 변제를 위한 용도에 사용한 사실이 인정된다면 금전차용에 있어서 편취의 범의가 있었다고 볼 수 있다(대판 1993.1.15, 92도2588). ● 사시, 법행

> **판례 정리 ··· 고의가 부정되는 경우**
>
> 1. 어음의 발행인들이 각자 자력이 부족한 상태에서 자금을 편법으로 확보하기 위하여 서로 동액의 융통어음을 발행하여 교환한 경우에는, 특별한 사정이 없는 한 쌍방은 그 상대방의 부실한 자력상태를 용인함과 동시에, 상대방이 발행한 어음이 지급기일에 결제되지 아니할 때에는 자기가 발행한 어음도 결제하지 않겠다는 약정 하에 서로 어음을 교환하는 것이므로, 사기죄가 성립하는 것은 아니다(대판 2002.4.23, 2001도6570).
> 2. 부도 이후 물품을 계속 공급하여 주면 영업을 재개하여 부도 당시의 기발생 물품대금채무를 줄여가겠다고 약속하여 피해자들이 계속하여 물품을 공급하였고, 그 후 다시 거래가 중단되었으나 **중단 당시의 잔존 물품대금액이 부도 당시의 기발생 물품대금액보다 줄어든 경우**, 위 부도 이후에 공급받은 물품에 대하여는 피고인에게 기망의 의사나 불법영득의 의사가 있었다고 보기 어렵다(대판 2002.9.24, 2002도3488). ● 사시
> 3. 소비대차 거래에서, 대주와 차주 사이의 친척·친지와 같은 인적 관계 및 계속적인 거래 관계 등에 의하여 대주가 차주의 신용 상태를 인식하고 있어 장래의 변제 지체 또는 변제불능에 대한 위험을 예상하고 있었거나 충분히 예상할 수 있는 경우에는, 차주가 소비대차 여부를 결정지을 수 있는 중요한 사항에 관하여 허위 사실을 말하였다는 등의 다른 사정이 없다면, 차주가 그 후 제대로 변제하지 못하였다는 사실만을 가지고 변제능력에 관하여 대주를 기망하였다거나 차주에게 편취의 범의가 있었다고 단정할 수 없다(대판 2016.6.9, 2015도18555).

3. 위법성

"권리행사를 위해 기망행위를 사용한 경우 그것이 사회통념상 권리행사의 수단으로서 용인할 수 있는 범위 내이면 정당행위로 되지만 그 한계를 초월하면 권리남용이 되어 위법성을 조각할 수 없어 사기죄가 성립한다"는 입장이다(대판 2003.6.13, 2002도6410).

> **관련판례**
> ① 피해자에 대한 채권을 변제받기 위한 방편으로 피해자에게 환전하여 주겠다고 기망하여 약속어음을 교부받은 경우 위법성이 조각되지 않고 어음금 전부에 대한 사기죄가 성립한다(대판 1982.9.14, 82도1679). ● 법행
> ② 매도인이 매매대금을 완납 받고도 매수인에게 소유권이전등기에 필요한 서류 등을 넘겨주지 않고 오히려 제3자와 이중으로 매매계약을 체결하고 계약금을 수령하자, 매수인과 중개인이 그 부동산에 대한 소유권이전등기를 경료받기 위하여 기망적인 방법으로 등기에 필요한 인감증명서를 교부받은 경우 사기죄가 성립한다(대판 1992.11.24, 92도391). ● 법행

4. 불법원인급여와 사기죄

(1) 민법 제746조의 불법원인급여에 해당하여 급여자가 수익자에 대한 반환청구권을 행사할 수 없다고 하더라도, 수익자가 기망을 통하여 급여자로 하여금 불법원인급여에 해당하는 재물을 제공하도록 하였다면 사기죄가 성립한다고 할 것인바 피고인이 피해자로부터 도박자금으로 사용하기 위하여 금원을 차용하였더라도 사기죄의 성립에는 영향이 없다(대판 2006.11.23, 2006도6795). ● 경찰

(2) 사기죄의 객체가 되는 재산상의 이익이 반드시 사법(私法)상 보호되는 경제적 이익만을 의미하지 아니하고, 부녀가 금품 등을 받을 것을 전제로 성행위를 하는 경우 그 행위의 대가는 사기죄의 객체인 경제적 이익에 해당하므로, 부녀를 기망하여 성행위 대가의 지급을 면하는 경우 사기죄가 성립한다(대판 2001.10.23, 2001도2991). ● 경찰, 사시

5. 죄수 및 타죄와의 관계

> **관련판례**
> ① 단일하고 계속된 범의아래 같은 장소에서 반복하여 여러 사람으로부터 계불입금을 편취한 소위는 피해자별로 포괄하여 1개의 사기죄가 성립하고 이들 포괄일죄 상호간은 상상적 경합관계에 있다(대판 1990.1.25, 89도252).
> ② 단일한 범의의 발동에 의하여 상대방을 기망하고 그 결과 착오에 빠져 있는 동일인으로부터 어떤 기간동안 동일한 방법에 의하여 금원을 편취한 경우에는 이를 포괄적으로 관찰하여 일죄로 처단하는 것이 상당하나, 수인의 피해자에 대하여 각별로 기망행위를 하여 각각 재물을 편취한 경우에는 비록 범의가 단일하고 범행방법이 동일하더라도 각피해자의 피해법익은 독립한 것이므로 이를 포괄일죄로 파악할 수는 없고 피해자별로 독립한 수개의 사기죄가 성립된다(대판 1989.6.13, 89도582). ● 사시
> ③ 업무상배임행위에 사기행위가 수반된 경우 업무상배임죄와 사기죄는 구성요건을 달리하는 별개의 범죄이므로 1개의 행위에 관하여 사기죄와 업무상배임죄의 각 구성요건이 모두 구비된 때에는 양 죄를 상상적 경합관계로 봄이 상당하다(대판 2002.7.18, 2002도669 전원합의체). ● 법행
> ④ 피고인이 부부인 피해자 甲과 乙에게 '토지를 매수하여 분필한 후 이를 분양해서 원금 및 수익금을 지급하겠다.'면서 기망한 후, 이에 속아 피고인에게 투자하기 위해 공동재산인 건물을 매도하여 돈을 마련한 피해자들로부터 각각 계약서를 작성한 다음 피해자 甲 명의 예금계좌에서 1억 원, 피해자 乙 명의 예금계좌에서 4억 7,500만 원, 합계 5억 7,500만 원을 송금받은 경우, … 민사상 권리 귀속관계의

면에서는 각 피해자가 피고인의 기망행위로 별도의 재산상 법익을 침해당하였다고 볼 수도 있으나, 포괄일죄를 판단하는 기준 중 하나인 피해법익의 동일성은 민사상 권리 귀속관계 외에 해당 사건에 나타난 다른 사정도 함께 고려하여 판단해야 하는데, … 모든 사정을 고려하여 보면, 피해자들에 대한 사기죄의 피해법익이 동일하다고 평가될 수 있어 이들에 대한 사기죄가 포괄일죄를 구성한다(대판 2023.12.21, 2023도13514).

⑤ 편취한 약속어음을 그와 같은 사실을 모르는 제3자에게 편취사실을 숨기고 할인받는 행위는 당초의 어음 편취와는 별개의 새로운 법익을 침해하는 행위로서 기망행위와 할인금의 교부행위 사이에 상당인과관계가 있어 새로운 사기죄를 구성한다(대판 2005.9.30, 2005도5236). ● 사시

⑥ 위조통화를 행사하여 재물을 불법영득한 때에는 위조통화행사죄와 사기죄가 경합한다(대판 1979.7.10, 79도840). ● 법행

⑦ 공무원이 직무에 관하여 타인을 기망하여 재물을 교부받은 경우 사기죄와 수뢰죄의 상상적 경합이 된다(대판 1977.6.7, 77도1069). ● 사시

⑧ 자기가 점유하는 타인의 재물을 횡령하기 위하여 기망수단을 쓴 경우에는 피기망자에 의한 재산처분행위가 없으므로 일반적으로 횡령죄만 성립되고 사기죄는 성립되지 아니한다(대판 1980.12.9, 80도1177). ● 법행

⑨ 대표이사가 회사의 상가분양 사업을 수행하면서 수분양자들을 기망하여 편취한 분양대금은 회사의 소유로 귀속되는 것이므로, 대표이사가 그 분양대금을 횡령하는 것은 사기 범행이 침해한 것과는 다른 법익을 침해하는 것이어서 회사를 피해자로 하는 별도의 횡령죄가 성립된다(대판 2005.4.29, 2005도741). ● 경찰간부

⑩ 사기죄에서 피해자에게 그 대가가 지급된 경우, 피해자를 기망하여 그가 보유하고 있는 그 대가를 다시 편취하거나 피해자로부터 그 대가를 위탁받아 보관 중 횡령하였다면, 이는 새로운 법익의 침해가 발생한 경우이므로, 기존에 성립한 사기죄와는 별도의 새로운 사기죄나 횡령죄가 성립한다(대판 2009.10.29, 2009도7052). ● 경찰간부

⑪ 사기도박은 도박죄는 성립하지 않고 사기죄만 성립한다(대판 1960.11.16, 4293형상743). ● 사시

⑫ 금융기관 발행의 자기앞수표는 그 액면금을 즉시 지급받을 수 있는 점에서 현금에 대신하는 기능을 가지고 있어서 장물인 자기앞수표를 취득한 후 이를 현금 대신 교부한 행위는 장물취득에 대한 가벌적 평가에 당연히 포함되는 불가벌적 사후행위로서 별도의 범죄를 구성하지 아니한다(대판 1993.11.23, 93도213).

⑬ 사기죄에서 수인의 피해자에 대하여 각 피해자별로 기망행위를 하여 각각 재물을 편취한 경우에 그 범의가 단일하고 범행방법이 동일하다고 하더라도 포괄일죄가 성립하는 것이 아니라 피해자별로 1개씩의 죄가 성립하는 것으로 보아야 한다. 다만 피해자들이 하나의 동업체를 구성하는 등으로 피해 법익이 동일하다고 볼 수 있는 사정이 있는 경우에는 피해자가 복수이더라도 이들에 대한 사기죄를 포괄하여 일죄로 볼 수도 있다(대판 2011.4.14, 2011도769). ● 법행, 경찰

⑭ 의사인 피고인이 입원치료를 받을 필요가 없는 환자들이 보험금 수령을 위하여 입원치료를 받으려고 하는 사실을 알면서도 입원을 허가하여 형식상으로 입원치료를 받도록 한 후 입원확인서를 발급하여 준 경우, 사기방조죄가 성립한다(대판 2006.1.12, 2004도6557). ● 경찰승진

⑮ 甲 종친회 회장인 피고인이 위조한 종친회 규약 등을 공탁관에게 제출하는 방법으로 甲 종친회를 피공탁자로 하여 공탁된 수용보상금을 출급받아 편취하고, 이를 종친회를 위하여 업무상 보관하던 중 반환을 거부한 경우, 피고인이 공탁관을 기망하여 공탁금을 출급받음으로써 甲 종친회를 피해자로 한 사기죄가 성립하고, 그 후 甲 종친회에 대하여 공탁금 반환을 거부한 행위는 새로운 법익의 침해를 수반하지 않는 불가벌적 사후행위에 해당할 뿐 별도의 횡령죄가 성립하지 않는다(대판 2015.9.10, 2015도8592).

> **기타판례**
>
> **보이스피싱**
> [사실관계]
> 甲은 乙 등과 공모하여 A에게 금융감독원 직원임을 사칭하면서 A로 하여금 1,880만원을 인출하여 전달하게 하였는데 그 중 1,400만원은 甲과 乙등이 B에게 금융감독원 직원임을 사칭하면서 A계좌에 입금하라고 하고 A에게도 같은 취지로 거짓말하여 입금된 돈을 찾아서 전달하도록 한 것이었다. 한편 丙은 보이스피싱 사기범행에 사용될 것이라는 사실을 알면서도 그 명의의 신한은행 계좌의 통장 등을 양도한 후 위 계좌에 성명불상자로부터 기망당한 피해자로부터 돈이 입금되자 이를 인출하여 사용하였다.
> [판결요지]
> [1] 간접정범을 통한 범행에서 피이용자는 간접정범의 의사를 실현하는 수단으로서의 지위를 가질 뿐이므로, <u>피해자에 대한 사기범행을 실현하는 수단으로서 타인을 기망하여 그를 피해자로부터 편취한 재물이나 재산상 이익을 전달하는 도구로서만 이용한 경우</u>에는 편취의 대상인 재물 또는 재산상 이익에 관하여 피해자에 대한 사기죄가 성립할 뿐 도구로 이용된 타인에 대한 사기죄가 별도로 성립한다고 할 수 없다.
> [2] 甲은 乙 등과 공모하여 A에게 금융감독원 직원임을 사칭하면서 A로 하여금 1,880만원을 인출하여 전달하게 하였는데 그 중 1,400만원은 甲과 乙등이 B에게 금융감독원 직원임을 사칭하면서 A계좌에 입급하라고 하고 A에게도 같은 취지로 거짓말하여 입금된 돈을 찾아서 전달하도록 한 경우 1,400만원 부분은 A에 대한 사기죄가 성립한다고 볼 수 없다.
> [3] <u>보이스피싱</u>의 범인이 피해자를 기망하여 <u>피해자의 자금을 사기이용계좌로 송금·이체받으면 사기죄는 기수</u>에 이르고, 범인이 피해자의 자금을 점유하고 있다고 하여 피해자와의 어떠한 위탁관계나 신임관계가 존재한다고 볼 수 없을 뿐만 아니라, 그 후 <u>범인이 사기이용계좌에서 현금을 인출하였더라도 이는 이미 성립한 사기범행이 예정하고 있던 행위에 지나지 아니하여 새로운 법익을 침해한다고 보기도 어려우므로, 위와 같은 인출행위는 <u>사기의 피해자에 대하여 별도의 횡령죄를 구성하지 아니한다</u>. 이러한 법리는 <u>사기범행에 이용되리라는 사정을 알고서 자신 명의 계좌의 접근매체를 양도함으로써 사기범행을 방조한 종범이 사기이용계좌로 송금된 피해자의 자금을 임의로 인출한 경우에도 마찬가지로 적용된다</u>(대판 2017.5.31, 2017도3894).

6. 소송사기

(1) 의 의

소송사기란 법원에 허위의 사실을 주장하거나 허위의 증거를 제출함으로써 법원을 기망하여 승소판결을 받고 이에 의하여 재물 또는 재산상의 이익을 취득하는 것을 말한다. 삼각사기의 전형적인 사례이다. 피기망자는 법원이고 재산상의 피해자는 소송의 상대방이다.

(2) 요 건

① 주체
  ㉠ 자기에게 유리한 판결을 얻기 위하여 소송상의 주장이 사실과 다름이 객관적으로 명백하거나 증거가 조작되어 있다는 <u>정을 인식하지 못하는 제3자를 이</u>

용하여 그로 하여금 소송의 당사자가 되게 하고 법원을 기망하여 소송 상대방의 재물 또는 재산상 이익을 취득하려 하였다면 **간접정범의 형태에 의한 소송사기죄가 성립**하게 된다(대판 2007.9.6, 2006도3591). ● 경찰

ⓒ 적극적 소송당사자인 **원고**뿐만 아니라 방어적인 위치에 있는 **피고**라 하더라도 허위내용의 서류를 작성하여 이를 증거로 제출하거나 위증을 시키는 등의 적극적인 방법으로 법원을 기망하여 착오에 빠지게 한 결과 승소확정판결을 받음으로써 자기의 재산상의 의무이행을 면하게 된 경우에는 그 재산가액 상당에 대하여 사기죄가 성립한다(대판 2004.3.12, 2003도333). ● 법원

② 기망행위 : **원고측에 의한 소송사기**가 성립하기 위하여는 **제소 당시에** 그 주장과 같은 채권이 존재하지 아니하다는 것만으로는 부족하고 그 주장의 채권이 존재하지 아니한 사실을 잘 알고 있으면서도 **허위의 주장과 입증으로써 법원을 기망**한다는 인식을 하고 있어야만 하는 것이고, 이와 마찬가지로, **피고측에 의한 소송사기**가 성립하기 위하여는 원고 주장과 같은 채무가 존재한다는 것만으로는 부족하고 그 주장의 채무가 존재한다는 사실을 잘 알고 있으면서도 **허위의 주장과 입증으로써 법원을 기망**한다는 **인식**을 하고 있어야만 한다(대판 2004.3.12, 2003도333).

> **비교판례**
> ㉠ 허위의 내용으로 지급명령을 신청하여 법원을 기망한다는 고의가 있는 경우에 법원을 기망하는 것은 반드시 허위의 증거를 이용하지 않더라도 당사자의 주장이 법원을 기만하기 충분한 것이라면 기망수단이 된다(대판 2004.6.24, 2002도4151). ● 경찰승진
> ㉡ 소송당사자들은 조정절차를 통해 원만한 타협점을 찾는 과정에서 자신에게 유리한 결과를 얻기 위하여 노력하고, 그 과정에서 다소간의 허위나 과장이 섞인 언행을 하는 경우도 있다. 이러한 언행이 **일반 거래관행과 신의칙에 비추어 허용될 수 있는 범위** 내라면 사기죄에서 말하는 기망행위에 해당한다고 볼 수는 없다(대판 2024.1.25, 2020도10330).

> **판례 정리 … 기망에 해당하는 경우**
>
> 1. 가계수표발행인이 자기가 발행한 가계수표를 타인이 교부받아 소지하고 있는 사실을 알면서도, 또한 그 수표가 적법히 지급 제시되어 수표상의 소구의무를 부담하고 있음에도 불구하고 **허위의 분실사유를 들어 공시최고 신청**을 하고 이에 따라 법원으로부터 제권판결을 받음으로써 수표상의 채무를 면하여 그 수표금 상당의 재산상 이득을 취득하였다면 이러한 행위는 사기죄에 해당한다(대판 1999.4.9, 99도364). ● 경찰승진, 사시
>
> **유사판례**
> ㉠ 자기앞수표를 갈취당한 자가 이를 분실하였다고 허위로 공시최고신청을 하여 제권판결을 선고받은 경우, 그 수표를 갈취하여 소지하고 있는 자에 대한 사기죄가 성립된다(대판 2003.12.26, 2003도4914). ● 법행, 경찰승진
> ㉡ 주권을 교부한 자가 이를 분실하였다고 허위로 공시최고신청을 하여 제권판결을 선고받아 확정된 경우에는 재산상 이익을 취득한 것으로 볼 수 있으므로 사기죄가 성립하다(대판 2007.5.31, 2006도8488).

2. 피고인 또는 그와 공모한 자가 자신이 토지의 소유자라고 허위의 주장을 하면서 소유권보존등기 명의자를 상대로 보존등기의 말소를 구하는 소송을 제기한 경우 그 소송에서 위 토지가 피고인 또는 그와 공모한 자의 소유임을 인정하여 보존등기 말소를 명하는 내용의 승소확정판결을 받는다면, 이에 터 잡아 언제든지 단독으로 상대방의 소유권보존등기를 말소시킨 후 위 판결을 부동산등기법 제130조 제2호 소정의 소유권을 증명하는 판결로 하여 자기 앞으로의 소유권보존등기를 신청하여 그 등기를 마칠 수 있게 되므로, 이는 법원을 기망하여 유리한 판결을 얻음으로써 '대상 토지의 소유권에 대한 방해를 제거하고 그 소유명의를 얻을 수 있는 지위'라는 재산상 이익을 취득한 것이고, 그 경우 <u>기수시기는 위 판결이 확정된 때이다</u>(대판 2006.4.7, 2005도9858 전원합의체).
● 경찰, 사시

판례 정리 … 기망에 해당하지 않는 경우

1. 비록 자기가 상대방에게 유리한 증거를 가지고 있다거나 상대방에게 유리한 사실을 알고 있다고 하더라도 상대방을 위하여 이를 현출하여야 할 의무가 있다고 보기는 어려울 것이므로 <u>상대방에게 유리한 증거를 제출하지 않거나 상대방에게 유리한 사실을 진술하지 않는 행위만으로는 소송사기에 있어 기망이 된다고 할 수 없다</u>(대판 2002.6.28, 2001도1610).
● 법행
2. <u>기한 미도래의 채권</u>을 소송에 의하여 청구함에 있어서 기한의 이익이 상실되었다는 허위의 증거를 조작하는 등의 적극적인 사술을 사용하지 아니한 채 <u>단지 즉시 지급을 구하는 취지</u>의 지급명령신청은 법원을 기망하여 부당한 이득을 편취하려는 기망행위에 해당하지 아니한다(대판 1982.7.27, 82도1160).
● 사시
3. 가압류는 강제집행의 보전방법에 불과하고 그 기초가 되는 허위의 채권에 의하여 실제로 청구의 의사표시를 한 것이라고 할 수 없으므로 소의 제기 없이 <u>가압류신청을 한 것만으로는 사기죄의 실행에 착수한 것이라고 할 수 없다</u>(대판 1982.10.26, 82도1529).
● 사시, 경찰
4. 허위 내용으로 법원을 기망하여 자기에게 유리한 소송비용액확정결정을 받는 행위는 사기죄를 구성할 수 있다. … <u>당사자가 소송 등 수행을 위하여 제3자에게 직접 지출하는 이른바 '당사자비용'은 신청인이 반드시 소명하여야 하므로, 소명자료 등을 조작하거나 허위의 소명자료 등을 제출함이 없이 단지 실제 사실과 다른 비용액에 관한 주장만 하는 경우에는</u> 특별한 사정이 없는 한 법원을 기망하였다고 단정하기 어렵다. 따라서 피고인이 가처분사건에서 <u>변호사를 선임한 적이 없는데도 소송비용액확정신청을 하면서 소송비용액계산서의 비용항목에 사실과 다르게 변호사비용을 기재하기는 하였으나 이와 관련하여 소명자료 등을 조작하거나 허위의 소명자료를 제출하지는 않은 경우</u>, 피고인의 소송비용액확정신청이 객관적으로 법원을 기망하기에 충분하다고 보기는 어려워 이를 사기죄의 기망행위라고 단정할 수 없다(대판 2024.6.27, 2021도2340).
● 승진

③ 피해자의 처분행위에 갈음할 수 있는 판결 : 소송사기에 있어서 피기망자인 법원의 재판은 피해자의 처분행위에 갈음하는 내용과 효력이 있는 것이어야 하고 그렇지 않은 경우는 착오에 의한 재물의 교부나 재산상의 이익을 취득하는 행위가 있다고 할 수 없어 사기죄를 구성하지 않는다(대판 1987.8.18, 87도1153).

> **관련판례**
>
> ① 사망자 상대 소송 : 피고인의 제소가 **사망한 자를 상대**로 한 것이라면 이와 같은 사망한 자에 대한 판결은 그 내용에 따른 효력이 생기지 아니하여 상속인에게 그 효력이 미치지 아니하고 따라서 사기죄를 구성한다고 할 수 없다(대판 2002.1.11, 2000도1881). ● 사시
> ② 실재하고 있지 않은 자에 대한 소송 : **실재하고 있지 아니한 자**에 대하여 판결이 선고되더라도 그 판결은 피해자의 처분행위에 갈음하는 내용과 효력을 인정할 수 없고, 따라서 착오에 의한 재물의 교부행위를 상정할 수 없는 것이므로 사기죄의 성립을 시인할 수 없다(대판 1992.12.11, 92도743). ● 사시
> ③ 아무런 권한이 없는 자에 대한 소송 : 피고인이 타인소유의 부동산에 관하여 아무런 권한이 없는 사람을 상대로 소유권확인 등의 청구소송을 제기함으로써 법원을 기망하여 승소판결을 받고 그 확정판결을 이용하여 동 부동산에 대한 소유권보존등기를 경료했다 하여도, 위 판결의 효력은 소송당사자들 사이에만 미치고 제3자인 부동산소유자에게는 미치지 아니하여 위 판결로 인하여 위 부동산에 대한 제3자의 소유권이 피고인에게 이전되는 것도 아니므로 사기죄를 구성한다고 볼 수 없다(대판 1985.10.8, 84도2642). ● 법행, 경찰승진
> ④ 소송사기에 있어서, 피고인들이 **타인과 공모하여** 그 공모자를 상대로 제소를 한 경우나 **피고인들이 법원을 기망하여 얻으려고 한 판결의 내용이 소송 상대방의 의사에 부합**하는 것일 때에는 착오에 의한 재물의 교부행위가 있다고 할 수 없어 소송사기죄가 성립되지 아니한다(대판 1997.12.23, 97도2430).

(3) 고 의

단순히 사실을 잘못 인식하거나 법률적인 평가를 그르침으로 인하여 존재하지 않는 채권을 존재한다고 믿고 제소하는 행위는 사기죄를 구성하지 않는다(대판 2003.5.16, 2003도373). ● 사시

> **관련판례**
>
> [권리행사의 수단으로 기망사용 : 사기죄 성립]
> 시효취득을 주장하는 자가 비록 자주점유의 추정을 받는다고 하더라도 소송의 승패에 결정적인 증거인 자주점유의 권원에 관한 처분문서를 위조하고 그 성립에 관한 위증을 교사하는 등 법원을 적극적으로 기망하여 승소판결을 받은 경우 사기죄가 성립한다(대판 1997.10.14, 96도1405). ● 경찰, 사시

(4) 실행의 착수시기

① 원고의 실행의 착수시기 : 법원에 소를 제기한 때이다.
② 피고의 경우 실행 착수시기
   ㉠ **피고**라 하더라도 적극적인 방법으로 법원을 기망할 의사를 가지고 허위내용의 서류를 증거로 제출하거나 그에 따른 주장을 담은 답변서나 준비서면을 제출한 경우에 사기죄의 실행의 착수가 있다고 볼 것이다(대판 1998.2.27, 97도2786).
   ㉡ 피고인이 특정 권원에 기하여 민사소송을 진행하던 중 법원에 조작된 증거를 제출하면서 종전에 주장하던 특정 권원과 별개의 허위의 권원을 추가로 주장

하는 경우에 그 당시로서는 종전의 특정권원의 인정 여부가 확정되지 아니하였고, 만약 종전의 특정 권원이 배척될 때에는 조작된 증거에 의하여 법원을 기망하여 추가된 허위의 권원을 인정받아 승소판결을 받을 가능성이 있으므로, 가사 나중에 법원이 종전의 특정 권원을 인정하여 피고인에게 승소판결을 선고하였다고 하더라도, 피고인의 이러한 행위는 특별한 사정이 없는 한 소송사기의 실행의 착수에 해당된다(대판 2004.6.25, 2003도7124). ● 경찰승진

③ 기 타

> **관련판례**
>
> ① 소송사기는 소장의 유효한 송달을 요하지 아니하므로 제소자가 상대방의 주소를 허위로 기재함으로써 그 허위주소로 소송서류가 송달되어 그로 인하여 상대방 아닌 다른 사람이 그 서류를 받아 소송이 진행된 경우에도 소송사기의 실행착수가 인정된다(대판 2006.11.10, 2006도5811). ☞ 자신의 소송상 주장이 허위임을 잘 알면서도 이를 기초로 하여 상대방에게 금전 지급을 구하는 소를 제기한 경우라면 판결을 실제로 집행할 의사가 없었더라도 사기죄의 실행의 착수가 인정된다. ● 경찰, 사시
> ② 부동산등기부상 소유자로 등기된 적이 있는 자가 자기 이후에 소유권이전등기를 경료한 등기명의인들을 상대로 허위의 사실을 주장하면서 그들 명의의 소유권이전등기의 말소를 구하는 소송을 제기한 경우 그 소송에서 승소한다면 등기명의인들의 등기가 말소됨으로써 그 소송을 제기한 자의 등기명의가 회복되는 것이므로 이는 법원을 기망하여 재물이나 재산상 이익을 편취한 것이라고 할 것이고 따라서 등기명의인들 전부 또는 일부를 상대로 하는 그와 같은 말소등기청구 소송의 제기는 사기의 실행에 착수한 것이라고 보아야 한다(대판 2003.7.22, 2003도1951). ● 법행

> **비교판례**
>
> ㉠ 예고등기로 인한 경매대상 부동산의 경매가격 하락 등을 목적으로 허위의 채권을 주장하며 채권자대위의 방식에 의한 원인무효로 인한 소유권보존등기 말소청구소송을 제기한 경우, 소송사기의 불법영득의사 및 실행의 착수가 부정된다(대판 2009.4.9, 2009도128). ● 법행
> ☞ 본 사안은(비록 허위채권을 주장하여 말소청구소송을 제기하고 이에 기하여 법원이 직권으로 예고등기를 하였더라도) 경매가격하락을 의도한 것이지 불법영득의사를 인정할 수 없다는 점에서 실행의 착수를 부정한 사안이다.
> ㉡ 소송사기에서 부동산을 매수한 일이 없음에도 매수한 것처럼 허위의 사실을 주장하여 위 부동산에 대한 소유권이전등기를 거친 사람을 상대로 그 이전등기의 원인무효를 내세워 그 이전등기의 말소를 구하는 소송을 제기한 경우 피고인이 위 임야에 관한 어떠한 권리를 취득하거나 의무를 면하는 것은 아니므로 위 소제기 행위를 가리켜 사기의 실행에 착수한 것이라고 할 수 없다(대판 1981.12.8, 81도1451). ● 경찰

③ 유치권에 의한 경매를 신청한 유치권자는 일반채권자와 마찬가지로 피담보채권액에 기초하여 배당을 받게 되는 결과 피담보채권인 공사대금 채권을 실제와 달리 허위로 크게 부풀려 유치권에 의한 경매를 신청할 경우 정당한 채권액에 의하여 경매를 신청한 경우보다 더 많은 배당금을 받을 수도 있으므로, 이는 법원을 기망하여 배당이라는 법원의 처분행위에 의하여 재산상 이익을 취득하려는 행위로서, 불능범에 해당한다고 볼 수 없고, 소송사기죄의 실행의 착수에 해당한다(대판 2012.11.15, 2012도9603). ● 법행, 경찰승진

> **비교판례**
> 부동산 경매절차에서 **허위의 공사대금채권을 근거로 유치권 신고**를 하였더라도 이를 소송사기 실행의 착수가 있다고 볼 수는 없다(대판 2009.9.24, 2009도5900). ●경찰승진

④ 강제집행절차를 통한 소송사기는 집행절차의 개시신청을 한 때 또는 진행 중인 집행절차에 배당신청을 한 때에 실행에 착수하였다고 볼 것이다. 따라서 허위 채권에 기한 공정증서를 집행권원으로 하여 채무자의 소유권이전등기청구권에 대하여 압류신청을 한 시점에 소송사기의 실행 착수가 인정된다(대판 2015.2.12, 2014도10086). ●경찰

⑤ 타인의 사망을 보험사고로 하는 생명보험계약을 체결함에 있어 제3자가 피보험자인 것처럼 가장하여 체결하는 등으로 그 유효요건이 갖추어지지 못한 경우에도, 보험계약 체결 당시에 이미 보험사고가 발생하였음에도 이를 숨겼다거나 보험사고의 구체적 발생 가능성을 예견할 만한 사정을 인식하고 있었던 경우 또는 고의로 보험사고를 일으키려는 의도를 가지고 보험계약을 체결한 경우와 같이 보험사고의 우연성과 같은 보험의 본질을 해칠 정도라고 볼 수 있는 **특별한 사정이 없는 한**, 그와 같이 하자 있는 보험계약을 체결한 행위만으로는 미필적으로라도 보험금을 편취하려는 의사에 의한 기망행위의 실행에 착수한 것으로 볼 것은 아니다. 그러므로 그와 같이 기망행위의 실행의 착수로 인정할 수 없는 경우에 피보험자 본인임을 가장하는 등으로 보험계약을 체결한 행위는 단지 장차의 보험금 편취를 위한 예비행위에 지나지 않는다(대판 2013.11.14, 2013도7494). ●법행

(5) 기수시기

> **관련판례**
> ① **허위의 내용으로 지급명령을 신청한 경우** 지급명령신청에 대해 상대방이 이의신청을 하면 지급명령은 이의의 범위 안에서 그 효력을 잃게 되고 지급명령을 신청한 때에 소를 제기한 것으로 보게 되는 것이고 지급명령을 송달받은 채무자가 2주일 이내에 이의신청을 하지 않는 경우에는 구 민사소송법 제445조에 따라 지급명령은 확정되므로, **허위의 내용으로 신청한 지급명령이 그대로 확정된 경우**에는 소송사기의 방법으로 승소 판결을 받아 확정된 경우와 마찬가지로 사기죄는 기수가 된다(대판 2004.6.24, 2002도4151). ●경찰, 법행, 승진
> ② 갑이 **일제 강점기 사정받은 토지**에 대하여 소유자 미복구를 원인으로 국가 명의의 소유권보존등기가 되어 있는 상태에서, 피고인이 갑의 상속인인 것처럼 조작하여 **국가를 상대로 소유권보존등기말소 청구소송**을 제기하여 이를 인용하는 화해권고결정이 확정되었다면 사기죄가 성립한다(대판 2011.12.13, 2011도8873). ●법행

(6) 소송사기의 공소시효

소송사기의 경우 공소시효는 당해 소송이 승소판결 또는 패소의 종국판결을 받아 종료된 때에 기산한다.

관련판례

공소시효는 범죄행위가 종료한 때로부터 진행하는 것으로서, 법원을 기망하여 유리한 판결을 얻어 내고 이에 터잡아 상대방으로부터 재물이나 재산상 이익을 취득하려고 소송을 제기하였다가 법원으로부터 패소의 종국판결을 선고받고 그 판결이 확정되는 등 법원으로부터 유리한 판결을 받지 못하고 소송이 종료됨으로써 미수에 그친 경우에, 그러한 소송사기미수죄에 있어서 범죄행위의 종료시기는 위와 같이 소송이 종료된 때라고 할 것이다(대판 2000.2.11, 99도4459).

(7) 강제집행과 사기죄의 성부

관련판례

① 민사판결의 주문에 표시된 채권을 변제받거나 상계하여 그 채권이 소멸되었음에도 불구하고, 판결정본을 소지하고 있음을 기화로 이를 근거로 하여 강제집행을 하였다면 사기죄를 구성한다(대판 1992.12.22, 92도2218). ● 법행, 경찰승진
② 채무자가 강제집행을 승낙한 취지의 기재가 있는 약속어음 공정증서에 있어서 그 약속어음의 원인관계가 소멸하였음에도 불구하고, 약속어음 공정증서 정본을 소지하고 있음을 기화로 이를 근거로 하여 강제집행을 하였다면 사기죄를 구성한다(대판 1999.12.10, 99도2213). ● 법행, 경찰

(8) 죄수 및 관련문제

관련판례

① 소송비용을 편취할 의사로 소송비용의 지급을 구하는 손해배상청구의 소를 제기한 경우, 사기죄의 불능범에 해당한다(대판 2005.12.8, 2005도8105).
  ☞ 소송비용의 청구는 소송비용액확정절차에 의하도록 하고 있으므로 소송비용을 손해배상으로 청구하는 것은 부적법 각하될 것이고 이러한 소의 제기는 위험성조차 없어 불능범에 해당한다는 것이 판례의 취지이다.
② 임대인과 임대차계약을 체결한 임차인이 임차건물에 거주하기는 하였으나 그의 처만이 전입신고를 마친 후에 경매절차에서 배당을 받기 위하여 임대차계약서상의 임차인 명의를 처로 변경하여 경매법원에 배당요구를 한 경우, 이러한 임차인의 행위를 객관적으로 결과발생의 가능성이 있는 행위라고 볼 수도 없다(대판 2002.2.8, 2001도6669). ☞ 사기죄의 불능범

7. 신용카드 범죄

(1) 의의와 구별개념

① 신용카드의 의의 : 신용카드란 이를 제시함으로써 반복하여 신용카드가맹점에서 물품의 구입 또는 용역의 제공을 받을 수 있는 증표로서 신용카드업자가 발행한 것을 말한다(여신전문금융업법 제2조 제3호).
② 구별개념 : 직불카드, 선불카드, 현금카드와 기능이 다르다.
③ 여신전문금융업법의 규제대상 : 신용카드, 직불카드, 선불카드를 규제대상으로 한다. 현금카드는 제외된다.

(2) 신용카드의 법적 성질

신용카드업자가 발행한 신용카드는 이를 소지함으로써 신용구매가 가능하고 금융의 편의를 받을 수 있다는 점에서 경제적 가치가 있다 하더라도, 그 자체에 경제적 가치가 화체되어 있거나 특정의 재산권을 표창하는 유가증권이라고 볼 수 없다(대판 1999. 7.9, 99도857). ● 사시

> cf 일반공중전화카드는 유가증권에 해당, 후불식공중전화카드인 KT전화카드는 사문서, 현금카드는 문서에 해당한다.
> cf 신용카드는 재물에 해당한다.

(3) 신용카드와 관련된 재산범죄

① 신용카드 그 자체에 대한 재산범죄의 성부

> **관련판례**
> ① 신용카드를 사용하여 현금자동지급기에서 현금을 인출하였다 하더라도 신용카드 자체가 가지는 경제적 가치가 인출된 예금액만큼 소모되었다고 할 수 없으므로, 이를 일시 사용하고 곧 반환한 경우에는 불법영득의 의사가 없다(대판 1999.7.9, 99도857). ● 경찰, 사시
> ② 피해자로부터 지갑을 잠시 건네받아 임의로 지갑에서 현금카드를 꺼내어 현금자동인출기에서 현금을 인출하고 곧바로 피해자에게 현금카드를 반환한 경우, 현금카드에 대한 불법영득의사가 없다(대판 1998.11.10, 98도2642). ● 사시, 법행
> ③ 은행이 발급한 직불카드를 사용하여 타인의 예금계좌에서 자기의 예금계좌로 돈을 이체시켰다 하더라도 직불카드 자체가 가지는 경제적 가치가 계좌이체 된 금액만큼 소모되었다고 할 수는 없으므로, 이를 일시 사용하고 곧 반환한 경우에는 그 직불카드에 대한 불법영득의 의사는 없다고 보아야 한다(대판 2006.3.9, 2005도7819). ● 경찰, 사시

② 자기신용카드를 사용한 경우

> **관련판례**
> ① 카드회원이 일시적인 자금궁색 등의 이유로 그 채무를 일시적으로 이행하지 못하게 되는 상황이 아니라 이미 과다한 부채의 누적 등으로 신용카드 사용으로 인한 대출금채무를 변제할 의사나 능력이 없는 상황에 처하였음에도 불구하고 신용카드를 사용하였다면 사기죄에 있어서 기망행위 내지 편취의 범의를 인정할 수 있다(대판 2005.8.19, 2004도6859). ● 법행
> ② 대금결제의 의사와 능력이 없으면서도 있는 것 같이 가장하여 카드회사를 기망하고, 카드회사는 이에 착오를 일으켜 일정 한도 내에서 카드사용을 허용해 줌으로써 피고인은 기망당한 카드회사의 신용공여라는 하자 있는 의사표시에 편승하여 현금서비스를 받고 물품을 구입한 경우, 피해자인 카드회사의 기망당한 의사표시에 따른 카드발급에 터잡아 이루어지는 사기의 포괄일죄이다(대판 1996. 4.9, 95도2466). ● 사시, 검찰9급

③ 타인의 이름을 모용하여 부정발급 받은 신용카드를 사용한 경우

> **사실관계** 피고인이 이혼한 처의 명의를 사칭하여 신용카드 발급신청서를 작성 제출하여 신용카드를 발급받은 뒤, 변제할 능력이나 의사가 없음에도 물품을 구입하고 현금지급기에서 현금서비스를 받고 ARS서비스를 통하여 현금을 대출하였다.
>
> **판결요지** 피고인이 타인의 명의를 모용하여 발급받은 신용카드를 사용하여 현금자동지급기에서 현금대출을 받는 행위는 현금자동지급기의 관리자의 의사에 반하여 그의 지배를 배제한 채 그 현금을 자기의 지배하에 옮겨 놓는 행위로서 절도죄에 해당한다. 또한 타인의 명의를 모용하여 발급받은 신용카드의 번호와 그 비밀번호를 이용하여 ARS 전화서비스나 인터넷 등을 통하여 신용대출을 받는 방법으로 재산상 이익을 취득하는 행위는 컴퓨터 등 정보처리장치에 권한 없이 정보를 입력하여 정보처리를 하게 함으로써 재산상 이익을 취득하는 행위로서 컴퓨터 등 사용사기죄에 해당한다(대판 2006.7.27, 2006도3126). ● 법행

④ 범죄로 취득한 타인의 신용카드를 사용한 경우

㉠ **강취한 신용카드**를 가지고 자신이 그 신용카드의 정당한 소지인인양 가맹점의 점주를 속이고 그에 속은 점주로부터 주류 등을 제공받아 이를 취득한 것이라면 신용카드부정사용죄와 별도로 사기죄가 성립한다(대판 1997.1.21, 96도2715). ● 사시

> **비교판례**
> ⓐ 유흥주점 업주가 과다한 술값 청구에 항의하는 피해자들을 폭행 또는 협박하여 피해자들로부터 일정 금액을 지급받기로 합의한 다음, 피해자들이 결제하라고 건네준 신용카드로 합의에 따라 현금서비스를 받거나 물품을 구입한 경우, 신용카드에 대한 피해자들의 점유가 피해자들의 의사에 기하지 않고 이탈하였거나 배제되었다고 보기 어려워 여신전문금융업법상의 신용카드 부정사용에 해당하지 않는다(대판 2006.7.6, 2006도654). ● 사시, 법행, 경찰승진
> ☞ 신용카드부정사용죄의 대상이 되는 카드는 강취・횡령・기망・공갈로 취득해야 하므로 합의로 건네준 것이라면 위 어느 경우에도 해당하지 않으므로 신용카드부정사용죄에 해당하지 않는다.
> ⓑ **강취한 현금카드**를 사용하여 현금자동지급기에서 예금을 인출한 행위는 피해자의 승낙에 기한 것이라고 할 수 없으므로, 현금자동지급기 관리자의 의사에 반하여 그의 지배를 배제하고 그 현금을 자기의 지배하에 옮겨 놓는 것이 되어서 강도죄와는 별도로 절도죄를 구성한다(대판 2007.5.10, 2007도1375). ● 법행, 사시

㉡ 신용카드를 **절취**한 후 이를 사용한 경우 신용카드의 **부정사용**행위는 절도범행의 불가벌적 사후행위가 되는 것은 아니다. 따라서 피고인은 절취한 카드로 가맹점들로부터 물품을 구입하겠다는 단일한 범의를 가지고 그 범의가 계속된 가운데 동종의 범행인 신용카드 부정사용행위를 동일한 방법으로 반복하여 행하였고, 또 위 신용카드의 각 부정사용의 피해법익도 모두 위 신용카드를 사용한 거래의 안전 및 이에 대한 공중의 신뢰인 것으로 동일하므로, 피고

인이 **동일한 신용카드를 위와 같이 부정사용한 행위**는 **포괄하여 일죄**에 해당하고, 신용카드를 부정사용한 결과가 사기죄의 구성요건에 해당하고 그 **각 사기죄가 실체적 경합관계**에 해당한다고 하여도 **신용카드부정사용죄와 사기죄**는 그 보호법익이나 행위의 태양이 전혀 달라 **실체적 경합관계**에 있으므로 신용카드 부정사용행위를 포괄일죄로 취급하는데 아무런 지장이 없다(대판 1996.7.12, 96도1181). ● 법행

ⓒ 신용카드부정사용죄의 구성요건적 행위인 **신용카드의 사용**이라 함은 **신용카드의 소지인이 신용카드의 본래 용도인 대금결제를 위하여 가맹점에 신용카드를 제시하고 매출표에 서명하여 이를 교부하는 일련의 행위**를 가리키고 단순히 신용카드를 제시하는 행위만을 가리키는 것은 아니라고 할 것이므로, 위 매출표의 서명 및 교부가 별도로 사문서위조 및 동행사의 죄의 구성요건을 충족한다고 하여도 이 사문서위조 및 동행사의 죄는 위 신용카드부정사용죄에 흡수되어 신용카드부정사용죄의 1죄만이 성립하고 별도로 사문서위조 및 동행사의 죄는 성립하지 않는다(대판 1992.6.9, 92도77). ● 사시

> **참고판례**
> 신용카드를 절취한 사람이 대금을 결제하기 위하여 신용카드를 제시하고 카드회사의 승인까지 받았다고 하더라도 매출전표에 서명한 사실이 없고 도난카드임이 밝혀져 최종적으로 매출취소로 거래가 종결되었다면, 신용카드 부정사용의 미수행위에 불과하다(대판 2008.2.14, 2007도8767). ● 사시, 경찰승진

ⓔ 여신전문금융업법 제70조 제1항 소정의 부정사용이라 함은 위조·변조 또는 도난·분실된 신용카드나 직불카드를 진정한 카드로서 신용카드나 직불카드의 본래의 용법에 따라 사용하는 경우를 말하는 것이므로, 절취한 **직불카드를 온라인 현금자동지급기에 넣고 비밀번호 등을 입력하여 피해자의 예금을 인출한 행위는 여신전문금융업법 제70조 제1항 소정의 부정사용의 개념에 포함될 수 없다**(대판 2003.11.14, 2003도3977). ● 경찰승진

ⓜ 여신전문금융업법 제70조 제1항 제4호에서는 '강취·횡령하거나, 사람을 기망하거나 공갈하여 취득한 신용카드나 직불카드를 판매하거나 사용한 자'를 처벌하도록 규정하고 있는데, 여기에서 '**사용**'은 강취·횡령, 기망 또는 공갈로 취득한 신용카드나 직불카드를 진정한 카드로서 본래의 용법에 따라 사용하는 경우를 말한다. 그리고 '**기망하거나 공갈하여 취득한 신용카드나 직불카드**'는 문언상 '기망이나 공갈을 수단으로 하여 다른 사람으로부터 취득한 신용카드나 직불카드'라는 의미이므로, '신용카드나 직불카드의 소유자 또는 점유자를 기망하거나 공갈하여 그들의 자유로운 의사에 의하지 않고 점유가 배제되어 그들로부터 사실상 처분권을 취득한 신용카드나 직불카드'라고 해석되어야 한다. 따라서 피고인이 피해자를 기망하여 신용카드를 교부받은 뒤 총

23회에 걸쳐 이 사건 신용카드를 사용하였다면 피고인의 행위는 기망하여 취득한 신용카드 사용으로 인한 여신전문금융업법 위반죄에 해당하게 된다(대판 2023.2.1, 2022도10629).

⑤ 범죄로 취득한 타인의 현금카드 또는 직불카드를 사용한 경우
  ㉠ 예금주인 **현금카드** 소유자를 협박("현금카드를 빌려주지 않으면 아는 깡패를 동원하여 가루로 만들어 버리겠다")하여 그 카드를 **갈취**한 다음 현금 자동지급기에서 **예금을 인출**한 행위는 모두 피해자의 예금을 갈취하고자 하는 피고인의 단일하고 계속된 범의 아래에서 이루어진 일련의 행위로서 포괄하여 하나의 공갈죄를 구성한다고 볼 것이지, 현금지급기에서 피해자의 예금을 취득한 행위를 현금지급기 관리자의 의사에 반하여 그가 점유하고 있는 현금을 절취한 것이라 하여 이를 현금카드 갈취행위와 분리하여 따로 절도죄로 처단할 수는 없다(대판 1996.9.20, 95도1728). ● 법행
  ㉡ **현금카드** 소유자로부터 그 카드를 **편취**하여, 비록 하자 있는 의사표시이기는 하지만 현금카드 소유자의 승낙에 의하여 사용권한을 부여받은 이상, 그 소유자가 승낙의 의사표시를 취소하기까지는 현금카드를 적법, 유효하게 사용할 수 있으므로 이를 사용하여 현금자동지급기에서 **예금을 여러 번 인출**한 행위들은 모두 현금카드 소유자의 예금을 편취하고자 하는 피고인의 단일하고 계속된 범의 아래에서 이루어진 일련의 행위로서 포괄하여 하나의 사기죄를 구성한다고 볼 것이지, 현금자동지급기에서 카드 소유자의 예금을 인출, 취득한 행위를 현금카드 편취행위와 분리하여 따로 절도죄로 처단할 수는 없다(대판 2005.9.30, 2005도5869). ● 사시

⑥ 허위매출전표에 의한 대금 청구 : 신용카드 가맹점주가 신용카드회사로부터 금원을 교부받을 당시 신용카드회사에게 매출전표가 용역의 제공을 가장하여 허위로 작성된 것임을 고지하지 아니한 채 제출하여 대금을 청구한 경우, 신용카드회사가 가맹점의 용역의 제공을 가장한 허위 내용의 매출전표에 의한 대금청구에 대하여는 이를 거절할 수 있는 등 매출전표가 허위임을 알았더라면 가맹점주에게 그 대금의 지급을 하지 아니하였을 관계가 인정된다면, 사기죄의 실행행위로서의 기망행위에 해당하고, 가맹점주에게 이러한 기망행위에 대한 범의가 있었다면, 비록 당시 그에게 신용카드 이용대금을 변제할 의사와 능력이 있었다고 하더라도 사기죄의 범의가 있었음을 인정할 수 있다(대판 1999.2.12, 98도3549). ● 사시

Ⅲ 수정적 구성요건

1. 컴퓨터등사용사기죄

> **제347조의2 (컴퓨터등 사용사기)** 컴퓨터등 정보처리장치에 허위의 정보 또는 부정한 명령을 입력하거나 권한 없이 정보를 입력·변경하여 정보처리를 하게 함으로써 **재산상의 이익**을 취득하거나 제3자로 하여금 취득하게 한 자는 10년 이하의 징역 또는 2천만원 이하의 벌금에 처한다.
> **제352조 (미수범)** 제347조 내지 제348조의2, 제350조와 제351조의 미수범은 처벌한다.
> **제353조 (자격정지의 병과)** 10년 이하의 자격정지를 병과할 수 있다.
> **제354조 (친족간의 범행, 동력)** 제328조의 규정은 본장의 죄에 준용한다.

(1) 의의 및 보호법익

컴퓨터등 정보처리장치에 허위의 정보 또는 부정한 명령을 입력하거나 권한 없이 정보를 입력·변경하여 정보처리를 하게 함으로써 재산상의 이익을 취득하거나 제3자로 하여금 취득하게 함으로써 성립하는 범죄이다. 보호법익은 사기죄와 같이 재산권이고 보호의 정도는 침해범이다.

(2) 구성요건

① 행위객체

> **관련판례**
> ① 우리 형법은 재산범죄의 객체가 재물인지 재산상의 이익인지에 따라 이를 재물죄와 이득죄로 명시하여 규정하고 있는데, 형법 제347조가 일반 사기죄를 재물죄 겸 이득죄로 규정한 것과 달리 형법 제347조의2는 컴퓨터등사용사기죄의 객체를 재물이 아닌 재산상의 이익으로만 한정하여 규정하고 있으므로, 절취한 타인의 신용카드로 현금자동지급기에서 현금을 인출하는 행위가 재물에 관한 범죄임이 분명한 이상 이를 위 컴퓨터등사용사기죄로 처벌할 수는 없다(대판 2003.5.13, 2003도1178). ● 경찰
> ② 예금주인 현금카드 소유자로부터 일정한 금액의 **현금을 인출해 오라는 부탁**을 받으면서 이와 함께 현금카드를 건네받은 것을 기화로 그 **위임을 받은 금액을 초과하여 현금을 인출**하는 방법으로 그 차액 상당을 위법하게 이득할 의사로 현금자동지급기에 그 초과된 금액이 인출되도록 입력하여 그 **초과된 금액의 현금을 인출**한 경우에는 그 인출된 현금에 대한 점유를 취득함으로써 이 때에 그 인출한 현금 총액 중 인출을 위임받은 금액을 넘는 부분의 비율에 상당하는 **재산상 이익**을 취득한 것으로 볼 수 있으므로 이러한 행위는 그 **차액 상당액에 관하여** 형법 제347조의2(컴퓨터등사용사기)에 규정된 '컴퓨터등 정보처리장치에 권한 없이 정보를 입력하여 정보처리를 하게 함으로써 재산상의 이익을 취득'하는 행위로서 컴퓨터 등 사용사기죄에 해당된다고 할 것이다(대판 2006.3.24, 2005도3516). ● 법행, 경찰승진, 경찰

② 행 위
  ㉠ 컴퓨터 등 정보처리장치 : 자동적으로 계산이나 데이터를 처리할 수 있는 전자장치를 말한다.

ⓛ 허위의 정보·부정한 명령 입력

관련판례

[1] 허위의 정보를 입력한 경우가 아니라고 하더라도, 당해 사무처리시스템의 프로그램을 구성하는 개개의 명령을 부정하게 변개·삭제하는 행위는 물론 프로그램 자체에서 발생하는 오류를 적극적으로 이용하여 그 사무처리의 목적에 비추어 정당하지 아니한 사무처리를 하게 하는 행위도 특별한 사정이 없는 한 위 부정한 명령의 입력에 해당한다고 보아야 한다.

[2] 피고인이 甲주식회사에서 운영하는 전자복권구매시스템에서 은행환불명령을 입력하여 가상계좌 잔액이 1,000원 이하로 되었을 때 복권 구매명령을 입력하면 가상계좌로 복권 구매요청금과 동일한 액수의 가상현금이 입금되는 프로그램 오류를 이용하여 잔액을 1,000원 이하로 만들고 다시 복권 구매명령을 입력하는 행위를 반복함으로써 피고인의 가상계좌로 구매요청금 상당의 금액이 입금되게 한 사안에서, 피고인의 행위는 형법 제347조의2에서 정한 '허위의 정보 입력'에 해당하지는 않더라도, 프로그램 자체에서 발생하는 오류를 적극적으로 이용하여 사무처리의 목적에 비추어 정당하지 아니한 사무처리를 하게 한 행위로서 '부정한 명령의 입력'에 해당한다고 한 사례(대판 2013.11.14, 2011도4440) ● 경간부

ⓒ 권한 없는 정보의 입력·변경

관련판례

① 갑이 권한 없이 인터넷뱅킹으로 타인의 예금계좌에서 자신의 예금계좌로 돈을 이체한 경우 컴퓨터등사용사기죄가 성립한다(대판 2004.4.16, 2004도353). ● 법행
② 손자가 할아버지 소유 농업협동조합 예금통장을 절취하여 이를 현금자동지급기에 넣고 조작하는 방법으로 예금 잔고를 자신의 거래 은행 계좌로 이체한 사안에서, 은행을 피해자로 하는 컴퓨터등사용사기죄에 해당하므로 친족상도례를 적용할 수 없다(대판 2007.3.15, 2006도2704). ● 경찰, 사시
③ 금융기관 직원이 범죄의 목적으로 전산단말기를 이용하여 다른 공범들이 지정한 특정계좌에 무자원 송금의 방식으로 거액을 입금한 것은 형법 제347조의2에서 정하는 컴퓨터 등 사용사기죄에서의 '권한 없이 정보를 입력하여 정보처리를 하게 한 경우'에 해당한다(대판 2006.1.26, 2005도8507).
④ 타인의 명의를 모용하여 발급받은 신용카드의 번호와 그 비밀번호를 이용하여 ARS 전화서비스나 인터넷 등을 통하여 신용대출을 받는 방법으로 재산상 이익을 취득하는 행위 역시 미리 포괄적으로 허용된 행위가 아닌 이상, 컴퓨터 등 정보처리장치에 권한 없이 정보를 입력하여 정보처리를 하게 함으로써 재산상 이익을 취득하는 행위로서 컴퓨터 등 사용사기죄에 해당한다(대판 2006.7.27, 2006도3126). ● 경찰승진, 검찰9급

ⓓ 정보처리 및 재산상이익 취득

관련판례

[1] 형법 제347조의2(컴퓨터등사용사기죄)는 컴퓨터 등 정보처리장치에 허위의 정보 또는 부정한 명령을 입력하거나 권한 없이 정보를 입력·변경하여 정보처리를 하게 함으로써 재산상의 이익을 취득하거나 제3자로 하여금 취득하게 하는 행위를 처벌하고 있다. … 여기서 '**정보처리**'는 사기죄에서 피해자의 처분행위에 상응하므로 입력된 허위의 정보 등에 의하여 계산이나 데이터의 처리가 이루어짐으로써 직접적으로 재산처분의 결과를 초래하여야 하고, 행위자나 제3자의 '**재산상 이익 취득**'은 사람의 처분행위가 개재됨이 없이 컴퓨터 등에 의한 정보처리 과정에서 이루어져야 한다.

[2] 입찰시행자가 원하는 낙찰하한가에 가장 근접한 금액으로 투찰한 건설사라고 하더라도 적격심사를 거쳐 일정 기준 이상이 되어야만 낙찰자로 결정될 수 있도록 한 입찰절차에 입찰시행자의 컴퓨터에 악성프로그램을 설치하여 낙찰하한가를 미리 알아낸 다음 낙찰하한가에 가장 근접한 금액으로 투찰하여 입찰시행자의 적격심사를 거쳐 낙찰자로 결정된 경우, 피고인 등이 조달청의 국가종합전자조달시스템에 권한 없이 정보를 변경하여 정보처리를 하게 함으로써 직접적으로 얻은 것은 낙찰하한가에 대한 정보일 뿐, 위와 같은 정보처리의 직접적인 결과 특정 건설사가 낙찰자로 결정되어 낙찰금액 상당의 재산상 이익을 얻게 되었다거나 그 낙찰자 결정이 사람의 처분행위가 개재됨이 없이 컴퓨터 등의 정보처리과정에서 이루어졌다고 보기 어렵다고 한 사례(대판 2014.3.13, 2013도16099). ● 법행

③ 실행의 착수 및 기수시기

관련판례

① 금융기관 직원이 전산단말기를 이용하여 다른 공범들이 지정한 특정계좌에 돈이 입금된 것처럼 허위의 정보를 입력하는 방법으로 위 계좌로 입금되도록 한 경우, 이러한 **입금절차를 완료함으로써** 장차 그 계좌에서 이를 인출하여 갈 수 있는 재산상 이익을 취득하였으므로 형법 제347조의2에서 정하는 컴퓨터 등 사용사기죄는 기수에 이르렀고, 그 후 그러한 **입금이 취소되어 현실적으로 인출되지 못하였다고 하더라도** 이미 성립한 컴퓨터 등 사용사기죄에 어떤 영향이 있다고 할 수는 없다(대판 2006.9.14, 2006도4127). ● 사시, 법행, 경찰승진
② 휴대전화의 통화 또는 인터넷접속 버튼을 누르는 경우 기계적 또는 전자적 작동과정에 따라 그대로 일정한 서비스가 제공되는 것이므로 **휴대전화기의 통화버튼이나 인터넷접속버튼을 누르는 것**만으로 사용자에 의한 정보 혹은 명령의 입력이 행하여졌다고 보기 어렵고, 따라서 휴대전화 또는 이동통신회사에 의하여 그 입력된 정보 혹은 명령에 따른 정보처리가 이루어진 것으로 보기도 어려우므로 컴퓨터 등 사용사기죄의 성립이 부정된다(대판 2010.9.9, 2008도128).

④ 죄수 및 타죄와의 관계

관련판례

① 절취한 타인의 신용카드를 이용하여 현금지급기에서 계좌이체를 한 행위는 컴퓨터등사용사기죄에서 컴퓨터 등 정보처리장치에 권한 없이 정보를 입력하여 정보처리를 하게 한 행위에 해당함은 별론으로 하고 이를 절취행위라고 볼 수는 없고, 한편 위 계좌이체 후 현금지급기에서 현금을 인출한 행위는 자신의 신용카드나 현금카드를 이용한 것이어서 이러한 현금인출이 현금지급기 관리자의 의사에 반한다고 볼 수 없어 절취행위에 해당하지 않으므로 절도죄를 구성하지 않는다(대판 2008.6.12, 2008도2440). ● 사시, 경찰
② 컴퓨터등사용사기죄의 범행으로 예금채권을 취득한 다음 자기의 현금카드를 사용하여 현금자동지급기에서 현금을 인출한 경우, 현금카드 사용권한 있는 자의 정당한 사용에 의한 것으로서 현금자동지급기 관리자의 의사에 반하거나 기망행위 및 그에 따른 처분행위도 없었으므로, 별도로 절도죄나 사기죄의 구성요건에 해당하지 않는다 할 것이고, 그 결과 그 인출된 현금은 재산범죄에 의하여 취득한 재물이 아니므로 장물이 될 수 없다(대판 2004.4.16, 2004도353). ● 사시, 법행

2. 준사기죄

제348조 (준사기) ① 미성년자의 사리분별력 부족 또는 사람의 심신장애를 이용하여 재물을 교부받거나 재산상 이익을 취득한 자는 10년 이하의 징역 또는 2천만원 이하의 벌금에 처한다.
② 제1항의 방법으로 제3자로 하여금 재물을 교부받게 하거나 재산상 이익을 취득하게 한 경우에도 제1항의 형에 처한다.
제352조 (미수범) 본죄의 미수범은 처벌한다.
제353조 (자격정지의 병과) 본장의 죄에는 10년 이하의 자격정지를 병과할 수 있다.

3. 편의시설부정이용

제348조의2 (편의시설부정이용) 부정한 방법으로 대가를 지급하지 아니하고 자동판매기, 공중전화 기타 유료자동설비를 이용하여 재물 또는 재산상의 이익을 취득한 자는 3년 이하의 징역, 500만원 이하의 벌금, 구류 또는 과료에 처한다.
제352조 (미수범) 본죄의 미수범은 처벌한다.
제353조 (자격정지의 병과) 10년 이하의 자격정지를 병과할 수 있다.
제354조 (친족간의 범행, 동력) 제328조와 제346조의 규정은 본장의 죄에 준용한다.

(1) 유료자동설비

대가를 지불하는 경우에 물품이외의 일체의 편익을 제공하는 자동설비를 말한다.

(2) 부정이용

> **관련판례**
> ① 타인의 전화카드(한국통신의 후불식 통신카드)를 절취하여 전화통화에 이용한 경우에는 통신카드서비스 이용계약을 한 피해자가 그 통신요금을 납부할 책임을 부담하게 되므로, 이러한 경우에는 피고인이 '대가를 지급하지 아니하고' 공중전화를 이용한 경우에 해당한다고 볼 수 없어 편의시설부정이용의 죄를 구성하지 않는다(대판 2001.9.25, 2001도3625). ● 발행
> ② KT전화와 같이 사용자에 관한 각종 정보가 전자기록되어 있는 자기띠가 카드번호와 카드발행자 등이 문자로 인쇄된 플라스틱 카드에 부착되어 있는 전화카드를 절취한 자가 이를 공중전화기에 넣어 사용한 것은 권리의무에 관한 타인의 사문서를 부정행사한 경우에 해당한다(대판 2002.6.25, 2002도461).

4. 부당이득죄

제349조 (부당이득) ① 사람의 곤궁하고 절박한 상태를 이용하여 현저하게 부당한 이익을 취득한 자는 3년 이하의 징역 또는 1천만원 이하의 벌금에 처한다.
② 제1항의 방법으로 제3자로 하여금 부당한 이익을 취득하게 한 경우에도 제1항의 형에 처한다.
제353조 (자격정지의 병과) 본장의 죄에는 10년 이하의 자격정지를 병과할 수 있다.
제354조 (친족간의 범행, 동력) 제328조와 제346조의 규정은 본장의 죄에 준용한다.

(1) 궁박한 상태

부당이득죄에 있어서 궁박이라 함은 '급박한 곤궁'을 의미하는 것으로서, 피해자가 궁박한 상태에 있었는지 여부는 거래당사자의 신분과 상호간의 관계, 피해자가 처한 상황의 절박성의 정도 등 제반 상황을 종합하여 구체적으로 판단하여야 한다. 따라서 피고인이 피해자인 재건축조합에게 토지를 시세보다 비싼 가격으로 매도하였더라도 그 매매대금이 현저하게 부당하다고 단정할 수 없거나, 위 조합이 재건축사업을 추진함에 있어서 위 토지가 반드시 필요한 것은 아니었고, 이를 매입하지 아니하고도 재건축을 추진할 대안이 있었음에도 재건축조합의 이익에 가장 부합한다는 판단하에 피고인을 설득하여 위 토지를 매입하게 된 사정 등에 비추어 재건축조합의 궁박 상태를 인정하기에는 부족하다(대판 2005.4.15, 2004도1246).

(2) 현저히 부당한 이익

① 「형법」 제349조(부당이득)에서 정하는 '현저하게 부당한 이익'은 건전한 상식과 통상적인 법감정을 가진 일반인이라면 금지되는 행위가 무엇인지를 예측할 수 있으므로 죄형법정주의에서 요구되는 명확성의 원칙에 위배되지 아니한다(헌재 2006.7.27, 2005헌바19).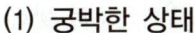

② 개발사업 등이 추진되는 사업부지 중 일부의 매매와 관련된 이른바 '알박기' 사건에서 부당이득죄의 성립 여부가 문제되는 경우, 그 범죄의 성립을 인정하기 위해서는 피고인이 피해자의 개발사업 등이 추진되는 상황을 미리 알고 그 사업부지 내의 부동산을 매수한 경우이거나 피해자에게 협조할 듯한 태도를 보여 사업을 추진하도록 한 후에 협조를 거부하는 경우 등과 같이, 피해자가 궁박한 상태에 빠지게 된 데에 피고인이 적극적으로 원인을 제공하였거나 상당한 책임을 부담하는 정도에 이르러야 한다. 이러한 정도에 이르지 않은 상태에서 단지 개발사업 등이 추진되기 오래 전부터 사업부지 내의 부동산을 소유하여 온 피고인이 이를 매도하라는 피해자의 제안을 거부하다가 수용하는 과정에서 인근 토지 시가의 40배가 넘는 대금을 받고 매도한 사정만으로 함부로 부당이득죄의 성립을 인정해서는 안 된다(대판 2009.1.15, 2008도8577).

Ⅳ 상습사기죄

제351조 (상습범) 상습으로 제347조 내지 전조의 죄를 범한 자는 그 죄에 정한 형의 2분의 1까지 가중한다.
제352조 (미수범) 본죄의 미수범은 처벌한다.
제353조 (자격정지의 병과) 10년 이하의 자격정지를 병과할 수 있다.
제354조 (친족간의 범행, 동력) 제328조와 제346조의 규정은 본장의 죄에 준용한다.

상습사기죄에 있어서의 상습성이라 함은 반복하여 사기행위를 하는 습벽으로서 행위자의 속성을 말하고, 여기서 말하는 **사기행위의 습벽**은 행위자의 사기습벽의 발현으로 인정되는 한 **동종의 수법**에 의한 사기범행의 습벽만을 의미하는 것이 아니라 **이종의 수법**에 의한 사기범행을 포괄하는 사기의 습벽도 포함하는 것이다(대판 1999.11.26, 99도3929, 99감도97). ● 승진

제5절 공갈의 죄

I 서 설

공갈죄는 사람을 공갈하여 상대방의 하자 있는 의사에 의하여 재물의 교부를 받거나 재산상의 이익을 얻거나 제3자로 하여금 취득하게 하는 것을 내용으로 하는 범죄로써 주된 보호법익은 재산권이고 자유권(의사결정의 자유)도 부차적인 보호법익이 된다.

II 공갈죄

제350조 (공갈) ① 사람을 공갈하여 재물의 교부를 받거나 재산상의 이익을 취득한 자는 10년 이하의 징역 또는 2천만원 이하의 벌금에 처한다.
② 전항의 방법으로 제삼자로 하여금 재물의 교부를 받게 하거나 재산상의 이익을 취득하게 한 때에도 전항의 형과 같다.
제352조 (미수범) 본죄의 미수범은 처벌한다.
제353조 (자격정지의 병과) 본장의 죄에는 10년 이하의 자격정지를 병과할 수 있다.
제354조 (친족간의 범행, 동력) 제328조와 제346조의 규정은 본장의 죄에 준용한다.

1. 객관적 구성요건

(1) 행위객체

① 공갈죄는 재산범으로서 그 객체인 재산상 이익은 경제적 이익이 있는 것을 말하는 것인바, 일반적으로 부녀와의 정교 그 자체는 이를 경제적으로 평가할 수 없는 것이므로 부녀를 공갈하여 정교를 맺었다고 하여도 특단의 사정이 없는 한 이로써 재산상 이익을 갈취한 것이라고 볼 수는 없는 것이며, 부녀가 주점접대부라 할지라도 피고인과 매음을 전제로 정교를 맺은 것이 아닌 이상 피고인이 매음대가의 지급을 면하였다고 볼 여지가 없으니 공갈죄가 성립하지 아니한다(대판 1983.2.8, 82도2714). ● 경찰승진

② [1] 공갈죄의 대상이 되는 재물은 타인의 재물을 의미하므로, 사람을 공갈하여 자기의 재물을 교부받는 경우에는 공갈죄가 성립하지 아니한다. 그리고 타인의 재물인지는 민법, 상법, 기타의 실체법에 의하여 결정되는데, 금전을 도난당한 경우 절도범이 절취한 금전만 소지하고 있는 때 등과 같이 구체적으로 절취된 금전을 특정할 수 있어 객관적으로 다른 금전 등과 구분됨이 명백한 예외적인 경우에는 절도 피해자에 대한 관계에서 그 금전이 절도범인 타인의 재물이라고 할 수 없다.

[2] 甲이 乙의 돈을 절취한 다음 다른 금전과 섞거나 교환하지 않고 쇼핑백 등에 넣어 자신의 집에 숨겨두었는데, 피고인이 乙의 지시로 폭력조직원 丙과 함께 甲에게 겁을 주어 쇼핑백 등에 들어 있던 절취된 돈을 교부받아 갈취하였다고 하여 폭력행위 등 처벌에 관한 법률 위반(공동공갈)으로 기소된 사안에서, 피고인 등이 甲에게서 되찾은 돈은 절취 대상인 당해 금전이라고 구체적으로 특정할 수 있어 객관적으로 甲의 다른 재산과 구분됨이 명백하므로 이를 타인인 甲의 재물이라고 볼 수 없고, 따라서 비록 피고인 등이 甲을 공갈하여 돈을 교부받았더라도 타인의 재물을 갈취한 행위로서 공갈죄가 성립된다고 볼 수 없는데도, 이와 달리 보아 유죄를 인정한 원심판결에 공갈죄의 대상인 타인의 재물 등에 관한 법리오해의 위법이 있다고 한 사례(대판 2012.8.30, 2012도6157) ● 경찰

(2) 행위

① 공갈

㉠ **공갈죄의 수단으로서의 협박**은 사람의 의사결정의 자유를 제한하거나 의사실행의 자유를 방해할 정도로 겁을 먹게 할 만한 해악을 고지하는 것을 말하고 여기에서 고지된 해악의 실현은 반드시 그 자체가 **위법한 것임을 요하지 아니한다**(대판 2007.10.11, 2007도6406). ● 법원

㉡ 공갈죄의 수단으로써의 협박은 객관적으로 사람의 의사결정의 자유를 제한하거나 의사실행의 자유를 방해할 정도로 겁을 먹게 할 만한 해악을 고지하는 것을 말하고, 그 **해악에는 인위적인 것**뿐만 아니라 **천재지변 또는 신력이나 길흉화복에 관한 것**도 포함될 수 있으나, 다만 **천재지변 또는 신력이나 길흉화복을 해악으로 고지하는 경우**에는 상대방으로 하여금 행위자 자신이 그 천재지변 또는 신력이나 길흉화복을 사실상 지배하거나 그에 영향을 미칠 수 있는 것으로 믿게 하는 명시적 또는 묵시적 행위가 있어야 공갈죄가 성립한다. 따라서 **조상천도제를 지내지 아니하면 좋지 않은 일이 생긴다는 취지의 해악의 고지**는 길흉화복이나 천재지변의 예고로서 행위자에 의하여 직접, 간접적으로 좌우될 수 없는 것이고 가해자가 현실적으로 특정되어 있지도 않으며 해

악의 발생가능성이 합리적으로 예견될 수 있는 것이 아니므로 협박으로 평가될 수 없다(대판 2002.2.8, 2000도3245). ● 사시

② **공갈죄와 강도죄의 구별** : 도박자금으로 빌려준 돈을 받기 위하여 피고인들이 피해자를 대낮에 강제로 승합차에 태운 후 공동묘지로 데리고 가서 "나는 형사인데 돈을 갚지 않았으니 경찰서로 가자, 오늘 돈을 갚지 않으면 풀어줄 수 없다, 돈을 더 주지 않으면 가만두지 않겠다"고 협박하며 피해자가 휴대전화로 자신의 고모에게 전화를 하여 피고인의 통장으로 입금하게 한 사안에서 사회통념상 객관적으로 상대방의 반항을 억압하거나 항거불능케 할 정도에 이르렀다고 볼 수는 없다(대판 2001.3.23, 2001도359).

> **판례 정리 ⋯ 공갈죄가 성립되지 않는 경우**
>
> 1. 가족의 가출로 가족들이 처해있는 궁박상태를 이용하여 그 소재를 알려주는 조건으로 보험가입을 요구한 경우(대판 1976.4.27, 75도2818) ● 법원
> 2. 지역신문의 발행인이 시정에 관한 비판기사 및 사설을 보도하고 관련 공무원에게 광고의뢰 및 직보배정을 타신문사와 같은 수준으로 높게 해달라고 요청한 사실만으로 공갈죄의 수단으로서 그 상대방을 협박하였다고 볼 수 없다(대판 2002.12.10, 2001도7095). ● 경찰승진
> 3. 피고인이 소방도로를 무단점용하고 있어 자리세 등을 지급받을 정당한 권원이 없었다 하더라도 피해자가 이를 알면서 피고인과 **자리세를 지급하기로 약정**하여 이를 지급하여 온 이상 피고인이 소방도로 무단점용으로 인한 도로법상의 처벌을 받는 것은 별론으로 하되 공갈죄로 문의할 수는 없다(대판 1985.5.14, 84도2289). ● 경찰승진
> 4. 토지매도인이 그 매매대금을 지급받기 위하여 매수인을 상대로 하여 당해 토지에 관한 소유권이전등기말소청구소송을 제기하고 위 대금을 변제받지 못하면 위 소송을 취하하지 아니하고 예고등기도 말소하지 않겠다는 취지를 알렸다고 하여 이를 지목하여 공갈행위라고 단정할 수는 없다(대판 1989.2.28, 87도690). ● 경찰

> **판례 정리 ⋯ 공갈죄가 성립되는 경우**
>
> 1. 신문의 부실공사 관련 기사에 대한 해당 건설업체의 반박광고가 있었음에도 재차 부실공사 관련 기사가 나가는 등 그 신문사 기자들과 그 건설업체 대표이사의 감정이 악화되어 있는 상태에서, 그 신문사 사주 및 광고국장이 보도자제를 요청하는 그 건설업체 대표이사에게 자사 신문에 사과광고를 싣지 않으면 그 건설업체의 신용을 해치는 기사가 계속 게재될 것 같다는 기자들의 분위기를 전달하는 방식으로 사과광고를 게재토록 하면서 과다한 광고료를 받은 행위가 공갈죄의 구성요건에 해당한다(대판 1997.2.14, 96도1959). ● 사시, 법행
> 2. 방송기자가 건설회사 경영주에게 그 회사가 건축한 아파트의 공사하자에 관하여 방송으로 계속 보도할 것 같은 태도를 보임으로써 회사의 신용훼손을 우려한 그로부터 속보 무마비조로 돈을 받은 경우 공갈죄가 성립한다(대판 1991.5.28, 91도80). ● 경찰승진
> 3. 피해자의 정신병원에서의 퇴원 요구를 거절해 온 피해자의 배우자가 피해자에 대하여 재산이전 요구를 한 경우, 그 배우자가 재산이전 요구에 응하지 않으면 퇴원시켜 주지 않겠다고 말한 바 없더라도 이는 암묵적 의사표시로서 공갈죄의 수단인 해악의 고지에 해당하고 이러한 해악의 고지가 권리의 실현수단으로 사용되었더라도 그 수단방법이 사회통념상 허용되는 정도나 범위를 넘는 것으로서 공갈죄를 구성한다(대판 2001.2.23, 2000도4415). ● 사시, 경찰승진

4. 피고인 운영 회사는 계속적인 재정 악화 등으로 회사 운영에 어려움을 겪자 자신 회사가 부품을 납품했던 피해회사들에게 6~8일간의 유예기간을 두고 돈을 요구하면서 그때까지 **돈이 지급되지 않으면 자동차 부품 생산라인을 중단**하여 자동차 **부품 공급 중단**으로 큰 손실을 입게 만들겠다는 태도를 보였고 이에 두려움을 느낀 피해회사들로부터 손실비용 등 명목으로 돈을 받아낸 경우 공갈죄가 성립된다(대판 2019.2.14, 2018도19493). ● 경간부

③ **공갈의 상대방** : 공갈의 상대방은 재산상의 피해자와 동일인임을 요하지 않는다(@ 삼각공갈). 피공갈자와 재산상의 피해자가 다를 경우에는 피공갈자는 피해자의 재산을 처분할 수 있는 권한이나 지위에 있어야 한다(대판 2005.9.29, 2005도4738). ● 사시

> ⭐ **삼각공갈**
> 공갈죄에 있어서 공갈의 상대방은 재산상의 피해자와 동일함을 요하지는 아니하나, 공갈의 목적이 된 재물 기타 재산상의 이익을 처분할 수 있는 사실상 또는 법률상의 권한을 갖거나 그러한 지위에 있음을 요한다. 따라서 **주점의 종업원에게 신체에 위해를 가할 듯한 태도를 보여 이에 겁을 먹은 위 종업원으로부터 주류를 제공받은 경우**에 있어 위 종업원은 주류에 대한 사실상의 처분권자이므로 공갈죄의 피해자에 해당되므로 공갈죄가 성립한다(대판 2005.9.29, 2005도4738).
> ● 경찰승진, 법행

(3) 피공갈자의 외포상태 및 처분행위

[1] 재산상 이익의 취득으로 인한 공갈죄가 성립하려면 폭행 또는 협박과 같은 공갈행위로 인하여 피공갈자가 재산상 이익을 공여하는 처분행위가 있어야 한다. 물론 그러한 처분행위는 반드시 작위에 한하지 아니하고 부작위로도 족하여서, 피공갈자가 외포심을 일으켜 묵인하고 있는 동안에 공갈자가 직접 재산상의 이익을 탈취한 경우에도 공갈죄가 성립할 수 있다. 그러나 폭행의 상대방이 위와 같은 의미에서의 처분행위를 한 바 없고, 단지 행위자가 법적으로 의무 있는 재산상 이익의 공여를 면하기 위하여 상대방을 폭행하고 현장에서 도주함으로써 상대방이 행위자로부터 원래라면 얻을 수 있었던 재산상 이익의 실현에 장애가 발생한 것에 불과하다면, 그 행위자에게 공갈죄의 죄책을 물을 수 없다.

[2] 피고인이 피해자가 운전하는 택시를 타고 간 후 최초의 장소에 이르러 택시요금의 지급을 면할 목적으로 다른 장소에 가자고 하였다면서 택시에서 내린 다음 택시요금 지급을 요구하는 피해자를 때리고 달아나자, 피해자가 피고인이 말한 다른 장소까지 쫓아가 기다리다 그곳에서 피고인을 발견하고 택시요금 지급을 요구하였는데 피고인이 다시 피해자의 얼굴 등을 주먹으로 때리고 달아난 경우, 피해자가 피고인에게 계속해서 택시요금의 지급을 요구하였으나 피고인이 이를 면하고자 피해자를 폭행하고 달아났을 뿐, 피해자가 폭행을 당하여 외포심을 일으켜 수동적·소극적으로라도 피고인이 택시요금 지급을 면하는 것을 용인하여

이익을 공여하는 처분행위를 하였다고 할 수 없으므로, 공갈죄가 성립하지 않는다(대판 2012.1.27, 2011도16044). ● 법행

(4) 재산상의 손해 및 재물·재산상의 이익 취득

① 공갈의 상대방이 재산상의 피해자와 같아야 할 필요는 없고, 피공갈자의 하자 있는 의사에 기하여 이루어지는 재물의 교부 자체가 공갈죄에서의 재산상 손해에 해당하므로, 반드시 피해자의 전체 재산의 감소가 요구되는 것도 아니다(대판 2013.4.11, 2010도13774). ● 경간부

② <u>공갈폭행으로 인하여 취득한 이득액은 공갈범행으로 인하여 취득하기로 약정된 즉 불법영득의 대상이 된 재물이나 재산상의 이익의 가액이 기준이 되어야 하고, 범죄의 기수시기를 기준으로 하여 산정할 것이며 그 후의 사정변경을 고려할 것이 아니고 그와 같은 사정변경의 가능성이 공갈 행위시 예견 가능한 것이라고 하여도 마찬가지이다</u>(대판 1990.10.16, 90도1815).

(5) 실행의 착수 및 기수시기

폭행 또는 협박을 개시한 때에 실행의 착수가 있고, 상대방이 외포심을 일으켰는지와는 관계없다. 기수시기는 피해자에게 재산상의 손해가 발생한 때이다.

> **관련판례**
> ① 피해자의 <u>고용인을 통하여</u> 피해자에게 피해자가 경영하는 기업체의 탈세사실을 국세청이나 정보부에 고발한다는 <u>말을 전하였다면</u> 이는 공갈죄의 행위에 착수한 것이라 할 것이다(대판 1969.7.29, 69도984).
> ② <u>부동산에 대한 공갈죄는</u> 그 부동산에 관하여 <u>소유권이전등기를 경료받거나 또는 인도를 받은 때</u>에 기수로 되는 것이고, 소유권이전등기에 필요한 서류를 교부 받은 때에 기수로 되어 그 범행이 완료되는 것은 아니다(대판 1992.9.14, 92도1506). ● 경찰, 법행, 경찰승진
> ③ 피해자들을 공갈하여 피해자들로 하여금 지정한 <u>예금구좌에 돈을 입금케 한 이상, 아직 인출하지 않았더라도</u> 위 돈은 범인이 자유로이 처분할 수 있는 상태에 놓인 것으로서 공갈죄는 이미 기수에 이르렀다 할 것이다(대판 1985.9.24, 85도1687). ● 경찰승진

2. 주관적 구성요건

고의와 불법영득의사가 있어야 한다.

3. 위법성

아무리 자신에게 <u>정당한 권리가 있다고 하더라도</u>, 그 권리의 행사를 빙자하여, 사회통념상 허용되는 정도나 범위를 넘어서는 협박을 수단으로 상대방을 겁주어 재물을 교부받거나 재산상의 이익을 받으려고 하였다면, 공갈죄의 실행에 착수한 것으로 보아야 한다(대판 2006.5.12, 2005도9595). ● 법행

4. 공 범

다른 공범자가 공갈행위의 실행에 착수한 후 그 범행을 인식하면서 그와 공동의 범의를 가지고 그 후의 공갈행위를 계속하여 재물의 교부나 재산상 이익의 취득에 이른 때에는 공갈죄의 공동정범이 성립한다(대판 1997.2.14, 96도1959). ● 경찰

> **판례 정리 ··· 권리행사가 공갈죄 성립하는 경우**
>
> 1. 피해자의 기망에 의하여 부동산을 비싸게 매수한 피고인이라도 그 계약을 취소함이 없이 등기를 피고인 앞으로 둔 채 피해자의 전매차익을 받아낼 셈으로 피해자를 협박하여 재산상의 이득을 얻거나 돈을 받았다면 이는 정당한 권리행사의 범위를 넘은 것으로서 <u>사회통념상 용인될 수 없으므로</u> 공갈죄를 구성한다(대판 1991.9.24, 91도1824). ● 경찰승진
> 2. 피고인이 교통사고로 상해를 당하여 그로 인한 손해배상청구권이 있음을 기화로 <u>사고차량의 운전사가 바뀐 것을 알고서 그 운전사의 사용자에게 과다한 금원을 요구</u>하면서 이에 응하지 않으면 수사기관에 신고할듯한 태도를 보여 이에 겁을 먹은 동인으로부터 금 3,500,000원을 교부받은 것이라면 이는 손해배상을 받기 위한 수단으로서 <u>사회통념상 허용되는 범위를 넘어서 그 권리행사를 빙자하여 상대방을 외포하게 함으로써 재물을 교부받은 경우에 해당하므로</u> 공갈죄가 성립한다고 할 것이다(대판 1990.3.27, 89도2036). ● 경찰승진

> **판례 정리 ··· 권리행사가 공갈죄 성립하지 않는 경우**
>
> 1. 피해자로부터 범인으로 오인되어 경찰에 끌려가 구타당한 후 입원치료비변상을 요구하면서 이에 불응하면 무고죄로 고소하겠다고 하여 치료비를 받은 경우(대판 1971.11.9, 71도1629)
> 2. 피고인이 공사한 건물의 대장상 평수보다 실제상의 평수가 많아 <u>실제상의 평수에 따른 공사금의 지급을 요구하면서 그렇지 않으면 구청장에게 진정하여서라도 대장상의 건물평수가 부족함을 밝히겠다고 하는 의사표시는 사회상규에 어긋나지 아니하며 협박을 하여 부당한 이득을 얻으려는 의사가 있었다고 볼 수 없다</u>(대판 1979.10.30, 79도1660). ● 경찰승진
> 3. 피해자가 공소외 (갑)을 대리하여 동인 소유의 여관을 피고인에게 매도하고 피고인으로부터 계약금과 잔대금 일부를 수령하였는데 그 후 위 (갑)이 많은 부채로 도피해 버리고 동인의 채권자들이 채무변제를 요구하면서 위 여관을 점거하여 피고인에게 여관을 명도하기가 어렵게 되자 피고인은 피해자에게 여관을 명도해 주던가 <u>명도소송비용을 내놓지 않으면 고소하여 구속시키겠다고 말한 경우 피고인이 매도인의 대리인인 위 피해자에게 위 여관의 명도 또는 명도소송비용을 요구한 것은 매수인으로서 정당한 권리행사라 할 것이며 위와 같이 다소 위협적인 말을 하였다고 하여도 이는 사회통념상 용인될 정도의 것으로서 협박으로 볼 수 없다</u>(대판 1984.6.26, 84도648). ● 사시, 법행
> 4. 피고인이 비료를 매수하여 시비한 결과 사과나무 등 묘목이 고사하자 비료생산회사에 대해 손해배상을 요구하면서 욕설을 하고 <u>응접탁자를 들었다 놓았다</u> 하거나 현수막을 만들어 보이며 시위를 할 기세를 보인 경우(대판 1980.11.25, 79도2565) ● 경찰, 사시
> 5. <u>성폭력 피해를 입었다고 주장하는 사람이 특정인을 가해자로 지목하며 합의금을 주지 않으면 불이익을 끼칠 것과 같은 언동을 하고 나아가 그 사람을 수사기관에 고소한 경우</u>, 가해자로 지목된 사람(피고소인)의 성폭력범죄 성립이 증명되지 않는다고 하여 바로 성폭력 피해를 입었다고 주장하는 사람이 <u>합의금과 관련하여 한 위와 같은 언동이나 고소행위가 정당한 권리자에 의하여 권리실행의 수단으로서 사용된 것이 아니라고 쉽사리 단정하여서는 안된다.</u> 나아가 고소인의 <u>그러한 언행이 공갈죄를 구성하는 해악의 고지에 당연히 해당하게 되는 것은 아니다</u>(대판 2024.11.14, 2024도3794).

4. 죄수 및 타죄와의 관계

> **관련판례**
> ① 공갈죄의 수단으로서 한 협박은 공갈죄에 흡수될 뿐 별도로 협박죄를 구성하지 않는다(대판 1996. 9.24, 96도2151).
> ② 동일인에 대하여 여러 차례에 걸쳐 금전갈취를 위하여 협박의 서신이나 전화를 한 경우에 일시 및 장소가 상이하므로 협박행위마다 1개의 공갈미수범이 성립하며 모두 경합범이 된다(대판 1958.4.11, 4290형상360).
> ③ 공무원이 직무집행의 의사 없이 또는 직무처리와 대가적 관계없이 타인을 공갈하여 재물을 교부하게 한 경우에는 공갈죄만이 성립하고, 이러한 경우 재물의 교부자가 공무원의 해악의 고지로 인하여 외포의 결과 금품을 제공한 것이라면 그는 공갈죄의 피해자가 될 것이고 뇌물공여죄는 성립될 수 없다고 하여야 할 것이다(대판 1994.12.22, 94도2528). ● 경찰, 경찰승진
> ④ 공무원이 **직무집행의사**로 당해 직무와 관련하여 타인을 폭행 또는 협박하여 재물의 교부를 받은 때에는 수뢰죄와 공갈죄의 <u>상상적 경합</u>이 된다(대판 1966.4.6, 66도12). ● 법행, 경간부
> ⑤ 도박행위가 공갈죄의 수단이 되었다 하여 그 도박행위가 공갈죄에 흡수되어 별도의 범죄를 구성하지 않는다고 할 수 없다(대판 2014.3.13, 2014도212).

Ⅲ 특수공갈

제350조의2(특수공갈) 단체 또는 다중의 위력을 보이거나 위험한 물건을 휴대하여 제350조의 죄를 범한 자는 1년 이상 15년 이하의 징역에 처한다.
제352조(미수범) 본죄의 미수범은 처벌한다.
제353조(자격정지의 병과) 본장의 죄에는 10년 이하의 자격정지를 병과할 수 있다.
제354조(친족간의 범행, 동력) 제328조와 제346조의 규정은 본장의 죄에 준용한다.

Ⅳ 상습공갈죄

제351조 (상습범) 상습으로 전조의 죄를 범한 자는 그 죄에 정한 형의 2분의 1까지 가중한다.
제352조 (미수범) 본죄의 미수범은 처벌한다.
제353조 (자격정지의 병과) 10년 이하의 자격정지를 병과할 수 있다.
제354조 (친족간의 범행, 동력) 제328조와 제346조의 규정은 본장의 죄에 준용한다.

제6절 횡령의 죄

I 서설

1. 의의 및 보호법익

타인의 재물을 보관하는 자가 그 재물을 횡령하거나 반환을 거부함으로써 불법하게 영득하는 것을 내용으로 하는 범죄이다. 보호법익은 재물의 소유권이다.

2. 횡령죄의 본질

월권행위설	① 위탁물에 대해 권한초월행위를 함으로써 위탁물에 대한 신임관계를 깨뜨리는 것을 횡령죄의 본질로 파악하는 학설이다. ② 불법영득의사가 요구되지 않고 손괴·은닉의사로 처분하더라도 횡령죄를 긍정한다.
영득행위설 (판례)	① 위탁된 타인의 물건을 불법하게 영득하는 것에 횡령의 본질이 있다는 견해이다. ② 손괴·은닉의 의사로 처분한 경우에 불법영득의사가 없으므로 횡령죄가 성립하지 않게 된다.

II 횡령죄

제355조 (횡령) ① 타인의 재물을 보관하는 자가 그 재물을 횡령하거나 그 반환을 거부한 때에는 5년 이하의 징역 또는 1천500만원 이하의 벌금에 처한다.
제359조 (미수범) 미수범은 처벌한다.
제358조 (자격정지의 병과) 10년 이하의 자격정지를 병과할 수 있다.
제361조 (친족간의 범행, 동력) 제328조와 제346조의 규정은 본 장의 죄에 준용한다.

1. 객관적 구성요건

(1) 주체

위탁관계에 의하여 타인의 재물을 보관하는 자이다.
① 보관 : 횡령죄에 있어서 보관이라 함은 재물이 **사실상 지배**하에 있는 경우뿐만 아니라 **법률상의 지배·처분**이 가능한 상태를 모두 가리키는 것이다(대판 2000.8.18, 2000도1856). ● 사시
② 부동산의 보관자 : 횡령죄에 있어서 **부동산을 보관하는 자**라 함은 동산의 경우와는 달리 그 부동산에 대한 점유를 기준으로 할 것이 아니고 그 부동산을 제3자에게 유효하게 처분할 수 있는 권능의 유무를 기준으로 하여 결정하여야 할 것이다 (대판 1989.12.8, 89도1220). ● 경찰, 사시, 법행

보관자 ○

① 부동산의 보관은 원칙적으로 등기부상의 소유명의인에 대하여 인정되지만, 등기부상의 명의인이 아니라도 소유자의 위임에 의거해서 실제로 타인의 부동산을 관리·지배하면서 제3자에게 유효하게 처분할 수 있는 지위에 있는 자는 그 부동산에 대한 지배력을 가지고 있는 자로서 횡령죄의 성립에 있어 그 부동산을 보관하는 자에 해당한다. 따라서 등기부상 소유명의인의 배우자로서 소유명의인의 위임에 의하여 그 부동산의 실질적인 지배·관리권 및 대외적인 처분권을 갖고 있는 경우에는 그 부동산의 보관자에 해당한다(대판 2010.1.28. 2009도1884). ● 법행

② 채무자가 채무이행의 담보를 위하여 동산에 관한 양도담보계약을 체결하고 점유개정의 방법으로 여전히 그 동산을 점유하는 경우 그 동산을 다른 사유에 의하여 보관하게 된 채권자는 타인 소유의 물건을 보관하는 자로서 횡령죄의 주체가 된다(대판 1989.4.11. 88도906). ● 경간부

③ 미등기건물에 대하여는 위탁관계에 의하여 현실로 부동산을 관리, 지배하는 자가 보관자라고 할 수 있다(대판 1993.3.9. 92도2999). ● 경찰

④ 계좌명의인은 피해자와 사이에 아무런 법률관계 없이 송금·이체된 사기피해금 상당의 돈을 피해자에게 반환하여야 하므로 피해자를 위하여 사기피해금을 보관하는 지위에 있다고 보아야 하고, 만약 계좌명의인이 그 돈을 영득할 의사로 인출하면 피해자에 대한 횡령죄가 성립한다. 이때 계좌명의인이 사기의 공범이라면 자신이 가담한 범행의 결과 피해금을 보관하게 된 것일 뿐이어서 피해자와 사이에 위탁관계가 없고, 그가 송금·이체된 돈을 인출하더라도 이는 자신이 저지른 사기범행의 실행행위에 지나지 아니하여 새로운 법익을 침해한다고 볼 수 없으므로 사기죄 외에 별도로 횡령죄를 구성하지 않는다(대판 2018.7.19. 2017도17494 전원합의체).

⑤ 피고인이 甲 주식회사의 경영권을 인수한 후 甲 회사 소유의 예금을 인출하여 피고인의 甲 회사 인수를 위한 대출금 변제에 사용하는 방법으로 횡령하였다는 내용으로 기소된 경우, 피고인이, 위 예금이 인출되기 직전에 있었던 주주총회에서 피고인 측 이사 3명이 선출됨으로써 甲 회사의 실질적 운영자의 지위를 취득하였던 점 등에 비추어 위 예금을 보관하는 자의 지위에 있었다는 이유로, 이를 유죄로 인정한 원심판단을 수긍한 사례(대판 2011.3.24. 2010도17396)

⑥ 학교법인 이사장이 학교법인이 설치·운영하는 대학 산학협력단이 용도를 특정하여 교부받은 국고보조금 중 3억 원을 대학 교비계좌로 송금하여 교직원 급여 등으로 사용한 경우 업무상횡령죄가 성립한다(대판 2011.10.13. 2009도13751).

⑦ 운송회사와 소속 근로자 사이에 근로자가 운송회사로부터 일정액의 급여를 받으면서 당일 운송수입금을 전부 운송회사에 납입하되, 운송회사는 근로자가 납입한 운송수입금을 월 단위로 정산하여 그 운송수입금이 월간 운송수입금 기준액인 사납금을 초과하는 경우에는 그 초과금액에 대하여 운송회사와 근로자에게 일정 비율로 배분하여 정산하고, 사납금에 미달되는 경우에는 그 부족금액

에 대하여 근로자의 급여에서 공제하여 정산하기로 하는 약정이 체결되었다면, …근로자가 애초 거둔 운송수입금 전액은 운송회사의 관리와 지배 아래 있다고 봄이 상당하므로 근로자가 운송수입금을 임의로 소비하였다면 횡령죄를 구성한다. 이는 근로자가 운송회사에 대하여 사납금을 초과하는 운송수입금의 일부를 배분받을 권리를 가지고 있다고 하더라도 다른 특별한 사정이 없는 한 다를 바 없다고 할 것이다(대판 2014.4.30, 2013도8799).

⑧ 소유권의 취득에 등록이 필요한 타인 소유의 차량을 인도받아 보관하고 있는 사람이 이를 사실상 처분하면 횡령죄가 성립하며, 보관 위임자나 보관자가 차량의 등록명의자일 필요는 없다. 그리고 이와 같은 법리는 지입회사에 소유권이 있는 차량에 대하여 지입회사에서 운행관리권을 위임받은 지입차주가 지입회사의 승낙 없이 보관 중인 차량을 사실상 처분하거나 지입차주에게서 차량 보관을 위임받은 사람이 지입차주의 승낙 없이 보관 중인 차량을 사실상 처분한 경우에도 마찬가지로 적용된다(대판 2015.6.25, 2015도1944 전원합의체). ☞횡령죄가 성립하므로 결국 위 차량은 장물이 된다.

| 보관자 × | ① **원인무효인 소유권이전등기의 명의자**로서 그 부동산을 법률상 유효하게 처분할 수 있는 지위에 있지 않은 자는 횡령죄의 주체인 타인의 재물을 보관하는 자에 해당하지 않는다(대판 1989.2.28, 88도1368). ●법행, 경찰승진

② **임야의 진정한 소유자와는 전혀 무관하게 신탁자로부터 임야 지분을 명의신탁받아 지분이전등기를 경료한 수탁자가 신탁받은 지분을 임의로 처분한 경우**, 원인무효인 소유권이전등기의 명의자에 불과하여 위 임야 지분을 제3자에게 유효하게 처분할 수 있는 권능을 갖지 아니한 수탁자로서는 위 임야 지분을 보관하는 자의 지위에 있다고도 할 수 없으므로, 그 처분행위가 신탁자에 대해서나 또는 소유자에 대하여 위 임야 지분을 횡령한 것으로 된다고 할 수 없다(대판 2007.5.31, 2007도1082). ●법행

③ **부동산을 공동으로 상속한 자들 중 1인이 부동산을 혼자 점유하던 중** 다른 공동상속인의 상속지분을 임의로 처분하여도 그에게는 그 처분권능이 없어 횡령죄가 성립하지 아니한다(대판 2000.4.11, 2000도565). ●사시, 경찰

④ **구분소유자 전원의 공유에 속하는 공용부분인 지하주차장 일부를 그 중 1인이 독점 임대**하고 수령한 임차료를 소비한 경우, 횡령죄가 성립하지 않는다(대판 2004.5.27, 2003도6988). ●사시

⑤ 갑은 이 사건 아파트를 분양받으려고 하였으나 서울 지역 3년 이상 거주라는 수분양자격을 갖추지 못하여 건설사, 그리고 매도인인 조합사측의 권유로 그 자격요건을 구비한 을 명의로 계약을 체결하기로 을에게 매도인과의 분양계약 체결을 부탁하여 을이 이를 수락함으로써 매도인과 을 사이에 이 사건 아파트에 관한 분양계약이 체결되고 갑이 위 분양계약 체결에 따른 분양대금을 지급한 후 을 명의로 이 사건 아파트에 관한 소유권보존등기가 경료되었다. 그 후 을은 갑의 허락 없이 이를 병에게 매도하였다. 을에게는 갑에 대한 횡령죄가 성립하지 않는다(대판 2012.12.13, 2010도10515). ●경찰 |

⑥ 채무자가 채권자에게 동산을 양도담보로 제공하고 점유개정의 방법으로 점유하고 있는 경우에는 그 동산의 소유권은 여전히 채무자에게 유보되어 있는 것이어서 채무자는 자기의 물건을 보관하고 있는 셈이 되므로, 양도담보의 목적물을 제3자에게 처분하거나 담보로 제공하였다 하더라도 횡령죄를 구성하지 아니한다(대판 2009.2.12, 2008도10971). ● 경찰

⑦ 타인 소유의 토지에 관하여 허위의 보증서와 확인서를 발급받아 「부동산소유권이전등기 등에 관한 특별조치법」에 따른 소유권이전등기를 임의로 마친 사람은 그와 같은 원인무효 등기에 따라 토지에 대한 처분권능이 새로이 발생하는 것이 아니므로 토지에 대한 보관자의 지위에 있다고 할 수 없다. 타인 소유의 토지에 대한 보관자의 지위에 있지 않은 사람이 그 앞으로 원인무효의 소유권이전등기가 되어 있음을 이용하여 토지소유자에게 지급될 보상금을 수령하였더라도 보상금에 대한 점유 취득은 진정한 토지소유자의 위임에 따른 것이 아니므로 보상금에 대하여 어떠한 보관관계가 성립하지 않는다(대판 2021.6.30, 2018도18010).

⑧ 피고인이 의료기관을 개설할 자격이 없는 자들끼리 노인요양병원을 설립·운영하기로 한 약정에 따라 교부받은 투자금을 임의로 처분한 경우 피고인과 피해자 사이에 횡령죄로 보호할 만한 신임에 의한 위탁관계는 인정되지 않으므로 피고인은 타인의 재물을 보관하는 자의 지위가 인정되지 않는다(대판 2022.6.30, 2017도21286).

③ 금전위탁과 보관자 : 타인의 금전을 위탁받아 보관하는 자는 보관방법으로 이를 은행 등의 금융기관에 예치한 경우에도 보관자의 지위를 갖는 것이다. 따라서 타인의 금전을 위탁받아 보관하는 자가 보관방법으로 금융기관에 자신의 명의로 예치한 경우, 수탁자가 이를 함부로 인출하여 소비하거나 또는 위탁자로부터 반환요구를 받았음에도 이를 영득할 의사로 반환을 거부하는 경우에는 횡령죄가 성립한다(대판 2000.8.18, 2000도1856). ● 경찰, 사시

> **유사판례**
> 특정 목적을 달성하기까지 단독으로 예금을 인출할 수 없게 하기 위한 목적으로 공동명의 예금계좌를 개설한 경우, 각 공동명의 예금채권자가 횡령죄에서의 보관자에 해당한다(대판 2008.12.11, 2008도8279). ● 경찰승진

④ 위탁관계에 의한 보관

㉠ 횡령죄의 주체는 타인의 재물을 보관하는 자이어야 하고, 여기서 보관이라 함은 위탁관계에 의하여 재물을 점유하는 것을 의미하므로, 결국 횡령죄가 성립하기 위하여는 그 재물의 보관자가 재물의 소유자(또는 기타의 본권자)와 사이에 법률상 또는 사실상의 위탁신임관계가 존재하여야 한다(대판 2007.5.31, 2007도1082). ● 법행, 경찰

> **관련판례**
>
> ① 위탁관계는 사실상의 관계이면 족하고 위탁자에게 유효한 처분을 할 권한이 있는지 또는 수탁자가 법률상 그 재물을 수탁할 권리가 있는지 여부를 불문하는 것이다(대판 2005.6.24, 2005도2413).　●경찰
> ② 형법 제355조 제1항의 횡령죄는 불법영득의 의사 없이 목적물의 점유를 시작한 경우라야 하고 타인을 **공갈**하여 재물을 교부케 한 경우에는 공갈죄를 구성하는 외에 그것을 소비하고 타에 처분하였다 하더라도 횡령죄를 구성하지는 않는다(대판 1986.2.11, 85도2513). ☞ 위탁관계가 없다.

ⓒ 횡령죄에 있어서의 재물의 보관이라 함은 재물에 대한 사실상 또는 법률상 지배력이 있는 상태를 의미하므로 그 보관이 위탁관계에 기인하여야 할 것임은 물론이나 그것이 반드시 사용대차, 임대차, 위임 등의 계약에 의하여 설정되는 것임을 요하지 아니하고 **사무관리, 관습, 조리, 신의칙에 의해서도 성립**된다(대판 1987.10.13, 87도1778). ●사시, 경찰

ⓓ 횡령죄에 있어서 타인을 위하여 재물을 보관하게 된 원인은 반드시 소유자의 위탁행위에 기인한 것임을 필요로 하지 않는다(대판 1985.9.10, 84도2644). ●법원9급

ⓔ 횡령죄의 본질이 신임관계에 기초하여 위탁된 타인의 물건을 위법하게 영득하는 데 있음에 비추어 볼 때 위탁관계는 횡령죄로 보호할 만한 가치 있는 신임에 의한 것으로 한정함이 타당하다. 따라서 **재물의 위탁행위가 범죄의 실행행위나 준비행위 등과 같이 범죄 실현의 수단으로서 이루어진 경우** 그 행위 자체가 처벌 대상인지와 상관없이 그러한 행위를 통해 형성된 위탁관계는 횡령죄로 보호할 만한 가치 있는 신임에 의한 것이 아니라고 봄이 타당하다(대판 2022.6.30, 2017도21286).

(업무상) 횡령죄 ○	① 보석가게를 운영하는 자가 손님이 구하는 물건을 다른 보석상에서 가져온 경우 그 보석은 보석상 사이에 그 물건에 대한 매매계약이 체결된 것으로 볼 수 없고, 서로간에 위탁에 의한 보관관계를 인정할 수 있으므로 그 보석을 처분하거나 보석을 처분한 금원을 임의로 소비하면 횡령죄가 성립한다(대판 2002.3.29, 2001도6550). ●경찰 ② 피고인이 피해자로부터 피해자 소유의 다이아반지 1개를 팔아 달라는 부탁을 받고 교부받아 이를 판매한 대금을 보관중 임의소비한 경우 피고인에게 불법영득의 의사가 있었다고 보아야 할 것이므로 피고인의 행위는 횡령죄를 구성한다(대판 1990.8.28, 90도1019). ●경찰, 사시 ③ 채무자가 채무총액에 관한 지불각서를 써 줄 것으로 믿고, 채권자가 채무자에게 그 액면금 등을 확인할 수 있도록 가계수표들을 교부하자 채무자가 그 수표를 찢어버리고 반환을 거부한 경우 그 가계수표들은 피해자에게 반환하기로 하는 조리에 의한 위탁관계를 인정할 수 있으므로 횡령죄가 성립한다(대판 1996.5.14, 96도410). ●경찰승진

	④ 임차인이 이사하면서 그가 소유하거나 타인으로부터 위탁받아 보관 중이던 물건들을 임대인의 방해로 옮기지 못하고 그 임차공장 내에 그대로 두었다면 임대인은 사무관리 또는 조리상 당연히 임차인을 위하여 위 물건들을 보관하는 지위에 있다 할 것이므로 임대인이 그 후 이를 임의로 매각하거나 반환을 거부하였다면 횡령죄를 구성한다(대판 1985.4.9, 84도300). ● 경찰, 검찰7급 ⑤ 피고인이 종중의 회장으로부터 담보 대출을 받아달라는 부탁과 함께 종중 소유의 임야를 이전받은 다음 임야를 담보로 금원을 대출받아 임의로 사용하고 자신의 개인적인 대출금 채무를 담보하기 위하여 임야에 근저당권을 설정한 경우 비록 피고인이 임야를 이전받는 과정에서 적법한 종중총회의 결의가 없었다고 하더라도 피고인은 임야나 위 대출금에 관하여 사실상 종중의 위탁에 따라 이를 보관하는 지위에 있다고 보아야 할 것이어서 피고인의 위 행위가 종중에 대한 관계에서 횡령죄를 구성한다(대판 2005.6.24, 2005도2413). ⑥ 어떤 예금계좌에 돈이 착오로 잘못 송금되어 입금된 경우에는 그 예금주와 송금인 사이에 신의칙상 보관관계가 성립한다고 할 것이므로, 피고인이 송금 절차의 착오로 인하여 피고인 명의의 은행 계좌에 입금된 돈을 임의로 인출하여 소비한 행위는 횡령죄에 해당하고 이는 송금인과 피고인 사이에 별다른 거래관계가 없다고 하더라도 마찬가지이다(대판 2010.12.9, 2010도891). ☞ 횡령죄 ○ ● 경찰, 경찰승진 ⑦ 마을 이장인 피고인이 경로당 화장실 개·보수 공사를 위하여 업무상 보관중이던 공사비를 그 용도 외에 다른 용도로 사용한 이상 횡령죄는 성립하고, 피고인이 과거 마을을 위하여 개인 돈을 지출하였다고 하여 이에 충당할 수는 없다(대판 2010.9.30, 2010도7012). ⑧ '장흥군 사회단체보조금 지원에 관한 조례' 등의 규정에 비추어 위 조례상의 보조금은 그 용도가 엄격히 제한된 자금으로 보아야 하고, 위와 같은 보조금을 집행할 직책에 있는 자가 자기 자신의 이익을 위한 것이 아니고 경비부족을 메우기 위하여 보조금을 전용하였더라도, 업무상횡령죄의 '불법영득의사'를 부인할 수 없다(대판 2010.9.30, 2010도987). ⑨ 회사의 대표이사인 피고인이 5명의 근로자들의 급여에서 국민연금 보험료 중 근로자 기여금을 공제한 후 이를 업무상 보관하던 중 회사 운영자금으로 임의로 사용한 경우 업무상횡령죄가 성립한다(대판 2011.2.10, 2010도13284). ● 경찰승진
(업무상) 횡령죄 ×	① 액면을 보충·할인하여 달라는 의뢰를 받고 액면 백지인 약속어음을 교부받은 자가 보충권의 한도를 넘어 보충하여 자신의 채무변제조로 임의로 사용한 경우 보관자의 지위를 인정할 수 없으므로 횡령죄가 성립하지 않는다(대판 1995.1.20, 94도2760). ● 경찰승진 ② 부동산 매수인이 매매대금의 완납 전에 그 매매목적물을 담보로 하여 금전을 차용함에 있어 매도인의 승낙을 받는 한편 매도인과 사이에 그 차용금액의 일부는 매도인에게 매매대금으로 우선 교부하여 주기로 약정한 다음 금전을 차용하여 이를 전부 임의로 소비한 경우에 매도인과 매수인 사이의 위의 약정은 매

(업무상) 횡령죄 ×	매잔대금의 지급방법의 하나를 정한 것에 불과한 것이므로, 이로써 매수인이 대금완납 시까지 매도인을 위하여 위 매매목적물을 관리하거나 담보 제공하여 차용한 금전을 보관하여야 하는 지위에 있다고 볼 수 없고, 매수인이 차용금액의 일부를 매도인에게 지급하지 아니하였다고 하더라도 이는 <u>단순한 민사상의 채무불이행에 지나지 아니할 뿐 횡령죄는 성립하지 아니한다</u>(대판 2005.9.29, 2005도4809). ● 사시 ③ 법인의 운영자 또는 관리자가 법인의 자금을 이용하여 **비자금을 조성**하였다고 하더라도 그것이 당해 비자금의 소유자인 법인 이외의 제3자가 이를 발견하기 곤란하게 하기 위한 장부상의 분식에 불과하거나 법인의 운영에 필요한 자금을 조달하는 수단으로 인정되는 경우에는 불법영득의 의사를 인정하기 어렵다. 다만 법인의 운영자 또는 관리자가 법인을 위한 목적이 아니라 법인과는 아무런 관련이 없거나 개인적인 용도로 착복할 목적으로 법인의 자금을 빼내어 별도로 비자금을 조성하였다면 그 조성행위 자체로써 불법영득의 의사가 실현된 것으로 볼 수 있다(대판 2015.2.26, 2014도15182).

⑤ **불법원인급여와 횡령죄 성부**

㉠ 갑이 을로부터 제3자에 대한 뇌물공여 또는 배임증재의 목적으로 전달하여 달라고 교부받은 금전은 불법원인급여물에 해당하여 그 **소유권은 갑에게 귀속**되는 것으로서 갑이 위 금전을 제3자에게 전달하지 않고 임의로 소비하였다고 하더라도 횡령죄가 성립하지 않는다(대판 1999.6.11, 99도275). ● 법행, 사시

㉡ 포주가 윤락녀와 사이에 윤락녀가 받은 화대를 포주가 보관하였다가 절반씩 분배하기로 약정하고도 보관중인 화대를 임의로 소비한 경우, 포주와 윤락녀의 사회적 지위, 약정에 이르게 된 경위와 약정의 구체적 내용, 급여의 성격 등을 종합해 볼 때 포주의 불법성이 윤락녀의 불법성보다 현저히 크므로 화대의 소유권이 여전히 윤락녀에게 속한다는 이유로 횡령죄를 구성한다(대판 1999.9.17, 98도2036). ● 사시, 경찰승진, 검찰7급

㉢ 병원에서 의약품 선정·구매 업무를 담당하는 약국장이 병원을 대신하여 제약회사로부터 의약품 제공의 대가로 기부금 명목의 돈을 받아 보관중 임의소비한 경우, 위 돈은 병원이 약국장에게 불법원인급여를 한 것에 해당하지 않아 여전히 반환청구권을 가지므로, 업무상 횡령죄가 성립한다(대판 2008.10.9, 2007도2511). ● 경찰승진

㉣ 피고인이 甲으로부터 수표를 현금으로 교환해 주면 대가를 주겠다는 제안을 받고 위 수표가 乙 등이 사기범행을 통해 취득한 **범죄수익** 등이라는 사실을 잘 알면서도 교부받아 그 일부를 현금으로 교환한 후 丙, 丁과 공모하여 아직 교환되지 못한 수표 및 교환된 현금을 임의로 사용한 경우, 피고인이 甲으로부터 범죄수익 등의 은닉범행 등을 위해 교부받은 수표는 **불법의 원인으로 급**

여한 물건에 해당하여 소유권이 피고인에게 귀속되므로 횡령죄가 성립하지 않는다(대판 2017.4.26, 2016도18035).
㉤ 甲이 乙로부터 **범죄수익 등의 은닉을 위해 교부받은 무기명 양도성 예금증서**는 불법의 원인으로 급여한 물건에 해당하여 소유권이 甲에게 귀속되므로, 甲이 무기명 양도성 예금증서를 교환한 현금을 임의로 소비하였더라도 횡령죄가 성립하지 않는다(대판 2017.4.26, 2016도18035). ● 검찰, 경간부

⑥ 조합과 횡령죄

[1] 조합원 중 한 사람이 조합재산 처분으로 얻은 대금을 임의로 소비하였다면 횡령죄의 죄책을 면할 수 없고, 이러한 법리는 내부적으로는 조합관계에 있지만 대외적으로는 조합관계가 드러나지 않는 이른바 내적 조합의 경우에도 마찬가지이다. 한편 조합 또는 내적 조합과 달리 익명조합의 경우에는 익명조합원이 영업을 위하여 출자한 금전 기타의 재산은 상대편인 영업자의 재산이 되므로 영업자는 타인의 재물을 보관하는 자의 지위에 있지 않고, 따라서 영업자가 영업이익금 등을 임의로 소비하였더라도 횡령죄가 성립할 수는 없다.

[2] 피고인이 甲과 특정 토지를 매수하여 전매한 후 전매이익금을 정산하기로 약정한 다음 甲이 조달한 돈 등을 합하여 토지를 매수하고 소유권이전등기는 피고인 등의 명의로 마쳐 두었는데, 위 토지를 제3자에게 임의로 매도한 후 甲에게 전매이익금 반환을 거부한 경우, 甲이 토지의 매수 및 전매를 피고인에게 전적으로 일임하고 그 과정에 전혀 관여하지 아니한 사정 등에 비추어, … 피고인과 甲의 약정은 조합 또는 내적 조합에 해당하는 것이 아니라 '익명조합과 유사한 무명계약'에 해당한다고 보아야 한다. 따라서 피고인은 타인의 재물을 보관하는 자의 지위에 있지 않으므로 횡령죄는 성립하지 않는다(대판 2011.11.24, 2010도5014). ● 경찰

(2) 행위객체

① 재물 : 횡령죄에 있어서의 재물은 동산, 부동산의 유체물에 한정되지 아니하고 관리할 수 있는 동력도 재물로 간주되지만, 여기에서 말하는 관리란 물리적 또는 물질적 관리를 가리킨다고 볼 것이고, 재물과 재산상 이익을 구별하고 횡령과 배임을 별개의 죄로 규정한 현행 형법의 규정에 비추어 볼 때 사무적으로 관리가 가능한 채권이나 그 밖의 권리 등은 재물에 포함된다고 해석할 수 없다(대판 1994.3.8, 93도2272). ● 법행

> **관련판례**
>
> **[횡령죄의 객체가 아닌 경우]**
> ① **광업권**은 재물인 광물을 취득할 수 있는 권리에 불과하지 재물 그 자체는 아니므로 횡령죄의 객체가 될 수 없다(대판 1994.3.8, 93도2272). ● 경찰
> ② **상법상 주식**은 자본구성의 단위 또는 주주의 지위(주주권)를 의미하고, 주주권을 표창하는 유가증권인 **주권과는** 구분된다. **주권**은 유가증권으로서 **재물에 해당**되므로 횡령죄의 객체가 될 수 있으나, 자본의 구성단위 또는 주주권을 의미하는 **주식은 재물이 아니므로** 횡령죄의 객체가 될 수 없다. 따라서 예탁결제원에 예탁되어 계좌 간 대체 기재의 방식에 의하여 양도되는 **주권**은 유가증권으로서 재물에 해당되므로 횡령죄의 객체가 될 수 있으나, 주권이 발행되지 않은 상태에서 주권불소지 제도, 일괄예탁 제도 등에 근거하여 예탁결제원에 예탁된 것으로 취급되어 계좌 간 대체 기재의 방식에 의하여 양도되는 주식은 재물이 아니므로 횡령죄의 객체가 될 수 없다(대판 2023.6.1, 2020도2884).
> ③ 동업자들이 동업계약을 체결하고 영업을 해 오다가 중도에 영업활동을 중단하였거나 또는 동업 약정기간이 경과되었더라도 그것만으로는 공동으로 취득한 **해사채취권**이 동업자의 1인인 피고인의 단독소유가 된다고 볼 수 없고 나머지 동업자들의 지분에 관한 한 명의수탁자의 지위에 있다 할 것이므로 이를 임의로 매도한 것은 배임죄에 해당된다(대판 1992.10.27, 91도2346). ● 법무사
> ④ A회사의 대표 甲이 A회사의 임직원으로 하여금 그곳에서 생산한 섬유제품을 세금계산서 발행 없이 무자료로 A회사의 대리점들에 판매하게 한 후, 대리점의 사장들로부터 무자료 거래대금을 현금으로 전달받아 관리하다가 甲과 자신의 가족들의 사적 용도에 소비한 경우 甲이 횡령한 것은 섬유제품이 아니라 섬유제품의 판매대금이다(대판 2016.8.30, 2013도658).

② **재물의 타인성** : 횡령죄는 타인의 재물에 대한 재산범죄로서 재물의 소유권 등 본권을 보호법익으로 하는 범죄이다. 따라서 횡령죄의 객체가 타인의 재물에 속하는 이상 구체적으로 누구의 소유인지는 횡령죄의 성립여부에 영향이 없다(대판 2019.12.24, 2019도9773). ● 경찰

타인성 인정	① **공유물의 매각대금**도 정산하기까지는 각 공유자의 공유에 귀속한다고 할 것이므로 공유자 1인이 그 매각대금을 임의로 소비하였다면 횡령죄가 성립된다(대판 1983.8.23, 80도1161). ● 경찰승진 ② 피고인이 2천 원을 내어 피해자를 통하여 구입한 복권 4장을 피고인과 피해자를 포함한 4명이 한 장씩 나누어 그 당첨 여부를 확인한 결과 피해자 등 2명이 긁어 확인한 복권 2장이 2천만 원씩에 당첨되었으나 당첨금을 수령한 피고인이 피해자에게 그 당첨금의 반환을 거부한 경우 횡령죄가 성립된다(대판 2000.11.10, 2000도4335). ③ **공동임차인이 임대인에게 지급한 임차보증금반환채권의 잔금**은 이를 정산하기까지는 공동임차인의 공동소유에 속한다 할 것이므로 그 중 1인이 타인의 승낙 없이 임대보증금 잔금을 임의로 처분하였다면 횡령죄가 성립한다(대판 2001.10.30, 2001도2095). ④ 2인으로 구성된 조합에서 조합원중의 한 사람이 **조합에서 탈퇴**하는 경우에는 조합관계는 종료되고 조합재산은 **남은 조합원의 단독소유**가 되는 것이고 탈퇴하는 조합원이 조합관계의 종료에 따른 남은 조합원과의 계산을 위하여 조합재산을 가져갈 권리는 없는 것이므로 조합재산인 젖소를 단독으로 처분하기 위하여 끌고 간 소위는 횡령죄의 구성요건을 충족한다(대판 1975.5.27, 75도1014).

⑤ 동업자의 한 사람이 동업재산을 보관 중 임의로 횡령하였다면 **지분비율에 관계없이 임의로 횡령한 금액 전부에 대하여** 횡령죄의 죄책을 부담한다(대판 2000.11.10, 2000도3013). ● 경찰승진

> **참조판례**
> 피고인이 근저당권설정등기를 마치는 방법으로 각 부동산을 횡령하여 취득한 구체적인 <u>이득액은 부동산의 시가 상당액에서 위 범행 전에 설정된 피담보채무액을 공제한 잔액이 아니라 위 각 부동산을 담보로 제공한 피담보채무액 내지 그 채권최고액이라고 보아야 한다</u>(대판 2013.5.9, 2013도2857). ● 경찰

타인성 인정

⑥ 출자지분이 2인의 사원에게 귀속하고 있는 유한회사의 대표사원이 다른 사원의 승낙을 얻어 회사소유재산을 개인용도에 소비한 경우, 행위의 주체인 대표사원과 그 본인인 유한회사는 별개의 인격체이어서 비록 유한회사의 손해가 궁극적으로는 위 사원들의 손해에 귀착된다고 하더라도 <u>회사의 재산을 사원의 개인용도에 소비하는 행위는 본인의 위탁의 취지에 반함이 명백하여 횡령죄를 구성한다</u>(대판 1986.9.9, 86도280). ● 사시, 경찰승진

⑦ 회사의 대표이사가 업무상 보관중인 금전이 회사장부상 위 대표이사의 가수금으로 처리되어 있다 하더라도 위 대표이사가 회사소유의 자금인 위 금전을 개인용도에 <u>임의 소비하였다면 이는 업무상횡령죄를 구성한다</u> 할 것이고, 일단 위 대표이사가 불법영득의 의사로써 업무상 보관중인 회사의 금전을 횡령하여 범죄가 성립한 이상 회사에 대하여 별도의 가수금채권을 가지고 있다는 사정만으로 금전을 사용할 당시 이미 성립한 업무상횡령죄에 무슨 영향이 있는 것은 아니다(대판 2006.6.16, 2004도7585).

⑧ 피고인이 사실상 자기 소유인 **1인주주 회사**들 중의 한 개 회사 소유의 금원을 자기 소유의 다른 회사의 채무변제를 위하여 지출하거나 그 다른 회사의 어음결제대금으로 사용한 경우, 주식회사의 주식이 사실상 1인의 주주에 귀속하는 1인회사에 있어서는 행위의 주체와 그 본인 및 다른 회사와는 별개의 인격체이므로, 그 법인인 주식회사 소유의 금원은 임의로 소비하면 횡령죄가 성립되고 그 본인 및 주식회사에게 손해가 발생하였을 때에는 배임죄가 성립한다(대판 1996.8.23, 96도1525). ● 사시

⑨ 주식회사는 주주와 독립된 별개의 권리주체로서 그 이해가 반드시 일치하는 것은 아니므로, <u>회사 소유 재산을 주주나 대표이사가 제3자의 자금 조달을 위하여 담보로 제공하는 등 사적인 용도로 임의 처분하였다면 그 처분에 관하여 주주총회나 이사회의 결의가 있었는지 여부와는 관계없이 횡령죄의 죄책을 면할 수는 없다</u>(대판 2005.8.19, 2005도3045).

⑩ **약속어음을 할인을 위하여 교부받은 수탁자**는 위탁의 취지에 따라 보관하는 것에 불과하고 위 약속어음을 교부할 당시에 그 할인의 편의를 위하여 배서양도의 형식을 취하였다 하더라도 다를 바 없다 할 것이므로 배서양도의 형식으로 위탁된 약속어음을 수탁자가 자신의 채무변제에 충당하였다면 이와 같은 수탁자의 행위는 위탁의 취지에 반하는 것으로서 횡령죄를 구성한다(대판 1983.4.26, 82도3079). ● 사시, 법행

타인성 인정	**비교판례** 채권자가 채무자로부터 차용금에 대한 **담보명목**으로 받은 당좌수표는 채권자의 소유이므로 채권자가 임의 소비해도 횡령죄가 되지 않는다(대판 2000.2.11, 99도4979). 🔵 사시, 경찰 ⑪ 주주 등이 주식회사 소유 자금을 차용금이라는 명목으로 함부로 인출하여 개인채무 변제 등 사적인 용도로 사용하였다면 이는 주식회사 제도의 목적에 비추어 볼 때 <u>주주총회나 이사회의 결의에 관계없이</u> 횡령죄를 구성할 수 있다(대판 2007.10.11, 2007도6012). 🔵 사시, 법행 ⑫ 금은방을 운영하는 피고인이, 甲이 맡긴 금을 시세에 따라 사고파는 방법으로 운용하여 매달 일정한 이익금을 지급하는 한편 甲의 요청이 있으면 언제든지 보관 중인 금과 현금을 반환하기로 甲과 약정하였는데, 그 후 경제사정이 악화되자 이를 <u>자신의 개인채무 변제 등에 사용한 경우</u> 횡령죄가 성립한다(대판 2013.3.28, 2012도16191). ⑬ 채무의 담보로 하기 위하여 매매의 형식을 취하여 동산을 담보로 제공하고 이를 계속 사용하고 있다가 채권자의 승낙을 받고 이를 매각하였다면 그 매각대금은 채무자의 소유이므로 이를 채무자가 소비하였다 하더라도 횡령죄가 성립하지 아니한다(대판 1977.11.8, 77도1715). 🔵 법행
타인성 부정	① <u>부동산 입찰절차에서 수인이 대금을 분담하되 그 중 1인 명의로 낙찰</u>받기로 약정하여 그에 따라 낙찰이 이루어진 경우, 그 입찰절차에서 낙찰인의 지위에 서게 되는 사람은 어디까지나 그 명의인이므로 입찰목적부동산의 소유권은 경락대금을 실질적으로 부담한 자가 누구인가와 상관없이 그 명의인이 취득한다 할 것이므로 그 부동산은 횡령죄의 객체인 타인의 재물이라고 볼 수 없어 <u>명의인이 이를 임의로 처분하더라도 횡령죄를 구성하지 않는다</u>(대판 2000.9.8, 2000도258). 🔵 사시, 경찰승진 **유사판례** 甲교육청이 乙주식회사가 사용해 오던 교육청 토지를 매도하면서 관련 법령에 따라 공개경쟁입찰절차를 거쳐 乙회사의 직원인 피고인을 낙찰자로 선정한 다음, 매수인을 피고인으로 명시한 계약서를 작성하고 甲교육청 교육장과 피고인이 각 기명·날인한 경우, 매수인의 지위에 있는 자는 계약에서 표시된 바에 따라 '피고인'으로 봄이 상당함에도, 이와 달리 '乙회사'가 위 매매계약의 매수인임을 전제로 피고인이 위 토지의 보상금을 임의 소비한 행위가 乙회사에 대한 관계에서 횡령죄에 해당하지 않는다(대판 2010.1.28, 2009도11868). ② <u>주식회사의 대표이사</u>가 적법하게 수령할 권한이 있는 보수가 압류당할 우려가 있자 이를 피하기 위하여 비록 실제 근무하지 않는 근로자의 임금 명목으로 보수를 조성하여 타인의 명의로 이를 수령하였다 하더라도 그 수령과 동시에 그 금원에 대한 소유권을 취득하였다고 보아야 할 것이므로, <u>위 보수를 소비하는 것은 자신의 재물을 소비한 것에 불과하고, 이를 가지고 타인의 재물을 보관하는 자가 그 재물을 횡령한 경우에 해당한다고 볼 수 없다</u>(대판 2003.10.10, 2003도3516). 🔵 사시

	③ **프랜차이즈 계약**에 의하여 가맹점주인 피고인이 판매하여 보관 중인 이 사건 물품 판매 대금은 피고인의 소유라 할 것이어서 피고인이 이를 임의 소비한 행위는 프랜차이즈 계약상의 채무불이행에 지나지 아니하므로, 결국 횡령죄는 성립하지 아니한다(대판 1998.4.14, 98도292). ●사시, 경찰승진
	④ <u>익명조합원의 조합원이 출자한 금전</u>은 영업자의 소유이므로 영업자가 영업의 이익금을 자기용도에 소비해도 횡령죄가 되지 않는다(대판 1971.12.28, 71도2032). ●사시, 경찰승진
	⑤ 계주가 계불입금을 임의소비한 경우, 그 **계불입금**은 일단 계주에게 소유권이 귀속되므로 횡령죄가 성립하지 않는다(대판 1976.5.11, 76도730). ●행시
	⑥ 지입차주들이 납입하는 **지입료**는 일단 지입회사의 소유로 되어 회사가 그 지입료 등을 가지고 항목유용하였다 하더라도 횡령죄가 되지 아니한다(대판 1997.9.5, 97도1592). ●사시
	⑦ **물건납품을 위한 선매대금**은 매수인으로부터 매도인에게 교부되면 그 소유권이 매도인에게 이전되는 것이고 따라서 매수인을 위하여 그 대금을 보관하는 지위에 있지 아니하므로 매도인이 그 대금으로 교부받은 돈을 임의로 소비하였다 하더라도 이는 횡령죄를 구성하지 아니한다(대판 1986.6.24, 86도631). ●행시, 경찰승진
타인성 부정	⑧ 조합원의 합유에 속하였던 조합재산은 탈퇴하지 않은 남은 조합원의 단독소유에 속하게 되어 탈퇴한 사람과 남은 사람사이에는 탈퇴에 따른 투자금의 환급등 계산만이 남는다고 할 것이므로, 甲과 乙이 **당구장을 동업**하기로 약정하였다가 공동으로 운영하지도 못한채 甲이 동업조건에 불만을 갖고 약정투자금의 일부만을 지급한 후 동업계약을 해지하고 **탈퇴**해버린 경우에 乙이 동 당구장을 단독처분하였다 해도 횡령죄를 구성하지 아니한다(대판 1983.2.22, 82도3236). ●법행
	⑨ 피고인들이 보험을 유치하면서 보험회사로부터 지급받은 통상적인 실적급여로서의 성격을 가진 **시책비** 중 일부를 개인적인 용도로 사용한 행위는 횡령죄를 구성하지 않는다(대판 2006.3.9, 2003도6733). ●법행
	⑩ 피고인이 갑 사립학교 경영자 을과 공모하여 학생이나 학부모가 납부한 수업료 기타 납부금을 교비회계 아닌 다른 회계에 임의로 사용한 경우, **갑 학교는 사인(私人)인 을 등이 설립하여 운영하는 학교로서 수업료 등으로 조성된 교비는 특별한 사정이 없는 한 갑 학교의 설치·경영자인 을 등의 소유에 속**하므로, 피고인이 을과 공모하여 이를 임의로 사용하였더라도 사립학교법 위반죄가 성립하는 것 외에 따로 횡령죄가 성립하지 않는다(대판 2012.5.10, 2011도12408). ●경찰, 경찰간부
	⑪ 통상 위탁판매의 경우에 위탁판매인이 위탁물을 매매하고 수령한 금원은 위탁자의 소유에 속하여 위탁판매인이 함부로 이를 소비하거나 인도를 거부하는 때에는 횡령죄가 성립한다고 할 것이나, **위탁판매인과 위탁자간에 판매대금에서 각종 비용이나 수수료 등을 공제한 이익을 분배하기로 하는 등 그 대금처분에 관하여 특별한 약정이 있는 경우**에는 이에 관한 정산관계가 밝혀지지 않는 한 위탁물을 판매하여 이를 소비하거나 인도를 거부하였다 하여 곧바로 횡령죄가 성립한다고는 할 수 없다(대판 1990.3.27, 89도813). ●경간부

⑫ 피고인이 피해자 측으로부터 **차량을 매수하면서**, 피고인이 매매대금의 지급에 갈음하여 피고인이 ○○캐피탈에 대한 **차량할부금을 납부한 후 피고인 운영의 회사 명의로 이전등록을 하기로 약정**하고, 이 사건 차량을 인도받아 사용하던 중 할부대금 및 과태료 등을 납부하지 않으므로 이에 피해자 측이 이 사건 차량의 반환을 요구하였으나 피고인이 이를 거부한 경우 이는 피고인이 이 사건 차량에 관한 매매약정에 따라 정당한 법률상 지위·권리를 보유한 채 이를 사용한 것일 뿐 피해자와의 위탁관계를 전제로 이 사건 차량을 보관하고 있었다고 보기 어렵고, … 적어도 피고인·피해자 측 사이의 대내적 관계에서는 이 사건 차량의 등록명의에 관계없이 이 사건 차량에 관한 **소유권을 매수인 측인 피고인이나 이 사건 회사가 보유하기로 정한 것**이라고 볼 여지가 크다고 판단하여, 판시 횡령의 점을 유죄로 판단한 원심의 판단에 '타인 소유 재물에 관한 보관자의 지위'를 전제로 한 횡령죄의 고의 및 불법영득의사에 관한 법리를 오해함으로써 판결에 영향을 미친 잘못이 있다고 보아 원심판결 중 피고인에 대한 부분을 파기·환송함(대판 2023.6.1. 2023도1096)

③ 기타 재물의 타인성이 문제되는 경우
　㉠ **목적, 용도를 정하여 위탁한 금전**은 정해진 목적, 용도에 사용할 때까지는 이에 대한 소유권이 위탁자에게 유보되어 있는 것이므로 수탁자가 그 위탁의 취지에 반하여 다른 용도에 소비하면 횡령죄를 구성한다(대판 1995.10.12. 94도2076). ● 사시, 법행

> **비교판례**
> ㉠ 용도나 목적이 특정되어 보관된 금전은 그 **보관 도중에 특정의 용도나 목적이 소멸**되었다고 하더라도 횡령죄의 적용에 있어서는 여전히 위탁자의 소유물이라고 할 것이다(대판 2002.11.22. 2002도4291). ● 사시, 경찰승진
> ㉡ 골프회원권 매매중개업체를 운영하는 자가 매수의뢰와 함께 입금받아 보관하던 금원을 일시적으로 다른 회원권의 매입대금 등으로 임의로 소비한 경우, 위 매입대금은 그 목적과 용도를 정하여 위탁된 금전으로서 골프회원권 매입시까지 그 소유권이 위탁자에게 유보되어 있으나, 다른 회사자금과 함께 보관된 이상 그 특정성을 인정하기 어렵고, 피고인의 불법영득의사를 추단할 수 없으므로 횡령죄를 구성하지 아니한다(대판 2008.3.14. 2007도7568). ● 경찰
> ㉢ 보조금을 집행할 직책에 있는 자가 자기 자신의 이익을 위한 것이 아니고 **경비부족을 메우기 위하여 보조금을 전용**한 것이라 하더라도, 그 보조금의 용도가 엄격하게 제한되어 있는 이상 불법영득의 의사를 부인할 수는 없다(대판 2018.10.4. 2016도16388). ● 경찰

> **유사판례**
> [횡령죄 또는 업무상횡령죄가 성립하는 경우]
> ㉠ 공사감독자가 도급인인 교회로부터 **레미콘대금**으로 지급하라는 명목으로 돈을 지급받고서 교회에 대한 자신의 채권과 상계충당한 경우(대판 1989.1.31. 88도1992) ● 사시, 승진
> ㉡ 타인에 대한 **채무의 변제를 위하여 위탁받은 금원**을 함부로 자신의 위탁자에 대한 채권에 충당한 경우(대판 1984.11.13. 84도1199)

ⓒ 갑이 을에게 위 **약속어음 회수용**으로 용도를 특정하여 돈을 지급하였다면, 을은 갑을 위하여, 그리고 그 어음회수를 위하여 그 돈을 보관하는 자의 지위에 있다고 볼 것이므로 을이 이 돈을 갑의 의사에 반하여 어음회수용으로 사용하지 아니하고 소비한 경우(대판 1989.11.14, 89도968) ● 사시

ⓔ 주상복합상가의 매수인들로부터 **우수상인유치비** 명목으로 금원을 납부 받아 보관하던 중 그 용도와 무관하게 일반 경비로 사용한 경우(대판 2002.8.23, 2002도366) ● 경찰

ⓜ 집합건물의 관리회사가 입주자들로부터 **특별수선충당금** 명목으로 금원을 납부 받아 보관하던 중 일반 경비로 사용한 경우(대판 2004.5.27, 2003도6988) ● 사시

ⓗ 피해자들로부터 **토지를 매입하여 주겠다는 명목**으로 금원을 교부받아 보관하던 중 피고인이 건축하는 자동차매매센터 건축비용 등에 임의로 소비한 경우(대판 2002.10.11, 2002도2939)

ⓢ 문화예술진흥법에 의하여 입장료와 함께 **문화예술진흥기금**을 받은 극장 경영자는 한국문화예술진흥원을 위하여 그 기금을 보관하고 있는 자의 지위에 있으므로, 이를 별도로 관리하지 아니하고 자신의 예금통장에 혼합보관하면서 임의로 자신의 극장운영자금 등으로 소비하였다면 업무상횡령죄가 성립한다(대판 1997.3.28, 96도3155). ● 사시

ⓞ 임대인 회사 대표이사가 임차인으로부터 **수도요금** 등 납부라는 특정한 목적으로 위탁받은 돈을 은행대출이자 용도 등으로 임의소비한 경우(대판 2008.10.9, 2008도3787) ● 법행

ⓩ 초·중등교육법에 정한 **학교발전기금**으로 기부한 금원을 그 정해진 용도외의 사용행위(대판 2010.7.22, 2007도4713)

ⓒ 피고인이 교회신축공사를 감독하면서 교회로부터 공사대금 명목으로 수령한 금원을 보관하던 중 피고인이 교회에 임금을 지급하여 달라고 통지하였으나 지급을 받지 못하자, 피고인이 보관하던 공사대금과 상계처리를 한 경우(대판 1989.1.31, 88도1992)

ⓛ **환전**하여 달라는 부탁과 함께 교부받은 돈을 그 목적과 용도에 사용하지 않고 마음대로 피고인의 위탁자에 대한 채권에 **상계충당함**은, 횡령죄를 구성한다(대판 1997.9.26, 97도1520). ● 경찰

ⓒ 회사의 경영권 방어 또는 회사의 매각 등을 위하여 위탁받은 주식과 현금을 개인적인 용도로 사용한 경우 횡령죄가 성립한다(대판 2008.5.8, 2008도1652).

ⓔ 금전의 수수를 수반하는 사무처리를 위임받은 자가 그 행위에 기하여 위임자를 위하여 제3자로부터 수령한 금전은, 목적이나 용도를 한정하여 위탁된 금전과 마찬가지로, 달리 특별한 사정이 없는 한 그 수령과 동시에 위임자의 소유에 속하고, 위임을 받은 자는 이를 위임자를 위하여 보관하는 관계에 있다고 보아야 한다. 따라서 **금전의 수수를 수반하는 사무처리를 위임받은 사람이 그 행위에 기하여 위임자를 위하여 제3자로부터 수령한 금전**을 그 위임의 취지대로 사용하지 아니하고 마음대로 **자신의 위임자에 대한 채권에 상계충당하는 것**은 상계정산하기로 하였다는 특별한 약정이 없는 한 **당초 위임한 취지**에 반하므로 횡령죄를 구성한다(대판 1995.11.24, 95도1923, 대판 2017.11.29, 2015도18253). ● 경찰, 법행

> **비교판례**
> 금전의 수수를 수반하는 사무처리를 위임받은 자가 그 행위에 기하여 위임자를 위하여 제3자로부터 수령한 금전이라고 하더라도 이것이 위임자의 소유에 속하지 아니한 경우라면, 그 반환을 거부하는 수임자를 횡령죄로 처벌할 수 없다(대판 2007.7.26, 2007도1840).

ⓜ 채권양도와 횡령죄

[1] **채권양도인이 채무자에게 채권양도 통지를 하는 등으로 채권양도의 대항요건을 갖추어 주지 않은 채 채무자로부터 채권을 추심하여 금전을 수령한 경우**, 특별한 사정이 없는 한 **금전의 소유권**은 채권양수인이 아니라 **채권양도인에게 귀속**하고 채권양도인이 채권양수인을 위하여 양도 채권의 보전에 관한 사무를 처리하는 신임관계가 존재한다고 볼 수 없다. 따라서 채권양도인이 위와 같이 양도한 채권을 추심하여 수령한 금전에 관하여 채권양수인을 위해 **보관하는 자의 지위에 있다고 볼 수 없으므로**, 채권양도인이 위 금전을 임의로 처분하더라도 횡령죄는 성립하지 않는다.

[2] 채권양도에 의하여 양도된 채권이 동일성을 잃지 않고 채권양도인으로부터 채권양수인에게 이전되더라도, 채권양도인이 양도한 채권을 추심하여 금전을 수령한 경우 금전의 소유권 귀속은 채권의 이전과는 별개의 문제이고 **채권 자체와 채권의 목적물인 금전은 엄연히 구별**되므로, 채권양도에 따라 채권이 이전되었다는 사정만으로 채권의 목적물인 금전의 소유권까지 당연히 채권양수인에게 귀속한다고 볼 수 없다.

[3] **채권양도인이 채권양도 후에 스스로 양도한 채권을 추심하여 수령한 금전**에 대해서는 채권양수인은 채권양도계약에 따라 채권양도인으로부터 채권을 이전받을 뿐이고, 별도의 약정이나 그 밖의 특별한 사정이 인정되지 않는 한 채권양도인에게 채권의 추심이나 수령을 위임하거나 채권의 **목적물인 금전을 위탁한 것이 아니다**.

[4] 채권양도인은 채권양수인과 사이에 채권양도계약 또는 채권양도의 원인이 된 계약에 따른 채권·채무관계에 있을 뿐이고, **채권양수인을 위하여 타인의 사무를 처리하는 자의 지위에 있다고 볼 수 없다**.

[5] 채권양도인은 채무자에게 채권양도 통지를 하거나 채무자로부터 승낙을 받음으로써 채권양수인이 채무자에 대한 대항요건을 갖추도록 할 계약상 채무를 진다. 이와 같이 채권양도인이 채권양수인으로 하여금 채권에 관한 완전한 권리를 취득하게 해 주지 않은 채 이를 다시 제3자에게 처분하거나 직접 추심하여 채무자로부터 유효한 변제를 수령함으로써 채권 자체를 소멸시키는 행위는 권리이전계약에 따른 **자신의 채무를 불이행**한 것에 지나지 않는다. 따라서 **채권양도인이 채권양수인에게 채권양도와 관련하여 부담하는 의무**는 일반적인 권리이전계약에 따른 급부의무에 지나지 않

으므로, 채권양도인이 채권양수인을 위하여 어떠한 재산상 사무를 대행하거나 맡아 처리한다고 볼 수 없다. 채권양도인과 채권양수인은 통상의 계약에 따른 이익대립관계에 있을 뿐 횡령죄의 보관자 지위를 인정할 수 있는 신임관계에 있다고 할 수 없다.

[6] 임차인 甲이 임대차보증금반환채권을 피해자 A에게 양도하였는데도 임대인 乙에게 채권양도 통지를 하지 않고 임대인 乙로 부터 남아 있던 임대차보증금을 반환받아 개인적인 용도로 사용한 사례임(대판 2022.6.23, 2017도3829 전원합의체) ☞ 횡령죄× ●경찰

비교판례

[1] 채무자가 채권 양도담보계약에 따라 담보 목적 채권의 담보가치를 유지·보전할 의무는 계약에 따른 자신의 채무에 불과하고, 채권자와 채무자 사이에 채무자가 채권자를 위하여 담보가치의 유지·보전사무를 처리함으로써 채무자의 사무처리를 통해 채권자가 담보 목적을 달성한다는 신임관계가 존재한다고 볼 수 없다. 그러므로 **채무자가 제3채무자에게 채권양도 통지를 하지 않은 채 자신이 사용할 의도로 제3채무자로부터 변제를 받아 변제금을 수령한 경우**, 이는 단순한 민사상 채무불이행에 해당할 뿐, 채무자가 채권자와의 위탁신임관계에 의하여 채무자를 위해 위 변제금을 보관하는 지위에 있다고 볼 수 없고, 채무자가 이를 임의로 소비하더라도 횡령죄는 성립하지 않는다.

[2] 피고인이 피해자에 대한 **금전채무를 담보하기 위하여** 자신이 운영하는 회사의 제3자에 대한 금전채권을 양도하였으나, 채권양도통지를 하지 않은 채 자신이 사용할 의도로 제3자로부터 양도채권 중 일부를 변제받아 임의로 사용한 경우, 채무자가 채권자와의 위탁신임관계에 의하여 채무자를 위해 위 변제금을 보관하는 지위에 있다고 볼 수 없으므로, 채권자에 대한 횡령죄는 성립되지 않는다(대판 2021.2.25, 2020도12927).

ⓗ 1인회사의 1인주주겸 대표이사가 자신의 1인회사가 수출한 사실이 없음에도 수출입대행업체를 통해 수출한 것처럼 관계서류를 꾸민뒤 은행으로부터 <u>무역금융</u>을 지원받아 자신의 채무변제에 충당한 경우 은행에 대하여는 사기죄가, 회사에 대하여는 횡령죄가 성립한다(대판 1999.7.9, 99도1040). ●법행

④ 부동산의 명의신탁
  ㉠ 2자간 명의신탁(양자간 명의신탁)

관련판례

[1] 횡령죄의 본질이 신임관계에 기초하여 위탁된 타인의 물건을 위법하게 영득하는 데 있음에 비추어 볼 때 위탁관계는 횡령죄로 보호할 만한 가치 있는 신임에 의한 것으로 한정함이 타당하다.

[2] **부동산실명법을 위반하여 명의신탁자가 그 소유인 부동산의 등기명의를 명의수탁자에게 이전하는 이른바 양자간 명의신탁의 경우**, 계약인 명의신탁약정과 그에 부수한 위임약정, 명의신탁약정을 전제로 한 명의신탁 부동산 및 그 처분대금 반환약정은 모두 **무효**이다. 나아가 명의신탁자와 명의수탁자 사이에 무효인 명의신탁약정 등에 기초하여 존재한다고 주장될 수 있는 사실상의 위탁관계라는 것은 부동산실명법에 반하여 범죄를 구성하는 불법적인 관계에 지나지 아니할 뿐 이를 형법상 보호할 만한 가치 있는 신임에 의한 것이라고 할 수 없다.

[3] 명의수탁자가 제3자와 한 처분행위가 부동산실명법 제4조 제3항에 따라 유효하게 될 가능성이 있다고 하더라도 이는 거래 상대방인 제3자를 보호하기 위하여 명의신탁약정의 무효에 대한 예외를 설정한 취지일 뿐 명의신탁자와 명의수탁자 사이에 위 처분행위를 유효하게 만드는 어떠한 위탁관계가 존재함을 전제한 것이라고는 볼 수 없다.

[4] **부동산실명법을 위반한 양자간 명의신탁의 경우** 명의수탁자가 신탁 받은 부동산을 임의로 처분하여도 명의신탁자에 대한 관계에서 '타인의 재물을 보관하는 자'의 지위에 있지 않으므로 횡령죄가 성립하지 아니한다. 이러한 법리는 부동산 명의신탁이 부동산실명법 시행 전에 이루어졌고 같은 법이 정한 유예기간 이내에 실명등기를 하지 아니함으로써 그 명의신탁약정 및 이에 따라 행하여진 등기에 의한 물권변동이 무효로 된 후에 처분행위가 이루어진 경우에도 마찬가지로 적용된다(대판 2021.2.18, 2016도18761). ● 경간부

ⓒ 제3자간(중간생략등기형) 명의신탁

관련판례

[1] 명의신탁자가 매수한 부동산에 관하여 부동산실명법을 위반하여 명의수탁자와 맺은 명의신탁약정에 따라 매도인으로부터 바로 명의수탁자 명의로 소유권이전등기를 마친 이른바 중간생략등기형 명의신탁을 한 경우 명의수탁자 명의의 소유권이전등기는 무효이고, 신탁부동산의 소유권은 매도인이 그대로 보유하게 된다. 따라서 명의신탁자로서는 매도인에 대한 소유권이전등기청구권을 가질 뿐 신탁부동산의 소유권을 가지지 아니하고, 명의수탁자 역시 명의신탁자에 대하여 직접 신탁부동산의 소유권을 이전할 의무를 부담하지는 아니하므로, **신탁부동산의 소유자도 아닌 명의신탁자에 대한 관계에서 명의수탁자가 횡령죄에서 말하는 '타인의 재물을 보관하는 자'의 지위에 있다고 볼 수는 없다.**

[2] 명의신탁자와 명의수탁자 사이에 그 위탁신임관계를 근거지우는 계약인 명의신탁약정 또는 이에 부수한 위임약정이 무효임에도 불구하고 횡령죄 성립을 위한 사무관리·관습·조리·신의칙에 기초한 위탁신임관계가 있다고 할 수는 없다. 또한 명의신탁자와 명의수탁자 사이에 존재한다고 주장될 수 있는 사실상의 위탁관계라는 것도 부동산실명법에 반하여 범죄를 구성하는 불법적인 관계에 지나지 아니할 뿐 이를 형법상 보호할 만한 가치 있는 신임에 의한 것이라고 할 수 없다.

[3] 부동산실명법의 입법취지 및 규율 내용 등을 종합적으로 살펴보면 중간생략등기형 명의신탁에서 신탁부동산을 임의로 처분한 명의수탁자에 대한 형사처벌의 필요성도 인정하기 어려우므로, 형사처벌의 필요성을 이유로 횡령죄 성립을 긍정할 수도 없다.

[4] 중간생략등기형 명의신탁에 따라 명의수탁자 앞으로 등기가 이전되는 경우는 이른바 악의의 계약명의신탁에서 명의수탁자 앞으로 등기가 이전되는 경우와 등기 이전 등의 실질적인 과정에 유사한 면이 있다. 이러한 사정에 비추어 보아도 중간생략등기형 명의신탁에서 명의수탁자를 횡령죄로 처벌하는 것은 부당하다.

[5] **중간생략등기형 명의신탁을 한 경우, 명의신탁자는 신탁부동산의 소유권을 가지지 아니하고, 명의신탁자와 명의수탁자 사이에 위탁신임관계를 인정할 수도 없다.** 따라서 명의수탁자가 명의신탁자의 재물을 보관하는 자라고 할 수 없으므로, **명의수탁자가 신탁받은 부동산을 임의로 처분하여도 명의신탁자에 대한 관계에서 횡령죄가 성립하지 아니한다**(대판 2016.5.19, 2014도6992 전원합의체). ● 경찰, 사시

ⓒ 계약명의신탁

> **관련판례**
>
> ① 신탁자와 수탁자가 명의신탁 약정을 맺고, 이에 따라 <u>수탁자가 당사자가 되어 명의신탁 약정이 있다는 사실을 알지 못하는 소유자와 사이에서 부동산에 관한 매매계약을 체결한 후 그 매매계약에 기하여 당해 부동산의 소유권이전등기를 수탁자 명의로 경료한 경우에는</u>, … 결국 수탁자는 전소유자인 매도인뿐만 아니라 신탁자에 대한 관계에서도 <u>유효하게 당해 부동산의 소유권을 취득한 것으로 보아야 할 것이고, 따라서 그 수탁자는 타인의 재물을 보관하는 자라고 볼 수 없다</u>(대판 2000.3.24, 98도4347). ☞ 수탁자가 임의처분시 횡령죄 ×
> 　　　　　　　　　　　　　　　　　　　　　　　　　　　● 법행, 경찰승진
>
> ② 신탁자와 수탁자가 명의신탁약정을 맺고, 그에 따라 <u>수탁자가 당사자가 되어 명의신탁약정이 있다는 사실을 알지 못하는 소유자와 사이에서 부동산에 관한 매매계약을 체결한 계약명의신탁에 있어,</u> … 수탁자가 신탁자와의 신임관계에 기하여 신탁자를 위하여 신탁 부동산을 관리한다거나 신탁자의 허락 없이 이를 처분하여서는 아니되는 의무를 부담하는 등으로 <u>타인의 사무를 처리하는 자의 지위에 있다고 볼 수 없다</u>(대판 2008.3.27, 2008도455). ☞ 수탁자가 임의처분시 배임죄 ×
> 　　　　　　　　　　　　　　　　　　　　　　　　　　　● 법행, 경찰승진
>
> ③ 명의수탁자가 당사자가 되어 명의신탁 약정이 있다는 사실을 **알고 있는 소유자와 부동산에 관한 매매계약을 체결**한 후 매매계약에 따라 부동산의 소유권이전등기를 명의수탁자 명의로 마친 경우, **명의수탁자**는 부동산 취득을 위한 계약의 당사자도 아닌 **명의신탁자에 대한 관계에서 횡령죄에서 '타인의 재물을 보관하는 자'의 지위에 있다고 볼 수 없고**, 또한 명의수탁자가 명의신탁자에 대하여 매매대금 등을 부당이득으로 반환할 의무를 부담한다고 하더라도 이를 두고 배임죄에서 '타인의 사무를 처리하는 자'의 지위에 있다고 보기도 어렵다. 한편 위 경우 명의수탁자는 **매도인에 대하여** 소유권이전등기말소의무를 부담하게 되나 그렇다고 **명의수탁자가 매도인에 대한 관계에서 횡령죄에서 '타인의 재물을 보관하는 자' 또는 배임죄에서 '타인의 사무를 처리하는 자'의 지위에 있다고 볼 수도 없다**(대판 2012.11.29, 2011도7361).　　　　● 경찰
>
> ④ 계약명의신탁에 있어서 수탁자가 신탁 부동산에 관한 등기를 이전받기 전에 소유자와 사이의 합의로 매매계약을 해제하고 그 매매대금을 반환받은 경우, 수탁자가 그 매매대금에 대하여 '타인의 재물을 보관하는 자'에 해당하지 않는다(대판 2007.3.29, 2007도766).

(3) 행 위

① 횡 령

㉠ 횡령죄의 구성요건으로서의 횡령행위란 <u>불법영득의 의사, 즉 타인의 재물을 보관하는 자가 자기 또는 제3자의 이익을 꾀할 목적으로 위탁의 취지에 반하여 권한 없이 그 재물을 자기의 소유인 것처럼 사실상 또는 법률상 처분하려는 의사를 실현하는 행위를 말한다</u>(대판 2000.9.8, 2000도1447). ● 사시

> **판례 정리**
>
> <u>횡령죄는 다른 사람의 재물에 관한 소유권 등 본권을 그 보호법익으로 하고, 본권이 침해될 위험성이 있으면 그 침해의 결과가 발생되지 아니하더라도 성립하는 이른바 위태범이므로</u>, 다른 사람의 재물을 보관하는 사람이 그 사람의 동의 없이 함부로 이를 담보로 제공하는 행위는 불법영득의 의사를 표현하는 횡령행위로서, 사법(私法)상 그 담보제공행위가 무효이거나 그 재물에 대한 소유권이 침해되는 결과가 발생하는지 여부에 관계없이 횡령죄를 구성한다(대판 2002.11.13, 2002도2219).

ⓒ 타인의 재물을 보관하는 자가 보관하고 있는 재물을 영득할 의사로 은닉하였다면 이는 횡령죄를 구성하는 것이고 채권자들의 강제집행을 면탈하는 결과를 가져온다 하여 이와 별도로 강제집행면탈죄를 구성하는 것은 아니다(대판 2000.9.8, 2000도1447). ● 사시, 법행, 경찰승진

ⓒ 법인자금의 소송비용 지출과 횡령죄 : 원칙적으로 단체의 비용으로 지출할 수 있는 변호사 선임료는 **단체 자체가 소송당사자가 된 경우**에 한하므로 단체의 대표자 개인이 당사자가 된 민·형사사건의 변호사 비용은 단체의 비용으로 지출할 수 없고, 예외적으로 … **분쟁에 대한 실질적인 이해관계는 단체에게 있으나 법적인 이유로 그 대표자의 지위에 있는 개인이 소송 기타 법적 절차의 당사자가 되었다거나 대표자로서 단체를 위해 적법하게 행한 직무행위 또는 대표자의 지위에 있음으로 말미암아 의무적으로 행한 행위** 등과 관련하여 분쟁이 발생한 경우와 같이, 당해 법적 분쟁이 단체와 업무적인 관련이 깊고 당시의 제반 사정에 비추어 단체의 이익을 위하여 소송을 수행하거나 고소에 대응하여야 할 특별한 필요성이 있는 경우에 한하여 단체의 비용으로 변호사 선임료를 지출할 수 있다(대판 2011.9.29, 2011도4677). ● 사시

> **관련판례**
>
> ① 재건축조합장이 개인 명의의 손해배상청구소송을 위하여 변호사를 소송대리인으로 선임하고 그 선임료를 재건축조합의 비용으로 지출한 행위가 이사 및 대의원회의 승인을 받았다고 하더라도 업무상횡령죄에 해당한다(대판 2006.10.26, 2004도6280). ● 사시, 법행, 경찰
> ② 법인의 구성원이 업무수행에 있어 **관계 법령을 위반함으로써 형사재판을 받게 되었다면** 그의 개인적인 변호사비용을 법인자금으로 지급한다는 것은 횡령에 해당하며, 그 변호사비용을 법인이 부담하는 것이 관례라고 하여도 그러한 행위가 사회상규에 어긋나지 않는다고 할 만큼 사회적으로 용인되어 보편화된 관례라고 할 수 없다(대판 2003.5.30, 2002도235). ● 경찰, 경찰승진
> ③ 회사의 대표이사가 자신이 당사자일 뿐만 아니라 자신의 경영권을 방어하기 위한 목적으로 신주를 발행하는 과정에서 저지른 배임행위에 대한 소송을 수행하면서 그 변호사 비용을 회사의 자금으로 지급한 경우 업무상횡령죄가 성립한다(대판 2008.6.26, 2007도9679).
> ④ 상가관리운영위원회의 운영위원장이 그에 대하여 제기된 **직무집행정지가처분** 신청에 대응하기 위하여 선임한 변호사의 선임료를 상가 관리비에서 지급한 경우 상가 관리비를 횡령한 것으로 볼 수 없다. 따라서 **법인 자체가 소송당사자가 된 경우**에는 원칙적으로 그 소송의 수행이 법인의 업무수행이라고 볼 수 있으므로 그 소송에서 법인이 형식적으로 소송당사자가 되어 있을 뿐 실질적인 당사자가 따로 있고 법인으로서는 그 소송의 결과에 있어서 별다른 이해관계가 없다고 볼 만한 특별한 사정이 없는 한 그 변호사 선임료를 법인의 비용으로 지출할 수 있다(대판 2019.5.30, 2016도5816).

ⓔ 타인을 위하여 금전 등을 보관·관리하는 자가 개인적 용도로 사용할 자금을 마련하기 위하여, 적정한 금액보다 과다하게 부풀린 금액으로 공사계약을 체결하기로 공사업자 등과 사전에 약정하고 그에 따라 과다 지급된 공사대금 중의 일부를 공사업자로부터 되돌려 받는 행위는 그 타인에 대한 관계에서 횡령에 해당한다(대판 2010.5.27, 2010도3399). ● 법행, 경찰승진

> **유사판례**
> 수의계약을 체결하는 공무원이 해당 공사업자와 적정한 금액 이상으로 계약금액을 부풀려서 계약하고 부풀린 금액을 자신이 되돌려 받기로 사전에 약정한 다음 그에 따라 수수한 돈은 성격상 뇌물이 아니고 횡령금에 해당한다(대판 2007.10.12, 2005도7112). ● 경찰, 사시

　　㉮ **법인의 이사를 상대로 한 이사직무집행정지가처분결정**이 된 경우, 필요한 한도 내에서 법인의 대표자가 법인 경비에서 당해 가처분 사건의 피신청인인 이사의 소송비용을 지급하더라도 이는 법인의 업무수행을 위하여 필요한 비용을 지급한 것에 해당하고, 법인의 경비를 횡령한 것이라고는 볼 수 없다(대판 2003.5.30, 2003도1174). ● 사시, 경찰

② **반환거부** : 형법 제355조 제1항에서 정하는 '반환의 거부'라고 함은 보관물에 대하여 소유자의 권리를 배제하는 의사표시를 하는 행위를 뜻하므로, 타인의 재물을 보관하는 자가 단순히 반환을 거부한 사실만으로는 횡령죄를 구성하는 것은 아니며, 반환거부의 이유 및 주관적인 의사 등을 종합하여 반환거부행위가 횡령행위와 같다고 볼 수 있을 정도이어야만 횡령죄가 성립한다(대판 1992.11.27, 92도2079).

> **관련판례**
> ① 보관자의 지위에 있는 등기명의자가 명의이전을 거부하면서 부동산의 진정한 소유자가 밝혀진 후에 명의이전을 하겠다는 의사를 표시하였다면 불법영득의 의사를 가지고 그 반환을 거부한 것이라고 단정할 수 없다(대판 2002.9.4, 2000도637). ● 경찰승진
> ② 임차인이 임차목적물인 점포를 비우면서 그 곳에 두고 나온 임차인 소유의 물건들을 임대인이 보관하면서 임차인이 연체한 2개월분의 월세를 지급받기 전까지는 임차인에게 위 물건들을 반환할 수 없다고 거부한 경우, 임대인의 위와 같은 위 물건에 대한 반환거부의 이유 및 그 주관적인 의사 등을 종합하여 볼 때 피고인이 불법영득의 의사를 가지고 그 물건의 반환을 거부한 것이라고는 할 수 없다(대판 1992.11.27, 92도2079). ● 경찰
> ③ 교회가 목사를 중심으로 하는 원래의 교회와 교회집사를 지지하는 교인들을 구성원으로 하는 교회로 사실상 분열된 상황에서 집사가 보관중이던 건축헌금, 장학기금, 보험증권 및 재정장부에 대해 교회목사의 반환요구를 받고 "목사는 두 편으로 갈라지기 전의 교인의 총의가 없이 교회재산의 반환을 청구할 수 없다."는 취지의 내용증명 우편을 발송한 후 이에 불응한 경우 불법영득 의사를 가지고 그 반환을 거부한 것이라고 단정할 수는 없다고 하겠다(대판 1998.7.10, 98도126). ● 경찰승진
> ④ 피해자로부터 불상(금제삼존불상)을 팔아달라는 부탁을 받았는지 또는 부탁을 받지 않은 상태에서 가지고 나왔는지는 분명하지 아니하나 **불상을 보관하고 있었음은 명백한 상태**에서, 피해자로부터 불상의 반환을 요구받고도 이를 반환하지 아니하였고, 그와 같이 반환하지 못하는 이유를 수시로 번복하고 있을 뿐 **불상의 행방에 관하여 납득할 만한 설명을 하지 못하고 있는 행위**가, 형법 제355조 제1항의 '타인의 재물을 보관하는 자가 그 반환을 거부한 때'에 해당한다(대판 2009.12.10, 2008도10669). ☞ 횡령죄 인정
> ⑤ 주류업체 A주식회사의 사내이사인 피고인 甲이 피해자 乙을 상대로 주류대금 청구소송을 제기한 민사 분쟁 중 乙이 착오로 甲이 관리하는 A회사 명의 계좌로 금원을 송금하여 甲이 이를 보관하게 되었는데, 甲은 乙로부터 위 금원이 착오송금된 것이라는 사정을 문자메시지를 통해 고지받아

위 금원을 반환해야 할 의무가 있었음에도, 乙과 상계 정산에 관한 합의 없이 甲이 주장하는 주류대금 채권액을 임의로 상계 정산한 후 반환을 거부한 경우, 어떤 예금계좌에 금원이 착오로 잘못 송금되어 입금된 경우 수취인과 송금인 사이에 신의칙상 보관관계가 성립하기는 하나, 특별한 사정이 없는 한 … 甲은 착오송금된 금원 중 A회사의 물품대금채권액에 상응한 금액을 제외한 나머지는 송금 다음 날 반환하였고, 나머지에 대해서도 반환을 요청하는 乙에게 A회사의 물품대금채권을 자동채권으로 하여 상계권을 행사한다는 의사를 충분히 밝힌 것으로 보여, 피고인이 불법영득의사를 가지고 반환을 거부한 것이라고 단정하기 어려운 점을 종합하면, 甲이 乙의 착오로 A회사 명의 계좌로 송금된 금원 중 A회사의 乙에 대한 채권액에 상응하는 부분에 관하여 반환을 거부한 행위는 정당한 상계권의 행사로 볼 여지가 있다(대판 2022.12.29, 2021도2088). ● 경찰

③ 횡령금액

> **관련판례**
>
> ① 동업자 사이에 손익분배의 정산이 되지 아니하였다면 동업자의 한 사람이 임의로 동업자들의 합유에 속하는 동업재산을 처분할 권한이 없는 것이므로, 동업자의 한 사람이 동업재산을 보관 중 임의로 횡령하였다면 **지분비율에 관계없이** 임의로 횡령한 금액 전부에 대하여 횡령죄의 죄책을 부담한다(대판 2000.11.10, 2000도3013). ● 법행, 경찰승진
> ② 횡령죄에 있어서 불법영득의 의사라 함은 자기 또는 제3자의 이익을 꾀할 목적으로 임무에 위배하여 보관하는 타인의 재물을 자기의 소유인 경우와 같이 처분을 하는 의사를 말하고, 사후에 이를 반환하거나 변상, 보전하는 의사가 있다 하더라도 불법영득의 의사를 인정함에는 지장이 없으며, 그와 같이 **사후에 변상하거나 보전한 금액을 횡령금액에서 공제해야 하는 것도 아니다**(대판 2010. 5. 27, 2010도3399).
> ③ 타인을 위하여 금전 등을 보관·관리하는 자가 개인적 용도로 사용할 자금을 마련하기 위하여, 적정한 금액보다 과다하게 부풀린 금액으로 공사계약을 체결하기로 공사업자 등과 사전에 약정하고 그에 따라 과다 지급된 공사대금 중의 일부를 공사업자로부터 되돌려 받는 행위는 그 타인에 대한 관계에서 과다하게 부풀려 지급된 공사대금 상당액의 횡령이 된다(대판 2015.12.10, 2013도13444).
> ④ **소개인인 피고인**이 매매잔대금조로 교부받아 보관하던 약속어음을 현금으로 할인한 자체가 불법영득의사의 실현인 경우, 횡령액은 어음을 **할인한 현금액**이 아니라 횡령한 약속어음의 **액면금 상당액**인 것이다(대판 1983.11.8, 83도2346). ● 법행

(4) 횡령죄의 기수·미수

> **관련판례**
>
> ① 횡령죄에 있어서의 행위자는 이미 타인의 재물을 점유하고 있으므로 점유를 자기를 위한 점유로 변개하는 의사를 일으키면 곧 영득의 의사가 있었다고 할 수 있지만, 단순한 내심의 의사만으로는 횡령행위가 있었다고 할 수 없고 영득의 의사가 외부에 인식될 수 있는 객관적 행위가 있을 때 횡령죄가 성립한다(대판 1993.3.9, 92도2999).
> ② 타인소유의 부동산을 보관중인 명의수탁자가 위 신탁관계에 위반하여 이를 담보로 제공하고 근저당권을 설정하는 경우에는 후에 이를 반환하였는지 여부에 관계없이 위 부동산에 관한 근저당권설정등기를 마치는 때에 위 부동산에 관한 횡령죄의 기수가 된다(대판 1985.9.10, 85도86).

③ 횡령죄는 소유권 등 본권이 침해될 위험이 있으면 그 침해의 결과가 발생하지 않더라도 성립하는 위험범인데 여기서 위험범이라는 것은 횡령죄가 개인적 법익침해를 전제로 하는 재산범죄의 일종임을 감안할 때 단순히 사회일반에 대한 막연한 추상적 위험이 발생하는 것만으로는 부족하고 소유자의 본권 침해에 대한 구체적 위험이 발생하는 수준에 이를 것을 요하기 때문에 이러한 단계에 있지 않은 경우에는 횡령죄의 미수범의 책임을 진다(대판 2012.8.17, 2011도9113). ☞ 동업자 甲과 A의 합유물인 수목을 가식(假植)·관리 해오던 甲이 수목을 횡령할 의도로 A의 허락없이 제3자와 수목에 관한 매매계약을 체결하고 계약금만을 지급받은 상태에서, 이를 알게 된 A에 의해 수목에 관한 분리, 보관, 반출, 명인방법 등의 현실적·구체적인 일체의 조치가 저지된 경우 횡령죄의 미수가 성립한다. ● 사시

2. 주관적 구성요건

(1) 고 의

재물보관자로서 자신이 보관하는 재물을 횡령하거나 반환을 거부한다는 인식과 의사가 있어야 고의가 인정된다. 이때의 고의는 미필적 고의로 충분하다.

(2) 불법영득의사

① 횡령죄에 있어서 불법영득의 의사라 함은 자기 또는 제3자의 이익을 꾀할 목적으로 업무상의 임무에 위배하여 보관하는 타인의 재물을 자기의 소유인 경우와 같은 처분을 하는 의사를 말하고 사후에 이를 반환하거나 변상, 보전하는 의사가 있다 하더라도 불법영득의 의사를 인정함에 지장이 없다(대판 2005.8.19, 2005도3045). ● 법행

② 금전의 용도특정과 불법영득의사 : 타인으로부터 **용도가 엄격히 제한된 자금**을 위탁받아 집행하면서 그 제한된 용도 이외의 목적으로 자금을 사용하는 것은 그 사용이 개인적인 목적에서 비롯된 경우는 물론 결과적으로 자금을 위탁한 본인을 위하는 면이 있더라도 그 사용행위 자체로서 불법영득의 의사를 실현한 것이 되어 횡령죄가 성립한다(대판 2008.2.29, 2007도9755). ● 법행

> **비교판례**
> 횡령죄에 있어서의 불법영득의 의사는 타인의 재물을 보관하는 자가 그 위탁 취지에 반하여 권한 없이 스스로 소유권자의 처분행위(반환 거부를 포함한다)를 하려는 의사를 의미하므로, 보관자가 자기 또는 제3자의 이익을 위한 것이 아니라, 그 소유자의 이익을 위하여 이를 처분한 경우에는 특단의 사정이 없는 한 위와 같은 불법영득의 의사를 인정할 수 없다(대판 1982.3.9, 81도3009).

③ 불법영득의사의 입증

[1] 불법영득의 의사에 관한 입증책임은 어디까지나 검사에게 있는 것이므로, 어떤 금전의 용도가 … **보관자에게 광범위한 재량을 가지고 이를 사용할 권한이**

부여되어 있고, 지출한 후에 그에 관한 사후보고나 증빙자료의 제출도 요구되지 않는 성질의 것이라면, 그 보관자가 위 금전을 사용한 다음 그 행방이나 사용처를 제대로 설명하지 못하거나 증빙자료를 제출하지 못하고 있다고 하여 함부로 불법영득의 의사를 추단하여서는 아니된다.

[2] 임직원이 **판공비(또는 업무추진비)** 등을 불법영득의 의사로 횡령한 것으로 인정하려면 판공비(또는 업무추진비) 등이 업무와 관련 없이 **개인적인 이익을 위하여 지출**되었다거나 또는 **업무와 관련되더라도 합리적인 범위를 넘어 지나치게 과다하게 지출**되었다는 점이 증명되어야 할 것이고, 단지 판공비(또는 업무추진비) 등을 사용한 임직원이 그 행방이나 사용처를 제대로 설명하지 못하거나 사후적으로 그 사용에 관한 증빙자료를 제출하지 못하고 있다고 하여 함부로 불법영득의 의사로 이를 횡령하였다고 추단하여서는 아니된다(대판 2010.6.24, 2007도5899). ● 법행

유사판례

㉠ 지방자치단체의 장이 **업무추진비**를 불법영득의 의사로 횡령한 것으로 인정하려면 업무추진비가 기관운영이나 행정활동 등의 공무와 관련없이 개인적인 이익을 위하여 지출되었다거나 또는 공무와 관련되더라도 합리적인 범위를 넘어 지나치게 과다하게 지출되었다는 점이 증명되어야 할 것이고, 단지 업무추진비가 내부지침을 위반하여 집행되었다거나 사후적으로 그 사용에 관한 증빙자료가 제출되지 못하고 있다고 하여 함부로 불법영득의 의사로 이를 횡령하였다고 추단하여서는 아니될 것이다(대판 2010.6.24, 2008도6755).

㉡ 버스운송사업조합의 이사장이 현금으로 지급된 **판공비 또는 조합활동비**의 구체적인 사용처를 설명하지 못한다거나 사후적으로 그 증빙자료를 제출하지 못하고 있다는 이유로 불법영득의 의사를 추단해서는 안 된다(대판 2010.6.24, 2007도5899).

㉢ **비자금**은 법인을 위한 목적이 아니라 법인의 자금을 빼내어 착복할 목적으로 조성한 것임이 명백히 밝혀진 경우에는 조성행위 자체로써 불법영득의 의사가 실현된 것으로 볼 수 있다. 또한 **보관·관리하던 비자금을 인출·사용하였음에도 그 자금의 행방이나 사용처를 제대로 설명하지 못하거나 당사자가 주장하는 사용처에 그 비자금이 사용되었다고 볼 수 있는 자료는 현저히 부족하고 오히려 개인적인 용도에 사용하였다는 신빙성 있는 자료가 훨씬 많은 것과 같은 경우**에는 비자금의 사용행위가 불법영득의 의사에 의한 횡령에 해당하는 것으로 추단할 수 있을 것이다. 하지만 이와 달리 피고인들이 **불법영득의사의 존재를 인정하기 어려운 사유를 들어 비자금의 행방이나 사용처에 대한 설명을 하고 있고 이에 부합하는 자료도 제시한 경우**에는 피고인들이 보관·관리하고 있던 비자금을 일단 다른 용도로 소비한 다음 그만한 돈을 별도로 입금 또는 반환한 것이라는 등의 사정이 인정되지 않는 한, 함부로 그 비자금을 불법영득의사로 인출·사용함으로써 횡령하였다고 단정할 것은 아니다(대판 2017.4.13, 2017도953).

비교판례

주식회사의 대표이사가 회사의 금원을 인출하여 사용하였는데 그 사용처에 관한 증빙자료를 제시하지 못하고 있고 그 인출사유와 금원의 사용처에 관하여 납득할 만한 합리적인 설명을 하지 못하고 있다면, 이러한 금원은 그가 불법영득의 의사로 회사의 금원을 인출하여 개인적 용도로 사용한 것으로 추단할 수 있다(대판 2008.3.27, 2007도9250). ● 법행, 법원

> **판례 정리 ··· 불법영득의사 인정(횡령죄 O)**

1. 주식회사는 주주와 독립된 별개의 권리주체로서 그 이해가 반드시 일치하는 것은 아니므로, <u>회사 소유 재산을 주주나 대표이사가 제3자의 자금 조달을 위하여 담보로 제공하는 등 사적인 용도로 임의 처분하였다면 그 처분에 관하여 주주총회나 이사회의 결의가 있었는지 여부와는 관계없이 횡령죄의 죄책을 면할 수는 없다</u>(대판 2005.8.19, 2005도3045). ● 법행
2. <u>사회복지법인의 이사가 설립자를 대리하여 선교지원금 명목의 금원을 수령하고, 그 금원에 대하여 설립자 개인 명의로 영수증을 작성한 후 현금을 자신의 물탱크 안에 보관한 경우 업무상횡령죄가 성립한다</u>(대판 2005.5.26, 2004도1925). ● 법행
3. <u>감정평가법인 지사에서 근무하는 감정평가사들이 접대비 명목 등으로 임의로 나누어 사용할 목적으로 감정평가법인을 위하여 보관 중이던 돈의 일부를 비자금으로 조성한 경우, 위 비자금 조성행위는 업무상횡령죄에 해당한다</u>(대판 2010.5.13, 2009도1373). ● 사시
4. 조합 등의 단체에 있어서 그 자금의 용도가 엄격하게 제한되어 있는 경우에는 그 용도 외의 사용은 그것이 조합을 위한 것이라고 하더라도 그 사용행위 자체로서 불법영득의 의사를 실현한 것이 되어 불법영득의 의사를 부정할 수 없다(대판 1992.10.27, 92도1915). ● 경찰승진

> **유사판례**
> **불법영득의사 인정 – 횡령죄 성립○**
> ㉠ <u>사립학교의 교비회계에 속하는 수입을 적법한 교비회계의 세출에 포함되는 용도 즉, 당해 학교의 교육에 직접 필요한 용도가 아닌 다른 용도에 사용한 경우</u>(대판 2008.2.29, 2007도9755) ● 법행
> ㉡ <u>수개의 학교법인을 운영하는 자가 각 학교법인의 금원을 다른 학교법인을 위하여 사용한 경우</u>(대판 2000.12.8, 99도214) ● 경찰

> **비교판례**
> **불법영득의사 부정 – 횡령죄 성립×**
> 사립학교에 있어서 학교교육에 직접 필요한 시설, 설비를 위한 경비 등과 같이 원래 교비회계에 속하는 자금으로 지출할 수 있는 항목에 관한 차입금을 상환하기 위하여 교비회계 자금을 지출한 경우(대판 2006.4.28, 2005도4085). ● 법행

5. 회사의 이사가 보관 중인 회사 재산을 처분하여 그 대금을 공직선거에 입후보한 타인의 선거자금으로 지원한 경우 그것이 **회사의 이익을 도모할 목적으로 합리적인 범위 내에서 이루어졌다면** 그 이사에게 횡령죄에 있어서 요구되는 **불법영득의 의사**가 있다고 할 수 없을 것이나, 그것이 회사의 이익을 도모할 목적보다는 **그 후보자 개인의 이익을 도모할 목적이나 기타 다른 목적**으로 행하여졌다면 그 이사는 회사에 대하여 횡령죄의 죄책을 면하지 못한다(대판 1999.6.25, 99도1141). ● 경찰승진

> **유사판례**
> <u>회사의 이사 등이 업무상의 임무에 위배하여 보관 중인 회사의 자금으로 뇌물을 공여하였다면 이는 오로지 회사의 이익을 도모할 목적이라기보다는 뇌물공여 상대방의 이익을 도모할 목적이나 기타 다른 목적으로 행하여진 것이라고 보아야 하므로, 그 이사 등은 회사에 대하여 업무상횡령죄의 죄책을 면하지 못한다</u>(대판 2013.4.25, 2011도9238). ● 사시

6. 일단 불법영득의 의사로써 업무상 보관중인 타인의 금전을 횡령하여 성립한 이상 횡령의 범행을 한 자가 물건의 소유자에 대하여 별도의 금전채권을 가지고 있음을 주장하고 이를 자동채권으로 하여 그 대등액에서 횡령액에 관하여 상계의 의사표시를 한다고 하더라도 이미 성립한 업무상횡령죄에 무슨 영향이 있는 것은 아니다(대판 1995.3.14, 95도59). ● 법행

7. 주식회사의 대표이사가 자신의 다른 횡령사실을 감추기 위한 목적으로 가공의 공사대금을 지급한 것처럼 허위로 회계처리하면서 가공의 공사대금에 대한 부가가치세 명목으로 회사 자금을 임의로 지출한 경우에는 그로써 횡령죄는 기수에 이른다. 그 후에 그 지출액 상당을 매입세액으로 환급받아 회사에 다시 입금하였다고 하더라도 이미 성립한 횡령죄에 영향을 미치지 아니한다(대판 2008.11.13, 2006도4885). ● 사시

판례 정리 ··· 불법영득의사 부정(횡령죄 X)

1. 사찰창건 이래 사찰재산에 대한 관리처분권한이 부여되어 사찰의 운영을 책임지고 있었던 자가 병원치료비와 장학금지급 등을 위하여 사찰재산을 사용하였다 하더라도 업무상횡령죄에 해당되지 아니한다(대판 2001.5.8, 99도4699). ● 사시, 법행

2. 회사에 대하여 개인적인 채권을 가지고 있는 대표이사가 회사를 위하여 보관하고 있는 회사 소유의 금전으로 자신의 채권의 변제에 충당하는 행위는 회사와 이사의 이해가 충돌하는 자기거래행위에 해당하지 않는다고 할 것이므로, 대표이사가 이사회의 승인 등의 절차 없이 그와 같이 자신의 회사에 대한 채권을 변제하였더라도 이는 대표이사의 권한 내에서 한 회사채무의 이행행위로서 유효하며, 따라서 그에게는 **불법영득의 의사가** 인정되지 아니하여 횡령죄의 죄책을 물을 수 없다(대판 1999.2.23, 98도2296). ● 법행, 경찰승진

비교판례

㉠ 학교법인의 이사장이었던 자가 이사장으로 근무할 당시 학교법인이 부담하는 부외부채를 자신의 자금으로 변제한 후 그 자금회수를 위하여 자신이 보관하던 학교법인 소유의 양도성 예금증서를 어음할인에 대한 담보로 제공한 경우, 그 부외부채가 학교법인이 승인한 채무가 아니고 그 변제도 학교법인의 의사에 반하여 임의로 한 것이므로 불법영득의사 인정된다(대판 2000.2.8, 99도3982). ● 법행

㉡ 관광지조성사업조합의 조합장인 피고인이 정관에서 정한 절차를 거치지 않고 조합 명의의 계좌에서 급여 명목의 보수를 수령하여 개인 채무 변제 등에 사용한 경우 업무상횡령죄가 성립한다(대판 2013.8.30, 2013도2761).

3. 출장비 예산의 항목유용 자체가 위법한 목적이 있다거나 예산의 용도가 엄격하게 제한되어 있다고 볼만한 사정이 없다면 단지 피고인이 출장비를 지정용도 이외로 임의 소비하였다는 것만으로 바로 피고인에게 불법영득의 의사를 인정할 수는 없다(대판 2002.11.26, 2002도5130).

유사판례

법인의 대표자가 법인의 **예비비**를 전용하여 기관운영판공비, 회의비 등으로 사용한 경우 이사회에서 사전에 예비비의 전용결의가 이루어지지 아니하였다는 사정만으로 불법영득의 의사를 단정할 수 없다(대판 2002.2.5, 2001도5439). ● 사시

4. 인수·합병 추진 계획이 있는 피인수회사의 이사로 취임한 을이 미리 인수회사 그룹에 피인수회사의 매각업무에 관한 정보를 제공하고 인수회사의 대표이사 갑으로부터 거액의 재산상 이익을 취득한 사안에서, 대표이사 갑은 인수회사의 비자금으로 지급한 경우이므로 배임증재죄는 성립하더라도 업무상횡령죄는 성립하지 않는다(대판 2010.4.15, 2009도6634).

5. 주식회사의 설립업무 또는 증자업무를 담당한 자와 주식인수인이 사전 공모하여 주금납입취급은행 이외의 제3자로부터 납입금에 해당하는 금액을 차입하여 주금을 납입하고 납입취급은행으로부터 납입금보관증명서를 발급받아 회사의 설립등기절차 또는 증자등기절차를 마친 직후 이를 인출하여 위 차용금채무의 변제에 사용하는 경우, 위와 같은 행위는 실질적으로 회사의 자본을 증가시키는 것이 아니고 등기를 위하여 납입을 가장하는 편법에 불과하여 주금의 납입 및 인출의 전과정에서 회사의 자본금에는 실제 아무런 변동이 없다고 보아야 할 것이므로, 그들에게 회사의 돈을 임의로 유용한다는 불법영득의 의사가 있다고 보기 어렵다

할 것이고, 이러한 관점에서 상법상 납입가장죄의 성립을 인정하는 이상 회사 자본이 실질적으로 증가됨을 전제로 한 업무상횡령죄가 성립한다고 할 수는 없다(대판 2004.12.10, 2003도3963). ●사시

6. 종중의 이사들이 보험회사에 예치된 종중의 금원 중 일부를 인출하여 종중의 임원 등에게 보험회사에서 지급되는 금리 이상의 이자를 지급할 것을 조건으로 대여하였다면 종중재산을 보관하는 자가 그 위탁의 취지에 반하여 자기 또는 제3자의 이익을 위하여 이를 자기의 소유인 것 같이 처분하려는 의사가 있었다고 볼 수 없다(대판 1992.5.22, 92도564). ●법행

7. 회사가 신주를 발행하여 실제로는 타인으로부터 제3자 명의로 자금을 빌려 자기의 계산으로 신주를 인수하면서도 제3자 명의를 차용한 경우, 이는 상법 등에서 허용하지 않는 자기주식의 취득에 해당하므로 회사의 신주인수행위는 무효라고 보아야 할 것이지만, 신주인수대금의 납입을 위하여 회사가 제3자 명의로 금원을 차용한 행위의 효력은 부정할 수가 없고 그 차용원리금의 상환의무는 회사가 부담한다고 보아야 하므로, 회사의 대표이사가 가지급금의 형식으로 회사의 자금을 인출하여 위 차용원리금 채무의 변제에 사용하였다고 하더라도 이는 업무상횡령죄에 해당한다고 볼 수 없다(대판 2005.2.18, 2002도2822). ●경찰승진

비교판례
회사의 대표이사 혹은 그에 준하여 회사 자금의 보관이나 운용에 관한 사실상의 사무를 처리하여 온 자가 **회사를 위한 지출 이외의 용도로 거액의 회사 자금을 가지급금 등의 명목으로 인출, 사용**함에 있어서 **이자나 변제기의 약정이 없음은 물론 이사회 결의 등 적법한 절차도 거치지 아니하는 것은 통상 용인될 수 있는 범위를 벗어나 대표이사 등의 지위를 이용하여 회사 자금을 사적인 용도로 임의로 대여, 처분하는 것과 다름없어 횡령죄를 구성한다**(대판 2017.4.13, 2017도953). ●경찰

8. 보관자의 지위에 있는 공동명의 예금채권자가 피해자 조합원들이 제기한 소송으로 인하여 조합이 입게 되는 손해에 대한 구상금채권의 집행 확보를 위하여 피해자 조합원들에 대하여 예금계좌에 초과로 입금된 개발부담금의 반환을 거부한 것은 개발부담금을 영득하기 위한 것이라고 볼 수 없으므로 횡령죄가 성립되지 않는다(대판 2008.12.11, 2008도8279). ●경찰

9. 아파트 입주자대표회의 회장이 아파트 특별수선충당금을 구조진단 견적비 및 손해배상청구소송의 변호사 선임료로 사용하였으나, 당시에는 특별수선충당금의 용도외 사용이 관리규약에 의해서만 제한되고 있어서 **구분소유자들 또는 입주민들로부터 포괄적인 동의**를 얻어 특별수선충당금을 위탁의 취지에 부합하는 용도에 사용한 것으로 볼 수 있다면 업무상횡령죄에 해당하지 않는다(대판 2017.2.15, 2013도14777). ●경찰

3. 공범관계

채권자가 채무자로부터 채권확보를 위하여 담보물을 제공받을 때 그 **물건이 채무자가 보관중인 타인의 물건임을 알았다**고 하여도 그것만으로 채권자가 채무자의 불법영득행위인 횡령행위에 공모가담한 것으로 단정할 수 없다(대판 1992.9.8, 92도1396). ●경간부

4. 죄수 및 타죄와의 관계

(1) 죄 수

여러 개의 위탁관계에 의하여 보관하던 여러 개의 재물을 1개의 행위에 의하여 횡령한 경우 **위탁관계별로 수개의 횡령죄가 성립**하고, 그 사이에는 상상적 경합의 관계가 있는 것으로 보아야 한다(대판 2013.10.31, 2013도10020).

관련판례

① 수개의 업무상 횡령행위라 하더라도 피해법익이 단일하고, 범죄의 태양이 동일하며, 단일 범의의 발현에 기인하는 일련의 행위라고 인정될 때에는 포괄하여 1개의 범죄가 성립하고, 또한 수개의 업무상 횡령행위 도중에 공범자의 변동이 있는 경우라 하더라도 그 수개의 행위가 위와 같은 기준을 충족하는 것이라면 별개의 죄가 되는 것이 아니라 포괄일죄가 된다(대판 2009.2.12, 2006도6994).

② 타인의 부동산을 보관 중인 자가 불법영득의사를 가지고 그 부동산에 **근저당권설정등기를 경료함으로써 일단 횡령행위가 기수**에 이르렀다 하더라도 그 후 **같은 부동산에 별개의 근저당권을 설정**하여 새로운 법익침해의 위험을 추가함으로써 법익침해의 위험을 증가시키거나 **해당 부동산을 매각**함으로써 기존의 근저당권과 관계없이 법익침해의 결과를 발생시켰다면, 이는 당초의 근저당권 실행을 위한 임의경매에 의한 매각 등 그 근저당권으로 인해 당연히 예상될 수 있는 범위를 넘어 새로운 법익침해의 위험을 추가시키거나 법익침해의 결과를 발생시킨 것이므로 특별한 사정이 없는 한 불가벌적 사후행위로 볼 수 없고, 별도로 횡령죄를 구성한다(대판 2013.2.21, 2010도10500 전원합의체). ● 경찰, 사시

③ 부동산의 명의수탁자가 신탁자의 승낙 없이 갑 앞으로 **근저당권설정등기**를 경료했다가 후에 그 말소등기를 신청함과 동시에 을 앞으로 **소유권이전등기**를 신청함에 따라 갑 명의의 근저당권말소등기와 을 명의의 소유권이전등기가 순차 경료된 경우, 별도의 횡령죄를 구성한다(대판 2013.2.21, 2010도10500 전원합의체). ● 경찰

④ 공동상속인 중 1인이 상속재산인 임야를 보관 중 다른 상속인들로부터 매도후 분배 또는 소유권이전등기를 요구받고도 그 반환을 거부한 경우 이때 이미 횡령죄가 성립하고, 그 후 그 임야에 관하여 다시 제3자 앞으로 근저당권설정등기를 경료해 준 행위는 불가벌적 사후행위로서 별도의 횡령죄를 구성하지 않는다(대판 2010.2.25, 2010도93).

⑤ 甲 주식회사 대표이사인 피고인이 자신의 채권자 乙에게 차용금에 대한 담보로 甲 회사 명의 정기예금에 질권을 설정하여 주었는데, 그 후 乙이 피고인의 동의하에 정기예금 계좌에 입금되어 있던 甲 회사 자금을 전액 인출한 경우 위와 같은 예금인출동의행위는 이미 배임행위로써 이루어진 질권설정행위의 불가벌적 사후행위에 해당한다(대판 2012.11.29, 2012도10980). ● 경찰

⑥ 미등기건물의 관리를 위임받아 보관하고 있는 자가 임의로 건물에 대하여 자신의 명의로 보존등기를 하거나 동시에 근저당권설정등기를 마치는 것은 객관적으로 불법영득의 의사를 외부에 발현시키는 행위로서 횡령죄에 해당하고, 피해자의 승낙 없이 건물을 자신의 명의로 보존등기를 한 때 이미 횡령죄는 완성되었다 할 것이므로, 횡령행위의 완성 후 근저당권설정등기를 한 행위는 피해자에 대한 새로운 법익의 침해를 수반하지 않는 불가벌적 사후행위로서 별도의 횡령죄를 구성하지 않는다(대판 1993.3.9, 92도2999).

(2) 타죄와의 관계

① 사기죄와의 관계

> **관련판례**
>
> ① 사기죄는 타인이 점유하는 재물을 그의 처분행위에 의하여 취득함으로써 성립하는 죄이므로 자기가 점유하는 타인의 재물에 대하여는 이것을 영득 함에 기망행위를 한다 하여도 사기죄는 성립하지 아니하고 횡령죄만을 구성한다(대판 1987.12.22, 87도2168). ● 경찰승진
> ② 위탁자로부터 당좌수표 할인을 의뢰받은 피고인이 제3자를 기망하여 당좌수표를 할인받은 다음 그 할인금을 임의소비한 경우, 제3자에 대한 사기죄와 별도로 위탁자에 대한 횡령죄가 성립한다 (대판 1998.4.10, 97도3057). ● 법행
> ③ 대표이사 등이 회사의 대표기관으로서 피해자들을 기망하여 교부받은 금원은 그 회사에 귀속되는 것인데, 그 후 대표이사 등이 이를 보관하고 있으면서 횡령한 것이라면 이는 위 사기범행과는 침해법익을 달리하므로 횡령죄가 성립되는 것이고, 이를 단순한 불가벌적 사후행위로만 볼 수 없다(대판 1989.10.24, 89도1605). ● 법행
>
> **유사판례**
>
> ⓐ 주식회사의 대표이사가 타인을 기망하여 회사가 발행하는 신주를 인수하게 한 다음 그로부터 납입받은 신주인수대금을 보관하던 중 횡령한 행위는 사기죄와는 전혀 다른 새로운 보호법익을 침해하는 행위로서 별죄를 구성한다(대판 2006.10.27, 2004도6503). ● 경찰간부
> ⓑ 대표이사가 주식매수인으로부터 받은 주식매매대금은 신주인수대금으로서 이를 보관 중 개인적인 용도로 사용하였다면 횡령죄를 구성한다(대판 2006.10.27, 2004도6503).
>
> ④ 피고인이 당초부터 피해자를 기망하여 약속어음을 교부받은 경우에는 그 교부받은 즉시 사기죄가 성립하고 그 후 이를 피해자에 대한 피고인의 채권의 변제에 충당하였다 하더라도 불가벌적 사후행위가 됨에 그칠 뿐, 별도로 횡령죄를 구성하지 않는다(대판 1983.4.26, 82도3079). ● 법행

② 강제집행면탈죄와의 관계 : 회사 대표가 계열회사들 소유 자금 중 일부를 임의로 빼돌려 자기 소유 자금과 구분없이 거주지 안방에 보관한 행위는 계열회사들에 대한 횡령행위의 일부를 구성하는 것일 뿐이고 나아가 이를 일률적으로 회사 대표 개인의 채권자들에 대한 강제집행면탈행위로서의 은닉행위로 평가할 수는 없다(대판 2007.6.1, 2006도1813). ● 경찰

③ 장물죄와의 관계 : 절도범인으로부터 장물보관의뢰를 받은 자가 그 정을 알면서 이를 인도받아 보관하고 있다가 임의처분하였다 하여도 장물보관죄가 성립되는 때에는 이미 그 소유자의 소유물추구권을 침해하였으므로 그 후의 횡령행위는 불가벌적 사후행위에 불과하여 별도로 횡령죄가 성립하지 않는다(대판 1976.11.23, 76도3067). ● 사시

> **참고판례**
> 갑이 회사 자금으로 을에게 주식매각 대금조로 금원을 지급한 경우, 그 금원은 단순히 횡령행위에 제공된 물건이 아니라 횡령행위에 의하여 영득된 장물에 해당한다고 할 것이고, 나아가 설령 갑이 을에게 금원을 교부한 행위 자체가 횡령행위라고 하더라도 이러한 경우 갑의 업무상횡령죄가 기수에 달하는 것과 동시에 그 금원은 장물이 된다(대판 2004.12.9, 2004도5904). 법행

④ **배임증재죄와의 관계** : 회사의 대표이사가 업무상 보관하던 회사 자금을 빼돌려 **횡령**한 다음 그 중 일부를 더 많은 장비 납품 등의 계약을 체결할 수 있도록 해달라는 취지의 묵시적 청탁과 함께 **배임증재**에 공여한 사안에서, 위 횡령의 범행과 배임증재의 범행은 서로 범의 및 행위의 태양과 보호법익을 달리하는 별개의 행위라고 보아, 횡령의 점에 대해 확정된 약식명령의 기판력이 배임증재의 점에는 미치지 않는다(대판 2010.5.13, 2009도13463). ☞ 실체적 경합범이 된다.

(3) 친족상도례

횡령범인이 위탁자가 소유자를 위해 보관하고 있는 물건을 위탁자로부터 보관받아 이를 횡령한 경우에 형법 제361조에 의하여 준용되는 제328조 제2항의 친족간의 범행에 관한 조문은 범인과 피해물건의 소유자 및 위탁자 쌍방 사이에 같은 조문에 정한 친족관계가 있는 경우에만 적용되고, 단지 횡령범인과 피해물건의 소유자간에만 친족관계가 있거나 횡령범인과 피해물건의 위탁자간에만 친족관계가 있는 경우에는 적용되지 않는다(대판 2008.7.24, 2008도3438). 법원

Ⅲ 업무상 횡령죄

제356조 (업무상의 횡령과 배임) 업무상의 임무에 위배하여 제355조의 죄를 범한 자는 10년 이하의 징역 또는 3천만원 이하의 벌금에 처한다.
제359조 (미수범) 미수범은 처벌한다.
제358조 (자격정지의 병과) 10년 이하의 자격정지를 병과할 수 있다.
제361조 (친족간의 범행, 동력) 제328조와 제346조의 규정은 본 장의 죄에 준용한다.

Ⅳ 점유이탈물횡령죄

제360조 (점유이탈물횡령) ① 유실물, 표류물 또는 타인의 점유를 이탈한 재물을 횡령한 자는 1년 이하의 징역이나 300만원 이하의 벌금 또는 과료에 처한다.
② 매장물을 횡령한 자도 전항의 형과 같다.
제361조 (친족간의 범행, 동력) 제328조와 제346조의 규정은 본 장의 죄에 준용한다.

> **관련판례**
> ① 다른 사람의 유실물인 줄 알면서 당국에 신고하거나 피해자의 숙소에 운반하지 않고 자기의 친구집에 운반하였다는 것만으로는 점유이탈물횡령의 범의를 인정하기 어렵다(대판 1969.8.19, 69도1078).
> ② 자전거를 습득하여 피해자가 나타날 때까지 보관을 선언하고 수일간 보관한 경우에는 영득의사가 없었다고 보아야 한다(대판 1957.7.12, 4290형상104).

제7절 배임의 죄

I 서 설

1. 의의 및 보호법익

배임죄는 현실적인 재산상 손해액이 확정될 필요까지는 없고 단지 재산상 권리의 실행을 불가능하게 할 염려 있는 상태 또는 손해 발생의 위험이 있는 경우에 바로 성립되는 위태범이다(대판 2000.4.11, 99도334). ● 사시, 법행

2. 배임죄의 본질

(1) 권한남용설

배임죄의 본질이 법적대리권의 남용에 있다고 보는 견해이다.

(2) 배신설(다수설, 판례)

배임죄에 있어서 타인의 사무를 처리하는 자라 함은 양자간의 신임관계에 기초를 둔 타인의 재산보호 내지 관리의무가 있음을 그 본질적 내용으로 하는 것이므로, 배임죄의 성립에 있어 행위자가 대외관계에서 타인의 재산을 처분할 <u>적법한 대리권이 있음을 요하지 아니한다</u>(대판 1999.9.17, 97도3219). ● 사시, 법행

II 배임죄

제355조 (횡령, 배임) ② 타인의 사무를 처리하는 자가 그 임무에 위배하는 행위로써 재산상의 이익을 취득하거나 제삼자로 하여금 이를 취득하게 하여 본인에게 손해를 가한 때에도 전항의 형과 같다.
제359조 (미수범) 본죄의 미수범은 처벌한다.
제358조 (자격정지의 병과) 10년 이하의 자격정지를 병과할 수 있다.
제361조 (친족간의 범행, 동력) 제328조와 제346조의 규정은 본 장의 죄에 준용한다.

1. 객관적 구성요건

(1) 행위주체

① 타인의 사무를 처리하는 자(진정신분범)

> **관련판례**
>
> ① '**타인의 사무를 처리하는 자**'라고 하려면, 타인의 재산관리에 관한 사무의 전부 또는 일부를 타인을 위하여 대행하는 경우와 같이 당사자 관계의 전형적·본질적 내용이 통상의 계약에서의 이익대립관계를 넘어서 그들 사이의 신임관계에 기초하여 타인의 재산을 보호 또는 관리하는 데에 있어야 한다(대판 2020.2.20, 2019도9756 전원합의체).
> ② **이익대립관계에 있는 통상의 계약관계에서 채무자의 성실한 급부이행에 의해 상대방이 계약상 권리의 만족 내지 채권의 실현이라는 이익을 얻게 되는 관계**에 있다거나, **계약을 이행함에 있어 상대방을 보호하거나 배려할 부수적인 의무가 있다는 것만으로는 채무자를 타인의 사무를 처리하는 자라고 할 수 없고**, 위임 등과 같이 계약의 전형적·본질적인 급부의 내용이 상대방의 재산상 사무를 일정한 권한을 가지고 맡아 처리하는 경우에 해당하여야 한다(대판 2020.2.20, 2019도9756 전원합의체). ● 법행
> ③ 배임죄의 주체인 "타인의 사무를 처리하는 자"란 양자간의 신임관계에 기초를 두고 타인의 재산관리에 관한 사무를 대행하거나 타인 재산의 보전행위에 협력하는 자의 경우 등을 가리킨다(대판 2003.9.26, 2003도763). ● 사시, 법행
> ④ 단순히 타인에 대하여 채무를 부담함에 불과한 경우에는 본인의 사무로 인정될지언정 타인의 사무 처리에 해당한다 할 수는 없다(대판 1984.12.26, 84도2127). ● 사시, 법행
> ⑤ 업무상배임죄에 있어서 타인의 사무를 처리하는 자란 고유의 권한으로서 그 처리를 하는 자에 한하지 않고 그 자의 보조기관으로서 직접 또는 간접으로 그 처리에 관한 사무를 담당하는 자도 포함한다(대판 1999.7.23, 99도1911).
> ⑥ 업무담당자의 상급기관으로서 실행행위자의 행위가 피해자인 본인에 대한 배임행위에 해당한다는 것을 알면서도 실행행위자의 배임행위를 교사하거나 또는 배임행위의 전 과정에 관여하는 등으로 배임행위에 적극 가담한 경우에는 배임죄의 주체가 된다(대판 2004.7.9, 2004도810). ● 법행, 경찰

> **판례 정리 ··· 타인사무처리자에 해당하는 경우**
>
> 1. 계주는 계원들과의 약정에 따라 지정된 곗날에 계원으로부터 월불입금을 징수하여 지정된 계원에게 이를 지급할 임무가 있고, 계주의 이러한 임무는 계주 자신의 사무임과 동시에 타인인 계원들의 사무를 처리하는 것도 되는 것이므로, **계주가 계원들로부터 월불입금을 모두 징수하였음에도 불구하고 그 임무에 위배하여 정당한 사유 없이 이를 지정된 계원에게 지급하지 아니하였다면** 다른 특별한 사정이 없는 한 그 지정된 계원에 대한 관계에 있어서 배임죄를 구성한다(대판 1994.3.8, 93도2221). ● 사시, 경찰승진
>
> **비교판례**
> 계주가 계원들로부터 계불입금을 징수하지 아니한 상태에서 부담하는 계금지급의무는 신임관계에 이르지 아니한 단순한 채권관계상의 의무에 불과하여 <u>타인의 사무에 속하지 아니한다</u>(대판 2009.8.20, 2009도3143). ● 법원

2. 계가 정상적으로 운영되고 있음에도 불구하고 계주가 그 동안 성실하게 계불입금을 지급하여 온 계원에게 계가 깨졌다는 등의 거짓말을 하여 그 계원이 계에 참석하여 낙찰받아 계금을 탈 수 있는 기회를 박탈하여 손해를 가하였다면 계주의 위와 같은 임무위배는 그 계원에 대한 관계에 있어서 배임죄를 구성한다(대판 1995.9.29, 95도1176). ● 경찰간부

> **비교판례**
>
> **계가 파계된 후에 있어서는** 계불입금의 청산의무는 있을지언정 계 존속을 전제로 한 위와 같은 계금 지급의무는 인정할 여지가 없는 것이므로 계주가 파계후에 계원들로부터 계가 존속하는 것처럼 계금을 징수하는 것이 계원들과 사이에 사기죄가 성립함은 별론으로 하고 위와 같이 징수한 금원을 계불입금의 청산금이 아니라 <u>계 존속을 전제로 한 계금으로서 계원에게 지급할 업무상 임무가 있다고 볼 수 없다</u>(대판 1982.11.9, 82도2093).

3. 다방을 임차하면서 임차기간 동안 영업허가 명의를 임차인 명의로 변경하고 임대차 종료시 **임대인에게 명의반환을 하기로 약정**하고도 임대차 종료 후 임차인이 명의반환을 거부하는 경우 허가 명의를 변경할 수 있도록 협력할 의무가 있으므로 명의변경 요구를 거부하는 행위는 배임죄에 해당한다(대판 1981.8.20, 80도1176). ● 경간부

4. **미성년자와 친생자관계가 없으나 호적상 친모로 등재되어 있는 자**가 미성년자의 상속재산 처분에 관여한 경우, 신의성실의 원칙에 의하여 타인의 사무를 처리하는 자의 지위에 있다(대판 2002.6.14, 2001도3534). ● 법행

5. **지입차주가 자신이 실질적으로 소유하거나 처분권한을 가지는 자동차**에 관하여 지입회사와 **지입계약을 체결**함으로써 지입회사에 자동차의 소유권등록 명의를 신탁하고 운송사업용 자동차로서 등록 및 그 유지 관련 사무의 대행을 위임한 경우에는, 특별한 사정이 없는 한 **지입회사 측**이 지입차주의 실질적 재산인 지입차량에 관한 재산상 사무를 일정한 권한을 가지고 맡아 처리하는 것으로서 당사자 관계의 전형적·본질적 내용이 그들 사이의 신임관계에 기초하여 타인의 재산을 보호 또는 관리하는 데에 있으므로, **지입회사 운영자는 지입차주와의 관계에서 '타인의 사무를 처리하는 자'의 지위에 있다**. 따라서 피해자가 피고인 측으로부터 화물차를 매수하는 내용의 매매계약과 피해자가 매수한 이 사건 화물차를 피고인 측 지입회사로 지입하는 내용의 지입계약이 결합된 약정이 체결한 후, 피해자가 이 사건 화물차의 **매수대금을 모두 지급**하고 피고인이 제공한 **지입회사 명의로 신규 등록**까지 이루어진 상태에서 지입회사 운영자인 피고인이 피해자의 **승낙 없이 이 사건 화물차에 관하여 임의로 타인에게 저당권을 설정**해 주었다면, 배임죄가 성립된다(대판 2021.6.30, 2015도19696).

> **유사판례**
>
> ⓐ 피해자들이 각자 매수대금을 전액 부담하여 이 사건 각 **버스를 매수한 후** 피고인과 사이에 이 사건 각 버스를 피고인이 운영하는 **운송회사로 지입**하고 피고인에게 지료를 지급하기로 **구두 약정**한 경우, 피해자들과 피고인 사이에 지입계약서가 작성되지 않았다고 하더라도 ⋯, 지입회사 운영자인 피고인은 지입차주인 피해자들과의 관계에서 '타인의 사무를 처리하는 자'의 지위에 있으므로, 피고인이 피해자들의 동의 없이 이 사건 각 버스에 관하여 임의로 이 사건 각 저당권을 설정함으로써 피해자들에게 재산상 손해를 가한 것은 배임죄를 구성한다(대판 2021.6.24, 2018도14365).
>
> ⓑ **지입차주가 지입회사로부터 할부로 지입회사 소유의 자동차를 매수하면서 해당 자동차에 관하여 지입계약을 체결한 경우**에는 특별한 사정이 없는 한 **지입차주가 그 할부대금을 완납하기 전까지는 지입차량을 지입차주의 실질적 재산이라고 보기 어려우므로**, 지입계약이 체결되었다는 사실만으로 곧바로 지입회사 운영자가 지입차주와의 관계에서 지입차량에 관한 재산상 사무를 맡아 처리하는 '타인의 사무를 처리하는 자'의 지위에 있다고 보기 어렵다(대판 2024.11.14, 2024도13000). ● 승진, 경찰 ▷ 여객자동차 운송사업 등을 목적으로 하는 회사의 대표이사인 피고인이, 지입차주인 피해자들로부터 할부대금을 완납하기 전에 지입받은 버스들을 피해자들의 동의 없이 근저당권을 설정하였더라도 업무상배임죄는 성립되지 않는다.

6. 공무원이 그 임무에 위배되는 행위로써 제3자로 하여금 재산상의 이익을 취득하게 하여 국가에 손해를 가한 경우에 업무상배임죄가 성립한다(대판 2013.9.27, 2013도6835). ☞ 공무원인 T이 대통령의 퇴임 후 사용할 사저부지와 그 경호 부지를 일괄 매수하는 사무를 처리하면서 매매계약 체결 후 그 매수대금을 대통령의 아들 C와 국가에 배분함에 있어 이미 복수의 감정평가업자에게 감정평가를 의뢰하여 그 결과를 통보받았음에도 굳이 이를 무시하면서 인근 부동산업자들이나 인터넷, 지인 등으로부터의 불확실한 정보를 가지고 감정평가결과와 전혀 다르게 상대적으로 사저부지 가격을 낮게 평가하고 경호부지 가격을 높게 평가하여 매수대금을 배분하여 C에게 재산상의 이익을 취득하게 하고 국가에 손해를 가한 사례임. ● 법행

7. 주택조합 정산위원회 위원장이 해임되고 후임 위원장이 선출되었는데도 업무 인계를 거부하고 있던 중 정산위원회를 상대로 제기된 소송의 소장부본 및 변론기일소환장을 송달받고도 그 제소사실을 정산위원회에 알려주지도 않고 스스로 응소하지도 않아 의제자백에 의한 패소확정판결을 받게 한 경우, <u>업무상배임죄가 성립한다</u>(대판 1999.6.22, 99도1095). ● 입시

8. <u>직무발명에 대한 특허를 받을 수 있는 권리 등을 사용자 등에게 승계한다는 취지를 정한 약정 또는 근무규정의 적용을 받는 종업원</u>이 임무를 위반하여 직무발명을 완성하고도 그 사실을 사용자 등에게 알리지 않은 채 그 발명에 대한 특허를 받을 수 있는 권리를 제3자에게 이중으로 양도하여 제3자가 특허권 등록까지 마<u>치도록 하는 등</u>으로 그 발명의 내용이 공개되도록 하였다면, 이는 사용자 등에게 손해를 가하는 행위로서 <u>배임죄를 구성한다</u>(대판 2012.11.15, 2012도6676). ☞ 위 종업원 등이 그 발명의 내용에 관한 비밀을 유지한 채 사용자 등의 특허권 등 권리의 취득에 협력하여야 할 의무는 자기사무의 처리라는 측면과 아울러 상대방의 재산보전에 협력하는 타인사무의 처리라는 성격을 동시에 가지게 되므로 배임죄의 주체인 '타인의 사무를 처리하는 자'에 해당된다는 판례임

> **비교판례**
> 직무발명에 대하여 특허를 받을 수 있는 권리를 미리 사용자에게 승계시키는 계약이나 근무규정이 있거나 발명의 완성 후에 이를 승계시키는 계약이 있었다는 등의 특별한 사정이 없는 한 <u>종업원이 직무발명을 사용자가 아닌 종업원의 이름으로 특허출원하더라도 이는 자신의 권리를 행사하는 것으로서 업무상배임죄가 성립할 여지는 없다</u>(대판 2012.12.27, 2011도15093).

9. <u>채권의 담보를 목적으로 부동산의 소유권이전등기를 마친 채권자</u>는 채무자가 변제기일까지 그 <u>채무를 변제</u>하면 채무자에게 그 소유명의를 환원하여 주기 위하여 그 <u>소유권이전등기를 이행할 의무</u>가 있으므로, 그 변제기일 이전에 그 임무에 위배하여 제3자에게 근저당권을 경료하여 주었다면 변제기일까지 채무자의 채무변제가 없었다고 하더라도 <u>배임죄는 성립</u>된다(대판 1995.5.12, 95도283). ● 검찰

> **판례 정리 ··· 타인사무처리자에 해당하지 않는 경우**

1. 담보권자가 변제기 경과 후에 담보권을 실행하기 위하여 담보목적물을 처분하는 행위는 담보계약에 따라 담보권자에게 주어진 권능이어서 <u>자기의 사무처리에 속하는 것이지 타인인 채무자의 사무처리에 속하는 것이라고 할 수 없으므로</u>, 담보권자가 담보권을 실행하기 위하여 담보목적물을 처분함에 있어 <u>시가에 따른 적절한 처분을 하여야 할 의무는 담보계약상의 민사채무일 뿐 그와 같은 형법상의 의무가 있는 것은 아니므로 그에 위반한 경우 배임죄가 성립된다고 할 수 없다</u>(대판 1997.12.23, 97도2430). ● 법행, 경찰승진

> **유사판례**
> 양도담보가 처분정산형의 경우이건 귀속정산형의 경우이건 간에 담보권자가 <u>변제기 경과후에 담보권을 실행</u>하여 그 환가대금 또는 평가액을 채권원리금과 담보권 실행비용 등의 변제에 충당하고 환가대금 또는 평가액의 나머지가 있어 이를 담보제공자에게 반환할 의무는 담보계약에 따라 부담하는 <u>자신의 정산의무이므로 그 의무를 이행하는 사무는 곧 자기의 사무처리에 속하는 것이라 할 것이고 이를 부동산매매에 있어서의 매도인의 등기의무와 같이 타인인 채무자의 사무처리에 속하는 것이라고 볼 수는 없어 그 정산의무를 이행하지 아니한 행위는 배임죄를 구성하지 않는다</u>(대판 1985.11.26, 85도1493 전원합의체).

2. 골프시설의 운영자가 일반회원들을 위한 회원의 날을 없애고, 일반회원들 중에서 주말예약에 대하여 우선권이 있는 특별회원을 모집함으로써 일반회원들의 주말예약권을 사실상 제한하거나 박탈하는 결과가 되었다고 하더라도, 이는 일반회원들에 대한 회원가입계약에 따른 민사상의 채무를 불이행한 것에 불과하고, 골프시설의 운영자가 일반회원들의 골프회원권이라는 재산관리에 관한 사무를 대행하거나 그 재산의 보전행위에 협력하는 지위에 있다고 할 수는 없으므로 배임죄의 주체인 타인의 사무를 처리하는 자에 해당하지 아니한다는 이유로 일반회원들에 대한 배임죄를 구성하지 아니한다(대판 2003.9.26, 2003도763). ● 법원

3. 피고인이 월부상환중인 자동차를 공소외인에게 매도하였으나 자동차등록 명의는 피고인의 명의로 남아있어 그 소유권이 아직 피고인에게 있다면 판매회사에 대하여 할부금을 납부하는 것은 피고인 자신의 사무처리에 불과하고, 피고인이 매매계약을 체결함에 있어 연체된 할부금을 중도금 지급기일까지 완불하여 자동차를 인도받아 사용하는 위 공소외인에게 아무런 손해를 주지 않기로 약정하였다 하여도 이는 단순한 채무를 부담하는 경우에 해당할 뿐 이로 인하여 피고인이 배임죄에서 말하는 타인의 사무를 처리하는 자에 해당한다고 볼 수 없다(대판 1983.11.8, 83도2496). ● 사시, 경찰

4. 서면에 의하지 아니한 증여계약이 행하여진 경우 당사자는 그 증여가 이행되기 전까지는 언제든지 이를 해제할 수 있으므로 증여자가 구두의 증여계약에 따라 수증자에 대하여 증여 목적물의 소유권을 이전하여 줄 의무를 부담한다고 하더라도 그 증여자는 수증자의 사무를 처리하는 자의 지위에 있다고 할 수 없다(대판 2005.12.9, 2005도5962). ● 법원

비교판례

부동산 이중매매의 법리는 서면에 의한 부동산 증여계약에도 마찬가지로 적용된다. 서면으로 부동산 증여의 의사를 표시한 증여자는 계약이 취소되거나 해제되지 않는 한 수증자에게 목적부동산의 소유권을 이전할 의무에서 벗어날 수 없다. 그러한 증여자는 '타인의 사무를 처리하는 자'에 해당하고, 그가 수증자에게 증여계약에 따라 부동산의 소유권을 이전하지 않고 부동산을 제3자에게 처분하여 등기를 하는 행위는 수증자와의 신임관계를 저버리는 행위로서 배임죄가 성립한다(대판 2018.12.13, 2016도19308). ☞ 피고인이 갑과의 증여계약에 따라 목장용지 중 1/2 지분을 갑에게 증여하고 증여의 의사를 서면으로 표시하였는데 그 후 농업협동조합에서 4,000만 원을 대출받으면서 목장용지에 농업협동조합 앞으로 채권최고액 5,200만 원의 근저당권설정등기를 마침으로써 피담보채무액 중 1/2 지분에 해당하는 2,000만 원의 재산상 이익을 취득하고, 갑에게 같은 금액의 재산상 손해를 입힌 사건임 ● 경찰

5. 상표권양도약정을 체결한 자가 그 상표권이전등록의무의 이행을 거부하고 그 상표를 계속 사용하는 경우, 상표권이전등록을 이행하지 않은 부분은 양도인이 자신의 양도행위를 완성하여야 하는 자기의 채무의 불이행에 불과한 것이고 그것이 양수인의 사무를 처리하는 자의 임무위배행위에 해당하여 배임죄를 구성하는 것이라고 할 수는 없다(대판 1984.5.29, 83도2930). ● 법행

6. 청산회사의 대표청산인이 처리하는 채무의 변제, 재산의 환가처분 등 회사의 청산의무는 청산인 자신의 사무 또는 청산회사의 업무에 속하는 것이므로, 청산인은 회사의 채권자들에 대한 관계에 있어 직접 그들의 사무를 처리하는 자가 아니다. 따라서 청산회사의 대표청산인이 청산회사에 채권을 신고한 사람이 아닌 다른 자에게 부동산에 관하여 소유권이전등기를 마쳐준 경우 배임죄가 성립하지 않는다(대판 1990.5.25, 90도6). ● 법원

7. 보통예금의 경우, 금융기관의 임직원은 예금주로부터 예금계좌를 통한 적법한 예금반환청구가 있으면 이에 응할 의무가 있을 뿐 예금주와의 사이에서 그의 재산관리에 관한 사무를 처리하는 자의 지위에 있다고 할 수 없다. 따라서 임의로 예금주의 예금계좌에서 5,000만 원을 인출한 금융기관의 임직원에게 업무상 배임죄가 성립하지 않는다(대판 2008.4.24, 2008도1408). ● 경찰

8. 부동산을 경락한 피고인이 그 경락허가결정이 확정 된 뒤에 그 경매부동산의 소유자들에 대하여 그 경락을 포기하겠노라고 약속하여 놓고 그 경매법원에서 경락대금지급명령이 전달되자 위의 약속을 어기고 그 경락대금을 완납함으로써 그 경락부동산에 대한 소유권을 취득한 경우에 피고인은 본조 제2항에서 말하는 타인의 사무를 처리하는 자에 해당하지 아니한다(대판 1969.2.25, 69도46). ● 사시, 경찰승진

9. 금전채권채무 관계에서 금전채무의 이행은 어디까지나 채무자가 자신의 급부의무의 이행으로서 행하는 것이므로 이를 두고 채무자를 채권자에 대한 관계에서 '타인의 사무를 처리하는 자'에 해당한다고 할 수 없다. 이는 채무자가 기존 금전채무를 담보하기 위하여 다른 금전채권을 채권자에게 양도하는 경우에도 마찬가지이므로 채무자가 채권양도담보계약에 따라 부담하는 '담보 목적 채권의 담보가치를 유지·보전할 의무'를 이행하는 것은 채무자 자신의 사무에 해당할 뿐이고, 채무자가 통상의 계약에서의 이익대립관계를 넘어서 채권자와의 신임관계에 기초하여 채권자의 사무를 맡아 처리한다고 볼 수 없으므로, 이 경우 채무자는 채권자에 대한 관계에서 '타인의 사무를 처리하는 자'에 해당한다고 할 수 없다. 따라서 피고인이 피해자로부터 금전을 차용하면서 피고인이 국민건강보험공단에 대하여 가지는 요양급여채권을 피해자에게 포괄근담보로 제공하는 채권양도담보계약을 체결하였음에도, 피해자에게 채권양도담보에 관한 대항요건을 갖추어 주기 전에 담보 목적 채권을 타에 이중으로 양도하고 제3채무자에게 그 채권양도통지를 한 경우, 피고인의 담보가치 유지·보전에 관한 사무는 채권양도담보계약에 따른 채무의 한 내용임을 넘어 피해자의 담보 목적 달성을 위한 신임관계에 기초한 타인의 사무에 해당한다고 볼 수 없으므로 배임죄가 성립되지 않는다(대판 2021.7.15, 2015도5184).

> **유사판례**
>
> 채무자가 채권양도담보계약에 따라 부담하는 '담보 목적 채권의 담보가치를 유지·보전할 의무'를 이행하는 것은 채무자 자신의 사무에 해당할 뿐이고, 채무자가 통상의 계약에서의 이익대립관계를 넘어서 채권자와의 신임관계에 기초하여 채권자의 사무를 맡아 처리한다고 볼 수 없으므로, 이 경우 채무자는 채권자에 대한 관계에서 '타인의 사무를 처리하는 자'에 해당한다고 할 수 없다. 따라서 피고인이 피해자에게 금전을 차용하면서 그 담보 목적으로 전세보증금반환채권을 양도해 주기로 하는 채권양도담보계약을 체결하였음에도, 채권양도통지를 하기 전에 제3자에게 전세권근저당권을 설정하여 주어 피해자에게 채권양도액 상당의 재산상 이익을 취득하고 같은 금액 상당의 손해를 가한 경우, 피고인이 피해자와의 신임관계에 의하여 '타인의 사무를 처리하는 자'의 지위에 있다고 볼 수 없으므로 배임죄는 성립되지 않는다(대판 2021.7.15, 2020도3514).

10. 내연의 처와의 불륜관계를 지속하는 대가로서 부동산에 관한 소유권이전등기를 경료해 주기로 약정한 경우, 위 부동산 증여계약은 선량한 풍속과 사회질서에 반하는 것으로 무효이어서 위 증여로 인한 소유권이전등기의무가 인정되지 아니하는 이상 동인이 타인의 사무를 처리하는 자에 해당한다고 볼 수 없어 비록 위 등기의무를 이행하지 않는다 하더라도 배임죄를 구성하지 않는다(대판 1986.9.9, 86도1382). ● 법원

11. 부동산매매에서 매수인의 대금지급은 당사자 사이의 신임관계에 기하여 매수인에게 위탁된 매도인의 사무가 아니라 애초부터 매수인 자신의 사무라고 할 것이다. 또한 매도인이 대금을 모두 지급받지 못한 상태에서 매수인 앞으로 목적물에 관한 소유권이전등기를 경료하면서 미리 부동산을 이전받은 매수인이 이를 담보로 제공하여 매매대금 지급을 위한 자금을 마련하고 이를 매도인에게 제공함으로써 잔금을 지급하기로 당사자 사이에 약정하였다고 하더라도, 이는 기본적으로 매수인이 매매대금의 재원을 마련하는 방편에 관한 것이고, 그 성실한 이행에 의하여 매도인이 대금을 모두 받게 되는 이익을 얻는다는 것만으로 매수인이 신임관계에 기하여 매도인의 사무를 처리하는 것이 된다고 할 수 없다(대판 2008.3.13, 2008도373). ● 법행

12. 아파트 건축공사 시행사가 시공사와의 아파트 건축공사 도급계약을 체결하면서 분양수입금을 공동명의로 개설한 예금계좌로만 수령하고 그 분양수입금으로 공사대금 등을 지급하기로 특약하였음에도, 시행사가 이를 어기고 아파트에 대한 분양수입금을 공동명의 예금계좌에 입금하지 아니한 채 이를 자신의 기존 채무의

변제 등에 사용한 경우, 그 분양수입금으로 시공사에 공사대금을 지급하는 사무는 시행사 자신의 사무에 속하는 것이므로, 시행사의 위 행위는 시공사에 대한 배임죄를 구성한다고 볼 수 없다(대판 2008.3.13, 2008도373). ●법행

13. 채무자가 채권자에 대하여 소비대차 등으로 인한 채무를 부담하고 이를 담보하기 위하여 장래에 부동산의 소유권을 이전하기로 하는 내용의 **대물변제예약**에서, 약정의 내용에 좇은 이행을 하여야 할 채무는 특별한 사정이 없는 한 **'자기의 사무'**에 해당하는 것이 원칙이다. 즉 채무자가 대물변제예약에 따라 부동산에 관한 소유권이전등기절차를 이행할 의무는 배임죄에서 말하는 신임관계에 기초하여 채권자의 재산을 보호 또는 관리하여야 하는 '타인의 사무'에 해당한다고 볼 수는 없다. 따라서 **채권 담보를 위한 대물변제예약 사안에서 채무자가 대물로 변제하기로 한 부동산을 제3자에게 처분**하였다고 하더라도 형법상 배임죄가 성립하는 것은 아니다(대판 2014.8.21, 2014도3363 전원합의체).

14. **채무자가 투자금반환채무의 변제를 위하여 담보로 제공한 임차권 등의 권리를 그대로 유지할 계약상 의무**는 배임죄에서 말하는 신임관계에 기초하여 채권자의 재산을 보호 또는 관리하여야 하는 '타인의 사무'에 해당한다고 볼 수 없다. 따라서 갑이 아울렛 의류매장의 운영과 관련하여 A로부터 투자를 받으면서 투자금반환채무의 변제를 위하여 의류매장에 관한 임차인 명의와 판매대금의 입금계좌 명의를 A앞으로 변경해 주었음에도 제3자에게 의류매장에 관한 임차인의 지위 등 권리 일체를 양도한 경우 배임죄가 성립하지 않는다(대판 2015.3.26, 2015도1301).

15. **아파트 수분양권 매도인이 수분양권 매매계약에 따라 매수인에게 수분양권을 이전할 의무**는 자신의 사무에 해당할 뿐이므로, 매수인에 대한 관계에서 '타인의 사무를 처리하는 자'라고 할 수 없다. 그러므로 **수분양권 매도인이 위와 같은 의무를 이행하지 아니하고 수분양권 또는 이에 근거하여 향후 소유권을 취득하게 될 목적물을 미리 제3자에게 처분**하였다고 하더라도 형법상 배임죄가 성립하는 것은 아니다. 따라서 **피고인들이 대리인을 통해 피해자에게 아파트 수분양권을 매도하는 계약을 체결하였음에도 농협으로부터 대출을 받으면서 위 수분양권에 근거하여 취득하게 될 아파트를 담보로 제공하는 후취담보약정을 체결하여 배임미수죄로 기소된 경우**, 피고인들은 '타인의 사무를 처리하는 자'의 지위에 있다고 볼 수 없다(대판 2021.7.8, 2014도12104).

16. [1] **원인불명으로 재산상 이익인 가상자산을 이체 받은 자가 가상자산을 사용·처분한 경우** 이를 형사처벌하는 명문의 규정이 없는 현재의 상황에서 착오송금 시 횡령죄 성립을 긍정한 판례를 유추하여 신의칙을 근거로 피고인을 배임죄로 처벌하는 것은 죄형법정주의에 반한다.
[2] **피고인이 알 수 없는 경위로 갑의 특정 거래소 가상지갑에 들어 있던 비트코인을 자신의 계정으로 이체받은 후 이를 자신의 다른 계정으로 이체하여 재산상 이익을 취득하고 갑에게 손해를 가하였다**고 하여 특정경제범죄 가중처벌 등에 관한 법률 위반(배임)의 예비적 공소사실로 기소된 사안에서, **비트코인이 법률상 원인관계 없이 갑으로부터 피고인 명의의 전자지갑으로 이체되었더라도 피고인이 신임관계에 기초하여 갑의 사무를 맡아 처리하는 것으로 볼 수 없는 이상 갑에 대한 관계에서 '타인의 사무를 처리하는 자'에 해당하지 않는다**(대판 2021.12.16, 2020도9789). ☞ **가상자산 권리자의 착오나 가상자산 운영 시스템의 오류 등으로 법률상 원인관계 없이 다른 사람의 가상자산 전자지갑에 가상자산이 이체된 경우**, 이체 받은 사람은 신임관계에 기초한 **가상자산을 보존하거나 관리하는 지위에 있다고 볼 수 없다**. 그러나 **가상자산**은 재산상 이익에 해당된다. ●경찰

17. **피해자는 자금만 투자하고 피고인은 공사 시공 및 일체의 거래행위를 담당하는 내용의 동업계약을 체결하였다가 위 계약이 종료**되었는데, 그 정산과정에서 피고인이 임의로 제3자에 대하여 채권양도행위를 한 경우 정산과정에서 행하는 채권의 추심과 채무의 변제 등의 행위는 모두 피고인 자신의 사무이지 자금을 투자한 피해자를 위하여 하는 타인의 사무라고 볼 수 없으므로 배임죄가 성립하지 않는다(대판 1992.4.14, 91도2390).

② 사무의 처리
　㉠ 사무처리의 근거 : 사무처리의 근거, 즉 신임관계의 발생근거는 법령의 규정, 법률행위, 관습 또는 사무관리에 의하여도 발생할 수 있으므로, 법적인 권한이 소멸된 후에 사무를 처리하거나 그 사무처리자가 그 직에서 해임된 후 사무인계 전에 사무를 처리한 경우도 배임죄에 있어서의 사무를 처리하는 경우에 해당한다(대판 1999.6.22, 99도1095).
　㉡ 사무처리의 독립성 : 사무처리자에게 일정한 범위의 판단의 자유 및 독립성이 있어야 한다.

(2) 행위객체
재산상의 이익이다.

(3) 행위 : 배임행위
① 임무에 위배하는 행위라 함은 처리하는 사무의 내용, 성질 등 구체적 상황에 비추어 법률의 규정, 계약의 내용 혹은 신의칙상 당연히 할 것으로 기대되는 행위를 하지 않거나 당연히 하지 않아야 할 것으로 기대하는 행위를 함으로써 본인과 사이의 신임관계를 저버리는 일체의 행위를 포함하는 것으로 그러한 행위가 법률상 유효한가 여부는 따져볼 필요가 없고 행위자가 가사 본인을 위한다는 의사를 가지고 행위를 하였다고 하더라도 그 목적과 취지가 법령이나 사회상규에 위반된 위법한 행위로서 용인할 수 없는 경우에는 그 행위의 결과가 일부 본인을 위하는 측면이 있다고 하더라도 이는 본인과의 신임관계를 저버리는 행위로서 배임죄의 성립을 인정함에 영향이 없다(대판 2002.7.22, 2002도1696).
② 부작위에 의한 업무상배임죄 : **업무상배임죄**는 타인과의 신뢰관계에서 일정한 임무에 따라 사무를 처리할 법적 의무가 있는 자가 그 상황에서 당연히 할 것이 법적으로 요구되는 행위를 하지 않는 부작위에 의해서도 성립할 수 있다. 그러한 **부작위를 실행의 착수로 볼 수 있기 위해서는** 작위의무가 이행되지 않으면 사무처리의 임무를 부여한 사람이 재산권을 행사할 수 없으리라고 **객관적으로 예견되는 등으로 구성요건적 결과 발생의 위험이 구체화한 상황**에서 부작위가 이루어져야 한다. 그리고 행위자는 부작위 당시 자신에게 주어진 임무를 위반한다는 점과 그 부작위로 인해 손해가 발생할 위험이 있다는 점을 인식하였어야 한다(대판 2021.5.27, 2020도15529). ● 경찰, 승진

> **판례 정리 ··· 배임행위에 해당하는 경우**

1. 기업의 영업비밀을 사외로 유출하지 않을 것을 서약한 회사의 직원이 경제적인 대가를 얻기 위하여 경쟁업체에 영업비밀을 유출하는 행위는 피해자와의 신임관계를 저버리는 행위로서 업무상배임죄를 구성한다(대판 1999.3.12, 98도4704). ● 경찰
2. 대학교수가 판공비 지출용 법인신용카드를 업무와 무관하게 개인적 용도에 사용한 행위는 업무상배임죄를 구성한다(대판 2006.5.26, 2003도8095). ● 법행
3. 회사의 대표이사는 이사회 또는 주주총회의 결의가 있더라도 그 결의내용이 회사 채권자를 해하는 불법한 목적이 있는 경우에는 이에 맹종할 것이 아니라 회사를 위하여 성실한 직무수행을 할 의무가 있으므로 대표이사가 임무에 배임하는 행위를 함으로써 주주 또는 회사 채권자에게 손해가 될 행위를 하였다면 그 회사의 이사회 또는 주주총회의 결의가 있었다고 하여 그 배임행위가 정당화될 수는 없다(대판 2005.10.28, 2005도4915). ● 법행, 경찰승진

   유사판례
   주식회사의 이사가 타인 발행의 약속어음에 회사 명의로 배서할 경우 그 타인이 어음금의 지급능력이 없어 그 배서로 인하여 회사에 손해가 발생하리라는 점을 알면서 이에 나아갔다면, 이러한 약속어음의 배서행위는 타인에게 이익을 얻게 하고 회사에 손해를 가하는 행위로서 회사에 대하여 배임행위가 되고, 그것이 경영상의 판단이라는 이유만으로 배임죄의 죄책을 면할 수는 없다(대판 2000.5.26, 99도2781). ● 사시, 경찰승진

4. 회사의 이사 등이 타인에게 회사자금을 대여함에 있어 그 타인이 이미 채무변제능력을 상실하여 그에게 자금을 대여할 경우 회사에 손해가 발생하리라는 정을 충분히 알면서 이에 나아갔거나 충분한 담보를 제공받는 등 상당하고도 합리적인 채권회수조치를 취하지 아니한 채 만연히 대여해 준 경우, 업무상배임죄가 성립한다(대판 2000.3.14, 99도4923). ● 사시
5. 상호지급보증 관계에 있는 회사 간에 보증회사가 채무변제능력이 없는 피보증회사에 대하여 합리적인 채권회수책 없이 새로 금원을 대여하거나 예금담보를 제공하였다면 업무상배임죄를 구성한다(대판 2004.7.9, 2004도810). ● 법행
6. 대기업 또는 대기업의 회장 등 개인이 정치적으로 난처한 상황에서 벗어나기 위하여 자회사 및 협력회사 등으로 하여금 특정 회사의 주식을 매입수량, 가격 및 매입시기를 미리 정하여 매입하게 한 행위가 업무상 배임행위에 해당한다(대판 2007.3.15, 2004도5742).
7. 대기업의 회장 등이 경영상의 판단이라는 이유로 갑 계열회사의 자금으로 재무구조가 상당히 불량한 상태에 있는 을 계열회사가 발행하는 신주를 액면가격으로 인수한 것이 그 자체로 업무상배임 행위임이 분명하고 배임에 대한 고의도 충분히 인정된다(대판 2004.6.24, 2004도520). ● 법행
8. 비등록·비상장 법인의 대표이사가 시세차익을 얻을 의도로 주식 시가보다 현저히 낮은 금액을 전환가격으로 한 전환사채를 발행하고 제3자의 이름을 빌려 이를 인수한 후 전환권을 행사하여 인수한 주식 중 일부를 직원들에게 전환가격 상당에 배분한 경우, 전환사채의 발행·인수로써 주식 시가와 전환가격의 차액 상당의 재산상의 이익을 취득하고 법인에게 손해를 가한 업무상배임죄가 성립한다(대판 2001.9.28, 2001도3191). ● 법행
9. 회사의 경영자가 종업원의 자사주 매입을 돕기 위하여 회사자금을 지원한 경우, 경영자의 자금지원의 주된 목적이 종업원의 재산형성을 통한 복리증진보다는 안정주주를 확보함으로써 경영자의 회사에 대한 경영권을 계속 유지하고자 하는 데 있다면, 그 자금지원은 경영자의 이익을 위하여 회사재산을 사용하는 것이 되어 회사의 이익에 반하므로 회사에 대한 관계에서 임무위배행위가 된다(대판 1999.6.25, 99도1141). ● 경찰, 법행, 사시

10. 신용협동조합의 이사장이 자신 또는 제3자의 이익을 도모하여 임무에 위배하여 소정의 대출한도액을 초과하여 대출하거나 비조합원 또는 무자격자에게 대출하였다면, 업무상배임죄의 성립에 영향이 없다(대판 2001.11.30, 99도4587). ● 사시
11. 금융기관인 회사가 대출을 함에 있어 대출을 받는 자가 이미 채무변제능력을 상실하여 그에게 자금을 대여할 경우 회사에 손해가 발생하리라는 정을 충분히 알면서 이에 나아갔거나, 충분한 담보를 제공받는 등 상당하고도 합리적인 채권회수조치를 취하지 아니한 채 만연히 대여해 주었다면, 그와 같은 자금대여는 타인에게 이익을 얻게 하고 회사에 손해를 가하는 행위로서 회사에 대하여 배임행위가 된다(대판 2002.7.22, 2002도1696). ● 사시, 법행
12. 대표이사가 회사가 속한 재벌그룹의 전(前)회장이 부담하여야 할 원천징수소득세 납부를 위하여 다른 회사에 회사자금을 대여한 경우, 업무상배임죄가 성립한다(대판 2010.10.28, 2009도1149). ● 경찰승진
13. 마을의 물류창고 신축 회사로부터 공사에 따른 피해보상 예치금을 받아 보관하던 마을 이장이 탄핵으로 사임한 후에도 후임 이장에게 위 예치금을 인계하지 않고 계속 보관하다가 예치금 반환기간이 종료되자 마을 주민들의 동의 없이 회사에 반환한 행위가 배임행위에 해당한다(대판 2009.2.12, 2008도10915). ● 경찰승진
14. 이사가 회사에 필요한 물품을 할인된 가격으로 납품받을 수 있었음에도 자신이 이익을 취득할 의도로 납품업자에게 가공의 납품업체를 만들게 한 뒤 그 납품업체로부터 할인되지 않은 가격으로 납품을 받은 경우, 업무상배임죄가 성립한다(대판 2009.10.15, 2009도5655). ● 법원
15. 갑 주식회사와 가맹점 관리대행계약 등을 체결하고 그 대리점으로서 가맹점관리업무 등을 수행하는 을 주식회사의 대표이사가 갑회사의 가맹점을 다른 경쟁업체 가맹점으로 임의로 전환한 경우 업무상배임죄가 성립한다(대판 2012.5.10, 2010도3532). ● 경찰간부
16. 대학교 총장으로 대학교 업무 전반을 총괄함과 동시에 학교법인의 이사로서 학교법인 이사회에 상당한 영향력을 행사하고 있는 자가 학교법인의 이사로서 이사회에 참석하여 명예총장에 추대하는 결의에 찬성하고, 이사회의 결의에 따라 대학교의 총장으로서 대학교의 교비로써 명예총장의 활동비 및 전용 운전사의 급여를 지급한 경우, 업무상배임죄의 주체가 될 수 있다(대판 2003.1.10, 2002도758).
17. 재벌그룹 소속 甲회사가 골프장 건설 사업을 진행 중인 비상장회사 乙의 주식전부를 보유하고 乙회사를 위하여 수백억원의 채무보증을 한 상태에서 甲회사의 대표이사와 이사들이 乙회사의 주식 전부를 주당 1원으로 계산하여 그룹 회장인 위 대표이사와 그룹 계열사에 매도한 경우 위 주식 매도행위는 갑회사에 주식의 내재된 가치를 포기하면서 신용위험만을 부담시키는 것으로서 갑회사에 주식의 적정한 거래가격과 매도가격의 차액 상당에 해당하는 손해를 가한 배임행위에 해당한다(대판 2008.5.15, 2005도7911). ● 경찰간부
18. 회사 직원이 경쟁업체에 유출하거나 스스로의 이익을 위하여 이용할 목적으로 회사 자료를 무단으로 반출한 경우에, 그 자료가 영업비밀에 해당하지 아니한다 하더라도, 그 자료가 불특정 다수인에게 공개되어 있지 아니하여 보유자를 통하지 아니하고는 이를 통상 입수할 수 없고, 그 자료의 보유자가 그 자료의 취득이나 개발을 위해 상당한 시간, 노력 및 비용을 들인 것으로서 그 자료의 사용을 통해 경쟁자에 대하여 경쟁상의 이익을 얻을 수 있는 정도의 영업상 주요한 자산에 해당한다면, 이는 업무상의 임무에 위배한 행위로서 업무상배임죄가 성립한다. 한편 회사 직원이 영업비밀이나 영업상 주요한 자산인 자료를 적법하게 반출하여 그 반출행위가 업무상배임죄에 해당하지 않는 경우라도, 퇴사 시에 그 영업비밀 등을 회사에 반환하거나 폐기할 의무가 있음에도 경쟁업체에 유출하거나 스스로의 이익을 위하여 이용할 목적으로 이를 반환하거나 폐기하지 아니하였다면, 이러한 행위는 업무상배임죄에 해당한다(대판 2016.7.7, 2015도17628).

> **유사판례**
>
> 업무상배임죄의 주체는 타인의 사무를 처리하는 지위에 있어야 한다. 따라서 **회사직원이 재직 중에 영업비밀 또는 영업상 주요한 자산을 경쟁업체에 유출하거나 스스로의 이익을 위하여 이용할 목적으로 무단으로 반출**하였다면 타인의 사무를 처리하는 자로서 업무상의 임무에 위배하여 유출 또는 반출한 것이어서 유출 또는 반출 시에 업무상배임죄의 기수가 된다. 또한 회사직원이 **영업비밀 등을 적법하게 반출하여 반출행위**

> 가 업무상배임죄에 해당하지 않는 경우라도, 퇴사 시에 영업비밀 등을 회사에 반환하거나 폐기할 의무가 **있음에도** 경쟁업체에 유출하거나 스스로의 이익을 위하여 이용할 목적으로 이를 반환하거나 폐기하지 아니하였다면, 이러한 행위 역시 퇴사 시에 업무상배임죄의 기수가 된다. 그러나 **회사직원이 퇴사한 후에는 특별한 사정이 없는 한 퇴사한 회사직원은** 더 이상 업무상배임죄에서 타인의 사무를 처리하는 자의 지위에 있다고 볼 수 없고, 위와 같이 반환하거나 폐기하지 아니한 영업비밀 등을 경쟁업체에 유출하거나 스스로의 이익을 위하여 이용하더라도 이는 이미 성립한 업무상배임 행위의 실행행위에 지나지 아니하므로, 그 유출 내지 이용행위가 부정경쟁방지 및 영입비밀보호에 관한 법률 위반(영업비밀누설등)죄에 해당하는지는 별론으로 하더라도, 따로 업무상배임죄를 구성할 여지는 없다. 그리고 위와 같이 퇴사한 회사직원에 대하여 타인의 사무를 처리하는 자의 지위를 인정할 수 없는 이상 제3자가 위와 같은 유출 내지 이용행위에 공모·가담하였더라도 타인의 사무를 처리하는 자의 지위에 있다는 등의 사정이 없는 한 업무상배임죄의 공범 역시 성립할 수 없다(대판 2017.6.29, 2017도3808).

판례 정리 … 배임행위에 해당하지 않는 경우

1. 회사의 대표이사가 타인의 채무를 회사 이름으로 지급보증 또는 연대보증함에 있어 그 타인이 만성적인 적자로 손실액이나 채무액이 누적되어 가고 있는 등 재무구조가 상당히 불량하여 이미 채무변제능력을 상실한 관계로 그를 위하여 지급보증 또는 연대보증을 할 경우에 회사에 손해가 발생할 것이라는 점을 알면서도 이에 나아갔다면 그러한 지급보증 또는 연대보증은 회사에 대하여 배임행위가 된다고 할 것이나, 그 타인이 단순히 채무초과 상태에 있다는 이유만으로는 그러한 지급보증 또는 연대보증이 곧 회사에 대하여 배임행위가 된다고 단정할 수 없다(대판 2004.6.24, 2004도520). ● 법행
2. 새마을금고 임·직원이 동일인 대출한도 제한규정을 위반하여 초과대출행위를 하였더라도 대출채권 회수에 문제가 없는 것으로 판단되는 경우라면 업무상배임죄가 성립하지 않는다(대판 2008.6.19, 2006도4876).

(4) 재산상 손해의 발생

배임행위의 결과 본인에게 재산상의 손해가 발생해야 하고, 배임행위와 재산상의 손해 발생 사이에 인과관계가 있어야 한다. 현실적인 손해뿐만 아니라 가치의 감소라고 볼 수 있는 재산상의 위험이 발생한 경우도 포함한다. 재산가치의 감소여부는 경제적 관점에서 배임행위의 전후의 피해자의 재산상태를 객관적·개별적으로 비교 판단해야 한다.

① 재산상 손해의 판단

관련판례

① 배임죄에 있어서 재산상 손해의 유무에 대한 판단은 본인의 전 재산 상태와의 관계에서 **경제적 관점**에 따라 판단되어야 하므로 법률적 판단에 의하여 당해 **배임행위가 무효라 하더라도 경제적 관점에서 파악하여 본인에게 현실적인 손해를 가하였거나 재산상 실해 발생의 위험을 초래한 경우에는 재산상의 손해를 가한 때에 해당하여 배임죄를 구성한다**(대판 2000.11.24, 99도822). ● 사시
② 배임죄나 업무상배임죄에서 '재산상의 손해를 가한 때'란 … 본인의 전체적 재산가치의 감소를 가져오는 것을 말하므로 재산상의 손실을 야기한 임무위배행위가 동시에 그 손실을 보상할 만한 재산상의 이익을 준 경우, 예컨대 배임행위로 인한 급부와 반대급부가 상응하고 다른 재산상 손해도 없는 때에는 재산상 손해가 있다고 할 수 없다(대판 2011.4.28, 2009도14268).

③ 업무상배임죄에서 재산상 손해에는 재산의 처분 등 직접적인 재산의 감소, 보증이나 담보제공 등 채무 부담으로 인한 재산의 감소와 같은 **적극적 손해**를 야기한 경우는 물론, 객관적으로 보아 취득할 것이 충분히 기대되는데도 임무위배행위로 말미암아 이익을 얻지 못한 경우, 즉 **소극적 손해를 야기한 경우도 포함된다.** 이러한 소극적 손해는 재산증가를 객관적·개연적으로 기대할 수 있음에도 임무위배행위로 이러한 재산증가가 이루어지지 않은 경우를 의미하므로 임무위배행위가 없었다면 실현되었을 재산 상태와 임무위배행위로 말미암아 현실적으로 실현된 재산 상태를 비교하여 그 유무 및 범위를 산정하여야 한다(대판 2013.4.26, 2011도6798). ● 경찰

④ 재산상 손해가 발생하였다고 평가될 수 있는 재산상 실해 발생의 위험이란 본인에게 손해가 발생할 **막연한 위험이 있는 것만으로는 부족**하고 경제적인 관점에서 보아 본인에게 손해가 발생한 것과 같은 정도로 구체적인 위험이 있는 경우를 의미한다. 따라서 재산상 실해 발생의 위험은 구체적·현실적인 위험이 야기된 정도에 이르러야 하고 단지 막연한 가능성이 있다는 정도로는 부족하다. 따라서 **甲 은행 지점장인 피고인이 업무상 임무에 위배하여 물품대금지급보증서를 발급한 후 乙 주식회사의 거래처인 丙 주식회사에 건네준 경우,** … 피고인이 甲 은행을 대리하여 乙 회사가 丙 회사에 대해 장래 부담하게 될 물품대금 채무에 대하여 지급보증을 하였더라도, 丙 회사가 乙 회사와 거래를 개시하지 않아 지급보증 대상인 물품대금 지급채무 자체가 현실적으로 발생하지 않은 이상, 보증인인 甲 은행에 경제적인 관점에서 손해가 발생한 것과 같은 정도로 구체적인 위험이 발생하였다고 평가할 수 없다(대판 2015.9.10, 2015도6745).

판례 정리 ··· 재산상 손해가 인정되는 경우 : 배임죄 성립

1. 온천개발을 목적으로 설립된 주식회사의 대표이사가 그 회사가 명의신탁의 방법으로 사실상 보유하고 있던 온천발견자의 지위를 그 임무에 위배하여 아무런 대가 없이 타에 양도하였다면, 적어도 회사에 대하여 위 온천발견에 소요된 비용 상당의 손해를 가하고 타인으로 하여금 동액 상당의 이익을 취하게 하였다고 봄이 상당하다(대판 2000.11.24, 99도822). ● 사시, 법행

2. A를 대신하여 주차장 운영업무를 맡게 된 B 회사는 타인의 사무를 처리하는 일을 영업으로 영위하고 있는 경우로 B 회사의 대표이사 甲이 그 타인의 사무를 처리하면서 임무에 위배하는 행위를 하여 B 회사로 하여금 A에 대한 손해배상책임을 부담하게 한 경우 대표이사 甲은 B 회사에 대해서 업무상배임죄가 성립한다(대판 2014.2.21, 2011도8870). ☞ 회사가 타인의 사무를 처리하는 일을 영업으로 영위하고 있는 경우, 회사의 대표이사가 그 타인의 사무를 처리하면서 업무상 임무에 위배되는 행위를 함으로써 재산상 이익을 취득하거나 제3자로 하여금 이를 취득하게 하고 그로 인하여 회사로 하여금 그 타인에 대한 손해배상책임 등 채무를 부담하게 한 때에는 회사에 손해를 가하거나 재산상 실해 발생의 위험을 초래한 것으로 볼 수 있으므로, 이러한 행위는 회사에 대한 관계에서 업무상배임죄를 구성한다.

3. 중소기업진흥기금은 중소기업 진흥이라는 특정한 목적을 위하여 조성되어 중소기업 합리화사업의 실천계획의 승인을 받은 적격 중소기업 등에게 저리로 대출하도록 그 용도가 법정되어 있는 자금이므로, 그 자금을 합리화사업 부적격 업체를 위하여 부당하게 지출되도록 한 것이라면, 진흥공단이 대리대출의 방식을 취하여 대출취급은행에 대출함으로써 은행으로부터의 대출금의 회수가 사실상 보장된다고 하더라도, 이는 결국 특정 목적을 위하여 조성된 기금의 감소를 초래함으로써 기금이 그 목적을 위하여 사용됨을 저해하는 것이라 할 것이므로, 진흥공단은 위와 같은 기금의 대출로 인하여 재산상의 손해를 입었다고 보아야 한다(대판 1997.10.24, 97도2042). ● 사시, 승진

4. 재단법인 불교방송의 이사장 직무대리인이 후원회 기부금을 정상 회계처리하지 않고 자신과 친분관계에 있는 신도에게 확실한 담보도 제공받지 아니한 채 대여한 경우, 피고인이 그 재단법인의 이익을 위한다는 의사가 있었다 하더라도 배임죄가 성립한다(대판 2000.12.8, 99도3338). ● 법행, 사시

5. 타인의 사무를 처리하는 자가 그 임무에 위배하여 채무자에게 기존 대출금에 대한 대출기한을 연장해 준 경우, 기한 연장 당시에는 채무자로부터 대출금을 모두 회수할 수 있었는데 기한을 연장해 주면 채무자의 자금사정이 대출금을 회수할 수 없을 정도로 악화되리라는 사정을 알고 그 기한을 연장해 준 경우에 그 기한연장으로 인한 새로운 손해가 발생하였다고 할 수 있을 것이다(대판 2002.6.28, 2000도3716). ● 사시, 법행
6. LBO(Leveraged Buyout) 방식의 기업인수 과정에서, 인수자가 제3자가 주채무자인 대출금 채무에 대하여 아무런 대가 없이 피인수회사의 재산을 담보로 제공하였다면, 설사 주채무자인 제3자가 대출원리금 상당의 정리채권 등을 담보로 제공하고 있었다고 하더라도, 피인수회사로서는 이로 인하여 그 담보가치 상당의 재산상 손해를 입었다고 할 것이므로 배임죄가 성립한다(대판 2008.2.28, 2007도5987). ● 사시
7. 이미 타인의 채무에 대하여 보증을 하였는데, 피보증인이 변제자력이 없어 결국 보증인이 그 보증채무를 이행하게 될 우려가 있다고 하더라도 보증인이 피보증인에게 신규로 자금을 제공하거나 피보증인이 신규로 자금을 차용하는 데 담보를 제공하면서 그 신규자금이 이미 보증을 한 채무의 변제에 사용되도록 한 경우가 아니라면, 보증인으로서는 결국 기보증채무와 별도로 새로 손해를 발생시킬 위험을 초래한 것이라고 볼 수밖에 없다(대판 2004.7.9, 2004도810). ● 사시
8. 한국농어촌공사의 직원이 자금을 농지매매사업의 지원대상에 해당하지 아니하는 농지를 매입하는 데 사용하거나 지원요건을 갖추지 아니한 농업인을 위하여 부당하게 지원하도록 한 것이라면, 매입 농지에 대한 근저당권 설정 등으로 지원금의 회수가 사실상 보장되더라도 특정 목적을 위하여 조성된 기금의 감소를 초래함으로써 기금이 목적을 위하여 사용됨을 저해하였다고 할 것이므로, 이러한 의미에서 한국농어촌공사는 그와 같은 기금의 지원으로 인하여 재산상 손해를 입었다고 보아야 한다(대판 2015.8.13, 2014도5713).
9. A회사의 실질적인 경영자인 甲은 대표이사인 乙과 공모하여 丙으로부터 자금을 차용하여 전환사채 인수대금을 납입한 후 전환사채가 발행되자 곧바로 인수대금을 인출하여 위 차용금 채무를 변제하였다. 甲에게는 업무상배임죄가 성립한다(대판 2015.12.10, 2012도235).

> **판례 정리** … 재산상 손해가 인정되지 않는 경우 : 배임죄 불성립

1. 금융기관이 거래처의 기존 대출금에 대한 원리금에 충당하기 위하여 거래처에 신규대출을 함에 있어 형식상 신규대출을 한 것처럼 서류상 정리를 하였을 뿐 실제로 거래처에 대출금을 새로 교부한 것이 아니라면 그로 인하여 금융기관에 어떤 새로운 손해가 발생하는 것은 아니라고 할 것이므로 따로 업무상배임죄가 성립된다고 볼 수 없으나, 금융기관이 실제로 거래처에 대출금을 새로 교부한 경우에는 거래처가 그 대출금을 임의로 처분할 수 없다거나 그 밖에 어떠한 이유로든 그 대출금이 기존 대출금의 원리금으로 상환될 수밖에 없다는 등의 특별한 사정이 없는 한 비록 새로운 대출금이 기존 대출금의 원리금으로 상환되도록 약정되어 있다고 하더라도 그 대출과 동시에 이미 손해발생의 위험은 발생하였다고 보아야 할 것이므로 업무상배임죄가 성립한다(대판 2010.1.28, 2009도10730). ● 법행
2. 이미 신용불량자로 등록되어 있어 추가대출이 불가능한데도 마치 그 연체대출금이 모두 변제된 것처럼 전산조작을 하여 부정대출을 해주었더라도, 이로 인하여 결과적으로 회수한 채권액이 더 많아졌다면 계산상 대출 금융기관에게 손해가 아닌 이익이 되었다고 볼 여지가 있다(대판 2008.2.14, 2007도7716).
3. 일반경쟁입찰에 의하여 체결하여야 할 공사도급계약을 수의계약에 의하여 체결하였다 하더라도 수의계약에 의한 공사대금이 적정한 공사대금의 수준을 벗어나 부당하게 과대하여 일반경쟁입찰에 의하여 공사도급계약을 체결할 경우 예상되는 공사대금의 범위를 벗어난 것이 아니라면 재산상의 손해를 가한 때에 해당한다고 할 수 없다(대판 2005.3.25, 2004도5731). ● 경찰

4. 대표이사가 개인의 차용금 채무에 관하여 개인 명의로 작성하여 교부한 차용증에 추가로 회사의 법인 인감을 날인하였다고 하더라도 대표이사로서 행한 적법한 대표행위라고 할 수 없으므로 회사가 위 차용증에 기한 차용금 채무를 부담하게 되는 것이 아님은 물론이고, 나아가 금원의 대여자는 위와 같은 행위가 적법한 대표행위가 아님을 알았거나 알 수 있었다 할 것이어서 회사가 대여자에 대하여 사용자책임이나 법인의 불법행위 등에 따른 손해배상의무도 부담할 여지가 없으므로, 결국 회사에 재산상 손해가 발생하였다거나 재산상 실해 발생의 위험이 초래되었다고 볼 수 없다(대판 2004.4.9, 2004도771). 　🔵 사시, 경찰승진

5. 피해자 회사의 팀장인 피고인의 전산조작행위로 인하여 회사의 체인점들에 대한 외상대금채권이 줄어드는 것으로 조작한 경우 … 회사의 전산망 이외에 전표, 매출원장 등 외상대금채권의 존재와 액수를 확인할 방법이 있는지 여부, 위 전산조작행위에 따른 데이터손상의 내용과 정도, 삭제된 전매입고의 금액은 기술적으로 용이하게 복구가 가능한지를 따져 보아야 하므로 전산 조작만으로 당 체인점의 점주들이 그에 상응하는 재산상 이익을 취득하였다고 보기도 어려울 것이므로 배임죄가 성립하지 않는다(대판 2006.7.27, 2006도3145). 　🔵 경찰승진

6. 주식회사의 설립업무 또는 증자업무를 담당한 자와 주식인수인이 사전 공모하여 주금납입취급은행 이외의 제3자로부터 납입금에 해당하는 금액을 차입하여 주금을 납입하고 납입취급은행으로부터 납입금보관증명서를 교부받아 회사의 설립등기절차 또는 증자등기절차를 마친 직후 이를 인출하여 위 차용금채무의 변제에 사용하는 경우, 위와 같은 행위는 실질적으로 회사의 자본을 증가시키는 것이 아니고 등기를 위하여 납입을 가장하는 편법에 불과하여 주금의 납입 및 인출의 전 과정에서 회사의 자본금에는 실제 아무런 변동이 없다고 보아야 할 것이므로 그들에게 불법이득의 의사가 있다거나 회사에 재산상 손해가 발생한다고 볼 수는 없으므로, 업무상배임죄가 성립한다고 할 수 없다(대판 2005.4.29, 2005도856). 　🔵 법행, 경찰승진

7. [1] 대표이사가 대표권의 범위 내에서 한 행위는 설사 대표이사가 회사의 영리목적과 관계없이 자기 또는 제3자의 이익을 도모할 목적으로 그 권한을 남용한 것이라 할지라도 일단 회사의 행위로서 유효하지만, 그 행위의 상대방이 대표이사의 진의를 알았거나 알 수 있었을 때에는 회사에 대하여 무효가 되는 것이다.
[2] **대표이사가 대표권을 남용하여 자신의 개인채무에 대하여 회사 명의의 차용증을 작성하여 주었고, 그 상대방도 이와 같은 진의를 알았거나 알 수 있었던 경우**, 무효인 차용증을 작성하여 준 것만으로는 회사에 재산상 손해가 발생하였다거나 재산상 실해 발생의 위험이 초래되었다고 볼 수 없어 업무상배임죄가 성립하지 않는다(대판 2010.5.27, 2010도1490). 　🔵 경찰승진

> **비교판례**
>
> ㉠ 대표권 남용과 배임죄
> [1] 주식회사의 대표이사가 대표권을 남용하는 등 그 임무에 위배하여 회사 명의로 의무를 부담하는 행위를 하더라도 일단 회사의 행위로서 유효하고 다만 그 상대방이 대표이사의 진의를 알았거나 알 수 있었을 때에는 회사에 대하여 무효가 된다. 따라서 **상대방이 대표권남용 사실을 알았거나 알 수 있었던 경우 그 의무부담 행위**는 원칙적으로 회사에 대하여 효력이 없고 경제적 관점에서 보아도 이러한 사실만으로는 회사에 현실적인 손해가 발생하였다거나 실해 발생의 위험이 초래되었다고 평가하기 어려우므로 달리 그 의무부담행위로 인하여 실제로 채무의 이행이 이루어졌다거나 회사가 민법상 불법행위책임을 부담하게 되었다는 등의 사정이 없는 이상 배임죄의 기수에 이른 것은 아니다. 그러나 이 경우에도 대표이사로서는 배임의 범의로 임무위배행위를 함으로써 실행에 착수한 것이므로 배임죄의 미수범이 된다. 그리고 **상대방이 대표권남용 사실을 알지 못하였다는 등의 사정이 있어 그 의무부담 행위가 회사에 대하여 유효한 경우**에는 회사의 채무가 발생하고 회사는 그 채무를 이행할 의무를 부담하므로 이러한 채무의 발생은 그 자체로 현실적인 손해 또는 재산상 실해 발생의 위험이라고 할 것이어서 그 채무가 현실적으로 이행되기 전이라도 배임죄의 기수에 이르렀다.

[2] **주식회사의 대표이사가 대표권을 남용하는 등 그 임무에 위배하여 약속어음을 발행한 경우** 어음법상 발행인은 종전의 소지인에 대한 인적 관계로 인한 항변으로써 소지인에게 대항하지 못하므로 어음발행이 무효라 하더라도 그 어음이 실제로 제3자에게 유통되었다면 회사로서는 어음채무를 부담할 위험이 구체적·현실적으로 발생하였다고 보아야 하고 따라서 그 어음채무가 실제로 이행되기 전이라도 배임죄의 기수범이 된다. 그러나 **약속어음 발행이 무효일 뿐만 아니라 그 어음이 유통되지 않았다면** 회사는 어음발행의 상대방에게 어음채무를 부담하지 않기 때문에 특별한 사정이 없는 한 회사에 현실적으로 손해가 발생하였다거나 실해 발생의 위험이 발생하였다고도 볼 수 없으므로 이 때에는 배임죄의 기수범이 아니라 배임미수죄로 처벌하여야 한다(대판 2017. 7.20, 2014도1104 전원합의체).

ⓒ 배임죄에서 '재산상 손해를 가한 때'에는 '재산상 손해발생의 위험을 초래한 경우'도 포함되는 것이므로, 법인의 대표이사 갑이 회사의 이익이 아닌 자기 또는 제3자의 이익을 도모할 목적으로 권한을 남용하여 회사 명의의 금전소비대차 공정증서를 작성하여 법인 명의의 채무를 부담한 경우에는 상대방이 대표이사의 진의를 알았거나 알 수 있었다고 한다면 배임죄가 성립하지 아니한다(대판 2012.5.24, 2012도2142).

8. [1] 배임죄의 '재산상 손해를 가한 때'에 관한 판단에서, 기왕에 한 담보제공행위로 인하여 이미 재산상의 손해발생 위험이 발생하였다면 그 후에 그 <u>담보물을 다른 담보물로 교체한다</u> 하여도 **새로 제공하는 담보물의 가치가 기존 담보물의 가치보다 더 작거나 동일하다면** 회사에 새로운 손해발생의 위험이 발생하였다고 볼 수 없으며, 이러한 법리는 제공된 전후의 담보방법이 다소 다른 경우에도 같다. 따라서 동일 채무를 위해 기존의 담보방법을 새로운 담보방법으로 교체하는 행위를 배임죄로 처단하려면 <u>새로운 담보물의 가치가 기존의 담보물에 비해 더 크다거나 선행 담보제공에 의해 발생한 기존의 손해발생의 위험이 어떤 사유로 소멸하고 그 담보교체로 인해 기존의 손해발생의 위험과는 다른 새로운 손해발생의 위험이 발생하였다고 평가할 수 있는 사정이 있어야 한다.</u>

[2] 회사의 대표이사가 제3자의 채무를 담보하기 위하여 회사 명의의 백지약속어음을 제공하는 배임행위를 한 후 법적 효력이 더 확실한 채무보증을 위해 이를 회수하고 대신 다른 회사가 발행한 새로운 약속어음을 배서·교부한 사안에서, 선행 담보제공행위로 백지약속어음을 제공할 때 이미 회사에 그 피담보채무액 상당의 손해발생 위험이 발생하였고, 경제적인 관점에서 볼 때 전후의 담보 제공에 의해 발생하는 손해발생의 위험성은 결국 동일하므로, 위 <u>담보교체행위로 선행 담보제공으로 인한 기존의 위험과는 별개로 회사에 새로운 손해발생의 위험을 초래하였다고 보기 어렵다</u>(대판 2008.5.8, 2008도484). ● 범행

9. 甲주식회사 대표이사인 피고인이 주주총회 의사록을 허위로 작성하고 이를 근거로 피고인을 비롯한 임직원들과 주식매수선택권부여계약을 체결한 경우, 법률상 무효인 계약을 체결한 것만으로는 업무상배임죄 구성요건이 완성되거나 범행이 종료되었다고 볼 수 없다(대판 2011.11.24, 2010도11394). ☞ 업무상 배임죄가 성립하지 않는다.

10. 갑 주식회사 직원인 피고인이 대표이사 을 등이 직무에 관하여 발명한 '재활용 통합 분리수거 시스템'의 <u>특허출원을 하면서 임의로 특허출원서 발명자란에 을 외에 피고인의 성명을 추가로</u> 기재하여 공동발명자로 등재되게 한 경우, 발명자에 해당하는지는 특허출원서 발명자란 기재 여부와 관계없이 실질적으로 정해지므로 피고인의 행위만으로 곧바로 갑 회사의 특허권 자체나 그와 관련된 권리관계에 어떠한 영향을 미친다고 볼 수 없어, 결국 그로 인하여 갑 회사에 재산상 손해가 발생하였다거나 재산상 손해발생의 위험이 초래되었다고 볼 수 없고, 달리 공소사실을 인정할 증거가 없으므로 업무상배임죄가 성립하지 않는다(대판 2011.12.13, 2011도10525).

② 손해액의 범위

> **관련판례**
>
> ① 배임죄는 현실적인 재산상 손해액이 확정될 필요까지는 없고 단지 재산상 권리의 실행을 불가능하게 할 염려 있는 상태 또는 손해 발생의 위험이 있는 경우에 바로 성립되는 위태범이므로 피고인이 그 업무상 임무에 위배하여 부당한 외상 거래행위를 함으로써 업무상 배임죄가 성립하는 경우, 담보물의 가치를 초과하여 외상 거래한 금액이나 실제로 회수가 불가능하게 된 외상거래 금액만이 아니라 재산상 권리의 실행이 불가능하게 될 염려가 있거나 손해 발생의 위험이 있는 외상 거래대금 전액을 그 손해액으로 보아야 한다(대판 2000.4.11, 99도334). 🔵 사시
> ② 업무상배임죄에 있어서 본인에게 손해를 가한다 함은 총체적으로 보아 본인의 재산상태에 손해를 가하는 경우를 말하고, 위와 같은 손해에는 장차 취득할 것이 기대되는 이익을 얻지 못하는 경우도 포함된다 할 것인바, 금융기관이 금원을 대출함에 있어 대출금 중 선이자를 공제한 나머지만 교부하거나 약속어음을 할인함에 있어 만기까지의 선이자를 공제한 경우 금융기관으로서는 대출금채무의 변제기나 약속어음의 만기에 선이자로 공제한 금원을 포함한 대출금 전액이나 약속어음 액면금 상당액을 취득할 것이 기대된다 할 것이므로 배임행위로 인하여 금융기관이 입는 손해는 선이자를 공제한 금액이 아니라 선이자로 공제한 금원을 포함한 대출금 전액이거나 약속어음 액면금 상당액으로 보아야 한다(대판 2004.7.9, 2004도810). 🔵 경찰승진
> ③ 타인을 위하여 도급계약을 체결할 임무가 있는 자가 부당하게 높은 가격으로 도급계약을 체결하여 타인에게 부당하게 많은 채무를 부담하게 하였다면 그로써 곧바로 업무상배임죄가 성립하고, 그 이후에 타인이 현실로 채무를 이행하였는지 여부는 업무상배임죄의 성립과는 관계가 없다 할 것이고, 그 경우 배임액은 도급계약의 도급금액 전액에서 정당한 도급금액을 공제한 금액으로 보아야 한다(대판 1999.4.27, 99도883).
> ④ 부실대출에 의한 업무상배임죄가 성립하는 경우에는 담보물의 가치를 초과하여 대출한 금액이나 실제로 회수가 불가능하게 된 금액만을 손해액으로 볼 것은 아니고, 재산상 권리의 실행이 불가능하게 될 염려가 있거나 손해발생의 위험이 있는 대출금 전액을 손해액으로 보아야 한다(대판 2000.3.24, 2000도28). 🔵 법행
> ⑤ 회사의 대표이사 등이 임무에 위배하여 회사로 하여금 다른 사업자와 용역계약을 체결하게 하면서 적정한 용역비의 수준을 벗어나 부당하게 과다한 용역비를 정하여 지급하게 하였다면 다른 특별한 사정이 없는 한 통상 그와 같이 지급한 용역비와 적정한 수준의 용역비 사이의 차액상당의 손해를 회사에 가하였다고 볼 수 있다. … 손해의 발생이 그와 같이 증명된 이상 손해액이 구체적으로 명백하게 산정되지 아니하였더라도 배임죄의 성립에는 영향이 없다(대판 2018.2.13, 2017도17627).

③ 손해액의 확정불요 : 배임죄에서 본인에게 손해를 가한 때라 함은 총체적으로 보아 본인의 재산상태에 손해를 가한 경우를 말하고, 실해발생의 위험을 초래케 할 경우도 포함하는 것이므로 손해액이 구체적으로 명백하게 산정되지 않았더라도 배임죄의 성립에는 영향이 없다(대판 1999.4.13, 98도4022).

(5) 재산상의 이익취득

배임죄에 있어서 '재산상 이익 취득'과 '재산상 손해 발생'은 대등한 범죄성립요건이고, 이는 서로 대응하여 병렬적으로 규정되어 있다(형법 제356조, 제355조 제2항). 따라

서 임무위배행위로 인하여 여러 재산상 이익과 손해가 발생하더라도 **재산상 이익과 손해 사이에 서로 대응하는 관계에 있는 등 일정한 관련성이 인정되어야** 업무상배임죄가 성립한다(대판 2021.11.25, 2016도3452). ● 경찰, 법행

> **관련판례**
>
> ① 업무상 배임죄는 본인에게 재산상의 손해를 가하는 외에 배임행위로 인하여 행위자 스스로 재산상의 이익을 취득하거나 제3자로 하여금 재산상의 이익을 취득하게 할 것을 요건으로 하므로, 본인에게 손해를 가하였다고 할지라도 행위자 또는 제3자가 재산상 이익을 취득한 사실이 없다면 배임죄가 성립할 수 없다(대판 2007.7.26, 2005도6439). ● 경찰
> ② **입주자대표회의 회장이 지출결의서에 날인을 거부함으로써 아파트 입주자들에게 그 연체료를 부담시킨 사안**에서, 열 사용요금 납부 연체로 인하여 발생한 연체료는 금전채무 불이행으로 인한 손해배상에 해당하므로, 공급업체가 연체료를 지급받았다는 사실만으로 공급업체가 그에 해당하는 재산상의 이익을 취득하게 된 것으로 단정하기 어렵고, 나아가 공급업체가 열 사용요금 연체로 인하여 실제로는 아무런 손해를 입지 않았거나 연체료 액수보다 적은 손해를 입었다는 등의 특별한 사정이 인정되는 경우에 한하여 비로소 연체료 내지 연체료 금액에서 실제 손해액을 공제한 차액에 해당하는 재산상의 이익을 취득한 것으로 볼 수 있을 뿐이라는 이유로, 공급업체가 연체료 상당의 재산상 이익을 취득한 것으로 보아 업무상 배임죄의 성립을 인정한 원심판결을 파기한 사례(대판 2009.6.25, 2008도3792) ● 경찰승진
> ③ 회사의 승낙 없이 임의로 지정 할인율보다 더 높은 할인율을 적용하여 회사가 지정한 가격보다 낮은 가격으로 제품을 판매하는 이른바 덤핑판매에서 제3자인 거래처에 **시장 거래 가격에 따라 제품이 판매된 경우**에는 거래처가 재산상 이익을 취득한 것으로 볼 수 없다(대판 2009.12.24, 2007도2484). ● 사시
> ④ A 새마을금고 임원인 甲이 새마을금고의 여유자금 운용에 관한 규정을 위반하여 B 농협으로부터 원금 손실의 위험이 있는 금융상품을 매입함으로써 A금고에 액수 불상의 재산상 손해를 가하고 B농협에 수수료 상당의 재산상 이익을 취득하게 하였다고 하여 업무상배임으로 기소된 사안에서, 甲의 임무위배행위로 A금고에 액수 불상의 재산상 손해가 발생하였더라도 B농협이 취득한 수수료 상당의 이익을 그와 관련성 있는 재산상 이익이라고 인정할 수 없고, 또한 **위 수수료 상당의 이익은 배임죄에서의 재산상 이익에 해당한다고 볼 수도 없으므로 업무상배임죄가 성립되지 않는다**(대판 2021.11.25, 2016도3452).
> ⑤ ○○군 군수이자 ○○군교육발전위원회 이사장인 甲이, ○○군축협 조합원들이 ○○군에서 추진하던 신공항 사업을 반대한다는 이유 등으로 이 사건 위원회 명의로 **○○군축협에 예치된 20억 원 상당의 정기예금을 중도해지하고 그 돈을 ○○군농협에 재예치한 경우** ○○군농협의 재산상 이익과 이 사건 위원회의 재산상 손해 사이에 대응관계 등의 관련성이 인정된다고 볼 수 없고, ○○군농협이 이 사건 위원회에 통상적인 이율보다 지나치게 낮은 정기예금 이자를 지급하였다는 등의 특별한 사정이 없는 한 ○○군농협이 취득한 자금운용의 기회가 곧바로 피고인의 임무위배행위로 인하여 취득한 재산상 이익에 해당한다고 단정하기 어려우므로 업무상배임죄가 성립되지 않는다 (대판 2022.8.25, 2022도3717). ● 승진

(6) 실행의 착수와 기수시기

배임행위가 개시한 때에 실행의 착수가 있고, 재산상의 손해가 발생한 때에 기수가 된다. 손해발생의 위험성이 있는 경우도 손해의 발생에 포함된다.

2. 주관적 구성요건

관련판례

① 업무상배임죄가 성립하려면 주관적 요건으로서 임무위배의 인식과 그로 인하여 자기 또는 제3자가 이익을 취득하고 본인에게 손해를 가한다는 인식, 즉 배임의 고의가 있어야 한다. 이러한 인식은 미필적 인식으로도 충분하므로, 이익을 취득하는 제3자가 같은 계열회사이고, 계열그룹 전체의 회생을 위한다는 목적에서 이루어진 행위로서 그 행위의 결과가 일부 본인을 위한 측면이 있다 하더라도 본인의 이익을 위한다는 의사는 부수적일 뿐이고 이득 또는 가해의 의사가 주된 것임이 판명되면 배임죄의 고의를 부정할 수 없다(대판 2008.5.29, 2005도4640). ● 경찰

② 배임죄에 있어서 배임의 범의는 배임행위의 결과 본인에게 재산상의 손해가 발생하거나 발생할 염려가 있다는 인식과 자기 또는 제3자가 재산상의 이득을 얻는다는 인식이 있으면 족하고 본인에게 재산상의 손해를 가한다는 의사나 자기 또는 제3자에게 재산상의 이득을 얻게 하려는 목적은 요하지 아니하며, 이러한 인식은 미필적 인식으로도 족하다(대판 2004.7.9, 2004도810). ● 법행

③ 단위농협의 조합장이 대금 회수 확보를 위한 담보 취득 등의 조치 없이 변질의 우려가 있는 조합의 양곡을 외상 판매함으로써 조합에 손해가 발생한 경우, 위 양곡 외상판매행위가 위 조합에 손해를 가하고 자기 또는 제3자에게 재산상의 이익을 취득하게 한다는 인식, 인용하에서 행해진 행위라고 할 수 없다(대판 1992.1.17, 91도1675). ● 경찰간부

④ 경영상의 판단과 관련하여 기업의 경영자에게 배임의 고의가 있었는지 여부를 판단함에 있어서도 일반적인 업무상배임에 있어서 고의의 입증방법과 마찬가지의 법리가 적용되어야 함은 물론이지만, … 제반 사정에 비추어 자기 또는 제3자가 재산상 이익을 취득한다는 인식과 본인에게 손해를 가한다는 인식하의 의도적 행위임이 인정되는 경우에 한하여 배임죄의 고의를 인정하는 엄격한 해석기준은 유지되어야 하고, 그러한 인식이 없는데 단순히 본인에게 손해가 발생하였다는 결과만으로 책임을 묻거나 주의의무를 소홀히 한 과실이 있다는 이유로 책임을 물을 수는 없다(대판 2013.12.26, 2013도7360). ● 변호사

판례정리 ··· 배임의 고의가 인정되는 경우

1. [1] 금융기관의 임직원들이 대출을 함에 있어 대출채권의 회수를 확실하게 하기 위하여 충분한 담보를 제공받는 등 상당하고도 합리적인 조치를 강구하지 아니한 채 만연히 대출을 해 주었다면 업무위배행위로 제3자로 하여금 재산상 이득을 취득하게 하고 금융기관에 손해를 가한다는 인식이 있다고 보아야 한다.
   [2] 남북정상회담을 전후하여 대북경제협력사업을 추진중인 기업에 대하여 대규모 여신지원을 한 금융기관이 국책은행이라고 하더라도 은행 관련자들에게 배임의 범의가 인정된다(대판 2004.3.26, 2003도7878).
2. 주식회사의 임원이 공적 업무수행을 위하여서만 사용이 가능한 법인카드를 개인 용도로 계속적, 반복적으로 사용한 경우 특별한 사정이 없는 한 위와 같은 법인카드 사용에 대하여 실질적 1인 주주의 양해를 얻었다거나 실질적 1인 주주가 향후 그 법인카드 대금을 변상, 보전해 줄 것이라고 일방적으로 기대하였다는 사정만으로는 업무상배임의 고의나 불법이득의 의사가 부정된다고 볼 수 없다(대판 2014.2.21, 2011도8870). ● 경찰

3. 이중매매(이중저당) 등의 형사책임

(1) 부동산의 이중매매

① 주 체

> **관련판례**
>
> ① 부동산 이중매매에 있어서 매도인이 매수인의 사무를 처리하는 자로서 배임죄의 주체가 되기 위하여는 매도인이 계약금을 받은 것만으로는 부족하고 적어도 중도금을 받는 등 매도인이 더 이상 임의로 계약을 해제할 수 없는 상태에 이르러야 한다(대판 1986.7.8, 85도1873). 즉, 부동산 매매계약에서 **중도금이 지급**되는 등 계약이 본격적으로 이행되는 단계에 이른 때에는 **계약이 취소되거나 해제되지 않는 한** 매도인은 매수인에게 부동산의 소유권을 이전해 줄 의무에서 벗어날 수 없다(대판 2018.5.17, 2017도4027).
>
> ② 피고인이 공소외인으로부터 매매계약금만을 수령하였다면 피고인은 아직 그 소유권이전등기 절차를 이행할 의무가 있다고 할 수 없으므로 이 사건 임야를 다시 다른 곳에 처분한 행위를 배임죄로 다스릴 수 없다(대판 1980.5.27, 80도290). ● 사시, 법행, 경찰
>
> ③ **중도금이 지급된 단계**부터는 매도인이 매수인의 재산보전에 협력하는 신임관계가 당사자 관계의 전형적·본질적 내용이 된다. 이러한 신임관계에 있는 매도인은 매수인의 소유권 취득 사무를 처리하는 자로서 배임죄에서 말하는 '타인의 사무를 처리하는 자'에 해당하게 된다. 나아가 그러한 지위에 있는 매도인이 매수인에게 소유권을 이전하기 전에 고의로 제3자에게 목적부동산을 처분하는 행위는 매매계약상 혹은 신의칙상 당연히 하지 않아야 할 행위로서 배임죄에서 말하는 임무위배행위로 평가할 수 있다. 또한 부동산의 매도인이 매수인으로부터 **중도금까지 수령**한 후 제3자와 새로운 매매계약을 체결하고 제3자 앞으로 소유권이전등기를 마쳐 주었다면, **당초의 매매계약이 적법하게 해제되었다거나 매매계약이 적법하게 해제된 것으로 믿었고 그 믿음에 정당한 이유가 있다는 등의 특별한 사정이 없는 한** 매도인에게 배임의 범의가 인정된다(대판 2018.5.17, 2017도4027).

② 실행의 착수 및 기수시기

> **관련판례**
>
> ① 피고인이 제1차 매수인으로부터 계약금 및 중도금 명목의 금원을 교부받은 후 제2차 매수인에게 부동산을 매도하기로 하고 계약금만을 지급받은 뒤 더 이상의 계약 이행에 나아가지 않았다면 배임죄의 실행의 착수가 있었다고 볼 수 없다(대판 2003.3.25, 2002도7134). ● 법행
>
> ② 부동산의 매도인이 매수인 앞으로의 소유권이전등기에 협력할 의무가 있음에도 불구하고 같은 부동산을 위 매수인 이외의 자에게 2중으로 매도하여 그 소유권이전등기를 마친 경우에는 1차 매수인에 대한 소유권이전등기의무는 이행불능이 되고 이로써 1차 매수인에게 그 부동산의 소유권을 취득할 수 없는 손해가 발생하는 것이므로 부동산의 2중매매에 있어서 배임죄의 기수시기는 2차 매수인 앞으로 소유권이전등기를 마친 때라고 할 것이다(대판 1984.11.27, 83도1946). ● 사시, 법행, 경찰

> **판례 정리**
>
> 1. 부동산의 매도인으로서 매수인에 대하여 그 앞으로의 소유권이전등기절차에 협력할 의무 있는 자가 그 임무에 위배하여 같은 부동산을 매수인 이외의 제3자에게 이중으로 매도하고 제3자 앞으로 소유권이전청구권보전을 위한 가등기를 마쳐 주었다면, 이는 매수인에게 손해발생의 위험을 초래하는 행위로서 배임죄를 구성한다(대판 2008.7.10, 2008도3766).   ● 사시
> 2. 매도인이 매수인에게 순위보전의 효력이 있는 가등기를 마쳐 주었더라도 이는 향후 매수인에게 손해를 회복할 수 있는 방안을 마련하여 준 것일 뿐 그 자체로 물권변동의 효력이 있는 것은 아니어서 매도인으로서는 소유권을 이전하여 줄 의무에서 벗어날 수 없으므로, 그와 같은 가등기로 인하여 매수인의 재산보전에 협력하여 재산적 이익을 보호·관리할 신임관계의 전형적·본질적 내용이 변경된다고 할 수 없다(대판 2020.5.14, 2019도16228). 경찰 ☞ 甲은 A주식회사에 본인 소유 토지를 양도하는 내용의 매매계약을 체결한 후 A주식회사로부터 계약금, 중도금 및 잔금 중 일부를 교부받았으나, 乙에게 이 사건 토지를 매도하고 소유권이전등기를 경료해주었다. 그런데 그 이전에 甲은 A주식회사로부터 계약금 중 3/4만 지급받은 상태에서 A주식회사 명의로 가등기를 경료해 주어 甲의 행위에도 불구하고 A주식회사가 甲의 아무런 협력 없이도 가등기의 순위보전 효력에 의해 자신 명의로 소유권이전등기를 마칠 수 있는 수단을 마련해 주었다(배임죄 기수○).

③ 공범관계

> **관련판례**
>
> ① 이중매매에서 제2매수인에게 배임죄의 죄책을 묻기 위해서는 이중으로 양수하는 자가 단지 그 부동산이 이미 타인에게 매도되었음을 알고 이중으로 양수하는 것만으로는 부족하고 먼저 매수한 자를 해할 목적으로 양도를 교사하거나 기타 방법으로 적극 가담한 경우에 한하여 양도인의 배임행위에 공동정범이 성립한다(대판 1975.6.10, 74도2455).   ● 법행
> ② 점포의 임차인이 임대인이 그 점포를 타에 매도한 사실을 알고 있으면서 점포의 임대차 계약 당시 "타인에게 점포를 매도할 경우 우선적으로 임차인에게 매도한다"는 특약을 구실로 임차인이 매매대금을 일방적으로 결정하여 공탁하고 임대인과 공모하여 임차인 명의로 소유권이전등기를 경료하였다면 임대인의 배임행위에 적극가담한 것으로서 배임죄의 공동정범에 해당한다(대판 1983.7.12, 82도180).   ● 사시, 법행, 경찰
> ③ 거래상대방의 대향적 행위의 존재를 필요로 하는 유형의 배임죄에서 거래상대방은 기본적으로 배임행위의 실행행위자와 별개의 이해관계를 가지고 반대편에서 독자적으로 거래에 임한다는 점을 고려하면, 업무상배임죄의 실행으로 이익을 얻게 되는 수익자는 배임죄의 공범이라고 볼 수 없는 것이 원칙이고, 실행행위자의 행위가 피해자 본인에 대한 배임행위에 해당한다는 점을 인식한 상태에서 배임의 의도가 전혀 없었던 실행행위자에게 배임행위를 교사하거나 또는 배임행위의 전 과정에 관여하는 등으로 배임행위에 적극 가담한 경우에 한하여 배임의 실행행위자에 대한 공동정범으로 인정할 수 있다(대판 2016.10.13, 2014도17211). ☞ 甲은 피해자들의 공동소유인 특허권에 대하여 피해자들로부터 명의신탁을 받아 관리하는 업무를 맡아오던 乙에게 위 특허권이 乙의 소유가 아니라는 사정을 알면서 특허권을 자신에게 이전하라고 제의하고 대금 1,000만 원을 지급하고 위 특허권을 자신 앞으로 이전등록하였으나 특허권 이전에 대해 적극적으로 제의한 사정은 없었던 사건임. 결국 공동정범을 부정한 사건임

④ **1인 회사의 주주가 개인적 거래에 수반하여 법인 소유의 부동산을 담보로 제공한다는 사정을 거래상대방이 알면서 가등기의 설정을 요구하고 그 가등기를 경료받은 경우** 거래상대방의 대항적 행위의 존재를 필요로 하는 유형의 배임죄에 있어서 거래상대방으로서는 기본적으로 배임행위의 실행행위자와는 별개의 이해관계를 가지고 반대편에서 독자적으로 거래에 임한다는 점을 감안할 때, 거래상대방이 배임행위를 교사하거나 그 배임행위의 전 과정에 관여하는 등으로 배임행위에 적극가담함으로써 그 실행행위자와의 계약이 반사회적 법률행위에 해당하여 무효로 되는 경우 배임죄의 교사범 또는 공동정범이 될 수 있음은 별론으로 하고, 관여의 정도가 거기에까지 이르지 아니하여 법질서 전체적인 관점에서 살펴볼 때 사회적 상당성을 갖춘 경우에 있어서는 비록 정범의 행위가 배임행위에 해당한다는 점을 알고 거래에 임하였다는 사정이 있어 외견상 방조행위로 평가될 수 있는 행위가 있었다 할지라도 범죄를 구성할 정도의 위법성은 없다고 봄이 상당하다(대판 2005.10.28, 2005도4915). ☞ 배임죄의 방조범을 부정한 사례임

④ **기 타**

> **관련판례**
>
> ① **부동산의 이중매매에 있어서 매도인이 제1의 매매계약을 일방적으로 해제할 수 없는 처지에 있었다는 사정만으로는**, 바로 제2의 매매계약의 효력이나 그 매매계약에 따르는 채무이행, 또는 제2의 매수인의 매매목적물에 대한 권리의 실현에 장애가 된다고도 볼 수 없는 것이므로 매도인이 제2의 매수인에게 그와 같은 사정을 고지하지 아니하였다고 하여 제2의 매수인을 기망한 것이라고 할 수 없다(대판 1991.12.24, 91도2698). ● 사시, 법행
> ② 타인에게 매도하여 그 소유권이전등기까지 경유해 준 부동산을 자기 소유라고 하여 재차매도하였다면 그 자체에 있어서 적극적인 거짓말로 매수인을 기망한 것으로 볼 수 있다(대판 1971.8.31, 71도1302).
> ③ 매수인 "갑"에게 소유권 이전등기를 하여 줄 임무가 있는 소유자가 그 임무에 위반하여 이를 "을"에게 매도하고 소유권이전등기를 경유하여 준 경우에는 위 부동산소유자가 배임행위로 인하여 영득한 것은 재산상의 이익이고 위 배임범죄에 제공된 대지는 범죄로 인하여 영득한 것 자체는 아니므로 그 취득자 또는 전득자에게 대하여 배임죄의 가공여부를 논함은 별문제로 하고 장물취득죄로 처단할 수 없다(대판 1975.12.9, 74도2804).
> ④ 배임죄 성립에 관하여 형법이 목적하는 바는 민법상 이중매매의 경우 일방에 대하여 채무 불이행 책임을 부담하는 것과는 다르므로 이중매매의 경우 선매수인에 대하여 소유권이전등기를 이행한 것은 후매수인에 대하여 그 임무를 위법하게 위배하였다고는 할 수 없다(대판 1977.10.11, 77도1116). ● 사시, 법행
> ⑤ 아파트 건축분양회사가 수분양자들에게 소유권이전등기절차를 이행하지 않은 채 분양 전 금융기관과 체결한 근저당권설정계약에 따라 근저당권설정등기를 경료해 준 사안에서, 수분양자들에 대한 배임죄가 성립하지 않는다(대판 2009.2.26, 2008도11722). ● 법행, 경찰승진

(2) 부동산 교환계약(부동산 이중매매와 동일한 법리 적용)

부동산 매매계약에서 계약금만 지급된 단계에서는 어느 당사자나 계약금을 포기하거나 그 배액을 상환함으로써 자유롭게 계약의 구속력에서 벗어날 수 있다. 그러나 중도금이 지급되는 등 계약이 본격적으로 이행되는 단계에 이른 때에는 계약이 취소

되거나 해제되지 않는 한 매도인은 매수인에게 부동산의 소유권을 이전해 줄 의무에서 벗어날 수 없다. 이러한 법리는 부동산 교환계약에 있어서도 달리 볼 수 없다. 즉, 사회통념 내지 신의칙에 비추어 매매계약에서 중도금이 지급된 것과 마찬가지로 교환계약이 본격적으로 이행되는 단계에 이른 때에는 그 의무를 이행받은 당사자는 상대방의 재산보전에 협력하여 재산적 이익을 보호·관리할 신임관계에 있게 된다 (대판 2018.10.4. 2016도11337).

(3) 동산 이중매매

매매와 같이 당사자 일방이 재산권을 상대방에게 이전할 것을 약정하고 상대방이 그 대금을 지급할 것을 약정함으로써 효력이 생기는 계약의 경우(민법 제563조), 쌍방이 그 계약의 내용에 좇은 이행을 하여야 할 채무는 특별한 사정이 없는 한 '자기의 사무'에 해당하는 것이 원칙이다. **동산 매매계약에서의 매도인**은 매수인에 대하여 그의 사무를 처리하는 지위에 있지 아니하므로, 매도인이 목적물을 타에 처분하였다 하더라도 형법상 배임죄가 성립하지 아니한다. 위와 같은 법리는 **권리이전에 등기·등록을 요하는 동산에 대한 매매계약에서도 동일하게 적용**되므로, **자동차 등의 매도인**은 매수인에 대하여 그의 사무를 처리하는 지위에 있지 아니하여, 매도인이 매수인에게 소유권이전등록을 하지 아니하고 타에 처분하였다고 하더라도 마찬가지로 배임죄가 성립하지 아니한다(대판 2020.10.22. 2020도6258 전원합의체).

> **관련판례**
> ① 피고인이 '**인쇄기**'를 갑에게 양도하기로 하고 계약금 및 중도금을 수령하였음에도 이를 자신의 채권자 을에게 기존 채무 변제에 갈음하여 양도함으로써 재산상 이익을 취득하고 갑에게 동액 상당의 손해를 입힌 경우, 피고인은 갑에 대하여 그의 사무를 처리하는 지위에 있지 않으므로 배임죄가 성립되지 않는다(대판 2011.1.20. 2008도10479 전원합의체).
> ② 피고인이 A에게 버스 1대를 매도하기로 하여 A로부터 계약금 및 중도금을 지급받았음에도 위 버스에 관하여 B금고에게 공동근저당권을 설정하여 준 경우, 배임죄가 성립되지 않는다(대판 2020.10.22. 2020도6258 전원합의체).

(4) 주권발행 전 주식양도

주권발행 전 주식의 양도는 양도인과 양수인의 의사표시만으로 효력이 발생한다. 그 주식 양수인은 특별한 사정이 없는 한 양도인의 협력을 받을 필요 없이 단독으로 자신이 주식을 양수한 사실을 증명함으로써 회사에 대하여 명의개서를 청구할 수 있다. 따라서 양도인이 양수인으로 하여금 회사 이외의 제3자에게 대항할 수 있도록 확정일자 있는 증서에 의한 양도통지 또는 승낙을 갖추어 주어야 할 채무를 부담한다 하더라도 이는 자기의 사무라고 보아야 하고, 이를 양수인과의 신임관계에 기초하여 양수인의 사무를 맡아 처리하는 것으로 볼 수 없다. 그러므로 주권발행 전 주식에 대한 양도계약에서의 양도인은 양수인에 대하여 그의 사무를 처리하는 지위에 있지 아니하여, 양도인이 위와 같은 제3자에 대한 대항요건을 갖추어 주지 아니하고 이를 타에 처분하였다 하더라도 형법상 배임죄가 성립하는 것은 아니다(대판 2020.6.4, 2015도6057).

(5) 임차권의 이중양도

점포임차권양도계약을 체결한 후 계약금과 중도금까지 지급받았다 하더라도 잔금을 수령함과 동시에 양수인에게 점포를 명도하여 줄 양도인의 의무는 위 양도계약에 따르는 민사상의 채무에 지나지 아니하여 이를 타인의 사무로 볼 수 없으므로 비록 양도인이 위 임차권을 2중으로 양도하였다 하더라도 배임죄를 구성하지 않는다(대판 1986.9.23, 86도811). ▶ 법행

(6) 부동산의 담보(이중저당 등)

채무자가 금전채무를 담보하기 위한 저당권설정계약에 따라 채권자에게 그 소유의 부동산에 관하여 저당권을 설정할 의무를 부담하게 되었다고 하더라도, 이를 들어 채무자가 통상의 계약에서 이루어지는 이익대립관계를 넘어서 채권자와의 신임관계에 기초하여 채권자의 사무를 맡아 처리하는 것으로 볼 수 없다. 채무자가 저당권설정계약에 따라 채권자에 대하여 부담하는 저당권을 설정할 의무는 계약에 따라 부담하게 된 채무자 자신의 의무이다. 채무자가 위와 같은 의무를 이행하는 것은 채무자 자신의 사무에 해당할 뿐이므로, 채무자를 채권자에 대한 관계에서 '타인의 사무를 처리하는 자'라고 할 수 없다. 따라서 채무자가 제3자에게 먼저 담보물에 관한 저당권을 설정하거나 담보물을 양도하는 등으로 담보가치를 감소 또는 상실시켜 채권자의 채권실현에 위험을 초래하더라도 배임죄가 성립한다고 할 수 없다. 위와 같은 법리는, 채무자가 금전채무에 대한 담보로 부동산에 관하여 양도담보설정계약을 체결하고 이에 따라 채권자에게 소유권이전등기를 해 줄 의무가 있음에도 제3자에게 그 부동산을 처분한 경우에도 적용된다(대판 2020.6.18, 2019도14340 전원합의체).

> **관련판례**
>
> 피고인이 甲으로부터 18억 원을 차용하면서 담보로 피고인 소유의 아파트에 甲 명의의 4순위 근저당권을 설정해 주기로 약정하였음에도 제3자에게 채권최고액을 12억 원으로 하는 4순위 근저당권을 설정하여 줌으로써 12억 원 상당의 재산상 이익을 취득하고 甲에게 같은 금액 상당의 손해를 가한 경우 배임죄는 성립되지 않는다(대판 2020.6.18, 2019도14340 전원합의체).

(7) 동산의 담보

① **채무자가 금전채무를 담보하기 위하여 그 소유의 동산을 채권자에게 동산·채권 등의 담보에 관한 법률에 따른 동산담보로 제공함으로써 채권자인 동산담보권자에 대하여 담보물의 담보가치를 유지·보전할 의무 또는 담보물을 타에 처분하거나 멸실, 훼손하는 등으로 담보권 실행에 지장을 초래하는 행위를 하지 않을 의무를 부담하게 되었더라도**, 이를 들어 채무자가 통상의 계약에서의 이익대립관계를 넘어서 채권자와의 신임관계에 기초하여 채권자의 사무를 맡아 처리하는 것으로 볼 수 없다. 따라서 이러한 경우 채무자를 배임죄의 주체인 '타인의 사무를 처리하는 자'에 해당한다고 할 수 없고, 그가 담보물을 제3자에게 처분하는 등으로 담보가치를 감소 또는 상실시켜 채권자의 담보권 실행이나 이를 통한 채권실현에 위험을 초래하더라도 배임죄가 성립하지 아니한다(대판 2020.8.27, 2019도14770 전원합의체).

② **채무자가 금전채무를 담보하기 위하여 그 소유의 동산에 관하여 채권자에게 저당권을 설정해 주기로 약정하거나 저당권을 설정한 경우**, 채무자가 저당권설정계약에 따라 부담하는 의무, 즉 동산을 담보로 제공할 의무, 담보물의 담보가치를 유지·보전하거나 담보물을 손상, 감소 또는 멸실시키지 않을 소극적 의무, 담보권 실행 시 채권자나 그가 지정하는 자에게 담보물을 현실로 인도할 의무와 같이 채권자의 담보권 실행에 협조할 의무 등은 모두 저당권설정계약에 따라 부담하게 된 채무자 자신의 급부의무이다. 따라서 채무자가 위와 같은 급부의무를 이행하는 것은 채무자 자신의 사무에 해당할 뿐이고, 채무자가 통상의 계약에서의 이익대립관계를 넘어서 채권자와의 신임관계에 기초하여 채권자의 사무를 맡아 처리한다고 볼 수 없으므로 채무자를 채권자에 대한 관계에서 배임죄의 주체인 '타인의 사무를 처리하는 자'에 해당한다고 할 수 없다. 그러므로 **채무자가 담보물을 제3자에게 처분하는 등으로 담보가치를 감소 또는 상실시켜 채권자의 담보권 실행이나 이를 통한 채권실현에 위험을 초래하더라도 배임죄가 성립하지 아니한다**. 위와 같은 법리는, 금전채무를 담보하기 위하여 '공장 및 광업재단 저당법'에 따라 저당권이 설정된 동산을 채무자가 제3자에게 임의로 처분한 사안에도 마찬가지로 적용된다(대판 2020.10.22, 2020도6258 전원합의체).

> **관련판례**
> ① A회사의 대표이사인 피고인이 B은행으로부터 대출받으면서 B은행과 이 사건 회사 소유의 레이저 가공기 2대를 포함한 기계 17대에 대하여 동산담보설정계약을 체결하였음에도 이 사건 기계를 처분한 경우 배임죄가 성립되지 않는다(대판 2020.8.27, 2019도14770 전원합의체).
> ② 피고인이 피해자 A주식회사로부터 버스 구입자금을 대출받으면서 위 각 버스에 저당권을 설정하였음에도 위 각 버스를 처분한 경우 배임죄가 성립되지 않는다(대판 2020.10.22, 2020도6258 전원합의체).

(8) 동산의 양도담보

① **양도담보의 의의**: 금전채무를 담보하기 위하여 채무자가 그 소유의 동산을 채권자에게 양도하되 점유개정에 의하여 채무자가 이를 계속 점유하기로 한 경우 특별한 사정이 없는 한 동산의 소유권은 신탁적으로 이전됨에 불과하여 채권자와 채무자 사이의 대내적 관계에서 채무자는 의연히 소유권을 보유하나 대외적인 관계에 있어서 채무자는 동산의 소유권을 이미 채권자에게 양도한 무권리자가 되는 것이어서 다시 다른 채권자와 사이에 양도담보 설정계약을 체결하고 점유개정의 방법으로 인도를 하더라도 선의취득이 인정되지 않는 한 나중에 설정계약을 체결한 채권자는 양도담보권을 취득할 수 없는데, 현실의 인도가 아닌 점유개정으로는 선의취득이 인정되지 아니하므로, 결국 뒤의 채권자는 양도담보권을 취득할 수 없다.

② **동산의 양도담보와 배임죄**

[1] <u>금전채권채무 관계에서 채권자가 채무자의 급부이행에 대한 신뢰를 바탕으로 금전을 대여하고 채무자의 성실한 급부이행에 의해 채권의 만족이라는 이익을 얻게 된다 하더라도, 채권자가 채무자에 대한 신임을 기초로 그의 재산을 보호 또는 관리하는 임무를 부여하였다고 할 수 없고, 금전채무의 이행은 어디까지나 채무자가 자신의 급부의무의 이행으로서 행하는 것이므로 이를 두고 채권자의 사무를 맡아 처리하는 것으로 볼 수 없다. 따라서 채무자를 채권자에 대한 관계에서 '타인의 사무를 처리하는 자'에 해당한다고 할 수 없다.</u>

[2] **채무자가 금전채무를 담보하기 위하여 그 소유의 동산을 채권자에게 양도담보로 제공함으로써 채권자인 양도담보권자에 대하여 담보물의 담보가치를 유지·보전할 의무 내지 담보물을 타에 처분하거나 멸실, 훼손하는 등으로 담보권 실행에 지장을 초래하는 행위를 하지 않을 의무를 부담하게 되었더라도, 이를 들어 채무자가 통상의 계약에서의 이익대립관계를 넘어서 채권자와의 신임관계에 기초하여 채권자의 사무를 맡아 처리하는 것으로 볼 수 없다.** 따라서 채무자를 배임죄의 주체인 '타인의 사무를 처리하는 자'에 해당한다고 할 수 없고, 그가 **담보물을 제3자에게 처분하는 등으로 담보가치를 감소 또는 상실시켜 채권자의 담보권 실행이나 이를 통한 채권실현에 위험을 초래**하더라도 배임죄가 성립한다고 할 수 없다. 위와 같은 법리는, 채무자가 **동산에 관하여 양도담보설정계약을 체결**하여 이를 채권자에게 양도할 의무가 있음에도 **제3자에게 처분한 경우**에도 적용되고, **주식에 관하여 양도담보설정계약을 체결**한 채무자가 제3자에게 해당 주식을 **처분**한 사안에도 마찬가지로 **적용된다**(대판 2020.2.20, 2019도9756 전원합의체). ☞ 채무자가 계약을 위반하여 그 의무를 이행하지 않는 등 채권자의 기대나 신뢰를 저버리는 행위를 하고, 그로 인한 채권자의 재산상 피해가 적지 않아 비난가능성이 높다거나, 채권

자의 재산권 보호를 위하여 처벌의 필요성이 크다는 이유만으로 배임죄의 죄책을 묻는 것은 죄형법정주의 원칙에 반한다.

> **동지판례**
>
> 채무자가 양도담보설정계약에 따라 부담하는 의무, 즉 동산을 담보로 제공할 의무, 담보물의 담보가치를 유지·보전하거나 담보물을 손상, 감소 또는 멸실시키지 않을 소극적 의무, 담보권 실행 시 채권자나 그가 지정하는 자에게 담보물을 현실로 인도할 의무와 같이 **채권자의 담보권 실행에 협조할 의무, 즉 양도담보설정계약에 따라 채무자가 부담하는 의무**는 담보목적의 달성, 즉 채무불이행 시 담보권 실행을 통한 채권의 실현을 위한 것이므로 담보설정계약의 체결이나 담보권설정 전후를 불문하고 당사자 관계의 전형적·본질적 내용은 여전히 금전채권의 실현 내지 피담보채무를 변제하는 것이다. 따라서 **채무자가 위와 같은 급부의무를 이행하는 것은 채무자 자신의 사무에 해당할 뿐이고, 채무자가 통상의 계약에서 이익대립관계를 넘어서 채권자와 신임관계에 기초하여 채권자의 사무를 맡아 처리한다고 볼 수 없으므로 채무자를 채권자에 대한 관계에서 '타인의 사무를 처리하는 자'라고 할 수 없다.** 위와 같은 법리는, **권리이전에 등기·등록을 요하는 동산에 관한 양도담보설정계약**에도 마찬가지로 적용되므로 자동차 등에 관하여 양도담보설정계약을 체결한 채무자는 채권자에 대하여 그의 사무를 처리하는 지위에 있지 아니하기에, 채무자가 **채권자에게 양도담보설정계약에 따른 의무를 다하지 아니하고 이를 타에 처분하였다고 하더라도 배임죄가 성립하지 아니한다**(대판 2022.12.22. 2020도8682 전원합의체판결).

4. 죄수 및 타죄와의 관계

죄수판단은 신임관계에 기초한 임무위배의 수를 기준으로 한다.

> **관련판례**
>
> ① **회사 명의의 합의서를 임의로 작성·교부**한 행위에 대하여 약식명령이 확정된 <u>사문서위조 및 그 행사죄</u>의 범죄사실과 그로 인하여 회사에 재산상 손해를 가하였다는 <u>업무상 배임</u>의 공소사실은 그 객관적 사실관계가 하나의 행위이므로 1개의 행위가 수개의 죄에 해당하는 경우로서 형법 제40조에 정해진 <u>상상적 경합관계</u>에 있다(대판 2009.4.9. 2008도5634).
> ② 배임죄는 재산상 이익을 객체로 하는 범죄이므로, <u>1인 회사의 주주가 자신의 개인채무를 담보하기 위하여 회사 소유의 부동산에 대하여 근저당권설정등기를 마쳐 주어 배임죄가 성립한 이후에 그 부동산에 대하여 새로운 담보권을 설정해 주는 행위</u>는 선순위 근저당권의 담보가치를 공제한 나머지 담보가치 상당의 재산상 이익을 침해하는 행위로서 별도의 배임죄가 성립한다(대판 2005.10.28. 2005도4915).
> ③ **업무상배임행위에 사기행위가 수반된 때의 죄수 관계**에 관하여 보면, 사기죄와 업무상배임죄는 그 구성요건을 달리하는 별개의 범죄이고 형법상으로도 각각 별개의 장에 규정되어 있어, 1개의 행위에 관하여 사기죄와 업무상배임죄의 각 구성요건이 모두 구비된 때에는 양 죄를 법조경합 관계로 볼 것이 아니라 <u>상상적 경합관계로 봄이 상당하다</u> 할 것이고, 나아가 업무상배임죄가 아닌 <u>단순배임죄라고 하여 양 죄의 관계를 달리 보아야 할 이유도 없다.</u> 따라서 **신용협동조합의 전무가 그 조합의 담당직원을 기망하여 예금인출금 또는 대출금 명목으로 금원을 교부받은 경우**, 사기죄와 업무상배임죄의 상상적 경합이 된다(대판 2002.7.18. 2002도669 전원합의체).

④ 회사에 대한 관계에서 타인의 사무를 처리하는 자가 임무에 위배하여 **회사로 하여금 자신의 채무에 관하여 연대보증채무를 부담**하게 한 다음, 회사의 금전을 보관하는 자의 지위에서 회사의 이익이 아닌 자신의 채무를 변제하려는 **의사로 회사의 자금을 자기의 소유인 경우와 같이 임의로 인출한 후 개인 채무의 변제에 사용**한 행위는, 연대보증채무 부담으로 인한 배임죄와 다른 새로운 보호법익을 침해하는 것으로서 배임 범행의 불가벌적 사후행위가 되는 것이 아니라 별죄인 횡령죄를 구성한다고 보아야 하며, 횡령행위로 인출한 자금이 선행 임무위배행위로 인하여 회사가 부담하게 된 연대보증채무의 변제에 사용되었다 하더라도 달리 볼 것은 아니다. 따라서 甲 주식회사의 대표이사와 실질적 운영자인 피고인들이 공모하여, 자신들이 乙에 대해 부담하는 **개인채무 지급을 위하여 甲 회사로 하여금 약속어음을 공동발행하게 하고 위 채무에 대하여 연대보증하게 한 후에 甲 회사를 위하여 보관 중인 돈을 임의로 인출하여 乙에게 지급하여 위 채무를 변제**한 경우, 배임죄와 별도로 횡령죄가 성립한다(대판 2011.4.14, 2011도277). ☞ 배임죄와 횡령죄의 경합범(불가벌적사후행위×)　●경찰, 법행

⑤ 본인에 대한 배임행위가 본인 이외의 제3자에 대한 사기죄를 구성한다 하더라도 그로 인하여 본인에게 손해가 생긴 때에는 사기죄와 함께 배임죄가 성립한다. 따라서 **건물관리인이 건물주로부터 월세임대차계약 체결업무를 위임받고도 임차인들을 속여 전세임대차계약을 체결하고 그 보증금을 편취한 경우**, 사기죄와 별도로 업무상배임죄가 성립하고 두 죄는 **실체적 경합범**의 관계에 있다(대판 2010.11.11, 2010도10690).　●검찰, 경찰, 경간부

Ⅲ 업무상배임죄

제356조 (업무상의 횡령과 배임) 업무상의 임무에 위배하여 제355조의 죄를 범한 자는 10년 이하의 징역 또는 3천만원 이하의 벌금에 처한다.
제359조 (미수범) 미수범은 처벌한다.
제358조 (자격정지의 병과) 10년 이하의 자격정지를 병과할 수 있다.
제361조 (친족간의 범행, 동력) 제328조와 제346조의 규정은 본 장의 죄에 준용한다.

Ⅳ 배임수증재죄

제357조(배임수증재) ① 타인의 사무를 처리하는 자가 그 임무에 관하여 부정한 청탁을 받고 재물 또는 재산상의 이익을 취득하거나 **제3자로 하여금 이를 취득하게 한 때**에는 5년 이하의 징역 또는 1천만원 이하의 벌금에 처한다.
② 제1항의 재물 또는 재산상 이익을 공여한 자는 2년 이하의 징역 또는 500만원 이하의 벌금에 처한다.
③ **범인 또는 그 사정을 아는 제3자가 취득**한 제1항의 재물은 **몰수한다**. 그 재물을 몰수하기 불가능하거나 재산상의 이익을 취득한 때에는 그 가액을 추징한다.
제359조 (미수범) 미수범은 처벌한다.
제358조 (자격정지의 병과) 10년 이하의 자격정지를 병과할 수 있다.
제361조(친족간의 범행, 동력) 제328조와 제346조의 규정은 본장의 죄에 준용한다.

1. 의의 및 보호법익

배임수재죄와 배임증재죄로 구분된다. 타인의 사무처리자에 대한 뇌물죄로서의 성격을 가진다. 배임수재죄는 수뢰죄, 배임증재죄는 뇌물공여죄에 상응한다.

2. 배임수재죄

(1) 행위주체

> **관련판례**
>
> ① 배임수재죄는 타인의 사무를 처리하는 자가 그 임무에 관하여 부정한 청탁을 받고 재물 또는 재산상의 이익을 얻는 경우에 성립하는 범죄로서 원칙적으로 **타인의 사무를 처리하는 자라야 그 범죄의 주체가 될 수 있고, 그러한 신분을 가지지 아니한 자는 신분 있는 자의 범행에 가공한 경우에 한하여 그 주체가 될 수 있다**(대판 1999.1.15, 98도663).
> ② 배임수재죄의 주체로서 타인의 사무를 처리하는 자라 함은 타인과의 대내관계에 있어서 신의성실의 원칙에 비추어 그 사무를 처리할 신임관계가 존재한다고 인정되는 자를 의미하고, 반드시 제3자에 대한 대외관계에서 그 사무에 관한 권한이 존재할 것을 요하지 않으며, 또 그 사무가 포괄적 위탁사무일 것을 요하는 것도 아니고, 사무처리의 근거, 즉 신임관계의 발생근거는 법령의 규정, 법률행위, 관습 또는 사무관리에 의하여도 발생할 수 있다(대판 2003.2.26, 2002도6834).
> ③ [1] **타인의 사무를 처리하는 자가** 그 신임관계에 기한 사무의 범위에 속한 것으로서 **장래에 담당할 것이 합리적으로 기대되는 임무에 관하여 부정한 청탁을 받고 재물 또는 재산상 이익을 취득한 후 그 청탁에 관한 임무를 현실적으로 담당하게 되었다면** 이로써 타인의 사무를 처리하는 자의 청렴성은 훼손되는 것이어서 배임수재죄의 성립을 인정할 수 있다.
> [2] 방송국 예능담당 프로듀서인 피고인이 연예기획사 운영자로부터 상당한 시세차익이 예상되는 주식의 매수기회를 제공받음으로써 피고인이 제작하는 예능프로그램 등에 그 소속 연예인을 출연시키거나 뮤직비디오를 방영해 달라는 청탁을 받고, 이 주식을 매수함으로써 재산상 이익을 취득한 사안에서, 배임수재죄의 성립을 인정한 사례(대판 2010.4.15, 2009도4791)

> **비교판례**
>
> [1] **배임수재죄**는 타인의 사무를 처리하는 지위를 가진 자에게 부정한 청탁을 행하여야 성립하는 것으로 형법 제357조 제1항에 규정되어 있고, 타인의 사무를 처리하는 자의 지위를 취득하기 전에 부정한 청탁을 받은 행위를 처벌하는 별도의 구성요건이 존재하지 않는 이상, **타인의 사무처리자의 지위를 취득하기 전에 부정한 청탁을 받은 경우에 배임수재죄로는 처벌할 수 없다고 보는 것이 죄형법정주의의 원칙에 부합한다**.
> [2] **시(市)에서 발주한 도시형폐기물종합처리시설 건설사업의 기본설계 적격심의 및 평가위원으로서 그 임무와 관련하여 부정한 청탁을 받고 재물을 취득한 경우**, 청탁을 받을 당시에 위 건설사업에 관한 사무를 처리하는 지위에 있었다고 인정되지 아니하는 이상 배임수재죄로 처벌할 수는 없다(대판 2010.7.22, 2009도12878).

판례 정리 … '타인의 사무처리자'인 경우

1. 감정평가법인의 지점을 독립채산제로 운영하는 자가 감정평가업무를 수주하여 그 업무를 처리한 경우(대판 2004.10.27, 2003도7340) ● 법행
2. 회원제 골프장의 예약업무 담당자가 부킹대행업자의 청탁에 따라 회원에게 제공해야 하는 주말부킹권을 부킹대행업자에게 판매하고 그 대금 명목의 금품을 받은 것이 배임수재죄에 해당한다(대판 2008.12.11, 2008도6987). ● 경찰승진
3. 대학교수가 특정출판사의 교재를 채택하여 달라는 청탁을 받고 교재 판매대금의 일정비율에 해당하는 금원을 받은 경우 배임수재죄에 해당한다(대판 1996.10.11, 95도2090). ● 사시, 법행
4. 서울시당의 공천심사관련업무를 담당하는 정당의 서울시당 위원장이 공천과 관련하여 부정한 청탁을 받고 물품을 수령한 경우 배임수재죄에 해당한다(대판 2007.12.11, 2008도6987).
5. 임대차계약을 체결함에 있어 임차인을 선정하거나 임대보증금 및 차임을 결정하는 권한이 없고 다만 상사에게 임차인을 추천할 수 있는 권한 밖에 없다 하더라도 업무과장으로서 점포 등의 임대 및 관리를 담당하고 있는 이상 타인의 사무를 처리하는 자에 해당한다 할 것이며 그러한 자가 다른 사람이 점포를 임차하려는 상태에서 사례비를 줄 터이니 자기에게 임대하여 달라는 부탁을 받고 금원을 교부받은 소위는 형법 제357조의 구성요건에 해당한다(대판 1984.8.21, 83도2447). ● 사시, 경찰승진

판례 정리 … 타인의 사무처리자가 아닌 경우

1. 지역별 수산업협동조합의 총대는 조합의 의결기관인 총회의 구성원일 뿐 임원이나 기타 업무집행기관이 아니며 선출지역 조합원의 지시나 간섭을 받지 않고 스스로의 권한으로 총회에서 임원선거에 참여하고 의결권을 행사하는 등 자주적으로 업무를 수행하는 것이므로 총회에서의 의결권 또는 선거권의 행사는 자기의 사무이고 이를 선거구역 조합원이나 조합의 사무라고 할 수 없는 것이고, 따라서 총대가 조합장선거에 출마한 후보자들로부터 자신을 지지하여 달라는 부탁과 함께 금원을 교부받았더라도 배임수재죄로 처벌할 수 없다(대판 1990.2.27, 89도970).

비교판례

지역화물자동차운송사업협회 대표자인 피고인들이 甲으로부터 전국화물자동차운송사업연합회 회장 선거에서 자신을 지지해달라는 취지의 부정한 청탁을 받고 돈을 수수한 경우, 각 지역협회 대표자가 연합회 총회에서 총회의 구성원이 되어 회장 선출에 관한 선거권 내지 의결권을 행사하는 것은 연합회 회원인 각 지역협회 업무집행기관으로서 권한을 행사하는 것에 불과하므로, 이러한 대표자의 권한행사는 자기의 사무를 처리하는 것이 아니라 타인인 '지역협회'의 사무를 처리하는 것으로 보아야 하므로 배임수재죄가 성립한다(대판 2011.8.25, 2009도5618). ● 경찰간부

2. 대학원생들이 지도교수들을 통하여 다른 대학교 교수인 피고인에게 "학위논문 작성에 필요한 실험대행 및 논문의 주요부분 작성 등 편의를 제공하여 문제없이 학위를 취득하게 해 달라"는 청탁을 하고 금품을 교부한 사안에서, 위 청탁은 부정한 청탁에 해당하지만, 타 대학 대학원생들에 대한 논문지도 및 심사업무가 피고인의 업무라고 할 수 없으며, 피고인이 대학원생들 지도교수들의 배임수재행위에 공모하였다고 보기도 어려우므로 배임수재죄가 성립하지 않는다(대판 2008.3.27, 2006도3504). ● 법행
3. 대학 편입학업무를 담당하지 아니한 피고인 甲이 피고인 乙로부터 편입학과 관련한 부정한 청탁을 받고 금품을 수수하였다 하더라도 편입학업무를 담당한 교무처장 등이 피고인 甲이 부정한 청탁을 받았음을 알았거나 스스로 부정한 청탁을 받지 않은 경우, 피고인 甲을 배임수재로, 피고인 乙을 배임증재로 처벌할 수 없다고 한 사례(대판 1999.1.15, 98도663). ● 해경간부

(2) 행 위

① 임무에 관하여 : 배임수재죄에 있어서 "임무"라 함은 타인의 사무를 처리하는 자가 위탁받은 사무를 말하나 그 위탁관계로 인한 본래의 사무뿐만 아니라 그와 밀접한 관계가 있는 범위내의 사무, 보조기관으로서 직접 간접으로 그 처리에 관여하는 업무도 포함된다(대판 1982.2.9, 80도2130).

> **판례 정리 … 임무관련성 부정**
>
> 한국야구위원회 사무총장이 잠실야구장의 광고권자 선정 업무를 처리하는 자에 해당한다고 볼 수는 없고, 그 담당 업무가 위 광고권자 선정 업무와 밀접한 관계가 있는 범위 내의 사무라고 보기도 어려워, 위 광고권자 선정과 관련하여 부정한 청탁을 받고 금품을 수수한 행위를 배임수재죄로 처벌할 수 없다(대판 2006.3. 24, 2005도6433). ● 법행

> **판례 정리 … 임무관련성 인정**
>
> 공사발주자인 한국노동조합총연맹의 위원장이 공사수급인인 건설회사의 하도급업체 선정과 관련하여 돈을 받은 것이 한국노동조합총연맹의 사무를 처리하는 자로서의 임무에 관한 것이라고 보아 배임수재죄에 해당한다(대판 2006.11.23, 2006도906). ● 법행

② 부정한 청탁

> **관련판례**
>
> ① 배임수증재죄에 있어서 부정한 청탁이라 함은 청탁이 사회상규와 신의성실의 원칙에 반하는 것을 말하며 그 청탁은 반드시 명시적임을 요하는 것은 아니다(대판 2005.1.14, 2004도6646). ● 사시, 경찰승진
> ② 형법 제357조 제1항이 규정하는 배임수재죄는 재물 또는 이익을 공여하는 사람과 취득하는 사람 사이에 부정한 청탁이 개재되지 않는 한 성립하지 않는다. 여기서 '**부정한 청탁**'이란 반드시 **업무상 배임의 내용이 되는 정도에 이를 것을 요하지 않으며**, 사회상규 또는 신의성실의 원칙에 반하는 것을 내용으로 하면 족하다(대판 2011.8.18, 2010도10290). ● 승진
> ③ 배임수재죄는 타인의 사무를 처리하는 자가 그 임무에 관하여 부정한 청탁을 받고 이에 응하여 재물을 취득함으로써 성립하는 것이고 재물을 공여하는 자가 부정한 청탁을 하였다 하더라도 그 청탁을 받아들임이 없이 그 청탁과는 관계없이 금품을 받은 경우에는 배임수재죄는 성립하지 아니한다(대판 1982.7.13, 82도874). ● 경찰, 사시
> ④ 배임수재죄 및 배임증재죄에서 공여 또는 취득하는 재물 또는 재산상 이익은 부정한 청탁에 대한 대가 또는 사례여야 한다. 따라서 **거래상대방의 대향적 행위의 존재를 필요로 하는 유형의 배임죄에서 거래상대방이 양수대금 등 거래에 따른 계약상 의무를 이행하고 배임행위의 실행행위자가 이를 이행 받은 것을 두고 부정한 청탁에 대한 대가로 수수하였다고 쉽게 단정하여서는 아니 된다**(대판 2016.10.13, 2014도17211). ☞ 특허권이전과 특허권이전에 대한 대금은 특허권이전에 대한 계약이행의 문제이지 부정한 청탁에 대한 대가라고 보기 어렵기 때문에 배임수증재죄도 성립하지 않는다.

⑤ 배임수증재죄에 있어서 타인의 업무를 처리하는 자에게 공여한 금품에 **부정한 청탁의 대가로서의 성질과 그 외의 행위에 대한 사례로서의 성질이 불가분적으로 결합**되어 있는 경우에는 그 전부가 불가분적으로 부정한 청탁의 대가로서의 성질을 갖는 것으로 보아야 한다(대판 2019.6.13, 2018도20655).

판례 정리 ··· 부정한 청탁에 해당하는 경우

1. 방송프로듀서에게 담당 방송프로그램에 특정가수의 노래만을 자주 방송하여 달라는 청탁이 배임수재죄의 부정한 청탁에 해당한다(대판 1991.1.15, 90도2257). ● 법행
2. 신문사의 지국장이 취재기사를 본사에 송고하지 말아 달라는 청탁을 받고 그 묵인사례조로 금품을 교부받은 행위는 배임수재죄가 된다(대판 1970.9.17, 70도1355). ● 법무사
3. 대학병원 의사가 의약품인 조영제나 의료재료를 지속적으로 납품할 수 있도록 해 달라는 청탁 또는 의약품 등을 사용해 준 대가로 제약회사 등으로부터 명절 선물이나 골프접대 등 향응을 제공받았다면 배임수재죄가 성립한다(대판 2011.8.18, 2010도10290).

비교판례
대학병원 의사가 의약품을 사용해 준 대가 또는 향후 의약품을 지속적으로 납품할 수 있도록 해달라는 청탁의 취지로 제약회사 등이 제공하는 의약품에 관한 '시판 후 조사'연구용역계약을 체결하고 연구비 명목의 돈을 수수한 경우 배임수재죄가 성립하지 않는다(대판 2011.8.18, 2010도10290).

4. 언론인이 평론의 대상이 되는 특정인이나 특정 기업으로부터 경제적 이익을 제공받으면서 우호적 여론 형성 등에 관한 청탁을 받는 것은 언론의 공정성, 객관성, 언론인의 청렴성, 불가매수성에 대한 공공의 신뢰를 저버리는 것일뿐더러, 그로 인하여 해당 언론사가 주의, 경고, 과징금 부과 등 제재조치를 받을 수 있다는 점에서 사회상규 또는 신의성실의 원칙에 반하는 배임수재죄의 부정한 청탁에 해당한다(대판 2024.3.12, 2020도1263). ● 경찰
5. 보도의 대상이 되는 자가 언론사 소속 기자에게 소위 '유료 기사' 게재를 청탁하는 행위는 사실상 '광고'를 '언론 보도'인 것처럼 가장하여 달라는 것으로서 언론 보도의 공정성 및 객관성에 대한 공공의 신뢰를 저버리는 것이므로, 배임수재죄의 부정한 청탁에 해당한다. 설령 '유료 기사'의 내용이 객관적 사실과 부합하더라도, 언론 보도를 금전적 거래의 대상으로 삼은 이상 그 자체로 부정한 청탁에 해당한다(대판 2021.9.30, 2019도17102).
6. 국회의원이 공천비리 내사가 있자 담당자인 중앙당 수석위원장에게 찾아가 "당무에 수고가 많다. 회식이나 하라"며 돈을 준 경우 더 이상 공천비리를 조사하지 말아 달라는 취지이므로 부정한 청탁에 해당한다(대판 1988.12.20, 88도167).
7. ○○ 국가산업단지 내 기업체로부터 '공동광고의 경우 광고효과가 없거나 미약하지만, 기자들과 우호적인 관계를 유지하면서 안전사고 등이 발생할 경우 보도를 자제하거나 확대해서 보도하는 등의 일을 하지 말아 달라는 취지에서 기자에게 공동광고비를 지급한 경우 이는 부정한 청탁에 해당하여 기자에게는 배임수재죄가 성립한다(대판 2014.5.16, 2012도11259).
8. 주택조합아파트 시공회사 직원인 피고인들이 조합장으로부터 조합의 이중분양에 관한 민원을 회사에 보고하지 않고 묵인하거나 이중분양에 대한 조치를 강구할 때 조합의 입장을 배려하여 달라는 청탁을 받고 위 아파트 분양권을 취득한 경우, 피고인들에게 배임수재죄를 인정된다(대판 2011.2.24, 2010도11784).
9. 정상적으로 KOC위원의 위촉절차를 밟지 않고 KOC위원이 되고자 KOC위원장에게 KOC위원으로 선임해 달라거나 태권도단체의 주요보직에 임명해 달라 또는 스포츠의류부분 공식공급업체로 지정해 달라는 등의 부탁은 부정한 청탁에 해당한다(대판 2005.1.14, 2004도6646).

> **판례 정리** ··· 부정한 청탁에 해당하지 않는 경우

1. <u>계약관계를 유지시켜 기존권리를 확보하기 위한 부탁행위는 부정한 청탁이라 할 수 없으므로</u>, 계약관계를 유지시켜 달라는 부탁을 받고 사례금명목으로 금원을 교부받은 행위는 배임수재죄에 해당하지 아니한다(대판 1985.10.22, 85도465). ● 경찰
2. 청탁한 내용이 **단순히 규정이 허용하는 범위 내에서 최대한의 선처를 바란다**는 내용에 불과하거나 **위탁받은 사무의 적법하고 정상적인 처리범위에 속하는 것**이라면 이는 사회상규에 어긋난 부정한 청탁이라고 볼 수 없고 이러한 청탁의 사례로 금품을 수수한 것은 배임수재에 해당하지 않는다(대판 2011.4.14, 2010도8743). ● 경찰, 법행
3. 사회복지법인의 설립자 내지 운영자가 사회복지법인 운영권을 양도하고 양수인으로부터 양수인 측을 사회복지법인의 임원으로 선임해 주는 대가로 양도대금을 받기로 하는 내용의 '청탁'을 받은 경우, 특별한 사정이 없는 한 사회상규 또는 신의성실의 원칙에 반하는 것을 내용으로 하는 청탁이라고 할 수 없으므로 이를 배임수재죄의 성립 요건인 '부정한 청탁'에 해당한다고 할 수 없다(대판 2013.12.26, 2010도16681). ● 법행
4. 공인회계사인 피고인이 甲 주식회사 부사장 乙에게서 '**합병에 필요한 甲 회사의 주식가치를 높게 평가해 달라**'는 부정한 청탁을 받고 금품을 수수한 경우 주식가치평가에 대한 언급을 사회상규에 반하는 **부정한 청탁으로 보기 어렵다**는 이유로 무죄를 선고하였다(대판 2011.9.29, 2011도4397).
5. 피고인이 자기소유로 믿고 있는 부동산을 제3자에게 처분하기 위하여 매매계약을 하였는데 피고인이 종중에서 그 부동산에 대한 권리를 주장하면서 처분금지가처분결정까지 받아 이를 집행하자 피고인이 계약위반으로 인한 손해배상문제를 염려하여 종중의 대표자에게 **가처분의 부당성을 지적하면서 가처분 비용을 지급하고 그 신청을 취하하도록 하였다**면 이는 피고인이 자기의 권리를 확보하기 위한 행위로서 사회상규나 신의성실의 원칙상 부정한 청탁을 한 것이 아니므로 가사 종중대표자에게 부정한 점이 있다고 하더라도 피고인을 배임증여죄로 처벌할 수 없다(대판 1980.8.26, 80도19). ● 법행

(3) 재물 또는 재산상의 이익취득

> **관련판례**
>
> ① 배임수재죄는 타인의 사무를 처리하는 자가 그 임무에 관하여 부정한 청탁을 받고 재물 등을 취득함으로써 성립하는 것이고, 어떠한 임무위배행위나 본인에게 손해를 가할 것을 요건으로 하는 것은 아니다(대판 2011.2.24, 2010도11784). ● 법행, 법원
> ② 형법 제357조 제1항의 배임수재죄는 타인의 사무를 처리하는 자의 청렴성을 보호법익으로 하는 것으로, 그 임무에 관하여 부정한 청탁을 받고 재물을 수수함으로써 성립하고 반드시 수재 당시에도 그와 관련된 임무를 현실적으로 담당하고 있음을 그 요건으로 하는 것은 아니므로, 타인의 사무를 처리하는 자가 그 임무에 관하여 부정한 청탁을 받은 이상 그 후 **사직으로 인하여 그 직무를 담당하지 아니하게 된 상태에서 재물을 수수**하게 되었다 하더라도, 그 재물 등의 수수가 부정한 청탁과 관련하여 이루어진 것이라면 배임수재죄가 성립한다(대판 1997.10.24, 97도2042). ● 사시, 법행
> ③ 타인의 사무를 처리하는 자가 증재자(贈財者)로부터 돈이 입금된 계좌의 예금통장이나 이를 인출할 수 있는 현금카드나 신용카드를 교부받아 이를 소지하면서 언제든지 위 예금통장 등을 이용하여 예금된 돈을 인출할 수 있어 예금통장의 돈을 자신이 지배하고 입금된 돈에 대한 실질적인 사용권한과 처분권한을 가지고 있는 것으로 평가될 수 있다면, 예금된 돈을 취득한 것으로 보아야 한다(대판 2017.12.5, 2017도11564).

(4) 재물 또는 재산상의 이익은 '타인의 사무처리자'가 취득하거나 '제3자'로 하여금 이를 취득하게 할 것

① 형법 제357조 제1항 **배임수재죄**는 '타인의 사무를 처리하는 자가 그 임무에 관하여 부정한 청탁을 받고 재물 또는 재산상의 이익을 취득하거나 **제3자로 하여금 이를 취득하게 한 때**'라고 규정하고 있는바 여기서의 '**제3자**'에는 다른 특별한 사정이 없는 한 **사무처리를 위임한 타인은 포함되지 않는다**고 봄이 타당하다. 그러나 부정한 청탁에 따른 재물이나 재산상 이익이 외형상 사무처리를 위임한 타인에게 지급된 것으로 보이더라도 **사회통념상 그 타인이 재물 또는 재산상 이익을 받은 것을 부정한 청탁을 받은 사람이 직접 받은 것과 동일하게 평가할 수 있는 경우**에는 배임수재죄가 성립될 수 있다(대판 2021.9.30, 2019도17102).

② 조합 이사장이 조합이 주관하는 도자기 축제의 대행기획사를 선정하는 과정에서 최종 기획사로 선정된 회사로부터 조합운영비 지급을 약속받고 위 축제가 끝난 후 조합운영비 명목으로 현금 3,000만 원을 교부받아 조합운영비로 사용한 경우, 이사장이 개인적인 이익을 위해서가 아니라 조합의 이사장으로서 위 금원을 받아 조합의 운영경비로 사용한 것이므로 배임수재죄가 성립되지 않는다(대판 2008.4.24, 2006도1202).

③ **신문사 기자인 피고인들이 홍보성 기사를 작성해 달라는 부정한 청탁을 받고 각 소속 신문사로 하여금 금원을 취득하게 한 경우** 피고인들이 속한 각 소속 언론사는 사무처리를 위임한 자에 해당하고, 기록상 위 금원이 피고인들 본인 또는 사무처리를 위임한 자가 아닌 제3자에게 사실상 귀속되었다고 평가할만한 사정이 없으므로 배임수재죄는 성립되지 않는다(대판 2021.9.30, 2019도17102).

(5) 기수시기

배임수재죄에서 말하는 '재산상의 이익의 취득'이라 함은 현실적인 취득만을 의미하므로 단순한 요구 또는 약속만을 한 경우에는 이에 포함되지 아니한다. 따라서 피고인에게 골프장 회원권의 공여의 의사표시를 하고 피고인이 이를 승낙하였더라도 그 **골프장 회원권에 관하여 피고인 명의로 명의변경이 이루어지지 아니한 이상** 피고인이 현실적으로 재산상 이익을 취득하지 않았으므로 배임수재죄가 성립하지 않는다 (대판 1999.1.29, 98도4182). ● 사시, 법행, 경찰

(6) 손해발생 불요

피고인이 그가 대표이사로 있는 회사가 발주하는 공사에 관하여 입찰경쟁업체로 지명함에 있어서 부적당하다는 정을 알면서도 부정한 청탁을 받고 소외 건설업체를 지명하고 그 사례조로 금원을 수수하여 배임수재죄가 성립하였다면 그 후 위 건설업체가 동 공사를 아무런 하자없이 시공하여 준공검사를 마침으로써 그 회사에 아무런 손해가 발생하지 아니하였더라도 아무런 영향이 없다(대판 1983.12.13, 82도735).

(7) 죄 수

> **관련판례**
>
> ① 타인의 사무를 처리하는 자가 동일인으로부터 그 직무에 관하여 부정한 청탁을 받고 여러 차례에 걸쳐 금품을 수수한 경우, 그것이 단일하고도 계속된 범의 아래 일정기간 반복하여 이루어진 것이고 그 피해법익도 동일한 때에는 이를 포괄일죄로 보아야 한다. 다만, 여러 사람으로부터 각각 부정한 청탁을 받고 그들로부터 각각 금품을 수수한 경우에는 비록 그 청탁이 동종의 것이라고 하더라도 단일하고 계속된 범의 아래 이루어진 범행으로 보기 어려워 그 전체를 포괄일죄로 볼 수 없다(대판 2008.12.11, 2008도6987). ●사시
>
> ② 형법 제357조 제1항의 **배임수재죄**는 타인의 사무를 처리하는 자가 그 임무에 관하여 부정한 청탁을 받고 재물 등을 취득함으로써 성립하는 것이고 어떠한 임무 위배행위나 본인에게 손해를 가한 것을 요건으로 하는 것이 아닌데 대하여 동법 제256조, 제355조 제2항의 **배임죄**는 타인의 사무를 처리하는 자가 그 임무에 위배하는 행위가 있어야 하고 그 행위로서 본인에게 손해를 가함으로써 성립하는 것이나 부정한 청탁을 받거나 금품을 수수한 것을 그 요건으로 하지 않고 있으므로 이들 양 죄는 행위의 태양을 전연 달리하고 있어 **일반법과 특별법관계가 아닌 별개의 독립된 범죄**라고 보아야 하고 양죄를 형법 제37조 전단의 **경합범**으로 의율처단하였음은 정당하다(대판 1984.11.27, 84도1906). ●경찰승진

(8) 몰수ㆍ추징

배임수재죄와 배임증재죄는 이른바 대향범으로서 위 제3항에서 필요적 몰수 또는 추징을 규정한 것은 범행에 제공된 재물과 재산상 이익을 박탈하여 부정한 이익을 보유하지 못하게 하기 위한 것이므로, 제3항에서 몰수의 대상으로 규정한 '범인이 취득한 제1항의 재물'은 배임수재죄의 범인이 취득한 목적물이자 배임증재죄의 범인이 공여한 목적물을 가리키는 것이지 배임수재죄의 목적물만을 한정하여 가리키는 것이 아니다. 그러므로 수재자가 증재자로부터 받은 재물을 그대로 가지고 있다가 증재자에게 반환하였다면 증재자로부터 이를 몰수하거나 그 가액을 추징하여야 한다(대판 2017.4.7, 2016도18104). ●변호사

3. 배임증재죄

(1) 의 의

형법 제357조 제2항이 규정하는 배임증재죄는 타인의 사무를 처리하는 자에게 그 임무에 관하여 부정한 청탁을 하고 재물 또는 재산상이익을 공여하는 경우에 성립하는 범죄로서 재물 또는 재산상이익의 취득은 타인사무처리자에게 교부하던 제3자에게 교부하던 모두 배임증재죄가 성립하는 것으로 법이 개정되었다.

(2) 구성요건

① 재물 또는 재산상이익은 타인사무처리자 또는 제3자에게 공여하면 된다.

② **부정한 청탁** : 증재자는 수재자에게 그 임무에 관해 부정한 청탁을 할 것을 요한다. 다만 수재자에게는 부정한 청탁이 되어도 증재자에게는 부정한 청탁이 될 수 없는 때에는 배임수재죄는 성립하지만 배임증재죄는 성립하지 않는다.

> **관련판례**
>
> 제357조 제1항의 배임수재죄와 같은 조 제2항의 배임증재죄는 통상 필요적 공범의 관계에 있기는 하나 이것은 반드시 수재자와 증재자가 같이 처벌받아야 하는 것을 의미하는 것은 아니고 **증재자에게는 정당한 업무에 속하는 청탁이라도 수재자에게는 부정한 청탁이 될 수도 있는 것**이다. 따라서 방송국에서 프로그램의 제작연출 등의 사무를 처리하는 프로듀서가 특정 가수의 노래만을 편파적으로 선곡하여 계속 방송하여서는 아니되고 청취자들의 인기도, 호응도 등을 고려하여 여러 가수들의 노래를 공정성실하게 방송하여야 할 임무가 있음에도 담당 방송프로그램에 **특정 가수의 노래만을 자주 방송하여 달라는 청탁은 사회상규나 신의성실의 원칙에 반하는 부정한 청탁**이라 할 것이다(대판 1991.1.15, 90도2257). ● 경찰승진

③ **공여** : 현실적으로 공여하여야 기수가 되며, 공여의 의사표시나 약속만으로는 미수가 된다. 현실적인 공여가 있는 한 상대방이 취득하지 않더라도 본죄가 성립한다.

④ **몰수·추징** : 배임수재죄가 필요적 몰수·추징임에 반해 **본죄는 임의적 몰수·추징**만 가능하다.

⑤ **공범** : 배임증재죄를 범한 자가 배임행위에 까지 관여한 경우에는 배임죄의 공범이 될 수 있다.

> **관련판례**
>
> ① 공동의 사기 범행으로 인하여 얻은 돈을 공범자끼리 수수한 행위가 공동정범들 사이의 범행에 의하여 취득한 돈이나 재산상 이익의 내부적인 분배행위에 지나지 않는다면 돈의 수수행위가 따로 배임수·증재죄를 구성한다고 볼 수는 없다(대판 2016.5.24, 2015도18795). ☞ 공사 발주처의 입찰 업무를 처리하는 자가 공사업자와 공모하여 부정한 방법으로 낙찰하한가를 알아낸 다음 공사업자에게 알려주어 발주처가 공사업자를 낙찰자로 선정하도록 하여 공사계약의 체결에 이르게 하고 공사업자에게서 돈을 수수한 사건임. ● 경간부
>
> ② 업무상배임죄와 배임증재죄는 별개의 범죄로서 배임증재죄를 범한 자라 할지라도 그와 별도로 타인의 사무를 처리하는 지위에 있는 사람과 공범으로서는 업무상배임죄를 범할 수도 있는 것이다(대판 1999.4.27, 99도883).

제8절 장물의 죄

I 서설

1. 의의 및 보호법익
장물을 취득·양도·운반·보관·알선하는 것을 내용으로 하는 범죄이다. 보호법익은 피해자(본범의 피해자)의 재산권이다.

2. 장물죄의 본질

(1) 추구권설

① 장물이라 함은 영득죄에 의하여 취득한 물건 그 자체를 말하는 것으로서 피해자에게 그 회복추구권이 없어진 경우에는 장물성을 잃게 된다(대판 1972.2.22, 71도2296).

② 절도 범인으로부터 장물보관 의뢰를 받은 자가 그 정을 알면서 이를 인도받아 보관하고 있다가 임의 처분하였다 하여도 장물보관죄가 성립하는 때에는 이미 그 소유자의 소유물 추구권을 침해하였으므로 그 후의 횡령행위는 불가벌적 사후행위에 불과하여 별도로 횡령죄가 성립하지 않는다(대판 2004.4.9, 2003도8219).

(2) (위법상태)유지설

본범의 행위에 의한 위법한 재산상태를 본범과 장물범과의 합의하에 유지·존속시키는 데에 장물죄의 본질이 있다는 견해이다.

(3) 공범설

범죄로 취득한 본범의 경제적 이익에 사후적으로 관여하여 그 이익을 취하는 데에 장물의 본질이 있다는 견해이다.

(4) 결합설

장물인 정을 모르고 보관하던 중 장물인 정을 알게 되었고, 위 장물을 반환하는 것이 불가능하지 않음에도 불구하고 계속 보관함으로써 피해자의 정당한 반환청구권 행사를 어렵게하여 위법한 재산상태를 유지시킨 경우에는 장물보관죄에 해당한다(대판 1987.10.13, 87도1633).

Ⅱ 장물의 죄

> 제362조 (장물의 취득, 알선등) ① 장물을 취득, 양도, 운반 또는 보관한 자는 7년 이하의 징역 또는 1천 500만원 이하의 벌금에 처한다.
> ② 전항의 행위를 알선한 자도 전항의 형과 같다.

1. 객관적 구성요건

(1) 행위주체

관련판례

① 장물죄는 타인(본범)이 불법하게 영득한 재물의 처분에 관여하는 범죄이므로 자기의 범죄에 의하여 영득한 물건에 대하여는 성립하지 아니하고 이는 불가벌적 사후행위에 해당하나 여기에서 자기의 범죄라 함은 정범자(공동정범과 합동범을 포함한다)에 한정되는 것이므로 평소 본범과 공동하여 수차 상습으로 절도등 범행을 자행함으로써 실질적인 범죄집단을 이루고 있었다 하더라도, 당해 범죄행위의 정범자(공동정범이나 합동범)로 되지 아니한 이상 이를 자기의 범죄라고 할 수 없고 따라서 그 장물의 취득을 불가벌적 사후행위라고 할 수 없다(대판 1986.9.9, 86도1273).   ● 법행

② 특수강도의 범행을 모의한 이상 범행의 실행에 가담하지 아니하고, 공모자들이 강취해 온 장물의 처분을 알선만하였다 하더라도, 특수강도의 공동정범이 된다 할 것이므로 장물알선죄로 의율할 것이 아니다(대판 1983.2.22, 82도3103,82감도666).   ● 사시

③ 횡령 교사를 한 후 그 횡령한 물건을 취득한 때에는 횡령교사죄와 장물취득죄의 경합범이 성립된다(대판 1969.6.24, 69도692).   ● 법행

(2) 행위객체 : 장물

① 본범은 재물을 객체로 하는 재산범죄일 것을 요한다

관련판례

① 배임범죄에 제공된 대지는 범죄로 인하여 영득한 것 자체는 아니므로 그 취득자 또는 전득자에게 대하여 배임죄의 가공여부를 논함은 별문제로 하고 장물취득죄로 처단할 수 없다(대판 1975.12.9, 74도2804).

② 리프트탑승권 발매기를 전산조작하여 위조한 탑승권을 발매기에서 뜯어 간 행위는 탑승권 위조행위와 위조탑승권 절취행위가 결합된 것이므로 위조탑승권은 장물에 해당한다(대판 1998.11.24, 98도2967).   ● 경찰, 사시

참고판례

부동산의 수탁자가 신탁자의 승낙없이 매각처분함으로써 횡령죄가 성립하는 경우에 매수인이 그 정을 알고 있었다 하더라도 수탁자와 짜고 불법영득할 것을 공모한 것이 아니한 그 횡령죄의 공동정범이 되지 아니하고, 신탁행위에 있어서는 수탁자가 외부관계에 대하여 소유자로 간주되므로 이를 취득한 제3자는 수탁자가 신탁자의 승낙없이 매각하는 정을 알고 있는 여부에 불구하고 장물취득죄가 성립하지 아니한다(대판 1979.11.27, 79도2410).

② 재 물
  ㉠ 장물죄에 있어서의 장물이 되기 위하여는 본범이 절도, 강도, 사기, 공갈, 횡령 등 재산죄에 의하여 영득한 물건이면 족하고 그 중 어느 범죄에 의하여 영득한 것인지를 구체적으로 명시할 것을 요하지 않는다(대판 2000.3.24, 99도5275). ● 사시, 경찰승진, 법행
  ㉡[1] '장물'이라 함은 **재산죄인 범죄행위**에 의하여 **영득된 물건**을 말하는 것으로서 절도·강도·사기·공갈·횡령 등 **영득죄**에 의하여 취득된 물건이어야 한다. 여기에서의 범죄행위는 절도죄 등 본범의 **구성요건에 해당하는 위법한 행위**일 것을 요한다. 그리고 본범의 행위에 관한 법적 평가는 그 행위에 대하여 우리 형법이 적용되지 아니하는 경우에도 **우리 형법을 기준으로 하**여야 하고 또한 이로써 충분하므로, 본범의 행위가 우리 형법에 비추어 절도죄 등의 구성요건에 해당하는 위법한 행위라고 인정되는 이상 이에 의하여 영득된 재물은 장물에 해당한다.
  [2] 대한민국 국민 또는 외국인이 **미국 캘리포니아주**에서 미국 리스회사와 미국 캘리포니아주의 법에 따라 차량 이용에 관한 **리스계약을 체결**하면서 준거법에 관하여는 별도로 약정하지 아니하였는데, 이후 자동차수입업자인 피고인이 **리스기간 중 위 리스이용자들이 임의로 처분한 리스계약의 목적물인 차량들을 수입**한 경우, 위 차량들을 임의로 처분한 행위는 형법상 횡령죄에 해당하므로 이에 의하여 영득된 위 차량들은 장물에 해당한다(대판 2011.4.28, 2010도15350). ● 경찰승진

> **관련판례**
>
> [장물이 아닌 경우]
> ① 장물이라 함은 절도, 강도, 사기, 공갈, 횡령 등 재산죄인 범죄행위에 의하여 영득된 물건을 말하는 것이므로 산림법 93조 소정의 절취한 임산물이 아니고 임산물단속에 관한 법률위반죄에 의하여 생긴 임산물은 재산 범죄적 행위에 의한 것이 아니기 때문에 장물이 될 수 없다(대판 1975.9.23, 74도1804). ● 경찰승진
> ② **전화가입권**의 실체는 가입권자가 전화관서로부터 전화역무를 제공받을 하나의 채권적 권리이며, 이는 하나의 재산상의 이익은 될지언정 위에 말한 "장물"의 범주에 속하지 아니한다(대판 1971.2.23, 70도2589). ● 법행, 경찰승진

  ㉢ 대체장물 : 장물의 대가물은 재산범죄에 의하여 취득한 재물 자체가 아니므로 장물이 될 수 없다.
    ㉮ **장물을 팔아서 얻은 돈**은 장물이 아니다(대판 1972.6.13, 72도971). ● 경찰
    ㉮ **장물을 전당잡힌 전당표**는 장물이 아니다(대판 1973.3.13, 73도58). ● 경찰

ⓔ 현금과 장물

> **관련판례**
>
> ① 장물인 현금을 금융기관에 예금의 형태로 보관하였다가 이를 반환받기 위하여 동일한 액수의 현금을 인출한 경우에 예금계약의 성질상 인출된 현금은 당초의 현금과 물리적인 동일성은 상실되었지만 액수에 의하여 표시되는 금전적 가치에는 아무런 변동이 없으므로 장물로서의 성질은 그대로 유지된다고 봄이 상당하고, 자기앞수표도 그 액면금을 즉시 지급받을 수 있는 등 현금에 대신하는 기능을 가지고 거래상 현금과 동일하게 취급되고 있는 점에서 금전의 경우와 동일하게 보아야 한다(대판 2004.3.12, 2004도134). ● 법행, 경찰승진
> ② 甲이 권한 없이 인터넷뱅킹으로 타인의 예금계좌에서 자신의 예금계좌로 돈을 이체한 후 그 중 일부를 인출하여 그 정을 아는 乙에게 교부한 경우, 甲이 컴퓨터등사용사기죄에 의하여 취득한 예금채권은 재물이 아니라 재산상 이익이므로, 그가 자신의 예금계좌에서 돈을 인출하였더라도 장물을 금융기관에 예치하였다가 인출한 것으로 볼 수 없으므로 乙에게는 장물취득죄가 성립하지 않는다(대판 2004.4.16, 2004도353).

ⓜ **불가벌적 사후행위와 장물** : 형법 제41장의 장물에 관한 죄에 있어서의 '장물'이라 함은 재산범죄로 인하여 취득한 물건 그 자체를 말하므로, 재산범죄를 저지른 이후에 별도의 재산범죄의 구성요건에 해당하는 사후행위가 있었다면 비록 그 행위가 불가벌적 사후행위로서 처벌의 대상이 되지 않는다 할지라도 그 사후행위로 인하여 취득한 물건은 재산범죄로 인하여 취득한 물건으로서 장물이 될 수 있다(대판 2004.4.16, 2004도353). ● 경찰, 법행

ⓑ **채권적 권리와 장물** : 채권적 권리는 하나의 재산상 이익은 될지언정 "장물"의 범주에 속하지 아니하므로 업무상과실장물취득죄로 처단할 수 없다(대판 1971.2.23, 70도2589). ● 경찰승진, 법행, 사시

(3) 행 위

① 취득 : 장물취득죄에서 '취득'이라고 함은 점유를 이전받음으로써 그 장물에 대하여 사실상의 처분권을 획득하는 것을 의미한다(대판 2003.5.13, 2003도1366). 또한 장물에 대한 인식(고의)이 있어야 하며 인식을 요하는 시점은 취득시이지 계약시가 아니다. 즉, 계약을 체결할 때에 장물에 대한 인식이 없었더라도 취득시에 장물에 대한 인식이 있으면 장물취득죄가 성립한다.

관련판례

① 단순히 보수를 받고 본범을 위하여 장물을 일시 사용하거나 그와 같이 사용할 목적으로 장물을 건네받은 것만으로는 장물을 취득한 것으로 볼 수 없다(대판 2003.5.13, 2003도1366). ● 경간부
② 매매계약을 체결할 시에는 장물인 정을 몰랐으나 그 후 그 정을 알면서 점유를 인도받은 경우는 장물취득죄가 성립한다(대판 1960.2.17, 4292형상4960). ● 사시
③ 장물취득죄는 취득 당시 장물인 줄 알면서 이를 취득하여야 하므로 피고인이 위 자전거의 인도를 받은 후에 비로소 장물이 아닌가에 대한 의구심을 가졌다 해서 그 자전거의 수수행위가 장물취득죄를 구성한다고 할 수 없다(대판 1971.4.20, 71도468). ● 검찰7급
④ 갑이 권한 없이 발매기를 임의 조작함으로써 리프트탑승권을 부정발급한 행위는 유가증권인 리프트탑승권을 위조하는 행위와 발매기로부터 위조되어 나오는 리프트탑승권을 절취하는 행위가 결합된 것이고, 위조된 리프트탑승권을 판매하는 행위는 일면으로는 위조된 리프트탑승권을 행사하는 행위임과 동시에 절취한 장물인 위조 리프트탑승권을 처분하는 행위에 해당한다. 따라서 갑이 위 위조된 리프트탑승권을 위와 같은 방법으로 취득하였다는 정을 피고인이 알면서 이를 갑으로부터 매수하였다면 그러한 피고인의 행위는 위조된 유가증권인 리프트탑승권에 대한 장물취득죄가 성립한다(대판 1998.11.24, 98도2967). ● 경찰
⑤ 전당포영업자가 보석들을 전당잡으면서 인도받을 당시 장물인 정을 몰랐다가 그 후 장물일지도 모른다고 의심하면서 소유권포기각서를 받은 행위는 장물취득죄에 해당하지 않는다(대판 2006.10.13, 2004도6084).
⑥ [1] 사기죄의 객체는 타인이 점유하는 '타인의' 재물 또는 재산상의 이익이므로, 피해자와의 관계에서 살펴보아 그것이 피해자 소유의 재물인지 아니면 피해자가 보유하는 재산상의 이익인지에 따라 '재물'이 객체인지 아니면 '재산상의 이익'이 객체인지 구별하여야 하는 것으로서, 이 사건과 같이 피해자가 본범의 기망행위에 속아 현금을 피고인 명의의 은행 예금계좌로 송금하였다면, 이는 재물에 해당하는 현금을 교부하는 방법이 예금계좌로 송금하는 형식으로 이루어진 것에 불과하여, 피해자의 은행에 대한 예금채권은 당초 발생하지 않는다.
[2] 장물취득죄에서 '취득'이라 함은 장물의 점유를 이전받음으로써 그 장물에 대하여 사실상 처분권을 획득하는 것을 의미하는데, 이 사건의 경우 본범의 사기행위는 피고인이 예금계좌를 개설하여 본범에게 양도한 방조행위가 가공되어 본범에게 편취금이 귀속되는 과정 없이 피고인이 피해자로부터 피고인의 예금계좌로 돈을 송금받아 취득함으로써 종료되는 것이고, 그 후 피고인이 자신의 예금계좌에서 위 돈을 인출하였다 하더라도 이는 예금명의자로서 은행에 예금반환을 청구한 결과일 뿐 본범으로부터 위 돈에 대한 점유를 이전받아 사실상 처분권을 획득한 것은 아니므로, 피고인의 위와 같은 인출행위를 장물취득죄로 벌할 수는 없다.
[3] 사기 범행에 이용되리라는 사정을 알고서도 자신의 명의로 새마을금고 예금계좌를 개설하여 갑(본범)에게 이를 양도함으로써 갑이 을을 속여 을로 하여금 1,000만 원을 위 계좌로 송금하게 한 사기 범행을 방조한 피고인이 위 계좌로 송금된 돈 중 140만 원을 인출하여 갑이 편취한 장물을 취득하였다는 공소사실에 대하여, 갑이 사기 범행으로 취득한 것은 재산상 이익이어서 장물에 해당하지 않는다는 원심판단은 적절하지 아니하지만, 피고인의 위와 같은 인출행위를 장물취득죄로 벌할 수는 없으므로, 위 '장물취득' 부분을 무죄로 선고한 원심의 결론을 정당하다고 한 사례(대판 2010.12.9, 2010도6256) ● 법원

② **양도** : 장물인 정을 모르고 취득한 후에 그 정을 알면서 제3자에게 현실적으로 점유이전 하는 것을 말한다.

> **관련판례**
>
> 피고인이 도난차량인 미등록 수입자동차를 취득하여 신규등록을 마친 후 위 자동차가 장물일지도 모른다고 생각하면서 이를 양도한 경우 장물양도죄가 성립한다(대판 2011.5.13, 2009도3552). ● 경찰승진

③ **운 반**

> **관련판례**
>
> ① 본범자와 공동하여 장물을 운반한 경우에 본범자는 장물죄에 해당하지 않으나 그 외의 자의 행위는 장물운반죄를 구성하므로, <u>피고인이 **본범이 절취한 차량이라는 정을 알면서도 본범 등으로부터 그들이 위 차량을 이용하여 강도를 하려 함에 있어 차량을 운전해 달라는 부탁을 받고 위 차량을 운전해 준 경우**</u>, 피고인은 강도예비와 아울러 장물운반의 고의를 가지고 위와 같은 행위를 하였다고 봄이 상당하다(대판 1999.3.26, 98도3030). ☞ 장물운반죄와 강도예비죄의 상상적 경합 ● 사시, 경찰승진
> ② 타인이 절취, 운전하는 승용차의 뒷자석에 편승한 것을 가리켜 장물운반행위의 실행을 분담하였다고는 할 수 <u>없다</u>(대판 1983.9.13, 83도1146).

④ **보 관**

> **관련판례**
>
> ① 장물인 정을 모르고 보관하던 중 장물인 정을 알게 되었고, 위 장물을 반환하는 것이 불가능하지 않음에도 불구하고 <u>계속 보관함으로써 피해자의 정당한 반환청구권 행사를 어렵게하여 위법한 재산상태를 유지시킨 경우에는 장물보관죄에 해당한다</u>(대판 1987.10.13, 87도1633). ● 경찰
> ② 장물인 정을 모르고 장물을 보관하였다가 그 후에 장물인 정을 알게 된 경우 그 정을 알고서도 이를 계속하여 보관하는 행위는 장물죄를 구성하는 것이나 이 경우에도 <u>점유할 권한이 있는 때에는 이를 계속하여 보관하더라도 장물보관죄가 성립하지 않는다</u>(대판 1986.1.21, 85도2472). ● 법행
> ③ 전당포영업자가 대여금채권의 <u>담보</u>로 보석들을 전당잡은 경우에는 이를 점유할 권한이 있는 때에 해당하여 장물보관죄 역시 성립하지 않는다(대판 2006.10.13, 2004도6084). ● 경찰승진

⑤ **알선** : 형법 제362조 제2항에 정한 장물알선죄에서 '알선'이란 장물을 취득·양도·운반·보관하려는 당사자 사이에 서서 이를 중개하거나 편의를 도모하는 것을 의미한다. 따라서 장물인 정을 알면서, 장물을 취득·양도·운반·보관하려는 당사자 사이에 서서 서로를 연결하여 장물의 취득·양도·운반·보관행위를 중개하거나 편의를 도모하였다면, 그 알선에 의하여 당사자 사이에 실제로 장물의 취득·양도·운반·보관에 관한 계약이 성립하지 아니하였거나 장물의 점유가 현실적으로 이전되지 아니한 경우라도 장물알선죄가 성립한다(대판 2009.4.23, 2009도1203). ● 경찰

> **관련판례**
> 장물인 귀금속의 매도를 부탁받은 피고인이 그 귀금속이 장물임을 알면서도 매매를 중개하고 매수인에게 이를 전달하려다가 매수인을 만나기도 전에 체포되었다 하더라도, 위 귀금속의 매매를 중개함으로써 **장물알선죄가 성립**한다(대판 2009.4.23, 2009도1203). ● 경찰승진

2. 주관적 구성요건

> **관련판례**
> ① 장물취득죄에 있어서 장물의 인식은 확정적 인식임을 요하지 않으며 장물일지도 모른다는 의심을 가지는 정도의 **미필적 인식으로서도 충분**하고, 또한 장물인 정을 알고 있었느냐의 여부는 장물 소지자의 신분, 재물의 성질, 거래의 대가 기타 상황을 참작하여 이를 인정할 수밖에 없다(대판 1995.1.20, 94도1968). ● 사시, 법행
> ② 장물죄의 고의는 범인이 장물이라는 정을 알면 족하고 그 **본범의 범행을 구체적으로 알아야 하는 것이 아니다**(대판 1969.1.21, 68도1474).
> ③ 금은방을 경영하는 자가 귀금속을 매입함에 있어서 매도인이 주민등록증을 소지하고 있지 않아 이를 확인치 않았으나 전에 일차 거래한바 있던 매도인의 일행의 인적 사항을 확인하여 고물매입대장을 작성하였고, 매입가격도 적정하다면 피고인이 장물인 정을 알았다고 할 수 없다(대판 1984.2.14, 83도3014).

3. 죄수 및 타죄와의 관계

> **관련판례**
> ① 금융기관 발행의 자기앞수표는 그 액면금을 즉시 지급받을 수 있는 점에서 현금에 대신하는 기능을 가지고 있어서 **장물인 자기앞수표를 취득한 후 이를 현금 대신 교부한 행위**는 장물취득에 대한 가벌적 평가에 당연히 포함되는 **불가벌적 사후행위**로서 별도의 범죄를 구성하지 아니한다(대판 1993.11.23, 93도213).
> ② 절도범인으로부터 **장물보관의뢰를 받은 자가 그 정을 알면서 이를 인도받아 보관하고 있다가 임의처분**하였다 하여도 장물보관죄가 성립되는 때에는 이미 그 소유자의 소유물추구권을 침해하였으므로 그 후의 횡령행위는 **불가벌적 사후행위**에 불과하여 별도로 횡령죄가 성립하지 않는다(대판 1976.11.23, 76도3067).
> ③ 피고인이 **업무상 과실로 장물을 보관하고 있다가 처분한 행위**는 업무상과실장물보관죄의 가벌적 평가에 포함되고 **별도로 횡령죄를 구성하지 않는다**(대판 2004.4.9, 2003도8219). ☞ 甲은 乙로부터 장물인 골동품을 매각하여 달라는 의뢰를 받으면서 골동품이 장물인지 여부를 확인하여야 할 업무상 주의의무가 있음에도 이를 게을리하고 골동품을 넘겨받아 보관하던 중, 丙으로부터 금원을 차용하면서 보관 중이던 골동품을 담보로 제공한 경우, 甲의 행위는 업무상과실장물보관죄를 구성하고, 그 후의 횡령행위는 불가벌적 사후행위에 불과하여 별도로 횡령죄가 성립하지 않는다. ● 경찰승진

4. 친족간의 범행

> 제365조 (친족간의 범행) ① 전3조의 죄를 범한 자와 피해자간에 제328조 제1항, 제2항의 신분관계가 있는 때에는 동조의 규정을 준용한다.
> ② 전3조의 죄를 범한 자와 본범간에 제328조 제1항의 신분관계가 있는 때에는 그 형을 감경 또는 면제한다. 단, 신분관계가 없는 공범에 대하여는 예외로 한다. ●법행, 경찰

III 상습장물죄

> 제363조 (상습범) ① 상습으로 전조의 죄를 범한 자는 1년 이상 10년 이하의 징역에 처한다.
> ② 제1항의 경우에는 10년 이하의 자격정지 또는 1천500만원 이하의 벌금을 병과할 수 있다.

(1) 장물취득죄는 상습장물알선죄와 포괄일죄의 관계에 있다(대판 1975.1.14, 73도1848).

(2) 상습 장물취득에 있어서의 상습성이라 함은 반복하여 장물취득행위를 하는 습벽으로서 행위자의 속성을 말하고, 이러한 습벽의 유무를 판단함에 있어서는 장물취득의 전과가 중요한 판단자료가 되나 장물취득의 전과가 없다고 하더라도 범행의 회수, 수단과 방법, 동기 등 제반 사정을 참작하여 장물취득의 습벽이 인정되는 경우에는 상습성을 인정하여야 할 것이다(대판 2007.2.8, 2006도6955).

IV 업무상과실, 중과실 장물죄

> 제364조 (업무상과실, 중과실) 업무상과실 또는 중대한 과실로 인하여 제362조의 죄를 범한 자는 1년 이하의 금고 또는 500만원 이하의 벌금에 처한다.

1. 의 의

업무상 과실 또는 중과실로 인하여 장물을 취득·양도·운반·보관·알선함으로써 성립하는 범죄이다.

2. 구성요건

(1) 업 무

본조의 업무라고 함은 본래의 업무는 물론 그에 부수되는 업무도 포함한다고 해석함이 타당하며 본건에 있어서 창고업을 경영하는 자로서 본래의 업무로서 양곡을 보관하는 동시 보관의뢰자들과 간에 양곡의 매매 또는 그 알선을 하는등 거래를 한 경우에 있어서는 그 매매 또는 그 알선은 본래의 창고업에 부수된 업무라고 하여야 할 것이다(대판 1962.5.17, 4294형상596).

(2) 주의의무

> **관련판례**
>
> ① 시계점을 경영하면서 중고시계의 매매도 하고 있는 피고인이 장물로 판정된 시계를 매입함에 있어 매도인에게 그 시계의 구입장소, 구입시기, 구입가격, 매각이유 등을 묻고 비치된 장부에 매입가격 및 주민등록증에 의해 확인된 위 매도인의 인적사항 일체를 사실대로 기재하였다면, 그 이상 위 매도인의 신분이나 시계출처 및 소지 경위에 대한 위 매도인의 설명의 진부에 대하여서까지 확인하여야 할 주의의무가 있다고는 보기 어렵다(대판 1984.2.14, 83도2982).
>
> ② 금은방을 운영하는 자가 귀금속류를 매수함에 있어 매도자의 신원확인절차를 거쳤다고 하여도 장물인지의 여부를 의심할 만한 특별한 사정이 있거나, 매수물품의 성질과 종류 및 매도자의 신원 등에 좀 더 세심한 주의를 기울였다면 그 물건이 장물임을 알 수 있었음에도 불구하고 이를 게을리하여 장물인 정을 모르고 매수하여 취득한 경우에는 업무상과실장물취득죄가 성립한다(대판 2003.4.25, 2003도348).
>
> ③ 전자대리점을 경영하는 자가 그 취급물품의 판매회사 사원으로부터 그가 소개한 회사 보관창고의 물품반출업무담당자가 그 창고에서 내어 주는 회사소유 물품을 반출하여 판매 후 그 대금을 달라는 부탁을 받고 이를 반출함에 있어서 그 대금도 확실히 정하지 않고 인수증의 발행등 정당한 출고절차를 거치지 아니하였다면 전자대리점경영자로서는 마땅히 그 회사관계자등에게 위 물품이 정당하게 출고되는 것인지 여부를 확인하여야 할 업무상의 주의의무가 있다(대판 1987.6.9, 87도915).
>
> ④ 전당포주가 물품을 전당잡고자 할 때는 전당물주의 주소, 성명, 직업, 연령과 그 물품의 출처, 특징 및 전당잡히려는 동기, 그 신분에 상응한 소지인지의 여부 등을 알아 보아야 할 업무상의 주의의무가 있다 할 것이고 이를 게을리 하여 장물인 정을 모르고 전당잡은 경우에는 비록 주민등록증을 확인하였다 하여도 그 사실만으로는 업무상 과실장물취득의 죄책을 면할 수 없다(대판 1985.2.26, 84도2732 · 84감도429).
>
> ⑤ 영업용 택시운전사에게 승객의 소지품의 내용 및 내력 등에 관하여 이를 물어보고 조사할 권한이나 의무가 없으므로 택시운전사가 승객의 물건의 출처와 장물 여부를 따지고 신분에 적합한 소지인인가를 알아보는 등의 주의를 하지 않고 승객의 물건을 운반하였다 하여도 업무상 과실장물운반죄가 성립하지 않는다(대판 1983.6.28, 83도1144).
>
> ⑥ 절도범이 장물을 전당하면서 전당포주에게 위조한 주민등록증을 제시하고 전당포주의 질문에 대하여 전당물의 취득경위나 전당이유 등을 그럴싸하게 꾸며서 진술하여 전당포주가 육안으로는 위조여부를 쉽게 식별할 수 없는 위 주민등록증과 절도범의 말이 진실한 것으로 믿고 전당물 대장에 소정 양식대로 기재한 후 통상의 경우와 같이 그 가격에 상응한 한도 내에서 위 절도범이 요구하는 금원을 대출하였다면 전당포주로서는 장물인 여부의 확인에 관하여 의무상 요구되는 주의의무를 다하였다고 볼 것이다(대판 1983.9.27, 83도1857).
>
> ⑦ 전당포 경영자가 전당물을 입질받음에 있어 소유관계를 묻고 주민등록증을 제시받아 전당물대장에 주소, 성명, 직업, 주민등록번호, 연령 등을 기재하였다면 특별한 사정이 없는 한 전당포 경영자로서의 주의의무를 다한 것이고 더 나아가 입질물품이 실제로 상대방의 소유인지의 여부 또는 전당물의 출처, 전당잡히려는 동기 등을 확인하여야 할 주의의무까지는 없다(대판 1987.2.24, 86도2077).
>
> ⑧ 우표상이 우표매입시 매도인의 신상을 파악하기 위하여 주민등록증의 제시를 요구하여 이름, 주소, 주민등록번호를 확인한 후 이를 자신의 탁상일지에 기재하였으며, 매입가격도 우체국으로부터 매입하던 가격보다는 저렴하나 평소 일반인들로부터 매입하던 가격으로 매입하였다면, 우표상으로서 업무상 요구되는 장물인 여부의 확인에 관한 주의의무를 게을리 하였다고 볼 수 없다(대판 1986.6.24, 86도396).

제9절 손괴의 죄

I 서 설

1. 의 의

재물손괴죄(형법 제366조)는 다른 사람의 재물을 손괴 또는 은닉하거나 그 밖의 방법으로 그 효용을 해한 경우에 성립하는 범죄로, 행위자에게 다른 사람의 재물을 자기 소유물처럼 그 경제적 용법에 따라 이용·처분할 의사(불법영득의사)가 없다는 점에서 절도, 강도, 사기, 공갈, 횡령 등 영득죄와 구별된다. **다른 사람의 소유물을 본래의 용법에 따라 무단으로 사용·수익하는 행위**는 소유자를 배제한 채 물건의 이용가치를 영득하는 것이고, 그 때문에 소유자가 물건의 효용을 누리지 못하게 되었더라도 효용 자체가 침해된 것이 아니므로 재물손괴죄에 해당하지 않는다. 따라서 **타인 소유 토지에 권원 없이 건물을 신축한 경우** 이는 이미 대지화된 토지에 건물을 새로 지어 부지로서 사용·수익함으로써 그 소유자로 하여금 효용을 누리지 못하게 한 것일 뿐 토지의 효용을 해하지 않았으므로, 재물손괴죄가 성립하지 않는다(대판 2022.11.30, 2022도1410). ☞토지에 대한 재물손괴죄✕ ● 경찰

2. 보호법익

재물손괴죄는 소유권의 이용가치, 공익건조물파괴죄는 공익건조물의 유지에 관한 공공의 이익, 경계침범죄는 토지경계의 명확성을 보호법익으로 한다(통설).

II 재물손괴죄

제366조 (재물손괴등) 타인의 재물, 문서 또는 전자기록등 특수매체기록을 손괴 또는 은닉 기타 방법으로 그 효용을 해한 자는 3년 이하의 징역 또는 700만원 이하의 벌금에 처한다.
제371조 (미수범) 미수범은 처벌한다.
제372조 (동력) 본장의 죄에는 제346조를 준용한다.

1. 객관적 구성요건

(1) 행위객체

① 재 물
㉠ 재건축사업으로 철거예정이고 그 입주자들이 모두 이사하여 아무도 거주하지 않은 채 비어 있는 아파트라 하더라도, 그 객관적 성상이 본래 사용목적인 주거용으로 쓰일 수 없는 상태라거나 재물로서의 이용가치나 효용이 없는 물건이라

고도 할 수 없어 재물손괴죄의 객체가 된다(대판 2007.9.20, 2007도5207).
● 경찰승진

ⓒ 포도주 원액이 부패하여 포도주 원료로서의 효용가치는 상실되었으나, <u>식초의 제조등 다른 용도에 사용할 수 있는 경우에는 재물손괴죄의 객체가 될 수 있다</u>(대판 1979.7.24, 78도2138). ● 경찰

② 문서 : 손괴죄의 객체인 문서란 거기에 표시된 내용이 적어도 법률상 또는 사회생활상 중요한 사항에 관한 것이어야 하는 바, 이미 작성되어 있던 장부의 기재를 새로운 장부로 이기하는 과정에서 누계 등을 잘못 기재하다가 그 부분을 찢어버리고 계속하여 종전장부의 기재내용을 모두 이기하였다면 그 당시 새로운 경리장부는 아직 **작성중**에 있어서 손괴죄의 객체가 되는 문서로서의 경리장부가 아니라 할 것이고, 또 그 찢어버린 부분이 진실된 증빙내용을 기재한 것이었다는 등의 특별한 사정이 없는 한 그 이기과정에서 <u>잘못 기재되어 찢어버린 부분 그 자체가 손괴죄의 객체가 되는 재산적 이용가치 내지 효용이 있는 재물이라고도 볼 수 없다</u>(대판 1989.10.24, 88도1296). ● 경찰, 법행

③ 전자기록 등 특수매체기록 : 특수매체기록은 사람의 지각으로 인식할 수 없는 방식으로 만들어진 기록을 말하고, 전자기록은 전자적 방식과 자기적 방식에 의해 만들어진 기록으로 특수매체기록의 예시이다.

④ 재물의 타인성

> **관련판례**
>
> ① 타인소유의 토지에 사용수익의 권한없이 농작물을 경작한 경우에 그 농작물의 <u>소유권은 경작한 사람에게 귀속되므로 토지소유자가 콩을 뽑아버린 행위는 재물손괴죄에 해당한다</u>(대판 1970.3.10, 70도82). ● 법행
> ② 문서손괴죄의 객체는 타인소유의 문서이며 피고인 자신의 점유하에 있는 문서라 할지라도 타인소유인 이상 이를 손괴하는 행위는 문서손괴죄에 해당하므로 <u>피고인이 피해자로부터 전세금을 받고 영수증을 작성교부한 뒤에 피해자에게 위 전세금을 반환하겠다고 말하여 피해자로부터 위 영수증을 교부받고 나서 전세금을 반환하기도 전에 이를 찢어버린 경우 문서손괴죄가 성립한다</u>(대판 1984.12.26, 84도2290). ● 사시
> ③ 확인서가 소유자의 의사에 반하여 손괴된 것이라면 그 확인서가 피고인 명의로 작성된 것이고 또 그것이 진실에 반하는 허위내용을 기재한 것이라 하더라도 피고인은 문서손괴의 죄책을 면할 수 없다(대판 1982.12.28, 82도1807).
> ④ 비록 <u>자기명의의 문서라 할지라도 이미 타인(타기관)에 접수되어 있는 문서에 대하여 함부로 이를 무효화시켜 그 용도에 사용하지 못하게 하였다면 일응 형법상의 문서손괴죄를 구성한다</u>(대판 1987.4.14, 87도177).
> ⑤ 약속어음의 수취인이 차용금의 지급담보를 위하여 은행에 보관시킨 약속어음을 은행지점장이 발행인의 부탁을 받고 그 지급기일란의 일자를 지움으로써 그 효용을 해한 경우에는 문서손괴죄가 성립한다(대판 1982.7.27, 82도223). ● 법행

> **유사판례**
> 약속어음의 발행인이 소지인에게 어음의 액면과 지급기일을 개서하여 주겠다고 하여 위 어음을 교부받은 후 위 어음의 수취인란에 타인의 이름을 추가로 기입하여 위 어음배서의 연속성을 상실하게 함으로써 그 효용을 해한 경우에는 문서손괴죄에 해당한다(대판 1985.2.26, 84도2802).
> ● 법무사

(2) 손괴 또는 은닉 기타 방법으로 효용을 해할 것

손괴 또는 은닉 기타 방법으로 그 효용을 해하는 경우에는 **물질적인 파괴행위**로 물건 등을 본래의 목적에 사용할 수 없는 상태로 만드는 경우뿐만 아니라 **일시적**으로 물건 등의 구체적 역할을 할 수 없는 상태로 만들어 효용을 떨어뜨리는 경우도 포함된다(대판 2016.11.25, 2016도9219). ● 법원

① **손괴** : 재물손괴죄에서의 효용을 해하는 행위에는 일시 물건의 구체적 역할을 할 수 없는 상태로 만드는 경우도 해당하므로 판결에 의하여 명도받은 토지의 경계에 설치해 놓은 철조망과 경고판을 치워 버림으로써 울타리로서의 역할을 해한 때에는 재물손괴죄가 성립한다(대판 1982.7.13, 82도1057). ● 법행

② **은닉** : 피고인이 피해자를 좀더 호젓한 곳으로 데리고 가기 위하여 피해자의 가방을 빼앗고 따라 오라고 하였는데 피해자가 따라 오지 아니하고 그냥 돌아갔기 때문에 위 가방을 돌려 주기 위하여 부근일대를 돌아다니면서 피해자를 찾아 나선 것을 가리켜, 재물을 은닉하거나 그 효용을 해한 경우에 해당한다고 할 수는 없다(대판 1992.7.28, 92도1345). ● 법행

③ **기타방법** : '**기타 방법**'이란 손괴 또는 은닉에 준하는 정도의 유형력을 행사하여 재물 등의 효용을 해하는 행위를 의미한다고 봄이 타당하고, '**재물의 효용을 해한다.**'고 함은 **사실상으로나 감정상**으로 그 재물을 본래의 사용목적에 제공할 수 없게 하는 상태로 만드는 것을 말하며, **일시적**으로 그 재물을 이용할 수 없거나 구체적 역할을 할 수 없는 상태로 만드는 것도 포함한다(대판 2021.5.7, 2019도13764). ● 경찰, 경간부

판례 정리

1. 우물에 연결하고 땅속에 묻어서 <u>수도관적 역할을 하고 있는 고무호오스 중 약 1.5미터를 발굴하여 우물가에 제쳐 놓음으로써 물이 통하지 못하게 한</u> 행위는 고무호오스의 구체적인 효용을 해한 것이라고 볼 수 있다(대판 1971.1.26, 70도2378).

2. 타인 소유의 광고용 간판을 백색페인트로 도색하여 <u>광고문안을 지워버린</u> 행위는 재물손괴죄를 구성한다(대판 1991.10.22, 91도2090). 🔵 경찰승진

3. 해고노동자 등이 복직을 요구하는 집회를 개최하던 중 <u>래커 스프레이를</u> 이용하여 회사 건물 외벽과 1층 벽면 등에 낙서한 행위는 건물의 효용을 해한 것으로 볼 수 있으나, 이와 별도로 <u>계란 30여 개를 건물에 투척한 행위는 건물의 효용을 해하는 정도의 것에 해당하지 않는다</u>(대판 2007.6.28, 2007도2590). 🔵 경찰승진

4. 회사의 경리사무처리상 <u>필요불가결한 매출계산서, 매출명세서 등의 반환을 거부</u>함으로써 그 문서들을 일시적으로 그와 같은 용도에 사용할 수 없게 하는 것도 그 문서의 효용을 해한 경우에 해당한다(대판 1971.11.23, 71도1576). 🔵 법행, 경찰승진

5. 甲이 홍보를 위해 광고판(홍보용 배너와 거치대)을 1층 로비에 설치해 두었는데, 피고인이 乙에게 지시하여 <u>乙이 위 광고판을 그 장소에서 제거하여 컨테이너로 된 창고로 옮겨 놓아 甲이 사용할 수 없도록 한</u> 경우, 비록 물질적인 형태의 변경이나 멸실, 감손을 초래하지 않은 채 그대로 옮겼더라도 위 광고판은 본래적 역할을 할 수 없는 상태로 되었으므로 피고인의 행위는 <u>재물손괴죄에서의 재물의 효용을 해하는 행위에 해당한다</u>(대판 2018.7.24, 2017도18807). 🔵 경간부

6. <u>소유자의 의사에 따라</u> 어느 장소에 게시 중인 문서를 소유자의 의사에 반하여 떼어내는 것과 같이 소유자의 의사에 따라 형성된 종래의 이용상태를 변경시켜 종래의 상태에 따른 이용을 일시적으로 불가능하게 하는 경우에도 문서손괴죄가 성립할 수 있다. 그러나 문서손괴죄는 문서의 소유자가 문서를 소유하면서 사용하는 것을 보호하려는 것이므로, <u>어느 문서에 대한 종래의 사용상태가 문서 소유자의 의사에 반하여 또는 문서 소유자의 의사와 무관하게 이루어진 경우에 단순히 종래의 사용상태를 제거하거나 변경시키는 것에 불과하고 손괴, 은닉하는 등으로 새로이 문서 소유자의 문서 사용에 지장을 초래하지 않는 경우</u>에는 문서의 효용, 즉 문서 소유자의 문서에 대한 사용가치를 일시적으로도 해하였다고 할 수 없어서 <u>문서손괴죄가 성립하지 아니한다</u>(대판 2015.11.27, 2014도13083). ☞ 피고인은 이 사건 아파트 입주자로서 ○○신도시 쓰레기 자동집하시설 건립 반대를 위한 비상대책위원회 위원장인바, 2012. 8. 1. 20 : 38경 이 사건 아파트 관리사무소장이 이 사건 아파트 303동 3·4호 라인 엘리베이터 벽면에 게시한 "○○시청 ○○신도시 생활쓰레기 자동집하시설 공사 반대 탄원에 따른 회신 문서" 1부를 임의로 제거함으로써 그 효용을 해하였다. 피고인에게는 문서손괴죄가 성립하지 않는다. 🔵 법행

7. 자동문을 자동으로 작동하지 않고 수동으로만 개폐가 가능하게 하여 자동잠금장치로서 역할을 할 수 없도록 한 경우에도 재물손괴죄가 성립한다(대판 2016.11.25, 2016도9219). 🔵 경찰, 경간부

8. 피고인이 평소 자신이 굴삭기를 주차하던 장소에 갑의 차량이 주차되어 있는 것을 발견하고 갑의 차량 앞에 <u>철근콘크리트 구조물을, 뒤에 굴삭기 크러셔를 바짝 붙여 놓아 갑이 17~18시간 동안 차량을 운행할 수 없게 된 경우</u> 이는 차량을 일시적으로 본래의 사용목적에 이용할 수 없게 하여 <u>차량 본래의 효용을 해한 경우로 보아야 한다</u>(대판 2021.5.7, 2019도13764). 🔵 검찰

9. <u>경계의 표시를 위하여 타인 소유의 석축 중 돌 3개에 빨간색 락카를 사용해 화살표 모양을 표시한 경우</u>, 이 사건 석축의 용도와 기능, 낙서 행위가 석축의 본래 사용 목적이나 기능에 미치는 영향, 석축의 미관을 해치는 정도, 석축 소유자가 느끼는 불쾌감과 저항감, 원상회복의 난이도와 거기에 드는 비용, 낙서 행위의 목적과 시간적 계속성, 행위 당시의 상황 등 제반 사정을 종합적으로 고려하여 피고인의 낙서 행위가 <u>석축의 효용을 해하는 정도에 이르렀다고 단정하기 어려우므로 재물손괴죄가 성립되지 않는다</u>(대판 2022.10.27, 2022도8024).

2. 주관적 구성요건

재물손괴의 범의를 인정함에 있어서는 반드시 계획적인 손괴의 의도가 있거나 물건의 손괴를 적극적으로 희망하여야 하는 것은 아니고, 소유자의 의사에 반하여 재물의 효용을 상실케 하는 데 대한 인식이 있으면 되고, 여기에서 재물의 효용을 해한다고 함은 그 물건의 본래의 사용목적에 공할 수 없게 하는 상태로 만드는 것은 물론 일시 그것을 이용할 수 없는 상태로 만드는 것도 역시 효용을 해하는 것에 해당한다(대판 1993.12.7. 93도2701). 경찰승진

> **판례 정리 ··· 고의가 부정된 경우**
>
> 1. 공중전화기가 고장난 것으로 생각하고 파출소에 신고하기 위하여 전화선코드를 빼고 이를 떼어낸 것이라면 위 전화기를 물질적으로 파괴하거나 또는 위 전화기를 떼어내 전화기의 구체적 역할인 통화를 할 수 없게 함으로써 그 효용을 해할려는 손괴의 범의가 있었다고 볼 수 없다(대판 1986.9.23. 86도941). 경찰승진
> 2. 갑 소유였다가 약정에 따라 을 명의로 이전되었으나 권리관계에 다툼이 생긴 토지상에서 갑이 버스공용터미널을 운영하고 있는 데 을이 갑의 영업을 방해하기 위하여 철조망을 설치하려 하자 갑이 위 철조망을 가까운 곳에 마땅한 장소가 없어 터미널로부터 약 200 내지 300미터 가량 떨어진 갑 소유의 다른 토지 위에 옮겨 놓았다면 갑의 행위에는 재물의 소재를 불명하게 함으로써 그 발견을 곤란 또는 불가능하게 하여 그 효능을 해하게 하는 재물은닉의 범의가 있다고 할 수 없다(대판 1990.9.25. 90도1591). 경찰승진

> **판례 정리 ··· 고의가 인정된 경우**
>
> 피고인이 경락받은 농수산물 저온저장 공장건물 중 공냉식 저온창고를 수냉식으로 개조함에 있어 그 공장에 시설된 피해자 소유의 자재에 관하여 피해자에게 철거를 최고하는 등 적법한 조치를 취함이 없이 이를 일방적으로 철거하게 하여 손괴하였다면 이는 재물손괴의 범의가 없었다고 할 수 없고 이것이 사회상규상 당연히 허용되는 것이라고 할 수도 없다(대판 1990.5.22. 90도700). 경찰승진

3. 위법성

(1) 쪽파의 매수인이 명인방법을 갖추지 않은 경우, 쪽파에 대한 소유권을 취득하였다고 볼 수 없어 그 소유권은 여전히 매도인에게 있고 매도인과 제3자 사이에 일정 기간 후 임의처분의 약정이 있었다면 그 기간 후에 제3자가 쪽파를 손괴하였더라도 재물손괴죄가 성립하지 않는다(대판 1996.2.23. 95도2754). 법행

(2) 뽕밭을 유린하는 소의 고삐가 나무에 얽혀 풀 수 없는 상황하에서 고삐를 낫으로 끊고 소를 밭에서 끌어냄은 사회상규상 용인되어 특단의 사정이 없는 한 처벌할 수 없다(대판 1976.12.28. 76도2359). 경찰승진

(3) 甲 아파트 입주자대표회의 회장인 피고인이 자신의 승인 없이 동대표들이 관리소장과 함께 게시한 입주자대표회의 소집공고문을 뜯어내 제거한 경우, 이는 그에 선행

하는 위법한 공고문 작성 및 게시에 따른 위법상태의 구체적 실현이 임박한 상황하에서 그 위법성을 바로잡기 위한 것으로 사회통념상 허용되는 범위를 크게 넘어서지 않는 행위로 정당행위에 해당한다(대판 2021.12.30, 2021도9680). ☞ 재물손괴죄 × 경찰

Ⅲ 공익건조물파괴죄

제367조 (공익건조물파괴) 공익에 공하는 건조물을 파괴한 자는 10년 이하의 징역 또는 2천만원 이하의 벌금에 처한다.
제371조 (미수범) 미수범은 처벌한다.

Ⅳ 중손괴죄·손괴치사상죄

제368조 (중손괴) ① 전2조의 죄를 범하여 사람의 생명 또는 신체에 대하여 위험을 발생하게 한 때에는 1년 이상 10년 이하의 징역에 처한다.
② 제366조 또는 제367조의 죄를 범하여 사람을 상해에 이르게 한 때에는 1년 이상의 유기징역에 처한다. 사망에 이르게 한 때에는 3년 이상의 유기징역에 처한다.

Ⅴ 특수손괴죄

제369조 (특수손괴) ① 단체 또는 다중의 위력을 보이거나 위험한 물건을 휴대하여 제366조의 죄를 범한 때에는 5년 이하의 징역 또는 1천만원 이하의 벌금에 처한다.
② 제1항의 방법으로 제367조의 죄를 범한 때에는 1년 이상의 유기징역 또는 2천만원 이하의 벌금에 처한다.
제371조 (미수범) 미수범은 처벌한다.

> **관련판례**
> ① 甲 주식회사의 직원인 피고인들이 유색 페인트와 래커 스프레이를 이용하여 甲 회사 소유의 도로 바닥에 직접 문구를 기재하거나 도로 위에 놓인 현수막 천에 문구를 기재하여 페인트가 바닥으로 배어나와 도로에 배게 하는 방법으로 다중의 위력으로써 도로의 효용을 해한 경우 도로의 효용을 해하는 정도에 이른 것이라고 보기 어려우므로, 특수재물손괴죄가 성립되지 않는다(대판 2020.3.27, 2017도20455). 경간부
> ② 甲은 乙이 A로부터 매수한 토지의 경계 부분에 매수 전 자신이 식재하였던 수목 5그루를 전기톱을 이용하여 절단하였는데 해당 수목은 甲이 식재할 당시 토지의 전 소유자 A로부터 명시적 또는 묵시적으로 승낙·동의를 받았거나 적어도 토지 중 수목이 식재된 부분에 관하여는 무상으로 사용할 것을 허락받았던 것이었다. 따라서 해당 수목은 甲의 소유가 되어 특수재물손괴죄는 성립되지 않는다(대판 2023.11.16, 2023도11885). 승진

Ⅵ 경계침범죄

> 제370조 (경계침범) 경계표를 손괴, 이동 또는 제거하거나 기타 방법으로 토지의 경계를 인식불능하게 한 자는 3년 이하의 징역 또는 500만원 이하의 벌금에 처한다.

1. 의 의

토지의 경계를 인식불명하게 함으로써 토지에 관한 권리관계의 안정을 해하는 행위를 내용으로 한다.

2. 구성요건

(1) 행위객체(경계)

① 형법 제370조의 경계침범죄에서 말하는 '경계'는 반드시 법률상의 정당한 경계를 가리키는 것은 아니고, 비록 법률상의 정당한 경계에 부합되지 않는 경계라 하더라도 그것이 종래부터 일반적으로 승인되어 왔거나 이해관계인들의 명시적 또는 묵시적 합의에 의하여 정해진 것으로서 객관적으로 경계로 통용되어 왔다면 이는 본조에서 말하는 경계라 할 것이고 따라서 그와 같이 종래 통용되어 오던 사실상의 경계가 법률상의 정당한 경계인지 여부에 대하여 다툼이 있다고 하더라도, 그 사실상의 경계가 법률상 정당한 경계가 아니라는 점이 이미 판결로 확정되었다는 등 경계로서의 객관성을 상실하는 것으로 볼 만한 특단의 사정이 없는 한, 여전히 본조에서 말하는 경계에 해당되는 것이라고 보아야 할 것이다(대판 2007.12.28, 2007도9181). ● 경찰승진, 사시

> **관련판례**
> 경계표는 반드시 담장 등과 같이 인위적으로 설치된 구조물만을 의미하는 것으로 볼 것은 아니고, 수목이나 유수 등과 같이 종래부터 자연적으로 존재하던 것이라도 경계표지로 승인된 것이면 여기의 경계표에 해당한다고 할 것이다(대판 2007.12.28, 2007도9181).

② 형법 제370조에서 말하는 경계표는 그것이 어느 정도 객관적으로 통용되는 사실상의 경계를 표시하는 것이라면 영속적인 것이 아니고 일시적인 것이라도 이 죄의 객체에 해당한다(대판 1999.4.9, 99도480). ● 경찰승진

③ 기존경계가 진실한 권리상태와 맞지 않는다는 이유로 당사자의 어느 한쪽이 기존 경계를 무시하고 일방적으로 경계측량을 하여 이를 실체권리관계에 맞는 경계라고 주장하면서 그 위에 계표를 설치하더라도 이와 같은 경계표는 위 법조에서 말하는 계표에 해당되지 않는다(대판 1986.12.9, 86도1492). ● 경찰승진

(2) 행위(손괴·이동·제거·기타방법 토지경계의 인식불능)

경계침범죄는 단순히 계표를 손괴하는 것만으로는 부족하고 계표를 손괴, 이동 또는 제거하거나 기타 방법으로 <u>토지의 경계를 인식불능하게 함으로써</u> 비로소 성립되며 계표의 손괴, 이동 또는 제거 등은 토지의 경계를 인식불능케 하는 방법의 예시에 불과하여 이와 같은 행위의 결과로서 토지의 <u>경계가 인식불능케 됨을 필요로 하고 동죄에 대하여는 미수죄에 관한 규정이 없으므로</u> 계표의 손괴 등의 행위가 있더라도 <u>토지경계의 인식불능의 결과가 발생하지 않은 한 본죄가 성립될 수 없다</u>(대판 1991.9.10, 91도856). ● 경찰승진

> **판례 정리 … 경계침범죄 성립**
>
> 1. 토지의 경계에 관하여 다툼이 있던 중 <u>경계선 부근의 조형소나무 등을 뽑아내고 그 부근을 굴착하여 경계를 불분명하게 한 행위</u>가 형법 제370조의 경계침범행위에 해당한다(대판 2007.12.28, 2007도9181).
> 2. 피고인이 자기토지에 <u>인접한 타인소유 토지 8평을 침범하여 점포를 건축함으로써</u> 위 양 토지간의 경계를 인식불능케 하였다면 본조 소정의 경계침범죄가 성립한다(대판 1968.9.17, 68도967). ● 경찰승진
> 3. 토지경계를 표시하는 수목(포플러, 아카시아나무)약 30그루를 뽑아버리고 대지 1평7합을 깎아 내려 약 1m높이의 석축을 쌓은 행위는 경계침범죄가 성립한다(대판 1980.10.27, 80도225). ● 사시

> **판례 정리 … 경계침범죄 불성립**
>
> 1. 기왕에 건립되어 있던 담벽의 연장선상에 추가로 담벽을 설치한 행위가 자신이 주장하는 경계를 보다 확실히 하고자 한 행위에 지나지 아니할 뿐 토지경계에 대한 인식불능의 결과를 초래한다고는 볼 수 없으므로 경계침범죄가 성립하지 않는다(대판 1992.12.8, 92도1682).
> 2. 피고인이 건물을 신축하면서 그 건물의 1층과 2층 사이에 있는 <u>처마를 피해자소유의 가옥 지붕위로 나오게 한 사실만으로는</u> 양토지의 경계가 인식불능되었다고 볼 수 없으므로 경계침범죄의 구성요건에 해당하지 아니한다(대판 1984.2.28, 83도1533). ● 경찰승진

(3) 주관적 구성요건

고의가 있어야 하나 불법영득의사는 요하지 않는다.

제10절 권리행사를 방해하는 죄

I 서설

1. 의의

타인의 점유 또는 권리의 목적이 된 자기의 물건에 대한 타인의 권리행사를 방해하거나, 강제집행을 면할 목적으로 채권자를 해하는 것을 내용으로 하는 범죄이다.

2. 보호법익

권리행사방해죄는 보호법익이 점유권, 제한물권, 채권이며, 추상적위험범이다.

II 권리행사방해죄

> 제323조 (권리행사방해) 타인의 점유 또는 권리의 목적이 된 자기의 물건 또는 전자기록등 특수매체기록을 취거, 은닉 또는 손괴하여 타인의 권리행사를 방해한 자는 5년 이하의 징역 또는 700만원 이하의 벌금에 처한다.
> 제328조 (친족간의 범행과 고소) ① 직계혈족, 배우자, 동거친족, 동거가족 또는 그 배우자간의 제323조의 죄는 그 형을 면제한다.
> ② 제1항이외의 친족간에 제323조의 죄를 범한 때에는 고소가 있어야 공소를 제기할 수 있다.
> ③ 전2항의 신분관계가 없는 공범에 대하여는 전2항을 적용하지 아니한다.

1. 객관적 구성요건

(1) 행위주체

① 주식회사의 대표이사가 대표이사의 지위에 기하여 그 직무집행행위로서 타인이 점유하는 위 회사의 물건을 취거한 경우에는, 위 행위는 위 회사의 대표기관으로서의 행위라고 평가되므로, 위 회사의 물건도 권리행사방해죄에 있어서의 "자기의 물건"이라고 보아야 할 것이다(대판 1992.1.21, 91도1170). ● 사시

> **비교판례**
> ⊙ 회사의 대표이사였던 자가 회사가 타인에게 담보로 제공한 회사소유의 물건을 다른 회사에게 매도한 경우 권리행사방해죄가 성립하지 않는다(대판 1985.5.28, 85도494). ● 법행
> ⓒ 이 사건 선박이 공소외 회사명의로 소유권등기가 경료된 것이라면 위 선박은 피고인의 소유라 할 수 없고 피고인이 위 회사의 과점주주라거나 부사장이라 하여도 피고인의 소유라 할 수 없는 것이므로, 피고인이 타인이 점유중인 위 선박을 취거하였다 하여도 이는 권리행사방해죄를 구성하지 아니한다(대판 1984.6.26, 83도2413). ● 사시

② 차량대여회사가 대여차량을 실력으로 회수한 행위가 정당행위에 해당되지 않고 권리행사방해죄에 해당한다(대판 1989.7.25, 88도410). ● 사시
③ **법인의 대표기관이 아닌 대리인이나 지배인**이 대표기관과 공모 없이 한 행위라도 그 직무권한 범위 내에서 직무에 관하여 타인이 점유하는 법인의 물건을 취거한 경우에는 대표기관이 한 행위와 법률적·사실적 효력이 동일하고, 법인의 물건을 법인의 이익을 위해 취거하여 불법영득의사가 없는 점과 범의 내용 등에 관해서 실질적인 차이가 없으므로 권리행사방해죄가 규정하는 '**자기의 물건을 취거한 경우**'에 해당한다(대판 2020.9.24, 2020도9801). ● 경찰, 승진

(2) 행위객체

① 자기소유의 물건

㉠ 피고인이 택시를 회사에 지입하여 운행하였다고 하더라도, 피고인이 회사와 사이에 위 택시의 소유권을 피고인이 보유하기로 약정하였다는 등의 특별한 사정이 없는 한, 위 택시는 그 등록명의자인 회사의 소유이고 피고인의 소유는 아니라고 할 것이므로 회사의 요구로 위 택시를 회사 차고지에 입고하였다가 회사의 승낙을 받지 않고 이를 가져간 피고인의 행위는 권리행사방해죄에 해당하지 않는다(대판 2003.5.30, 2000도5767). ● 법행

㉡ 피고인이 피해자에게 담보로 제공한 차량이 그 자동차등록원부에 타인 명의로 등록되어 있는 이상 그 차량은 피고인의 소유는 아니므로 피고인이 피해자의 승낙 없이 미리 소지하고 있던 위 차량의 보조키를 이용하여 이를 운전하여 간 행위가 권리행사방해죄를 구성하지 않는다(대판 2005.11.10, 2005도6604).
● 사시, 법행, 경찰승진

㉢ 피고인이 이른바 중간생략등기형 명의신탁 또는 계약명의신탁의 방식으로 자신의 처에게 등기명의를 신탁하여 놓은 점포에 자물쇠를 채워 점포의 임차인을 출입하지 못하게 한 경우, 그 점포가 권리행사방해죄의 객체인 자기의 물건에 해당하지 않는다(대판 2005.9.9, 2005도626). ● 경찰승진, 법행

㉣ 부동산경매절차에서 부동산을 매수하려는 사람 甲이 다른 사람과의 명의신탁약정 아래 그 사람의 명의로 매각허가결정을 받아 자신의 부담으로 매수대금을 완납한 때에는 경매목적 부동산의 소유권은 매수대금의 부담 여부와는 관계없이 그 명의인이 취득하게 되는 것이므로, 타인의 명의로 강제경매를 통해 부동산을 매수한 甲이 당해 부동산에 대한 피해자(유치권자)의 점유를 침탈하였다고 하더라도 甲자신의 물건에 대한 타인의 권리행사를 방해한 것으로 볼 수는 없다(대판 2020.12.27, 2019도14623). ☞ 부동산경매절차에서는 낙찰자 소유가 됨
● 경간부

② **적법한 타인의 점유** : 권리행사방해죄에서의 보호대상인 타인의 점유는 반드시 점유할 권원에 기한 점유만을 의미하는 것은 아니고, 일단 적법한 권원에 기하여 점유를 개시하였으나 사후에 점유권원을 상실한 경우의 점유, 점유 권원의 존부가 외관상 명백하지 아니하여 법정절차를 통하여 권원의 존부가 밝혀질 때까지의 점유, 권원에 기하여 점유를 개시한 것은 아니나 동시이행항변권 등으로 대항할 수 있는 점유 등과 같이 법정절차를 통한 분쟁 해결시까지 잠정적으로 보호할 가치 있는 점유는 모두 포함된다. 따라서 **절도범인의 점유**와 같이 점유할 권리 없는 자의 점유임이 외관상 명백한 경우는 포함되지 아니한다(대판 2006.3.23, 2005도4455). ● 경찰승진

> **판례 정리** … 적법한 타인의 점유에 해당하는 경우
>
> 1. **무효인 경매절차에서 경매목적물을 경락받아 이를 점유하고 있는 낙찰자의 점유**는 적법한 점유로서 그 점유자는 권리행사방해죄에 있어서의 타인의 물건을 점유하고 있는 자라고 할 것이다(대판 2003.11.28, 2003도4257). ● 사시, 법행, 경찰승진
> 2. **임대차계약기간 만료 후에 임차인이 목적물을 명도하지 않는 경우** 임차인은 권리행사방해죄에 있어서의 타인의 물건을 점유하고 있는 자에 해당한다(대판 1977.9.13, 77도1672). ● 사시, 법행, 경찰승진
> 3. 렌트카회사의 공동대표이사 중 1인이 회사 보유 차량을 자신의 개인적인 채무담보 명목으로 피해자에게 넘겨 주었는데 다른 공동대표이사인 피고인이 위 차량을 몰래 회수하도록 한 경우, 위 피해자의 점유는 권리행사방해죄의 보호대상인 점유에 해당한다(대판 2006.3.23, 2005도4455). ● 경찰승진
>
> **비교판례**
> 차량대여회사가 대여차량을 실력으로 회수한 행위가 정당행위에 해당되지 않고 권리행사방해죄에 해당한다(대판 1989.7.25, 88도410). ● 사시
>
> 4. 형법 제323조의 권리행사방해죄에 있어서의 타인의 점유라 함은 권원으로 인한 점유, 즉 정당한 원인에 기하여 물건을 점유하는 것을 의미하지만, 반드시 본권에 기한 점유만을 말하는 것이 아니라 유치권 등에 기한 점유도 여기에 해당한다. 따라서 甲 종합건설회사가 유치권 행사를 위하여 점유하고 있던 주택에 피고인이 그 소유자인 처(妻)와 함께 출입문 용접을 해제하고 들어가 거주한 경우, 유치권자인 甲 회사의 권리행사를 방해하였으므로 형법 제323조의 권리행사방해죄가 성립된다(대판 2011.5.13, 2011도2368).

③ **타인의 권리의 목적** : 타인의 권리의 목적이란 타인의 소유권 이외의 물권 또는 채권의 목적이 된 물건으로서 점유를 수반하지 않는 경우를 말한다(예 가압류된 물건).

> **판례 정리** … 타인의 권리의 목적이 된 자기의 물건에 해당하는 경우

1. 공장근저당권이 설정된 선반기계 등을 이중담보로 제공하기 위하여 이를 다른 장소로 옮긴 경우, 이는 공장 저당권의 행사가 방해될 우려가 있는 행위로서 권리행사방해죄에 해당한다(대판 1994.9.27, 94도1439)
2. 가압류된 물건의 소유자가 채권자의 승낙 없이 그 건물을 파괴 철거한 행위는 권리행사방해죄를 구성한다 (대판 1960.9.14, 4292형상537).
3. 권리행사방해죄의 구성요건 중 타인의 '권리'란 반드시 제한물권만을 의미하는 것이 아니라 물건에 대하여 점유를 수반하지 아니하는 채권도 이에 포함되므로 피해자가 원목에 대한 인도청구권을 가지고 있었다면 원목은 피해자의 권리의 목적이 된 물건이라고 볼 여지가 있다(대판 1991.4.26, 90도1958). ● 경찰승진
    ☞ 피고인과 피해자 갑 사이에 "갑이 입목을 벌채하면 피고인은 갑에게 그 벌채한 원목을 인도한다"는 계약이 성립된 후 갑이 입목을 벌채하였으나 피고인이 갑에게 원목을 인도하지 않고 제3자에게 매도한 경우 원목은 아직 피고인의 소유이므로 절도죄는 성립하지 않고 갑의 권리의 목적이 된 피고인의 물건을 취거한 행위이므로 권리행사방해죄에 해당한다는 취지이다.
4. 甲·乙이 공모하여 렌트카 회사인 A주식회사를 설립한 다음 B주식회사 등의 명의로 저당권등록이 되어있는 다수의 차량들을 사들여 A회사 소유의 영업용 차량으로 등록한 후 자동차대여사업자 등록 취소처분을 받아 차량등록을 직권 말소시켜 저당권 등이 소멸되게 한 경우 甲·乙의 행위는 저당권자인 B 주식회사 등으로 하여금 자동차등록원부에 기초하여 저당권의 목적이 된 자동차의 소재를 파악하는 것을 현저하게 곤란하게 하거나 불가능하게 하는 행위에 해당하므로 권리행사방해죄의 은닉에 해당한다. 따라서 甲·乙에게는 권리행사방해죄가 성립한다(대판 2017.5.17, 2017도2230). ● 변호사
5. 피고인들이 자동차정비업을 운영하는 건물과 기계·기구에 근저당권을 설정하고도 담보유지의무를 위반하여, 이 사건 건물을 철거 및 멸실등기 하고, 이 사건 기계·기구를 양도한 경우 권리행사방해가 성립된다(대판 2021.1.14, 2020도14735). ● 경찰

> **판례 정리** … 타인의 권리의 목적이 된 자기의 물건이 아닌 경우

승낙을 얻어 타인의 변소를 사용하는 권리는 채권적인 사용관계이고 점유권을 내용으로 하는 것이 아니기 때문에 위 변소를 손괴하여도 권리행사방해죄가 성립되지 않는다(대판 1971.6.29, 71도926).

(3) 행 위

① **취거** : 형법 제323조 소정의 권리행사방해죄에 있어서의 취거라 함은 타인의 점유 또는 권리의 목적이 된 자기의 물건을 그 점유자의 의사에 반하여 그 점유자의 점유로부터 자기 또는 제3자의 점유로 옮기는 것을 말하므로 **점유자의 의사나 그의 하자있는 의사에 기하여 점유가 이전**된 경우에는 여기에서 말하는 취거로 볼 수는 없다. 따라서 **채무자가 채권자에게 담보로 제공한 물건을 채권자가 제3자에게 보관시킨 경우 채무자가 제3자를 기망하여 물건을 교부받아 간 경우 취거에 해당하지 않는다**(대판 1988.2.23, 87도1952). ● 사시, 법행, 경찰승진

② **은닉** : '은닉'이란 타인의 점유 또는 권리의 목적이 된 자기 물건 등의 소재를 발견하기 불가능하게 하거나 또는 현저히 곤란한 상태에 두는 것을 말한다. 따라서 甲이 승용차 1대를 구입하면서 乙로부터 차량 매수대금 2,000만 원을 차용하고

그 담보로 위 차량에 乙명의의 **저당권을 설정**해 주었음에도, 그 후 대부업자로부터 400만 원을 차용하면서 위 차량을 대부업자에게 담보로 제공하여 이른바 '**대포차**'로 **유통**되게 하였다면 권리행사방해죄가 성립한다(대판 2016.11.10, 2016도13734).

③ 손괴 : 채무의 담보에 제공키 위하여 채권자명의로 등기를 하기로 합의한 바 있는 자기의 소유토지를 타에 매도하여 그 타인 명의로 소유권이전등기를 하여준 행위는 본조 소정의 취거, 은닉 또는 손괴행위의 어느 것에도 해당하지 않으므로 권리행사방해죄가 성립하지 않는다(대판 1972.6.27, 71도1072).

④ 권리행사방해 : 권리행사방해란 타인의 권리행사가 방해될 우려 있는 상태에 이른 것을 말하며 현실로 권리행사가 방해되었을 것까지 필요로 하는 것은 아니다(대판 2017.5.17, 2017도2230). 따라서 추상적 위험범이며 미수범 처벌규정은 없다.

● 법행

2. 주관적 구성요건

고의가 있어야 하지만 본죄는 영득죄는 아니므로 불법영득의사는 요하지 않는다.

3. 위법성

운수회사 직원인 피고인이 회사 대표 甲 등과 공모하여 지입차주인 피해자들이 점유하는 각 차량 또는 번호판을 지입료 등 연체를 이유로 무단 취거한 경우, 위 행위는 형법상 정당행위에 해당하지 않는다(대판 2010.10.14, 2008도6578). ☞ 권리행사방해죄 성립

4. 공 범

자기의 물건이 아니라면 형법 제323조의 권리행사방해죄가 성립할 수 없다. 따라서 **물건의 소유자가 아닌 사람**은 형법 제33조 본문에 따라 소유자의 권리행사방해 범행에 가담한 경우에 한하여 그의 공범이 될 수 있을 뿐이다. 그러나 권리행사방해죄의 공범으로 기소된 **물건의 소유자에게 고의가 없는 등으로 범죄가 성립하지 않는다면** 공동정범이 성립할 여지가 없다(대판 2017.5.30, 2017도4578). ● 경간부

5. 친족상도례

부부인 피고인들이 공모하여 피고인들 공유의 건물을 철거함으로써 피고인들에 대한 각자의 유류분반환청구권을 보전하기 위하여 위 건물을 공동으로 가압류한 피해자 甲, 乙의 권리행사를 방해한 경우, 권리자별로 피해자 甲에 대한 권리행사방해죄와 피해자 乙에 대한 권리행사방해죄가 각각 성립하고(상상적 경합) 피해자 甲과 피고인들이 형법 제328조 제1항의 친족관계인 이상 피고인들에 대한 공소사실 중 피해자 甲에 대한 권리행사방해 부분에 관하여는 위 조항을 적용해서 형을 면제하여야 한다(대판 2022.3.31, 2021도16876).

III 점유강취죄·준점유강취죄

제325조 (점유강취, 준점유강취) ① 폭행 또는 협박으로 타인의 점유에 속하는 자기의 물건을 강취(强取)한 자는 7년 이하의 징역 또는 10년 이하의 자격정지에 처한다.
② 타인의 점유에 속하는 자기의 물건을 취거(取去)하는 과정에서 그 물건의 탈환에 항거하거나 체포를 면탈하거나 범죄의 흔적을 인멸할 목적으로 폭행 또는 협박한 때에도 제1항의 형에 처한다.
③ 제1항과 제2항의 미수범은 처벌한다.

IV 중권리행사방해죄

제326조 (중권리행사방해) 제324조 또는 제325조의 죄를 범하여 사람의 **생명에 대한 위험**을 발생하게 한 자는 10년 이하의 징역에 처한다.

V 강제집행면탈죄

제327조 (강제집행면탈) 강제집행을 면할 목적으로 재산을 은닉, 손괴, 허위양도 또는 허위의 채무를 부담하여 채권자를 해한 자는 3년 이하의 징역 또는 1천만원 이하의 벌금에 처한다.

1. 의 의

강제집행면탈죄는 현실적으로 민사소송법에 의한 강제집행 또는 가압류, 가처분의 **집행을 받을 우려가 있는 객관적인 상태아래** 즉 채권자가 본안 또는 보전소송을 제기하거나 제기할 태세를 보이고 있는 상태에서 **주관적으로 강제집행을 면탈하려는 목적**으로 재산을 은닉, 손괴하거나 허위로 양도하는 경우에 성립한다(대판 1984.3.13, 84도18).

2. 객관적 구성요건

(1) 행위주체

견해대립은 있으나 채권자로부터 강제집행을 받을 단계에 직면한 채무자 또는 제3자이다(다수설).

(2) 행위객체

① 강제집행면탈죄에 있어서 재산에는 동산·부동산뿐만 아니라 재산적 가치가 있어 민사소송법에 의한 강제집행 또는 보전처분이 가능한 특허 내지 실용신안 등을 받을 수 있는 권리도 포함된다(대판 2001.11.27, 2001도4759). ● 사시, 법행, 경찰, 경찰승진

② **장래의 권리**라도 채무자와 제3채무자 사이에 채무자의 장래청구권이 충분하게 표시되었거나 결정된 법률관계가 존재한다면 재산에 해당하는 것으로 보아야 하므로 부동산의 **경매절차에서 배당받을 배당금지급채권**도 강제집행면탈죄의 객체인 '재산'에 해당한다(대판 2011.7.28, 2011도6115).

③ 적법하게 개설되지 아니한 의료기관은 국민건강보험법상 요양급여비용을 청구할 수 없으므로, 해당 의료기관의 채권자로서도 위 요양급여비용 채권을 대상으로 하여 강제집행 또는 보전처분의 방법으로 채권의 만족을 얻을 수 없다. 결국 위와 같은 채권은 강제집행면탈죄의 객체가 되지 아니한다. 따라서 적법하게 개설된 의료기관이 아닌 A요양병원의 대표자 甲이 채권자들의 보전처분 및 강제집행을 피하기 위해 국민건강보험공단에 대한 요양급여비용 채권을 제3자에게 양도한다는 채권양도양수계약서를 허위로 작성하고 채권양도사실이 진실인양 국민건강보험공단에 통지한 경우 甲에게는 강제집행면탈죄가 성립하지 아니한다(대판 2017.4.26, 2016도19982). ● 경간부

④ **압류금지채권의 목적물이 채무자의 예금계좌에 입금된 경우**에는 그 예금채권에 대하여 더 이상 압류금지의 효력이 미치지 아니하므로 그 예금은 압류금지채권에 해당하지 않지만, 압류금지채권의 목적물이 채무자의 예금계좌에 **입금되기 전**까지는 여전히 강제집행 또는 보전처분의 대상이 될 수 없으므로, **압류금지채권의 목적물을 수령하는 데 사용하던 기존 예금계좌가 채권자에 의해 압류된 채무자가 압류되지 않은 다른 예금계좌를 통하여 그 목적물을 수령**하더라도 강제집행이 임박한 채권자의 권리를 침해할 위험이 있는 행위라고 볼 수 없어 **강제집행면탈죄가 성립하지 않는다**(대판 2017.8.18, 2017도6229). 변호사 ☞ 산업재해보상보험법 제52조의 휴업급여를 받을 권리는 같은 법 제88조 제2항에 의하여 압류가 금지되는 채권으로서 강제집행면탈죄의 객체에 해당하지 않으므로, 피고인이 장차 지급될 휴업급여 수령계좌를 기존의 압류된 예금계좌에서 압류가 되지 않은 다른 예금계좌로 변경하여 휴업급여를 수령한 행위는 죄가 되지 않는다.

> **판례 정리** ⋯ 재산에 해당하지 않아 객체가 아닌 경우
>
> 1. [1] 강제집행면탈죄의 객체는 채무자의 재산 중에서 채권자가 민사집행법상 강제집행 또는 보전처분의 대상으로 삼을 수 있는 것만을 의미하므로, '**보전처분 단계에서의 가압류채권자의 지위**' 자체는 원칙적으로 민사집행법상 강제집행 또는 보전처분의 대상이 될 수 없어 **강제집행면탈죄의 객체에 해당한다고 볼 수 없고**, 이는 가압류채무자가 가압류해방금을 공탁한 경우에도 마찬가지이다.
> [2] 채무자가 가압류채권자의 지위에 있으면서 가압류집행해제를 신청함으로써 그 지위를 상실하는 행위는 형법 제327조에서 정한 '**은닉, 손괴, 허위양도 또는 허위채무부담**' 등 강제집행면탈행위의 어느 유형에도 포함되지 않는 것이므로, 이러한 행위를 처벌대상으로 삼을 수 없다(대판 2008.9.11, 2006도8721).
>
> ● 사시, 경찰승진

2. 지하 4층, 지상 12층으로 건축허가를 받고 지상 8층까지 골조공사가 완료된 채 공사가 중단된 상태에서 甲주식회사 대표이사 등이 공모하여 회사채권자들의 강제집행을 면탈할 목적으로 甲회사가 시공 중인 건물에 관한 건축주 명의를 乙주식회사로 변경한 경우 강제집행면탈죄가 성립하지 않는다(대판 2014.10.27, 2014도9442).
3. '담보권 실행 등을 위한 경매'를 면탈할 목적으로 재산을 은닉하는 등의 행위는 강제집행면탈죄의 규율 대상에 포함되지 않는다(대판 2015.3.26, 2014도14909).

판례정리 ··· 채무자의 재산이 아니어서 객체가 아닌 경우

명의신탁자와 명의수탁자가 이른바 **계약명의신탁 약정을 맺고 명의수탁자가 당사자가 되어 명의신탁 약정이 있다는 사실을 알지 못하는 소유자와 부동산에 관한 매매계약을 체결한 후 그 매매계약에 따라 당해 부동산의 소유권이전등기를 명의수탁자 명의로 마친 경우**에는, 명의신탁자와 명의수탁자 사이의 명의신탁 약정의 무효에도 불구하고 부동산 실권리자명의 등기에 관한 법률 제4조 제2항 단서에 의하여 그 명의수탁자는 당해 부동산의 완전한 소유권을 취득한다. 이와 달리 **소유자가 계약명의신탁 약정이 있다는 사실을 안 경우**에는 수탁자 명의의 소유권이전등기는 무효이고 당해 부동산의 소유권은 매도인이 그대로 보유하게 된다. 어느 경우든지 명의신탁자는 그 매매계약에 의해서는 당해 부동산의 소유권을 취득하지 못하게 되어, 결국 그 부동산은 명의신탁자에 대한 강제집행이나 보전처분의 대상이 될 수 없다(대판 2009.5.14, 2007도2168).

☞ 계약명의신탁에서 신탁자는 목적 부동산에 대하여 매도인의 선·악을 불문하고 소유권을 취득할 수 없으므로 신탁자는 목적 부동산을 대상으로 강제집행면탈죄를 범할 수 없다.

(3) 행 위

① 손괴 : 손괴란 물질적 훼손, 가치를 감소시키는 일체의 행위를 의미한다.
② 은닉 : 형법 제327조에 규정된 강제집행면탈죄에 있어서의 재산의 '은닉'이라 함은 강제집행을 실시하는 자에 대하여 재산의 발견을 불능 또는 곤란케 하는 것을 말하는 것으로서, 재산의 소재를 불명케 하는 경우는 물론 그 소유관계를 불명하게 하는 경우도 포함하나, 재산의 소유관계를 불명하게 하는 데 반드시 공부상의 소유자 명의를 변경하거나 폐업 신고 후 다른 사람 명의로 새로 사업자 등록을 할 것까지 요하는 것은 아니고, 강제집행면탈죄의 성립에 있어서는 채권자가 현실적으로 실제로 손해를 입을 것을 요하는 것이 아니라 채권자가 손해를 입을 위험성만 있으면 족하다(대판 2003.10.9, 2003도3387).

판례정리 ··· 은닉에 해당하는 경우

1. 사업장의 유체동산에 대한 강제집행을 면탈할 목적으로 사업자 등록의 사업자 명의를 변경함이 없이 사업장에서 사용하는 금전등록기의 사업자 이름만을 변경한 경우, 강제집행면탈죄에 있어서 재산의 '은닉'에 해당한다(대판 2003.10.9, 2003도3387).
2. 피고인이 자신의 채권담보의 목적으로 채무자 소유의 선박들에 관하여 가등기를 경료하여 두었다가 채무자와 공모하여 위 선박들을 가압류한 다른 채권자들의 강제집행을 불가능하게 할 목적으로 정확한 청산절차도 거치지 않은 채 의제자백판결을 통하여 선순위 가등기권자인 피고인 앞으로 본등기를 경료함과 동시에 가등기 이후에 경료된 가압류등기 등을 모두 직권말소하게 하였음은 소유관계를 불명하게 하는 방법에 의한 '재산의 은닉'에 해당한다(대판 2000.7.28, 98도4558).

3. 강제집행면탈죄에 있어서 재산의 은닉이라 함은 재산의 소유관계를 불명케 하는 행위도 포함하는 것이므로, 채권자에 의하여 압류된 채무자 소유의 유체동산을 채무자의 모 소유인 것으로 사칭하면서 모의 명의로 제3자이의의 소를 제기하고, 집행정지결정을 받아 그 집행을 저지하였다면 이는 재산을 은닉한 경우에 해당한다(대판 1992.12.8, 92도1653). ● 사시, 경찰승진
4. 피고인이 회사의 어음 채권자들의 가압류 등을 피하기 위하여 회사의 예금계좌에 입금된 회사 자금을 인출하여 제3자 명의의 다른 계좌로 송금하였다면 강제집행면탈죄를 구성한다(대판 2005.10.13, 2005도4522). ● 경찰승진

> **판례 정리** … 은닉에 해당하지 않는 경우

1. 강제집행면탈죄에 있어서 은닉이라 함은 강제집행을 면탈할 목적으로 강제집행을 실시하는 자로 하여금 채무자의 재산을 발견하는 것을 불능 또는 곤란하게 만드는 것을 말하는 것으로서 **진의에 의하여 재산을 양도**하였다면 설령 그것이 강제집행을 면탈할 목적으로 이루어진 것으로서 채권자의 불이익을 초래하는 결과가 되었다고 하더라도 강제집행면탈죄의 허위양도 또는 은닉에는 해당하지 아니한다(대판 2000.9.8, 2000도1447). ● 사시, 경찰승진
2. 채권의 존재는 강제집행면탈죄의 성립요건으로서 채권의 존재가 인정되지 않을 때에는 강제집행면탈죄는 성립하지 않는다. 그리고 채권이 존재하는 경우에도 채무자의 재산은닉 등 행위시를 기준으로 채무자에게 **채권자의 집행을 확보하기에 충분한 다른 재산이 있었다면** 채권자를 해하였거나 해할 우려가 있다고 쉽사리 단정할 것이 아니다. 따라서 피고인이 자신을 상대로 사실혼관계해소 청구소송을 제기한 甲에 대한 채무를 면탈하려고 피고인 명의 아파트를 담보로 10억 원을 대출받아 그 중 8억 원을 타인의 계좌로 입금하여 은닉한 경우, 피고인의 재산은닉 행위 당시 甲의 재산분할청구권은 존재하였다고 보기 어렵고, 가사사건 제1심판결에 근거하여 위자료 4,000만 원의 채권이 존재한다는 사실이 증명되었다고 볼 여지가 있었을 뿐이므로, 피고인에게 위자료채권액을 훨씬 상회하는 다른 재산이 있었던 이상 강제집행면탈죄는 성립하지 않는다(대판 2011.9.8, 2011도5165). ● 사시, 경찰승진
3. 채무자가 제3자 명의로 되어 있던 사업자등록을 또 다른 제3자 명의로 변경하였다는 사정만으로는 그 변경이 채권자의 입장에서 볼 때 사업장 내 유체동산에 관한 소유관계를 종전보다 더 불명하게 하여 채권자에게 손해를 입게 할 위험성을 야기한다고 단정할 수 없으므로 형법 제327조에 규정된 강제집행면탈죄에서의 행위모습인 재산의 '은닉'에 해당하지 않는다(대판 2014.6.12, 2012도2732).

③ 허위양도 : 강제집행면탈죄에 있어서의 허위양도라 함은 진실한 양도가 아님에도 불구하고 표면상 진실한 양도인 것처럼 가장하여 재산의 명의를 변경하는 것을 말하므로 **진실한 양도라면** 그것이 강제집행을 면탈할 목적으로 된 것으로서 채권자를 해할 우려가 있는 행위라고 할지라도 강제집행면탈죄의 구성요건인 허위양도에 해당하지 않는다(대판 1983.9.27, 83도1869). ● 사시, 경찰승진

> **관련판례**
>
> [허위양도에 해당하지 않는 경우 : 강제집행면탈죄 불성립]
> ① 채무자가 채권자에 대하여 자기소유 건물을 대물변제하기로 하였으나 이행하지 않아 강제집행을 당할 상태에서 이를 면하기 위하여 차용금채무를 지고 있던 다른 채권자에게 위 건물에 대하여 진의에 기하여 대물변제계약을 체결한 경우 강제집행면탈죄는 성립하지 않는다(대판 1983.9.27, 83도1869). ● 법원직
> ② 강제집행을 당할 우려가 있어 자신이 수탁하고 있던 부동산에 관한 **신탁계약을 해지하고 부동산을 신탁자에게 돌려준 행위**는 신탁자의 신탁재산에 대한 정당한 권리행사이므로 강제집행면탈죄의 구성요건인 허위양도에 해당하지 아니한다(대판 1983.7.26, 82도1524). ● 법행

④ **허위채무부담** : 허위채무부담이란 채무가 없음에도 채무를 부담하는 것처럼 가장하는 것이고 진실한 채무부담은 본죄가 성립하지 않는다.

> **관련판례**
>
> ① 피고인이 타인에게 **채무를 부담하고 있는 양 가장하는 방편**으로 피고인 소유의 부동산들에 관하여 **소유권이전청구권보전을 위한 가등기를 경료**하여 주었다 하더라도 그와 같은 가등기는 원래 순위보전의 효력밖에 없는 것이므로 그와 같이 각 가등기를 경료한 사실만으로는 피고인이 강제집행을 면탈할 목적으로 허위채무를 부담하여 채권자를 해한 것이라고 할 수 없다(대판 1987.8.18, 87도1260).
>
> > **비교판례**
> >
> > 피고인이 을에 대한 허위채무를 부담하고 부담한 채무에 대해 '차용증서'를 작성한 후 자기 소유 아파트에 대해 을 앞으로 소유권이전등기청구권 보전을 위한 가등기를 경료한 경우, 피고인이 면탈하고자 하는 채권이 금전채권인 경우 채권자를 해할 위험이 있으므로 강제집행면탈죄가 성립한다(대판 2008.6.26, 2008도3184).
>
> ② 이혼을 요구하는 처로부터 재산분할청구권에 근거한 가압류 등 강제집행을 받을 우려가 있는 상태에서 남편이 이를 면탈할 목적으로 허위의 채무를 부담하고 소유권이전청구권보전가등기를 경료한 경우, 강제집행면탈죄가 성립한다(대판 2008.6.26, 2008도3184). ● 경찰승진

(4) 채권자를 해할 것

채권자를 해할 위험이 있으면 강제집행면탈죄가 성립하고 반드시 현실적으로 채권자를 해하는 결과가 야기되어야만 강제집행면탈죄가 성립하는 것은 아니다(대판 2001. 11. 27, 2001도4759). ● 사시, 경찰승진

① 채권자를 해할 위험이 인정되는 경우

> **관련판례**
>
> ① 강제집행면탈죄는 이른바 **위태범**이므로 은닉한 부동산의 시가액보다 그 부동산에 의하여 담보된 채무액이 더 많다고 하여 그 은닉으로 인하여 채권자를 해할 위험이 없다고 할 수 없다(대판 2008. 5. 8, 2008도198). ● 사시, 경찰승진
> ☞ 담보된 채무액이 더 많다고 하더라도 나중에 변제로 담보액이 시가액보다 적을 수 있고, 또한 은닉함으로 인하여 채권자들이 배당받을 수 있는 액수가 감소하므로 채권자를 해할 위험이 있다.
> ② 피고인이 강제집행을 면할 목적으로 허위채무를 부담하고 근저당권설정등기를 경료하여 줌으로써 채권자를 해하였다고 인정된다면 설혹 피고인이 그 근저당권이 설정된 부동산외에 **약간의 다른 재산**이 있더라도 강제집행면탈죄가 성립된다(대판 1990. 3. 23, 89도2506). ● 법행
> ③ 현실적으로 강제집행을 받을 우려가 있는 상태에서 강제집행을 면탈할 목적으로 허위채무를 부담하는 등의 행위를 하는 경우에는 달리 특별한 사정이 없는 한 채권자를 해할 위험이 있다고 보아야 할 것이고, 채무자에게 **약간의 다른 재산**이 있다 하여 채권자를 해할 우려가 없다고 할 수 없다(대판 2008. 4. 24, 2007도4585). ● 사시, 경찰승진
> ④ 허위채무 등을 공제한 후 채무자의 **적극재산이 남는다고 예측**되더라도 위 허위채무 부담행위로 채권자를 해할 위험이 있으므로 강제집행면탈죄가 성립한다(대판 2008. 4. 24, 2007도4585). ● 사시

② 가압류 된 부동산에 대한 저당권설정 : 본죄 불성립

가압류에는 처분금지적 효력이 있으므로 가압류 후에 목적물의 소유권을 취득한 제3취득자 또는 그 제3취득자에 대한 채권자는 그 소유권 또는 채권으로써 가압류권자에게 대항할 수 없다. 따라서 가압류 후에 목적물의 소유권을 취득한 제3취득자가 다른 사람에 대한 허위의 채무에 기하여 근저당권설정등기 등을 경료하더라도 이로써 가압류채권자의 법률상 지위에 어떤 영향을 미치지 않으므로, 강제집행면탈죄에 해당하지 아니한다(대판 2008. 5. 29, 2008도2476). ● 경찰승진

③ 건물철거 및 토지인도청구권 : 토지 소유자가 그 지상 건물의 소유자에 대하여 건물철거 및 토지인도청구권을 갖는 경우, 채무자인 건물 소유자가 제3자에게 허위의 금전채무를 부담하면서 이를 피담보채무로 하여 건물에 관하여 근저당권설정등기를 경료하였더라도 직접적으로 토지 소유자의 건물철거 및 토지인도청구권에 기한 강제집행을 불능케 하는 사유에 해당한다고 할 수 없으므로 건물 소유자에게 강제집행면탈죄가 성립한다고 할 수 없다(대판 2008. 6. 12, 2008도2279). ● 경찰

(5) 행위상황

① 채권의 존재

㉠ 채권의 존재는 강제집행면탈죄의 성립요건이므로 채권의 존재가 인정되지 않을 때에는 강제집행면탈죄가 성립하지 않는다(대판 2008. 5. 8, 2008도198).

● 경찰승진

ⓒ **조건부 채권** : **집행할 채권이 조건부 채권**이라 하여도 그 채권자는 이를 피보전 권리로 하여 보전처분을 함에는 법률상 아무런 장해도 없다 할 것이니 이와 같은 보전처분을 면할 목적으로 형법 제327조 소정의 행위를 한 이상 강제집행 면탈죄는 성립되며 그 후 그 조건의 불성취로 채권이 소멸되었다 하여도 일단 성립한 범죄에는 영향을 미칠 수 없다(대판 1984.6.12, 82도1544). ● 사시, 경찰승진

> **참고판례**
> 피고인이 **장래에 발생할 특정의 조건부채권을 담보하기 위한 방편**으로 부동산에 대하여 근저당권을 설정한 것이라면, 특별한 사정이 없는 한 이는 장래 발생할 진실한 채무를 담보하기 위한 것으로서, 피고인의 위 행위를 가리켜 강제집행면탈죄 소정의 '**허위의 채무를 부담**'하는 경우에 해당한다고 할 수 없다(대판 1996.10.25, 96도1531). ● 경찰승진

ⓒ **상계** : 상계의 의사표시가 있는 경우에는 각 채무는 상계할 수 있는 때에 소급하여 대등액에 관하여 소멸한 것으로 보게 된다. 따라서 **상계로 인하여 소멸한 것으로 보게 되는 채권에 관하여는 상계의 효력이 발생하는 시점 이후에는 채권의 존재가 인정되지 않으므로 강제집행면탈죄가 성립하지 않는다**(대판 2012.8.30, 2011도2252).

② 강제집행을 받을 객관적 상태의 의미
 ㉠ **강제집행** : 강제집행은 민사소송법상의 강제집행이나 동법이 준용되는 가압류 가처분에 한한다. 따라서 금전채권의 강제집행이외에 소유권이전등기의 강제집행도 포함되나 벌금·과료·몰수 등의 집행절차나 국세징수법에 의한 체납절차는 물론 민사집행법상의 담보권실행등을 위한 경매 등은 포함되지 않는다.

> **관련판례**
> ① 형법 제327조의 강제집행면탈죄가 적용되는 강제집행은 민사집행법의 적용대상인 강제집행 또는 가압류·가처분 등의 집행을 가리키는 것이므로, 국세징수법에 의한 체납처분을 면탈할 목적으로 재산을 은닉하는 등의 행위는 위 죄의 규율대상에 포함되지 않는다. 따라서 '보조금의 예산 및 관리에 관한 법률'(이하 보조금관리법이라 함) 제30조 제1항, 제31조 제1항에 의한 **보조금 교부결정취소 및 보조금 반환명령에 따른 보조금 반환은 국세체납처분의 예에 따라 강제징수할 수 있도록 되어 있으므로 강제집행면탈죄의 강제집행으로 볼 수 없다**(대판 2012.4.26, 2010도5693). ● 변호사
> ② 강제집행면탈죄에서 말하는 강제집행이란 소위 광의의 강제집행인 **소유권이전등기 절차이행의 청구소의 제기도 포함된다**(대판 1983.10.25, 82도808).

 ㉡ **강제집행을 받을 객관적 상태** : 형법 제327조의 강제집행면탈죄는 강제집행을 당할 구체적인 위험이 있는 상태에서 재산을 은닉, 손괴, 허위양도 또는 허위의 채무를 부담하여 채권자를 해할 때 성립된다 할 것이고, 여기서 **집행을 당할 구체적인 위험이 있는 상태란 채권자가 이행청구의 소 또는 그 보전을 위한 가압류, 가처분신청을 제기하거나 제기할 태세를 보인 경우를 말한다**(대판 1999.2.9, 96도3141). ● 사시

비교판례

강제집행면탈죄가 성립되려면 행위자의 주관적인 강제집행을 면탈하려는 의도가 객관적으로 강제집행을 당할 급박한 상태하에서 나타나야 한다(대판 1979.9.11. 79도436). ☞ 채무자가 채무를 지급기일 내에 변제하지 못하자 후일 강제집행을 받을지도 모른다고 생각하여 이를 면탈할 목적으로 자신의 유일한 부동산을 제3자에게 허위로 양도한 행위는 강제집행면탈행위에 해당하지 않는다.

● 경간부

판례정리 ··· 강제집행을 받을 객관적 상태에 해당

1. 약 18억 원 정도의 채무초과 상태에 있는 피고인 발행의 약속어음이 부도가 난 경우, 강제집행을 당할 구체적인 위험이 있는 상태에 있다고 인정된다(대판 1999.2.9. 96도3141).
2. 채권자가 봉급채권을 가압류하고 계속적인 재산추적을 통하여 강제적인 채권회수를 결정하고 구두로 채무변제를 독촉한 경우(대판 1998.9.8. 98도1949), 피고인의 아파트에 대해 가압류신청을 한 경우 강제집행을 받을 객관적 상태가 존재한다(대판 1996.1.26. 95도2526).

● 경찰승진

판례정리 ··· 강제집행을 받을 객관적 상태에 불해당

피고인이 채무를 부담하고 있기는 하였으나 이행기가 도과되어 채권자들로부터 채무변제의 독촉을 받고 있는 상태는 아니었으며 채권자들 또한 피고인을 상대로 법적절차를 취하기 위한 준비를 하고 있었던 것도 아니므로 객관적으로 강제 집행을 면탈할 상태가 아니어서 강제집행면탈죄가 성립되지 않는다(대판 1974.10.8. 74도1798). ☞ 채권자들이 피고인을 상대로 법적 절차를 취하기 위한 준비를 하고 있지 않은 상태에서 피고인이 어음의 부도가 있기 전에 강제집행을 면탈하기 위해 자기의 형에게 허위채무를 부담하고 가등기하여 준 경우로서 강제집행면탈죄가 성립되지 않는다.

● 법원직

③ 채무자가 채권자의 가압류집행을 면탈할 목적으로 제3채무자에 대한 채권을 타인에게 허위양도한 경우, 가압류결정 정본이 제3채무자에게 송달되기 전에 채권을 허위로 양도하였다면 강제집행면탈죄가 성립한다(대판 2012.6.28. 2012도3999).

● 경찰승진

3. 주관적 구성요건

본죄의 고의는 강제집행을 받을 우려가 있는 객관적 상태에서 본죄의 행위를 한다는 인식과 의사이다. 미필적 고의로도 족하다. 또한 고의 이외에 강제집행을 면할 목적을 요하는 목적범이다.

4. 죄수론

채무자가 자신의 부동산에 甲명의로 허위의 금전채권에 기한 담보가등기를 설정하고 이를 乙에게 양도하여 乙명의의 본등기를 경료하게 한 사안에서, 甲명의 담보가등기 설정행위로 강제집행면탈죄가 성립한다고 하여 그 후 乙명의로 이루어진 가등기 양도 및 본등기 경료행위가 불가벌적 사후행위가 되는 것은 아니다(대판 2008.5.8, 2008도198).
☞ 결국 두 개의 행위는 강제집행면탈죄의 경합범에 해당한다. ● 사시

5. 공소시효

허위의 채무를 부담하는 내용의 채무변제계약 공정증서를 작성한 후 이에 기하여 채권압류 및 추심명령을 받은 때에, 강제집행면탈죄가 성립함과 동시에 그 범죄행위가 종료되어 공소시효가 진행한다(대판 2009.5.28, 2009도875). ● 경찰승진

판례로 보는
형법 교과서

제 2 편
사회적 법익에 관한 죄

Chapter 01 공공의 안전과 평온에 대한 죄
Chapter 02 공공의 신용에 대한 죄
Chapter 03 공중의 건강에 대한 죄
Chapter 04 사회도덕에 대한 죄

CHAPTER 01 공공의 안전과 평온에 대한 죄

제1절 공안을 해하는 죄

I 서 설

공안을 해하는 죄는 공공의 안전과 평온을 해하는 것을 내용으로 하는 범죄를 말한다.

II 범죄단체조직죄

> 제114조 (범죄단체 등의 조직) 사형, 무기 또는 장기 4년 이상의 징역에 해당하는 범죄를 목적으로 하는 단체 또는 집단을 조직하거나 이에 가입 또는 그 구성원으로 활동한 사람은 그 목적한 죄에 정한 형으로 처벌한다. 다만, 형을 감경할 수 있다.

1. 성 격

폭력행위등처벌에관한법률 제4조 소정의 단체 등의 조직죄는 같은 법에 규정된 범죄를 목적으로 한 단체 또는 집단을 구성하거나 가입함으로써 즉시 성립하고 그와 동시에 완성되는 즉시범이다(대판 1997.10.10, 97도1829). ● 경찰

2. 구성요건

(1) 목적한 범죄

목적으로 하는 범죄는 실질적 의의의 형법이 규정하는 모든 범죄를 말하나, 법정형은 사형, 무기 또는 장기 4년 이상이어야 한다. 다만 단체의 조직과 가입 그 자체를 처벌하는 조직범죄(국가보안법 제3조 등)나 경범죄처벌법이 적용되는 경범죄는 제외된다.

(2) 단체 또는 집단

① 단체 : 형법 제114조 제1항 소정의 '범죄를 목적으로 하는 단체'라 함은 특정다수인이 일정한 범죄를 수행한다는 공동목적 아래 이루어진 계속적인 결합체로서 단순한 다중의 집합과는 달리 단체를 주도하는 최소한의 통솔체제를 갖추고 있어야 함을 요한다(대판 1981.11.24, 81도2608). 또한 범죄단체는 다양한 형태로 성립·존속할 수 있는 것으로서 정형을 요하는 것이 아닌 이상 그 구성 또는 가입

에 있어 반드시 단체의 명칭이나 강령이 명확하게 존재하고 단체 결성식이나 가입식과 같은 특별한 절차가 있어야만 성립되는 것은 아니라고 할 것이다(대판 2007.11.29, 2007도7378).

> **판례 정리**
>
> 4명이 도박개장을 공모하였거나(대판 1977.12.27, 77도3463), 소매치기를 공모하고 실행행위를 분담하기로 약정한 경우(대판 1981.11.24, 81도2608), 어음사기를 위하여 전자제품도매상을 경영하는 것으로 가장하고 업무를 분담하는 것(대판 1985.10.8, 85도1515) 등은 단체조직이 될 수 없다.

② 집단 : 형법 제114조에서 정한 '**범죄를 목적으로 하는 집단**'이란 특정 다수인이 사형, 무기 또는 장기 4년 이상의 범죄를 수행한다는 공동목적 아래 구성원들이 정해진 역할분담에 따라 행동함으로써 범죄를 반복적으로 실행할 수 있는 조직체계를 갖춘 계속적인 결합체를 의미한다. '범죄단체'에서 요구되는 '최소한의 통솔체계'를 갖출 필요는 없지만, 범죄의 계획과 실행을 용이하게 할 정도의 조직적 구조를 갖추어야 한다. 따라서 甲이 乙등과 무등록 중고차 매매상사를 운영하면서 **회사 조직과 유사하게 대표, 팀장, 팀원(출동조, 전화상담원)으로 직책이나 역할을 분담**시켜, 외부사무실을 방문한 손님들에게 허위 중고차량을 보여주면서 소위 '뜬플' 또는 '쌩플'의 수법으로 중고차량 매매계약을 유도한 경우 이는 형법 제114조의 '범죄를 목적으로 하는 집단'에 해당한다(대판 2020.8.20, 2019도16263).
☞ 범죄집단 조직 · 가입 · 활동죄가 성립한다는 판결임

(3) 조직 · 가입 또는 구성원으로 활동

범죄집단의 '조직'은 특정 다수인이 의사 연락을 통하여 계속적으로 결합된 집합체를 형성함을 의미하고 일정한 형식을 필요로 하지 않는다. 또한 '**가입**'이란 이미 조직된 집단의 취지에 동조하여 구성원으로 참가하는 것을 말하고 그 방법이나 형식에 특별한 제한이 있는 것은 아니다. 범죄집단 구성원으로서의 '**활동**'이란 범죄집단의 조직구조에 따른 조직적 · 집단적 의사결정에 기초하여 행하는 범죄집단의 존속 · 유지를 지향하는 적극적인 행위를 일컫는다(대판 2024.7.25, 2024도6909).

(4) 기수시기 및 죄수

① 범죄단체를 조직 · 가입 또는 구성원으로 활동함으로써 본죄는 기수가 된다. 목적한 범죄의 실행 및 달성여부는 본죄의 성립과 무관하다.
② 범죄단체를 조직한 후 목적한 범죄를 실행한 경우의 죄수에 대해서는 견해대립이 있으나 판례는 양죄의 경합범이 된다는 취지로 판시하고 있다.

> **관련판례**
>
> ① 형법 제114조 소정 범죄단체조직죄는 범죄를 목적으로 하는 <u>단체를 조직함으로써 성립하는 것이고 그 후 목적한 범죄의 실행행위를 하였는가 여부는 위 죄의 성립에 영향이 없다</u>(대판 1975.9.23, 75도2321).
>
> ② 피고인들이 총책을 중심으로 간부급 조직원들과 상담원, 현금인출책 등으로 구성된 보이스피싱 사기 조직을 구성하고 이에 가담하여 조직원으로 활동한 경우는 「형법」상의 범죄단체에 해당한다. 또한 보이스피싱 사기 범죄단체에 가입한 후 사기범죄의 피해자들로부터 돈을 편취하는 등 그 구성원으로서 활동한 경우, 범죄단체 가입행위 또는 <u>범죄단체 구성원으로서 활동하는 행위와 사기행위는 각각 별개의 범죄구성요건을 충족하는 독립된 행위이고 서로 보호법익도 달라 사기죄만 성립하는 것은 아니다</u>(대판 2017.10.26, 2017도8600). ☞ 경찰

③ 1개의 범죄단체를 만든 후 그 조직을 변경하더라도 동일성이 유지된다면 별개의 단체가 아니므로 새로운 범죄가 아닌 1개의 범죄단체조직죄가 성립할 뿐이다.

> **관련판례**
>
> 기존 범죄단체의 두목이 바뀌고 활동 영역과 태양이 변화하였으나 그 조직이 완전히 변경됨으로써 기존의 범죄단체와 동일성이 없는 별개의 단체로 인정될 수 있을 정도에 이르렀다고 볼 수 없는 경우 범죄단체의 구성에 해당하지 않는다(대판 2000.3.24, 2000도102).

④ **범죄단체의 구성이나 가입**은 범죄행위의 실행 여부와 관계없이 범죄단체 구성원으로서의 활동을 예정하는 것이고, **범죄단체 구성원으로서의 활동**은 범죄단체의 구성이나 가입을 당연히 전제로 하는 것이므로, 양자는 모두 범죄단체의 생성 및 존속·유지를 도모하는, 범죄행위에 대한 일련의 예비·음모 과정에 해당한다는 점에서 범의의 단일성과 계속성을 인정할 수 있을 뿐만 아니라 피해법익도 다르지 않다. 따라서 범죄단체를 구성하거나 이에 가입한 자가 더 나아가 구성원으로 활동하는 경우, 이는 포괄일죄의 관계에 있다(대판 2015.9.10, 2015도7081). ☞ 범죄단체에 가입한 후 범죄단체 구성원으로서 활동까지 한 경우 포괄일죄이므로 <u>공소시효도 활동의 범죄행위가 종료한 때로부터 진행된다</u>.

3. 주관적 구성요건

범죄단체를 조직·가입 또는 구성원으로 활동한다는 점에 대한 고의와, 범죄를 범할 목적이 있어야 한다.

4. 기타

폭력행위등처벌에관한법률 제4조 제1호 소정의 "**수괴**"라 함은 당해 범죄단체의 우두머리로 단체의 활동을 지휘, 통솔하는 자를 말하는 것으로서 **전면에서 단체구성원의 통솔을 직접 담당**하지 않더라도 **배후에서 일체의 조직활동을 지휘하거나, 또는 말단 조직원**

을 지휘, 통솔하는 중간 간부를 통하여 조직활동을 지휘하는 자도 여기에서 말하는 수괴에 해당한다고 할 것이고, 이 경우 "수괴"는 반드시 1인일 필요가 없고 2인 이상의 수괴가 역할을 분담하여 활동할 수도 있다(대판 1992.6.23, 92도682). ● 승진

III 소요죄 및 다중불해산죄

1. 소요죄

> 제115조 (소요) 다중이 집합하여 폭행, 협박 또는 손괴의 행위를 한 자는 1년 이상 10년 이하의 징역이나 금고 또는 1천500만원 이하의 벌금에 처한다.

(1) 의의 및 성질

다중이 집합하여 폭행·협박 또는 손괴행위를 함으로써 성립하는 범죄이다. 필요적 공범(집합범)이며, 계속범·추상적 위험범이다.

(2) 구성요건

① 주체 : 집합한 다중이라는 견해와 다중의 구성원 개인이라는 견해의 대립이 있다.
② 행위
  ㉠ 다중의 집합 : 다중은 일지방의 평온·안전을 해할 수 있을 정도의 폭행·협박 또는 손괴를 할 수 있을 정도의 다수인임을 요한다.
  ㉡ 폭행·협박 또는 손괴 : 폭행은 사람 또는 물건에 대한 일체의 유형력의 행사를 말한다(최광의의 폭행). 협박은 공포심을 일으키게 할 만한 해악을 고지하는 일체의 내용을 말한다(광의의 협박).
③ 기수시기 : 한 지방의 평온을 해할 정도의 폭행·협박·손괴행위가 있으면 기수가 된다.
④ 주관적 구성요건 : 다중의 합동력으로 폭행·협박·손괴하려는 의사(공동의사)가 있어야 한다.

(3) 공범규정의 적용

구성원 내부 사이에는 총칙상의 공범규정이 적용될 여지가 없다.

2. 다중불해산죄

> 제116조 (다중불해산) 폭행, 협박 또는 손괴의 행위를 할 목적으로 다중이 집합하여 그를 단속할 권한이 있는 공무원으로부터 3회 이상의 해산명령을 받고 해산하지 아니한 자는 2년 이하의 징역이나 금고 또는 300만원 이하의 벌금에 처한다.

3. 공중협박죄

> 제116조의2(공중협박) ① 불특정 또는 다수의 사람의 생명, 신체에 위해를 가할 것을 내용으로 공연히 공중을 협박한 사람은 5년 이하의 징역 또는 2천만원 이하의 벌금에 처한다.
> ② 상습으로 제1항의 죄를 범한 때에는 그 죄에 정한 형의 2분의 1까지 가중한다.
> ③ 제1항 및 제2항의 미수범은 처벌한다.

Ⅳ 전시공수계약불이행죄

> 제117조 (전시공수계약불이행) ① 전쟁, 천재 기타 사변에 있어서 국가 또는 공공단체와 체결한 식량 기타 생활필수품의 공급계약을 정당한 이유없이 이행하지 아니한 자는 3년 이하의 징역 또는 500만원 이하의 벌금에 처한다.
> ② 전항의 계약이행을 방해한 자도 전항의 형과 같다.
> ③ 전2항의 경우에는 그 소정의 벌금을 병과할 수 있다.

Ⅴ 공무원자격사칭죄

> 제118조 (공무원자격의 사칭) 공무원의 자격을 사칭하여 그 직권을 행사한 자는 3년 이하의 징역 또는 700만원 이하의 벌금에 처한다.

1. 주 체

공무원·비공무원을 불문한다.

2. 공무원의 자격사칭

공무원이란 임시직을 포함하는 광의의 개념이다.

3. 직권의 행사

공무원의 자격을 사칭한 경우라도 사칭한 공무원의 직권을 행사해야 본죄가 성립한다.

> **관련판례**
>
> **직권행사에 해당하지 않는 경우**
> ① 청와대민원 비서관을 사칭하고 전화선로 고장을 수리하라고 한 경우(대판 1972.12.26, 72도2552)
> ② 중앙정보부 직원이 아닌 자가 동 직원임을 사칭하고 청와대에 파견된 감사실장인데 사무실에 대통령 사진의 액자가 파손된 채 방치되었다는 사실을 보고받고 나왔으니 자인서를 작성 제출하라고 말한 행위는 중앙정보부 직원의 직권행사에 해당되지 않는다(대판 1977.12.13, 77도2750).

③ 공무원자격사칭죄가 성립하려면 어떤 직권을 행사할 수 있는 권한을 가진 공무원임을 사칭하고 그 직권을 행사한 사실이 있어야 하는바, 피고인들이 그들이 위임받은 채권을 용이하게 추심하는 방편으로 합동수사반원임을 사칭하고 협박한 사실이 있다고 하여도 위 채권의 추심행위는 개인적인 업무이지 합동수사반의 수사업무의 범위에는 속하지 아니하므로 이를 공무원자격사칭죄로 처벌할 수 없다(대판 1981.9.8, 81도1955). ● 경찰승진

제2절 폭발물에 관한 죄

I 서 설

폭발물을 사용하여 공중의 생명·신체 또는 재산을 해하거나 기타 공안을 문란케 하는 것을 내용으로 하는 범죄이다.

II 폭발물사용죄

제119조 (폭발물사용) ① 폭발물을 사용하여 사람의 생명, 신체 또는 재산을 해하거나 그 밖에 공공의 안전을 문란하게 한 자는 사형, 무기 또는 7년 이상의 징역에 처한다.
③ 제1항과 제2항의 미수범은 처벌한다.

1. 보호법익

형법 제119조 제1항에서 규정한 폭발물사용죄는 폭발물을 사용하여 공안을 문란하게 함으로써 성립하는 공공위험범죄로서 개인의 생명, 신체 등과 아울러 공공의 안전과 평온을 보호법익으로 하는 것이다(대판 2012.4.26, 2011도17254).

2. 폭발물에 대한 판단

형법은 제172조에서 '폭발성 있는 물건을 파열시켜 사람의 생명, 신체 또는 재산에 대하여 위험을 발생시킨 자'를 처벌하는 폭발성물건파열죄를 별도로 규정하고 있는 등 여러 사정을 종합해 보면, 폭발물사용죄에서 말하는 폭발물이란 폭발작용의 위력이나 파편의 비산 등으로 사람의 생명, 신체, 재산 및 공공의 안전이나 평온에 직접적이고 구체적인 위험을 초래할 수 있는 정도의 강한 파괴력을 가지는 물건을 의미한다. 따라서 어떠한 물건이 형법 제119조에 규정된 폭발물에 해당하는지는 폭발작용 자체의 위력이 공안을 문란하게 할 수 있는 정도로 고도의 폭발성능을 가지고 있는지에 따라 엄격하게 판단하여야 한다(대판 2012.4.26, 2011도17254).

> **관련판례**
>
> 유리꽃병 내부에 휴대용 부탄가스통을 넣고 유리꽃병과 부탄가스 용기 사이의 두께 약 1cm의 공간에 폭죽에서 분리한 화약을 채운 후, 발열체인 니크롬선이 연결된 전선을 유리꽃병 안의 화약에 꽂은 다음 전선을 유리꽃병 밖으로 연결하여 타이머와 배터리를 연결하고, 유리꽃병의 입구를 청테이프로 막은 상태에서, 타이머에 설정된 시각에 배터리의 전원이 연결되면 발열체의 발열에 의해 화약이 점화되는 구조로 만들어진 물건을 피고인이 배낭에 담아 고속버스터미널 등의 물품보관함 안에 넣어 두고 폭발하게 함으로써 공안을 문란하게 하였다고 하여 폭발물사용으로 기소된 사안에서, 피고인이 제작한 물건의 구조, 그것이 설치된 장소 및 폭발 당시의 상황 등에 비추어, 위 물건은 폭발작용 자체에 의하여 공공의 안전을 문란하게 하거나 사람의 생명, 신체 또는 재산을 해할 정도의 성능이 없거나, 사람의 신체 또는 재산을 경미하게 손상시킬 수 있는 정도에 그쳐 사회의 안전과 평온에 직접적이고 구체적인 위험을 초래하여 공공의 안전을 문란하게 하기에는 현저히 부족한 정도의 파괴력과 위험성만을 가진 물건이므로 형법 제172조 제1항에 규정된 '폭발성 있는 물건'에는 해당될 여지가 있으나 이를 형법 제119조 제1항에 규정된 '폭발물'에 해당한다고 볼 수는 없다(대판 2012.4.26, 2011도17254).

III 전시폭발물사용죄

> 제119조 (폭발물사용) ② 전쟁, 천재지변 그 밖의 사변에 있어서 제1항의 죄를 지은 자는 사형이나 무기징역에 처한다.
> ③ 제1항과 제2항의 미수범은 처벌한다.

IV 폭발물사용 예비·음모·선동죄

> 제120조 (예비, 음모, 선동) ① 전조 제1항, 제2항의 죄를 범할 목적으로 예비 또는 음모한 자는 2년 이상의 유기징역에 처한다. 단, 그 목적한 죄의 실행에 이르기 전에 자수한 때에는 그 형을 감경 또는 면제한다.
> ② 전조 제1항, 제2항의 죄를 범할 것을 선동한 자도 전항의 형과 같다.

V 전시폭발물제조 등의 죄

> 제121조 (전시폭발물제조등) 전쟁 또는 사변에 있어서 정당한 이유없이 폭발물을 제조, 수입, 수출, 수수 또는 소지한 자는 10년 이하의 징역에 처한다.

제3절 방화와 실화의 죄

I 방화의 죄

1. 서 설

(1) 의 의

방화죄와 실화죄는 고의 또는 과실로 불을 놓아 현주건조물 등을 소훼하는 것을 내용으로 하는 공공위험죄를 말한다.

(2) 보호법익

방화죄는 공공의 안전을 1차적 보호법익으로 하고 부차적으로 개인의 재산권도 보호법익으로 한다(다수설).

(3) 보호의 정도

① 추상적 위험범 : 현주건조물방화죄(제164조), 공용건조물방화죄(제165조), 타인소유 일반건조물방화죄(제166조 제1항)
② 구체적 위험범 : 자기소유일반건조물방화죄(제166조 제2항), 일반물건방화죄(제167조)

> **관련판례**
> 형법 제164조 전단의 현주건조물에의 방화죄는 공중의 생명, 신체, 재산 등에 대한 위험을 예방하기 위하여 공공의 안전을 그 제1차적인 보호법익으로 하고 제2차적으로는 개인의 재산권을 보호하는 것이라고 할 것이나, 여기서 공공에 대한 위험은 구체적으로 그 결과가 발생됨을 요하지 아니하는 것이고 이미 현주건조물에의 점화가 독립연소의 정도에 이르면 동 죄는 기수에 이르러 완료된다(대판 1983.1.18, 82도2341).

2. 현주건조물 등 방화죄

> 제164조 (현주건조물등에의 방화) ① 불을 놓아 사람이 주거로 사용하거나 **사람이 현존**하는 건조물, 기차, 전차, **자동차**, 선박, 항공기 또는 지하채굴시설을 불태운 자는 무기 또는 3년 이상의 징역에 처한다.
> 제174조 (미수범) 미수범은 처벌한다.

(1) 객관적 구성요건

① 행위객체

㉠ 사람의 주거에 사용 : 사람이 거주하는 가옥의 일부로 되어 있는 우사에 대한 방화는 현주건조물에 대한 방화에 해당한다(대판 1967.8.29, 67도925). ● 경찰

ⓒ 사람이 현존하는 : 방화시에 건조물 등의 내부에 범인이외의 사람이 존재하는 상태를 의미한다.
ⓒ 건조물 · 기차 · 자동차 · 선박 · 항공기 · 광갱
② 행 위
㉠ 방화 : 방법에 제한이 없고 부작위에 의한 방화도 가능하다.
㉡ 실행의 착수시기 : 목적물 또는 매개물에 점화하거나 발화된 때이다(다수설·판례).

> **판례 정리**
>
> 1. 실행의 착수 인정
>   피고인이 방화의 의사로 뿌린 휘발유가 인화성이 강한 상태로 주택주변과 피해자의 몸에 적지 않게 살포되어 있는 사정을 알면서도 라이터를 켜 불꽃을 일으킴으로써 피해자의 몸에 불이 붙은 경우, 비록 외부적 사정에 의하여 불이 방화 목적물인 주택 자체에 옮겨 붙지는 아니하였다 하더라도 현존건조물방화죄의 실행의 착수가 있었다고 봄이 상당하다(대판 2002.3.26, 2001도6641). ● 경찰, 사시
> 2. 실행의 착수 부정
>   피고인이 선박에 침입하여 준비하였던 휘발유 1통을 동 선박 갑판부에 살포하고 소지 중이던 라이타를 꺼내어 점화하려 한 사실은 인정되나, 피고인이 아직 방화목적물 내지 그 도화물체에 점화하지 아니한 이상 방화죄의 착수로 논란하지 못할 것이다(대판 1960.7.22, 4293형상213). ● 법행, 경찰승진

ⓒ 불태운(소훼)

> **관련판례**
>
> ① 방화죄는 화력이 매개물을 떠나 스스로 연소할 수 있는 상태에 이르렀을 때에 기수가 되고 반드시 목적물의 중요부분이 소실하여 그 본래의 효용을 상실한 때라야만 기수가 되는 것이 아니라고 할 것이다(대판 1970.3.24, 70도330). ● 사시
> ② 피해자의 사체 위에 옷가지 등을 올려놓고 불을 붙인 천조각을 던져서 그 불길이 방안을 태우면서 천정에까지 옮겨 붙었다면 도중에 진화되었다고 하더라도 일단 천정에 옮겨 붙은 때에 이미 현주건조물방화죄의 기수에 이른 것이다(대판 2007.3.16, 2006도9164). ● 법행
> ③ 부모에게 용돈을 요구하였다가 거절당한 甲이 홧김에 부모와 함께 살고 있는 자기 집 헛간 지붕 위에 올라가 라이터로 불을 놓고, 이어서 몸채, 사랑채 지붕 위에 차례로 올라가 불을 놓아, **헛간 지붕 60cm², 몸채 지붕 1m², 사랑채 지붕 1m2 가량을 태운 경우** 독립연소단계에 이르렀다고 보아야 하므로 현주건조물방화죄의 기수가 된다(대판 1970.3.24, 70도330). ● 경간부

(2) 주관적 구성요건

> **관련판례**
>
> [고의가 부정된 경우]
> 피고인이 동거하던 공소외인과 가정불화가 악화되어 헤어지기로 작정하고 홧김에 죽은 동생의 유품으로 보관하던 서적 등을 뒷마당에 내어 놓고 불태워 버리려 했던 점이 인정될 뿐 피고인이 위 공소외인 소유의 가옥을 불태워 버리겠다고 결의하여 불을 놓았다고 볼 수 없다면 피고인의 위 소위를 가리켜 방화의 범의가 있었다고 할 수 없다(대판 1984.7.24, 84도1245). ☞ 현주건조물방화죄의 고의 ×
>
> ● 경찰승진

(3) 죄수 및 타죄와의 관계

죄수는 공공위험을 기준으로 하며 방화시 발생하는 손괴죄는 불가벌적수반행위로서 본죄에 흡수된다.

3. 현주건조물등방화치사상죄

> 제164조 (현주건조물등에의 방화) ② 제1항의 죄를 지어 사람을 상해에 이르게 한 경우에는 무기 또는 5년 이상의 징역에 처한다. 사망에 이르게 한 경우에는 사형, 무기 또는 7년 이상의 징역에 처한다.

현주건조물등방화죄를 범하여 사람을 상해에 이르게 하거나 사망에 이르게 하는 경우에 성립하는 결과적 가중범이다.

> **판례 정리**
>
> 1. 사람을 살해할 목적으로 현주건조물에 방화하여 사망에 이르게 한 경우에는 현주건조물방화치사죄로 의율하여야 하고 이와 더불어 살인죄와의 상상적경합범으로 의율할 것은 아니며, 다만 존속살인죄와 현주건조물방화치사죄는 상상적경합범 관계에 있으므로, 법정형이 중한 존속살인죄로 의율함이 타당하다(대판 1996.4.26, 96도485).
> 2. 피고인들이 피해자들의 재물을 강취한 후 그들을 살해할 목적으로 현주건조물에 방화하여 사망에 이르게 한 경우, 피고인들의 행위는 강도살인죄와 현주건조물방화치사죄에 모두 해당하고 그 두 죄는 상상적 경합범관계에 있다(대판 1998.12.8, 98도3416).
> 3. 불을 놓은 집에서 빠져 나오려는 피해자들을 막아 소사케 한 경우 방화행위와 살인행위는 법률상 별개의 범의에 의하여 별개의 법익을 해하는 별개의 행위라고 할 것이니, 현주건조물방화죄와 살인죄는 실체적 경합 관계에 있다(대판 1983.1.18, 82도2341).
>
> ● 경찰, 법행, 사시

4. 공용건조물 등 방화죄

제165조 (공용건조물 등 방화) 불을 놓아 공용(公用)으로 사용하거나 공익을 위해 사용하는 건조물, 기차, 전차, 자동차, 선박, 항공기 또는 지하채굴시설을 불태운 자는 무기 또는 3년 이상의 징역에 처한다.
제174조 (미수범) 미수범은 처벌한다.

5. 일반건조물 등 방화죄

제166조 (일반건조물 등 방화) ① 불을 놓아 제164조와 제165조에 기재한 외의 건조물, 기차, 전차, 자동차, 선박, 항공기 또는 지하채굴시설을 불태운 자는 2년 이상의 유기징역에 처한다.
② 자기 소유인 제1항의 물건을 불태워 공공의 위험을 발생하게 한 자는 7년 이하의 징역 또는 1천만원 이하의 벌금에 처한다.
제174조 (미수범) 제166조제1항의 미수범은 처벌한다.
제176조 (타인의 권리의 대상이 된 자기의 물건) 자기의 소유에 속하는 물건이라도 압류 기타 강제처분을 받거나 타인의 권리 또는 보험의 목적물이 된 때에는 본장의 규정의 적용에 있어서 타인의 물건으로 간주한다.

6. 일반물건방화죄

제167조 (일반물건 방화) ① 불을 놓아 제164조부터 제166조까지에 기재한 외의 물건을 불태워 공공의 위험을 발생하게 한 자는 1년 이상 10년 이하의 징역에 처한다.
② 제1항의 물건이 자기 소유인 경우에는 3년 이하의 징역 또는 700만원 이하의 벌금에 처한다.
제176조 (타인의 권리의 대상이 된 자기의 물건) 자기의 소유에 속하는 물건이라도 압류 기타 강제처분을 받거나 타인의 권리 또는 보험의 목적물이 된 때에는 본장의 규정의 적용에 있어서 타인의 물건으로 간주한다.

① 불을 놓아 **무주물을 소훼하여 공공의 위험을 발생하게 한 경우**에는 '무주물'을 '자기 소유의 물건'에 준하는 것으로 보아 형법 제167조 제2항을 적용하여 처벌하여야 한다. 따라서 **노상에서 전봇대 주변에 놓인 재활용품과 쓰레기 등에 불을 놓아 소훼한 사안에서, 그 재활용품과 쓰레기 등은 '무주물'로서 형법 제167조 제2항에 정한 '자기 소유의 물건'에 준하는 것으로 보아야** 하므로, 여기에 불을 붙인 후 불상의 가연물을 집어넣어 그 화염을 키움으로써 전선을 비롯한 주변의 가연물에 손상을 입히거나 바람에 의하여 다른 곳으로 불이 옮아붙을 수 있는 공공의 위험을 발생하게 하였다면, 일반물건방화죄가 성립한다(대판 2009.10.15, 2009도7421) ● 경찰, 사시, 법행

② [1] 형법상 방화죄의 객체인 건조물은 토지에 정착되고 벽 또는 기둥과 지붕 또는 천장으로 구성되어 사람이 내부에 기거하거나 출입할 수 있는 공작물을 말하고, 반

드시 사람의 주거용이어야 하는 것은 아니라도 사람이 사실상 기거·취침에 사용할 수 있는 정도는 되어야 한다.

[2] 이 사건 폐가는 지붕과 문짝, 창문이 없고 담장과 일부 벽체가 붕괴된 철거 대상 건물로서 사실상 기거·취침에 사용할 수 없는 상태의 것이므로 형법 제166조의 건조물이 아닌 형법 제167조의 물건에 해당하고, 피고인이 이 사건 폐가의 내부와 외부에 쓰레기를 모아놓고 태워 그 불길이 이 사건 폐가 주변 수목 4~5그루를 태우고 폐가의 벽을 일부 그을리게 하는 정도만으로는 방화죄의 기수에 이르렀다고 보기 어려우며, 일반물건방화죄에 관하여는 미수범의 처벌 규정이 없다는 이유로 제1심의 유죄판결을 파기하고 피고인에게 무죄를 선고하였다(대판 2013.12. 12, 2013도3950). ● 경찰

7. 연소죄

> 제168조 (연소) ① **제166조 제2항 또는 전조 제2항의 죄**를 범하여 제164조, 제165조 또는 제166조 제1항에 기재한 물건에 연소한 때에는 1년 이상 10년 이하의 징역에 처한다.
> ② **전조 제2항의 죄**를 범하여 전조 제1항에 기재한 물건에 연소한 때에는 5년 이하의 징역에 처한다. ● 경찰승진

8. 진화방해죄

> 제169조 (진화방해) 화재에 있어서 진화용의 시설 또는 물건을 은닉 또는 손괴하거나 기타 방법으로 진화를 방해한 자는 10년 이하의 징역에 처한다.

9. 폭발성물건파열죄와 폭발성물건파열치사상죄

> 제172조 (폭발성물건파열) ① 보일러, 고압가스 기타 폭발성있는 물건을 파열시켜 사람의 생명, 신체 또는 재산에 대하여 위험을 발생시킨 자는 1년 이상의 유기징역에 처한다.
> ② 제1항의 죄를 범하여 사람을 상해에 이르게 한 때에는 무기 또는 3년 이상의 징역에 처한다. 사망에 이르게 한 때에는 무기 또는 5년 이상의 징역에 처한다.
> 제174조 (미수범) 미수범은 처벌한다.

10. 가스·전기 등 방류죄와 가스·전기 등 방류치사상죄

> 제172조의2 (가스·전기등 방류) ① 가스, 전기, 증기 또는 방사선이나 방사성 물질을 방출, 유출 또는 살포시켜 사람의 생명, 신체 또는 재산에 대하여 위험을 발생시킨 자는 1년 이상 10년 이하의 징역에 처한다.
> ② 제1항의 죄를 범하여 사람을 상해에 이르게 한 때에는 무기 또는 3년 이상의 징역에 처한다. 사망에 이르게 한 때에는 무기 또는 5년 이상의 징역에 처한다.
> 제174조 (미수범) 미수범은 처벌한다.

11. 가스·전기 등 공급방해죄와 가스·전기 등 공급방해치사상죄

> 제173조 (가스·전기등 공급방해) ① 가스, 전기 또는 증기의 공작물을 손괴 또는 제거하거나 기타 방법으로 가스, 전기 또는 증기의 공급이나 사용을 방해하여 공공의 위험을 발생하게 한 자는 1년 이상 10년 이하의 징역에 처한다.
> ② 공공용의 가스, 전기 또는 증기의 공작물을 손괴 또는 제거하거나 기타 방법으로 가스, 전기 또는 증기의 공급이나 사용을 방해한 자도 전항의 형과 같다.
> ③ 제1항 또는 제2항의 죄를 범하여 사람을 상해에 이르게 한 때에는 2년 이상의 유기징역에 처한다. 사망에 이르게 한 때에는 무기 또는 3년 이상의 징역에 처한다.
> 제174조 (미수범) 미수범은 처벌한다.

12. 방화 등 예비·음모죄

> 제175조 (예비, 음모) 제164조 제1항, 제165조, 제166조 제1항, 제172조 제1항, 제172조의2 제1항, 제173조 제1항과 제2항의 죄를 범할 목적으로 예비 또는 음모한 자는 5년 이하의 징역에 처한다. 단 그 목적한 죄의 실행에 이르기 전에 자수한 때에는 형을 감경 또는 면제한다.

II 실화의 죄

1. 단순실화죄

> 제170조 (실화) ① 과실로 제164조 또는 제165조에 기재한 물건 또는 타인 소유인 제166조에 기재한 물건을 불태운 자는 1천500만원 이하의 벌금에 처한다.
> ② 과실로 자기 소유인 제166조의 물건 또는 제167조에 기재한 물건을 불태워 공공의 위험을 발생하게 한 자도 제1항의 형에 처한다.

(1) 제1항

현주·공용건조물, 타인소유일반건조물 등을 객체로 하는 추상적 위험범이다.

참조판례

실화죄에 있어서 공동의 과실이 경합되어 화재가 발생한 경우 적어도 각 과실이 화재의 발생에 대하여 하나의 조건이 된 이상은 그 공동적 원인을 제공한 사람들은 각자 실화죄의 책임을 면할 수 없다(대판 2023.3.9, 2022도16120). ● 경찰 ▷ 피고인들이 분리수거장 방향으로 담배꽁초를 던져 버리고 현장을 떠난 후 화재가 발생하여 각각 실화죄로 기소된 사례임, 원심판단 중 위 화재가 피고인들 중 누구의 행위에 의한 것인지 인정하기에 부족하다는 취지의 부분은 '피고인들 중 누구의 담배꽁초로 인하여 위 화재가 발생하였는지 인정할 증거가 부족하다.'는 의미이지, 이와 다른 전제에서 '원인행위가 불명이어서 피고인들은 실화죄의 미수로 불가벌에 해당하거나 적어도 피고인들 중 일방은 실화죄가 인정될 수 없다.'는 취지의 피고인들 주장은 받아들이기 어렵다고 한 사례

(2) 제2항

형법 제170조 제2항에서 말하는 '자기의 소유에 속하는 제166조 또는 제167조에 기재한 물건'이라 함은 '자기의 소유에 속하는 제166조에 기재한 물건 또는 <u>자기의 소유에 속하든, 타인의 소유에 속하든 불문하고 제167조에 기재한 물건</u>'을 의미하는 것이라고 해석하여야 하며, … 이렇게 해석한다고 하더라도 그것이 죄형법정주의의 원칙상 금지되는 유추해석이나 확장해석에 해당한다고 볼 수는 없을 것이다(대결 1994.12.20, 94모32 전원합의체). ● 경찰, 법행

2. 업무상실화·중실화죄

> 제171조 (업무상실화, 중실화) 업무상과실 또는 중대한 과실로 인하여 제170조의 죄를 범한 자는 3년 이하의 금고 또는 2천만원 이하의 벌금에 처한다.

판례 정리 … 중실화죄

1. <u>연탄아궁이로부터 80센티미터 떨어진 곳에 쌓아둔 스폰지요, 솜 등이 연탄아궁이 쪽으로 넘어지면서 화재 현장에 의한 화재가 발생한 경우라고 하더라도 그 스폰지요, 솜 등을 쌓아두는 방법이나 상태 등에 관하여 아주 작은 주의만 기울였더라면 스폰지요나 솜 등이 넘어지고 또 그로 인하여 화재가 발생할 것을 예견하여 회피할 수 있었음에도 불구하고 부주의로 이를 예견하지 못하고 <u>스폰지와 솜 등을 쉽게 넘어질 수 있는 상태로 쌓아둔 채 방치하였기 때문에 화재가 발생한 것으로 판단되어야만</u>, "중대한 과실"로 인하여 화재가 발생한 것으로 볼 수 있다(대판 1989.1.17, 88도643). ● 경찰승진
2. <u>성냥불이 꺼진 것을 확인하지 아니한 채 플라스틱 휴지통에 던진 것은 중대한 과실에 해당한다</u>(대판 1993.7.27, 93도135). ● 사시
3. <u>보일러로부터 5 내지 10센티미터쯤의 거리에 가연물질을 그대로 두고 신문지를 구겨서 보일러의 공기조절구를 살짝 막아놓은 채 그 자리를 떠나버렸기 때문에 화재가 발생한 경우 중실화가 인정된다</u>(대판 1988.8.23, 88도855). ● 법행
4. <u>모텔 방에 투숙하여 담배를 피운 후 재떨이에 담배를 끄게 되었으나 담뱃불이 완전히 꺼졌는지 여부를 확인하지 않은 채 불이 붙기 쉬운 휴지를 재떨이에 버리고 잠을 잔 과실로 담뱃불이 휴지와 침대시트에 옮겨 붙게 함으로써 화재가 발생한 경우 중실화가 인정된다</u>(대판 2010.1.14, 2009도12109·2009감도38). ● 법행
5. 호텔오락실의 경영자가 그 오락실 천정에 형광등을 설치하는 공사를 하면서 그 호텔의 전기보안담당자에게 아무런 통고를 하지 아니한 채 <u>무자격전기기술자로 하여금 전기공사를 하게 하였고 그로 인한 부실공사가 결국 전선의 합선으로 인해 화재가 발생한 경우 전기에 관한 전문지식이 없는 오락실경영자로서는 그와 같이 화재가 발생하리라고 쉽게 예견할 수 있었다고 보기는 어려우므로 위 오락실경영자에게 위와 같은 과실이 있었더라도 사회통념상 이를 화재발생에 관한 <u>중대한 과실이라고 평가하기는 어렵다</u>(대판 1989.10.13, 89도204). ● 법행, 경찰승진
6. 전기석유난로를 켜 놓은 채 귀가한 사실 및 그 날 03 : 34경 위 스튜디오에서 최초로 발화한 사실은 인정할 수 있지만, 피고인이 켜 놓았던 위 전기석유난로가 과열된 것이 바로 이 사건 화재발생의 직접적인 원인이 되었다고 인정할 수는 없다(대판 1994.3.11, 93도3001). ☞ 중실화죄를 부정한 사례임 ● 경찰

3. 과실 · 업무상과실 · 중과실폭발성물건파열등죄

> 제173조의2 (과실폭발성물건파열등) ① 과실로 제172조 제1항, 제172조의2 제1항, 제173조 제1항과 제2항의 죄를 범한 자는 5년 이하의 금고 또는 1천500만원 이하의 벌금에 처한다.
> ② 업무상과실 또는 중대한 과실로 제1항의 죄를 범한 자는 7년 이하의 금고 또는 2천만원 이하의 벌금에 처한다.

관련판례

① 임차인이 자신의 비용으로 설치 · 사용하던 가스설비의 휴즈콕크를 아무런 조치 없이 제거하고 이사를 간 후 가스공급을 개별적으로 차단할 수 있는 주밸브가 열려져 가스가 유입되어 폭발사고가 발생한 경우, 임차인의 과실과 가스폭발사고 사이의 상당인과관계가 인정된다(대판 2001.6.1, 99도5086). ☞ 과실폭발물파열죄 성립 ● 경찰

② 유조차의 운전사에게 위험물취급주임의 지시 없이도 석유가 제대로 급유되는지, 어떠한 사유로 인하여 급유장애가 발생하는지 여부를 확인하기 위하여 급유가 끝날 때까지 그와 함께 또는 그와 교대로 급유호스가 주입구에서 빠지려고 할 때는 즉시 대응조치를 할 수 있는 자세를 갖추어야 할 업무상의 주의의무가 있다고 할 수는 없으므로, <u>유조차운전사가 석유구판점의 위험물취급주임의 지시를 받아 유조차의 석유를 구판점 탱크로 급유하다가 급유호스가 탱크주입구에서 빠지는 바람에 분출된 석유가 화기에 인화되어 화재가 발생한 경우 운전수가 위험물취급주임이 탱크주입구 부분을 이탈하였음을 보고서도 유조차 운전석에 앉아 다른 일을 보고 있었다고 하여 운전사에게 화재발생에 대하여 과실이 있다고 책임을 물을 수는 없다</u>(대판 1990.11.13, 90도2011). ● 경찰

제4절 일수와 수리에 관한 죄

I 서 설

일수의 죄란 고의 또는 과실로 수해를 일으켜 공공의 안전을 해하는 것을 내용으로 하는 공공위험죄이다.

II 일수의 죄

1. 현주건조물등일수죄

> 제177조 (현주건조물등에의 일수) ① 물을 넘겨 사람이 주거에 사용하거나 사람이 현존하는 건조물, 기차, 전차, 자동차, 선박, 항공기 또는 광갱을 침해한 자는 무기 또는 3년 이상의 징역에 처한다.
> ② 제1항의 죄를 범하여 사람을 상해에 이르게 한 때에는 무기 또는 5년 이상의 징역에 처한다. 사망에 이르게 한 때에는 무기 또는 7년 이상의 징역에 처한다.
> 제182조 (미수범) 미수범은 처벌한다.

2. 공용건조물 등 일수죄

> 제178조 (공용건조물등에의 일수) 물을 넘겨 공용 또는 공익에 공하는 건조물, 기차, 전차, 자동차, 선박, 항공기 또는 광갱을 침해한 자는 무기 또는 2년 이상의 징역에 처한다.
> 제182조 (미수범) 미수범은 처벌한다.

3. 일반건조물 등 일수죄

> 제179조 (일반건조물등에의 일수) ① 물을 넘겨 전2조에 기재한 이외의 건조물, 기차, 전차, 자동차, 선박, 항공기 또는 광갱 기타 타인의 재산을 침해한 자는 1년 이상 10년 이하의 징역에 처한다.
> ② 자기의 소유에 속하는 전항의 물건을 침해하여 공공의 위험을 발생하게 한 때에는 3년 이하의 징역 또는 700만원 이하의 벌금에 처한다.
> ③ 제176조의 규정은 본조의 경우에 준용한다.
> 제176조 (타인의 권리의 대상이 된 자기의 물건) 자기의 소유에 속하는 물건이라도 압류 기타 강제처분을 받거나 타인의 권리 또는 보험의 목적물이 된 때에는 본장의 규정의 적용에 있어서 타인의 물건으로 간주한다.
> 제182조 (미수범) 미수범은 처벌한다.

4. 방수방해죄

> 제180조 (방수방해) 수재에 있어서 방수용의 시설 또는 물건을 손괴 또는 은닉하거나 기타 방법으로 방수를 방해한 자는 10년 이하의 징역에 처한다.

5. 과실일수죄

> 제181조 (과실일수) 과실로 인하여 제177조 또는 제178조에 기재한 물건을 침해한 자 또는 제179조에 기재한 물건을 침해하여 공공의 위험을 발생하게 한 자는 1천만원 이하의 벌금에 처한다.

6. 일수예비·음모죄

> 제183조 (예비, 음모) 제177조 내지 제179조 제1항의 죄를 범할 목적으로 예비 또는 음모한 자는 3년 이하의 징역에 처한다.

Ⅲ 수리방해죄

> 제184조 (수리방해) 둑을 무너뜨리거나 수문을 파괴하거나 그 밖의 방법으로 수리(水利)를 방해한 자는 5년 이하의 징역 또는 700만원 이하의 벌금에 처한다.

> **판례 정리 ··· 수리방해죄가 성립하지 않는 경우**
>
> 1. [1] 형법 제184조는 '제방을 결궤(결궤, 무너뜨림)하거나 수문을 파괴하거나 기타 방법으로 수리를 방해'하는 것을 구성요건으로 하여 수리방해죄를 규정하고 있는바 여기서 수리(水利)라 함은, 관개용·목축용·발전이나 수차 등의 동력용·상수도의 원천용 등 널리 물이라는 <u>천연자원을 사람의 생활에 유익하게 사용하는 것</u>을 가리키고(다만, 형법 제185조의 교통방해죄 또는 형법 제195조의 수도불통죄의 경우 등 다른 규정에 의하여 보호되는 형태의 물의 이용은 제외될 것이다), 수리를 방해한다 함은 제방을 무너뜨리거나 수문을 파괴하는 등 위 조문에 예시된 것을 포함하여 저수시설, 유수로(流水路)나 송·인수시설 또는 이들에 부설된 여러 수리용 장치를 손괴·변경하거나 효용을 해침으로써 수리에 지장을 일으키는 행위를 가리키며, 나아가 수리방해는 <u>타인의 수리권</u>을 보호법익으로 하므로 수리방해죄가 성립하기 위하여는 <u>법령, 계약 또는 관습 등에 의하여 타인의 권리에 속한다고 인정될 수 있는 물의 이용을 방해하는 것이어야 한다.</u>
>   [2] 원천 내지 자원으로서의 물의 이용이 아니라, **하수나 폐수 등 이용이 끝난 물**을 배수로를 통하여 내려보내는 것은 형법 제184조 소정의 수리에 해당한다고 할 수 없고, 그러한 <u>배수 또는 하수처리를 방해하는 행위는</u>, 특히 그 배수가 수리용의 인수(引水)와 밀접하게 연결되어 있어서 그 배수의 방해가 직접 인수에까지 지장을 초래한다는 등의 특수한 경우가 아닌 한, 수리방해죄의 대상이 될 수 없다.
>   [3] 농촌주택에서 배출되는 **생활하수의 배수관(소형 PVC관)**을 토사로 막아 하수가 내려가지 못하게 한 경우, 수리방해죄에 해당하지 아니한다(대판 2001.6.26, 2001도404). ● 경찰
> 2. 수리방해죄가 성립하기 위하여는 행위자가 본조에 규정된 행위방법으로서 수리를 방해할 것이 필요하다 할 것인바, 삽으로 흙을 떠올려 물줄기를 막은 행위만으로 수리방해를 인정할 수 없는 것이다(대판 1975.6.24, 73도2594).

제5절 교통방해의 죄

I 서 설

교통방해의 죄는 교통로 또는 교통수단 등 교통설비를 손괴 또는 불통하게 하여 교통을 방해하는 것을 내용으로 하는 범죄이다.

II 교통방해의 죄

1. 일반교통방해죄

> 제185조 (일반교통방해) 육로, 수로 또는 교량을 손괴 또는 불통하게 하거나 기타 방법으로 교통을 방해한 자는 10년 이하의 징역 또는 1천500만원 이하의 벌금에 처한다.
> 제190조 (미수범) 미수범은 처벌한다.

(1) 보호법익 및 보호정도

일반교통방해죄는 이른바 추상적 위험범으로서 교통이 불가능하거나 또는 현저히 곤란한 상태가 발생하면 바로 기수가 되고 교통방해의 결과가 현실적으로 발생하여야 하는 것은 아니다. 또한 일반교통방해죄에서 교통방해 행위는 **계속범의 성질**을 가지는 것이어서 교통방해의 상태가 계속되는 한 위법상태는 계속 존재한다(대판 2018.1.24, 2017도11408). ● 경찰, 검찰

(2) 육로, 수로 또는 교량

① '육로'라 함은 일반 공중의 왕래에 공용된 장소, 즉 특정인에 한하지 않고 불특정 다수인 또는 차마가 자유롭게 통행할 수 있는 공공성을 지닌 장소를 말한다(대판 2019.4.23, 2017도1056).

② 형법 제185조의 일반교통방해죄는 일반공중의 교통의 안전을 보호법익으로 하는 범죄로서 여기서의 '**육로**'라 함은 사실상 일반공중의 왕래에 공용되는 육상의 통로를 널리 일컫는 것으로서 그 부지의 소유관계나 통행권리관계 또는 통행인의 많고 적음 등을 가리지 않는다(대판 2002.4.26, 2001도6903).

(3) 공 범

교통방해를 유발한 집회에 참가한 경우 참가 당시 이미 다른 참가자들에 의해 교통의 흐름이 차단된 상태였더라도 교통방해를 유발한 다른 참가자들과 암묵적·순차적으로 공모하여 교통방해의 위법상태를 지속시켰다고 평가할 수 있다면 일반교통방해죄가 성립한다(대판 2018.1.24, 2017도11408). ● 경찰

> **판례 정리 ···** 일반교통방해죄의 육로에 해당하는 경우
>
> 1. 불특정 다수인의 통행로로 이용되어 오던 도로의 토지 일부의 소유자라 하더라도 그 도로의 중간에 바위를 놓아두거나 이를 파헤침으로써 차량의 통행을 못하게 하여 타인의 버섯농장 내지 러브호텔 신축건물 공사에 지장을 준 경우, 일반교통방해죄 및 업무방해죄에 해당한다(대판 2002.4.26, 2001도6903).
> 2. 자기 소유의 토지를 포함한 **구도로** 옆으로 신도로가 개설되었다고 하더라도 그 토지가 신도로에 의해 대체될 수 없는 상태여서 여전히 일반인과 차량이 통행하고 있는 경우 그 통행을 방해하면 일반교통방해죄에 해당한다(대판 1999.7.27, 99도1651). ● 경찰
> 3. 주민들이 농기계 등으로 그 주변의 농경지나 임야에 통행하기 위해 이용하는 자신 소유의 도로에 깊이 1m 정도의 구덩이를 판 행위가 일반교통방해죄에 해당하고 자구행위나 정당행위에 해당하지 않는다(대판 2007.3.15, 2006도9418).

> **판례정리 ··· 일반교통방해죄의 육로에 해당하지 않는 경우**
>
> 1. 토지상에 정당한 도로개설이 되기 전까지 소유자가 농작물경작지로서 이용하려고 하였고, 부근 주민들은 큰 도로로 나아가는 간편한 통로로 이용할려고 하여 분쟁이 계속되었다면 이는 주민들이 자유롭게 통행 할 수 있는 공공성이 있는 곳이라고 보기 어려우므로 육로에 해당하지 않는다(대판 1988.5.10, 88도262).
> 2. 목장 소유자가 목장운영을 위해 목장용지 내에 임도를 개설하고 차량 출입을 통제하면서 인근 주민들의 일부 통행을 부수적으로 묵인한 경우, 위 임도는 공공성을 지닌 장소가 아니어서 일반교통방해죄의 '육로'에 해당하지 않는다(대판 2007.10.11, 2005도7573). ● 법원
> 3. 토지의 소유자가 자신의 토지의 한쪽 부분을 일시 공터로 두었을 때 인근주민들이 위 토지의 동서쪽에 있는 도로에 이르는 지름길로 일시 이용한 적이 있다 하여도 이를 일반공중의 내왕에 공용되는 도로라고 할 수 없으므로 형법 제185조 소정의 육로로 볼 수 없다(대판 1984.11.13, 84도2192). ● 경찰승진
> 4. 공로에 출입할 수 있는 다른 도로가 있는 상태에서 토지 소유자로부터 일시적인 사용승낙을 받아 통행하거나 토지 소유자가 개인적으로 사용하면서 부수적으로 타인의 통행을 묵인한 장소에 불과한 도로는 형법 제185조의 일반교통방해죄에서 말하는 육로에 해당하지 않는다(대판 2017.4.7, 2016도12563).

> **판례정리 ··· 일반교통방해죄가 성립하는 경우**
>
> 1. 서울 중구 소공동의 왕복 4차로의 도로 중 편도 3개 차로 쪽에 차량 2, 3대와 간이테이블 수십개를 이용하여 길가쪽 2개 차로를 차지하는 포장마차를 설치하고 영업행위를 한 것은, 비록 행위가 교통량이 상대적으로 적은 야간에 이루어졌다 하더라도 형법 제185조의 일반교통방해죄를 구성한다(대판 2007.12.14, 2006도4662). ● 법행
> 2. 집회 또는 시위가 당초 신고된 범위를 현저히 일탈하거나 구 집회 및 시위에 관한 법률 제12조에 의한 조건을 중대하게 위반하여 도로 교통을 방해함으로써 통행을 불가능하게 하거나 현저하게 곤란하게 하는 경우에는 일반교통방해죄가 성립한다. 따라서 전국민주노동조합연맹 준비위원회가 주관한 도로행진시위가 사전에 구 집회 및 시위에 관한 법률에 따라 옥외집회신고를 마쳤어도, 신고의 범위와 위 법률 제12조에 따른 제한을 현저히 일탈하여 주요도로 전차선을 점거하여 행진 등을 함으로써 교통소통에 현저한 장해를 일으켰다면, 일반교통방해죄를 구성한다(대판 2008.11.13, 2006도755). ● 경찰승진
>
> **유사판례**
> ① 집회 및 시위에 관한 법률에 따라 적법한 신고를 마친 집회 또는 시위라고 하더라도 **당초에 신고한 범위를 현저히 벗어나거나 집시법 제12조에 따른 조건을 중대하게 위반하여 도로 교통을 방해함으로써 통행을 불가능하게 하거나 현저하게 곤란하게 하는 경우에는** 형법 제185조의 일반교통방해죄가 성립한다. 그러나 이때에도 참가자 모두에게 당연히 일반교통방해죄가 성립하는 것은 아니고, 실제로 참가자가 위와 같이 신고 범위를 현저하게 벗어나거나 조건을 중대하게 위반하는 데 가담하여 교통방해를 유발하는 **직접적인 행위를** 하였거나, 참가자의 참가 경위나 관여 정도 등에 비추어 그 **참가자에게 공모공동정범의 죄책을 물을 수 있는 경우라야** 일반교통방해죄가 성립한다(대판 2018.1.24, 2017도11408).
> ② 집회와 시위의 자유는 헌법상 보장된 국민의 기본권이므로 형법상 일반교통방해죄를 집회와 시위의 참석자에게 적용할 경우에는 집회와 시위의 자유를 부당하게 제한하는 결과가 발생할 우려가 있다. 그러나 일반교통방해죄에서 교통을 방해하는 방법을 위와 같이 포괄적으로 정하고 있는 데다가 도로에서 집회와 시위를 하는 경우 일반 공중의 교통안전을 직접적으로 침해할 위험이 있는 점을 고려하면 **집회나 시위의 경우에도 교통방해행위를 수반한다면 특별한 사정이 없는 한 일반교통방해죄가 성립할 수 있다** (대판 2019.4.23, 2017도1056). ● 법행

3. 주민들에 의하여 공로로 통하는 유일한 통행로로 오랫동안 이용되어 온 폭 2m의 골목길을 자신의 소유라는 이유로 폭 50 내지 75cm 가량만 남겨두고 담장을 설치하여 주민들의 통행을 현저히 곤란하게 하였다면 일반교통방해죄를 구성한다(대판 1994.11.4, 94도2112). ● 경찰승진
4. 도로가 농가의 영농을 위한 경운기나 리어카 등의 통행을 위한 농로로 개설되었다 하더라도 그 도로가 사실상 일반 공중의 왕래에 공용되는 도로로 된 이상 경운기나 리어카 등만 통행할 수 있는 것이 아니고 다른 차량도 통행할 수 있는 것이므로 이러한 차량의 통행을 방해한다면 이는 일반교통방해죄에 해당한다(대판 1995.9.15, 95도1475).
5. 피고인의 가옥 앞 도로가 폐기물 운반 차량의 통행로로 이용되어 가옥 일부에 균열 등이 발생하자 피고인이 위 도로에 트랙터를 세워두거나 철책 펜스를 설치함으로써 위 차량의 통행을 불가능하게 하거나 위 차량들의 앞을 가로막고 앉아서 통행을 일시적으로 방해한 경우, 전자의 경우에만 일반교통방해죄를 구성한다(대판 2009.1.30, 2008도10560). ● 경찰승진

> **판례 정리 … 일반교통방해죄가 성립하지 않는 경우**
>
> 1. 피고인 등 약 600명의 노동조합원들이 보도가 따로 마련되어 있지 아니한 도로 우측의 편도 2차선의 대부분을 차지하면서 행진하는 방법으로 시위를 함으로써 나머지 편도 2차선으로 상, 하행차량이 통행하느라 차량의 소통이 방해되었다 하더라도 그 시위행위에 대하여 일반교통방해죄를 적용할 수 없다(대판 1992.8.18, 91도2771). ● 경찰
> 2. 공항 여객터미널 버스정류장 앞 도로 중 공항리무진 버스 외의 다른 차의 주차가 금지된 구역에서 밴 차량을 40분간 불법주차하고 호객행위를 한 것이, 다른 차량들의 통행을 불가능하거나 현저히 곤란하게 한 것으로 볼 수 없어 형법 제185조의 일반교통방해죄를 구성하지 않는다(대판 2009.7.9, 2009도4266). ● 법행

2. 기차 등 교통방해죄

> 제186조 (기차, 선박등의 교통방해) 궤도, 등대 또는 표지를 손괴하거나 기타 방법으로 기차, 전차, 자동차, 선박 또는 항공기의 교통을 방해한 자는 1년 이상의 유기징역에 처한다.
> 제190조 (미수범) 미수범은 처벌한다.
> 제191조 (예비, 음모) 제186조의 죄를 범할 목적으로 예비 또는 음모한 자는 3년 이하의 징역에 처한다.

3. 기차 등 전복죄

> 제187조 (기차등의 전복등) 사람의 현존하는 기차, 전차, 자동차, 선박 또는 항공기를 전복, 매몰, 추락 또는 파괴한 자는 무기 또는 3년 이상의 징역에 처한다.
> 제190조 (미수범) 미수범은 처벌한다.
> 제191조 (예비, 음모) 본죄를 범할 목적으로 예비 또는 음모한 자는 3년 이하의 징역에 처한다.

(1) 파괴

형법 제187조에서 정한 '파괴'란 다른 구성요건 행위인 전복, 매몰, 추락 등과 같은 수준으로 인정할 수 있을 만큼 교통기관으로서의 기능·용법의 전부나 일부를 불가능하게 할 정도의 파손을 의미하고, 그 정도에 이르지 아니하는 단순한 손괴는 포함되지 않는다. 따라서 총 길이 338m, 갑판 높이 28.9m, 총 톤수 146,848톤, 유류탱크 13개, 평형수탱크 4개인 대형 유조선의 유류탱크 일부에 구멍이 생기고 선수마스트, 위성통신 안테나, 항해등 등이 파손된 정도에 불과한 것은 형법 제187조에 정한 선박의 '파괴'에 해당하지 않는다(대판 2009.4.23, 2008도11921). ● 법행

(2) 고 의

선박매몰죄의 고의가 성립하기 위하여는 행위시에 사람이 현존하는 것이라는 점에 대한 인식과 함께 이를 매몰한다는 결과발생에 대한 인식이 필요하며, 현존하는 사람을 사상에 이르게 한다는 등 공공의 위험에 대한 인식까지는 필요하지 않고, 사람의 현존하는 선박에 대해 매몰행위의 실행을 개시하고 그로 인하여 선박을 매몰시켰다면 매몰의 결과발생시 사람이 현존하지 않았거나 범인이 선박에 있는 사람을 안전하게 대피시켰다고 하더라도 선박매몰죄의 기수로 보아야 할 것이지 이를 미수로 볼 것은 아니다(대판 2000.6.23, 99도4688). ● 법행

4. 교통방해치사상죄

> **제188조 (교통방해치사상)** 제185조 내지 제187조의 죄를 범하여 사람을 상해에 이르게 한 때에는 무기 또는 3년 이상의 징역에 처한다. 사망에 이르게 한 때에는 무기 또는 5년 이상의 징역에 처한다.

관련판례

[1] 형법 제188조에 규정된 **교통방해에 의한 치사상죄**는 결과적 가중범이므로, 위 죄가 성립하려면 교통방해 행위와 사상(死傷)의 결과 사이에 상당인과관계가 있어야 하고 행위시에 결과의 발생을 예견할 수 있어야 한다. 그리고 교통방해 행위가 피해자의 사상이라는 결과를 발생하게 한 유일하거나 직접적인 원인이 된 경우만이 아니라, 그 행위와 결과 사이에 피해자나 제3자의 과실 등 다른 사실이 개재된 때에도 그와 같은 사실이 통상 예견될 수 있는 것이라면 상당인과관계를 인정할 수 있다.

[2] 甲은 고속도로 2차로를 따라 자동차를 운전하다가 1차로를 진행하던 A의 차량 앞에 급하게 끼어든 후 곧바로 정차하여, A의 차량 및 이를 뒤따르던 차량 두 대는 연이어 급제동하여 정차하였으나, 그 뒤를 따라오던 乙의 차량이 앞의 차량들을 연쇄적으로 추돌케 하여 乙을 사망에 이르게 하고 나머지 차량 운전자에게 상해를 입혔다. 甲의 정차 행위와 사상의 결과 발생 사이에 상당인과관계가 있고, 사상의 결과 발생에 대한 예견가능성도 인정되므로 甲에게는 일반교통방해치사상죄가 성립한다(대판 2014.7.24, 2014도6206). ● 경찰

Ⅲ 과실교통방해죄

> 제189조 (과실, 업무상과실, 중과실) ① 과실로 인하여 제185조 내지 제187조의 죄를 범한 자는 1천만원 이하의 벌금에 처한다.
> ② 업무상과실 또는 중대한 과실로 인하여 제185조 내지 제187조의 죄를 범한 자는 3년 이하의 금고 또는 2천만원 이하의 벌금에 처한다.

판례정리 ··· 업무상과실교통방해죄 관련판례 정리

1. [1] 성수대교 붕괴사고에서 교량 건설회사의 트러스 제작 책임자, 교량공사 현장감독, 발주 관청의 공사감독 공무원 등에게 업무상과실치사상, 업무상과실일반교통방해, 업무상과실자동차추락죄 등의 유죄를 인정한 사례
   [2] 구 형법 제189조 제2항, 제185조에서 업무상과실일반교통방해의 한 행위태양으로 규정한 '손괴'라고 함은 물리적으로 파괴하여 그 효용을 상실하게 하는 것을 말하므로, 이 사건 성수대교의 건설 당시의 부실 제작 및 부실시공행위 등에 의하여 트러스가 붕괴되는 것도 위 '손괴'의 개념에 포함된다.
   [3] 구 형법 제189조 제2항에서 말하는 '업무상과실'의 주체는 기차, 전차, 자동차, 선박, 항공기나 기타 일반의 '교통왕래에 관여하는 사무'에 직접·간접으로 종사하는 자이어야 할 것인바, 성수대교는 차량 등의 통행을 주된 목적으로 하여 건설된 교량이므로, 그 건설 당시 제작, 시공을 담당한 자도 '교통왕래에 관여하는 사무'에 간접적으로 관련이 있는 자에 해당한다.
   [4] 업무상과실로 인하여 교량을 손괴하여 자동차의 교통을 방해하고 그 결과 자동차를 추락시킨 경우에는 구 형법 제189조 제2항, 제185조 소정의 업무상과실일반교통방해죄와 같은 법 제189조 제2항, 제187조 소정의 업무상과실자동차추락죄가 성립하고, 위 각 죄는 형법 제40조 소정의 상상적 경합관계에 있다.
   [5] 성수대교와 같은 교량이 그 수명을 유지하기 위하여는 건설업자의 완벽한 시공, 감독공무원들의 철저한 제작시공상의 감독 및 유지·관리를 담당하고 있는 공무원들의 철저한 유지·관리라는 조건이 합치되어야 하는 것이므로, 위 각 단계에서의 과실 그것만으로 붕괴원인이 되지 못한다고 하더라도, 그것이 합쳐지면 교량이 붕괴될 수 있다는 점은 쉽게 예상할 수 있고, 따라서 위 각 단계에 관여한 자는 전혀 과실이 없다거나 과실이 있다고 하여도 교량붕괴의 원인이 되지 않았다는 등의 특별한 사정이 있는 경우를 제외하고는 붕괴에 대한 공동책임을 면할 수 없다(대판 1997.11.28, 97도1740). 🔵 경찰

2. 형법 제187조에서 말하는 항공기의 '추락'이라 함은 공중에 떠 있는 항공기를 정상시 또는 긴급시의 정해진 항법에 따라 지표 또는 수면에 착륙 또는 착수시키지 못하고, 그 이외의 상태로 지표 또는 수면에 낙하시키는 것을 말하는 것인바, 헬리콥터에 승객 3명을 태우고 운항하던 조종사가 엔진 고장이 발생한 경우에 위 항공기를 긴급시의 항법으로서 정해진 절차에 따라 운항하지 못한 과실로 말미암아 사람이 현존하는 위 항공기를 안전하게 비상착수시키지 못하고 해상에 추락시켰다면 업무상 과실항공기추락죄에 해당한다(대판 1990.9.11, 90도1486).

3. 예인선 정기용선자의 현장소장 甲은 사고의 위험성이 높은 시점에 출항을 강행할 것을 지시하였고, 예인선 선장 乙은 甲의 지시에 따라 사고의 위험성이 높은 시점에 출항하는 등 무리하게 예인선을 운항한 결과 예인되던 선박에 적재된 물건이 해상에 추락하여 선박교통을 방해한 경우 甲과 乙은 업무상과실일반교통방해죄의 공동정범이 성립한다(대판 2009.6.11, 2008도11784). 🔵 해경

4. 형법 제189조 제2항, 제187조 소정의 업무상과실자동차파괴등죄와 도로교통법 제74조는 보호법익을 달리하고, 형법 본조의 구성요건이 위 도로교통법 제74조의 구성요건보다 축소한정되는 관계인 점등에 비추어 위 양법규는 일반법과 특별법관계가 아닌 별개의 독립된 구성요건으로 해석함이 상당하다(대판 1983.9.27, 82도671).

5. 도선사가 강제도선구역 내에서 조기 하선함으로 인하여 적기에 충돌회피동작을 취하지 못하여 결국 선박 충돌사고가 발생한 경우, 도선사의 업무상과실과 사고발생 사이의 상당인과관계가 인정된다(대판 2007.9.21, 2006도6949). ☞ 업무상과실선박파괴죄가 성립한다는 사례임 🔵 해경간부

CHAPTER 02 공공의 신용에 대한 죄

제1절 문서에 관한 죄

I 서설

1. 의의 및 보호법익

행사할 목적으로 문서를 위조·변조하거나, 허위의 문서를 작성하거나, 위조·변조·허위작성된 문서를 행사하거나 문서를 부정행사하는 것을 내용으로 하는 범죄이다. 보호법익은 문서의 진정에 대한 공공의 신용이다.

2. 문서에 관한 죄의 본질

(1) 형식주의와 실질주의

입법주의	내용
형식주의	문서의 성립의 진정에 대한 공공의 신용을 보호하고자 하는 입법주의를 말한다.
실질주의	문서의 내용의 진실에 대한 공공의 신용을 보호하고자 하는 입법주의를 말한다.

(2) 유형위조와 무형위조

구분	내용	관련표현
유형위조	작성권한 없이 타인명의의 문서를 작성하는 행위를 말한다. 즉 작성명의를 모용하는 행위를 말한다.	• 위조, 변조, 자격모용작성
무형위조	작성권한 있는 자가 진실에 반하는 내용의 문서를 작성하는 행위를 말한다.	• 허위작성, 변개 • 불실기재(기록)

(3) 형법의 태도

현행형법은 원칙적으로 형식주의의 입장에 서 있으면서, 예외적으로 실질주의를 가미하고 있다(통설). 즉, 유형위조를 원칙적으로 처벌하고 무형위조에 대해서는 문서내용의 진실성을 특별히 보호할 필요성이 있는 경우에만 예외적으로 처벌한다.

공문서	유형위조, 무형위조 모두 처벌
사문서	원칙적 유형위조 처벌, 예외적 무형위조 처벌(허위진단서등작성죄)

> **관련판례**
> ① 이사회를 개최함에 있어 공소외 이사들이 그 참석 및 의결권의 행사에 관한 권한을 피고인에게 위임하였다면 그 이사들이 실제로 이사회에 참석하지도 않았는데 마치 참석하여 의결권을 행사한 것처럼 피고인이 이사회 회의록에 기재하였다 하더라도 이는 이른바 사문서의 무형위조에 해당할 따름이어서 처벌대상이 되지 아니한다(대판 1985.10.22. 85도1732).
> ② 매수인으로부터 매도인과의 토지매매계약체결에 관하여 포괄적 권한을 위임받은 자는 위임자 명의로 토지매매계약서를 작성할 적법한 권한이 있다 할 것이므로 매수인으로부터 그 권한을 위임받은 피고인이 실제 매수가격보다 높은 가격을 매매대금으로 기재하여 매수인 명의의 매매계약서를 작성하였다 하여도 그것은 작성권한 있는 자가 허위내용의 문서를 작성한 것일 뿐 사문서위조죄가 성립될 수는 없다(대판 1984.7.10. 84도1146).

3. 문서의 개념

> 제237조의2 (복사문서 등) 이 장의 죄에 있어서 전자복사기, 모사전송기 기타 이와 유사한 기기를 사용하여 복사한 문서 또는 도화의 사본도 문서 또는 도화로 본다.

(1) 문 서

문서라 함은, 문자 또는 이에 대신할 수 있는 가독적 부호로 계속적으로 물체 상에 기재된 의사 또는 관념의 표시인 **원본** 또는 이와 사회적 기능, 신용성 등을 동시할 수 있는 기계적 방법에 의한 **복사본**으로서 그 내용이 법률상, 사회생활상 주요 사항에 관한 증거로 될 수 있는 것을 말한다(대판 2006.1.26. 2004도788).
① 계속적 기능

> **관련판례**
> ① 십지지문 지문대조표는 수사기관이 피의자의 신원을 특정하고 지문대조조회를 하기 위하여 직무상 작성하는 서류로서 비록 자서란에 피의자로 하여금 스스로 성명 등의 인적사항을 기재하도록 하고 있다 하더라도 이를 사문서로 볼 수는 없다(대판 2000.8.22. 2000도2393).
> ② 단순히 백지에 피해자 회사의 법인명판과 인감도장을 찍었다 하더라도 이것만으로 그 백지에 사실증명에 관한 피해자 회사의 일정한 의미가 있는 구체적인 의사가 표현되어 있다고 볼 수 없으므로 문서로 볼 수 없다(대판 2002.12.10. 2002도5533).

② 증명적 기능 : 문서의 내용은 현존하는 법적으로 중요한 사실을 증명할 수 있는 것이어야 한다.

> **관련판례**
>
> **거래상 중요한 사실을 증명하는 문서**는, 법률관계의 발생·존속·변경·소멸의 전후과정을 증명하는 것이 주된 취지인 문서뿐만 아니라 **직접적인 법률관계에 단지 간접적으로만 연관된 의사표시 내지 권리·의무의 변동에 사실상으로만 영향을 줄 수 있는 의사표시를 내용으로 하는 문서도 포함될 수 있다**(대판 2009.4.23, 2008도8527). ● 경찰승진

③ 보장적 기능 : 문서에는 작성명의인의 표시가 있어야 한다.
  ㉠ 명의인의 표시정도 : 사문서의 작성명의자의 인장이 압날되지 아니하고 주민등록번호가 기재되지 않았더라도, 일반인으로 하여금 그 작성명의자가 진정하게 작성한 사문서로 믿기에 충분할 정도의 형식과 외관을 갖추었으면 사문서위조죄 및 동행사죄의 객체가 되는 사문서라고 보아야 한다(대판 1989.8.8, 88도2209).
  ㉡ 명의인의 실재여부 : 문서위조죄는 명의인이 실재하지 않는 허무인이거나 또는 문서의 작성일자 전에 이미 사망하였다고 하더라도 그러한 문서 역시 공공의 신용을 해할 위험성이 있으므로 공문서와 사문서를 가리지 아니하고 문서위조죄가 성립하고 이는 법률적, 사회적으로 자연인과 같이 활동하는 법인 또는 단체에 대해서도 마찬가지이다(대판 2005.3.25, 2003도4943). ● 경찰, 승진
  ㉢ 명의인의 범위 : 명의인은 자연인에 국한되지 않고, 법인 또는 법인격 없는 단체라도 가능하다.

> **관련판례**
>
> 주식회사의 대표이사가 그 대표자격을 표시하는 방식으로 작성된 문서에 표현된 의사 또는 관념이 귀속되는 주체는 대표이사 개인이 아닌 주식회사이므로 그 문서의 명의자는 주식회사라고 보아야 한다(대판 2008.12.24, 2008도7836). ● 법행

> **유사판례**
>
> 해산등기를 마쳐 법인격이 소멸된 법인명의의 사문서를 위조한 경우에도 사문서위조죄가 성립한다(대판 2005.3.2, 2003도4943). ● 사시, 경찰

> **판례 정리 … 문서에 해당하는 경우**
>
> 1. **생략문서도 그것이 사람 등의 동일성을 나타내는 데에 그치지 않고 그 이외의 사항도 증명, 표시하는 한** 인장이나 기호가 아니라 문서로서 취급하여야 한다. 따라서 **구청 세무계장 명의의 소인을** 세금 영수필 통지서에 날인하는 의미는 은행 등 수납기관으로부터 그 수납기관에 세금이 정상적으로 입금되었다는 취지의 영수필 통지서가 송부되어 와서 이에 기하여 수납부 정리까지 마쳤으므로 이제 그 영수필 통지서는 보관하면 된다는 점을 확인함에 있는데, 소인이 가지는 의미가 위와 같은 것이라면 이는 하나의 문서로 보아야 한다(대판 1995.9.5, 95도1269). ● 경찰
> 2. **신용장에 날인된 은행의 접수일부인은** 사실증명에 관한 사문서에 해당되므로 신용장에 허위의 접수인을 날인한 것은 사문서위조에 해당된다(대판 1979.10.30, 77도1879). ● 사시

3. 전자복사기, 모사전송기 기타 이와 유사한 기기를 사용하여 복사한 문서의 사본도 문서원본과 동일한 의미를 가지는 문서로서 이를 다시 복사한 문서의 재사본도 문서위조죄 및 동 행사죄의 객체인 문서에 해당한다(대판 2000.9.5, 2000도2855). ● 사시
4. 장기간의 분쟁을 종결짓는 상황에서 '합의서'라는 제목 아래 합의의 구체적인 내용을 특정하여 기재한 다음 그에 대한 상인들의 찬반 의사를 표시함으로써 분쟁이 재발될 경우 입증자료로 사용하기 위하여 작성된 최초 합의서 및 서명날인부 각 원본과 사본은 모두 형법상 문서에 관한 죄에서 있어서의 문서에 해당한다(대판 2006.1.26, 2004도788). ● 경찰간부, 사시

> **판례 정리** … 문서에 해당하지 않는 경우

1. **컴퓨터 모니터 화면에 나타나는 이미지**는 이미지 파일을 보기 위한 프로그램을 실행할 경우에 그때마다 전자적 반응을 일으켜 화면에 나타나는 것에 지나지 않아서 계속적으로 화면에 고정된 것으로는 볼 수 없으므로, 형법상 문서에 관한 죄에 있어서의 '문서'에는 해당되지 않는다고 할 것이다(대판 2008.4.10, 2008도1013). ● 경찰
2. 국립대학교 교무처장 명의의 '졸업증명서 파일'을 위조한 경우, 위 파일이 형법상의 문서에 해당하지 않는다(대판 2010.7.15, 2010도6068).
3. 피고인이 컴퓨터 스캔 작업을 통하여 만들어낸 **공인중개사 자격증의 이미지 파일**은 전자기록 장치에 전자적 형태로서 고정되어 계속성이 있다고 볼 수는 있으나, 그러한 형태는 그 자체로서 시각적 방법에 의해 이해할 수 있는 것이 아니어서 이를 형법상 문서에 관한 죄에 있어서의 '문서'로 보기 어렵다(대판 2008.4.10, 2008도1013). ● 경찰, 경간부

(2) 도 화

담뱃갑은 적어도 그 담뱃갑 안에 들어 있는 담배가 특정 제조회사가 제조한 특정한 종류의 담배라는 사실을 증명하는 기능을 하고 있으므로, 그러한 담뱃갑은 문서 등 위조의 대상인 도화에 해당한다(대판 2010.7.29, 2010도2705). ● 사시, 법행

4. 문서의 종류

(1) 공문서 · 사문서(작성명의인을 기준으로 한 분류)

① 공문서 : 대한민국의 공무소 또는 공무원이 그 직무상 작성한 문서를 말한다.

> **관련판례**
>
> ① 간이절차에의한민사분쟁사건처리특례법에 의하여 설립된 공증인가 합동법률사무소 작성의 사서증서에 관한 인증서는 공문서이다(대판 1992.10.13, 92도1064). ● 사시
> ② 공증사무 취급이 인가된 합동법률사무소 명의로 작성된 공증에 관한 문서(대판 1977.8.23, 74도2715) ● 사시
> ③ 지방자치단체의 장 또는 계약담당자가 그 검사를 위임받아 수행한 전문기관으로부터 검사결과를 검사조서로 작성 · 보고받고 이를 확인하여 승인하는 의미로 검사조서에 결재한 경우의 검사조서(대판 2010.4.29, 2010도875) ● 경찰간부

② 사문서 : 사인명의로 작성된 문서 중 권리의무와 사실증명에 관한 것을 말한다.

관련판례

① 홍콩경찰관의 국제운전면허증(대판 1998.4.10, 98도164) ● 법행
② 미대사관 발행의 여권, 일본 문부성이나 동경대학교 명의의 졸업증명서 또는 학위증명서(대판 2003.9.26, 2003도3729) ● 사시
③ 계약에 의하여 공무와 관련되는 업무를 일부 대행하는 자가 그 직무와 관련하여 작성한 문서 : 지방세의 수납업무를 일부 관장하는 **시중은행 작성의 세금수납영수증**(대판 1996.3.26, 95도3703), **식당의 주·부식 구입 업무를 담당하는 공무원**이 **조리장영양사등의 명의**를 위조하여 작성한 검수결과보고서(대판 2008.1.17, 2007도6987) ● 법행
④ 공무원 명의의 **사직원 또는 신원보증서, 공무원 개인명의의 매매계약서**(대판 1984.3.27, 83도2892)
⑤ 화물자동차법령에 따라 **국토해양부장관으로부터** '화물자동차법 제3조 제3항 단서에 따른 허가사항 변경신고'에 관한 업무를 위탁받은 화물자동차운송사업협회의 임원과 직원은 공문서위조죄나 형법 제227조의 허위공문서작성죄의 주체인 공무원이 될 수 없고, 그 공무원이 아닌 협회 이사장이 작성한 대폐차수리통보서는 사문서에 해당한다(대판 2016.3.24, 2015도15842).

(2) 문서의 특수 형태(공·사 병존문서)

관련판례

① 인감증명법등 규정에 의하면, 인감의 증명을 신청함에 있어서 그 용도가 **부동산매도용일 경우 이외는** 신청 당시 사용용도란을 기재하여야 하는 것은 아니므로 **인감증명서의 사용용도란**의 기재는 증명청인 동장이 작성한 증명문구에 의하여 증명되는 부분과는 아무런 관계가 없다. 따라서 **권한 없는 자가 임의로 인감증명서의 사용용도란의 기재를 고쳐 썼다**고 하더라도 공무원 또는 공무소의 문서 내용에 대하여 변경을 가하여 새로운 증명력을 작출한 경우라고 볼 수 없으므로 공문서변조죄나 이를 전제로 하는 변조공문서행사죄가 성립되지는 않는다(대판 2004.8.20, 2004도2767). ● 법행, 사시
② 공증인이 공증인법 제57조 제1항의 규정에 의하여 사서증서에 대하여 하는 인증은 당해 사서증서에 나타난 서명 또는 날인이 작성명의인에 의하여 정당하게 성립하였음을 인증하는 것일 뿐 그 사서증서의 기재 내용을 인증하는 것은 아닌바, **사서증서 인증 중 인증기재 부분은 공문서에 해당**한다고 하겠으나, 위와 같은 내용의 인증이 있었다고 하여 사서증서의 기재 내용이 공문서인 인증기재 부분의 내용을 구성하는 것은 아니라고 할 것이므로, **사서증서의 기재 내용을 일부 변조한 행위는** 공문서변조죄가 아니라 **사문서변조죄에 해당**한다(대판 2005.3.24, 2003도2144). ● 사시
③ 공립학교 교사가 작성하는 교원의 인적사항과 전출희망사항 등을 기재하는 부분과 학교장이 작성하는 학교장의견란 등으로 구성되어 있는 **교원실태조사카드**는 학교장의 작성명의 부분은 공문서라고 할 수 있으나, **작성자가 교사 명의로 된 부분**은 개인적으로 전출을 희망하는 의사표시를 한 것에 지나지 아니하여 이것을 가리켜 공무원이 직무상 작성한 공문서라고 할 수는 없을 것이므로 위 카드의 **교사 명의 부분**을 명의자의 의사에 반하여 작성하였다고 하여도 공문서를 위조한 것이라고 할 수 없다(대판 1991.9.24, 91도1733). ● 검찰, 법행
④ 가정법원의 서기관 등이 이혼의사확인서등본을 작성한 뒤 이를 이혼의사확인신청 당사자 쌍방에게 교부하면서 이혼신고서를 확인서등본 뒤에 첨부하여 그 직인을 간인하였다고 하더라도, 그러한 사정만으로 이혼신고서가 공문서인 이혼의사확인서등본의 일부가 되었다고 볼 수 없다. 따라

> 서 당사자가 <u>이혼의사확인서등본</u>과 간인으로 연결된 이혼신고서를 떼어내고 원래 <u>이혼신고서의 내용</u>과는 다른 이혼신고서를 작성하여 <u>이혼의사확인서등본</u>과 함께 호적관서에 제출하였다고 하더라도, <u>공문서</u>인 이혼의사확인서등본을 <u>변조</u>하였다거나 변조된 이혼의사확인서등본을 <u>행사</u>하였다고 할 수 <u>없다</u>(대판 2009.1.30, 2006도7777). ● 경찰, 사시

Ⅱ 문서·도화 위조·변조등죄

1. 사문서·사도화 위조·변조죄

> 제231조 (사문서등의 위조·변조) 행사할 목적으로 권리·의무 또는 사실증명에 관한 타인의 문서 또는 도화를 위조 또는 변조한 자는 5년 이하의 징역 또는 1천만원 이하의 벌금에 처한다.
> 제235조 (미수범) 미수범은 처벌한다.
> 제237조의2 (복사문서등) 이 장의 죄에 있어서 전자복사기, 모사전송기 기타 이와 유사한 기기를 사용하여 복사한 문서 또는 도화의 사본도 문서 또는 도화로 본다.

(1) 행위객체

① 사문서위조 및 동행사죄의 객체인 사문서는 권리·의무 또는 사실증명에 관한 타인의 문서 또는 도화를 가리키고, '**권리·의무에 관한 문서**'는 권리 또는 의무의 발생·변경·소멸에 관한 사항이 기재된 것을 말하며, '**사실증명에 관한 문서**'는 **권리·의무에 관한 문서 이외의 문서로서 거래상 중요한 사실을 증명하는 문서**를 의미한다. '**거래상 중요한 사실을 증명하는 문서**'는 법률관계의 발생·존속·변경·소멸의 전후 과정을 증명하는 것이 주된 취지인 문서뿐만 아니라 법률관계에 간접적으로만 연관된 의사표시 또는 권리·의무의 변동에 사실상으로만 영향을 줄 수 있는 의사표시를 내용으로 하는 문서도 포함될 수 있지만(대판 2009.4.23, 2008도8527), 문서의 주된 취지가 **단순히 개인적·집단적 의견의 표현에 불과한 것**이어서는 아니되고, 적어도 **실체법 또는 절차법에서 정한 구체적인 권리·의무와의 관련성이 인정**되는 경우이어야 한다(대판 2024.1.4, 2023도1178).

② 피고인이 허무인 명의로 작성한 이 사건 **서명부 21장**은 주된 취지가 **특정한 대통령후보자에 대한 정치적인 지지 의사를 집단적 형태로 표현**하고자 한 것일 뿐, 실체법 또는 절차법에서 정한 구체적인 권리·의무에 관한 문서 내지 거래상 중요한 사실을 증명하는 문서에 해당한다고 보기 어려우므로 사문서위조의 객체가 되는 '문서'라고 보기 어렵다(대판 2024.1.4, 2023도1178). ● 경찰

(2) 행 위

① 위조 : 문서의 위조라고 하는 것은 작성권한 없는 자가 타인 명의를 모용하여 문서를 작성하는 것을 말하는 것이므로 <u>사문서를 작성함에 있어 그 **명의자의 명시**</u>

적이거나 묵시적인 승낙 내지 위임이 있었다면 이는 사문서위조에 해당한다고 할 수 없을 것이지만, 문서 작성권한의 위임이 있는 경우라고 하더라도 그 위임을 받은 자가 그 **위임받은 권한을 초월**하여 문서를 작성한 경우는 사문서위조죄가 성립하고, 단지 **위임받은 권한의 범위 내에서 이를 남용**하여 문서를 작성한 것에 불과하다면 사문서위조죄가 성립하지 아니한다(대판 2006.9.28, 2006도1545).

● 검찰

㉠ 추정적 승낙과 위조 : 사망한 사람 명의의 사문서를 위조한 경우 문서명의인이 생존하고 있다는 점이 문서의 중요한 내용을 이루거나 그 점을 전제로 문서가 작성되었다면, 그러한 내용의 문서에 관하여 사망한 명의자의 승낙이 추정된다는 이유로 사문서위조죄의 성립을 부정할 수 없다(대판 2011.9.29, 2011도6223).

● 법행

㉡ 주식회사 대표이사의 권한과 위조여부

[1] 주식회사의 대표이사가 그 대표 자격을 표시하는 방식으로 작성한 문서에 표현된 의사 또는 관념이 귀속되는 주체는 대표이사 개인이 아닌 주식회사이므로, 그 문서의 명의자는 주식회사이다. 위와 같은 문서 작성행위가 위조에 해당하는지는 그 작성자가 주식회사 명의의 문서를 적법하게 작성할 권한이 있는지에 따라 판단하여야 하고, 문서에 대표이사로 표시되어 있는 사람으로부터 그 문서 작성에 관하여 위임 또는 승낙을 받았는지에 따라 판단할 것은 아니다.

[2] 원래 주식회사의 적법한 대표이사는 회사의 영업에 관하여 재판상 또는 재판외의 모든 행위를 할 권한이 있으므로, 대표이사가 직접 주식회사 명의 문서를 작성하는 행위는 자격모용사문서작성 또는 위조에 해당하지 않는 것이 원칙이다. 이는 그 문서의 내용이 진실에 반하는 허위이거나 대표권을 남용하여 자기 또는 제3자의 이익을 도모할 목적으로 작성된 경우에도 그러하다.

[3] 주식회사의 적법한 대표이사라 하더라도 그 권한을 **포괄적으로 위임**하여 다른 사람으로 하여금 대표이사의 업무를 처리하게 하는 것은 허용되지 않는다. 따라서 대표이사로부터 **포괄적으로 권한 행사를 위임받은 사람**이 주식회사 명의로 문서를 작성하는 행위는 원칙적으로 권한 없는 사람의 문서 작성행위로서 자격모용사문서작성 또는 위조에 해당하고, 대표이사로부터 **개별적·구체적으로 주식회사 명의의 문서 작성에 관하여 위임 또는 승낙을 받은 경우**에만 예외적으로 적법하게 주식회사 명의로 문서를 작성할 수 있다.

[4] A회사의 대표이사 갑이 B회사의 대표이사 을로부터 포괄적 위임을 받아 두 회사의 대표이사 업무를 처리하면서 두 회사 명의로 허위 내용의 영수증과 세금계산서를 작성한 사안에서, B회사 명의 부분은 을의 개별적·

구체적 위임 또는 승낙 없는 행위로서 사문서위조 및 위조사문서행사죄가 성립하지만, A회사 명의 부분은 이미 퇴직한 종전의 대표이사를 승낙 없이 대표이사로 표시하였더라도 이에 해당하지 않는다(대판 2008.11.27, 2006도2016). ● 사시

ⓒ **1인 주주와 대표이사의 권한** : 회사의 운영을 실질적으로 장악·통제하고 있는 1인 주주가 적법한 대표이사의 권한 행사를 사실상 제한하고 있다는 것만으로는 대표이사의 대표권을 적법하게 제한하였다고 할 수 없으므로, <u>대표이사가 권한을 행사하는 과정에서 단순히 그 1인 주주의 위임 또는 승낙을 받지 않았다고 하여 그 대표권 행사가 권한을 넘어서는 행위가 되는 것은 아니다.</u> 따라서 **<u>주식회사의 대표이사가 실질적 운영자인 1인 주주의 구체적인 위임이나 승낙을 받지 않고 이미 퇴임한 전 대표이사를 대표이사로 표시하여 회사 명의의 문서를 작성</u>한 경우, <u>문서위조죄가 성립하지 않는다</u>**(대판 2008.11.27, 2006도9194). ● 법행

ⓓ 기존의 진정문서를 이용하여 문서를 변개하는 경우에도 문서의 중요 부분에 변경을 가하여 새로운 증명력을 가지는 별개의 문서를 작성하는 것은 문서의 변조가 아닌 위조에 해당한다(대판 2003.9.26, 2003도3729). ● 경찰

ⓔ 문서명의인이 문서작성자에게 사전에 문서 작성과 관련한 사무처리의 권한을 포괄적으로 위임함으로써 문서작성자가 위임된 권한의 범위 내에서 그 사무처리를 위하여 문서명의인 명의의 문서를 작성·행사한 것이라면, 비록 문서작성자가 개개의 문서 작성에 관하여 문서명의인으로부터 승낙을 받지 않았다고 하더라도 특별한 사정이 없는 한 사문서위조 및 위조사문서행사죄는 성립하지 않는다(대판 2015.6.11, 2012도1352).

판례 정리 ··· 사문서위조죄가 성립하는 경우

1. 문서를 작성할 권한을 위임받지 아니한 문서기안자가 문서 작성권한을 가진 사람의 결재를 받은 바 없이 권한을 초과하여 문서를 작성하였다면 이는 사문서위조죄가 된다(대판 1997.2.14, 96도2234). ● 경찰

　유사판례
　타인으로부터 그 명의의 문서 작성을 위임받은 경우에도 위임된 권한을 초월하여 내용을 기재함으로써 명의자의 의사에 반하는 사문서를 작성하는 것은 작성권한을 일탈한 것으로서 사문서위조죄에 해당한다(대판 1997.3.28, 96도3191).

2. 갑이 을과의 동업계약에 따라 <u>갑의 명의로 변경하기 위하여 을의 인장이 날인된 백지의 건축주명의변경신청서를 받아 보관하고 있던 중 그 위임의 취지에 반하여 병앞으로 건축주명의를 변경하는 건축주명의변경신청서를 작성</u>하여 구청에 <u>제출</u>하였다면 사문서위조 및 동행사죄가 성립한다(대판 1984.6.12, 83도2408). ● 사시

3. <u>공동대표이사</u>로 법인등기를 하기로 하여 이사회의사록 작성 등 그 등기절차를 <u>위임받았음에도</u> 단독대표이사 선임의 이사회의사록을 작성하여 <u>단독대표이사로 법인등기</u>한 행위가 사문서위조, 동행사, 공정증서원본불실기재, 동행사의 죄에 해당한다(대판 1994.7.29, 93도1091). ● 법행

4. 타인으로부터 약속어음 작성에 사용하라고 인장을 교부받았음에도 그 인장을 사용하여 그 타인 명의의 지급명령 이의신청취하서를 작성한 경우 사문서위조죄가 성립한다(대판 1970.9.22, 70도1623). ● 사시
5. 피고인이 문서작성의 위촉을 받을 때 제1순위의 근저당권설정 및 그 등기신청에 관한 것이 뚜렷한 이 사건에 있어서 그 위임의 취지에 배치되는 제2순위 및 제3순위의 근저당권설정에 관한 문서를 작성한 소위는 문서위조죄에 해당된다(대판 1982.11.9, 81도2501). ● 경찰간부
6. 피고인이 갑으로부터 금 75,000,000원의 차용 위탁을 받고 백지의 대출신청서 및 영수증에 동인의 날인을 받은 연후에 차용금액을 금 150,000,000원으로 기입하여 공소외 (갑) 명의의 대출신청서 및 영수증을 작성하였다면 문서위조죄가 성립한다(대판 1982.10.12, 82도2023). ● 법행
7. 주취운전자 적발보고서 및 주취운전자 정황진술보고서의 각 운전자란에 타인의 서명을 한 다음 이를 경찰관에게 제출한 것은 사문서위조 및 동행사죄에 해당한다(대판 2004.12.23, 2004도6483). ● 사시

> **유사판례**
> 피고인이 음주운전 등으로 경찰서에서 조사를 받으면서 제3자로 행세하여 피의자신문조서의 진술자란에 제3자의 서명을 기재하였으나 그 이후 피고인의 간인이나 조사 경찰관의 서명날인 등이 완료되기 전에 그 서명위조 사실이 발각되었다고 하더라도 사서명위조죄 및 그 행사죄가 성립한다(대판 2005.12.23, 2005도4478).

8. 임원의 사임서나 이에 따른 이사사임등기는 오로지 당해 임원의 의사에 따라야 하는 것이므로 1인회사의 1인주주가 임원의 의사에 기하지 아니한 사임서의 작성이나 이에 기한 등기부의 기재를 하였다면 이는 사문서위조 및 공정증서원본불실기재의 죄책을 면할 수 없다(대판 1992.9.14, 92도1564). ● 사시

> **비교판례**
> 만일 1인주주가 상법소정의 절차를 거치지 않고 임원을 해임하고 해임서를 작성하고 등기한 경우 해임은 사임과 달리 대표권에 기한 것이므로 1인주주의 (절차상 하자는 있으나 실체관계상) 적법한 대표권행사이므로 무죄이다. ● 법행

9. 혼인신고 당시에는 피해자가 피고인과의 동거관계를 청산하고 피고인을 만나주지 아니하는 등으로 피하여 왔다면 혼인신고 당시에는 그 혼인의사가 철회되었다고 보아야 할 것이므로 피고인이 일방적으로 혼인신고서를 작성하여 혼인신고를 한 행위는 설사 혼인신고서 용지에 피해자 도장이 미리 찍혀 있었다 하더라도 사문서 위조죄가 성립한다(대판 1987.4.11, 87도399). ● 경찰승진
10. ○○작가협회 회원이 타인의 명의를 도용하여 협회 교육원장을 비방하는 내용의 호소문을 작성한 후 이를 협회 회원들에게 우편으로 송달한 경우, 사문서위조죄와 명예훼손죄가 각 성립하고, 이는 실체적 경합관계에 있다(대판 2009.4.23, 2008도8527). ● 법행
11. 진정한 문서의 사본을 전자복사기를 이용하여 복사하면서 일부 조작을 가하여 그 사본 내용과 전혀 다르게 만드는 행위는 공공의 신용을 해할 우려가 있는 별개의 문서사본을 창출하는 행위로서 문서위조 행위에 해당한다(대판 2004.10.28, 2004도5183). ● 사시
12. 유효기간이 경과한 홍콩교통국장 발행의 국제운전면허증을 유효기간 일자 부분은 그대로 둔 채 사진만을 교체한 경우 문서자체가 진정하게 작성된 것으로 오신하기에 충분한 정도의 형식과 외관을 갖추고 있으므로 문서위조죄에 해당한다(대판 1998.4.10, 98도164). ● 법행
13. 동경대학교 또는 일본문부성명의의 졸업증명서 또는 학위증명서의 성명을 변경한 경우 이는 문서의 중요부분에 변경을 가하여 새로운 증명력을 가지는 별개의 문서를 작성한 것으로 변조가 아닌 위조에 해당한다(대판 2003.9.26, 2003도3729). ● 경찰승진
14. 문서의 작성자를 기망하여 명의자가 당해 문서에 기재된 의사표시를 한다는 사실 자체를 알지 못하는 상태에서 문서에 서명날인 하거나, 작성 명의자로 하여금 문서의 내용을 오신시켜(문서의 내용을 모름) 이를 이용하여 문서에 서명날인을 받은 경우 타인명의를 모용한 것으로 사문서위조죄(간접정범)가 성립한다(대판 1970.9.29, 70도1759).

15. 명의인을 기망하여 문서를 작성케 하는 경우는 서명, 날인이 정당히 성립된 경우에도 기망자는 명의인을 이용하여 서명 날인자의 의사에 반하는 문서를 작성케 하는 것이므로 사문서위조죄가 성립한다(대판 2000. 6.13, 2000도778). ● 서시
    ☞ 간접정범 형태의 사문서위조가 되는 경우이다. 만약 명의인이 문서의 내용을 알면서 기망당하여 그 내용이 허위임을 모르고 문서를 작성하여 기망자에게 교부하면 사기죄가 성립한다.
16. 신탁자에게 아무런 부담이 지워지지 않은 채 재산이 수탁자에게 명의신탁된 경우에는 특별한 사정이 없는 한 재산의 처분 기타 권한행사에 관해서 수탁자가 자신의 명의사용을 포괄적으로 신탁자에게 허용하였다고 보아야 하므로, 신탁자가 수탁자 명의로 신탁재산의 처분에 필요한 서류를 작성할 때에 수탁자로부터 개별적인 승낙을 받지 않았더라도 사문서위조·동행사죄가 성립하지 않는다. 이에 비하여 **수탁자가 명의신탁 받은 사실을 부인하여 신탁자와 수탁자 사이에 신탁재산의 소유권에 관하여 다툼이 있는 경우** 또는 **수탁자가 명의신탁 받은 사실 자체를 부인하지 않더라도 신탁자의 신탁재산 처분권한을 다투는 경우**에는 신탁재산에 관한 처분 기타 권한행사에 관해서 신탁자에게 부여하였던 수탁자 명의사용에 대한 포괄적 허용을 철회한 것으로 볼 수 있어 명의사용이 허용되지 않는다(대판 2022.3.31, 2021도17197). ☞ 신탁자에게 아무런 부담이 지워지지 않은 채 재산이 수탁자에게 명의신탁된 주식을 명의신탁한 피고인이 명의수탁자를 변경하기 위해 제3자에게 주식을 양도한 후 수탁자 명의의 증권거래세 과세표준신고서를 작성하여 관할세무서에 제출한 사례에서 … 수탁자 명의로 과세표준신고를 하는 행위는 사문서위조죄 및 위조사문서행사죄가 성립되지 않는다고 함(대판 2022.3.31, 2021도17197). ● 경간부
17. 수탁자가 신탁받은 채권을 자신이 신탁자로부터 증여받았을 뿐 명의신탁받은 것이 아니라고 주장하는 상황에서, 신탁자의 상속인이 수탁자의 동의를 받지 아니하고 그 명의의 채권이전등록청구서를 작성·행사한 행위는 사문서위조 및 위조사문서행사죄에 해당한다(대판 2007.3.29, 2006도9425). ● 법행
18. [1] 실제의 본명 대신 가명이나 위명을 사용하여 사문서를 작성한 경우에 그 문서의 작성명의인과 실제 작성자 사이에 인격의 동일성이 그대로 유지되는 때에는 위조가 되지 않으나, 명의인과 작성자의 인격이 상이할 때에는 위조죄가 성립할 수 있다.
    [2] 피고인이 다방 업주로부터 선불금을 받고 그 반환을 약속하는 내용의 현금보관증을 작성하면서 가명과 허위의 출생연도를 기재한 후 이를 교부한 행위는, 사문서위조죄 및 동행사죄에 해당한다(대판 2010.11. 11, 2010도1835). ● 법행
19. [1] '문서가 원본인지 여부'가 중요한 거래에서 문서의 사본을 진정한 원본인 것처럼 행사할 목적으로 다른 조작을 가함이 없이 문서의 원본을 그대로 컬러복사기로 복사한 후 복사한 문서의 사본을 원본인 것처럼 행사한 행위는 사문서위조죄 및 동행사죄에 해당한다.
    [2] 변호사인 피고인이 대량의 저작권법 위반 형사고소 사건을 수임하여 피고소인 30명을 각 형사고소하기 위하여 20건 또는 10건의 고소장을 개별적으로 수사관서에 제출하면서 각 하나의 고소위임장에만 소속 변호사회에서 발급받은 진정한 경유증표 원본을 첨부한 후 일체로 하여 컬러복사기로 20장 또는 10장의 고소위임장을 각 복사한 다음 고소위임장과 일체로 복사된 경유증표를 고소장에 첨부하여 접수한 경우 사문서위조죄 및 동행사죄에 해당한다(대판 2016.7.14, 2016도2081). ● 경찰
20. 사망자 명의의 문서를 작성할 당시 사망한 명의자의 승낙이 추정된다는 이유로 사문서위조죄의 성립을 부정할 수 없다. 따라서 **피고인이 자신의 부(父) 甲에게서 甲 소유 부동산의 매매에 관한 권한 일체를 위임받아 이를 매도하였는데, 그 후 甲이 갑자기 사망하자 부동산 소유권 이전에 사용할 목적으로 甲이 자신에게 인감증명서 발급을 위임한다는 취지의 인감증명 위임장을 작성한 후 주민센터 담당직원에게 이를 제출한 경우**, 甲의 사망으로 포괄적인 명의사용의 근거가 되는 위임관계 내지 포괄적인 대리관계는 종료된 것으로 보아야 하므로 … 피고인이 명의자 甲이 승낙하였을 것이라고 기대하거나 예측한 것만으로는 사망한 甲의 승낙이 추정된다고 단정할 수 없다(대판 2011.9.29, 2011도6223). ☞ 사문서위조죄 성립○ ● 법행
21. 甲 교회 목사인 피고인이 자신을 지지하는 일부 교인들과 甲 교회를 탈퇴함으로써 대표자의 지위를 상실하였으므로, 그 후 甲 교회 명의로 甲 교회 소유 부동산을 자신에게 매도하는 내용의 매매계약서를 작성하고 이를 행사한 행위는 사문서위조죄 및 위조사문서행사죄에 해당한다(대판 2011.1.13, 2010도9725). ● 경찰

> **판례 정리** ··· 사문서위조죄가 성립하지 않는 경우
>
> ① 세금계산서의 작성권자는 재화나 용역을 공급하는 공급자이고 세금계산서상의 공급받는 자는 그 문서내용의 일부에 불과할 뿐 세금계산서의 작성명의인은 아니므로 공급자가 공급받는 자란에 임의로 다른 사람을 기재하였다 하더라도 사문서위조죄가 성립된다고 할 수 없다(대판 2007.3.14, 2007도169). ● 경찰승진
> ② 연대보증인이 될 것을 허락한 자의 인감도장과 인감증명서를 교부받아 그를 차주로 하는 차용금증서를 작성한 경우에는 위조죄가 성립하지 않는다(대판 1984.10.10, 84도1566). ● 법원직

② 변조
  ㉠ 권한 없는 자
  ㉡ 진정하게 성립된 타인문서 : 변조의 대상은 이미 진정하게 성립된 타인명의의 문서이다. 따라서 자기명의의 문서에 변경을 가하는 것은 변조가 될 수 없으며, 그것이 타인소유라면 문서손괴죄가 될 뿐이다.

> **참조판례**
>
> 비록 자기명의의 문서라 할지라도 이미 타인(타기관)에 접수되어 있는 문서에 대하여 함부로 이를 무효화시켜 그 용도에 사용하지 못하게 하였다면 일응 형법상의 문서손괴죄를 구성한다(대판 1987.4.14, 87도177). ● 사시

  ㉢ 동일성을 해하지 않을 정도의 변경 : 문서의 중요부분에 변경을 가하여 새로운 증명력을 가지는 별개의 문서를 작성한 경우에는 위조가 된다.

> **판례 정리** ··· 변조죄에 해당하는 경우
>
> 1. 문서에 2인 이상의 작성명의인이 있는 때에 그 명의자의 한사람이 타 명의자와 합의 없이 행사할 목적으로 그 문서의 내용을 변경하였을 때는 사문서변조죄가 성립된다(대판 1977.7.12, 77도1736). ● 법행
> 2. 시장명의로 작성하여 도지사에게 송부한 환지계획인가신청서에 첨부된 당초의 도면에 잘못 표시된 부분이 있어 시에서 도시계획 업무를 담당한 공무원이 적법한 절차를 거침이 없이 임의로 위 도면을 정정도면과 바꿔치기한 경우 공문서변조, 동행사에 해당한다(대판 1985.6.25, 85도540).
> 3. 기존의 도시계획도의 도시계획도로선을 고쳐 그은 경우 공도화변조죄가 성립한다(대판 2001.2.9, 2000도1216).
> 4. 이사가 이사회 회의록에 서명 대신 서명거부사유를 기재하고 그에 대한 서명을 하면, 특별한 사정이 없는 한 그 내용은 이사회 회의록의 일부가 되고, 이사회 회의록의 작성권한자인 이사장이라 하더라도 임의로 이를 삭제한 경우에는 이사회 회의록 내용에 변경을 가하여 새로운 증명력을 가져오게 되므로 사문서변조에 해당한다(대판 2018.9.13, 2016도20954). ● 경찰
> 5. 사문서변조에 있어서 그 변조 당시 명의인의 명시적, 묵시적 승낙없이 한 것이면 변조된 문서가 명의인에게 유리하여 결과적으로 그 의사에 합치한다 하더라도 사문서변조죄의 구성요건을 충족한다(대판 1985.1.22, 84도2422). ● 경찰, 사시
> 6. 갑은 사무실전세약서 원본을 스캐너로 복사하여 컴퓨터 화면에 띄운 후 그 보증금액란을 공란으로 만든 다음 이를 프린터로 출력하여 검정색 볼펜으로 보증금액을 '삼천만 원(30,000,000원)'으로 변조하고, 이와 같이 변조된 사무실전세약서를 팩스로 송부하여 행사하였다. 갑의 죄책은 사문서변조죄와 동행사죄에 해당한다(대판 2011.11.10, 2011도10468). ● 경찰

㉣ 변조의 정도 : 일반인으로 하여금 믿게 할 정도의 형식과 외관을 갖추면 충분하다.

(3) 주관적 구성요건

고의 외에 행사할 목적이 필요하다.

① 고 의

> **관련판례**
>
> ① 법무사가 위임인이 문서명의자로부터 문서작성권한을 위임받지 않았음을 알면서도 법무사법 제25조에 따른 확인절차를 거치지 아니하고 권리의무에 중대한 영향을 미칠 수 있는 문서를 작성한 경우, 사문서위조 및 동행사죄의 고의를 인정할 수 있다(대판 2008.4.10, 2007도9987). ● 경찰
>
> ② 피고인이 행사할 목적으로 권한 없이 甲 은행 발행의 피고인 명의 예금통장 기장내용 중 특정일자에 乙 주식회사로부터 지급받은 월급여의 입금자 부분을 화이트테이프로 지우고 복사하여 통장 1매를 변조한 후 그 통장사본을 법원에 증거로 제출하여 행사한 경우 제반 사정을 종합할 때 통장 명의자인 甲 은행장이 행위 당시 그러한 사실을 알았다면 이를 당연히 승낙했을 것으로 추정된다고 볼 수 없으며, 사문서변조 및 동행사의 고의도 인정된다(대판 2011.9.29, 2010도14587). ● 변호사

② 행사할 목적 : 문서변조죄에 있어서 행사할 목적이란 변조된 문서를 진정한 문서인 것처럼 사용할 목적을 말하는 것으로 적극적 의욕이나 확정적 인식을 요하지 아니하고 미필적 인식이 있으면 족하다(대판 2006.1.26, 2004도788).

(4) 죄수 및 타죄와의 관계

명의인의 수를 기준으로 한다.

> **관련판례**
>
> 문서에 2인 이상의 작성명의인이 있을 때에는 각 명의자 마다 1개의 문서가 성립되므로 2인 이상의 연명으로 된 문서를 위조한 때에는 작성명의인의 수대로 수개의 문서위조죄가 성립하고 또 그 연명문서를 위조하는 행위는 자연적 관찰이나 사회통념상 하나의 행위라 할 것이어서 위 수개의 문서위조죄는 형법 제40조가 규정하는 상상적 경합범에 해당한다(대판 1987.7.21, 87도564). ● 경찰

2. 자격모용에 의한 사문서작성죄

> 제232조 (자격모용에 의한 사문서의 작성) 행사할 목적으로 타인의 자격을 모용하여 권리·의무 또는 사실증명에 관한 문서 또는 도화를 작성한 자는 5년 이하의 징역 또는 1천만원 이하의 벌금에 처한다.
> 제235조 (미수범) 미수범은 처벌한다.

(1) 의의 및 성격

대리권 또는 대표권 없는 자가 타인의 대리 또는 대표자격을 사칭하여 자신의 명의로 문서를 작성하는 것을 말한다.

(2) 행 위

타인의 자격을 모용하여 사문서 또는 사도화를 작성하는 것이다.

① **타인의 범위** : 자격모용에 의한 사문서작성죄에서의 '타인'에는 자연인뿐만 아니라 법인, 법인격 없는 단체를 비롯하여 거래관계에서 독립한 사회적 지위를 갖고 활동하고 있는 존재로 취급될 수 있으면 여기에 해당된다. 따라서 **부동산중개사무소를 대표하거나 대리할 권한이 없는 사람이 부동산매매계약서의 공인중개사란에 '○○부동산 대표 △△△(피고인의 이름)'라고 기재한 경우, '○○부동산'**이라는 표기는 단순히 상호를 가리키는 것이 아니라 독립한 사회적 지위를 가지고 활동하는 존재로 취급될 수 있으므로 **자격모용사문서작성죄의 '명의인'에 해당한다**(대판 2008.2.14, 2007도9606). ● 사시, 법행

② 타인의 자격모용

> **판례 정리 ··· 자격모용을 인정한 경우**
>
> 1. 양식계의 계장이나 그 직무를 대행하는 자가 아닌 자가 양식계의 계장 명의의 내수면사용동의신청서 하단의 계장란에 자신의 이름을 쓰게하고 그 옆에 자신의 도장을 날인하여 사실증명에 관한 문서인 위 내수면사용동의신청서 1매를 작성하고 이를 행사하였다면 이는 자격모용에 의한 사문서작성, 동행사죄에 해당한다(대판 1991.10. 8, 91도1703). ● 사시
> 2. **피고인 甲이 A주식회사 소유의 오피스텔에 대한 분양대행 권한을 가지게 되었을 뿐 A회사의 동의 없이 오피스텔을 임대할 권한이 없는데도 임차인들과 임대차계약을 체결하면서 A회사가 분양사업을 위해 만든 B회사 명의로 계약서를 작성·교부하였는데, 임대차계약서에는 임대인 성명이 'B회사'로 기재되어 대표자 또는 대리인의 자격 표시가 없고 또 피고인의 개인 도장이 찍혀있는 경우**, 일반인으로서는 임대차계약서가 乙 회사의 대표자 또는 대리인의 자격을 가진 피고인에 의해 乙 회사 명의로 작성된 문서라고 믿게 할 수 있는 정도의 형식과 외관을 갖추고 있어 **자격모용사문서작성과 자격모용작성사문서행사에 해당된다**(대판 2017.12. 22, 2017도14560). ☞ B회사 甲이라고 표현한 경우임
> 3. [1] 종중의 신임 대표자 등이 선임되고 전임 대표자에 대한 직무집행정지가처분결정이 있은 후 위 가처분결정이 취소된 경우, 신임 대표자 선임결의가 무효라 하더라도 전임 대표자가 위 가처분결정을 알면서 가처분결정시부터 취소시 사이에 대표자 자격으로 작성한 이사회 의사록 등은 자격을 모용하여 작성한 문서이다.
>   [2] 종중의 신임 대표자 등이 선임되고 전임 대표자에 대한 직무집행정지가처분결정이 있은 후 위 가처분결정이 취소된 경우, 위 선임결의가 무효라면 종전 임원의 위 가처분결정 이전에 작성한 이사회 의사록은 '자격을 모용하여 작성한 문서'가 아니고, 이를 위 가처분결정 이후에 행사하였다고 하더라도 자격모용작성사문서행사죄가 성립하지 않는다(대판 2007.7.26, 2005도4072). ● 경찰

> **판례** 정리 … 자격모용을 부정한 경우

1. [1] 자격모용 사문서작성죄를 구성하는지 여부는 그 문서를 작성함에 있어 타인의 자격을 모용하였는지 아닌지의 형식에 의하여 결정하여야 하고, 그 문서의 내용이 진실한지 아닌지는 이에 아무런 영향을 미칠 수 없으므로, 타인의 대표자 또는 대리자가 그 대표 또는 대리명의로 문서를 작성할 권한을 가지는 경우에 그 지위를 남용하여 단순히 자기 또는 제3자의 이익을 도모할 목적으로 문서를 작성하였다 하더라도 자격모용 사문서작성죄는 성립하지 아니한다.
   [2] 토지매수권한을 위임받은 대리인이 매도인측 대표자와 공모하여 매매대금 일부를 착복하기로 하고 위임받은 특정 매매금액보다 낮은 금액을 허위로 기재한 매매계약서를 작성한 경우, 자격모용 사문서작성죄를 구성하지 않는다(대판 2007.10.11, 2007도5838). ● 법행

2. 회사의 대표이사직에 있었던 자가 재직시에 발행한 약속어음의 발행명의인과 일치시키기 위하여 위 약속어음에 대한 회사명의의 지급각서를 작성함에 있어서 당시의 대표이사의 승락을 받아 작성하였다면 이는 진정한 문서로서 타인의 자격을 모용하여 문서를 작성하였다고 볼 수 없다(대판 1975.11.25, 75도2067).
   ● 사시, 법행

> **비교판례**
>
> 주식회사 대표이사로 재직하던 피고인이 대표이사가 타인으로 변경되었음에도 불구하고 이전부터 사용하여 오던 피고인 명의로 된 위 회사 대표이사의 명판을 이용하여 여전히 피고인을 위 회사의 대표이사로 표시하여 약속어음을 발행, 행사하였다면, 설사 약속어음을 작성, 행사함에 있어 후임 대표이사의 승낙을 얻었다거나 위 회사의 실질적인 대표이사로서의 권한을 행사하는 피고인이 은행과의 당좌계약을 변경하는데에 시일이 걸려 잠정적으로 전임 대표이사인 그의 명판을 사용한 것이라 하더라도 이는 합법적인 대표이사로서의 권한 행사라 할 수 없어 자격모용유가증권작성 및 동행사죄에 해당한다(대판 1991.2.26, 90도577).
> ● 사시, 법행

3. 원래 주식회사의 지배인은 회사의 영업에 관하여 재판상 또는 재판 외의 모든 행위를 할 권한이 있으므로, 지배인이 직접 주식회사 명의 문서를 작성하는 행위는 위조나 자격모용사문서작성에 해당하지 않는 것이 원칙이고, 이는 그 문서의 내용이 진실에 반하는 허위이거나 권한을 남용하여 자기 또는 제3자의 이익을 도모할 목적으로 작성된 경우에도 마찬가지이다. 따라서 주식회사의 지배인이 자신을 그 회사의 대표이사로 표시하여 연대보증채무를 부담하는 취지의 회사 명의의 차용증을 작성·교부한 경우, 그 문서에 일부 허위 내용이 포함되거나 위 연대보증행위가 회사의 이익에 반하는 것이더라도 사문서위조 및 위조사문서행사 또는 자격모용사문서작성죄에 해당하지 않는다(대판 2010.5.13, 2010도1040). ● 경찰간부, 사시

> **비교판례**
>
> 회사 내부규정 등에 의하여 각 지배인이 회사를 대리할 수 있는 행위의 종류, 내용, 상대방 등을 한정하여 권한을 제한한 경우에 제한된 권한 범위를 벗어나서 회사 명의의 문서를 작성하였다면, 이는 자기 권한 범위 내에서 권한 행사의 절차와 방식 등을 어긴 경우와 달리 문서위조죄에 해당한다. 따라서 갑 은행의 지배인으로 등기되어 있는 피고인이, 신용이나 담보가 부족한 차주 회사가 저축은행 등 대출기관에서 대출을 받는 데 사용하도록 지급보증의 성질이 있는 갑 은행 명의의 대출채권양수도약정서와 사용인감계를 작성한 경우, 제반 사정에 비추어 갑 은행의 내부규정은 지급보증 등 여신에 관하여 금액 규모 등에 따라 전결권자를 구분하고 나아가 여신 결재가 이루어진 것을 전제로 인감관리자의 결재를 받아 사용인감계를 작성하도록 하는 등으로 지급보증 등의 의사결정 권한을 상위 결재권자에게 부여하고 있으므로, 위와 같은 문서작성행위는 제한된 지배인의 대리권한을 넘는 경우에 해당하여 사문서위조죄가 성립한다(대판 2012.9.27, 2012도7467).
> ● 검찰

③ **문서·도화의 작성** : 작성자가 본인(명의인)의 의사에 반하여 문서의 내용을 기재하는 것이다.

④ **주관적 구성요건** : 자격모용사문서작성죄는 문서위조죄와 마찬가지로 문서의 진정에 대한 공공의 신용을 보호법익으로 하는 것으로, 행사할 목적으로 타인의 자격을 모용하여 작성된 문서가 **일반인으로 하여금** 명의인의 권한 내에서 작성된 문서라고 믿게 할 수 있는 정도의 형식과 외관을 갖추고 있으면 성립한다. 따라서 사문서를 작성하는 자가 주식회사의 대표로서의 자격을 모용하여 문서를 작성한다는 것을 인식, 용인하면서 그 문서를 진정한 문서로서 어떤 효용에 쓸 목적으로 사문서를 작성하였다면, 자격모용에 의한 사문서작성죄의 행사의 목적과 고의를 인정할 수 있다. 작성자가 '행사할 목적'으로 자격을 모용하여 문서를 작성한 이상 문서행사의 **상대방이 자격모용 사실을 알았다거나, 작성자가 그 문서에 모용한 자격과 무관한 직인을 날인**하였다는 등의 사정이 있다고 하여 달리 볼 것은 아니다(대판 2020.6.30, 2021도17712). ☞ 甲회사의 대표이사인 피고인이 甲회사와 乙회사의 '총괄대표이사'의 자격으로 작성된 도급계약서에 자신의 이름과 甲회사 대표이사의 직인을 날인한 사례에서 위 계약서를 수령한 상대방으로서는 위 계약서가 乙회사의 대표이사 또는 甲회사와 乙회사의 총괄대표이사의 자격을 가진 피고인에 의하여 甲회사 및 乙회사 명의로 작성된 문서라고 믿게 할 정도의 형식과 외관을 갖추고 있는 것으로 볼 수 있고 설령 상대방이 피고인이 乙회사의 대표이사가 아님을 알고 있더라도 자격모용사문서작성죄의 성립에 영향이 없다는 사례임 ●경찰

3. 공문서·공도화 위조·변조죄

> 제225조 (공문서등의 위조·변조) 행사할 목적으로 공무원 또는 공무소의 문서 또는 도화를 위조 또는 변조한 자는 10년 이하의 징역에 처한다.

(1) 주 체

제한이 없다.

(2) 객 체

작성명의인이 허무인이라고 하더라도 일반인으로 하여금 공무원 또는 공무소의 권한 내에서 작성된 문서라고 믿을 수 있는 형식과 외관을 구비한 문서라면 공문서위조죄의 공문서가 된다(대판 2005.3.25, 2003도4943). ●검찰

(3) 행 위

일반인으로 하여금 공무원 또는 공무소의 권한 내에서 작성된 문서라고 믿을 수 있는 형식과 외관을 구비한 문서를 작성하면 공문서위조죄가 성립하지만, **평균수준의 사리분별력을 갖는 사람**이 조금만 주의를 기울여 살펴보면 공무원 또는 공무소의 권한내에서 작성된 것이 아님을 쉽게 알아볼 수 있을 정도로 공문서로서의 형식과 외관을 갖추지 못한 경우에는 공문서위조죄가 성립하지 않는다(대판 1992.5.26, 92도699 판결 참조). 따라서 공문서위조죄의 보호법익은 공문서의 진정에 대한 공공의 신용이므로 **공문서로서의 형식과 외관을 갖추었는지 여부는 평균수준의 사리분별력을 갖는 일반인을 기준**으로 판단하여야 하고, 피고인이 **행사의 상대방으로 구체적으로 예정한 사람을 판단의 기준으로 삼을 수는 없다**(대판 2020.12.24, 2019도8443). ● 법원

> **판례 정리 ··· 공문서위조죄가 성립하는 경우**
>
> 1. 공문서 작성권자로부터 일정한 요건이 구비되었는지 여부를 심사하여 그 요건이 구비되었음이 확인될 경우에 한하여 작성권자의 직인을 사용하여 작성권자 명의의 공문서를 작성하라는 포괄적인 권한을 수여받은 업무보조자인 공무원이, 그 **위임의 취지에 반하여** 공문서 용지에 허위내용을 기재하고 그 위에 보관하고 있던 작성권자의 직인을 날인하였다면, 그 업무보조자인 공무원에게 공문서위조죄가 성립할 것이고, 그에게 위와 같은 행위를 하도록 지시한 중간결재자인 공무원도 공문서위조죄의 공범으로서의 책임을 면할 수 없다(대판 1996.4.23, 96도424). ● 법원
> 2. 진정한 문서의 사본을 전자복사기를 이용하여 복사하면서 일부 조작을 가하여 그 사본 내용과 전혀 다르게 만드는 행위는 공공의 신용을 해할 우려가 있는 별개의 문서사본을 창출하는 행위로서 문서위조행위에 해당한다. 따라서 타인의 주민등록증사본의 사진란에 피고인의 사진을 붙여 복사하여 행사한 경우 공문서위조죄 및 동행사죄에 해당한다(대판 2000.9.5, 2000도2855). ● 경찰
> 3. 다른 공무원 등이 작성권자의 결재를 받지 않고 직인 등을 보관하는 담당자를 기망하여 작성권자의 직인을 날인하도록 하여 공문서를 완성한 때에도 공문서위조죄가 성립한다. 따라서 **공군부대 체력단련장 관리사장으로 근무하는 피고인이 작성권자인 부대장의 결재 없이 컴퓨터를 이용하여 수정 합의서를 작성하여 출력한 뒤 부대장 명의 직인 담당자를 기망하여 그로 하여금 문서에 날인하도록 하여 공문서를 완성한 경우** 공문서위조죄가 성립한다(대판 2017.5.17, 2016도13912). ● 경찰
> 4. 금융위원회법 제29조, 제69조 제1항에서 정한 금융감독원 집행간부인 **금융감독원장 명의의 문서를 위조, 행사한 행위**는 사문서위조죄, 위조사문서행사죄에 해당하는 것이 아니라 **공문서위조죄, 위조공문서행사죄**에 해당한다(대판 2021.3.11, 2020도14666). ● 경찰

> **판례》 정리 ··· 공문서위조죄가 성립하지 않는 경우**
>
> 1. **사실관계** 건설회사의 대표이사 갑은 공사실적이 부족하여 낙찰에 탈락될 위기에 처하자, 관공서 등에서 발급하는 공사실적 증명서를 위조하여 위 건설본부에 제출하기로 마음먹고, 공사실적을 허위기재한 다음 그 정을 모르는 구청의 담당직원에게 제출하여 실적사실을 증명한다는 취지로 구청장의 직인을 날인 받은 후 종합건설본부 담당직원에게 허위의 공사실적 증명서를 제출한 사안이다.
>
>   **판결요지** 어느 문서의 작성권한을 갖는 <u>공무원이</u> 그 문서의 기재 사항을 <u>인식</u>하고 그 문서를 <u>작성할 의사로써</u> 이에 서명날인하였다면, 설령 그 서명날인이 타인의 기망으로 착오에 빠진 결과 그 문서의 기재사항이 진실에 반함을 알지 못한 데 기인한다고 하여도, 그 문서의 성립은 진정하며 여기에 하등 작성명의를 모용한 사실이 있다고 할 수는 없으므로, <u>공무원 아닌 자가 관공서에 허위 내용의 증명원을 제출하여 그 내용이 허위인 정을 모르는 담당공무원으로부터 그 증명원 내용과 같은 증명서를 발급받은 경우 공문서위조죄의 간접정범으로 의율할 수는 없다</u>(대판 2001.3.9, 2000도938). ● 사시, 경찰
>
> 2. <u>식당의 주·부식 구입 업무를 담당하는 공무원</u>이 계약 등에 의하여 공무소의 주·부식 구입·검수 업무 등을 담당하는 <u>조리장·영양사 등의 명의를 위조</u>하여 검수결과보고서를 작성한 경우, <u>공문서위조죄가 성립하지 않는다</u>(대판 2008.1.17, 2007도6987). ● 경찰
> 3. 공문서인 기안문서의 작성권한자가 직접 이에 서명하지 않고 갑에게 지시하여 자기의 서명을 흉내 내어 기안문서의 결재란에 대신 서명케 한 경우 갑의 행위는 공문서위조죄의 구성요건에 해당하지 아니한다(대판 1983.5.24, 82도1426). ● 법행

(4) 기 타

> **관련판례**
>
> **[공문서 위조의 실행의 착수에 이르지 못한 경우]**
> 종량제 쓰레기봉투에 인쇄할 시장 명의의 문안이 새겨진 필름을 제조하는 행위에 그친 경우에는 아직 위 시장 명의의 공문서인 종량제 쓰레기봉투를 위조하는 범행의 실행의 착수에 이르지 아니한 것으로서 그 준비단계에 불과하다(대판 2007.2.23, 2005도7430). ● 경찰
>
> **[공문서변조죄의 객체에 해당하지 않는 경우]**
> 공문서변조라 함은 권한없이 이미 진정하게 성립된 공무원 또는 공무소명의의 문서내용에 대하여 그 동일성을 해하지 아니할 정도로 변경을 가하는 것을 말한다 할 것이므로 <u>이미 허위로 작성된 공문서는 형법제225조 소정의 공문서변조죄의 객체가 되지 아니한다</u>(대판 1986.11.11, 86도1984). ● 사시

판례 정리 ··· 공문서변조죄가 성립하는 경우

1. 건축허가서에 첨부된 설계도면을 떼내고 건축사협회의 도면등록 일부인을 건축허가 신청당시 일자로 소급 변조하여 새로 작성한 설계도면을 그 자리에 가철한 행위는 공문서 변조죄에 해당한다(대판 1982.12.14, 81도81).
2. 자동차등록증 '비고'란을 임의로 변경하고 이를 행사한 행위는 공문서변조죄 및 변조공문서행사죄에 해당한다(대판 2016.3.24, 2014도6287).
3. 최종 결재권자를 보조하여 문서의 기안업무를 담당한 공무원이 이미 결재를 받아 완성된 공문서에 대하여 적법한 절차를 밟지 않고 그 내용을 변경한 경우에도 특별한 사정이 없는 한 공문서변조죄가 성립한다(대판 2017.6.8, 2016도5218).
4. 피고인이 인터넷을 통하여 출력한 <u>등기사항전부증명서 하단의 열람일시 부분을 수정 테이프로 지우고 복사한 행위</u>는 변경 전 등기사항전부증명서가 나타내는 관리·사실관계와 다른 새로운 증명력을 가진 문서를 만든 것에 해당하고 그로 인하여 공공적 신용을 해할 위험성도 발생하였으므로 공문서변조죄가 성립된다(대판 2021.2.25, 2018도19043). ● 경찰

판례 정리 ··· 공문서(공도화)변조죄가 성립하지 않는 경우

자신의 주민등록증 비닐커버 위에 검은색 볼펜을 사용하여 주민등록번호 전부를 덧기재하고 투명 테이프를 붙이는 방법으로 주민등록번호 중 출생연도를 나타내는 "71"을 "70"으로 고친 사안에서, 변조행위가 공문서 자체에 변경을 가한 것이 아니며 그 변조방법이 조잡하여 공문서에 대한 공공의 위험을 초래할 정도에 이르지 못하였다는 이유로 공문서변조가 성립하지 않는다(대판 1997.3.28, 97도30). ● 사시

(5) 주관적 구성요건

① 고의외에 행사할 목적이 필요하다.
② 공문서변조죄에 있어서 행사할 목적이란 <u>변조된 공문서를 진정한 문서인 것처럼 사용할 목적 즉 행사의 상대방이 누구이든지간에 그 상대방에게 문서의 진정에 대한 착오를 일으킬 목적이면 충분한 것이지 반드시 변조 전의 그 문서의 본래의 용도에 사용할 목적에 한정되는 것은 아니다</u>(대판 1995.3.24, 94도1112). ● 법행

4. 자격모용에 의한 공문서작성죄

제226조 (자격모용에 의한 공문서등의 작성) 행사할 목적으로 공무원 또는 공무소의 자격을 모용하여 문서 또는 도화를 작성한 자는 10년 이하의 징역에 처한다.
제235조 (미수범) 미수범은 처벌한다.

> **관련판례**
>
> **[자격모용에 해당하는 경우]**
> ① 갑 구청장이 을 구청장으로 전보된 후 갑 구청장의 권한에 속하는 건축허가에 관한 기안용지의 결재란에 서명을 한 것은 자격모용에 의한 공문서작성죄를 구성한다(대판 1993.4.27, 92도2688). ● 경찰, 경간부
> ② 식당의 주·부식 구입 업무를 담당하는 공무원이 주·부식구입요구서의 과장결재란에 권한 없이 자신의 서명을 한 경우, 자격모용공문서작성죄가 성립한다(대판 2008.1.17, 2007도6987). ● 법행
> ③ 사인인 갑이 영수증을 작성함에 있어 영수인 란에 '국방부 합참자료실장 이사관 갑'이라 기재하고 그 옆에 자신의 도장을 압날한 다음 '국방부장관'이라는 고무인을 압날한 경우 자격모용공문서작성죄가 성립한다(대판 1993.7.27, 93도1435). ● 사시

III 허위문서작성죄

1. 허위진단서작성죄

> 제233조 (허위진단서등의 작성) 의사, 한의사, 치과의사 또는 조산사가 진단서, 검안서 또는 생사에 관한 증명서를 허위로 작성한 때에는 3년 이하의 징역이나 금고, 7년 이하의 자격정지 또는 3천만원 이하의 벌금에 처한다.
> 제235조 (미수범) 미수범은 처벌한다.

(1) 의 의

진단서 등이 갖는 높은 신용성, 증명력을 담보하기 위하여 사문서의 무형위조를 처벌하는 유일한 규정이다.

(2) 주 체

피고인이 국립경찰병원장 명의의 진단서에 직인과 계인을 날인하고 환자의 성명과 병명 및 향후치료소견을 기재하였다면 비록 진단서 발행번호나 의사의 서명날인이 없더라도 이는 공문서로서 형식과 외관을 구비하였으므로 공문서위조죄가 성립한다(대판 1987.9.22, 87도1443). ● 사시

(3) 객 체

형법 제233조의 허위진단서작성죄에 있어서 진단서라 함은 의사가 진찰의 결과에 관한 판단을 표시하여 사람의 건강상태를 증명하기 위하여 작성하는 문서를 말하는 것이므로, 비록 그 문서의 명칭이 소견서로 되어 있더라도 그 내용이 의사가 진찰한 결과 알게 된 병명이나 상처의 부위, 정도 또는 치료기간 등의 건강상태를 증명하기 위하여 작성된 것이라면 위 진단서에 해당되는 것이다(대판 1990.3.27, 89도2083). ● 경찰

> **관련판례**
>
> ① 의사인 피고인이 환자의 인적사항, 병명, 입원기간 및 그러한 입원사실을 확인하는 내용이 기재된 '입퇴원 확인서'는 환자의 건강상태를 증명하기 위한 서류라고 볼 수 없어 허위진단서작성죄에서 규율하는 진단서로 보기 어렵다(대판 2013.12.12, 2012도3173). ● 경간부
> ② 의사가 환자의 수형(受刑)생활 또는 수감(收監)생활의 가능 여부에 관하여 기재한 의견이 환자의 건강상태에 기초한 향후 치료 소견의 일부로서 의료적 판단을 기재한 것으로 볼 수 있다면, 이는 환자의 건강상태를 나타내고 있다는 점에서 허위진단서 작성의 대상이 될 수 있다(대판 2017.11.9, 2014도15129).

(4) 행위(허위작성)

① 허위진단서작성죄에 있어서 허위의 기재는 사실에 관한 것이건 판단에 관한 것이건 불문하는 것이나, 본죄는 원래 허위의 증명을 금지하려는 것이므로 그 내용이 허위라는 의사의 주관적 인식이 필요함은 물론, 실질상 진실에 반하는 기재일 것이 필요하다(대판 1990.3.27, 89도2083).

② 부검을 통하지 않고 사망의 의학적 원인을 정확하게 파악하는 데에는 한계가 있으므로, **부검 결과로써 확인된 최종적 사인이 이보다 앞선 시점에 작성된 사망진단서에 기재된 사망 원인과 일치하지 않는다는 사정**만으로 사망진단서의 기재가 객관적으로 진실에 반한다거나, 작성자가 그러한 사정을 인식하고 있었다고 함부로 단정하여서는 안 된다(대판 2024.4.4, 2021도15080).

(5) 주관적 구성요건

고의는 필요하나 행사할 목적은 필요 없다.

① 고의가 인정되지 않는 경우 : 형법 제233조의 허위진단서작성죄가 성립하기 위하여서는 진단서의 내용이 객관적으로 진실에 반할 뿐 아니라 작성자가 진단서 작성 당시 그 내용이 허위라는 점을 인식하고 있어야 하고, 주관적으로 진찰을 소홀히 한다든가 착오를 일으켜 오진한 결과로 진실에 반한 진단서를 작성하였다면 허위진단서 작성에 대한 인식이 있다고 할 수 없으므로 허위진단서작성죄가 성립하지 않는다(대판 2024.4.4, 2021도15080). ● 경찰

② 허위성에 대한 인식이 인정되는 경우 : 사체검안의가 빙초산의 성상이나 이를 마시고 사망하는 경우의 소견에 대하여 알지 못함에도 불구하고 변사자가 '약물음독', '빙초산을 먹고 자살하였다.'는 취지로 사체검안서를 작성한 경우, 검안서작성에 있어 허위성에 대한 인식이 있다(대판 2001.6.29, 2001도1319).

(6) 관련문제

형법 제233조 소정의 허위진단서작성죄의 대상은 공무원이 아닌 의사가 사문서로서 진단서를 작성한 경우에 한정되고, 공무원인 의사가 공무소의 명의로 허위진단서를

작성한 경우에는 허위공문서작성죄만이 성립하고 허위진단서작성죄는 별도로 성립하지 않는다(대판 2004.4.9, 2003도7762). ● 사시, 경찰

2. 허위공문서작성죄

> 제227조 (허위공문서작성등) 공무원이 행사할 목적으로 그 직무에 관하여 문서 또는 도화를 허위로 작성하거나 변개한 때에는 7년 이하의 징역 또는 2천만원 이하의 벌금에 처한다.
> 제235조 (미수범) 미수범은 처벌한다.

(1) 의의 및 보호법익

문서에 관한 죄의 보호법익은 문서의 증명력과 문서에 들어 있는 **의사표시의 안정·신용**으로, 일정한 법률관계 또는 거래상 중요한 사실에 관한 관계를 표시함으로써 **증거가 될 만한 가치가 있는 문서**를 그 대상으로 한다. 그중 공무소 또는 공무원이 그 직무에 관하여 진실에 반하는 허위 내용의 문서를 작성할 경우 허위공문서작성죄가 성립하고, 이는 공문서에 특별한 증명력과 신용력이 인정되기 때문에 **성립의 진정**뿐만 아니라 **내용의 진실**까지 보호하기 위함이다. 따라서 허위공문서작성죄의 허위는 표시된 내용과 진실이 부합하지 아니하여 그 문서에 대한 공공의 신용을 위태롭게 하는 경우여야 하고, 그 내용이 허위라는 사실에 관한 피고인의 인식이 있어야 한다(대판 2022.8.19, 200도9714).

(2) 구성요건

① 주 체

> **관련판례**
> ① 인감증명서 발급업무를 담당하는 공무원이 발급을 신청한 본인이 직접 출두한 바 없음에도 불구하고 본인이 직접 신청하여 발급받은 것처럼 인감증명서에 기재하였다면, 이는 공문서위조죄가 아닌 허위공문서작성죄를 구성한다(대판 1997.7.11, 97도1082). ● 사시
> ② 면사무소 호병계장이 인감증명서 발급신청인 본인이 직접 출두한 바 없는데도 그가 직접 신청 발급받은 것처럼 그 명의의 인감증명서와 인감증명발급대장에 기재하였다면 이는 허위공문서작성죄를 구성한다 할 것이고, 비록 본인으로부터 대리인을 통하여 인감증명을 발급받겠다는 의사를 확인받았다 하더라도 그 범죄의 성립에는 아무런 영향이 없다(대판 1992.10.13, 92도2060).
> ③ 동사무소 임시직원이 소재증명서를 작성한 경우는 공무원이 권한 밖의 사항에 관하여 허위의 공문서를 작성한 경우이므로 공문서위조죄가 성립한다(대판 1976.10.12, 76도16820).

② 객체(공문서)

관련판례

① 허위공문서작성죄의 객체가 되는 문서는 문서상 작성명의인이 명시된 경우뿐 아니라 작성명의인이 명시되어 있지 않더라도 문서의 형식, 내용 등 문서 자체에 의하여 누가 작성하였는지를 추지할 수 있을 정도의 것이면 된다(대판 2019.3.14, 2018도18646). ● 검찰
② 허위공문서작성죄에 있어 직무에 관한 문서라 함은 공무원이 직무권한 내에서 작성하는 문서를 말하고, 구체적인 행위가 공무원의 직무에 속하는지 여부는 그것이 공무의 일환으로 행하여졌는가 하는 **형식적인 측면**과 함께 그 공무원이 수행하여야 할 직무와의 관계에서 합리적으로 필요하다고 인정되는 것이라고 할 수 있는가 하는 **실질적인 측면**을 아울러 고려하여 결정하여야 할 것이다(대판 2002.5.31, 2001도670). ● 경찰승진
③ 피의자신문조서 말미에 작성자의 서명, 날인이 없으나 첫머리에 작성 사법경찰리와 참여 사법경찰리의 직위와 성명을 적어 넣은 것이 있다면 그 문서 자체에 의하여 작성자를 추지할 수 있으므로 그러한 피의자신문조서는 허위공문서작성죄의 객체가 되는 공문서로 볼 수 있다(대판 1995.11.10, 95도2088). ● 경간부

③ 허위작성
㉠ 허위공문서작성죄란 공문서에 진실에 반하는 기재를 하는 때에 성립하는 범죄이므로 **고의로 법령을 잘못 적용**하여 공문서를 작성하였다고 하더라도 그 **법령적용의 전제가 된 사실관계**에 대한 내용에 거짓이 없다면 허위공문서작성죄가 성립될 수 없다(대판 2000.6.27, 2000도1858). 검찰, 경간부
㉡ 허위공문서작성죄는 공문서에 진실에 반하는 기재를 하는 때에 성립하는 범죄이므로, 공문서를 작성하는 과정에서 **법령 등을 잘못 적용**하거나 **적용하여야 할 법령 등을 적용하지 아니한 잘못**이 있더라도 그 적용의 **전제가 된 사실관계**에 관하여 거짓된 기재가 없다면 허위공문서작성죄가 성립할 수 없고, 이는 그와 같은 잘못이 **공무원의 고의에 기한 것이라도 달리 볼 수 없다**. 공문서 작성 과정에서 법령 등을 잘못 적용하였다고 하여 반드시 진실에 반하는 기재를 하여 공문서를 작성하게 되는 것은 아니므로, 공문서 작성 과정에서 법령 등의 적용에 잘못이 있다는 것과 기재된 공문서 내용이 허위인지 여부는 구별되어야 한다(대판 2021.9.16, 2019도18394).

관련판례

① 건축 담당 공무원이 건축허가신청서를 접수·처리함에 있어 건축법상의 요건을 갖추지 못하고 설계된 사실을 알면서도 기안서인 건축허가통보서를 작성하여 건축허가서의 작성명의인인 군수의 결재를 받아 건축허가서를 작성한 경우, 건축허가서는 관계 법령에 따라 허가한다는 내용에 불과하고 건축법의 규정에 적합하다는 사실을 확인하거나 증명하는 것은 아니며 군수가 위 건축허가통보서에 결재하여 위 건축허가신청을 허가하였다면 위 건축허가서에 표현된 허가의 의사표시 내용 자체에 어떠한 허위가 있다고 볼 수는 없다 할 것이어서 허위공문서작성죄로 처벌할 수는 없다(대판 2000.6.27, 2000도1858). ● 법행
② 당사자로부터 뇌물을 받고 고의로 적용하여서는 안될 조항을 적용하여 과세표준을 결정하고 그 과세표준에 기하여 세액을 산출한 경우 그 세액계산서에 허위내용의 기재가 없다면 허위공문서작성죄에 해당하지 않는다(대판 1996.5.14, 96도554). ● 사시

> **판례 정리 ··· 허위공문서작성죄가 성립하는 경우**

1. 군직원이 농지전용허가를 하여 주어서는 안 됨을 알면서도 허가하여 줌이 타당하다는 취지의 <u>현장출장복명서 및 심사의견서를 작성하여 결재권자에게 제출한 것이 허위공문서작성, 동행사죄에 해당한다</u>(대판 1993.12.24, 92도3334). 🔵 경찰

2. 공증담당 변호사가 법무사의 직원으로부터 인증촉탁서류를 제출받았을 뿐 법무사가 공증사무실에 출석하여 사서증서의 날인이 당사자 본인의 것임을 **확인한 바 없음에도 마치 그러한 확인을 한 것처럼** 인증서에 기재한 경우, 허위공문서작성죄가 성립한다(대판 2007.1.25, 2006도3844). 🔵 사시

3. 공무원인 피고인이 그 직무에 관하여 이 건 문제로 된 사문서 사본에 "원본대조필 토목기사 피고인"이라 기재하고 도장을 날인하였다면 그 기재 자체가 공문서로 되고, 이 경우 피고인이 실제로 원본과 대조함이 없이 "원본대조필"이라고 기재한 이상 그것만으로 곧 허위공문서작성죄가 성립하는 것이고, 피고인이 위 문서작성자에게 전화로 원본과 상이없다는 사실을 확인하였다거나 객관적으로 그 사본이 원본과 다른 점이 없다고 하더라도 위 죄가 성립한다(대판 1981.9.22, 80도3180). 🔵 법행

4. <u>준공검사조서를 작성함에 있어서 정산설계서를 확인하고 **준공검사를 한 것이 아님에도 마치 한 것처럼** 준공검사용지에 "정산설계서에 의하여 준공검사"를 하였다는 내용을 기입</u>하였다면 허위공문서작성의 범의가 있었음이 명백하여 <u>그것만으로 곧 허위공문서작성죄가 성립</u>하고 위 <u>준공검사조서의 내용이 객관적으로 정산설계서 초안이나 그후에 작성된 정산설계서 원본의 내용과 일치</u>한다거나 <u>공사현장의 준공상태에 부합</u>한다 하더라도 그 성립에 아무런 영향을 미치지 못한다(대판 1983.12.27, 82도3063). 🔵 경찰

5. <u>소유권이전등기와 근저당권설정등기의 신청이 동시에 이루어지고 그와 함께 등본의 교부신청이 있는 경우</u>에는, 등기공무원은 소유권이전등기와 근저당권설정등기 모두에 관하여 등기부에의 기입을 마치고 그에 따른 등기부등본을 교부하여야 함에도 불구하고, 등기공무원이 <u>소유권이전등기만 기입하고 근저당권설정등기는 기입하지 아니한 채 등기부등본을 발급</u>하였다면 비록 그 등기부등본의 기재가 등기부의 기재와 일치한다 하더라도, 그 등기부등본은 이미 접수된 신청서에 따라 기입하여야 할 사항 중 일부를 고의로 누락한 채 작성되어 내용이 진실하지 아니한 것으로서 허위공문서에 해당한다(대판 1996.10.15, 96도1669). 🔵 경찰승진

6. 폐기물관리법 제26조 제2항에 의한 폐기물처리사업계획 <u>적합 통보서</u>는 단순히 폐기물처리사업을 관계 법령에 따라 허가한다는 내용이 아니라, 폐기물처리업을 하려는 자가 폐기물관리법 제26조 제1항에 따라 제출한 폐기물처리사업계획이 폐기물관리법 및 관계 법령의 규정에 적합하다는 **사실을 확인하거나 증명**하는 것이라 할 것이므로, 그 폐기물처리사업계획이 관계 법령의 규정에 적합하지 아니함을 알면서 적합하다는 내용으로 통보서를 작성한 것이라면 그 통보서는 <u>허위의 공문서라고 보지 아니할 수 없다</u>(대판 2003.2.11, 2002도4293). 🔵 변호사

7. 농지법 제8조 제1항 소정의 <u>농지취득자격증명</u>은 농지를 취득하는 자가 그 소유권에 관한 등기를 신청할 때에 첨부하여야 할 서류로서(농지법 제8조 제4항), 농지를 취득하는 자에게 농지취득의 자격이 있다는 것을 증명하는 것이므로, <u>신청인에게 농업경영능력이나 영농의사가 없음을 알거나 이를 제대로 알지 못하면서도 농지취득자격에 아무런 문제가 없다는 내용으로 농지취득자격증명통보서를 작성하였다면, 허위공문서작성죄가 성립한다</u>(대판 2007.1.25, 2006도3996). 🔵 사시

8. 공무원 甲이 A로부터 부탁을 받고 A가 세대주이고 처인 B는 동거가족에 불과하였음에도 불구하고 마치 B가 세대주인 것처럼 된 세대별 주민등록표 1장을 작성하여 동사무소의 주민등록표 보관함에 비치한 경우 허위공문서작성 및 동행사죄가 성립된다(대판 1990.10.16, 90도1199). 🔵 간부

9. 사법경찰관인 피고인이 검사로부터 '교통사고 피해자들로부터 사고 경위에 대해 구체적인 진술을 청취하여 운전자의 도주 여부에 대해 재수사할 것'을 요청받고, 재수사 결과서의 '재수사 결과'란에 **피해자들로부터 진술을 청취하지 않았음에도 진술을 듣고 그 진술내용을 적은 것처럼 기재**한 경우, 피해자들 진술로 기재된 내용 중 일부가 결과적으로 사실과 부합하는지, 재수사 요청을 받은 사법경찰관이 검사에 의하여 지목된 참고인이나 피의자 등에 대한 <u>재조사 여부와 재조사 방식 등에 대해 재량을 가지는지 등과 **무관하게 피고인의 행위는 허위공문서작성죄를 구성**하며, 피고인이 피해자들의 진술에 신빙성이 부족하다는 이유에서 <u>자신의 판단에 따라 기재하는 내용이 객관적인 사실에 부합할 것이라고 생각하였다 하여 범의를 부정할 수 없다</u>(대판 2023.3.30, 2022도6886). 🔵 경찰, 경간부

> **판례 정리** ··· 허위공문서작성죄가 성립하지 않는 경우

① 출원에 대한 심사업무를 담당하는 공무원이 출원인의 출원사유가 허위라는 사실을 알면서도 결재권자로 하여금 오인, 착각, 부지를 일으키게 하고 그 오인, 착각, 부지를 이용하여 인·허가처분에 대한 결재를 받아낸 경우에는 출원자가 허위의 출원사유나 허위의 소명자료를 제출한 경우와는 달리 더 이상 출원에 대한 적정한 심사업무를 기대할 수 없게 되었다고 할 것이어서 그와 같은 행위는 위계로써 결재권자의 직무집행을 방해한 것에 해당하므로 **위계에 의한 공무집행방해죄가 성립한다**(대판 1997.2.28, 96도2825). ● 경찰, 사시
☞ 공무원이 작성한 기안문은 관계 법령에 따라 허가한다는 의미만 있고 법령의 규정에 적합하다는 것을 확인하거나 증명하는 것이 아니므로 허위의 사실이 될 수 없다. 따라서 <u>허위공문서작성죄는 성립하지 않는다</u>.

② 피고인 甲이 국회의원으로부터 대통령 대면보고 시점 등에 관한 추가 서면질의를 받고, 실무 담당 행정관으로 하여금 '비서실에서는 20~30분 단위로 간단없이 유·무선으로 보고를 하였기 때문에, **대통령은 직접 대면보고 받는 것 이상으로 상황을 파악하고 있었다고 생각합니다.**'라는 내용의 서면답변서를 작성하여 국회에 제출하도록 한 경우, 답변서가 대통령비서실장으로서 최종 작성권한을 갖는 피고인 甲에 의하여 대통령비서실, 국가안보실의 직무권한 범위 내에서 작성된 공문서에 해당한다고 본 원심판단은 정당하나, **답변서 중 '대통령은 직접 대면보고 받는 것 이상으로 상황을 파악하고 있었다고 생각한다.'는 부분은 피고인 甲의 의견**으로서 그 자체로 내용의 진실 여부를 판단할 수 있다거나 문서에 대한 공공의 신용을 위태롭게 할 만한 증명력과 신용력을 갖는다고 볼 수 없고, '비서실에서 20~30분 단위로 간단없이 유·무선으로 보고를 하였다.'는 부분은 실제로 있었던 객관적 사실을 기반으로 하여 기재된 내용으로 이를 허위라고 볼 수 없으며, … 답변서는 피고인 甲이 국조특위 이후 추가된 국회 질의에 대하여 기존 증언과 같은 내용의 답변을 담은 문서로서 허위공문서작성죄에서 말하는 '허위'가 있다거나 그에 관한 피고인 甲의 인식이 있었다고 보기 어렵다(대판 2022.8.19, 200도9714).
☞ 허위공문서작성죄 및 허위작성공문서행사죄에 해당하지 않는다는 취지의 판례임

④ 허위변개 : 작성권한 있는 공무원이 진정하게 작성된 기존문서의 내용을 허위로 고치는 것이다.
⑤ 기수시기 : 허위내용을 기재한 때, 진정문서의 내용을 허위로 변경한 때 기수가 된다.

(3) 주관적 구성요건

고의 외에 행사할 목적이 필요하다.

> **판례 정리** ··· 고의를 부정한 경우

1. 공무원이 여러 차례의 출장반복의 번거로움을 회피하고 민원사무를 신속히 처리한다는 방침에 따라 <u>사전에 출장조사</u>한 다음 출장조사내용이 <u>변동없다는 확신하에 출장복명서를 작성</u>하고 다만 그 출장일자를 작성일자로 기재한 것이라면 허위공문서작성의 범의가 있었다고 볼 수 없다(대판 2001.1.5, 99도4101). ● 경찰승진
2. 출장 복명서에 "11 : 00 출발"을 "11 : 00 현지도착"이라 기재한 경우 특별히 도착시간을 은폐하여야 할 이유가 없는 한 <u>단순히 오기</u>라고 볼 여지도 없지 않으므로 위 사실만으로 바로 허위공문서작성죄로 다스릴 수는 없다(대판 1978.4.11, 77도3781).
3. 피고인들이 물품(미역)검사를 하면서 전체량의 일부만을 추출하여 실물검사를 하였음에도 이를 초과하여 외관검사를 행한 수량 중의 일정량을 실물검사한 것처럼 보고서를 작성하였다 하여도 그것이 <u>업무상 관행</u>에 따른 것이라면 허위공문서 작성의 인식이 없다고 할 것이다(대판 1982.7.27, 82도1026).

4. 교통사고 가해자가 사고발생 후 즉시 피해자를 구호조치하지 않고 사고현장으로부터 약 600m 정도 도주한 후 다시 사고현장으로 되돌아 와 경찰관에게 자신이 사고야기자라고 말한 사안에서, 교통사고 가해자의 사고 후의 행동이 기재된 가해자 및 피해자의 관련자 진술만 첨부하고 교통사고 실황조사서의 사고원인기재란 중 사고도주 표시란에는 아무런 표시를 하지 않은 것이 허위공문서작성에 해당하지 않는다(대판 1997.3.11, 96도2329). ● 사시

☞ 제반정황상(진술서, 피의자신문조서등에는 도주상황이 기록되어 있음) 실황조사서에 아무런 기재가 없다고 하더라도 허위기재라고 볼 수는 없다는 취지이다.

(4) 간접정범의 성부

① **일반인과 간접정범** : 비공무원은 제228조(공정증서원본불실기재죄)에 해당하는 경우 이외에는 허위공문서작성죄의 간접정범으로 처벌되지 않는다(대판 1961.12.14, 4292형상647).

> **판례정리**
>
> 1. **사실관계** 향토예비군훈련에 불참한 갑이 소속 예비군동대 방위병 을과 예비군훈련참석확인서발급에 대해 공모한 후, 을이 예비군훈련참석확인서 작성권자인 예비군동대장 병에게 갑의 예비군훈련참석확인서 발급신청사실을 보고하여 병으로부터 '참가여부를 확인한 후에 확인서를 발급해 줄 것'을 지시받자, 을은 갑이 예비군훈련에 참석한 것으로 확인서를 작성하여 갑에게 교부한 사안에서 을은 허위공문서작성죄의 간접정범, 갑은 을의 허위공문서작성죄의 간접정범에 대한 공동정범의 성립을 인정하였다.
>
>   **판결요지** 공문서의 작성권한이 있는 공무원의 직무를 보좌하는 자가 그 직위를 이용하여 행사할 목적으로 허위의 내용이 기재된 문서 초안을 그 정을 모르는 상사에게 제출하여 결재하도록 하는 등의 방법으로 작성권한이 있는 공무원으로 하여금 허위의 공문서를 작성하게 한 경우에는 간접정범이 성립되고 이와 공모한 자 역시 그 간접정범의 공범으로서의 죄책을 면할 수 없는 것이고, 여기서 말하는 공범은 반드시 공무원의 신분이 있는 자로 한정되는 것은 아니라고 할 것이다(대판 1992.1.17, 91도2837). ● 사시
>
> 2. 공무원이 아닌 자가 공무원과 공동하여 허위공문서작성죄를 범한 때에는 공무원이 아닌 자도 형법 제33조, 제30조에 의하여 허위공문서작성죄의 공동정범이 된다(대판 2006.5.11, 2006도1663). ● 경찰
>
> 3. 피고인이 건축물조사 및 가옥대장 정리업무를 담당하는 지방행정서기를 교사하여 무허가 건물을 허가받은 건축물인 것처럼 가옥대장 등에 등재케 하여 허위공문서 등을 작성케 한 사실이 인정된다면, 허위공문서작성죄의 교사범으로 처단한 것은 정당하다(대판 1983.12.13, 83도1458). ● 법행

② 공문서작성보조자와 간접정범
  ㉠ 허위공문서작성죄의 주체는 직무상 그 문서를 작성할 권한이 있는 공무원에 한하고 작성권자를 보조하는 직무에 종사하는 공무원은 허위공문서작성죄의 주체가 되지 못하나 이러한 **보조직무에 종사하는 공무원이 허위공문서를 기안하여 허위인 정을 모르는 작성권자에게 제출하고 그로 하여금 그 내용이 진실한 것으로 오신케 하여 서명 또는 기명날인케 함**으로써 공문서를 완성한 때에는 허위공문서작성죄의 간접정범이 성립된다(대판 1990.10.30, 90도1912). ● 사시

  > **관련판례**
  > 면의 호적계장이 정을 모른 면장의 결재를 받아 허위내용의 호적부를 작성한 경우 허위공문서작성, 동행사죄의 간접정범이 성립된다(대판 1990.10.30, 90도1912).

  ㉡ 형법 제227조가 규정한 허위공문서작성죄는 그 문서를 작성할 권한이 있는 공무원이 허위내용의 공문서를 작성한 경우에 성립하는 것이고 그 공무원을 보조하는 직무에 종사하는 공무원이 작성권한을 가진 공무원의 결재도 받지 아니하고 임의로 허위내용의 공문서를 작성권한자 명의로 작성한 때에는 공문서위조죄가 성립한다(대판 1990.10.12, 90도1790). ● 사시

  > **관련판례**
  > 면사무소 호적계장이 면장의 결재 없이 호적의 출생년란, 주민등록번호란에 허위내용의 호적정정 기재를 한 경우에는 공문서위조 및 동행사죄를 구성하는 것은 별론으로 하고 형법 제227조가 규정한 허위공문서작성죄에 해당할 수는 없다(대판 1990.10.12, 90도1790).

③ 권한 있는 자와 간접정범 : 경찰서 보안과장인 피고인이 갑의 음주운전을 눈감아 주기 위하여 그에 대한 음주운전자 적발보고서를 찢어버리고, 부하로 하여금 일련번호가 동일한 가짜 음주운전 적발보고서에 을에 대한 음주운전 사실을 기재케 하여 그 정을 모르는 담당 경찰관으로 하여금 주취운전자 음주측정처리부에 을에 대한 음주운전 사실을 기재하도록 한 이상, 을이 음주운전으로 인하여 처벌을 받았는지 여부와는 관계없이 허위공문서작성 및 동 행사죄의 간접정범으로서의 죄책을 면할 수 없다(대판 1996.10.11, 95도1706). ● 경찰, 경찰승진

(5) 타죄와의 관계

> **관련판례**
>
> ① 공무원인 의사가 진단서를 작성하는 경우 : 형법 제233조 소정의 허위진단서작성죄의 대상은 공무원이 아닌 의사가 사문서로서 진단서를 작성한 경우에 한정되고, <u>공무원인 의사가 공무소의 명의로 허위진단서를 작성한 경우에는 허위공문서작성죄만이 성립하고 허위진단서작성죄는 별도로 성립하지 않는다</u>(대판 2004.4.9, 2003도7762). ● 경찰, 검찰
>
> ② 허위공문서작성죄와 직무유기죄와의 관계
>
> ㉠ <u>예비군 중대장이</u> 그 소속 예비군대원의 훈련불참사실을 알았다면 이를 소속 대대장에게 보고하는 등의 조치를 취할 직무상의 의무가 있음은 물론이나, 그 소속 예비군대원의 훈련불참사실을 <u>고의로 은폐할 목적으로</u> 당해 예비군대원이 훈련에 참석한 양 <u>허위내용의 학급편성명부를 작성, 행사하였다면</u>, 직무위배의 위법상태는 허위공문서작성 당시부터 그 속에 포함되어 있는 것이고 그 후 소속대대장에게 보고하지 아니하였다 하더라도 당초에 있었던 직무위배의 위법상태가 그대로 계속된 것에 불과하다고 보아야 하고, <u>별도의 직무유기죄가 성립하여 양 죄가 실체적 경합범이 된다고 할 수 없다</u>(대판 1982.12.28, 82도2210). ● 경찰
>
> ㉡ <u>공무원이</u> 어떠한 위법사실을 발견하고도 직무상 의무에 따른 적절한 조치를 취하지 아니하고 <u>위법사실을 적극적으로 은폐할 목적으로 허위공문서를 작성·행사한 경우에는</u> 직무위배의 위법상태는 허위공문서작성 당시부터 그 속에 포함되는 것으로 <u>작위범인 허위공문서작성, 동 행사죄만이 성립하고 부작위범인 직무유기죄는 따로 성립하지 아니하나</u>, 위 복명서 및 심사의견서를 허위작성한 것이 농지일시전용허가를 신청하자 이를 허가하여 주기 위하여 한 것이라면 직접적으로 농지불법전용 사실을 은폐하기 위하여 한 것은 아니므로 위 허위공문서작성, 동행사죄와 직무유기죄는 실체적 경합범의 관계에 있다(대판 1993.12.24, 92도3334). ● 경찰

3. 공정증서원본등 부실기재죄

> 제228조 (공정증서원본등의 부실기재) ① 공무원에 대하여 허위신고를 하여 공정증서원본 또는 이와 동일한 전자기록등 특수매체기록에 부실의 사실을 기재 또는 기록하게 한 자는 5년 이하의 징역 또는 1천만원 이하의 벌금에 처한다.
> ② 공무원에 대하여 허위신고를 하여 면허증, 허가증, 등록증 또는 여권에 부실의 사실을 기재하게 한 자는 3년 이하의 징역 또는 700만원 이하의 벌금에 처한다.
> 제235조 (미수범) 미수범은 처벌한다.

(1) 의의 및 성격

① 공무원에 대하여 허위신고를 하여 공정증서원본 또는 이와 동일한 전자기록 등 특수매체기록이나 면허증·허가증·등록증 또는 여권에 부실의 사실을 기재 또는 기록하게 함으로써 성립하는 범죄이다.

② 일반인도 허위공문서작성죄의 간접정범이 될 수 있음을 규정한 것이다(간접적 무형위조).

(2) 구성요건

① 행위주체 : 제한이 없다.
② 행위객체
　㉠ 공정증서원본
　　ⓐ 원본 : '공정증서**원본**'에는 공정증서의 **정본**이 포함된다고 볼 수 없으므로 불실의 사실이 기재된 공정증서의 **정본**을 그 정을 모르는 법원 직원에게 교부한 행위는 형법 제229조의 불실기재공정증서원본행사죄에 해당하지 아니한다(대판 2002.3.26, 2001도6503). ● 경찰
　　ⓑ 권리의무에 관한 사실 : 권리의무는 공법·사법, 재산상(부동산등기부)·신분상(가족관계등록부)의 것을 불문한다.
　㉡ 공정증서원본과 동일한 전자기록등 특수매체기록, 면허증, 허가증, 등록증, 여권

판례 정리 … 공정증서원본에 해당 O

1. (가장납입)주금으로 납입할 의사없이 마치 주식인수인들이 그 인수주식의 주금으로 납입하는 양 돈을 은행에 예치하여 주금납입보관증을 교부받아 회사설립요건을 갖춘 듯이 등기신청을 하여 **상업등기부의 원본**에 그 기재를 하게 한 다음 그 예치한 돈을 바로 인출하였다면 이를 회사를 위하여 사용하였다는 등 특별한 사정이 없는 한 상법 제628조 제1항에 정한 이른바 납입 가장죄가 성립되는 한편 공정증서원본불실기재와 동행사죄가 성립된다(대판 1986.9.9, 85도2297).
2. 간이절차에 의한 민사분쟁사건처리특례법에 의하여 **합동법률사무소 명의로 작성된 공증에 관한 문서**는 형법상의 공문서에 해당되고 동 합동법률사무소의 구성원인 변호사에게 허위신고를 하여서 동 합동법률사무소 명의의 공정증서에 불실의 사실을 기재하게 한 행위는 형법 228조 1항에 해당된다(대판 1977.8.23, 74도2715 전원합의체).
3. 약속어음을 위조하여 작성된 **집행수락부 약속어음 공정증서**는 형법 제228조 제1항에서 정한 공정증서원본에 해당한다(대판 2006.6.27, 2006도2864).

판례 정리 … 공정증서원본에 해당 X

1. 형법 제228조에서 말하는 공정증서란 권리의무에 관한 공정증서만을 가르키는 것이고 사실증명에 관한 것은 이에 포함되지 아니하므로 권리의무에 변동을 주는 효력이 없는 **토지대장**은 위에서 말하는 공정증서에 해당하지 아니한다(대판 1988.5.24, 87도2696). ● 사시
2. **사업자등록증**은 단순한 사업사실의 등록을 증명하는 증서에 불과하고 그에 의하여 사업을 할 수 있는 자격이나 요건을 갖추었음을 인정하는 것은 아니라고 할 것이어서 형법 제228조 제2항에 정한 '등록증'에 해당하지 않는다(대판 2005.7.15, 2003도6934). ● 경찰승진
3. **조정절차에서 작성되는 조정조서**는 그 성질상 허위신고에 의해 불실한 사실이 그대로 기재될 수 있는 공문서로 볼 수 없어 공정증서원본에 해당하는 것으로 볼 수 없다. 따라서 **법원에 허위 내용의 조정신청서를 제출하여 판사로 하여금 조정조서에 불실의 사실을 기재하게 한 경우**, 공정증서원본불실기재죄는 성립하지 않는다(대판 2010.6.10, 2010도3232). ● 경찰승진

4. **자동차운전면허대장**은 사실증명에 관한 것에 불과하므로 형법 제228조 제1항에서 말하는 **공정증서원본**이라고 볼 수 없다. 따라서 **자동차운전면허증 재교부신청서의 사진란에 본인의 사진이 아닌 다른 사람의 사진을 붙여 제출함으로써 담당공무원으로 하여금 자동차운전면허대장에 불실의 사실을 기재하여 이를 비치하게 한 경우**, 공정증서원본불실기재죄 및 동행사죄는 성립하지 않는다(대판 2010.6.10, 2010도1125). ● 법행

③ 행위 : 공무원에 대하여 허위신고를 하여 불실의 사실을 신고하는 것이다.
  ㉠ 공무원이 정을 알면서 불실의 사실을 기재한 경우에는 허위공문서작성죄가 성립하고, 기재하게 한 자는 가담형태에 따라 공동정범, 교사범, 종범이 된다.
  ㉡ **공정증서원본 불실기재죄나 공전자기록 등 불실기재죄**는 … 공무원에 대하여 진실에 반하는 허위신고를 하여 공정증서원본 또는 이와 동일한 전자기록 등 특수매체기록에 그 증명하는 사항에 관하여 실체관계에 부합하지 아니하는 '불실의 사실'을 기재 또는 기록하게 함으로써 성립하고, 여기서 '**불실의 사실**'이라 함은 **권리의무관계**에 중요한 의미를 갖는 사항이 객관적인 진실에 반하는 것을 말한다(대판 2013.1.24, 2012도12363). ● 경찰
  ㉢ 형법 제229조, 제228조 제2항에 정한 **불실기재 여권행사죄**에서 '허위신고'는 진실에 반하는 사실을 신고하는 것이고, '불실(不實)의 사실'은 '권리의무관계에 중요한 의미를 갖는 사항이 객관적인 진실에 반하는 것'을 말한다. 여권 등 공정증서원본에 **기재된 사항이 존재하지 않거나 외관상 존재하더라도 무효사유**에 해당하는 흠이 있다면 불실기재에 해당한다. 그러나 기재된 사항이나 원인된 법률행위가 객관적으로 존재하고 **취소사유**에 해당하는 흠이 있을 뿐이라면 취소되기 전에 공정증서원본에 기재된 사항은 불실기재에 해당하지 않는다(대판 2022.4.28, 2020도12239). ● 경찰

> **판례) 정리 … 공정증서원본부실기재죄 해당 ○**
>
> 1. 중국 국적의 피고인이 다른 사람의 인적 사항을 빌려 대한민국 남자와 가장 혼인하여 구 국적법 제3조 제1호에 따라 대한민국 국적을 취득한 것처럼 행세하여 대한민국 국민으로서 다른 사람의 인적사항이 기재된 대한민국 여권을 발급받아 이를 출입국시 출입국심사 담당공무원에게 제출한 경우 **위계에 의한 공무집행방해죄, 여권불실기재죄, 불실기재여권행사죄, 여권법위반죄가 성립된다**(대판 2022.4.28, 2020도12239).
> 2. 사자 명의로 소유권보존등기를 신청한 경우(대판 1969.1.28, 69도2059) ● 서시
> 3. 법원을 기망하여 확정판결을 받아 그 내용이 허위임을 알면서 이를 제출하여 등기신청을 한 경우(대판 1996.5.31, 96도2049) ● 법행
> 4. 공동대표이사로 법인등기를 하기로 하여 위임받은 자가 독립대표이사로 법인등기를 한 경우(대판 1994.7.29, 93도1091) ● 경찰
> 5. 허위내용의 주식납입금 보관증서를 첨부하여 발행주식의 수에 관한 변경등기를 한 경우(대판 1982.2.23, 80도2303)

6. 주금을 가장납입하고 마치 주식인수인이 납입완료한 것처럼 등기공무원에게 증자등기를 신청한 경우(대판 1987.11.10, 87도2072) ● 사시

> **동지판례**
> ㉠ 당초부터 진실한 주금납입으로 회사의 자금을 확보할 의사 없이 형식상 또는 일시적으로 주금을 납입하고 이 돈을 은행에 예치하여 납입의 외형을 갖추고 주금납입증명서를 교부받아 설립등기나 증자등기의 절차를 마친 다음 바로 그 납입한 돈을 인출한 경우에는, 이를 회사를 위하여 사용하였다는 특별한 사정이 없는 한 실질적으로 회사의 자본이 늘어난 것이 아니어서 납입가장죄 및 공정증서원본불실기재죄와 불실기재공정증서원본행사죄가 성립한다(대판 2004.6.17, 2003도7645 전원합의체).
> ㉡ 유상증자 등기의 신청시 발행주식 총수 및 자본의 총액이 증가한 사실이 허위임을 알면서 증자등기를 신청하여 상업등기부원본에 그 기재를 하게 한 경우, 등기신청서류로 제출된 주금납입금보관증명서가 위조된 것임을 몰랐다고 하더라도 공정증서원본불실기재죄가 성립한다(대판 2006.10.26, 2006도5147).

7. 교회가 분열된 후에 일방의 교회가 타방의 교회를 배제한 채 소집·개최한 당회에서 교회 재산인 부동산을 총회유지재단에 증여하기로 하는 결의에 따른 취지의 등기신청을 하여 위 부동산에 관하여 증여를 원인으로 한 소유권이전등기를 마친 경우(대판 2005.10.28, 2005도3772) ● 법행

> **동지판례**
> 지교회의 대표자가 총회의 결의 없이 지교회 교인들의 총유에 속하는 교회 부지 및 건물을 위 재단법인 앞으로 소유권이전등기를 마친 행위는 공정증서불실기재죄를 구성한다(대판 2008.9.25, 2008도3198).

8. 종원 甲이 종중의 적법한 대표자가 아님에도 자신이 종중 대표자인 것처럼 허위의 종중 규약과 회의록을 작성한 후 소유권보존등기를 경료한 경우(대판 2006.1.13, 2005도4790) ● 사시

> **동지판례**
> 종중 규약에 따르면 종중재산의 취득 및 처분은 종중총회의 결의사항으로 되어 있는 종중의 대표자가 종중총회의 결의 없이 종중재산인 부동산에 근저당권설정등기를 마친 경우(대판 2005.8.25, 2005도4910)

9. 토지거래 허가구역 안의 토지에 관하여 실제로는 매매계약을 체결하고서도 처음부터 **토지거래허가를 잠탈하려는** 목적으로 등기원인을 '증여'로 하여 소유권이전등기를 경료한 경우, 비록 매도인과 매수인 사이에 실제의 원인과 달리 '증여'를 원인으로 한 소유권이전등기를 경료할 의사의 합치가 있더라도, 허위신고를 하여 공정증서원본에 불실의 사실을 기재하게 한 때에 해당한다(대판 2007.11.30, 2005도9922). ● 사시

10. 참다운 부부관계의 설정을 바라는 효과의사가 없는 경우에는 그 혼인은 무효라고 할 것이어서 해외이주의 목적으로 **위장결혼**을 하고 혼인신고를 하여 그 사실이 호적부에 기재되었다면 공정증서원본불실기재죄를 구성한다(대판 1985.9.10, 85도1481). ● 법행

> **동지판례**
> 중국 국적의 피고인이 다른 사람의 인적 사항을 빌려 대한민국 남자와 가장 혼인하여 구 국적법 제3조 제1호에 따라 대한민국 국적을 취득한 것처럼 행세하여 대한민국 국민으로서 다른 사람의 인적사항이 기재된 대한민국 여권을 발급받아 이를 출입국시 출입국심사 담당공무원에게 제출한 경우 위계에 의한 공무집행방해죄, 여권불실기재죄, 불실기재여권행사죄,여권법위반죄가 성립된다(대판 2022.4.28, 2020도12239).

11. 실제로는 채권·채무관계가 존재하지 아니함에도 공증인에게 허위신고를 하여 가장된 금전채권에 대하여 집행력이 있는 공정증서원본을 작성하고 이를 비치하게 한 경우(대판 2008.12.24, 2008도7836) ● 법원

비교판례

양도인이 허위의 채권에 관하여 그 정을 모르는 양수인과 실제로 채권양도의 법률행위를 한 이상, 공증인에게 그러한 채권양도의 법률행위에 관한 공정증서를 작성하게 하였다고 하더라도 그 공정증서가 증명하는 사항에 관하여는 불실의 사실을 기재하게 하였다고 볼 것은 아니고, 따라서 공정증서원본불실기재죄가 성립한다고 볼 수 없다(대판 2004.1.27, 2001도5414).

12. **등기경료 당시를 기준**으로 그 등기가 실체권리관계에 부합하여 유효한 경우에 한하여 동죄가 성립되지 않는 것이고, 등기경료 당시에는 실체권리관계에 부합하지 아니한 등기인 경우에는 사후에 이해관계인들의 동의 또는 추인 등의 사정으로 실체권리관계에 부합하게 된다 하더라도 공정증서원본불실기재 및 동행사죄의 성립에는 아무런 영향이 없다(대판 2001.11.9, 2001도3959). ● 경찰

13. 발행인과 수취인 사이에 **통정허위표시로서 무효**인 어음발행행위를 공증인에게는 마치 진정한 어음발행행위가 있는 것처럼 허위로 신고함으로써 공증인으로 하여금 어음발행행위에 대하여 집행력 있는 어음공정증서원본을 작성케 하고 이를 비치하게 한 경우(대판 2012.4.26, 2009도5786)

14. 강제집행을 면탈할 목적으로 허위채권을 만들어 합동법률사무소 명의의 공정증서를 작성한 경우(대판 2003.7.25, 2002도638) ● 경찰승진

15. 허위의 유언내용의 초안을 작성하여 그 정을 모르는 변호사에게 제출하여 그가 속한 공증사무 취급이 인가된 합동법률사무소 명의로 공증을 받은 경우(대판 1977.8.23, 74도2715) ● 경찰간부

판례정리 ··· 공정증서원본부실기재죄 해당 X

1. 신주발행이 판결로써 무효로 확정되기 이전에 그 신주발행사실을 담당공무원에게 신고하여 법인등기부에 기재하게 한 경우, 공정증서원본불실기재죄에 해당하지 않는다(대판 2007.5.31, 2006도8488). ⇨ 상법상 신주발행의 무효는 신주발행무효의 소에 의해서만 주장할 수 있고, 신주발행무효 확정판결은 장래에 대해서만 효력이 발생한다.

2. 협의상 이혼의 의사표시가 **기망**에 의하여 이루어진 것일지라도 그것이 **취소되기까지는 유효**하게 존재하는 것이므로, 협의상 이혼의사의 합치에 따라 이혼신고를 하여 호적에 그 협의상 이혼사실이 기재되었다면, 이는 공정증서원본불실기재죄에 해당하지 않는다(대판 1997.1.24, 95도448). ● 사시

동지판례

사위의 방법으로 이혼심판을 받은 경우에는 그 확정판결이 재심으로 취소되지 아니한 이상 혼인해소의 효력에는 영향이 없으므로 그 확정판결에 기한 이혼신고 및 이에 따른 호적부등재와 그 비치행위는 공정증서원본불실기재 및 그 행사죄를 구성하지 않는다(대판 1983.8.23, 83도1430).

3. 부동산의 소유자로 하여금 근저당권자를 자금주라고 믿도록 속여서 근저당권설정등기를 경료케 한 경우(대판 1996.10.15, 96도1225) ● 사시

유사판례

당사자의 합의에 의하여 진정한 채무자 아닌 제3자를 채무자로 기재한 근저당설정등기를 한 경우 공정증서원본불실기재가 성립하지 않는다(대판 1985.10.8, 85도2197). ● 경찰승진

> **비교판례**
> 근저당권은 근저당물의 소유자가 아니면 설정할 수 없으므로 타인의 부동산을 자기 또는 제3자의 소유라고 허위의 사실을 신고하여 소유권이전등기를 경료한 후 나아가 그 부동산이 자기 또는 당해 제3자 명의로 채권자와의 사이에 근저당권설정등기를 경료한 경우에는 공정증서원본불실기재 및 동행사죄가 성립한다(대판 1997.7.25, 97도605).   ◉ 경찰승진

4. 주주총회의 소집절차 등에 관한 하자가 **주주총회결의의 취소사유에 불과**하여 그 취소 전에 주주총회의 결의에 따른 감사변경등기를 한 것은 공정증서원본불실기재죄를 구성하지 않는다(대판 2009.2.12, 2008도10248).   ◉ 사시
5. **해외이주 목적으로 일시 이혼**하기로 하고 이혼신고를 한 경우(대판 1976.9.14, 76도107)   ◉ 경찰
6. 관계 당사자 간에 **합의가 있는 중간생략등기를** 한 경우(대판 1970.5.26)   ◉ 사시
7. 등기명의인이 부동산의 진실한 소유자가 아니어서 그 명의 등기가 원인무효임을 알면서 그로부터 <u>가장매수하고 이를 원인으로 소유권이전등기를 경료한 경우</u>(대판 1991.9.24, 91도1164 ∵ 그 당사자 사이에는 소유권이전등기를 경료시킬 의사는 있었다고 할 것이므로)   ◉ 경찰
8. <u>1인 주주회사에 있어서 1인 주주가 특정인과의 합의 없이 주주총회의 소집 등 상법 소정의 형식적인 절차도 거치지 않고 그를 이사의 지위에서 해임</u>하였다는 내용을 법인등기부에 기재한 경우(대판 1996.6.11, 95도2817)   ◉ 경찰

> **비교판례**
> 1인 회사라 하더라도 <u>임원의 의사에 기하지 아니하고 사임서를 작성하여 이에 기한 등기부의 기재</u>를 한 경우, 사문서위조죄 외에 공정증서원본불실기재죄가 성립한다(대판 1992.9.14, 92도1564).   ◉ 사시

9. 피고인과 매도인 사이에 매매계약이 성립한 후 계약금과 대부분의 중도금이 지급되었고, 매도인이 법무사에게 소유권이전등기에 필요한 서류 일체를 맡기고 나중에 잔금지급이 되면 그 등기신청을 하도록 위임하였는데, 피고인이 법무사를 기망하여 법무사가 잔금이 모두 지급된 것으로 잘못 알고 등기신청을 하여 그 소유권이전등기를 경료한 경우(대판 1996.6.11, 96도233)   ◉ 사시
  ⇨ 소유권이전등기의 원인이 되는 매매 내지는 물권적 합의가 있음

> **비교판례**
> 부동산 매수인이 매도인과 사이에 부동산의 <u>소유권이전에 관한 물권적 합의가 없는</u> 상태에서, 단지 소유권이전등기에 필요한 서류를 보관하고 있는 법무사를 기망하여 매수인명의로 소유권이전등기를 신청하게 하여 소유권이전등기를 마치게 한 경우(대판 2006.3.10, 2005도9402) ⇨ 본죄 성립

10. 피고인이 <u>사망한 부동산등기 명의인을 상대로 매매를 원인으로 하는 소유권이전등기절차이행청구의 소를 제기</u>하여 의제자백에 의한 승소판결을 받고 이에 기하여 그 명의로 <u>소유권이전등기를 경료</u>하였더라도 위 등기가 <u>실체적 권리관계에 부합하는 유효한 등기인 경우</u>(대판 1987.3.10, 86도864)   ◉ 사시
11. 재건축조합 임시총회의 소집절차·결의방법이 법령·정관에 위반되어 임원개임결의가 사법상 무효일지라도 **실제로 조합총회에서 임원개임결의가 이루어졌고 그 결의에 따라** 임원변경등기를 마친 경우(대판 2004.10.15, 2004도3584)   ◉ 경찰승진

> **동지판례**
> 대주주가 적법한 소집절차나 임시주주총회의 개최 없이 **나머지 주주들의 의결권을 위임받아 자신이 임시의장이 되어 임시주주총회 의사록을 작성**하여 법인등기를 마친 경우(대판 2008.6.26, 2008도1044) ⇨ 본죄 X

12. 공동상속인 중의 1인의 **다른 공동상속인들과 합의 없이 법정상속분에 따른** 공동상속등기를 마친 경우(대판 1995.11.7, 95도898) 🔵 경찰승진
13. 법원의 촉탁에 의한 부실등기(대판 1983.12.27, 83도2442) ☞ 甲이 허위의 공정증서에 기해 乙의 부동산에 대한 강제경매신청을 하였고, 이에 의해 동 부동산에 대해 법원의 강제경매개시결정을 원인으로 하는 경매신청등기가 경료된 사건임 🔵 경찰
14. 어떤 부동산에 관하여 피상속인에게 실체상의 권리가 없었다 하더라도 재산상속인이 상속을 원인으로 한 소유권이전등기를 경료한 경우(대판 1987.4.14, 85도2661) ☞ 재산상속인은 피상속인의 사망으로 인하여 상속개시된 때로부터 피상속인의 재산에 관한 포괄적 권리의무를 승계하게 되므로 그 등기는 당시의 등기부상의 권리관계를 나타내는 것에 불과하므로 그와 같은 등기절차를 밟았다 하여 공정증서원본불실기재나 동행사죄가 성립할 수 없다.
15. 등기원인을 명의신탁 대신에 매매라고 기재한 경우(대판 1967.7.11, 65도592)
16. **부동산의 거래당사자가 거래가액을 시장 등에게 거짓으로 신고하여 신고필증을 받은 뒤 이를 기초로 사실과 다른 내용의 거래가액이 부동산등기부에 등재**되도록 하였다면, '공인중개사의 업무 및 부동산 거래신고 등에 관한 법률'에 따른 과태료의 제재를 받게 됨은 별론으로 하고, 형법상의 공전자기록등불실기재죄 및 불실기재공전자기록등행사죄가 성립하지는 아니한다(대판 2013.1.24, 2012도12363). 🔵 경찰
17. 원래 자신의 소유인 부동산에 대하여 허위의 보증서를 작성, 등기소에 제출하여 자기 명의로 소유권 이전등기를 받은 경우(대판 1984.12.11, 84도2285) ☞ 실체관계에 부합하므로 불실기재가 아니다. 🔵 경찰, 경찰간부
18. 주식회사의 임시주주총회가 법령 및 정관상 요구되는 이사회의 결의나 소집절차 없이 이루어졌다고 하더라도, 주주 전원이 참석하여 총회를 개최하는 데 동의하고 아무런 이의 없이 만장일치로 결의가 이루어졌고 그 결의에 따른 내용을 등기한 경우(대판 2014.5.16, 2013도15895) ☞ 실체관계에 부합 🔵 사시
19. 주식회사의 발기인 등이 상법 등 법령에 정한 회사설립의 요건과 절차에 따라 회사설립등기를 함으로써 회사가 성립하였다고 볼 수 있는 경우 회사설립등기와 그 기재 내용은 특별한 사정이 없는 한 공정증서원본불실기재죄나 공전자기록 등 불실기재죄에서 말하는 불실의 사실에 해당하지 않는다. 발기인 등이 회사를 설립할 당시 회사를 실제로 운영할 의사 없이 회사를 이용한 범죄 의도나 목적이 있었다거나, 회사로서의 인적·물적 조직 등 영업의 실질을 갖추지 않았다는 이유만으로는 불실의 사실을 법인등기부에 기록하게 한 것으로 볼 수 없다(대판 2020.2.27, 2019도9293).

> **동지판례**
>
> 피고인이 甲 유한회사를 설립한 후 회사 명의로 통장을 개설하여 이른바 대포통장을 유통시킬 목적이었을 뿐 회사를 설립한 사실이 없는데도 허위의 회사설립등기 신청서를 법원 등기관에게 제출하여 등기관으로 하여금 상업등기 전산정보처리시스템의 법인등기부에 위 신청서의 기재 내용을 입력하고 이를 비치하게 한 경우, … 범죄 등에 이용하기 위한 방편으로 이행된 측면이 있더라도, … 피고인이 실제 유한회사를 설립하려는 의사를 가지고 상법이 정하는 유한회사 설립에 필요한 정관 작성, 출자 이행, 임원 선임 등의 절차를 이행함으로써 甲 회사는 상법상 유한회사로 성립하였고, 회사설립행위에 일부 하자가 있었다거나 피고인이 회사설립 당시 정관에 기재된 목적 수행에 필요한 영업의 실질을 갖추거나 영업에 필요한 인적·물적 조직을 갖추지 않았다는 등의 사정만으로는 회사의 성립 자체를 부정하고 회사가 부존재한다고 볼 수 없으므로, 甲 회사 설립등기는 공전자기록 등 불실기재죄에서 말하는 불실의 사실에 해당한다고 할 수 없다(대판 2020.3. 26, 2019도7729).

(3) 주관적 구성요건

공정증서원본불실기재죄는 허위신고에 의하여 불실의 사실을 기재한다는 점에 대한 인식이 있을 것을 요하는 고의범이므로 **객관적으로 불실의 기재가 있다 하여도 그에 대한 인식이 없는 경우에는 본죄가 성립하지 않는다.** 따라서 **피고인이 자신의 부친이 적법하게 취득한 토지인 것으로 알고 실체관계에 부합하게 하기 위하여 소유권보존등기를 경료한 경우** 등기 당시 불실기재의 점에 대한 고의 내지는 인식이 없었으므로 공정증서원본불실기재 및 동 행사죄가 성립하지 않는다(대판 1996.4.26, 95도2468). ● 검찰

(4) 죄 수

① 등기부에 부실사실을 기재하게 한 후 그 등기부를 등기소에 비치하게 하면 본죄와 동행사죄의 실체적 경합이 된다.
② 법원을 기망하여 승소판결을 받고 그 확정판결에 기하여 소유권이전등기를 경료한 경우에는 사기죄와 본죄 및 동행사죄의 실체적 경합이 된다. ● 사시

IV 전자기록위작·변작죄

1. 사전자기록위작·변작죄

> 제232조의2 (사전자기록위작·변작) 사무처리를 그르치게 할 목적으로 권리·의무 또는 사실증명에 관한 타인의 전자기록등 특수매체기록을 위작 또는 변작한 자는 5년 이하의 징역 또는 1천만원 이하의 벌금에 처한다.
> 제235조 (미수범) 미수범은 처벌한다.

(1) 의의 및 보호법익

전자기록등 특수매체기록의 증명기능을 보호하기 위한 규정이다. 보호법익은 전자기록등 특수매체기록 내용의 진정성에 대한 거래의 안전과 신용이고, 추상적 위험범이다.

(2) 객체

① 컴퓨터의 기억장치 중 하나인 **램**(RAM, Random Access Memory)이 임시기억장치 또는 임시저장매체이기는 하지만, 위 **램에 올려진 전자기록** 역시 사전자기록위작·변작죄에서 말하는 전자기록 등 특수매체기록에 해당한다(대판 2003.10.9, 2000도4993). ● 경찰승진
② 법인이 컴퓨터 등 정보처리장치를 이용하여 전자적 방식에 의한 정보의 생성·처리·저장·출력을 목적으로 전산망 시스템을 구축하여 설치·운영하는 경우 위

시스템을 설치·운영하는 주체는 법인이고, 법인의 임직원은 법인으로부터 정보의 생성·처리·저장·출력의 권한을 위임받아 그 업무를 실행하는 사람에 불과하다. 따라서 법인이 설치·운영하는 전산망 시스템에 제공되어 정보의 생성·처리·저장·출력이 이루어지는 전자기록 등 특수매체기록은 그 **법인의 임직원과의 관계에서 '타인'의 전자기록 등 특수매체기록에 해당**한다(대판 2020.8.27, 2019도11294). ● 승진

(3) 행위 : 위작 또는 변작

① **위작의 의미** : '위작'이란 '위조'와 동일한 의미로 받아들이기보다는 '위조'에서의 '위'와 '허위작성'에서의 '작'이 결합한 단어이거나 '허위작성'에서 '위작'만을 추출한 단어로 받아들이기 쉽다. … 형법 제232조의2에서 정한 **'위작'의 포섭 범위에 권한 있는 사람이 그 권한을 남용**하여 허위의 정보를 입력함으로써 시스템 설치·운영 주체의 의사에 반하는 전자기록을 생성하는 행위를 포함하는 것으로 보더라도, 이러한 해석이 '위작'이란 낱말이 가지는 문언의 가능한 의미를 벗어났다거나, 피고인에게 불리한 유추해석 또는 확장해석을 한 것이라고 볼 수 없다(대판 2003.10.9, 2000도4993).

② **위작과 위조의 동일성 여부** : 사전자기록등위작죄를 사문서위조죄와 비교해 보면 두 죄는 범행의 목적, 객체, 행위 태양 등 구성요건이 서로 다르다. 이러한 사정을 종합적으로 고려하면, 형법 제232조의2가 정한 사전자기록등위작죄에서 **'위작'**의 의미를 작성권 없는 사람이 행사할 목적으로 타인의 명의를 모용하여 문서를 작성한 경우에 성립하는 사문서위조죄의 **'위조'**와 반드시 동일하게 해석하여 그 의미를 일치시킬 필요는 없다(대판 2003.10.9, 2000도4993).

③ **공전자기록등위작죄와 사전자기록등위작에서 '위작'의 범위** : 형법 제227조의2의 **공전자기록등위작죄**는 시스템을 설치·운영하는 주체와의 관계에서 **전자기록의 생성에 관여할 권한이 없는 사람**이 전자기록을 작출하거나 전자기록의 생성에 필요한 단위정보의 입력을 하는 경우는 물론 시스템의 설치·운영 주체로부터 각자의 직무 범위에서 개개의 단위정보의 **입력 권한을 부여받은 사람**이 그 권한을 남용하여 허위의 정보를 입력함으로써 시스템 설치·운영 주체의 의사에 반하는 전자기록을 생성하는 경우도 형법 제227조의2에서 말하는 전자기록의 '위작'에 포함된다고 판시하였다(대법원 2005.6.9. 선고 2004도6132 판결). 위 법리는 **형법 제232조의2의 사전자기록등위작죄에서 행위의 태양으로 규정한 '위작'에 대해서도 마찬가지로 적용**된다(대판 2020.8.27, 2019도11294 전원합의체). ● 경찰

(4) 사무처리를 그르치게 할 목적

① '사무처리를 그르치게 할 목적'이란 위작 또는 변작 된 전자기록이 사용됨으로써 위와 같은 시스템을 설치·운영하는 주체의 사무처리를 잘못되게 하는 것을 말한다(대판 2008.6.12, 2008도938).

② 사전자기록등위작죄가 성립하기 위해서는 '**위작**'이외에도 '**사무처리를 그르치게 할 목적**'과 '권리·의무 또는 사실증명에 관한 **타인의 전자기록 등 특수매체기록**'이란 구성요건을 충족해야 한다. 형법 제232조의2에 정한 전자기록과 '**사무처리를 그르치게 할 목적**'에 관한 판례의 법리에 따르면 해당 전자기록이 시스템에서 쓰임으로써 예정된 증명적 기능을 수행하는 경우에 해당하지 않거나, 위 시스템을 설치·운영하는 주체의 의사에 반하더라도 사무처리를 그르치게 할 목적이 없다면 사전자기록등위작죄는 성립하지 않는다(대판 2020.8.27, 2019도11294 전원합의체).

(5) 기수시기

램에 올려진 전자기록은 원본파일과 불가분적인 것으로 원본파일의 개념적 연장선상에 있는 것이므로, 비록 **원본파일의 변경까지 초래하지는 아니하였더라도** 이러한 전자기록에 허구의 내용을 권한 없이 수정입력한 것은 그 자체로 그러한 사전자기록을 변작한 행위의 구성요건에 해당된다고 보아야 할 것이며 그러한 **수정입력의 시점에서 사전자기록변작죄의 기수**가 된다(대판 2003.10.9, 2000도4993).

> **판례 정리**
>
> 1. 새마을금고의 예금 및 입·출금 업무를 총괄하는 직원이 전 이사장 명의 예금계좌로 상조금이 입금되자 전 이사장에 대한 금고의 채권확보를 위해 내부 결재를 받아 금고의 예금 관련 컴퓨터 프로그램에 접속하여 전 이사장 명의 예금계좌의 비밀번호를 동의 없이 입력한 후로 위 금원을 위 금고의 가수금계정으로 이체한 사안에서, 위 금고의 내부규정이나 여신거래기본약관의 규정에 비추어 이는 위 금고의 업무에 부합하는 행위로서 피해자의 비밀번호를 임의로 사용한 잘못이 있다고 하더라도 사전자기록위작·변작죄의 '사무처리를 그르치게 할 목적'을 인정할 수 없다(대판 2008.6.12, 2008도938). ●경간부
> 2. 인터넷 포털사이트에 개설한 카페의 설치·운영 주체로부터 글쓰기 권한을 부여받은 사람이 위 카페에 접속하여 자신의 아이디로 허위내용의 글을 작성·게시한 사안에서, 위 카페의 설치·운영 주체의 사무처리를 그르치게 할 목적을 인정하기 어렵다(대판 2008.4.24, 2008도294).
>   ☞ 피고인 갑은 A아파트 입주자대표회의를 반대하는 일부 주민들이 개설한 네이버상의 A아파트 카페에 접속한 다음 중립적인 입장인 A아파트 원로회의 입장을 왜곡하는 내용으로 전자기록을 위작하고 위작된 전자기록을 행사한 사안에서 피고인에게 위 원로회의의 사무를 그르치게 할 목적은 있을지라도 A아파트 카페나 카페 운영주체인 A아파트 입주자대표회의를 반대하는 일부 주민들의 사무처리를 그르치게 할 목적은 없다고 하였다. ●법행, 경간부

2. 공전자기록위작·변작죄

> 제227조의2 (공전자기록위작·변작) 사무처리를 그르치게 할 목적으로 공무원 또는 공무소의 전자기록등 특수매체기록을 위작 또는 변작한 자는 10년 이하의 징역에 처한다.
> 제235조 (미수범) 미수범은 처벌한다.

(1) 행위객체

공무원 또는 공무소의 직무수행상 만들어진 전자기록을 말한다.

(2) 행위 : 위작 또는 변작이다.

시스템을 설치·운영하는 주체와의 관계에서 전자기록의 생성에 관여할 권한이 없는 사람이 전자기록을 작출하거나 전자기록의 생성에 필요한 단위 정보의 입력을 하는 경우는 물론 시스템의 설치·운영 주체로부터 각자의 직무 범위에서 개개의 단위 정보의 입력 권한을 부여받은 사람이 그 권한을 남용하여 허위의 정보를 입력함으로써 시스템 설치·운영 주체의 의사에 반하는 전자기록을 생성하는 경우도 형법 제227조의2에서 말하는 전자기록의 '위작'에 포함된다(대판 2005.6.9, 2004도6132). ● 경찰

> **관련판례**
> ① 경찰범죄정보시스템에 접근하여 당해 사건의 처리정보를 입력할 수 있는 권한이 있는 담당 경찰관이 그 권한을 일탈·남용하여 경찰범죄정보시스템에 허위의 정보를 입력한 행위는 공전자기록위작죄에서 말하는 위작에 해당한다(대판 2005.6.9, 2004도6132). ● 법행, 경찰승진
> ② 자동차등록 담당공무원인 피고인이 여객자동차 운수사업법상 차량충당연한 규정에 위배되어 영업용으로 변경 및 이전등록을 할 수 없는 차량인 것을 알면서 자동차등록정보 처리시스템의 자동차등록원부 용도란에 '영업용'이라고 입력하였으나, 변경 및 이전등록에 관한 구체적 등록내용인 최초등록일 등은 사실대로 입력한 경우, … 최초등록일 등 등록과 관련된 사실관계에 대한 내용에 거짓이 있다고 볼 수 없는 이상, 위 행위가 공전자기록등위작죄의 '위작'에 해당한다고 할 수 없다(대판 2011.5.13, 2011도1415).
> ③ 시청공무원이 시청 청사신축공사 현장에 출장을 나간 적이 없는 동료 공무원이 마치 현장출장을 간 것처럼 시청 행정지식관리시스템에 허위의 정보를 입력하여 출장복명서를 생성한 후 그 사실을 모르는 결재권자에게 이를 전송한 경우 공전자기록등위작죄 및 위작공전자기록등행사죄가 성립한다(대판 2007.7.27, 2007도3798). ● 사시

(3) 사무를 그르치게 할 목적

공군 복지근무지원단 예하 지구대의 부대매점 및 창고관리 부사관이 창고 관리병으로 하여금 위 지원단의 업무관리시스템인 복지전산시스템에 자신이 그 전에 이미 횡령한 바 있는 면세주류를 마치 정상적으로 판매한 것처럼 허위로 입력하게 한 경우, 공전자기록위작·변작죄의 '사무처리를 그르치게 할 목적'이 있었다(대판 2010.7.8, 2010도3545). ☞ 공전자기록위작죄 ● 경찰승진

V 위조 등 문서행사죄

1. 위조·변조·작성등사문서(위작·변작사전자기록)행사죄

> 제234조 (위조사문서등의 행사) 제231조 내지 제233조의 죄에 의하여 만들어진 문서, 도화 또는 전자기록등 특수매체기록을 행사한 자는 그 각 죄에 정한 형에 처한다.
> 제235조 (미수범) 미수범은 처벌한다.

(1) 행 사

① 위조문서행사죄에 있어서 행사라 함은 위조된 문서를 진정한 문서인 것처럼 그 문서의 효용방법에 따라 이를 사용하는 것을 말하고, 위조된 문서를 제시 또는 교부하거나 비치하여 열람할 수 있게 두거나 우편물로 발송하여 도달하게 하는 등 위조된 문서를 진정한 문서인 것처럼 사용하는 한 그 행사의 방법에 제한이 없다. 또한, 위조된 문서 그 자체를 직접 상대방에게 제시하거나 이를 기계적인 방법으로 복사하여 그 복사본을 제시하는 경우는 물론, 이를 모사전송의 방법으로 제시하거나 컴퓨터에 연결된 스캐너(scanner)로 읽어 들여 이미지화한 다음 이를 전송하여 컴퓨터 화면상에서 보게 하는 경우도 행사에 해당하여 위조문서행사죄가 성립한다(대판 2008.10.23, 2008도5200). ● 사시, 경찰

② **위조문서행사죄에 있어서 행사**라 함은 위조된 문서를 진정한 문서인 것처럼 그 문서의 효용방법에 따라 이를 사용하는 것을 말하고, … 이는 문서의 형태로 위조가 완성된 것을 전제로 하는 것이므로, 공문서로서의 형식과 외관을 갖춘 문서에 해당하지 않아 공문서위조죄가 성립하지 않는 경우에는 위조공문서행사죄도 성립할 수 없다(대판 2020.12.24, 2019도8443). ● 검찰

판례 정리 ··· 위조 등 문서행사죄가 성립하는 경우

1. 휴대전화 신규 가입신청서를 위조한 후 이를 **스캔한 이미지 파일을 제3자에게 이메일로 전송**한 사안에서, 이미지 파일 자체는 문서에 관한 죄의 '문서'에 해당하지 않으나, 이를 전송하여 **컴퓨터 화면상으로 보게 한 행위**는 이미 위조한 가입신청서를 행사한 것에 해당하므로 위조사문서행사죄가 성립한다(대판 2008.10.23, 2008도5200). ● 경찰

비교판례

㉠ 자신의 이름과 나이를 속이는 용도로 사용할 목적으로 주민등록증의 이름·주민등록번호란에 글자를 오려붙인 후 이를 컴퓨터 스캔 장치를 이용하여 이미지 파일로 만들어 컴퓨터 모니터로 출력하는 한편 타인에게 이메일로 전송한 경우, 컴퓨터 모니터 화면에 나타나는 이미지는 형법상 문서에 관한 죄의 문서에 해당하지 않으므로 공문서위조 및 위조공문서행사죄를 구성하지 않는다(대판 2007.11.29, 2007도7480). ● 경간부

㉡ 피고인이 입주민들의 모임인 A시설운영위원회가 대한민국 정부 기관에서 실체를 인정받아 직인이 등록되었고 피고인은 단체 대표로 인증을 받았다는 등 위원회가 대표성을 갖춘 단체라는 외양을 작출할 목적으로, 서귀포시 △△동 **주민센터에서 가져온 행정용 봉투**의 좌측 상단 '서귀포시 △△동장' 문구 옆에 피고인이 미리 제작하여 둔 'A시설운영위원회'의 한자 직인과 한글 직인을 날인한 다음, 주민센터에서

> 발급받은 피고인의 인감증명서 중앙에 있는 '용도'란 부분에 이를 오려 붙이는 방법으로 행사할 목적으로 공문서인 서귀포시 △△동장 명의의 인감증명서 1매를 위조하고, 이를 피고인의 휴대전화 카메라 기능을 이용하여 촬영한 다음 사진 파일을 위 운영위원회에 가입한 수분양자들(행사의 상대방이 대부분 중국인임)이 참여하는 메신저 단체대화방에 게재함으로써 행사한 사례에서, 피고인이 만든 문서가 공문서로서의 외관과 형식을 갖추었다고 인정하기 어려우므로, 이를 **사진촬영한 파일을 단체대화방에 게재**한 행위는 위조공문서행사죄에 해당할 수 없다(대판 2020.12.24, 2019도8443).

2. 사진기나 복사기 등을 사용하여 기계적인 방법으로 원본을 복사한 복사문서는 사본이라고 하더라도 문서위조죄 및 위조문서행사죄의 객체인 문서에 해당하는 것인바, 위조한 문서를 **모사전송**(facsimile)**의 방법으로 타인에게 제시하는 행위도 위조문서행사죄를 구성한다**(대판 1994.3.22, 94도4). ● 경찰

3. 위조문서행사죄에 있어서의 행사는 위조된 문서를 진정한 문서인 것처럼 타인에게 제시함으로써 성립하는 것이므로 위조된 매매계약서를 피고인으로부터 교부받은 변호사가 **복사본을 작성하여 원본과 동일한 문서임을 인증한 다음 소장에 첨부하여 법원에 제출**함으로써 위조문서행사죄는 성립된다(대판 1988.1.19, 87도1217). ● 사시

4. 피고인이 위조·변조한 공문서의 이미지 파일을 甲 등에게 이메일로 송부하여 프린터로 출력하게 하였는데 甲 등은 출력 당시 위 파일이 위조된 것임을 알지 못한 경우, 피고인의 행위는 위조·변조공문서행사죄를 구성한다(대판 2012.2.23, 2011도14441).

5. 간접정범을 통한 위조문서행사범행에 있어 도구로 이용된 자라고 하더라도 문서가 위조된 것임을 알지 못하는 자에게 행사한 경우에는 위조문서행사죄가 성립한다(대판 2012.2.23, 2011도14441). ● 검찰

> **판례 정리** ⋯ 위조 등 문서행사죄가 성립하지 않는 경우
>
> 1. 가짜군인이 군인복장을 갖추고 허위신분증을 항상 휴대하고 배회한 경우 위조문서행사죄가 성립하지 않는다(대판 1956.11.2, 4289형상240).
> 2. 위조, 변조, 허위작성된 문서의 행사죄는 이와 같은 문서를 진정한 것 또는 그 내용이 진실한 것으로 각 사용하는 것을 말하는 것이므로, 그 문서가 **위조, 변조, 허위작성되었다는 정을 아는 공범자등에게 제시, 교부하는 경우등에 있어서는 행사죄가 성립할 여지가 없다**(대판 1986.2.25, 85도2798). ● 사시

(2) 행사의 상대방

행사의 상대방에는 아무런 제한이 없고 위조된 문서의 작성 명의인이라고 하여 행사의 상대방이 될 수 없는 것은 아니다(대판 2005.1.28, 2004도4663). ● 경찰

(3) 기 수

위조사문서의 행사는 상대방으로 하여금 위조된 문서를 인식할 수 있는 상태에 둠으로써 기수가 되고 상대방이 실제로 그 내용을 인식하여야 하는 것은 아니므로, 위조된 문서를 우송한 경우에는 그 문서가 상대방에게 도달한 때에 기수가 되고 상대방이 실제로 그 문서를 보아야 하는 것은 아니다(대판 2005.1.28, 2004도4663). ● 사시

2. 위조·변조·작성·부실기재공문서(위작·변작공전자기록)행사죄

> 제229조 (위조등 공문서의 행사) 제225조 내지 제228조의 죄에 의하여 만들어진 문서, 도화, 전자기록등 특수매체기록, 공정증서원본, 면허증, 허가증, 등록증 또는 여권을 행사한 자는 그 각 죄에 정한 형에 처한다.
> 제235조 (미수범) 제225조 내지 제234조의 미수범은 처벌한다.

Ⅵ 문서부정행사죄

1. 사문서부정행사죄

> 제236조 (사문서의 부정행사) 권리·의무 또는 사실증명에 관한 타인의 문서 또는 도화를 부정행사한 자는 1년 이하의 징역이나 금고 또는 300만원 이하의 벌금에 처한다.

(1) 사문서 부정행사죄의 객체 및 부정행사의 의미

① [1] 형법 제236조 소정의 사문서부정행사죄는 <u>사용권한자와 용도가 특정되어 작성된 권리의무 또는 사실증명에 관한 타인의 사문서 또는 사도화를 사용권한 없는 자가 사용권한이 있는 것처럼 가장하여 부정한 목적으로 행사하거나 또는 권한 있는 자라도 정당한 용법에 반하여 부정하게 행사하는 경우에 성립한다.</u>

[2] <u>실질적인 채권채무관계 없이 당사자 간의 합의로 작성한 '차용증 및 이행각서'</u>는 그 작성명의인들이 자유의사로 작성한 문서로 그 <u>사용권한자가 특정되어 있다고 할 수 없고 또 그 용도도 다양하므로,</u> 설령 피고인이 그 작성명의인들의 의사에 의하지 아니하고 위 '차용증 및 이행각서'상의 채권이 실제로 존재하는 것처럼 그 지급을 구하는 민사소송을 제기하면서 소지하고 있던 위 '차용증 및 이행각서'를 법원에 제출하였다고 하더라도 그것이 <u>사문서부정행사죄에 해당하지 않는다</u>(대판 2007.3.30, 2007도629). ● 사시

② 현금보관증이 자기 수중에 있다는 사실 자체를 증명키 위하여 증거로서 법원에 제출하는 행위는 사문서의 부정행사에 해당되지 아니한다(대판 1985.5.28, 84도2999). ● 사시

> **관련판례**
>
> **[후불식 전화카드의 부정사용]**
> 사용자에 관한 각종 정보가 전자기록되어 있는 자기띠가 카드번호와 카드발행자 등이 문자로 인쇄된 플라스틱 카드에 부착되어 있는 전화카드의 경우 그 자기띠 부분은 카드의 나머지 부분과 불가분적으로 결합되어 전체가 하나의 문서를 구성하므로, 전화카드를 공중전화기에 넣어 사용하는 경우 비록 전화기가 전화카드로부터 판독할 수 있는 부분은 자기띠 부분에 수록된 전자기록에 한정된다고 할지라도, <u>전화카드 전체가 하나의 문서로서 사용된 것으로 보아야 하고</u> 그 자기띠 부분만 사용된 것으로 볼 수는 없으므로 <u>절취한 전화카드를 공중전화기에 넣어 사용한 것은 권리의무에 관한 타인의 사문서를 부정행사한 경우에 해당한다</u>(대판 2002.6.25, 2002도461). ● 사시

2. 공문서부정행사죄

> 제230조 (공문서등의 부정행사) 공무원 또는 공무소의 문서 또는 도화를 부정행사한 자는 2년 이하의 징역이나 금고 또는 500만원 이하의 벌금에 처한다.
> 제235조 (미수범) 미수범은 처벌한다.

(1) 보호법익

형법 제230조의 **공문서부정행사죄**는 공문서의 사용에 대한 공공의 신용을 보호법익으로 하는 범죄로서 **추상적 위험범**이다(대판 2022.9.29, 2021도14514).

(2) 부정행사

① 공문서부정행사죄는 사용권한자와 용도가 특정되어 작성된 공문서 또는 공도화를 사용권한 없는 자가 사용권한이 있는 것처럼 가장하여 부정한 목적으로 행사하거나 또는 권한 있는 자라도 정당한 용법에 반하여 부정하게 행사하는 경우에 성립되는 것이다(대판 1999.5.14, 99도206). ● 사시

② 사용권한자와 용도가 특정되어 있는 공문서를 **사용권한 없는 자**가 사용한 경우에도 그 **공문서 본래의 용도에 따른 사용이 아닌 경우**에는 형법 제230조의 공문서부정행사죄가 성립되지 아니한다(대판 2003.2.26, 2002도4935). ● 경찰

> **관련판례**
>
> ㉠ 장애인사용자동차표지는 장애인이 이용하는 자동차에 대한 조세감면 등 필요한 지원의 편의를 위하여 장애인이 사용하는 자동차를 대상으로 발급되는 것이고, 장애인전용주차구역 주차표지가 있는 장애인사용자동차표지는 보행상 장애가 있는 사람이 이용하는 자동차에 대한 지원의 편의를 위하여 발급되는 것이다. 따라서 **장애인사용자동차표지**를 사용할 권한이 없는 사람이 장애인전용주차구역에 주차하는 등 장애인사용자동차에 대한 지원을 받을 것으로 합리적으로 기대되는 상황이 아니라면 단순히 이를 자동차에 비치하였더라도 장애인사용자동차표지를 본래의 용도에 따라 사용했다고 볼 수 없어 공문서부정행사죄가 성립하지 않는다(대판 2022.9.29, 2021도14514). ● 경간부
>
> ㉡ 피고인이 조세범처벌법위반 사건으로 지방세무서 조사과에서 조사를 받으면서 다른 사람인 것처럼 행세하기 위하여 범칙혐의자 심문조서의 진술인란에 다른 사람 명의로 서명하여 이를 조사관에게 제시하고, 다른 사람 명의 국가유공자증을 조사관에게 제시한 경우, **국가유공자증의 본래 용도**는 제시인이 국가유공자법에 따라 등록된 국가유공자로서 관련 혜택을 받을 수 있는 자격이 있음을 증명하는 것이고, 신분의 동일성을 증명하는 것이 아니므로 국가유공자증을 신분확인용으로 제시한 행위는 공문서부정행사죄에 해당하지 않는다(대판 2022.10.14, 2020도13344).
> ☞ 사서명위조 및 동행사죄 O, 공문서부정행사죄 X ● 경간부

(3) 객체 : 사용권한자와 용도가 특정되어 작성된 공문서 또는 공도화

> **관련판례**
>
> ① **주민등록표등본**은 시장·군수 또는 구청장이 주민의 성명, 주소, 성별, 생년월일, 세대주와의 관계 등 주민등록법 소정의 주민등록사항이 기재된 개인별·세대별 주민등록표의 기재 내용 그대로를 인증하여 사본·교부하는 문서로서 그 사용권한자가 특정되어 있다고 할 수 없고, 또 용도도 다양하며, 반드시 본인이나 세대원만이 사용할 수 있는 것이 아니므로, 타인의 주민등록표등본을 그와 아무런 관련 없는 사람이 마치 자신의 것인 것처럼 행사하였다고 하더라도 공문서부정행사죄가 성립되지 아니한다(대판 1999.5.14, 99도206). ● 법행
>
> ② **인감증명서**나 **등기필증**과 같이 사용권한자가 특정되어 있는 것도 아니고 그 용도도 다양한 공문서는 설사 그 문서와 아무 관련 없는 사람이 문서상의 명의인인 양 가장하여 이를 행사하였다 하더라도 공문서부정행사죄가 성립되지 아니한다(대판 1981.12.8, 81도1130). ● 사시
>
> ③ **신원증명서**는 금치산 또는 한정치산의 선고를 받고 취소되지 않은 사실의 해당 여부를 증명하는 문서로서 사용권한자가 특정되어 있다고 할 수 없고 또 용도도 다양하며 반드시 피증명인만이 사용할 수 있는 것이 아니므로 문서상의 피증명인의 의사에 의하지 아니하고 사용하였다 하더라도 그것이 문서 본래의 취지에 따른 용도에 합치되는 이상 공문서부정행사죄는 성립되지 아니한다(대판 1993. 5.11, 93도127). ● 법행

> **판례 정리 ··· 공문서부정행사죄가 성립하는 경우**
>
> 1. **운전면허증**은 운전면허를 받은 사람이 운전면허시험에 합격하여 자동차의 운전이 허락된 사람임을 증명하는 공문서로서, 운전면허증에 표시된 사람이 운전면허시험에 합격한 사람이라는 '**자격증명**'과 이를 지니고 있으면서 내보이는 사람이 바로 그 사람이라는 '**동일인증명**'의 기능을 동시에 가지고 있다. (중략) 현실적으로 운전면허증은 **주민등록증과 대등한 신분증명서**로 널리 사용되고 있다. 따라서, 제3자로부터 **신분확인을 위하여 신분증명서의 제시를 요구받고 다른 사람의 운전면허증을 제시한 행위는 그 사용목적에 따른 행사로서 공문서부정행사죄에 해당한다고 보는 것이 옳다**(대판 2001.4.19, 2000도1985 전원합의체). ● 경찰
> 2. 자동차를 임차하는 과정에서 자동차 대여업체의 직원으로부터 운전면허증의 제시를 요구받자 습득하여 소지하고 있던 타인의 자동차운전면허증을 자신의 것인 양 제시한 경우 공문서부정행사죄에 해당한다(대판 1998.8.21, 98도1701). ● 경찰승진
> 3. 갑이 자신이 을 인양 허위신고하여 자신의 사진과 지문이 찍힌 을 명의의 주민등록증을 발급받아 소지하다가 이를 검문경찰관에게 제시한 경우 공문서부정행사죄를 구성한다(대판 1982.9.28, 82도1297). ● 경찰승진

> **판례 정리 ··· 공문서부정행사죄가 성립하지 않는 경우**
>
> 1. **어떤 선박이 사고를 낸 것처럼 허위로 사고신고를 하면서 그 선박의 선박국적증서와 선박검사증서를 함께 제출**하였다고 하더라도, 선박국적증서와 선박검사증서는 위 선박의 국적과 항행할 수 있는 자격을 증명하기 위한 용도로 사용된 것일 뿐 그 본래의 용도를 벗어나 행사된 것으로 보기는 어려우므로, 이와 같은 행위는 공문서부정행사죄에 해당하지 않는다(대판 2009.2.26, 2008도10851). ● 사시, 경찰
> 2. 운전자가 경찰공무원에게 다른 사람의 운전면허증 자체가 아니라 이를 촬영한 **이미지파일을 휴대전화 화면 등을 통하여 보여주는 행위**는 운전면허증의 특정된 용법에 따른 행사라고 볼 수 없는 것이어서 그로 인하여 경찰공무원이 그릇된 신용을 형성할 위험이 있다고 할 수 없으므로, 이러한 행위는 결국 **공문서부정행사죄를 구성하지 아니한다**(대판 2019.12.12, 2018도2560). ● 경간부
> 3. 피고인이 기왕에 습득한 타인의 주민등록증을 피고인 가족의 것이라고 제시하면서 그 주민등록증상의 명의 또는 가명으로 이동전화 가입신청을 한 경우, 타인의 주민등록증을 본래의 사용용도인 신분확인용으로 사용한 것이라고 볼 수 없어 공문서부정행사죄가 성립하지 않는다(대판 2003.2.26., 2002도4935). ● 법원, 경찰

제2절 통화에 관한 죄

I 서설

행사할 목적으로 위조·변조하거나, 위조·변조한 통화를 행사·수입·수출 또는 취득하거나 통화유사물을 제조·수입·수출 또는 판매함으로써 성립하는 범죄이다.

II 통화위조죄와 위조통화행사죄

1. 내국통화위조·변조죄

> 제207조 (통화의 위조등) ① 행사할 목적으로 통용하는 대한민국의 화폐, 지폐 또는 은행권을 위조 또는 변조한 자는 무기 또는 2년 이상의 징역에 처한다.
> 제209조 (자격정지 또는 벌금의 병과) 제207조 또는 제208조의 죄를 범하여 유기징역에 처할 경우에는 10년 이하의 자격정지 또는 2천만원 이하의 벌금을 병과할 수 있다.
> 제212조 (미수범) 미수범은 처벌한다.

(1) 객관적 구성요건

① 행위객체 : 통용하는 대한민국의 통화이다.
② 행 위
  ㉠ 위 조

> **관련판례**
> ① 한국은행권 10원짜리 주화의 표면에 하얀 약칠을 하여 100원짜리 주화와 유사한 색채를 갖도록 색채의 변경만을 한 경우 이는 일반인으로 하여금 진정한 통화로 오신케 할 정도의 새로운 화폐를 만들어 낸 것이라고 볼 수 없다(대판 1979.8.28, 79도639). ● 사시
> ② 통화위조죄와 위조통화행사죄의 객체인 위조통화는 그 통화과정에서 일반인이 진정한 통화로 오인할 정도의 외관을 갖추어야 할 것이므로, 한국은행발행 일만원권 지폐의 앞·뒷면을 전자복사기로 복사하여 비슷한 크기로 자른 정도의 것은 객관적으로 진정한 통화로 오인할 정도에 이르지 못하여 통화위조죄 및 위조통화행사죄의 객체가 될 수 없다(대판 1986.3.25, 86도255). ● 사시

  ㉡ 변 조

> **관련판례**
> ① 일본국의 500엔 짜리처럼 사용하기 위해 한국은행 500원 짜리 주화의 표면 일부를 깎아내어 무게를 약간 줄였다면 통화변조죄가 성립하지 않는다(대판 2002.1.11, 2000도3950). ● 경찰간부
> ② 진정한 통화인 미화 1달러 및 2달러 지폐의 발행연도, 발행번호, 미국 재무부를 상징하는 문양, 재무부장관의 사인, 일부 색상을 고친 것만으로는 통화가 변조되었다고 볼 수 없다(대판 2004.3.26, 2003도5640). ● 법행

③ 진정한 통화에 대한 가공행위로 인하여 기존 통화의 명목가치나 실질가치가 변경되었다거나 객관적으로 보아 일반인으로 하여금 기존 통화와 다른 진정한 화폐로 오신하게 할 정도의 새로운 물건을 만들어 낸 것으로 볼 수 없다면 통화가 변조되었다고 볼 수 없다(대판 2002.1.11, 2000도3950). ● 경찰승진

(2) 주관적 구성요건
① 고의와 행사할 목적이 있어야 한다.
② 형법 제207조에서 정한 '행사할 목적'이란 유가증권위조의 경우와 **달리 위조·변조한 통화를 진정한 통화로서 유통에 놓겠다는 목적**을 말하므로, **자신의 신용력을 증명**하기 위하여 타인에게 보일 목적으로 통화를 위조한 경우에는 행사할 목적이 있다고 할 수 없다(대판 2012.3.29, 2011도7704). ● 경찰승진

(3) 죄수 및 타죄와의 관계
① 동일기회에 인쇄기로 수 개의 통화를 위조한 때에는 1개의 통화위조죄가 성립한다.
② 통화를 위조하고 위조통화를 행사한 때에는 통화위조죄와 동행사죄는 경합범이다.

2. 내국유통외국통화위조·변조죄

> 제207조 (통화의 위조등) ② 행사할 목적으로 내국에서 유통하는 외국의 화폐, 지폐 또는 은행권을 위조 또는 변조한 자는 1년 이상의 유기징역에 처한다.
> 제209조 (자격정지 또는 벌금의 병과) 제207조 또는 제208조의 죄를 범하여 유기징역에 처할 경우에는 10년 이하의 자격정지 또는 2천만원 이하의 벌금을 병과할 수 있다.
> 제212조 (미수범) 미수범은 처벌한다.

(1) 내국에서 유통하는 외국의 화폐
① 북한에서 통용되는 소련군표는 내국에서 유통하는 외국의 지폐에 해당한다(대판 1948.3.31, 4280형상210).
② 형법 제207조 제2항 소정의 내국에서 '유통하는'이란, 같은 조 제1항, 제3항 소정의 '통용하는'과 달리, 강제통용력이 없이 사실상 거래 대가의 지급수단이 되고 있는 상태를 가리킨다. 따라서 스위스 화폐로서 1998년까지 통용되었으나 현재는 통용되지 않고 다만 스위스 은행에서 신권과의 교환이 가능한 진폐(眞幣)가 형법 제207조 제2항 소정의 내국에서 '유통하는' 외국의 화폐에 해당하지 아니한다(대판 2003.1.10, 2002도3340). ● 경찰

(2) 위조·변조
위조란 통화의 발행권한이 없는 자가 진정한 통화의 외관을 가지는 물건을 만드는 것을 의미하며, 변조란 진정한 통화에 가공하여 그 가치를 변경시키는 것을 말한다.

3. 외국통용외국통화위조·변조죄

> 제207조 (통화의 위조등) ③ 행사할 목적으로 외국에서 통용하는 외국의 화폐, 지폐 또는 은행권을 위조 또는 변조한 자는 10년 이하의 징역에 처한다.
> 제209조 (자격정지 또는 벌금의 병과) 제207조 또는 제208조의 죄를 범하여 유기징역에 처할 경우에는 10년 이하의 자격정지 또는 2천만원 이하의 벌금을 병과할 수 있다.
> 제212조 (미수범) 미수범은 처벌한다.

관련판례

[외국에서 통용하는 지폐의 범위]
[1] 형법 제207조 제3항은 "행사할 목적으로 외국에서 통용하는 외국의 화폐, 지폐 또는 은행권을 위조 또는 변조한 자는 10년 이하의 징역에 처한다."고 규정하고 있는바, 여기에서 외국에서 통용한다고 함은 그 외국에서 강제통용력을 가지는 것을 의미하는 것이므로 외국에서 통용하지 아니하는 즉, 강제통용력을 가지지 아니하는 지폐는 그것이 비록 일반인의 관점에서 통용할 것이라고 오인할 가능성이 있다고 하더라도 위 형법 제207조 제3항에서 정한 외국에서 통용하는 외국의 지폐에 해당한다고 할 수 없고, 만일 그와 달리 위 형법 제207조 제3항의 <u>외국에서 통용하는 지폐에 일반인의 관점에서 통용할 것이라고 오인할 가능성이 있는 지폐까지 포함시키면</u> 이는 위 처벌조항을 문언상의 가능한 의미의 범위를 넘어서까지 유추해석 내지 확장해석하여 적용하는 것이 되어 <u>죄형법정주의의 원칙에 어긋나는 것으로 허용되지 않는다.</u> ● 사시, 경찰
[2] 미국에서 발행된 적이 없이 단지 여러 종류의 관광용 기념상품으로 제조, 판매되고 있는 미합중국 100만 달러 지폐와 과거에 발행되어 은행 사이에서 유통되다가 현재는 발행되지 않고 있으나 화폐수집가나 재벌들이 이를 보유하여 오고 있는 <u>미합중국 10만 달러 지폐</u>가 막연히 일반인의 관점에서 미합중국에서 강제통용력을 가졌다고 오인할 수 있다고 하더라도 <u>외국에서 통용하는 지폐에 포함된다고 할 수 없다</u>(대판 2004.5.14, 2003도3487). ● 사시

4. 위조·변조통화행사등죄

> 제207조 (통화의 위조등) ④ 위조 또는 변조한 전3항 기재의 통화를 행사하거나 행사할 목적으로 수입 또는 수출한 자는 그 위조 또는 변조의 각죄에 정한 형에 처한다.
> 제209조 (자격정지 또는 벌금의 병과) 제207조 또는 제208조의 죄를 범하여 유기징역에 처할 경우에는 10년 이하의 자격정지 또는 2천만원 이하의 벌금을 병과할 수 있다.
> 제212조 (미수범) 미수범은 처벌한다.

(1) 객 체

(2) 행 위

① 행 사
㉠ 위조통화의 행사라고 함은 <u>위조통화를</u> 유통 과정에서 <u>진정한 통화로서 사용</u>하는 것을 말하고 그것이 유상인가 <u>무상</u>인가는 묻지 않는 것이므로 진정한 통화라고 하여 위조통화를 다른 사람에게 <u>증여</u>하는 경우에도 위조통화행사죄가

성립한다(대판 1979.7.10, 79도840). ● 경찰승진
　ⓛ 위조통화임을 알고 있는 자에게 그 위조통화를 교부한 경우에 피교부자가 이를 유통시키리라는 것을 예상 내지 인식하면서 교부하였다면, 그 교부행위 자체가 통화에 대한 공공의 신용 또는 거래의 안전을 해할 위험이 있으므로 위조통화행사죄가 성립한다(대판 2003.1.10, 2002도3340). ● 경찰, 사시
　ⓒ 형법상 통화에 관한 죄는 문서에 관한 죄에 대하여 특별관계에 있으므로 통화에 관한 죄가 성립하는 때에는 문서에 관한 죄는 별도로 성립하지 않는다. 그러나 위조된 외국의 화폐, 지폐 또는 은행권이 강제통용력을 가지지 않는 경우에는 형법 제207조 제3항에서 정한 '외국에서 통용하는 외국의 화폐 등'에 해당하지 않고, 나아가 그 화폐 등이 국내에서 사실상 거래 대가의 지급수단이 되고 있지 않는 경우에는 형법 제207조 제2항에서 정한 '내국에서 유통하는 외국의 화폐 등'에도 해당하지 않으므로, 그 화폐 등을 행사하더라도 형법 제207조 제4항에서 정한 위조통화행사죄를 구성하지 않는다고 할 것이고, 따라서 이러한 경우에는 형법 제234조에서 정한 위조사문서행사죄 또는 위조사도화행사죄로 의율할 수 있다고 보아야 한다(대판 2013.12.12, 2012도2249). ● 경간부
② 수입 · 수출 : 수입은 외국에서 국내로 반입하는 것을 말하고, 수출은 국내에서 국외로 반출하는 것을 말한다.

(3) 타죄와의 관계

① 사기죄와의 관계 : 위조통화를 행사하여 재물을 불법영득한 때에는 **위조통화행사죄와 사기죄의 양죄가 성립**되는 것으로 보아야 할 것이다(대판 1979.7.10, 79도840).
● 경찰, 사시
② 취득죄와의 관계 : 위조통화를 취득한 후 이를 행사한 경우에는 위조통화취득죄와 위조통화행사죄의 실체적 경합이 된다(통설).

Ⅲ 수정적 구성요건

1. 위조 · 변조통화취득죄

> 제208조 (위조통화의 취득) 행사할 목적으로 위조 또는 변조한 제207조기재의 통화를 취득한 자는 5년 이하의 징역 또는 1천500만원 이하의 벌금에 처한다.
> 제209조 (자격정지 또는 벌금의 병과) 제207조 또는 제208조의 죄를 범하여 유기징역에 처할 경우에는 10년 이하의 자격정지 또는 2천만원 이하의 벌금을 병과할 수 있다.
> 제212조 (미수범) 미수범은 처벌한다.

2. 위조통화취득후지정행사죄

> 제210조 (위조통화 취득 후의 지정행사) 제207조에 기재한 통화를 취득한 후 그 사정을 알고 행사한 자는 2년 이하의 징역 또는 500만원 이하의 벌금에 처한다.

3. 통화유사물제조등죄

> 제211조 (통화유사물의 제조등) ① 판매할 목적으로 내국 또는 외국에서 통용하거나 유통하는 화폐, 지폐 또는 은행권에 유사한 물건을 제조, 수입 또는 수출한 자는 3년 이하의 징역 또는 700만원 이하의 벌금에 처한다.
> ② 전항의 물건을 판매한 자도 전항의 형과 같다.
> 제212조 (미수범) 미수범은 처벌한다.

4. 예비·음모죄

> 제213조 (예비, 음모) 제207조 제1항 내지 제3항의 죄를 범할 목적으로 예비 또는 음모한 자는 5년 이하의 징역에 처한다. 단, 그 목적한 죄의 실행에 이르기 전에 자수한 때에는 그 형을 감경 또는 면제한다.

행사할 목적으로 미리 준비한 물건들과 옵셋인쇄기를 이용하여 한국은행권 100원권을 사진 찍어 그 필름원판 7매와 이를 확대하여 현상한 인화지 7매를 만들었음에 그쳤다면 아직 통화위조의 착수에는 이르지 아니하였고 그 준비단계에 불과하다(대판 1966.12.6, 66도1317). ●사시

제3절 유가증권·인지·우표에 관한 죄

I 서 설

1. 의의 및 성질

행사할 목적으로 유가증권을 위조·변조·허위작성하거나 위조·변조·허위 작성한 유가증권을 행사·수입·수출하는 것을 내용으로 하는 범죄이다. 보호법익은 유가증권에 대한 공공의 신용과 거래의 안전이며, 보호의 정도는 추상적 위험범이다.

2. 유가증권의 의의 및 요건

(1) 의의 및 요건

형법 제214조의 유가증권이란 증권상에 표시된 재산상의 권리의 행사와 처분에 그

증권의 점유를 필요로 하는 것을 총칭하는 것으로서 **재산권이 증권에 화체**된다는 것과 **그 권리의 행사와 처분에 증권의 점유를 필요**로 한다는 두 가지 요소를 갖추면 족하지 반드시 **유통성을 가질 필요는 없고**, 또한 위 유가증권은 일반인이 진정한 것으로 오신할 정도의 형식과 외관을 갖추고 있으면 되므로 증권이 비록 **문방구 약속어음 용지를 이용하여 작성**되었다고 하더라도 그 전체적인 형식·내용에 비추어 일반인이 진정한 것으로 오신할 정도의 약속어음 요건을 갖추고 있으면 당연히 형법상 유가증권에 해당한다(대판 2001.8.24, 2001도2832). ● 사시, 경찰승진

(2) 실체법상 유효여부

> **관련판례**
> ① 수표의 외관이 일반인으로 하여금 진정한 수표라고 신용하게 할 정도의 것이라면 동 수표가 수표요건을 결하여 <u>실체법상 무효</u>의 것이라 해도 위조죄는 성립한다 할 것이다(대판 1973.6.12, 72도1796). ● 사시
> ② **대표이사의 날인이 없어 상법상 무효인 주권**이라도 발행인인 대표이사의 기명을 비롯한 그밖의 주권의 기명을 비롯한 그밖의 주권의 기재요건을 모두 구비하고 회사의 사인까지 날인하였다면 <u>일반인으로 하여금 일견 유효한 주권으로 오신시킬 정도의 외관을 갖추었으므로 형법 제214조 소정의 유가증권에 해당한다</u>(대판 1974.12.24, 74도294).

> **판례 정리 ··· 유가증권에 해당하는 경우**
> 1. **공중전화카드**는 문자로 기재된 부분과 자기기록 부분이 일체로써 공중전화 서비스를 제공받을 수 있는 재산상의 권리를 화체하고 있고, 이를 카드식 공중전화기의 카드 투입구에 <u>투입함으로써 그 권리를 행사하는 것</u>으로 볼 수 있으므로, 공중전화카드는 형법 제214조의 <u>유가증권에 해당한다</u>(대판 1998.2.27, 97도2483). ● 사시
> 2. 회원용 **리프트탑승권**은 유가증권의 일종이다(대판 1998.11.24, 98도2967). ● 법행
> 3. **한국외환은행 소비조합이 그 소속조합원에게 발행한 신용카드**는 그 카드에 의해서만 신용구매의 권리를 행사할 수 있는 점에서 재산권이 증권에 화체되었다고 볼 수 있으므로 유가증권이라 할 것이다(대판 1984.11.27, 84도1862). ● 경찰
> 4. 할부구매전표(대판 1995.3.14, 95도20), 허무인 명의의 유가증권(대판 1979.9.25, 79도1980), 발행일자가 기재되지 않은 수표(대판 1973.6.12, 72도1796), 대표이사의 날인이 없는 주권(대판 1974.12.14, 74도294), 위조한 약속어음(대판 1982.6.22, 82도677) 등도 유가증권위조죄의 객체인 유가증권에 해당한다. ● 경찰승진

> **판례 정리** ··· 유가증권에 해당하지 않는 경우
>
> 1. **신용카드업자가 발행한 신용카드**는 이를 소지함으로써 신용구매가 가능하고 금융의 편의를 받을 수 있다는 점에서 경제적 가치가 있다 하더라도, 그 자체에 경제적 가치가 화체되어 있거나 특정의 재산권을 표창하는 유가증권이라고 볼 수 없다(대판 1999.7.9, 99도857). ●사시
> 2. 피고인이 위조한 것이라는 위 약속어음은 발행인의 날인이 없고, 발행인 아닌 피고인이 임의로 날인한 무인만이 있으며, 그 작성방식에 비추어 보아도 일반인이 진정하고 유효한 약속어음으로 오신할 정도의 형식과 외관을 갖춘 약속어음이라고 보기 어려우므로 이는 형법 제214조 소정의 유가증권으로 볼 수 없다(대판 1992.6.23, 92도976). ●사시

(3) 종 류

① 법률상의 유가증권 : 법률상 일정한 형식을 필요로 하는 유가증권을 말한다(예 어음, 수표, 선하증권, 화물상환증).

② 사실상의 유가증권 : 법률상의 형식을 요하지 않는 유가증권을 말한다(예 공중전화 카드, 리프트탑승권, 할부구매전표, 승차권, 상품권, 경마권, 직장소비조합이 그 소속조합원에게 그의 직번·구입상품명 등을 기재하여 교부한 신용카드).

(4) 유가증권의 발행자

사인이건 국가 또는 공공단체이건 외국인이건 불문한다.

II 유가증권위조·변조죄

1. 유가증권위조·변조죄

> 제214조 (유가증권의 위조등) ① 행사할 목적으로 대한민국 또는 외국의 공채증서 기타 유가증권을 위조 또는 변조한 자는 10년 이하의 징역에 처한다.
> 제220조 (자격정지 또는 벌금의 병과) 제214조 내지 제219조의 죄를 범하여 징역에 처하는 경우에는 10년 이하의 자격정지 또는 2천만원 이하의 벌금을 병과할 수 있다.
> 제223조 (미수범) 미수범은 처벌한다.
> 제224조(예비, 음모) 제214조의 죄를 범할 목적으로 예비 또는 음모한 자는 2년 이하의 징역에 처한다.

(1) 객관적 구성요건

① 행위객체

㉠ 공채증서 : 국가 또는 지방자치단체가 발행하는 국공채 또는 지방채의 증권을 말한다.

㉡ 유가증권

② 행 위

㉠ 위조 : 작성권한 없는 자가 타인명의를 모용하여 그 본인명의의 유가증권을 발행하는 것이다.

판례 정리 ··· 유가증권위조죄가 성립하는 경우

1. 약속어음의 액면금액란에 자의로 합의된 금액의 한도를 엄청나게 넘는 금액을 기입하는 것은 **백지보충권의 범위를 초월**하여 서명날인 있는 약속어음 용지를 이용한 새로운 약속어음의 발행에 해당하는 것으로서 그 소위가 유가증권위조죄를 구성한다(대판 1972.6.13, 72도897). ● 법행

   유사판례
   백지어음에 대하여 취득자가 발행자와의 합의에 의하여 정하여진 **보충권의 한도를 넘어 보충**을 한 경우에는 발행인의 서명날인 있는 기존의 약속 어음용지를 이용하여 새로운 약속어음을 발행하는 것에 해당하므로 위와 같은 보충권의 남용행위는 유가증권위조죄를 구성한다(대판 1989.12.12, 89도1264). ● 사시, 경찰

2. 타인이 위조한 액면과 지급기일이 **백지로 된 약속어음**을 구입하여 행사의 목적으로 백지인 액면란에 **금액을 기입**하여 그 위조어음을 완성하는 행위는 백지어음 형태의 위조행위와는 별개의 유가증권위조죄를 구성한다(대판 1982.6.22, 82도677). ● 경찰

   비교판례
   약속어음의 **액면금액을 권한 없이 변경**하는 것은 유가증권변조에 해당할 뿐 유가증권위조는 아니므로, 약속어음의 액면금액을 권한 없이 변경하는 행위가 당초의 위조와는 별개의 새로운 유가증권위조로 된다고 할 수 없다(대판 2006.1.26, 2005도4764). ● 경찰

3. 찢어서 폐지로 된 타인발행 명의의 약속어음 파지면을 이용 조합하여 어음의 외형을 갖춘 경우에는 새로운 약속어음을 작성한 것으로서 그 행사의 목적이 있는 이상 유가증권 위조죄가 성립한다(대판 1976.1.27, 74도3442). ● 경찰
4. 폐공중전화카드의 자기기록 부분에 전자정보를 기록하여 사용가능한 공중전화카드를 만든 행위는 유가증권위조죄에 해당한다(대판 1998.2.27, 97도2483). ● 경찰
5. 사자 명의로 된 약속어음을 작성함에 있어 사망자의 처로부터 사망자의 인장을 교부받아 생존 당시 작성한 것처럼 약속어음의 발행일자를 그 명의자의 생존 중의 일자로 소급하여 작성한 때에는 발행명의인의 승낙이 있었다고 볼 수 없다(대판 2011.7.14, 2010도1025). ☞ 유가증권위조 ● 경간부

판례 정리 ··· 유가증권위조죄가 성립하지 않는 경우

1. 어음에 기재되어야 할 어음행위자의 명칭은 반드시 어음행위자의 본명에 한하는 것은 아니고 상호, 별명 그 밖의 거래상 본인을 가리키는 것으로 인식되는 칭호라면 어느 것이나 다 가능하다고 볼 것이므로 비록 그 칭호가 타인의 명칭이라도 통상 그 명칭은 자기를 표시하는 것으로 거래상 사용하여 그것이 그 행위자를 지칭하는 것으로 인식되어 온 경우에는 그것을 어음상으로도 자기를 표시하는 칭호로 사용할 수 있다 할 것이므로 피고인이 **그 망부의 사망 후 그의 명의를 거래상 자기를 표시하는 명칭으로 사용**하여 온 경우에는 피고인에 의한 망부 명의의 어음발행은 피고인 자신의 어음행위라고 볼 것이고 이를 가리켜 타인의 명의를 모용하여 어음을 위조한 것이라고 할 수 없다(대판 1982.9.28, 82도296). ● 경찰
2. 타인의 대리 또는 대표자격으로 문서를 작성하는 경우 그 대표자 또는 대리인은 자기를 위하여 작성하는 것이 아니라 본인을 위하여 작성하는 것으로서 그 문서는 **본인의 문서**이고 본인에 대하여서만 효력이 생기는 것이므로 **회사의 대표이사직에 있는 자**가 은행과의 당좌거래 약정이 되어 있는 **종전 당좌거래명의를 변경함이 없이 그대로 전 대표이사 명의를 사용**하여 회사의 수표를 발행하였다 하여도 유가증권위조죄가 성립되지 아니한다(대판 1975.9.23, 74도1684). ● 법행

3. [1] 위조유가증권행사죄에 있어서의 유가증권이라 함은 **위조된 유가증권의 원본**을 말하는 것이지 전자복사기 등을 사용하여 기계적으로 복사한 사본은 이에 해당하지 않는다.
[2] 피고인이 은행에 제출한 위조 선하증권의 **사본**은 위조유가증권행사죄에서 말하는 유가증권에 해당하지 않는다.
[3] 피고인이 은행에 제출한 위조 선하증권은 위조사문서행사죄의 대상인 문서에 해당한다(대판 2010.5.13, 2008도10678).

ⓒ 변조 : 유가증권변조죄에 있어서 변조라 함은 진정으로 성립된 유가증권의 내용에 권한 없는 자가 그 유가증권의 동일성을 해하지 않는 한도에서 변경을 가하는 것을 말하므로, **이미 타인에 의하여 위조된 약속어음의 기재사항을 권한 없이 변경**하거나 유가증권의 내용 중 **권한 없는 자에 의하여 이미 변조된 부분을 다시 권한 없이 변경한 경우**는 유가증권변조죄가 성립하지 않는다(대판 2006.1.26, 2005도4764, 대판 2012.9.27, 2010도15206). ● 경찰

> **판례 정리**
>
> 1. 갑이 백지 약속어음의 액면란 등을 부당 보충하여 위조한 후 을이 갑과 공모하여 금액란을 임의로 변경한 경우, 을의 행위는 유가증권위조나 변조에 해당하지 않는다(대판 2008.12.24, 2008도9494). ● 경찰
> 2. 타인에게 속한 자기명의의 유가증권에 무단히 변경을 가하였다 하더라도 그것이 문서손괴죄나 허위유가증권작성죄에 해당되는 경우가 있음은 별론으로 하고 유가증권변조죄를 구성하는 것은 아니다(대판 1978.11.14, 78도1904). ● 사시
> 3. 회사의 대표이사로서 주권작성에 관한 일반적인 권한을 가지고 있는 자가 대표권을 남용하여 자기 또는 제3자의 이익을 도모할 목적으로 그들 명의의 주권의 기재사항에 변경을 가한 행위는 유가증권변조죄를 구성하지 아니 한다(대판 1980.4.22, 79도3034). ● 법행
> 4. 약속어음의 발행인으로부터 어음금액이 백지인 약속어음의 할인을 위임받은 자가 위임 범위 내에서 어음금액을 기재한 후 어음할인을 받으려고 하다가 그 목적을 이루지 못하자 유통되지 아니한 당해 약속어음을 원상태로 발행인에게 반환하기 위하여 어음금액의 기재를 삭제하는 것은 그 권한 범위 내에 속한다고 할 것이므로, 이를 유가증권변조라고 볼 수 없다(대판 2006.1.13, 2005도6267). ● 경찰승진

ⓒ 간접정범의 성립여부 : 유가증권변조죄는 정을 모르는 제3자를 통하여 간접정범의 형태로도 범할 수 있는 것이므로, 신용카드를 제시받은 상점점원이 그 카드의 금액란을 정정기재하였다 하더라도 그것이 카드소지인이 위 점원에게 자신이 위 금액을 정정기재 할 수 있는 권리가 있는 양 기망하여 이루어졌다면 이는 간접정범에 의한 유가증권변조로 봄이 상당하다(대판 1984.11.27, 84도1862). ● 사시

(2) 주관적 구성요건
고의와 행사할 목적이 있어야 한다.

(3) 죄수 및 타죄와의 관계

① **죄수판단** : 유가증권위조죄의 죄수는 원칙적으로 위조된 유가증권의 매수를 기준으로 정할 것이므로, 약속어음 2매의 위조행위는 포괄일죄가 아니라 경합범이다 (대판 1983.4.12, 82도2938). ● 법행

② **사기죄와의 관계** : 위조된 약속어음을 진정한 약속어음인 것처럼 속여 기왕의 물품대금채무의 변제를 위하여 채권자에게 교부하였다고 하여도 어음이 결제되지 않는 한 물품대금채무가 소멸되지 아니하므로 사기죄는 성립되지 않는다(대판 1983.4.12, 82도2938). ● 사시, 경찰

2. 기재의 위조·변조죄

> 제214조 (유가증권의 위조등) ② 행사할 목적으로 유가증권의 권리의무에 관한 기재를 위조 또는 변조한 자도 전항의 형과 같다.
> 제223조 (미수범) 미수범은 처벌한다.

관련판례

[기재의 위조]
명의대여자의 승낙 없이 제1의 명의임차인으로부터 영업권을 매수한 제2의 명의임차인이 명의대여자의 명의로 어음을 배서한 경우 유가증권(기재)위조죄의 책임을 진다(대판 1984.2.28, 83도3284).

관련판례

[기재의 변조죄 성립]
형법 제214조 제2항에 규정된 '유가증권의 권리의무에 관한 기재를 변조한다'는 것은 진정하게 성립된 타인 명의의 부수적 증권행위에 관한 유가증권의 기재내용에 작성권한이 없는 자가 변경을 가하는 것을 말하고, 어음발행인이라 하더라도 어음상에 권리의무를 가진 자가 있는 경우에는 이러한 자의 동의를 받지 아니하고 어음의 기재 내용(지급일자)에 변경을 가하였다면 이는 유가증권의 권리의무에 관한 기재를 변조한 것에 해당한다 할 것이다(대판 2003.1.10, 2001도6553).

3. 자격모용에 의한 유가증권작성죄

> 제215조 (자격모용에 의한 유가증권의 작성) 행사할 목적으로 타인의 자격을 모용하여 유가증권을 작성하거나 유가증권의 권리 또는 의무에 관한 사항을 기재한 자는 10년 이하의 징역에 처한다.
> 제220조 (자격정지 또는 벌금의 병과) 제214조 내지 제219조의 죄를 범하여 징역에 처하는 경우에는 10년 이하의 자격정지 또는 2천만원 이하의 벌금을 병과할 수 있다.
> 제223조 (미수범) 미수범은 처벌한다.
> 제224조 (예비, 음모) 제214조, 제215조와 제218조 제1항의 죄를 범할 목적으로 예비 또는 음모한 자는 2년 이하의 징역에 처한다.

(1) 타인의 자격모용

대리권 또는 대표권 없는 자가 타인의 대리인 또는 대표자인 것처럼 (명의는 자기명의를 사용하고) 자격을 사칭하는 것을 말한다. 처음부터 권한이 없었거나, 권한을 상실하거나, 대리권·대표권자가 권한 밖의 사항에 대하여 대리·대표자격을 표시하여 자기명의의 유가증권을 작성한 때가 여기에 해당한다.

> **판례 정리** ··· 자격모용유가증권작성죄 성립여부
>
> 1. 주식회사 대표이사로 재직하던 피고인이 대표이사가 타인으로 변경되었음에도 불구하고 이전부터 사용하여 오던 피고인 명의로 된 위 회사 대표이사의 명판을 이용하여 여전히 피고인을 위 회사의 대표이사로 표시하여 약속어음을 발행, 행사하였다면, 설사 약속어음을 작성, 행사함에 있어 후임 대표이사의 승낙을 얻었다거나 위 회사의 실질적인 대표이사로서의 권한을 행사하는 피고인이 은행과의 당좌계약을 변경하는데에 시일이 걸려 잠정적으로 전임 대표이사인 그의 명판을 사용한 것이라 하더라도 이는 합법적인 대표이사로서의 권한 행사라 할 수 없어 자격모용유가증권작성 및 동행사죄에 해당한다(대판 1991.2.26, 90도577). ● 경찰, 사시
> 2. 대표이사 직무집행정지가처분결정은 대표이사의 직무집행만을 정지시킬 뿐 대표이사의 자격까지 박탈하는 것은 아니나 가처분결정이 송달되어 일절의 직무집행이 정지됨으로써 직무집행의 권한이 없게 된 대표이사가 그 권한 밖의 일인 대표이사 명의의 유가증권을 작성 행사하는 행위가 회사업무의 중단을 막기 위한 긴급한 인수인계 행위라 하더라도 합법적인 권한행사라 할 수 없으므로 이는 자격모용유가증권작성 및 동 행사죄에 해당한다(대판 1987.8.18, 87도145). ● 발행
> 3. 주식회사의 대표이사가 대표권을 남용하여 직접 주식회사 명의의 어음을 발행하는 경우 유가증권위조죄나 자격모용유가증권작성죄가 성립하지 않는다(대판 2015.11.27, 2014도17894).

(2) 유가증권의 작성 또는 권리·의무에 관한 사항의 기재

발행 등 유가증권의 기본적 증권행위를 하거나 배서·인수·보증 등 부수적 증권행위를 하는 것을 말한다.

Ⅲ 허위유가증권작성죄

> 제216조 (허위유가증권의 작성등) 행사할 목적으로 허위의 유가증권을 작성하거나 유가증권에 허위사항을 기재한 자는 7년 이하의 징역 또는 3천만원 이하의 벌금에 처한다.
> 제220조 (자격정지 또는 벌금의 병과) 제214조 내지 제219조의 죄를 범하여 징역에 처하는 경우에는 10년 이하의 자격정지 또는 2천만원 이하의 벌금을 병과할 수 있다.
> 제223조 (미수범) 미수범은 처벌한다.

1. 의 의

무형위조에 해당하며, 유가증권을 작성할 권한 있는 자가 주체가 되므로 진정신분범이다.

2. 객관적 구성요건

(1) 허위의 유가증권 작성

작성권한이 있는 자가 유가증권을 작성함에 있어서 타인의 작성명의를 모용함이 없이 유가증권의 '내용'만을 허위로 기재하는 것이다. '허위'란 객관적 진실에 반하는 것을 말한다.

> **판례 정리 ··· 허위유가증권작성죄가 성립하는 경우**
>
> 1. 선하증권 기재의 화물을 인수하거나 확인하지도 아니하고 또한 선적할 선편조차 예약하거나 확보하지도 않은 상태에서 수출면장만을 확인한 채 <u>실제로 선적한 사실이 없는 화물을 선적하였다는 내용의 선하증권을 발행</u>였다면 허위유가증권작성죄가 성립한다(대판 1995.9.29, 95도803). ●법행
> 2. 피고인이 실재하지 않는 <u>유령회사의 대표라 기재하고 자기명의의 인장을 찍어 회사명의의 약속어음을 발행</u>한 경우 허위유가증권작성죄가 성립한다(대판 1970.12.29, 70도2389). ●사시
> 3. 허위유가증권의 작성이란 유가증권의 효력에 영향을 미칠 기재사항에 관하여 진실에 반한 기재를 하는 모든 행위를 말하는 것으로 비록 <u>주권발행의 권한을 위임받았다고 하더라도 행사의 목적으로 발행일자를 소급 기재</u>하여 그 기재일자에 발행된 것처럼 허위내용을 기재한 때는 허위유가증권작성죄를 구성한다(대판 1974.1.15, 73도2041).
> 4. 약속어음 작성권자의 승낙 내지 위임을 받아 약속어음을 작성함에 있어서 발행인 명의 아래 <u>진실에 반하는 내용인 피고인의 인장을 날인</u>하여 일견 유효한 듯한 약속어음의 발행은 형법 216조 전단 소정의 허위유가증권작성죄 및 동 행사가 성립한다(대판 1975.6.10, 74도2594). ●법행
> 5. <u>지급은행과 당좌거래사실이 없거나 거래가 정지되었음에도 그 사실을 숨기고 수표를 발행</u>하는 경우, 허위유가증권작성죄가 성립한다(대판 1956.6.26, 4289형상128). ●경찰간부

> **판례 정리 ··· 허위유가증권작성죄가 성립하지 않는 경우**
>
> 1. 수표발행인이 <u>당좌거래은행에 잔고가 없거나 부족함을 알면서 공수표나 과액수표를 발행</u>하였다 하더라도 그 은행과의 거래가 계속되고 있는 한 허위의 수표를 발행하였다고 볼 수 없다(대판 1960.11.30, 4293형상787). ●사시
> 2. 자기앞수표의 발행인이 수표의뢰인으로부터 <u>수표자금을 입금받지 아니한 채 자기앞수표를 발행</u>하더라도 그 수표의 효력에는 아무런 영향이 없으므로 허위유가증권작성죄가 성립하지 아니한다(대판 2005.10.27, 2005도4528). ●경찰
> 3. 발행된 약속어음은 원인채무의 존부와 관계없이 그 어음상의 문언에 따라 어음상의 권리의무관계가 생기는 것이 약속어음의 무인증권성과 설권증권성의 원리에 비추어 명백하다 할 것이므로 <u>원인채무관계가 존재하지 아니한다는 이유만으로는 약속어음의 발행행위를 허위유가증권작성죄로 문의할 수는 없다</u>(대판 1977.5.24, 76도4132).
> 4. 은행을 통하여 지급이 이루어지는 약속어음의 발행인이 그 발행을 위하여 <u>은행에 신고된 것이 아닌 발행인의 다른 인장을 날인</u>하였다 하더라도 그것이 발행인의 인장인 이상 그 어음의 효력에는 아무런 영향이 없으므로 허위유가증권작성죄가 성립하지 아니한다(대판 2000.5.30, 2000도883). ●경찰
> 5. 피고인이 <u>주권발행 전에 주식을 양도받은 자에 대하여 주권을 발행</u>한 경우에 가사 그 주식양도가 주권발행 전에 이루어진 것이어서 상법 제335조에 의하여 무효라 할지라도 권리의 실체관계에 부합되어 허위의 주권발행의 범의가 있다고 할 수 없다(대판 1982.6.22, 81도1935).

> 6. 배서인의 주소기재는 배서의 요건이 아니므로 약속어음 배서인의 주소를 허위로 기재하였다고 하더라도 그것이 배서인의 인적 동일성을 해하여 배서인이 누구인지를 알 수 없는 경우가 아닌 한 약속어음상의 권리관계에 아무런 영향을 미치지 않는다 할 것이고, 따라서 약속어음상의 권리에 아무런 영향을 미치지 않는 사항은 그것을 허위로 기재하더라도 형법 제216조 소정의 허위유가증권작성죄에 해당되지 않는다(대판 1986.6.24, 84도547). ● 경찰

(2) 유가증권에 허위사항을 기재

기재권한 있는 자가 기존의 유가증권에 배서·인수·보증과 같은 부수적 증권행위를 할 때에 진실에 반하는 사항을 기재하는 것을 말한다.

3. 주관적 구성요건

고의와 행사의 목적이 있어야 한다.

4. 공범관계

유가증권의 허위작성행위 자체에는 직접관여한 바 없다 하더라도 타인에게 그 작성을 부탁하여 의사연락이 되고 그 타인으로 하여금 범행을 하게 하였다면 공모공동정범에 의한 허위작성죄가 성립한다(대판 1985.8.20, 83도2575). ● 경찰

Ⅳ 위조 등 유가증권행사죄

제217조 (위조유가증권등의 행사등) 위조, 변조, 작성 또는 허위기재한 전3조 기재의 유가증권을 행사하거나 행사할 목적으로 수입 또는 수출한 자는 10년 이하의 징역에 처한다.
제220조 (자격정지 또는 벌금의 병과) 제214조 내지 제219조의 죄를 범하여 징역에 처하는 경우에는 10년 이하의 자격정지 또는 2천만원 이하의 벌금을 병과할 수 있다.
제223조 (미수범) 미수범은 처벌한다.

1. 행위객체

위조유가증권행사죄에 있어서의 유가증권이라 함은 위조된 유가증권의 원본을 말하는 것이지 전자복사기 등을 사용하여 기계적으로 복사한 사본은 이에 해당하지 않는다(대판 1998.2.13, 97도2922). ● 경찰

2. 행위 : 행사, 수입 또는 수출하는 것이다.

> **판례 정리**
>
> 1. 위조유가증권임을 알고 있는 자에게 교부하였더라도 피교부자가 이를 소통시킬 것임을 인식하고 교부하였다면 그 교부행위 그 자체가 유가증권의 유통질서를 해할 우려가 있어 위조유가증권행사죄가 성립한다(대판 1983.6.14, 81도2492). ● 경간부
> 2. 허위작성된 유가증권을 피교부자가 그것을 유통하게 한다는 사실을 인식하고 교부한 때에는 허위작성유가증권행사죄에 해당하고, 행사할 의사가 분명한 자에게 교부하여 그가 이를 행사한 때에는 허위작성유가증권행사죄의 공동정범이 성립된다(대판 1995.9.29, 95도803). ● 경찰
> 3. 당첨이 된 손님들에게 위조상품권을 직접 교부한 것이 아니라, 미리 오락기에 일련번호가 모두 같은 위조된 상품권을 여러 장 투입해 두고 그 후 오락기 이용자가 게임에서 당첨이 되면 오락기에서 자동으로 그 당첨액수에 상응하는 상품권이 배출되는 방식으로 사용한 경우에도 위조유가증권행사죄가 성립한다(대판 2007.4.12, 2007도796). ● 경찰승진
> 4. 위조유가증권의 교부자와 피교부자가 서로 유가증권위조를 공모하였거나 위조유가증권을 타에 행사하여 그 이익을 나누어 가질 것을 공모한 공범의 관계에 있다면, 그들 사이의 위조유가증권 교부행위는 그들 이외의 자에게 행사함으로써 범죄를 실현하기 위한 전 단계의 행위에 불과한 것으로서 위조유가증권은 아직 범인들의 수중에 있다고 볼 것이지 행사되었다고 볼 수는 없다고 할 것이다(대판 2007.1.11, 2006도7120). ● 사시
> 5. 피고인과 甲은 甲이 피고인으로부터 1,500만 원을 차용하는 것처럼 가장하기로 공모한 다음, 피고인이 위조된 100만 원권 자기앞수표 14장 외에 10만 원권 수표 10장이 들어 있는 봉투를 乙을 통해 공범 甲과 그 위조사실을 모르는 丙이 함께 있는 자리에서 甲에게 교부하자, 甲은 그 자리에서 자신의 연인 丙을 보증인으로 하는 차용증을 작성하여 乙에게 주었는데, 이때 甲은 봉투에서 **10만 원권 수표 10장을 꺼내어 丙에게 보여 주었으나 위조된 100만 원권 자기앞수표는 봉투에서 꺼내거나 丙에게 보여 주지도 않은 사안**에서, 乙이나 甲이 위조된 자기앞수표를 丙에게 제시하는 등으로 이를 인식하게 하였다고 할 수 없어 이들이 위 봉투를 丙의 면전에서 주고받는 행위를 위조된 자기앞수표를 행사한 경우에 해당한다고 볼 수 없고, 따라서 乙이나 甲에게 위 수표를 교부한 것이 이를 행사한 경우에 해당한다고 볼 수도 없다(대판 2010.12.9, 2010도12553).

3. 죄수 및 타죄와의 관계

위조된 약속어음을 진정한 약속어음인 것처럼 속여 기왕의 물품대금채무의 변제를 위하여 채권자에게 교부하였다고 하여도 어음이 결제되지 않는 한 물품대금채무가 소멸되지 아니하므로 사기죄는 성립되지 않는다(대판 1983.4.12, 82도2938).

Ⅴ 인지 및 우표에 관한 죄

1. 인지·우표의 위조·변조죄

> 제218조 (인지·우표의 위조등) ① 행사할 목적으로 대한민국 또는 외국의 인지, 우표 기타 우편요금을 표시하는 증표를 위조 또는 변조한 자는 10년 이하의 징역에 처한다.
> 제223조 (미수범) 미수범은 처벌한다.

2. 위조·변조인지·우표등행사죄

> 제218조 (인지·우표의 위조등) ② 위조 또는 변조된 대한민국 또는 외국의 인지, 우표 기타 우편요금을 표시하는 증표를 행사하거나 행사할 목적으로 수입 또는 수출한 자도 제1항의 형과 같다.
> 제223조 (미수범) 미수범은 처벌한다.

[1] 위조우표취득죄 및 위조우표행사죄에 관한 형법 제219조 및 제218조 제2항 소정의 "행사"라 함은 위조된 대한민국 또는 외국의 우표를 진정한 우표로서 사용하는 것으로 반드시 **우편요금의 납부용**으로 사용하는 것에 한정되지 않고 **우표수집의 대상**으로서 매매하는 경우도 이에 해당된다.

[2] 위조된 우표를 그 정을 알고 있는 자에게 교부하더라도 그 자가 이를 진정하게 발행된 우표로서 사용할 것이라는 정을 인식하면서 교부한다면 위조우표행사죄의 "행사할 목적"에 해당된다(대판 1989.4.11, 88도1105). ● 사시

3. 위조·변조인지·우표취득죄

> 제219조 (위조인지·우표등의 취득) 행사할 목적으로 위조 또는 변조한 대한민국 또는 외국의 인지, 우표 기타 우편요금을 표시하는 증표를 취득한 자는 3년 이하의 징역 또는 1천만원 이하의 벌금에 처한다.

4. 인지·우표등소인말소죄

> 제221조 (소인말소) 행사할 목적으로 대한민국 또는 외국의 인지, 우표 기타 우편요금을 표시하는 증표의 소인 기타 사용의 표지를 말소한 자는 1년 이하의 징역 또는 300만원 이하의 벌금에 처한다.

5. 인지·우표등유사물제조등죄

> 제222조 (인지·우표유사물의 제조등) ① 판매할 목적으로 대한민국 또는 외국의 공채증서, 인지, 우표 기타 우편요금을 표시하는 증표와 유사한 물건을 제조, 수입 또는 수출한 자는 2년 이하의 징역 또는 500만원 이하의 벌금에 처한다.
> ② 전항의 물건을 판매한 자도 전항의 형과 같다.
> 제223조 (미수범) 미수범은 처벌한다.

Ⅵ 예비 · 음모죄

제224조 (예비, 음모) 제214조, 제215조와 제218조 제1항의 죄를 범할 목적으로 예비 또는 음모한 자는 2년 이하의 징역에 처한다.

제4절 인장에 관한 죄

Ⅰ 서 설

인장에 관한 죄는 인장의 위조와 부정사용, 즉 성립의 진정만을 보호하고 내용의 진실은 문제 삼지 않는다는 점에서 문서죄, 유가증권죄와 구별되며 통화에 관한 죄와 동일하다.

Ⅱ 사인등 위조 · 행사죄

1. 사인위조 · 부정사용죄

제239조 (사인등의 위조, 부정사용) ① 행사할 목적으로 타인의 인장, 서명, 기명 또는 기호를 위조 또는 부정사용한 자는 3년 이하의 징역에 처한다.
제240조 (미수범) 본장의 미수범은 처벌한다.

(1) 사인위조에 해당하지 않는 경우

선거무효로 노동조합 지부장직을 상실한 자가 동 조합지부인과 지부장인을 동 지부장 직무대리에게 인계하지 아니하므로, 이에 대한 대응책으로 동 지부의 문서에 사용할 목적으로 동 지부장 직무대리의 승인하에 동 지부인과 지부장인을 조각한 행위는 부정한 방법으로 정당한 인장인 양 가장하기 위하여 직인등을 위조한 것이라고 할 수 없다(대판 1981.5.6, 81도721).

(2) 사인등 위조에 해당하는 경우

관련판례

① 피의자가 피의자신문조서 말미의 서명날인란에 타인의 서명을 한 후 수사기록에 편철하게 경우 사서명위조 및 동행사죄가 성립한다(대판 2005.7.14, 2005도3357).
② 어떤 문서에 권한 없는 자가 타인의 서명을 기재하는 경우에는 그 문서가 완성되기 전이라도 일반인으로서는 그 문서에 기재된 타인의 서명을 그 명의인의 진정한 서명으로 오신할 수도 있으므로, 일단 서명이 완성된 이상 문서가 완성되지 아니한 경우에도 서명의 위조죄는 성립할 수 있는 것이다. 그리고 수사기관이 수사대상자의 진술을 기재한 후 진술자로 하여금 그의 면전에서 조서의 말미에 서명 등을 하도록 한 후 그 자리에서 바로 회수하는 수사서류의 경우에는, 그 진술자

가 그 문서에 서명을 하는 순간 바로 수사기관이 열람할 수 있는 상태에 놓이게 되는 것이므로, 그 진술자가 마치 타인인 양 행세하며 타인의 서명을 기재한 경우 그 서명을 수사기관이 열람하기 전에 즉시 파기하였다는 등의 특별한 사정이 없는 이상 그 서명 기재와 동시에 위조사서명행사죄가 성립하는 것이며, 그와 같이 위조사서명행사죄가 성립된 직후에 수사기관이 위 서명이 위조된 것임을 알게 되었다고 하더라도 이미 성립한 위조사서명행사죄를 부정할 수 없다 할 것이다. 따라서 피고인이 음주운전 등으로 경찰서에서 조사를 받으면서 제3자로 행세하여 피의자신문조서의 진술자란에 제3자의 이름을 기재하였으나 무인 및 간인을 하기 전에 그 서명위조 사실이 발각되었다고 하더라도 사서명위조죄 및 그 행사죄가 성립한다(대판 2005.12.23, 5004도4478). ● 사시

③ 아파트 주민대표회 간부들이, 동대표로 당선된 甲이 사실은 A대학을 졸업하지 않았음이 A대학 교무처장 명의로 된 학력조회 회보서를 통해 확인되자, 甲의 허위학력 사실을 아파트 주민들에게 공고문 형식으로 알리면서 그 공고문의 신뢰성 제고를 위해 공고문 안에 A대학 교무처장 명의의 직인을 복사한 후 이를 그 공고문에 오려붙인 후 이를 다시 복사한 후 공고문을 게시한 경우 사인위조죄 및 동행사죄가 성립한다(대판 2010.1.14, 2009도5929). ● 법행

④ 甲이 음주운전으로 단속되자 동생의 이름을 대며 조사를 받다가 휴대용정보단말기(PDA)에 표시된 음주운전단속결과통보 중 운전자의 서명란에 동생의 이름 대신 의미를 알 수 없는 부호를 기재한 경우, 이는 동생의 서명을 위조한 것에 해당한다고 보아야 한다(대판 2020.12.30, 2020도14045). ● 경간부

(3) 행사의 목적이 부정된 경우

인장위조죄는 그 명의인의 의사에 반하여 위법하게 행사할 목적이 인정되어야 하며, 타인의 인장을 조각할 당시에는 미처 그 명의인의 승낙을 얻지 아니하였다고 하더라도 인장을 조각하여 그 명의인의 승낙을 얻어 그 명의인의 문서를 작성하는 데 사용할 의도로 인장을 조각하였으나 그 명의인의 승낙을 얻지 못하여 이를 사용하지 아니하고 명의인에게 돌려주었다면, 특별한 사정이 없는 한 행사의 목적이 있었다고 인정할 수 없다(대판 1992.10.27, 92도1578).

(4) 위조·부정사용 사인 등의 행사죄 불성립

형법 제239조 제2항의 위조인장행사죄에 있어서 행사라 함은 위조된 인장을 진정한 것처럼 용법에 따라 사용하는 행위를 말한다 할 것이므로 위조된 인영을 타인에게 열람할 수 있는 상태에 두든지, 인과의 경우에는 날인하여 일반인이 열람할 수 있는 상태에 두면 그것으로 행사가 되는 것이고, 위조된 인과 그 자체를 타인에게 교부한 것만으로는 위조인장행사죄를 구성한다고 할 수 없다(대판 1984.2.28, 84도90). ● 경간부

Ⅲ 공인등 위조·행사죄

1. 공인등 위조·부정사용죄

> 제238조 (공인등의 위조, 부정사용) ① 행사할 목적으로 공무원 또는 공무소의 인장, 서명, 기명 또는 기호를 위조 또는 부정사용한 자는 5년 이하의 징역에 처한다.
> ③ 전2항의 경우에는 7년 이하의 자격정지를 병과할 수 있다.
> 제240조 (미수범) 본장의 미수범은 처벌한다.

[1] 형법 제238조 제1항에 의하면 행사할 목적으로 공기호인 자동차등록번호판을 위조한 경우에 공기호위조죄가 성립하고, 여기서 '행사할 목적'이란 위조한 자동차등록번호판을 마치 진정한 것처럼 그 용법에 따라 사용할 목적을 말한다. 또한 '위조한 자동차등록번호판을 그 용법에 따라 사용할 목적'이란 위조한 자동차등록번호판을 자동차에 부착하여 운행함으로써 일반인으로 하여금 자동차의 동일성에 관한 오인을 불러일으킬 수 있도록 하는 것을 말한다.

[2] 甲은 위조한 자동차등록번호판을 이 사건 화물차량에 부착하여 이 사건 화물차량을 자신이 운영하는 작업장에서 다른 장소로 이동시키거나 이 사건 화물차량의 실제 소유자인 乙이 이를 인수받아 그 용법에 따라 사용하는 것을 전제로 자동차등록번호판을 부착하지 않아 발생할지 모르는 문제를 사전에 예방하기 위하여 자동차등록번호판을 위조한 것으로서 행사할 목적으로 공기호인 자동차등록번호판을 위조하였다고 볼 여지가 충분하다(대판 2016.4.29, 2015도1413). ☞ 甲은 乙로부터 크레인 화물차량의 수리를 의뢰받고 견인차량을 이용하여 위 화물차량을 자신이 운영하는 자동차공업사로 견인하여 오던 중 위 화물차량의 등록번호판을 분실하였다. 甲은 분실한 등록번호판을 찾지 못하자 자신의 공업사 내에 보관 중이던 다른 차량의 등록번호판을 떼어 내 위조한 다음 위 화물차량의 뒷부분에 부착하였다. 甲은 공기호위조죄가 성립한다.

2. 위조부정사용한 공인등의 행사죄

> 제238조 (공인등의 위조, 부정사용) ② 위조 또는 부정사용한 공무원 또는 공무소의 인장, 서명, 기명 또는 기호를 행사한 자도 전항의 형과 같다.
> ③ 전2항의 경우에는 7년 이하의 자격정지를 병과할 수 있다.
> 제240조 (미수범) 본장의 미수범은 처벌한다.

(1) 인장과 기호

① 형법상 인장에 관한 죄에서 **인장**은 **사람의 동일성**을 표시하기 위하여 사용하는 일정한 상형을 의미하고, **기호**는 물건에 압날하여 사람의 **인격상 동일성** 이외의

일정한 사항을 **증명**하는 부호를 의미한다. 그리고 형법 제238조의 **공기호**는 해당 부호를 **공무원 또는 공무소가 사용하는 것만으로는 부족**하고, 그 부호를 통하여 **증명을 하는 사항이 구체적으로 특정**되어 있고 **해당 사항은 그 부호에 의하여 증명이 이루어질 것**이 요구된다(대판 2024.1.4, 2023도11313).

② 피고인이 온라인 구매사이트에서, **검찰 업무표장 아래 피고인의 전화번호, 승용차 번호 또는 '공무수행' 문구를 표시한 표지판** 3개를 주문하고 그 판매자로 하여금 제작하게 하여 배송받은 다음 이를 자신의 **승용차에 부착하고 다녔고**, 이에 대하여 공기호위조죄 및 위조공기호행사죄로 기소된 사안에서 위 각 검찰 업무표장은 검찰수사, 공판, 형의 집행부터 대외 홍보 등 검찰청의 업무 전반 또는 검찰청 업무와의 관련성을 나타내기 위한 것으로 보일 뿐, 이것이 부착된 차량은 '검찰 공무수행 차량'이라는 것을 증명하는 기능이 있다는 등 이를 통하여 증명을 하는 사항이 구체적으로 특정되어 있다거나 그 사항이 이러한 검찰 업무표장에 의하여 증명된다고 볼 근거가 없고, 일반인들이 위 각 표지판이 부착된 차량을 '검찰 공무수행 차량'으로 오인할 수 있다고 해도 위 각 검찰 업무표장이 위와 같은 증명적 기능을 갖추지 못한 이상 이를 **공기호라고 할 수는 없다**(대판 2024.1.4, 2023도11313). ☞ 공기호위조죄 및 위조공기호행사죄 ✕ ● 경간부

(2) 부정사용과 행사의 의미

형법 제238조 제1항에서 규정하고 있는 공기호인 자동차등록번호판의 <u>부정사용</u>이라 함은 진정하게 만들어진 자동차등록번호판을 <u>권한 없는 자가 사용하든가</u>, 권한 있는 자라도 권한을 남용하여 부당하게 사용하는 행위를 말하는 것이고, 같은 조 제2항에서 규정하고 있는 그 <u>행사죄는 부정사용한 공기호인 자동차등록번호판을 마치 진정한 것처럼 그 용법에 따라 사용하는 행위</u>를 말하는 것으로 그 행위개념을 달리하고 있다(대판 1997.7.8, 96도3319).

(3) 공기호부정사용 및 행사죄가 성립하는 경우

① 부정사용한 공기호인 자동차등록번호판의 용법에 따른 사용행위인 행사라 함은 이를 자동차에 부착하여 운행함으로써 일반인으로 하여금 자동차의 동일성에 관한 오인을 불러일으킬 수 있는 상태 즉 그것이 <u>부착된 자동차를 운행함을 의미</u>한다고 할 것이고, 그 운행과는 별도로 부정사용한 자동차등록번호판을 타인에게 제시하는 등 행위가 있어야 그 행사죄가 성립한다고 볼 수 없다(대판 1997.7.8, 96도3319).

☞ 렌트카에서 빌린 뉴그랜저승용차의 번호판을 떼어 낸 다음 자신의 스텔라 승용차의 번호판과 교체부착하여 운행한 경우 공기호부정사용죄 및 부정사용공기호행사죄가 성립한다.

② 타인의 쏘나타 자동차를 절취한 후 절취한 쏘나타 승용차의 번호판을 떼어낸 후 미리 절취하여 소지하고 있던 포텐샤 승용차의 번호판을 임의로 부착하여 운행한 경우, 자동차 절도는 특가법 제5조의4(합동절도의 가중처벌), 자동차번호판을 떼어낸 행위는 자동차관리법위반, 포텐샤승용차의 번호판을 쏘나타 승용차에 부착함으로써 부정사용한 행위는 공기호부정사용죄, 번호판을 부정사용한 자동차를 운행한 행위는 부정사용공기호행사죄에 해당하고 모두 실체적 경합범이다(대판 2007.9.6, 2007도4739). ● 사시

(4) 부정사용공기호행사죄가 성립하지 않는 경우

형법 제238조 제2항의 부정사용된 공기호의 행사죄는 부정사용된 공기호를 이를 진정한 것으로 임의로 공범자 이외의 자에게 보이는 등 사용하는 행위를 말하므로 이는 타인에 대한 외부적 행위이다. 따라서 허가량을 초과하여 벌채한 나무에 임산물생산확인용 철제극인이 타기되었다고 하여도 동 나무를 산판에 적치하거나 반출하였다 하여 곧 공기호 행사죄가 되지 아니한다(대판 1981.12.22, 80도1472).

CHAPTER 03 공중의 건강에 대한 죄

제1절 먹는 물에 관한 죄

I 총 설

공중이 일상적으로 마시는 정수 또는 그 수원에 오물·독물 기타 건강상의 유해물을 혼입하거나, 수도 기타 시설을 손괴·불통시켜 공중의 음용수 이용과 안전을 위태롭게 하는 것을 내용으로 하는 범죄이다.

II 먹는물사용방해죄

> 제192조 (먹는 물의 사용방해) ① 일상생활에서 먹는 물로 사용되는 물에 오물을 넣어 먹는 물로 쓰지 못하게 한 자는 1년 이하의 징역 또는 500만원 이하의 벌금에 처한다.

III 가중적 구성요건

1. 먹는물유해물혼입죄

> 제192조 (먹는 물의 사용방해) ② 제1항의 먹는 물에 독물(毒物)이나 그 밖에 건강을 해하는 물질을 넣은 사람은 10년 이하의 징역에 처한다.
> 제196조 (미수범) 미수범은 처벌한다.
> 제197조 (예비, 음모) 본죄를 범할 목적으로 예비 또는 음모한 자는 2년 이하의 징역에 처한다.

2. 수돗물사용방해죄

> 제193조 (수돗물의 사용방해) ① 수도(水道)를 통해 공중이 먹는 물로 사용하는 물 또는 그 수원(水原)에 오물을 넣어 먹는 물로 쓰지 못하게 한 자는 1년 이상 10년 이하의 징역에 처한다.

3. 수돗물유해물혼입죄

> 제193조 (수돗물의 사용방해) ② 제1항의 먹는 물 또는 수원에 독물 그 밖에 건강을 해하는 물질을 넣은 자는 2년 이상의 유기징역에 처한다.
> 제196조 (미수범) 미수범은 처벌한다.
> 제197조 (예비, 음모) 본죄를 범할 목적으로 예비 또는 음모한 자는 2년 이하의 징역에 처한다.

4. 먹는물혼독치사상죄

> 제194조 (먹는 물 혼독치사상) 제192조제2항 또는 제193조제2항의 죄를 지어 사람을 상해에 이르게 한 경우에는 무기 또는 3년 이상의 징역에 처한다. 사망에 이르게 한 경우에는 무기 또는 5년 이상의 징역에 처한다.

5. 수도불통죄

> 제195조 (수도불통) 공중이 먹는 물을 공급하는 수도 그 밖의 시설을 손괴하거나 그 밖의 방법으로 불통(不通)하게 한 자는 1년 이상 10년 이하의 징역에 처한다.
> 제196조 (미수범) 미수범은 처벌한다.
> 제197조 (예비, 음모) 본죄를 범할 목적으로 예비 또는 음모한 자는 2년 이하의 징역에 처한다.

(1) 객체

형법 제195조 수도불통죄의 대상이 되는 '수도 기타 시설'이란 공중의 음용수 공급을 주된 목적으로 설치된 것에 한정되는 것은 아니고 설령 다른 목적으로 설치된 것이더라도 불특정 또는 다수인에게 현실적으로 음용수를 공급하고 있는 것이면 충분하며 소유관계에 따라 달리 볼 것도 아니다(대판 2020.6.9, 2022도2817).

(2) 행위 : 손괴하거나 그 밖의 방법으로 불통(不通)하게 하는 것

① 비록 절차를 밟지 않고 임의로 가설한 수도라 할지라도 그것이 현실로 공중생활에 필요한 음용수를 공급하고 있는 시설인 이상 이를 불법하게 손괴하여서 수도를 불통하게 한 때에는 수도불통으로 봄이 상당하다(대판 1957.2.1, 4289형상317).

경간부

② 관계당국의 설치허가를 받아 사재로써 시의 상수도관에 특수가압간선을 시설한 자가 시의 급수승인을 받지 않은 동 간선부정이용자에 대한 단수조치로서 급수관을 발굴절단한 것은 수도불통죄가 성립하지 않는다(대판 1971.1.26, 70도2654).

경간부

(3) 위법성

① 사설수도를 설치한 시장 번영회가 수도요금을 체납한 회원에 대하여 사전 경고까지 하고 한 단수행위에는 위법성이 있다고 볼 수 없다(대판 1977.11.22, 77도103).

경간부

② 주상복합아파트 입주자대표회의 회장인 피고인이 상가입주자들과의 수도 관리비 인상 협상이 결렬되자 상가입주자들이 상가 2층 화장실에 연결하여 이용 중인 수도배관을 분리하여 불통하게 하고 즉각 단수조치를 취한 경우, 원래 화장실 용

수 공급용으로 설치되었으나 현실적으로 불특정 또는 다수인이 음용수 공급용으로도 이용 중인 수도배관이라면 수도불통죄의 대상에 해당하고, 정당행위로서 위법성조각사유에 해당하지 않는다(대판 2020.6.9, 2022도2817).

제2절 아편에 대한 죄

I 서설

아편을 흡식하거나, 아편 또는 아편흡식기구의 제조·수입·판매 또는 소지등의 행위를 내용으로 하는 범죄이다.

II 아편흡식·동 장소제공죄

제201조 (아편흡식등, 동장소제공) ① 아편을 흡식하거나 몰핀을 주사한 자는 5년 이하의 징역에 처한다.
② 아편흡식 또는 몰핀 주사의 장소를 제공하여 이익을 취한 자도 전항의 형과 같다.
제202조 (미수범) 미수범은 처벌한다.
제206조 (몰수, 추징) 본장의 죄에 제공한 아편, 몰핀이나 그 화합물 또는 아편흡식기구는 몰수한다. 그를 몰수하기 불능한 때에는 그 가액을 추징한다.

> **관련판례**
>
> [이익취득의 의미]
> 형법 제201조 제2항 또는 마약법 제6조 제6호의 이른바 이익취득이라 함은 그 장소사용과 관련하여 계정되는 대가적 성질을 띤 일체의 적극적, 소극적 이익을 포함하는 것이므로 피고인이 과거에 3년간 사역한 노무에 해한 대가로써 피고인의 거택을 아편흡식장소로 제공한 경우 위의 이익을 취득한 때에 해당한다 (대판 1960.4.6, 4292형상844).

III 가중적 구성요건

1. 아편등 제조·수입·판매·판매목적소지죄

제198조 (아편등의 제조등) 아편, 몰핀 또는 그 화합물을 제조, 수입 또는 판매하거나 판매할 목적으로 소지한 자는 10년 이하의 징역에 처한다.
제202조 (미수범) 미수범은 처벌한다.
제206조 (몰수, 추징) 본장의 죄에 제공한 아편, 몰핀이나 그 화합물 또는 아편흡식기구는 몰수한다. 그를 몰수하기 불능한 때에는 그 가액을 추징한다.

2. 아편흡식기구 제조·수입·판매·판매목적소지죄

> 제199조 (아편흡식기의 제조등) 아편을 흡식하는 기구를 제조, 수입 또는 판매하거나 판매할 목적으로 소지한 자는 5년 이하의 징역에 처한다.
> 제202조 (미수범) 미수범은 처벌한다.
> 제206조 (몰수, 추징) 본장의 죄에 제공한 아편, 몰핀이나 그 화합물 또는 아편흡식기구는 몰수한다. 그를 몰수하기 불능한 때에는 그 가액을 추징한다.

3. 세관공무원 아편 등 수입·수입허용죄

> 제200조 (세관공무원의 아편등의 수입) 세관의 공무원이 아편, 몰핀이나 그 화합물을 또는 아편흡식기구를 수입하거나 그 수입을 허용한 때에는 1년 이상의 유기징역에 처한다.
> 제202조 (미수범) 미수범은 처벌한다.
> 제206조 (몰수, 추징) 본장의 죄에 제공한 아편, 몰핀이나 그 화합물 또는 아편흡식기구는 몰수한다. 그를 몰수하기 불능한 때에는 그 가액을 추징한다.

4. 상습아편흡식, 아편 등 제조·수입·판매등죄

> 제203조 (상습범) 상습으로 전5조의 죄를 범한 때에는 각조에 정한 형의 2분의 1까지 가중한다.

Ⅳ 아편등소지죄

> 제205조 (아편등의 소지) 아편, 몰핀이나 그 화합물 또는 아편흡식기구를 소지한 자는 1년 이하의 징역 또는 500만원 이하의 벌금에 처한다.
> 제206조 (몰수, 추징) 본장의 죄에 제공한 아편, 몰핀이나 그 화합물 또는 아편흡식기구는 몰수한다. 그를 몰수하기 불능한 때에는 그 가액을 추징한다.

CHAPTER 04 사회도덕에 대한 죄

제1절 성풍속에 관한 죄

I 서설

성풍속에 관한 죄란 성생활에 관련되는 성도덕 내지 성풍속을 해하는 행위를 내용으로 하는 범죄이다. 보호법익은 건전한 성풍속으로서의 성도덕이며 보호정도는 침해범이다(다수설).

II 음행매개죄

> 제242조 (음행매개) 영리의 목적으로 **사람을** 매개하여 간음하게 한 자는 3년 이하의 징역 또는 1천500만원 이하의 벌금에 처한다.

구형법에서는 객체를 미성년의 부녀와 음행의 상습없는 부녀에 한정하였으나 개정형법(2012.12.18 개정)에서는 사람으로 규정함으로써 범위를 확대하였다.

III 음란물죄와 공연음란죄

1. 음화등 반포·판매·임대·공연전시·공연상영죄

> 제243조 (음화반포등) 음란한 문서, 도화, 필름 기타 물건을 반포, 판매 또는 임대하거나 공연히 전시 또는 상영한 자는 1년 이하의 징역 또는 500만원 이하의 벌금에 처한다.

(1) 행위객체

관련판례

① 형법 제243조에 규정된 '음란한 도화'라 함은 일반 보통인의 성욕을 자극하여 성적 흥분을 유발하고 정상적인 성적 수치심을 해하여 성적 도의관념에 반하는 것을 가리킨다고 할 것이고, 이는 … 그 시대의 건전한 사회통념에 비추어 판단하여야 한다(대판 2002.8.23, 2002도2889).
② **컴퓨터 프로그램파일**은 제243조(음화반포등죄)에서 규정하고 있는 문서, 도화, 필름 기타 물건에 해당한다고 할 수 없다(대판 1999.2.24, 98도3140). ● 경찰, 사시
③ **실리콘을 소재**로 하여 여성의 특정 신체부위를 개괄적인 형상과 단일한 재질, 색상을 이용하여 재현한 **남성용 자위기구**를 전시한 경우 이 사건 물품은 남성용 자위기구로서의 기능과 목적을 위하여 사람의 피부와 유사한 질감, 촉감, 색상을 가진 실리콘을 소재로 하여 여성의 특정 신체부위를 개괄적인 형상과 단일한 재질, 색상을 이용하여 재현한 것일 뿐, 단순히 저속하다거나 문란한 느낌을 준다는 정도를 넘어서서 존중·보호되어야 할 인격을 갖춘 존재인 사람의 존엄성과 가치를 심각하게 훼손·왜곡하였다고 평가할 수 있을 정도로 노골적인 방법에 의하여 성적 부위를 적나라하게 표현 또는 묘사한 것으로 보이지는 않으므로 **음란한 물건에 해당하지 않는다**(대판 2014.5.29, 2014도3312).

(2) 음란성 여부의 판단기준 및 판단방법

관련판례

① 형법 제243조에 규정된 음란한 문서 또는 도화라 함은 성욕을 자극하여 흥분시키고 일반인의 정상적인 성적정서와 선량한 사회풍속을 해칠 가능성이 있는 도서를 말하며 그 음란성의 존부는 작성자의 주관적 의도가 아니라 객관적으로 도서 자체에 의하여 판단되어야 한다(대판 1991.9.10, 91도1550). ● 사시
② '**음란**'이라 함은, 당해 표현물을 전체로서 보았을 때 주로 그 표현물을 보는 사람들의 호색적 흥미를 돋우냐의 여부 등 여러 점을 고려하여야 하며, 표현물 제작자의 주관적 의도가 아니라 그 **사회의 평균인**의 입장에서 그 시대의 건전한 사회 통념에 따라 객관적이고 규범적으로 평가하여야 한다(대판 2005.7.22, 2003도2911). ● 법행
③ 형법 제243조 소정의 "**음란**"이라는 개념 자체가 사회와 시대적 변화에 따라 변동하는 **상대적이고 유동적인 것이고 … 구체적인 판단에 있어서는 사회통념상 일반 보통인의 정서를 그 판단의 규준으로 삼을 수밖에 없다고 할지라도, 이는 법관이 일정한 가치판단에 의하여 내릴 수 있는 규범적인 개념이라 할 것이어서 그 **최종적인 판단의 주체**는 어디까지나 당해 사건을 담당하는 **법관**이라 할 것이니, 음란성을 판단함에 있어 **법관이 자신의 정서가 아닌 일반 보통인의 정서를 규준**으로하여 이를 판단하면 족한 것이지 법관이 일일이 **일반 보통인을 상대**로 과연 당해 문서나 도화 등이 그들의 성욕을 자극하여 성적 흥분을 유발하거나 정상적인 성적 수치심을 해하여 **성적 도의관념에 반하는 것인지의 여부를 묻는 절차를 거쳐야만 되는 것은 아니라고할 것이다**(대판 1995.2.10, 94도2266). ● 사시

> **판례 정리 ··· 음란성을 인정한 경우**
>
> 공연윤리위원회의 심의를 마친 영화작품이라 하더라도 이것을 영화관에서 상영하는 것이 아니고 관람객을 유치하기 위하여 영화장면의 일부를 포스타나 스틸사진 등으로 제작하였고, 제작된 포스타 등 도화가 그 영화의 예술적 측면이 아닌 선정적 측면을 특히 강조하여 그 표현이 과도하게 성감을 자극시키고 일반인의 정상적인 성적 정서를 해치는 것이어서 건전한 성풍속이나 성도덕 관념에 반하는 것이라면 그 포스타 등 광고물은 음화에 해당한다(대판 1990.10.16, 90도1485).

> **판례 정리 ··· 음란성을 인정하지 않은 경우**
>
> 1. 남성 성기확대기구인 해면체비대기(대판 1978.11.14, 78도2327)
> 2. 그 자체로 남성의 성기를 연상케 하는 면이 있는 여성용 자위기구나 돌출콘돔(대판 2000.10.13, 2000도3346)
>   cf 남성용 자위기구인 모조여성성기가 음란한 물건에 해당한다(대판 2003.5.16, 2003도988).
> 3. 유흥주점 여종업원들이 웃옷을 벗고 브래지어만 착용하거나 치마를 허벅지가 다 드러나도록 걷어 올리고 가슴이 보일 정도로 어깨끈을 밑으로 내린 채 손님을 접대한 경우는 (구)풍속영업의규제에 관한 법률 제3조 제1호에 정한 '음란행위'에 해당하지 않는다(대판 2009.2.26, 2006도3119).

(3) 상대적 음란개념

음란성은 문서의 내용 이외에 작자나 출판자의 의도, 판매의 방법, 관람자의 범위 등의 부수적 사정을 고려하여 상대적으로 판단해야 한다는 이론이다.

> **관련판례**
>
> [상대적 음란개념]
> 비록 명화집에 실려있는 그림이라 할지라도 이것을 예술 문학 등 공공의 이익을 위해서가 아닌 성냥갑 속에 넣어 판매할 목적으로 그 카드사진을 복사 제조하거나 시중에 판매하였다면 명화를 모독하여 음화화시켰다 할 것이고 그림의 음란성 유무는 객관적으로 판단해야 할 것이다(대판 1970.10.30, 70도1879).

(4) 행 위

> **관련판례**
>
> ① 음란한 부호 등이 전시된 웹페이지에 대한 링크행위로 인해 불특정 다수인이 별다른 제한 없이 음란한 부호 등에 바로 접할 수 있는 상태가 실제로 조성되었다고 한다면 이러한 링크행위는 음란한 부호 등을 공연히 전시한 경우에 해당한다(대판 2003.7.8, 2001도1335).
> ② 인터넷사이트에 집단 성행위 목적의 카페를 개설, 운영한 자가 남녀 회원을 모집한 후 특별모임을 빙자하여 집단으로 성행위를 하고 그 촬영물이나 사진 등을 카페에 게시한 경우, 위 게시행위는 음란물을 공연히 전시한 것에 해당한다(대판 2009.5.14, 2008도10914).
> ③ 집 방안에서 자기 친구 두 사람이 보는 앞에서 영사기로 도색영화필름을 상영한 행위는 형법 제243조 소정의 공연전시에 해당하지 않는다(대판 1973.8.21, 73도409).

2. 음화등 제조·소지·수입·수출죄

> 제244조 (음화제조등) 제243조의 행위에 공할 목적으로 음란한 물건을 제조, 소지, 수입 또는 수출한 자는 1년 이하의 징역 또는 500만원 이하의 벌금에 처한다.

[1] 형법 제243조(음화반포등)는 음란한 문서, 도화, 필름 기타 물건을 반포, 판매 또는 임대하거나 공연히 전시 또는 상영한 자에 대한 처벌 규정으로서 **컴퓨터 프로그램파일**은 위 규정에서 규정하고 있는 문서, 도화, 필름 기타 물건에 해당한다고 할 수 없다. 이는 형법 제243조의 행위에 공할 목적으로 음란한 물건을 제조, 소지, 수입 또는 수출한 자를 처벌하는 규정인 **형법 제244조(음화제조등)의 '음란한 물건'의 해석에도 그대로 적용**된다(대판 2023.12.14, 2020도1669).

[2] 甲은 지인의 얼굴과 나체사진이 합성된 음란한 사진을 얻고자 음란합성사진 제작자인 乙에게 A의 사진과 이름, 나이, 주소 등을 제공하고 "합성 부탁드립니다."라고 하여 乙로 하여금 음란한 물건인 A의 **음란합성사진 파일**을 공연히 전시할 목적으로 제조할 것을 마음먹게 하였다. 그리하여 乙은 A의 얼굴이 합성된 음란합성사진 파일을 제조하고, 甲에게 완성된 음란합성사진 파일을 전송하였다. 甲은 형법 제244조 음란한물건제조죄의 교사범이 성립되지 않는다(대판 2023.12.14, 2020도1669). ●승진

3. 공연음란죄

> 제245조 (공연음란) 공연히 음란한 행위를 한 자는 1년 이하의 징역, 500만원 이하의 벌금, 구류 또는 과료에 처한다.

(1) 의 의

공연히 음란한 행위를 함으로써 성립하는 범죄이다. 음란한 행위자체를 처벌하는 거동범이다.

(2) 객관적 구성요건

① 공연성 : 불특정 또는 다수인이 직접 인식할 수 있는 상태를 의미한다.
② 음란한 행위
  ㉠ 형법 제245조 소정의 '음란한 행위'라 함은 일반 보통인의 성욕을 자극하여 성적 흥분을 유발하고 정상적인 성적 수치심을 해하여 성적 도의관념에 반하는 행위를 가리키는 것이고, 그 행위가 반드시 성행위를 묘사하거나 성적인 의도를 표출할 것을 요하는 것은 아니다(대판 2006.1.13, 2005도1264).
  ㉡ 성기·엉덩이 등 신체의 주요한 부위를 노출한 행위가 있었을 경우 그 일시와 장소, 노출 부위, 노출 방법·정도, 노출 동기·경위 등 구체적 사정에 비추

어, 그것이 **단순히 다른 사람에게 부끄러운 느낌이나 불쾌감을 주는 정도에** 불과하다면 경범죄 처벌법 제3조 제1항 제33호에 해당할 뿐이지만, 그와 같은 정도가 아니라 **일반 보통인의 성욕을 자극하여 성적 흥분을 유발하고 정상적인 성적 수치심을 해하는 것**이라면 형법 제245조의 '음란한 행위'에 해당한다고 할 수 있다(대판 2020.1.16, 2019도14056). ● 경찰

ⓒ **형법 제298조 강제추행죄**는 개인의 성적 자유라는 개인적 법익을 침해하는 죄로서, 위 법규정에서의 '**추행**'이란 일반인에게 성적 수치심이나 혐오감을 일으키고 선량한 성적 도덕관념에 반하는 행위인 것만으로는 **부족**하고 그 행위의 상대방인 피해자의 **성적 자기결정의 자유를 침해**하는 것이어야 한다. 따라서 건전한 성풍속이라는 일반적인 사회적 법익을 보호하려는 목적을 가진 **형법 제245조의 공연음란죄**에서 정하는 '**음란한 행위**'(또는 이른바 과다노출에 관한 경범죄처벌법 제1조 제41호에서 정하는 행위)가 특정한 사람을 상대로 행하여졌다고 해서 반드시 그 사람에 대하여 '추행'이 된다고 말할 수 없고, 무엇보다도 문제의 행위가 피해자의 성적 자유를 침해하는 것으로 평가될 수 있어야 한다(대판 2012.7.26, 2011도8805). ● 경간부

> **판례 정리** ··· 음란행위에 해당하는 경우
>
> 1. 요구르트 제품의 홍보를 위하여 전라의 여성 누드모델들이 일반 관람객과 기자 등 수십명이 있는 자리에서, 알몸에 밀가루를 바르고 무대에 나와 분무기로 요구르트를 몸에 뿌려 밀가루를 벗겨내는 방법으로 알몸을 완전히 드러낸 채 음부 및 유방 등이 노출된 상태에서 무대를 돌며 관람객들을 향하여 요구르트를 던진 행위가 공연음란죄에 해당한다(대판 2006.1.13, 2005도1264). ● 사시
> 2. 고속도로에서 승용차를 손괴하거나 타인에게 상해를 가하는 등의 행패를 부리던 자가 이를 제지하려는 경찰관에 대항하여 공중 앞에서 알몸이 되어 성기를 노출한 경우, 음란한 행위에 해당하고 그 인식도 있었다(대판 2000.12.22, 2000도4372). ● 경찰, 사시
> 3. **피고인이 나신의 여인을 묘사한 부조가 조각된 참전비 앞길에서 바지와 팬티를 내리고 성기와 엉덩이를 노출한 채 있었던 경우** 이는 단순히 다른 사람에게 부끄러운 느낌이나 불쾌감을 주는 정도가 아니라 일반 보통인의 성욕을 자극하여 성적 흥분을 유발하고 정상적인 성적 수치심을 해하여 성적 도의관념에 반하는 행위에 해당하므로 **공연히 음란한 행위를 한 것으로 볼 수 있다**(대판 2020.1.16, 2019도14056). ● 경찰

> **판례 정리** ··· 음란행위에 해당하지 않는 경우
>
> 피고인이 甲과 주차문제로 말다툼을 할 때 甲이 피고인에게 "술을 먹었으면 입으로 먹었지 똥구멍으로 먹었냐"라고 말한 것에 격분하여 甲이 운영하는 상점으로 찾아가 상점카운터를 지키고 있던 甲의 딸인 乙(여, 23세)을 보고 "주인 어디 갔느냐"고 소리를 지르다가 등을 돌려 엉덩이가 드러날 만큼 바지와 팬티를 내린 다음 엉덩이를 들이밀며 "똥구멍으로 어떻게 술을 먹느냐, 똥구멍에 술을 부어라"라고 말한 경우, 경범죄처벌법 제1조 제41호에 해당할지언정 형법 제245조 공연음란죄에 해당한다고 할 수 없다(대판 2004.3.12, 2003도6514). ● 경찰, 법행

(3) 주관적 요건

공연음란죄는 주관적으로 성욕의 흥분, 만족 등의 성적인 목적이 있어야 성립하는 것은 아니고 그 행위의 음란성에 대한 의미의 인식이 있으면 족하다(대판 2004.3.12, 2003도6514). ● 사시

제2절 도박과 복표에 관한 죄

I 서설

도박하거나 도박을 개장하거나 복표를 발매·중개 또는 취득함으로써 성립하는 범죄이다.

II 도박죄

> 제246조 (도박) ① 도박을 한 사람은 1천만원 이하의 벌금에 처한다. 다만, 일시오락 정도에 불과한 경우에는 예외로 한다.

1. 의 의

본죄는 도박함으로써 성립하는 범죄이다. 도박죄의 기본유형이다. 구형법에서는 재물로써 도박한 자라고 하였으나 개정형법에서는 (2013.4.5 개정) 도박이 재물만을 대상으로 한정되지 않는다는 점에서 재물을 삭제하였다. 또한 벌금형을 상향하였다.

2. 객관적 구성요건

(1) 주 체

제한이 없다. 도박은 2인 이상이 행하는 것이므로 도박의 당사자는 필요적 공범이며 대향범이다.

(2) 행 위

도박하는 것이다.
① 도 박
㉠ 도박이란 당사자간에 재물등을 걸고 우연에 의해 재물등의 득실을 결정하는 것을 말한다. '우연'이란 주관적으로 '당사자에 있어서 확실히 예견 또는 자유로이 지배할 수 없는 사실에 관하여 승패를 결정하는 것'을 말하고, 객관적으

로 불확실할 것을 요구하지 아니한다. 따라서, 당사자의 능력이 승패의 결과에 영향을 미친다고 하더라도 다소라도 우연성의 사정에 의하여 영향을 받게 되는 때에는 도박죄가 성립할 수 있다(대판 2008.10.23, 2006도736). ● 사시

> **관련판례**
> ① 피고인들이 각자 핸디캡을 정하고 홀마다 또는 9홀마다 별도의 돈을 걸고 총 26 내지 32회에 걸쳐 내기 골프를 한 행위가 도박에 해당한다(대판 2008.10.23, 2006도736). ● 법행
> ② 사기도박(편면적 도박)
>   ㉠ 사기도박과 같이 도박당사자의 일방이 사기의 수단으로써 승패의 수를 지배하는 경우에는 도박에서의 우연성이 결여되어 사기죄만 성립하고 도박죄는 성립하지 아니한다(대판 2011.1.13, 2010도9330). ☞ 상대방은 사기죄의 피해자일 뿐 도박죄는 성립하지 아니한다.
>   ㉡ 사기도박에서도 사기적인 방법으로 도금을 편취하려고 하는 자가 상대방에게 도박에 참가할 것을 권유하는 등 기망행위를 개시한 때에 실행의 착수가 있는 것으로 보아야 한다(대판 2011.1.13, 2010도9330). ● 경찰
>   ㉢ 피고인 등이 피해자들을 유인하여 사기도박으로 도금을 편취한 행위는 사회관념상 1개의 행위로 평가하는 것이 타당하므로, 피해자들에 대한 각 사기죄는 상상적 경합의 관계에 있게 된다(대판 2011.1.13, 2010도9330). ● 경찰
>   ㉣ 사기도박에서도 사기적인 방법으로 도금을 편취하려고 하는 자가 상대방에게 도박에 참가할 것을 권유하는 등 기망행위를 개시한 때에 실행의 착수가 있는 것으로 보아야 하고, 그 후에 사기도박을 숨기기 위하여 정상적인 도박을 하였더라도 이는 사기죄의 실행행위에 포함된다(대판 2011.1.13, 2010도9330).
> ③ 사기죄에서 동일한 피해자에 대하여 수회에 걸쳐 기망행위를 하여 금원을 편취한 경우에 그 범의가 단일하고 범행 방법이 동일하다면 사기죄의 포괄일죄만이 성립한다(대판 2002.7.2, 2002도2029).
> ④ 피해자의 도박이 피고인들의 기망행위에 의하여 이루어졌다면 그로써 사기죄는 성립하며, 이로 인하여 피고인들이 취득한 재물이나 재산상 이익은 도박 당일 피해자가 잃은 도금 상당액이라 할 것이다(대판 2015.10.29, 2015도10948).

　㉡ 도박은 우연성을 개념요소로 한다. 따라서 사기도박(편면적 도박)은 우연성이 결여되어 있으므로 사기도박자에게만 사기죄가 성립하고 그 상대방에게는 도박죄가 성립하지 않는다.
② 기수시기 : 추상적 위험범이므로 도박행위의 착수와 동시에 기수가 된다(예 카드 배부시 기수). 따라서 재물이 오고가거나 승패가 결정될 필요도 없다.

(2) 주관적 구성요건

고의가 있어야 한다.

2. 위법성

(1) 도박행위가 일시오락의 정도에 불과한 때에는 본죄는 성립하지 않는다. 일시오락의 정도는 도박죄의 위법성조각사유가 된다(통설, 판례).

(2) 도박죄에 있어서의 위법성의 한계는 도박의 시간과 장소, 도박자의 사회적 지위 및 재산정도, 재물의 근소성, 그 밖에 도박에 이르게 된 경위 등 모든 사정을 참조하여 구체적으로 판단하여야 한다(대판 1985.11.12, 85도2096). ● 법행

> **관련판례**
>
> [일시오락 : 위법성 조각]
> ① 풍속영업자가 자신이 운영하는 여관에서 친구들과 일시 오락 정도에 불과한 도박을 한 경우, 형법상 도박죄는 성립하지 아니하고 풍속영업의규제에관한법률위반죄의 구성요건에는 해당하나 사회상규에 위배되지 않는 행위로서 위법성이 조각된다(대판 2004.4.9, 2003도6351).
> ② 피고인이 그의 아들 생일이라면서 사 온 돼지고기를 안주로 술을 사 마시자고 하여 나머지 피고인 4명이 각각 금 1000원씩을 내어 모아 놓고 성냥개비 열개씩을 나누어 가지고 속칭 "고.스톱"을 치면서 3점, 5점, 7점에 각 성냥개비 1개, 2개, 3개씩을 내기로 하고 한 사람이 성냥개비 전부를 따면 자신이 내놓은 금 1,000원은 회수하고 나머지 돈으로 술을 사기로 한 경우라면 피고인등의 년령, 직업, 재산 정도 등에 비추어 피고인등의 소위는 일시 오락의 정도에 불과하여 도박죄를 구성하지 않는다 할 것이다(대판 1984.7.10, 84도1043).
> ③ 각자 1,000원 내지 7,000원을 판돈으로 내놓고 한 점에 100원짜리 속칭 "고스톱"을 한 것이 일시 오락의 정도에 불과하다(대판 1990.2.9, 89도1992). ● 검찰
> ④ 피고인들이 서로 친숙한 사이로서 이 사건 당일 우연히 다방에서 만나게 되어, 약 3,000원 상당의 음식내기 화투놀이를 약 30분간 한 행위는 피고인들의 친분관계, 화투놀이의 시간과 장소, 도박의 경위 및 그 금액의 근소성에 비추어 일시 오락의 정도에 불과하고 도박죄를 구성하지 않는다(대판 1984.4.10, 84도194).

> **관련판례**
>
> [외국카지노에서의 도박 : 처벌]
> 형법 제3조는 "본법은 대한민국 영역 외에서 죄를 범한 내국인에게 적용한다."고 하여 형법의 적용 범위에 관한 속인주의를 규정하고 있고, 또한 국가 정책적 견지에서 도박죄의 보호법익보다 좀더 높은 국가이익을 위하여 예외적으로 내국인의 출입을 허용하는 폐광지역개발지원에관한특별법 등에 따라 카지노에 출입하는 것은 법령에 의한 행위로 위법성이 조각된다고 할 것이나, 도박죄를 처벌하지 않는 외국 카지노에서의 도박이라는 사정만으로 그 위법성이 조각된다고 할 수 없다(대판 2004.4.23, 2002도2518). ● 검찰

Ⅲ 상습도박죄

제246조 (상습도박) ② 상습으로 제1항의 죄를 범한 사람은 3년 이하의 징역 또는 2천만원 이하의 벌금에 처한다.
제249조 (벌금의 병과) 제246조 제2항, 제247조와 제248조 제1항의 죄에 대하여는 1천만원 이하의 벌금을 병과할 수 있다.

1. 의의 및 성격

도박죄에 대하여 상습성을 이유로 책임을 가중하는 가중적 구성요건이며, 부진정신분범이다.

2. 상습성의 의의 및 판단기준

상습도박죄에 있어서의 상습성이라 함은 반복하여 도박행위를 하는 습벽으로서 행위자의 속성을 말하는데, 이러한 습벽의 유무를 판단함에 있어서는 도박의 전과나 도박횟수 등이 중요한 판단자료가 되나 도박전과가 없다 하더라도 도박의 성질과 방법, 도금의 규모, 도박에 가담하게 된 태양 등의 제반 사정을 참작하여 도박의 습벽이 인정되는 경우에는 상습성을 인정하여도 무방하다(대판 1995.7.11, 95도955). ● 경찰

> **판례 정리 … 상습성이 인정되는 경우**
>
> 1. 단시일내에 전후 6회에 걸쳐 판돈 3,000,000원여가 오간 도박의 경우, 1회의 도금 및 승패금과 압수된 금원 등에 비추어 이를 일시적인 오락으로 한 것으로는 볼 수 없고 여기에는 상습성이 있다고 할 것이다(대판 1985.6.11, 85도748).
> 2. 피고인에게 아무 전과가 없다 하더라도 2개월 10일 동안 9회에 걸쳐 도박을 하였다면 이는 상습성이 있다(대판 1983.10.25, 83도2448)

> **판례 정리 … 상습성이 부정되는 경우**
>
> 도박의 전과가 전혀 없고 이 사건 외에 도박을 한 전력이 전혀 나타나 있지 않은 피고인이 연말과 연초에 단 두차례에 한하여 평소 잘 아는 사이의 사람들과 어울려서 "도리짓고땡"이라는 도박을 한 경우 피고인에게 도벽의 습벽 즉 상습성을 인정하기는 어렵다(대판 1990.12.11, 90도2250).

3. 상습도박죄의 죄수

상습도박의 죄나 상습도박방조의 죄에 있어서의 상습성은 행위의 속성이 아니라 행위자의 속성으로서 도박을 반복해서 거듭하는 습벽을 말하는 것인 바, 도박의 습벽이 있는 자가 타인의 도박을 방조하면 상습도박방조의 죄에 해당하는 것이며, 도박의 습벽이 있는 자가 도박을 하고 또 도박방조를 하였을 경우 상습도박방조의 죄는 무거운 상습도박의 죄에 포괄시켜 1죄로서 처단하여야 한다(대판 1984.4.24, 84도195). ● 경간부, 경찰

Ⅳ 도박장소 등 개설죄

제247조 (도박장소 등 개설) 영리의 목적으로 도박을 하는 장소나 공간을 개설한 사람은 5년 이하의 징역 또는 3천만원 이하의 벌금에 처한다.
제249조 (벌금의 병과) 제246조 제2항, 제247조와 제248조제1항의 죄에 대하여는 1천만원 이하의 벌금을 병과할 수 있다.

1. 의 의

본죄는 영리의 목적으로 도박하는 장소나 공간을 개설함으로써 성립하는 범죄이다. 도박의 방조 내지 교사에 해당하는 행위를 독립된 범죄로 규정한 가중유형이다. 목적범이다. 구형법상에는 도박을 개장한 자라고 하였으나 개정형법(2013.4.5개정)에서는 **도박하는 장소나 공간을 개설한 사람**이라고 하여 범위를 넓혔다. 또한 징역형과 벌금형을 상향 조정하였다.

2. 구성요건

(1) 도박하는 장소나 공간을 개설

도박하는 장소나 공간을 개설한다고 함은 스스로 주재자가 되어 그 지배하에 도박을 할 수 있는 장소나 공간을 개설하는 것을 말한다. 따라서 도박의 주재자가 되지 않고 단순히 도박장소나 공간을 제공하는 것만으로는 도박죄의 방조범이 될 뿐이다. 장소나 공간의 상설여부를 불문한다. 인터넷 사이트에서의 도박개장도 가능하다.

> **판례 정리 … 도박개장죄가 성립하는 경우**
>
> 1. 유료낚시터를 운영하는 사람이 입장료 명목으로 요금을 받은 후 물고기에 부착된 시상번호에 따라 경품을 지급한 경우 도박개장죄가 성립한다(대판 2009.2.26, 2008도10582). ● 법행, 경찰
> 2. 인터넷 사이트 운영자가 회원들로 하여금 온라인에서 현금화할 수 있는 게임코인을 걸고 속칭 고스톱, 포커 등을 하도록 하고, 수수료 명목으로 일정액을 이익으로 취한 행위는 도박개장죄에 해당한다(대판 2008.9.11, 2008도1667). ● 법행
> 3. 성인피시방 운영자가 손님들로 하여금 컴퓨터에 접속하여 인터넷 도박게임을 하고 게임머니의 충전과 환전을 하도록 하면서 게임머니의 일정 금액을 수수료 명목으로 받은 행위는 도박개장죄에 해당한다(대판 2008.10.23, 2008도3970).
> 4. 인터넷 고스톱게임 사이트를 유료화하는 과정에서 사이트를 홍보하기 위하여 고스톱대회를 개최하면서 참가자들로부터 참가비를 받고 입상자들에게 상금을 지급한 행위는 도박개장죄에 해당한다(대판 2002.4.12, 2001도5802). ● 법행
> 5. [1] 형법 제247조의 도박개장죄는 영리의 목적으로 **도박을 개장하면 기수에 이르고, 현실로 도박이 행하여 졌음은 묻지 않는다.** 따라서 영리의 목적으로 속칭 포커나 바둑이, 고스톱 등의 인터넷 도박게임 사이트를 개설하여 운영하는 경우, 현실적으로 게임이용자들로부터 돈을 받고 게임머니를 제공하고 게임이용

자들이 위 도박게임 사이트에 접속하여 도박을 하여, 위 게임으로 획득한 게임머니를 현금으로 환전해 주는 방법 등으로 게임이용자들과 게임회사 사이에 있어서 재물이 오고갈 수 있는 상태에 있으면, 게임이용자가 위 도박게임 사이트에 접속하여 실제 게임을 하였는지 여부와 관계없이 도박개장죄는 '기수'에 이른다.

[2] 피고인이 단순히 가맹점만을 모집한 상태에서 도박게임 프로그램을 시험가동한 정도에 그친 것이 아니라, 가맹점을 모집하여 인터넷 도박게임이 가능하도록 시설 등을 설치하고 도박게임 프로그램을 가동하던 중 문제가 발생하여 더 이상의 영업으로 나아가지 못한 것으로 볼 여지가 있다면 이로써 도박개장죄는 이미 '기수'에 이르렀다고 볼 수 있고, 나아가 피고인이 모집한 피씨방의 업주들이 그곳을 찾은 이용자들에게 피고인이 개설한 도박게임 사이트에 접속하여 도박을 하게 한 사실이 없다고 하여 도박개장죄의 성립이 부정된다고 할 수 없다(대판 2009.12.10, 2008도5282). ● 경찰, 법행

6 사설 인터넷 도박사이트를 운영하는 사람이, 먼저 소셜 네트워크 서비스 앱에 오픈채팅방을 개설하여 아동·청소년이용음란 동영상을 게시하고 1:1 대화를 통해 불특정 다수를 위 오픈채팅방 회원으로 가입시킨 다음, 그 오픈채팅방에서 자신이 운영하는 도박사이트를 홍보하면서 회원들이 가입 시 입력한 이름, 전화번호 등을 이용하여 전화를 걸어 위 도박사이트 가입을 승인해주는 등의 방법으로 가입을 유도하고 그 도박사이트를 이용하여 도박을 하게 하였다면, 영리를 목적으로 도박공간을 개설한 행위가 인정됨은 물론, 나아가 영리를 목적으로 아동·청소년이용음란물을 공연히 전시한 행위도 인정된다(대판 2020.9.24, 2020도8978).

> **판례 정리 … 도박개장죄가 성립하지 않는 경우**
>
> 인터넷 게임사이트의 온라인게임에서 통용되는 사이버머니를 구입하고자 하는 사람을 유인하여 돈을 받고 위 게임사이트에 접속하여 일부러 패하는 방법으로 사이버머니를 판매한 사람에 대하여, 정범인 위 게임사이트 개설자의 도박개장행위를 인정할 수 없는 이상 종범인 도박개장방조죄도 성립하지 않는다(대판 2007.11.29, 2007도8050). ● 경찰, 사시

2. 기수시기

영리의 목적으로 도박을 개장하면 기수가 된다.

3. 영리의 목적

형법 제247조의 **도박개장죄**는 영리의 목적으로 스스로 주재자가 되어 그 지배하에 도박장소를 개설함으로써 성립하는 것으로 **도박죄와는 별개의 독립된 범죄**이다. 여기서 '**영리의 목적**'이란 도박개장의 대가로 불법한 재산상의 이익을 얻으려는 의사를 의미하고, 반드시 도박개장의 **직접적 대가**가 아니라 도박개장을 통하여 **간접적**으로 얻게 될 이익을 위한 경우에도 영리의 목적이 인정되며, 또한 **현실적으로 그 이익을 얻었을 것을 요하지는 않는다**(대판 2008.10.23, 2008도3970). ● 경간부

> **참조판례**
>
> 형법 제247조의 **도박개장죄**는 영리의 목적으로 스스로 주재자가 되어 그 지배 아래 도박장소를 개설함으로써 성립하는 범죄로서 도박죄와 별개의 독립된 범죄이고, **도박공간을 개설한 자가 도박에 참가하여 얻은 수익**은 도박공간개설을 통하여 간접적으로 얻은 이익에 당연히 포함된다고 보기도 어려워 도박공간을 개설한 자가 도박에 참가하여 얻은 수익을 도박공간개설로 얻은 범죄수익으로 몰수하거나 추징할 수 없다(대판 2022.12.29, 2022도8592). ● 법원

4. 죄 수
도박을 개장한 자가 도박을 한 경우에는 도박개장죄와 도박죄의 실체적 경합이 된다.

Ⅴ 복표발매·중개·취득죄

> 제248조 (복표의 발매등) ① 법령에 의하지 아니한 복표를 발매한 사람은 5년 이하의 징역 또는 3천만원 이하의 벌금에 처한다.
> ② 제1항의 복표발매를 중개한 사람은 3년 이하의 징역 또는 2천만원 이하의 벌금에 처한다.
> ③ 제1항의 복표를 취득한 사람은 1천만원 이하의 벌금에 처한다.
> 제249조 (벌금의 병과) 제246조 제2항, 제247조와 제248조 제1항의 죄에 대하여는 1천만원 이하의 벌금을 병과할 수 있다

본죄는 법령에 의하지 않은 복표를 발매하거나 발매중개 또는 취득함으로써 성립하는 범죄이다. 복표도 우연성에 의하여 승패가 결정된다는 의미에서 광의의 도박죄에 해당하나 독립된 범죄로 규정한 것이다. 개정형법(2013.4.5 개정)에서는 구형법에 비해 징역형과 벌금형을 상향조정하였다.

관련판례

[복표의 개념]
[1] 형법은 각칙 제23장에서 '도박과 복표에 관한 죄'라는 제목 아래 도박죄와 함께 복표발매죄 등을 규정하고 있는바, 복표도 우연에 의하여 승패가 결정된다는 의미에서 도박에 유사한 측면이 있으므로, 건전한 국민의 근로관념과 사회의 미풍양속을 보호하려는 데에 그 발매 등의 행위를 제한하고 처벌할 이유가 있는 것이고, 여기에다가 사행행위등규제및처벌특례법 제2조 제1항 제1호 (가)목의 규정 취지를 종합하여 보면, 형법 제248조가 규정하는 복표의 개념요소는 ① 특정한 표찰일 것, ② 그 표찰을 발매하여 다수인으로부터 금품을 모을 것, ③ 추첨 등의 우연한 방법에 의하여 그 다수인 중 일부 당첨자에게 재산상의 이익을 주고 다른 참가자에게 손실을 줄 것의 세 가지로 파악할 수 있으며, 이 점에서 경제상의 거래에 부수하는 특수한 이익의 급여 내지 가격할인에 불과한 경품권이나 사은권 등과는 그 성질이 다른 것이지만, 어떠한 표찰이 형법 제248조 소정의 복표에 해당하는지 여부는 그 표찰 자체가 갖는 성질에 의하여 결정되어야 하고, 그 기본적인 성질이 위와 같은 개념요소를 갖추고 있다면, 거기에 광고 등 다른 기능이 일부 가미되어 있는 관계로 당첨되지 않은 참가자의 손실을 그 광고주 등 다른 사업주들이 대신 부담한다고 하더라도, 특별한 사정이 없는 한 복표로서의 성질을 상실하지는 않는다.
[2] 이른바 '광고복권'은 통상의 경우 이를 홍보 및 판촉의 수단으로 사용하는 사업자들이 당첨되지 않은 참가자들의 손실을 대신 부담하여 주는 것일 뿐, 그 자체로는 추첨 등의 우연한 방법에 의하여 일부 당첨자에게 재산상의 이익을 주고 다른 참가자에게 손실을 주는 복표로서의 성질을 갖추고 있다고 보아 형법 제248조 소정의 복표에 해당한다(대판 2003.12.26, 2003도5433).

제3절 신앙에 관한 죄

I 서 설

신앙에 관한 죄란 공중의 종교생활의 평온과 종교감정을 침해하는 것을 내용으로 하는 범죄이다.

II 장례식등 방해죄

제158조 (장례식등의 방해) 장례식, 제사, 예배 또는 설교를 방해한 자는 3년 이하의 징역 또는 500만원 이하의 벌금에 처한다.

관련판례

① [1] 형법 제158조에 규정된 예배방해죄는 공중의 종교생활의 평온과 종교감정을 그 보호법익으로 하는 것이므로, 예배중이거나 예배와 시간적으로 밀접불가분의 관계에 있는 준비단계에서 이를 방해하는 경우에만 성립한다.
[2] 교회의 교인이었던 사람이 교인들의 총유인 교회 현판, 나무십자가 등을 떼어 내고 예배당 건물에 들어가 출입문 자물쇠를 교체하여 7개월 동안 교인들의 출입을 막은 사안에서, 장기간 예배당 건물의 출입을 통제한 위 행위는 교인들의 예배 내지 그와 밀접불가분의 관계에 있는 준비단계를 계속하여 방해한 것으로 볼 수 없어 예배방해죄가 성립하지 않는다(대판 2008.2.1, 2007도5296). ● 경찰승진
② 제사상에 사용할 음식을 마련하여 임시로 작은 상 위에 올려놓은 것을 발로 찼다는 정도의 행위는 제전방해죄에 해당되지 않는다(대판 1982.2.23, 81도2691). ● 경간부
③ 장례식방해죄는 장례식의 평온과 공중의 추모감정을 보호법익으로 하는 이른바 **추상적 위험범**으로서 범인의 행위로 인하여 장례식이 현실적으로 저지 내지 방해되었다고 하는 결과의 발생까지 요하지 않고 방해행위의 수단과 방법에도 아무런 제한이 없으며 일시적인 행위라 하더라도 무방하나, 적어도 객관적으로 보아 장례식의 평온한 수행에 지장을 줄 만한 행위를 함으로써 장례식의 절차와 평온을 저해할 위험이 초래될 수 있는 정도는 되어야 비로소 방해행위가 있다고 보아 장례식방해죄가 성립한다고 할 것이다(대판 2013.2.14, 2010도13450).

III 시체에 관한 죄

1. 시체·유골·유발오욕죄

제159조 (시체 등의 오욕) 시체, 유골 또는 유발(遺髮)을 오욕한 자는 2년 이하의 징역 또는 500만원 이하의 벌금에 처한다.

2. 분묘발굴죄

제160조 (분묘의 발굴) 분묘를 발굴한 자는 5년 이하의 징역에 처한다.
제162조 (미수범) 전2조의 미수범은 처벌한다.

> **관련판례**
>
> **[분묘에 해당하는 경우]**
> ① 분묘발굴죄의 객체인 분묘는 사람의 사체, 유골, 유발 등을 매장하여 제사나 예배 또는 기념의 대상으로 하는 장소를 말하는 것이고, 사체나 유골이 토괴화하였을 때에도 분묘인 것이며, 그 사자가 누구인지 불명하다고 할지라도 현재 제사 숭경하고 종교적 예의의 대상으로 되어 있고 이를 수호봉사하는 자가 있으면 여기에 해당한다고 할 것이다(대판 1990.2.13, 89도2061).
> ② 묘의 봉분이 없어지고 평토화 가까이 되어 있고 묘비 등 표식이 없어 그 묘 있음을 확인할 수 없는 분묘라 하더라도 현재 이를 제사 숭경하고 종교적 의례의 대상으로 하는 자가 있는 경우에는 그가 바로 무연고분으로서 제사와 신앙의 대상이 되는 분묘라 할 수 없다거나 분묘발굴죄의 객체인 분묘에 해당되지 않는다고는 할 수 없으므로 암장된 분묘라 하더라도 당국의 허가없이 자구행위로 이를 발굴하여 개장할 수는 없는 것이다(대판 1976.10.29, 76도2828).

> **관련판례**
>
> **[분묘발굴죄의 위법성조각 요건]**
> [1] 분묘발굴죄는 그 분묘에 대하여 아무런 권한 없는 자나 또는 권한이 있는 자라도 사체에 대한 종교적 양속에 반하여 함부로 이를 발굴하는 경우만을 처벌대상으로 삼는 취지라고 보아야 할 것이므로 법률상 그 분묘를 수호, 봉사하며 관리하고 처분할 권한이 있는 자 또는 그로부터 정당하게 승낙을 얻은 자가 사체에 대한 종교적, 관습적 양속에 따른 존숭의 예를 갖추어 이를 발굴하는 경우에는 그 행위의 위법성은 조각된다고 할 것이고, 한편 분묘에 대한 봉사, 수호 및 관리, 처분권은 종중이나 그 후손들 모두에게 속하여 있는 것이 아니라 오로지 그 분묘에 관한 호주상속인에게 전속하는 것으로서 이와 같은 법리는 사후양자로서 그 가를 계승한 경우에도 다르지 아니하다.
> [2] 사실상 분묘를 관리, 수호하고 망인의 봉제사를 행하여 오던 피고인이 실질상 손이 끊겨 수호 관리하기 힘든 조상들의 묘를 화장 방식으로 바꾸기로 한 종중의 결의에 따라 망인의 사망 당시 호주의 사후양자로 그를 호주상속하여 망인의 가를 계승한 양손자의 승낙하에 종교적 예를 갖추어 그 분묘를 발굴하였다면, 비록 그 발굴 전에 망인의 출가한 양손녀들의 승낙을 얻지 아니하였다 하더라도 이를 위법한 행위라고 단정할 수 없다(대판 1995.2.10, 94도1190).

> **관련판례**
>
> **[분묘발굴죄의 성립]**
> ① 토지구획정리사업시행자로부터 분묘의 개장명령을 받았다 하더라도 그 분묘를 보존 수호하는 권한있는 자의 제지를 무릅쓰고 한 분묘발굴행위가 정당한 것으로 될 수는 없고 또 그와 같은 개장명령이 있었다 하여 매장및묘지등에관한법률에 정한 절차에 따른 개장신고를 하지 않아도 된다고 볼 수도 없다(대판 1978.5.9, 77도3588).
> ② 분묘발굴의 피해법익은 종교감정의 공서양속을 해치는데 있으므로 생모의 묘를 설묘관리하는 "갑"의 의사에 반하여 그 묘를 발굴한 "을"은 설령 그 묘가 자기의 생모("갑"과는 이부동복간)의 묘라도 죄가 성립한다(대판 1971.10.25, 71도1727).

3. 시체 등 손괴·유기·은닉·영득죄

제161조 (시체 등의 유기 등) ① 시체, 유골, 유발 또는 관 속에 넣어 둔 물건을 손괴(損壞), 유기, 은닉 또는 영득(領得)한 자는 7년 이하의 징역에 처한다.
② 분묘를 발굴하여 제1항의 죄를 지은 자는 10년 이하의 징역에 처한다.
제162조 (미수범) 미수범은 처벌한다.

판례 정리 ··· 시체유기등죄 성립여부

① 일반화장절차에 따라 피해자의 시신을 화장하여 일반의 장례의 의례를 갖추었다면 비록 그것이 범행을 은폐할 목적으로 행해졌더라도 사자에 대한 종교적 감정을 침해하여 사체를 유기한 것이라고 할 수 없다(대판 1998.3.10, 98도51)
② 사람을 살해한 자가 그 사체를 다른 장소로 옮겨 유기하였을 때에는 별도로 사체유기죄가 성립(살인죄와 사체유기죄의 경합)하고, 이와 같은 사체유기를 불가벌적 사후행위로 볼 수는 없다(대판 1997.7.25, 97도1142). ● 경찰
③ 피고인이 관리하는 과수원에서 노무자로서 종사하던 자가 자살한 경우에 비록 법률상 또는 계약상의 의무는 아니라 할지라도 당연히 관할관서에의 신고 또는 그 유가족에게 연락하는 등 상당한 조치를 취하였어야 할 조리상의 의무를 기대할 수 있는 바, 피고인이 이에 반하여 임의로 사체를 지하에 매몰한 행위는 사체유기죄가 성립한다(대판 1961.1.18, 4293형상859). ● 경찰간부
④ 살인, 강도살인등의 목적으로 사람을 살해한 자가 그 살해의 목적을 수행함에 있어 사후 사체의 발견이 불가능 또는 심히 곤란하게 하려는 의사로 인적이 드문 장소로 피해자를 유인하거나 실신한 피해자를 끌고가서 그곳에서 살해하고 사체를 그대로 둔채 도주한 경우에는 비록 결과적으로 사체의 발견이 현저하게 곤란을 받게 되는 사정이 있다 하더라도 별도로 사체은닉죄가 성립되지 아니한다(대판 1986.6.24, 86도891). ● 법행
⑤ 형법 제161조가 규정한 유골손괴죄는 사자에 대한 사회적 풍속으로서의 종교적 감정 또는 종교적 평온을 보호법익으로 하는 것으로서, 사자에 대한 숭경의 감정을 해치는 위법한 물질적 손괴 행위를 그 대상으로 한다. … 제사주재자 또는 그로부터 정당하게 승낙을 얻은 자의 동의 없이 함부로 유골의 물리적 형상을 변경하는 등으로 훼손하는 것은 사자에 대한 경애·추모 등 사회적 풍속으로서의 종교적 감정 또는 종교적 평온을 해치는 '손괴'에 해당한다고 평가할 수 있다. (대판 2024.10.8, 2023도15883) ☞ 피고인들이 공모하여 이 사건 임야에서 A 등 자손들 동의 없이 포크레인 등 중장비를 이용하여 위 임야에 있는 A의 증조부모 합장분묘, A의 조부모 합장분묘, A의 다른 조모분묘를 발굴하고, 장례업체 직원들로 하여금 그곳에서 수습된 유골을 ○○추모공원에서 화장 후 안치하도록 하여 이 사건 유골을 훼손한 사건임(대판 2024.10.8, 2023도15883).

4. 변사체검시방해죄

제163조 (변사체 검시 방해) 변사자의 시체 또는 변사(變死)로 의심되는 시체를 은닉하거나 변경하거나 그 밖의 방법으로 검시(檢視)를 방해한 자는 700만원 이하의 벌금에 처한다.

(1) 형법 제163조의 변사자라 함은 부자연한 사망으로서 그 사인이 분명하지 않은 자를 의미하고 그 사인이 명백한 경우는 변사자라 할 수 없으므로, 범죄로 인하여 사망한

것이 명백한 자의 사체는 같은 법조 소정의 변사체검시방해죄의 객체가 될 수 없다 (대판 2003. 6. 27, 2003도1331). ● 경찰승진

(2) 의사 甲이 A가 자궁 외 임신으로 자신의 병원에 입원하여 수술을 받고 입원치료를 받고 있던 중 폐동맥 천색증이 발생하여 그 치료를 하였으나 결국 사망하게 되자 A의 남편이 그 사체 인도를 요구하므로 이에 사체를 인도한 경우 사인이 명백하여 변사자가 아니므로 변사체검시방해죄가 성립되지 않는다(대판 1970. 2. 24. 69도2272).
● 해경간부

판례로 보는
형법 교과서

제 3 편
국가적 법익에 관한 죄

Chapter 01 국가의 존립과 권위에 대한 죄
Chapter 02 국가의 기능에 대한 죄

CHAPTER 01 국가의 존립과 권위에 대한 죄

제1절 내란의 죄

I 서설

폭행에 의하여 국가의 존립질서와 헌법질서를 위태롭게 하는 범죄를 말한다.

II 내란죄

제87조 (내란) 대한민국 영토의 전부 또는 일부에서 국가권력을 배제하거나 국헌을 문란하게 할 목적으로 폭동을 일으킨 자는 다음 각 호의 구분에 따라 처벌한다.
1. 우두머리는 사형, 무기징역 또는 무기금고에 처한다.
2. 모의에 참여하거나 지휘하거나 그 밖의 중요한 임무에 종사한 자는 사형, 무기 또는 5년 이상의 징역이나 금고에 처한다. 살상, 파괴 또는 약탈 행위를 실행한 자도 같다.
3. 부화수행(附和隨行)하거나 단순히 폭동에만 관여한 자는 5년 이하의 징역이나 금고에 처한다.

제89조 (미수범) 전2조의 미수범은 처벌한다.
제91조(국헌문란의 정의) 본장에서 국헌을 문란할 목적이라 함은 다음 각호의 1에 해당함을 말한다.
1. 헌법 또는 법률에 정한 절차에 의하지 아니하고 헌법 또는 법률의 기능을 소멸시키는 것.
2. 헌법에 의하여 설치된 국가기관을 강압에 의하여 전복 또는 그 권능행사를 불가능하게 하는 것.

1. 객관적 구성요건

(1) 주 체

내란 가담자들이 하나의 내란을 구성하는 일련의 폭동행위 전부에 대하여 이를 모의하거나 관여한 바가 없다고 하더라도, 내란집단의 구성원으로서 전체로서의 내란에 포함되는 개개 행위에 대하여 부분적으로라도 그 모의에 참여하거나 기타의 방법으로 기여하였음이 인정된다면, 그 일련의 폭동행위 전부에 대하여 내란죄의 책임을 면할 수 없다(대판 1997.4.17, 96도3376 전원합의체). ● 법행

(2) 행 위

내란죄의 구성요건인 폭동의 내용으로서의 폭행 또는 협박은 일체의 유형력의 행사나 외포심을 생기게 하는 해악의 고지를 의미하는 최광의의 폭행·협박을 말하는 것으로서, 이를 준비하거나 보조하는 행위를 전체적으로 파악한 개념이며, 그 정도가 한 지방의 평온을 해할 정도의 위력이 있음을 요한다(대판 1997.4.17, 96도3376 전원합의체). ● 경찰간부

(3) 기수시기

내란죄는 국토를 참절하거나 국헌을 문란할 목적으로 폭동한 행위로서, 다수인이 결합하여 위와 같은 목적으로 한 지방의 평온을 해할 정도의 폭행·협박행위를 하면 기수가 되고, 그 목적의 달성 여부는 이와 무관한 것으로 해석되므로, 다수인이 한 지방의 평온을 해할 정도의 폭동을 하였을 때 이미 내란의 구성요건은 완전히 충족된다고 할 것이어서 상태범으로 봄이 상당하다(대판 1997.4.17, 96도3376 전원합의체). ● 사시

2. 주관적 구성요건

(1) 국헌문란의 의미

국헌문란이란 대한민국의 기본적 헌법질서를 침해하는 것을 의미한다.

(2) 내란죄의 목적의 인식정도

내란죄에 있어서의 국헌문란의 목적은 엄격한 증명사항에 속하고 직접적임을 요하나 결과발생의 희망, 의욕임을 필요로 한다고 할 수는 없고, 또 확정적 인식임을 요하지 아니하며, 다만 미필적인식이 있으면 족하다 할 것이다(대판 1980.5.20, 80도306).

● 사시

3. 공범관계

(1) 총칙상의 공범규정 적용여부

내란죄는 필요적 공범이므로 내부참가자에게 총칙상의 공범규정이 적용되지 않는다(다수설).

(2) 목적 없는 고의 있는 도구를 이용한 간접정범의 성부

범죄는 '어느 행위로 인하여 처벌되지 아니하는 자'를 이용하여서도 이를 실행할 수 있으므로, 내란죄의 경우에도 '국헌문란의 목적'을 가진 자가 그러한 목적이 없는 자를 이용하여 이를 실행할 수 있다(대판 1997.4.17, 96도3376 전원합의체). ● 사시

4. 죄 수

(1) 내란죄는 그 구성요건의 의미 내용 그 자체가 목적에 의하여 결합된 다수의 폭동을 예상하고 있는 범죄라고 할 것이므로, 내란행위자들에 의하여 애초에 계획된 국헌문란의 목적을 위하여 행하여진 일련의 폭동행위는 단일한 내란죄의 구성요건을 충족하는 것으로서 이른바 단순일죄로 보아야 한다(대판 1997.4.17, 96도3376 전원합의체).

(2) 내란죄와 살인죄 및 내란목적살인죄와의 관계

내란목적살인죄는 국헌을 문란할 목적을 가지고 직접적인 수단으로 사람을 살해함으로써 성립하는 범죄라 할 것이므로, 국헌문란의 목적을 달성함에 있어 <u>내란죄가 '폭동'을 그 수단으로 함에 비하여 내란목적살인죄는 '살인'을 그 수단으로 하는 점에서 두 죄는 엄격히 구별된다.</u> 따라서 **내란의 실행과정에서 폭동행위에 수반하여 개별적으로 발생한 살인**행위는 내란행위의 한 구성요소를 이루는 것이므로 내란행위에 흡수되어 내란목적살인의 별죄를 구성하지 아니하나, **특정인 또는 일정한 범위 내의 한정된 집단에 대한 살해**가 내란의 와중에 폭동에 수반하여 일어난 것이 아니라 <u>그것 자체가 의도적으로 실행된 경우에는 이러한 살인행위는 내란에 흡수될 수 없고 내란목적살인의 별죄를 구성한다</u>(대판 1997.4.17, 96도3376 전원합의체).

Ⅲ 내란목적살인죄

제88조 (내란목적의 살인) 대한민국 영토의 전부 또는 일부에서 국가권력을 배제하거나 국헌을 문란하게 할 목적으로 사람을 살해한 자는 사형, 무기징역 또는 무기금고에 처한다.
제89조 (미수범) 미수범은 처벌한다.

Ⅳ 내란예비 · 음모 · 선동 · 선전죄

제90조 (예비, 음모, 선동, 선전) ① 제87조 또는 제88조의 죄를 범할 목적으로 예비 또는 음모한 자는 3년 이상의 유기징역이나 유기금고에 처한다. 단, 그 목적한 죄의 실행에 이르기 전에 자수한 때에는 그 형을 감경 또는 면제한다.
② 제87조 또는 제88조의 죄를 범할 것을 선동 또는 선전한 자도 전항의 형과 같다.

관련판례

[1] <u>내란선동죄는 내란이 실행되는 것을 목표로 선동함으로써 성립하는 독립한 범죄이고, 선동으로 말미암아 피선동자들에게 반드시 범죄의 결의가 발생할 것을 요건으로 하지 않는다.</u> 즉 내란선동은 주로 내란행위의 외부적 준비행위에도 이르지 않은 단계에서 이루어지지만, 다수인의 심리상태에 영향을 주는 방법으로 내란의 실행욕구를 유발 또는 증대시킴으로써 집단적인 내란의 결의와 실행으로 이어지게 할 수 있는 파급력이 큰 행위이다. 따라서 <u>내란을 목표로 선동하는 행위는 그 자체로 내란예비 · 음모에 준하는 불법성이 있다고 보아 내란예비 · 음모와 동일한 법정형으로 처벌되는 것이다.</u>
[2] 내란선동죄에서 '국헌을 문란할 목적'이란 "헌법 또는 법률에 정한 절차에 의하지 아니하고 헌법 또는 법률의 기능을 소멸시키는 것(형법 제91조 제1호)" 또는 "헌법에 의하여 설치된 국가기관을 강압에 의하여 전복 또는 그 권능행사를 불가능하게 하는 것(같은 조 제2호)"을 말한다. 국헌문란의 목적은 범죄 성립을 위하여 고의 외에 요구되는 초과주관적 위법요소로서 엄격한 증명사항에 속하나, 확정적 인식임을 요하지 아니하며, 다만 미필적 인식이 있으면 족하다. 그리고 <u>국헌문란의 목적이 있었는지 여부는 피고인들</u>

이 이를 자백하지 않는 이상 외부적으로 드러난 피고인들의 행위와 그 행위에 이르게 된 경위 등 사물의 성질상 그와 관련성 있는 간접사실 또는 정황사실을 종합하여 판단하면 되고, 선동자의 표현 자체에 공격대상인 국가기관과 그를 통해 달성하고자 하는 목표, 실현방법과 계획이 구체적으로 나타나 있어야만 인정되는 것은 아니다.

[3] 또한, 형법상 내란죄의 구성요건인 폭동의 내용으로서의 폭행 또는 협박은 일체의 유형력의 행사나 외포심을 생기게 하는 해악의 고지를 의미하는 최광의의 폭행·협박을 말하는 것으로서, 이를 준비하거나 보조하는 행위를 전체적으로 파악한 개념이며, 그 정도가 한 지방의 평온을 해할 정도의 위력이 있음을 요한다.

[4] 내란선동이란 내란이 실행되는 것을 목표로 하여 피선동자들에게 내란행위를 결의, 실행하도록 충동하고 격려하는 일체의 행위를 말한다. 내란선동은 주로 언동, 문서, 도화 등에 의한 표현행위의 단계에서 문제되는 것이므로 내란선동죄의 구성요건을 해석함에 있어서는 국민의 기본권인 표현의 자유가 위축되거나 본질이 침해되지 아니하도록 죄형법정주의의 기본정신에 따라 엄격하게 해석하여야 한다. 따라서 내란을 실행시킬 목표를 가지고 있다 하여도 단순히 특정한 정치적 사상이나 추상적인 원리를 옹호하거나 교시하는 것만으로는 내란선동이 될 수 없고, 그 내용이 내란에 이를 수 있을 정도의 폭력적인 행위를 선동하는 것이어야 하고, 나아가 피선동자의 구성 및 성향, 선동자와 피선동자의 관계 등에 비추어 피선동자에게 내란 결의를 유발하거나 증대시킬 위험성이 인정되어야만 내란선동으로 볼 수 있다. 언어적 표현행위는 매우 추상적이고 다의적일 수 있으므로 그 표현행위가 위와 같은 내란선동에 해당하는지를 가림에 있어서는 선동행위 당시의 객관적 상황, 발언 등의 장소와 기회, 표현 방식과 전체적인 맥락 등을 종합하여 신중하게 판단하여야 한다.

[5] 다만 선동행위는 선동자에 의하여 일방적으로 행해지고, 그 이후 선동에 따른 범죄의 결의 여부 및 그 내용은 선동자의 지배영역을 벗어나 피선동자에 의하여 결정될 수 있으며, 내란선동을 처벌하는 근거가 선동행위 자체의 위험성과 불법성에 있다는 점 등을 전제하면, 내란선동에 있어 시기와 장소, 대상과 방식, 역할분담 등 내란 실행행위의 주요 내용이 선동 단계에서 구체적으로 제시되어야 하는 것은 아니고, 또 선동에 따라 피선동자가 내란의 실행행위로 나아갈 개연성이 있다고 인정되어야만 내란선동의 위험성이 있는 것으로 볼 수도 없다.

[6] 내란선동은 내란범죄의 실행행위에 이르지 아니함은 물론 준비행위에도 이르지 아니한 것으로서 단지 언어적인 표현행위일 뿐이므로 내란음모죄와 마찬가지로 그 행위에 대한 평가 여하에 따라서는 적용범위가 무한히 확장될 가능성이 있고, 그러한 경우에는 표현의 자유를 위축시키고 죄형법정주의 원칙에도 위배될 우려가 크다. 더욱이 내란음모죄와 달리 '2인 이상의 합의'를 필요로 하지 아니하는 내란선동죄에서의 선동은 선동자가 일방적으로 한 언어적 표현행위에 불과하고 피선동자가 현실적으로 영향을 받을 것을 요건으로 하지도 아니한다는 측면에서 내란선동죄는 내란음모죄보다도 성립범위가 지나치게 확장될 우려가 더 크다. 아울러 내란선동은 대개 내란음모의 전 단계에 위치하는 것으로서 내란음모보다 내란의 직접적인 실현가능성이 높지 아니함에도 형법은 내란선동죄를 내란음모와 동일한 법정형으로 규정하고 있는 점에서도, 내란선동죄는 내란음모죄에 상응한 정도의 위험성이 있는 경우에 한하여 범죄 성립을 인정하여야 하고, 이를 위하여는 구성요건을 객관적인 기준에 의하여 더욱 엄격하게 해석·적용할 필요가 있다(반대의견에서 발췌).

[7] 음모는 실행의 착수 이전에 2인 이상의 자 사이에 성립한 범죄실행의 합의로서, 합의 자체는 행위로 표출되지 않은 합의 당사자들 사이의 의사표시에 불과한 만큼 실행행위로서의 정형이 없고, 따라서 합의의 모습 및 구체성의 정도도 매우 다양하게 나타날 수밖에 없다. 그런데 어떤 범죄를 실행하기로 막연하게 합의한 경우나 특정한 범죄와 관련하여 단순히 의견을 교환한 경우까지 모두 범죄실행의 합의가 있는 것으로 보아 음모죄가 성립한다고 한다면 음모죄의 성립범위가 과도하게 확대되어 국민의 기본권인 사상과 표현의 자유가 위축되거나 그 본질이 침해되는 등 죄형법정주의 원칙이 형해화될 우려가 있으므로, 음모죄의 성립범위도 이러한 확대해석의 위험성을 고려하여 엄격하게 제한하여야 한다.

[8] 내란죄의 주체는 국토를 참절하거나 국헌을 문란할 목적을 이룰 수 있을 정도로 조직화된 집단으로서 다수의 자이어야 하고, 그 역할도 수괴, 중요한 임무에 종사한 자, 부화수행한 자 등으로 나뉜다(형법 제87조 각 호 참조). 또한, 실행행위인 폭동행위는 살상, 파괴, 약탈, 단순 폭동 등 여러 가지 폭력행위가 혼합되어 있고, 그 정도가 한 지방의 평온을 해할 정도의 위력이 있음을 요한다.

[9] 2인 이상의 자 사이에 어떠한 폭동행위에 대한 합의가 있는 경우에도 공격의 대상과 목표가 설정되어 있지 않고, 시기와 실행방법이 어떠한지를 알 수 없으면 그것이 '내란'에 관한 음모인지를 알 수 없다. 따라서 내란음모가 성립하였다고 하기 위해서는 개별 범죄행위에 관한 세부적인 합의가 있을 필요는 없으나, 공격의 대상과 목표가 설정되어 있고, 그 밖의 실행계획에 있어서 주요 사항의 윤곽을 공통적으로 인식할 정도의 합의가 있어야 한다. 나아가 합의는 실행행위로 나아간다는 확정적인 의미를 가진 것이어야 하고, 단순히 내란에 관한 생각이나 이론을 논의한 것으로는 부족하다. 내란음모죄에 해당하는 합의가 있다고 하기 위해서는 단순히 내란에 관한 범죄결심을 외부에 표시·전달하는 것만으로는 부족하고 객관적으로 내란범죄의 실행을 위한 합의라는 것이 명백히 인정되고, 그러한 합의에 실질적인 위험성이 인정되어야 할 것이다.

[10] 내란음모가 실질적 위험성이 있는지 여부는 합의 내용으로 된 폭력행위의 유형, 내용의 구체성, 계획된 실행시기와의 근접성, 합의 당사자의 수와 합의 당사자들 사이의 관계, 합의의 강도, 합의 당시의 사회정세, 합의를 사전에 준비하였는지 여부, 합의의 후속 조치가 있었는지 여부 등을 종합적으로 고려하여 판단하여야 한다.

[11] 특정 정당 소속의 국회의원 피고인 갑 및 지역위원장 피고인 을이 공모하여, 이른바 조직원들과 두 차례 회합을 통하여 회합 참석자 130여 명에게 한반도에서 전쟁이 발발하는 등 유사시에 상부 명령이 내려지면 바로 전국 각 권역에서 국가기간시설 파괴 등 폭동을 할 것을 주장함으로써 내란의 죄를 범할 것을 선동하였다는 내용으로 기소된 사안에서, 당시의 한반도 정세, 각 회합의 내용 및 경위, 회합 참석자들의 성향·구성 및 피고인들과 관계, 피고인들의 경력과 범죄전력, 피고인들이 각 회합에서 맡은 역할과 발언 내용, 회합 참석자들의 강연 청취태도 및 발언 등 제반 사정을 종합할 때, 피고인들의 발언은 아직 전쟁 위기가 완전히 해소된 상태가 아니고 북한의 도발이 계속되는 당시의 상황에서 각 회합 참석자들에게 특정 정세를 전쟁 상황으로 인식하고 가까운 장래에 구체적인 내란의 결의를 유발하거나 증대시킬 위험성이 충분하므로, 피고인들의 행위는 그 자체로 위험성이 있는 **내란 선동행위**에 해당한다는 이유로, 피고인들에게 **유죄**를 인정한 원심판단을 정당하다고 한 사례

[12] 특정 정당 소속의 국회의원 피고인 갑 및 지역위원장 피고인 을을 비롯한 피고인들이, 이른바 조직원들과 회합을 통하여 회합 참석자 130여 명과 한반도에서 전쟁이 발발하는 등 유사시에 상부 명령이 내려지면 바로 전국 각 권역에서 국가기간시설 파괴 등 폭동을 할 것을 통모함으로써 내란의 죄를 범할 목적으로 음모하였다는 내용으로 기소된 사안에서, 당시의 한반도 정세, 회의의 내용 및 경위, 회합 참석자들의 성향·구성 및 피고인들과 관계, 피고인들의 경력과 범죄전력, 피고인들이 회합에서 맡은 역할과 발언 내용, 회합 참석자들의 강연 청취태도 및 발언 등 제반 사정에 비추어 볼 때, 피고인들을 비롯한 회합 참석자들이 전쟁 발발시 대한민국의 체제를 전복하기 위하여 구체적인 물질적 준비방안을 마련하라는 피고인 갑의 발언에 호응하여 선전전, 정보전, 국가기간시설 파괴 등을 논의하기는 하였으나, 1회적인 토론의 정도를 넘어서 내란의 실행행위로 나아가겠다는 확정적인 의사의 합치에 이르렀다고 보기 어려워 형법상 내란음모죄 성립에 필요한 '내란범죄 실행의 합의'를 하였다고 할 수 없다는 이유로, 피고인들에게 **무죄**를 선고한 원심판단을 정당하다고 한 사례(대판 2015.1.22, 2014도10978 전원합의체)

제2절 외환의 죄

I 서설

외환을 유치하거나 대한민국에 항적하거나 적국에 이익을 제공하여 국가의 존립을 외부로부터 위태롭게 하는 범죄이다.

II 외환유치죄와 여적죄

1. 외환유치죄

> 제92조 (외환유치) 외국과 통모하여 대한민국에 대하여 전단을 열게 하거나 외국인과 통모하여 대한민국에 항적한 자는 사형 또는 무기징역에 처한다.
> 제100조 (미수범) 미수범은 처벌한다.
> 제104조 (동맹국) 본장의 규정은 동맹국에 대한 행위에 적용한다.

2. 여적죄

> 제93조 (여적) 적국과 합세하여 대한민국에 항적한 자는 사형에 처한다.
> 제100조 (미수범) 미수범은 처벌한다.
> 제102조 (준적국) 제93조 내지 전조의 죄에 있어서는 대한민국에 적대하는 외국 또는 외국인의 단체는 적국으로 간주한다.
> 제104조 (동맹국) 본장의 규정은 동맹국에 대한 행위에 적용한다.

III 이적죄

1. 모병이적죄

> 제94조 (모병이적) ① 적국을 위하여 모병한 자는 사형 또는 무기징역에 처한다.
> ② 전항의 모병에 응한 자는 무기 또는 5년 이상의 징역에 처한다.
> 제100조 (미수범) 미수범은 처벌한다.
> 제102조 (준적국) 제93조 내지 전조의 죄에 있어서는 대한민국에 적대하는 외국 또는 외국인의 단체는 적국으로 간주한다.
> 제104조 (동맹국) 본장의 규정은 동맹국에 대한 행위에 적용한다.

2. 시설제공이적죄

> 제95조 (시설제공이적) ① 군대, 요새, 진영 또는 군용에 공하는 선박이나 항공기 기타 장소, 설비 또는 건조물을 적국에 제공한 자는 사형 또는 무기징역에 처한다.
> ② 병기 또는 탄약 기타 군용에 공하는 물건을 적국에 제공한 자도 전항의 형과 같다.
> 제100조 (미수범) 미수범은 처벌한다.
> 제102조 (준적국) 제93조 내지 전조의 죄에 있어서는 대한민국에 적대하는 외국 또는 외국인의 단체는 적국으로 간주한다.
> 제104조 (동맹국) 본장의 규정은 동맹국에 대한 행위에 적용한다.

3. 시설파괴이적죄

> 제96조(시설파괴이적) 적국을 위하여 전조에 기재한 군용시설 기타 물건을 파괴하거나 사용할 수 없게 한 자는 사형 또는 무기징역에 처한다.
> 제100조 (미수범) 미수범은 처벌한다.
> 제102조 (준적국) 제93조 내지 전조의 죄에 있어서는 대한민국에 적대하는 외국 또는 외국인의 단체는 적국으로 간주한다.
> 제104조 (동맹국) 본장의 규정은 동맹국에 대한 행위에 적용한다.

4. 물건제공이적죄

> 제97조(물건제공이적) 군용에 공하지 아니하는 병기, 탄약 또는 전투용에 공할 수 있는 물건을 적국에 제공한 자는 무기 또는 5년 이상의 징역에 처한다.
> 제100조 (미수범) 미수범은 처벌한다.
> 제102조 (준적국) 제93조 내지 전조의 죄에 있어서는 대한민국에 적대하는 외국 또는 외국인의 단체는 적국으로 간주한다.
> 제104조 (동맹국) 본장의 규정은 동맹국에 대한 행위에 적용한다.

5. 일반이적죄

> 제99조 (일반이적) 전7조에 기재한 이외에 대한민국의 군사상 이익을 해하거나 적국에 군사상 이익을 공여하는 자는 무기 또는 3년 이상의 징역에 처한다.
> 제100조 (미수범) 미수범은 처벌한다.
> 제102조 (준적국) 제93조 내지 전조의 죄에 있어서는 대한민국에 적대하는 외국 또는 외국인의 단체는 적국으로 간주한다.
> 제104조 (동맹국) 본장의 규정은 동맹국에 대한 행위에 적용한다.

직무에 관하여 군사상 기밀을 지득한 자가 이를 적국에 누설한 경우에는 형법 제98조 제2항(군사상 기밀누설죄)에, **직무와 관계없이** 지득한 군사상 기밀을 적국에 누설한 경우에는 형법 제99조(일반이적죄)에 각 해당한다(대판 1982.11.23, 82도2239). ●사시

Ⅳ 간첩죄

> 제98조 (간첩) ① 적국을 위하여 간첩하거나 적국의 간첩을 방조한 자는 사형, 무기 또는 7년 이상의 징역에 처한다.
> ② 군사상의 기밀을 적국에 누설한 자도 전항의 형과 같다.
> 제100조 (미수범) 미수범은 처벌한다.
> 제102조 (준적국) 제93조 내지 전조의 죄에 있어서는 대한민국에 적대하는 외국 또는 외국인의 단체는 적국으로 간주한다.
> 제104조 (동맹국) 본장의 규정은 동맹국에 대한 행위에 적용한다.

1. 간 첩

(1) 적국을 위하여

형법 제98조 제1항의 <u>간첩이라 함은 **적국을 위하여**</u> 적국의 지령 사주 기타 의사의 연락하에 군사상(총력전하에서는 정치 경제, 사회, 문화에 관한 분야를 포함한 광의로 해석하여야 할 것임) 기밀사항 또는 도서 물건을 탐지 모집하는 것을 의미하는 것이므로 북괴의 지령사주 기타 **의사의 연락없이 단편적**으로 지득하였던 군사상의 기밀사항을 북괴에 납북된 상태하에서 제보한 행위는 위 법조 소정의 간첩죄에 해당하지 아니하고 다만 반공법 제4조 제1항 소정의 반국가단체를 이롭게 하는 행위에 해당한다(대판 1975.9.23, 75도1773). ● 경찰

(2) 국가기밀

① **국가기밀의 개념** : 국가보안법 제4조 제1항 제2호 (나)목에 정한 기밀을 해석함에 있어서 그 기밀은 <u>정치, 경제, 사회, 문화 등 각 방면에 관하여 반국가단체에 대하여 비밀로 하거나 확인되지 아니함이 대한민국의 이익이 되는 모든 사실, 물건 또는 지식으로서, 그것들이 국내에서의 적법한 절차 등을 거쳐 이미 일반인에게 널리 알려진 공지의 사실, 물건 또는 지식에 속하지 아니한 것이어야 하고, 또 그 내용이 누설되는 경우 국가의 안전에 위험을 초래할 우려가 있어 기밀로 보호할 실질가치를 갖춘 것이어야 할 것이다</u>(대판 1997.11.20, 97도2021 전원합의체).

② **국가기밀의 범위**

간첩죄에 있어서의 국가기밀이란 <u>순전한 의미에서의 국가기밀에만 국한할 것이 아니고 정치, 경제, 사회, 문화등 각 방면에 걸쳐서 대한민국의 국방정책상 북한에 알리지 아니하거나 확인되지 아니함이 이익이 되는 모든 기밀사항을 포함하고, 지령에 의하여 <u>민심동향을 파악·수집</u>하는 것도 이에 해당되며, 그 탐지·수집의 대상이 우리 국민의 <u>해외교포사회에 대한 정보</u>여서 그 기밀사항이 <u>국외에 존재</u>한다고 하여도 위의 국가기밀에 포함된다(대판 1988.11.8, 88도1630).

> **유사판례**
> 반국가단체 구성원으로부터 간첩지령을 받고 입국한 자가 출입국 검사관의 책상위에 있는 수배자 명단이 우연히 눈에 띈 것이라고 할지라도 이를 유심히 살핀 결과 특정 수배자를 알아냈다면 이는 간첩행위라고 보아야 한다(대판 1978.1.10, 77도3571). ☞ 국가기밀은 군사비밀뿐만 아니라 사회·경제·정치 등에 대한 기밀도 포함되므로 수배자 명단도 해당된다는 것이 판례이다. ● 간부

(3) 실행의 착수시기

간첩의 목적으로 외국 또는 북한에서 국내에 침투 또는 월남하는 경우에는 기밀탐지가 가능한 국내에 침투 상륙함으로써 간첩죄의 실행의 착수가 있다고 할 것이다(대판 1984.9.11, 84도1381). ● 경찰

> **비교판례**
> 국가보안법 2조, 7조, 형법98조 2항에서 말하는 간첩미수죄는 국가기밀을 탐지수집하라는 지령을 받았거나 소위 무인포스트를 설정하는 것만으로는 부족하고 그 지령에 따라 국가기밀을 탐지수집하는 행위의 실행의 착수가 있어야 성립된다(대판 1974.11.12, 74도2662).

(4) 기수시기

형법 제98조 제1항에 규정된 간첩행위는 기밀에 속한 사항 또는 도서, 물건을 탐지수집한 때에 기수가 되는 것이고 간첩이 탐지 수집한 사항을 타인에게 보고, 누설하는 행위는 간첩행위 자체라고는 볼 수 없다(대판 1982.2.23, 81도3063). ● 경찰

(5) 죄 수

형법 제98조 제1항의 간첩죄를 범한 자가 그 탐지·수집한 기밀을 누설한 경우 양죄를 포괄하여 1죄를 범한 것으로 보아야 하고, 간첩죄와 군사기밀누설죄의 두가지 죄를 범한 것으로 인정할 수 없다(대판 1982.4.27, 82도285).

2. 간첩방조

국가보안법 제4조 제1항 제2호, 형법 제98조 제1항에 의한 반국가단체의 구성원 또는 그 지령을 받은 자에 대한 간첩방조죄가 성립하기 위하여는 행위자는 그 방조의 상대방이 반국가단체의 간첩임을 인식하면서 간첩행위를 원조하여 용이하게 하는 행위가 요구된다(대판 1994.3.11, 93도3145). ● 사시

> **판례 정리 ⋯ 간첩방조에 해당하는 경우**
> 1. 북괴가 남파한 대남공작원을 상륙시킨 행위(대판 1961.1.27, 4293형상8070)
> 2. 북괴가 남파한 대남공작원으로 하여금 합법적인 신분을 가장케 하기 위한 행위는 간첩방조죄가 성립한다(대판 1970.10.30, 70도1870).
> 3. 국가기밀을 아는 자와 접선방법을 합의하는 것(대판 1971.9.28, 71도1333)

> **판례 정리** ··· 간첩방조에 해당하지 않는 경우
>
> 1. 간첩을 숨겨준 사실이 있다 하더라도 그 간첩이 군사기밀을 탐지, 수집, 누설하거나 하려한 사실을 인정할 수 없어서 간첩의 범행을 용이하게 하려는 의사가 있다고 볼 수 없으면 간첩방조죄는 성립되지 아니한다(대판 1979.10.10, 75도1003). ● 사시
> 2. 북괴간첩에게 숙식을 제공하였다고 하여서 반드시 간첩방조죄가 성립된다고는 할 수 없고 행위자에게 간첩의 활동을 방조할 의사와 숙식제공으로서 간첩활동을 용이하게 한 사실이 인정되어야 한다(대판 1967.1.31, 66도1661). ● 법행
> 3. 심부름으로 간첩의 안부를 전달 해준 경우(대판 1966.7.12, 66도470)
> 4. 간첩이란 적국을 위하여 국가기밀 사항을 탐지 수집하는 행위를 지칭하는 것이므로 무전기를 매몰하는 행위를 간첩행위로 볼 수 없다 하겠으니 이를 망보아 준 행위는 간첩방조죄를 구성하지 않는다(대판 1983.4.26, 83도416). ● 사시

3. 군사상의 기밀누설

형법 제98조 제2항의 기밀누설죄는 직무에 관하여 지득한 군사상의 기밀을 적국에 누설한 경우에 적용되는 것이며 이는 형법 제98조 2항이 국가보안법 2조에서 준용되는 경우에도 마찬가지다(대판 1974.8.20, 74도1479).

Ⅴ 외환예비·음모·선동·선전죄

> 제101조 (예비, 음모, 선동, 선전) ① 제92조 내지 제99조의 죄를 범할 목적으로 예비 또는 음모한 자는 2년 이상의 유기징역에 처한다. 단 그 목적한 죄의 실행에 이르기 전에 자수한 때에는 그 형을 감경 또는 면제한다.
> ② 제92조 내지 제99조의 죄를 선동 또는 선전한 자도 전항의 형과 같다.

Ⅵ 전시군수계약불이행죄

> 제103조 (전시군수계약불이행) ① 전쟁 또는 사변에 있어서 정당한 이유없이 정부에 대한 군수품또는 군용공작물에 관한 계약을 이행하지 아니한 자는 10년 이하의 징역에 처한다.
> ② 전항의 계약이행을 방해한 자도 전항의 형과 같다.

제3절 국기에 관한 죄

I 서설

대한민국을 모욕할 목적으로 국기 또는 국장을 손상·제거·오욕 또는 비방하는 것을 내용으로 하는 범죄이다. 외국인의 국외범도 처벌한다.

II 국기·국장비방죄

> 제106조 (국기, 국장의 비방) 전조의 목적으로 국기 또는 국장을 비방한 자는 1년 이하의 징역이나 금고, 5년 이하의 자격정지 또는 200만원 이하의 벌금에 처한다.

교리상 국기에 대하여 절을 해서는 안되나 국가를 존중하는 의미에서 가슴에 손을 얹고 주목하는 방법으로 경의를 표할 수 있다고 말한 것은 국기에 대한 비방에 해당하지 않는다(대판 1975.5.13, 74도2183).

제4절 국교에 관한 죄

I 서설

외국과의 평화로운 국제관계를 침해하여 국제법상 보호되는 외국의 이익을 해하고, 외국과의 국교관계 내지 대한민국의 대외적 지위를 위태롭게 하는 것을 내용으로 하는 범죄이다.

II 외국원수·사절 및 국기에 대한 죄

1. 외국원수에 대한 폭행등죄

> 제107조 (외국원수에 대한 폭행등) ① 대한민국에 체재하는 외국의 원수에 대하여 폭행 또는 협박을 가한 자는 7년 이하의 징역이나 금고에 처한다.
> ② 전항의 외국원수에 대하여 모욕을 가하거나 명예를 훼손한 자는 5년 이하의 징역이나 금고에 처한다.
> 제110조 (피해자의 의사) 제107조 내지 제109조의 죄는 그 외국정부의 명시한 의사에 반하여 공소를 제기할 수 없다.

2. 외국사절에 대한 폭행등죄

> 제108조 (외국사절에 대한 폭행등) ① 대한민국에 파견된 외국사절에 대하여 폭행 또는 협박을 가한 자는 5년 이하의 징역이나 금고에 처한다.
> ② 전항의 외국사절에 대하여 모욕을 가하거나 명예를 훼손한 자는 3년 이하의 징역이나 금고에 처한다.
> 제110조 (피해자의 의사) 제107조 내지 제109조의 죄는 그 외국정부의 명시한 의사에 반하여 공소를 제기할 수 없다.

3. 외국국기·국장모독죄

> 제109조 (외국의 국기, 국장의 모독) 외국을 모욕할 목적으로 그 나라의 공용에 공하는 국기 또는 국장을 손상, 제거 또는 오욕한 자는 2년 이하의 징역이나 금고 또는 300만원 이하의 벌금에 처한다.
> 제110조 (피해자의 의사) 제107조 내지 제109조의 죄는 그 외국정부의 명시한 의사에 반하여 공소를 제기할 수 없다.

Ⅲ 외국에 대한 사전·중립명령위반죄

1. 외국에 대한 사전죄

> 제111조 (외국에 대한 사전) ① 외국에 대하여 사전한 자는 1년 이상의 유기금고에 처한다.
> ② 전항의 미수범은 처벌한다.
> ③ 제1항의 죄를 범할 목적으로 예비 또는 음모한 자는 3년 이하의 금고 또는 500만원 이하의 벌금에 처한다. 단 그 목적한 죄의 실행에 이르기 전에 자수한 때에는 감경 또는 면제한다.

2. 중립명령위반죄

> 제112조 (중립명령위반) 외국간의 교전에 있어서 중립에 관한 명령에 위반한 자는 3년 이하의 금고 또는 500만원 이하의 벌금에 처한다.

Ⅳ 외교상 기밀누설죄

> 제113조 (외교상기밀의 누설) ① 외교상의 기밀을 누설한 자는 5년 이하의 징역 또는 1천만원 이하의 벌금에 처한다.
> ② 누설할 목적으로 외교상의 기밀을 탐지 또는 수집한 자도 전항의 형과 같다.

[1] 형법 제113조 제1항 소정의 외교상의 기밀이라 함은, 외국과의 관계에서 국가가 보지해야 할 기밀로서, 외교정책상 외국에 대하여 비밀로 하거나 확인되지 아니함이 대한민국의 이익이 되는 모든 정보자료를 말한다.

[2] **외국에 이미 널리 알려져 있는 사항은** 특단의 사정이 없는 한 이를 비밀로 하거나 확인되지 아니함이 외교정책상의 이익이 된다고 할 수 없는 것이어서 외교상의 기밀에 해당하지 아니한다.

[3] **외국언론에 이미 보도된 바 있는 우리 나라의 외교정책이나 활동에 관련된 사항**들에 관하여 정부가 이른바 보도지침의 형식으로 국내언론기관의 보도 여부 등을 통제하고 있다는 사실을 알리는 것이 외교상의 기밀을 누설한 경우에 해당하지 않는다(대판 1995.12.5, 94도2379). ● 사시

CHAPTER 02 국가의 기능에 대한 죄

제1절 공무원의 직무에 대한 죄

I 서 설

공무원이 직무에 위배하거나 직권을 남용하는 행위와 뇌물을 수수하는 행위를 내용으로 하는 범죄이다.

II 직무유기죄

1. 직무유기죄

> 제122조 (직무유기) 공무원이 정당한 이유 없이 그 직무수행을 거부하거나 그 직무를 유기한 때에는 1년 이하의 징역이나 금고 또는 3년 이하의 자격정지에 처한다.

(1) 의 의

> **관련판례**
>
> ① 직무유기죄는 공무원이 법령·내규 등에 의한 <u>추상적 충근의무</u>를 태만히 하는 일체의 경우에 성립하는 것이 아니라, 직장의 무단이탈이나 직무의 의식적인 포기 등과 같이 국가의 기능을 저해하고 국민에게 피해를 야기시킬 <u>구체적 위험성</u>이 있고 불법과 책임비난의 정도가 높은 법익침해의 경우에 한하여 성립하므로, **어떠한 형태로든 직무집행의 의사로 자신의 직무를 수행한 경우에는 그 직무집행의 내용이 위법한 것으로 평가된다는 점만으로 직무유기죄의 성립을 인정할 것은 아니다**(대판 2007.7.12, 2006도1390). 〔법행〕
> ② 직무유기죄는 그 직무를 수행하여야 하는 작위의무의 존재와 그에 대한 위반을 전제로 하고 있는 바, 그 작위의무를 수행하지 아니함으로써 구성요건에 해당하는 사실이 있었고 그 후에도 계속하여 그 작위의무를 수행하지 아니하는 위법한 <u>부작위상태가 계속되는 한 가벌적 위법상태는 계속 존재하고 있다</u>고 할 것이며 형법 제122조 후단은 이를 전체적으로 보아 1죄로 처벌하는 취지로 해석되므로 이를 <u>즉시범이라고 할 수 없다</u>(대판 1997.8.29, 97도675). 〔법행〕
> ③ 직무유기죄는 이른바 <u>부진정부작위범</u>으로서 구체적으로 그 직무를 수행하여야 할 작위의무가 있는데도 불구하고 이러한 직무를 버린다는 인식하에 그 작위의무를 수행하지 아니함으로써 성립하는 것이다(대판 1983.3.22, 82도3065). 〔사시〕

(2) 구성요건

① 주체 : 병가중인 자의 경우 구체적인 작위의무 내지 국가기능의 저해에 대한 구체적인 위험성이 있다고 할 수 없어 직무유기죄의 주체로 될 수는 없다(대판 1997.4. 22, 95도748). ☞ 직무유기죄는 구체적 위험범이다. ● 경찰

② 행 위

㉠ 직무 : 직무는 공무원법상의 본래의 직무 또한 고유한 직무이다.

㉡ 직무수행거부와 직무유기

ⓐ 공무원이 정당한 이유 없이 직무를 유기한 때라 함은 직무에 관한 의식적인 방임 내지 포기 등 정당한 사유 없이 직무를 수행하지 아니한 경우를 의미하는 것이므로 공무원이 태만, 분망, 착각 등으로 인하여 직무를 성실히 수행하지 아니한 경우나 형식적으로 또는 소홀히 직무를 수행하였기 때문에 성실한 직무수행을 못한 것에 불과한 경우에는 직무유기죄는 성립하지 아니한다(대판 1997.8.29, 97도675). ● 경찰

ⓑ 형법 제122조에 규정된 직무유기죄의 성립에는 주관적으로 직무를 버린다는 인식과 객관적으로 직무 또는 직장을 벗어나는 행위가 있어야 하므로 전매공무원인 피고인이 외제담배를 긴급압수한 후 도주한 범칙자를 찾는데 급급하여 미처 압수수색영장을 신청하지 못한 경우와 같이 직무수행과 관련하여 태만, 분망, 착각 등 일신상 또는 객관적 사유로 인하여 부당한 결과를 초래한 것에 불과한 경우에는 직무유기죄는 성립하지 않는다(대판 1982.9.28, 82도1633). ● 경찰승진

ⓒ 교육기관·교육행정기관·지방자치단체 또는 교육연구기관의 장이 징계의결을 집행하지 못할 법률상·사실상의 장애가 없는데도 징계의결서를 통보받은 날로부터 법정 시한이 지나도록 집행을 유보하는 모든 경우에 직무유기죄가 성립하는 것은 아니고, 그러한 유보가 직무에 관한 의식적인 방임이나 포기에 해당한다고 볼 수 있는 경우에 한하여 직무유기죄가 성립한다고 보아야 한다(대판 2014.4.10, 2013도229). ● 경찰, 사시

ⓓ 무단이탈로 인한 직무유기죄 성립 여부는 결근 사유와 기간, 담당하는 직무의 내용과 적시 수행 필요성, 결근으로 직무수행이 불가능한지, 결근 기간에 국가기능의 저해에 대한 구체적인 위험이 발생하였는지 등을 종합적으로 고려하여 신중하게 판단해야 한다(대판 2022.6.22, 2021도8361). ● 법원행시

판례 정리 ··· 직무유기죄가 성립하는 경우

1. 경찰관이 불법체류자의 신병을 출입국관리사무소에 인계하지 않고 훈방하면서 이들의 인적사항조차 기재해 두지 아니하였다면 직무유기죄가 성립한다(대판 2008.2.14, 2005도4202). ● 경찰승진

   비교판례
   사법 경찰관리가 직무집행의사로 위법사실을 조사하여 훈방하는 등 어떤 형태로든지 그 직무집행행위를 하였다면 형사피의사건으로 입건수사하지 않았다 하여 곧 직무유기죄가 성립한다고 볼 수는 없다(대판 1982.6.8, 82도117).

2. [1] 피고인들을 비롯한 경찰관들이 현행범으로 체포한 도박혐의자들에게 현행범인체포서 대신에 임의동행의사서를 작성하게 하거나 압수한 일부 도박자금에 관하여 검사의 지휘도 받지 않고 반환하는 등 제대로 조사하지 않은 채 이들을 석방한 경우, 직무유기죄가 성립한다. ☞ 직무유기죄 ● 법원

   [2] 피고인들을 비롯한 경찰관들이 피의자들을 현행범으로 체포하거나 현행범인체포서를 작성할 때 체포사유 및 변호인선임권을 고지하였다는 내용의 허위의 현행범인체포서와 확인서를 작성한 사안에서, 피고인들에게 허위공문서작성에 대한 범의가 있다(대판 2010.6.24, 2008도11226). ☞ 허위공문서작성죄

3. 학생군사교육단의 당직사관으로 주번근무를 하던 육군 중위가 당직근무를 함에 있어서 훈육관실에서 학군사관후보생 2명과 함께 술을 마시고 내무반에서 학군사관후보생 2명 및 애인 등과 함께 화투놀이를 한 다음 애인과 함께 자고 난 뒤 교대할 당직근무자에게 당직근무의 인계, 인수도 하지 아니한 채 퇴근하였다면 직무유기죄가 성립된다(대판 1990.12.21, 90도2425). ● 사시, 경찰승진

4. 경찰관이 방치된 오토바이가 있다는 신고를 받거나 순찰중 이를 발견하고 오토바이 상회 운영자에게 연락하여 오토바이를 수거해가도록 하고 그 대가를 받은 경우 직무유기죄와 수뢰죄의 경합범이 된다(대판 2002.5.17, 2001도6170). ● 경찰, 검찰

5. 차량번호판의 교부담당직원은 자동차운수사업법 제32조 제1항의 규정에 비추어 행정처분에 의하여 자동차의 사용이 정지된 경우에는 특별한 사정이 없는한 그 번호판을 재교부하여서는 안되는 직무상의 의무가 있으므로 이를 위반하여 자동차번호판를 재교부 하였다면 직무유기죄가 성립한다(대판 1972.6.27, 72도969). ● 법원

6. 세관감시과 소속 공무원으로서 항구에 정박 중인 외항선에 머무르면서 밀수여부의 감시, 방지 등 근무명령을 받았음에도 불구하고 감기가 들어 몸이 불편하다는 구실로 위 임무를 도중에 포기하고 집에 돌아와 자버린 행위는 위 임무를 포기하지 아니치 못할 정당한 사유가 있지 않은 이상 그 임무를 포기하고 직무를 유기한 것이라고 할 것이다(대판 1970.9.29, 70도1790).

7. 피고인이 동료공무원의 책상서랍속에 양도세 과세자료가 고의적으로 은닉되어 있음을 발견하고도 자료정리부에 등재하여 자기에게 넘겨 달라고 촉구만 하고 그대로 이를 방치하였다면 직무유기죄가 성립한다(대판 1984.4.10, 83도1653).

8. 가축도축업체에 배치되어 가축검사원으로 재직하는 공무원이 퇴근시 소 계류장의 시정·봉인 조취를 취하지 아니하고 그 관리를 도축장 직원에게 방치한 행위는 직무유기죄에 해당한다(대판 1990.5.25, 90도191).

9. 소속대 수송관 겸 3종 출납관으로서 소속대 유류수령과 불출 및 그에 따른 결산 기타 업무를 수행할 직무있는 자가 신병치료를 이유로 상부의 승인없이 1984.12.초부터 1985.3.경까지 3종 출납관 도장과 창고열쇠를 포함한 3종 업무일체를 계원에게 맡겨두고 이에 대한 일체의 확인감독마저 하지 않았다면 이는 부대관례에 따른 정당한 위임의 정도를 벗어난 직무의 의식적인 포기로서 직무유기죄에 해당한다(대판 1986.2.11, 85도2471).

10. 치안본부장이 가혹행위치사사건에 대한 수사지휘를 하지 아니하고 오히려 적극적으로 은폐하려함으로써 그의 수사직무를 포기한 것으로 볼 수 있다면 직무유기죄에 해당한다(대판 1991.12.17, 90도2800).

11. 벌금미납자에 대한 노역장유치 집행을 위하여 검사의 지휘를 받아 형집행장을 집행하는 경우 벌금미납자 검거는 사법경찰관리의 직무범위에 속하므로 경찰관인 피고인이 벌금미납자로 지명수배되어 있던 甲을 세 차례에 걸쳐 만나고도 그를 검거하여 검찰청에 신병을 인계하는 등 필요한 조치를 정당한 이유 없이 취하지 않은 경우 직무유기죄에 해당한다(대판 2011.9.8, 2009도13371). ● 경찰

> **판례 정리 ··· 직무유기죄가 성립하지 않는 경우**

1. 지방자치단체장이 전국공무원노동조합이 주도한 파업에 참가한 소속 공무원들에 대하여 관할 인사위원회에 징계의결요구를 하지 아니하고 가담 정도의 경중을 가려 자체 인사위원회에 징계의결요구를 하거나 훈계처분을 하도록 지시한 행위가 직무유기죄를 구성하지 않는다(대판 2007.7.12, 2006도1390). ● 법행
2. 통고처분이나 고발을 할 권한이 없는 세무공무원이 그 권한자에게 범칙사건 조사 결과에 따른 통고처분이나 고발조치를 건의하는 등의 조치를 취하지 않았다고 하더라도, 구체적 사정에 비추어 그것이 직무를 성실히 수행하지 못한 것이라고 할 수 있을지언정 그 직무를 의식적으로 방임 내지 포기하였다고 볼 수 없다(대판 1997.4.11, 96도2753). ● 경찰, 사시, 경찰승진
3. 사법경찰관리가 경미한 범죄 혐의사실을 검사에게 인지 보고하지 아니하고 훈방한 경우 직무유기죄가 성립하지 않는다(대판 1982.6.8, 82도117). ● 검찰
4. 교도소 보안과 출정계장과 감독교사가 호송지휘관 및 감독교사로서 호송교도관 5명을 지휘하여 재소자 25명을 전국의 각 교도소로 이감하는 호송업무를 수행함에 있어서, 시간이 촉박하여 호송교도관들이 피호송자 개개인에 대하여 규정에 따른 검신 등의 절차를 철저히 이행하지 아니한 채 호송하는 데도 위 호송교도관들에게 호송업무 등을 대강 지시한 후에는 그들이 이를 제대로 수행할 것으로 믿고 구체적인 확인, 감독을 하지 아니한 잘못으로 말미암아 피호송자들이 집단도주하는 결과가 발생한 경우, 위 출정계장과 감독교사가 재소자의 호송계호업무를 수행함에 있어서 성실하게 그 직무를 수행하지 아니하여 충근의무에 위반한 잘못은 인정되나 고의로 호송계호업무를 포기하거나 직무 또는 직장을 이탈한 것이라고는 볼 수 없으므로 형법상 직무유기죄를 구성하지 아니한다(대판 1991.6.11, 91도96). ● 경찰승진
5. 피고인이 순찰 및 검사 등을 하지 아니하고 잠을 잔 것은 일직사관으로서의 직무를 성실하게 수행하지 아니하여 충근의무에 위반한 허물이 있다고 하겠으나 근무장소에서 유사시에 깨어 직무수행에 임할 수 있는 상황(상황실로부터 피고인이 누운 침상까지는 2미터 정도의 거리로서 판자칸막이가 있는데 불과함)에서 잠을 잔 것이므로 피고인이 고의로 일직사관으로서의 직무를 포기하거나 직장을 이탈한 것이라고는 볼 수 없다(대판 1984.3.27, 83도3260). ● 경찰
6. 약사 감시원이 무허가 약국개설자를 적발하고 상사에 보고하여 그 지시에 따라 약국을 폐쇄토록 하였다면 수사관서에 고발하지 아니하였다 하여 직무를 유기했다 할 수 없다(대판 1969.2.4, 67도184). ● 해경
7. 병기물자에 관한 소속부대의 보급관 또는 수령관이 차량부속품을 불출 받는 **직무를 수행함에 있어서 일부 받지 아니한 품목을 받은 것처럼** 불출관에게 공제하여 준 경우 이는 그 수령과정에서 일부품목에 관하여 권한 없는 행위를 한 위법이 있다고 할 수 있을 뿐 그 직무를 수행하지 아니한 경우에 해당한다고는 할 수 없다(대판 1977.11.22, 77도2952). ● 해경
8. 경찰서장이 순경의 총기난동사고를 보고 받고 현장에서 효과적인 대응책을 강구하지 않고 **지서 내에서 약도를 그려가며 경찰국에 보고한 경우** 피고인의 대응조치가 적절하지 못하였다는 사정만으로서는 형법상 직무유기죄가 성립한다고 볼 수 없다(대판 1983.1.18, 82도2624). ● 해경간부

③ 고 의
  ㉠ 직무수행을 거부하거나 직무를 의식적으로 포기·방임한다는 인식이 있어야 한다.
  ㉡ 야간특파공무원이 밤 10시경에 그 자리를 떠나 귀가하였지만 그것이 근무상의 관례에 따른 것인 경우에는 정당한 사유가 되어 직무유기의 범의가 있다고 단정하기 어렵다(대판 1971.2.9, 70도2590).

(3) 죄수 및 타죄와의 관계

① 범인도피죄 및 증거인멸죄와의 관계

> **관련판례**
>
> ① 피고인이 검사로부터 범인을 검거하라는 지시를 받고서도 그 직무상의 의무에 따른 적절한 조치를 취하지 아니하고 오히려 범인에게 전화로 도피하라고 권유하여 그를 도피케 하였다는 범죄사실만으로는 직무위배의 위법상태가 범인도피행위 속에 포함되어 있는 것으로 보아야 할 것이므로, 이와 같은 경우에는 작위범인 범인도피죄만이 성립하고 부작위범인 직무유기죄는 따로 성립하지 아니한다(대판 1996.5.10, 96도51).
> ② 경찰서 방범과장이 부하직원으로부터 음반·비디오물 및 게임물에 관한 법률 위반 혐의로 오락실을 단속하여 증거물로 오락기의 변조 기판을 압수하여 사무실에 보관중임을 보고받아 알고 있었음에도 그 직무상의 의무에 따라 위 압수물을 수사계에 인계하고 검찰에 송치하여 범죄 혐의의 입증에 사용하도록 하는 등의 적절한 조치를 취하지 않고, 오히려 부하직원에게 위와 같이 압수한 변조 기판을 돌려주라고 지시하여 오락실 업주에게 이를 돌려준 경우, 작위범인 증거인멸죄만이 성립하고 부작위범인 직무유기(거부)죄는 따로 성립하지 아니한다(대판 2006.10.19, 2005도3909 전원합의체).

② 허위공문서작성죄와의 관계

㉠ 예비군 중대장이 그 소속 예비군대원의 훈련불참사실을 알았다면 이를 소속 대대장에게 보고하는 등의 조치를 취할 직무상의 의무가 있음은 물론이나, 그 소속 예비군대원의 훈련불참사실을 고의로 은폐할 목적으로 당해 예비군대원이 훈련에 참석한 양 허위내용의 학급편성명부를 작성, 행사하였다면, 직무위배의 위법상태는 허위공문서작성 당시부터 그 속에 포함되어 있는 것이고 그 후 소속대대장에게 보고하지 아니하였다 하더라도 당초에 있었던 직무위배의 위법상태가 그대로 계속된 것에 불과하다고 보아야 하고, 별도의 직무유기죄가 성립하여 양죄가 실체적 경합범이 된다고 할 수 없다(대판 1982.12.28, 82도2210).

> **유사판례**
>
> ⓐ 공무원이 어떠한 위법사실을 발견하고도 직무상 의무에 따른 적절한 조치를 취하지 아니하고 위법사실을 적극적으로 은폐할 목적으로 허위공문서를 작성, 행사한 경우에는 직무위배의 위법상태는 허위공문서작성 당시부터 그 속에 포함되는 것으로 작위범인 허위공문서작성, 동행사죄만이 성립하고 부작위범인 직무유기죄는 따로 성립하지 아니한다(대판 1999.12.24, 99도2240). ●경찰
> ⓑ 공무원이 신축건물에 대한 착공 및 준공검사를 마치고 관계서류를 작성함에 있어 그 허가조건 위배사실을 숨기기 위하여 허위의 복명서를 작성 행사하였을 경우에는 작위범인 허위공문서작성 동행사죄만이 성립하고 부작위범인 직무유기죄는 성립하지 아니한다(대판 1972.5.9, 72도722). ●경찰승진
> ⓒ 세무공무원이 범칙사건을 수사하고 관계서류를 작성함에 있어 그 혐의 사실을 고의로 은폐하기 위하여 내용허위의 전말서나 진술조서 등을 작성 행사하였다면 허위공문서 작성 행사죄만이 성립되고 직무 유기죄는 성립되지 않는다(대판 1971.8.31, 71도1176). ●경찰승진

㉡ 공무원이 어떠한 위법사실을 발견하고도 직무상 의무에 따른 적절한 조치를 취하지 아니하고 위법사실을 적극적으로 은폐할 목적으로 허위공문서를 작성·행사한 경우에는 직무위배의 위법상태는 허위공문서작성 당시부터 그 속에 포함되는 것으로 작위범인 허위공문서작성, 동행사죄만이 성립하고 부작위범인 직무유기죄는 따로 성립하지 아니하나, 위 복명서 및 심사의견서를 허위작성한 것이 농지일시전용허가를 신청하자 이를 허가하여 주기 위하여 한 것이라면 직접적으로 농지불법전용 사실을 은폐하기 위하여 한 것은 아니므로 위 허위공문서작성, 동행사죄와 직무유기죄는 실체적 경합범의 관계에 있다(대판 1993.12.24, 92도3334). ● 경찰승진

③ **위계공무집행방해죄와의 관계**

[1] 출원에 대한 심사업무를 담당하는 공무원이 출원인의 출원사유가 허위라는 사실을 알면서도 결재권자로 하여금 오인, 착각, 부지를 일으키게 하고 그 오인, 착각, 부지를 이용하여 인·허가처분에 대한 결재를 받아낸 경우에는 출원자가 허위의 출원사유나 허위의 소명자료를 제출한 경우와는 달리 더 이상 출원에 대한 적정한 심사업무를 기대할 수 없게 되었다고 할 것이어서 그와 같은 행위는 위계로써 결재권자의 직무집행을 방해한 것에 해당하므로 위계에 의한 공무집행방해죄가 성립한다.

[2] 피고인이, 출원인이 어업허가를 받을 수 없는 자라는 사실을 알면서도 그 직무상의 의무에 따른 적절한 조치를 취하지 않고 오히려 부하직원으로 하여금 어업허가 처리기안문을 작성하게 한 다음 피고인 스스로 중간결재를 하는 등 위계로써 농수산국장의 최종결재를 받았다면, 직무위배의 위법상태가 위계에 의한 공무집행방해행위 속에 포함되어 있는 것이라고 보아야 할 것이므로, 이와 같은 경우에는 작위범인 위계에 의한 공무집행방해죄만이 성립하고 부작위범인 직무유기죄는 따로 성립하지 아니한다(대판 1997.2.28, 96도2825).

● 사시, 법행

④ **인권옹호직무방해죄와 직무유기죄** : 형법 제139조에 규정된 인권옹호직무명령불준수죄와 형법 제122조에 규정된 직무유기죄의 각 구성요건과 보호법익 등을 비교하여 볼 때, 인권옹호직무명령불준수죄가 직무유기죄에 대하여 법조경합 중 특별관계에 있다고 보기는 어렵고 양 죄를 상상적 경합관계로 보아야 한다(대판 2010. 10. 28, 2008도11999).

⑤ **직무유기교사죄**는 피교사자인 **공무원별**로 1개의 죄가 성립되는 것이므로 피교사자인 공무원별로 사실을 특정할 수 있도록 공소사실을 기재하여야 한다(대판 1997.8.22, 95도984). ● 경간부

2. 피의사실공표죄

> 제126조 (피의사실공표) 검찰, 경찰 그 밖에 범죄수사에 관한 직무를 수행하는 자 또는 이를 감독하거나 보조하는 자가 그 직무를 수행하면서 알게 된 피의사실을 공소제기 전에 공표(公表)한 경우에는 3년 이하의 징역 또는 5년 이하의 자격정지에 처한다.

3. 공무상비밀누설죄

> 제127조 (공무상비밀의 누설) 공무원 또는 공무원이었던 자가 법령에 의한 직무상 비밀을 누설한 때에는 2년 이하의 징역이나 금고 또는 5년 이하의 자격정지에 처한다.

(1) 객체 : 법령에 의한 비밀 개념

형법 제127조는 공무원 또는 공무원이었던 자가 법령에 의한 직무상 비밀을 누설하는 것을 구성요건으로 하고 있고, 동조에서 **법령에 의한 직무상 비밀**이란 반드시 법령에 의하여 비밀로 규정되었거나 비밀로 분류 명시된 사항에 한하지 아니하고 정치, 군사, 외교, 경제, 사회적 필요에 따라 비밀로 된 사항은 물론 정부나 공무소 또는 국민이 객관적, 일반적인 입장에서 외부에 알려지지 않는 것에 상당한 이익이 있는 사항도 포함하는 것이나, 실질적으로 그것을 비밀로서 보호할 가치가 있다고 인정할 수 있는 것이어야 할 것이고, 본죄는 기밀 그 자체를 보호하는 것이 아니라 공무원의 비밀엄수의무의 침해에 의하여 위험하게 되는 이익, 즉 비밀의 누설에 의하여 위협받는 국가의 기능을 보호하기 위한 것이다(대판 1996.5.10, 95도780).

> **관련판례**
>
> 구청에서 체납차량 영치 및 공매 등의 업무를 담당하던 공무원인 피고인이 갑의 부탁을 받고 **차적조회 시스템을 이용하여 을의 유사휘발유 제조 현장 부근에서 경찰의 잠복근무에 이용되고 있던 경찰청 소속 차량의 소유관계에 관한 정보를 알아내 갑에게 알려준 경우**, 누구든지 열람이 가능한 부동산등기 사항과 달리 구 자동차관리법 제7조 제4항, 구 자동차등록규칙 제10조, 제12조가 자동차 소유자의 성명까지 기재된 신청서를 제출하여야 자동차등록원부의 열람이나 등본 또는 초본을 발급받을 수 있게 규정하여 자동차 소유자에 관한 정보가 공개되지 아니한 측면을 고려하더라도, 재산의 소유 주체에 관한 정보에 불과한 자동차 소유자에 관한 정보를 정부나 공무소 또는 국민이 객관적, 일반적인 입장에서 외부에 알려지지 않는 것에 상당한 이익이 있는 사항으로서 실질적으로 비밀로 보호할 가치가 있다거나, 그 누설에 의하여 국가의 기능이 위협받는다고 볼 수 없고, 경찰청 소속 차량으로 잠복수사에 이용되는 경우 소속이 외부에 드러나지 말아야 할 사실상의 필요성이 있다는 사정만으로 달리 볼 것이 아니어서, 피고인이 갑에게 제공한 차량 **소유관계에 관한 정보가 형법 제127조에서 정한 '법령에 의한 직무상 비밀'에 해당한다고 볼 수 없는데도**, 이와 달리 보아 유죄를 인정한 원심판결에 법리오해의 위법이 있다고 한 사례(대판 2012.3.15, 2010도14734).

(2) 행위 : 누설

'누설'이란 비밀을 아직 모르는 다른 사람에게 임의로 알려주는 행위를 의미한다(대판 2021.12.30, 2021도11924).

> **판례정리 ··· 공무상 비밀누설죄가 성립하는 경우**
>
> 1. <u>검찰의 고위 간부가 특정 사건에 대한 수사가 계속 진행중인 상태에서 해당 사안에 관한 수사책임자의 잠정적인 판단 등 수사팀의 내부 상황을 확인한 뒤 그 내용을 수사 대상자 측에 전달한 행위는 형법 제127조에 정한 공무상 비밀누설에 해당한다</u>(대판 2007.6.14, 2004도5561). ● 법행
>   **유사판례**
>   수사지휘서의 기재 내용과 이에 관계된 수사상황은 해당 사건에 대한 종국적인 결정을 하기 전까지는 외부에 누설되어서는 안 될 수사기관 내부의 비밀에 해당한다(대판 2018.2.13, 2014도11441).
> 2. 담당공무원이 수해복구 공사계약을 <u>수의계약</u> 방식으로 체결하기로 하면서, 미리 선정된 공사업체에게 공사 예정가격을 알려준 행위가 형법 제127조의 공무상 비밀누설죄에 해당한다(대판 2008.3.14, 2006도7171). ● 사시
> 3. 형사사건에 있어서 제출된 증거는 실질적으로 비밀성을 지녔다 할 것이어서, 이를 피의자에게 알려주는 등으로 특정인의 이익을 도모하여 정당한 이유없이 누설하는 것은 공무상비밀누설죄에 해당한다(대판 2005.9.14, 2005도4843).
>   ☞ 당사자가 부인하는 간통사건에서 <u>간통장면을 촬영한 CD</u>를 피의자에게 알려준 사건이다. ● 경찰
> 4. 비록 도시계획사업을 규율하는 도시계획법 등에 도시계획 시설결정 사실을 비밀 사항으로 규정한 바 없다 하더라도 판시와 같은 <u>도시계획시설결정 사실</u>은 실질적으로 비밀성을 지녔다 할 것이므로 이를 특정인의 이익을 도모하여 정당한 이유없이 누설함은 형법 제127조 소정의 공무상 비밀누설죄에 해당한다(대판 1982.6.22, 80도2822).
> 5. <u>대통령을 대신하여 외국에 파견될 특사단 추천 의원을 정리한 문건</u>도 종국적인 의사결정이 있기 전까지는 외부에 누설되어서는 아니 되는 비밀로서 보호할 가치가 있는 <u>직무상 비밀에 해당한다</u>(대판 2018.4.26, 2018도2624).

> **판례정리 ··· 공무상 비밀누설죄가 성립하지 않는 경우**
>
> 1. **옷값 대납 사건의 내사결과보고서**의 내용이 비공지의 사실이기는 하나 실질적으로 비밀로서 보호할 가치가 있는 것이라고 인정할 수 없다(대판 2003.12.26, 2002도7339). ● 법행
> 2. <u>국가정보원 내부의 감찰과 관련하여 감찰조사 개시시점, 감찰대상자의 소속 및 인적 사항을 일부 누설한 사실만으로 국가정보원의 정상적인 정보수집활동 등의 기능에 지장을 초래할 것도 아니고, 달리 국가 또는 국가정보원의 기능에 위협이 있을 것이라고 볼 수도 없어 위 누설사실들은 비밀로서의 가치가 없다</u>(대판 2003.11.28, 2003도5547).
> 3. 감사원 감사관이 공개한 <u>기업의 비업무용 부동산 보유실태</u>에 관한 감사원 보고서의 내용은 공무상 비밀에 해당되지 않는다(대판 1996.5.10, 95도780). ● 법행
> 4. **공무원이 직무상 알게 된 비밀을 그 직무와의 관련성 혹은 필요성에 기하여 해당 직무의 집행과 관련 있는 다른 공무원에게 직무집행의 일환으로 전달한 경우**에는, 관련 각 공무원의 지위 및 관계, 직무집행의 목적과 경위, 비밀의 내용과 전달 경위 등 여러 사정에 비추어 비밀을 전달받은 공무원이 이를 그 직무집행과 무관하게 제3자에게 누설할 것으로 예상되는 등 국가기능에 위험이 발생하리라고 볼 만한 특별한 사정이 인정되지 않는 한, 위와 같은 행위가 비밀의 누설에 해당한다고 볼 수 없다(대판 2021.12.30, 2021도11924). ● 경간부

III 직권남용죄

1. 일반공무원직권남용죄

> 제123조 (직권남용) 공무원이 직권을 남용하여 사람으로 하여금 의무없는 일을 하게 하거나 사람의 권리행사를 방해한 때에는 5년 이하의 징역, 10년 이하의 자격정지 또는 1천만원 이하의 벌금에 처한다.

(1) 의 의

① 직권남용죄는 공무원이 그 일반적 직무권한에 속하는 사항에 관하여 직권의 행사에 가탁하여 실질적, 구체적으로 위법·부당한 행위를 한 경우에 성립하고, 그 일반적 직무권한은 반드시 법률상의 강제력을 수반하는 것임을 요하지 아니하며, 그것이 남용될 경우 직권행사의 상대방으로 하여금 법률상 의무 없는 일을 하게 하거나 정당한 권리행사를 방해하기에 충분한 것이면 된다(대판 2004.5.27, 2002도6251). ● 법행

② 어떠한 직무가 공무원의 일반적 권한에 속하는 사항이라고 하기 위해서는 그에 관한 법령상의 근거가 필요하다. 다만 법령상의 근거는 **반드시 명문의 근거만을 의미하는 것은 아니고**, 명문이 없는 경우라도 법·제도를 종합적, 실질적으로 관찰해서 그것이 해당 공무원의 직무권한에 속한다고 해석되고 그것이 남용된 경우 상대방으로 하여금 의무 없는 일을 행하게 하거나 상대방의 권리를 방해하기에 충분한 것이라고 인정되는 경우에는 직권남용죄에서 말하는 일반적 권한에 포함된다(대판 2019.3.14, 2018도18646).

③ 직권남용권리행사방해죄는 단순히 공무원이 직권을 남용하는 행위를 하였다는 것만으로 곧바로 성립하는 것이 아니다. 직권을 남용하여 현실적으로 다른 사람이 법령상 의무 없는 일을 하게 하였거나 다른 사람의 구체적인 권리행사를 방해하는 결과가 발생하여야 하고, 그 결과의 발생은 직권남용 행위로 인한 것이어야 한다(대판 2020.1.30, 2018도2236). ● 법행

(2) 행 위

① 직권남용

㉠ 직권남용죄의 "직권남용"이란 공무원이 그의 일반적 권한에 속하는 사항에 관하여 그것을 불법하게 행사하는 것, 즉 형식적, 외형적으로는 직무집행으로 보이나 그 실질은 정당한 권한 이외의 행위를 하는 경우를 의미하고, 따라서 직권남용은 공무원이 그의 일반적 권한에 속하지 않는 행위를 하는 경우인 지위를 이용한 불법행위와는 구별된다(대판 1991.12.27, 90도2800). ● 경찰승진

ⓛ 공무원이 직무와는 상관없이 단순히 개인적인 친분에 근거하여 문화예술 활동에 대한 지원을 권유하거나 협조를 의뢰한 것에 불과한 경우까지 직권남용에 해당한다고 할 수는 없다(대판 2009.1.30, 2008도6950). ● 법행

ⓒ 형법 제123조의 직권남용권리행사방해죄에서 **직권남용 여부를 판단함에 있어서는**, 직권 행사의 주된 목적이 직무 본연의 수행에 있지 않고 본인 또는 제3자의 사적이익 추구나 청탁 또는 불법목적의 실현 등에 있는 경우, 권한 행사의 형식을 갖추기 위하여 관련 자료나 근거를 작출, 조작, 은닉, 묵비하는 등의 적극적 또는 소극적 행위가 개입된 경우 등과 같이, 직권 행사의 목적과 방법에 있어 그 **위법·부당의 정도가 실질적·구체적으로 보아 직무 본래의 수행이라고 평가할 수 없을 정도에 이른 경우**라면 직권을 남용하였다고 평가할 수 있을 것이나, **위법·부당의 정도가 그에 미치지 못하는 경우**라면 직권남용 해당 여부를 보다 신중하게 판단할 필요가 있다(대판 2022.10.27, 2020도15105).

> **판례 정리** ··· 직권남용에 해당하지 않는 경우
>
> 1. 서울중앙지방법원 형사수석부장판사로 재직하던 피고인이 계속 중인 사건의 재판에 관여한 경우 피고인의 위와 같은 각 재판관여행위는 법관의 재판권에 관한 것인데, 이에 대하여는 사법행정권자에게 직무감독 등의 사법행정권이 인정되지 않으므로 각 재판관여행위에 관하여 피고인에게 직권남용죄에서 말하는 '일반적 직무권한'이 존재하지 않고, 일반적 직무권한의 범위를 넘는 월권행위에 관하여는 직권남용죄가 성립하지 않는다(대판 2022.4.28, 2021도11012).
> 2. 대통령비서실 정책실장이 기업관계자들에게 기업 메세나(Mecenat) 활동의 일환인 미술관 전시회 후원을 요청하여 기업관계자들이 특정 미술관에 후원금을 지급한 경우, 공무원이 직무와는 상관없이 단순히 개인적인 친분에 근거하여 문화예술 활동에 대한 지원을 권유하거나 협조를 의뢰한 것에 불과하므로 직권남용에 해당한다고 할 수는 없다(대판 2009.1.30, 2008도6950). ● 법행
> 3. 대검찰청 공안부장인 피고인이 고등학교 후배인 한국조폐공사 사장에게 위 공사의 쟁의행위 및 구조조정에 관하여 전화통화를 한 것은 피고인의 일반적 직무권한에 속한 행위라고 볼 수 없어 직권남용죄에 해당하지 않는다(대판 2005.4.15, 2002도3453). ● 사시
> 4. 기장군 2015년 하반기 5급 공무원 승진임용과 관련하여, **기장군수인** 피고인이 기장군청 총무과 인사실무 담당자인 A에게 **승진후보자명부상 후보자 49명 중 승진대상자 17명을 특정하여 주면서 인사위원회에 이를 추천하도록 지시하였고**, 그에 따라 A가 인사위원회 부위원장 및 간사로 하여금 위 17명을 승진대상자로 추천한다고 호명하도록 하였으며, **인사위원회는 호명된 17명을 그대로 승진대상자로 의결한 경우**, … 그것만으로는 임용권자의 직권을 남용하거나 인사위원회 위원들에게 의무 없는 일을 하게 한 경우로는 볼 수 없으므로 직권남용권리행사방해죄는 성립되지 않는다(대판 2020.12.10, 2019도17879).

> **판례 정리 … 직권남용에 해당하는 경우**
>
> 1. <u>검찰의 고위 간부가 내사 담당 검사로 하여금 내사를 중도에서 그만두고 종결처리토록 한 행위는 직권남용권리행사방해죄에 해당한다</u>(대판 2007.6.14, 2004도5561). 🔵 사시
> 2. **해군본부 법무실장인 피고인이 국방부 검찰수사관 갑에게 군내 납품비리 수사와 관련한 수사기밀사항을 보고하게 하여 직무상 권한을 남용하였다는 내용으로 기소된 사안**에서, 피고인은 해군 검찰업무뿐 아니라 소송, 징계업무 등 법무업무 전반에 관하여 해군참모총장을 보좌하는 자로서 해군 소속 인원의 사법처리와 관련된 중요 사항에 관하여 보고를 받을 일반적인 직무권한이 있으나, 여기서 나아가 국방부 검찰단의 향후 수사 방향에 대한 내용 등 수사기밀사항에 대한 보고를 요구하는 행위는 형식적, 외형적으로는 직무집행으로 보이나 실질은 일반적 직무권한 범위를 넘어 직무의 행사에 가탁한 부당한 행위이고, 갑으로서는 외부에 유출될 경우 검찰단의 수사 기능에 현저한 장애를 초래할 수 있는 검찰단 내부 수사 내용을 피고인에게 보고할 법률상의 의무가 없었다고 보아, 피고인에게 <u>직권남용권리행사방해죄를 인정한 원심판단을 수긍한 사례</u>(대판 2011.7.28, 2011도1739). 🔵 해경

② 의무 없는 일의 강요
　㉠ 직권남용죄에서 말하는 <u>"의무"란 법률상 의무를 가리키고, 단순한 심리적 의무감 또는 도덕적 의무는 이에 해당하지 아니한다</u>(대판 1991.12.27, 90도2800). 🔵 경찰승진
　㉡ 공무원이 자신의 직무권한에 속하는 사항에 관하여 실무 담당자로 하여금 그 직무집행을 보조하는 사실행위를 하도록 하더라도 이는 공무원 자신의 직무집행으로 귀결될 뿐이므로 원칙적으로 의무 없는 일을 하게 한 때에 해당한다고 할 수 없다. 그러나 **직무집행의 기준과 절차가 법령에 구체적으로 명시되어 있고 실무 담당자에게도 직무집행의 기준을 적용하고 절차에 관여할 고유한 권한과 역할이 부여되어 있다면** 실무 담당자로 하여금 그러한 기준과 절차를 위반하여 직무집행을 보조하게 한 경우에는 '의무 없는 일을 하게 한 때'에 해당한다(대판 2020.1.9, 2019도11698). 🔵 경찰, 법행
　㉢ '<u>사람으로 하여금 의무 없는 일을 하게 한 것'과 '사람의 권리행사를 방해한 것</u>'은 형법 제123조가 규정하고 있는 객관적 구성요건요소인 '결과'로서 둘 중 어느 하나가 충족되면 직권남용권리행사방해죄가 성립한다. 이는 '공무원이 직권을 남용하여'와 구별되는 별개의 범죄성립요건이다. 따라서 <u>공무원이 한 행위가 직권남용에 해당한다고 하여 그러한 이유만으로 상대방이 한 일이 '의무 없는 일'에 해당한다고 인정할 수는 없다. '의무 없는 일'에 해당하는지는 직권을 남용하였는지와 별도로 상대방이 그러한 일을 할 법령상 의무가 있는지를 살펴 개별적으로 판단하여야 한다</u>(대판 2020.1.30, 2018도2236).
　㉣ 직권을 남용한 행위가 위법하다는 이유로 곧바로 그에 따른 행위가 의무 없는 일이 된다고 인정하면 '의무 없는 일을 하게 한 때'라는 범죄성립요건의 독자

성을 부정하는 결과가 되고, '권리행사를 방해한 때'의 경우와 비교하여 형평에도 어긋나게 된다(대판 2020.1.30, 2018도2236).

ⓜ 직권남용 행위의 **상대방이 일반 사인인 경우** 특별한 사정이 없는 한 직권에 대응하여 따라야 할 의무가 없으므로 그에게 어떠한 행위를 하게 하였다면 '의무 없는 일을 하게 한 때'에 해당할 수 있다. 그러나 상대방이 공무원이거나 법령에 따라 일정한 공적 임무를 부여받고 있는 **공공기관 등의 임직원인 경우**에는 법령에 따라 임무를 수행하는 지위에 있으므로 그가 직권에 대응하여 어떠한 일을 한 것이 의무 없는 일인지 여부는 **관계 법령 등의 내용에 따라 개별적으로 판단**하여야 한다(대판 2020.1.30, 2018도2236). 🔵 경찰

ⓑ 공무원이 직권을 남용하여 사람으로 하여금 어떠한 일을 하게 한 때에 **상대방이 공무원 또는 유관기관의 임직원인 경우**에는 그가 한 일이 형식과 내용 등에 있어 직무범위 내에 속하는 사항으로서 법령 그 밖의 관련 규정에 따라 직무수행 과정에서 준수하여야 할 원칙이나 기준, 절차 등을 위반하지 않는다면 특별한 사정이 없는 한 법령상 의무 없는 일을 하게 한 때에 해당한다고 보기 어렵다(대판 2020.1.30, 2018도2236). 🔵 경간부

> **판례 정리 ··· 의무 없는 일의 강요에 해당하는 경우**
>
> 1. 대통령비서실 정책실장이 공무원으로 하여금 특별교부세 교부대상이 아닌 특정 사찰의 증·개축사업을 지원하는 특별교부세 교부신청 및 교부결정을 하도록 하게 한 행위가 직권남용권리행사죄를 구성한다(대판 2009.1.30, 2008도6950). 🔵 법행
> 2. 국세청장이 특정그룹에 대하여 추징세액을 더 낮추어 보라고 부하에게 지시한 행위는 직권남용권리행사방해죄에 해당한다(대판 2006.12.22, 2004도7356). 🔵 경찰승진
> 3. 수사에 관하여 일반적 직무권한을 가진 검사가 실제로는 개인적인 목적을 위하여 수용자를 소환하면서도 수사 목적이라는 명분을 내세워 교도관리에게 위 수용자에 대한 소환요구 또는 출석요구를 한 경우 직권남용죄가 성립한다(대판 2006.5.26, 2005도6966).
> 4. 서울특별시 교육감인 피고인이 인사담당장학관 등에게 지시하여 승진후보자명부상 승진 또는 자격연수 대상이 될 수 없는 특정 교원들을 적격 후보자인 것처럼 추천하거나 임의로 평정점을 조정하는 방법으로 승진임용하거나 그 대상자가 되도록 한 경우, 인사권자로서 담당 직원에게 법령상 의무없는 일을 하게 한 경우에 해당하므로 직권남용권리행사방해죄가 성립한다(대판 2011.2.10, 2010도13766).
> 5. 시장(市長)인 피고인 甲이 자신의 인사관리업무를 보좌하는 행정과장 피고인 乙과 공동하여, 관련 법령에서 정한 절차에 따라 평정대상 공무원에 대한 평정단위별 서열명부가 작성되고 이에 따라 평정순위가 정해졌는데도 평정권자나 실무 담당자 등에게 특정 공무원들에 대한 평정순위 변경을 구체적으로 지시하여 평정단위별 서열명부를 새로 작성하도록 한 경우, 피고인들의 행위는 공무원이 일반적 직무권한에 속하는 사항에 관하여 직권을 남용하여 평정권자나 실무 담당자 등으로 하여금 의무 없는 일을 하도록 한 것으로서 직권남용권리행사방해죄에 해당한다(대판 2012.1.27, 2010도11884). 🔵 경간부

6. 대통령비서실장이 대통령의 뜻에 따라 정무수석비서관실과 교육문화수석비서관실 등 수석비서관실과 문화체육관광부에 문화예술진흥기금 등 정부의 지원을 신청한 개인·단체의 이념적 성향이나 정치적 견해 등을 이유로 한국문화예술위원회·영화진흥위원회·한국출판문화산업진흥원이 수행한 각종 사업에서 좌파 등에 대한 지원배제, 예술위 책임심의위원 선정과정 개입을 지시한 것은 직권남용권리행사방해죄에서 말하는 직권을 남용한 경우에는 해당한다고 보아야 한다(대판 2020.1.30, 2018도2236).

7. **대통령비서실장 및 정무수석비서관실 소속 공무원들이 3년 동안 전국경제인연합회에 특정 정치성향 시민단체들에 대한 자금지원을 요구하고 그로 인하여 전국경제인연합회 부회장으로 하여금 해당 단체들에 자금지원을 하도록 한 경우** 직권남용권리행사방해죄는 성립하나 강요죄의 성립 요건인 협박, 즉 해악의 고지에 해당한다고 단정할 수 없으므로 **강요죄는 성립되지 않는다**(대판 2020.2.13, 2019도5186).

③ 권리행사의 방해

㉠ 형법 제123조가 규정하는 직권남용권리행사방해죄에서 권리행사를 방해한다 함은 법령상 행사할 수 있는 권리의 정당한 행사를 방해하는 것을 말한다고 할 것이므로 이에 해당하려면 구체화된 권리의 현실적인 행사가 방해된 경우라야 할 것이고, 또한 공무원의 직권남용행위가 있었다 할지라도 현실적으로 권리행사의 방해라는 결과가 발생하지 아니하였다면 본죄의 기수를 인정할 수 없다(대판 2006.2.9, 2003도4599). ● 경찰승진

㉡ 직권남용권리행사방해죄는 단순히 공무원이 직권을 남용하는 행위를 하였다는 것만으로 곧바로 성립하는 것이 아니다. 직권을 남용하여 현실적으로 다른 사람이 법령상 의무 없는 일을 하게 하였거나 다른 사람의 구체적인 권리행사를 방해하는 결과가 발생하여야 하고, 그 결과의 발생은 직권남용 행위로 인한 것이어야 한다(대판 2020.1.30, 2018도2236 전원합의체 판결).

㉢ 형법 제123조의 직권남용권리행사방해죄에서 말하는 '권리'는 법률에 명기된 권리에 한하지 않고 법령상 보호되어야 할 이익이면 족한 것으로서, 공법상의 권리인지 사법상의 권리인지를 묻지 않는다고 봄이 상당하다(대판 2010.1.28, 2008도7312). ● 승진

㉣ 경찰관 직무집행법의 관련 규정상 경찰관은 범죄를 수사할 권한을 가지고 있으므로 이러한 범죄수사권은 직권남용권리행사방해죄에서 말하는 '권리'에 해당한다(대판 2010.1.28, 2008도7312). ● 변호사

㉤ 검사가 고발사건을 불기소결정하여 피고발인으로 하여금 처벌받게 하려는 고발인의 의도가 이루어질 수 없게 되었다 하여 고발인의 권리행사를 방해하였다고는 말할 수 없다(대결 1986.6.30, 86모12). ● 법행

④ 기수시기

㉠ 형법 제123조의 직권남용죄에 해당하려면 현실적으로 다른 사람이 의무 없는 일을 하였거나 다른 사람의 구체적인 권리행사가 방해되는 결과가 발생하여야 하며, 또한 그 결과의 발생은 직권남용 행위로 인한 것이어야 한다(대판

2005.4.15. 2002도3453). ● 경간부

ⓒ 정보담당 경찰관이 증거수집을 위하여 정당 지구당의 집행위원회에 쓰일 회의장소에 몰래 도청기를 마련해 놓았다가 회의 개최 전에 들켜 뜯김으로써 도청을 못하였다면 회의진행을 도청당하지 아니할 권리가 침해된 현실적인 사실이 있다고 할 수 없으므로 <u>직권남용죄의 죄책을 지울 수 없다</u>(대판 1978.10. 10, 75도2665). ● 경찰

(3) 주관적 구성요건

형법 제123조의 죄에 관한 주관적 구성요건으로서의 범의에는 권리행사를 방해한다는 인식 이외에 직권을 남용한다는 인식도 포함되는 것이므로 교도소에서 접견업무를 담당하던 교도관이 접견신청에 대하여 행형법 제18조 제2항 소정의 "필요한 용무"가 있는 때에 해당하지 아니한다고 판단하여 그 접견신청을 거부하였다면, 단지 접견신청 거부행위의 위법성에 대한 인식이 없었던 것에 불과한 것이 아니라 애초부터 직권남용에 대한 범의 자체가 없어 위 범죄를 구성하지 아니한다(대결 1993.7.26, 92모29).

(4) 죄 수

① **상급 경찰관이 직권을 남용하여 부하 경찰관들의 수사를 중단시키거나 사건을 다른 경찰관서로 이첩하게 한 경우**, 이는 어디까지나 하나의 사실을 각기 다른 측면에서 해석한 것에 불과한 것으로서, '권리행사를 방해함으로 인한 직권남용권리행사방해죄'만 성립하고 '의무 없는 일을 하게 함으로 인한 직권남용권리행사방해죄'는 따로 성립하지 아니한다(대판 2010.1.28, 2008도7312). ● 법행

② 범죄의 고의는 확정적 고의뿐만 아니라 결과 발생에 대한 인식이 있고 이를 용인하는 의사인 이른바 미필적 고의도 포함하므로, 피고인이 인신구속에 관한 직무를 집행하는 사법경찰관으로서 체포 당시 상황을 고려하여 경험칙에 비추어 현저하게 합리성을 잃지 않은 채 판단하면 체포 요건이 충족되지 아니함을 충분히 알 수 있었는데도, 자신의 재량 범위를 벗어난다는 사실을 인식하고 그와 같은 결과를 용인한 채 사람을 체포하여 권리행사를 방해하였다면, 직권남용체포죄와 직권남용권리행사방해죄가 성립한다(대판 2017.3.9, 2013도16162). ● 경찰

③ 형법상 직권남용권리행사방해죄는 국가기능의 공정한 행사라는 국가적 법익을 보호하는 데 주된 목적이 있고, 직권남용으로 인한 국가정보원법 위반죄도 마찬가지이다. 따라서 국가정보원 직원이 동일한 사안에 관한 일련의 직무집행 과정에서 단일하고 계속된 범의로 일정 기간 계속하여 저지른 직권남용행위에 대하여는 설령 그 상대방이 수인이라고 하더라도 포괄일죄가 성립할 수 있다고 봄이 타당하다(대판 2021.3.11, 2020도12583). ● 법행

2. 불법체포 · 감금죄

> 제124조 (불법체포, 불법감금) ① 재판, 검찰, 경찰 기타 인신구속에 관한 직무를 행하는 자 또는 이를 보조하는 자가 그 직권을 남용하여 사람을 체포 또는 감금한 때에는 7년 이하의 징역과 10년 이하의 자격정지에 처한다.
> ② 전항의 미수범은 처벌한다.

판례 정리 … 불법감금죄에 해당하는 경우

1. 감금죄는 간접정범의 형태로도 행하여질 수 있는 것이므로, 인신구속에 관한 직무를 행하는 자 또는 이를 보조하는 자가 피해자를 구속하기 위하여 진술조서 등을 허위로 작성한 후 이를 기록에 첨부하여 구속영장을 신청하고, 진술조서 등이 허위로 작성된 정을 모르는 검사와 영장전담판사를 기망하여 구속영장을 발부받은 후 그 영장에 의하여 피해자를 구금하였다면 형법 제124조 제1항의 직권남용감금죄가 성립한다(대판 2006.5.25, 2003도3945). ● 경찰
2. 경찰관이 즉결심판 피의자의 정당한 귀가요청을 거절한 채 다음날 즉결심판법정이 열릴 때까지 피의자를 경찰서 보호실에 강제유치시키려고 함으로써 피의자를 경찰서 내 즉결피의자 대기실에 10~20분 동안 있게 한 행위는 형법 제124조 제1항의 불법감금죄에 해당하고, 이로 인하여 피의자를 보호실에 밀어넣으려는 과정에서 상해를 입게 하였다면 특정범죄가중처벌등에관한법률 제4조의2 제1항 위반죄에 해당한다(대판 1997.6.13, 97도877). ● 경찰승진
3. 피해자가 경찰서 안에서 직장동료인 피의자들과 같이 식사도 하고 사무실 안팎을 내왕하였다 하여도 피해자를 경찰서 밖으로 나가지 못하도록 그 신체의 자유를 제한하는 유형, 무형의 억압이 있었다면 이는 감금행위에 해당한다(대결 1991.12.30, 91모5). ● 사시

3. 폭행 · 가혹행위죄

> 제125조 (폭행, 가혹행위) 재판, 검찰, 경찰 그 밖에 인신구속에 관한 직무를 수행하는 자 또는 이를 보조하는 자가 그 직무를 수행하면서 형사피의자나 그 밖의 사람에 대하여 폭행 또는 가혹행위를 한 경우에는 5년 이하의 징역과 10년 이하의 자격정지에 처한다.

「형법」(1953.9.18. 법률 제293호로 제정된 것) 제125조(폭행, 가혹행위) 중 '경찰에 관한 직무를 행하는 자 또는 이를 보조하는 자가 그 직무를 행함에 당하여 형사피의자 또는 기타 사람에 대하여 폭행을 가한 때'와 관련된 부분은 죄형법정주의의 명확성원칙에 위반되지 않는다(헌재 2015.3.26, 2013헌바140).

4. 선거방해죄

> 제128조 (선거방해) 검찰, 경찰 또는 군의 직에 있는 공무원이 법령에 의한 선거에 관하여 선거인, 입보자 또는 입후보자되려는 자에게 협박을 가하거나 기타 방법으로 선거의 자유를 방해한 때에는 10년 이하의 징역과 5년 이상의 자격정지에 처한다.

Ⅳ 뇌물죄

1. 일반이론

(1) 의의 및 보호법익

관련판례

① 뇌물죄는 공무원의 직무집행의 공정과 이에 대한 사회의 신뢰 및 직무행위의 불가매수성을 그 보호법익으로 하고 있고, 나아가 뇌물죄가 직무집행의 공정과 이에 대한 사회의 신뢰를 그 보호법익으로 하고 있음에 비추어 볼 때 공무원이 금원을 수수하는 것으로 인하여 사회 일반으로부터 직무집행의 공정성을 의심받게 되는지의 여부도 하나의 판단 기준이 된다고 할 것이다(대판 2008.2.1, 2007도5190). ● 법행

② 뇌물죄는 직무집행의 공정과 이에 대한 사회의 신뢰 및 직무행위의 불가매수성을 그 보호법익으로 하고 있고, 직무에 관한 청탁이나 부정한 행위를 필요로 하는 것은 아니기 때문에 수수된 금품의 뇌물성을 인정하는 데 특별한 청탁이 있어야만 하는 것은 아니고, 또한 금품이 직무에 관하여 수수된 것으로 족하고 개개의 직무행위와 대가적 관계에 있을 필요는 없으며, 그 직무행위가 특정된 것일 필요도 없다(대판 2007.4.27, 2005도4204). ● 경찰, 법행

③ 뇌물죄는 직무집행의 공정과 이에 대한 사회의 신뢰에 기초하여 직무행위의 불가매수성을 보호법익으로 하고 있고, 직무에 관한 청탁이나 부정한 행위를 필요로 하지 않으므로 뇌물성을 인정하는 데 특별히 의무위반 행위나 청탁의 유무 등을 고려할 필요가 없고, 금품수수 시기와 직무집행 행위의 전후를 가릴 필요도 없다(대판 2017.12.22, 2017도12346). ● 법원

(2) 수뢰죄와 증뢰죄와의 관계

관련판례

① 뇌물공여죄가 성립되기 위하여서는 뇌물을 공여하는 행위와 상대방측에서 금전적으로 가치가 있는 그 물품 등을 받아들이는 행위(부작위 포함)가 필요할 뿐이지 반드시 상대방측에서 뇌물수수죄가 성립되어야만 한다는 것을 뜻하는 것은 아니다(대판 1987.12.22, 87도1699). ● 법행, 경찰

② 뇌물수수죄는 필요적 공범으로서 형법 총칙의 공범이 아니므로, 이에 소론과 같이 형법 제30조를 따로 적용하여야 하는 것이 아니다(대판 1971.3.9, 70도2536).

(3) 뇌물의 개념

① 직 무

> **관련판례**
>
> ① 뇌물죄에서 말하는 '직무'에는 법령에 정하여진 직무뿐만 아니라 그와 관련 있는 직무, 과거에 담당하였거나 장래에 담당할 직무 외에 사무분장에 따라 현실적으로 담당하지 않는 직무라도 법령상 일반적인 직무권한에 속하는 직무 등 공무원이 그 직위에 따라 공무로 담당할 일체의 직무를 포함한다(대판 2003.6.13, 2003도1060). ● 경찰, 경찰승진
> ② 뇌물죄에 있어서의 직무라 함은 공무원이 법령상 관장하는 직무 그 자체뿐만 아니라 그 직무와 밀접한 관계가 있는 행위 또는 관례상이나 사실상 소관하는 직무행위 및 결정권자를 보좌하거나 영향을 줄 수 있는 직무행위도 포함된다(대판 1999.1.29, 98도3584). ● 법행, 검찰9급

② 직무에 관하여

> **관련판례**
>
> ① 뇌물죄에 있어서의 '직무에 관하여'라 함은 당해 공무원이 그 지위에 수반하여 공무로서 취급하는 일체의 직무를 말하는 것으로서 그 권한에 속하는 직무행위뿐 아니라 이와 밀접한 관계가 있는 경우와 그 직무에 관련하여 사실상 처리하고 있는 행위까지도 포함한다(대판 1982.11.23, 82도1549).
> ② 횡령 범행으로 취득한 돈을 공범자끼리 수수한 행위가 공동정범들 사이의 범행에 의하여 취득한 돈을 공모에 따라 내부적으로 분배한 것에 지나지 않는다면 별도로 그 돈의 수수행위에 관하여 뇌물죄가 성립하는 것은 아니다(대판 2019.11.28, 2019도11766).
> ③ 형법 제129조 제1항의 뇌물수수죄가 성립하려면 공무원이 그 직무에 관하여 뇌물을 수수하여야 한다. 따라서 공무원이 이익을 수수한 행위가 공무원의 직무와 관련이 없다면 뇌물수수죄는 성립하지 않는다. 공무원이 장래에 담당할 직무에 대한 대가로 이익을 수수한 경우에도 뇌물수수죄가 성립할 수 있지만, 그 이익을 수수할 당시 장래에 담당할 직무에 속하는 사항이 그 수수한 이익과 관련된 것임을 확인할 수 없을 정도로 막연하고 추상적이거나, 장차 그 수수한 이익과 관련지을 만한 직무권한을 행사할지 자체를 알 수 없다면, 그 이익이 장래에 담당할 직무에 관하여 수수되었다거나 그 대가로 수수되었다고 단정하기 어렵다(대판 2017.12.22, 2017도12346).

판례정리 ··· 직무관련성을 인정한 경우

1. 농림부 주관 농림기술개발사업의 일환으로 시행되고, 국립대학교 총장 명의로 체결된 연구 용역 약정에 기하여 소속 대학 교수가 행하는 연구 활동이 교육공무원인 위 교수의 직무 집행 행위에 해당한다(대판 2005.10.14, 2003도1154). ● 사시

   비교판례
   해양수산부가 지정 고시한 어업손실액 조사기관인 국립대학교 부설 연구소(국립대학교 부설 연구소 아닌 사립대학교 부설 연구소도 조사기관으로 지정되어 있다)가 국가를 당사자로 하는 계약에 관한 법률에 근거하지 아니하고 국가와는 별개의 지위에서 연구소라는 단체의 명의로 체결한 어업피해조사용역계약상의 과업내용에 의하여 국립대학교 교수가 위 연구소 소속 연구원으로서 수행하는 조사용역업무는 교육공무원의 직무 또는 그와 밀접한 관계가 있거나 그와 관련된 행위에 해당한다고 볼 수 없다(대판 2002.5.31, 2001도670). ● 법행

2. 지방자치법 제42조 제1항의 규정에 의하면 지방의회는 의장을 의원들간의 무기명투표로 선거하도록 되어 있으므로 의장선거에서의 투표권을 가지고 있는 군의원들이 이와 관련하여 금품 등을 수수할 경우 이는 군의원으로서의 직무와 관련된 것이라 할 것이므로 뇌물죄가 성립한다(대판 2002.5.10, 2000도2251).
3. 경찰관이 재건축조합 직무대행자에 대한 진정사건을 수사하면서 진정인 측에 의하여 재건축 설계업체로 선정되기를 희망하던 건축사사무소 대표로부터 금원을 수수한 경우, 금원의 수수와 경찰공무원의 직무인 진정사건 수사와의 관련성을 배척할 수 없다(대판 2007.4.27, 2005도4204). ● 법행

   참조판례
   ① 경찰관들이 각각 피고인측의 부탁에 따라 자신의 조사대상인 피의자들에게 특정 변호사를 변호인으로 선임하도록 알선하고 편의를 제공한 행위는 수사관으로서의 직무와 밀접한 관련이 있는 행위이므로 수뢰죄가 성립하고 변호사에게는 뇌물공여죄가 성립한다(대판 2000.6.25, 98도3697 전원합의체). ● 법행
   ② 음주운전을 적발하여 단속에 관련된 제반 서류를 작성한 후 운전면허 취소업무를 담당하는 직원에게 이를 인계하는 업무를 담당하는 경찰관이 피단속자로부터 운전면허가 취소되지 않도록 하여 달라는 청탁을 받고 금원을 교부받은 경우, 뇌물수수죄가 성립한다(대판 1999.11.9, 99도2530). ● 법행, 경찰승진

4. 국회의원이 자신의 직무권한인 의안의 심의·표결권 행사의 연장선상에서 일정한 의안에 관하여 다른 동료 의원에게 작용하여 일정한 의정활동을 하도록 권유·설득하는 행위 역시 국회의원이 가지고 있는 위 직무권한의 행사와 밀접한 관계가 있는 행위로서 그와 관련하여 금원을 수수하는 경우에도 뇌물수수죄가 성립한다(대판 1997.12.26, 97도2609). ● 사시
5. 대대 주임원사인 피고인이 소속 대대 병사들의 보직에 관하여 지휘관인 대대장에게 건의하면 그 건의가 상당 부분 반영되어 왔다면 그와 같은 병사들의 보직 등을 결정하는 직무는 뇌물죄에 있어서의 직무에 해당한다(대판 2004.5.28, 2004도1442). ● 경찰
6. 국회의원이 대한치과의사협회로부터 요청받은 자료를 제공하고 그 대가로서 후원금 명목으로 금원 1,000만원을 교부받은 경우에는 직무관련성이 있어 뇌물수수죄가 성립한다(대판 2009.5.14, 2008도8852).

판례정리 ··· 직무관련성을 부정한 경우

1. 서울대학교 의과대학 교수 겸 의사가 서울대학교병원에 신속히 입원할 수 있도록 주선해 주고 자신의 제자로서 서울대학교 의과대학 교수 겸 서울대학교병원 의사를 주치의로 소개시켜 주어 수술과정에서의 편의를 제공한 것 등에 대한 대가로 3,000만원을 수수한 경우 진료행위 등은 교원의 임무로 되어 있는 학생의 교육지도나 학문연구와는 밀접하게 관련되어 있다고 볼 수 없으므로 알선수재죄가 성립하지 않는다(대판 2006.5.26, 2005도1904).

   유사판례
   서울대학교 의과대학 교수 겸 서울대학교병원 의사가 구치소로 왕진을 나가 진료하고 진단서를 작성해 주거나 법원의 사실조회에 대하여 회신을 해주는 것은 의사로서의 진료업무이지 교육공무원인 서울대학교 의과대학 교수의 직무와 밀접한 관련 있는 행위라고 할 수 없으므로 뇌물수수죄가 성립하지 않는다(대판 2006.6.15, 2005도1420). ● 경찰

2. 경찰청 정보과 근무 경찰관의 직무와 중소기업협동조합중앙회장의 외국인산업연수생에 대한 국내 관리업체 선정업무는 직무관련성이 없다(대판 1999.6.11, 99도275). ● 법행, 경찰승진

3. 법원의 참여주사가 공판에 참여하여 양형에 관한 사항의 심리내용을 공판조서에 기재한다고 하더라도 이를 가지고 형사사건의 양형이 참여주사의 직무와 밀접한 관계가 있는 사무라고는 할 수 없으므로 참여주사가 형량을 감경케하여 달라는 청탁과 함께 금품을 수수하였다고 하더라도 뇌물수수죄의 주체가 될 수 없다(대판 1980.10.14, 80도1373). ● 경찰, 경찰승진

4. 구 해양수산부 소속 공무원인 피고인이 甲 해운회사의 대표이사 등에게서 중국의 선박운항허가 담당부서가 관장하는 중국 국적선사의 선박에 대한 운항허가를 받을 수 있도록 노력해 달라는 부탁을 받고 돈을 받은 경우, 직무관련성이 없어 뇌물수수죄가 성립하지 않는다(대판 2011.5.26, 2009도2453). ● 경찰간부

5. 甲이 시의 도시과 구획정리계 측량기술원으로 근무하면서 다년간 환지측량업무에 종사하게 된 결과 얻은 지식과 경험을 기초로 체비지에 관한 공개경쟁 입찰에서 입찰예정가격이 대략 어느 정도 될 것이라고 추측한 내용을 乙에게 알려준 행위는 그의 직무행위 내지는 직무와 밀접하게 관련된 행위라고 볼 수 없는 것이고, 따라서 甲이 그 대가로 乙로부터 받기로 약속한 이익도 뇌물죄에서 말하는 직무에 관련된 대가라고 보기 어렵다(대판 1983.3.22, 82도1922).

③ 부당한 이익
  ㉠ 대가관계 : 국회의원이 그 직무권한의 행사로서의 의정활동과 전체적·포괄적으로 대가관계가 있는 금원을 교부받았다면 그 금원의 수수가 어느 직무행위와 대가관계에 있는 것인지 특정할 수 없다고 하더라도 이는 국회의원의 직무에 관련된 것으로 보아야 한다(대판 1997.12.26, 97도2609). ● 사시

> **판례 정리 ··· 사교적 의례에 해당하지 않아 뇌물인 경우**

1. 공무원이 그 직무의 대상이 되는 사람으로부터 금품 기타 이익을 받은 때에는 **사회상규에 비추어 볼 때에 의례상의 대가에 불과한 것**이라고 여겨지거나, **개인적인 친분관계가 있어서 교분상의 필요에 의한 것**이라고 명백하게 인정할 수 있는 경우 등 특별한 사정이 없는 한 직무와의 관련성이 없는 것으로 볼 수 없으며, 공무원이 직무와 관련하여 금품을 수수하였다면 비록 사교적 의례의 형식을 빌어 금품을 주고 받았다고 하더라도 그 수수한 금품은 뇌물이 된다(대판 2008.2.1, 2007도5190). ● 경찰
2. 노동청 해외근로국장으로서 해외취업자 국외송출허가 등 업무를 취급하던 피고인이 접대부 등의 국외송출을 부탁받고 시가 70,000원 상당의 주식을 접대받은 경우, 비록 그 접대의 규모가 그리 크지 아니하였다 하더라도 그 사유만으로 이를 단순한 사교적 의례의 범위에 속하는 향응에 불과하다고 볼 수 없으며 뇌물성을 띤다고 볼 것이다(대판 1984.4.10, 83도1499). ● 법행

> **판례 정리 ··· 순수한 사교적 의례에 해당하여 뇌물이 아닌 경우**

피고인의 아들들의 결혼식장에서 공소외인 들이 축의금으로 낸 것을 사후에 전달받은 것일 뿐만 아니라 피고인이 동 공소외인들과는 개인적으로도 친분관계를 맺어온 사이였다면 비록 동 공소외인들이 피고인의 직무와 관련이 있는 사업을 경영하는 사람들이었다 하더라도 그 사정만으로 위 금원이 축의금을 빙자하여 뇌물로 수수된 것이라고 단정할 수 없다(대판 1982.9.14, 81도2774).

ⓛ 부정한 이익 : 뇌물의 내용인 이익이라 함은 금전, 물품 기타의 재산적 이익뿐만 아니라 사람의 수요 욕망을 충족시키기에 족한 일체의 유형·무형의 재산적·비재산적 이익을 포함한다(대판 2001.9.18, 2000도5438). ☞ 성적욕구 충족도 포함 ● 법행

> **판례 정리 ··· 뇌물에 해당하는 경우**

1. 뇌물죄에서 뇌물의 내용인 이익에는 **투기적 사업에 참여할 기회를 얻는 것**도 이에 해당하므로 이와 같은 경우 뇌물수수죄의 기수 시기는 투기적 사업에 참여하는 행위가 종료된 때로 보아야 하며, 그 행위가 종료된 후 경제사정의 변동 등으로 인하여 당초의 예상과는 달리 그 **사업 참여로 인한 아무런 이득을 얻지 못한 경우라도 뇌물수수죄의 성립에는 아무런 영향이 없다** 할 것이다(대판 2002.5.10, 2000도2251). ● 법행
2. 군에서 일차진급 평정권자가 그 평정업무와 관련하여 진급대상자로 하여금 자신의 은행대출금채무에 연대보증하게 한 행위는 직무에 관련하여 이익인 뇌물을 받은 것에 해당된다(대판 2001.1.5, 2000도4714). ● 법행
3. 뇌물죄에서 뇌물의 내용인 이익은 금전, 물품 기타의 재산적 이익뿐만 아니라 사람의 수요 욕망을 충족시키기에 족한 일체의 유형·무형의 이익을 포함하므로, 장기간 처분하지 못하던 재산을 처분함으로써 생기는 무형의 이익 역시 뇌물의 내용인 이익에 해당된다(대판 2023.6.15, 2023도1985). ● 법원
4. 뇌물수수죄나 뇌물공여죄에 있어서의 뇌물이란 금전, 물품 기타의 재산적 이익 등 사람의 수요, 욕망을 충족시키기에 족한 유형, 무형의 일체의 이익이 포함되므로, **조합아파트 가입권에 붙은 소위 프리미엄도 뇌물에 해당한다**(대판 1992.12.22, 92도1762). ● 사시

5. 건축지도계장으로 근무하는 피고인이 건축업자에게 편의를 제공한 후 동인에게 자신의 주상복합건물 신축공사를 도급주어 시공하게 한 사안에서, 통상공사비보다 다소 저렴한 액수로 공사계약을 체결한 것이 직무와 관련하여 부당하게 저렴한 가격으로 결정되었다고 볼 수 있으므로 뇌물죄에 해당한다(대판 1998.3.10, 97도3113). ● 경찰승진

6. 자동차를 뇌물로 제공한 경우 자동차등록원부에 뇌물수수자가 그 소유자로 등록되지 않았다고 하더라도 자동차의 사실상 소유자로서 자동차에 대한 실질적인 사용 및 처분권한이 있다면 자동차 자체를 뇌물로 취득한 것으로 보아야 한다(대판 2006.4.27, 2006도735). ● 사시, 경찰

7. 뇌물죄에 있어서 금품을 수수한 장소가 공개된 공사현장이었고 금품을 수수한 공무원이 이를 공사현장 인부들의 식대 또는 동 공사의 홍보비 등으로 소비하였을 뿐 자신의 사리를 취한바 없다 하더라도 그 뇌물성이 부인되지 않는다(대판 1985.5.14, 83도2050). ● 법행, 경찰

2. 단순수뢰죄

> 제129조 (수뢰, 사전수뢰) ① 공무원 또는 중재인이 그 직무에 관하여 뇌물을 수수, 요구 또는 약속한 때에는 5년 이하의 징역 또는 10년 이하의 자격정지에 처한다.
> 제134조 (몰수, 추징) 범인 또는 정을 아는 제삼자가 받은 뇌물 또는 뇌물에 공할 금품은 몰수한다. 그를 몰수하기 불능한 때에는 그 가액을 추징한다.

(1) 구성요건

① 주 체

㉠ 형법 제129조에서의 공무원이라 함은 법령의 근거에 기하여 국가 또는 지방자치단체 및 이에 준하는 공법인의 사무에 종사하는 자로서 그 노무의 내용이 단순한 기계적 육체적인 것에 한정되어 있지 않은 자를 말한다(대판 2002.11.22, 2000도4593). ● 사시

㉡ 뇌물수수죄는 공무원 또는 중재인이 그 직무에 관하여 뇌물을 수수한 때에 성립하는 것이어서 그 주체는 현재 공무원 또는 중재인의 직에 있는 자에 한정되므로, 공무원이 직무와 관련하여 뇌물수수를 약속하고 퇴직 후 이를 수수하는 경우에는, 뇌물약속과 뇌물수수가 시간적으로 근접하여 연속되어 있다고 하더라도, 뇌물약속죄 및 사후수뢰죄가 성립할 수 있음은 별론으로 하고, 뇌물수수죄는 성립하지 않는다(대판 2008.2.1, 2007도5190). ● 경찰

㉢ 법령에 기한 임명권자에 의하여 임용되어 공무에 종사하여 온 사람이 나중에 그가 임용결격자이었음이 밝혀져 당초의 임용행위가 무효라고 하더라도, 그가 임용행위라는 외관을 갖추어 실제로 공무를 수행한 이상 공무 수행의 공정과 그에 대한 사회의 신뢰 및 직무행위의 불가매수성은 여전히 보호되어야 한다. 따라서 이러한 사람은 형법 제129조에서 규정한 공무원으로 봄이 타당하

고, 그가 그 직무에 관하여 뇌물을 수수한 때에는 수뢰죄로 처벌할 수 있다(대판 2014.3.27, 2013도11357). ● 경찰, 법행

② 형법은 공무원이었던 자가 재직 중에 청탁을 받고 직무상 부정한 행위를 한 후 뇌물을 수수, 요구 또는 약속을 한 때에는 제131조 제3항에서 사후수뢰죄로 처벌하도록 규정하고 있으므로, **뇌물의 수수 등을 할 당시 이미 공무원의 지위를 떠난 경우**에는 제129조 제1항의 수뢰죄로는 처벌할 수 없고 사후수뢰죄의 요건에 해당할 경우에 한하여 그 죄로 처벌할 수 있을 뿐이다(대판 2013.11.28, 2013도10011).

⑩ 국가공무원이 지방자치단체의 업무에 관하여 전문가로서 위원 위촉을 받아 한시적으로 직무를 수행하는 경우와 같이 공무원이 그 고유의 직무와 관련이 없는 일에 관하여 별도의 위촉절차 등을 거쳐 다른 직무를 수행하게 된 경우에는 그 위촉이 종료되면 그 위원 등으로서 새로 보유하였던 공무원 지위는 소멸한다고 보아야 하므로, 그 이후에 종전에 위촉받아 수행한 직무에 관하여 금품을 수수하더라도 이는 사후수뢰죄에 해당할 수 있음은 별론으로 하고 일반 수뢰죄로 처벌할 수는 없다(대판 2013.11.28, 2013도10011). ● 경간부

> **판례 정리 ··· 공무원의 범위**
>
> 1. 지방의회의원은 형법상 공무원에 해당한다(대판 1997.3.11, 96도1258).
> 2. 재건축조합장의 경우 도시 및 주거환경정비법에 의해 공무원으로 의제되므로, 건설업자들이 재건축 조합장에게 직무와 관련하여 금전을 제공하였다면 별도의 부정한 청탁이 존재하지 않더라도 뇌물공여죄가 성립한다(대판 2008.1.24, 2006도5711). ● 사시
> 3. 도시 및 주거환경정비법 제84조의 문언과 취지를 고려하면, 정비사업전문관리업자의 임·직원이 일정한 자본·기술인력 등의 기준을 갖추어 시·도지사에게 등록한 후에는 조합설립추진위원회로부터 정비사업전문관리업자로 선정되기 전이라도 그 직무에 관하여 뇌물을 수수한 때에 형법 제129조 내지 제132조의 적용대상이 되고, 정비사업전문관리업자가 조합설립추진위원회로부터 정비사업에 관한 업무를 대행할 권한을 위임받은 후에야 비로소 그 임·직원이 위 법의 적용대상이 되는 것은 아니다(대판 2008.9.25, 2008도2590).
> 4. 집행관사무소의 사무원이 집행관을 보조하여 담당하는 사무의 성질이 국가의 사무에 준하는 측면이 있다는 사정만으로는 형법 제129조 내지 132조에서 정한 '공무원'에 해당한다고 보기 어렵다(대판 2011.3.10, 2010도14394). ● 법행
> 5. 서울특별시 후생복지심의위원회 위원장에 의해 서울시청 구내식당 소속 시간제 종사원으로 고용된 자는 뇌물수수죄의 주체인 '공무원'에 해당하지 않는다(대판 2012.8.23, 2011도12639).
> 6. **조합 임원의 지위를 상실한 경우나 임기가 만료된 정비사업조합의 임원이 관련 규정에 따라 후임자가 선임될 때까지 계속하여 직무를 수행하다가 후임자가 선임되어 직무수행권을 상실한 경우**, 그 조합 임원이 **그 후에도 조합의 법인 등기부에 임원으로 등기되어 있는 상태에서 계속하여 실질적으로 조합 임원으로서의 직무를 수행하여 왔다면** 도시정비법 제84조에 따라 형법 제129조 내지 제132조의 적용에서 공무원으로 보아야 한다(대판 2016.1.14, 2015도15798). ● 경찰

② 행 위
　㉠ 수 수

뇌물수수죄에서 말하는 '수수'란 받는 것, 즉 뇌물을 취득하는 것이다. 여기에서 **취득이란 뇌물에 대한 사실상의 처분권을 획득하는 것을 의미**하고, 뇌물인 물건의 **법률상 소유권까지 취득하여야 하는 것은 아니다**. 뇌물수수자가 법률상 소유권 취득의 요건을 갖추지는 않았더라도 뇌물로 제공된 물건에 대한 점유를 취득하고 뇌물공여자 또는 법률상 소유자로부터 반환을 요구받지 않는 관계에 이른 경우에는 그 물건에 대한 실질적인 사용·처분권한을 갖게 되어 그 물건 자체를 뇌물로 받은 것으로 보아야 한다(대판 2019.8.29, 2018도13792, 대판 2019.8.29, 2018도2738).

> **관련판례**
> ㉠ 뇌물을 수수한다는 것은 영득의 의사로 받는 것을 말하고 후일 기회를 보아서 반환할 의사로서 일단 받아둔 데 불과하다면 뇌물의 수수라고 할 수 없다(대판 1989.7.25, 89도126). ● 경찰
> ㉡ 피고인이 먼저 뇌물을 요구하여 증뢰자가 제공하는 돈을 받았다면 피고인에게는 받은 돈 전부에 대한 영득의 의사가 인정된다고 하지 않을 수 없고, 이처럼 영득의 의사로 뇌물을 수령한 이상 그 액수가 피고인이 예상한 것보다 너무 많은 액수여서 후에 이를 반환하였다고 하더라도 뇌물죄의 성립에는 영향이 없다(대판 2007.3.29, 2006도9182). ● 변호사
> ㉢ 뇌물죄는 공여자의 출연에 의한 수뢰자의 영득의사의 실현으로서, 공여자의 특정은 직무행위와 관련이 있는 이익의 부담 주체라는 관점에서 파악하여야 할 것이므로, 금품이나 재산상 이익 등이 반드시 공여자와 수뢰자 사이에 직접 수수될 필요는 없다(대판 2020.9.24, 2017도12389).
> ㉣ 시장이 불우이웃돕기 성금이나 연극제에 전달할 의사로 금원을 받은 것에 불과하고 영득할 의사로 수수하였다고 보기는 어렵다면 뇌물수수죄가 성립하지 않는다(대판 2010.4.15, 2009도11146). ● 경찰승진

> **판례 정리 … 수수죄가 성립하는 경우**
> 1. 뇌물로 공여된 당좌수표가 수수후 부도가 되었다 하더라도 뇌물죄의 성립에는 아무런 소장이 없다(대판 1983.2.22, 82도2964).
> 2. 오로지 공무원을 함정에 빠뜨릴 의사로 직무와 관련되었다는 형식을 빌려 그 공무원에게 금품을 공여한 경우에도 공무원이 그 금품을 직무와 관련하여 수수한다는 의사를 가지고 받아들이면 뇌물수수죄가 성립한다(대판 2008.3.13, 2007도10804). ● 경찰, 사시
> 3. 공무원인 피고인 甲은 피고인 乙로부터 "선물을 할 사람이 있으면 새우젓을 보내 주겠다."라는 말을 듣고 이를 승낙한 뒤 **새우젓**을 보내고자 하는 329명의 명단을 피고인 乙에게 보내 주고 피고인 乙로 하여금 위 사람들에게 피고인 甲의 이름을 적어 마치 피고인 甲이 선물을 하는 것처럼 총 11,186,000원 상당의 새우젓을 택배로 발송하게 하고 그 대금을 지급하지 않는 방법으로 직무에 관하여 뇌물을 교부받고, 피고인 乙은 피고인 甲에게 뇌물을 공여하였다는 내용으로 기소된 사안에서, … 피고인 乙의 새우젓 출연에 의한 피고인 甲의 영득의사가 실현되어 형법 제129조 제1항의 **뇌물공여죄 및 뇌물수수죄가 성립**하고, 공여자와 수뢰자 사이에 직접 금품이 수수되지 않았다는 사정만으로 이와 달리 볼 수 없다(대판 2020.9.24, 2017도12389). ● 경찰

ⓛ 요구 : 취득의 의사로 자진하여 상대방에게 뇌물의 제공을 청구하는 것이다.
ⓒ 약속

> **관련판례**
> ① 뇌물의 '약속'은 양 당사자 사이의 뇌물수수의 합의를 말하고, 여기에서 '합의'란 그 방법에 아무런 제한이 없고 명시적일 필요도 없지만, 장래 공무원의 직무와 관련하여 뇌물을 주고 받겠다는 양 당사자의 의사표시가 확정적으로 합치하여야 한다(대판 2007.7.13, 2004도3995). ● 법행
> ② 뇌물약속죄에 있어서 뇌물의 목적물인 이익은 약속 당시에 현존할 필요는 없고 약속 당시에 예기할 수 있는 것이라도 무방하며, 뇌물의 목적물이 이익인 경우에는 그 가액이 확정되어 있지 않아도 뇌물약속죄가 성립하는 데는 영향이 없다(대판 2001.9.18, 2000도5438). ● 경찰, 검찰
> ③ 오랫동안 처분을 하지 못하고 있던 부동산을 개발이 예상되는 다른 토지와 교환계약을 체결한 것은 향후 개발이 되면 가격이 많이 상승할 토지를 매수하게 되는 무형의 이익을 얻었다고 보아야 하므로 뇌물약속죄가 성립한다(대판 2001.9.18, 2000도5438).

③ 주관적 구성요건 : 목적물이 뇌물이라는 것과 그것이 직무의 대가라는 인식이 있어야 한다. 그러나 뇌물을 받은 대가로 직무집행을 할 의사가 있어야 하는 것은 아니다.

> **판례 정리 … 고의가 부정된 경우**
> 피고인이 택시를 타고 떠나려는 순간 뒤쫓아 와서 돈뭉치를 창문으로 던져 넣고 가버려 의족을 한 불구의 몸인 피고인으로서는 도저히 뒤따라가 돌려줄 방법이 없어 부득이 그대로 귀가하였다가 다음날 바로 다른 사람을 시켜 이를 반환한 경우 피고인에게는 뇌물을 수수할 의사가 있었다고는 볼 수 없다(대판 1979.7.10, 79도1124).

④ 공범
  ㉠ **비공무원이 공무원과 공동가공의 의사와 이를 기초로 한 기능적 행위지배를 통하여 공무원의 직무에 관하여 뇌물을 수수하는 범죄를 실행**하였다면 공무원이 직접 뇌물을 받은 것과 동일하게 평가할 수 있으므로 **공무원과 비공무원에게 형법 제129조 제1항에서 정한 뇌물수수죄의 공동정범이 성립**한다(대판 2019.8.29, 2018도13792, 대판 2019.8.29, 2018도2738). ● 법행
  ㉡ 공무원과 비공무원이 사전에 뇌물을 비공무원에게 귀속시키기로 모의하였거나 뇌물의 성질상 비공무원이 사용하거나 소비할 것이라고 하더라도 이러한 사정은 뇌물수수죄의 공동정범이 성립한 이후 뇌물의 처리에 관한 것에 불과하므로 뇌물수수죄가 성립하는 데 영향이 없다(대판 2019.8.29, 2018도13792, 대판 2019.8.29, 2018도2738).

판례정리 … 고의가 인정된 경우

피고인이 소외 (갑)으로부터 입력송출의 부탁과 함께 사례조로 교부받은 자기앞수표를 약 2주일 후 반환하여 주었다 하더라도, 위 수표를 일단 피고인의 은행구좌에 예치시켰다가 그 뒤 동료직원들에게 위 (갑)에 대하여 탐문해 본 결과 믿을 수 없다고 하므로 후환을 염려하여 (갑)에게 반환한 것이라면 피고인에게 뇌물수수의 고의가 있었다고 할 것이다(대판 1984.4.10, 83도1499).

(2) 죄수 및 타죄와의 관계

관련판례

① **수뢰죄의 포괄일죄** : 뇌물을 여러 차례에 걸쳐 수수함으로써 그 행위가 여러 개이더라도 그것이 단일하고 계속적 범의에 의하여 이루어지고 동일법익을 침해한 때에는 포괄일죄로 처벌함이 상당하다(대판 1999.1.29, 98도3584). ● 경찰

유사판례

수뢰죄에 있어서 단일하고도 계속된 범의 아래 동종의 범행을 일정기간 반복하여 행하고 그 피해법익도 동일한 것이라면 돈을 받은 일자가 상당한 기간에 걸쳐 있고 돈을 받은 일자 사이에 상당한 기간이 끼어 있다 하더라도 각 범행을 통틀어 포괄일죄로 보아야 한다(대판 2000.1.21, 99도4940).

② **수뢰죄와 공갈죄와의 관계** : 공무원이 직무집행의 의사 없이 또는 직무처리와 대가적 관계없이 타인을 공갈하여 재물을 교부하게 한 경우에는 공갈죄만이 성립하고, 이러한 경우 재물의 교부자가 공무원의 해악의 고지로 인하여 외포의 결과 금품을 제공한 것이라면 그는 공갈죄의 피해자가 될 것이고 뇌물공여죄는 성립될 수 없다고 하여야 할 것이다(대판 1994.12.22, 94도2528). ☞ 그러나 공무원이 직무집행의 의사로 직무에 관하여 공갈하여 금품을 교부받은 경우 수뢰죄와 공갈죄의 상상적 경합이 된다. ● 경간부

③ **사기죄와의 관계** : 공무원이 직무에 관해 타인을 기망하여 재물을 교부받으면 수뢰죄와 사기죄의 상상적 경합이 된다(대판 1985.2.8, 84도2625). ● 경찰

유사판례

타인을 기망하여 그로부터 뇌물을 수수한 경우라도 뇌물수수죄, 뇌물공여죄가 성립할 수 있고 이 경우 뇌물을 수수한 공무원에 대하여는 뇌물죄와 사기죄의 상상적 경합범이 성립한다(대판 2015.10.29, 2015도12838).

④ **횡령죄와의 관계** : 수의계약을 체결하는 공무원이 해당 공사업자와 적정한 금액 이상으로 계약금액을 부풀려서 계약하고 부풀린 금액을 자신이 되돌려 받기로 사전에 약정한 다음 그에 따라 수수한 돈은 성격상 뇌물이 아니고 횡령금에 해당한다(대판 2007.10.12, 2005도7112). ● 경찰

(3) 몰수 및 추징

> 제134조 (몰수, 추징) 범인 또는 사정을 아는 제3자가 받은 뇌물 또는 뇌물로 제공하려고 한 금품은 몰수한다. 이를 몰수할 수 없을 경우에는 그 가액을 추징한다.

① 필요적 몰수 · 추징

형법 제134조는 뇌물에 공할 금품을 필요적으로 몰수하고 이를 몰수하기 불가능한 때에는 그 가액을 추징하도록 규정하고 있는바, **몰수는 특정된 물건에 대한 것이고 추징은 본래 몰수할 수 있었음을 전제로 하는 것임에 비추어 뇌물에 공할 금품이 특정되지 않았던 것은 몰수할 수 없고 그 가액을 추징할 수도 없다**(대판 1996.5.8, 96도221). ● 경찰

판례 정리 … 몰수대상인 경우

1. 증뢰자가 교부한 당좌수표가 부도나자 부도된 당좌수표를 반환받고 그 수표에 대체하여 수표의 액면가액에 상응하는 현금이나 유가증권을 수뢰자에게 다시 교부하고 수뢰자가 이를 수수하였다면, 형법 제134조의 규정취지가 수뢰자로 하여금 불법한 이득을 보유시키지 않으려는 데에 있는 점에 비추어 볼 때, 이 현금이나 유가증권이 몰수, 추징의 대상이 된다(대판 1992.12.8, 92도1995).
2. [1] 공무원이 그 직무에 관하여 금원을 무기한 무이자로 차용한 경우에는 수뢰자가 받은 실질적 이익은 무기한 무이자차용금의 금융이익 상당이므로 위의 경우에는 그 금융이익이 뇌물이라 할 것이다.
   [2] 수뢰의 목적이 금전소비대차계약에 의한 금융이익이어서 그 금융이익이 뇌물이 되는 경우 소비대차의 목적인 대여받은 금원 그 자체는 뇌물이 아니므로 대여로 받은 그 금원 자체는 형법 제134조에 의하여 몰수, 추징할 수 없고, 이는 범죄행위로 인하여 취득한 물건으로서 피고인이외의 자의 소유에 속하지 아니하므로 본법 제48조 제1항 제2호에 의하여 몰수할 것이다(대판 1976.9.28, 75도3607). ● 경찰, 경간부
3. 공무원이 직무에 관하여 금전을 무이자로 차용한 경우에는 차용 당시에 금융이익 상당의 뇌물을 수수한 것으로 보아야 하므로 공소시효는 금전을 무이자로 차용한 때로부터 기산한다(대판 2012.2.23, 2011도7282). ● 법행

② 몰수 · 추징의 상대방

판례 정리 … 수뢰자로부터 몰수 · 추징해야 할 경우

1. 수뢰죄에 있어서 수뢰자가 일단 수수한 뇌물을 소비하여 몰수하기 불능하게 되었을 때에는 그 후에 동액의 금원을 증뢰자에게 반환하였다 하여도 수뢰자로부터 그 가액을 추징하여야 한다(대판 1986.10.14, 86도1189). ● 사시
2. 뇌물로 받은 돈을 은행에 예금한 경우 그 예금행위는 뇌물의 처분행위에 해당하므로 그 후 수뢰자가 같은 액수의 돈을 증뢰자에게 반환하였다 하더라도 이를 뇌물 그 자체의 반환으로 볼 수 없으니 이러한 경우에는 수뢰자로부터 그 가액을 추징하여야 한다(대판 1996.10.25, 96도2022). ● 법행
3. 뇌물로 받은 금원을 가령 그 후 다른 곳에 뇌물로 제공하였거나 공무에 종사하는 자들의 숙식비나 차량운영비에 충당한 사실이 있다고 하더라도 그것은 소비하는 방법에 지나지 아니하여 피고인으로부터 이를 추징하는 것은 정당하다(대판 1970.12.22, 70도2250). ● 법행

4. 피고인들이 뇌물로 받은 돈을 그후 다른 사람에게 다시 뇌물로 공여하였다 하더라도 그 수뢰의 주체는 어디까지나 피고인들이고 그 수뢰한 돈을 다른 사람에게 공여한 것은 수뢰한 돈을 소비하는 방법에 지나지 아니하므로 피고인들로부터 그 수뢰액 전부를 각 추징하여야 한다(대판 1986.11.25, 86도1951). ●사시
5. 수뢰자가 자기앞수표를 뇌물로 받아 이를 소비한 후 자기앞수표 상당액을 증뢰자에게 반환하였다 하더라도 뇌물 그 자체를 반환한 것은 아니므로 이를 몰수할 수 없고 수뢰자로부터 그 가액을 추징하여야 할 것이다 (대판 1999.1.29, 98도3584). ●법행

판례 정리 ··· 증뢰자로부터 몰수·추징

수뢰자가 뇌물을 그대로 보관하였다가 증뢰자에게 반환한 때에는 증뢰자로 부터 몰수·추징할 것이므로 수뢰자로 부터 추징함은 위법하다(대판 1984.2.28, 83도2783). ●사시

③ 몰수·추징의 방법 및 범위

금품의 무상대여를 통하여 위법한 재산상 이익을 취득한 경우 범인이 받은 부정한 이익은 그로 인한 금융이익 상당액이라 할 것이므로 추징의 대상이 되는 것은 무상으로 대여받은 금품 그 자체가 아니라 위 금융이익 상당액이라고 봄이 상당하다. 한편 여기에서 **추징의 대상이 되는 금융이익 상당액**은 객관적으로 산정되어야 할 것인데, 범인이 금융기관으로부터 대출받는 등 통상적인 방법으로 자금을 차용하였을 경우 부담하게 될 대출이율을 기준으로 하거나 그 대출이율을 알 수 없는 경우에는 금품을 제공받은 피고인의 지위에 따라 민법 또는 상법에서 규정하고 있는 법정이율을 기준으로 하여, 변제기나 지연손해금에 관한 약정이 가장되어 무효라고 볼 만한 사정이 없는 한 금품수수일로부터 약정된 변제기까지 금품을 무이자로 차용하여 얻은 금융이익의 수액을 산정한 뒤 이를 추징하여야 한다. 나아가 그와 같이 약정된 변제기가 없는 경우에는, 판결 선고일 전에 실제로 차용금을 변제하였다거나 대여자의 변제 요구에 의하여 변제기가 도래하였다는 등의 특별한 사정이 없는 한, 금품수수일로부터 판결 선고시까지 금품을 무이자로 차용하여 얻은 금융이익의 수액을 산정한 뒤 이를 추징하여야 할 것이다(대판 2014.5.16, 2014도1547).

판례 정리 ··· 수뢰자가 받은 금품중 일부를 뇌물로 공여한 경우의 추징의 상대방

1. 공무원의 직무에 속한 사항의 알선에 관하여 금품을 받고 그 금품 중의 일부를 실제로 금품을 받은 취지에 따라 청탁과 관련하여 관계 공무원에게 뇌물로 공여하거나 다른 알선행위자에게 청탁의 명목으로 교부한 경우에는 그 부분의 이익은 실질적으로 범인에게 귀속된 것이 아니므로 그 부분을 제외한 나머지 금품만을 몰수하거나 그 가액을 추징하여야 하지만, … 범인이 독자적인 판단에 따라 경비로 사용한 것이라면 이는 범인이 받은 돈을 소비하는 방법에 지나지 아니하므로 그 금액 역시 범인으로부터 추징하여야 한다(대판 1999.5. 11, 99도963). ●법행, 사시

> **비교판례**
> 변호사를 선임하여 주겠다는 명목이 아니라 판사, 검사에게 청탁하여 석방시켜 주겠다는 명목으로 돈을 받은 이상 그 중 일부를 변호사 선임비로 사용하였다 하더라도 이는 변호사법위반으로 취득한 재물의 소비방법에 불과하므로 변호사선임비로 사용한 금액 상당을 추징액에서 제외할 수는 없다(대판 2000.5. 26, 2000도440). ● 사시

2. 여러 사람이 공동으로 뇌물을 수수한 경우 그 가액을 추징하려면 실제로 분배받은 금품만을 개별적으로 추징하여야 하고 수수금품을 개별적으로 알 수 없을 때에는 평등하게 추징하여야 하며 공동정범뿐 아니라 교사범 또는 종범도 뇌물의 공동수수자에 해당할 수 있으나, 공동정범이 아닌 교사범 또는 종범의 경우에는 정범과의 관계, 범행 가담 경위 및 정도, 뇌물 분배에 관한 사전약정의 존재 여부, 뇌물공여자의 의사, 종범 또는 교사범이 취득한 금품이 전체 뇌물수수액에서 차지하는 비중 등을 고려하여 공동수수자에 해당하는지를 판단하여야 한다. 그리고 뇌물을 수수한 자가 공동수수자가 아닌 교사범 또는 종범에게 뇌물 중 일부를 사례금 등의 명목으로 교부하였다면 이는 뇌물을 수수하는 데 따르는 부수적 비용의 지출 또는 뇌물의 소비행위에 지나지 아니하므로, 뇌물수수자에게서 수뢰액 전부를 추징하여야 한다(대판 2011.11.24, 2011도9585). ● 법행

> **관련판례**
> **[비용을 포함한 뇌물자체를 몰수]**
> ① 공무원이 뇌물을 받음에 있어서 그 취득을 위하여 상대방에게 뇌물의 가액에 상당하는 금원의 일부를 비용의 명목으로 출연하거나 그 밖에 경제적 이익을 제공하였다 하더라도, 이는 뇌물을 받는 데 지출한 부수적 비용에 불과하다고 보아야 할 것이지, 이로 인하여 공무원이 받은 뇌물이 그 뇌물의 가액에서 위와 같은 지출액을 공제한 나머지 가액에 상당한 이익에 한정되는 것이라고 볼 수는 없으므로, 그 공무원으로부터 뇌물죄로 얻은 이익을 몰수·추징함에 있어서는 그 받은 뇌물 자체를 몰수하여야 하고, 그 뇌물의 가액에서 위와 같은 지출을 공제한 나머지 가액에 상당한 이익만을 몰수·추징할 것은 아니다(대판 1999.10.8, 99도1638). ● 경찰승진
> ② 뇌물을 받는 주체가 아닌 자가 수고비로 받은 부분이나 뇌물을 받기 위하여 형식적으로 체결된 용역계약에 따른 비용으로 사용된 부분은 뇌물수수의 부수적 비용에 지나지 않는다(대판 2017.3.22, 2016도21536).

> **관련판례**
> **[수뢰액의 확정방법]**
> ① 피고인이 증뢰자와 함께 향응을 하고 증뢰자가 이에 소요되는 금원을 지출한 경우 이에 관한 피고인의 수뢰액을 인정함에 있어서는 먼저 피고인의 접대에 요한 비용과 증뢰자가 소비한 비용을 가려내어 전자의 수액을 가지고 피고인의 수뢰액으로 하여야 하고 만일 각자에 요한 비용액이 불명할 때에는 이를 평등하게 분할한 액을 가지고 피고인의 수뢰액으로 인정하여야 할 것이고, 피고인이 향응을 제공받는 자리에 피고인 스스로 제3자를 초대하여 함께 접대를 받은 경우에는, 그 제3자가 피고인과는 별도의 지위에서 접대를 받는 공무원이라는 등의 특별한 사정이 없는 한 그 제3자의 접대에 요한 비용도 피고인의 접대에 요한 비용에 포함시켜 피고인의 수뢰액으로 보아야 한다(대판 2001.10.12, 99도5294). ● 사시

② 뇌물죄에서의 수뢰액은 그 많고 적음에 따라 범죄구성요건이 되므로 엄격한 증명의 대상이 된다. 이때 공무원이 수수한 금품에 **직무행위에 대한 대가로서의 성질과 직무 외의 행위에 대한 대가로서의 성질이 불가분적으로 결합되어 있는 경우**에는 <u>그 수수한 금품 전부가 불가분적으로 직무행위에 대한 대가로서의 성질을 가진다.</u> 다만 그 금품의 수수가 수회에 걸쳐 이루어졌고 각 **수수행위별로 직무 관련성 유무를 달리 볼 여지가 있는 경우**에는 그 행위마다 직무와의 관련성 여부를 가릴 필요가 있다. 그리고 **공무원이 아닌 사람과 공무원이 공모하여 금품을 수수한 경우**에도 <u>각 수수자가 수수한 금품별로 직무 관련성 유무를 달리 볼 수 있다면, 각 금품마다 직무와의 관련성을 따져 뇌물성을 인정하는 것이 책임주의 원칙에 부합한다</u>(대판 2024.3.12, 2023도17394)

● 경찰 ☞ OO지구조합 조합장 甲이 체비지를 공개추첨입찰 방식으로 매각하지 않고 부동산중개업자 乙(비공무원)의 중개로 A회사를 운영하는 B와 수의계약을 체결토록 하고 乙이 그 대가로 3억원 받아 그 중 일부는 乙 자신의 중개비로 받고 나머지는 분배한 사건임 ☞ 3억원 모두가 뇌물이 아니라 중개로 받은 일부금액은 제외해야 한다는 취지임

④ 추징가액의 산정시기

> **관련판례**
>
> ① 몰수의 취지가 범죄에 의한 이득의 박탈을 그 목적으로 하는 것이고 추징도 이러한 몰수의 취지를 관철하기 위한 것이라는 점을 고려하면 몰수하기 불능한 때에 추징하여야 할 가액은 범인이 그 물건을 보유하고 있다가 몰수의 선고를 받았더라면 잃었을 이득상당액을 의미한다고 보아야 할 것이므로 그 가액산정은 **재판선고시의 가격**을 기준으로 하여야 할 것이다(대판 1991.5.28, 91도352).
> ② 수인이 공동하여 뇌물수수죄를 범한 경우에 공범자는 자기의 수뢰액 뿐만 아니라 다른 공범자의 수뢰액에 대하여도 그 죄책을 면할 수 없는 것이므로, 특정범죄가중처벌등에관한법률 제2조 제1항의 적용 여부를 가리는 수뢰액을 정함에 있어서는 그 공범자 전원의 수뢰액을 합한 금액을 기준으로 하여야 할 것이고, 각 공범자들이 실제로 취득한 금액이나 분배받기로 한 금액을 기준으로 할 것이 아니다(대판 1999.8.20, 99도1557). ● 경찰

3. 사전수뢰죄

> 제129조 (수뢰, 사전수뢰) ② 공무원 또는 중재인이 될 자가 그 담당할 직무에 관하여 청탁을 받고 뇌물을 수수, 요구 또는 약속한 후 공무원 또는 중재인이 된 때에는 3년 이하의 징역 또는 7년 이하의 자격정지에 처한다.

(1) 주 체

형법 제129조 제2항에 정한 '**공무원 또는 중재인이 될 자**'란 공무원채용시험에 합격하여 발령을 대기하고 있는 자 또는 선거에 의해 당선이 확정된 자 등 공무원 또는 중재인이 될 것이 예정되어 있는 자뿐만 아니라 **공직취임의 가능성이 확실하지는 않더라도 어느 정도의 개연성을 갖춘 자를 포함**한다고 할 것이다. 따라서 <u>도시개발조합의 임원인 조합장 또는 상무이사로 선출될 상당한 개연성이 있는 피고인들이 그</u>

담당할 직무에 관하여 청탁을 받고 소유권이전등기를 마칠 수 있는 기회를 제공받는 방법으로 이익을 수수한 경우, 사전수뢰죄가 성립한다(대판 2010.5.13, 2009도7040).

● 경찰승진, 법행

(2) 직무에 관한 청탁을 받고

형법 제129조 제2항의 사전수뢰는 단순수뢰의 경우와는 달리 청탁을 받을 것을 요건으로 하고 있는바, 여기에서 청탁이라 함은 공무원에 대하여 일정한 직무행위를 할 것을 의뢰하는 것을 말하는 것으로서 그 직무행위가 부정한 것인가 하는 점은 묻지 않으며 그 청탁이 반드시 명시적이어야 하는 것도 아니라고 할 것이다(대판 1999.7.23, 99도1911). ● 법행

(3) 공무원 또는 중재인이 된 때

객관적 처벌조건에 해당한다.

4. 제3자 뇌물공여죄

> 제130조 (제삼자뇌물제공) 공무원 또는 중재인이 그 직무에 관하여 부정한 청탁을 받고 제3자에게 뇌물을 공여하게 하거나 공여를 요구 또는 약속한 때에는 5년 이하의 징역 또는 10년 이하의 자격정지에 처한다.

(1) 부정한 청탁

① 형법 제130조의 제3자 뇌물공여죄에 있어서 '부정한 청탁'이라 함은, 그 청탁이 위법하거나 부당한 직무집행을 내용으로 하는 경우는 물론, 비록 청탁의 대상이 된 직무집행 그 자체는 위법·부당한 것이 아니라 하더라도 당해 직무집행을 어떤 대가관계와 연결시켜 그 직무집행에 관한 대가의 교부를 내용으로 하는 청탁이라면 이는 의연 '부정한 청탁'에 해당한다고 보아야 한다(대판 2006.6.15, 2004도3424).

② '부정한 청탁'은 반드시 명시적 의사표시에 의해서뿐 아니라 묵시적 의사표시에 의해서도 가능하지만, 묵시적 의사표시에 의한 부정한 청탁이 있다고 하기 위하여는 청탁의 대상이 되는 직무집행의 내용과 제3자에게 제공되는 금품이 그 직무집행에 대한 대가라는 점에 대하여 당사자 사이에 공통의 인식이나 양해가 있어야 한다. 따라서 그러한 인식이나 양해 없이 막연히 선처하여 줄 것이라는 기대나 직무집행과는 무관한 다른 동기에 의하여 제3자에게 금품을 공여한 경우에는 묵시적 의사표시에 의한 부정한 청탁이 있다고 볼 수 없다(대판 2011.4.14, 2010도12313). ● 사시

③ 형법상 수뢰죄의 경우 공무원의 직무와 금품의 수수가 전체적으로 대가관계에 있으면 성립하는 것과는 달리, 제3자뇌물제공죄의 경우 '부정한 청탁'을 범죄성립

의 구성요건으로 하고 있고 이는 처벌의 범위가 불명확해지지 않도록 하려는 데 취지가 있으므로, 당사자 사이에 청탁의 부정성을 규정짓는 대가관계에 관한 양해가 없었다면 단지 나중에 제3자에 대한 금품제공이 있었다는 사정만으로 어떠한 직무가 소급하여 부정한 청탁에 의한 것이라고 평가될 수는 없다(대판 2011. 4. 14, 2010도12313). ● 사시

④ 공무원이 직접 뇌물을 받지 아니하고, 증뢰자로 하여금 제3자에게 뇌물을 공여하도록 하고 그 제3자로 하여금 뇌물을 받도록 하였다 하더라도 부정한 청탁을 받은 일이 없다면 이를 형법 제130조의 제3자뇌물제공죄로 처벌할 수 없다(대판 1998. 9. 22, 98도1234).

⑤ 형법 제130조 **제3자뇌물수수죄**는 공무원 또는 중재인이 직무에 관하여 부정한 청탁을 받고 제3자에게 뇌물을 공여하게 하는 행위를 구성요건으로 한다. 여기에서 뇌물이란 공무원의 직무에 관하여 부정한 청탁을 매개로 제3자에게 교부되는 위법·부당한 이익을 말하고, 형법 제129조 뇌물죄와 마찬가지로 직무관련성이 있으면 인정된다(대판 2019. 8. 29, 2018도13792, 대판 2019. 8. 29, 2018도2738).

⑥ 청탁의 대상인 직무행위의 내용을 **구체적으로 특정할 필요도 없다**. 부정한 청탁의 내용은 공무원의 직무와 제3자에게 제공되는 이익 사이의 대가관계를 인정할 수 있을 정도로 특정하면 충분하고, 이미 발생한 현안뿐만 아니라 **장래 발생될 것으로 예상되는 현안**도 위와 같은 정도로 특정되면 부정한 청탁의 내용이 될 수 있다(대판 2019. 8. 29, 2018도13792, 대판 2019. 8. 29, 2018도2738).

> **판례 정리**
>
> 1. 어떤 금품이 공무원의 직무행위와 관련하여 교부된 것이라면 그것이 시주의 형식으로 교부되었고 또 불심에서 우러나온 것이라 하더라도 뇌물임을 면할 수 없다. 따라서 **공정거래위원회 위원장인 피고인이 이동통신회사가 속한 그룹의 구조조정본부장으로부터 당해 이동통신회사의 기업결합심사에 대하여 선처를 부탁받으면서 특정 사찰에의 시주를 요청하여 시주금을 제공케 한 경우**, 그 부탁한 직무가 피고인의 재량권한 내에 속하더라도 형법 제130조에 정한 '부정한 청탁'에 해당하고, 위 시주는 기업결합심사와 관련되어 이루어진 것이라고 판단하여 제3자뇌물수수의 죄책이 인정된다(대판 2006. 6. 15, 2004도3424).
> 2. 대통령비서실 정책실장이 기업관계자들에게 기업 메세나(Mecenat) 활동의 일환인 미술관 전시회 후원을 요청하여 기업관계자들이 특정 미술관에 후원금을 지급한 경우, 직권남용권리행사방해죄 및 제3자뇌물공여죄가 성립하지 않는다(대판 2009. 1. 30, 2008도6950).

(2) 제3자

① 공무원이 직접 뇌물을 받지 아니하고, 증뢰자로 하여금 다른 사람에게 뇌물을 공여하도록 하고 그 다른 사람으로 하여금 뇌물을 받도록 한 경우라 할지라도 그 다른 사람이 공무원의 사자 또는 대리인으로서 뇌물을 받은 경우나 그 밖에 예컨대 평소 공무원이 그 다른 사람의 생활비 등을 부담하고 있었다거나 혹은 그 다

른 사람에 대하여 채무를 부담하고 있었다는 등의 사정이 있어서 그 다른 사람이 뇌물을 받음으로써 공무원은 그만큼 지출을 면하게 되는 경우 등 **사회통념상 그 다른 사람이 뇌물을 받은 것을 공무원이 직접 받은 것과 같이 평가할 수 있는 관계가 있는 경우에는 형법 제129조 제1항의 단순수뢰죄가 성립한다**(대판 1998.9.22, 98도1234). ● 경찰, 사시

② **구청장인 피고인이 구청 관내의 공사 인·허가와 관련하여 甲 회사로부터 묵시적인 부정한 청탁을 받고 5억 원 상당의 경로당 누각을 제3자인 구(區)에 기부채납하게 한 경우**, 지방자치단체장이 직무에 관하여 부정한 청탁을 받고 지방자치단체에 금품을 제공하게 하였다면 공무원 개인이 금품을 취득한 경우와 동일시할 수는 없고 그 공무원이 단체를 대표하는 지위에 있는 경우에도 마찬가지여서 **지방자치단체인 구는 '제3자뇌물제공죄의 제3자'가 될 수 있다**(대판 2011.4.14, 2010도12313). ☞ 본 사건에서는 부정한 청탁의 대가로 제공된 것이라고 단정할 수 없다는 이유로, 피고인에게 무죄를 선고하였다. ● 사시

③ 제3자뇌물수수죄에서 제3자란 행위자와 공동정범 이외의 사람을 말하고, 교사자나 방조자도 포함될 수 있다. 그러므로 공무원 또는 중재인이 부정한 청탁을 받고 제3자에게 뇌물을 제공하게 하고 **제3자가 그러한 공무원 또는 중재인의 범죄행위를 알면서 방조한 경우**에는 그에 대한 별도의 처벌규정이 없더라도 방조범에 관한 형법총칙의 규정이 적용되어 제3자뇌물수수방조죄가 인정될 수 있다(대판 2017.3.15, 2016도19659). ● 경찰

④ **형법 제130조 뇌물죄(제3자 뇌물제공죄)에 있어서의 뇌물성**은 형법 제129조 뇌물죄에 있어서와 마찬가지로 직무와의 관련성이 있으면 인정되는 것이고, 그 뇌물을 받는 **제3자가 뇌물임을 인식할 것을 요하지 아니한다**(대판 2019.8.29, 2018도13792, 대판 2019.8.29, 2018도2738).

⑤ **공무원과 공동정범 관계에 있는 비공무원은 제3자뇌물수수죄에서 말하는 제3자가 될 수 없고**, 공무원과 공동정범 관계에 있는 **비공무원이 뇌물을 받은 경우**에는 공무원과 함께 뇌물수수죄의 공동정범이 성립하고 **제3자뇌물수수죄는 성립하지 않는다**(대판 2019.8.29, 2018도13792, 대판 2019.8.29, 2018도2738). ● 경찰

> **판례 정리 ··· 제3자 뇌물제공죄 부정**
>
> 1. 공무원으로 의제되는 정비사업전문관리업자의 임·직원이 직무에 관하여 자신이 아닌 정비사업전문관리업자에 뇌물을 공여하게 하는 경우, 임·직원이 법인인 정비사업전문관리업자를 사실상 1인 회사로서 개인기업과 같이 운영하거나, 그렇지 않더라도 사회통념상 정비사업전문관리업자에 뇌물을 공여한 것이 곧 그 임·직원에게 공여한 것과 같다고 볼 수 있을 정도로 경제적·실질적 이해관계를 같이 하는 것으로 평가되는 경우에 한하여 형법 제129조 제1항의 뇌물수수죄가 성립한다(대판 2010.5.13, 2008도5506). ● 법행
> 2. 공무원이 실질적인 경영자로 있는 회사가 청탁 명목의 금원을 회사 명의의 예금계좌로 송금받은 경우에 사회통념상 위 공무원이 직접 받은 것과 같이 평가할 수 있어 뇌물수수죄가 성립한다(대판 2004.3.26, 2003도8077).
> 3. 도시 및 주거환경정비법상 정비사업전문관리업체인 갑 주식회사 대표이사인 피고인이 여러 건설회사들에게서 재개발정비사업 시공사로 선정되도록 도와달라는 취지의 부탁을 받고 자신이 실질적으로 장악하고 있는 컨설팅회사 명의 계좌로 돈을 교부받은 경우, 사회통념상 피고인에게 직접 뇌물을 공여한 것과 동일하게 평가할 수 있으므로 형법 제129조 제1항 뇌물수수죄가 인정된다(대판 2011.11.24, 2011도9585).

> **판례 정리 ··· 제3자 뇌물제공죄 인정**
>
> 산악회 지부가 사업자로부터 등반대회 행사용 수건을 교부받은 것을 산악회 지부의 고문으로 있는 군수가 이를 교부받은 것과 동일시하기에는 부족하다고 보아 형법 제129조 제1항의 뇌물수수죄 성립을 부정한 사례(대판 2002.4.9, 2001도7056) ☞ 제3자뇌물제공죄가 성립한다는 취지임. ● 법행

(3) 기수시기

부정한 청탁을 받고 제3자에게 뇌물을 공여하게 하거나 공여를 요구 또는 약속한 때에 기수가 된다.

(4) 죄 수

공무원이 직무관련자에게 제3자와 계약을 체결하도록 요구하여 계약 체결을 하게 한 행위가 제3자뇌물수수죄의 구성요건과 직권남용권리행사방해죄의 구성요건에 모두 해당하는 경우에는, 제3자뇌물수수죄와 직권남용권리행사방해죄가 각각 성립하되, 이는 사회 관념상 하나의 행위가 수 개의 죄에 해당하는 경우이므로 두 죄는 형법 제40조의 상상적 경합관계에 있다(대판 2017.3.15, 2016도19659). ● 경찰

5. 수뢰후부정처사죄

> 제131조 (수뢰후부정처사, 사후수뢰) ① 공무원 또는 중재인이 전2조의 죄를 범하여 부정한 행위를 한 때에는 1년 이상의 유기징역에 처한다.
> ④ 전3항의 경우에는 10년 이하의 자격정지를 병과할 수 있다.

(1) 의 의

공무원 또는 중재인이 수뢰죄(단순수뢰죄·사전수뢰죄 및 제3자뇌물공여죄)를 범한 후 부정한 행위를 한 경우에 처벌하는 불법가중구성요건이다.

(2) 부정한 행위

수뢰후부정처사죄에서 말하는 '부정한 행위'라 함은 직무에 위배되는 일체의 행위를 말하는 것으로 직무행위 자체는 물론 그것과 객관적으로 관련 있는 행위까지를 포함한다(대판 2003.6.13, 2003도1060).

> **판례 정리 ··· 수뢰후부정처사죄가 성립하는 경우**
>
> 1. 경찰관이 도박장 개설 및 도박범행을 묵인하고 편의를 봐주는 대가로 사례비 명목의 금품을 수수하고, 도박장 개설 및 도박범행을 잘 알면서도 이를 단속하지 않는 경우 수뢰후 부정처사죄가 성립한다(대판 2003.6.13, 2003도1060). ● 법행
> 2. 예비군 중대장이 그 소속예비군으로부터 금원을 교부받고 그 예비군이 예비군훈련에 불참하였음에도 불구하고 참석한 것처럼 허위내용의 중대학급편성명부를 작성, 행사한 경우라면 수뢰후 부정처사죄 외에 별도로 허위공문서작성 및 동행사죄가 성립하고 이들 죄와 수뢰후 부정처사죄는 각각 상상적 경합관계에 있다고 할 것이다(대판 1983.7.26, 83도1378).

> **판례 정리 ··· 수뢰후부정처사죄에 해당하지 않는 경우**
>
> 과세 대상에 관한 규정이 명확하지 않고 그에 관한 확립된 선례도 없었던 경우, 공무원이 주식회사로부터 뇌물을 받은 후 관계 법령에 대한 충분한 연구, 검토 없이 위 회사에 유리한 쪽으로 법령을 해석하여 감액처분하였더라도 위 감액처분이 위법하지 않으면 그 공무원이 수뢰 후 '부정한 행위'를 한 것으로서 수뢰후부정처사죄를 범하였다고 볼 수는 없다(대판 1995.12.12, 95도2320). ● 변호사

(3) 죄 수

① 형법 제131조 제1항의 수뢰후부정처사죄에 있어서 공무원이 수뢰후 행한 부정행위가 공도화변조 및 동행사죄와 같이 보호법익을 달리하는 별개 범죄의 구성요건을 충족하는 경우에는 수뢰후부정처사죄 외에 별도로 공도화변조 및 동행사죄가 성립하고 이들 죄와 수뢰후부정처사죄는 각각 **상상적 경합 관계**에 있다고 할 것인바, 이와 같이 공도화변조죄와 동행사죄가 수뢰후부정처사죄와 각각 상상적 경합범 관계에 있을 때에는 **공도화변조죄와 동행사죄 상호간은 실체적 경합범 관계**에 있다고 할지라도 상상적 경합범 관계에 있는 수뢰후부정처사죄와 대비하여 **가장 중한 죄에 정한 형으로 처단하면 족한 것**이고 따로이 경합범 가중을 할 필요가 없다(대판 2001.2.9, 2000도1216). ● 변호사

② **허위공문서작성죄와 동행사죄가 수뢰후부정처사죄와 각각 상상적 경합관계**에 있을 때에는 **허위공문서작성죄와 동행사죄 상호간은 실체적 경합범관계**에 있다고 할지라도 상상적 경합범관계에 있는 수뢰후 부정처사죄와 대비하여 **가장 중한 죄에 정한 형으로 처단하면 족한 것**이고 따로이 경합가중을 할 필요가 없다(대판 1983.7.26, 83도1378). ● 경찰

> **참조판례**
> 국립병원의 내과과장 겸 진료부장으로 근무하는 의사로서 보건복지부 소속 의무서기관인 피고인이 공소외인의 부탁을 받고 허위의 진단서를 작성한 후 그 사례 명목으로 금품을 수수한 경우 공무원인 의사가 공무소 명의로 허위진단서를 작성한 경우 **허위공문서작성죄**만 성립하고 허위진단서작성죄는 별도로 성립하지 않으므로 **부정처사후수뢰죄와 경합범**의 관계에 있다(대판 2004.4.9, 2003도7762). ● 해경

③ **수뢰후부정처사죄**를 정한 형법 제131조 제1항은 공무원 또는 중재인이 형법 제129조(수뢰, 사전수뢰) 및 제130조(제3자뇌물제공)의 죄를 범하여 부정한 행위를 하는 것을 구성요건으로 하고 있다. 여기에서 '**형법 제129조 및 제130조의 죄를 범하여**'란 반드시 뇌물수수 등의 행위가 완료된 이후에 부정한 행위가 이루어져야 함을 의미하는 것은 아니고, 결합범 또는 결과적 가중범 등에서의 기본행위와 마찬가지로 뇌물수수 등의 행위를 하는 중에 부정한 행위를 한 경우도 포함하는 것으로 보아야 한다. 따라서 단일하고도 계속된 범의 아래 일정 기간 반복하여 일련의 뇌물수수 행위와 부정한 행위가 행하여졌고 그 뇌물수수 행위와 부정한 행위 사이에 인과관계가 인정되며 피해법익도 동일하다면, **최후의 부정한 행위 이후에 저질러진 뇌물수수 행위**도 최후의 부정한 행위 이전의 뇌물수수 행위 및 부정한 행위와 함께 **수뢰후부정처사죄의 포괄일죄**로 처벌함이 타당하다(대판 2021.2.4, 2020도12103). ● 경찰

6. 사후수뢰죄

> 제131조 (수뢰후부정처사, 사후수뢰) ② 공무원 또는 중재인이 그 직무상 부정한 행위를 한 후 뇌물을 수수, 요구 또는 약속하거나 제삼자에게 이를 공여하게 하거나 공여를 요구 또는 약속한 때에도 전항의 형과 같다.
> ③ 공무원 또는 중재인이었던 자가 그 재직중에 청탁을 받고 직무상 부정한 행위를 한 후 뇌물을 수수, 요구 또는 약속한 때에는 5년 이하의 징역 또는 10년 이하의 자격정지에 처한다.
> ④ 전3항의 경우에는 10년 이하의 자격정지를 병과할 수 있다.

> **관련판례**
> 공사의 입찰업무를 담당하고 있는 장교가 비밀로 하여야 할 그 공사의 입찰예정가격을 응찰자에게 미리 알려준 소위는 직무에 위배되는 행위로서 형법 제141조 제2항의 부정한 행위에 해당한다 할 것이어서 입찰이 끝난 후 20여일이 경과한 후 전속시의 전별금 명목으로 금원을 받았다 하더라도 이는 직무행위의 부정행위와 관련된 금품의 수수에 해당하므로 사후 수뢰죄를 구성한다(대판 1983.4.26. 82도2095).

7. 알선수뢰죄

> 제132조 (알선수뢰) 공무원이 그 지위를 이용하여 다른 공무원의 직무에 속한 사항의 알선에 관하여 뇌물을 수수, 요구 또는 약속한 때에는 3년 이하의 징역 또는 7년 이하의 자격정지에 처한다.

(1) 의 의

형법 제132조의 알선수뢰죄는 당해직무를 처리하는 다른 공무원과 직접, 간접의 연관관계를 가지고 법률상이거나 사실상이거나를 막론하고 어떤 영향력을 미칠 수 있는 지위에 있는 공무원이 그 지위를 이용하여 다른 공무원의 직무에 속한 사항의 알선에 관하여 뇌물을 수수, 요구, 약속한 때에 성립한다(대판 1988.1.19. 86도1138).
☞ 알선하기로 한 행위를 하여야 하는 것은 아니다. ● 검찰

(2) 행위주체

다른 뇌물죄와 달리 공무원에 한하고 중재인은 포함되지 않는다.

(3) 지위의 이용

형법 제132조 소정의 알선수뢰죄에 있어서 "공무원이 그 지위를 이용하여"라고 함은 친구, 친족관계 등 사적인 관계를 이용하는 경우이거나 단순히 공무원으로서의 신분이 있다는 것만을 이용하는 경우에는 여기에 해당한다고 볼 수 없으나, 다른 공무원이 취급하는 업무처리에 법률상 또는 사실상으로 영향을 줄 수 있는 공무원이 그 지위를 이용하는 경우에는 여기에 해당하고 그 사이에 반드시 상하관계, 협동관계, 감독권한 등의 특수한 관계에 있거나 같은 부서에 근무할 것을 요하는 것은 아니다(대판 1994.10.21. 94도852). ● 법행, 경찰승진

> **판례 정리 ··· 지위이용을 긍정한 경우**
>
> 1. 서울시 공무원으로 11년 이상 근무하여 왔고 5급 별정직의 신분으로 서울시 부시장의 비서관으로 재직하던 자가 시청 관재과 소속공무원에게 부탁하여 체비지를 불하받도록 하여 주겠다고 약속하고 그 교제비로 금원을 교부받았다면, 이는 체비지 불하업무를 취급하는 시청 관재과 소속 공무원과의 사이에 직무상 연관관계를 가지고 사실상 어떤 영향력을 미칠 수 있는 지위를 이용하여 그 공무원의 직무에 속하는 사항의 알선에 관하여 뇌물을 수수한 것이라고 봄이 상당하다(대판 1989.11.14, 89도1700).
> 2. 농림수산부장관은 한국마사회장의 임명권, 마사회의 업무에 관한 감독권을 갖고 있으며 국회에는 입법권, 예산안심의확정권, 국정에 관한 조사권 등이 있고 국무위원 등에 대하여 국회에 출석, 국정처리상황에 관하여 답변할 것을 요구할 권한 등이 있으므로 국회의원은 한국마사회장에 대하여 사실상 영향력을 미칠 수 있는 지위에 있다고 보아야 할 것이고, 따라서 피고인이 국회의원에게 한국마사회가 발주하는 공사를 수의계약에 의하여 수주할 수 있도록 한국마사회장에게 알선하여 달라는 청탁을 하고 금원을 지급하였다면 알선증뢰죄를 구성한다 할 것이다(대판 1990.8.10, 90도665).
> 3. 피고인이 남광주세무서 징세계장인 공소외인의 전임자였고 이사건 당시에 서광주세무서 징세계장으로 근무하고 있었다면 이사건 압류재산의 공매담당자인 위 공소외인의 직무에 관하여 사실상의 영향력을 행사할 수 있는 지위에 있었다고 할 것이다(대판 1989.12.26, 89도2018).
> 4. 국방부 전국병무사범대책위원회 행정요원으로 파견 근무 중인 경기도 병무청 심리연구사보가 병역검사기피자로부터 출국절차를 원만히 해결해 달라는 부탁을 받고 병무담당자에게 부탁하여 병종 불합격된 것으로 병적을 고쳐 정리하여 주겠다고 말하고 돈 150,000원을 받았다면 이는 피고인이 영향을 미칠 수 있는 특수한 지위를 이용하여 병무담당자의 직무에 속한 사항의 알선에 관하여 뇌물을 수수한 경우에 해당한다 할 것이다(대판 1969.8.26, 69도1120).

> **판례 정리 ··· 지위이용을 부정한 경우**
>
> 1. 검찰주사가 검사의 직무에 대해 알선수뢰죄의 주체가 되지 않는다(대판 1982.6.8, 82도403).
> 2. 육군본부 정보작전지원참모부에서 조직진단관으로 근무하는 **3급 군무원** 피고인이 장군진급심사를 앞두고 있던 甲으로부터 인사참모부 선발관리실장인 乙에게 부탁하여 장군진급이 되도록 하여 달라는 부탁을 받고 합계 5,000만 원을 받았다고 하여 특정범죄 가중처벌 등에 관한 법률상 알선수뢰로 기소된 경우, 피고인이 위 금원을 수수할 당시 자신의 지위를 이용하여 선발관리실장이던 乙의 진급업무와 관련하여 사실상 영향을 줄 수 있는 관계에 있었다고 하기에 부족하므로 알선수뢰죄는 성립하지 않는다(대판 2010.11.25, 2010도11460).

(4) 다른 공무원의 직무에 속한 사항에 관한 알선행위

① '다른 공무원의 직무에 속한 사항의 알선행위'는 그 공무원의 직무에 속하는 사항에 관한 것이면 되는 것이지 그것이 반드시 부정행위라거나 그 직무에 관하여 결재권한이나 최종 결정권한을 갖고 있어야 하는 것이 아니다(대판 2006.4.27, 2006도735).

② [1] 형법 제132조에서 말하는 '다른 공무원의 직무에 속한 사항의 알선에 관하여 뇌물을 요구한다'고 함은, 다른 공무원의 직무에 속한 사항을 알선한다는 명

목으로 뇌물을 요구하는 행위로서 반드시 알선의 상대방인 다른 공무원이나 그 직무의 내용이 **구체적으로 특정될 필요까지는 없지만**, 알선뇌물요구죄가 **성립하려면** 알선할 사항이 다른 공무원의 직무에 속하는 사항으로서 뇌물요구의 명목이 그 사항의 알선에 관련된 것임이 **어느 정도 구체적으로 나타나야 한다**. 단지 상대방으로 하여금 뇌물을 요구하는 자에게 잘 보이면 그로부터 어떤 도움을 받을 수 있다거나 손해를 입을 염려가 없다는 정도의 **막연한 기대감을 갖게 하는 정도**에 불과하고, 뇌물을 요구하는 자 역시 상대방이 그러한 기대감을 가질 것이라고 짐작하면서 뇌물을 요구하였다는 정도의 사정만으로는 알선뇌물요구죄가 성립한다고 볼 수 없다. 한편, 여기서 말하는 알선행위는 장래의 것이라도 무방하므로, 알선뇌물요구죄가 성립하기 위하여는 뇌물을 요구할 당시 반드시 상대방에게 알선에 의하여 해결을 도모하여야 할 현안이 존재하여야 할 필요는 없다. ● 경찰, 경찰간부

[2] **구청 공무원이 유흥주점의 업주에게 '유흥주점 영업과 관련하여 세금이나 영업허가 등에 관하여 문제가 생기면 다른 담당 공무원에게 부탁하여 도움을 주겠다'면서 그 대가로 1,000만 원을 요구한 사안**에서, 그 뇌물요구의 명목이 상대방의 막연한 기대감을 전제로 한 것이고 당시 알선할 사항이 구체적으로 특정되었다거나 알선에 의하여 해결을 도모해야 할 현안이 존재하였다는 사실을 인정할 증거가 없어 알선뇌물요구죄가 성립하지 않는다고 판단한 원심판결을, 알선뇌물요구죄에 관한 법리를 오해하였다는 이유로 파기한 사례(대판 2009.7.23, 2009도3924)

8. 증뢰죄

> 제133조 (뇌물공여 등) ① 제129조부터 제132조까지에 기재한 뇌물을 약속, 공여 또는 공여의 의사를 표시한 자는 5년 이하의 징역 또는 2천만원 이하의 벌금에 처한다.

(1) 의 의

본죄는 뇌물을 약속, 공여 또는 공여의 의사를 표시함으로써 성립하는 범죄이다. 증뢰죄는 수뢰죄에 대응하는 범죄로서 비신분범이다.

(2) 행위주체

제한이 없다. 일반인은 물론 공무원도 주체가 될 수 있다.

(3) 행 위

뇌물을 약속, 공여 또는 공여의 의사표시이다.

> **관련판례**
>
> ① 뇌물공여죄가 성립되기 위하여서는 뇌물을 공여하는 행위와 상대방측에서 금전적으로 가치가 있는 그 물품 등을 받아들이는 행위(부작위 포함)가 필요할 뿐이지 반드시 상대방측에서 뇌물수수죄가 성립되어야만 한다는 것을 뜻하는 것은 아니다(대판 1987.12.22, 87도1699). ● 경찰, 사시
> ② 국가정보원장등이 대통령과의 사이에 국가정보원 자금을 횡령하여 이를 모두 대통령에게 귀속시키기로 공모하였고 위 국가정보원장등은 그에 따라 특별사업비를 횡령하여 대통령에게 교부한 경우, 이는 횡령 범행에 의하여 취득한 돈을 공모에 따라 내부적으로 분배한 것에 불과하여 이 부분 특별사업비를 뇌물로 보기 어려우므로 뇌물공여죄가 성립되지 않는다(대판 2019.11.28, 2019도11766).
> ③ 재건축추진위원장이 재건축조합의 조속한 설립인가를 위해 담당공무원에게 두 차례에 걸쳐 점심 식사를 제공한 것은 뇌물공여죄가 성립한다(대판 2008.11.27, 2006도8779). ● 법행
> ④ 배임수재자가 배임증재자에게서 그가 무상으로 빌려준 물건을 인도받아 사용하고 있던 중에 공무원이 된 경우, 그 사실을 알게 된 배임증재자가 배임수재자에게 앞으로 물건은 공무원의 직무에 관하여 빌려주는 것이라고 하면서 뇌물공여의 뜻을 밝히고 물건을 계속하여 배임수재자가 사용할 수 있는 상태로 두더라도, 처음에 배임증재로 무상 대여할 당시에 정한 사용기간을 추가로 연장해 주는 등 새로운 이익을 제공한 것으로 평가할 만한 사정이 없다면, 이는 종전에 이미 제공한 이익을 나중에 와서 뇌물로 하겠다는 것에 불과할 뿐 새롭게 뇌물로 제공되는 이익이 없어 뇌물공여죄가 성립하지 않는다(대판 2015.10.15, 2015도6232).
> ⑤ 甲이 공무원 A에게 뇌물공여의 의사표시를 하였다가 거절된 후 상당한 기간이 지난 뒤에 다시 A에게 별개의 행위로 평가될 수 있는 다른 명목으로 뇌물을 제공하여 A가 이를 수수한 경우, 甲의 전자의 뇌물공여의사표시죄는 후자의 뇌물공여죄에 흡수되지 않는다(대판 2013.11.28, 2013도9003). ● 법행

(4) 고 의

뇌물공여죄의 고의는 '공무원에게 그 직무에 관하여 뇌물을 공여한다'는 사실에 대한 인식과 의사를 말하고, 미필적 고의로도 충분하다. 공여자가 공무원의 요구에 따라 비공무원에게 뇌물을 공여한 경우 공무원과 비공무원 사이의 관계가 형법 제129조 제1항 뇌물수수죄의 공동정범에 해당하고 공여자가 이러한 사실을 인식하였다면 공여자에게 형법 제133조 제1항, 제129조 제1항에서 정한 뇌물공여죄의 고의가 인정된다(대판 2019.8.29, 2018도13792, 대판 2019.8.29, 2018도2738).

9. 제3자 증뢰물교부죄(증뢰물전달죄)

> **제133조 (뇌물공여 등)** ② 제1항의 행위에 제공할 목적으로 제3자에게 금품을 교부한 자 또는 그 사정을 알면서 금품을 교부받은 제3자도 제1항의 형에 처한다.

(1) 주 체

본죄의 주체는 비공무원을 예정한 것이나 공무원일지라도 직무와 관계되지 않는 범위 내에서는 본죄의 주체에 해당될 수 있다. 따라서 피고인이 자신의 공무원으로서

의 직무와는 무관하게 군의관 등의 직무에 관하여 뇌물에 공할 목적의 금품이라는 정을 알고 이를 전달해준다는 명목으로 취득한 경우라면 제3자뇌물취득죄가 성립된다(대판 2002.6.14, 2002도1283). ● 사시

(2) 행 위

형법 제133조 제2항은 증뢰자가 뇌물에 공할 목적으로 금품을 제3자에게 교부하거나 또는 그 정을 알면서 교부받는 증뢰물 전달행위를 독립한 구성요건으로 하여 이를 같은 조 제1항의 뇌물공여죄와 같은 형으로 처벌하는 규정으로서 여기에서의 제3자란 행위자와 공동정범 이외의 자를 말한다고 할 것이다(대판 2006.6.15, 2004도756).

(3) 기수시기

3자의 증뢰물전달죄는 제3자가 증뢰자로부터 교부받은 금품을 수뢰할 사람에게 전달하였는지의 여부에 관계없이 제3자가 그 정을 알면서 금품을 교부받음으로써 성립된다(대판 2002.6.14, 2002도1283). ● 사시, 법행

(4) 뇌물공여죄와의 관계

제3자의 증뢰물전달죄는 제3자가 증뢰자로부터 교부받은 금품을 수뢰할 사람에게 전달하였는지 여부에 관계 없이 제3자가 그 정을 알면서 금품을 교부받음으로써 성립하는 것이며, 나아가 제3자가 그 교부받은 금품을 수뢰할 사람에게 전달하였다고 하여 증뢰물전달죄 외에 별도로 뇌물공여죄가 성립하는 것은 아니다(대판 1997.9.5, 97도1572). ● 경찰

(5) 기 타

> **관련판례**
> ① 제3자가 교부받은 금품을 수뢰할 사람에게 전달하지 아니하였다고 하여도 형법 제133조 제2항 후문에서 정한 죄의 성립에는 영향이 없다(대판 1985.1.22, 84도1033).
> ② 증뢰물전달행위에 공할 목적으로 제3자에게 금품을 교부한 경우에 그후 수뢰할 사람이 전달받은 그 금품을 곧바로 증뢰자에게 반환하였다 하더라도 제3자 뇌물교부죄의 성립에는 그 영향이 없다(대판 1983.6.28, 82도3129). ● 법행
> ③ **자기 자신의 이득을 취하기 위하여** 공무원이 취급하는 사건 또는 사무에 관하여 청탁한다는 등의 명목으로 금품 등을 교부받은 경우에는 형법 제133조 제2항 증뢰물전달죄는 성립할 여지가 없다(대판 2006.11.24, 2005도5567).

제2절 공무방해에 관한 죄

I 서 설

(1) 의 의

국가 또는 공공기관의 공권력행사를 방해하는 것을 내용으로 하는 범죄이다.

(2) 보호법익 및 보호정도

형법 제136조에서 정한 공무집행방해죄는 추상적 위험범으로서 구체적으로 직무집행의 방해라는 결과발생을 요하지도 아니한다(대판 2018.3.29, 2017도21537). ● 경찰

II 공무집행방해죄

> 제136조 (공무집행방해) ① 직무를 집행하는 공무원에 대하여 폭행 또는 협박한 자는 5년 이하의 징역 또는 1천만원 이하의 벌금에 처한다.

1. 객관적 구성요건

(1) 행위주체

제한이 없으며 공무원도 주체가 될 수 있다.

(2) 행위객체 : 직무집행중인 공무원이며 외국공무원은 포함되지 않는다.

① **공무원** : 공무원이라 함은 국가 또는 지방자치단체 및 이에 준하는 공법인의 사무에 종사하는 자로서 그 노무의 내용이 단순한 기계적 육체적인 것에 한정되어 있지 않은 자를 말한다(대판 2011.1.27, 2010도14484).

> **판례 정리 …**
>
> 1. 방범대원이 주민의 자치적 방범활동을 위하여 갹출한 비용으로 구성된 방범위원회에서 위촉되고, 보수를 받는 사람인 이상 주민의 자치적 방범활동의 대행자일지언정 경찰관의 범인검거를 위한 공무집행의 보조자라고는 볼 수 없고 그 법령상의 근거도 없으므로 범인을 추격 중인 방범대원에게 협박을 가하였다 하더라도 공무집행방해죄가 성립하지 아니한다(대판 1983.2.22, 82도794).
> 2. 피고인이 국민기초생활 보장법상 '**자활근로자**'로 선정되어 주민자치센터 사회복지담당 **공무원의 복지도우미**로 근무하던 갑을 협박하여 그 직무집행을 방해하였다는 내용으로 기소된 사안에서, 갑이 공무원으로서 공무를 담당하고 있었다고 볼 수 없다(대판 2011.1.27, 2010도14484). ● 법행
> 3. 국민권익위원회 운영지원과 소속 기간제근로자로서 청사 안전관리 및 민원인 안내 등의 사무를 담당하는 자는 법령의 근거에 기하여 국가 등의 사무에 종사하는 형법상 공무원이라고 보기 어려우므로 이에 대한 폭행은 공무집행방해죄가 성립하지 않는다(대판 2015.5.29, 2015도3430). ● 경간부

② **직무집행의 범위** : 형법 제136조 제1항에 규정된 공무집행방해죄에서 '**직무를 집행하는**'이라 함은 공무원이 직무수행에 직접 필요한 행위를 현실적으로 행하고 있는 때만을 가리키는 것이 아니라 공무원이 직무수행을 위하여 근무중인 상태에 있는 때를 포괄하고, 직무의 성질에 따라서는 그 직무수행의 과정을 개별적으로 분리하여 부분적으로 각각의 개시와 종료를 논하는 것이 부적절하고 여러 종류의 행위를 포괄하여 일련의 직무수행으로 파악함이 상당한 경우가 있으며, 나아가 현실적으로 구체적인 업무를 처리하고 있지는 않다 하더라도 자기 자리에 앉아 있는 것만으로도 업무의 집행으로 볼 수 있을 때에는 역시 직무집행 중에 있는 것으로 보아야 하고, 직무 자체의 성질이 부단히 대기하고 있을 것을 필요로 하는 것일 때에는 대기 자체를 곧 직무행위로 보아야 할 경우도 있다(대판 2002.4.12, 2000도3485). ● 사시

> **관련판례**
>
> [직무를 집행하는 공무원에 해당하는 경우]
> ① 노동조합관계자들과 사용자측 사이의 다툼을 수습하려 하였으나 노동조합측이 지시에 따르지 않자 경비실 밖으로 나와 회사의 노사분규 동향을 파악하거나 파악하기 위해 대기 또는 준비 중이던 근로감독관을 폭행한 행위는 공무집행방해죄를 구성한다(대판 2002.4.12, 2000도3485).
> ● 사시
> ② 불법주차 차량에 불법주차 스티커를 붙였다가 이를 다시 떼어 낸 직후에 있는 주차단속 공무원을 폭행한 경우, 폭행 당시 주차단속 공무원은 일련의 직무수행을 위하여 근무중인 상태에 있었다고 보아야 한다는 이유로 공무집행방해죄의 성립을 인정한 사례(대판 1999.9.21, 99도383) ● 경찰
> ③ 야간 당직 근무중인 청원경찰이 불법주차 단속요구에 응하여 현장을 확인만 하고 주간 근무자에게 전달하여 단속하겠다고 했다는 이유로 민원인이 청원경찰을 폭행한 사안에서, 야간 당직 근무자는 불법주차 단속권한은 없지만 민원 접수를 받아 다음날 관련 부서에 전달하여 처리하고 있으므로 불법주차 단속업무는 야간 당직 근무자들의 민원업무이자 경비업무로서 공무집행방해죄의 '직무집행'에 해당하여 공무집행방해죄가 성립한다(대판 2009.1.15, 2008도9919). ● 법행

③ **직무집행의 적법성**
  ㉠ 공무집행방해죄는 공무원의 적법한 공무집행이 전제로 된다 할 것이고, 그 공무집행이 적법하기 위하여는 그 행위가 당해 공무원의 **추상적 직무 권한에 속할** 뿐 아니라 **구체적으로도 그 권한 내에 있어야 하며** 또한 직무행위로서의 중요한 방식을 갖추어야 한다고 할 것이며, 추상적인 권한에 속하는 공무원의 어떠한 공무집행이 적법한지 여부는 **행위 당시의 구체적 상황에 기하여 객관적 합리적으로 판단**하여야 하고 **사후적으로 순수한 객관적 기준에서 판단할** 것은 아니라고 할 것이다(대판 1991.5.10, 91도453). ● 경찰, 경간부
  ㉡ 공무원이 **구체적 상황에 비추어 그 인적·물적 능력의 범위 내에서 적절한 조치라는 판단에 따라 직무를 수행한 경우**에는, 그러한 직무수행이 객관적 정당성을 상실하여 **현저하게 불합리한 것으로 인정되지 않는 한** 이를 위법하다고 할 수 없다(대판 2021.9.16, 2015도12632).

> **관련판례**
> [1] 현행범 체포의 적법성은 체포 당시의 구체적 상황을 기초로 객관적으로 판단하여야 하고, 사후에 범인으로 인정되었는지에 의할 것은 아니다.
> [2] 갑과 을 사이에 식당운영권에 관한 양도·양수의 합의의 존부와 범위에 다툼이 있는 상황에서 을이 적법한 양수인이라 주장하면서 식당영업을 하므로 이에 갑이 식당 안에서 소리를 지르거나 양은 그릇을 부딪치는 등의 소란행위를 한 것이므로 업무방해죄의 구성요건에 해당하지 않아 사후적으로 무죄로 판단된다. 그러나 갑에게 상황을 설명해 달라거나 밖에서 얘기하자는 경찰관의 요구를 거부하고 경찰관 앞에서 소리를 지르고 양은그릇을 두드리면서 소란을 피운 당시 상황에서는 객관적으로 보아 갑이 업무방해죄의 현행범이라고 인정할 만한 충분한 이유가 있으므로, 경찰관들이 갑을 체포하려고 한 행위는 적법한 공무집행이라고 보아야 한다(대판 2013.8.23, 2011도4763). ● 경간부

> **판례 정리 … 직무집행의 적법성이 인정되는 경우**

1. 사법경찰관리가 현행범인을 체포하는 경우에는 반드시 범죄사실의 요지, 체포의 이유와 변호인을 선임할 수 있음을 말하고 변명할 기회를 주어야 하고, 이와 같은 고지는 체포를 위한 실력행사에 들어가기 이전에 미리 하여야 하는 것이 원칙이나, 달아나는 피의자를 쫓아가 붙들거나 폭력으로 대항하는 피의자를 실력으로 제압하는 경우에는 붙들거나 제압하는 과정에서 하거나, 그것이 여의치 않은 경우에라도 일단 붙들거나 제압한 후에 지체없이 행하였다면 경찰관의 현행범인 체포는 적법한 공무집행이라고 할 수 있다(대판 2008.10.9, 2008도3640). ● 법행

> **비교판례**
> 경찰관들이 체포영장을 제시하고 미란다 원칙을 고지할 여유가 있었음에도 애초부터 미란다 원칙을 체포 후에 고지할 생각으로 먼저 체포행위에 나선 경찰관들의 행위는 적법한 공무집행이라고 보기 어렵다(대판 2017.9.21, 2017도10866).

2. 지방의회의 회의가 적법한 소집절차를 밟아 소집되었고 소집의 목적이 불법적이거나 사회질서에 반하는 것이 아닌 이상, 그 회의의 의결사항 중에 지방의회의 권한에 속하지 아니하는 사항이 포함되어 있었다 하더라도 지방의회 의원들이 그 회의에 참석하고 그 회의에서 의사진행을 하는 직무행위는 적법한 것이다(대판 1998.5.12, 98도662). ● 사시
3. 범칙행위를 하였다고 인정되는 운전자가 자신의 인적사항을 밝히지 아니하고 면허증제시를 거부하며 차량을 출발시킨 경우, 교통단속업무에 종사하던 의경이 서서히 진행하는 차량의 문틀을 잡고 정지할 것을 요구한 행위는 적법한 공무집행의 범위 안에 든다(대판 1994.9.27, 94도886).
4. 피고인들이 안양시청 현관 바로 앞에 해고자 복직을 요구하면서 천막을 설치하고 농성을 하려 할 때에 안양시청 총무과장의 지시를 받은 총무과 소속 공무원들과 청원경찰들이 농성을 저지하고 천막을 철거하는 행위는 청사방호의 업무범위 내에 포함되는 적법한 공무집행행위에 해당하므로, 이들을 폭행한 경우 공무집행방해죄가 성립한다(대판 2005.5.26, 2004도8464). ● 사시
5. 교육인적자원부 장관이 약학대학 학제개편에 관한 공청회를 개최하면서 행정절차법상 통지 절차를 위반하였더라도, 위 공청회 개최업무는 공무집행방해죄의 보호대상인 '적법한 공무집행'이다(대판 2007.10.12, 2007도6088). ● 법행
6. **교도관들이 교도소 내에서 소란을 피운 피고인에 대하여 보호장비인 수갑과 머리보호대를 사용하자, 피고인이 이에 저항하는 과정에서 머리로 교도관의 턱부위를 들이받아 상해를 가함과 동시에 그 직무집행을 방해한 경우** 보호장비를 사용할 만한 상당한 이유가 있었다고 보아야 한다(대판 2012.6.28, 2011도15990). ☞ 공무집행방해죄와 상해죄

7. 경찰공무원이 승용차에 가족을 태우고 가던 술을 마시지 않은 운전자에게 음주 여부를 확인하려고 후렛쉬봉에 두 차례 입김을 불게 했으나 잘 알 수 없어 동료경찰관에게 확인해 줄 것을 부탁하였고 다시 확인하려 했으나 역시 알 수 없어 보다 정확한 음주측정기로 검사받을 것을 요구했다면 위 경찰공무원의 행위는 합리적인 필요한 한도를 넘은 것이라고 할 수 없어 적법한 공무집행에 해당한다(대판 1992.4.28, 92도220).
8. 검문 중이던 경찰관들이, 자전거를 이용한 날치기 사건 범인과 흡사한 인상착의의 피고인이 자전거를 타고 다가오는 것을 발견하고 정지를 요구하였으나 멈추지 않아, 앞을 가로막고 소속과 성명을 고지한 후 검문에 협조해 달라는 취지로 말하였음에도 불응하고 그대로 전진하자, 따라가서 재차 앞을 막고 검문에 응하라고 요구하였는데, 이에 피고인이 경찰관들의 멱살을 잡아 밀치거나 욕설을 하는 등 항의한 경우 경찰관들의 불심검문이 위법하다고 볼 수 없다(대판 2012.9.13, 2010도6203). ☞ 공무집행방해죄 성립하고 피고인의 행위는 위법성이 조각되지 않는다. ● 경찰
9. 피고인들이 갑 시(市)에서 관리하는 도로의 보도에서 농성용 천막을 설치하던 중 이를 제지하려는 갑 시청 소속 공무원들에게 상해 또는 폭행을 가한 사안에서, 도로관리청인 갑 시청 소속 공무원들이 보도에서 피고인들의 천막 설치를 제지하거나 설치 중인 천막을 철거하려고 한 행위는 구 도로법 제83조에 따라 구 도로법 제45조에 규정된 도로에 관한 금지행위를 제지하기 위한 합리적 상당성이 있는 조치로서 보도의 본래 목적을 달성하도록 하기 위한 관리권 범위 내의 행위에 해당하므로, 이러한 도로관리권에 근거하여 적법하게 공무집행을 하는 공무원들에게 폭행 등을 가한 피고인들의 행위는 공무집행방해죄를 구성한다고 한 사례(대판 2014.2.27, 2013도5356) ● 경찰
10. 교정시설의 소장에 의하여 허용된 범위를 넘어 사진 또는 그림 등을 부착한 수용자에 대하여 교도관이 부착물의 제거를 지시한 행위는 수용자가 복종하여야 할 직무상 지시로서 적법한 직무집행이라고 보아야 한다(대판 2014.9.25, 2013도1198).
11. 검문하는 사람이 경찰관이고 검문하는 이유가 범죄행위에 관한 것임을 피고인이 충분히 알고 있었다고 보이는 경우에는 신분증을 제시하지 않았다고 하여 그 불심검문이 위법한 공무집행이라고 할 수 없다(대판 2014.12.11, 2014도7976). ● 법행
12. 공사현장 출입구 앞 도로 한복판을 점거하고 공사차량의 출입을 방해하던 피고인의 팔과 다리를 잡고 도로 밖으로 옮기려고 한 경찰관의 행위는 적법한 공무집행이므로 경찰관의 팔을 물어뜯은 피고인에 대해서는 공무집행방해죄가 성립한다(대판 2013.9.26, 2013도643). ● 경간부
13. 피고인의 집이 소란스럽다는 112신고를 받고 출동한 경찰관 甲, 乙이 인터폰으로 문을 열어달라고 하였으나 욕설을 하였고, 경찰관들이 피고인을 만나기 위해 전기차단기를 내리자 화가 나 식칼을 들고 나와 욕설을 하면서 경찰관들을 향해 찌를 듯이 협박한 경우, 위와 같은 상황에서 甲과 乙이 피고인의 집으로 통하는 전기를 일시적으로 차단한 것은 피고인을 집 밖으로 나오도록 유도한 것으로서, 적법한 직무집행으로 볼 여지가 있다(대판 2018.12.13, 2016도19417). ☞ 특수공무집행방해죄 성립 ● 경찰
14. 경찰관 A, B가 음주운전을 하려는 사람이 있다는 112 신고를 받고 현장에 출동하여 만취한 상태로 시동이 걸린 차량의 운전석에 앉아있는 피고인을 발견하고 피고인의 차량에 다가가 피고인에게 음주운전을 했다는 신고가 있으니 음주측정을 위해 차량의 시동을 끄고 내리라고 요구했지만 피고인은 운전을 하지 않았다고 하면서 하차하지 않았고, 이에 경찰관이 하차를 계속 거부하는 피고인에게 지구대로 가 차량에 설치된 블랙박스 영상을 재생하여 보는 방법으로 운전 여부를 확인하자고 하자 피고인은 명시적인 거부 의사표시 없이 차량에서 내리더니 곧바로 도주하였기에 경찰관 A가 피고인을 10m 정도 추격하여 피고인의 앞을 가로막는 방법으로 제지하자 피고인이 경찰관 A의 뺨을 때렸고, 계속하여 도주하고 폭행하려고 하자 경찰관 A가 피고인을 공무집행방해죄의 현행범으로 체포한 경우 적법한 공무수행이 인정된다(대판 2020.8.20, 2020도7193).
15. 시청 청사 내 주민생활복지과 사무실에 술에 취한 상태로 찾아가 소란을 피우던 피고인을 소속 공무원 甲과 乙이 제지하며 밖으로 데리고 나가려 하자, 피고인이 甲과 乙의 멱살을 잡고 수회 흔든 다음 휴대전화를 휘둘러 甲의 뺨을 때림으로써 시청 공무원들의 주민생활복지에 대한 통합조사 및 민원 업무에 관한 정당한

직무집행을 방해한 경우 시청 소속 공무원들의 적법한 직무집행을 방해한 행위에 해당하므로 공무집행방해죄를 구성한다(대판 2022.3.17, 2021도13883). ☞ 소란을 피우는 민원인을 제지하거나 사무실 밖으로 데리고 나가는 행위도 민원 담당 공무원의 직무에 수반되는 행위로 파악함이 타당하고 직무권한의 범위를 벗어난 행위라고 볼 것은 아니라는 판례임 ●경찰

16. <u>112신고를 받고 출동한 경찰관이 피고인과 피해자의 분리조치를 취한 것은</u> 구 가정폭력처벌법 제5조 제1호에 따른 응급조치로서 적법하고 설령 이에 대해 피해자가 희망하지 않거나 동의하지 않는다는 의사를 표명하였더라도 달리 볼 수 없으므로 위 경찰관을 폭행하였다면 공무집행방해죄가 성립된다(대판 2022.8.11, 2022도2076).

17. 피고인들이 <u>불법적인 농성</u>을 계속하다가 관할 구청이 행정대집행으로 농성 장소에 있던 물건을 치웠음에도 피고인들이 이에 대한 항의의 일환으로 집회를 개최하려고 하자, 또다시 같은 장소를 점거하고 물건을 다시 비치하는 것을 막기 위해 출동하여 농성 장소를 미리 둘러싼 경찰관들이 농성 장소 진입을 소극적으로 제지하는 과정에서 피고인들이 경찰관들을 밀치는 등 유형력을 행사한 행위는 공무집행방해죄를 구성한다(대판 2021.10.14, 2018도2993). ●경찰

판례 정리 … 직무집행의 적법성이 인정되지 않는 경우

1. 구 집회 및 시위에 관한 법률에 의하여 금지되어 그 주최 또는 참가행위가 형사처벌의 대상이 되는 위법한 집회·시위가 장차 특정지역에서 개최될 것이 예상된다고 하더라도, 이와 <u>시간적·장소적으로 근접하지 않은 다른 지역에서 그 집회·시위에 참가하기 위하여 출발 또는 이동하는 행위를 함부로 제지하는 것은</u> 경찰관직무집행법 제6조 제1항의 행정상 즉시강제인 경찰관의 제지의 범위를 명백히 넘어 허용될 수 없다. 따라서 이러한 제지 행위는 공무집행방해죄의 보호대상이 되는 공무원의 적법한 직무집행이 아니다. 따라서 <u>위법한 집회에 참가하기 위하여 예정시간으로부터 약 5시간 30분 전에 그 예정장소로부터 약 150키로미터 떨어진 곳에서 출발하려는 사람들을 경찰이 물리력으로 제지하는 행위는 적법한 공무수행으로 인정될 수 없다</u>(대판 2008.11.13, 2007도9794). ●사시

2. <u>출입국관리공무원이 관리자의 사전 동의 없이 사업장에 진입하여 불법체류자 단속업무를 개시한 경우,</u> 공무집행행위의 적법성이 부인되어 공무집행방해죄가 성립하지 않는다(대판 2009.3.12, 2008도7156). ●사시

3. 피고인이 교통단속 경찰관의 면허증 제시 요구에 응하지 않고 교통경찰관을 폭행한 사안에 대하여 경찰관의 면허증 제시 요구에 순순히 응하지 않은 것은 잘못이라고 하겠으나, 피고인이 위 경찰관에게 먼저 폭행 또는 협박을 가한 것이 아니라면 경찰관의 오만한 단속 태도에 항의한다고 하여 피고인을 그 의사에 반하여 교통초소로 연행해 갈 권한은 경찰관에게 없는 것이므로, 이러한 강제연행에 항거하는 와중에서 경찰관의 멱살을 잡는 등 폭행을 가하였다고 하여도 공무집행방해죄가 성립되지 않는다(대판 1992.2.11, 91도2797).

4. 경찰관의 행위가 적법한 공무집행을 벗어나 불법하게 체포한 것으로 볼 수밖에 없다면, 그 체포를 면하려고 반항하는 과정에서 경찰관에게 상해를 가한 것은 불법 체포로 인한 신체에 대한 현재의 부당한 침해에서 벗어나기 위한 행위로서 정당방위에 해당하여 위법성이 조각된다(대판 2000.7.4, 99도4341).

5. [1] 사법경찰관리가 <u>벌금 미납으로 인한 노역장 유치의 집행의 상대방에게 형집행 사유와 더불어 벌금 미납으로 인한 지명수배 사실을 고지하였더라도 특별한 사정이 없는 한 그러한 고지를 형집행장이 발부되어 있는 사실도 고지한 것이라거나 형집행장이 발부되어 있는 사실까지도 포함하여 고지한 것이라고 볼 수 없으므로,</u> 이와 같은 사법경찰관리의 직무집행은 <u>적법한 직무집행에 해당한다고 할 수 없다.</u>

[2] 경찰관이 도로를 순찰하던 중 벌금 미납으로 지명수배된 피고인과 조우하게 되어 벌금 미납 사실을 고지하고 벌금납부를 유도하였으나 피고인이 이를 거부하자 벌금 미납으로 인한 노역장 유치의 집행을 위하여 구인하려 하였는데, 피고인이 이에 저항하여 경찰관의 가슴을 양손으로 수차례 밀침으로써 벌금수배자 검거를 위한 경찰관의 공무집행을 방해하였다는 내용으로 기소된 사안에서, 피고인에 대하여 확정된 벌

금형의 집행을 위하여 형집행장이 이미 발부되어 있었으나, 경찰관이 피고인을 구인하는 과정에서 형집행장이 발부되어 있는 사실은 고지하지 않았던 사정에 비추어 경찰관의 위와 같은 직무집행은 위법하다고 보이므로 피고인의 행위를 공무집행방해죄가 성립한다고 할 수 없다(대판 2017.9.26, 2017도9458).

> **비교판례**
> 경찰관이 도로를 순찰하던 중 벌금 미납으로 수배된 피고인과 조우(遭遇)하여 형집행장을 소지하지 아니한 채 급속을 요하여 그에게 형집행 사유와 더불어 형집행장이 발부되어 있는 사실을 고지하고 벌금 미납으로 인한 노역장 유치의 집행을 위해 구인하려 하였는데, 피고인이 이에 저항하여 그 경찰관을 폭행한 경우 공무집행방해죄가 성립한다(대판 2013.9.12, 2012도2349). ● 경찰

6. 음주운전을 종료한 후 40분 이상이 경과한 시점에서 길가에 앉아 있던 운전자를 술냄새가 난다는 점만을 근거로 음주운전의 현행범으로 체포한 것은 적법한 공무집행으로 볼 수 없다(대판 2007.4.13, 2007도1249). ● 법행

7. 검사가 참고인 조사를 받는 줄 알고 검찰청에 자진출석한 변호사사무실 사무장을 합리적 근거 없이 긴급체포하자 그 변호사가 이를 제지하는 과정에서 위 검사에게 상해를 가한 것이 정당방위에 해당한다(대판 2006.9.8, 2006도148). ● 사시, 경찰

8. 경찰관이 벌금형에 따르는 노역장 유치의 집행을 위하여 형집행장을 소지하지 아니한 채 피고인을 체포·구인하려고 하자 피고인이 이를 거부하면서 경찰관을 폭행한 경우, 위와 같이 피고인을 체포·구인하려고 한 것은 노역장 유치의 집행에 관한 법규정에 반하는 것으로서 적법한 공무집행행위라고 할 수 없다(대판 2010.10.14, 2010도8591).

9. 도심광장으로서 '서울특별시 서울광장의 사용 및 관리에 관한 조례'에 의하여 관리되고 있는 '서울광장'에서, 서울시청 및 중구청 공무원들이 행정대집행법이 정한 계고 및 대집행영장에 의한 통지절차를 거치지 아니한 채 위 광장에 무단설치된 천막의 철거대집행에 착수하였고, 이에 피고인들을 비롯한 '광우병위험 미국산 쇠고기 전면 수입을 반대하는 국민대책회의' 소속 단체 회원들이 몸싸움을 하거나 천막을 붙잡고 이를 방해한 사안에서, 위 서울광장은 비록 공부상 지목이 도로로 되어 있으나 도로법 제65조 제1항 소정의 행정대집행의 특례규정이 적용되는 도로법상 도로라고 할 수 없으므로 위 철거대집행은 구체적 직무집행에 관한 법률상 요건과 방식을 갖추지 못한 것으로서 적법성이 결여되었고 따라서 피고인들이 위 공무원들에 대항하여 폭행·협박을 가하였더라도 특수공무집행방해죄는 성립되지 않는다는 이유로, 같은 취지에서 피고인들에 대해 무죄를 선고한 원심판단을 수긍한 사례(대판 2010.11.11, 2009도11523). ● 사시

10. 피고인이 경찰관의 불심검문을 받아 운전면허증을 교부한 후 경찰관에게 큰 소리로 욕설을 하였는데, 경찰관이 모욕죄의 현행범으로 체포하겠다고 고지한 후 피고인의 오른쪽 어깨를 붙잡자 반항하면서 경찰관에게 상해를 가한 사안에서, 경찰관이 피고인을 체포한 행위는 적법한 공무집행이라고 볼 수 없고, 피고인이 체포를 면하려고 반항하는 과정에서 상해를 가한 것은 불법체포로 인한 신체에 대한 현재의 부당한 침해에서 벗어나기 위한 행위로서 정당방위에 해당한다는 이유로, 피고인에 대한 상해 및 공무집행방해의 공소사실을 무죄로 인정한 원심판단을 수긍한 사례(대판 2011.5.26, 2011도3682). ● 경찰

11. 한미FTA 비준동의안에 대한 국회 외교통상 상임위원회(이하 '외통위'라 한다)의 처리 과정에서, 갑 정당 당직자인 피고인들이 갑 정당 소속 외통위 위원 등과 함께 외통위 회의장 출입문 앞에 배치되어 출입을 막고 있던 국회 경위들을 밀어내기 위해 국회 경위들의 옷을 잡아당기거나 밀치는 등의 행위를 한 경우, 이러한 행위는 적법성이 결여된 직무행위를 하는 공무원에게 대항하여 한 것에 지나지 아니하여 공무집행이 적법함을 전제로 하는 공무집행방해죄는 성립하지 않는다(대판 2013.6.13, 2010도13609). ● 경찰

12. 경찰관들이 노래연습장에서의 주류 판매여부를 확인하기 위하여 법관이 발부한 영장 없이 업주의 의사에 반하여 노래연습장을 검색한 경우 이는 적법한 직무집행으로 볼 수 없으므로 업주가 그 검색행위를 방해하였더라도 공무집행방해죄를 구성하지 않는다(대판 2005.10.28, 2004도4731). ● 경찰승진

(3) 행위 : 폭행·협박

① 공무집행방해죄에 있어서 협박이라 함은 상대방에게 공포심을 일으킬 목적으로 해악을 고지하는 행위를 의미하는 것으로서 고지하는 해악의 내용은 객관적으로 상대방으로 하여금 공포심을 느끼게 하기에 족하면 되고, 상대방이 현실로 공포심을 품게 될 것까지 요구되는 것은 아니며, 다만 그 협박이 경미하여 상대방이 전혀 개의치 않을 정도인 경우에는 협박에 해당하지 않는다(대판 2005.10.28, 2004도4731). ● 사시

② 형법 제136조에서 정한 공무집행방해죄의 폭행은 사람에 대한 유형력의 행사로 족하고 반드시 그 신체에 대한 것임을 요하지 아니한다(대판 2018.3.29, 2017도21537). ● 경찰

> **판례 정리** ··· 폭행·협박에 해당하는 경우
>
> 1. 경찰관이 공무를 집행하고 있는 파출소 사무실의 바닥에 인분이 들어있는 물통을 집어던지고 책상위에 있던 재떨이에 인분을 퍼담아 사무실 바닥에 던지는 행위는 동 경찰관에 대한 폭행이다(대판 1981.3.24, 81도326). ● 법행
> 2. 피고인이 甲과 주차문제로 언쟁을 벌이던 중, 112 신고를 받고 출동한 경찰관 乙이 甲을 때리려는 피고인을 제지하자 자신만 제지를 당한 데 화가 나서 손으로 乙의 가슴을 1회 밀치고, 계속하여 욕설을 하면서 피고인을 현행범으로 체포하며 순찰차 뒷좌석에 태우려고 하는 乙의 정강이 부분을 양발로 2회 걷어차는 등 폭행함으로써 경찰관의 112 신고처리에 관한 직무집행을 방해한 경우, 피고인의 행위는 공무원에 대한 유형력의 행사로서 공무집행방해죄에서 정한 폭행에 해당한다(대판 2018.3.29, 2017도21537).
> 3. 집달관을 보조하는 인부를 폭행한 경우이더라도 이는 곧 집행관에 대하여 간접적으로 폭행한 것이 되어 공무집행방해죄에 해당한다(대판 1970.5.12, 70도561). ● 법행
> 4. 폭력행위 등 전과 12범인 피고인이 그 경영의 술집에서 떠들며 놀다가 주민의 신고를 받고 출동한 경찰로부터 조용히 하라는 주의를 받은 것 뿐인데 그후 새벽 4시의 이른 시각에 파출소에까지 뒤쫓아가서 "우리 집에 무슨 감정이 있느냐, 이 순사새끼들 죽고 싶으냐"는 등의 폭언을 하였다면, 이는 단순한 불만의 표시나 감정적인 욕설에 그친다고 볼 수 없고, 경찰이 계속하여 단속하는 경우에 생명, 신체에 어떤 위해가 가해지리라는 것을 통보함으로써 공포심을 품게 하려는데 그 목적이 있었다고 할 것이고, 또 이는 객관적으로 보아 상대방으로 하여금 공포심을 느끼게 하기에 족하다고 할 것이다(대판 1989.12.26, 89도1204). ● 경간부
> 5. 지역사회에 상당한 영향력을 행사할 수 있는 수산업협동조합 조합장인 피고인이 수사 중인 해양경찰서 소속 경찰공무원에게 전화를 걸어 해양경찰청 고위간부들과의 친분관계를 이용하여 인사상 불이익을 가하겠다는 폭언을 한 경우 이는 객관적으로 보아 상대방으로 하여금 공포심을 느끼게 하기에 충분하므로 공무집행방해죄가 성립한다(대판 2011.2.10, 2010도15986). ● 경찰승진
> 6. 피고인이 지구대 내에서 약 1시간 40분 동안 큰 소리로 경찰관을 모욕하는 말을 하고, 그곳 의자에 드러눕거나 다른 사람들에게 시비를 걸고 그 과정에서 경찰관들이 피고인을 내보낸 뒤 문을 잠그자 다시 들어오기 위해 출입문을 계속해서 두드리거나 잡아당기는 등 소란을 피운 사안에서, 피고인이 밤늦은 시각에 술에 취해 위와 같이 한참 동안 소란을 피운 행위는 그 정도에 따라 공무원에 대한 간접적인 유형력의 행사로서 형법 제136조에서 규정한 '폭행'에 해당할 여지가 있다(대판 2013.12.26, 2013도11050).

> **판례 정리 ··· 폭행·협박에 해당하지 않는 경우**
>
> 1. 경찰관의 임의동행을 요구받은 피고인이 자기집 안방으로 피하여 문을 잠그었다면 이는 임의동행 요구를 거절한 것이므로 피요구자의 승락을 조건으로 하는 임의동행하려는 직무행위는 끝난 것이고 피고인이 문을 잠근 방안에서 면도칼로 앞가슴 등을 그어 피를 보이면서 자신이 죽어버리겠다고 불온한 언사를 농하였다 하여도 이는 자해자학행위는 될지언정 위 경찰관에 대한 유형력의 행사나 해악의 고지표시가 되는 폭행 또는 협박으로 볼 수 없다(대판 1976.3.9, 75도3779).
> 2. 차량을 일단 정차한 다음 경찰관의 운전면허증 제시요구에 불응하고 다시 출발하는 과정에서 경찰관이 잡고 있던 운전석 쪽의 열린 유리창 윗부분을 놓지 않은 채 어느 정도 진행하다가 차량속도가 빨라지자 더 이상 따라가지 못하고 손을 놓아버렸다면 이러한 사실만으로는 피고인의 행위가 공무집행방해죄에 있어서의 폭행에 해당한다고 할 수 없다(대판 1996.4.26, 96도281). ● 사시
> 3. 공무집행방해죄에 있어서의 폭행·협박은 성질상 공무원의 직무집행을 방해할 만한 정도의 것이어야 하므로, 경미하여 공무원이 개의치 않을 정도의 것이라면 여기의 폭행·협박에는 해당하지 아니한다. 따라서 피고인이 위 오락실 밖에서 기판이 든 박스를 옮기고 있던 의경을 뒤쫓아 가 '이 박스는 압수된 것이 아니다'라고 말하며 의경의 손에 있던 박스를 들고 간 것은 당시 의경이 즉각적으로 대응하거나 저항하지 아니한 점에 비추어 의경의 공무집행을 방해할 만한 폭행 또는 협박에 해당하지 아니한다(대판 2007.6.1, 2006도4449).
> 4. 공무원의 직무 수행에 대한 비판이나 시정 등을 요구하는 집회·시위 과정에서 일시적으로 상당한 소음이 발생하였다는 사정만으로는 이를 공무집행방해죄에서의 음향으로 인한 폭행이 있었다고 할 수는 없다(대판 2009.10.29, 2007도3584). ☞ 그러나 의사전달수단으로서 합리적 범위를 넘어서 상대방에게 고통을 줄 의도로 음향을 이용하였다면 이를 폭행으로 인정할 수 있다는 것이 판례의 입장이다.

(4) 기수시기

추상적 위험범이므로 공무원에 대한 폭행·협박이 있으면 즉시 기수가 되고, 공무원의 직무집행이 현실적으로 방해되었음을 요하지 않는다(대판 2018.3.29, 2017도21537).

● 경찰

2. 주관적 구성요건

공무집행방해죄에 있어서의 범의는 상대방이 직무를 집행하는 공무원이라는 사실, 그리고 이에 대하여 폭행 또는 협박을 한다는 사실을 인식하는 것을 그 내용으로 하고, 그 인식은 불확정적인 것이라도 소위 미필적 고의가 있다고 보아야 하며, 그 직무집행을 방해할 의사를 필요로 하지 아니한다. 따라서 의무경찰이 직진하여 오는 택시의 운전자에게 좌회전을 지시하고 불과 30cm 앞에서 이유를 설명하고 있다가, 택시 운전자가 신경질적으로 갑자기 좌회전하는 바람에 택시 우측 범퍼로 무릎을 들이받힌 경우, 공무집행방해의 미필적 고의가 인정된다(대판 1995.1.24, 94도1949). ● 사시

3. 죄수 : 공무원의 수로 결정

범죄 피해 신고를 받고 출동한 **두 명의 경찰관**에게 욕설을 하면서 **차례로** 폭행을 하여 신고 처리 및 수사 업무에 관한 정당한 직무집행을 방해한 경우, 동일한 장소에서 동일

한 기회에 이루어진 폭행 행위는 사회관념상 1개의 행위로 평가하는 것이 상당하므로, 위 공무집행방해죄는 형법 제40조에 정한 상상적 경합의 관계에 있다(대판 2009.6.25. 2009도3505). ● 경찰, 법원

Ⅲ 수정적 구성요건

1. 직무·사직강요죄

> 제136조 (공무집행방해) ② 공무원에 대하여 그 직무상의 행위를 강요 또는 저지하거나 그 직을 사퇴하게 할 목적으로 폭행 또는 협박한 자도 전항의 형과 같다.

2. 위계에 의한 공무집행방해죄

> 제137조 (위계에 의한 공무집행방해) 위계로써 공무원의 직무집행을 방해한 자는 5년 이하의 징역 또는 1천만원 이하의 벌금에 처한다.

(1) 객관적 구성요건

① 행위객체 : 공무원의 직무집행이란 법령의 위임에 따른 공무원의 적법한 직무집행인 이상 공권력의 행사를 내용으로 하는 권력적 작용뿐만 아니라 사경제주체로서의 활동을 비롯한 비권력적 작용도 포함되는 것으로 봄이 상당하다(대판 2003.12. 26. 2001도6349). ● 사시

② 행 위
㉠ 위 계
ⓐ 행정관청이 출원에 의한 인·허가처분을 함에 있어서는 그 출원사유가 사실과 부합하지 아니하는 경우가 있음을 전제로 하여 인·허가할 것인지의 여부를 심사, 결정하는 것이므로 행정관청이 사실을 충분히 확인하지 아니한 채 출원자가 제출한 허위의 출원사유나 허위의 소명자료를 가볍게 믿고 인가 또는 허가를 하였다면 이는 행정관청의 불충분한 심사에 기인한 것으로서 출원자의 위계가 결과 발생의 주된 원인이었다고 할 수 없어 위계에 의한 공무집행방해죄를 구성하지 않는다고 할 것이지만, 출원자가 행정관청에 허위의 출원사유를 주장하면서 이에 부합하는 허위의 소명자료를 첨부하여 제출한 경우 허가관청이 관계 법령이 정한 바에 따라 인·허가요건의 존부 여부에 관하여 나름대로 충분히 심사를 하였으나 출원사유 및 소명자료가 허위임을 발견하지 못하여 인·허가처분을 하게 되었다면 이는 허가관청의 불충분한 심사가 그의 원인이 된 것이 아니라 출원인

의 위계행위가 원인이 된 것이어서 위계에 의한 공무집행방해죄가 성립된다(대판 2002.9.4, 2002도2064).

> **유사판례**
> 수사기관에 대하여 허위사실을 진술하거나 허위의 증거를 제출하였다 하더라도, 수사기관이 충분한 수사를 하지 아니한 채 이와 같은 허위의 진술과 증거만으로 잘못된 결론을 내렸다면, 이는 수사기관의 불충분한 수사에 의한 것으로서 피의자 등의 위계에 의하여 수사가 방해되었다고 볼 수 없어 위계에 의한 공무집행방해죄가 성립된다고 할 수 없을 것이나, 피의자나 참고인이 피의자의 무고함을 입증하는 등의 목적으로 적극적으로 허위의 증거를 조작하여 제출하였고 그 증거 조작의 결과 수사기관이 그 진위에 관하여 나름대로 충실한 수사를 하더라도 제출된 증거가 허위임을 발견하지 못하여 잘못된 결론을 내리게 될 정도에 이르렀다면, 이는 위계에 의하여 수사기관의 수사행위를 적극적으로 방해한 것으로서 위계에 의한 공무집행방해죄가 성립된다(대판 2003.7.25, 2003도1609).

ⓑ **신고**는 사인(私人)이 행정청에 대하여 일정한 사실 또는 관념을 통지함으로써 공법상 법률효과가 발생하는 행위로서 원칙적으로 행정청에 대한 일방적 통고로 그 효과가 완성될 뿐 이에 대응하여 신고내용에 따라 법률효과를 부여하는 행정청의 행위나 처분을 예정하고 있지 아니하므로, 신고인이 허위사실을 신고서에 기재하거나 허위의 소명자료를 첨부하여 제출하였다고 하더라도 관계 법령에 별도의 처벌규정이 있어 이를 적용하는 것은 별론으로 하고, 일반적으로 위와 같은 허위 신고가 형법상 위계에 의한 공무집행방해죄를 구성한다고 볼 수 없다(대판 2011.9.8, 2010도7034).

ⓒ 경범죄 처벌법 제3조 제3항 제2호의 **거짓신고로 인한 경범죄 처벌법 위반죄**는 '있지 아니한 범죄나 재해 사실을 공무원에게 거짓으로 신고'하는 경우에 성립하는 범죄이고, 형법 제137조의 **위계에 의한 공무집행방해죄**는 상대방의 오인, 착각, 부지를 일으키고 이를 이용하는 위계에 의하여 상대방으로 하여금 그릇된 행위나 처분을 하게 함으로써 공무원의 구체적이고 현실적인 직무집행을 방해하는 경우에 성립하는 범죄이다. … 양 죄는 그 보호법익이나 규율대상 및 구성요건 등을 달리하는 별개의 죄이다. 경범죄 처벌법 제3조 제3항 제2호에서 정한 **거짓신고** 행위가 원인이 되어 상대방인 공무원이 범죄가 발생한 것으로 오인하게 만들었고 이로 인하여 **공무원이 그러한 사정을 알았더라면 하지 않았을 대응조치를 취하기에 이르렀다면**, 이로써 구체적이고 현실적인 공무집행이 방해되어 위계에 의한 공무집행방해죄가 성립하는 것이지, 그 **거짓신고 행위와 결과의 불법성이 경범죄 처벌법 제3조 제3항 제2호가 예상한 정도를 현저하게 넘어선 예외적인 경우에 해당하는지 여부**에 의하여 위계에 의한 공무집행방해죄의 성립 여부가 좌우된다고 볼 것은 아니다(대판 2024.11.14, 2024도11629). ☞ '방금 전 배달이라고 해서 문을 열었는데 그 사람이 머리채를 잡고 가슴을 만지고 도망갔다'는 내용으로 허위 신고를 하였고

신고를 접수한 경찰이 즉각적으로 출동하여 현장 주변을 수색·탐문하고 피해자 보호조치를 하는 등 허위의 신고라는 사정을 알았더라면 하지 않았을 대응조치까지 취한 사건임

ⓛ 상대방 : 직무담당공무원뿐만 아니라 제3자를 기망하여 공무원의 직무를 방해하는 것도 포함된다.

> **판례 정리** … 위계공무집행방해죄를 인정한 경우

1. 음주운전을 하다가 교통사고를 야기한 후 그 형사처벌을 면하기 위하여 <u>타인의 혈액을 자신의 혈액인 것처럼 교통사고 조사 경찰관에게 제출하여 감정하도록 한 행위</u>는, 단순히 피의자가 수사기관에 대하여 허위사실을 진술하거나 자신에게 불리한 증거를 은닉하는 데 그친 것이 아니라 <u>수사기관의 착오를 이용하여 적극적으로 피의사실에 관한 증거를 조작한 것</u>으로서 위계에 의한 공무집행방해죄가 성립한다(대판 2003.7.25, 2003도1609). 〔경찰〕
2. 타인의 소변을 마치 자신의 소변인 것처럼 수사기관에 건네주어 필로폰 음성반응이 나오게 한 경우, 수사기관의 착오를 이용하여 적극적으로 피의사실에 관한 증거를 조작한 것이므로 위계에 의한 공무집행방해죄가 성립한다(대판 2007.10.11, 2007도6101). 〔경찰간부〕
3. 피고인이 개인택시 운송사업면허를 받은 지 5년이 경과되지 아니하여 원칙적으로 개인택시 운송사업을 양도할 수 없는 사람 등과 사이에 마치 그들이 1년 이상의 치료를 요하는 질병으로 인하여 직접 운전할 수 없는 것처럼 가장하여 개인택시 운송사업의 양도·양수인가를 받기로 공모한 후, <u>질병이 있는 노숙자들로 하여금 그들이 개인택시 운송사업을 양도하려고 하는 사람인 것처럼 위장하여 의사의 진료를 받게 한 다음, 그 정을 모르는 의사로부터 환자가 개인택시 운송사업의 양도인으로 된 허위의 진단서를 발급받아</u> 행정관청에 개인택시 운송사업의 양도·양수 인가신청을 하면서 이를 소명자료로 제출하여 진단서의 기재 내용을 신뢰한 행정관청으로부터 인가처분을 받은 경우, 위계에 의한 공무집행방해죄가 성립한다(대판 2002.9.4, 2002도2064). 〔경찰〕

> **비교판례**
> 개인택시 운송사업면허 신청은 출원에 의한 행정관청의 일반적인 인·허가처분과 마찬가지로 행정관청이 면허요건에 해당하는 여부를 심리하여 면허 여부를 결정하는 것이고 그 신청서에 첨부된 소명자료가 진실한 것인지를 가리지않고 면허를 결정하는 것이 아니므로 그 <u>면허신청서에 허위의 소명자료를 첨부한 소위는 위계에 의한 공무집행방해죄에 해당하지 않는다</u>(대판 1988.9.27, 87도2174).

4. 피고인이, 출원인이 어업허가를 받을 수 없는 자라는 사실을 알면서도 그 직무상의 의무에 따른 적절한 조치를 취하지 않고 오히려 부하직원으로 하여금 어업허가 처리기안문을 작성하게 한 다음 피고인 스스로 중간결재를 하는 등 위계로써 농수산국장의 최종결재를 받았다면, 직무위배의 위법상태가 위계에 의한 공무집행방해행위 속에 포함되어 있는 것이라고 보아야 할 것이므로, 이와 같은 경우에는 <u>작위범인 위계에 의한 공무집행방해죄만이 성립하고 부작위범인 직무유기죄는 따로 성립하지 아니한다</u>(대판 1997.2.28, 96도2825).
5. 범죄행위로 인하여 강제출국당한 전력이 있는 사람이 외국 주재 한국영사관 담당직원에게 허위의 호구부 및 외국인등록신청서 등을 제출하여 사증 및 외국인등록증을 발급받은 경우, 위계에 의한 공무집행방해죄가 성립한다(대판 2009.2.26, 2008도11862). 〔사시〕

> **유사판례**
>
> 불법체류를 이유로 강제출국 당한 중국 동포인 피고인이 중국에서 이름과 생년월일을 변경한 호구부를 발급받아 중국 주재 대한민국 총영사관에 제출하여 변경된 명의로 입국사증을 받은 다음, 다시 입국하여 그 명의로 외국인등록증을 발급받고 귀화허가신청서까지 제출한 경우, 피고인이 자신과 동일성을 확인할 수 없도록 변경된 호구부를 중국의 담당관청에서 발급받아 위 대한민국 총영사관에 제출하였으므로, 영사관 담당직원 등이 호구부의 기재를 통하여 피고인의 인적사항 외에 강제출국 전력을 확인하지 못하였더라도, 사증 및 외국인등록증의 발급요건 존부에 대하여 충분한 심사를 한 것으로 보아야 하고, 이러한 경우 행정청의 불충분한 심사가 아니라 출원인의 적극적인 위계에 의해 사증 및 외국인등록증이 발급되었던 것이므로 위계에 의한 공무집행방해죄가 성립하고, 또한 피고인의 위계행위에 의하여 귀화허가에 관한 공무집행방해 상태가 초래된 것이 분명하므로, 귀화허가가 이루어지지 아니하였더라도 위 죄의 성립에 아무런 영향이 없다(대판 2011.4.28, 2010도14696). ● 경찰

6. 구 병역법상의 지정업체에서 산업기능요원으로 근무할 의사가 없음에도 해당 지정업체의 장과 공모하여 허위내용의 편입신청서를 제출하여 관할관청으로부터 산업기능요원 편입을 승인받고, 나아가 관할관청의 실태조사를 회피하기 위하여 허위서류를 작성·제출하는 등의 방법으로 파견근무를 신청하여 관할관청으로부터 파견근무를 승인받았다면, 이러한 파견근무의 승인 등은 관할관청의 불충분한 심사가 원인이 된 것이 아니라 출원인의 위계행위가 원인이 된 것이어서 위계에 의한 공무집행방해죄가 성립한다(대판 2009.3.12, 2008도1321).

7. 구 병역법상 지정업체에서 전문연구요원으로 근무할 의사가 없음에도 허위내용의 편입신청서를 제출하여 관할관청으로부터 전문연구요원 편입을 승인받고, 관할지방병무청장에게 허위의 공동연구 협약서를 작성·제출하여 파견근무를 신청하여 승인받았다면, 이러한 편입 및 파견근무의 승인은 관할관청의 불충분한 심사가 원인이 아니라 출원인의 위계행위가 원인이 된 것이어서 위계에 의한 공무집행방해죄가 성립한다(대판 2008.6.26, 2008도1011). ● 경찰승진

8. 고등학교 입학원서 추천서란을 사실과 다르게 조작허위기재하여 그 추천서 성적이 고등학교입학전형의 자료가 되었다면 위계에 의하여 고등학교입학전형업무를 방해한 것이다(대판 1983.9.27, 83도1864). ● 경찰

9. 지방자치단체의 공사입찰에 있어서 허위서류를 제출하여 입찰참가자격을 얻고 낙찰자로 결정되어 계약을 체결한 경우 위계에 의한 공무집행방해죄가 성립한다(대판 2003.10.9, 2000도4993). ● 경찰

10. 감척어선 입찰자격이 없는 자가 제3자와 공모하여 제3자의 대리인 자격으로 제3자 명의로 입찰에 참가하고, 낙찰받은 후 자신의 자금으로 낙찰대금을 지급하여 감척어선에 대한 실질적 소유권을 취득한 경우, 위계에 의한 공무집행방해죄가 성립한다(대판 2003.12.26, 2001도6349). ● 경찰

11. 간호보조원 교육과정이수에 관한 사문서인 수료증명서의 허위작성은 무형위조로서 처벌대상이 되지 아니하고 피고인들의 행위가 허위작성 및 교부로 끝났다고 하더라도 간호보조원자격시험 응시자격을 증명하는 위 문서의 용도와 그 사용의 결과를 인식하고 공소외인 들로 하여금 사용케 할 의도로 작성교부한 것이고 그들이 위 문서를 진정한 문서인 것처럼 시험관리당국에 제출하여 응시자격을 인정받아 응시함으로써 그 시험관리에 관한 공무집행을 방해하는 상태를 초래하였다면 피고인들은 위 공소외인들과 공무집행방해죄의 공동정범의 죄책을 면할 수 없고, 무형위조의 사후행위로써 처벌의 대상이 되지 않는다고 볼 수 없다(대판 1982.7.27, 82도1301).

12. 변호사가 접견을 핑계로 수용자를 위하여 휴대전화와 증권거래용 단말기를 구치소 내로 몰래 반입하여 이용하게 한 행위가 위계에 의한 공무집행방해죄에 해당한다(대판 2005.8.25, 2005도1731). ● 법원, 경찰

13. 등기신청은 단순한 '신고'가 아니라 신청에 따른 등기관의 심사 및 처분을 예정하고 있으므로, 등기신청인이 제출한 허위의 소명자료 등에 대하여 등기관이 나름대로 충분히 심사를 하였음에도 이를 발견하지 못하여 등기가 마쳐지게 되었다면 위계에 의한 공무집행방해죄가 성립할 수 있다(대판 2016.1.28, 2015도17297). ☞ 등기관이 등기신청이 실체법상의 권리관계와 일치하는지를 심사할 실질적인 심사권한은 없다고 하여 달리 보아야 하는 것은 아니다. ● 경찰
14. 피고인이 마치 그의 형인양 시험감독자를 속이고 원동기장치 자전거운전면허시험에 대리로 응시하였다면 피고인의 소위는 위계에 의한 공무집행방해죄가 성립한다(대판 1986.9.9, 86도1245).
15. 국가정보원 고위 간부인 피고인이 검찰의 국가정보원에 대한 압수·수색에 대비하여 심리전단 사무실을 새롭게 조성하고, 허위 문건을 작출하여 비치하는 한편, 존재하지 않는다거나 국가기밀에 해당한다는 이유를 내세워 국가정보원이 보관하고 있는 자료의 제출을 거부하여 검찰 공무원들이 압수·수색을 하지 못한 경우, 피고인들의 행위는 위계에 의한 공무집행방해죄에 해당한다(대판 2019.3.14, 2018도18646). ● 경찰
16. 경범죄처벌법 제3조 제3항 제2호에서 정한 거짓신고 행위가 원인이 되어 상대방인 공무원이 범죄가 발생한 것으로 오인함으로 인하여 공무원이 그러한 사정을 알았더라면 하지 않았을 대응조치를 취하기에 이르렀다면, 이로써 구체적이고 현실적인 공무집행이 방해되어 위계에 의한 공무집행방해죄가 성립한다(대판 2022.10.27, 2022도10402).

판례 정리 ··· 위계공무집행방해죄를 부정한 경우

1. 민사소송을 제기함에 있어 피고의 주소를 허위로 기재하여 법원공무원으로 하여금 변론기일소환장 등을 허위주소로 송달케 하였다는 사실만으로는 이로 인하여 법원공무원의 구체적이고 현실적인 어떤 직무집행이 방해되었다고 할 수는 없으므로, 이로써 바로 위계에 의한 공무집행방해죄가 성립한다고 볼 수는 없다(대판 1996.10.11, 96도312). ● 경찰
2. 자동차운전면허 사무처리지침은 … 설령 글을 알지 못한다 하더라도 초등학교 졸업 이상의 학력을 가진 사람에게는 구술시험의 응시를 허용하지 않고 있는바, 이는 초등학교 졸업 이상의 학력을 가진 문맹자가 구술시험을 통하여 운전면허를 취득할 수 있는 기회를 합리적인 근거 없이 제한한 것으로서 모법의 위임범위를 벗어나 무효이다. 따라서 초등학교를 졸업하였음에도 초등학교 중퇴 이하의 학력자라는 허위 내용의 인우보증서를 첨부하여 운전면허 구술시험에 응시하였다는 사실만으로는 위계에 의한 공무집행방해죄가 성립하지 않는다(대판 2007.3.29, 2006도8189). ● 경찰간부
3. 건물점유자로서 명도집행을 저지할 수 있는 정당한 기능이 있는 자가 그 점유사실을 입증하기 위한 수단으로 임대차계약서 사본을 제시하면서 그 실효된 사실을 고지하지 아니하고 자신이 정당한 임차인인 것처럼 주장하였다고 하더라도 이로써 형법 제137조 소정의 위계에 해당한다고는 볼 수 없다(대판 1984.1.31, 83도2290). ● 법행
4. 국립대학교의 전임교원 공채 지원자인 을이 학과장 갑의 도움으로 이미 논문접수가 마감된 학회지에 논문을 추가게재하여 심사요건 이상의 전공논문실적을 확보하였더라도, 이는 을이 자신의 노력에 의한 연구결과물로서 심사기준을 충족한 것이고 이후 다른 전형절차들을 모두 거쳐 최종 선발된 것이라면, 을의 행위가 공채관리위원회 위원들로 하여금 을의 자격에 관하여 오인이나 착각, 부지를 일으키게 하였다거나 그로 인하여 그릇된 행위나 처분을 하게 한 경우에 해당한다고 할 수 없어, 형법 제137조에 정한 '위계'에 해당하지 않는다(대판 2009.4.23, 2007도1554). ● 사시
5. [1] 단순히 공무원의 감시, 단속을 피하여 금지규정에 위반하는 행위를 한 것에 불과하다면 그에 대하여 벌칙을 적용하는 것은 별론으로 하고 그 행위가 위계에 의한 공무집행방해죄에 해당하는 것이라고는 할 수 없다.

[2] 교도관과 재소자가 상호 공모하여 재소자가 교도관으로부터 담배를 교부받아 이를 흡연한 행위 및 휴대폰을 교부받아 외부와 통화한 행위 등이 위계에 의한 공무집행방해죄에 해당하지 않는다(대판 2003.11. 13, 2001도7045).
● 경찰

6. 범죄행위가 법원경매업무를 담당하는 집행관의 구체적인 직무집행을 저지하거나 현실적으로 곤란하게 하는 데까지는 이르지 않고 입찰의 공정을 해하는 정도의 행위라면 형법 제315조의 경매·입찰방해죄에만 해당될 뿐, 형법 제137조의 위계에 의한 공무집행방해죄에는 해당되지 않는다(대판 2000.3.24, 2000도102).
● 경찰

7. [1] 어떠한 행위가 공무원이 관계 법령이 정한 바에 따라 금지규정 위반행위의 유무를 **충분히 감시하여 확인하고 단속하더라도 이를 발견하지 못할 정도에 이른 것**이라면 이는 위계에 의하여 공무원의 감시·단속 업무를 적극적으로 방해한 것으로서 위계에 의한 공무집행방해죄가 성립한다고 할 것이지만, 그와 같은 행위가 이에 이르지 않고 **단순히 공무원의 감시·단속을 피하여 금지규정에 위반하는 행위를 한 것에 불과**하다면 이는 **공무원의 불충분한 감시·단속에 기인한 것**이지, 행위자 등의 위계에 의하여 공무원의 감시·단속에 관한 직무가 방해되었다고 할 수 없을 것이어서 위계에 의한 공무집행방해죄가 성립된다고 할 수 없다.

[2] 과속단속카메라에 촬영되더라도 불빛을 반사시켜 차량 번호판이 식별되지 않도록 하는 기능이 있는 제품('파워매직세이퍼')을 차량 번호판에 뿌린 상태로 차량을 운행한 행위만으로는, 교통단속 경찰공무원이 충실히 직무를 수행하더라도 통상적인 업무처리과정 하에서 사실상 적발이 어려운 위계를 사용하여 그 업무집행을 하지 못하게 한 것으로 보기 어렵다(대판 2010.4.15, 2007도8024).
● 사시

8. 법원은 당사자의 허위 주장 및 증거 제출에도 불구하고 진실을 밝혀야 하는 것이 그 직무이므로, 가처분신청 시 당사자가 허위의 주장을 하거나 허위의 증거를 제출하였다 하더라도 그것만으로 법원의 구체적이고 현실적인 어떤 직무집행이 방해되었다고 볼 수 없으므로 이로써 바로 위계에 의한 공무집행방해죄가 성립한다고 볼 수 없다(대판 2012.4.26, 2011도17125). ☞ 허위의 매매계약서 및 영수증을 소명자료로 첨부하여 가처분신청을 하여 법원으로부터 유체동산에 대한 가처분결정을 받은 사례임.
● 법행

9. 화물자동차 운송주선사업자가 관할 행정청에 주기적으로 허가기준에 관한 사항을 신고하는 과정에서 허위서류를 제출하는 등 부정한 방법으로 허가를 받는 행위는 위계에 의한 공무집행방해를 구성하지 않는다(대판 2011.8.25, 2010도7033).
● 경찰승진, 경찰

10. 건축공사를 하면서 허위의 준공신고서, 준공검사현장조사서 등을 첨부하여 준공검사를 신청하였고 이를 진실한 것으로 알고 받아들인 관계공무원으로부터 준공필증을 교부받은 경우 이는 불충분한 심사에 기인한 것으로 위계에 의한 공무집행방해죄가 성립하지 않는다(대판 1982.12.14, 82도2207).
● 법행

11. 피고인이 허위사실이 기재된 귀화허가신청서를 담당공무원에게 제출하여 그에 따라 귀화허가업무를 담당하는 행정청이 그릇된 행위나 처분을 하여야만 위계에 의한 공무집행방해죄가 기수 및 종료에 이른다고 할 것이어서 단지 허위사실이 기재된 귀화허가신청서를 제출하여 접수되게 한 사정만으로는 구체적인 직무집행을 저지하거나 현실적으로 곤란하게 하는 데까지 이르렀다고 단정할 수 없다(대판 2017.4.27, 2017도2583).

12. 피의자나 참고인은 수사기관에 진실만을 진술하거나 증거를 제출하여야 할 법률상의 의무를 지는 것은 아니므로, 피의자나 참고인 등이 적극적으로 피의자의 무고함을 입증하는 등의 목적으로 허위의 증거를 조작하여 제출한 것이 아니라 **단순히 증거를 감추거나 없애 버린 것만으로는** 위계로써 수사기관으로 하여금 오인, 착각, 부지를 일으키게 하였다고 할 수 없다. 따라서 보험회사 임원이, 회사 전산시스템에서 관리하고 있던 보험금 출금 관련 데이터가 압수될 상황에 이르게 되자 **특정 기간의 위 전산데이터를 삭제**한 행위는 '위계로써 특별검사 등의 직무수행을 방해한 것'이라고 볼 수 없다(대판 2009.6.11, 2008도9437).

13. **접견변호사들이 미결수용자인 피고인의 개인적인 업무나 심부름을 위해 접견신청행위를 한 후 피고인과 소송서류 이외의 서류를 주고받고 피고인의 개인적인 연락업무 등을 수행한 것**이 교도관들에 대한 위계에 해당한다거나 그로 인해 교도관의 직무집행이 구체적이고 현실적으로 방해되었다고 할 수 없으므로, 피고인이 지시한 접견이 접견교통권의 남용에 해당할 수 있겠지만 위계공무집행방해죄를 구성하지는 않는다(대판 2022.6.30, 2021도244). ☞ 미결수용자인 피고인이 이른바 '집사변호사'를 고용하여 변호인 접견을 가장하여 개인적인 업무와 심부름을 하게 하고 소송 서류 외의 문서를 수수한 행위는 위계공무집행방해죄에 해당하지 않는다는 판례임

14. **녹음·녹화 등을 할 수 있는 전자장비**가 교정시설의 안전 또는 질서를 해칠 우려가 있는 금지물품에 해당하여 반입을 금지할 필요가 있다면 교도관은 교정시설 등의 출입자와 반출·반입 물품을 검사·단속해야 할 일반적인 직무상 권한과 의무가 있으므로 수용자가 아닌 사람이 위와 같은 금지물품을 교정시설 내로 반입하였다면 교도관의 검사·단속을 피하여 단순히 금지규정을 위반하는 행위를 한 것일 뿐이로써 위계에 의한 공무집행방해죄가 성립한다고 할 수는 없다(대판 2022.3.31, 2018도15213).

15. 시사프로그램의 제작진이 구치소장의 허가 없이 구치소에 수용 중인 사람을 취재하기 위하여 접견신청서에 수용자의 지인이라고 기재하고, 반입이 금지된 **녹음·녹화기능이 내장된 안경을 착용**하고 접견실에 들어가 수용자를 접견하면서 대화 장면과 내용을 촬영하고 녹음한 경우 교도관의 검사·단속을 피하여 단순히 금지규정을 위반하는 행위를 한 것일 뿐이로써 위계에 의한 공무집행방해죄가 성립한다고 할 수는 없다(대판 2022.4.28, 2020도8030).

16. 특정 정당 소속 지방의회의원인 피고인들 등이 **지방의회 의장 선거**를 앞두고 '甲을 의장으로 추대'하기로 서면합의하고 그 이행을 확보하기 위해 투표용지에 가상의 구획을 설정하고 각 의원별로 기표할 위치를 미리 정하기로 구두합의 하는 방법으로 선거를 **사실상 기명·공개투표로 치르기로 공모**한 다음 그 정을 모르는 임시의장 乙이 선거를 진행할 때 사전공모에 따라 투표하여 단독 출마한 甲이 의장에 당선되도록 한 경우, 위계로써 乙의 <u>무기명투표 관리에 관한 직무집행</u>을 방해하였다고 보기 어렵다(대판 2021.4.29, 2018도18582).

🔵 법행

> **비교판례**
> 피고인들 등은 甲정당 소속 시(市)의회 의원으로서 시의회 의장선거를 앞두고 개최된 甲정당 의원총회에서 乙을 의장으로 선출하기로 합의한 다음, 합의 내용의 이행을 확보하고 이탈표 발생을 방지하기 위하여 공모에 따라 피고인별로 미리 정해 둔 투표용지의 가상의 구획 안에 '乙'의 이름을 각각 기재하는 방법으로 투표하여 乙이 의장으로 당선되게 한 경우 투·개표 업무에 관한 **감표위원과 무기명투표 원칙에 따라 의장선거를 진행하는 사무국장**에 대한 위계에 의한 공무집행방해죄는 인정되나, **공모하지 않은 의원들**에 대한 위계에 의한 공무집행방해죄는 인정하기 어렵다(대판 2024.3.12, 2023도7760).

③ **기수시기** : 위계에 의한 공무집행방해죄에 있어서 위계라 함은 행위자의 행위목적을 이루기 위하여 상대방에게 오인, 착각, 부지를 일으키게 하여 그 오인, 착각, 부지를 이용하는 것을 말하는 것으로 상대방이 이에 따라 그릇된 행위나 처분을 하여야만 이 죄가 성립하는 것이고, <u>만약 범죄행위가 구체적인 공무집행을 저지하거나 현실적으로 곤란하게 하는 데까지는 이르지 아니하고 미수에 그친 경우에는 위계에 의한 공무집행방해죄로 처벌할 수 없다</u>(대판 2003.2.11, 2002도4293).
cf 본죄는 미수처벌규정이 없다.

> **유사판례**
>
> 피고인의 변호인 접견교통권 행사가 그 한계를 일탈한 규율위반행위에 해당하더라도 그 행위가 위계공무집행방해죄의 '위계'에 해당하려면 행위자가 상대방에게 오인,착각, 부지를 일으키게 하여 그 오인, 착각, 부지를 이용함으로써 상대방이 이에 따라 그릇된 행위나 처분을 하여야만 한다. 만약 그러한 행위가 구체적인 직무집행을 저지하거나 현실적으로 곤란하게 하는 데까지는 이르지 않은 경우에는 위계에 의한 공무집행방해죄로 처벌할 수 없다(대판 2022.6.30, 2021도244).

(2) 주관적 구성요건

위계에 의한 공무집행방해죄가 성립되려면 자기의 <u>위계행위로 인하여 공무집행을 방해하려는 의사가 있을 경우</u>에 한한다고 보는 것이 상당하다할 것이므로 피고인이 경찰관서에 허구의 범죄를 신고한 까닭은 피고인이 생활에 궁하여 <u>오로지 직장을 구하여 볼 의사로서 허위로 간첩이라고 자수를 한 데 불과</u>하고 한 걸음 더 나아가서 그로 말미암아 공무원의 직무집행을 방해하려는 의사까지 있었던 것이라고는 인정되지 아니한다(대판 1970.1.27, 69도2260).

> **관련판례**
>
> 자가용차를 운전하다가 교통사고를 낸 사람이 경찰관서에 신고함에 있어 가해차량이 자가용일 경우 피해자와 합의하는데 불리하다고 생각하여 영업용택시를 운전하다가 사고를 내었다고 허위신고를 하였다 하더라도 이 사실만으로 공무원의 직무집행을 방해할 의사가 있었다고 단정하기 어려우므로 위계로 인한 공무집행방해죄가 성립하지 않는다(대판 1974.12.10, 74도2841). 🔵 사시

(3) 타죄와의 관계

① **직무유기죄와의 관계** : 피고인이, 출원인이 어업허가를 받을 수 없는 자라는 사실을 알면서도 그 직무상의 의무에 따른 적절한 조치를 취하지 않고 오히려 부하직원으로 하여금 어업허가 처리기안문을 작성하게 한 다음 피고인 스스로 중간결재를 하는 등 위계로써 농수산국장의 최종결재를 받았다면, 직무위배의 위법상태가 위계에 의한 공무집행방해행위 속에 포함되어 있는 것이라고 보아야 할 것이므로, 이와 같은 경우에는 <u>작위범인 위계에 의한 공무집행방해죄만이 성립하고 부작위범인 직무유기죄는 따로 성립하지 아니한다</u>(대판 1997.2.28, 96도2825).

② **범인은닉죄와의 관계** : <u>수사기관</u>이 범죄사건을 수사함에 있어서는 피의자나 피의자로 자처하는 자 또는 참고인의 진술여하에 불구하고 피의자를 확정하고 그 피의사실을 인정할 만한 <u>객관적인 제반증거를 수집 조사하여야 할 권리와 의무</u>가 있는 것이라고 할 것이므로 **피의자나 참고인이 아닌 자가 자발적이고 계획적으로 피의자를 가장하여 수사기관에 대하여 허위사실을 진술하였다 하여 바로 이를 위계에 의한 공무집행방해죄가 성립된다고 할 수 없고 범인은닉죄만 성립한다**(대판 1977.2.8, 76도3685).

Ⅳ 특수한 공무에 대한 공무방해죄

1. 법정·국회의장모욕죄

> 제138조 (법정 또는 국회회의장모욕) 법원의 재판 또는 국회의 심의를 방해 또는 위협할 목적으로 법정이나 국회회의장 또는 그 부근에서 모욕 또는 소동한 자는 3년 이하의 징역 또는 700만 원 이하의 벌금에 처한다.

본조에서의 **법원의 재판에 헌법재판소의 심판이 포함된다고 보는 해석론**은 문언이 가지는 가능한 의미의 범위 안에서 그 입법 취지와 목적 등을 고려하여 **문언의 논리적 의미를 분명히 밝히는 체계적 해석에 해당할 뿐, 피고인에게 불리한 확장해석이나 유추해석이 아니라고 볼 수 있다**(대판 2021.8.26, 2020도12017).

2. 인권옹호직무방해죄

> 제139조 (인권옹호직무방해) 경찰의 직무를 행하는 자 또는 이를 보조하는 자가 인권옹호에 관한 검사의 직무집행을 방해하거나 그 명령을 준수하지 아니한 때에는 5년 이하의 징역 또는 10년 이하의 자격정지에 처한다.

3. 공무상비밀표시무효죄

(1) 공무상봉인등표시무효죄

> 제140조 (공무상비밀표시무효) ① 공무원이 그 직무에 관하여 실시한 봉인 또는 압류 기타 강제처분의 표시를 손상 또는 은닉하거나 기타 방법으로 그 효용을 해한 자는 5년 이하의 징역 또는 700만원 이하의 벌금에 처한다.
> ② 공무원이 그 직무에 관하여 봉함 기타 비밀장치한 문서 또는 도화를 개봉한 자도 제1항의 형과 같다.
> ③ 공무원이 그 직무에 관하여 봉함 기타 비밀장치한 문서, 도화 또는 전자기록등 특수매체기록을 기술적 수단을 이용하여 그 내용을 알아낸 자도 제1항의 형과 같다.

① 주체 : 제한이 없으므로 강제처분을 받은 자에 한하지 않는다.
② 객체
　공무원이 그 직무에 관하여 실시한 봉인 또는 압류 기타 강제처분의 표시이다.
　㉠ **압류** : 압류란 공무원이 그 직무상 보전해야 할 물건을 자기의 점유로 옮기는 강제처분을 말한다.
　㉡ 강제처분
　　ⓐ **강제처분표시의 현존** : 공무상표시무효죄가 성립하기 위하여는 행위 당시에 강제처분의 표시가 현존할 것을 요한다(대판 1997.3.11, 96도2801). ● 경찰

ⓑ **강제처분의 적법성** : 법원의 가처분결정에 기하여 집달관이 한 강제처분 표시의 효력은 그 가처분결정이 적법한 절차에 의하여 취소되지 않는 한 지속되는 것이며, 그 가처분결정이 가령 부당한 것이라 하더라도 그 효력을 부정할 수는 없다(대판 1985.7.9, 85도1165).

> **관련판례**
> ① 공무원이 그 직권을 남용하여 위법하게 실시한 봉인 또는 압류 기타 강제처분의 표시임이 명백하여 법률상 당연무효 또는 부존재라고 볼 수 있는 경우에는 그 봉인 등의 표시는 공무상표시무효죄의 객체가 되지 아니하여 이를 손상 또는 은닉하거나 기타 방법으로 그 효용을 해한다 하더라도 공무상표시무효죄가 성립하지 아니한다 할 것이지만 공무원이 실시한 봉인 등의 표시에 절차상 또는 실체상의 하자가 있다고 하더라도 객관적·일반적으로 그것이 공무원이 그 직무에 관하여 실시한 봉인 등으로 인정할 수 있는 상태에 있다면 적법한 절차에 의하여 취소되지 아니하는 한 공무상표시무효죄의 객체로 된다(대판 2001.1.16, 2000도1757). ● 사시, 법행
> ② 유체동산의 가압류집행에 있어 그 가압류공시서의 기재에 다소의 흠이 있으나 그 기재 내용을 전체적으로 보면 그 가압류목적물이 특정되었다고 인정할 수 있는 경우 그 가압류는 유효하다고 보아야 한다(대판 2001.1.16, 2000도1757). ● 경찰

ⓒ **강제집행 완결후의 처리문제** : 집달관이 채무자 겸 소유자의 건물에 대한 점유를 해제하고 이를 채권자에게 인도한 후 채무자의 출입을 봉쇄하기 위하여 출입문을 판자로 막아둔 것을 채무자가 이를 뜯어내고 그 건물에 들어갔다 하더라도 이는 강제집행이 완결된 후의 행위로서 채권자들의 점유를 침범하는 것은 별론으로 하고 공무상 표시무효죄에 해당하지는 않는다(대판 1985.7.23, 85도1092). ● 법행

ⓓ **압류가 경합하는 경우의 해결** : 채권자 갑에 의하여 압류된 피고인 소유 유체동산에 대하여 다시 채권자 을에 의하여 조사절차가 취하여진 경우에는 을에 대한 관계에 있어서도 압류의 효력이 미친다고 할 것이니, 피고인이 갑에 대한 채무를 변제하였다 하여도 그 압류가 해제되지 아니한 한 압류 상태에 있다고 할 것이니 갑에 대한 변제사실만 가지고는 압류의 효력이 없다고 할 수 없고, 이를 처분한 피고인에게 공무상 비밀표시 무효에 관한 범의가 없었다고도 할 수 없다(대판 1981.10.13, 80도1441).

③ **행위** : 손상 또는 은닉하거나 기타 방법으로 강제처분표시의 효용을 해하는 것이다.

> **판례** 정리 ··· 공무상비밀표시무효죄가 성립하는 경우

1. 압류된 골프장시설을 보관하는 회사의 대표이사가 위 압류시설의 사용 및 봉인의 훼손을 방지할 수 있는 적절한 조치 없이 골프장을 개장하게 하여 봉인이 훼손되게 한 경우, 부작위에 의한 공무상표시무효죄가 성립한다(대판 2005.7.22, 2005도3034). ● 사시
2. 직접 점유자에 대한 점유이전금지가처분결정이 집행된 후 그 피신청인인 직접점유자가 가처분 목적물의 간접점유자에게 그 점유를 이전한 경우에는 그 가처분표시의 효용을 해한 것이 된다(대판 1980.12.23, 80도1963). ● 법행
3. 건물의 점유이전금지가처분 채무자가 그 가처분의 집행 취지가 기재된 고시문이 그 가처분 목적물에 부착된 이후 제3자로 하여금 그 건물 중 일부에서 영업을 할 수 있도록 한 경우, 공무상표시무효죄가 성립한다(대판 2004.10.28, 2003도8238). ● 법행
4. 압류물을 채권자나 집달관 몰래 원래의 보관장소로부터 상당한 거리에 있는 다른 장소로 이동시킨 경우에는 설사 그것이 집행을 면탈할 목적으로 한 것이 아니라 하여도 객관적으로 집행을 현저히 곤란하게 한 것이 되어 형법 제140조 제1항 소정의 "기타의 방법으로 그 효용을 해한" 경우에 해당된다(대판 1986.3.25, 86도69). ● 해경
5. 영업금지가처분에 대하여 고시내용과 저촉되는 판매업무를 계속한 경우 고시의 효력 자체를 해치는 행위이므로 공무상표시무효죄가 성립한다(대판 1971.3.23, 70도2688).
6. 공장을 운영하는 甲은 자기 소유의 기계들에 관하여 乙과 매매계약을 체결하고 그 대금을 지급받았다. 乙에게 위 기계들을 인도하기 전에 甲의 채권자 A로부터 집행 위임을 받은 집행관은 甲이 참여한 가운데 위 기계들에 대하여 적법한 가압류 집행을 실시하고 그 뜻을 기재한 표시를 하였다. 가압류 집행 이후 甲이 乙과의 매매계약을 이행할 목적으로 乙에게 위 기계들을 인도하였을 경우 공무상표시무효죄가 성립한다(대판 2000.4.21, 99도5563). ● 간부

> **비교판례**
>
> [1] 형법 제140조 제1항이 정한 공무상표시무효죄 중 '공무원이 그 직무에 관하여 실시한 압류 기타 강제처분의 표시를 기타 방법으로 그 효용을 해하는 것'이란 손상 또는 은닉 이외의 방법으로 그 표시 자체의 효력을 사실상으로 감쇄 또는 멸각시키는 것을 의미하는 것이지, 그 표시의 근거인 처분의 법률상 효력까지 상실케 한다는 의미는 아니다.
> [2] 집행관이 유체동산을 가압류하면서 이를 채무자에게 보관하도록 한 경우 그 가압류의 효력은 압류된 물건의 처분행위를 금지하는 효력이 있으므로, 채무자가 가압류된 유체동산을 제3자에게 양도하고 그 점유를 이전한 경우, 이는 가압류집행이 금지하는 처분행위로서, 특별한 사정이 없는 한 가압류표시 자체의 효력을 사실상으로 감쇄 또는 멸각시키는 행위에 해당한다. 이는 채무자와 양수인이 가압류된 유체동산을 원래 있던 장소에 그대로 두었더라도 마찬가지이다(대판 2018.7.11, 2015도5403).

> **판례** 정리 ··· 공무상비밀표시무효죄가 성립하지 않는 경우

1. [1] 가처분은 가처분 채무자에 대한 부작위 명령을 집행하는 것이므로 가처분의 채무자가 아닌 제3자가 그 부작위 명령을 위반한 행위는 그 가처분집행 표시의 효용을 해한 것으로 볼 수 없다.
   [2] 온천수 사용금지 가처분결정이 있기 전부터 온천이용허가권자인 가처분 채무자로부터 이를 양수하고 임대차계약의 형식을 빌어 온천수를 이용하여 온 제3자가 위 금지명령을 위반하여 계속 온천수를 사용한 경우, 위 제3자가 위 가처분 사건 당사자 사이의 권리관계 내용을 잘 알고 있었다거나 그가 실질적으로는 가처분 채무자와 같은 당사자 위치에 있었다는 등의 사정이 있다 하여도 위 위반행위가 공무상표시무효죄를 구성하지 않는다(대판 2007.11.16, 2007도5539). ● 법행

2. 남편을 채무자로 한 출입금지가처분 명령의 효력은 그 처에게는 미치지 아니하므로 그 처가 이를 무시하고 출입금지된 밭에 들어가 작업을 한 경우에 공무원이 직무에 관하여 실시한 강제처분표시의 효용을 해한 것이라고는 할 수 없다(대판 1979.2.13, 77도145). ● 사시
3. 집행관이 채권자의 위임을 받아 채무자가 점유하고 있는 주택에 대한 **명도집행을 완료한 후**에 채무자인 피고인이 위 주택에 침입하였다면 주거침입죄 등의 성립여부는 별론으로 하고 공무상표시무효죄는 성립하지 아니한다(대판 1985.7.23, 85도1092). ● 변호사
4. 집행관이 그 점유를 옮기고 압류표시를 한 다음 채무자에게 보관을 명한 유체동산에 관하여 채무자가 이를 다른 장소로 이동시켜야 할 특별한 사정이 있고, 그 이동에 앞서 채권자에게 이동사실 및 이동장소를 고지하여 승낙을 얻은 때에는 비록 집행관의 승인을 얻지 못한 채 압류물을 이동시켰다 하더라도 형법 제140조 제1항 소정의 '기타의 방법으로 그 효용을 해한' 경우에 해당한다고 할 수 없다고 할 것이다(대판 2004.7.9, 2004도3029).
5. 출입금지가처분은 그 성질상 가처분 채권자의 의사에 반하여 건조물 등에 출입하는 것을 금지하는 것이므로 비록 가처분결정이나 그 결정의 집행으로서 집행관이 실시한 고시에 그러한 취지가 명시되어 있지 않다고 하더라도 가처분 채권자의 승낙을 얻어 그 건조물 등에 출입하는 경우에는 출입금지가처분 표시의 효용을 해한 것이라고 할 수 없다(대판 2006.10.13, 2006도4740). ● 사시
6. 압류는 채무자의 처분행위를 금하는 것이므로 압류의 효용을 손상하지 않는다면 압류상태에서 그 용법에 따라 종전대로 사용하는 것은 허용된다 할 것이므로 피고인이 압류표시된 원동기를 가동하였다 하여 공무상표시무효죄를 구성한다고 볼 수 없다(대판 1984.3.13, 83도3291). ● 법행
7. **집행관이 영업방해금지 가처분결정의 취지를 고시한 공시서를 게시하였을 뿐 어떠한 구체적 집행행위를 하지 않은 상태**에서 위 가처분에 의하여 부과된 부작위명령을 피고인이 위반한 경우, 공무상 표시의 효용을 해하는 행위를 하였다고 볼 수 없다(대판 2010.9.30, 2010도3364). ● 법행
8. 집행관이 이 사건 부동산에 관한 점유이전금지가처분을 집행하면서 '채무자(甲)는 점유를 타에 이전하거나 또는 점유명의를 변경하여서는 아니 된다'는 등의 집행취지가 기재되어 있는 고시문을 이 사건 부동산에 부착하였음에도 甲이 이 사건 부동산을 사업장 소재지로 하는 '○○마트'의 사업자등록명의를 甲 단독 명의에서 甲과 乙의 공동 명의로 변경한 경우 법원으로부터 피신청인에 대하여 부작위를 명하는 가처분이 발령되었음을 고시하는 데 그치고 나아가 봉인 또는 물건을 자기의 점유로 옮기는 등의 구체적인 집행행위를 하지 아니하였다면, 단순히 피신청인이 가처분의 부작위명령을 위반하였다는 것만으로는 공무상 표시의 효용을 해하는 행위에 해당하지 아니한다(대판 2016.5.12, 2015도20322).

④ **주관적 구성요건** : 민사소송법 기타 공법의 해석을 잘못하여 압류물의 효력이 없어진 것으로 착오하였거나 또는 봉인 등을 손상 또는 효력을 해할 권리가 있다고 오신한 경우에는 형벌법규의 부지와 구별되어 범의를 저각한다고 해석할 것이다(대판 1970.9.22, 70도1206).

> **비교판례**
> 공무원이 그 직무에 관하여 실시한 봉인 등의 표시를 손상 또는 은닉 기타의 방법으로 그 효용을 해함에 있어서 그 봉인 등의 표시가 법률상 효력이 없다고 믿은 것은 법규의 해석을 잘못하여 행위의 위법성을 인식하지 못한 것이라고 할 것이므로 그와 같이 믿은 데에 정당한 이유가 없는 이상, 그와 같이 믿었다는 사정만으로는 공무상표시무효죄의 죄책을 면할 수 없다고 할 것이다(대판 2000.4.21, 99도5563). ● 경찰승진

(2) 공무상 비밀침해죄

> 제140조 (공무상비밀표시무효) ② 공무원이 그 직무에 관하여 봉함 기타 비밀장치한 문서 또는 도화를 개봉한 자도 제1항의 형과 같다.
> ③ 공무원이 그 직무에 관하여 봉함 기타 비밀장치한 문서, 도화 또는 전자기록등 특수매체기록을 기술적 수단을 이용하여 그 내용을 알아낸 자도 제1항의 형과 같다.
> 제143조 (미수범) 미수범은 처벌한다.

(3) 부동산강제집행효용침해죄

> 제140조의2 (부동산강제집행효용침해) 강제집행으로 명도 또는 인도된 부동산에 침입하거나 기타 방법으로 강제집행의 효용을 해한 자는 5년 이하의 징역 또는 700만원 이하의 벌금에 처한다.
> 제143조 (미수범) 미수범은 처벌한다.

형법 제140조의2 부동산강제집행효용침해죄의 입법취지와 체제 및 내용과 구조를 살펴보면, 부동산강제집행효용침해죄의 객체인 <u>강제집행으로 명도 또는 인도된 부동산에는 강제집행으로 퇴거집행된 부동산을 포함한다고 해석된다</u>(대판 2003.5.13, 2001도3212). ● 경찰

4. 공용서류등 무효죄

> 제141조 (공용서류등의 무효, 공용물의 파괴) ① 공무소에서 사용하는 서류 기타 물건 또는 전자기록 등 특수매체기록을 손상 또는 은닉하거나 기타 방법으로 그 효용을 해한 자는 7년 이하의 징역 또는 1천만원 이하의 벌금에 처한다.
> 제143조 (미수범) 미수범은 처벌한다.

(1) 공용서류

① 형법 제141조 제1항에 규정한 공용서류무효죄는 공문서나 사문서를 묻지 아니하고 공무소에서 사용 중이거나 사용할 목적으로 보관하는 서류 기타 물건을 그 객체로 한다(대판 1999.2.24, 98도4350). ● 경찰, 경찰간부

② 공용서류무효죄의 객체는 그것이 공무소에서 사용되는 서류인 이상, 정식절차를 밟아 접수되었는지 또는 완성되어 효력이 발생되었는지의 여부를 묻지 않는다(대판 1982.10.12, 82도368).

> **판례 정리 ··· 공용서류 등에 해당되는 경우**
>
> 1. 피고인이 작성한 진술조서가 상사에게 정식으로 보고되어 수사기록에 편철된 문서가 아니라거나 완성된 서류가 아니라 하더라도 형법 제141조 제1항 소정의 공용서류에 해당하므로, 피고인이 진술자의 서명무인과 간인까지 받아 작성한 진술조서를 수사기록에 편철하지 않은 채 보관하고 있다가 휴지통에 버려 폐기한 행위는 공용서류무효죄에 해당한다(대판 1982.10.12, 82도368). ● 경찰간부
> 2. 경찰이 작성한 진술조서가 미완성이고 작성자와 진술자가 서명·날인 또는 무인한 것이 아니어서 공문서로서의 효력이 없다고 하더라도 공무소에서 사용하는 서류가 아니라고 할 수는 없다(대판 2006.5.25, 2003도3945).
> 3. 사법경찰관 사무취급이 작성중인 피의자신문조서는 그것이 미완성이고 작성자와 피의자가 서명날인 또는 무인한 것이 아니어서 공문서로서의 효력이 없다고 하더라도 형법 제141조 제1항 소정의 공무소에서 사용하는 서류이다(대판 1980.10.27, 80도1127).
> 4. [1] 공용서류무효죄는 공문서나 사문서를 불문하고 공무소에서 사용 또는 보관중인 서류를 정당한 권한없이 그 효용을 해함으로써 성립하므로, 피고인이 군에 보관중인 피고인 명의의 건축허가신청서에 첨부된 설계도면을 떼내고 별개의 설계도면으로 바꿔 넣은 경우 공용서류무효죄가 성립한다.
>   [2] 건축허가서에 첨부된 설계도면을 떼내고 건축사협회의 도면등록 일부인을 건축허가 신청당시 일자로 소급 변조하여 새로 작성한 설계도면을 그 자리에 가철한 행위는 공문서 변조죄에 해당한다(대판 1982.12.14, 81도81).
> 5. 전직대통령이 회의록의 내용을 확인한 후 회의록 파일이 첨부된 문서관리카드에 서명을 생성함으로써 문서관리카드를 공문서로 성립시킨다는 의사를 표시하였다면 이 회의록 파일이 첨부된 문서관리카드는 대통령기록물로써 형법 제141조 제1항의 '공무소에서 사용하는 전자기록'에 해당한다(대판 2020.12.10, 2015도19296).

> **판례 정리 ··· 공용서류 등에 해당되지 않는 경우**
>
> 1. 형사사건을 조사하던 경찰관이 스스로의 판단에 따라 자신이 보관하던 진술서를 임의로 피고인에게 넘겨준 것이라면, 위 진술서의 보관책임자인 경찰관은 장차 이를 공무소에서 사용하지 아니하고 폐기할 의도하에 처분한 것이라고 보아야 할 것이므로, 위 진술서는 더 이상 공무소에서 사용하거나 보관하는 문서가 아닌 것이 되어 공용서류로서의 성질을 상실하였다고 보아야 한다(대판 1999.2.24, 98도4350).
> 2. 사립학교에서 사용하는 입학고사시험지는 공용서류에 해당하지 아니한다(대판 1966.4.26, 66도30). ● 경찰간부

(2) 행 위

손상·은닉 기타 방법으로 효용을 해하는 것이다.

> **판례 정리 ··· 공용서류등 무효죄에 해당하는 경우**
>
> 1. 입시문제를 절취하여 이용한 경우 공용서류무효죄와 위계에 의한 공무집행방해죄는 상상적 경합관계에 있다(대판 1966.4.26, 66도30).
> 2. 피고인이 공용물건손상죄로 기소된 사안에서, 사실심의 증거들에 의하면 피고인이 면사무소에 비치되어 있는 정상적으로 작동되는 소화기 9대를 가져간 후 분말액과 질소가스를 충전하지도 않은 채 충전대금을 청구하였으나 면사무소 측에서 대금 지급을 거절하자 원래 소화기에 들어 있던 분말액과 질소가스를 빼내었다고 봄이 논리와 경험칙에 부합함에도, 이를 무죄로 판단한 원심판결에 합리적인 자유심증의 범위와 한계를 넘어섬으로써 판결 결과에 영향을 미친 잘못이 있다고 한 사례(대판 2011.2.24, 2010도14262) ☞ 공용물건손상죄

> **판례 정리** … 공용서류등 무효죄에 해당되지 않는 경우
>
> 형법 제141조 제1항이 규정한 공용서류무효죄는 정당한 권한 없이 공무소에서 사용하는 서류의 효용을 해함으로써 성립하는 죄이므로 권한 있는 자의 정당한 처분에 의한 공용서류의 파기에는 적용의 여지가 없고, 또 공무원이 작성하는 공문서는 그것이 작성자의 지배를 떠나 작성자로서도 그 변경 삭제가 불가능한 단계에 이르렀다면 모르되 그렇지 않고 상사가 결재하는 단계에 있어서는 작성자는 결재자인 상사와 상의하여 언제든지 그 내용을 변경 또는 일부 삭제할 수 있는 것이며 그 내용을 정당하게 변경하는 경우는 물론 내용을 허위로 변경하였다 하여도 그 행위가 허위공문서작성죄에 해당할지언정 따로 형법 제141조 소정의 공용서류의 효용을 해하는 행위에 해당한다고는 할 수 없다(대판 1995.11.10, 95도1395).

5. 공용물파괴죄

> 제141조 (공용서류등의 무효, 공용물의 파괴) ② 공무소에서 사용하는 건조물, 선박, 기차 또는 항공기를 파괴한 자는 1년 이상 10년 이하의 징역에 처한다.
> 제143조 (미수범) 미수범은 처벌한다.

6. 공무상보관물무효죄

> 제142조 (공무상보관물의 무효) 공무소로부터 보관명령을 받거나 공무소의 명령으로 타인이 관리하는 자기의 물건을 손상 또는 은닉하거나 기타 방법으로 그 효용을 해한 자는 5년 이하의 징역 또는 700만원 이하의 벌금에 처한다.
> 제143조 (미수범) 미수범은 처벌한다.

(1) 객 체

압류한 집행관이 채무자에게 보관을 명한 물건, 공무소의 지배하에 옮겨진 물건을 공무소의 명령을 받아 제3자의 사실상의 지배하에 두게 된 물건이다.

(2) 보관명령은 적법해야 한다.

채무자가 채권가압류결정의 정본을 송달받고서 제3채무자에게 가압류된 돈을 지급하였어도 채권가압류결정의 송달을 받은 것이 형법 142조 소정의 공무상 보관명령이 있는 경우도 아니고 형법 140조 1항 소정의 강제처분의 표시가 있었다고 볼 수 없으니 공무상 보관물의 무효죄 또는 공무상 비밀표시무효죄가 성립하지 않는다(대판 1975.5.13, 73도2555).

7. 특수공무방해죄 · 특수공무방해치사상죄

> **제144조 (특수공무방해)** ① 단체 또는 다중의 위력을 보이거나 위험한 물건을 휴대하여 제136조, 제138조와 제140조 내지 전조의 죄를 범한 때에는 각조에 정한 형의 2분의 1까지 가중한다.
> ② 제1항의 죄를 범하여 공무원을 상해에 이르게 한 때에는 3년 이상의 유기징역에 처한다. 사망에 이르게 한 때에는 무기 또는 5년 이상의 징역에 처한다.

(1) 특수공무방해죄

① 법외 단체인 전국공무원노동조합의 지부가 당초 공무원 직장협의회의 운영에 이용되던 군(郡) 청사시설인 사무실을 임의로 사용하자 지방자치단체장이 자진폐쇄 요청 후 행정대집행법에 따라 행정대집행을 하였는데, 지부장 등인 피고인들과 위 지부 소속 군청 공무원들이 위 집행을 행하던 공무원들에게 대항하여 폭행 등 행위를 한 사안에서, 위 행정대집행은 주된 목적이 조합의 위 사무실에 대한 사실상 불법사용을 중지시키기 위하여 사무실 내 조합의 물품을 철거하고 사무실을 폐쇄함으로써 군(郡) 청사의 기능을 회복하는 데 있으므로, 전체적으로 대집행의 대상이 되는 대체적 작위의무인 철거의무를 대상으로 한 것으로 적법한 공무집행에 해당한다고 볼 수 있고, 그에 대항하여 피고인 등이 폭행 등 행위를 한 것은 단체 또는 다중의 위력으로 공무원들의 적법한 직무집행을 방해한 것에 해당한다는 이유로, 피고인들에게 특수공무집행방해죄를 인정한 원심판단의 결론을 정당하다고 한 사례(대판 2011.4.28, 2007도7514) 경찰승진

② 도심광장으로서 '서울특별시 서울광장의 사용 및 관리에 관한 조례'에 의하여 관리되고 있는 '서울광장'에서, 서울시청 및 중구청 공무원들이 행정대집행법이 정한 계고 및 대집행영장에 의한 통지절차를 거치지 아니한 채 위 광장에 무단설치된 천막의 철거대집행에 착수하였고, 이에 피고인들을 비롯한 '광우병위험 미국산 쇠고기 전면 수입을 반대하는 국민대책회의' 소속 단체 회원들이 몸싸움을 하거나 천막을 붙잡고 이를 방해한 사안에서, 위 서울광장은 비록 공부상 지목이 도로로 되어 있으나 도로법 제65조 제1항 소정의 행정대집행의 특례규정이 적용되는 도로법상 도로라고 할 수 없으므로 위 철거대집행은 구체적 직무집행에 관한 법률상 요건과 방식을 갖추지 못한 것으로서 적법성이 결여되었고 따라서 피고인들이 위 공무원들에 대항하여 폭행·협박을 가하였더라도 특수공무집행방해죄는 성립되지 않는다는 이유로, 같은 취지에서 피고인들에 대해 무죄를 선고한 원심판단을 수긍한 사례(대판 2010.11.11, 2009도11523)

(2) 특수공무방해치사상죄

> **판례 정리** ··· 특수공무방해치상죄가 성립하지 않는 경우

1. [1] 의무경찰이 학생들의 가두캠페인 행사관계로 직진하여 오는 택시의 운전자에게 좌회전 지시를 하였음에도 택시의 운전자가 계속 직진하여 와서 택시를 세우고는 항의하므로 그 의무경찰이 택시 약 30cm 전방에 서서 이유를 설명하고 있는데 그 운전자가 신경질적으로 갑자기 좌회전하는 바람에 택시 우측 앞 범퍼부분으로 의무경찰의 무릎을 들이받은 사안에서, 그 사건의 경위, 사고 당시의 정황, 운전자의 연령 및 경력 등에 비추어 특별한 사정이 없는 한 택시의 회전반경 등 자동차의 운전에 대하여 충분한 지식과 경험을 가졌다고 볼 수 있는 운전자에게는, 사고 당시 최소한 택시를 일단 후진하였다가 안전하게 진행하거나 의무경찰로 하여금 안전하게 비켜서도록 한 다음 진행하지 아니하고 그대로 좌회전하는 경우 그로부터 불과 30cm 앞에서 서 있던 의무경찰을 충격하리라는 사실을 쉽게 알고도 이러한 결과발생을 용인하는 내심의 의사, 즉 미필적 고의가 있었다고 봄이 경험칙상 당연하다.
   [2] [1]항과 같은 사건의 경위와 정황, 그 의무경찰의 피해가 전치 5일 간의 우슬관절부 경도좌상 정도에 불과한 점 등에 비추어 볼 때, 그와 같은 택시운행으로 인하여 사회통념상 피해자인 의무경찰이나 제3자가 위험성을 느꼈으리라고는 보여지지 아니하므로 그 택시 운전자의 범행을 특수공무집행방해 치상죄로 의율할 수는 없다(대판 1995.1.24, 94도1949).
2. 형법 제144조 제2항의 특수공무집행방해치상죄의 '폭행'은 유형력의 행사를 말한다. 따라서 피고인이 노조원들과 함께 경찰관인 피해자들이 파업투쟁 중인 공장에 진입할 경우에 대비하여 미리 윤활유나 철판조각을 바닥에 뿌려 놓은 것에 불과하고, 위 피해자들이 이에 미끄러져 넘어지거나 철판조각에 찔려 다쳤다는 것에 지나지 않는다면 이는 피해자들에 대한 유형력의 행사, 즉 폭행으로 볼 수 없다(대판 2010.12.23, 2010도7412).

● 경찰

> **판례 정리** ··· 특수공무방해치사상죄가 성립하는 경우

1. 신호위반에 따른 정지 지시를 무시하고 도주하던 사람이 자신을 추격해 온 경찰관의 하차 요구에 불응한 채 계속 도주를 시도하다가 자동차 앞 범퍼로 경찰관을 들이받고, 차 본넷 위에 경찰관을 매달은 채로 그대로 차를 몰고 진행하던 중 인도에 있던 가로수를 들이받아 결국 경찰관을 사망에 이르게 한 사안에서, '위험한 물건'인 자동차를 이용하여 경찰관의 정당한 업무를 방해하고, 이로 인해 사망에 이르게 한 특수공무방해치사죄에 해당한다(대판 2008.2.28, 2008도3).
2. 집회 및 시위에 참가한 노동조합원 중 일부가 시위진압 경찰관들과의 몸싸움 과정에서 경찰관들에게 상해를 입게 한 사안에서 금속연맹 지역 본부장의 직책을 가지고 그 집회 및 시위에 적극적으로 참가한 피고인에게 특수공무집행방해치상의 공모공동정범이 성립한다(대판 2002.4.12, 2000도3485).
3. 부진정결과적가중범인 특수공무방해치사상죄에 있어서 공무집행을 방해하는 집단행위의 과정에서 일부 집단원이 고의로 방화행위를 하여 사상의 결과를 초래한 경우에 다른 집단원이 그 방화행위로 인한 사상의 결과를 예견할 수 있는 상황이었다면 특수공무방해치사상의 죄책을 면할 수 없으나 그 방화행위 자체에 공모가담한 바 없는 이상 방화치사상죄로 의율할 수는 없다(대판 1990.6.26, 90도765).

● 경간부

4. 피고인도 그 속에 끼인 단체 또는 다중인 데모대원이 던진 돌에 의하여 공무집행중이던 경찰관이 상해를 입은 경우 피고인이 던진 돌이 동 피해자에게 맞고 안맞고를 가리지 않고 특수공무방해치상죄가 성립한다(대판 1979.7.24, 79도451).
5. 용산참사 사건
   재개발지역 내 주민들이 철거에 반대하여 건물 옥상에 망루를 설치하고 농성하던 중 피고인 등이 던진 화염병에 의해 발생한 화재로 일부 농성자 및 진압작전 중이던 일부 경찰관이 사망하거나 상해를 입은 사안에서, 경찰의 위 농성 진압작전을 위법한 직무집행으로 볼 수 없다는 이유로 피고인들에게 특수공무집행방해치사상죄 등을 인정한 원심판단을 수긍한 사례(대판 2010.11.11, 2010도7621)

제3절 도주와 범인은닉의 죄

I 서 설

도주의 죄란 법률에 의하여 체포·구금된 자가 스스로 도주하거나, 타인이 범인의 도주에 관여함으로써 성립하는 범죄이며, 범인은닉죄는 벌금 이상의 형에 해당하는 죄를 범한 자를 은닉 또는 도피하게 함으로써 성립하는 범죄이다.

II 도주죄

1. 단순도주죄

> 제145조 (도주, 집합명령위반) ① 법률에 따라 체포되거나 구금된 자가 도주한 경우에는 1년 이하의 징역에 처한다.
> 제149조 (미수범) 미수범은 처벌한다.

(1) 의의 및 성격

도주의 죄란 법률에 의하여 체포·구금된 자가 스스로 도주하거나, 타인이 범인의 도주에 관여함으로써 성립하는 범죄이다.

(2) 행위주체: 법률에 따라 체포·구금된 자이다. 체포·구금의 적법성은 형식적 적법성을 의미하며, 실질적 적법성까지 요하는 것은 아니다.

① 사법경찰관이 피고인을 수사관서까지 동행한 것이 사실상의 강제연행, 즉 불법체포에 해당하고, 불법 체포로부터 6시간 상당이 경과한 후에 이루어진 긴급체포 또한 위법하므로 피고인이 불법체포된 자로서 형법 제145조 제1항에 정한 '법률에 의하여 체포 또는 구금된 자'가 아니어서 도주죄의 주체가 될 수 없다(대판 2006.7.6, 2005도6810). ● 사시

② [1] 법원이 선고기일에 피고인에 대하여 실형을 선고하면서 구속영장을 발부하는 경우 검사가 법정에 재정하여 법원으로부터 구속영장을 전달받아 집행을 지휘하고, 그에 따라 피고인이 피고인 대기실로 인치되었다면 다른 특별한 사정이 없는 한 피고인은 형법 제145조 제1항의 '법률에 의하여 체포 또는 구금된 자'에 해당한다(대판 2023.12.28, 2020도12586).
[2] 피고인은 OO지방법원 형사법정에서 징역 1년 6개월을 선고받고 구속영장에 의해 법정구속되어 구속 피고인 대기실로 인치된 상태에서 OO구치소 교감 A와 교위 B가 피고인에게 인적사항을 확인하던 중, 갑자기 구속 피고인 대기실 출입문을 열고 법정으로 뛰어 들어가 법정 내부의 재판관계인석과 방청석 사이 공간

을 통해 맞은편의 법정 출입문 방향으로 뛰어가 도주하려고 하였으나, 당시 법정 내에서 다른 수용자를 계호하고 있던 OO구치소 교위C, 교위D에 의해 검거되었다. 피고인에게는 <u>도주미수죄가 성립된다</u>(대판 2023.12.28, 2020도12586).

(3) 행위 : 도주이다.

도주죄는 즉시범으로서 범인이 간수자의 실력적 지배를 이탈한 상태에 이르렀을 때에 기수가 되어 도주행위가 종료하는 것이다(대판 1991.10.11, 91도1656).

2. 집합명령위반죄

> 제145조 (도주, 집합명령위반) ② 제1항의 구금된 자가 천재지변이나 사변 그 밖에 법령에 따라 잠시 석방된 상황에서 정당한 이유없이 집합명령에 위반한 경우에도 제1항의 형에 처한다.
> 제149조 (미수범) 미수범은 처벌한다.

3. 특수도주죄

> 제146조 (특수도주) 수용설비 또는 기구를 손괴하거나 사람에게 폭행 또는 협박을 가하거나 2인 이상이 합동하여 전조 제1항의 죄를 범한 자는 7년 이하의 징역에 처한다.
> 제149조 (미수범) 미수범은 처벌한다.

Ⅲ 도주원조죄

1. 단순도주원조죄

> 제147조 (도주원조) 법률에 의하여 <u>구금된 자</u>를 탈취하거나 도주하게 한 자는 10년 이하의 징역에 처한다.
> 제149조 (미수범) 미수범은 처벌한다.
> 제150조 (예비, 음모) 제147조와 제148조의 죄를 범할 목적으로 예비 또는 음모한 자는 3년 이하의 징역에 처한다.

(1) 행위객체

법률에 의하여 구금된 자에 한하므로 법률에 의하여 체포된 자·체포되어 연행중인 자·구인된 피고인 또는 피의자는 제외된다.

(2) 기수시기

도주죄의 범인이 도주행위를 하여 기수에 이르른 이후에 범인의 도피를 도와주는 행위는 범인도피죄에 해당할 수 있을 뿐 도주원조죄에는 해당하지 아니한다(대판 1991.10.11, 91도1656). ● 경찰, 사시

2. 간수자도주원조죄

> 제148조 (간수자의 도주원조) 법률에 의하여 구금된 자를 간수 또는 호송하는 자가 이를 도주하게 한 때에는 1년 이상 10년 이하의 징역에 처한다.
> 제149조 (미수범) 전4조의 미수범은 처벌한다.
> 제150조 (예비, 음모) 제147조와 제148조의 죄를 범할 목적으로 예비 또는 음모한 자는 3년 이하의 징역에 처한다.

Ⅳ 범인은닉죄

> 제151조 (범인은닉과 친족간의 특례) ① **벌금 이상의 형에 해당하는 죄**를 범한 자를 은닉 또는 도피하게 한 자는 3년 이하의 징역 또는 500만원 이하의 벌금에 처한다.
> ② 친족 또는 동거의 가족이 본인을 위하여 전항의 죄를 범한 때에는 처벌하지 아니한다.

1. 의의 및 판단

형법 제151조에서 규정하는 범인도피죄는 범인은닉 이외의 방법으로 범인에 대한 수사·재판 및 형의 집행 등 형사사법의 작용을 곤란 또는 불가능하게 하는 행위를 말하는 것으로서 그 방법에는 아무런 제한이 없고, 또한 범인도피죄는 <u>위험범으로서 현실적으로 형사사법의 작용을 방해하는 결과가 초래되어야만 하는 것은 아니다</u>(대판 2006.5.26, 2005도7528). ● 사시

2. 객관적 구성요건

(1) 행위주체

본죄의 주체는 제한이 없다.

① 범인의 자기도피·은닉 : 범인도피죄는 타인을 도피하게 하는 경우에 성립할 수 있는데, 여기에서 타인에는 공범도 포함되나 범인 스스로 도피하는 행위는 처벌되지 않는다. 또한 <u>공범 중 1인이 그 범행에 관한 수사절차에서 참고인 또는 피의자로 조사받으면서 자기의 범행을 구성하는 사실관계에 관하여 허위로 진술하고 허위 자료를 제출하는 것은 자신의 범행에 대한 방어권 행사의 범위를 벗어난 것으로 볼 수 없다. 이러한 행위가 다른 공범을 도피하게 하는 결과가 된다고 하더라도 범인도피죄로 처벌할 수 없다. 이때 공범이 이러한 행위를 교사하였더라도 범죄가 될 수 없는 행위를 교사한 것에 불과하여 범인도피교사죄가 성립하지 않는다</u>(대판 2018.8.1, 2015도20396). ● 법원

② 자기도피·은닉의 교사

> **관련판례**
>
> ① 범인이 자신을 위하여 타인으로 하여금 허위의 자백을 하게 하여 범인도피죄를 범하게 하는 행위는 방어권의 남용으로 범인도피교사죄에 해당하는바, 이 경우 그 타인이 형법 제151조 제2항에 의하여 처벌을 받지 아니하는 친족 또는 동거 가족에 해당한다 하여 달리 볼 것은 아니다(대판 2006.12.7, 2005도3707). ● 경찰
> ② 범인 스스로 도피하는 행위는 처벌되지 아니하므로, 범인이 도피를 위하여 타인에게 도움을 요청하는 행위 역시 도피행위의 범주에 속하는 한 처벌되지 아니하며, 범인의 요청에 응하여 범인을 도운 타인의 행위가 범인도피죄에 해당한다고 하더라도 마찬가지이다(대판 2014.4.10, 2013도12079). ● 경간부
> ③ 당시 벌금 이상의 형에 해당하는 죄를 범하고 도피 중이던 갑이 평소 가깝게 지내던 후배에게 '대포폰'을 구해 달라고 부탁하고 함께 자동차를 이용하여 원하는 목적지로 이동시켜 달라고 요구하자 후배가 갑이 있는 장소로 온 다음 함께 자동차를 타고 청주시 일대를 이동하며 다닌 경우 이러한 행위는 도피행위의 범주에는 속할 뿐 방어권의 남용으로 볼 수 없으므로 갑에게는 범인도피교사죄가 성립하지 아니한다(대판 2014.4.10, 2013도12079). ● 사시

③ 처가 범인인 갑 자신을 위해 범인도피범행을 하려는 것을 알고 범인인 갑이 이를 돕기 위하여 처에게 사고발생 경위, 도주경위 등에 관하여 상세한 정보를 제공하여 준 경우 갑에게는 범인도피방조죄가 성립한다(대판 2008.11.13, 2008도7647). ● 사시

④ 공범자간 범인은닉 : 공동정범 중의 1인이 다른 공동정범을 도피하게 한 경우 범인도피죄가 성립한다(대판 1958.1.14, 4290형상393). ● 경찰

(2) 행위객체 : 벌금 이상의 형에 해당하는 죄를 범한 자이다.

형법 제151조 제1항에서 정한 '**죄를 범한 자**'는 범죄의 혐의를 받아 수사대상이 되어 있는 사람이면 그가 **진범인지 여부를 묻지 않고** 이에 해당한다(대판 2003.12.12, 2003도4533). ● 법행

> **관련판례**
>
> ① 죄를 범한 자라 함은 범죄의 혐의를 받아 수사대상이 되어 있는 자를 포함하며, 나아가 벌금 이상의 형에 해당하는 죄를 범한 자라는 것을 인식하면서도 도피하게 한 경우에는 그 자가 당시에는 아직 수사대상이 되어 있지 않았다고 하더라도 범인도피죄가 성립한다(대판 2003.12.12, 2003도4533). ● 경찰
> ② 범인은닉죄는 형사사법에 관한 국권의 행사를 방해하는 자를 처벌하고자 하는 것이므로 형법 제151조 제1항 소정의 '죄를 범한 자'라 함은 범죄의 혐의를 받아 수사 대상이 되어 있는 자를 포함한다. 따라서 구속수사의 대상이 된 소송외인이 그 후 무혐의로 석방되었다 하더라도 위 죄의 성립에 영향이 없다(대판 1982.1.26, 81도1931). ● 승진
> ③ 형법 제151조에서 죄를 범한 자라 함은 반드시 공소제기가 되거나 유죄의 판결을 받은 자 뿐만 아니라 범죄의 혐의를 받아 수사중인 자도 포함되므로 경찰에서 수배중인 자임을 인식하면서 동인을 투숙케 하여 체포를 면하게 한 경우에는 범인은닉죄가 성립한다(대판 1983.8.23, 83도1486). ● 사시

(3) 행 위

① **은닉**: 범인은닉죄라 함은 죄를 범한 자임을 인식하면서 장소를 제공하여 체포를 면하게 하는 것만으로 성립한다 할 것이고, 죄를 범한 자에게 장소를 제공한 후 동인에게 일정 기간 동안 경찰에 출두하지 말라고 권유하는 언동을 하여야만 범인은닉죄가 성립하는 것이 아니며, 또 그 권유에 따르지 않을 경우 강제력을 행사하여야만 한다거나, 죄를 범한 자가 은닉자의 말에 복종하는 관계에 있어야만 범인은닉죄가 성립하는 것은 더욱 아니다(대판 2002.10.11, 2002도3332). ● 법행

② **도피**: 형법 제151조의 범인도피죄에서 '도피하게 하는 행위'는 은닉 이외의 방법으로 범인에 대한 수사, 재판 및 형의 집행 등 형사사법의 작용을 곤란 또는 불가능하게 하는 일체의 행위를 말하는 것으로서 그 수단과 방법에는 어떠한 제한이 없다. 또한, 위 죄는 위험범으로서 현실적으로 형사사법의 작용을 방해하는 결과를 초래할 것이 요구되지 아니하지만, 같은 조에 함께 규정되어 있는 은닉행위에 비견될 정도로 수사기관의 발견·체포를 곤란하게 하는 행위, 즉 직접 범인을 도피시키는 행위 또는 도피를 직접적으로 용이하게 하는 행위에 한정된다. 그 자체로는 도피시키는 것을 직접적인 목적으로 하였다고 보기 어려운 어떤 행위의 결과 간접적으로 범인이 안심하고 도피할 수 있게 한 경우까지 포함하는 것은 아니다(대판 2008.12.24, 2007도11137). ● 사시

> **판례 정리** ··· 범인은닉·도피죄가 성립하지 않는 경우
>
> 1. 신원보증서를 작성하여 수사기관에 제출하는 보증인이 피의자의 인적 사항을 허위로 기재하였다고 하더라도, 그로써 적극적으로 수사기관을 기망한 결과 피의자를 석방하게 하였다는 등 특별한 사정이 없는 한, 그 행위만으로 범인도피죄가 성립되지 않는다(대판 2003.2.14, 2002도5374). ● 경찰간부
> 2. 범인도피죄에 있어서의 '도피'란 은닉 이외의 방법으로 수사기관의 발견, 체포를 곤란 내지 불가능하게 하는 일체의 행위를 뜻하는 것으로, 단순히 안부를 묻거나 통상적인 인사말 등만으로는 범인을 도피하게 한 것이라고 할 수 없을 것인바, 주점 개업식 날 찾아 온 범인에게 '도망다니면서 이렇게 와 주니 고맙다. 항상 몸조심하고 주의하여 다녀라. 열심히 살면서 건강에 조심하라.'고 말한 것은 단순히 안부인사에 불과한 것으로 범인을 도피하게 한 것으로 볼 수 없다(대판 1992.6.12, 92도736). ● 사시
> 3. 범인은닉죄는 작위는 물론 부작위에 의해서도 가능하나 범인임을 알면서도 고발·고소하지 않았다고 하여 범인은닉죄가 성립되는 것은 아니다(대판 1984.2.14, 83도2209).
> 4. 수사기관은 범죄사건을 수사함에 있어서 피의자나 참고인의 진술 여하에 불구하고 피의자를 확정하고 그 피의사실을 인정할 만한 객관적인 제반 증거를 수집·조사하여야 할 권리와 의무가 있다. 따라서 참고인이 수사기관에서 범인에 관하여 조사를 받으면서 그가 알고 있는 사실을 묵비하거나 허위로 진술하였다고 하더라도, 그것이 적극적으로 수사기관을 기망하여 착오에 빠지게 함으로써 범인의 발견 또는 체포를 곤란 내지 불가능하게 할 정도가 아닌 한 범인도피죄를 구성하지 않는다. 이러한 법리는 피의자가 수사기관에서 공범에 관하여 묵비하거나 허위로 진술한 경우에도 그대로 적용된다(대판 2008.12.24, 2007도11137).

> **유사판례**
> 참고인이 범인 아닌 다른 자를 진범이라고 내세우는 경우 등과 같이 적극적으로 허위의 사실을 진술하여 수사관을 기만, 착오에 빠지게 함으로써 범인의 발견 체포에 지장을 초래케 하는 경우와 달리 참고인이 수사기관에서 진술을 함에 있어 단순히 범인으로 체포된 사람과 동인이 목격한 범인이 동일함에도 불구하고 동일한 사람이 아니라고 허위진술을 한 정도의 것만으로는 참고인의 그 허위진술로 말미암아 증거가 불충분하게 되어 범인을 석방하게 되는 결과가 되었다 하더라도 바로 범인도피죄를 구성한다고는 할 수 없다(대판 1987.2.10, 85도897). ● 법원

5. 폭행사건 현장의 참고인이 출동한 경찰관에게 범인의 이름 대신 허무인의 이름을 대면서 구체적인 인적사항에 대한 언급을 피한 경우, 범인도피죄가 성립하지 않는다(대판 2008.6.26, 2008도1059). ● 경찰
6. 사행행위 등 규제 및 처벌특례법 위반죄의 피의자가 수사기관에서 조사받으며 오락실을 단독 운영하였다고 허위진술하여 오락실 공동운영자인 공범의 존재를 숨긴 것이 범인도피죄에 해당하지 않는다(대판 2008.12.24, 2007도11137). ● 사시
7. 미국으로 도주한 범인에게 송금하여 달라는 부탁과 함께 자기앞수표를 받아 이를 가명으로 예금하여 둔 경우 현실적으로 송금하지 아니한 이상 범인도피의 예비에 불과하다(대판 1995.3.3, 93도3080). ☞ 범인도피죄 성립 X ● 사시

> **판례 정리** … 범인은닉 · 도피죄가 성립하는 경우

1. 범인이 기소중지자임을 알고도 범인의 부탁으로 다른 사람의 명의로 대신 임대차계약을 체결해 준 경우, 비록 임대차계약서가 공시되는 것은 아니라 하더라도 수사기관이 탐문수사나 신고를 받아 범인을 발견하고 체포하는 것을 곤란하게 하여 범인도피죄에 해당한다(대판 2004.3.26, 2003도8226). ● 사시
2. 범인도피죄는 범인을 도피하게 함으로써 기수에 이르지만 범인도피행위가 계속되는 동안에는 범죄행위도 계속되고 행위가 끝날 때 비로소 범죄행위가 종료되고, 공범자의 범인도피행위의 도중에 그 범행을 인식하면서 그와 공동의 범의를 가지고 기왕의 범인도피상태를 이용하여 스스로 범인도피행위를 계속한 자에 대하여는 범인도피죄의 공동정범이 성립한다(대판 1995.9.5, 95도577). ● 법행
3. 피고인이 음주운전 혐의로 적발되자 공소외 A로 하여금 단속경찰관이 피고인에 대한 주취운전자 적발보고서를 작성하거나 재차 음주측정을 하지 못하도록 제지하는 등으로 수사를 곤란하게 하고 나아가 A에게 음주단속 현장으로 나오게 하여 "어떻게 좀 해보라"고 계속 재촉한 경우 범인도피교사죄가 성립한다(대판 2006.5.26, 2005도7528). ● 경간부
4. 범인 아닌 자가 수사기관에서 범인임을 자처하고 허위사실을 진술하여 진범의 체포와 발견에 지장을 초래하게 한 행위는 범인은닉죄에 해당한다(대판 1996.6.14, 96도1016). ● 사시
5. 게임산업진흥에 관한 법률 위반, 도박개장 등의 혐의로 수사기관에서 조사받는 피의자가 사실은 게임장·오락실·피씨방 등의 실제 업주가 아니라 그 종업원임에도 불구하고 자신이 실제 업주라고 허위로 진술하였다고 하더라도, 그 자체만으로 범인도피죄를 구성하는 것은 아니다. 다만, 그 피의자가 실제 업주로부터 금전적 이익 등을 제공받기로 하고 단속이 되면 실제 업주를 숨기고 자신이 대신하여 처벌받기로 하는 역할(이른바 '바지사장')을 맡기로 하는 등 수사기관을 착오에 빠뜨리기로 하고, 단순히 실제 업주라고 진술하는 것에서 나아가 게임장 등의 운영 경위, 자금 출처, 게임기 등의 구입 경위, 점포의 임대차계약 체결 경위 등에 관해서까지 적극적으로 허위로 진술하거나 허위 자료를 제시하여 그 결과 수사기관이 실제 업주를 발견 또는 체포하는 것이 곤란 내지 불가능하게 될 정도에까지 이른 것으로 평가되는 경우 등에는 범인도피죄를 구성할 수 있다(대판 2010.1.28, 2009도10709).

> **유사판례**
> 불법 사행성 게임장의 종업원인 피고인이 수사기관에서 **자신이 게임장의 실제 업주라고 진술하였다가, 그 후 위 진술을 번복함에 따라 실제 업주가 체포되자 다시 자신이 실제 업주라고 허위 진술**을 한 경우 **범인도피죄를 구성하지 않는다**(대판 2013.1.10, 2012도13999).

6. A는 수사기관 및 법원에 출석하여 을 등의 사기 범행을 자신이 저질렀다는 취지로 허위자백하였는데, 그 후 A의 사기 피고사건 변호인으로 선임된 갑이 A와 공모하여 진범 을 등을 은폐하는 허위자백을 유지하게 함으로써 범인을 도피하게 하였다. 갑의 죄책은 범인도피죄의 종범이다(대판 2012.8.30, 2012도6027).

3. 주관적 구성요건

범인도피죄에 있어서 **벌금 이상의 형에 해당하는 자에 대한 인식**은 **실제로 벌금 이상의 형에 해당하는 범죄를 범한 자라는 것을 인식함으로써 족하고** 그 **법정형**이 벌금 이상이라는 것까지 알 필요는 없는 것이고 범죄의 구체적인 내용이나 범인의 인적 사항 및 공범이 있는 경우 공범의 구체적 인원수 등까지 알 필요는 없다(대판 1995.12.26, 93도904).

● 법원

> **판례 정리** … 범인은닉·도피의 고의가 인정되는 경우
>
> 1. 부정수표단속법 제2조 제2항 위반의 범죄는 예금부족으로 인하여 제시일에 지급되지 아니할 것이라는 결과발생을 예견하고 수표를 발행한 때에 바로 성립하는 것이고 수표소지인의 제시일에 수표금의 지급이 거절된 때에 비로소 성립하는 것은 아니므로, 피고인이 수표발행인을 은닉한 것이 그 수표가 부도나기 전날이라고 하더라도 그 수표가 부도날 것이라는 사정과 수표발행인이 부정수표단속법 위반으로 수사관서의 수배를 받게 되리라는 사정을 알았다면 범인은닉에 관한 범의가 없다고 할 수는 없을 것이다(대판 1990.3.27, 89도1480).
>
> ● 경찰승진
>
> 2. 공범이 더 있다는 사실을 숨긴 채 허위보고를 하고 조사를 받고 있는 범인에게 다른 공범이 더 있음을 실토하지 못하도록 하는 등의 행위를 하였다면 도피행위에 대한 고의가 인정된다(대판 1995.12.26, 93도904).

> **판례 정리** … 범인도피의 고의가 부정된 경우
>
> 참고인이 실제의 범인이 누군지도 정확하게 모르는 상태에서 수사기관에서 실제의 범인이 아닌 어떤 사람을 범인이 아닐지도 모른다고 생각하면서도 그를 범인이라고 지목하는 허위의 진술을 한 경우에는 참고인의 허위 진술에 의하여 범인으로 지목된 사람이 구속기소됨으로써 실제의 범인이 용이하게 도피하는 결과를 초래한다고 하더라도 그것만으로는 그 참고인에게 적극적으로 실제의 범인을 도피시켜 국가의 형사사법의 작용을 곤란하게 할 의사가 있었다고 볼 수 없어 그 참고인을 범인도피죄로 처벌할 수는 없다(대판 1997.9.9, 97도1596).

4. 죄수 및 타죄와의 관계

피고인이 검사로부터 범인을 검거하라는 지시를 받고서도 그 직무상의 의무에 따른 적절한 조치를 취하지 아니하고 오히려 범인에게 전화로 도피하라고 권유하여 그를 도피

케 하였다는 범죄사실만으로는 직무위배의 위법상태가 범인도피행위 속에 포함되어 있는 것으로 보아야 할 것이므로, 이와 같은 경우에는 작위범인 범인도피죄만이 성립하고 부작위범인 직무유기죄는 따로 성립하지 아니한다(대판 1996.5.10, 96도51).

5. 친족간의 특례(형법 제152조 제2항)

① 형법 제151조 제2항은 친족, 동거의 가족이 본인을 위하여 범인도피죄를 범한 때에는 처벌하지 아니한다고 규정하고 있는데, 여기서의 친족은 민법이 정한 법률상의 친족을 말한다(대판 2024.11.28, 2022도10272).

② 형법 제151조 제2항은 벌금 이상의 형에 해당하는 죄를 범한 자(본인)와 범인도피 행위를 한 자(행위자) 사이의 **구체적·개별적 관계나 상황을 가리지 않고 '친족 또는 동거가족'에 해당하기만 하면** 일률적으로 처벌하지 아니한다고 정함으로써 그 적용범위를 명확히 한정하였다. 이는 입법자가 형법 제151조 제2항을 통해 '친족 또는 동거가족'에 한하여만 '처벌하지 아니하겠다'는 의사를 분명히 한 것으로 볼 수 있다(대판 2024.11.28, 2022도10272).

③ 법률의 유추적용은 법률의 흠결을 보충하는 것으로서 법적 규율이 없는 사안에 대하여 그와 유사한 사안에 관한 법규범을 적용하는 것인데, 형법 제151조 제2항의 적용범위에 관하여 어떤 법률의 흠결이 있다고 볼 수도 없다. 따라서 형법 제151조 제2항의 적용에 따른 처벌·불처벌의 결과는 오롯이 '친족 또는 동거가족 여부'에 따라 결정되어야 하고, 본인과 행위자 사이의 구체적·개별적 관계나 상황을 따져 **적법행위에 대한 기대불가능성 유무에 따라** 형법 제151조 제2항을 유추적용하는 것은 허용될 수 없다고 보아야 한다(대판 2024.11.28, 2022도10272).

판례 정리

① **사실혼관계에 있는 자**는 민법 소정의 친족이라 할 수 없어 위 조항에서 말하는 <u>친족에 해당하지 않는다</u>(대판 2003.12.12, 2003도4533). ● 경찰

② 무면허 운전으로 사고를 낸 사람이 **동생을 경찰서에 대신 출두시켜 피의자로 조사받도록 한 행위**는 범인도피교사죄를 구성한다(대판 2006.12.7, 2005도3707). ● 변호사등

③ 혼인외 출생자의 경우 모자관계는 인지를 요하지 아니하고 법률상 친자관계가 인정될 수 있지만, 부자관계는 부의 인지에 의하여만 법률상 친자관계가 발생한다. 따라서 **혼인외 출생자**가 벌금 이상의 형에 해당하는 죄를 범한 자신의 **생부(生父)**를 도피하게 하더라도 **생부가 혼인외 출생자를 인지하지 않은 경우에는 생부와 혼인외 출생자 사이에 법률상 친자관계가 발생하지 않으므로** 혼인외 출생자의 행위에 대하여 형법 제151조 제2항을 적용할 수 없다(대판 2024.11.28, 2022도10272).

④ 생부가 인지하지 않아 법률상 친자관계가 발생하지 않은 경우에는 비록 생부와 혼인외 출생자 사이의 **자연적 혈연관계로 말미암아 도피시키지 않을 것을 기대하기 어려운 경우가 있다고 하더라도** 형법 제151조 제2항을 유추적용할 수는 없다(대판 2024.11.28, 2022도10272).

제4절 위증과 증거인멸의 죄

I 서 설

1. 의 의

(1) 위증의 죄

위증의 죄란 법률에 의하여 선서한 증인이나 감정인·통역인·번역인이 허위의 감정·통역·번역을 하는 것을 내용으로 하는 범죄이다.

(2) 증거인멸의 죄

증거인멸의 죄란 타인의 형사사건 또는 징계사건에 관한 증거를 인멸·은닉·위조·변조하거나 위조·변조한 증거를 사용하거나, 증인을 은닉·도피하게 하여 국가의 심판기능을 방해하는 것을 내용으로 하는 범죄이다.

2. 보호법익

국가의 사법기능이며 보호의 정도는 추상적 위험범이다.

II 위증죄

1. 단순위증죄

> 제152조 (위증, 모해위증) ① 법률에 의하여 선서한 증인이 허위의 진술을 한 때에는 5년 이하의 징역 또는 1천만원 이하의 벌금에 처한다.
> 제153조 (자백, 자수) 전조의 죄를 범한 자가 그 공술한 사건의 **재판 또는 징계처분이 확정되기 전**에 **자백 또는 자수**한 때에는 그 형을 **감경 또는 면제한다**.

(1) 객관적 구성요건

① 주체 : 법률에 의하여 선서한 증인이다(진정신분범). 선서는 사전·사후를 불문한다.
  ㉠ 법률에 의한 선서 : 가처분사건이 **변론절차**에 의하여 진행될 때에는 제3자를 증인으로 선서하게 하고 증언을 하게 할 수 있으나 심문절차에 의할 경우에는 법률상 명문의 규정도 없고, 또 구 민사소송법의 증인신문에 관한 규정이 준용되지도 아니하므로 선서를 하게 하고 증언을 시킬 수 없다고 할 것이고, 따라서 제3자가 **심문절차**로 진행되는 가처분 신청사건에서 증인으로 출석하여 선서를 하고 진술함에 있어서 허위의 공술을 하였다고 하더라도 그 선서는 법

율상 근거가 없어 무효라고 할 것이므로 위증죄는 성립하지 않는다(대판 2003. 7.25, 2003도180). ● 경찰승진

ⓒ 증인적격

ⓐ **소송의 당사자** : 민사소송의 당사자는 증인능력이 없으므로 증인으로 선서하고 증언하였다고 하더라도 위증죄의 주체가 될 수 없고, 이러한 법리는 민사소송에서의 당사자인 법인의 대표자의 경우에도 마찬가지로 적용된다(대판 1998.3.10, 97도1168). ● 경찰

ⓑ **공범자 아닌 공동피고인** : 피고인과는 별개의 범죄사실로 기소되고 다만 병합심리된 것 뿐인 공동피고인은 피고인에 대한 관계에서는 증인의 지위에 있음에 불과하므로 선서 없이 한 그 공동피고인의 피고인으로서 한 공판정에서의 진술을 피고인에 대한 공소범죄 사실을 인정하는 증거로 쓸 수 없다(대판 1979.3.27, 78도1031).

ⓒ **공범자인 공동피고인** : **공범인 공동피고인**은 당해 소송절차에서는 피고인의 지위에 있으므로 다른 공동피고인에 대한 공소사실에 관하여 증인이 될 수 없으나, **소송절차가 분리**되어 피고인의 지위에서 벗어나게 되면 다른 공동피고인에 대한 공소사실에 관하여 증인이 될 수 있다. 따라서 게임장의 종업원이 그 운영자와 함께 게임산업진흥에 관한 법률 위반죄의 공범으로 기소되어 공동피고인으로 재판을 받던 중, 운영자에 대한 공소사실에 관한 증인으로 증언한 내용과 관련하여 위증죄로 기소된 사안에서, **소송절차가 분리되지 않은 이상** 위 종업원은 증인적격이 없어 위증죄가 성립하지 않는다(대판 2008.6.26, 2008도3300). ● 변호사

> **유사판례**
>
> 소송절차가 분리된 공범인 공동피고인에 대하여 증인적격을 인정하고 그 자신의 범죄사실에 대하여 신문한다 하더라도 피고인으로서의 진술거부권 내지 자기부죄거부특권을 침해한다고 할 수 없다. 따라서 증인신문절차에서 형사소송법 제160조에 따라 **증언거부권이 고지**되었음에도 불구하고 위와 같이 증인적격이 인정되는 피고인이 자기의 범죄사실에 대하여 **증언거부권을 행사하지 아니한 채 허위로 진술**하였다면 위증죄가 성립된다고 할 것이다(대판 2024.2.29, 2023도7528).

> **판례 정리**
>
> ① [1] 위증죄의 의의 및 보호법익, 형사소송법에 규정된 증인신문절차의 내용, 증언거부권의 취지 등을 종합적으로 살펴보면, 증인신문절차에서 법률에 규정된 증인 보호를 위한 규정이 지켜진 것으로 인정되지 않은 경우에는 증인이 허위의 진술을 하였다고 하더라도 위증죄의 구성요건인 "법률에 의하여 선서한 증인"에 해당하지 아니한다고 보아 이를 위증죄로 처벌할 수 없는 것이 원칙이다. 다만, 법률에 규정된 증인 보호 절차라 하더라도 개별 보호절차 규정들의 내용과 취지가 같지 아니하고, 당해 신문 과정에서 지키지 못한 절차 규정과 그 경위 및 위반의 정도 등 제반 사정이 개별 사건마다 각기 상이하므로, 이러한 사정을

전체적·종합적으로 고려하여 볼 때, 당해 사건에서 증인 보호에 사실상 장애가 초래되었다고 볼 수 없는 경우에까지 예외 없이 위증죄의 성립을 부정할 것은 아니라고 할 것이다.

[2] 증언거부권 제도는 증인에게 증언의무의 이행을 거절할 수 있는 권리를 부여한 것이고, 형사소송법상 증언거부권의 고지 제도는 증인에게 그러한 권리의 존재를 확인시켜 침묵할 것인지 아니면 진술할 것인지에 관하여 심사숙고할 기회를 충분히 부여함으로써 침묵할 수 있는 권리를 보장하기 위한 것임을 감안할 때, 재판장이 신문 전에 증인에게 증언거부권을 고지하지 않은 경우에도 당해 사건에서 증언 당시 증인이 처한 구체적인 상황, 증언거부사유의 내용, 증인이 증언거부사유 또는 증언거부권의 존재를 이미 알고 있었는지 여부, 증언거부권을 고지 받았더라도 허위진술을 하였을 것이라고 볼 만한 정황이 있는지 등을 전체적·종합적으로 고려하여 증인이 침묵하지 아니하고 진술한 것이 자신의 진정한 의사에 의한 것인지 여부를 기준으로 위증죄의 성립 여부를 판단하여야 한다. 그러므로 헌법 제12조 제2항에 정한 불이익 진술의 강요금지 원칙을 구체화한 자기부죄거부특권에 관한 것이거나 기타 증언거부사유가 있음에도 증인이 증언거부권을 고지받지 못함으로 인하여 그 증언거부권을 행사하는 데 사실상 장애가 초래되었다고 볼 수 있는 경우에는 위증죄의 성립을 부정하여야 할 것이다(대판 2010.1.21, 2008도942 전원합의체).

관련판례

㉠ 전 남편에 대한 도로교통법 위반(음주운전) 사건의 증인으로 법정에 출석한 전처(前妻)가 증언거부권을 고지받지 않은 채 공소사실을 부인하는 전 남편의 변명에 부합하는 내용을 적극적으로 허위 진술한 경우, **증언거부권을 고지 받았더라도 그와 같이 증언을 하였을 것이라는 사정이 있는 경우라면** 증언거부권을 고지받지 아니하였다 하더라도 이로 인하여 증언거부권이 사실상 침해당한 것으로 평가할 수는 없으므로 위증죄가 성립한다(대판 2010.2.25, 2007도6273). ☞ 위증죄 인정

㉡ 사촌관계에 있는 갑의 도박 사실 여부에 관하여 증언거부사유가 발생하게 되었는데도 재판장으로부터 증언거부권을 고지받지 못한 상태에서 허위 진술을 하게 된 사안에서, 위증죄의 성립이 부정된다(대판 2010.2.25, 2009도13257).

㉢ 자신의 강도상해 범행을 일관되게 부인하였으나 유죄판결이 확정된 피고인이 별건으로 기소된 공범의 형사사건에서 자신의 범행사실을 부인하는 증언을 한 경우, 피고인에게 사실대로 진술할 기대가능성이 있으므로 위증죄가 성립한다(대판 2008.10.23, 2005도10101).

㉣ 피고인이 마약류관리에 관한 법률 위반(향정)죄로 이미 유죄판결을 받아 확정된 후 별건으로 기소된 공범 갑에 대한 공판절차의 증인으로 출석하여 허위의 진술을 한 경우, 피고인에게 증언을 거부할 권리가 없으므로 증언에 앞서 증언거부권을 고지받지 못하였더라도 증인신문절차상 잘못이 없으므로 위증죄가 인정된다(대판 2011.11.24, 2011도11994).

㉤ 피고인들이 증·수뢰사건으로 기소되어 공동피고인으로 함께 재판을 받으면서 서로 뇌물을 주고받은 사실이 없다고 다투던 중 증·수뢰의 상대방인 공동피고인에 대한 사건이 변론분리되어 뇌물공여 또는 뇌물수수의 증인으로 채택되었는데, 증언거부권을 고지받지 못한 상태에서 자신들의 종전 주장을 되풀이함에 따라 거짓 진술에 이르게 된 경우, 피고인들을 위증죄로 처벌할 수 없다(대판 2012.3.29, 2009도11249).

② 형사소송법은 증언거부권에 관한 규정(제148조, 제149조)과 함께 재판장의 증언거부권 고지의무에 관하여도 규정하고 있는 반면(제160조), 민사소송법은 증언거부권 제도를 두면서도(제314조 내지 제316조) 증언거부권 고지에 관한 규정을 따로 두고 있지 않다. 그렇다면 민사소송절차에서 재판장이 증인에게 증언거부권을 고지하지 아니하였다 하여 절차위반의 위법이 있다고 할 수 없고, 따라서 적법한 선서절차를 마쳤는데도 허위진술을 한 증인에 대해서는 달리 특별한 사정이 없는 한 위증죄가 성립한다고 보아야 한다. 따라서 **민사소송절차에 증인으로 출석한 피고인이, 증언거부권을 고지받지 않은 상태에서 허위의 증언을 한 경우 위증죄에 해당한다**(대판 2011.7. 28, 2009도14928).

② 행위 : 허위의 진술을 하는 것이다.
　㉠ 허위 : 위증죄에 있어서의 허위의 공술이란 증인이 자기의 기억에 반하는 사실을 진술하는 것을 말하는 것으로서 그 내용이 객관적 사실과 부합한다고 하여도 위증죄의 성립에 장애가 되지 않는다(대판 1989.1.17, 88도580). ●경찰

> **판례** 정리 ⋯ 허위진술에 해당하는 경우
>
> 1. 타인으로부터 전해 들은 금품의 전달사실을 마치 증인 자신이 전달한 것처럼 진술한 것은 증인의 기억에 반하는 허위진술이라고 할 것이므로 그 진술부분은 위증에 해당한다(대판 1990.5.8, 90도448). ●법원
> 2. 기억이 확실하지 않음에도 확실히 기억하고 있다고 진술한 경우(대판 1986.9.9, 86도57). ●사시
> 3. 직접관여하여 알고 있는 사실이 아님에도 직접 확인·목격하여 알고 있다고 진술한 경우(대판 1974.9.1, 74도1110)
> 4. 종중의 이사회결의나 임원회의 결의 등이 있었음을 알면서도 이에 반하는 공술을 하는 경우(대판 1983.8.23, 82도1989)
> 5. 위증죄에 있어서의 허위의 공술은 사실을 경험한 경위에 관한 허위의 진술도 포함하는 것이므로 들어서 알게 된 사실을 마치 목격하여 알게된 것처럼 진술한 경우에도 허위의 공술에 해당한다(대판 1985.10.8, 85도783).

> **판례** 정리 ⋯ 허위진술에 해당하지 않는 경우
>
> 1. 증인의 증언이 기억에 반하는 허위진술인지 여부는 그 증언의 단편적인 구절에 구애될 것이 아니라 당해 신문절차에 있어서의 증언 전체를 일체로 파악하여 판단하여야 할 것이고, 증언의 전체적 취지가 객관적 사실과 일치되고 그것이 기억에 반하는 공술이 아니라면 사소한 부분에 관하여 기억과 불일치하더라도 그것이 신문취지의 몰이해 또는 착오에 인한 것이라면 위증이 될 수 없다(대판 1996.3.12, 95도2864).
> 2. 피고인이 8,9년 전에 취급한 사무에 관한 질문에 대하여 "모른다"고 증언한 것은 당시 취급한 문서에 그렇게 되어 있어도 그 자세한 경위를 알지 못하던가 기억하지 못하고 있다는 취지로 해석하여야 할 것이므로 기억에 반하는 진술이라고 할 수 없다(대판 1983.12.13, 83도2342).
> 3. [1] **증인이 법정에서 선서 후 증인진술서에 기재된 구체적인 내용에 관하여 진술함이 없이 단지 그 증인진술서에 기재된 내용이 사실대로라는 취지의 진술만을 한 경우**에는 그것이 증인진술서에 기재된 내용 중 특정 사항을 구체적으로 진술한 것과 같이 볼 수 있는 등의 특별한 사정이 없는 한 증인이 그 증인진술서에 기재된 구체적인 내용을 기억하여 반복 진술한 것으로는 볼 수 없으므로, 가사 거기에 기재된 내용에 허위가 있다 하더라도 그 부분에 관하여 법정에서 증언한 것으로 보아 위증죄로 처벌할 수는 없다고 할 것이다. [2] 증인진술서의 실질적인 **진정 성립을 인정하는 취지의 진술만으로는** 법정에서 구체적으로 진술하거나 이와 같이 볼 수 있는 특별한 사정이 있는 경우라고 보기는 어렵다는 이유로, 같은 취지에서 위증의 공소사실을 무죄로 선고한 원심 판단을 정당하다고 한 사례(대판 2010.5.13, 2007도1397)

　㉡ 진술 : 증인이 체험한 사실을 기억하는 대로 표명하는 것이다. 진술의 대상은 사실에 한정되며, 가치판단은 포함하지 않는다.

> **판례 정리** ··· 법률적 평가 내지 의견을 진술 : 위증죄 불성립
>
> 1. 경험한 사실에 기초한 주관적 평가나 법률적 효력에 관한 견해를 부연한 부분에 다소의 오류가 있다 하여도 위증죄가 성립되는 것이 아니다(대판 1988.9.27, 88도236). ● 경간부
> 2. 증인의 진술이 경험한 사실에 대한 법률적 평가이거나 단순한 의견에 지나지 아니하는 경우에는 위증죄에서 말하는 허위의 공술이라고 할 수 없다(대판 1996.2.9, 95도1797). ● 경찰
> 3. 판사가 증인이 경찰과 검사에게 진술한 내용이 사실이냐고 묻고 수사기록을 제시하고 그 요지를 고지한 즉 증인이 사실대로 진술하였으며 그 내용도 상위없다고 답변하였을 뿐이라면 증인이 수사기록에 있는 그의 진술조서에 기재된 내용을 기억하여 반복 진술한 것이라고 할 수는 없으므로 설사 그 진술조서에 기재된 내용 중 증인의 기억에 반하는 부분이 있다고 하여도 그 기재내용을 상위없다고 하는 진술자체가 위증이 될 수 있음은 별론으로 하고 그 진술기재내용을 위증한 것이라고 할 수는 없다(대판 1989.9.12, 88도1147).

> **판례 정리** ··· 사실관계를 법률적 표현을 사용하여 진술 : 위증죄 성립
>
> 위증죄는 증인이 사실에 관하여 기억에 반하는 사실을 진술함으로써 성립하고, 다만 경험한 사실에 대한 법률적 평가이거나 단순한 의견에 지나지 않는다면 허위의 공술이라고 할 수는 없으나 자기가 지득하지 아니한 어떤 사실관계를 단순히 법률적 표현을 써서 진술한 것이라면 이는 객관적 사실을 토대로 한 증인 나름의 법률적 견해를 진술한 것과는 다르므로 위증죄의 성립을 부인할 수 없다(대판 1986.6.10, 84도2039).

> **관련판례**
>
> [요증사실 불요]
> 위증죄는 법률에 의하여 선서한 증인이 허위의 공술을 한 때에 성립하는 것으로서, 그 공술의 내용이 당해 사건의 요증사실에 관한 것인지의 여부나 판결에 영향을 미친 것인지의 여부는 위증죄의 성립과 아무런 관계가 없다(대판 1990.2.23, 89도1212). ● 사시

③ 기수시기

증인의 증언은 그 전부를 일체로 관찰·판단하는 것이므로 선서한 증인이 일단 기억에 반하는 허위의 진술을 하였더라도 그 신문이 끝나기 전에 그 진술을 철회·시정한 경우 위증이 되지 아니한다고 할 것이나, 증인이 1회 또는 수회의 기일에 걸쳐 이루어진 1개의 증인신문절차에서 허위의 진술을 하고 그 진술이 철회·시정된 바 없이 그대로 증인신문절차가 종료된 경우 그로써 위증죄는 기수에 달하고, 그 후 별도의 증인 신청 및 채택 절차를 거쳐 그 증인이 다시 신문을 받는 과정에서 종전신문절차에서의 진술을 철회·시정한다 하더라도 그러한 사정은 형법 제153조가 정한 형의 감면사유에 해당할 수 있을 뿐, 이미 종결된 종전 증인신문절차에서 행한 위증죄의 성립에 어떤 영향을 주는 것은 아니다. 위와 같은 법리는 증인이 별도의 증인신문절차에서 새로이 선서를 한 경우뿐만 아니라 종전 증인신문절차에서 한 선서의 효력이 유지됨을 고지 받고 진술한 경우에도 마찬가지로 적용된다(대판 2010.9.30, 2010도7525). ● 법원

> **관련판례**
>
> **[신문절차 종료 전에 허위진술을 철회하거나 시정 : 위증죄 불성립]**
> ① 증인의 증언은 그 전부를 일체로 관찰 판단하는 것이므로 선서한 증인이 일단 기억에 반하는 허위의 진술을 하였더라도 그 신문이 끝나기 전에 그 진술을 철회 시정한 경우 위증이 되지 아니한다(대판 1993.12.7, 93도2510).
> ② 증언의 전체취지에 비추어 원고대리인 신문시에 한 증언을 피고대리인과 재판장 신문시에 취소 시정한 것으로 보여진다면 앞의 증언부분만을 따로 떼어 위증이라고 보는 것은 위법하다(대판 1984.3. 27, 83도2853).

(2) 주관적 구성요건

① 부동산을 매수한지 20여년이 경과한 뒤이어서 그 매도당시의 입회인을 매수당시 입회한 것으로 잘못 기억하고 증언하였다면 이는 기억에 반하는 허위의 진술이라고 보기는 어렵다(대판 1985.3.26, 84도1098).

② 증인이 무엇인가 착오에 빠져 기억에 반한다는 인식 없이 증언하였음이 밝혀진 경우에는 위증의 범의를 인정할 수 없다(대판 1991.5.10, 89도1748).

(3) 자기 형사사건에 관한 위증교사

자기의 형사사건에 관하여 타인을 교사하여 위증죄를 범하게 하는 것은 이러한 방어권을 남용하는 것이라고 할 것이어서 교사범의 죄책을 부담케 함이 상당하다(대판 2004.1.27, 2003도5114). ● 경찰

(4) 죄 수

① 하나의 사건에 관하여 한 번 선서한 증인이 같은 기일에 여러 가지 사실에 관하여 기억에 반하는 허위의 진술을 한 경우 이는 하나의 범죄의사에 의하여 계속하여 허위의 진술을 한 것으로서 포괄하여 1개의 위증죄를 구성한다(대판 2007.3.15, 2006도9463). ● 경찰

② 같은 심급에서 변론기일을 달리하여 수차 증인으로 나가 수 개의 허위진술을 하더라도 최초 한 선서의 효력을 유지시킨 후 증언한 이상 1개의 위증죄를 구성함에 그친다(대판 2007.3.15, 2006도9463). ● 사시

(5) 자수・자백의 특례

> 제153조(자백, 자수) 전조의 죄를 범한 자가 그 공술한 사건의 재판 또는 징계처분이 확정되기 전에 자백 또는 자수한 때에는 그 형을 감경 또는 면제한다.

형법 제153조 소정의 위증죄를 범한 자가 자백, 자수를 한 경우의 형의 감면규정은 재판 확정전의 자백을 형의 필요적 감경 또는 면제사유로 한다는 것이며, 또 위 자백

의 절차에 관하여는 아무런 제한이 없으므로 그가 공술한 사건을 다루는 기관에 대한 자발적인 고백은 물론, 위증사건의 피고인 또는 피의자로서 법원이나 수사기관의 심문에 의한 고백도 위 자백의 개념에 포함된다(대판 1973.11.27, 73도1639). ● 사시

2. 모해위증죄

> 제152조 (위증, 모해위증) ② 형사사건 또는 징계사건에 관하여 피고인, 피의자 또는 징계혐의자를 모해할 목적으로 전항의 죄를 범한 때에는 10년 이하의 징역에 처한다.
> 제153조 (자백, 자수) 전조의 죄를 범한 자가 그 공술한 사건의 재판 또는 징계처분이 확정되기 전에 자백 또는 자수한 때에는 그 형을 감경 또는 면제한다.

(1) 모해목적의 의미 및 인식정도

형법 제152조 제2항의 모해위증죄에 있어서 '모해할 목적'이란 피고인·피의자 또는 징계혐의자를 불리하게 할 목적을 말하고, 허위진술의 대상이 되는 사실에는 공소범죄사실을 직접, 간접적으로 뒷받침하는 사실은 물론 이와 밀접한 관련이 있는 것으로서 만일 그것이 사실로 받아들여진다면 피고인이 불리한 상황에 처하게 되는 사실도 포함된다. 그리고 이러한 모해의 목적은 허위의 진술을 함으로써 피고인에게 불리하게 될 것이라는 인식이 있으면 충분하고 그 결과의 발생까지 희망할 필요는 없다(대판 2007.12.27, 2006도3575).

(2) 모해목적의 신분성

[1] 형법 제33조 소정의 이른바 신분관계라 함은 남녀의 성별, 내·외국인의 구별, 친족관계, 공무원인 자격과 같은 관계뿐만 아니라 널리 일정한 범죄행위에 관련된 범인의 인적관계인 특수한 지위 또는 상태를 지칭하는 것이다.
[2] 형법 제152조 제1항과 제2항은 위증을 한 범인이 형사사건의 피고인 등을 '모해할 목적'을 가지고 있었는가 아니면 그러한 목적이 없었는가 하는 범인의 특수한 상태의 차이에 따라 범인에게 과할 형의 경중을 구별하고 있으므로, 이는 바로 형법 제33조 단서 소정의 "신분관계로 인하여 형의 경중이 있는 경우"에 해당한다고 봄이 상당하다.
[3] 피고인이 갑을 모해할 목적으로 을에게 위증을 교사한 이상, 가사 정범인 을에게 모해의 목적이 없었다고 하더라도, 형법 제33조 단서의 규정에 의하여 피고인을 모해위증교사죄로 처단할 수 있다(대판 1994.12.23, 93도1002).

3. 허위감정·통역·번역죄

> 제154조 (허위의 감정, 통역, 번역) 법률에 의하여 선서한 감정인, 통역인 또는 번역인이 허위의 감정, 통역 또는 번역을 한 때에는 전2조의 예에 의한다.

[1] 허위감정죄는 고의범이므로, 비록 감정내용이 객관적 사실에 반한다고 하더라도 감정인의 주관적 판단에 반하지 않는 이상 허위의 인식이 없어 허위감정죄로 처벌할 수 없다.

[2] 하나의 소송사건에서 동일한 선서 하에 이루어진 법원의 감정명령에 따라 감정인이 동일한 감정명령사항에 대하여 수차례에 걸쳐 허위의 감정보고서를 제출하는 경우에는 각 감정보고서 제출행위시마다 각기 허위감정죄가 성립한다 할 것이나, 이는 단일한 범의 하에 계속하여 허위의 감정을 한 것으로서 포괄하여 1개의 허위감정죄를 구성한다(대판 2000.11.28, 2000도1089).

III 증거인멸죄

1. 증거인멸죄등죄

> 제155조 (증거인멸등과 친족간의 특례) ① 타인의 형사사건 또는 징계사건에 관한 증거를 인멸, 은닉, 위조 또는 변조하거나 위조 또는 변조한 증거를 사용한 자는 5년 이하의 징역 또는 700만원 이하의 벌금에 처한다.
> ④ 친족 또는 동거의 가족이 본인을 위하여 본조의 죄를 범한 때에는 처벌하지 아니한다.

(1) 객관적 구성요건

① 타인의 형사사건·징계사건에 관한 증거

㉠ 제155조 제1항의 증거인멸죄는 국가형벌권의 행사를 저해하는 일체의 행위를 처벌의 대상으로 하고 있으나 범인 자신이 한 증거인멸의 행위는 피고인의 형사소송에 있어서의 방어권을 인정하는 취지와 상충하므로 처벌의 대상이 되지 아니한다(대판 1965.12.10, 65도826 전원합의체). ● 사시

㉡ 증거인멸죄는 타인의 형사사건 또는 징계사건에 관한 증거를 인멸하는 경우에 성립하는 것이므로 자기의 이익을 위하여 증거자료를 인멸한 행위가 동시에 다른 공범자의 형사사건이나 징계사건에 관한 증거를 인멸한 결과가 된다고 하더라도 피고인을 증거인멸죄로 다스릴 수는 없다(대판 1976.6.22, 75도1446). ● 법행

> **동지판례**
>
> 노동조합 지부장인 피고인 甲이 업무상횡령 혐의로 조합원들로부터 고발을 당하자 피고인 乙과 공동하여 조합 회계서류를 무단 폐기한 후 폐기에 정당한 근거가 있는 것처럼 피고인 乙로 하여금 조합 회의록을 조작하여 수사기관에 제출하도록 교사한 사안에서, 회의록의 변조·사용은 피고인들이 공범관계에 있는 문서손괴죄 형사사건에 관한 증거를 변조·사용한 것으로 볼 수 있어 **피고인 乙에 대한 증거변조죄 및 변조증거사용죄가 성립하지 않으며**, 피교사자인 피고인 乙이 증거변조죄 및 변조증거사용죄로 처벌되지 않은 이상 피고인 甲에 대하여 **공범인 교사범은 물론 그 간접정범도 성립하지 않는다**(대판 2011.7.14, 2009도13151).

ⓒ 증거은닉죄는 타인의 형사사건이나 징계사건에 관한 증거를 은닉할 때 성립하고, **범인 자신이 한 증거은닉 행위**는 형사소송에 있어서 피고인의 방어권을 인정하는 취지와 상충하여 처벌의 대상이 되지 아니하므로 **범인이 증거은닉을 위하여 타인에게 도움을 요청**하는 행위 역시 원칙적으로 처벌되지 아니한다. 따라서 피고인 자신이 직접 형사처분을 받게 될 것을 두려워한 나머지 **자기의 이익을 위하여 그 증거가 될 자료를 은닉**하였다면 증거은닉죄에 해당하지 않고, **제3자와 공동하여 그러한 행위를 하였다**고 하더라도 마찬가지이다 (대판 2018.10.25, 2015도1000).

② 타인에게 자기사건의 증거인멸을 교사한 경우 : 자기의 형사사건에 관한 증거를 인멸하기 위하여 타인을 교사하여 죄를 범하게 한 자에 대하여는 증거인멸교사죄가 성립한다(대판 1965.12.10, 65도826 전원합의체). ● 경찰

> **유사판례**
>
> 형법 제155조 제1항의 **증거은닉죄**에 있어서 "타인의 형사사건 또는 징계사건"이라 함은 이미 수사가 개시되거나 징계절차가 개시된 사건만이 아니라 수사 또는 징계절차 개시전 이라도 장차 형사사건 또는 징계사건이 될 수 있는 사건을 포함한 개념이라고 해석할 것이므로, 피고인이 위와 같이 **교사하여 증거를 은닉케 할 당시 아직 그 실화사건에 관한 수사나 징계절차가 개시되기 전**이었다고 하여도 증거은닉죄의 교사범이 성립되는 것이다(대판 2011.2.10, 2010도15986). ● 검찰

③ 형사사건·징계사건

㉠ 형법 제155조 제1항의 **증거위조죄**에서 타인의 형사사건이란 증거위조 행위시에 아직 **수사절차가 개시되기 전이라도 장차 형사사건이 될 수 있는 것**까지 포함하고, 그 형사사건이 기소되지 아니하거나 무죄가 선고되더라도 증거위조죄의 성립에 영향이 없다(대판 2011.2.10, 2010도15986). ● 법원

> **유사판례**
>
> 형법 제155조 제1항의 **증거은닉죄**에 있어서 "타인의 형사사건 또는 징계사건"이라 함은 이미 수사가 개시되거나 징계절차가 개시된 사건만이 아니라 수사 또는 징계절차 개시전 이라도 장차 형사사건 또는 징계사건이 될 수 있는 사건을 포함한 개념이라고 해석할 것이므로, 피고인이 위와 같이 **교사하여 증거를 은닉케 할 당시 아직 그 실화사건에 관한 수사나 징계절차가 개시되기 전**이었다고 하여도 증거은닉죄의 교사범이 성립되는 것이다(대판 2011.2.10, 2010도15986). ● 검찰

ⓒ 형법 제155조 제1항은 '타인의 형사사건 또는 징계사건에 관한 증거를 인멸, 은닉, 위조 또는 변조하거나 위조 또는 변조한 증거를 사용한 자'를 처벌한다고 규정하고 있는바, 위 법조문에서 말하는 '징계사건'이란 국가의 징계사건에 한정되고 사인(私人) 간의 징계사건은 포함되지 않는다(대판 2007.11.30, 2007도4191). ● 사시, 경찰

④ 증거 : 형법 제155조 제1항의 증거위조죄에서의 증거에는 타인에게 유리한 것이건 불리한 것이건 가리지 아니하며 또 증거가치의 유무 및 정도를 불문한다(대판 2007.6.28, 2002도3600). ● 사시

⑤ 행위
　ⓐ 형법 제155조 제1항의 **증거위조죄에서의 '위조'**란 문서에 관한 죄에 있어서의 위조 개념과는 달리 새로운 증거의 창조를 의미하는 것이므로 존재하지 아니한 증거를 이전부터 존재하고 있는 것처럼 작출하는 행위도 증거위조에 해당하며, **증거가 문서의 형식을 갖는 경우** 증거위조죄에 있어서의 증거에 해당하는지 여부가 그 작성권한의 유무나 내용의 진실성에 좌우되는 것은 아니다. 또한 **자기의 형사사건에 관한 증거를 위조하기 위하여 타인을 교사하여 죄를 범하게 한 자에 대하여는 증거위조교사죄가 성립한다**(대판 2011.2.10, 2010도15986). ● 사시

　ⓑ 타인의 형사사건과 관련하여 수사기관이나 법원에 제출하거나 현출되게 할 의도로 법률행위 당시에는 존재하지 아니하였던 처분문서, 즉 그 외형 및 내용상 법률행위가 그 문서 자체에 의하여 이루어진 것과 같은 외관을 가지는 문서를 사후에 그 작성일을 소급하여 작성하는 것은, 가사 그 작성자에게 해당 문서의 작성권한이 있고, 또 그와 같은 법률행위가 당시에 존재하였다거나 그 법률행위의 내용이 위 문서에 기재된 것과 큰 차이가 없다 하여도 증거위조죄의 구성요건을 충족시키는 것이라고 보아야 하고, 비록 그 내용이 진실하다 하여도 국가의 형사법기능에 대한 위험이 있다는 점은 부인할 수 없다(대판 2007.6.28, 2002도3600). ☞ 증거위조죄 성립 ● 경찰

　ⓒ 증거위조죄에서의 '위조'의 개념이 문서위조죄에서의 그것과 다르게 해석될 수 있다고 하더라도 **그 내용이나 작성명의, 작성일자에 아무런 허위가 없는 증거를 위조되었다고 할 수 없다.** … 또한 **허위 사실을 뒷받침하는 데 사용되었다는 이유만으로 내용과 작성명의에 아무런 허위가 없는 증거를 증거위조에 해당한다고 보는 것**은 법률 문언이 가진 통상적인 의미를 넘어 부당하게 처벌 범위를 확대하는 것이어서 허용되지 않는다(대판 2021.1.28, 2020도2642). ● 경찰

　ⓓ 증거위조죄에서 규정한 '증거의 위조'란 **증거방법의 위조**를 의미하므로, **위조에 해당하는지 여부는 증거방법 자체를 기준**으로 하여야 하고 그것을 통해 증명하려는 사실이 허위인지 진실인지 여부에 따라 위조 여부가 결정되어서는 안 된다(대판 2021.1.28, 2020도2642).

> **관련판례**
>
> ① 형법 제155조 제1항에서 타인의 형사사건에 관하여 증거를 위조한다 함은 증거 자체를 위조함을 말하는 것으로서, 선서무능력자로서 범죄 현장을 목격하지도 못한 사람으로 하여금 형사법정에서 범죄 현장을 목격한 양 허위의 증언을 하도록 하는 것은 위 조항이 규정하는 증거위조죄를 구성하지 아니한다(대판 1998.2.10, 97도2961). ● 법행
>
> ② 형법 제155조 제1항에서 타인의 형사사건에 관한 증거를 위조한다 함은 증거 자체를 위조함을 말하는 것이고, 참고인이 수사기관에서 허위의 진술을 하는 것은 이에 포함되지 아니한다(대판 1995.4. 7, 94도3412). ● 사시
>
> ③ 참고인 타인의 형사사건 등에서 직접 진술 또는 증언하는 것을 대신하거나 그 진술 등에 앞서서 허위의 사실확인서나 진술서를 작성하여 수사기관 등에 제출하거나 또는 제3자에게 교부하여 제3자가 이를 제출한 것은 존재하지 않는 문서를 이전부터 존재하고 있는 것처럼 작출하는 등의 방법으로 새로운 증거를 창조한 것이 아닐뿐더러, 참고인이 수사기관에서 허위의 진술을 하는 것과 차이가 없으므로, 증거위조죄를 구성하지 않는다고 할 것이다(대판 2011.7.28, 2010도2244). ● 경찰승진
>
> ④ 참고인이 타인의 형사사건 등에 관하여 제3자와 대화를 하면서 허위로 진술하고 위와 같은 허위 진술이 담긴 대화 내용을 녹음한 녹음파일 또는 이를 녹취한 녹취록은 증거위조죄에서 말하는 '증거'에 해당한다. 또한 위와 같이 참고인의 허위 진술이 담긴 대화 내용을 녹음한 녹음파일 또는 이를 녹취한 녹취록을 만들어 내는 행위는 허위의 증거를 새로이 작출하는 행위로서 증거위조죄에서 말하는 '위조'에도 해당한다. 따라서 참고인이 타인의 형사사건 등에 관하여 제3자와 대화를 하면서 허위로 진술하고 위와 같은 허위 진술이 담긴 대화 내용을 녹음한 녹음파일 또는 이를 녹취한 녹취록을 만들어 수사기관 등에 제출하는 것은, 허위의 사실확인서나 진술서를 작성하여 수사기관 등에 제출하는 것과는 달리, 증거위조죄를 구성한다(대판 2013.12.26, 2013도8085). ● 경간부
>
> ⑤ 형법 제155조 제1항의 증거위조죄에서 말하는 '증거'라 함은 타인의 형사사건 또는 징계사건에 관하여 수사기관이나 법원 또는 징계기관이 국가의 형벌권 또는 징계권의 유무를 확인하는 데 관계있다고 인정되는 일체의 자료를 뜻한다. 따라서 범죄 또는 징계사유의 성립 여부에 관한 것뿐만 아니라 형 또는 징계의 경중에 관계있는 정상을 인정하는 데 도움이 될 자료까지도 본조가 규정한 증거에 포함된다(대판 2021.1.28, 2020도2642). ● 경찰
>
> ⑥ 피고인이 A명의의 □□은행 계좌에서 B회사 명의 △△은행 계좌에 금원을 송금하고 다시 되돌려 받는 행위를 반복한 후 그 중 송금자료만을 발급받아 이를 3억 5,000만원을 변제하였다는 허위 주장과 함께 양형자료로 법원에 제출한 경우 …피고인이 제출한 입금확인증 등은 금융기관이 금융거래에 관한 사실을 증명하기 위해 작성한 문서로서 그 내용이나 작성명의 등에 아무런 허위가 없는 이상 이를 증거의 '위조'에 해당한다고 볼 수 없고, 나아가 '위조한 증거를 사용'한 행위에 해당한다고 볼 수도 없다(대판 2021.1.28, 2020도2642).

(2) 주관적 구성요건

대구지하철화재 사고 현장을 수습하기 위한 청소 작업이 한참 진행되고 있는 시간 중에 실종자 유족들로부터 이의제기가 있었음에도 대구지하철공사 사장이 즉각 청소 작업을 중단하도록 지시하지 아니하였고 수사기관과 협의하거나 확인하지 아니하였다고 하여 위 사장에게 그러한 청소 작업으로 인하여 증거인멸의 결과가 발생할 가능성을 용인하는 내심의 의사까지 있었다고 단정하기는 어렵다(대판 2004.5.14, 2004도74). ● 사시

2. 증인은닉·도피죄

> 제155조 (증거인멸등과 친족간의 특례) ② 타인의 형사사건 또는 징계사건에 관한 증인을 은닉 또는 도피하게 한 자도 제1항의 형과 같다.
> ④ 친족 또는 동거의 가족이 본인을 위하여 본조의 죄를 범한 때에는 처벌하지 아니한다.

형법 제155조 제2항 소정의 증인도피죄는 타인의 형사사건 또는 징계사건에 관한 증인을 은닉·도피하게 한 경우에 성립하는 것으로서, 피고인 자신이 직접 형사처분이나 징계처분을 받게 될 것을 두려워한 나머지 자기의 이익을 위하여 증인이 될 사람을 도피하게 하였다면, 그 행위가 동시에 다른 공범자의 형사사건이나 징계사건에 관한 증인을 도피하게 한 결과가 된다고 하더라도 이를 증인도피죄로 처벌할 수 없다(대판 2003.3.14, 2002도6134). ● 법행

3. 모해증거위조죄

> 제155조 (증거인멸등과 친족간의 특례) ③ 피고인, 피의자 또는 징계혐의자를 모해할 목적으로 전2항의 죄를 범한 자는 10년 이하의 징역에 처한다.
> ④ 친족 또는 동거의 가족이 본인을 위하여 본조의 죄를 범한 때에는 처벌하지 아니한다.

형법 제155조 제3항(모해증거인멸죄)에서 말하는 '피의자'라고 하기 위해서는 수사기관에 의하여 범죄의 인지 등으로 수사가 개시되어 있을 것을 필요로 하고, 그 이전의 단계에서는 **장차 형사입건될 가능성이 크다고 하더라도 그러한 사정만으로 '피의자'에 해당한다고 볼 수는 없다**(대판 2010.6.24, 2008도12127). ● 경간부

제5절 무고의 죄

I 서설

1. 의의

무고죄는 국가의 형사 또는 징계권의 적정한 행사뿐만 아니라 피무고자 개인의 이익을 보호하는 범죄이다(통설).

2. 보호법익

무고죄는 국가의 형사사법권 또는 징계권의 적정한 행사를 주된 보호법익으로 하고 다만, 개인의 부당하게 처벌 또는 징계받지 아니할 이익을 부수적으로 보호하는 죄이므로,

설사 무고에 있어서 피무고자의 승낙이 있었다고 하더라도 무고죄의 성립에는 영향을 미치지 못한다(대판 2005.9.30, 2005도2712). ● 사시

II 무고죄

제156조 (무고) 타인으로 하여금 형사처분 또는 징계처분을 받게 할 목적으로 공무소 또는 공무원에 대하여 허위의 사실을 신고한 자는 10년 이하의 징역 또는 1천500만원 이하의 벌금에 처한다.
제153조 (자백, 자수) 전조의 죄를 범한 자가 그 공술한 사건의 재판 또는 징계처분이 확정되기 전에 자백 또는 자수한 때에는 그 형을 감경 또는 면제한다.

1. 구성요건

(1) 객관적 구성요건

① 주체 : 비록 외관상으로는 타인 명의의 고소장을 대리하여 작성하고 제출하는 형식으로 고소가 이루어진 경우라 하더라도 그 명의자는 고소의 의사가 없이 이름만 빌려준 것에 불과하고 명의자를 대리한 자가 실제 고소의 의사를 가지고 고소행위를 주도한 경우라면 그 명의자를 대리한 자를 신고자로 보아 무고죄의 주체로 인정하여야 할 것이다(대판 2007.3.30, 2006도6017). ● 사시

② 행위대상(신고기관) : 무고죄에 있어서 공무소 또는 공무원에 대한 신고는 반드시 징계처분 또는 형사처분을 심사 결행할 직권있는 본속상관에게 직접 할 것을 필요로 하는 것이 아니고 지휘 명령계통이나 수사관할 이첩을 통하여 그런 권한 있는 상관에게 도달함으로서 성립한다(대판 1973.1.16, 72도1136).

> **판례 정리** ··· 허위신고의 대상인 경우
>
> 1. 도지사는 그 산하에 수사기관인 경찰국을 두고 그 직원을 지휘 감독하고 또 관내경찰서장을 지휘 감독하는 지위에 있으므로 형사처분을 받게 할 목적으로 허위사실을 진정의 형식으로 도지사에게 신고하면 그로써 무고죄는 성립한다고 봄이 상당하다(대판 1982.11.23, 81도2380).
> 2. 형사처분을 받게 할 목적으로 허위사실을 진정의 형식으로 대통령에게 신고하면 무고죄가 성립된다(대판 1977.6.28, 77도1445).
> 3. 국세청장은 조세범칙행위에 대하여 벌금 상당액의 통고처분을 하거나 검찰에 이를 고발할 수 있는 권한이 있으므로, 국세청장에 대하여 탈세혐의사실에 관한 허위의 진정서를 제출하였다면 무고죄가 성립한다(대판 1991.12.13, 91도2127). ● 경찰
> 4. [1] 형법 제156조는 타인으로 하여금 형사처분 또는 징계처분을 받게 할 목적으로 공무소 또는 공무원에 대하여 허위의 사실을 신고한 자를 처벌하도록 정하고 있다. 여기서 '징계처분'이란 공법상의 특별권력관계에 기인하여 질서유지를 위하여 과하여지는 제재를 의미하고, 또한 '공무소 또는 공무원'이란 징계처분에 있어서는 징계권자 또는 징계권의 발동을 촉구하는 직권을 가진 자와 그 감독기관 또는 그 소속 구성원을 말한다.

[2] **변호사에 대한 징계처분**은 형법 제156조에서 정하는 '징계처분'에 포함되며 **지방변호사회의 장**은 형법 제156조에서 정한 '공무소 또는 공무원'에 포함된다.
[3] 피고인이 변호사인 피해자로 하여금 징계처분을 받게 할 목적으로 서울지방변호사회에 위 변호사회 회장을 수취인으로 하는 허위 내용의 진정서를 제출한 사안에서, 무고죄를 인정한 원심을 수긍한 사례(대판 2010.11.25, 2010도10202).
⊙ 법원, 경찰

판례 정리 ··· 허위신고의 대상이 아닌 경우

농업협동조합중앙회나 농업협동조합중앙회장은 형법 제156조 무고죄에 있어서의 공무소나 공무원에 해당되지 아니한다(대판 1980.2.12, 79도3109).
⊙ 경찰승진

③ 행위태양
㉠ 허위사실 : 무고죄는 타인으로 하여금 형사처분 등을 받게 할 목적으로 <u>신고한 사실이 객관적 진실에 반하는 허위사실인 경우에 성립되는 범죄로서, 신고자가 그 신고내용을 허위라고 믿었다 하더라도 그것이 객관적으로 진실한 사실에 부합할 때에는 허위사실의 신고에 해당하지 않아 무고죄는 성립하지 않는 것</u>이며, 한편 위 신고한 사실의 허위 여부는 그 범죄의 구성요건과 관련하여 신고사실의 핵심 또는 중요내용이 허위인가에 따라 판단하여 무고죄의 성립 여부를 가려야 한다(대판 1991.10.11, 91도1950). ⊙ 사시
㉡ 허위사실의 증명정도 : 신고한 사실이 객관적 사실에 반하는 허위사실이라는 요건은 <u>적극적인 증명이 있어야</u> 하며, 신고사실의 진실성을 인정할 수 없다는 <u>소극적 증명만으로 곧 그 신고사실이 객관적 진실에 반하는 허위사실이라고 단정하여 무고죄의 성립을 인정할 수는 없다</u>(대판 2006.5.25, 2005도4642). ⊙ 사시

판례 정리 ··· 허위신고에 해당하는 경우

1. 피고인이 甲 주식회사에서 리스한 승용차를 乙에게 담보로 제공하고 돈을 차용하면서 약정 기간 내에 갚지 못할 경우 이를 처분하더라도 아무런 이의를 제기하지 않기로 하였는데, 변제기 이후 乙 등이 차량을 처분하자 피고인의 허락 없이 마음대로 처분하였다는 취지로 고소한 경우, 위 고소 내용은 허위사실 기재로서 무고죄가 성립한다(대판 2012.5.24, 2011도11500).
2. 경찰관이 갑을 현행범으로 체포하려는 상황에서 을이 경찰관을 폭행하여 을을 현행범으로 체포하였는데, 을이 경찰관의 현행범 체포업무를 방해한 일이 없다며 경찰관을 불법체포로 고소한 사안에서, 무고죄가 성립한다(대판 2009.1.30, 2008도8573). ⊙ 경찰
3. 피고인이 甲, 乙과 공모하여 은행으로부터 대출금을 편취한 것과는 별도로 甲이 피고인을 기망하여 위 대출금을 편취하였으니 처벌해 달라는 취지로 고소하여 甲에 대해 사기죄로 공소제기까지 된 사안, 위 고소는 甲에 대한 관계에서 독립하여 형사처분 등의 대상이 되는 허위사실의 고소로 볼 여지가 있으므로 무고죄가 성립한다(대판 2010.2.25, 2009도1302). ⊙ 경찰
4. 피고인이 먼저 자신을 때려 주면 돈을 주겠다고 하여 甲, 乙이 피고인을 때리고 지갑을 교부받아 그 안에 있던 현금을 가지고 간 것임에도, '甲 등이 피고인을 폭행하여 돈을 빼앗았다'는 취지로 허위사실을 신고한 경우, 무고죄가 성립한다(대판 2010.4.29, 2010도2745). ⊙ 경찰승진

> **판례 정리 ··· 허위신고가 아닌 경우**
>
> 1. 피고인 자신이 상대방의 범행에 공범으로 가담하였음에도 자신의 가담사실을 숨기고 상대방만을 고소한 경우 피고인의 고소내용이 상대방의 범행부분에 관한 한 진실에 부합하므로 이를 허위의 사실로 볼 수 없으므로 무고죄는 성립하지 않는다(대판 2008.8.21, 2008도3754). ● 경찰
> 2. 신고자가 객관적 사실관계를 사실 그대로 신고한 이상 그 객관적 사실을 토대로 한 나름대로의 주관적 법률평가를 잘못하고 이를 신고하였다 하여 그 사실만을 가지고 허위사실을 신고한 것에 해당하여 무고죄가 성립한다고 할 수 없다(대판 1984.7.24, 83도2692). ● 경찰
> 3. 성폭행 등의 피해를 입었다는 신고사실에 관하여 불기소처분 내지 무죄판결이 내려진 경우에는 그 자체를 무고를 하였다는 적극적인 근거로 삼아 신고내용을 허위라고 단정하여서는 아니 된다(대판 2019.7.11, 2018도2614). ● 경간부

관련판례

[신고사실의 일부에 허위가 있는 경우]

① 대여금의 용도를 허위신고 : 허위신고에 해당

[1] 무고죄는 타인으로 하여금 형사처분 또는 징계처분을 받게 할 목적으로 공무소 또는 공무원에 대하여 허위의 사실을 신고하는 때에 성립하는 것으로, 여기에서 허위사실의 신고라 함은 신고사실이 객관적 사실에 반한다는 것을 확정적이거나 미필적으로 인식하고 신고하는 것을 말하는 것이므로, 신고사실의 일부에 허위의 사실이 포함되어 있다고 하더라도 그 허위부분이 범죄의 성부에 영향을 미치는 중요한 부분이 아니고, 단지 신고한 사실을 과장한 것에 불과한 경우에는 무고죄에 해당하지 아니하지만, 그 일부 허위인 사실이 국가의 심판작용을 그르치거나 부당하게 처벌을 받지 아니할 개인의 법적 안정성을 침해할 우려가 있을 정도로 고소사실 전체의 성질을 변경시키는 때에는 무고죄가 성립될 수 있다.

[2] 도박자금으로 대여한 금전의 용도에 대하여 허위로 신고한 것이 무고죄의 허위신고에 해당한다(대판 2004.1.16, 2003도7178).

참고판례

금원을 대여한 고소인이 차용금을 갚지 않는 차용인을 사기죄로 고소함에 있어서, 피고소인이 ⊙ 차용금의 용도를 사실대로 이야기하였더라면 금원을 대여하지 않았을 것인데 **차용금의 용도를 속이는 바람에 대여하였다고 주장하는 사안이라면 그 차용금의 실제 용도는 사기죄의 성립 여부에 영향을 미치는 것으로서 고소사실의 중요한 부분이 되고 따라서 그 실제 용도에 관하여 고소인이 허위로 신고를 할 경우에는 그것만으로도 무고죄에 있어서의 허위의 사실을 신고한 경우에 해당한다고 할 수 있다. 그러나 ⓒ 단순히 차용인이 **변제의사와 능력의 유무에 관하여 기망하였다는 내용으로 고소한 경우에는 차용금의 용도와 무관하게 다른 자료만으로도 충분히 차용인의 변제의사나 능력의 유무에 관한 기망사실을 인정할 수 있는 경우도 있을 것이므로, 그 차용금의 실제 용도에 관하여 사실과 달리 신고하였다 하더라도 그것만으로는 범죄사실의 성립 여부에 영향을 줄 정도의 중요한 부분을 허위로 신고하였다고 할 수 없다. 이와 같은 법리는 고소인이 차용사기로 고소함에 있어서 묵비하거나 사실과 달리 신고한 차용금의 실제 용도가 도박자금이었다고 하더라도 달리 볼 것은 아니다(대판 2011.1.13, 2010도14028). ● 법행

② [1] 돈을 갚지 않은 차용인을 사기죄로 고소하면서 변제의사와 능력의 유무에 관하여 기망하였다는 내용으로 고소한 경우 고소인이 차용금의 '용도'를 묵비하거나 사실과 달리 신고하더라도 무고죄의 '허위사실 신고'에 해당하지 않아 무고죄가 성립하지 않는다.
[2] 금원을 대여한 甲은 차용금을 갚지 않은 乙을 '乙이 변제의사와 능력도 없이 차용금 명목으로 돈을 편취하였으니 사기죄로 처벌하여 달라'는 내용으로 고소하면서 대여금의 용도에 관하여 '도박자금'으로 빌려준 사실을 감추고 '내비게이션 구입에 필요한 자금'이라고 허위기재하였다. 甲이 차용금의 '용도'를 사실과 달리 기재한 사정만으로는 무고죄의 '허위사실 신고'에 해당하지 않는다(대판 2011.9.8, 2011도3489). ● 경찰

③ 일부 허위사실만으로도 독립하여 무고죄를 구성하는 경우
1통의 고소, 고발장에 의하여 수개의 혐의사실을 들어 무고로 고소, 고발한 경우 그 중 일부사실은 진실이나 다른 사실은 허위인 때에는 그 허위사실부분만이 독립하여 무고죄를 구성한다(대판 1989. 9.26, 88도1533). ● 경찰, 사시

> **판례 정리 … 정황을 과장한 경우이므로 무고죄 불성립**
>
> 1. [1] 무고죄에 있어서 허위의 사실이라 함은 그 신고된 사실로 인하여 상대방이 형사처분이나 징계처분 등을 받게 될 위험이 있는 것이어야 하고, 비록 신고내용에 일부 객관적 진실에 반하는 내용이 포함되었다고 하더라도 그것이 독립하여 형사처분 등의 대상이 되지 아니하고 단지 <u>신고사실의 정황을 과장하는 데 불과하거나 허위의 일부 사실의 존부가 전체적으로 보아 범죄사실의 성립 여부에 직접 영향을 줄 정도에 이르지 아니하는 내용에 관계되는 것이라면 무고죄가 성립하지 아니한다.</u>
> [2] 폭행을 당하지는 않았더라도 그와 다투는 과정에서 시비가 되어 서로 허리띠나 옷을 잡고 밀고 당기면서 평소에 좋은 상태가 아니던 요추부에 경도의 염좌증세가 생겼을 가능성이 충분히 있다면 피고인의 구타를 당하여 상해를 입었다는 내용의 고소는 다소 과장된 것이라고 볼 수 있을지언정 이를 일컬어 무고죄의 처벌대상인 허위사실을 신고한 것이라고 단정하기는 어렵다(대판 1996.5.31, 96도771).
> 2. 강간을 당하여 상해를 입었다는 고소내용은 하나의 강간행위에 대한 고소사실이고, 이를 분리하여 강간에 관한 고소사실과 상해에 관한 고소사실의 두 가지 고소내용이라고 볼 수는 없으므로, 피고인이 공소외(갑)으로 부터 강간을 당한 것이 사실인 이상 이를 고소함에 있어서 강간으로 입은 것이 아닌 상해사실을 포함시켰다 하더라도 이는 고소내용의 정황을 과장한 것에 지나지 아니하여 따로이 무고죄를 구성하지 아니한다(대판 1983.1.18, 82도2170). ● 법행
> 3. 고소인이 A에게 대여하였다가 이미 변제받은 금원에 관하여 A가 이를 수개월간 변제치 않고 있었던 점을 들어 위 금원을 착복하였다는 표현으로 고소장에 기재하였다 하여도 이것이 A로 부터 아직 변제받지 못한 나머지 금원에 관한 <u>고소내용의 정황을 과장한 것이거나 또는 주관적 법률평가를 잘못하였음에 지나지 아니한 것이라면 특별의 사정이 없는 한 이로써 허위의 사실을 들어 고소하였다고 단정할 수는 없다</u>(대판 1987. 6.9, 87도1029). ● 법행

> **판례 정리 … 정황을 과장한 것이 아니므로 무고죄 성립**
>
> 1. 피고인이 고소를 통하여 공소외인에게 실제로 돈을 대여한 바 없거나 또는 일부 대여한 돈을 이미 변제받았음에도 불구하고 마치 돈을 대여하였거나 그로 인한 채권이 여전히 존재하는 것처럼 내세워 허위내용의 사실을 신고한 것인 이상, 그것이 단순히 신고사실의 정황을 과장한 데에 지나지 않는다고 말할 수는 없다(대판 1995.3.10, 94도2598).
> 2. 피고소인들이 피고인과 제3자와의 싸움을 말리려고 하다가 피고인이 말을 듣지 아니하여 만류를 포기하고 옆에서 보고만 있었을 뿐 피고소인들이 피고인의 팔을 잡은 사실이 없었고, 또한 피고인이 그 싸움에서 턱 부위에 상해를 입은 사실은 있으나 그 상해 역시 피고인이 제3자로부터 안면부를 얻어맞아 입은 것이 아니라 서로 멱살을 잡고 밀고 당기는 과정에서 입은 상해임을 엿볼 수 있는 경우, 이와 같은 사실관계에서 "피고소인들이 피고인의 양팔을 잡아 가세하고 제3자가 피고인의 안면부를 때려 상해를 입혔다"는 취지의 고소 내용은 그 제3자에 대한 관계에서는 신고사실의 정황을 다소 과장한 것에 불과하다고 볼 수도 있겠으나, 피고소인들에 대한 관계에서는 고소내용 전체가 객관적인 진실에 반하는 허위의 사실을 신고한 것으로서 그것이 단지 신고사실의 정황을 과장하는 데 불과하다고 볼 수는 없다(대판 1995.2.24, 94도3068).

관련판례

[죄명을 잘못 기재한 경우 : 무고죄 X]
피고소인이 피고인 소유의 원목을 절취하였다는 고소사실중 동 원목이 피고인 소유가 아니라 피고소인 소유이어서 절도죄를 구성하지 아니하여도 피고소인의 소위가 권리행사방해죄를 구성하는 때에는 피고인의 고소를 무고라고 할 수 없다(대판 1981.6.23, 80도1049).

관련판례

[형사처분의 원인이 될 수 없는 경우 : 무고죄 X]
[1] 타인에게 형사처분을 받게 할 목적으로 '허위의 사실'을 신고한 행위가 무고죄를 구성하기 위하여는 신고된 사실 자체가 형사처분의 원인이 될 수 있어야 할 것이어서, 가령 허위의 사실을 신고하였다 하더라도 그 사실 자체가 형사범죄로 구성되지 아니한다면 무고죄는 성립하지 아니한다.
[2] "피고소인이 송이의 채취권을 이중으로 양도하여 손해를 입었으니 엄벌하여 달라"는 내용의 고소사실이 횡령죄나 배임죄 기타 형사범죄를 구성하지 않는 내용의 신고에 불과하여 그 신고 내용이 허위라고 하더라도 무고죄가 성립할 수 없다(대판 2007.4.13, 2006도558). ● 경찰승진

관련판례

[허위사실의 적시 정도]
① 무고죄에 있어서 허위사실 적시의 정도는 수사관서 또는 감독관서에 대하여 수사권 또는 징계권의 발동을 촉구하는 정도의 것이면 충분하고 반드시 범죄구성요건 사실이나 징계요건 사실을 구체적으로 명시하여야 하는 것은 아니다(대판 2006.5.25, 2005도4642). ● 경찰
② 무고죄에 있어서 허위사실의 적시는 수사관서 또는 감독관서에 대하여 수사권 또는 징계권의 발동을 촉구하는 정도의 것이라면 충분하고, 그 사실이 해당될 죄명 등 법률적 평가까지 명시하여야 하는 것은 아니다(대판 2009.3.26, 2008도6895). ● 법행

③ 허위사실의 신고를 무고죄로 처벌하기 위해서는 그 신고에 피무고자의 성명이 표시되어 있지 않더라도 그 신고내용에 의하여 객관적으로 피무고자를 특정할 수 있으면 족하다. 이 사건 진정서에 그 피진정인이 '목포교도소 징벌위원회'로 되어 있지만 그 진정내용은 위 징벌위원회 회의록이 허위로 작성되었다는 취지이므로 위 회의록의 작성권한을 가지는 위 징벌위원회위원장을 그 피진정인으로 특정할 수 있는 것이어서 피무고자를 특정할 수 있다고 하겠다(대판 2006.6.9, 2006도417).

판례 정리 … 무고죄가 성립하는 경우

1. 위법성조각사유가 있음을 알면서도 "피고소인이 허위사실을 공표하였다."고 고소함으로써 결국 적극적으로 위법성조각사유가 적용되지 않는 공직선거및선거부정방지법 제250조의 허위사실공표죄로 처벌되어야 한다고 주장한 것은 무고죄가 성립된다(대판 1998.3.24, 97도2956). ● 경찰승진
2. 객관적으로 고소사실에 대한 공소시효가 완성되었더라도 고소를 제기하면서 마치 공소시효가 완성되지 아니한 것처럼 고소한 경우에는 국가기관의 직무를 그르칠 염려가 있으므로 무고죄를 구성한다(대판 1995.12.5, 95도1908). ● 경찰
3. 무고죄는 타인으로 하여금 형사처분 등을 받게 할 목적으로 공무소 등에 허위의 사실을 신고함으로써 성립하는 범죄이므로, 그 신고 된 범죄사실이 이미 공소시효가 완성된 것이어서 무고죄가 성립하지 아니하는 경우에 해당하는지 여부는 그 신고시를 기준으로 하여 판단하여야 한다고 할 것이다. 따라서 **범행일시를 특정하지 않은 고소장을 제출한 후, 고소보충진술시에 범죄사실의 공소시효가 아직 완성되지 않은 것으로 진술한 피고인이 그 이후 검찰이나 제1심 법정에서 다시 범죄의 공소시효가 완성된 것으로 정정 진술한 경우, 이미 고소보충진술시에 무고죄가 성립하였다고 보아야 한다**(대판 2008.3.27, 2007도11153).
4. 영수증을 정당하게 작성·교부하거나 적법하게 백지보충권을 수여하여 그에 따라 백지보충이 이루어졌음에도 불구하고 상대방이 그 영수증을 위조하였다고 신고한 경우, 무고죄에 있어서 허위사실의 신고에 해당한다(대판 2007.6.1, 2007도2299).
5. 무고죄는 타인으로 하여금 형사처분을 받게 할 목적으로 허위의 사실을 공무소에 신고하면 성립되는 것이고 허위의 사실을 기재한 고소장을 작성하여 수사기관에 제출한 이상 고소장을 작성할 때 변호사 등 법조인의 자문을 받았다 하더라도 무고죄의 성립에는 소장이 없다(대판 1986.10.14, 86도1606).

판례 정리 … 무고죄가 성립되지 않는 경우

1. "이미 채무를 변제받았음에도 공정증서를 보관하고 있음을 기화로 주택을 가압류하였다"는 취지의 허위의 고소장을 제출하였다 하더라도, 본안소송을 제기하지 아니한 채 가압류를 한 것만으로는 사기의 실행에 착수하였다고 할 수 없으므로 무고죄가 성립하지 않는다(대판 2003.6.13, 2003도1672).
2. 타인으로 하여금 형사처분을 받게 할 목적으로 공무소에 대하여 허위사실을 신고하였다고 하더라도, 신고된 범죄사실에 대한 공소시효가 완성되었음이 신고 내용 자체에 의하여 분명한 경우에는 형사처분의 대상이 되지 않는 것이므로 무고죄가 성립하지 아니한다(대판 1994.2.8, 93도3445).
3. 타인으로 하여금 형사처분을 받게 할 목적으로 공무소에 대하여 허위의 사실을 신고하였다고 하더라도, 그 사실이 친고죄로서 그에 대한 고소기간이 경과하여 공소를 제기할 수 없음이 그 신고내용 자체에 의하여 분명한 때에는 당해 국가기관의 직무를 그르치게 할 위험이 없으므로 이러한 경우에는 무고죄는 성립하지 아니한다(대판 1998.4.14, 98도150).

4. 피고인이 공소외 갑으로부터 파커수성볼심 4,004개를 인수한 후 백지에 숫자 '4004'를 기재하고 영문으로 피고인의 서명을 하였을 뿐인데 공소외 갑이 함부로 "파커수성볼심 셋박스 4,004개 정히 인수함 2003 3월 30일 인수자"를 추가 기재하여 이 사건 영수증을 위조하였다는 취지로 고소한 경우 … 고소 내용 자체만으로 문서위조죄 내지 변조죄가 성립할 여지가 없으므로 무고죄가 성립하지 않는다(대판 2008.1.24, 2007도9057).
5. 갑은 "A에게 이 사건 주택의 임대차보증금으로 950만 원을 지급하였는데, A는 900만 원만 받았다고 주장하면서 임대차보증금 전액을 돌려주지 않기 위해 중국 국적의 자신을 불법체류자로 고발하였다."는 허위내용의 고소장을 제출한 경우 이는 임차인을 위하여 임대차보증금을 보관하거나 임차인의 사무를 처리하는 지위에 있지 아니하므로, 설령 갑의 A에 대한 고소가 허위 사실의 신고에 해당한다고 하더라도, 그 고소 사실 자체가 횡령죄, 배임죄 기타 형사범죄로 구성되지 아니하는 이상 피고인의 무고죄가 성립한다고 할 수 없다(대판 2013.9.26, 2013도6862).

ⓒ 신고 : 무고죄에 있어서의 신고는 자발적이어야 하며 <u>신고방식은 구두에 의하건 서면에 의하건 관계가 없을 뿐 아니라</u>, 서면에 의하는 경우 그 신고내용이 타인으로 하여금 형사처분 또는 징계처분을 받게 할 목적의 허위사실이면 족한 것이지 그 명칭을 반드시 고소장이라고 하여야만 무고죄가 성립하는 것은 아니다(대판 1985.12.10, 84도2380).

> **관련판례**
>
> [신고 X]
> 공동피고인중 1인이 타범죄로 조사를 받는 과정에서 **사법경찰관 및 검사의 심문**에 따라 다른 공동피고인의 범죄사실을 진술한 경우라면 가사 위 진술내용이 허위라 하더라도 이를 무고라고는 할 수 없다(대판 1985.7.26, 85모14). ● 승진
>
> [신고 O]
> 무고죄에 있어서의 신고는 자발적인 것이어야 하므로, 당초 고소장에 기재하지 않은 사실을 수사기관에서 **고소보충조서를 받을 때 자진하여 진술**하였다면 이 진술 부분까지 신고한 것으로 보아야 한다(대판 1996.2.9, 95도2652). ● 경찰간부, 경찰승진

④ 기수시기 : 피고인이 최초에 작성한 허위내용의 고소장을 경찰관에게 제출하였을 때 이미 허위사실의 신고가 수사기관에 도달되어 무고죄의 기수에 이른 것이라 할 것이므로 그 후에 그 고소장을 되돌려 받았다 하더라도 이는 무고죄의 성립에 아무런 영향이 없다(대판 1985.2.8, 84도2215). ● 경찰

⑤ 무고죄와 간접정범 : 수표발행인인 피고인이 은행에 지급제시된 수표가 위조되었다는 내용의 허위의 신고를 하여 그 정을 모르는 은행 직원이 수사기관에 고발을 함에 따라 수사가 개시되고, 피고인이 경찰에 출석하여 수표위조자로 특정인을 지목하는 진술을 한 경우, 이는 피고인이 위조 수표에 대한 부정수표단속법 제7조의 고발의무가 있는 은행원을 도구로 이용하여 수사기관에 고발을 하게 하고 이어 수사기관에 대하여 특정인을 위조자로 지목함으로써 <u>자발적으로 수사기관에 대하여 허위의 사실을 신고한 것으로 평가하여야 한다</u>(대판 2005.12.22, 2005도

3203). ☞무고죄의 간접정범

⑥ 자기무고의 공동정범

[1] 범죄의 실행에 가담한 사람이라고 할지라도 그가 공동의 의사에 따라 다른 공범자를 이용하여 실현하려는 행위가 자신에게는 범죄를 구성하지 않는다면, 특별한 사정이 없는 한 공동정범의 죄책을 진다고 할 수 없다.

[2] 형법 제156조에서 정한 무고죄는 타인으로 하여금 형사처분 또는 징계처분을 받게 할 목적으로 허위의 사실을 신고하는 것을 구성요건으로 하는 범죄이다. 자기 자신으로 하여금 형사처분 또는 징계처분을 받게 할 목적으로 허위의 사실을 신고하는 행위, 즉 자기 자신을 무고하는 행위는 무고죄의 구성요건에 해당하지 않아 무고죄가 성립하지 않는다.

[3] 자기 자신을 무고하기로 제3자와 공모하고 이에 따라 무고행위에 가담하였다고 하더라도 이는 자기 자신에게는 무고죄의 구성요건에 해당하지 않아 범죄가 성립할 수 없는 행위를 실현하고자 한 것에 지나지 않아 무고죄의 공동정범으로 처벌할 수 없다(대판 2017.4.26, 2013도12592). ● 경찰

⑦ 판례의 변경과 무고죄

허위로 신고한 사실이 무고행위 당시 형사처분의 대상이 될 수 있었던 경우에는 국가의 형사사법권의 적정한 행사를 그르치게 할 위험과 부당하게 처벌받지 않을 개인의 법적 안정성이 침해될 위험이 이미 발생하였으므로 무고죄는 기수에 이르고, 이후 그러한 사실이 형사범죄가 되지 않는 것으로 판례가 변경되었다고 하더라도 특별한 사정이 없는 한 이미 성립한 무고죄에는 영향을 미치지 않는다 (대판 2017.5.30, 2015도15398). ● 경찰

(2) 주관적 구성요건

① 고 의

㉠ 무고죄의 범의는 반드시 확정적 고의일 필요가 없고 미필적 고의로도 충분하므로, 신고자가 **허위라고 확신한 사실**을 신고한 경우뿐만 아니라 **진실하다는 확신 없는 사실**을 신고하는 경우에도 그 범의를 인정할 수 있다(대판 2022.6.30, 2022도3413). ● 경찰

㉡ 무고죄에 있어서 신고사실이 객관적 사실과 일치하지 않는 것이라도 신고자가 **진실이라고 확신하고 신고하였을 때에는 무고죄가 성립하지 않는**다고 할 것이나, **진실이라고 확신한다 함은** 신고자가 알고 있는 객관적인 사실관계에 의하더라도 신고사실이 허위라거나 또는 허위일 가능성이 있다는 인식을 하지 못하는 경우를 말하는 것이지, 신고자가 알고 있는 객관적 사실관계에 의하여 신고사실이 허위라거나 허위일 가능성이 있다는 인식을 하면서도 이를 무시한 채 무조건 자신의 주장이 옳다고 생각하는 경우까지 포함되는 것은 아니다(대판 2008.5.29, 2006도6347). ● 법행

판례정리 ··· 무고죄의 고의가 부정된 경우

1. 허위사실의 신고라 함은 신고사실이 객관적 사실에 반한다는 것을 확정적이거나 미필적으로 인식하고 신고하는 것을 말하는 것으로서, 설령 고소사실이 객관적 사실에 반하는 허위의 것이라 할지라도 그 허위성에 대한 인식이 없을 때에는 무고에 대한 고의가 없다 할 것이고, 고소내용이 터무니없는 허위사실이 아니고 사실에 기초하여 그 정황을 다소 과장한 데 지나지 아니한 경우에는 무고죄가 성립하지 아니한다(대판 2003.1.24, 2002도5939).
2. 진실한 객관적인 사실들에 근거하여 고소인이 피고소인의 주관적인 의사에 관하여 갖게 된 의심을 고소장에 기재하였을 경우에 법률 전문가 아닌 일반인의 입장에서 볼 때 그와 같은 의심을 갖는 것이 충분히 합리적인 근거가 있다고 볼 수 있다면, 비록 그 의심이 나중에 진실하지 않는 것으로 밝혀졌다고 하여 곧바로 고소인에게 무고의 미필적 고의가 있었다고 단정하여서는 안된다(대판 1996.3.26, 95도2998).
3. 무고죄는 타인으로 하여금 형사처분 또는 징계처분을 받게 할 목적으로 공무소 또는 공무원에 대하여 허위의 사실을 신고하는 때에 성립하는 것으로, … 고소사실이 객관적 사실에 반하는 허위의 것이라 할지라도 그 허위성에 대한 인식이 없을 때에는 무고에 대한 고의는 인정할 수 없다(대판 2000.11.24, 99도822).
4. 신고사실이 진실한 이상 형사책임을 부담할 자를 잘못 신고한 경우에도 무고죄는 되지 않는다(대판 1982.4.27, 82도274).

판례정리 ··· 무고의 고의가 인정된 경우

1. 고소를 당한 사람이 고소인에 대하여 '고소당한 죄의 혐의가 없는 것으로 인정된다면 고소인이 자신을 무고한 것에 해당하므로 고소인을 처벌해 달라'는 내용의 고소장을 제출하였다면 설사 그것이 자신의 결백을 주장하기 위한 것이라고 하더라도 방어권의 행사를 벗어난 것으로서 고소인을 무고한다는 범의를 인정할 수 있다(대판 2007.3.15, 2006도9453). ● 경찰승진
2. 무고죄에 있어서 형사처분 또는 징계처분을 받게 할 목적은 허위신고를 함에 있어서 다른 사람이 그로 인하여 형사 또는 징계처분을 받게 될 것이라는 인식이 있으면 족한 것이고 그 결과발생을 희망하는 것을 요하는 것은 아닌바, 피고인이 고소장을 수사기관에 제출한 이상 그러한 인식은 있었다 할 것이니 피고인이 고소를 한 목적이 피고소인들을 처벌받도록 하는 데에 있지 아니하고 단지 회사 장부상의 비리를 밝혀 정당한 정산을 구하는 데에 있다 하여 무고의 범의가 없다 할 수 없다(대판 1991.5.10, 90도2601). ● 법행
   cf 진정서의 전체 내용이 공정한 수사를 하여 흑백을 가려달라는 취지로 이해할 수도 있어 타인을 무고할 목적은 아니었다고 볼 여지가 있다(대판 1978.8.22, 78도1357).
3. 무고죄에 있어서 형사처분을 받게 할 목적은 허위신고를 함에 있어 다른 사람이 그로 인하여 형사처분을 받게 될 것이라는 인식이 있으면 충분하고 그 결과의 발생을 희망할 필요까지는 없다 할 것이므로, 고소인이 고소장을 수사기관에 제출한 이상 그러한 인식은 있다 할 것이고, 나아가 고소를 한 목적이 상대방을 처벌받도록 하는 데 있지 않고 시비를 가려 달라는 데에 있다고 하여 무고죄의 범의가 없다고 할 수 없으며, 그가 신문사의 대표이사로서 위 신문사 수습대책위원회의 요구에 따라 수동적으로 행동한 것이라고 하여도 무고죄의 성립에는 지장이 없다(대판 1995.12.12, 94도3271).
4. 고소인이 고소장을 접수하더라도 수사기관의 고소인 출석요구에 응하지 않음으로써 그 단계에서 수사중지를 의도하고 있었고, 더 나아가 피고소인들에 대한 출석요구와 피의자신문 등의 수사권까지 발동될 것은 의욕하지 않았다고 하더라도 고소장을 수사기관에 제출한 이상 무고죄는 성립한다(대판 2006.8.25, 2006도3631). ● 경찰
5. 피고인이 국민권익위원회 운영의 국민신문고 홈페이지에 '약사가 무자격자인 종업원으로 하여금 불특정 다수의 환자들에게 의약품을 판매하도록 지시하거나 실제로 자신에게 의약품을 판매하였다'는 허위내용의 민원을 제기한 경우 무고의 고의가 인정된다(대판 2020.6.30. 2022도3413).

② 타인으로 하여금 형사처분·징계처분을 받게 할 목적
  ㉠ 목적 : 무고죄에 있어서 형사처분 또는 징계처분을 받게 할 목적은 허위신고를 함에 있어서 다른 사람이 그로 인하여 형사 또는 징계처분을 받게 될 것이라는 인식이 있으면 족한 것이고 그 결과발생을 희망하는 것까지를 요하는 것은 아니므로, 고소인이 고소장을 수사기관에 제출한 이상 그러한 인식은 있었다고 보아야 한다(대판 2005.9.30, 2005도2712).
  ㉡ 자기무고교사 : 형법 제156조의 무고죄는 국가의 형사사법권 또는 징계권의 적정한 행사를 주된 보호법익으로 하는 죄이나, 스스로 본인을 무고하는 자기무고는 무고죄의 구성요건에 해당하지 아니하여 무고죄를 구성하지 않는다. 그러나 피무고자의 교사·방조 하에 제3자가 피무고자에 대한 허위의 사실을 신고한 경우에는 제3자의 행위는 무고죄의 구성요건에 해당하여 무고죄를 구성하므로, 제3자를 교사·방조한 피무고자도 교사·방조범으로서의 죄책을 부담한다(대판 2008.10.23, 2008도4852). ● 사시, 경찰
  ㉢ 승낙무고 : 피무고자의 승낙을 받아 허위사실을 기재한 고소장을 제출하였다면 피무고자에 대한 형사처분이라는 결과발생을 의욕한 것은 아니라 하더라도 적어도 그러한 결과발생에 대한 미필적인 인식은 있었던 것으로 보아야 한다(대판 2005.9.30, 2005도2712).
  ㉣ 사립학교 교원에 대한 학교법인 등의 징계처분은 형법 제156조의 '징계처분'에 포함되지 않는다. 따라서 피고인이 사립대학교 교수인 피해자들로 하여금 징계처분을 받게 할 목적으로 범정부 국민포털인 국민신문고에 민원을 제기한 경우, 피해자들은 사립학교 교원이므로 피고인의 행위는 무고죄에 해당하지 않는다(대판 2014.7.24, 2014도6377). ● 경찰
  ㉤ 공동무고 : 타인에 대한 부분만 무고죄가 성립한다.
  ㉥ 사자·허무인에 대한 무고 : **특정되지 않은 성명불상자**에 대한 무고죄는 성립하지 않는다. 공무원에게 무익한 수고를 끼치는 일은 있어도 심판 자체를 그르치게 할 염려가 없으며 피무고자를 해할 수도 없기 때문이다(대판 2022.9.29, 2020도11754). ● 경찰

2. 죄 수

피무고자의 수를 기준으로 한다.

3. 자수 및 자백에 대한 특례

> 제157조 (자백·자수) 무고의 죄를 범한 자가 그 무고한 사건의 재판 또는 징계처분이 확정되기 전에 자백 또는 자수한 때에는 그 형을 감경 또는 면제한다.

> **관련판례**
>
> ① 무고죄에 있어서 형의 필요적 감면사유에 해당하는 자백이란 자신의 범죄사실, 즉 타인으로 하여금 형사처분 또는 징계처분을 받게 할 목적으로 공무소 또는 공무원에 대하여 허위의 사실을 신고하였음을 자인하는 것을 말하고, 단순히 그 신고한 내용이 객관적 사실에 반한다고 인정함에 지나지 아니하는 것은 이에 해당하지 아니한다(대판 1995.9.5, 94도755). ●사시
> ② 형법 제157조, 제153조는 무고죄를 범한 자가 그 신고한 사건의 재판 또는 징계처분이 확정되기 전에 자백 또는 자수한 때에는 그 형을 감경 또는 면제한다고 하여 이러한 재판확정 전의 자백을 필요적 감경 또는 면제사유로 정하고 있다. 위와 같은 자백의 절차에 관해서는 아무런 법령상의 제한이 없으므로 그가 신고한 사건을 다루는 기관에 대한 고백이나 그 사건을 다루는 재판부에 증인으로 다시 출석하여 전에 그가 한 신고가 허위의 사실이었음을 고백하는 것은 물론 무고 사건의 피고인 또는 피의자로서 법원이나 수사기관에서의 신문에 의한 고백 또한 자백의 개념에 포함된다. 형법 제153조에서 정한 '재판이 확정되기 전'에는 피고인의 고소사건 수사 결과 피고인의 무고 혐의가 밝혀져 피고인에 대한 공소가 제기되고 피고소인에 대해서는 불기소결정이 내려져 재판절차가 개시되지 않은 경우도 포함된다(대판 2018. 8.1, 2018도7293).

저자약력

도경 이영민

부산대학교 법과대학 졸업

(현) 대구 한국경찰학원 형법 전임
　　 대전 중앙경찰학원 형법 전임

(전) 부산 한국경찰학원 형법 전임
　　 부산 한국한국고시학원 형법 전임
　　 부산 동주대학교 형법 전임
　　 대구 선거관리위원회 특강 교수
　　 부산 한겨례 경찰학원 형법 전임
　　 울산 중앙경찰학원 형법 전임
　　 경남대학교 고시반 형법 특강 교수

이영민
판례로 보는 ECI 형법 교과서 14.0(4판)

발행일 : 2025년 5월 1일
편저자 : 이영민
발행인 : 김진연
발행처 : (주)도서출판 참다움
등　록 : 제2019-000035호
주　소 : 서울특별시 동작구 만양로 84, (노량진 삼익프라자) 1층 129호
ＴＥＬ : 02) 6953-7038
ＦＡＸ : 02) 6953-7039
ISBN : 979-11-94588-07-8

※ 본서의 무단 전재·복제행위는 저작권법 제136조에 의거 5년 이하의 징역 또는 5,000만원 이하의 벌금에 처하거나 이를 병과할 수 있습니다.
※ 파본은 구입처에서 교환하시기 바랍니다.

정가 41,000원

MEMO

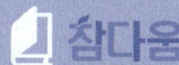

MEMO

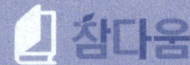